U0921120

20世纪教育学名家名著

ERSHISHIJIJIAOYUXUEMINGJIAMINGZHU

20世纪教育学名家名著

主　编　张人杰　王卫东

20世纪教育学

ErShiShiJiJiaoYuXueMingJiaMingZhu

广东高等教育出版社

·广州·

图书在版编目（CIP）数据

20世纪教育学名家名著/张人杰，王卫东主编．—广州：广东高等教育出版社，2002．6

ISBN 7-5361-2638-7

Ⅰ．20…　Ⅱ．张…　Ⅲ．教育学-文集　Ⅳ．G40-53

中国版本图书馆CIP数据核字（2000）第55730号

广东高等教育出版社出版发行

广东信源彩色印务有限公司印刷

（原广东邮电南方彩色印务有限公司）

880毫米×1230毫米　32开本　31.125印张　850千字

2002年6月第1版　　2004年11月第3次印刷

印数：4 401~7 400册

定价：68.00元

出版说明

一

20世纪是国际社会在各个方面都发生了深刻变革的百年。经济，经历了增长、萧条、复苏等曲折坎坷后正在走向一体化，政治，取得了社会主义革命的胜利、第三世界国家争取独立、霸权主义的对峙等巨变后而呈现多极化的态势，科学技术的飞速发展为人们的生活和工作展现了前所未有的新图式，在军事上，世界人民在饱受了二次世界大战和几乎从未间断的局部战火的折磨后而日益渴望和平。此外，以现代化为主流的社会变革，给各个国家和地区的文化和社会心理等方面也带来了空前的变化。

在这些深刻的变化中，教育尽力地发挥着越来越重要的作用。同时，随着社会各个发展阶段的变革，教育自身也发生着不断的改革。在这场持续的教育改革运动中，许多光辉的教育思想和伟大的教育（学）家也应运而生。在欧美资本主义国家，有罗素的“自由教育”思想、杜威的实用主义教育思想、巴格莱的要素主义教育思想、皮德思的分析哲学教育思想、泰勒的课程与教学论思想等；在前苏联，有苏霍姆林斯基的个性和谐发展的教育思想、赞科夫的一般发展的教育思想等；在中国则有蔡元培的自由民主主义的教育思想、黄炎培的职业教育思想、晏阳初的平民教育思想、陶行知的生活教育思想、陈鹤琴的家庭教育思想、杨贤江的马克思主义教育思想等。这些伟人及其思想，像一颗颗璀璨的明星，闪烁在历史的银河之中。要使这些伟人得以永驻人心，这些思想得以不断发展，就需要后人认真地了解和学习。为此，广东高等教育出版社计划出版一套介绍20世纪教育学、心理学名家及其思想的书籍，并邀请我们负责教育学卷的编写。出版社做了一件有意义的事情，而我们也义不容辞地担起了这副并不轻松的担子。

二

对著名教育（学）家的思想和著作给以介绍和评价，在我国教育界早已有之。这就使我们不得不重新思考编写本书的特色和定位问题。在参考了已有主要论著的特色，吸取了他们的长处后，我们决定在写每一个教育思想家时，首先简单介绍其生平和著作，然后原原本本摘录其代表作，最后对其教育思想做一个详略得当的评价。我们之所以这样安排，主要是想让本书的读者对象范围更加宽泛一些，不仅教育界“圈子”内的人士可以拿来作参考或批评的资料，也可以让不在教育界内的、具有一般教育程度的人拿来阅读，以扩充自身的教育知识，加深对教育问题的认识。今天，随着“提高公民文化素质”呼声的日益高涨，各种各样的知识（如人口知识、国情知识、法制知识、环保知识等）开始在广大公民中间普及。我们认为，教育知识也应该在广大公民中间普及，它不仅影响着科教兴国战略的实施，而且影响着中国在新世纪中如何迎接知识化社会的问题。我们希望，本书的出版和发行，能够在教育知识的普及方面起到一定的作用，哪怕是掀起一点微澜，也算满足了我们长期以来的强烈愿望。同时，在长期的教学实践中，我们发现正在高等师范院校教育系学习教育科学知识的学子们，在学习中外教育史知识方面，除了正规教材和一些诸如“外国教育名著丛书”之类的学习参考书之外，像我们这样一本既有原著精选，又有教育家思想的全面介绍的参考书还不多见，因此，我们希望本书也能为这些莘莘学子在提高学习效率方面提供一个条件。

确定了本书的定位问题之后，一个新的问题又摆在我们面前，那就是人物及其名著的取舍问题。为了解决这一问题，我们草拟了一个写作内容的初稿，先请广东教育理论界的部分同仁给以批评，然后修改后发给了全国在教育研究领域——特别是在中外教育思想研究方面颇有造诣的专家，请他们赐教。华东师范大学教育学系的瞿葆奎先生、东北师范大学教育系的王逢贤先生、浙江大学教育系的徐辉先生都在百忙中亲自回音，提出了宝贵的意见。根据这些意见，我们形成一个比较完善的内容。但是，在写作过程中，由于邀请作者方面不尽如预期所望，再加上一些作者因出国学习等原因不能如期践约，所以最终呈现给广大读者的与计划之内容有较大的出入，尽管有挂一漏万之嫌，甚至可能漏洞百出，但是，我们在这方面不愿承担专家、学者和广大读者严厉批评而格外认真，全程把好质量关，实在不愿意给人类留下“文化垃圾”。

三

最后为本书的完成做出贡献的，既有在教育理论界德高望重的老专家，也有前途无量的教育学博士、硕士；既有长期在教育理论界耕耘的有经验的教师，也有正在“象牙塔”内刻苦攻读的博士研究生和硕士研究生。同时，我们还诚邀台湾的部分学者共襄其成。在这里，我们要特别感谢年近八旬的教育学界泰斗、华东师范大学教育学系教授、博士生导师瞿葆奎先生。他不仅抱病亲自为本书撰稿，同时，还在确定书名、遴选人物和编写要求等方面提出了宝贵的意见，提供了丰富的资料。前辈严谨、认真的治学态度和提掖后学的高尚人格，永远是我们学习的楷模。在这里我们还要把我们真诚的谢意送给台湾师范大学社会教育学系教授王秋绒博士、台湾屏东师范学院副教授李锦旭博士以及陈丽华、钟圣校、林逢祺、李奉儒等教授。他们为本书所做的贡献，使本书大为增色。

忝为主编的我们，除了亲自撰写部分内容之外，还负责整部书的策划、统稿工作，有些作者因为工作繁忙，来不及亲自摘录教育家的名著，我们也一并代劳。对于极少数评介性文章，因为结构问题或内容分量不足，我们也做了修补。至于文章中的观点性内容，则一概不加修改，以示对作者的尊重。华东师范大学教育学系在职博士生、曲阜师范大学教育系杨昌勇教授在邀请作者和其他组织工作方面给予了大力的支持，在此我们向他深表谢意！

为了便于读者更好地理解本书体系，特将我们编辑的体例等问题说明如下：

（一）凡入选本书的教育思想家，一律按出生年月的先后排序，而不按国籍或其他标准加以编排。对于出生年月相同的人物，则按其姓名中第一个字的笔画排序。

（二）本书原计划写40位著名教育家及其教育思想，但实际上并没有达到这一要求。因为我们在编辑时对一些重要的人物（如杜威、陶行知等）有意多用了些笔墨，从而达到“点”、“面”兼顾的目的，以使读者明白在众多的教育思想家中，哪些人物是更应该深入理解和铭记在心的。

广东高等教育出版社的编辑同志为本书的出版付出了辛勤的劳动，在此特向他们表示衷心的感谢。

编　者

2001年9月10日

目　录

涂尔干

（Emile Durkheim）

- 生平简介
- 名篇选读

  教育及其性质与作用
- 思想评介

  涂尔干的教育社会学观

生平简介

埃米尔·涂尔干（1858～1917），又译为“迪尔凯姆”，法国“经典”教育学家、教育社会学创始人之一。

涂尔干1858年4月15日生于法国洛林省斯特拉斯堡附近的埃比纳勒，1882年毕业于巴黎高等师范学校，在中学任教数年，一度赴德国访学，回国后先被波尔多大学聘为社会科学教授，后在巴黎大学文学院主持教育学讲座。

毕生从事教育学和社会学的研究与教学。1896年创办了《社会学年鉴》；1909年起，开始在著名的法兰西学院讲授“18世纪以来法国主要教育学说”。1917年11月15日，因心脏病而逝世，终年59岁。

涂尔干一生论著颇丰，仅专著就有20多种。主要的社会学著作有：《论社会劳动分工》（1893）、《自杀论》（1897）、《宗教生活的基本形式》(1912）等；最重要的教育学著作有：《教育与社会学》(1922)、《道德教育论》（1925)、《法国教育学的演变》（1938）等。

名篇选读

教育及其性质与作用

一、教育的定义：批评性审视

教育一词，有时是在很广泛的意义上加以使用的，它涵盖了自然界或其他人对我们智力或意志可能产生的全部影响。斯图尔特·米尔[①]就曾经指出，教育意谓“旨在使我们的本性得以完善，我们

① 斯图尔特·米尔（Stuart Mill，1806～1873），英格兰哲学家和经济学家。——译注

自己以及其他人为我们所做的一切。在最广泛的意义上，教育甚至包括目标完全不同的一些事物对人的性格和能力所产生的间接影响，这些事物是指法律、政府组织形式和工艺美术，以及不以人的意志为转移的一些自然现象，诸如气候、土壤和地理位置”。但是，这一定义含有一些极不协调的事物，用一个词来囊括就不能不产生混淆。事物对人的影响，在程序和结果方面与来自人本身的影响是有很大区别的；同辈人对同辈人的影响，也有别于成年人对年轻一代的影响。我们在这里感兴趣的，仅仅是成年人对年轻一代的影响，因此，教育一词应该指的是这种影响。

但这种独特的影响包括些什么呢？对这个问题已有的回答是大相径庭的，基本上可以分为下述两大类。

按照康德的说法，“使每个人都得到他所能达到的充分完善，这是教育的目的”。但是，应当完善的是什么呢？人们往往说，这就是人的各种能力的和谐发展。使我们的能力得到最充分的发展，并使之尽可能完全实现而又不互相损害，这难道不是至高无上的理想吗？

这种和谐发展，在一定程度上确实是必不可少又令人向往的。即便如此，却并非都能实现，因为它与人们同样必须遵循的另一个行动准则有矛盾。这个行动准则规定，我们必须献身于某一项特定而有限的任务。我们不可能也不应当把一切都献给同一种生活方式；我们根据自己的能力有不同的职责要履行，我们应该与自己肩负的职责相适应。我们并非都是适合于思考的人，应当有一些是注重感情和行动的人；反之，也应当有一些以思考为己任的人。然而，他们只有从行动中摆脱出来，进行反思，并暂时放弃自己全心全意投入的外部行动，思考才能得到发展。因此，出现了不打破平衡就不会有最初的分工。至于行动，它同思考一样，也可以有许多不同的特殊形式。无疑，这种专业化并不排除具有某种共同基础，因而，也并不排除存在着脑力劳动与体力劳动的某种平衡，如果没有这种平衡，将会损害个体的健康，同时将会损害社会团结。可见，这并不意味着可以把完全的和谐发展作为引导和教育的最终目的。

另一种观点认为，教育的目的乃是“使个体成为一个为自己和同样的人谋幸福的工具”（詹姆斯·米尔[①]语）。这种功利主义的界说使人更不满意。因为，各人都是用自己的方式对幸福作出评价的，幸福主要是一种主观的事物。这样的表述使教育目的成为不确定的，因而使教育本身也成为不确定的，其原因就在于它让各人随意作出解释。诚然，斯宾塞曾试图客观地界说幸福。在他看来，幸福即生活，完全的幸福即完全的生活。但生活的含意应该是什么呢？如果仅仅指物质生活，那么，真的可以说无物质生活也就不可能有生命。确实，生命意味着有机体与其环境取得某种平衡，况且这两个有联系的概念是可以下定义的，因此它们的关系同样也应当可以限定。但这样只能表达与生命最直接有关的需要。这种生活，对人特别是对当今的人来说却不是生活。我们要求的生活，不只是我们的生理器官具有大致正常的功能。一个很有才智的人宁愿不活也不愿放弃智力上的乐趣。即使仅仅从物质生活点着眼，所有超出最起码的必需品的东西其实也没有得到限定。生活基准，像英国人所说的 Standard of life，在我们看来这是人们不会同意再下降的一个最低生活标准，但也随着时间、地点和条件而有很大不同。总之，昨天我们感到足够的东西，今天已使我们感到连我们现在认识到的人之尊严也未得到保证，一切都表明我们在这方面的要求将日益增加。

在这里，我们已涉及所有这些定义所招致的一般指责。据以提出这些定义的公设是，存在着不加区别地适合于任何人的一种理想而又完全的教育；理论家努力界说的正是这种普遍而又统一的教育。但是，如果首先考察一下历史，那就会发现没有一件事情是可以证实这一假设的。教育因时间和国家而有很大不同。在古希腊和拉丁姆[②]的城邦中，教育是把个体训练成盲目服从集体以及任社会摆布的人；今天，教育致力于使个体具有独立自主的人格。在雅典

① 詹姆斯·米尔（James Mill，1773～1836），英格兰历史学家、哲学家和经济学家。——译注

② 拉丁姆是罗马国家发源地。——译注

教育中，人们力求培养高尚的、深思熟虑的、洞察入微的、注意分寸与和谐的、有审美能力和乐于进行纯粹思辨的人；在罗马教育中，人们首先要把儿童培养成为对文学艺术不感兴趣，但崇尚军功的勇于战斗的人；在中世纪，教育首先是要使人信奉基督教；在文艺复兴时期，教育具有更明显的世俗性和人文主义的特征；今天，科学正在逐渐取代以前艺术在教育中所占的地位。这是否可以说明事实与理想并不一致？这是否意味着教育之所以有所不同，是因为对教育应该是什么已经理解错了呢？其实，如果罗马教育仿效了类似于我们时代的个人主义，罗马城堡就无法维持；接着，拉丁文化也不能形成，因而部分来自拉丁文化的我们现代文化同样不能形成。中世纪的基督教社会，如果像我们今天那样给自由审视让出一席位子的话，它就不能继续存在。可见，在那种情况下有其不可抗拒的必要性，即不能不予以考虑的必要性。凭空构想出这样一种教育，即对于付诸实施的社会将是致命的教育，这能有什么用呢？

上述有争议的公设，本身就犯有一个更为普遍的错误。如果撇开时间、地点和条件不谈，先考虑理想的教育应该是怎么样的，这实际上是在默认教育制度本身丝毫没有实体的特征。于是，在教育制度中就看不到整个教育实践与教育机构随着时间的推移而在缓慢地得到组织，也看不到它们与其他所有社会机构有相互联系，更看不到它们反映了其他所有社会机构，因而它们不能像社会结构本身那样随意地发生变化。教育制度似乎便是一个纯粹的观念体系；鉴于同样的原因，它仿佛只属于一个逻辑范畴。据此，有人设想每个时代的人为了实现既定目标而自愿地组织教育制度，并且设想这种组织之所以不是到处相同，其原因就在于弄错了应该追求的目标的性质，或者弄错了可以达到目标的途径和性质。用这个观点来看过去的教育，过去的教育不是在总体上就是在局部上显得有错误。由此可见，不应该这样来考虑问题，我们不应该维护前辈错误的观察或逻辑，但我们可以而且应该向自己这样提出问题，即不考虑已有的解决办法，也就是说，把已有的一切撇在一边，而仅仅考虑应该是什么。历史的经验教训至多可以使我们避免重蹈覆辙。

其实，每一个社会在我们加以审视的某一发展阶段，都有一个普遍地以不可抗拒的力量强加给个体的教育制度。相信我们能够把儿童培养成我们所希望的人，这是枉费心机。有一些习俗是我们不得不遵循的；如果我们非常严重地违背了这些习俗，它们就会对我们的儿童进行报复。例如，一旦使儿童成人化，致使他们不能在同辈人的环境中生活，他们就会与同辈人格格不入。此外，无论是根据太陈旧的思想还是为时过早的思想使儿童成长，这都是不应该的；不管在前一种还是在后一种情况下，他们都不能与时代的步伐取得一致，因而不能处于正常的生活条件之中。所以，在社会的每一个发展阶段都有一种教育调节器，我们如果不遇到强大的阻力(其中包括脱离这一调节器的愿望)，那就不能背离这一调节器。

然而，决定着这一调节器的习俗和思想，却并不是由我们个别地形成的。它们是共同生活的产物，表明了共同生活的必要性。在很大程度上，它们甚至是前人的业绩。人类的全部历程，都有助于形成这一切正在指导着今日之教育的行为准则；我国的全部历史，甚至在形成我国之前的民族史，都在教育中留下了自己的痕迹。所有高一级的组织，就这样既反映了一切生物的进化过程，又是生物进化的结果。当人们历史地研究教育制度形成和发展的方式时，便可发现，教育制度制约于宗教、政治组织、科学发展水平和产业发展状况等；如果离开了这些历史原因，教育制度就变得不可理解。从那时候起，个体怎能仅仅通过自己个人的思考，去重新组织不属于个人思考范围的事情呢？在个体面前的，并不是一块光秃秃的土地，即可以在上面建设他所愿意建设的东西，而是不能随意地创造、摧毁和改变已存在的现实。他只有学会认识现实，知道现实的性质和制约现实的条件，才能对现实有所影响；他只有上学，像物理学家观察原材料和生物学家观察生物那样开始观察现实，才能知道这一切。

此外还有什么别的接近法呢？当人们想用单一的辩证法去确定教育应该是什么时，应当先提出这样的问题，即教育的目的是什么？但是，谁能告诉我们教育目的究竟是什么呢？我们并不先验地知道，有生命之物的呼吸功能和循环功能是怎么样的。我们凭什么能力可以知道教育的功能呢？人们也许会作出这样的回答：很明显，教育的目的是培养儿童。但这是以略有不同的表述方式在提出问题，而不是在回答问题。应当回答这种培养由什么组成，它与什么事物有关系，它在满足人的哪些需要。然而，只有先考察它已经由什么组成以及在过去已满足了人的哪些需要，然后才能回答这些问题。因此，要构成一个初步的教育概念，要确定用这一概念命名的事物，看来历史考察是必不可少的。

二、教育的定义

为了界说教育，我们应当审视现在或过去的教育制度，把它们进行比较，从中得出它们的共同特征。把这些特征汇集起来，将能构成我们所寻求的教育的定义。

我们在上面已经确定教育有两个要素。这就是说，有教育就得面对面地有一代成年人和一代年轻人，还得有前者对后者的影响。我们现在要说明的便是这种影响的性质。可以说没有一个社会的教育制度不具有双重面貌：它既是统一的，又是多样的。

同一个社会中的教育制度是多样的。因为，在某种意义上可以说，这个社会中越是有不同的环境，也就越是有不同种类的教育。这个社会是不是由不同社会等级组成的？教育因社会等级而异。古罗马的贵族教育，不能与古罗马的平民教育相提并论；婆罗门①的教育，也不能与首陀罗②的教育同日而语。同样，在中世纪年轻侍从③接受的文化以及受到的礼仪和骑士的训练，与平民受到的教育，即正要从教区的教堂到学校里学习某些内容贫乏的算、唱和语法，其差别又有多大！今天，我们难道看不到教育同样随着社会阶级的不同，甚至随着居住地点的不同而有所差别吗？现在，城市教育就不同于乡村教育，资产阶级受到的教育也不同于工人受到的教育。是否可以说，这种组织在道义上是站不住脚的，从中只能看到一种将要消失的残余呢？这一论点很容易得到辩解。对我们的儿童

① 婆罗门，印度封建种姓制度的第一种姓，僧侣。——译注

② 首陀罗，印度封建种姓制度中的一种等级，农奴和奴隶。——译注

③ 年轻侍从，中世纪在宫廷中学习礼仪、受骑士训练的青年贵族。——译注

进行的教育，显然不应该取决于儿童在出生地点上的偶然性，也不应该取决于他们的家长是谁。但是，即使我们时代的道德觉悟在这一点上似乎已经令人感到满意，教育也并没有因此变得更加统一。再者，即使有朝一日每个儿童的生涯在很大程度上不再预先地决定于一种盲目的继承性，各种职业之间合乎道德的差别，也不会不引起教育上有很大差别。其实，每种职业组成了一个独特的环境，这一环境要求从事这种职业的人必须具备一些特定的能力和专门的知识，在这些能力和知识中有某些思想、某些用途和某些观察事物的方式居主导地位；另一方面，由于儿童在他将来从事的职业方面应当有所准备，因此从某一个年龄起对儿童进行的教育，便不能再是对全体儿童进行的那种教育。这就是为什么我们在所有的文明国家中，都可以看到教育越来越趋向于多样化和专业化的缘故；而且，这种专业化天天都在提前。这样产生的教育的异质性，像我们刚才指出的职业异质性一样，并不是以非正义的不平等为基础的；它也不小于职业异质性。为了找到一种完全同质和绝对平等的教育，就得追溯到没有什么差别的史前社会。可是，这种社会在人类历史上只在一个合乎逻辑的时期才出现的。

然而，这些专门教育不管有多么重要，却仍然不是整个教育。甚至可以说，它们连自己的需要也不能满足；所有存在这种教育的地方，它们都从某一点才开始分岔，在此之前是合在一起的。这些专门教育都有其共同基础。没有一个民族不存在应该通过教育使全体儿童——不论他们属于哪一个社会阶级——都反复学习的若干思想、情感和习俗。在被划分为互相呈封闭状态的一些等级的社会中，同样始终存在所有人共同信仰的一种宗教，因而，基本的宗教文化原则在全体居民中是相同的。即使每一个社会等级、每一个家庭都有其特定的上帝，但还是有一些共同的上帝——既得到所有人的承认，也是让所有儿童学会顶礼膜拜的对象。这些共同的上帝，既体现了又象征着某些情感、某些对人及其生活的构想，所以，人们不同时养成各种已超出纯粹的宗教生活范围的精神习惯，就不会有某种信仰。在中世纪，农奴、自由民和贵族受到的同样都是基督教的教育。如果说使人们在智力和道德上已有如此明显差别的社会中就是这种情况的话，那么，在仍然有阶级差别，但隔绝各阶级的鸿沟已经较浅的那些走在前面的民族中间，就更有理由是这样！在有的社会中，整个教育的这些共同要素不是以宗教符号的形式来表示的，但并不是不存在。在我国的历史进程中，关于人的本质、人的各种不同能力所具有的重要性、权利与义务、社会、个体、进步、科学和艺术等等，已形成一整套思想，这些思想都以我们的民族精神为基础；而我国的整个教育，不论它是对富人进行的教育还是对穷人进行的教育，也不论它是为自由职业还是为从事工业活动做准备的教育，其目标都是在人的意识中确立这些思想。

由此可见，对人及其在智力、身体和道德几方面应该达到的要求，每个社会都形成了某种规范；在一定程度上，这种规范适用于该社会的全体公民；从某一点起，它才按照整个社会内部的特殊环境开始多样化。教育要实现的正是这种统一而又多样的规范。因此，教育的功能在于使儿童产生：(1) 他所属的社会认为其每个成员不应该不具备的某些身心状况；(2) 他所属的特定社群（社会等级、社会阶级、家庭、职业）认为其全体成员必须具备的某些身心状况。因此，决定教育要实现这种规范的，正是整个社会以及每个特定的社会环境。社会只有在其成员中间存在足够的同质性时，才能继续存在下去；教育要使这种同质性世代相传，并且得到加强，首先就得在儿童的内心，初步确立为集体生活所必需的相似性。但是，在另一方面，没有某种多样性也就不可能有任何合作；教育要使这种必不可少的多样性得以保持，本身就得多样化和专业化。如果社会的发展已达到这样的程度，即不能再维持社会等级之间和社会阶级之间旧的划分时，社会就必定会要求有一种与共同的基础连接得更加紧密的教育。与此同时，如果劳动进一步分工，社会就必定会使那些具有初步的共同思想基础和情感基础的儿童，在职业能力方面更加多种多样。如果社会与其周围的社会处于交战状态，它就会致力于按照一个强有力的民族模式来培养人；如果国际竞争具有更加温和的形式，社会就会致力于培养更加全面和仁慈的人。因此，教育对社会而言只是一种手段，只是社会为了在儿童内心形成自身存在所必需的基本条件而采取的手段。我们在下面将要涉及个体自身怎么会愿意服从这些要求。

于是，我们得出了这样一个定义：教育是年长的几代人对社会生活方面尚未成熟的几代人所施加的影响。其目的在于，使儿童的身体、智力和道德状况都得到某些激励与发展，以适应整个社会在总体上对儿童的要求，并适应儿童将来所处的特定环境的要求。

三、从上述定义得出的推论：教育的社会性

从上述定义可以得出这样的推论：教育在于使年轻一代系统地社会化。在我们每个人身上，可以说都存在着双重人格，这种双重人格尽管不可分离（除非抽象地加以分开），但确有区别。一种人格仅仅由整个与我们自身、我们个人生活中的事件有关的精神状态所组成，可以把这种人格称为个体我。另一种人格是这样一种思想、情感和习惯的体系，即在我们身上表现的不是我们个人，而是我们作为其中一个组成部分的社群或不同的社群。宗教信仰、道德信仰与习俗、民族传统或职业传统以及各种集体信仰，就是这样的体系。这种体系的总和便是社会我。塑造社会我，这就是教育的目的。

通过上述定义，恰当地表明了教育的重要性及其多方面的作用。因为，社会我不全是在人的原始结构中形成的，也不是自然发展的结果。人并非自发地倾向于服从政治权威和遵守道德纪律，也并非自发地倾向于竭尽全力地工作和作出自我牺牲。我们先天的本性中丝毫也没有这些倾向，但先天的本性看来一定会使我们倾向于成为那些神（社会的符号象征）的仆人，使我们倾向于崇拜神，并约束自己为神增光。使人感到自卑的这些道德力量，正是社会本身随着社会的形成与巩固，而从社会内部产生的。然而，这些可以归因于遗传的既模糊又不确定的倾向，如果不予考虑的话，那么，儿童出生时就只具有他个体的本性。因此，每出现一代新的儿童时，社会就面对着一块应在上面重新开始建设的几乎是光秃秃的土地。社会应当在刚产生的利己主义的和不适应社会生活的人格中，通过最快的途径，添上使之能够适应道德生活与社会生活的另一种人格。这就是教育的使命，可见教育十分重要。教育并不局限于在个

体本性的意义上使他得到发展，即不限于使个体所隐藏的，而且只需要表现出来的能力得以显示。教育是要在人的身上塑造新的人格。

况且，这种创造力是人类教育所特有的。除此之外，如果可以用教育一词去称呼动物听从其父母所进行的逐步训练的话，那么，还有动物所受的教育。这种教育可以有力地促进潜伏在动物身上的某些本能得到发挥，但不传授新的生活。这种教育可以使动物的本能容易发挥作用，但不形成新的功能。幼鸟在母鸟的训练下，确实能够更快地学会飞翔或筑巢，但通过自身实践几乎学不到除此以外任何新的本领。其原因就在于，动物不是离群索居，就是组成了相当简单的群居生活，而生息繁殖依靠的正是每个动物自身生而有之的本能。既然动物的本性已满足它的群居生活和独自生活的一切需要，因此，动物的教育在动物的本性中不会增加任何基本特性。相反，在人的身上，社会生活所必需的各种能力十分复杂，甚至可以说，其复杂程度已经使之无法体现在人的生理组织之中，也无法以人的禀性的形式具体化。人的社会生活所必需的各种能力，于是就不能借助遗传由一代人传递给另一代人。进行这种传递的正是教育。

然而，是否真的可以说（如果可以这样假设的话），由于在严格意义上的道德品质要求个体必须有所节制，并扼制着他原有的情感，因此，这些道德品质只有从外部采取行动才能产生呢？此外，是否真的可以说，人愿意自发地获得和追求的除了以下这些素质之外就别无其他素质呢？智力方面的才能，就是这样的素质，它们能使个体的行为更好地适应事物的性质。身体素质也是这样的素质，它们使人有活力和健康。至少对这些素质来说，教育在使它们得到发展时，初看起来似乎一向只是去迎合个体的本性自身发展的需要，仿佛只是把个体引向这样一种状态，也就是说，尽管他在社会的帮助下能够更快地达到，但他只想靠自己来达到的相对完善的状态。

上述定义却很好地说明（虽然有其表面性），无论在哪里，教育首先是在满足一些社会需要。因为，在那些社会中，上面提到的素质一点也没有得到培养，何况在不同社会中对这些素质的理解不管怎么说总有很大差别。坚实的智力培养所具有的好处，在过去远没有被各民族所承认。今天我们这么重视的科学和批判精神，在长时间里也受到了怀疑。我们难道不知道有一种伟大的学说已恰当地提出才智贫乏吗？不应该认为，这种对知识的冷漠态度在过去被人为地强加给了人，使之违反了自己的本性。人本身并没有追求科学的本能，科学往往是别人强制性地向他们提供的。人只有在经验告诉他们不能不需要科学的情况下，才愿意要科学。但就个人生涯的安排而言，他们没有勇气去从事科学活动。正像卢梭已经指出的，为了满足与生命有关的需要，只要有感觉、经验和本能就够了，动物就是如此。人除了这些极其单纯和在个人身体中有其根源的需要之外，如果没有其他需要，那就不会去寻觅科学，何况不勤勉和不作出艰巨的努力便掌握不了科学。只有在社会使人产生了对知识的需要时，人才会渴望得到知识；但也只有在社会本身感到需要知识时，社会才会使人产生对知识的需要。当各种形式的社会生活变得十分复杂，以致只有借助审慎的思想时，即只有借助为科学所阐明的思想，才能进行各种形式的社会生活时，终于出现了这一时机。科学方面的培养于是成为必不可少，社会遂要求其成员必须掌握科学，并把掌握科学作为其成员必须履行的一项义务。但最初由于社会组织十分简单、种类很少且总是不见变动，所以只要存在着像动物本能那样的、缺乏理智的习俗也就够了。从那时候起，既然思考和自由审视不会威胁习俗，思考和自由审视便是无用的，甚至是有危险的。

体质的培养与此没有什么不同。如果社会环境的状况使公众的意识倾向于苦行主义，体育就必定被置于次要地位，所以在中世纪的学校中很少安排体育。但这种苦行主义在当时是必不可少的，因为在那些艰难的岁月里，可以适应艰苦的唯一方式就是奉行苦行主义。同样，因舆论倾向的不同而势必出现含义截然不同的体育。在斯巴达①，体育的主要目标是使其成员经受得住疲劳；在古代雅

① 古希腊的奴隶制城邦。——译注

典，体育是使其成员有健美体形的一种手段；在骑士制度的时代，体育被用来培养敏捷而又灵活的军人；在我们的时代，体育仅仅以卫生保健为其目标，特别关心克服智力培养中因负担过重而产生的危害。由此可见，上述素质即使初看起来是多么合乎个体自发的要求，但事实上个体只有当社会对他有所要求时，并且只能以社会对他规定的方式去寻求这些素质。

我们这样就能回答上面提出的一个问题。当我们指出社会按其需要对个体进行培养时，这也许会使人认为个体在受着难以忍受的束缚。其实，他们自己愿意服从这种安排。因为通过教育而施加的集体影响，就这样在我们每个人身上塑造了新的人格，而新的人格反过来又使我们身上具有的最好的人格和人所特有的本性得以表现。人实际上因为生活在社会中才是人。当然，要在一篇文章中严谨地阐明这一总的而又重要的观点是有困难的，它概括了当代社会学研究成果。不过，首先可以指出，这一观点已日益被人们接受。再说，扼要地提及能说明这一观点的最重要的事实，也并非是十分困难。

今天看来，已被历史所证实的事实，首先是道德与社会的性质有着密切关系。因为正像我们已经指出的，在社会发生变迁时，道德就会有所变化。还因为道德来自共同生活。正是社会使我们从自身中摆脱出来，迫使我们考虑自身以外的他人利益，并使我们学会支配自己的情感和本能，学会用法律来驾驭自己的情感和本能，学会约束自己、控制自己和作出自我牺牲，学会使我们个人的目的服从更高的目的。同样，也正是社会在我们的意识中形成了整个表象系统，这种表象系统使我们对内部和外部的道德准则、纪律具有某种看法与情感。我们就是这样获得了自制能力。这种对我们习性的控制，乃是与人的本性有所不同的行为之一，并且随着我们更加完全地成为人而得到发展。

我们也不应该低估智力与社会的关系。诚然，正是科学形成了支配我们思想的基本概念，诸如原理、定律、空间、数量，以及人体、生命、意识、社会等概念。所有这些基本概念确实也是不断地演变的，因为它们非但不像裴斯泰洛齐所说的那样是科学活动的起点，而且是科学活动的总结和结果。我们现在关于人、本质、原理和空间的观念，与中世纪时就有所不同，因为两个时代的科学的知识和方法不能同日而语。然而，科学是集体的产物，它必须以同时代和各个时代的全体智者的广泛合作为前提。一方面，在科学尚未形成之前，宗教已在起着同样的作用，因为神话是由关于人和宇宙的经过加工的描绘所组成的。况且，科学继承了宗教。而一种宗教就是一种社会制度。另一方面，我们在学习一种语言时，也在学习一整套分门别类的思想，并继承着产生这些分类（概括了长期经验）的全部劳动。再者，如果没有语言，就可以说不会有什么普遍的思想，因为这些思想是用词加以确定，并界说成为足以使人能够方便地掌握的概念。因此，使我们能够超出纯感觉领域而成长的乃是语言，但这未必表明语言首先是一种社会事实。

从上述事例可以看出，如果抽掉了人从社会得到的一切，人就降到了动物的行列。人之所以能够超越动物所停留的阶段，这首先并非仅仅是个人努力的结果，而是与他人不断地共同努力的结果；共同的努力使每个人的活动更为有效。一代人的劳动成果随后尤其不会在下一代丧失。一个动物在生存期间能够学到的东西，在它死后几乎没有一点可以继续存在；反之，人的经验却能借助世代相传的各种书籍、纪念性建筑物、工具和器具，以及传说等等，几乎完整地、甚至详尽地得到保存。人的禀性这块土壤，就这样被不断扩大而又富饶的冲积层所覆盖。人的智慧在一代人被另一代人的替代中不是消失，而是在无限地得到积累。这种无限的积累，使人既胜过动物又超越自我。但是，正像前面提及的人与人合作一样，这种积累只有在社会中并通过社会才能进行。因为，要使每一代人的遗产能够被后代保存和补充，就得有一种道德人格，它不受一代人接替另一代人的影响而能延续下去，并且能把一代人与另一代人联系在一起。这种人格就是社会。因此，社会与个体之间虽然往往被认为存在着对立，但这种对立没有任何事实依据。社会与个体，这两者非但不是对立，不是只能背道而驰，而且是互相有联系的。个体需要社会的时候，有其本身的愿望。社会主要通过教育对个体施加的影响，其目标和结果决不是压制个体、降低个体的地位和歪曲个体，而是提高个体的地位，使之成为一个真正的人。无疑，人只有作出努力才能有这样的成长。而人的最本质的特征之一，恰恰是具有这种自愿地作出努力的能力。

四、国家在教育中的作用

上述关于教育的定义，还可以使国家在教育领域中的义务与权利这样一个有争论的问题容易地得到解决。

人们现在用家庭的教育权来反对国家的教育权。有人指出，儿童首先属于其父母，因而像他父母所希望的那样引导儿童在智力和道德上得到发展的权利，也属于其父母。教育于是被构想成一种主要是私人和家庭的事情。当人们持有这种观点时，自然就倾向于尽量使国家对教育的干预减少到最低程度。有人认为，在教育领域中，国家似乎只应充当家庭的助手和代替者的角色。这就是说，当家庭不能履行其教育义务时，自然就由国家来承担。另一方面，国家为家庭提供使用学校的权利，即只要家庭愿意便能送孩子上学的权利，自然也就使家庭的教育任务变得尽可能地容易完成。但是，国家应该严格地把自己的任务限制在这些方面，不应采取任何积极行动使年轻一代的思想具有某种倾向。

然而，即使国家在教育中仍然只应该起着消极的作用，这也远远没有得到发挥。如果正像我们已试图确定的那样，教育首先具有一种集体功能，如果教育的目的是使儿童适应他将生活在其中的社会环境，那么社会就不可能对国家采取的这样一种行动不感兴趣。既然这样的行动是教育活动应该遵循的标准，又怎能缺少它呢？因此，它的责任是不断提醒教师应当使儿童具有哪些思想和情感，以便使儿童能够与他应在其中生活的环境协调一致。在过去，为迫使教育活动在某种社会意义上进行而采取的这种行动，如果说并非始终存在和得到重视，那么，教育活动在当时仍必须为某些特定的信仰服务，对祖国的崇高的感情也已经被分解成许多缺乏联系和互相冲突的低级而又局部的感情。现在，人们岂能更全面地不顾整个教育的基本目的行事。应当作出这样的抉择：既然承认某些价值观与社会的存在紧密相连（我们刚才已指出社会的存在对我们意味着什么），教育就应当确保公民之间有足够的共同思想感情（不然就不能有整个社会）；因为教育能够产生这种结果，所以教育不该完全让私人随意支配。

自从教育成为基本的社会职责起，国家就不能不关心教育。反过来说，整个教育活动在某种程度上都应服从国家所施加的影响。但这并不意味着国家必须垄断教育。问题十分复杂，以致我们打算把问题留给自己来处理是很困难的。但可以相信，给个人的首倡精神留出位置时，他可以更容易和更迅速地取得学业上的进步，因为个人比国家更愿意成为革新者。诚然，为了公共利益，国家应该除了自己更直接负有责任的学校之外，还应使其他学校得以开课。但这并不是说，国家应该对其他学校的情况不闻不问。相反，其他学校进行的教育仍应接受国家的监督。此外，认为教师的职责可以由那些无专门资格者来完成的看法，同样是不能接受的。这种资格唯有国家才能作出评价。当然，要一劳永逸地限定国家应进行哪些干预，这可能相当不容易，但国家干预原则不能受到怀疑。没有一所学校可以要求到这样的权利：完全自由地进行反社会的教育。

但也必须承认，我国目前在思想和情感上的分裂状况，已使国家应履行的教育义务变得更为棘手，同时也变得更为重要。形成共同的思想和情感（不然就没有社会），确实不是国家的责任；这种思想和情感应该由自己形成，国家只能予以确认、维护并使个体更加意识到这种思想和情感。可惜，无可争辩的是，这种道德统一性的各个方面在我们中间都未达到它应有的程度。我们分别接受了不同的、有时甚至是对立的观念。在这些分歧中，有一个不能否认并且应当重视的事实。问题并不在于承认多数人有权把自己的思想强加给少数人的子女。学校不能是某个派别的财产，况且教师在用自己的权威使学生去接受教师各自所属的、并认为十分合法的派别之常规时也未尽职。但是，尽管有各种分歧，在我们的文明之基础中，从现在起毕竟已有若干为所有人明确地或不言而喻地共同接受，不管怎样很少有人敢于公开否认的这样一些原则：尊重理性，尊重科学，尊重思想与情感。这些都是民主道德之基础。国家的作用就在于，提出这些基本原则，让人在它的学校里教授这些基本原则，防止任何一个地方的儿童不知道这些基本原则，并注意使人到处都以这些原则应该得到尊重的态度谈论这些原则。在这方面要施加一种影响，它的侵犯性和强制性越少，明智性越多，其效果可能就会更好。

五、教育的效能及其途径

确定了教育目的之后，我们应努力去确定，怎样才能、以及在多大程度上能够达到这一目的，也就是说，要确定教育怎样才能有效和能有多大效能。

这个问题历来有很大争论。丰塔内尔（Fontenelle）曾指出："好的教育未必形成好的禀性，坏的教育也未必毁坏好的禀性。"相反，洛克和爱尔维修则认为教育有无限的作用。在爱尔维修看来，"所有的人在出生时并无区别，都有一些同样的能力；唯独教育才使他们有差异"。雅科托（Jacotot）与爱尔维修的理论十分接近。实际上，人们对这一问题的回答，一方面取决于他们对天赋禀性的重要性及其性质持有什么看法，另一方面取决于教育者掌握的教育途径的效能之大小。

教育并非像洛克和爱尔维修认为的那样，是从"白纸"上培养人，而是在影响已经形成而又被它找到的一些禀性。从另一角度来看，也可以一般地承认，这些先天性倾向是很强的，甚至很难被破坏或根本改变，因为它们依赖于教育者很少能左右的有机体状况。所以，当这些先天性倾向具有明确目标，并使思想和禀性趋向于某些严密规定的行动方式与思考方式时，个体的整个前途就被预先确定，需要教育做的事情也就不多了。

幸亏，人的特征之一是，天赋的禀性很一般化且非常模糊。有一类禀性是停止的、刻板的和不变的，它几乎不给外部行动的影响留有余地。这其实就是本能。另外可以思考一下，人是否只有一类就本义而言的本能。有时提到人有自卫的本能，但这种说法并不恰当。因为，一种本能乃是一系列确定的、始终如一的行动，一旦这些行动被感觉引起，就会自动地连贯进行下去，直至他们自然结束，在这一过程中没有任何思考进行干预。可是，当我们生命处于危险时所采取的行动，却一点也没有这种确定性和这种无意识的不变性。此时采取的行动因情景而有所不同，我们是在见机行事，因此，没有某种迅速而又是有意识的抉择，便没有这些行动。被称为自卫的本能，归根结蒂只是一种避开死亡的普遍冲动，而我们力求避开死亡所使用的手段却并非一劳永逸地被预先规定的。人们有时还会同样不恰当地提到母亲的本能和父亲的本能，甚至提到性的本能。这是一些有一定方向的冲动，但它们得以实现的途径则因人而异和酌情而定。这样，就为个人的探索和适应留有很大的余地，因而也为人只有出生后才能感受到的、外部行动的影响，留有很大的余地。而教育就是外部行动之一。

确实已有人断言，儿童有时从家长那里继承了很强烈的、进行某种行为的倾向。被提到的行为诸如自杀、偷窃、谋杀和欺诈等。不过，这些说法丝毫也不符合事实。不管怎么说，人不是性本恶，更不是从出生起就注定要犯某种罪的。意大利犯罪学家的悖论，而今已不再拥有许多支持者。为儿童继承的乃是精神上缺乏某种平衡，这使个体更加抗拒那种有条理和守纪律的行为。但这样一种气质并没有更加注定他必将是一个罪犯而不是一个热爱冒险事业的探险家、一个预言家、一个政治革新家、一个发明家，等等。可以说这种情况同样见诸于各种职业能力。正像贝恩①指出的：“伟大的语文学家的儿子没有继承其父的一个词；伟大的旅行家的儿子，在学校的地理学科上可能不如矿工的儿子”。儿童通过遗传从父母那里得到的是一些很一般的能力，诸如某些注意力、某种程度的恒心、正确的判断力、想象力，等等。其中每一种能力都可以为各种不同目的服务。一个想象力相当活跃的儿童，根据情况以及对他所施加的影响，将可能成为一个画家，或者成为一个诗人、一个有创造精神的工程师、一个大胆独创的金融家。因此，在天赋的素质与它们在生活中应加以利用的特殊形式之间有很大差异。这就是说，儿童的前途在很大程度上并不是由天生的素质预先决定的。其理由

---

① 亚历山大·贝恩（Alexander Bain，1818～1903年），苏格兰哲学家和心理学家。——译注

不难理解。唯独那些在继承中可以有所改变的活动方式，才以同样的形式不断地重复出现，以致能够牢固地确立在人的社会组织之中。然而，人的生涯依赖于许多复杂的、因而有变化的条件，它本身就应当不断地得到改变。因此，人的生涯不可能保持一种明确的、最终的形式。再者，只有很一般的、十分模糊的、并体现了每一个人经验中共性的那些禀性才能遗传，而且世代相传。

我们说天赋的禀性多数是很一般的，这是指它们有很大的可塑性和灵活性，因为它们能够接受截然不同的规定。此外，人刚出生时具有的、不确定的潜在性，与他在社会中作为一个有用的角色而应当具备的那种已有很明确规定的人格之间，存在着很大距离。教育应该使儿童缩小的正是这一距离。可见，教育活动有着广阔的天地。

为了发挥这种作用，教育是否有一些使其效能令人满意的途径呢?

当代心理学家居约（Guyau），为了界说教育活动并指明其效能，把教育活动与催眠暗示作了比较。这一比较不是没有根据的。

催眠暗示，其实必须首先有下述两个条件：其一，被催眠者所处状态以他处于异乎寻常的被动状态为特征。此时，他的头脑中几乎处于真空状态，意识已荡然无存，意志似乎也已丧失。因此，被暗示的观念一点也不会与相反的观念交锋，能够以阻力最小的方式得到确立。其二，由于被催眠者的头脑决不会处于完全真空状态，所以他的思想还应当从暗示本身取得特殊的力量。为此，催眠者必须有一种命令式口吻擅自对他说话。催眠者应当说："我要"，还应当向他指出，不听话甚至是不可思议的，该入睡了。事情应像催眠者那样看待，催眠者不能不这样做。催眠者如果气馁，被催眠者就会踌躇、抵制，有时甚至会拒绝催眠暗示。即使只是与被催眠者讨价还价，催眠者的权威也随即丧失。越是遇到个性倔强的被催眠者，越是需要命令式口吻。

在教育活动中，这两个必要条件则是在教育者与受其教育的儿童所保持的关系中实现的。首先，儿童自然地处于一种被动状态，它与被催眠者人为地被安排的被动状态完全可以相比拟。儿童的意识中，能够同暗示给他的表象进行交锋的表象还很少，他的意志还薄弱。他也很容易向人提出建议。鉴于同样的理由，他很容易受到榜样的影响和进行模仿。其次，教师由于自己在经验和文化上的优势，自然地对学生有影响，这种影响自然地使教师的活动具有它所必需的效能。

这种对比清楚地表明，教育者远远不是无能为力的人；因为，人们知道催眠暗示的效果。如果说教育活动只是在最低程度上有类似效果的话，那么，善于进行教育活动就可以寄予许多期望。我们非但不应该因束手无策而泄气，更不应该因自己能力有限而害怕。倘若教师和家长更加经常地感到，在儿童面前发生的任何事情不会不在他身上留下一些痕迹，他的思想和性格的发展趋势取决于这些不计其数和难以觉察的小事（每时每刻都在发生，由于表面上看来显得微不足道，因而我们不予注意），教师和家长就会更注意自己的言行！当教育既粗暴又断断续续地进行时，确实不会有很大成效。但正像赫尔巴特指出的，这不是说狠狠地训斥儿童会使人们越来越不能对儿童有力地施加影响。反之，当教育既耐心又持续不断地进行时，当教育不去追求眼前和表面的成绩，而是在恰当地加以限定的意义上缓慢地推进，并根据外部事件和偶然情况进行调整时，它会拥有各种极为深刻地影响人的心灵所必需的途径。

通过上述对比，同时可以看到什么是教育活动的主要力量。使催眠者有影响的，乃是他从情景中得到的权威。从上述对比可以得出这样的看法，即教育应主要是一种权威性的活动。这一重要见解也完全能够成立。因为，前已指出，教育的目的是使出生时不适应社会生活的个体我成为崭新的社会我。教育应使我们超越最初的本性；儿童正是由此成为人的。但我们只有经过或多或少艰苦的努力才能这样成长。当然，享乐主义的教育观也没有错，且不无根据。例如蒙泰涅[①]认为，儿童是在游戏中成长的，除了乐趣之外没有其他的激励能够吸引他。不过，即使生活没有任何阴暗，即使人为地使生活变得暗淡——在儿童看来——已被视为有罪，但生活毕竟是

① 蒙泰涅（Montaigne，1533～1592年），法国作家。——译注

严肃的，也是严峻的，为生活作准备的教育应该具有这种严肃性。儿童为了学会克制原来的自私自利，服从更高的目的，并用意志控制自己的欲望使之不超出合理的限度，他就得有很强的自制能力。我们之所以必须约束自己和克制自己，这有以下两个原因：

这是体质上需要，或者是道德上需要。体质上的需要迫使我们必须在这方面作出努力，但儿童还不能感觉到这种必要性，因为他不直接接触严酷的生活现实，使我们必须持有这种态度的正是严酷的生活现实。儿童尚未投身于竞争；不管斯宾塞怎么说，我们不能使儿童遭受事物过于严厉的磨难。但儿童真正接触这些事物时，则应当在很大程度上已经得到培养。因此，要使儿童具有坚强意志和必要的自制能力，可以依靠的不是事物的压力。

剩下的一个需要便是义务感。实际上，义务感能极好地激励儿童甚至成年人作出努力。人的自尊心也以此为前提。因为，人必须有了自尊心从而有了义务感，才能恰当地容易受到奖惩的影响。但儿童只有通过其教师或家长，才能知道义务，只有通过教师或家长向他揭示义务的方式，通过教师或家长的言行才能知道义务。因此，这一切对儿童说来应当是具体化和人格化的义务。这就是说，道德权威是教育者的主要特性。因为，义务是通过教育者对儿童所具有的权威才成为义务的。教育者具有的完全独特的权威，就是他有意识地使用的命令口吻，以及他发表意见时表现出来的对意志和事实的尊重。因而，从教师身上得出同样的印象也是必不可少的。

必须指出，这样界说的权威决没有任何粗暴和强制的性质，它完全是某种道德影响。要在教师中间形成这样的权威，必须有两个重要的先决条件。教师应当意志坚强。因为，权威涉及信任，儿童不会信任犹豫不决、迟疑不定和改变自己决定的人。但这第一个先决条件还不是最重要的。最重要的先决条件是，教师应该有权威感，他应该真正地感到权威。权威是教师事实上有了权威才能显示的一种力量。然而，教师可以从哪里得到这种力量呢？这是否因为教师有实权，即奖惩权呢？但儿童害怕受罚与尊重权威却完全是两回事。只有当受罚者本身承认处罚是正当时，担心受罚才有道德价值。因为，这意味着处罚人的权威已经被承认是合法的。这是需要讨论的一个问题。教师其实不是从外部而是从自身才能保持其权威的，只有出自内心的信赖才能使教师有权威。教师应当信赖的并不是他自己，无疑也不是他的智力或品质过人，而是他肩负的任务及其重要性。传教士的布道之所以这么容易带有权威的色彩，正是他有强烈的使命感；因为，他以自己笃信的上帝名义在布道，他感到上帝比不信教者离自己更近。不信教的教师，可以而且应该有一些这种感情。其实，教师也是一个伟大的道德人格，即社会的代言人。如同传教士是上帝的代言人，教师是他所处的时代和国家的重要道德观念的解释者。不管教师是否尊重这些观念，是否感到这些观念的重要，存在于这些观念中并为教师意识到的权威，不可能不渗透进他的人格及由此所产生的一切。他也不可能傲慢地、自负地和学究式地对待这种还有其客观根源的权威。而这种权威的全部确立，则是因为教师对自己职责的重视，也可以说是因为教师对自己职守的重视。正是这种用言行体现的重视，才使教师的意识变为学生的意识。

人们有时把自由与权威这两个概念对立起来，仿佛这是教育中两个互相矛盾、泾渭分明的要素。但这种对立是人为的。事实上，这两个概念非但不互相排斥，而且互相联系。自由是恰当地加以理解的权威之女儿。因为，所谓不受束缚，这并不是意味着做他喜欢做的事，而是自制，以及善于有理智地行动和履行义务。教师的权威，恰恰就应该用来使儿童有这种自制。教师的权威只是义务和理智所具有的权威的一个方面。因此，儿童应该得到锻炼，以便能够从教育者的讲话中认识这种权威并受到其影响；有了这一条件，儿童随后就必定能够在自己的意识中确立并尊重这种权威。

选自：张人杰主编．国外教育社会学基本文选．上海：华东师范大学出版社，1989

思想评介

涂尔干的教育社会学观

一、教育的功能在于使个体“社会化”与“专门化”

涂尔干在他的学术生涯中，无论从时间上还是思想上都没有将教育学与社会学分开过。他是把教育作为一个社会事实加以研究的，他的教育学说实际上是其社会学的一个重要组成部分。但至今人们对他的教育学说论述并不多。我们的评析，拟从他关于教育及其性质、目的和功能的观点开始，并以集中表述这些观点的《教育及其性质与作用》一文[①] 为主要依据。

关于教育性质的研究方法，涂尔干坚信，没有其他方法比社会学方法更能阐明教育的真正的性质。为此，涂尔干首先对教育一词作了限定。他指出，教育一词有时是在很广泛的意义上加以使用的，它被界说为自然界或其他人对我们智力或意志可能产生的全部影响。但事物对人的影响，与来自人本身的影响有很大区别；同辈人对同辈人的影响，也有别于成年人对年轻一代的影响。涂尔干感兴趣的，“仅仅是成年人对年轻一代的影响，因此，教育一词应该指的是这种影响。”[②] 根据这一限定，正像上文所述，涂尔干得出了教育活动有两个要素的看法，即教育必须有成年一代和年轻一代，还得有成年一代对年轻一代施以影响。但这种独特的影响的涵义是什么呢？在涂尔干看来已有的回答可分为两类：一类是以康德为代表的理性主义观点，另一类是以詹姆斯·穆勒（James Mill）[③]、斯宾

① 涂尔干为《教育学与初等教育新辞典》（1911）中“教育”这一词所写的释文，部分内容跟《教育与社会学》（1903）一文相同。

② 涂尔干著．教育与社会学．法国大学书店．1980 年第 4 版．41 ~ 42

③ 詹姆斯·穆勒（1773 ~ 1836）．英格兰历史学家、哲学家和经济学家。

塞为代表的功利主义观点。前者主张教育的目的在于使每个人都达到他所能达到的充分完善。这确实必要又令人向往，但因劳动分工的必要性而并非都能实现。后者主张教育的目的乃是使个体成为一个为自己也为同样的人谋幸福的工具。这种界说因对幸福的解释有很大的随意性而更不能令人满意。两种界说的共同缺点在于，都将教育视为卓越的个人事物。涂尔干除了在定义的内涵上提出这样的批评之外，还着重指出，这些定义据以提出的假设也是不恰当的。据以提出这些定义的假设是，存在着适合于任何人的一种理想而又完全的教育，理论家努力界说的正是这种普遍而又统一的教育。但这一假设丝毫没有被历史所证实。教育的目的、性质因时代和国家的不同而有重大差别。这一假设本身还犯有一个更普遍的错误：如果撇开时间、地点和条件，先考虑理想的教育是怎么样的，这实际上在默认教育制度本身不是真实的事物，似乎是一个纯粹的观念体系。那么，还有什么方法能更好地研究教育的性质呢？涂尔干的回答是社会学方法：历史考察加上实际观察。

观察的结果证明：教育是一个卓越的社会事物，学校是社会的缩影。因为在每个社会中，越是有不同的社会环境，就越是有不同种类的教育。即使在不公正的差别正趋于消除的社会中，教育也仍然而且必须因职业的不同而异。无疑，这些专门教育都有其共同基础。但这种共同的教育仍然因社会的不同而异。每个社会都形成了自身关于人在智力、身体和道德上的某种规范，每个社会内部又有许多不同的特定环境，因此教育具有上文已提及的两大功能，而决定教育要发挥这两大功能的，正是整个社会以及特定的社会环境。“社会只有在其成员中间存在足够的同质性时，才能继续存在下去；教育要使这种同质性世代相传，并得到加强，首先就得在儿童的内心初步确立为集体生活所必需的基本相似性。但是，另一方面，没有某种歧异性也就不可能有任何名作；教育要使这种必不可少的歧异性得以保持，本身就得多样化和专门化。”① 概言之，涂尔干认为，每个社会要想继续维持下去，其成员之间思想、价值和规范需

① 涂尔干著．教育与社会学．法国大学书店．1980年第4版．50

要有基本的相似性，也需要有一些专门化，因为分工是维持社会所必需的。“教育对社会而言只是一种手段，只是社会为了在儿童内心形成自身存在所必需的基本条件而采取的手段。”① 对社会事实的观察，使涂尔干得出了这样一个定义：

“教育是成年一代对社会生活方面尚未成熟的年轻一代所施加的影响。其目的在于，使儿童的身体、智力和道德状况都得到激励与发展，以适应整个政治社会在总体上对儿童的要求，并适应儿童将来所处的特定环境的要求。”②

由此他又得出了“教育的社会性”的推论。涂尔干的这一命题有几层含义。第一，“教育乃是使年轻一代有条不紊地社会化。”③ 个体为什么必须社会化呢？因为我们每个人身上都存在着双重人格，它们尽管不可分离，但确有区别。一种人格仅仅由整个与我们自身、与我们个人生活中的事件有关的精神状态组成，可称为“个体我”（I'être individuel）。另一种人格则是这样一种思想、情感和习惯的体系，即我们身上表现的不是我们的个性，而是我们作为其中一员的社群或不同社群的宗教信仰、道德信仰与习俗、民族传统或职业传统。整个集体信念，就是这样的体系。这种体系的总和便是“社会我”（I'être social）。“使我们每个人都形成社会我，这就是教育的目的。”④第二，社会我不是与生俱来的，也不是自发产生的。服从政治权威，遵守道德纪律，竭尽全力地工作和作出自我牺牲等，都是如此。社会应当在刚产生的个人主义和不适应社会生活的人格中，添上使之能适应道德生活和社会生活的另一种人格。“这就是教育的使命，可见教育十分重要”。⑤教育并不局限于使个体所隐藏且竭力想要表现出来的能力得以显示，而是要在他们身上塑造“新的人格”。第三，这种创造力是人类教育所特有的。对动物进行训练，可以有力地促使潜伏在它们身上的某些本能发挥出来，但不能教会它们过新的生活。人的社会生活所必需的各种能力，不能借

---

① 涂尔干著．教育与社会学．法国大学书店．1980 年第 4 版．51

②③④⑤ 涂尔干著．教育与社会学．法国大学书店．1980 年第 4 版．51～52，引文中着重号为引用者所加

助遗传由一代人传递给另一代人。进行这种传递的正是教育。

涂尔干关于教育的性质和功能的论述，在方法论上常被称为教育社会学中用结构—功能论对教育功能进行的第一项研究，在观点上也受到广泛和持久的注意。在此仅举数例：第一，涂尔干将教育看成是前一辈人对后一辈的影响。可是，在当今急剧变化的时代里，相反的关系也存在。米德（M. Mead）把价值和行为方式的教与学，即个体社会化的模式分为三种：（1）后喻文化（post – figurative）；（2）并喻文化（co – figurative）；（3）前喻文化（pre – figurative）。①第二，涂尔干关于教育的两大功能的观点，在我国至今仍受重视②。前世界比较教育协会主席米歇尔·德博韦（Michel Debeauvais）在1980年指出，涂尔干关于教育具有“社会再生产”功能的理论，今天受到了根本性的批评，对涂尔干的这一理论提出批评的人认为，教育现在不是促进社会流动的一个因素，而是具有维护和加剧社会不平等的功能③。第三，原苏联学者费里波夫（Ф.Р.Фелипов）写道：“E. 涂尔干认为，由道德原则所指使的教育平等，在劳动分工的当代社会中，基本上是不可能的。为了达到这种平等，‘最好应当回到有史以前的社会，这种社会没有任何差别……’。至于不是为了倒退，而是前进，走向新的社会制度，对此却只字未提。”④

以上是对涂尔干的教育功能论中三大问题有代表性的看法。我们除了部分赞成之外，宜略予补充。

我们认为，如果依据涂尔干的原著，那么费里波夫的隐含否定的评论是难以成立的。确实，从历史上看，教育社会学的第一个研究对象是教育制度。教育制度社会学（即“古典”教育社会学）一方面旨在使教育制度与其所从属的整个社会相结合，与整个社会规

---

①　曲则生等编译．日本高等教育出版社文学集．百家出版社，1989．5

②　参见《对教育功能的一点反思》，载1989年11月15日《光明日报》。该文引述的两个观点全是涂尔干的。

③　米歇尔·德博韦著．教育与国家发展．法文版．1980．6（论文）

④　费里波夫著．教育社会学．上海：华东师范大学出版社．1985．210．引文中着重号为引用者所加

范等相联系，另一方面想阐明教育制度是否具有消除社会不平等的作用。这两个研究方向是涂尔干在教育社会学方面的研究方向。[①]然而，在费里波夫的引文中，涂尔干说的并不是"最好应当回到有史以前的社会"，而是"为了找到一种完全同质和绝对平等的教育，就得追溯到没有任何差别的史前社会"[②]。因此，根据这一段引文，也就不存在什么"倒退"、"前进"的问题。

还应指出，依据涂尔干的原著，似乎得不出个体"社会化"与"个性化"这一涂尔干的教育功能论的结论。无疑，在教育功能问题上，如同在教育变迁等问题上一样，涂尔干是一个"社会决定论者"。许多研究者对涂尔干的教育功能论的分析，因此只注意到他强调的个体"社会化"，而没有涉及他强调的"个性化"。陈奎熹则不同，他在我们上面引用的涂尔干关于同质性与歧异性的一段论述之后，接着指出："由此可见，教育不仅使个人'社会化'且同时完成'个性化'。由社会化所形成的同质性，使社会成员具有共同的观念、态度和行为，作为建设社会的共同基础；由个性化所导致的歧异性，使个人发挥潜力作为社会分工的基础，并使文化创造成为可能。"[③] 但是，从我们已引用的涂尔干的论述中，能得出的似乎不是这一结论，而是使个体"社会化"和"专门化"的结论。

再者，我们感到，第二次世界大战后，在50年代和60年代前半期，支配着欧美教育社会学界的功能主义学派在理论上的一些缺陷，例如过分强调教育与社会之间的和谐而忽视了冲突，过分强调教育的积极功能而忽视了它的消极功能[④]，恐怕与涂尔干在教育功能论上的缺陷不无关系。

按照涂尔干教育学说的逻辑，下面我们将讨论他关于社会需要

---

① （法）阿兰·格拉主编．教育社会学基本文选．1974年法文版，第22页．

② 涂尔干著．教育与社会．第48页．中文着重号为引用者所加．

③ 陈奎熹著．教育社会学．台湾三民书局1980年版，第25页；陈奎熹著．教育社会学研究，台湾师大书苑有限公司1990年版，第11－12页．另参见布列克里局·杭特著．教育社会学理论．李锦旭译，台湾桂冠图书股份有限公司1987年版，第23页，布列克里局等称，对涂尔干而言，教育的功能是使人社会化和人性化．

④ 吴康宁．当今欧美教育社会学三大学派，见教育研究．1986年第9期．

与个人需要的观点。

二、个体社会化是社会和个体的共同需要

教育在使个体的道德、智力和体质得到发展时，往往会使人感到，这似乎在迎合个体本性自发的需要。依涂尔干的观点，事实并非如此，因为“无论在哪里，教育首先都在满足社会需要”①。他指出，每个社会都要求其全体成员具备本社会所需要的道德品质，但这并不是人性本身所具有的。因此，德育是在符合个体需要也就无从说起。再看智力，过去，对智力进行坚实的培养所具有的好处远没有被各民族所承认，今天，我们如此重视的科学、批判精神也曾长期受到怀疑。可是，这种对知识的冷漠态度，并不是外界强加于人而使人违反自己的本性的。人本身并没有追求科学的本性。当各种形式的社会生活变得十分复杂，社会感到需要对人进行科学方面的培养，甚至认为它必不可少时，才要求其成员掌握科学，并将此作为社会成员必须履行的一项义务。在体质上的培养，与此没有什么不同：体育的目标随社会需要而异。因此，在奉行苦行主义的中世纪，学校中很少安排体育；在斯巴达，体育的主要目的在于使成员经得住疲劳；在古代雅典，体育是使其成员有健美体形的一种手段；在骑士制度的时代，体育被用来培养敏捷而又灵活的军人；在我们的时代，体育仅以卫生保健为目标，特别被用以克服智力培养中因负担过重而产生的危害。“由此可见，上述素质即使初看起来是多么合乎个体自发的要求，但事实上个体只有当社会对他有所要求时，并且只能以社会对他规定的方式去获得这些素质”。②

那么，个体在社会化中是否经受着难以忍受的束缚呢？涂尔干的回答是：“当我们指出社会按自己需要对个体进行塑造时，这也许会使人认为个体在受着难以忍受的束缚。其实，他们自己愿意服从这种要求。因为在集体影响下的通过教育在我们身上塑造的新的人格，就这样代表着我们中间最好的人格和人所特有的人格。事实

① 涂尔干著．教育与社会学．法国大学书店．1980年第4版．53

② 涂尔干著．教育与社会学．法国大学书店．1980年第4版．55

上，人之所以是人，只因为他生活在社会之中。”[①] 这就是说，虽然个体社会化是为社会所要求的，但从个人来看，这种社会化也是必需的和自己所期望的。涂尔干指出，这是一个总的而又重要的观点，概括了当代社会学的研究成果。他还扼要地提及，能证明这一观点是正确的，有两个最基本的事实。首先，道德与社会本质息息相关，其原因是道德在社会发生变迁时就会有所变化，况且道德是共同生活的结果。正是社会，才使我们从自身中摆脱出来，迫使我们考虑他人的利益；也正是社会，使我们学会支配自己的激情和本能，学会用法律来驾驭自己的激情和本能，学会约束自己、控制自己和作出自我牺牲，并学会使个人的目的服从更高的目的。诚然，整个表象系统使我们对道德准则、纪律，保持内心的和外显的看法，然而，使表象系统建立于我们意识之中的仍然是社会。我们就是这样获得了抵制我们自己的能力，这种对我们习性的控制是人的卓越的特点之一，并且随着我们更加完全地成为人而得到发展。其次，智力与社会也有密切的关系。诸如原理、法则、空间、数量，以及个体、生命、意识和社会等基本概念确实在不断演变。然而，科学必须以同时代和各个时代的全体智者的广泛合作为前提。从这两个事实可以看出，如果抽掉了人从社会得到的一切，人就会降到动物的行列。人之所以能够超越动物的阶段，首先是与他人不断地共同努力的结果。“因此，社会与个体之间虽然往往被认为存在着对立，但这没有任何事实根据。社会与个体，这两者非但不是对立的……而且是互相有联系的。”[②] 这种联系，在涂尔干看来，一方面表现在个体对社会的要求，也就是对自己的要求，另一方面表现在社会主要通过教育对个体施加的影响，其目标和结果决不是压制个体，也决不是降低个体的地位和改变个体的性质，而是提高个体的地位，使之成为一个真正的人。无疑，达到这一目标是需要条件

① 涂尔干著．教育与社会学．法国大学书店．1980 年第 4 版．57

② 涂尔干著．教育与社会学．法国大学书店．1980 年第 4 版．57

的，即必须以人的努力为前提[①]；但人的最本质的特征之一，恰恰是具有这种自愿地作出努力的能力。

涂尔干在这方面的贡献在于，他实际上提出了一些有意义的问题，诸如教育究竟首先在符合社会需要还是个人需要？两者是否对立？两者如何统一？此前，提出社会需要与个人需要之间的关系，尤其是从社会学的角度加以审视者，毕竟为数不多。康德、穆勒、赫尔巴特和斯宾塞不是从另一种角度去讨论，就是很少去讨论。况且社会需要与个人需要之间的关系，至今仍是一个现实性很强的理论和实际问题，虽然时代背景与社会环境都已不能同日而语。此外，单就涂尔干对问题的回答来看，其中有些命题也不乏真知灼见。例如，“无论在哪里，教育首先都在满足社会需要”。鉴于它有充分的事实根据，故可视为对一切强调首先满足个人需要的观点之有力批判。又如，他在强调个体社会化的同时承认个性的存在。正像他在《社会学研究方法论》中指出的：“不是说承认强制的存在，就非要排除个性的存在”。[②]

相形之下，他对个体社会化既为社会所要求，又为个体所必需和所希望这一观点的论证似欠充分。为了说明这一观点，他提及的两个最基本的事实是不容置疑的。可是，它们并没有能够使人十分信服地接受个体社会化为个体所期望的论断，因此也就有损于个体社会化为社会和为个体所共同需要的这一结论之成立。作为一个总的而又重要的观点，它没有得到充分论证，当然是一件憾事。但这不足为怪。因为，涂尔干在谈到这一观点时已有说明：要在一篇文章中严谨地予以阐明是有困难的。我们是否可以说，即使在今天，要在理论上说清社会需要与个人需要之间的关系，并付诸实施，也并不容易。问题倒在于，教育在为社会建立必需的道德共识以求社会继续生存中，涂尔干很少提到面对错误的道德共识该怎么办。但

---

① 涂尔干仅在《教育及其性质与作用》一文中，就两次强调这一点。他认为，蒙田的儿童在游戏中成长的观点不无根据，但生活毕竟是严肃的，为生活作准备的教育应有这种严肃性。涂尔干还写道，不管斯宾塞怎么说，我们不能使儿童经受过于严厉的磨难。

② 社会学研究方法论．出版地不详．6

这一问题又是教育社会学中功能主义学派几乎不可避免的根本缺陷。

贯穿于社会需要与个人需要之中的一个基本观念，即人之先天的本性①，将是我们要讨论的涂尔干教育学说中的第三个要点。

三、教育活动有着广阔的天地

依据英国教育社会学家布列克里局等人的观点，对人性的看法，可以说是涂尔干教育理论的基本观念。那么，涂尔干的人性观是什么呢？为布列克里局等人所特别注意的涂尔干的人性观包括：(1) 失范，即一个人处于与社会化相反的状态，这就是说，涂尔干认为人格的稳定有赖于社会的稳定。(2) 人需要加以限制，即人的欲望是无限的，当扩大到不能满足时，生活开始变得不能满足且无意义，由于不会限制自己的欲望而生活在失范状态中的人，其最后结果是永远不愉快；为了过满足的生活，人必须限制自己的需求，但因无人能自动地限制自己的欲望，故必须由独立于人类意志之外的社会来加以限制。(3) 潜能，有些教育家认为，儿童身上有自然的道德价值和思考方式，涂尔干对此明确表示异议，反对教育应发展儿童潜能的观点，除非这些潜能为社会所需要。② 布列克里局等人指明人性观是涂尔干教育理论的基本观念，这是正确的。可惜这常被一般研究著作所忽视。对布列克里局等人概括的涂尔干的人性观，可以作一些必要的补充。

在《教育与社会学》、《道德教育论》和《自杀论》等著作中，涂尔干对人的天性都有大量的论述。我们试以此为基础，并以涂尔干使用的一些主导概念，对其人性观作如下概括：在我们看来，其中至少有这样一些主导概念，且可以将它们大致排列如下：遗传、社会我、失范和人需加以限制。涂尔干对遗传的看法是他整个人性观的思想起点，在他整个教育学说中，则是继教育目的确定之后，对教育怎样才能有效和能有多大的效能之界说。考虑到遗传的因

---

① “La nature congenitale”，一译“人性”或“人的天性”。

② 布列克里局·杭特著．教育社会学理论．(台) 桂冠图书公司．1987．22～23

素，教育究竟有多大效能的问题，历来有很大的争论。涂尔干对这种争论作了如下的总结："人们对这一问题的回答，一方面取决于他们对天赋的禀性之重要性和性质持有什么看法，另一方面取决于教育者掌握的教育途径的效能之大小"。[①] 因此，涂尔干首先指出，教育并非像洛克和爱尔维修所说的那样，似乎在"白纸"上进行，而是在影响已经形成的一些禀性。在涂尔干看来，这些天赋的禀性是很一般的。这种禀性其实就是本能，其中有一类是几乎不给外部行动的影响留有余地的。但如果说人有自卫的本能、母亲的本能、父亲的本能、性的本能等，则是不恰当的。因为它们得以实现的途径因人而异和酌情而定。这就为个人的探寻和适应，并为外部行动的影响留有很大的余地。而教育就是外部行动之一。其次，涂尔干断定，人不是性本恶，更不是从出生起就注定要犯罪的。同样的情况也见诸于职业能力。儿童通过遗传，从父母那里得到的只是一些很一般的能力，例如注意力、恒心、判断力和想象力。其中每一种能力都可以为不同的目的服务，在天赋素质与生活中对它加以利用的方式之间有很大差异。因此儿童的前途[②]在很大程度上不是由天赋的素质所预先决定的。涂尔干由此得出这样的结论："我们说天赋的禀性多数是很一般的，这意味着它们有很大的可塑性和灵活性……此外，人刚出生时具有的不确定的潜在性，与他在社会中作为一个有用的角色而应具备的、那种已有明确规定的人格之间，有很大距离。教育使儿童缩小的正是这一距离。可见教育活动有着广阔的天地。"[③] 涂尔干在这里说的第二层涵义，就是上文提及的，要使每个人都形成社会我。于是我们遇到了他的人性观中的第二个主导概念。

关于社会我，在此宜重复两点，以求有个较完整的叙述。(1)社会我不全是生而固有的，也不是自然发展的结果。像服从政治权威、遵守道德纪律、竭尽全力地工作、作出自我牺牲、信仰宗教、

① 涂尔干著．教育与社会学．法国大学书店．1980年第4版．61~63

② 指职业前途

③ 涂尔干著．教育与社会学．法国大学书店．1980年第4版．61~63

考虑他人利益、用法律来约束自己、使个人目的服从更高的目的等，都需要通过教育才能形成。(2) 在人的身上，社会生活所必需的各种能力十分复杂，甚至已无法体现在人的生理组织之中，因此不能借助遗传由一代人传递给另一代人。进行这种传递的正是教育。

而后才是布列克里局等人加以分析的失范、人需要加以限制。因此，布列克里局等人与我们之间，对涂尔干人性论的脉络和主导概念数量上，看法不尽相同。

人性观作为涂尔干教育理论的基本概念，被应用于他的教育理论的许多方面，最集中也是最明显的则见诸他关于道德教育的论述。有关涂尔干道德教育的研究较多，它们提供了一些启示，但也带来了莫衷一是的困难。我们仍然尽量以他的原著为基础。

涂尔干从教育的许多领域中选择道德教育为重点，这是他的社会学理论和教育学说追求的目标所产生的必然结果。但正像他所说的："我现在以道德教育为讲课题目，这不仅是因为它在教育学者看来始终占首要地位，更因为它在今天显得特别紧迫"。① 他认为传统教育制度经历的危机在这方面显得最尖锐、最深刻和最严重。这是由于 20 世纪初以来进行了 20 年左右的教育大革命，已下了决心进行非宗教的道德教育。这种道德教育"不是基于宗教默启原则，而是唯一以理性所承认的观念、感情和行为作为基础的教育，一言以蔽之，即唯理教育"②。如此重要的新教育的产生，不会不干扰人们所接受的观念、习惯，整个教育程序必须调整，并会产生一些新问题。在此以前，他从更广泛的范围指出，没有共同的思想和感情也就没有社会的生存，但是，"这种道德一致在我们中间各方面都未达到应有的程度。我们分别接受了不同的，有时甚至是对立的观念。"③

对代替宗教道德权威的唯理教育在理论上进行分析，是涂尔干所关心的一个问题。他认为，社会学和心理学在考察道德中起着不

---

①② 涂尔干著．道德教育论．1974．2～3

③ 涂尔干著．教育与社会学．上海：华东师范大学出版社，1985．60

同的作用。他在《道德教育论》一书中指出，他采用的方法是将道德看成是一个事实。由此他得出所有道德制度所共有的三个基本要素：守纪律的精神、对社会团体的依恋、自主。第一要素表示道德生活的形式，与涂尔干的失范和人需要加以限制的两个概念有密切联系。第二要素表示道德生活的内容。既然道德来自共同生活，那么在涂尔干看来，以个人为目的之行为就不是道德行为，以他人为目的之行为也不是道德行为，只有以社会为目的之行为才是道德行为。这里的社会又有价值自低至高的三种：家庭、政治团体或祖国、人类。第三要素意谓第一、二要素的统一。

因为听讲者是小学教师，涂尔干在《道德教育论》中还专门讨论了“怎样把道德三要素传授给儿童”。在守纪律的部分和对社会团体的依恋部分，他涉及了一些实用性很强的问题，如纪律与儿童心理、惩罚、奖赏、学校环境的影响和科学教育等。其中给科学教育以道德的价值，将学习科学和进行有道德性质的教学视为道德规范内化的重要途径等观点，尤其为人注意。在《道德教育论》的两篇 18 课中，第三要素所占篇幅很小，且内容较贫乏。

如果涂尔干在这一问题上的脉络大致是这样的话，那么他对人的天性的看法，就既是分析的起点和实体，又是分析的归宿。他试图说明洛克和爱尔维修关于教育有无限作用的看法并不可取，遗传决定论也不能成立；他对教育有多大效能的看法，在总体上似乎更能为人所接受。他的这一论述提出了儿童的职业前途在很大程度上不是由天赋的素质所预先决定的，虽无统计分析资料为依据，却也为第二次世界大战后一些大样本调查结果所证实。在上文未曾展开的“教育途径的效能”问题上，他提出的“道德权威是教育者的主要特性”① 的观点，在今天的教育社会学著作中，仍被视为传统的“教师权威”理论的一句名言。② 涂尔干关于工业社会中需要最小限度的道德共识和文化同质性的论点，曾大量被引用来讨论美国的公共学校（Common School）及这种学校在培养来自不同背景移民的美

---

① 涂尔干著. 教育与社会学. 上海：华东师范大学出版社，1985. 67

② 费里波夫著. 教育社会学. 上海：华东师范大学出版社，1985. 255

国人时所扮演的角色。以此观点来看，美国的公共学校本质上乃是在面对少数民族和来自不同阶级背景的人时，希望求得某种程度的文化一致性。[①] 此外，涂尔干在讨论道德的特性时，对道德生活中几组互相矛盾和统一的概念，如至善与义务、个人与社会、自由与服从、人性的发展与纪律的限制都作了审视。这是一般教育学家论道德教育时难以完成的。至于最大的缺陷，已有不少人指出：某些有益于国家如纳粹德国利益的行为，按涂尔干的说法也会成为道德行为！[②] 我们如果将涂尔干在上述几个问题上的理论缺陷联系起来看，其性质大概是不难发现的。

涂尔干的教育学说中，还涉及智育、体育、教育学的性质和方法、教育学与社会学的关系等问题。笔者认为，与其面面俱到，还不如另择机会再予讨论。行文至此，我们力图寓“评”于“传”之中，很可能离应有的目标尚远。最后只引述埃米尔·涂尔干对自己教育工作的一个评价，作为本篇的结束：“教育工作并非是模仿性劳动，而是时代精神的记载。”

（张人杰）

---

① 克里斯托弗·丁·赫恩著. 学校教育的限制与可能性. 台湾：五南图书出版公司，1989. 91

② 布列克里局·杭特著. 教育社会学理论. 台湾师大书苑有限公司，1990. 28

2

杜　威

(John Dewey)

■ 生平简介

■ 名篇选读

我的教育信条

民主主义与教育

■ 思想评介

杜威及其实用主义教育思想

生平简介

杜威（1859~1952），美国著名哲学家、教育家，实用主义哲学的集大成者，实用主义教育思想的创始人。杜威生于佛蒙特州，15岁进入佛蒙特大学学习，毕业后曾任教于中学和乡村学校；1882年入约翰斯·霍普金斯大学做研究生，1884年获博士学位，后历任密执安大学及明尼苏达大学的哲学讲师、教授，芝加哥大学哲学教授，哲学、心理学和教育学系的系主任，1930年从芝加哥大学退休。杜威工作期间于1896年创设芝加哥大学实验学校，作为其哲学和教育理论的实验室，进行了历时8年的教育实验，从而形成并发展了其教育思想；1915年参加创立美国大学教授联合会，并为首任主席；1919~1921年曾访华宣传其实用主义教育思想。另外，他还曾任美国心理学会会长、美国哲学学会会长、美国进步教育协会名誉会长，退休后仍潜心于学术研究与著述。杜威一生著述浩繁，有专著44本，其中教育著作11本。其主要的教育著作有：《我的教育信条》（1897）、《学校与社会》（1899）、《明日之学校》（1915）、《民本主义与教育》（1916）、《教育科学的资源》（1929）等。我国曾于解放前出版过《杜威在华讲演录》（1919）、《杜威五大讲演》（1920）等。

名篇选读

我的教育信条

第一条 什么是教育

我相信——

一切教育都是通过个人参与人类的社会意识而进行的。这个过程几乎是在出生时就在无意识中开始了。它不断地发展个人的能力，熏染他的意识，形成他的习惯，锻炼他的思想，并激发他的感情和情绪。由于这种不知不觉的教育，个人便渐渐分享人类曾经积累下来的智慧和道德的财富。他就成为一个固有文化资本的继承者。世界上最形式的、最专门的教育确实不能离开这个普遍的过程。教育只能按照某种特定的方向，把这个过程组织起来或者区分出来。

唯一的真正的教育是通过对于儿童的能力的刺激而来的，这种刺激是儿童自己感觉到所在的社会情境的各种要求引起的，这些要求刺激他，使他以集体的一个成员去行动，使他从自己行动和感情的原有的狭隘范围里显现出来；而且使他从自己所属的集体利益来设想自己。通过别人对他自己的各种活动所作的反应，他便知道这些活动用社会语言来说是什么意义。这些活动所具有的价值又反映到社会语言中去。例如，儿童由于别人对他的呀呀的声音的反应，便渐渐明白那呀呀的声音是什么意思，这种呀呀的声音又逐渐变化为音节清晰的语言，于是儿童就被引导到现在用语言总结起来的统一的丰富的观念和情绪中去。

这个教育过程有两个方面：一个是心理学的；一个是社会学的。它们是平列并重的，哪一方面也不能偏废，否则，不良的后果将随之而来。这两者，心理学方面是基础的。儿童自己的本能和能力为一切教育提供了素材，并指出了起点。除了教育者的努力是同儿童不依赖教育者而自己主动进行的一些活动联系以外，教育便变成外来的压力。这样的教育固然可能产生一些表面的效果，但实在不能称它为教育。因此，如果对于个人的心理结构和活动缺乏深入的观察，教育的过程将会变成偶然性的、独断的。如果它碰巧能与儿童的活动相一致，便可以起到作用；如果不是，那么它将会遇到阻力、不协调，或者束缚儿童的天性。

为了正确地说明儿童的能力，我们必须具有关于社会状况和文明现状的知识。儿童具有自己的本能和倾向，在我们能够把这些本能和倾向转化为与他们的社会相当的事物之前，我们不知道它们所指的是什么。我们必须能够把它们带到过去的社会中去，并且把它们看作是前代人类活动的遗传。我们还必须能把它们投射到将来，以视他们的结果会是什么。在前一个例子中，正是这样能够在儿童的呀呀的声音里，看出他将来的社会交往和会话的希望和能力，使人们能够正确地对待这种本能。

心理的和社会的两个方面是有机地联系着的，而且不能把教育看作是二者之间的折衷，或其中之一凌驾于另一个之上而成的。有人说从心理学方面对教育所下的定义是空洞的、形式的——它只给我们以一个发展一切心能的观念，却没有给我们以怎样利用这些心能的观念。另一方面，又有人坚决认为，教育的社会方面的定义（即把教育理解为与文明相适应）会使得教育成为一个强迫的、外在的过程，结果把个人的自由隶属于一个预定的社会和政治状态之下。

假如把一个方面看作是与另一个方面孤立不相关而加以反对的话，那么这两种反对的论调都是对的。我们为了要知道能力究竟是什么，我们就必须知道它的目的、用途或功能是什么；而这些，是无法知道的，除非我们认为个人是在社会关系中活动的。但在另一方面，在现在情况下，我们能给予儿童的唯一适应，便是由于使他们充分发挥其能力而取得的适应。由于民主和现代工业的出现，我们不可能明确地预言 20 年后的文化是什么样子，因此也不能准备儿童去适合某种定型的状况。准备儿童使其适应未来生活，那意思便是要使他能管理自己；要训练他能充分和随时运用他的全部能量；他的眼、耳和手都成为随时听命令的工具，他的判断力能理解它必须在其中起作用的周围情况，他的动作能力被训练能达到经济和有效果地进行活动的程度，除非我们不断地注意到个人的能力、爱好和兴趣，——也就是说，除非我们把教育不断地变成心理学的名词，这种适应是不可能达到的。

总之，我相信，受教育的个人是社会的个人，而社会便是许多个人的有机结合。如果从儿童身上舍去社会的因素，我们便只剩下一个抽象的东西；如果我们从社会方面舍去个人的因素，我们便只剩下一个死板的没有生命力的集体。因此，教育必须从心理学上探索儿童的能力、兴趣和习惯开始。它的每个方面，都必须参照这些考虑加以掌握。这些能力、兴趣和习惯必须不断地加以阐明——我们必须明白它们的意义是什么，必须用和它们相当的社会的事物的用语来加以解释——用他们在社会事务中能做些什么的用语来加以解释。

第二条　什么是学校

我相信——

学校主要是一种社会组织。教育既然是一种社会过程，学校便是社会生活的一种形式。在这种社会生活的形式里，凡能最有效地培养儿童分享人类所继承下来的财富，以及为了社会的目的而运用自己的能力的一切手段，都被集中起来。

因此，教育是生活的过程，而不是将来生活的预备。

学校必须呈现现在的生活——即对于儿童说来是真实而生气勃勃的生活，像他们在家庭里、在邻里间、在运动场上所经历的生活那样。

不通过各种生活形式，或者不通过那些本身就值得生活的生活形式来实现的教育，对于真正的现实总是贫乏的代替物，结果形成呆板而死气沉沉的局面。

学校作为一种制度，应当把现实的社会生活简化起来，缩小到一种雏形的状态。现实生活是如此复杂，以致儿童不可能同它接触而不陷于迷乱；他不是被正在进行的那种活动的多样性所淹没，以致失去自己有条不紊的反应能力，便是被各种不同的活动所刺激，以致他的能力过早地被发动，致使他的教育不适当地偏于一面或者陷于解体。

既然学校生活是如此简化的社会生活，那么它应当从家庭生活里逐渐发展出来；它应当采取和继续儿童在家庭里已经熟悉的活动。

学校应当把这些活动呈现给儿童，并且以各种方式把它们再现出来，使儿童逐渐地了解它们的意义，并能在其中起着自己的作用。

这是一种心理学的需要，因为这是使儿童获得继续生长的唯一方法，也是对学校所授的新观念赋予旧经验的背景的唯一方法。

这也是一种社会的需要，因为家庭是社会生活的一种形式，儿童在其中获得教养和道德的训练。加深和扩展他的关于与家庭生活联系的价值的观念，是学校的任务。

现在教育上许多方面的失败，是由于它忽视了把学校作为社会生活的一种形式这个基本原则。现代教育把学校当作一个传授某些知识，学习某些课业，或养成某些习惯的场所。这些东西的价值被认为多半要取决于遥远的将来；儿童所以必须做这些事情，是为了他将来要做某些别的事情；而这些事情只是预备而已。结果是，它们并不成为儿童的生活经验的一部分，因而并不真正具有教育作用。

道德教育集中在把学校作为一种社会生活的方式这个概念上，最好的和最深刻的道德训练，恰恰是人们在工作和思想的统一中跟别人发生适当的关系而得来的。现在的教育制度，就它对于这种统一的破坏或忽视而论，使得达到任何真正的、正常的道德训练变为困难或者不可能。

儿童应当通过集体生活来使他的活动受到刺激和控制。

在现在的情况下，由于忽视了把学校作为社会生活的一种方式这个概念，来自教师的刺激和控制是太多了。

教师在学校中的地位和工作必须按同样的基本观点来加以阐

明。教师在学校中并不是要给儿童强加某种概念，或形成某种习惯，而是作为集体的一个成员来选择对于儿童起作用的影响，并帮助儿童对这些影响作出适当的反应。

学校中的训练应当把学校的生活作为一个整体来进行，而不是直接由教师来进行。

教师的职务仅仅是依据较多的经验和较成熟的学识来决定怎样使儿童得到生活的训练。

儿童的分班和升级的一切问题，都应当参照同样的标准来决定。考试不过是用来测验儿童对社会生活的适应能力，并表明他在哪种场合最能起作用和最能接受帮助。

第三条　教材

我相信——

儿童的社会生活是他的一切训练或生长的集中或相互联系的基础。社会生活给予他一切努力和一切成就的不自觉的统一性和背景。

学校课程的内容应当注意到从社会生活的最初不自觉的统一体中逐渐分化出来。

我们由于给儿童太突然地提供了许多与这种社会生活无关的专门科目，如读、写和地理等，而违反了儿童的天性，且使最好的伦理效果变得困难了。因此，学校科目相互联系的真正中心，不是科学，不是文学，不是历史，不是地理，而是儿童本身的社会活动。

教育不能在科学的研究或所谓自然研究中予以统一，因为离开了人类的活动，自然本身并不是一个统一体；自然本身是时间和空间里许多形形色色的东西，要自然本身使它自己作为工作的中心，那便是提供一个分散的原理，而不是集中的原理。

文学是社会经验的反映和阐明；因此，它必须产生在经验之后，而不是在前。因此，它不能作为统一体的基础，虽然它可以成为统一体的总和。

再次，历史就它提供社会生活和生长的各个方面来说，是具有教育价值的。它必须参照社会生活而加以控制。假如只简单地作为历史来看，它便陷于遥远的过去而变成僵死的、毫无生气的东西。历史如被看作是人类的社会生活和进步的记录，那就成为有丰富意义的东西了。但是我认为，除非儿童也被直接引入社会生活中去，否则对于历史是不可能这样看的。所以教育最根本的基础在于儿童活动的能力，这种能力是沿着现代文明所由来的同一的总的建设路线而活动的。

使儿童认识到他的社会遗产的唯一方法是使他去实践那些使文明成其为文明的主要的典型的活动。因此，所谓表现和建设的活动便是相互联系的中心。这便给予学校中烹调、缝纫、手工等的地位以一个标准。

这些科目并不是附加在其他许多科目之外，作为一种娱乐、休息的手段，或者作为次要的技能的特殊科目而提出的。我更相信它们是代表社会活动的类型和基本形态的；而且，通过这些活动的媒介把儿童引入更正式的课程中，这是可能的，也是值得思考的。

科学研究就它显示了产生现代社会生活的各种资料和方法而言，是具有教育意义的。

目前科学教学的最大困难之一是，这种资料以纯客观的形式提供出来，或者作为儿童能加于他已有经验之上的一种新的特殊经验。其实，科学之所以有价值正因为它给我们一种能力去解释和控制已有的经验。我们不应当把它作为新的教材介绍给儿童，而应当作为用来显示已经包含在旧经验里的因素和作为提供更容易、更有效地调整经验的工具。

现在我们丧失了许多文学和语言科目的价值，这是因为我们抛弃了社会的因素。在教育学著作里，差不多总是把语言只当作思想的表现。语言固然是一种逻辑的工具，但基本的、最重要的是一种社会的工具。语言是一种交往的手段，是一个人用以分享别人的思想和感情的工具。如果只是把它当作个人获得知识，或当作表达已经学到的知识的工具，那么就会失去它的社会的动机和目的。

因此，在理想的学校课程中，各门科目并不是先后连贯的。如果教育即是生活，那么一切生活一开始就具有科学的一面、艺术和文化的一面以及相互交往的一面。因此，一个年级的固定科目只是阅读和写字，而较高的年级里却开设阅读、文学或科学，这是不正确的。进度不是在于各门科目的连贯性，而是在于对经验的新态度和新兴趣的发展。

最后，教育应该被认为是经验的继续改造；教育的过程和目的是完全相同的东西。

如要在教育之外另立一个什么目的，例如给它一个目标和标准，便会剥夺教育过程中的许多意义，并导致我们在处理儿童问题时依赖虚构的和外在的刺激。

第四条 方法的性质

我相信——

方法的问题最后可以归结为儿童的能力和兴趣发展的顺序问题。提供教材和处理教材的法则就是包含在儿童自己本性之中的法则。由于情况正是这样，我认为下面的论述，对于决定教育所赖以进行的那种精神是极端重要的。

(1) 在儿童本性的发展上，自动的方面先于被动的方面；表达先于有意识的印象，肌肉的发育先于感官的发育，动作先于有意识的感觉；我相信意识在本质上是运动或冲动的；有意识的状态往往在行动中表现自己。

对于这个原理的忽视便是学校工作中大部分的时间和精力浪费的原因。儿童被置身于被动的、接受的或吸收的状态中，情况不允许儿童遵循自己本性的法则；结果造成阻力和浪费。

观念（理智的和理性的过程）也是由行动引起的，并且为了更好地控制行动。我们所谓理性，主要就是有顺序的或有效的行动法则。要发展推理能力、判断能力，而不参照行动方法的选择和安排，便是我们现在处理这个问题的方法中的一个重大错误。结果是我们把任意的符号提供给儿童。符号在心智发展中是必需的，不过它们的作用在于作为节省精力的工具；它们本身所表现出来的，乃是从外部强加的、大量毫无意义的和武断的观念。

(2) 表象是教学的重要工具。儿童从他所见的东西中所得到的，不过是他依照这个东西在自己心中形成的表象而已。

假如将现在用以使儿童学习某些事物的9/10的精力，用来注意儿童是否在形成适当的表象，那么教学工作将会容易得多。

目前对于课业的准备和提出所费的许多时间和注意力，可以更明智地、更有益地用来训练儿童形成表象的能力，使儿童将经验中所接触的各种东西不断地形成明确、生动和生长中的表象。

(3) 兴趣是生长中的能力的信号和象征。我相信，兴趣显示着最初出现的能力，因此，经常而细心地观察儿童的兴趣，对于教育者是最重要的。

这些兴趣必须作为显示儿童已发展到什么状态的标志来加以观察。它们预示着儿童将进入那个阶段。

成年人只有通过对儿童的兴趣不断地予以同情的观察，才能够进入儿童的生活里面，才能知道他要做什么，用什么教材才能使他工作得最起劲、最有效果。

这些兴趣不应予以放任，也不应予以压抑。压抑兴趣等于以成年人代替儿童，这就减弱了心智的好奇性和机敏性，压抑了创造性，并使兴趣僵化。放任兴趣等于以暂时的东西代替永久的东西。兴趣总是一些隐藏着的能力的信号；重要的事情是发现这种能力。放任兴趣就不能从表面深入下去。它的必然结果是以任性和好奇代替了真正的兴趣。

(4) 情绪是行动的反应。力图刺激或引起情绪而不顾与此情绪相应的活动，便等于导致一种不健全的和病态的心理状态。

只要我们能参照着真、善、美而获得行动和思想上的正确习惯，情绪大都是能够约束的。

除了死板和呆滞、形式主义和千篇一律之外，威胁我们教育的最有害的东西莫过于感情主义。

这种感情主义便是企图把感情和行动分离开来的必然结果。

第五条　学校与社会进步

我相信——

教育是社会进步及社会改革的基本方法。

改革仅仅依赖法规的制定，或是惩罚的威胁，或仅仅依赖改变机械的或外在的安排，都是暂时性的、无效的。

教育是达到分享社会意识的过程中的一种调节作用，而以这种社会意识为基础的个人活动的适应是社会改造的唯一可靠的方法。

这个概念对于个人主义和社会主义的理想都予以应有的重视。它恰恰是个人主义的，因为它承认某种品格的形成是合理生活的唯一真正基础。它是社会主义的，因为它承认这种好的品格不是由于单纯的个人的告诫、榜样或说服所形成的，而是出于某种形式组织的或社会的生活施加于个人的影响，社会机体以学校为它的器官，决定道德的效果。

在理想的学校里，我们得到了个人主义和集体组织的理想之间的调和。

因此，社会对于教育的责任便是它的至高无上的道德责任。通过法律和惩罚，通过社会的鼓动和讨论，社会就会以一种多少有些机遇性和偶然性的方式，来调整和形成它自身。但是通过教育，社会却能够明确地表达它自己的目的，能够组织自己的方法和手段，因而能明确地和有效地朝着它所希望的前进目标塑造自身。

当社会一旦承认了朝着这种目标前进的可能性，以及这些可能性所赋予的义务，人们便不可能去设想听任教育者随意地使用时间、注意力和金钱等资源。

为了提醒社会认识到学校奋斗的目标，并唤起社会认识到给予教育者充足的设备来进行其事业的必要性，坚持学校是社会进步和改革的基本的和最有效的工具，是每个对教育事业感兴趣的人的任务。

作这样设想的教育，是标志着人类经验中所能想象得到的，科学和艺术最完善、最密切的结合。

这样形成人类的各种能力，并使它们适应社会事业的艺术是最崇高的艺术；能够完成这种艺术的人，便是最好的艺术家；对于这种事业，不论具有任何见识、同情、机智和行政的能力，都不会是多余的。

心理学事业的发展，增长了对于个人的心理结构和生长的法则的观察能力；社会科学的发展，增长了我们关于正确组织个人的知识，一切科学的资源都可以为教育的目的而使用。

当科学和艺术这样携手以后，支配人类行动的最高动机已经达到了，人类行为的真正动力将被激发起来，人类本性中可能达到的最好的事业便有保障了。

最后，教师不是简单地从事于训练一个人，而是从事于适当的社会生活的形成。

每个教师应当认识到他的职业的尊严；他是社会的公仆，专门从事于维持正常的社会秩序，并谋求正确的社会生长的事业。

这样，教师总是真正上帝的代言者，真正天国的引路人。

选自：华东师范大学教育系，杭州大学教育系编译．现代西方资产阶级教育思想流派论著选．北京：人民教育出版社，1980

民主主义与教育（节选）

一、教育即生长

当我们说教育就是发展时，全看对发展一词怎样理解。我们的最后结论是，生活就是发展；而不断发展，不断生长，就是生活。用教育的术语来说，就是：①教育过程在它自身以外无目的；它就是它自己的目的；②教育过程是一个不断改组、不断改造和不断转化的过程。

（1）当我们用比较的术语，即从儿童和成人生活的特征，来解释发展时，所谓发展就是使能力引导到特别的渠道，如养成各种习惯，这些习惯包有执行的技能，明确的兴趣，以及特定的观察与思维的对象。但是，比较的观点并不是最终的。儿童具有特别的能力；忽视这个事实，便是阻碍儿童生长所依靠的器官的发育或使它们畸形发展。成人利用他的能力改造他的环境，因此引起许多新的刺激，这些新的刺激又指导他的各种能力，使它们不断发展。忽视这个事实，发展就受阻挠，成为被动的适应。换言之，常态的儿童和常态的成人，都在不断生长。他们的区别不是生长和不生长的区别，而是各有适合于不同情况的不同的生长方式。关于专门应付特殊的科学和经济问题的能力的发展，我们可以说，儿童应该向成人方面发展。关于同情的好奇心，不偏不倚的敏感性和坦率的胸怀，我们可以说，成人应该成长得像儿童的样子。这两句话都是同样正确的。

我们在本章已经评论过三种思想：一是把未成熟状态仅仅看作没有发展；二是把发展看作对固定环境的静止的适应；三是关于习惯的僵硬性。这三种思想，都和关于生长或发展的错误观点有关——都认为生长或发展乃是朝着一个固定目标的运动。它们把生长看作有一个目的，而不看作就是目的。这三种错误思想在教育上相应的错误就是：第一，不考虑儿童的本能的或先天的能力；第二，不发展儿童应付新情境的首创精神；第三，过分强调训练和其他方法，牺牲个人的理解力，以养成机械的技能。这三件事都是把成人的环境作为儿童的标准，使儿童成长到这个标准。

人们不是无视自然的本能，就是把它们看作讨厌的东西——看作应该受压制、或者无论如何应该遵守外部标准的可憎的特性。因为把遵守看作目的，所以青年人的个性都被忽视，或被看作调皮捣蛋、搞无政府主义的根源。同时，又把遵守等同于一律，从而导致青年对新鲜事物缺乏兴趣，对进步表示反感，害怕不确定的和未知的事情。由于生长的目的在生长过程之外，就不得不依靠外部力量，诱导青年走向这个目的。当一种教育方法被污蔑为机械方法的时候，我们可以肯定，这就是依靠外部的压力来达到外部的目的。

(2) 既然实际上除了更多的生长，没有别的东西是与生长相关的，所以除了更多的教育，没有别的东西是教育所从属的。有一句平常话说，一个人离开学校之后，教育不应停止。这句话的要害是，学校教育的目的，在于通过组织保证继续生长的各种力量，以保证教育得以继续进行，使人们乐于从生活本身学习，并乐于把生活条件造成一种境界，使人人在生活过程中学习，这就是学校教育的最好的产物。

当我们不把成人成就作为固定标准进行比较，来解释未成熟状态时，就不得不放弃把未成熟状态看作缺乏所需要的特性的见解。抛弃了这种见解，我们也就不得不放弃一种习惯，把教学看作把知识灌进等待装载的心理的和道德的洞穴中，去填补这个缺陷的方法。因为生活就是生长，所以一个人在一个阶段的生活和在另一个阶段的生活，是同样真实、同样积极的，这两个阶段的生活，内容同样丰富，地位同样重要。因此，教育就是不问年龄大小，提供保证生长或充分生活的条件的事业。我们对未成熟状态，先是觉得不耐烦，愈快过去愈好。于是，用这种教育方法教育出来的成人，回顾儿童期和青年期，感到无穷遗憾，只看到失却机会和浪费能力的景象。在我们承认生活有它自己内在的品质，而教育的任务就在于发展这种品质以前，这种讽刺性的情境将会持续下去。

认识到生活就是生长，这就使我们能避免所谓把儿童期理想化，这种事情实际上无非是懒散的放浪。不要把生活和一切表面的行动和兴趣混为一谈。我们虽然不能断定，有些东西看来仅属表面的玩笑，是否就是某种初生而未经训练的能力的预兆；但是我们必须牢记，不要把表面现象认为就是结局。它们不过是可能的生长的预兆。要把它们转变成发展的手段和使能力进一步发展的工具，而不要纵容它们，任其发展。过分注意表面现象（即使用指责和鼓励的方式），也许会使这些现象固定，从而使发展阻滞。对家长和教师来说，重要的事情是注意儿童哪些冲动在向前发展，而不是注意他们以往的冲动。

二、教育即改造

生长的理想归结为这样的观点，即教育是经验的继续不断的改组或改造。教育始终有一个当前的目的，只要一个活动具有教育作用，它就达到这个目的，即直接转变经验的性质，婴儿期、青年期、成人生活，它们的教育作用，处于相同的水平，就是说，在经验的任何一个阶段，真正**学到**的东西，都能构成这个经验的价值，也就是说，任何一个阶段的生活的主要任务，就是使生活过得有助于丰富生活自身可以感觉到的意义。

这样我们就得到一个教育的专门定义：教育就是经验的改造或改组。这种改造或改组，既能增加经验的意义，又能提高指导后来经验的进程的能力。

(1) 经验的意义的增长，是和我们对于所从事的种种活动的相互关系和连续性的认识相应的。活动开始，是一种冲动的形式；这就是说，这时的活动是盲目的。这种活动不知道它在干什么；就是说，不知道它和其他活动有什么相互的作用。一个具有教育或教学意义的活动，能使人认识到过去未曾感觉到的某些联系。重提一下我们举过的简单例子：一个儿童伸手去碰火光，烫痛了，从此以后，他知道某一接触活动和某一视觉活动联系起来（反过来，某一视觉活动和某一接触活动联系起来），就意味着烫和痛；或者，知道光就是热的来源。一个科学家在他的实验室里，通过各种活动学到更多有关火焰的知识，在原理上毫无区别。他也是通过做一些事情，认识到过去曾被忽略的热和其他事情的联系。这样，他的活动在和这些事情的关系上，获得更多的意义；当他必须做这些事情时，对于他正在做什么，知道得更清楚；他能设想一些结果，不只是让结果自行发生。这几句话，说法不同，都是关于同一件事情。这样一来，火焰获得了意义；所有关于燃烧、氧化作用以及有关光和温度的知识，都可以变成有关火焰的知识内容的本质部分。

(2) 有教育作用的经验的另一方面，是增加指导或控制后来经验的能力。我们说一个人知道他在做什么，或者说他能设想某些结果，这当然就是说，他更能预料将会发生的事情；因此他能预先准备，以便获得有益的结果，避免不良的结果。这样，一种真正有教育作用的经验，一种有教育意义和足以提高能力的经验，一方面与机械的活动不同，另一方面与任性的活动有别。(甲) 任性的活动，当事者“不顾发生的结果”；他只是任性去做，回避把他的行动和行动的结果联系起来（这种结果就是这个行动和其他事情有联系的证明)。对于这种无目的的、杂乱无章的活动，人们往往为之皱眉蹙额，看作故意捣蛋、漫不经心或无法无天。但是有一种错误倾向，孤立地从青年自己的性情寻找这种无目的活动的原因。而事实上，这种活动是爆发性的，由于不能适应环境而发生。无论何时，人们在外来的命令下行动，或者按别人的指示行动，没有他们自己的目的，看不到这个行动对其他行动的关系，他们的行动就是任性的行动。一个人可以通过做一件他所不了解的事情有所学习；甚至最明智的活动，有许多是我们无意中做出来的，因为我们有意识地想做的事，有极大部分关联并没有被发觉或预料到，只是因为事情做了以后，我们看出了从前没有见到的结果，才有所学习。但是，学校很多工作就是制订规则，要求学生照做，甚至在学生做了以后，还不引导他们去发现所用的方法和结果——例如答案——之间的联系。就学生来说，整个事情只是一个把戏和一种奇迹。这种活动本质上是任性的活动，并且要养成任性的习惯。（乙）机械的活动，自动的活动，可能提高做某一特定事情的技能。就这一点看，机械活动也许可以说具有教育效果。但是这种活动不能使人对活动的意义和联系有新的认识；它只是限制而不是开阔意义的领域。因为环境是要改变的，我们行动的方式也必须改变，以便成功地保持和各种事物的平衡联系。孤立的、一律的行动方式，在紧要关头，会造成惨重的损失。这种自吹自擂的“技能”，原来是十足的愚蠢无能。

教育作为继续不断改造的思想，和在本章与前一章所批判的其他片面的观点的本质区别，是这个思想把目的（即结果）和过程视为一件事。这句话在字面上自相矛盾，但只是字面上矛盾。这句话的意思是，经验作为一个活动的过程是占据时间的，它的后一段时间完善它的前一段时间；它把经验所包含的、但一直未被察觉的联系显露出来。因此后面的结果揭露前面的结果的意义，而经验的整体就养成对具有这种意义的事物的爱好或倾向。所有这种继续不断的经验或活动是有教育作用的，一切教育存在于这种经验之中。

还有一点要指出，经验的改造可能是个人的，也可能是社会的（这一点以后还要详论）。在以前各章，为简明起见，我们的讨论多少有点把未成年人的教育，把他们所属的社会团体的精神灌输给他们，看作似乎就是使儿童赶上成年人的能力倾向和机智。在固步自封的社会，在把维护已有的风俗习惯作为价值标准的社会，这种观点基本上适用。但是这个观点不适用于进步的社会。进步的社会，力图塑造青年人的经验，使他们不重演流行的习惯，而是养成更好的习惯，使将来的成人社会比现在进步。长时期以来，人们表示要有意识地利用教育，使青年人在不应产生社会弊病的道路上开始，以消除这些显著的社会弊病。同时，他们还设想使教育成为实现人类更好希望的工具。但是，我们无疑还远没有实现教育作为改进社会的建设性机关的可能的功效，也还远没有实现使教育不仅阐明儿童和青年的发展，而且阐明未来社会的发展，这些儿童和青年将是这个未来社会的成员。

三、教育上的目的

（一）目的的性质

以上各章有关教育的论述，实质上预示了关于民主主义社会教育的涵义的讨论的结果。因为，我们假定教育的目的在于使个人能继续他们的教育，或者说，学习的目的和报酬，是继续不断生长的能力。但是，除非一个社会人与人的交往是相互的，除非这个社会的利益能平等地分配给全体成员，从而产生广泛的刺激，并通过这些刺激，适当地进行社会习惯和制度的改造，这个思想就不能适用于社会的全体成员。这样的社会就是民主主义的社会。所以，我们探索教育目的时，并不是要到教育过程以外去寻找一个目的，使教育服从这个目的。我们整个教育观点不允许这样做。我们所要做的，是要把属于教育过程内部的目的和从教育过程以外提出的目的进行比较。当社会关系不平等均衡时，一定会出现后一种情况。因为，在这种情况下，整个社会的某部分人，将会发现他们的目的是由外来的命令决定的；他们的目的并不是从他们自己的经验自由发展而来，他们的有名无实的目的，并不真是他们自己的目的，而是达到别人隐藏着的目的的手段。

（二）教育上的应用

教育的目的并没有什么特别，它和任何有指导的职业的目的正好一样。教育者和前面所说的农民一样，也有一些事情要做，有一些做事情的手段，有一些待排除的障碍。农民所应付的环境，无论是障碍或是可以使用的力量，都具有它们自己的结构和作用，和农民的任何目的无关。例如种子发芽，雨水下降，阳光照耀，害虫吞食，疫病流行，四季变化。农民的目的，只不过是利用这种种环境，使他的活动和环境的力量，共同协作，而不相互对抗。如果农民不顾土壤、气候以及植物生长特性等条件，规定一个农事目的，那便是荒谬的。农民的目的，只是在于预见他的力量和他周围各种事物的力量结合的结果，并利用这种预见指导他一天一天的行动。对于可能的结果的预见，使他对他所要做的事情的性质和运行进行更审慎、更广泛的观察，以便拟订一个工作计划，即规定一个行动的程序。

教育者也是这样，不管是家长还是教师。如果家长或教师提出他们“自己的”目的，作为儿童生长的正式目标，这和农民不顾环境情况提出一个农事理想，同样荒谬可笑。所谓目的，就是对从事一种事业——不管是农业还是教育——所要求进行的观察、预测和工作安排承担责任。任何目的，只要能时时刻刻帮助我们观察、选择和计划，使我们的活动得以顺利进行，就是有价值的目的；如果这个目的妨碍个人自己的常识（如果目的是从外面强加的，或是因迫于威势而接受的，肯定要妨碍个人自己的常识），这个目的就是有害的。

我们要提醒自己，教育本身并无目的。只是人，即家长和教师等等，才有目的；而他们的目的，也不是教育上的抽象概念。所以，他们的目的有无穷的变异，随着不同的儿童而不同，随着儿童的生长和教育者经验的增长而变化。即使能以文字表达的最正确的目的，除非我们认识到它们并不是目的，而是给教育者的建议，在他们解放和指导他们所遇到的具体环境的各种力量时，建议他们怎样观察，怎样展望未来和怎样选择，那末这种目的，作为文字，将是有害无益的。

牢记以上这些条件，我们将进而提出一切良好的教育目的所应具备的几个特征：

(1) 一个教育目的必须根据受教育的特定个人的固有活动和需要（包括原始的本能和获得的习惯）。我们前面讲过，把预备作为教育目的，有不顾个人现有能力，而把某种遥远的成就或职责作为目的的倾向。总的来看，人们有一种倾向：考虑成年人所喜爱的事情，不顾受教育者的能力，把它们定为教育的目的。还有一种倾向，就是提出千篇一律的目的，忽视个人的特殊能力和需要，忘记了一切知识都是一个人在特定时间和特定地点获得的。成人的见识范围较广，对观察儿童的能力和缺点，决定他们能力有多高，缺点有多大，具有很大价值。例如，成人的艺术能力，可以表示儿童的某种倾向能有多少成就；如果我们没有成人的艺术上的成就，我们就没有把握了解儿童期的绘画、复制、塑造和着色等活动的意义。同样，如果没有成人的语言，我们就不能了解婴儿期咿呀学语的冲动有何意义。但是，把成人的成就作为一种参考，用以度量和观察儿童和青年的活动，这是一回事；把成人的成就定为固定的目的，不顾受教育者的具体活动，那完全是另一回事。

(2) 一个教育目的，必须能转化为与受教育者的活动进行合作的方法。这个目的必须提出一种解放和组织他们的能力所需要的环境。除非这个目的有助于制订具体的进行程序，除非这些程序又能检验、校正和扩充这个目的，那末这个目的便是没有价值的。这种目的不但无助于具体的教学任务，并且阻碍教师应用平常的判断，观察和估量所面临的情境。这种目的，除了与固定目标相符的事物以外，其他事物概不承认。每一个呆板的目的，只是因为它是硬性规定的，似乎就不必审慎注意具体的情况。因为这种目的无论如何必须实施，注意那些不值得考虑的细节，这有什么用处呢？

从外面强加的教育目的的缺陷，根子很深。教师从上级机关接受这些目的；上级机关又从社会上流行的目的中接受这些目的。教师把这些目的强加于儿童。第一个结果，使教师的智慧不能自由；他只许接受上级所规定的目的。教师很难免于受官厅督学、教学法指导书和规定的课程等等的支配，使他的思想不能和学生的思想以及教材紧密相连。这种对于教师经验的不信任，又反映对学生反应的缺乏信心。学生通过由外面双重或三重的强迫，接受他们的目的，他们经常处于两种目的冲突之中，无所适从。一种是符合他们当时自己经验的目的，另一种是别人要他们默然同意的目的。每一个发展中的经验，都具有内在的意义，除非我们承认这个民主主义的标准，我们将会由于要适应外来目的的要求而在思想上陷于混乱。

(3) 教育者必须警惕所谓一般的和终极的目的。每一个活动，无论怎样特殊，就它和其他事物的错综复杂的关系来说，它当然是一般的，因为它引出无数其他事物。一个普通的观念，就它能使我们更注意这些关系来说，愈一般愈好。但是“一般”也意味着“抽象”，或者和一切特殊的上下前后关系分开。这种抽象性，又意味着遥远不切实际，这样又使我们返回到把教和学仅仅作为准备达到和它无关的目的的一种手段。我们说教育确实是它自己的报酬，这就是说，除非所说的学习或训练有它自己的直接价值，这种学习或训练就没有教育意义。一个真正一般的目的，能开拓人们的眼界，激发他们考虑更多的结果（即联系）。这就意味着对各种手段进行更广泛、更灵活的观察。例如，一个农民，他所考虑的相互影响的力量愈多，他直接的应付能力就愈大。他将发现更多可能的出发点和更多的方法，达到他所要做的事情。一个人对将来可能的成就的认识愈全面，他当前的活动就愈少束缚于少数可供选择的方法。如果他了解得很透彻，他几乎可以在任何一点开始行动，并且继续不断地、有成效地把活动持续下去。

所谓一般的目的或概括性的目的，意思不过是对现在活动的领域进行广泛的观察。有了这种了解，我们将就当代教育理论中流行的比较重大的目的，选取几个来讨论，并且研究这些目的能否使我们明白教育者真正关切的当前各种具体的目的。我们先提出一个前提（其实从以上所述，立即产生这个前提），就是对于这些目的，用不着选择，也不必把它们看作互相竞争的对手。当我们实际上有所作为时，我们必须在一个特定的时间选择一个特定的行动，但是无论多少概括性的目的，都可以同时存在，并行不悖，因为它们不过是对同一景色不同的看法。一个人不能同时攀登几个山峰，但是在攀登不同的山峰时，各种景色互相补充：它们并不揭示互不相容、互相竞争的世界。或者，用稍稍不同的说法，一种目的的说法，可以暗示某些问题和观察，另一种目的的说法，可以暗示另外一些问题，要求进行别的观察。因此，我们的目的愈一般愈好。一种说法可以强调另一种说法所忽略的地方。众多的假设能给科学研究工作者多少帮助，众多的目的也能给教师多少帮助。

选自：华东师范大学教育系，杭州大学教育系编译．现代西方资产阶级教育思想流派论著述．北京：人民教育出版社，1980

思想评介

杜威及其实用主义教育思想

杜威（John Dewey，1859～1952）是人类历史上少数几个最有影响的教育家之一，他立足于现代社会讨论教育问题，积极吸收人类文化的多方面成果，建立起一座宏伟的教育理论大厦，为后人留下了一份丰厚的教育思想遗产。杜威的理论建立在两块重要的基石上，一是丰厚的文化成果之上，二是对现代社会问题的关切之上，诚如他在《民主主义与教育》（1916）一书的序中所言，他的教育理论“把民主主义的发展和科学上的实验方法、生物科学上的进化论思想以及工业的改造联系起来，旨在指出这些发展所表明的教材和教育方法方面的变革”。

一、什么是教育

这是任何一位教育思想家首先必须回答的问题，杜威的回答是：教育即生活；教育即生长；教育即经验的持续不断的改造。这三个命题标示出杜威的教育观不同于以往教育家的教育学说，是一种崭新的教育观。

什么样的生活才是美好的、才是值得向往的？教育怎样为创造美好生活尽力？教育又怎样对待社会生活中的不足与弊端？尤其是，教育本身怎样才能成为美好生活的典范？这些是“教育即生活”理论关注的基本问题。

生活无所不在，包罗万象，种类繁多。“教育即生活”命题并非将教育与各式各样的生活相混同，杜威提出该命题时，他关注的主要是正规的学校教育与社会生活及个人（儿童）生活的关系。杜威认为教育是生活的过程，学校是社会生活的一种形式，亦即学校生活也是生活的一种形式。怎样的学校生活才算是理想的呢？杜威认为，首先，学校生活应与儿童自己的生活相契合，满足儿童的需要和兴趣，使校园成为儿童的乐园而不是囚笼和监牢，使儿童在现实的学校生活中得到乐趣；其次，学校生活应与学校以外的社会生活相契合，适应现代社会变化的趋势并成为推动社会发展的重要力量，校园不应是世外桃源而应积极参与社会生活。19 世纪末 20 世纪初，美国正处于激烈变革的时代，而当时美国的学校教育却因袭过去，既脱离儿童生活，使儿童在学校颇受压抑，又脱离社会生活，跟不上社会变革的节拍。杜威所要做的，就是要使学校生活成为儿童生活和社会生活的契合点，从而使教育既合乎儿童需要亦合乎社会需要。实质上是要改造不合时宜的学校教育和学校生活，使之更富活力，更有乐趣，更具实效，更能有益于儿童发展，更能有益于社会改造。

教育不能脱离社会变革而独行独往，杜威因之进一步提出“教育即社会”的命题。此命题并未将学校与社会相混同，杜威也看到了社会生活中诸因素的错综复杂、良莠并存，杜威的“学校即社会”，意在使学校生活成为一种经过选择的、净化的、理想的社会生活，使学校成为一个合乎儿童发展的雏形的社会。加强教育与社会的联系、满足儿童的需要，并非杜威提出“教育即生活”的终极原因。为什么要加强学校与社会的联系？为什么要满足个人的需要？为什么要克服现实生活中存在的弊端？其目的不仅仅是在于当前，而是在于未来，在于创造一种高于现实生活的更加美好的生活。杜威坚信教育是社会进步及社会改革的基本方法，认为社会的改造要依靠教育的改造，教育改造之所以必要，是因为要给社会生活的变革以充分的和明显的影响。杜威的意图是通过教育改造社会生活，使之更完善、更美好。

“生长”本是一个生物学概念，但杜威对之作了改造，赋予其丰富的社会内涵。从文法上讲，“教育即生长”是不通的，生长是一个过程、一种结果或者一种理想，若言教育为了促进生长、为了促进发展则无此语病。杜威的本意也不是要把教育与生长混为一物，他的“教育即生长”实质上是在提倡一种新的儿童发展观和教育观。“教育即生长”命题亦是针对教育时弊而提出的，杜威认为，当时的教育无视儿童天性，消极地对待儿童，不考虑儿童的需要和兴趣，以外在的动机强迫儿童记诵文字符号，以成人的标准去要求儿童，让现时的儿童为遥不可测的未来做准备，全然不顾儿童自身的感受和期待。“教育即生活”则要求摒除压抑、阻碍儿童自由发展之物，使一切教育和教学合乎儿童的心理发展水平和兴趣、需要和要求。然而这种尊重绝非放任自流，任由儿童率性发展。杜威要求尊重儿童但不同意放纵之，这是杜威与进步主义教育实践的一个重要区别，杜威拒不承认其为“进步教育之父”也表现出了这种区别。

“教育即生长”所体现出的儿童发展观也是杜威民主理想的反映。尊重儿童身心发展特点是使儿童获得充分生长和发展的重要条件，而儿童的充分生长和发展亦有助于社会目的的达成，然而杜威并不仅仅把儿童个体的充分生长视为达到社会目的的一个手段和工具，他认为儿童充分生长本身便是民主主义的要求，便含有丰富的价值意义。杜威有一段著名的话，他说：“政府、实业、艺术、宗教和一切社会制度都有一个意义，一个目的。那个目的就是解放和发展个人的能力（不问其种族、性别、阶级或经济状况如何）。这和说它们的价值的检验标准就是它们教育各个人使他的可能性充分发展的程度，是完全一致的。民主主义有许多意义，但是，如果它有一个道德的意义，那末这个意义在于决意做到：一切政治制度和工业安排的最高的检验标准，应该是它们对社会每个成员的全面发展所作出的贡献。”① 由此可见，社会倒是为了一切人的发展而存在

① 杜威．哲学的改造．许崇清译．北京：商务印书馆，1989．100

的。从历史发展来看，由神权到人权，再由男权而女权而童权是逐步推进的，杜威则要求民主的光辉涉及在学校中求学的儿童，照耀到每一张稚嫩的脸上。给儿童提供一个利于生长的环境，让其充分、自由生长，是杜威的一生不懈追求的教育梦。

“经验”是西方哲学史中的一个重要概念，杜威理论中“经验”的意义与前人有异，杜威对其作了若干改造。第一，克服了经验与理性的对立。在西方哲学发展史上，理性是凌驾于经验之上的，经验作为一个与理性相对立的概念而受到轻视，经验意味着混乱、庞杂、孤立、无定，而理性则高高在上。杜威对经验与理性的看法皆异于过去。在杜威那儿，经验不再是通过感官被动获得的一些散乱的感觉印象，而是机体与环境相互作用的过程，机体不仅受环境的塑造，同时也对环境加以若干改变，经验在它自身里面含有结合组织的原理，而不需一个外在的所谓理性来提供这种原理。在杜威看来，理性不再是一个抽象的体系，而是一种智慧，一种“实验的智慧”，一种使经验（或做、行为等）更富成效的智慧，它不是独断的，亦不是恒久不变的，“它们只是假定，是要施诸实际，以验其对指导我们目前的经验是成是败而可以随时加以修正、补充或撤销”。理性不是凌驾于经验之上，而是寓于经验之中，并在经验中不断修正，经验的过程就是一个实验的过程、运用智慧的过程、理性的过程。第二，拓宽了经验的外延。经验不再被视为感觉作用和感性认识，而是一种行为、行动，它当然含有知的因素，但在此之外，喜怒哀乐、酸甜苦辣等因素也是经验的构成部分。经验不再仅仅是与认识有关的事情，认识的、情感的、意志的等理性非理性的因素皆涵盖在内。这样，学生从经验中学、从做中学（learning by doing）就不仅仅是学知识，经验成为儿童各方面发展和生长的载体，在经验过程中，儿童不仅获得知识，而且形成能力、养成品德。“教育即经验的改造”中的经验也就不只是知识的积累，而是构成人的身心的各种因素的全面改造、全面发展、全面生长。“教育即经验的改造”绝非一个主智主义的命题。第三，强调经验过程中人的主动性。感觉主义经验论把经验看作一个被动的认识过程，洛克的“白板说”是其典型例证。杜威认为经验的过程是一个主动的过程，不单是有机体受着环境塑造，还存在着有机体对环境的主动的改造。

杜威认为经验有一个重要的原则，即交互作用（interaction）原则，交互作用就是指机体与环境的相互作用，这个原则赋予经验的客观条件和内部条件这两种因素以同样的权利，它要求在教育过程中应尊重儿童的身心发展条件和水平，顾及儿童兴趣，提高儿童参与教育过程的积极性和主动性。

"教育即生活"、"教育即生长"、"教育即经验的改造"这三个命题的涵义在本质上是相同的，生活的过程、生长的过程、经验（改造）的过程是一个过程。这三个命题是杜威教育理论的总纲领。

二、教育的目的

杜威反对外在的、固定的、终极的教育目的，他认为外在的教育目的不能顾及儿童的兴趣和需要；固定的目的呆板僵化，不具灵活性，不能适应变化了的具体情况；终极的目的是一种理论上的虚构，因为世界是变动不居的。杜威所希求的是过程内的目的，这个目的就是"生长"。杜威认为在非民主社会里，教育目的是外在于并强加于教育过程的，包含权威与专制色彩。而在民主社会里，教育目的应内在于教育的过程之中，杜威主张以生长为教育的目的，其主要意图在于反对外在因素对儿童发展的压制，要求教育尊重儿童愿望和要求，使儿童从教育本身中、从生长过程中得到乐趣。

杜威以生长为教育目的，曾招致一些学者的质疑。美国学者霍恩（H. H. Horne）认为单讲"教育即生长"还不够，因为生长有好坏之分，应为生长"建立一个正确的标准"①。杜威对此在《经验与教育》中作了非正式的答复，杜威也承认人的生长有不同的方向，"一个人有可能生长成为老练的强盗、恶棍或腐化不堪的政客，这是无庸置疑的。但就教育即生长、生长即教育的观点来看，问题就在这种方向的生长，一般说来，是促进还是阻碍生长……只有当

① 霍恩著．教育之民主哲学．麦克米伦公司，1932．52

按照特殊方向的发展有助于继续生长时，才符合教育即生长的标准”①。在此，杜威提出以“继续生长”作为生长的标准。有的学者认为，一种坏的生长，并不因其导致了更多的生长或者好的生长而成为好的生长。如某人因偷窃而致巨富，然后以此财力孜孜以求于学问或从事慈善事业，“窃”导致了引致了好的生长，但“窃”却绝非好的生长。“任何生长不能因量的增加而变其质”，“所以更多的生长，或引致其他的生长，并不能作为衡量生长的好坏的标准”②。也有学者认为，杜威的“这种辩解没有把原来的生长说推动一步，假使你承认，在各种不同的生长之中，有着质的不同，即是有好有坏，那么你必须承认有一种可据之以决定好坏的标准或方向。杜威说，这标准就是‘更多的生长’。这等于说：生长需要有一个标准，而这标准就是生长！”③ 杜威还曾提出“包含最多生长的可能性”（Containing the Possibility of Maximum Growth）作为衡量的标准，美国学者普莱斯（Kinsley Price）认为这依然使人费解，令人捉摸不定④。

教育目的应回答“教育应为一定的社会培养什么样的人”这样一个根本的问题，杜威的“生长是为了进一步生长”是从儿童发展的过程这一角度规定教育目的的，其意义似乎是同语反复，令人感到茫然，它没有反映出教育目的的本质属性和价值取向（培养何种类型的人），不能揭示出教育目的应揭示的东西，不能给人提供一个切实的可以遵行的目的。在逻辑上杜威之所以会走到这一步，主要在于他讨论教育目的的方式和角度与我们不同。生长具有社会性的内容和方向（这一点杜威也承认），这才是生长的富于价值内涵的实质，我们规定教育目的一般都是从这个角度着手的，但杜威不从这个角度而从过程本身来规定，他将儿童生长的过程凌驾于实质之上，这是其生长目的论的要害所在。那么，杜威到底要为什么样

---

① 杜威著．经验与教育．商务印书馆．1940．29

② 吴俊升著．杜威教育思想的再评价．载：台湾新亚书院学术年刊．1966（2）

③ 瞿葆奎等选编．曹孚教育论稿．上海：华东师范大学出版社，1989．28

④ 普莱斯著．美国的思想：杜威的若干学说．见：教育年鉴，1957．63～64

的社会培养什么样的人呢?

杜威从不讳言教育与生长的社会性目的。强调过程内的目的不等于否定社会性的目的，因为社会性的要求与儿童的需要并不总是相抗的。杜威的社会理想是民主主义，杜威要求教育为社会进步服务、为民主制度的完善服务。杜威认为教育是社会进步及社会改革的基本方法，学校是社会进步和改革的最基本和最有效的工具，若无教育，民主主义便不能维护下去，更谈不到发展。教育是民主的工具，教育是为了民主的，同时，教育也应是民主的，杜威的“教育即生长”本身体现了民主主义这一社会原则对教育的要求。杜威认为个人各种能力的自由发展是民主主义的特征，民主主义的道德含义在于使每个社会成员得到全面的生长和发展。杜威将个人发展与民主的社会目标看作是一致的东西，在民主主义的旗帜下，个人与社会的对立、个人本位论与社会本位论的对立都归于消失，个人的充分生长和发展既是民主主义的要求和体现，也是民主主义得以维持和发展的保证。

杜威理论中的理想的人不是抽象的，也有具体的素质要求，杜威强调这样几个方面的素质：第一，具有良好的公民素质，具有民主理想和参与民主政治生活的能力。杜威认为只有培养了这些方面的素质才能够避免美国民主政治的滥用和失败。第二，掌握科学思维的方法，具有解决实际问题的能力，能适应变化迅速的现代社会。第三，具有良好的道德品质，有合作意识，能处理好个人与社会的关系，有服务社会的精神。第四，具有一定的职业素养，能通过从事某种职业发展个人才能并为社会尽力。美国的工业化对劳动力素质提出了新的要求，教育要适应这种变化就必须加强职业教育。杜威积极支持职业教育，认为职业训练是教育上的革新，是教育适应正在形成中的新社会生活的需要的一种努力。杜威反对狭隘的职业训练，要求将职业训练与文化修养有机结合起来，使从业者乐业，并了解所从事职业的社会意义。杜威认为，在民主社会，劳动受人尊重，劳心劳力的划分与对立不应出现在现代民主社会。上述几个方面的素质鲜明地体现了美国社会民主化、工业化对教育的客观要求，反映了杜威力图通过教育改革社会的一贯精神。

三、课程与教材

杜威对间接经验、系统知识并无恶意，然而对于传统教育的课程和教材却无好感。杜威认为传统教育的课程是由前人所积累起来的系统的间接经验构成的，是一种符号和文字构成的系统，是由成人编就的。它们代表成年人的种种标准，不适合儿童的现有能力，超出了儿童已有的经验范围，是他们力不能及的东西。而且这些课程只能投合人性的理智方面，投合我们研究、积累知识和掌握学术的愿望，而不是投合我们的制造、做、创造、生产的冲动和倾向。结果在教育上造成不良后果，代表知识的言词对儿童而言成为纯粹感觉刺激，没有什么意义，学校的教材和学生的需要和目的脱离，仅仅变成供人记忆、在需要时背出来的东西。教育因之成为机械和强制的，儿童读书是迫不得已而为之，并无乐趣，这使得那些即使用最逻辑的理想的最科学的教材也失去了其应有的价值。

杜威要求从做中学、从经验中学，要求以活动性、经验性的主动作业来取代传统书本式教材的统治地位。这种活动性、经验性课程的范围很广，包括园艺、烹饪、缝纫、印刷、纺织、油漆、绘画、唱歌、演剧、讲故事、阅读、书写等形式。在杜威看来，这些活动既能满足儿童的心理需要，又能满足社会性的需要，还能使儿童对事物的认识具有统一性和完整性。杜威并不把个人直接经验与人类间接经验对立起来，他认为系统知识是一个处于疑难的情境时可以依靠其已知的、确定的、现成的、有把握的材料。它是心灵从疑难通往发现的一座桥梁。杜威并不反对间接经验本身，他反对的是传统教育中那种不顾儿童接受能力的直接灌输、生吞活剥式的获取间接经验的方式。问题的关键在于怎样能使儿童最终获取较系统的知识而同时又能在学习过程中顾及儿童的心理水平。

杜威主张以“教材心理化”来解决此问题，这就需要把各门学科的教材或知识各部分恢复到原来的经验，恢复到它所被抽象出来的原来的经验。这种心理化就是把间接经验转化为直接经验，即直接经验化。杜威一向反对将成人和专家编就的以完整的逻辑体系为表现形式的教材作为教育的起点，认为必须为儿童个人的直接经验为起点，并强调对直接经验加以组织、抽象和概括，不然，经验将支离破碎，以致混乱不堪，但如何将学生的直接经验“组织”成为系统的知识，是一个难题，杜威对此供认不讳。1936年杜威在《芝加哥实验的理论》中指出：“关于‘教材’，迫切的问题是要在儿童当前的直接经验中寻找一些东西，它们是在以后的年代里发展成为比较详尽、专门而有组织的知识的根基。要解决这个问题是非常困难的，我们并没有解决好；这个问题到现在还没有解决，而且永远不可能彻底解决。但是，无论如何，我们曾试图研究这个问题以及这个问题所带来的各种困难。”这段话可以说是杜威对其芝加哥经验及其课程和教材理论的关键性评价。

从理论上看，虽然杜威提出的以经验为基础的课程似乎是无懈可击的，但若从实践的角度去考虑，则会发现有不少疑点：

其一，杜威力图找到社会生活与儿童生活的契合点，从而使学校生活既能顾及社会要求，又能顾及个人需要，他认为活动性课程如烹调、缝纫、手工等可完成此任。然而，何以见得这些科目能代表社会生活（尤其是现代工业生活）的基本类型？实际上，它们似乎更能代表美国农业、手工业时代的社会生活。

其二，何以见得这些科目就一定能使儿童萌生那么多的问题、产生那么大的兴趣？这种东西也许比死读书更能吸引儿童，但是不是还有更佳的可以取代它的东西？认为只要是生活、活动、经验而不是文字就是儿童感兴趣的、就是有益于儿童成长的，这是一种不恰当的认识，儿童对生活中的很多东西是茫然无知的甚至是熟视无睹的。布鲁纳（Jerome S. Bruner）曾言，“认为生活之教学（the teachin of life）总能满足儿童的兴趣，是一种感情用事的假设”①。经验本身是很需要去理解的东西，所经历的不一定是能理解的，而理解是有条件的。这说明，教材心理化不等于教材直接经验化。杜威的课程论有一个基本的假设，即：教材心理化等同于教材直接经验化，好像只要将系统知识化作直接经验，就是儿童的心理所能承

---

① 布鲁纳．杜威之后，什么？（After John Dewey，What?）．见：杜威论教育：英文版．兰德豪斯（Random House）．1966．216

受和理解的。事实却是，儿童对他本人所直接经验的东西有很多是不能理解的，要理解这些东西反而需要系统知识的介入、需要先前形成的经验（并不仅仅是直接经验）的参与。杜威意在通过直接经验去理解系统知识，但却在一定程度上忽视了理解直接经验需要以一定的系统知识为条件。

其三，并非所有的系统知识都可还原为直接经验。系统知识的存在形式是逻辑的，其根本特点是具有很强的概括力和包容性，有些系统知识所反映的内容根本不可能还原为儿童个人的直接经验，有些虽然能还原，但在数量和程度上也是很有限的。

其四，组织原则的贯彻存在困难。怎样将学生的个人直接经验“组织”成较为系统的知识，是一个非常难解决的问题，首先，学生的个人直接经验是非常有限的，这就使“组织”立在一个不甚宽厚的基础上；其次，将个人直接经验组织成较为系统的知识是要花费相当长的时间的，但学校教育的时限却是短暂的；再次，杜威过高地估计了儿童本人的组织知识的能力和教师指导的能力。以经验来组织教材和以系统知识联系生活经验，二者极为不同，对此杜威并无深刻的洞察。学校教育应取后者而非前者，若取前者必将作茧自缚。

杜威对传统课程与教材的批判入木三分，对其弊病的诊断是准确而深刻的，然而他开的药方却不能治愈此“弊病”，这不免令人遗憾。

四、思维与教学方法

杜威对以教师、教科书、教室为中心的传统教学方法颇不以为然。教学在教室这个专门设定的场所里进行，教师在讲台上向学生讲授由成人编就的系统性、逻辑性很强但不合儿童理解力的教科书，学生则坐在固定的位置上静听和记诵。这种教学旨在让学生获取知识，但由于这种知识的传授方式脱离生活、不合儿童需要，结果儿童虽能背诵它以应付提问、考试和升学，但却不能真正掌握它。儿童处于消极被动的地位，兴趣、爱好被漠视和压制，学习并无真正的乐趣，学校亦无生机与活力。对此，杜威一向持抨击态度，他所要做的变革就是变教师讲、学生听的教学方式为师生共同活动、共同经验的教学方式，书本降到次要的位置，活动和经验是主要的，教学活动也不再限于教室这一狭隘的空间之内。杜威所推崇的教学方法是一种“从做中学”的方法，具体讲，是一种在经验的情境中思维的方法。

杜威所力倡的思维是反省思维（reflective thinking），意指对某个经验情境中的问题进行反复的、严肃的、持续不断的思考，其功能在于求得一个新情境，把困难解决、疑虑排除、问题解答。因此，思维或反省思维的方法是一种解决经验中存在的问题的方法，一种使人明智地经验与行动的方法。思维起于不确定的、有问题的情境，培养思维能力首先要提供合适的情境，杜威认为经验、活动性的课程恰恰能提供这种情境的条件，儿童在这种情境中能产生自己的问题。经验性的课程与思维、探究的方法是密切相连的。

杜威所谈的思维方法是一种综合性的方法，涉及到观察、分析、综合、想象、抽象、概括等多种能力的运用，与我们一般所理解的纯粹思维的方法不尽相同。同时，这种思维方法还涉及间接经验的运用、假设的提出、假设的检验等方面，因此这种方法的运用过程更像是一种科学“实验”。杜威在很多地方明确地讲“经验即实验”，他的经验主义也被称为“实验主义”，他的思维方法也被称为科学思维的方法、科学探究的方法。

将思维方法运用于教育的目的绝不仅止于积聚知识，杜威的期望与抱负要大得多。杜威欲用思维方法培养人的智慧，他说：“知识与智慧的区别，是多年来存在的大问题，然而还需要不断地提出来。知识仅仅是已经获得并储存起来的学问；而智慧则是运用学问去指导改善生活的各种能力。”① 智慧即明智的行为、行动的能力，解决实际问题的能力。传统教育以知识为目的并以知识扼杀智慧，杜威则以智慧为目的并以知识增进智慧。积聚知识与培养智慧孰轻孰重？在这个问题上杜威的教育观与主智主义的传统教育理论有着

---

① 杜威．我们怎样思维．见：我们怎样思维·经验与教育．人民教育出版社，1991．53

本质的区别。

杜威还视科学思维的方法为革除社会弊端、实现社会理想的最重要手段。这是杜威倡导此方法的最根本原因。思维的方法实际上是一种理智的、求实的、乐观的、积极的行动和行为的方式，它不囿于习俗的樊篱，也不屈从于外在的权威，它直面现实中存在的困难和问题，积极谋求问题的解决。它使人更能控制驾驭自己和周围的环境，而不为外部谬见和主观偏失所左右。它体现的是一种强烈的求实精神，一种诚恳的科学态度。个人有此精神和态度，就不会世故保守，而会勇于开拓和创新，意味着有一个积极的人生态度、一个成功的人生历程。整个社会有些精神和态度，则社会就不会停滞不前，社会问题就会逐步减少，社会就变得更加完善而美好。

杜威还将科学思维的方法与民主主义联系起来，认为科学思维的方法具有深远的社会意义。在他看来，科学思维的方法不仅适用于对自然的探索，也适用于社会领域，人们可用之来解决社会问题。科学思维的方法反对因循守旧，反对任何外部的权威，强调创造和验证，与民主主义是相通的。若人们掌握了这种方法，布乎四体，形乎动静，那么真正的民主主义就到来了。杜威要求不要把民主仅仅看成是一种政治形式，而应把它看作一种渗透一切的生活方式，其用心就在于此。而教育恰是使人掌握这种方法的最重要手段，正是在此意义上，杜威宣告，“科学、教育和民主的目标合二为一”①。台湾学者陈峰津言：“杜威思想之中心为‘科学方法’(the scientific method)。”② 胡克认为，杜威特别强调科学的方法即智慧的方法，“这表现了‘智慧’的作用是杜威伦理哲学和教育哲学中的唯一的绝对价值”。③ 从我们上面的论述看，这些评价不是没有根据的。

对于杜威的教学方法论也有几个问题值得讨论：

---

① 杜威．民主信仰与教育．见：杜威教育论著选．上海：华东师范大学出版社，1981．404

② 陈峰津．杜威教育思想之研究．台湾商务印书馆，1977．22

③ 胡克．杜威中期著作：第9卷导言．见：杜威中期著作：9卷．英文版．南伊利诺斯州大学出版社，1980

1．知识的地位问题

杜威也强调知识的重要性，但将知识的获得、发展从属于智慧的培养，从属于探究的过程。杜威讲探究、思维要以知识为基础为前提，那么这里的知识从何而来呢？杜威讲可以通过别人讲授、自己阅读得来。如果是这样，杜威就违背了自己反对向学生讲述系统知识的要求，就陷入自相矛盾之中。因为杜威正是为了反对传统的教学方式才提出“从做中学”、“从经验中学”的，他认为知识的获得若不以儿童的经验为基础，就失去价值，然而杜威同时又认为，做和经验要取得成效，却又必须以儿童具有一定的知识为前提。到底是知识在先还是经验的过程在先？杜威没有讲明白这个问题。这实际上是获取知识与发展能力的关系问题，杜威反对把二者割裂，力图将二者结合起来，这是对的，但结合不是以一个取代另一个、不是将一个凌驾于另一个之上。所以尽管杜威极言系统知识的作用，但怎样才能获得系统知识在他那儿始终是一个悬而未决的问题。智力发展或者说智慧的方法解决问题是需要系统知识为基础的，没有知识为素材、原料，思维和智慧只能是空谈。

2．认识的途径问题

福克斯将杜威与布鲁纳的教学论予以对比，认为：“布鲁纳与杜威在他们关于认识的途径或方式的单一性还是多样性的争论上有不同的见解。布鲁纳指出不止一种，应该按照要取得的知识的类型，采用适当的一种，虽然他没有充分发展这一论点。杜威坚持只有科学的方法才是认识的途径，虽然在这点上是有争议的，杜威在他所有的著作中，从来没有令人满意地证明过，依靠科学的方法能够应付‘隐喻语法’中提出的问题，甚至能够应付归类为社会科学(用它们的标准尺度来说）的学科。”[①] 哈丁（Charles D. Hardie）认为：“我敢肯定我们中的大多数人都清楚，如果用设计教学法教学，

① 瞿葆奎主编．教育学文集《教学》上卷．北京：人民教育出版社，1988－5．445

我们知识中的相当一部分是不会获得的。"[①] 柏克森（Isaac B. Berkson）也认为，科学的方法、智慧的方法"并不是对所有的认识类型都是有效的"[②]。本文认为，还有两个更为严重的问题：(1) 解决问题与获取知识并不总是一致的，有些问题解决后，虽使人能从中获得一些观念，但这些观念并不构成真正的知识，或者说获得的一些观念是早已熟知的常识，无多少价值。(2) 杜威强调的是提出假设解决问题，有时会出现这种情况：问题的解决方式有多种，此时多种假设都是有效的，这里就又产生了一个对知识的甄别问题。有时候错误认识也有助于问题的解决，如崇信上帝可解决一些人的信仰危机，但这种错误认识却绝非正确的东西。有用的并不都是真理。尽管杜威在这一点上没有詹姆士那样主观、那样露骨地宣称"有用就是真理"，但他对效用的强调、对知识的工具主义的理解，[③] 也是受到很多指责的。

3. 问题存在的普遍性问题

杜威将思维过程、经验改造过程、知识获得过程皆与解决问题联系，似乎问题无处不在，实际上有那么多的问题吗？谢弗勒对杜威的"问题"提出质问，是否所有的问题都有答案？是否所有的答案都有价值？是否所有的问题都是真的？将教育局限于"问题的解决"是否低估了教育的价值？谢弗勒（Israel Scheffler）认为，教育不仅应促进学生的思维能力（improve thinking），更应拓宽学生的视野（create wider perception），不应将教育的任务只限制在问题的解决上[④]。笔者认为，问题的情境不论经过多么精心的设计，情境中的"问题"对广大无边的知识的包容度、涵盖力都是很有限度的，

---

① 哈丁．杜威的教育理论．见：杜威论教育：英文版．兰德豪斯．1966．120～121

② 柏克森．杜威哲学中的科学、伦理和教育．见：杜威：伟大的教育家：英文版，格林伍德出版社，1975．103

③ 杜威．命题、证实的可判言性与真理．载：（美国）哲学杂志．1941－03－27；并参见：詹姆士．实用主义．北京：商务印书馆，1979．33～38

④ 谢弗勒．教育自由与杜威哲学．见：杜威论教育：英文版，兰德豪斯，1966．108～109

将知识的获得，将儿童的充分全面的生长只寄托于、只依赖于“解决问题”的过程，是远远不够的。

五、道德教育

杜威认为道德教育的主要任务是协调个人与社会的关系。杜威关于个人与社会关系的看法并不只是一种理论探讨，杜威是有着强烈的现实针对性的。这主要体现在他对旧个人主义和新个人主义的看法上。

同进步主义改革运动一致，杜威也反对旧个人主义，力倡新个人主义。旧个人主义又称“倔强的个人主义”（rugged individualism)，也译作“僵硬的个人主义”。杜威曾指出，这种个人主义重视“个人的倔强性、独立性、独创性和毅力”①，反对政府对个人自由的控制。这种个人主义在美国边疆开拓时代，对美国的发展曾起到不可忽视的历史作用。但19世纪末，随着免费土地的告罄和西部开拓的终结，随着工业化和都市化的推进，随着社会生活和社会结构的日益复杂，这种与大自然作斗争中显示神威的旧个人主义亟待变革。但道德价值观念的转变滞后于经济发展，旧个人主义遂流于自由放任主义，成为后者的代名词，旧个人主义从人与自然的搏击中转入到人与人之间的无情竞争中，在经济和政治生活中则走向无政府主义，使社会控制失衡，社会矛盾加剧。少数在经济竞争中成功的人凌驾于大多数人之上，少数人的个人自由侵害了大多数人的个人自由。大萧条后杜威对旧个人主义所造成的社会危害深有感触，他认为旧个人主义是与旧自由主义相伴而行的，二者“所珍视的是商业中投机者的自由”，维护的是少数大资本家的利益。少数人之所以反对政府干预经济，是因为控制会使少数大资本家的利益分流于普通大众，使他们的利益受到损害。少数人以捍卫自由为幌子反对政府对经济的干预，实质上维护的是少数人的自由，损害的却是大多数人的自由。杜威要求以新个人主义取代旧个人主义，杜威并未细微地描述这种新个人主义的具体内容，但从其著述中尤

① 杜威．自由主义的未来．载：学校与社会，1935－01－19

其是《旧个人主义与新个人主义》中，可以看到杜威强调这样几个方面：(1) 新个人主义强调人与人之间的合作而不是无情的竞争。美国学者芬尼克斯（Philip H. Phenix）指出："杜威正确地将旧个人主义与新个人主义加以区别，旧个人主义是自由放任的、倔强的个人主义，而新个人主义则是具有社会责任心的个人主义。"① 落实到教育上，杜威就特别强调培养儿童的合作精神，要求学校应为一个真正的合作社会造就公民。(2) 新个人主义重视理智的作用。1922年杜威在《平庸与个性》中就论及个人主义中的理智问题。杜威认为，在一般的用法上，个人主义是最具模棱两可性的词，因此应对之加以具体分析。杜威指出，一方面，在经济与法律中存在着过分的个人主义（这实际上是指放任的自由经济政策和与之相关的法律条文）；另一方面，在理智生活（intellectual life）中却缺乏真正的个人主义，没有创造性，没有生机和活力，前者有害于社会，后者亦有害于社会。杜威呼吁一种新个性（个人主义）的出现，这种新个性意味着一种解放，不是外在的，而是内在的、建设性的。

总之，旧个人主义是极端个人的，新个人主义是重社会的；旧个人主义是物欲的，新个人主义则是理性的；新个人主义取代旧个人主义即是以一种社会的伦理的力量去驾驭物质的力量。落实到教育上，就是要求为新的时代培养一种新的个人，这种个人并不为追逐个人私利而不顾公益，也并不头脑僵化、固守陈规，而对变动不居的社会熟视无睹，抑或手足无措。这种新个人主义并不否定旧个人主义中的那些积极因素如创造性、独立性等，而是在对其优点积极吸收的基础上，结合新的社会情势对旧个人主义的扬弃。

杜威认为，教育的道德性和教育的社会性是相通的，道德教育应在社会性的情境中进行而不能只是停留于口头说教，杜威要求学校生活、教材、教法皆应渗透社会精神。他视学校生活、教材、教法为"学校道德之三位一体"（moral trinity of the school），这三者都是道德教育的重要途径。

---

① 芬尼克斯．杜威对二元论的抨击．见：杜威论教育：兰德豪斯，1966．46

杜威将道德教育的原理分为社会方面和心理方面。道德教育应有社会性的情境、社会性的内容（如同新个人主义和良好的公民素质所揭示的）和社会性的目的，这属于社会方面；心理方面是指道德教育若要取得成效，就必须建立在学生本能冲动和道德认识、道德情感的基础上。若漠视这些心理条件，道德行为可能会变成机械的模仿或外在的服从。对于社会的道德要求，应顾及学生的心理能力，应使学生知之、好之、乐之。也就是说，社会方面的道德教育原理是关于道德教育的“目的和内容”方面，心理方面的道德教育原理则是关于道德教育的“方法和精神”方面，前者决定应当做“什么”（What），后者决定应当“如何”（How）做。

总之，杜威力图使道德和道德教育成为调节社会中人与人关系的重要手段，并希图通过这种调节，使社会利益分配更加均衡，减少乃至消除激烈的利益冲突，使人与人之间、人与社会之间多些安宁、和平与友好，少些纷乱、争斗与敌意。

杜威是世界教育思想史上的巨人，其教育理论不仅系统全面，论证精微，而且洋溢着清新的现代气息，的确超出其前人多多。杜威教育观的基本要求，是实现教育的内在价值与工具价值的结合，使教育过程本身是有乐趣的、有益于儿童个人的；又是富有实效的、有利于国计民生的。这种教育观，直接的根本的目的是通过活动性、经验性的课程和教学方法，使学生掌握科学思维的方法，使学生富有智慧。这个目的高于其他目标如知识、技能之上。这种教育观体现了现实主义与理想主义的结合，它源于现实又高于现实，希望通过教育这种手段使不完美的现实走向完美的理想之境。这种教育观的历史地位，在于它在立足于新现实、新理论的基础上，宣告了教育理论旧时代的终结和新时代的开始。

杜威的教育理论在20世纪的东西方社会都具有深远的影响，他到过日本、中国、土耳其、墨西哥和前苏联访问，他的不少教育著作被译成多种文字广为流传，杜威教育思想的影响是世界性的。

杜威提出并讨论了许多基本的教育问题，也许他提供的解决问题的方案并不切实，但他提出的这些问题，以及他提出的解决这些问题的思路，直到今天仍然是有启发意义的。杜威的教育理论着意要解决三个重要的问题：(1) 教育与社会的脱离；(2) 教育与儿童的脱离；(3) 理论与实践的脱离。他提出的各种理论、各种设想，从某种程度上可以说都是为了克服这三种根本弊端。这三个问题不仅杜威的时代存在，而且现在乃至将来依然会存在。这三种脱离，可以说一直困扰、困惑着每个时代的教育决策者、教育实践者和教育研究者。当前，我国社会正发生巨大的转折，在这个转折时期，教育与社会变革、教育与个人发展、教育理论与社会现实及教育现实的关系，也应有一个新的情势和新的面貌，教育实践和教育理论，也应作相应的变革。我们目前所处的社会背景与杜威当时的社会背景，是有制度和文化上的差异的，因此杜威的一些看法也许并不合乎我国国情，但他解决问题的思路和理论所反映出的总体精神，如要求加强教育，学校与社会生活的联系，使学校不只是消极地适应社会的变化，而且积极参与社会生活的优化；要求尊重儿童心理发展水平，使教育过程既具有成效，本身又有乐趣；要求加强理论与实践的联系，使理论在实践中指导实践，并使自身受到检验和发展等等，这些对现在依然有很大的启发意义；而且杜威在具体论述中所提出的不少观点，如要求克服个人与社会的对立；要求以道德文化的力量，加强对市场经济的规范与调控；要求培养一种新型的人，以适应变世；要求将教育的工具价值与内在价值结合起来；要求克服教学论中知识与行为、知识与道德、理智与情感、感性与理性诸方面的对立等等，这些对我们启发意义也不是枝节的，而是具有重大理论价值与实际意义的。

（褚宏启）

3

怀特海

(Whlitehead)

- 生平简介
- 名篇选读

  教育的目的
- 思想评介

  怀特海及其“新教育”思想

生平简介

艾尔弗雷德·诺思·怀特海（A1fred North Whlitehead，1861～1947）英国唯心主义哲学家、数学家。剑桥大学三一学院毕业，历任剑桥大学数学讲师，伦敦大学皇家科技学院教授。1924～1936年任哈佛大学哲学教授，与其最杰出的学生罗素合写了《数学原理》，对数学和逻辑思想的结构进行了基本研究，并从数学的角度探讨了哲学问题。他不仅注意数学和其他自然科学的论证，也重视对社会科学，如教育、伦理、宗教等的探讨。他试图纠正当代对自然科学的过分强调，强调作为整体的人类文化遗产对人的文明生活的影响，他重视个性、创造性的相互影响，而以上这些又构成其教育思想的基础。其主要著作有：《数学原理》（1910～1913，与罗素合写)、《思维的组织》(1917)、《科学和现代世界》(1925)、《正在形成的宗教》（1926)、《教育的目的》（1929)、《概念的探索》(1933)、《有关科学与哲学的论文))(1946）等。

名篇选读

教育的目的

一、教育的目的

在教育史上，最引人注目的现象是，学校在一个时代才气横溢，而在后续的一个时代却只显示着学究习气和墨守成规。原因是学校被无活力的概念沉沉压住了。教育上有了无活力的概念，这种教育不仅是无用的，尤为重要的是，它是有害的。腐蚀最好的东西是一种最坏的腐蚀。除了若干罕见的短暂的智慧沸腾的时期以外，过去的教育已根本上受了无活力的概念的毒害。每一次曾经引起人类巨大震动的思想革命，就是对无活力的概念的一次激情的反抗。

应该怎样在我们的教育制度中预防这种心理的衰败，我们要提出两条教育的诫律：一条，“不要教过多的学科”；另一条，“凡是你所教的东西，要教得透彻”。

教很多学科，每门学科教那么一小部分，其结果就是消极地接受一些没有活力的、火花照耀的、没有联系的概念。儿童教育中所教的主要概念要少而重要，还要使它们尽可能集合成各种组合。儿童应该使这些概念成为他自己的概念，并且应该懂得这些概念此时此地在他实际生活环境中的应用。儿童应该从他一开始受教育就体验到发现的愉快。他必须发现，普通概念使他理解那倾注在他生活中的川流不息的事件，这川流不息的事件也正是他的生活。我们所要的理解乃是对迫切的现在的理解。过去的知识，它仅有的作用，是武装我们对付现在。没有比轻视现在对年轻人的心理造成更致命的损害了。现在包含着一切现在存在的东西。现在是神圣的基地；因为它就是过去，它也就是将来。(第110~111页)

教育就是获得运用知识的艺术。这是一种很难传授的艺术。每当编出一本具有真正教育价值的教科书的时候，你可以十分肯定有些评论员会说，这本教科书难教。当然，它将是难教的，要是它容易教，它就应该被烧毁，因为它不可能具有教育价值。在教育上，和在别处一样，华丽的大道是通向肮脏的地方的。一本书或一本讲义，实际上使学生把下一届校外考试中可能出的一切题目都背熟了，就代表着这条罪恶道路。校外考试人员可以撰写有关课程和学生成绩的报告，但是决不允许他对学生出一个实际的教师所没有严格指导，或至少在一次长时间讨论中所没有被启发到的题目。

现在让我们重新回到我前面的一个论点，那就是理论性的概念应该总是在学生的课程中得到重要的应用。这并不是一个容易运用的理论，而是一个非常难于运用的理论。这个理论本身就包含着一个使知识保持活力和防止知识僵化的问题，这是一切教育的中心问题。

我们不喜欢校外考试的理由是很明确的，也是很实际的。校外考试扼杀文化的精华。当你们根据经验来分析教育的中心任务时，你们会发现这个任务的胜利完成，是依靠细心地调节很多可变因素。理由是我们是在处理人的心智，而不是处理死的物质。好奇心、判断力和控制复杂环境能力的激发，运用理论对特殊的情况有预见性——所有这些能力，不是一个考试科目表中所包含的一条固定规则所能传授的。

只要学生纪律好，总能把一定分量的无活力的知识灌进他们脑子里去。你拿出一本教科书，要他们学习，暂时不会有什么问题，儿童懂得如何解一个二次方程，但是教儿童解二次方程，目的何在呢？对这个问题有一个传统的回答。心智是一个工具，你先要使它锋利，然后才运用它；解二次方程能力的获得，就是使心智锋利的过程的一部分。这个回答虽有部分真理，但有一个根本的错误，就是很可能窒息现代世界的才华。我不知道谁应首先对把心智比作死的工具负责。不管创始者是谁，这个答案由于不断地受到有名人士的赞扬而具有威信是无可置疑的。但是不管这个答案威信多高，也不管它受到的赞扬多大，我毫不犹豫地谴责它是所有引进教育理论中的最致命、最错误、最危险的概念之一。心智决不是被动的；它是一种永不休止的活动，灵敏、富于接受性、对刺激反应快。你不可能推迟它的生命，到你使它锋利了的时候才有生命。不管你的教材具有什么兴趣，这种兴趣必须在此时此地引起；不管你的教学应该传授什么精神生活的可能性，这种可能性必须此时此地表现出来。这是教育的金科玉律，而且是一个很难遵循的规律。

困难恰好在于：一般概念的了解，心智活动的习惯以及对心智活动成就的令人愉快的兴趣，不是任何形式的词语所能引起，不管如何正确地使用这些词语。所有有实际经验的教师们都知道，教育是一个一分钟一分钟、一小时一小时、一天一天地耐心地掌握细节的过程，不存在一条由灿烂的概括铺成的空中过道通往学问的捷径。有一个关于只见树木、不见森林的谚语。那个困难恰恰就是我所强调的那一点。教育的问题就在于使学生通过树木而见到森林。

我所极力主张的解决办法，是要消除扼杀我们现代课程活力的各学科之间互不联系的严重现象。教育只有一种教材，那就是生活的一切方面。我们不给儿童这个单一的整体，而向他们提供：代数、几何、历史，以后没有什么跟上去；两种语言，从来没有掌握过；最后，最最沉闷的是以莎士比亚的戏剧为代表的文学，要求记熟语言学的注释以及关于戏剧情节和人物的简短分析。这样一个科目单能够说代表大家熟悉的实际生活吗？至多只能说这是神在想着创造世界时脑子里可能匆匆地想一遍的一个草率的目录单，但是还没有决定怎样把它们构成一个整体。(第114～116页)

幸而专门教育问题要比普通陶冶问题容易一些。理由是，专门训练是在学生学习进程的比较高级阶段进行，或应该进行的，所以，有比较容易的材料可以研究。但是，主要的理由无疑是专门研究通常对学生具有特别兴趣的研究。他之所以研究它，是他为了某种原因希望了解它。这样就完全不同了。普通陶冶旨在培养心智活动；专门研究则利用这种活动。但是，过分强调这种整齐的对立是不行的。再者，并没有一门课程只给学生普通陶冶，而另一门课程只给专门知识。为了普通教育目的而学习的学科，也就是专门地去学习的专门学科；另一方面，鼓励一般智力活动的方法之一就是培养一种专门的爱好。你不能把一件无缝的学问外套割裂开来。教育所应传授的，是对学生的生活具有特殊意义的某一方面的知识，对概念的力量、概念的优美和概念的结构有一种亲密的感觉。

最后，应该发展一切心理素质中最严峻的心理素质；我指的是对风格的感觉。这完全是一种建筑在赞赏单纯而不费事地直接达到一个预见的目的的基础上的审美的感觉。艺术的、文学的、科学的、逻辑的、实践的风格，它们基本上具有同样的审美品质，即成就与克制。

这里又把我们带回到我们开始的地方，即教育的功用问题。风格，在它最精微的意义上，就是有教养的心智的最后一个要求；它也是最有用的。风格是心智的终极的道德原则。有了风格，你活动的效果是可以估计的，远见是神给人们的最后的礼物。有了风格，你的力量增加了，因为你的心智不被不相干的东西所干扰，因而你更有可能达到你的目的。而风格乃是专家独有的权利。有谁听到过一个业余画家的风格、一个业余诗人的风格吗？风格总是专门研究的产物，总是专门化对陶冶的特殊贡献。

英国教育在它目前的阶段苦于缺乏一个明确的目的，并且苦于扼杀它的活力的外部机构。它没有决定是培养业余工作者还是培养专家。业余工作者主要是一个掌握一种既定的常规而具有欣赏能力的多才多艺的人。但是他缺乏从专门知识得来的远见。我这个报告的目的就是建议如何培养专家而不失去业余工作者的主要长处。我们的中等教育机构，在它应该让步的地方却严格了，在它应该严格的地方却又松弛了。每一所学校，要是训练男孩子们准备小小的一套特定的考试，一定受到毁灭的痛苦。没有一个中学校长，能自由地按照他学校的教师、环境、学生和学校基金所创造的条件，来发展他的普通教育和专门研究。

应该受到检查的主要是学校而不是学生。每一所学校应该根据它自己的课程发给毕业证书。这些学校的标准应该加以抽查和校正。但是教育改革的第一个要求是把学校看作一个单位，有它自己被批准的课程，这个课程建立在它自己的需要上，由它自己的教师来制订。如果我们不能做到这一点，我们就会从一种形式主义坠入另一种形式主义，从一堆无活力的概念坠入另一堆无活力的概念。

当人们全面地考虑国家年轻一代教育问题的重要性的时候，那种由于处理教育问题时行动迟缓而造成的生活的破碎，希望的毁灭和国家的失败，真是难于抑制内心的激怒。在现代生活的条件下，规律是绝对的，凡是不重视有训练的智慧的民族是注定要失败的。今天我们维护自己，明天科学又将前进一步，到那时，对没有教养的人们所作的判决将不会有上诉。我们可以满足于有史以来在任何时代所流行的旧教育理想的总结。教育的本质在于它是宗教性的。

什么是宗教教育呢？宗教教育是谆谆教诲义务和崇敬的教育。义务来自我们对事态进程的潜在控制。要是可以获得的知识能够改变结局，那么愚昧就犯有作恶之罪。崇敬的基础是认识到现在本身包容了既往和未来的全部存在，认识到那全部广阔的时间，就是永恒。（第 120 ~ 124 页）

二、教育的节律

所谓教育的节律，我指的是一个教育的原则，其实际应用是每一个有教育经验的人所熟知的。这个原则就是：学生应该在适合的时间，在他们到达恰当的心理发展阶段时，学习不同的学科，采用不同的学习方式。这是一个从来没有被怀疑的、人所共知的学习方式。我所以选择这个题目，因为我并不认为在教育实践中对待这个明显的真理，已足够注意学生的心理。（第124页）

幼儿期的任务

首先我要对通常据以把学科分类依次排列的一些原则提出挑战。让我们先考虑难度的标准。轻易的学科应该先于较难的学科，其实不然。相反，有些最难的学科必须先学，因为自然这样命令，因为它们是生活所必需。一个婴儿所面临的第一件脑力工作是口语的获得。把义和声联系起来，一件多么使人吃惊的工作啊！这个工作要求分析思想，分析声音。我们全都知道婴儿做了这个工作，也都知道他的成就的奇迹是可以解释的。有这个事例在我们面前，我们应该停止谈论有关推迟学习比较困难的学科的废话。推迟难点，并非教育实践的迷宫中的安全指引。

关于学科顺序的另一个原则，是必要先行的原则。在这一点上，我们显然处于比较安全的地位。在你们学会阅读以前，不可能读莎士比亚的《哈姆雷特》；学习整数必须先于学习分数。但是，甚至这个可靠的原则，仔细研究一下，也站不住脚。这个原则肯定是正确的，但只是在对学科的概念给以人为的限制时它才是正确的。这个原则的危险在于，它是在一种意义上被接受，在这个意义上它几乎是必然的真理；而它是在另一种意义上被应用，它却是错误的。（第124~125页）

心理发展的阶段

我所以为这次讲演选择教育的节律这个题目，出于对当前教育思想的另一个批评。人们往往把学生的进步看作一贯稳步前进的过程，式样一致，速度不变。例如，设想一个孩子10岁时开始学习拉丁文，一贯进步，到18岁或20岁，稳步地发展成为一个古典文学学者。我认为这种教育概念，是建立在关于心理发展过程中错误的心理学基础上的，这种错误的心理学严重地影响了我们的教学方法和效果。生活本质上是周期性的。它包含一天天的周期，如工作和游戏、活动和睡眠的交替；包含季节的周期，这种周期规定我们的学期和假日；它还包含一年年的周期。这些是明显的大的周期，没有一个人会忽略过去。还有比较细微的心理发展的周期，它们有阶段性的循环，但是从一个周期到另一个周期，每次循环总有所不同。每一周期又再产生从属的阶段。这就是我选择“节律”这个术语的理由，主要意思是在重复的结构中带有差异。不注意心理发展的节律和性质是教育上呆板无效现象的主要根源。我认为，黑格尔把发展分析为正、反、合三个阶段是正确的，虽然为了把他的思想应用于教育理论，我却并不认为采用它的名称很有启发性。联系智力的发展，我想把它们称为奇异阶段、准确阶段和概括阶段。（第126页）

奇异阶段，即开始理解阶段。教材具有新奇性和生动性；在教材内部，包含许多未经探索的与种种可能性的联系，这些可能性一半已被隐约地瞥见，一半仍为丰富的材料淹没。在这个阶段，知识没有被系统的程序所控制。系统必然存在，但是这种系统是零碎地特别建立起来的。我们直接认知事实，只是断续地对事实进行系统的解剖。奇异的情感，主要的是兴奋，它是从单纯事实过渡到开始认识它们未经探索的关系的含义所引起的。教育主要的是必须把已经在头脑中搅动着的兴奋安排好：你不能在真空中训练心智。我们所设想的教育，往往把它局限在周期的第二阶段，即准确阶段。如果我们这样限制我们的任务，那就不能不错误地理解整个问题。我们既关心兴奋阶段，也关心学得准确，学有成果。（第126页）

准确阶段也表示知识的增长。在这个阶段，关系的广度从属于叙述的确切性。这是打基础的阶段，包括语言的基础和科学的基础。这个阶段的进行，迫使学生一点一点地接受一定的分析事实的方法。新的事实增加了，但是它们是符合分析的事实。

很明显，没有先前的奇异阶段，准确阶段是贫乏的：除非已有许多事实，它们的广泛性和一般性已被模糊地理解，先进行分析不过是分析不存在的东西，这种分析，不过是一系列人为地提供、没有任何进一步关系的简单事实的无意义的陈述。在这个阶段，我们并不停留在奇异阶段所引起的事实的范围。奇异阶段的事实揭露了许多观念，这些观念具有广泛的可能性。在准确阶段，我们又系统地获得另外一些事实，从而揭露奇异阶段的一般材料，并对这些材料进行分析。（第127页）

最后的概括阶段就是黑格尔体系中的综合。这个阶段又返回到富于传奇色彩的阶段，并且增添了分类的观念和恰当的技术。这是准确训练的结果，也是准确训练的目标。这就是最后的成就。（第128页）

周期性的过程

教育就是这种周期的连续不断的反复。一堂课，应该构成一个小小的旋涡周期，有它从属的过程。较长的时间应该产生一定的成绩，这些成绩又形成新周期的起点。我们应该排除有一个神秘的、遥远的教育目的的思想。如果教师能满足学生有节奏的希望，恰如其分地给以激励，那么学生就一定能不断地取得一些成果，而又走上新的起点。

一个婴儿的最初的奇异阶段是他开始理解事物和认识事物之间的联系。他的心智的成长，采取外部的形式，从事知觉和身体活动的调节工作。婴儿的第一个准确阶段是掌握口语作为一种工具，将事物分类，并加强和别人情感上的联系。婴儿的第一个概括阶段是运用语言，把事物分类并扩展对事物的乐趣。

智力发展的这一个最初的周期，从感知到掌握语言，从掌握语言到归类的思维和更敏锐的感知，需要进行更仔细的研究。这是我们能够在完全自然的状态下进行观察的唯一发展的周期。以后的很多周期，必然受当时教育方式方法的影响。这种教育方式有一个特征，后来的教育不幸常缺乏这个特征：这就是，这种教育方式完全获得成功。在教育结束时，儿童能够说话，他的观念得到归类，他的感知过程得到加强，这个周期达到了它的目的。大多数教育制度，它们给学生的教育，还没有能做到这样。事情为什么是这样？我想这是因为，自然通过周围环境给婴儿一项工作，恰好适合他的大脑的正常发展。

在以后的教育中，我们没有寻找周期性的过程，这些周期性过程在有限的时间内走完它们的历程，同时在它们自己限定的范围内取得完全成功。这种成就对婴儿来说是自然周期的一个显著特征。以后，我们要一个10岁的儿童学习一门学科，例如拉丁文，希望通过统一的形式训练，在20岁时获得成功。无论在兴趣和成绩方面，结果自然都是失败。我说失败，是把我们的结果和第一个自然周期的光辉成就进行比较。这是因为我们的工作安排得很不自然，没有节律，没有中间的成功可以提供刺激，也没有集中。

我们最好还是为后来的每一周期保留一定程度的集中。我们尤其应该在他们周期的同一阶段避免很多学科互相竞争。旧教育的错误在于无节奏地集中在一门不分化的学科。我们近代的制度，坚持初步的普通教育，容许把知识分成不同的学科，同样是一种无节奏的使人分心的片断。我呼吁，我们将努力在学生的心灵中组成和谐的图式，把教学的各种成分调整成许多从属的周期，每一个周期，对学生的直接理解，都具有内在的价值。(第128～129页)

青春期的奇异阶段

在幼儿期以后，接着就是青春期。青春期开始我们所经历过的最重要的奇异阶段。正是在这个阶段塑造了性格的轮廓。儿童在青春期的奇异阶段怎样成长，他以后的生活就怎样符合理想和富于想象。由于学会了口语和阅读，产生能力的类化，青春期迅速地继承这种类化。属于幼儿期的概括阶段是比较短的，因为幼儿期的富有传奇色彩的材料很少。从“知识的”发展的意义来说，关于世界的初步知识在第一个周期的成就之后才真正开始。各种观念、事实、关系、故事、历史、可能性以及有关文字、声音、形式和色彩方面的艺术技巧，都涌进儿童的生活，挑起他的情感，激发他的欣赏能力，引起他对类似活动的刺激。想想在这个黄金时代，常常留有填鸭式教师的阴影，真是令人悲痛。儿童生命中长约4年的一个时期，在通常情况下，大体上从8岁到十二三岁。这是运用本族语的第一个重要时期。幼儿不能操作，儿童能；幼儿不能观察，儿童能；幼儿不能靠回忆言语保存思想，儿童能。这样，儿童就进入一个新的世界。

当然，准确阶段在小的周期中重复出现，使准确阶段延长下去。这些小的周期构成大的奇异阶段中的浪花。书写能力的提高、拼法的完善、算术基础知识的增长，以及诸如英国国王的名字等，简单事实知识的增加，都是很必要的。但是，这些东西本质上都是片断性的，而伟大的浪漫精神则是把儿童推向精神生活的洪流。(第130~131页)

语言的掌握

当儿童接近重大的奇异阶段结束时，周期性的发展进程使儿童转向精确知识的能力倾向。语言现在成为集中学习的自然教材。这是他十分熟悉的表达方式。从13岁到15岁，3年时间应以集中学习语言为主，语言学习的计划，应使学习取得本身有价值的明确结果。我敢设想，在这3年的时间内，如果有适当的集中，我们可以要求儿童在这个时期结束时，已经掌握了英语，能顺利阅读相当简明的法语和学完初级阶段的拉丁语。如果儿童不因学习大量别的学科的准确知识而分心，我认为对这3种语言的这种程度的造诣，完全是平常儿童力所能及的。有些天赋比较高的儿童还能学习得更多。其他学科在课表上将处于次要地位，并且将以不同的精神学习。首先，必须记住，半文学性的学科，例如历史，大体上将会在语言的学习中有机会学习。阅读一些英国、法国和拉丁文学作品，而不同时灌输一些欧洲历史知识，这几乎不可能。我并不认为应该排除一切专门的历史教学。但是，我建议这门学科应该表现我所说的浪漫精神，不应要求学生大量系统地准确回忆细节。

在这个发展阶段，科学的学习应该处于奇异阶段。学生应该自己观察，自己实验，只要求局部的思想准确。科学的重要性，无论是为了理论的兴趣或技术的目的，其本质都在于把科学应用于具体的细节，每一次应用引起待研究的新问题。因此，一切科学训练应从研究开始，以研究结束，以掌握自然界发生的材料结束。关于适合于这个年龄的确切的指导方式和实验的确切限度的问题，依靠经验，但是我主张这个时期是以浪漫精神学习科学的年代。(第131~132页)

集中学习科学

将近15岁，学习语言的准确阶段和学习科学的奇异阶段快要结束，接着是学习语言的概括阶段和学习科学的准确阶段。这段时间应该是一个短的时期，但却是极其重要的时期。我想大约有一年时间的工作，我建议最好决定性地改变以前的课程的平衡。应该集中学习科学，语言的学习应该坚决减少。在过去富于浪漫色彩的学习基础上，一年的科学的学习，应该使每一个人了解指导力学、物理学、化学、代数学和几何学的发展的主要原理。懂得他们并不是开始学习这些学科，而是通过确切地阐明这些学科的主要思想，把过去散漫的学习集中起来。

同时，语言的周期正处在概括阶段。在这个阶段，确切的学习语法和作文不再继续，语言学习限于阅读文学作品，着重注意作品的思想和文学的一般历史；同时，为历史安排的时间将准确地学习一个短的时期，选择这个时期，以确切说明在一个重要时代发生了什么事情，并且表明如何对这一时期的一些人和政策作出比较简单的判断。

我已经大概地勾画了从婴儿期到大约16岁半的教育进程，这个进程的安排稍稍注意了生命的有节奏跳动。这样的普通教育，学生在整个教育过程中有可能收到集中和新鲜之效。因此，准确总是说明已经理解的教材，并要求作有力的处理。每个学生将依次集中学习各种不同的学科，并将知道他的长处何在。最后——这是在要达到的一切目标中我最重视的一个目标——学习科学的学生将得到极有价值的文学教育，而且在最可塑的年龄及早养成在科学的领域内为自己思考的习惯。

16岁以后，新的问题产生了。对文科学生来说，学习科学进入概括阶段，大体上以报告的形式讲科学的主要成就和一般思想。新的语言的、文学的和历史的学习周期开始了。对理科学生来说，先前的准确阶段持续到学校教育的结束，对更加广泛的一般观念日益理解。（第132～133页）

大学教育

从婴儿期到成年期，整个发展时期构成一个大周期。它的奇异阶段连绵在最初的12年，它的准确阶段包括整个中等教育的时期，它的概括阶段是进入成年期的时期。对于那些在中学毕业后继续受正规教育的人，大学或专门学校教育是重要的概括阶段。概括的精神应该统治着大学。大学的讲课对象应该是已经熟悉细节和方法的人，在中学阶段，学生伏案学习；在大学里，他应该站起来，四面眺望。因此，如果大学一年级仍以旧的精神重复旧的功课，白白浪费时间，这是不幸的。在中学里，孩子艰苦地从个别上升，看到一般观念；在大学，他应该从一般观念开始，研究它们的具体应用。一个很好的计划的大学课程，是研究广泛的一般性。我并不是说大学课程应该是抽象的，和具体事实脱离，但是具体事实的研究，应该用以说明一般观念的范围。（第134页）

智慧力量的培养

培养智慧力量，是大学教育上理论兴趣和实际效用一致的一个方面。真正有用的训练，是理解若干一般原则，对于这些原则在各种具体情况下的应用有彻底的基础训练。在以后的实践中，人们将遗忘你教给他的个别细节；但是他们将无意识地牢记如何把原则应用于直接的情境。大学的职能在于使你为了原则而抛弃细节。我讲的原则，甚至没有想到用词语表达的原则。一个彻底渗透到你全身的原则，毋宁是一种心理习惯，而不是形式的陈述。原则变成心理对环境中适当的刺激的反应方式，没有一个人干工作把他的知识清楚地、有意识地放在面前。智慧力量的培养不过是心智活动时顺利地起作用的方式。学习常常被说成好像我注视着所有我们曾经读过的书籍中打开的版面，然后，当机会来到时，我们选择正确的页码，向宇宙高声朗读。

很幸运，真理远远不是这样原始的思想；因此，纯粹知识的要求和职业的成就之间的矛盾，应该不像错误的教育观点使我们预期的那样尖锐。我可以用另一种说法表达我的观点，大学的理想，与其说是知识，不如说是力量。大学的任务在于把一个孩子的知识转变为一个成人的力量。（第135页）

发展的节奏性

在结束这个讲话时，我想再讲两点，慎重解释我的意见。这个讲话的观点是发展的节奏性。人的内心精神生活是很多线条组成的网络。这些线条并不全都长得一样长短。我认为儿童的能力（我指的是中等能力）在稍微顺利的情境中，是正常展开的。心智的发展表现为一个包含周期交织的节奏，整个过程被同样性质的更大的周期所主宰，成为它的小的旋涡。此外，这个节奏表现出某种可以查明的对多数学生是正确的一般规律。我们教学的质量应该适应我们学生已经达到的节奏中的阶段。课程的问题不全是学科的连续；因为一切学科本质上应该从心智启迪时开始。真正重要的顺序是教育过程应该采取的质量的顺序。

第二点要慎重的是要求你们不要过分夸大一个周期的三个阶段的区分。我可以向你们保证，会使我犯我告诫你们要防止的错误，不是教学，而是缺乏文学的修养。当然，整个讲话，我的意思着重点不同，至于普通的特性，奇异、准确和概括，那是始终存在的。但是有着优势的交替，正是这种交替构成周期。（第 136 页）

选自：华东师范大学教育系，杭州大学教育系编译．现代西方资产阶级教育思想流派论著选．北京：人民教育出版社，1980

思想评介

怀特海及其“新教育”思想

一、“新教育”思想兴起的背景

19 世纪末 20 世纪初，欧美资本主义国家的经济和科学技术得到了进一步发展，这不仅使他们的社会生活发生了很大的变化，而且也给教育提出了新的需要。特别是达尔文的进化论，为心理学研究开辟了新的领域，使人们把心理现象作为一个过程，从体系上进行全面的研究。这便利人们对教育问题也有了新的认识。然而，此时欧美国家的学校教育中，占据统治地位的仍然是以主知主义教育思想为标志的“传统教育”学派。这一思想流派强调知识以及与此相关的智力和理性的价值，主张把传授知识和发展理智作为教育和教学的目的，注重探讨传授知识的有效方法，重视知识的选择、编制等。这种思想虽然符合19世纪欧美国家社会和经济发展的要求，但是到了20世纪，随着社会的进一步发展，其不足之处也明显地暴露了出来。比如，它具有较大的保守性，在教学论方面偏重于传授书本知识而忽视了学生思维能力的发展等。在这种情况下，许多教育思想家纷纷起来对主智主义及其他传统教育思想进行了批判，提出了新的教育观念并进行了教育实验活动，兴起了一场大规模的教育改革运动，这便是新教育运动。它传播到美国后，也迅速得到发展，美国教育家称之为“进步教育”运动。在新教育运动中产生了诸多的教育思想，除了雷迪、怀特海等人的“新教育”思想之外；还有德国教育家梅伊曼和拉伊的实验教育思想；意大利蒙台梭利和英国罗素的“自由教育”思想；德国教育家凯兴斯泰纳的劳作教育思想；美国哲学家和教育家杜威的实用主义教育思想等。

二、怀特海“新教育”思想的主要内容

（一）关于教育的目的和功能问题

怀特海的“新教育”思想是在抨击传统教育的基础上提出的，他指出，传统学校教育“显示着学究习气和墨守成规”，教师根本不考虑儿童的兴趣和需要，也不考虑儿童个性的发展，教育内容很少与社会生活实际相联系，教学方式刻板枯燥。传统的学校教育之所以会境况如此，是因为“学校被无活力的概念沉沉压住了。教育上有了无活力的概念，这种教育不仅是无用的，尤为重要的是，它是有害的……过去的教育已根本上受了无活力的概念的毒害”。①

他认为，为了适应儿童身心发展以及现代社会生活变化和科学技术发展的需要，传统学校教育必须进行彻底的改革，把教育从无

① 现代西方资产阶级教育思想流派论著选．北京：人民教育出版社，1980．110

活力的概念的影响下解放出来，充实以既能反映现代社会生活需要，又能培养学生心智、发展理解能力的教育内容。在《教育的目的》一书的“前言”中，他明确地写道：“整个这本书，是对死的知识的一种反抗，即反对无活力的概念”①。由此理念出发，他提出了自己的教育目的观，那就是促进学生的“自我发展”。在《教育的目的》的“前言”中，他还明确地写道：“有一个主要的思想贯穿于本书各章之中，得到许多论点的说明。它可以简单地归述为：学生是充满活力的，教育的目的就是刺激和指导他们的自我发展。”②

作为20世纪著名的思想家，怀特海敏锐地发现，人类进入新纪元后，科学技术正在社会生产和人们日常生活中发挥着越来越重要的作用。为此，教育过去那种脱离社会现实的状况必须给以改变。它必须迎接来自社会各个方面的挑战，以满足新的历史条件下人们产生的各种新需要。他指出，在现代社会中，学校教育发挥着越来越重要的作用，教育是推动个人和谐发展、社会稳步前进和国家繁荣昌盛的重要因素。他说：“在现代生活条件下，规律是绝对的，凡是不重视有训练的智慧的民族是注定要失败的。所有你们的英雄行为，所有你们的社会魅力，所有你们的机智，所有你们在陆上或海上的胜利，都不能改变这个命运。今天我们维护我们自己，明天科学又将前进一步，到那时，对没有教养的人们所作孤立判决将不会有上诉。”③因此，教育的基本功能在于通过有组织、有目的的培养下一代的活动，通过协调普通教育和专门教育，尽可能地使个体得到和谐发展，使受教育者成为有文化的专家，既有专门知识，又有文化素养；并通过培养这种新型的个体，进而提高整个民族的智慧，达到推动科学发展，推动社会和国家进步的目的。

（二）教育的节律理论

---

① 自单中惠主编．西方教育思想史．太原：山西人民出版社，1996．508

② 怀特海著．教育的目的．转引自赵祥麟主编．外国教育家评传．上海：上海教育出版社，1992．311

③ 现代西方资产阶级教育思想流派论著选．北京：人民教育出版社，1980．110

怀特海认为，教育要取得良好的效果，必须适合儿童身心的发展，考虑儿童心理的周期。他说："学生应该在适合的时间，在他们到达恰当的心理发展阶段时，学习不同的学科，采用不同的学习方式。"[①] 这是一个教育的原则，他称之为"教育的节律"。为什么要用"节律"来称谓这一教育原则呢？怀特海解释说，这是因为学生心理发展的周期，实际上是由无数有阶段性的循环构成，这种循环贯穿在整个学习过程之中，从幼年直至老年。"从一个周期到另一个周期，每一次循环总有所不同。每一周期又再产生从属的阶段。这就是我选择'节律'这个术语的理由，主要意思是在重复的结构中带有差异。"[②]

由此出发，怀特海把儿童心理的发展划分为三个阶段，在每个阶段都有相应的教育内容和教学方法。第一个阶段是奇异阶段，即开始理解阶段。在这个阶段，儿童直接认知事实，只是断断续续地对事实进行系统的解剖。"奇异的情感，主要的是兴奋，它是从单纯事实过程过渡到开始认识它们未经探索的关系的含义所引起的。"[③] 在这一阶段，"教育主要地必须是把已经在头脑中搅动着的兴奋安排好"，以便于进行心智训练。这一阶段的教材具有新奇性和生动性，在教育方法上应使儿童享受充分的自由。教师应该采取一切尽可能的方法和措施，提供一切必要的机会，鼓励儿童去发现、探索和体验发现的愉快，以培养和发掘儿童的兴趣和好奇心。第二个阶段是准确阶段，即增长知识阶段。在这一阶段，儿童对上一阶段时所获得的那些事实和概念进行分析。但这个阶段总体上说是打基础的阶段，包括语言的基础和科学的基础。这一阶段以前一阶段为前提。教师在这一阶段的任务是通过授课，训练学生系统而又准确地掌握基本知识和技能。第三个阶段是概括阶段，即综合阶段。在这一阶段，儿童开始在前一阶段对材料进行分析的基础上进行综合，形成有关材料的一般性认识，这实质上是运用知识和发展

---

① 现代西方资产阶级教育思想流派论著选．北京：人民教育出版社，1980．123

② 现代西方资产阶级教育思想流派论著选．北京：人民教育出版社，1980．124

③ 现代西方资产阶级教育思想流派论著选．北京：人民教育出版社，1980．126

知识的过程。在教育内容上，增添了分类的观念和恰当的技术。在教学方法上，教师要着眼于为发展学生的智慧力量和丰富想象力服务。

怀特海指出，以上三个阶段的发展构成一个完整的周期。教育的过程就是这种周期的连续不断的反复。“一堂课，应该构成一个小小的旋涡周期，有它自己从属的过程。较长时间应该产生一定的成绩，这些成绩又形成新周期的起点。我们应该排除有一个神秘的、遥远的教育目的的思想。如果教师能满足学生有节奏的希望，恰如其分地给以激励，那末学生就一定能不断地取得一些成果，而又走上新的起点。”①

（三）论普通教育和专门教育（即职业教育）的关系

19世纪末20世纪初，正是资本主义经济蓬勃发展的时期。生产部门随着社会生活的需要和科学技术的发展而日益分化，大量需要各种各样的专门人才。因此，此时的职业教育也在时代发展的感召下蓬勃发展起来。那么，如何看待普通教育和职业教育二者之间的关系呢？怀特海认为，普通教育和职业教育（他称之为专门教育）之间既有联系，又有区别，任何重此轻彼或取彼舍此的做法都是不对的。对于这一点，在《教育的目的》一文中论述的十分清楚。

首先，怀特海认为，专门教育的诞生和发展是社会发展的必然趋势之一，为此，我们应该承认它在教育中的地位，而不能持拒绝的态度，这是一个关系到社会生活的大事。他说：“我知道，在为广博的陶冶而特别设计的课程中容许有专门化，似乎是矛盾的。没有矛盾，这个世界就会比较简单些，也许比较枯燥些。但是，我确信，要是你在教育上排除专门化，你就毁灭了生活。”②

接着，怀特海指出，普通教育与专门教育是有区别的，它们在目的和内容上是不一样的。“普通陶冶旨在培养心智活动，专门研

---

① 现代西方资产阶级教育思想流派论著选．北京：人民教育出版社，1980．128

② 现代西方资产阶级教育思想流派论著选．北京：人民教育出版社，1980．119

究则利用这种活动。”[①] 但是，普通教育与专门教育两者之间又不能完全割裂开。“过分强调这种整整齐齐的对立是不行的。正如我们已经看到的，在普通教育课程中，特殊兴趣的中心将会产生；同样，在专门研究中，学科的外部联系使学生的思想向外引发。”[②] “再者，并没有一门课程只给学生普通陶冶，而另一门课程只给专门知识的。为了普通教育目的而学习的学科，也就是专门地去学习的专门学科。另一方面，鼓励一般智力活动的方法之一就是培养一种专门的爱好。你不能把一件无缝的学问外套割裂开来。”[③]

怀特海还指出，学校教育应该正确处理这两者之间的关系，不要在职业至上和人的教育之间、自我完善和社会服务之间做出过大的分野。普通教育和专门技术教育课程，在学校教育中应该紧密地交织在一起，因为只有当我们使用知识和将知识应用于崇高的目的时，它才是重要的。学校教育不仅要为青年一代从事生产性职业做好准备，而且还要使他们具有高尚完善的心灵，使他们庄严而有目的地生活。他说：“没有人文教育的技术教育是不完备的，而没有技术教育就没有人文教育……教育应该培养学生成为博学多才和术精艺巧的人。”[④]

怀特海不仅正确地指出了普通教育和职业教育两者之间的辩证关系，而且还详细地阐述了实施二者的具体方式。他认为，16 岁以前，学生主要接受普通教育，在平衡课程的前提下适当学一些专门知识；16 岁以后，包括整个大学阶段，学生应从接受广泛的基础知识中解放出来，进入到“积极运用的自由状态”，去发现新的事实的观念。

（四）知识价值观

在怀特海看来，“知识的重要性在于应用，在于我们对知识的能动的掌握——也就是说，在于智慧。撇开智慧，仅仅把知识看成其本身可以给获得者一种特殊的高贵，这是一个传统。我不赞成这

① 现代西方资产阶级教育思想流派论著选．北京：人民教育出版社，1980．120

②③ 现代西方资产阶级教育思想流派论著选．北京：人民教育出版社，1980．121

④ 滕大春主编．外国教育通史：第五卷．济南：山东教育出版社，1993．368

样来尊重知识。”[①] 因此，怀特海主张，在知识的学习上，既要注重知识的理论性，又要注重知识的实用性。因为两者之间本来就不存在相互的对立和尖锐的矛盾，都可以用来教育儿童、培养心智、发展学生的理解能力。他曾批判那些看不起实用知识的人说：“学究们藐视有用的教育。但是，要是教育没有用，它算是什么呢？它是藏着不用的才能吗？当然，不管你生活的目的是什么，教育总是应该有用的。教育过去对圣奥古斯丁是有用的，对拿破仑是有用的。它现在还是有用的，因为理解是有用的。”[②] 在知识的理论性和实用性二者之间，怀特海更重视知识的实用性。他指出：“理论性概念应该总是在学生的课程中得到重要的应用。这并不是一个容易运用的理论，而是一个非常难于运用的理论。这个理论本身就包含着一个使知识保持活力和防止知识僵化的问题，这是一切教育的中心问题。”[③]

（五）教学观

为了使教育从无活力的概念的影响下解放下来，怀特海提出了两条教育的戒律：“一条，‘不要教过多的学科’；另一条，‘凡是你所教的东西，要教得透彻’。”[④]

怀特海认为，课程的设置以及教材的编写，都应该少而精，突出重点。对于中学生来说，在几年的学习时间里，即使最有天赋的学生，也难以完全掌握各门课程，不可能读完所有的古典名著和全部数学概念，更不可能通晓一切科学知识。因此，教学中要删掉不必要的细节，只保留那些最重要的基本内容。他说：“教很多学科，每门学科教那么一小部分，其结果就是消极地接受一些没有活力的火花照耀的、没有联系的概念。儿童教育中所教的主要概念要少而重要，还要使它们尽可能集合成各种组合。”[④]

怀特海还认为，学习的目的在于能将所掌握的知识付诸于实际

---

① 怀海特著．教育的目的．转引自赵祥麟主编．外国教育家评传．上海：上海教育出版社，1992．317～334

②④ 现代西方资产阶级教育思想流派论著选．北京：人民教育出版社，1980．111

③ 现代西方资产阶级教育思想流派论著选．北京：人民教育出版社，1980．114

生活的应用之中。新教育与旧教育之间的最大区别是，儿童能使所学习的概念成为他自己的概念，并懂得这些概念在他自己实际生活的环境中的应用。为了实现这一目的，怀特海主张要围绕现实生活组织教材内容，并把各门学科相互联系起来、协调统一起来，而不能使各门学科“各自为政”，必须“消除扼杀我们现代课程的活力的各学科之间互不联系的严重现象”。“教育只有一种教材，那就是生活的一切方面。”①

怀特海指出，主动地能动地掌握知识并不是学习或教学的全部任务，这只是其主要目标之一。学习还有一个重要的价值，就是获得智慧（即心智）。掌握知识是获得智慧的基础，但掌握了知识后，并不意味着一定会获得智慧。因此，教学不仅要传授知识，更要训练智慧。以他的看法，智慧训练不仅仅是教学问题，更是一个关系到民族存亡的社会问题。他说：“在现代生活的条件下，规律是绝对的，凡是不重视智慧训练的民族是注定要失败的。”② 在智慧的训练方面，怀特海指出了两个重要的训练内容：第一，让学生掌握概念结构。他认为，“对概念结构的欣赏，这是有教养的心智的一个方面”。概念结构的掌握既包括掌握“一般概念的确切表达，所表达的各概念之间的关系，以及概念对了解生活的作用”。怀特海指出：“经过这样训练的心智，应该是更加抽象而又更加具体。它受到了理解抽象思维的训练，又受到了分析事实的训练”③。第二，发展一种重要的心理素质——对风格的感觉。怀特海对此的理解是：“这完全是一种建筑在赞赏单纯而不费事地直接达到一个预见的目的的基础上的审美的感觉。艺术的风格，文学的风格，科学的风格，逻辑的风格，实践的风格，它们基本上具有同样的审美品质，即成就与克制。”④ 怀特海认为，风格是有教养的心智的最后一个要求，它也是最有用的。“一个有了风格感的行政人员憎恨浪费；

---

① 现代西方资产阶级教育思想流派论著选．北京：人民教育出版社，1980．114

② 怀特海著．教育的目的．转引自赵祥麟主编．外国教育家评传．上海：上海教育出版社，1992．319

③ 现代西方资产阶级教育思想流派论著选．北京：人民教育出版社，1980．121

④ 现代西方资产阶级教育思想流派论著选．北京：人民教育出版社，1980．121

一个有了风格感的工程师节约材料；一个有了风格感的技工喜爱好作品。风格是心智的终极的道德原则。”①

在教学方法上，怀特海反对传统教育学派的注入式教学法，认为学习的过程就是儿童主动地逐渐掌握知识、发展心智、组合概念并解决实际问题的过程，而不是学生被动地接受知识和发展心智的过程。通过积极主动的学习，学生便会趋向生气勃勃、灵活敏捷、富于接受性，进而形成更加高尚的目标——对优美结构的欣赏和具有一种取得成就与忍耐克制的好品质。为了达到这一目标，怀特海指出，学生在知识的掌握过程中要注意循序渐进和日积月累。关于这一点，学校的教师必须明确。他说："所有有实际经验的教师们都知道，教育是一个一分钟一分钟，一小时一小时，一天一天地耐心地掌握细节的过程，不存在一条由灿烂的概括铺成的空中过道通往学问的捷径。”② 为此，他要求教师要指导学生逐渐地掌握知识，并一步一步地内化到熟能生巧的地步。

传统教育思想中，考试是十分重要的，倍受学校和教师的推崇。但是，由于考试的内容是教师传授的知识，是通过学生的背诵、朗读等死记硬背的方式掌握的，故而它实际上妨碍了儿童心智的发展。为此，怀特海十分反对考试——特别是校外考试及其由此产生的教材和教学方式。他认为，最好的教学程序是依靠教师的才能、学生的智力类型、学生的生活前景、学校周围环境所提供的机会、以及这 类的有关因素而构成的。而考试却忽视了这些因素，因此，它是严重有害的。尽管考试也有着检验怠惰的作用，但是，“校外考试扼杀文化的精华……好奇心、判断力和控制复杂的环境能力的激发，运用理论对特殊的情况有预见性——所有这些能力，不是一个考试科目中所包含的一条固定规则所能传授的。”③ 为着考试而编写的教材都是有问题的。为着考试而设立的学校，也是没有

① 现代西方资产阶级教育思想流派论著选．北京：人民教育出版社，1980．121

② 现代西方资产阶级教育思想流派论著选．北京：人民教育出版社，1980．116

③ 现代西方资产阶级教育思想流派论著选．北京：人民教育出版社，1980．114～115

生机的。他指出："一本书或一本讲义，实际上使学生把下一届校外考试中可能出的一切题目都背熟了，就代表着这条罪恶道路。"①，"每一所学校，要是训练男孩子们准备小小的一套特定的考试，一定受到毁灭的痛苦。"② 总之，"一个以考查学生个人为主要目的的校外考试制度，除了造成教育上的浪费以外，不可能有任何结果。"③

（六）论大学教育④

根据怀特海的教育节律理论，"从婴儿期到成年期，整个发展时期构成一个大周期。它的奇异阶段连绵在最初的 12 年。它的准确阶段包括整个中等教育的时期，它的概括阶段是进入成年期的时期。对于那些在中学毕业后继续受正规教育的人，大学或专门学校教育是重要的概括阶段。概括的精神应该统治着大学。"⑤ 在大学阶段，教育的一个重要方面不在于掌握专业知识，而在于培养智慧力量。"大学的理想，与其说是知识，不如说是力量。大学的任务在于把一个孩子的知识转变为一个成人的力量。"⑥ 那么，怀特海所谓的"力量"是什么呢？为了说明这个问题，必须探究他对大学功能的其他看法。

19 世纪后半叶以来，围绕大学应该搞科研还是应该搞教育或是两者兼顾的问题，西方各国莫衷一是。怀特海认为，大学既是教育机构，又是研究机构。然而，"大学存在的理由是，它联合青年人和老年人一同对学问作出富于想象的思考，由此来维持知识和火热生活的联系。大学传授知识，不过是富于想象地传授知识。至少，这就是大学对社会应起的作用。一所大学不能做到这一点，就

---

①　现代西方资产阶级教育思想流派论著选. 北京：人民教育出版社，1980. 114

②③　现代西方资产阶级教育思想流派论著选. 北京：人民教育出版社，1980. 122

④　这部分主要参考. 外国教育家评传. 3 卷. 上海：上海教育出版社，1992. 332～337

⑤　现代西方资产阶级教育思想流派论著选. 北京：人民教育出版社，1980. 134

⑥　现代西方资产阶级教育思想流派论著选. 北京：人民教育出版社，1980. 135

没有理由存在下去。"[①] 也就是说，在怀特海看来，大学的根本功能在于促使人的想象力的发挥。这就是怀特海所谓“力量”的基本解释。怀特海进一步解释说，想象力是“一支代代相传的火炬”，引导人们不断进取，不断去探索生活，挖掘智力；想象力又是认识事物意义的一种方法，能使人对世界产生一种“理智的远见”，从而永远保持生命的热情；想象力还能“引起一种令人愉快的学习气氛”，使人感到知识“不再是记忆的负担”，而是蕴藏了“无限的可能性”。从这个意义上说，怀特海所指的“想象力”，也可以理解为“创造力”。

大学要实现其培养人的想象力的根本功能，就要做到：(1) 理论与实际密切结合。怀特海认为，在日常生活中，“想象丰富的人经验不足，经验丰富的人又贫于想象。蠢人们凭想象行事而缺乏知识，学究们又凭知识行事而缺乏想象。大学的任务，就是要把想象力与经验融为一体。"[②] (2) 教师本人要有想象力。如果教师本人思想僵化，缺乏想象，就很难想象会用想象力这支“火炬”去照亮学生前进的路程。为此，教师要多搞研究，多与青年人交流思想。(3) 注重提高学生的独立思考能力。为此，教学不能框得太死，应该带有更多的灵活性。无论教师还是学生，都应该用一种怀疑、批评和警戒的眼光来看待学习材料。(4) 建立一种学术自由的气氛。这是因为，想象力的培养和发挥，有赖于一种“悠闲自在，不受拘束”的学术气氛。为此，对大学应该采取一种特殊的管理方式，而不能用工厂管理的方式来管理大学。

三、怀特海教育思想的简要评价

怀特海从自然适应性原理出发，针对当时教育脱离社会生产实际，不符合时代发展要求的状况，提出了具有自由主义色彩的教育

① 怀特海著．教育的目的．转引自赵祥麟主编．外国教育家评传．上海：上海教育出版社，1992．333

② 怀特海著．教育的目的．转引自赵祥麟主编．外国教育家评传．上海：上海教育出版社，1992．334

理论和学说。他强调学生的自我发展，反对传统教育向学生传授死的知识和无活力的概念；提出教育的节律理论，要求尊重儿童身心发展特点来进行教育；阐述了普通教育和职业教育之间的内在联系，为职业教育的发展做出了一定的贡献；主张在不排除学习专业知识，掌握谋生手段和技能的同时，更多地注重对学生智慧的培养，等等。他的这些思想在一定程度上体现了进步主义教育的精神，对当时欧美兴起的教育起了一定的促进作用。他的一些思想，如大学教育思想，对于我们今天进行的教育改革，也不无启发和借鉴的价值。

由于怀特海是一个唯心主义哲学家，他的不少教育观点都是从其唯心主义哲学观出发而提出的，因而其中存在着很多不科学的内容。例如其心理阶段划分理论和‘节律性’原则就缺乏科学的基础，在很大程度上只是通过抽象的哲学演绎而成。[1] 另外，他的教育思想中的宗教色彩也比较浓厚。这些都是我们在认识和理解他的教育思想时应该注意的问题。

（齐学红）

① 滕大春主编．外国教育通史．第五卷．济南：山东教育出版社，1993．375

拉　伊

(Wilhelm August Lay)

■ 生平简介
■ 名篇选读
实验教育学的性质与意义
■ 思想评介
拉伊及其实验教育学思想

生平简介

拉伊于1862年7月30日生于德国的一个名叫博亲根（Boetzingen）的一家安适的农庄里。1876年他父亲去世以后，他打消了做一个农庄主的念头，并立志当一名教师。这是他最高的生活目标。

在海德尔堡（Heidelberg）附近的一所乡村小学里教了几年书以后，拉伊进入卡尔斯鲁厄（Karlsruhe）的工业学院，攻读自然科学，后转入弗莱堡大学（University of Freiburg），在当时不少名家指导下，学习动物学、生物学、解剖学、地质学、化学、语音学和哲学。1886年，拉伊大学毕业。1893年，他受聘为卡尔斯鲁厄师范学校的教师，同时研究了当时德国大学中一些著名学者，如狄尔泰（Dilthey，W.）、温德尔班（Windelband，W.）、李克特（Rickert，H.）等人的研究方法。后来担任卡尔斯鲁厄师范学校校长。拉伊在这所师范学校工作了30年，把自己的半生奉献给这所师范学校。他的不少教育学实验是以该校及其附小的学生为对象的。

拉伊于1903年在哈雷大学（University of Halle）获得哲学博士学位时，已41岁了。在他的博士论文《实验教学论（*Experimentelle Didaktik*，*Experimental Didactics*）》中，把教育看成为一个整体，并区分了“心理学实验（psychological experiment）”与“教育学实验（pedagogical experiment）”；提倡建立教育学研究机构、教育学实验机构和附设实习学校；阐述了未来的学校在“理论的（theoretical）”即“科学的（scientific）”与“实践的（practical）”即“艺术的（art）”基础，并称这种学校为“活动学校（Tatschule，activity school）”或“生活社会学校（Lebensgemeinschaftsschule，school of living community）”。[①] 同年（1903年），出版了《实验教学论》初版。

可以说，拉伊毕生执着于传播实验教育学的思想和方法。1904

---

① Radosavljevich，P. R.，Dr. Wilhelm August Lay and His Contributions to Modern Education——Introduction. In Lay，W. A.，*Experimental Pedagogy*，trans. by Adolf Vleilf & Emanuel K. Schwartz，rendered from the 3rd ed.，of 1918，1936，p. 4.

年，应基森大学（Giessen University）佐默尔（Sommer）博士的邀请，拉伊向第一届实验心理学大会作了关于实验教学论的研究报告。1906年夏天，根据他在卡尔斯鲁厄的学校里所做的实验，本着医疗卫生教育的宗旨，在基森大学讲授了医学心理学课程。同一年里，拉伊还为200多位教师、几所大学的教员，在挪威的克里斯蒂安尼亚（Christiania）举行了一系列的实验教学论的讲演。稍后，他在曼海姆（Mannheim）又为80多位教师作报告。曼海姆是当时的一个新教育的中心，1899年在这里第一次产生了“市立中学”的实验。此外，拉伊花了大量的时间，在1905年与梅伊曼（Meumann，E.）教授共同主编了一本期刊：《实验教育学：实验教育学研究会刊物（*Die experimentelle Pädagogik，Organ der Arbeitsgemeinschaft f. exp. Päd.，Experimental Pedagogy：An Organ for Co－operative Study of Experimental Education*）》。梅伊曼是德国“实验教育学”的另一位奠基人，国际上“实验教育学”另一位主要代表人物。

在1890年以后的30余年时间里，拉伊发表的著作约20册；论文约60篇。[①] 他的《实验教学论》[②] 早被译成俄文、法文；《实验教育学（*Experimentelle Pädgogik，Experimental Pedagogy*）》[③] 则被译成俄文、塞尔维亚文、日文、西班牙文、捷克文和英文。《实验教育学》的英文版，是根据1918年德文第3版，由纽约大学拉多塞尔耶维奇（Radosavljevich，P. R.）教授的两个研究生魏尔（Weil，A.）和施瓦茨（Schwartz，E. K.）译、并由拉多塞尔耶维奇校订，于1936年出版。拉多塞尔耶维奇是梅伊曼于1902～1905年在苏黎世大学（Zurich University）任教时的学生。金澍荣、黄觉民两位教授以上述英文版译为中文，于1938年由商务印书馆列入

---

① 请见W·A·拉伊著，沈剑平、瞿葆奎译．实验教育学．附录．拉伊的著作和论文．人民教育出版社，1996．146～154

② 拉伊．实验教学论（*Experimentelle Didaktik*）．1903年初版，1910年为第3版．其第2版最新核实的出版时间为1905年．

③ 拉伊．实验教育学（*Experimentelle P ädagogik*）．1908年初版，1912年第2版，1918年为第3版。拉伊本人在第3版《序言》的结尾，指出了该《序言》1917年秋季写于卡尔斯鲁厄．又附注该书“（first edtion，1907）”，误，实际上是1907年写成．

“现代教育名著”出版。因此，人民教育出版社1996年出版的《实验教育学》是第二个译本了。

拉伊在退休后不久，不幸于1926年5月9日在卡尔斯鲁厄逝世。

名篇选读

实验教育学的性质与意义

实验教育学的主要特征，就是现在在教学和教育研究中所运用的新的研究方法。我们要在理论上和实践上证明，为了解决教学和教育中的各种问题，可以卓有成效地采用实验的研究方法，即特别适宜在教育上运用的实验、统计科学和客观或系统的观察。不幸的是，有许多人仍坚持一个错误的观念，认为实验是实验教育学的唯一的研究手段，而且只承认这种意义上的实验教育学；他们忽略了系统的观察和统计。

在以下关于实验教育学的讨论中，我们首先探讨实验教育学的渊源，接着论述实验教育学的研究方法，最后讨论了关于教育和教学的各门科学具有深远意义的研究成果。

一、实验教育学发展概述

我们可以在近代的，尤其在生物学的思想和研究趋势中，找到实验教育学的渊源。实验的研究方法，已被非常成功地从物理学和化学领域移植到生物学和生理学领域，然后再从生物学和生理学领域移植到心理学和医学领域。而且生物学与各门社会科学结合起来，丰富了社会科学的内容。最后，医学家、生理学家、心理学家，以及按照医学、生理学、心理学的原理受过培训的教师，考虑了采用实验的研究方法来解决儿童身心发展和教育方面的一些问题。因此，一方面，产生了研究儿童的科学，即研究儿童身心两方面的儿童学［克里斯曼，1896年；舒滕，1899年］；另一方面，产生了实验教育学。实验教育学力图按照生物学、社会学，以及道德和伦理学的规律和规范，通过实验、统计和系统的观察，以解决教学和教育中的问题。不幸的是，我们常常不能明确区分儿童学和教育学这两个术语。梅伊曼认为，儿童学（儿童研究）是一门起辅助作用的科学，它不是教育学的一个分支①。

不难了解，我们不可能在儿童学的渊源和实验教育学的渊源之间，划一条明确的界线。儿童学研究和实验教育学研究常常不易区分；两种研究都用实验的方法，都关注处于各个发展阶段的年轻人——儿童或学生。但儿童学完全从理论的角度，而不是从实践的角度来研究问题，而实验教育学只追求解决教学和教育方面的实际问题。对儿童的心理学研究，往往被看作是教育学研究。即使对实验教育学家，我们也必须强调：只有当一项实验的主要目的是解决教育学的问题时，这项实验才是教育学实验。如果我们坚持这条区分标准，并考察学校卫生学，我们就会认识到，俄国精神病学家、儿童心理学家西科尔斯基于1879年发表的、关于学生由于心智作业而产生疲劳的研究报告，是首次从卫生学角度对学生进行的实验研究。西科尔斯基试图通过儿童在上午课后和下午课后所进行的听写中出现的错误次数，来确定其疲劳程度。稍后，即在1891年，维也纳的莱奥·布格尔斯坦发表了类似的研究报告，他在研究中采用了解答初级算术例题的方法。从那时起，由教学引起的疲劳问题，显得越来越复杂和难以解决，探讨过这一问题的有70人之多，他们运用不同的心理学研究方法，以及诸如计功器、测力计、触觉计、轻拍键或测径器等工具②。在布格尔斯坦即将结束其卫生学研

---

① 教育心理学杂志．(Zeitschrift für pädagogische Psychologie)．出版地不详．2

② 巴德．对教学一般效果问题的实验及评论（Experimentelle und Kritische Beiträge zur Frage nach den sek. Wirkung des Unterrichts)．莱比锡．1907年．拉伊对疲劳测量研究所作的全面的批判．实验教学论（Experimentelle Didaktik)．出版地不详．1910．223

究的时候，笔者正酝酿首次用教育实验来证实一种拼写教学方法的效果。第一批教学实验在好几所学校里进行，实验以后，关于这些实验的研究报告发表于1896年出版的《正字法教学指南》（Führer durch den Rechtschreibunterricht）中。这些实验得到富克斯、哈格根米勒、伊切纳、洛布斯恩、普法伊费尔、施莱歇，以及其他人的检验、重复和证实。芝加哥教育实验室和巴黎教育实验室分别于1900年和1906年发表关于拼写教学的各个方面的实验报告，这些实验的结果与到目前为止所获得的实验结果完全一致。详细情况可参见《指南》第4版。

1896年，法国心理学家比纳发表一份研究报告，这个研究报告根据学生“对一事物的描述”来区分学生的观念类型和表象类型。这项研究导致比纳根据学生的笔述把他们分成若干群体类型。他区分出了以下几种类型：善于描述的、善于观察的、情感丰富的和博学的。比纳的研究得到其他人的检验、证实和深化①。区分出各种观念类型和表象类型，对实际的教学活动显然有多方面的意义。

1898年，笔者的一篇名为《低年级算术课》（Rechenunterrichetder Unterstufe）的论文，再次用事实证明，借助于实验研究，人们更容易接受某种教学方法，而且实验研究还可以消除理论上和实践中的意见冲突。在这篇论文中，笔者对“教学心理学”和“纯心理学”作了明确的区分，并由此把实验教学论、实验教育学与实验心理学区分开来。施特恩后来也以同样的方式描述了“应用”心理学领域里的实验的特征。正如笔者所要求并付诸实践（自1890年起）的那样，教学实验要尽可能保持学校生活和教学实践的特征；1903年，施特恩也以类似的方式要求相似于和忠实于现实生活条件。这些关于数概念的形成和小学算术教学方法的实验，其主要方面还受到施奈德、普法伊费尔等人的深化和证实。

根据芝加哥教育实验室（Pedagogical Laboratory of Chicago）第一份年度报告（1898～1899年）的记载，研究人员对学生的身体发育

---

① 拉伊．实验教学论．1910．从第598页起有对这些研究的介绍和批判．

和心智能量之间的关系，进行了大量的实验研究。研究人员发现，一般来说，身材高、体重重、肌肉力量大、肺活量大的学生，其智慧水平高，学业成绩好。

尤其是法国和美国的学者，1900 年以来一直致力于寻求切实可行的测量学生智慧的方法。

比纳和西蒙坚信自己已经发现，5~13 岁的儿童，在每一年龄阶段都有相对应的确定的智慧水平，这种智慧水平可以通过某些问题或任务——即“测验”——来推断和确定。比纳和西蒙还发现，心智比较弱的学生的智慧水平，只相当于年龄较小的常态儿童。德克罗利和德根德在布鲁塞尔以多种方式检验、证实、批判并深化了这些实验①。

自沙尔科和施特里克对个体成人进行研究以来，笔者、佩德森、弗伦克尔与普法伊费尔也对学生的观念类型和表象类型进行了研究，我们发现，在各班学生中，有些学生主要依靠听觉表象，有些学生主要依靠触觉表象和动觉表象，还有些学生在同等程度上依靠上述这些表象。

以上这些例子，暂时已足以表明实验教育学最初所关心的一些最重要的问题。我们将在后面详细讨论这些研究的结果和实践意义。

我们现在来对实验教育学研究机构的渊源作一历史考察。我们要考察的，是那些确实为实验教育学作出贡献的研究机构。我们将看到，在这些研究机构的努力下，实验教育学的研究将会硕果累累，会得到推广，并一定会稳定地、不断地向前推进。

为了与 1893 年以来所进行的研究活动相适应，笔者本人也创建了一个规模不大的实验教育学研究实验室。

如果不把 G. 斯坦利·霍尔于 1887 年在克拉克大学（Clark University）建立的教育学系考虑在内，那么芝加哥就享有（于 1899 年）建立第一个教育学实验室的殊荣。这个实验室是在医师克里斯

---

① 德克罗利，德根德．比纳和西蒙的智慧测验（Les tests de Binet et Simonpour la mesure de l' intelligence）．心理学文献（Archives de Psychologie）．第 2 卷，1906．21~22

托弗博士的建议下创立的。现在，这个实验室由麦克米伦博士领导，并配有一名助手。1900年，在现任主任舒滕博士的倡议下，安特卫普市建立了“市立儿童学实验室”（Municipal Pedological Laboratory）。次年，即1901年，圣彼得堡设立了一个教育学实验室，它的领导人是哲学博士涅恰耶夫教授。1902年，医师兰希伯格博士在布达佩斯建立“诊疗教育学实验室”（Curative Pedagogical Laboratory）。1904年，在首届学校卫生学国际大会（First International Congress for School Hygiene）和首届实验心理学大会（First Congress of Experimental Psychogy）上，笔者倡议在大学、师范学校以及大城市的小学里建立实验教育学实验室；笔者还草拟了建立国际实验教育学学会和出版实验教育学期刊的计划。后来，笔者与梅伊曼教授一起主编过一本期刊①。在皮佐利博士最出色的领导下，米兰市也于1905年设立教育学实验室，这个实验室受到意大利教育部（Italian Ministry of Education）的资助。由于皮佐利博士的影响，在意大利的许多城市里建立了小规模的教育学实验室，这些实验室通常都与小学挂钩。在心理学家比纳的建议下，与一所市立学校挂钩的教育学实验室在巴黎建立。这个实验室主任S. 瓦尼，得到挂钩学校和附近其他学校的教师的大力协助。

布鲁塞尔市教育局（Board of Education of Brussels）为初等教育系统作了一项重要的工作。它在这个市的师范学校里开设实验教育学方面的各种学程，并为学程建立了教育学实验室，学生在他们的教师约恩克海勒的指导下，熟悉实验教育学新的研究方法。比利时在新建于沙勒罗瓦斯和蒙斯的师范学校里，设立了教育学实验室。1906年10月，日内瓦大学（University of Geneva）创设“教育心理学研究室”（S’éminaire de Psychologie Pédagogique），把它作为心理学研究所的一个部门；教育心理学研究室实质上是为教师和有志于从事教学专业的人而设立的教育学实验室，教育学博士克拉帕雷德是

① 拉伊，梅伊曼主编．实验教育学——实验教育合作研究刊物（Die experimentelle Pädagogik，Organ der Arbeitsgemeinschaft f. exp. Püd.）。从1911年起，该杂志与《教育心理学杂志》（Zeitschrift fur pädagogische Psycho1ogie）合并。

这个实验室的主任；与此同时，人们传说，莱比锡教师协会（Association of Teachers at Leipzig）在一位大学教师布拉恩博士的慷慨资助下，也要建立一个教育学实验室，尤其是慕尼黑、柏林、维也纳的“小学教师协会”（Elementary School Teachers Association），在卡默尔博士的倡导下，都于1914年建立起类似的实验教育学研究机构；从事这种令人注目的科学研究活动，将永远成为德国小学教师的荣誉。

人们对实验教育学越来越感兴趣，这不仅表现在建立实验教育学的研究机构上，而且可以通过下面将要探讨的另一些方面明显地表现出来。

近年来，大学里的实验心理学家越来越把注意力转向实验教育学，他们或者自己对教育问题进行实验研究，或者激发和推动其他人对这些问题进行实验研究，在法国和北美，情况尤其如此。G.斯坦利·霍尔于1881年在巴尔的摩建立了第一个心理学实验室。1881年以来，法国和北美已聘任了大约50名教育学教授，建立了大约50个教育学实验室。但在德国，特别值得提及的是布拉恩、梅伊曼和施特恩在1900年以后所做的工作。巴伐利亚州的几个教育学家，在苏黎士受梅伊曼的指导，并以有关实验教育学的题目撰写了博士学位论文。梅伊曼本人也与教师合作，对几个班级的学生进行研究。梅伊曼在其论文《国民学校儿童的智慧测验》（Intelligenzprüfung an kindern der Vo1ksschule）［载《实验教育学》（Experimentelle Pädagogik），1905年，第1卷，第35页起］中，试图运用记忆测验，确定学生的智慧水平。施特恩对学生喜欢或厌恶学校开设的科目的情况进行了研究，并因而在教育学界成名。

教育学实验室的建立，对教育问题进行实验研究得到的策励或资助，这一切都表明国家和地方当局对实验教育学很感兴趣，而且非常了解实验教育学的情况。

国外的教育学实验室每年都开设实验教育学学程，参加学习的人非常多，在克里斯蒂安尼亚（由笔者任教），在保加利亚、南美智利的圣地亚哥（由S. A. 查尔任教），以及在日本，都开设了以笔者的《实验教学论》（Experimentelle Djdaktik）为基础的实验教育学方面的课程，这些事实都说明了实验教育学在教师中已广为传播，并引起了教师的极大兴趣。

有人可能会问："在这20年里，人们为什么会对实验教育学变得如此感兴趣?"答案非常简单："首先是因为实验教育学的研究方法。"

二、实验教育学的研究方法与性质

对任何一种"时髦的或流行的"教学方法，我们都可以凭借心理学和哲学来确定其价值。实验教育学要求摒弃陈规，进行可靠的研究，反对各种盲目的"尝试"，因此，实验教育学能增强我们判别教育学上是非曲直的意识。新旧教育学的主要区别，在于它们积累经验的方式和研究的方法。

旧教育学依靠知觉、内省观察和观察别人进行研究，可是这些方法本身是不完善的。因此，实验教育学通过全面的观察、统计和实验，来补充和完善旧的研究方法。实验教育学是对旧教育学的补充和完善，因而是一种完整的教育学。实验教育学并不只是实验心理学或教育心理学，因为实验教育学通过观察、统计和实验，不仅要探究学生的心理的，而且要探究学生的生物的、人类的、卫生的、经济的、逻辑的、伦理的、审美的和宗教的经验，以及探究学生的社会环境。

1．实验教育学范畴中的观察

教育学家经常把观察和知觉混为一谈，观察并不只是反复的知觉。观察是有意识、有目的的知觉。教育学意义上的观察不可能是偶发的；这种观察必须经过系统周密的计划，必须在一开始就被看作一个普遍命题的一种特例，而且与此同时，要与一个在总体上可信的组织进行合作。实验研究要求我们进行全面的观察，这种观察要求我们注视和确定某一事件发生时所有的环境因素。因为对各种特定教育环境的记载不多，所以，有许多教育学的和儿童心理学的观察不能运用到教育上来。我们所作的观察，尤其要区分每一个心智过程中的"印象"和"表现"。"表现"是指躯体、头部、言语器官、脸部肌肉等的运动或对这些运动的抑制。区分内省观察和对别人的观察，也很重要。教育学家的内省观察限于个体自身，因而一般说来是不可靠的。我们只要提及知觉、观念、注意和疲劳的各种类型，就足以说明内省观察一般说来是不可靠的，而且，只有成人的内省观察才有可能是可靠的，学生、儿童所作的内省观察就不可靠，因为他们的心智生活与成人有颇大的差异。最后，内省观察要得到实验的客观验证。

外向观察，即对别人的观察，尤其是对儿童和学生的观察，是以内省观察为基础的；也就是说，我们是根据内省观察来解释和评价外向观察的，正如我们已经认识到的，根据内省观察来解释和评价外向观察这种方法，常常是不可靠的。因此，这种方法经常会导致得出各种错误的结论。外向观察通常是杂乱的、漫无目标的，这是它的又一个缺点。最后，影响教育和教学过程及其效果的因素通常是非常复杂的，以至于通过简单、偶发的观察，我们根本不可能发现教育过程及其效果之间的关系。因此，教育实验是不可缺少的，也就是说，我们必须在经过简化的、容易检验的和得到可靠控制的条件下，进行有目的的观察。

2．教育学统计

如果我们对一个学生的（比如说）身高反复进行观察，所得的结果就需要计算和比较。这就是通过统计对个体进行观察。但是，公共教育是群体的或大众的教育，对全体学生来说，教育过程是同一的；因此，我们不仅要确定个体的状态，而且要测定班级的平均水平。寄宿学校中的教育也有类似的特征。因此，我们必须运用统计对群体作观察，尤其是在研究教育的内部因素，研究遗传和种族特征时，在探究学生的自然环境和社会环境的外部因素时，以及从总体上探究学生适应环境过程中的各种因素时，我们要采用统计的方法。有鉴于此，当今的个体教育学、社会教育学和专业教育学的研究工作如果要做到可信的话，就必须运用实验的研究方法。甚至对知觉进行统计研究，也证实了这是科学经验的假设，而当科学经验仍是假设，那么知觉必须作有系统的、有组织的研究。每次繁琐的统计都要以一个假设为基础，而假设又要建立在认识所有事实的基础之上。

书面问卷也是统计研究的方法之一。在书面问卷方面，我们特别要注意两点：问题要有实效，千万不能模棱两可；问题的要点要表达得清晰，如果有必要，还要用实例作解释。回答问题的人必须能满足主试的各种要求。在本书的第二章和第三章里，读者可以找到实验教育学统计研究方面的具体例子。

3. 教育学实验

如果教育学要成为一门科学，它就必须把每一种教育现象都看作是各种原因的结果。教育现象中都有各种原因。教育学中的因果关系是极其复杂的。因此，在许多情况下，我们不可能通过观察和统计，区分出原因及其可能的结果；确定单个原因在结果中的实际作用，凭借层次较低的日常经验是做不到的。所以，研究人员再也不能像在知觉和观察中那样，等待各种可能的现象的出现，而是要有目的地引发这些现象。要控制因子，做到在一个时间内只有一个因子在发生作用，这样，就可以明确这个因子在结果中起什么作用。因此，我们要在有意识地加以控制的条件下，观察各种有目的地引发的现象；也就是说，要进行实验，要作具有实验性质的观察。对比较复杂的教育和教学问题，作简单的、包罗万象的、统计的观察，只能导致作出各种推测，也就是说，只能产生暂时的假定或假设，永远也不能产生完全确定的、精确的、可信的科学知识。因为以前没有作实验的观察，所以，在教学的各个方面，存在着许多矛盾。旧教育学认为可靠的许多方法、原则和理论，在新教育学中只被认为是一种假设，这种假设是否正确，或在某一特定条件下是否正确，或只是部分正确，这一切仍不明确。然而，实验的研究方法并不轻视教育方面的知觉和观察、过去和现在的经验、各种教育观点和趋势，或对教育学起辅助作用的各门学科；它们对形成各种假设具有重大意义，统计和实验都须以这些假设为基础。因此，假设是新旧教育学之间的连接环节。过去和现在的经验，常常与系统的观察和统计，以及教育学的辅助学科联合起来，共同发挥作用，它们会导致产生各种假设；对设计和实施实验来说，假设是必不可少的。从实验中可以得出各种教育观念和教育程序，也就是科学的经验；科学经验的正确性，必须在实践中得到证实。

于是，教育学实验就表现为如下三个阶段：(1) 提出假设；(2) 设计并实施实验；(3) 在实践中进行验证。对"纯心理学实验"、教育学实验以及"教学心理学实验"作出区分，是非常重要的。笔者曾在自己所著的《算术课指南》一书中（第1版，1898年，第161页起)，界定了这些术语。教学实验有教育学上的实际目的；它必须满足以下要求：实验的条件要尽可能与班级教学的条件相一致［拉伊：《正字法教学指南》，第1版，1896年，第5页］。笔者反对把进行"教学实验"看作只是为了概括出一种理论，而是强调教学实验是"一种"教学方法，"在这种精确的教学方法里，可以用数学这一精密的方法，来控制和比较各种程序（印象）和结果（表现)"。但是，所有这些都只是想表明，教学实验不仅必须满足心理学实验的要求（见上面的讨论)，与此同时，还要尽可能与教学方法和学校里的实际工作方式保持一致。

我们要区别对待个别教学和集体教学，因而，除了对集体进行实验外，还要对个体进行实验。

此外，必须强调，我们不仅要确定各种更有效的教育学方法，而且要判断教育学效果所以得到改善的原因。也就是说，我们不仅要报告教育学实验的结果，而且要对这种结果进行解释和分析。最后，集体的实验还必须考虑并利用个体学生所表现出来的个别差异。教育学实验能够根据时间、形式、数量和性质，用数学的方法客观地确定刺激和反应；教育学实验还可以运用多样的刺激总体中的某一种刺激，还可以改变刺激的强度和持续的时间；等等。因此，与系统的观察、统计相比，尤其是与日常的教育经验相比，教育学实验可以更可靠地确定教育学中的因果关系。

为了使读者进一步认识教育学实验的性质和实施的困难，笔者将在第三章中更详细地叙述对拼写教学所作的研究。

纯心理学实验一般要对一种简单的现象作细致的分析，一直分析到基本要素，因此，纯心理学实验以成人为被试，借助复杂的测量设备，在实验室里进行；但是，教育学实验关心的是出现在复杂条件下的教育实践的各种形式和阶段。因此，教育学实验以儿童、青少年为被试，不用复杂的设备。教育学实验可以牺牲心理学实验、物理学实验的那种精确性，如果能证明某种特定的教育学方法比任何别的方法都好或都坏，那么这项教育学实验就是成功的。我们由此认为，接受这些观念的训练的教育学家，必须开发实验教育学的研究方法，使教育学能够独立，并借此把教育学确实提高到科学的地位，提出假设、设计和实施教育实验、解释和验证实验结果，以及最后把实验结果引入教育实践，所有这些都需要有广泛的观察和丰富的经验。只有通过长期的实际工作，在理论和实践的所有方面都作过尝试的教育学家，才能进行这样的观察，拥有这样的经验。因此，没有什么专门的“学校心理学家”。

从以上对实验教育学的研究方法的研讨中，我们可以得出以下结论：

(1) 系统的观察、统计和教育学实验，大体上也无非就是向来的观察和经验；但是，新教育学的经验比旧教育学的更全面、完善、精确和可信。

(2) 与旧教育学相比，实验教育学的研究方法能提供给我们一种更可靠的手段，借以评估正常的和异常的教育现象，评估学生个体。

(3) 因为实验教育学的研究方法能精确地说明各种方法、结果和伴随条件，所以，它可使这种研究在全世界不同的地方都能得到控制、推广和深化。这种研究能使所有文明的民族协同工作，并能保证教育学得到确实的、不断的发展，而这些是旧教育学所不能提供的。

(4) 赫尔巴特的教育学只把心理学和伦理学作为辅助学科，而实验教育学以所有生物学科和哲学学科为基础。生物学科是指狭义的生物学（即生态学）[1]、解剖学、生理学、卫生学、心理学和精神病学；哲学学科包括知识论（认识论）、政治经济学、伦理学、美学和宗教哲学。因此，新教育学建立在比旧教育学更为广泛而坚实的基础上。

---

① 原文如此，主要是因为“生态学”这一概念的内涵和外延与今有不同。——译者

(5) 教育学通过归纳和演绎，从所谓的实际经验和辅助学科中推演出各种原理和体系。旧教育学把推演出来的结果看作是最终的原理、理论、目的和方法；新教育学则不同，它认为这些结果只是初步的假定或假设，这些假定或假设应受到系统的观察、统计和实验的检验。甚至在笔者撰写本书的时候，还有许多人还未认识到作为教育学实验第一步的假设的重要作用。

(6) 新教育学不仅拥有新的学科基础，而且还拥有自己特有的新的研究方法，这将把教育学提高到“一门独立的科学”的地位，并使教育学家成为这门科学的研究人员，再也不必翘首等待心理学和哲学为他们提供有用的材料了。

笔者的观点与梅伊曼不同。笔者认为，实验教育学不是教育学的一个分支，而是未来的共同的教育学，它能凭借改进了的研究方法，推进一切进步的趋势，并在一个更新、更广泛、更全面的基础上，把这些趋势统一起来。

4．对实验教育学的各种误解

同所有其他新生事物一样，新教育学必须同各种误解和偏见作斗争。在这里，要非常简要地讨论一下其中几种最值得注意的误解。

(1) 有人认为，实验教育学没有固定的体系；根本就不存在实验教育学这样一门科学。我们可以这样反驳这种观点：在教育学领域里，实际运用实验研究方法的可行性和必要性，已经在理论上和实践中得到了证明，所以，必须运用系统的观察、统计和实验进行研究的实验教育学的可行性和必要性，也就显而易见了。更何况所有科学都不是终极的，每一门科学都按照它自己预成的观念而存在着，并探讨某一类问题。每一门科学在处于开创阶段时，相对来说，都只有很少的事实；我们只要提一下伽利略时代的实验物理学、费希纳时代的实验心理学，就能说明这个问题了。未来的实验教育学的体系、结构，必须随着时间的推移，在通过研究已经认识的特定事实和将要认识的事实的基础上，逐步形成。实验教育学现在必须在生物学科和哲学学科的帮助下，以及实际经验的帮助下，提出各种有效的假设，并通过实验研究方法的帮助，把这些假设构建成一个体系。

（2）有人提出，实验教育学企图只采用实验的方法就解决所有的教学问题和教育问题，这是不可能的。持这种观点的人，忽视了这样一个事实：除了实验，实验教育学还进行系统的观察和统计，这三者常常结合在一起而组成一个整体。相信经验的人，也就是相信日常观察的人，一定会相信系统的、统计的和实验的观察，因为，这样的观察无非就是更精确的观察而已。此外，我们不能忽视，新旧教育学都借鉴认识论、逻辑学、美学、伦理学、宗教学、心理学、生理学、生态学、经济学、卫生学和解剖学，把它们当作辅助学科；像生物学和社会学那样，所有这些辅助学科里都有实验的模型，从教育学的角度看，我们可以更成功、更有效地利用这些学科。

（3）有人认为，实验教育学只能探讨一些琐碎的问题，而不能解决一些比较重大的问题。对这种说法，我们可以这么回答：整个教育实践就是由细琐的工作组成的。实验教育学已经成功地解决了一些细琐的问题，因此，实验教育学在实践方面要比只包含理论命题的教育学更为重要。物理学、化学、生物学和心理学都通过细琐的实验工作归纳出重要的、一般的观念、理论和体系，在实验教育学领域里也将这样，而且实验工作可能更加繁琐，因为不仅心理学，而且在很大程度上被教育学忽视的生物学，都与教育学有密切的联系。最后，我们必须记住，实验教育学可以自由借鉴与旧教育学同样多的，甚至比旧教育学更多的辅助学科，此外，实验教育学还有更好的研究方法。还有人认为，系统阐述教拼写和基础算术的方法，确定智商等困难问题，以及具有审美、道德和宗教性质的问题，都不是实验教育学的研究方法所能及的。尽管应用和发展这些研究方法的时间还不长，但所作的这类研究，已经提出了解决各种问题的方法，作出了种种解释，有了一些发现。实验教育学还指出，如果靠旧的研究方法，靠教育学机智，靠特殊领域的知识，靠多年的实践经验，或靠杰出的教育学家的直觉，那么在几百年里也是得不出研究成果的。我们要充分认识到，新教育学解决教育领域中的问题的机会，比旧教育学多；如果没有这些机会，实验教育学家将一事无成。

(4) 还有人认为，实验心理学确实存在，但不存在实验教育学。“实验教育学就是实验心理学”的主张，可追溯到梅伊曼［梅伊曼：《讲义》，1907 年，第 1 卷，第 1 页］。这种观点承认，在研究心智现象方面，实验是有价值的；因此，实验也一定可以运用于研究与实际教育活动相关的各种心智现象。然而，我们已经认识到，实验心理学和儿童心理学并不就是教育学。对许多从教育学观点上亟待解决的问题，实验心理学家却没有多大兴趣或根本不感兴趣；而且，实验心理学家根本不能令人信服地解决诸如此类的问题，因为他们缺乏课堂和班级等的实践经验。他们在对一些具体的教学法问题提出建议或进行研究时，也经常要犯错误。最后应指出的是，实验教育学也不能取代实验心理学，因为实验教育学还要做具有生态学和生理学性质的各种实验，因为系统的观察和统计不仅要用于心的研究，而且要用于身的研究。

(5) 梅伊曼认为，实验教育学只是“发现事实（fact-finding）”，因此，它永远也不能涵盖教育学的整个领域。他主张把“实验的”教育学与“系统的（systematic）”教育学并列起来加以考虑，也就是说，发现事实和构建体系是彼此分开的两个过程［梅伊曼：《讲义》，1907 年，第 1 卷，第 40 页］。在梅伊曼的实验教育学的研究方法中，还没有借以连接事实和体系的各种假设。而且，要按照一般的教育学观来实施一项又一项教育实验，否则，这些实验就根本不是教育学研究，而只是心理学研究、卫生学研究或其他学科的研究。最后要指出的是，在学生的发展阶段中，他们逐渐地才能达到系统的教育学根据逻辑学、伦理学、美学等规范科学所制定的常模。但是，只有实验的研究方法才能确定学生的发展阶段。一堆石块不能构成一幢大楼，事实的堆砌不能组成教育学，当然也不能成为实验教育学。甚至对于原材料，也必须按照要构建的体系的类型进行选择和加工。构建体系的人，以后不能为了适合他的体系而歪曲事实，否则他就有弄虚作假之嫌了。在这样的情况下，还有谁比实验教育学家更能系统地组织实验教育学的研究成果呢？实验教育学家的任务，就是立足于一般的观念，充分考虑所涉及的各种关系，系统阐述和解决某些问题。实验教育学家应该被贬到只做低级工作的地位吗？实验教育学家敢不敢尝试系统阐述和解决一些教育问题呢？如同树梢和树根那样，发现事实和构建体系的各种假设，是密不可分的。教育学只有一种。现在，实验生理学和实验生物学这两个术语的使用频率越来越低，因为生理学和生物学采用实验的研究方法，已是不言而喻；同样，以后除了一般教育学以外，不再有一门实验教育学；因为实验教育学将成为唯一的教育学——一般教育学。

(6) 有人提出，实验教育学的各种研究结果不精确，因为它们时常互相矛盾。我们可以对这种反对意见作如下的回答：如果连物理学和生物学的领域，也有必要由不同的研究人员进行重复实验，以检验实验结果，那么，毫无疑问，在心理学和教育学领域里更有这种必要。人都会犯错误，在任何一门实验科学里，都有可能出现错误。

(7) 有人认为，实验教育学与旧教育学是完全对立的。这不是事实。实验教育学一直在利用旧教育学的一些内容，例如，现在和过去的教育学经验、教育学机智、各种常识、规范科学，总之一直在利用旧教育学的所有资源和各门辅助学科。但是，新教育学并不完全满足于旧教育学的研究成果；新教育学只把这些结果用来形成各种假设。这些假设得到实验教育学的研究方法的检验，然后要么抛弃这些假设，要么证实这些假设，使这些假设变得更加精确和完善，从而得出新的结论，提出新的问题。新教育学力求作出各种改进，因此，它必须指出先前的研究方法和研究结果的不足和危害，必须使人们注意在理论观点和实际做法上的许多重大分歧。［关于教学法专家之间在许多重要观点上的冲突，见《算术课指南》，第58页起；《正字法教学指南》，第61页起；以及《博物学教学方法论》（Methodik des naturgeschichtlichen Unterrichts），第26页。］最后，新教育学毕竟只是旧教育学有机的发展，一旦实验研究方法被普遍接受，“实验的”这一形容词将被当作冗词删去；教育学是“实验的”，如同物理学、化学等学科一样，那是不言而喻的。

(8) 还有人说，实验研究把儿童搞得精疲力竭，使他们受到伤害，家长们对此表示反对，等等。这并非事实。一般来说，学生是自愿的，他们把这些研究看作是一种游戏或一种教学，家长自己也经常尽力协助这种研究。教育学实验室的主任们能证明以上事实，笔者本人也可以证实这些主任的声明。假如研究成果对实验班级以及其他班级都有益，假如实验教育学能有效地消除各种有害的尝试与错误、盲目的实验及其恶果，那么这个班级或那个班级的学生，为什么不能每年牺牲几个小时的光阴呢?

现在出现了这样一个问题：实验教育学怎样才能得到促进和发展，达到与其重要性相称的地位？答案是：最成功的方式是通过教育学实验室的研究工作。

5．教育学研究机构

在一小部分师范学校里，在大部分大城市的公立小学和大学里，在各州和各市独立的研究机构里，越来越迫切需要建立教育学实验室①。

正如我们在其他地方已经指出的，在1904年这一年里，许多教育学研究机构确实已经做了以下这些工作，因此，以下各项工作应纳入规模较大的教育学实验室的工作范围。

(1) 教育学研究机构的工作是进行教育学的科学研究，促进教育学独立地发展，并把实验的研究方法付诸实践。因为与其他许多国家相比，一般说来，在德国的大学里教育学是没有地位的。教育学实验室必须通过全面的观察、统计和实验，重点解决我国在教育和教学方面所面临的问题，发表国内外的研究成果。

(2) 创建一所国立教育图书馆。这个图书馆特别注意收藏国内外儿童心理学和实验教育学方面的文献，所有国民都可以自由享用这个图书馆。

(3) 在教育学研究机构中，自然要增加一个中央教具研究馆。

---

① 拉伊.用卫生学来说明我们的课（建立实验教学论与教育学实验室的必要性)》[Unser Schulunterricht im Lichte der Hygiene (Notwendigkeit des Aufbaues der experimentellen Didaktik und der Errichtung Pädagogischer Laboratorien)]，在第一次国际学校卫生学大会上的报告，纳赫勒（Nägele)，莱比锡，1904年。

这个研究馆要检测各种教具和学校设备，然后公开展出最优的教具和设备。

(4) 教育学实验室应该是传播教育信息的机构。教育学实验室的领导人，应谙熟能力倾向、职业指导、教具等方面的实验结果或已有的实验教育学文献，他凭借这一优势，对教育个别儿童过程中所遇到的一些较为棘手的问题提出建议。

(5) 教育研究机构最适宜于向教师介绍儿童学、实验教育学，开设教育学方面的高级课程。在不久的将来，这些课程要向教师介绍实验教育学及其重要的研究方法，这些内容对教单班学校的儿童、弱智儿童，以及工读学校儿童的教师，意义特别重大。大学和大城市里的教育学实验室，以及在还没有建立这种机构的地方，附设在师范学校里的教育学实验室，都要发挥类似的功能。

师范学校里规模不大的教育研究机构，其主要目的是通过实验的方法，向师范生介绍心理学和教育学。把心理学基础知识的教学只限于阅读教科书这种方法，无异于通过阅读关于各种生物的文字来教自然史。师范学校的学生是未来的教师，他们必须学会如何做心理观察，为此，他们需要专家的指导。他们必须熟悉全面的、统计的、实验的观察，熟悉内省的观察；内省观察是其他观察的前提，并可受到实验的检验。他们必须认识和学会用实验方法测验自己和别人的表象、理解、注意、记忆、心理物理能量等的类型。如果一个师范生在正式的测验中，所得出的结论与他的同学不一样，他就根据这一点认为他自己的或他的同学的结论是错的，正像在算术和几何里，只有完全一致的答案才是正确的一样，那么，这其实是教育学上会产生严重后果的错误假设。如果一个未来的教师通过亲身观察认识到，并不是所有人、所有学生都以相同的方式进行观察、同化、产生表象、集中注意和出现疲劳的，那么，他已经积累了许多经验了。我们现在对“个别性”还所知甚少，如果他不是由教师传授给他关于它的陈词滥调，而是通过他自己的亲身经历，获得关于自己和别人的具体的个别差异的知识，他就达到了更高的水平。多年来，笔者本人也致力于把心智能力心理学、职业心理学和职业指导方面的研究成果，介绍给教学专业的候补者——我的学生[①]。

在讨论教育学问题的会议上，在师范学校学生讨论教学实习的问题时，经常会出现不同的意见。师范学校的教育学教师就可以运用实验教育学的研究方法，以附属学校或师范学校本身的学生为被试，对这些问题进行研究。被公认为教育学的摇篮的师范学校，可以通过这种方式轻而易举地促进实验教育学的健康发展。我会在后面初步介绍实验心理学、实验教育学和所需的研究设备。只要适当减少实验教育学家花在指导教学实习和实验上的时间，师范学校就可以在无需国家许多资助的情况下，建立起小规模的实验室。

三、从实验教育学即一般教育学的观点看教育的性质与问题

1. 假设、事实和体系之间的相互关系

为了跟上自然科学和文化研究的步伐，教育学不仅要增加和充实自己的研究，而且要扩充和加强自己的学科基础。可是，在研究方法和学科基础之间有一定的联系。根据从教育学经验得出的，与生物学、哲学有联系的各种具体事实，我们可以形成各种假设；然后进行统计和实验，并在实践中检验通过统计和实验得出的结果；根据已经得到验证的结果，我们可以逐步构建最终的体系。所有科学的体系都有其消长，终极性是相对的，留下来的只是为这些体系所确认的各种事实。因此，新教育学想重新探讨教育的性质，并依此确定教育目的。我们要根据关于教育性质与教育目的的各种假设，选择和计划一项研究。正如笔者已经指出的，体系来源于从实际运用中得出的结论。因此，提出假设、发现事实、构建体系这三者之间相互作用，彼此不可分割。那么，现代自然科学和文化研究，对形成教育学的假设和体系有什么贡献呢？在本书里，笔者只能就这个问题最重要的方面，以指导原则的方式来引述。

---

① 拉伊．心理学教学的改革，对教学工作的解释和心理学教科书（Reform des Psychologieunterrichts, verdeutlicht an Schülerarbeiten, und Lehrbuch der Psychologie）．蒂纳曼，戈塔．1911

2. 自然科学的指导原则

每一个有生命的机体，每一个人，每一个学生，都应被看作是社会的一员。在这个社会中，由家庭组成城镇，进而组成地区、国家和世界。社会是乡土的自然因素（即自然地理、气候、动植物和社会因素（即人际关系）的产物。人种学的研究一再表明，人类的发展不仅受社会环境的影响，而且也受自然环境的制约。这就意味着，个体的发展，不仅受种族及其政治制度、社会制度、宗教制度、历史传统、风俗习惯和文献的影响，而且还受地区的自然地理、气候、动植物等因素的制约。因此，人类在很大程度上是其环境的产物。

环境的所有方面都对儿童发生影响，儿童也以反射、冲动、随意动作等形式，反作用于环境。印象、印象的同化、表现等生理或心理—生理过程，统称为反应、活动或行动。这些活动的目的是集中注意，想象出各种方法，以便利用身心方面的优势，避免缺陷；这些活动构成了生物学意义上最基本的、不能再加以分割的生命过程。

儿童的反射、冲动和随意动作，与其环境是密不可分的。社会活动是人类的生存和发展的基础，这种活动可被看作是教育的基本原则。而能力倾向（禀赋）、遗传、发展（变化）、相互影响（相关性）、吸收（同化）、分工（分化）和节律（周期性），则是辅助原则。

3. 文化研究的指导原则

实验教育学的原理能使我们认识能力倾向的发展情况。能力倾向受环境中的自然因素和社会因素的影响，而家庭和学校是环境的不可或缺的组成部分。我们可以有目的地、系统地、卓有成效地组织环境对儿童的各种影响，引导儿童对环境的反应（即儿童的身心发展），这种组织和引导就是教育。但是，教育不仅有生物学方面的原则，而且有社会学方面的原则；与此同时，教育还必须遵循自然和文化的原则。文化研究的指导原则就是卫生学、经济学、逻辑学、伦理学、美学和宗教的价值观和规范。

因此，所谓教育，就是根据规范科学对人的身心发展所进行的控制——即“对发展所作的规范的控制”。同时，我们必须牢记，在不同的发展阶段中，规范的有效性只是相对的；我们必须根据教育的最终目的确定各种教育目标；并且我们不仅需要儿童心理学，而且需要儿童逻辑学、儿童伦理学、儿童美学和适合儿童的宗教学科。

4．一般教育学的实验教育学的三个组成部分

首先，我们必须从生物学的观点看待儿童，也就是必须把儿童看作在身心方面都有待发展的活生生的人。从生物学的角度看，身是心的工具，身是一台感觉—运动的机器。神经系统是这台机器的结构的基础。神经系统由三部分组成：

(1) 从外部接受刺激并将刺激向内部传递的神经，即感受神经或传入神经。

(2) 同化这些刺激的中枢神经系统，即脊髓和大脑。

(3) 激发动作的神经，即运动神经或传出神经。

与感受神经相连的是各种感觉器官；与运动神经相连的是各种运动器官和新陈代谢的器官。但是，运动器官同时也可以传递触觉和运动感觉，感觉器官也可以是运动器官，也就是说，各种器官都具有适应性。教育必须引导儿童的发展，但儿童的发展受到他的禀赋、遗传素质的影响，禀赋和遗传素质是指接受和同化各种印象，并通过各种表现形式作出反应的能力。另一方面，儿童对环境的印象，也会影响他的发展。如果没有刺激，就不可能有器官的活动或发展。经验和实验都证明，心理倾向既不能给予，也不能消除，但可以得到改善或变得更糟。因此，从生物学的角度看，教育的任务就是要为儿童的每一个发展阶段选择适当的刺激程序，引导刺激产生积极的影响，控制刺激的消极作用。在教育学中，专门研究儿童在遗传特征、种族特征、国家和家庭特征，以及个体特性中表现出来的心理倾向的那部分内容，称为“个体教育学”。它把遗传特征看作个别性的核心。个别教育学把心理—生理素质、职业性向的研究，与职业指导有机地结合起来。只有依据个别教育学，职业指导才能解决问题的症结。环境中的自然因素和社会因素作用于儿童的结果，使儿童在其心理倾向中产生出各种特征，儿童凭借这些特征，使自己适应环境的影响。我们应该把这些获得性特征，即适应性特征，与先天的或种族的特征区分开来。在实验教育学中，研究

自然环境因素——气候、自然地理、动植物——与儿童之间关系的那部分内容，称为“自然教育学”。这是由笔者开创的教育学新领域。最后，在实验教育学里，研究社会环境因素对儿童的影响的那部分内容，叫做“社会教育学”。个体教育学、自然教育学、社会教育学之间，显然没有明确的界限，因为个体及其自然生活和社会生活，组成一个互相联系的整体，即儿童的整个环境。但是，从实验教育学的观点看，认识和发现哪些教育现象是由自然的、个体的或社会的原因引起的，并依此区分自然教育学、个体教育学和社会教育学，无论在理论上还是在实践上，都是重要的①。

从下表中，我们可以对教育学通过系统的观察、统计和实验来研究众多而复杂的相互关系，获得一个概要的认识。从理论上讲，左栏里的每项内容，都影响着右栏里的每项内容；右栏里所提到的每一种特征，都对左栏里的个体的、自然的或社会的因素产生影响。这是一种结果，其原因要由个体教育学、自然教育学和社会教育学来确定。这张表也可以用作记录学生档案的表格。如果我们在所有年级都坚持按这张表作记录，我们实际上是对学生的一般智慧作了详尽的研究，而这正是职业指导所不可少的。

5. 作为一般教育学的实验教育学的研究范围和研究纲要

教育是对身心发展的一种统一的引导，即按照文化的规范，对反射、冲动和随意活动进行引导。如果这种引导的成功，更多的是因为依靠形成习惯和接受暗示，那么，这种引导就叫作训练或狭义的教育；如果更多地依靠传授知识，就称为教学。无论是通过训练还是教学对发展进行引导，关于各种反应及有关器官的知识，都是不可少的。因此，训练和教学，以及广义的教育，都受到各种条件的制约。

---

① 这与把心理学分成自然心理学、个体心理学和社会心理学一样。黑尔帕克博士在他的《地球物理现象，天气、气候和景观，及其对心理活动的影响》（Die geophysischen Erscheinungen, Wetter, klima u. Landschaft in ihrem Einfluss auf das Seelenleben）（莱比锡，1911年）一书中，除了论述个体心理学和社会心理学之外，最近已经补充了一些关于“自然心理学”的初步内容。

儿童是环境中交互影响的中心

刺激：环境中的印象、知觉和观察，就是儿童获得发展的生物学原因和社会原因，是教育的条件或教育的因素。

环境中的教育因素

Ⅰ. 个体的因素

（遗传特征，先天的反射、冲动，等等，即遗传和家世）

个体教育学

1. 父母（酗酒，肺结核，梅毒，衰竭，精神病，犯罪，父母年龄悬殊）。
2. 兄弟姐妹（人数，年龄，疾病，等等）和遗传。
3. 直系或旁系的祖先与遗传，种族。
4. 近亲生育与遗传。
5. 通过遗传获得的印象，同化和表现所体现出来的一般智慧水平与身心倾向。

Ⅱ. 自然的因素

（后天获得的倾向，习惯，技能和其它习得的特性，即获得性适应）

自然教育学

6. 出生（早产，晚产，劳动时间长短，外科手术，妊娠期外部的影响，等等）。

对刺激的反应：表现、呈现和适应，是生物学原因和社会原因所引起的身心效应，它们制约着教育的进展和结果。

儿童接受教育后的结果

Ⅰ. 身体的特征和能力

1. 疾病，意外事故的结果，等等。
2. 身高。
3. 体重，肌肉力量。
4. 胸围与肺活量。
5. 头部（大小，长度，宽度，指数）。
6. 变态[颅骨，咽喉，面部，牙齿，性器官（由医生负责检查），体温，血压，等等]。

Ⅱ. 观察的特性和能力

7. 视力，视觉的敏锐性（颜色，光线，动觉，等等）。
8. 听觉（听觉的敏锐性，音质，杂音）。
9. 触觉（对压力、重量、温度、痛、大小、表面状况的感觉，位置的感觉，以及动觉）。
10. 嗅觉和味觉。
11. 注意集中，等等。知觉类型。

Ⅲ. 心智同化的特征和能力

12. 观念类型。

7. 家庭，家乡的情况：水土，空气，光线，动植物，城市或乡村。
8. 气候和自然地理。
9. 每日和每年的物产状况。
10. 食物与衣着（酒精，鸦片，其它问题）。
11. 睡眠情况（熟睡程度，睡眠的地方，时间长短，地方的大小，同伴）。
12. 游戏与娱乐（种类，时间长短，次数，有报酬的职业，校外教学活动，等等）。
13. 意外事故，疾病，等等。

Ⅲ. 社会的因素

（正常的反射、冲动与随意活动，以及特性）

社会教育学或价值教育学

14. 家庭与家族（父母的职业，教育方式，远足，社会交往，旅游，死亡，迁居，等等，家风）
15. 同伴与朋友。
16. 班级与班级意识；学校社区与校风，学校对学生的要求，特殊的措施和影响。
17. 社区与地区的种类。
18. 地方风尚与种族类别。
19. 家乡与国家。
20. 世界与人类。
21. 精神生活与有价值的活动。

13. 记忆。
14. 联想。
15. 抽象。
16. 审度的结论(时空定向,对日常生活事件的判断,学校里获得的知识,等等)。
17. 想象活动，梦。
18. 暗示感受性。
19. 情感与价值观（经济的、卫生的、逻辑的、审美的、伦理的、宗教的；对动植物的感情)。
20. 反射，驱力，志向，习惯，技能，职业，游戏，疲劳，休息，持久性，等等。同化类型。

Ⅳ. 表现的特性和能力

21. 不随意运动。反射、痉挛、瘫痪，等等。
22. 学习走路，步法，技巧，用左手，攀登，跳跃，游泳，等等。
23. 表现能力,反应的时间与种类;手势,表情,口语,书面语;口吃,学习说话,词汇,书法,伴随动作;演出的、自然的和绘画的表现;舞蹈,游戏,工作,等等。
24. 表现家族的性格特征和气质特征的行为;朋友间的行为;在班级生活、社区生活、国家生活和世界范围生活中的表现。呈现类型。
25. 自我教育，生活的艺术(表现自我)。

教育的最终目的，是培养在家乡和国家、世界与人类社会生活中所需要的健全的（正常的）个性，使精神生活得到升华。

摘自：拉伊著．沈剑平，瞿葆奎译．实验教育学．北京：人民教育出版社，1996．1～30

思想评介

拉伊及其实验教育思想

（一）

威廉·奥古斯特·拉伊（1862～1926）是德国“实验教育学”的奠基人之一；是国际上“实验教育学”的主要代表人物之一。实验教育学运用自然科学的范式研究教育现象。在教育学的历史发展过程中，实验教育学对教育理论和实践、对教育研究产生了自己的影响。拉伊在其中发挥了重要的作用。

1．实验教育学是新教育学

在《实验教育学》中，拉伊说：“实验教育学的主要特征，就是现在在教学和教育研究中所运用的新的研究方法。”① “新旧教育学的主要区别，在于它们积累经验的方式和研究的方法。”②

拉伊赞赏梅伊曼有关于实验“是当代教育学的标志（ist die Signatur der Pädagogik unserer Tage）”③ 这句话。但拉伊进一步主张，

① 拉伊著，沈剑平等译．实验教育学．北京：人民教育出版社，1996．1

② 拉伊著，沈剑平等译．实验教育学．北京：人民教育出版社，1996．8

③ Meumann，E.，Vorlesungen zur Einführung in die experimentelle Pädagogik，vol．1，1914，Quoted in Radosavljevich，P．R.，Introduction，pp．43～44．

实验要在课堂或班级的实际情境的影响下进行，而不是在人工的实验室中进行。拉伊指出，新的研究方法，首先是指实验，但是除了实验以外，还有系统的观察和统计。实验教育学是通过实验、系统的观察和统计，解决教学、教育中的问题的；那种认为实验教育学是以实验为唯一手段的看法是错误的。

这新的研究方法可以解释为：对历史经验的研究，即间接的观察；对当前经验的研究，即直接的观察。对直接的观察又可分为：偶然的观察；有目的的观察，包括周密观察，统计，实验。在拉伊看来，教育学只有运用了这新的方法，才能成为新教育学，才能成为一门真正独立的科学。

拉伊认为，“只有当一项实验的主要目的是解决教学、教育问题时，这项实验才是教育学实验。”①

拉伊不赞成梅伊曼的“实验教育学就是实验心理学”的主张。他认为实验心理学和儿童心理学并不就是教育学，实验心理学家由于缺乏课堂和班级的实际经验，因此他们不能对一些具体教学论问题提出正确的建议和进行正确的研究。

拉伊不赞成梅伊曼倡导的实验室实验的观点。他认为实验要在班级的实际情境下进行，“实验的条件要尽可能与班级教学的条件相一致。”②

拉伊不赞成梅伊曼的实验心理学家是实验的主角的判断。他认为从事实验的人主要是有实际经验的教师。

在拉伊看来，实验包括三类：一是“初步的实验”。使研究者熟悉研究的范围，制定一个计划，考虑一些意外的情况，力求避免一些可能的差错，进行尝试性的实验。二是“真正的实验”，或称之为“主要的实验”。把初步的实验结果放在一边，充实有关的资料或事实，进行基本性的实验。三是“控制的实验”，也称之为“验证的实验”。对真正的实验所获得的结果，加以检验与证实。教育学实验则包括三个阶段：“(1) 提出假设；(2) 设计并实施实验；

---

① 拉伊著，沈剑平等译．实验教育学．北京：人民教育出版社，1996．2

②③ 拉伊著，沈剑平等译．实验教育学．北京：人民教育出版社，1996．12

(3) 在实践中进行验证。”③

2. 实验教育学是科学的教育学

在拉伊看来，教育学还没有被公认为一门科学。他认为，教育学要成为一门科学，它就要把每一种教育现象都看成是各种原因的结果。教育中的因果关系极其复杂，因此要在有意识地控制的条件下，观察各种引发的现象，也就是说，要进行实验。而实验教育学运用实验的研究方法，包括系统观察、统计以及与假设、验证连成一体的实验。这种新的研究方法，可以简称为实验教育学的研究方法。教育学只有运用这种新的研究方法，才能成为一门真正的独立科学。他说："必须开发实验教育学的研究方法，使教育学能够独立，并借此把教育学确实提高到科学的地位。"①"旧教育学把推演出来的结果看作是最终的原理、理论、目的和方法；新教育学则不同，它认为这些结论只是初步的假定或假设，这些假定或假设应受到系统的观察、统计和实验的检验。"②

同时，"假设是新旧教育学之间的连接环节。"③实验教育学是建立在教育假设的基础上，这种假设利用了过去和现在的教育理论和实践，以及现代生物学科和价值学科。拉伊指出，只有赋予教育学以信得过的研究方法，又为教育学在理论和实践上创造一个宽厚的基础，进而使新出现的问题能得到解决时，才能把教育学提高到科学的水平。实验教育学正是逐步建立并最终达到的这种科学的教育学。

实验教育学为了促成教育学成为一门独立的科学，它的研究要有适当的标准（目标），在这一点上，拉伊与梅伊曼的意见是一致的，例如（1）实质的目标（material objectives）：知识和技能的获得。(2) 形式的目标（formal objectives）：学习态度、概括能力、对学科兴趣的发展；（3）伦理的道德的目标（ethical - moral objectives）：自我制约、自我矫正等能力的发展。

---

① 拉伊著，沈剑平等译. 实验教育学. 北京：人民教育出版社，1996. 13

② 拉伊著，沈剑平等译. 实验教育学. 北京：人民教育出版社，1996. 14

③ 拉伊著，沈剑平等译. 实验教育学. 北京：人民教育出版社，1996. 11~12

3. 实验教育学是完整的教育学

拉伊说："旧教育学依靠知觉、内省观察和观察别人进行研究，可是这些方法本身是不完善的。因此，实验教育学通过全面的观察、统计和实验，来补充和完善旧的研究方法。实验教育学是对旧教育的补充和完善，因而是一种完整的教育学（complete pedagogy）。"① 拉伊强调，实验教育学与旧教育学不是完全对立的，实验教育学一直在利用旧教育学的资源，只是新教育学并不满足于旧教育学的成果。"新教育学毕竟只是旧教育学有机的发展"②。

拉伊把现代生物学科和价值学科称为"邻近学科"。对价值学科，他也称之为哲学学科。借助这些邻近学科，并按照教育学的观点运用它们，使之转化为"辅助学科"。拉伊认为，赫尔巴特的教育学只是把伦理学和心理学作为辅助学科，而实验教育学要以全部的生物学科和价值学科为基础。在这里，拉伊说的所有生物学科，包括生态学、解剖学、生理学，还包括卫生学、心理学和精神病学等。拉伊说的所有价值学科，则包括认识论、经济学、伦理学、美学和宗教哲学等。因此，他说新教育学建立在比旧教育学更为广泛而坚实的基础上。

拉伊说："梅伊曼认为，实验教育学只是'发现事实（fact-finding）'，因此，他永远不能涵盖教育学的整个领域。他主张把'实验的'教育学与'系统的（systematic）'教育学并列起来加以考虑，也就是说，发现事实和构建体系是彼此分开的两个过程。"③

梅伊曼十分推崇科学实验的验证，认为传统教育学只是观念和规范的科学，没有实验根据的任何思辨都是违背实验教育学的。他主张教育学应该由两部分组成：一部分的职能是描述和说明；另一部分是把上述事实按照一定的系统组织起来。如教育目的的正确与否就难以用实验的方法加以验证。因此，企图在实验方法探讨教育具体问题的基础上，进一步系统地描述整个教育学体系是不可能

① 拉伊著，沈剑平等译．实验教育学．北京：人民教育出版社，1996．8
② 拉伊著，沈剑平等译．实验教育学．北京：人民教育出版社，1996．19
③ 拉伊著，沈剑平等译．实验教育学．北京：人民教育出版社，1996．17

的。如果进行系统的描述，必然带有各种猜测和假设，这就根本上背离了实验教育学的指导思想。①

拉伊则认为，“在梅伊曼的实验教育学的研究方法中，还没有借以连接事实和体系的各种假设。而且，要按照一般的教育学观来实施一项又一项教育实验，否则，这些实验就根本不是教育学研究，而只是心理学研究、卫生学研究或其他学科的研究。最后要指出的是，在学生的发展阶段中，他们逐渐地才能达到系统的教育学根据逻辑学、伦理学、美学等规范学科而制定的常模。但是，只有实验的研究方法才能确定学生的发展阶段。”“如同树梢和树根那样，发现事实和构建体系的各种假设，是密不可分的。教育学只有一样。”②

可以说，梅伊曼主张的实验教育学为教育学的部分；拉伊则认为实验教育学是教育学的全部③。

4. 实验教育学是一般教育学

拉伊说：“现在，实验生理学和实验生物学这两个术语的使用频率越来越低，因为生理学和生物学采用实验的研究方法，已是不言而喻；同样，以后除了一般教育学以外，不再有一门实验教育学；因为实验教育学将成为唯一的教育学——一般教育学。”④

“一旦实验研究方法被普遍接受，‘实验的’这个形容词将被以冗词删去；教育学是‘实验的’，如同物理学、化学等学科一样，那是不言而喻的。”⑤

拉伊认为，要使实验教育学的成果得到传播，就必须精确地陈述它的研究方法的假设，执行过程和对结果的证实。这样，人们就可以在其他地方重复验证和继续研究。正是这种实验教育学的研究

① 赵祥麟主编．外国教育家评传·实验教育学派．第2卷．上海：上海教育出版社，1992．662

② 拉伊著，沈剑平等译．实验教育学．北京：人民教育出版社，1996．17~18

③ 钱歌川．现代教育学说．中华书局，1934．1

④ 拉伊著，沈剑平等译．实验教育学．北京：人民教育出版社，1996．18

⑤ 拉伊著，沈剑平等译．实验教育学．北京：人民教育出版社，1996．19

方法才能使教育学成为一种“全世界的教育学（world pedagogy）”①。而且，对教育进行一番谨慎的实验研究之后，人们将不再把研究方法或教育学看成是这个人或那个人的研究方法或教育学，不再把它们看成是某种个人的思想体系，教育学或教学论也因而会成为一种全球（all over the globe）的科学②。

他的实验教育学就是要建立一种“全世界的教育学（Weltpadagogik，World－wide pedagogy）”或者“全面的或完整的一般的教育学（Gesamtpadagogik，whole or complete，universal pedagogy）”。拉伊一方面也承认教育是受一定文化价值的制约，这是正确的；另一方面，又把教育学与物理学、化学相类比，这是错误的。

作为这种一般教育学的实验教育学，拉伊认为就是“生物—社会教育学（biocommunal pedagogy）”。它有三个部分：（1）“个体教育学（individual pedagogy）”，研究儿童的遗传特征、种族特征、国家和家庭特征，以及个体特征中表现出来的心理倾向。（2）“自然教育学（natural pedagogy）”，研究自然环境因素与儿童间的关系。(3）“社会教育学（social pedagogy）”，研究社会环境因素对儿童的影响。拉伊也指出个体教育学、自然教育学和社会教育学之间没有明显的界限，这是由于个体及其自然生活和社会生活组成了一个相互联系的整体。

拉伊在他的《实验教育学》的结尾时说：“现在似乎可以得出这样一个结论，教育学不仅是一门通过实践经验得来的艺术……而且是一门科学。”“像医学一样，教育学是一门科学，教育实践是建立在这门科学基础之上的艺术。”③也不能把教育学与医学类比。他以“最终会出现一门一般教育学，并实现一般教育学的目的——人类友爱，人间天堂（the brotherhood of man and Kindom of Heaven on Earth)”④终篇。在还存在阶级的时代和社会，教育学总是一门有

① Radosavljevich，P. R.，Introduction，p. 18.

② Radosavljevich，P. R.，Introduction，p. 5.

③ 拉伊著，沈剑平等译. 实验教育学. 北京：人民教育出版社，1996. 144

④ 拉伊著，沈剑平等译. 实验教育学. 北京：人民教育出版社，1996. 145

阶级性的社会科学。空间与时间不同，教育学的共性只能寓于个性之中。拉伊“人类友爱，人间天堂”的话，已经90多年过去了，迄今还只是善良和美好、虔诚和久远的愿望。

(二)

拉伊说：“有目的地、系统地、卓有成效地组织环境对儿童的各种影响，引导儿童对环境的反应（即儿童的身心发展），这种组织和引导就是教育。但是，教育不仅有生物学方面的原则，而且有社会学方面的原则；与此同时，教育还必须遵循自然和文化的原则。”[①] 他认为，教育就是对人的发展的实际指导，目的是造就完整的生物—社会（biocommunity）中完整的个性。所谓生物—社会，包括自然的领域，即生物—社会的自然生活；又包括社会的领域，即生物—社会的文化生活。在他看来，要从生物学的观点看待儿童，又要从社会学的观点看待儿童。

活动的原则、表现的原则是拉伊提出的基本教育原则。其中心论旨是：活动（activity）、做（doing）、行动（deed）。他认为，每个教学单元都有三重过程，也就是三个阶段：刺激（stimulus）……联想（association）……反应（reaction）或印象（impression）……同化（assimilation）……表现（expression）或观察（observation）……心智上的“消化”（mental“digestion”）……呈现（presentation）[②]。

他通常把这个过程又表述为“观察、同化和表现”。拉伊“从发表（即表现）主义的立场”，“乃唱出直观（即‘观察’）、类化（即‘同化’）、发表（即‘表现’）等三教学阶段说，改正赫尔巴特派之教学阶段说。”[③] 这个基本教育原则包括下列分则，即自然原则和价值原则，意思是说，活动要与自然保持一致自然的活动；也要与文化保持一致文化的活动。

根据基本教育原则，拉伊倡导活动学校，或称生活社会学校。

---

① 拉伊著，沈剑平等译．实验教育学．北京：人民教育出版社，1996．24

② Lay，W．A．，Die Tatschule，see Radosauljvich，P．R．，Introduction，p．35．

③ 雷通群．西洋教育通史．北京：商务印书馆，1934．413

“通过活动进行教育（Die Erziehung durch die Tat）”，是拉伊的一句座右铭。他认为学生是凭借活动求得发展的。他竭力称赞“主意的学校（vole，ergo sum）”，坚决反对“主智的学校（cogito，ergo sum）”。他称主智的学校是“读的学校（Lernschule）”，是“坐的学校（Sitzschule）”，是“文字学校（Wortschule，word - school）”，是“书本学校（Buchschule，bookish school）”。他认为这种学校都应该由活动学校、做的学校、行动学校来替代。拉伊严厉地抨击了旧教育中和现代教育中的主智主义倾向。他坚决反对赫尔巴特学派的主智主义和形式主义的教育学。在1905年与梅伊曼主编的《实验教育学》杂志的第1期上，他说：“现在肯定不能再把赫尔巴特和齐勒的心理学与教育学体系看成是正确的了，肯定不能再把它们当作心理学、教育学的学习与研究的基础了。”① 他建议教师们阅读和思考《当代教育学史（*Zur pädagogichen Zeitgeschichte*）》（1904）中冯萨尔维克（Ernst von Sallwuerck）的文章：《齐勒学校的终结（*The End of Ziller School*）》。

拉伊反复论述，一切教育、教学中的被动、接受、吸收要让位于活动、表现、建构和创造；“看的学校（seeing school）”必须由“做的学校（doing school）”所替代。有刺激就有反应，有印象就有表现，有观察就有呈现。学校如果不利用这些活动的源泉，就不能积极地促进儿童身心的发展。在拉伊看来，活动，即身心两方面的活动，是教育、教学的全部内容；对活动学校来说，决定性的因素是儿童，不是教材或儿童将来的职业。活动学校的目标不同于凯兴斯泰纳（Kerschensteiner，G.）的劳作学校（Arbeitsschule），不在于单方面的木工和金工训练，最终目标也不在于公民的培养，而是把儿童看成是有一定需要和倾向的人，现有的各种能力的充分发展为他们将来的生长提供一个可靠的基础。因此，对儿童每一种有益于其身心需求的，都应鼓励；对所有的表现形式，都应认可。总之，教育决不能是被动的、接受的和吸收的，它必须是主动的、创造

① Radosavljevich，P. R.，Introduction，p. 26.

的、建构的、积极的和活动的。[1]

所谓“有机的课程（organischer Lehrplan, organic course of study)”，在拉伊看来，“就是按照卫生学、经济学、逻辑学、伦理学、美学和宗教哲学的规范所制导的各种活动”[2]。他认为当时学校的许多弊病，是产生于各门科目之间的不协调，各种活动之间缺乏相关性，于是削弱了学生的发展。有机的课程似乎可概括为以活动为骨架的各门科目的网络。他说，活动学校里开设的有些科目，特别重视观察和同化，也就是特别注重教材；有些科目则要求把重点放在同化和表现，也就是把重点放在形式上。有机课程就是要把观察的事实教学（beobachtender Sachunterricht, observational factual instruction）与表现的形式教学（darstellender Formunterricht, expressional form instruction）紧密联系起来。同时，拉伊认为要对这两种教学分别加以研究。然而，观察、同化和表现又是联系的，因此，“在事实教学中要应用表现，在形式教学中要应用观察，这些是教学的基本原则或指导原则。”[3]

从观察入手的事实教学，是以事实、材料、内容为主导成分，以知觉与内部和外部的观察为主要目标。在自然科目（因果的领域）方面包括自然史，自然科学，地理学，天文学等。在文化科目（目的与价值观的领域）方面，包括历史学，政治学，经济学和社会学，心理学与逻辑学，道德与宗教的教学，教育学等。从表现入手的形式教学，具主要任务，在自然科目方面，包括三维的立体的表现——塑模，实验，植物栽培和动物饲养；数学的表现——机械制图，几何学，算学等。在文化科目方面，包括用语文表现——说话，阅读，写字，背诵的教学，用诗、散文等文体进行的典型表现；用绘画表现——透视，速写，绘画；用音乐表现——唱歌等；韵律操——戏剧，游泳，舞蹈，体操；自我表现——“学校和社区”中的领导工作等。而生物—社会的活动学校，正是观察—同化

---

① Radosavljevich, P. R., Introduction, pp. 34~35.

② 拉伊著，沈剑平等译. 实验教育学. 北京：人民教育出版社，1996. 56

③ 拉伊著，沈剑平等译. 实验教育学. 北京：人民教育出版社，1996. 61~63

—表现的统一。

在拉伊看来，实验教育学一定是引发活动、行动的活动教育学（pedagogy of activity）、行动教育学（pedagogy of the deed）。而且拉伊认为，教育学的教师必须是教育者的教育者。他必须具有更高层次的教师品质。他身为一名研究人员，必须对作为科学的教育学与作为艺术的教育学有全面的了解。

大致可以说，19世纪末20世纪初的“新教育”思潮、“新学校”运动，都是反对传统教育、传统学校的，有各种各样新教育、新学校的名称，都是这样或那样倡导动、倡导活动，倡导做、倡导动手的。在教育实践与理论发展的长河中，也许是历史的辩证法。

（三）

19世纪末20世纪初，在欧美一些国家掀起了澎湃的、多渠道的教育实践和理论的革新运动。其共同特点是反对传统的教育实践和理论。

康内尔认为：20世纪初，“教育学渴望成为新兴的重要的社会科学之一，大约就是在那个时候开始，把它作为一门社会科学进行认真的研究。在第一次世界大战前的一段时期，教育研究的新渴望表现在3个不同的而又相互联系的运动中：儿童研究运动、学校调查运动和教育实验研究的开拓。”① 也许康内尔把时间推晚了一些。德兰德希尔认为，“从1900年起，对教育问题的研究可以认定为：（1）儿童研究运动，它把教育研究与应用儿童心理学结合起来；（2）新教育运动或进步教育运动，它认为哲学优先于科学，生活经验优先于实验；（3）开始用实证方法的科学研究运动……”② 好像德兰德希尔也把时间推晚了一些。

实验教育学的兴起，大的时代背景是19世纪以来实证主义思潮的盛行，许多自然科学都运用实验的方法，而其直接的诱因，乃是

---

① Connell, W. F., *A History of Education in the Twentieth Century World*, 1980, p. 92.

② De Landsheere, G., Educational Research, History of. In Husén, T. & Postlethwaite, T. N. (Eds.), *International Encyclopedia of Education*, Vol. 4, 2nd ed., 1994, p. 1864.

与19世纪末冯特（Wundt，W.）大力推动实验心理学密切联系的。

康内尔说，“梅伊曼和拉伊是德国实验教育学的创始人”①。这是正确的判断。据他说，梅伊曼、拉伊、克拉帕雷德（Claparède，E.）、比纳（Binet，A.）和桑代克（Thorndike，E. L.），是教育学在20世纪第一个25年中科学运动5位著名的代表②。德兰德希尔对实验教育学创建人列举得更多。他说：“实验教育学是由德国的拉伊和梅伊曼，法国的比纳和西蒙（Simon），美国的赖斯（Rice）、桑代克和贾德（Judd），瑞士的克拉帕雷德，阿根廷的梅坎特（Mercante），比利时的舒滕（Schuyten），英国的温奇（Winch）以及俄罗斯的西科尔斯基（Sikorsky）和涅恰耶夫（Netschajeff，即Nechayev）于1900年前后创立的。”③ 这也许反映得更客观些、全面些。米亚拉雷等主编的《世界教育史（1945年至今）》说：“同德国的拉伊和梅伊曼，法国的比纳和西蒙，瑞士的克拉帕雷德，比利时的舒滕，美国的桑代克和贾德（这里只是不公正地提及历史上几位杰出人士）的研究活动在一起，于1900年左右问世的实验教育学，在20世纪最初20年内有了飞跃的发展。”④ 所谓“这里只是不公正地提及历史上几位杰出人士”，也就是说，这里说的不是那么全面吧。

就是1947年新版的麦丁斯基的《世界教育史》，也说“从（19世纪）年代末期起，在许多国家里，开始推行实验主义的教育学。”⑤ 1956年版的康斯坦丁诺夫、米定斯基（按：即麦丁斯基）、沙巴也娃的《教育史》，也说“从19世纪末开始，在德国、英国和

---

① Connell, W. F., *A History of Education in the Twentieth Century World*, 1980, p. 101.

② Connell, W. F., *A History of Education in the Twentieth Century World*, 1980, p. 101.

③ De Landsheere, G., Educational Research, History of. In husén, T. & Postlethwaite, T. N. (Eds.), *Internaltional Encyclopedia of Education*, Vol. 3, 1985, p. 1588.

④ 加斯东·米亚拉雷，让·维亚尔主编，张人杰等译. 世界教育史（1945年至今）. 上海：上海译文出版社，1991. 472

⑤ 麦丁斯基著，叶文雄译、王语今校. 世界教育史.（上册），五十年代出版社，1952，382.

美国，所谓实验教学育占很重要的地位。”① 还说拉伊“他不仅在自己的祖国享有相当广泛的声誉，而且甚至在其他各国，特别是在革命前的俄国，也享有相当广泛的声誉。”②

实验教育学尖锐地批判传统教育学只是沿用思辨的方法和逻辑的推论。上海教育出版社于 1986 年出版的筑波大学教育学研究会编的一个译本《现代教育学基础》中说：“把教育学从哲学的桎梏中解放出来，提高到独立的科学高度，吸收实验心理学的成果，提倡实验教育学的是梅伊曼和拉伊”（第 469 页）。如果能说，提倡实验教育学的，在德国是以梅伊曼和拉伊为奠基人就好了。人民教育出版社于 1989 年出版的一本教材性的著作《外国近代教育史》中说：“19 世纪末和 20 世纪初，出现了一股‘新教育’的思潮”，“这股思潮表现在德国，便是实验教育学”。如果能说，这股思潮在德国的一种表现，便是梅伊曼和拉伊为代表的实验教育学就好了。这股“新教育”思潮表现在德国，也不仅仅是梅伊曼和拉伊创立的实验教育学。

江西教育出版社于 1995 年出版的一本专著《战后德国教育研究》中，正确地指出了：早在 1896 年，拉伊就发表了《正字法教学指南》［按：该书全名为《以心理学实验为基础的正字法教学指南》（*Führere durch den Rechtschreibunterricht, gegrundet auf psychologische Experimente*）］，1898 年发表了题为《低年级算术课指南》［按：该书全名为《建立在教学实验基础上的低年级算术课指南》（Führere durch den Rechenunterricht der Unterstufe, gegründet auf didaktische Experimente）］。在这些著作中，“拉伊企图说明借助实验来检验各种教学法的效果的方法。这些观点后来又在他的《实验教学论》（1903）与《实验教育学》（1908）两本著作中作了系统的说明”（第 282 页）。可是说“实验教育学的创始人是 W·A·拉伊（W.

① 康斯坦丁诺夫、米定斯基、沙巴也娃著，李子卓、于卓等译．教育史．人民教育出版社，1958，177

② 康斯坦丁诺夫、米定斯基、沙巴也娃著，李子卓、于卓等译．教育史．人民教育出版社，1958，175

A. Lay）与 E·梅伊曼（E. Meumann）”，就欠精确了。如果加“德国”两字就好了。

那么，是不是像华东师范大学出版社 1987 年出版的一本教学参考书《外国现代教育史》中说的，梅伊曼是“实验教育学的开山鼻祖”？（第 109 页）在这一点上，也许这样的回答是存真求实的。“实验教育学”的鼻祖是谁？可以有两种不同的答案，因为问题本身包含了不同的涵义。一是从事教育实验活动的第一人是谁，二是谁最先提出这个术语？“教育的实验研究无疑在 1900 年以前就存在了。许多美国学者认为赖斯是创始人，因为他在 1895～1897 年对拼写练习的效果作了研究。但是有人认为，比纳、拉伊、梅坎特或舒滕也当之而无愧。至于实验教育学这个术语，是冯特早先的学生梅伊曼在 1900 年首先提出来的，当时他在德国《教育学刊（*Zeitschrift fur P ädagogik*）》上探讨学校教育的科学研究问题。”① 如果坚持只有当一项实验的主要目的是解决教育学的问题时，这项实验都是教育学实验的标准，那么，就在人民教育出版社出版的拉伊的《实验教育学》中，他自己也谈到了 1900 年前后一些国家的实验教育学的人物、论文和著作。拉伊谈到了克拉克帕雷德。他说：“1906 年 10 月，日内瓦大学（University of Geneva）创设了‘教育心理学研讨班（Séminaire de Psychologie pedagogique）’把它作为心理学实验室的一个部门。心理学实验室实质上是为教师和有志于从事教学专业的人而设立的教育学实验室。克拉帕雷德博士是这个心理学实验室的主任。”我们的原译文② 有错误，今更正如上，并敬向读者致歉！

梅伊曼当年曾指出，当前运动有两个方面：一方面是学术性实验者们在他们的实验室中继续他们的研究，如果说这些人与实验心理学家有区别的话，只在于他们的研究是潜心于教育过程的问题；另一方面，是得到专业研究者们和教师们的支持，这些人在班级中

---

① De Landsheere，G.，Educational Research，History of. InHusén T. & Postlethwaite，T. N.（Eds.），*International Encyclopedia of Education*，2nd ed.，1994，Vol. 4. p. 1866.

② 拉伊著，沈剑平等译. 实验教育学. 北京：人民教育出版社，1996. 6

发现他们的问题，并在那里进行他们的实验①。这是平正的记述。前者是指梅伊曼主张的实验室中的实验；后者是指拉伊赞成的班级中的实验，也就是我们通常所说的“自然实验”。这样，上述1987年华东师大出版社出版的这本教学参考书《外国现代教育史》中说的，“实验教育学的方法特征是主张采用严格控制的心理学的实验室实验的方法，而不是当今教育上更普遍运用的自然实验法”（第99页）云云，就误部分为全体了。

冲原丰正确地指出：“实验教育学思潮是作为赫尔巴特的唯心主义教育学说的对立物而出现的，它的一个明显特点是试图站在自然科学的立场上研究教育现象”②。拉伊除了在上文提及的《实验教育学》杂志1905年第1期上，发表对赫尔巴特与赫尔巴特学派教育学的批判观点之外，在他的论著中既反对赫尔巴特学派主智主义的教育学，又严厉抨击了主智主义的学校。而且这也是实验教育学者们的共识。在1990年人民教育出版社出版的一部文科教材《外国教育史》（下册）上说:实验教育学“源于赫尔巴特和赫尔巴特学派的所谓‘科学教育学’的思想,奉行以心理学为教育学的基础的路线”(第30页)。这种理解,不能不说是“圆凿而方枘兮,吾固知其龃龉而难入”了。

至于1985年北京师大出版社出版的一部教材《外国教育史》（下册）中，认为拉伊“把儿童看作一种纯生物体”（第195页）；“把教育完全归结为生物化的人体活动的科学的见解，当然在理论上是站不住脚的”（第197页）。1988年教育科学出版社出版的《外国教育史简编》中写道：“拉伊将自己的实验教育学建立在他理解的生物学基础上……”（第370页）。这种观点，很大可能主要来自前苏联的教育史书籍。不论是由于当年的形与势，还是当年作者的认与识，原苏联教育史学家是写下了这样的话的。

---

① Connell, W. F., *A history of Educational in the Twentieth Century World*, 1980, p. 102.

② 冲原丰. 教育的实证研究. 大河内一男等著，曲程等译. 教育学的理论问题. 北京：教育科学出版社，1984. 230

例如1952年由50年代出版社出版的麦丁斯基的《世界教育史》(1947年新版，上册)："19世纪90年代以至20世纪初叶另一个德国教育家奥古斯特·拉伊（1862～1926）提出了'行动教育学'的理论，他企图用生物学的理论来解释教育，因而把教育归结成为反应的产物。"(第380页)

又如1958年由人民教育出版社出版的康斯坦丁诺夫、米定斯基（即麦丁斯基）和沙巴也娃的《教育史》(1956）中说："拉伊错误地认为只有生物学才是真正的科学，他曾经企图把教育学当做生物学来研究。"(第175页)

上述的麦丁斯基的《世界教育史》，在前苏联1947年以讨论亚历山大洛夫的《西欧哲学史》为起点的哲学社会科学在"左"得够分量的批判运动中，于1948年组织了讨论和批判，认为它还"左"得不够。那次总的矛头是针对对资产阶级学者的"宽容"，针对所谓"冷漠的资产阶级客观主义"，"反爱国主义的世界主义"①。

拉伊强调感觉运动过程是教育的基础。他说："首先，我们必须从生物学的观点看待儿童，也就是必须把儿童看作在身心方面都有待发展的活生生的人。从生物学的角度看，身是心的工具，身是一台感觉—运动的机器。神经系统是这台机器的结构的基础。"② 又说："教育工作者必须考虑到个体、自然和社会等方面的各种因素。我们首先要探讨个体方面的教育，即探讨遗传的能量和种族的特性。"③ 遗传、禀赋及其相互关系；教育上的差异、变化和相互关系。还要探讨自然环境的影响，"天气、气候和地形等因素对儿童身心有影响，教育工作者必须充分认识和思考（自然）环境对儿童的种种影响。"④ 一年时间里反应的变化；一天时间里反应的变化；疲劳的测量；光和热的影响，气候与心智活动。同时，又说："来源于社会生活的各种刺激，以及由家庭、朋友、社区生活、政治和

---

① 瞿葆奎主编，桂殿坤，俞翔辉，朱佩荣选编．教育学文集·苏联教育改革：(上册)．北京：人民教育出版社，1993．386～544

② 拉伊著，沈剑平等译．实验教育学．北京：人民教育出版社，1996．24～25

③ 拉伊著，沈剑平等译．实验教育学．北京：人民教育出版社，1996．31

④ 拉伊著，沈剑平等译．实验教育学．北京：人民教育出版社．1996．40

宗教环境所施以的各种影响等等，一起组成教育的社会因素。正是这些因素发展了儿童的社会特性。学校和教学活动也应看作是社会因素。人类活动的其他许多方面，也有重要的社会意义。社会教育学（按：已如上述，这是拉伊构建的“作为一般教育学的实验教育学的3个组成部分”之一）要确定如何根据卫生学、经济学、逻辑学、美学、伦理学和宗教的规范，引导儿童的身心发展”①。如此等等。学术讨论要讲究“学德”，历史研究要讲究“史德”，要尽量避免用凸透镜或凹透镜透视事物，否则自己倒真的“在理论上站不住脚”了。

（四）

拉伊在1903年出版了他的《实验教学论（*Experimentelle Didaktik*）》。这本书的全名是：《实验教学论：其主要着眼于肌体感觉、意志和行为方面的基本原理（*Experimentelle Didaktik：Ihre Grundlegung mit besonderer Rücksicht auf Muskelsinn，Wille und Tat*）》。它的第2版为1905年；第3版为1910年②。迄今未见中译本。

他在1908年出版了他的《实验教育学（*Experimentelle Pädagogik*）》。这本书的全名是：《特别着眼于通过活动进行教育的实验教育学（*Experimentelle Pädagogik，mit besondrer Rücksicht auf die Erzidhung durch die Tat*）》。它的第2版为1912年；第3版为1918年。1938年有商务印书馆的中译本；1996年有人民教育出版社的中译本。

作为术语的“experimentelle Pädagogik（experimental pedagogy）”“experimentelle Didaktik（experimental didactics）”有时是难于区分的，因为“pedagogy”也可以译为“教学论”、“教学法”或“教授学”。至于“didactics”，一般倒是译为“教学论”、“教学法”或“教授

① 瞿葆奎主编，桂殿坤，俞翔辉，朱佩荣选编．教育学文集·苏联教育改革：（上册）．北京：人民教育出版社，1993．49

② 《实验教育论》和第3版的全名改为：《实验教学论：其主要着眼于意志和行为方面的基本原理（*Experimentelle Didaktik：Ihre Grundlegung mit besonderer Rücksicht auf Wille und Tat*）》。书的封面上印有康德的语录：“教育是人们面临的最大和最困难的问题。”

学”的。正如夸美纽斯的名著，旧译为《大教授学》，新译为《大教学论》。但是，当面对着拉伊的这两本书，前者译为《实验教学论》(或《实验教授学》)，后者译为《实验教育学》，是没有需要多少争论的。

在我国建国以前，比如，钱歌川的《现代教育学说》中，就正确地指出了拉伊在 1903 年出版了《实验教授学》；1908 年出版了《实验教育学》①。雷通群在其《西洋教育通史》中说，拉伊于 1903 年著《实验教授学》，但未及《实验教育学》②。

然而，如商务印书馆 1930 年出版的《教育大辞书》中，其“拉伊”目，说“1903 年，发表《实验教育学》一书，为赫尔巴特后之教育学说开一新纪元”(第 586 页)；其“实验教授学”目，说“实验教授学之名词，始于拉伊（Lay）氏所著 *Experimentelle Didaktik*(1903）一书”(第 1384 页)。又如商务印书馆 1935 年出版的《现代西洋教育史》，说“在 1903 年，始才公布他（指拉伊）开赫尔巴特以后的教育学说的新纪元的《实验教育学》（*Experimentelle Didaktik*)”（第 185 页)；在次一页上，又说“《实验教育学》（*Experimentelle Didaktik*）1912（第 186 页)，把拉伊的两本书搞糊了！已如上述，拉伊的《实验教学论（*Experimentelle Didaktik*)》是 1903，1905，1910；他的《实验教育学（*Experimentelle Pädagogy*)》是 1908，1912，1918”。

建国以后，我国一些教育类工具书、教育理论和教育历史的书籍，恕我率真直言，搞错了的确实不少，如以年份前后为序就有：

江苏人民出版社 1981 年出版的《外国教育史》（下册）第 278 页，说拉伊“首著《实验教育学》，对实验教育作了初次系统的阐述”(1910 年版)。

中国大百科全书出版社 1985 年出版的《中国大百科全书·教育》第 328 页“实验教育学派”目，说“德国另一位教育家 A. 拉伊在 1903 年出版的《实验教育学》一书中，完成了对实验教育学

① 钱歌川著．现代教育学说．中华书局，1934．3

② 雷通群著．西洋教育通史．商务印书馆，1934．413

的系统论述”。

人民教育出版社 1989 年出版的《外国近代教育史》第 476 页，说拉伊的“博士论文为《实验的教学》（*Experimentelle Didaktik*）”；同页，又说“他的主要著作还有……《实验教育学》（*Experimentelle Didaktik*，1912）……”。却没有见到其主要著作之一的“Experimentelle Pädagogik”！拉伊的《实验教育学（*Experimentelle Pädagogik*）》才有 1912 年第 2 版的，也搞糊了。

北京出版社 1987 年出版的《教育学辞典》第 314 页“实验教育学派”目，说拉伊“在 1903 年出版的《实验教育家》（按：“家”是“学”的误排）一书，完成了对实验教育学的系统论述”。

福建教育出版社 1988 年出版的《教育与心理辞典》第 319 页“拉伊”目，说“1903 年，拉伊出版《实验教育学》，系统地论述了实验教育学的理论”；又第 500 页“实验教育学”目，说“1903 年，德国另一位教育家拉伊出版了《实验教育学》一书，对实验教育学作了系统的论述”。

江苏教育出版社 1989 年出版的《教育辞典》第 533 页“实验教育学”目，说“1903 年，德国教育家拉伊发表《实验教育学》著作，系统论述了实验教育学”。

吉林教育出版社 1989 年出版的《实用教育辞典》第 352 页“拉伊”目，说拉伊于“1903 年出版《实验教育学》”。

上海教育出版社 1991 年出版的《教育大辞典》第 11 卷第 276～277 页“实验教育学（*Experimentelle Didaktik*）”目，说：“书名。德国教育家拉伊著。1903 年出版。共分四部分。”又说：“中国商务印书馆 1938 年出版由黄觉民、金澍荣翻译的中译本。”“分四部分”的，“中国商务印书馆 1938 年出版由黄觉民、金澍荣翻译的中译本”的，恰恰是《实验教育学（*Experimentelle Pädagogik*）》。“1903 年出版”的，恰恰是《实验教学论（*Experimentelle Didaktik*）》。

山东教育出版社 1992 年出版的《外国教育通史》（第 4 卷）第 130 页，说“《实验教育学》（*Experimentelle Didaktik*，1912）”。

河南大学出版社 1992 年出版的《教育实验学》第 2 页，说“另一位德国教育家拉伊（W. A. Lay，1862～1926）1903 年写出了《实验教育学》一书”。

广东高等教育出版社 1992 年出版的《简明教育辞典》第 393 页“实验教育学派”目，说“与 E·梅伊曼的理论共同形成德国实验教育学的代表人物 A. 拉伊，于 1903 年出版了《实验教育学》，完成了对实验教育学的系统论述”。

北京师大出版社 1995 年出版的《实用教育大词典》第 410 页“实验教育学”目，说“1903 年德国另一位教育家拉伊出版《实验教育学》一书”。

上海教育出版社 1995 年出版的《教育科学论稿》第 26 页，说“拉伊 1901 年出版的《实验教育学》一书，对实验教育学进行了系统的阐述”。

广东教育出版社 1996 年出版的《近代西方教育理论在中国的传播》第 259 页，说“拉伊于 1903 年写成《实验教育学》一书”。

山西人民出版社 1996 年出版的《西方教育思想史》第 522 页，说“1907 年，德国教育家拉伊又出版了《实验教育学》一书，系统的阐述了实验教育思想”。

上海教育出版社 1998 年出版了《教育大辞典》(增订合编本)，其下册第 1415 ~ 1416 页上，有“实验教育学”目。它有两个分项：“①（Experimentelle Pädagogik)”，阐释了“实验教育学”是怎样一门学科及其历史发展。“②（*Experimentelle Didaktik*)”，释义是：“书名。德国教育家拉伊著。1903 年出版。共分四部分。”又说：“中国商务印书馆 1938 年黄觉民、金澍荣的中译本。”这第 2 个分项的释义基本上与 1991 年版的《教育大辞典》分卷本同。依然糊了。

人民教育出版社 1998 年出版的《教育学原理》第 377 页，说“有的学者将拉伊的《实验教育学》（1903 年）的问世视为‘开教育学的新纪元’”①。——姜琦在该书第 185 页的原文前面已摘引过：“在 1903 年，始才公布他开赫尔巴特以后的教育学说新纪元的《实验教育学》（*Experimentelle Didaktik*)”。在该书第 186 页上，还说了：“《实验教育学》（*Experimentelle Didaktik*）1912”。遗憾的，恰恰

① 姜琦著. 现代西洋教育史. 商务印书馆，1935. 184

是认同了前辈学者的“智者千虑”之“一失”!

1987年，江西教育出版社出版的《教育辞典》，其“拉伊”目正确地说:“1908年出版了《实验教育学》一书，对实验教育作了比较系统的论述”①。

1994年，西南师大出版社出版的《教育实验论》，正确地说了拉伊“1903年发表《实验教学论》”;“1908年发表了《实验教育学》”②。但是，“在哈雷大学提出关于实验教育学的研究论文，被授予名誉博士学位……此后……1903年发表《实验教学论》……”③云云，其实，《实验教学论》就是拉伊在1903年提出的博士论文，又在1903年初版。康内尔正确地说了:“1903年拉伊在哈雷写了作为论文的《实验教学论》，他有力地论证了班级实验。其后，他于1908年出版了《实验教育学》。”④至于《教育实验论》说:“1901年，梅伊曼首先提出‘实验教育学’的名称”;拉伊“1906年，与梅伊曼联合创办了《实验教育学杂志》。”⑤两个年份:1901和1906，作者是有依据的，只是怕这依据是不精确的。也许是1900和1905。可再考订。

1998，人民教育出版社出版的《历史的“教育学现象”透视》，正确地指出了拉伊“著有《实验教授论》(1903)、《实验教育学》(1908)”(第279页)。可是，又说他著有“《劳动学校与活动学校》(1911)”(同上)。肯定是弄错了。拉伊于1911年出版了一本知名的著作《活动学校》。它的全名叫《活动学校:一种符合自然和文化的教育改革(*Die Tatschule: Eine naturund kultrugenasse Schulreform*)》。至于“‘实验教育学’的名称由梅伊曼于1901年首先提出。1901年他在《德意志学校》杂志上著文鼓吹建立‘实验教育学’的意义”(第284页)。是否1901这个年份，上面讲了;所谓《德意志学校》这个杂志，肯定是《教育学刊(*Zeitschrift fur P äda-*

---

① 朱作仁主编．教育辞典．南昌:江西教育出版社，1987．395

②③ 靳玉乐，和学新．教育实验论．重庆:西南师大出版社，1994．58

④ Connell, W. F., *A History of Education in the Twentieth Century World*, 1980, p. 102

⑤ *靳玉乐，和学新．教育实验论．重庆:西南师大出版社，1994．57~58*

gogik)》之误。前边讲了:《实验教育学》这本期刊，全名是《实验教育学:实验教育研究会刊物》，是 1905 年拉伊与梅伊曼共同主编的。说它是梅伊曼“主办的”(第 286 页)，是不精确的。

我之所以缕述拉伊的《实验教学论》和《实验教育学》是两本著作和两个出版年份，是因为感到“以讹传讹”实在太多了！时间实在太长了——前后近 70 年了吧！希望今后不再有这些差错。自 1948 年春到 1998 年夏，我已在高校工作了 50 个年头。反思自己在学术上犯的错误可不少；也看到前辈、同齿在学术上有时也有些瑕疵；一点也没有缺点和错误的学术也许是少有的、没有的。学术研究，犹如“正入万山圈子里，一山放出一山拦”。通过学术上的切磋和争鸣、自我批评和批评，克服缺点、改正错误，就推动了学术的不断前进。我深感学术研究之艰苦；又深感学术研究存真求实之必要。当否，求教于同道。

(瞿葆奎)

沛西·能

(Thomas Perey Nunn)

- 生平简介
- 名篇选读

  教育原理
- 思想评介

  沛西·能及其进步主义教育思想

生平简介

托马斯·沛西·能（1870～1944年）是20世纪上半期英国著名的教育理论家，英国进步主义教育运动的理论代表。他诞生于英国布里斯托尔（Bristoi）一个教师世家。他的父亲曾在当地办了一所私人学校，沛西·能小时候就在这所学校接受教育。他从小就显露出对教育事业的酷爱。童年时期喜欢制作教具。16岁时，他开始帮助这所学校的教学工作。从这所学校毕业后，他到布里斯托尔大学就读。在大学读书期间，他仍然协助父亲那所学校的教学工作。1890年，沛西·能的父亲不幸逝世，沛西·能继承父业，接办他的学校。同年，他获得伦敦大学理学士学位。后来，他辞去该校职务，先后在哈利法克斯（Halifax）文法学校、威廉·艾利斯（William Ellis）文法学校任数理教师。1895年，他又获得了伦敦大学文学士学位。

1903年，沛西·能被任命为新成立的伦敦师范学院数学和科学教学法教师。沛西·能具有清晰的逻辑思维能力，并擅长于表达自己的思想，他的讲座不仅令未来教师们倾倒，也使同行们折服。他除了具有杰出的教学才能和良好的组织才能外，还因为人谦逊、稳重、和善、有礼，性格坦率、开朗，尊重同事、平易近人等品行获得人们的尊重。凡是和他交往的人都为他的魅力所征服。众望所归，1905年，他被任命为伦敦师范学院副院长。1922年，任该学院院长。1932年，伦敦师范学院正式并入伦敦大学，称伦敦大学教育学院，沛西·能继续任院长，直至1936年退休。沛西·能在担任伦敦大学教授及教育学院院长期间，为学院的发展壮大作出了重大贡献。西方有的学者认为，伦敦大学教育学院的基础是由沛西·能奠定的。

沛西·能长期在中学、大学从事教学工作，是一个教育理论家。他在教育、数学、物理、化学、音乐等众多领域都有研究，并留下了许多著作。如：《教育原理》、《20世纪自由教育的意义》、《科学方法的目的和成就》、《化学初级读物》、《代数教学》、《爱因斯坦理论的理想主义解释》、《相对论与万有引力——初论爱因斯坦理论》、《方法问题》等30多部（篇）。1936年，沛西·能退休后因健康原因到海外休养，1944年辞世，享年74岁。

名篇选读

教育原理

对于这个问题，不乏许多自以为正确的回答。甲说，教育的目的在于陶冶品格；乙说在于准备完善的生活；丙说在于培养寓于健全身体和健全精神；这一类的回答不胜枚举。所有这些回答似乎都好，但是当我们追问一下，究竟要“陶冶”哪种品格？“完善生活”包括哪些活动？健全精神的标志是什么？我们就发现，正如基汀（M. W. Keatinge）尖锐地指出的，这些为教育提出一个普遍目的的企图，结果往往是一种幻想。这主要是由于这样的事实，每个人可以在很大的范围内任意加以解释。因为甲所认为的优良品格，对乙来说却变得荒诞可笑或非常讨厌；丙所谓的完善的生活，对丁来说可能是精神的死亡；而戊所崇拜的健全的精神寓于健全的身体，已却讨厌这好像假学者的心灵寓于野蛮人的身体。面对这些事实，一个好嘲笑的人可能说，我们所引格言的真正作用，不过是在文字的迷雾背后，掩盖了教育信念和实践上无法调和、不能公开的、根本的和严重的分歧。

这些不幸的分歧的根源是容易发现的。每一个教育计划，归根结底是一种实践哲学，必然接触到生活的一切方面。所以，任何教育目的，如果具体到足以提供确定的指导，都和生活理想有关，同时，因为生活理想是永远不会一致的，它们的冲突将反映在教育理论中。（第4～5页）

浅显地说，这里所争论的问题是：一个孩子应该为他自己而受教育呢？还是应该为服务社会（或国家）而受教育呢？还是应该为这两个目的的某种结合而受教育呢？因此，我们的首要任务必须是从研究开始就对这个问题尽可能明确地表明我们的态度。

人是社会的动物，使他成为社会动物的“合群本能”，是一切文明和人类一切价值的来源，这已是一种老生常谈了，没有必要重提导致这个深远结论的许多论证；人之所以成为人，主要是他对社会环境的各种反应的结果——他和父母兄弟的交往对他的影响，同学和教师、伙伴和对手、朋友和敌人、雇主和雇工对他的影响，这是十分清楚的。而且，“社会遗传”——一个民族的全部传统和文物制度——对于个人心智的发育和结构的深远影响，也是容易辨认的。要否认或低估这些明显的事实，就是表明对现实的无知；但是当我们考虑了许多思想家从这些事实所得出的推论，就可以看到，一个人承认什么，必须小心谨慎。所以，不能因此说社会具有“普遍的心智”，除非是作为比喻，或有特殊含义；确实存在的唯一的心智是每个公民的心智。不能因此说个人的全部职能在于为大利维坦即所谓共同体的人格的利益服务，或者在于增添他的光辉。……除了在一个个男男女女的自由活动之中、并通过这些自由活动以外，再没有其他什么善了，教育实践必须按照这个真理来计划。这个观点并不否认或低估一个人对他的同胞的责任；因为个人的生命只能按自己的本性去发展，而它的本性既真是社会性的，又真是“自尊”性的。这个观点也不否认传统和纪律的价值，或排除宗教的影响。但是它的确否认任何超人的实体的存在，否认单独的生命本身不过是一个无关重要的分子。这个观点坚持每个人的无限价值；坚持每个人对自己命运的终极责任；并且接受这个主张所包含的一切实际的结论。

回到前面一段话，我们可以用另一种方式来表述我们的立场。虽然每个人倾向于从别人的灵感吸取自己的生活理想，但是，也可以完全正确地说，每个人必须具有他自己独特的理想。这和说每一件艺术作品——例如，一首诗——具有它自己的理想，意义正是相同。一个认为自己已经失去创造冲动的诗人，决不会指着另一首诗说，“那正是我想要写的诗”。他的理想是具体的，如果有所表现，就体现在他的诗篇里，而不体现在其他诗篇里。它标志着他的作品所没有达到的完美造诣；而不是其他作品所已达到或可能达到的目标。因而我们说，如果教育的目的要包括每一个生活理想的主张，那就不可能有一个普遍的教育目的；因为有多少人就有多少个生活理想。教育上的一切努力，似乎必须限于为每个人获得使个性得以最圆满地发展的条件——换言之，限于使他对富于变化的整个人类生活，作出本性所许可的尽可能充分而又确具特色的创造性的贡献；至于这种贡献所取的形式，则必须由各人在生活中和通过生活自己去创造。(第6~8页)

我们以上所简略地提出的原理，可能看来在好的生活理想和坏的生活理想之间没有什么区别——在应当鼓励的个性形式和应该制止的个性形式之间没有什么区别。我们要问，一个教师是不是以不偏不倚的同情心去培养任何一种性格而不问它的道德价值呢？要回答这个问题，常识是我们可靠的向导，虽然它不总是头脑清醒的向导。它的回答是“不”。要引申和证明这个回答而不涉及以下各章的内容，那是不容易的。但是，有一件事是显然的，那就是：不能在一个孩子初生时就给以最后他会提出要求并且终究必须担负的自我责任。家庭和学校的存在，意味着一种共同的责任，家长和教师都要担负一部分责任——开始时要负主要责任，后来，当孩子年龄渐长，个性发展的路线逐渐形成和稳固时，他们的责任就逐渐减轻。在道德领域以内，家长和教师的主要职责，在于使儿童生长着的小天地尽可能富于足以形成较好的个性的因素，并排除其他的因素。因为这里我们容许一种并非儿童自己的判断——而且往往是有缺点和错误的判断，我们当然限制了儿童自我创造性发展的抽象的自由。但是这种限制是生活不可避免的条件的一部分。一个建筑师只能利用可听其使用的材料来建造房屋，但是他仍能根据他的天才自由地运用这些材料。同样地，一个学校的学习和训练，虽然必须代表当局认为具有重大价值的文化的和道德的传统，但是它们还应该留有充分余地，以便个性得以自由发展。需要有各种各样的人来构成一个世界，每个人愈能发展自己的特长，这个世界就愈丰富。(第9页)

因此，教育的任务，除了加强人们对个性的价值感，教育他们尊重个人生活，真正做到不把它看作个人的财产，而看作世界上获得真正价值的唯一手段，还有什么比这个工作更加重要呢？我们可以断言，自由的最强固的堡垒，反抗暴力统治的最坚固的保障就在这里。(第 11 页)

有一些人认为我们这个原理的意图是善良的，感到满意，但是他们怀疑这种意图是否切合实际。这个原理，如果说不要求为每个学生办一所学校，难道不至少要求为每个学生编一种课程吗？在这里，我们还是坚持，我们并不想去改变人类生存的不能改变的条件，而只想充分地运用这些条件。只有在社会的气氛中，从共同爱好和共同活动获取养料，个性才能发展。……我们所要求的就是，个性在共同生活的范围内，应有按照它自己的道路充分发展的自由，不应由于外来势力的影响而不能实现它的理想的倾向。在这种情况下，有些男孩和女孩生来就显出是一种遁世退隐式的人，他们应该有自由成为这样的人，这是符合共同利益的。但是群众和英雄具有这样有力的影响，以致很少人会在他们发展中远离既定的形式。总之，个性和古怪决非同一件事。教师们并不要求特意去制造个性，只要求让它从每个儿童的天性材料中不受阻碍地发展起来，由这个天性可能包含的任何强壮的或是柔弱的力量形成起来。(第 11 ~ 12 页)

因此，说个性是生活的理想意味着生活作为一个整体是独立自主的，并且是经常要求统一的。关于第一点，我们已在前一章详细讨论过了；我们只需补充一点，上面所解释的独立自主，是把人当作一个自我决定的行动主体，他的“自由”的本质。如果把人的意志是自由的这句话理解为他可以摆脱他自己天性的法则，那是可笑的；但是，如果把它理解为不可能在机器被发明以前发明机器或在奏鸣曲被作成以前作奏鸣曲这一显著的真理扩展到生活的全部，却是有道理的。(第 16 页)

这些生物学的研究，使人生动地感到贯穿整个动物界的自然界的一致性。这些研究教导我们，一切动物，从变形虫起，它们都是力量的中心，跟外界经常处于能动的关系之中，但是都是以一种特有的独立态度面对着世界。每一种动物以自己的方式“和时间交易，和环境来往”，各按自己的本性和力量，走自己的道路，并且在它和外界交往的过程中发展一个简单的或复杂的个性，除非我们能够“多少像了解一个人那样地”了解它，它的生活方式是无从知道的。总之，原生动物的生活和略比天使稍低一些的人的生活之间的差别，好像一间乡村教堂和大教堂之间的差别一样，这种差别虽然很大，但并不是在主要特点上有什么根本不同，只是在一个单独的设计在不同的演进阶段上所做出的细节方面，它们丰富、变化和精巧的程度有所区别而已。(第21页)

从这个观点立刻产生两个重要的结果。一个结果是，在第一章初步提出的教育上的努力的准则，正确地解释生物学上的事实，就可加以证明；因为，以培养个性为目的的教育，是唯一“适应自然”的教育。另一个结果是，把个性概念局限在有关心理的东西，这是一种过分狭隘的观点。个性是一件有关整个有机体或“身—心”两方面的事情。我们在一个男孩或女孩身上所看到的心理形成的过程，不过是实际上涉及整个机体的过程最高级的一方面，这个过程包含着远在人类出现以前、甚至在远古生命初起时的各种运动。(第23页)

对于这个驱力或冲动的因素，不管它发生在人们和高等动物的意识生活中，还是发生在他们身体的无意识活动中和低等动物的（假想的）无意识行为中，我们建议给它一个单独的名称——“策动”(Hormé 希腊文为 δ'σμη)。按照这个建议，有机体的一切有目的的过程都是策动过程，意动过程是策动过程的一个部分，它的特殊标志就是具有意识。

同样地，我们将把勃特勒归入有意识的或无意识的记忆的所有各种各样现象，也给它们一个共同的名称。我们将按照德国生物学家西门（Richard Semon 1859～1919），把这些现象称为记忆现象，对于这些现象所代表的生命体的性质，称它为记忆基质（mnemé 希腊文为 μνημη)。因此，记忆（memory）是有意识的记忆基质，正如意动乃是有意识的策动。(第25～26页)

下面我们将研究这些观察对于学校课程和课堂教学问题的关

系。这里指出两点就够了。第一点是，除非学校使学生对于他们民族生命和整个文明的保守性基础有所理解和体会，并使他们对维护这个基础能有效地、明智地、尽责地起一些作用，就没有达到教育的目的。所以，必须防止一种倾向，使每一种教育僵化成为一种封闭而停滞的制度，而对社会环境的不断变化的需要太少反应。第二点是，除非学校所贯彻的精神使学生至少对于生活中一些平常的冒险行动有热情，并且相信自己有力量使它成功，那么学校教育也是失败的。在这里，经常发生的危险是教训式的和教条式的教学方法占统治地位，而对于相信中等学生有自动的才能和感到应该发展这种才能的比较自由的学习方法，所留的余地太少。

其次，我们必须说明一切策动过程所具有的一个重要特征，不论它们是保守性的或是创造性的，也不论它们是位于身体或是位于心灵、或是（最常见的）位于“身—心”整体。这个特征就是它们倾向于会合在一起，把它们各自的个性吸收到某种范围较广的策动过程中去。正如在军队或教会中，军官和僧侣都有等级制度，除最高的官阶以外，各级官阶的职责和权力，总是从属于较高的一级，在单个有机体中，我们经常遇到策动过程的等级。所以，读者为理解上面这一句话所作的努力，从属于以了解整章论断为目的的一个较大的策动过程，而这个较大的策动过程又从属于以了解全书为目的的更复杂的过程。这个等级组织可能还要展开得更高；因为掌握教育原理在读者的专业训练中也许是一件小事，而专业训练又转而从属于一个长期的策动过程，这个过程到退休才终结。（第 34 ~ 35 页）

在人的意识生活中，记忆基质在记忆中表现得最为明显。在记忆中，我自己的过去仍在我身上活着；同时活着的不仅是我自己的过去，而且还有我出生以前许多时代已经死去的人们的过去。通过我们称作历史的社会记忆，过去不断地塑造着人们当前的行动。但是，在我们意识生活中，有很多记忆基质的活动的例子，如果不把“记忆”（memory）这个名词的恰当含义稍加扩充，就不能应用到这些例子上去。例如，如果说读者“记得”（remember）这个句子中几组字母所代表的词，或“记得”这些词的意义，这就不免有点曲解。他决不会告诉在街上遇到的一个好朋友，说他“记得”他的面庞。当一个钢琴家即席奏乐时，他也不会说他“记得”在何处按指。在以上这些例子中，记忆一度起过作用，但是它早已不再是行动的基础了……因此，非常清楚，仅仅为了描述人类和其他动物的外表行为，我们需要一个像记忆基质这样的名词，它和真正记忆的关系正如策动和意动的关系——这个名词表示有生命的有机体的一般属性，而有意识的记忆只是它的特殊的和偶然的表现。（第40～41页）

从最低等动物到人类为止，行为中所发生的各种形式的“从经验中学习”和“一致的前进性和适应性”的现象，似乎可以用印迹复合来解释。必须认识到，以上这些形式，首先数量是很大的，种类也是很多的。引起印迹复合的各种刺激并不是必须同时的；至少它们往往是先后的。背诵一首诗或背奏一支曲，包含后一种印迹复合，这种印迹复合组织得很好，每一个字或每一个和音，在背出或奏出以后，就进而顺序重复以下的许多字或和音。习惯的动作如穿衣和脱衣、开熟悉的门上的锁等、家畜和野兽所学会的技艺也是这样；在这些动作中，即使有意识的记忆存在，但没有一种动作是有意识的记忆起着显著的作用。（第42～43页）

为了便于讨论，我们曾经把策动与记忆分开，但必须时刻记住，这两个名词只是有机体活动的两个方面的名称，它们所指的一些特征，从历史的事实来看，是从来分不开的。自我表现的每一个行动既是策动性的又是记忆性的：从它作为生命本质的保守的或创造的活动这一点来看，它是策动性的；从它的形式至少有一部分是有机体个体的或种族的历史所形成这一点来看，它是记忆性的。换言之，不能把印迹看作有机体体内的一些死板的积蓄，也不能把它们看作有机体进行创造性活动时可能利用的材料，它们是动物一切活动所由发生的先天倾向的有生命的部分；换句话说，印迹复合是表现和行使有机体保守的和创造的功能的媒介物。（第50页）

我们曾经说过，人类的活动可以大概地分为保守性的或创造性的两种：当活动的目的是在变化着的情境面前保持某种早先的状态时，就是保守性的活动；当它们的目的是某种积极的新的成就时，就是创造性的活动。它们之间的区别不可与策动和记忆基质之间的区别相混淆。人们往往费很大的力量去维持现存的东西，而对未来可能的东西只表现冷淡的兴趣。总之，保守性的和创造性的活动，同样是自然的活动，而且，在某种意义上是人类力量的同样重要的表现，虽然从长远来看，我们无疑地必须把保守性的活动看作为了创造性的活动而存在。(第 69 页)

在更高的活动水平上，常规趋势大大地有助于维系和单纯秩序不同的学校纪律所寄托的“风气”和“传统”。就是说，它有助于学校不断地获得一种特有的精神和接触到情感的社会习俗——这种精神和社会习俗，对于有足够时间沉浸在它们的影响之中的儿童的心灵，产生最强烈的影响。这里我们已经在小范围内证明了“社会遗传”的现象，它的最突出的表现是像塞尔维亚或乌克兰等民族经几世纪沦亡而复活。

如果保守性以常规趋势的能动形式在早年生活中那么突出，自然会使人怀疑，它在幼年期的效用不同于老年期。这种怀疑是很有根据的。老年人墨守熟悉和习惯的东西，因为它不再具有开阔思想和行动的新路所需要的力量；它的自我表现成为在变得更难控制的世界面前的一种自我维持。相反地，在儿童期，常规趋势却是过多的活动的表现。儿童渴望运用他成长着的身心的力量，但是他的才艺宝库却狭窄有限；所以，他爱好重复熟悉的东西，因为他从此得到最充分的有效的自我表现。(第 72 页)

儿童的创造性活动，像保守性活动一样，具有一个典型的、明显的表现形式。这个形式就是游戏。

游戏的精神是一个不可捉摸的、巧于规避的幽灵，它的影响可以在最难预料到的一些生活角落里找到。但是，每一个人都承认，儿童期是它的特殊领域，并且认为它出现在儿童的各种活动中，这些活动的特别标志便是它们的自发性，即是它们对外界需要和刺激的相对独立性。正是为了这个理由，游戏通常被解释为“剩余精力”的表现。就是说，在儿童和青少年时期，有机体所能使用的身体的和心理的精力，多于它单纯自我保存或身体发育的需要，并且大都以游戏的形式来消耗这种剩余的精力。

这些熟悉的事实总的说明一个真理——就是，游戏活动服从一个一般的法则：自发活动当它没有受到不良情况的挫折或阻碍时，总是倾向于形式日益完善，表现力更加完全和更加高度的多样性中的统一性。所以我们得到这样的看法，即大自然发明游戏，不仅作为没有伤害地处理幼小动物剩余精力的手段，而且作为利用这种精力准备他参加严肃的生活的一种手段。(第 81 ~ 82 页)

没有一个公正的观察者能怀疑，如果教师学会利用在游戏中所释放的极其充沛的智力，学校教学效率将大大提高。很多作家、发现者和活动家，他们责难他们的学校对他们的发展无用，有时甚至和他们的发展相对抗。这便是上述真理的可悲的证据。这些人，他们的智力强烈到足以使他们的梦想得以成熟，他们仅仅是从被埋没的能力的汪洋大海中耸立起来的几个海岛山峰。狭隘的、没有想象的和过分形式化的学校教学，往往是埋没人才的直接原因。可以不过分地说，如果要避免这些损失，教学方法必须千方百计使智力游戏的冲动得到营养。这并不意味着鼓励或者甚至容忍智力的浪费，而是儿童对生活进行试验的冲动应该作为我们教育他的向导。循着格洛斯的暗示，我们应该严肃地把儿童当作诗人或戏剧家、工程师、测量师、化学家、天文家和水手，正像他这样看待自己一样，并且帮助他尽量照他的愿望，充分地探索自我表现的具体方式。我们已经看到童子军训练在智育方面所以获得成功，正是由于它遵循这个方针：所需要的实在就是在一切课程中扩充同样的方针，同时在整个学校教育阶段，相当地改变教学的方法。(第 88 ~ 89 页)

解决教育上极大多数实际问题的钥匙在于了解游戏，这种说法并不过分；因为把游戏狭义地作为专门属于儿童期的现象，它以最清楚、最有力、最典型的形式表现着儿童的创造冲动。所以，像艺术和手工技艺，以及在较小程度上，地理发现和科学发明等主要地属于创造性的活动，有人觉得它们和游戏有特别密切的关系，并且，在事实上，它们在个性的发展上是和游戏连续的。甚至娱乐性质的游戏和休息，如果仅仅把它们看作企图逃避现实生活的负担和折磨，那就是一种误解；不管游戏者是儿童还是成人，它们都表示有机体对自由的自我表现的渴望。教育上和社会上一切真正有效的改革，它的动机，都在于希望尽可能扩大生活的中心职能得以有益地和满意地履行的领域。

如果我们用“自由”代替“游戏”，用“纪律”代替“工作”，上面所讲的理想就不再有什么刺激性了；但是，它的意义将很少改变。因为自由和游戏显然是一对双生姊妹，而工作和纪律之间的血缘关系也同样接近。和前面一样，我们有两个价值的等级。把自由理解为不加节制、顺随瞬间的幻想，这种自由是很少有价值或者没有任何价值的；它的肮脏的同义语是放任。同时，最底层的一种纪律——纯粹压制性的纪律，不管是在军营里或在教室里——不仅是自由的对立物，而且容易变成一种危险堕落的东西。只有当自由选择了有价值的目的，在追求这些目的时，又使自由服从高尚的形式或方法的控制时，自由的高级的价值才能产生。所以，一个大作曲家表达他的音乐思想，或者一个大诗人表达他对于世界的想象的观点所通过的形式，是最高类型的纪律控制的范例；它们完全不会阻碍天才的自由奔放，它们使天才能够得到最高的自由。（第 100 ~ 102 页）

教育上的这些革新，引出了两个大问题。第一个是学校的组织问题；第二个是教师的职能问题。

显然，无论是硬性的班级制度或者硬性的时间表，都是和一个孩子应该按自己的道路、在自己的时间里进行学习的原则完全不相符合的。事实上，这些制度体现着一个相反的原则；因为它们所根据的假设，是学校可以划分为若干班，每班作为一个单位，以同一种速度朝同一个方向前进，并且服从外来的规则，把它的兴趣从一门学科转移到另一门学科。有许多学校，班级一般还是很大，这种奇怪的假设往往得十分认真地接受，因为没有其他办法。在情况不是那么困难的学校，有折衷的余地；班级可以分为几个组，并且不同学科可以重新安排；对特殊学生，有“选科”、“分科”和“个别照顾”等办法。这种制度，虽然已不是那么过分简单化，但是它的基础还是这样的原理，即规定学生应该学什么，如何学、什么时间学，这是教师的事情，而学生的事情是尽可能响应。相反地，“蒙台梭利学校”则接受每个学生是一个单位这个原则的全部后果。生活是一种社会的事情，而学校是社会的雏形，所以必须有一定的规则和一定的集体行动。但是，除此以外，就没有固定的时间表，也没有班级；儿童走自己的道路，在合法的时限自由地前进。对年长一些的学生，这个方法也必须接受折衷办法。常常有这样的时刻，重复必要的教学可能成为极度的浪费，也常有这样的时刻，集体教学本身有着没有东西能替代的价值。还必须为他们提供合作活动的机会，例如音乐、园艺、野外实习、手工、体育锻炼和戏剧活动。对于这样一些活动，必须有固定的时间、地点和组织。但是，这样一种制度，在它的一般调子和进行上，与建立在传统假设上的制度、一般调子和进行之间，还有着明显的区别。同时，我们已经有了充分的证明，这种制度是可行的，而且，即使用旧的标准来衡量，也能比旧的制度取得更好的效果。

最后，我们要讨论教师问题。读者可能认为，在每个孩子探求和追索着自己的个性的制度下，难于看到教师的地位。同时，当他看到蒙台梭利坚持教师有一个职能是做一个“观察者”时，可能更加感到迷惑。因此，读者必须注意，首先，学校生活的条件无论变得怎么“自然”，它总还是一种在经过选择的环境、在广大世界中的一个人为的小世界中过着的生活，而教师就担负着选择的任务。他们为演戏布置好舞台，准备好道具。因此，即使他们对编剧并不认为有份，而只是怀着友好的兴趣注视着戏剧的发展，但是他们已经在一定的限度内规定了行动所应采取的形式。因此，在蒙台梭利的学校里，一个孩子诚然可以行其所好，但是他所喜欢做的事情是硬性地、甚至狭隘地被限制了的。他必须把各个圆柱体放进它们适当的洞里去，必须以恰当的次序安排色板，必须从积木的“长梯”学习简单的计数；因为，事情都是被安排好的，他实在没有别的路可走。事实上，这些学校最令人注目的情况之一，是千篇一律的惯例。(第108~109页)

再者，这无疑是一个正确的原则，道德观念的力量，一般依靠从直接经验学到这些观念，并利用它们来指导自己的负责的行动。把学校管理的责任交给被管理者的做法——要是这样做可能的话——的真正认可就在这里，而不在某种形而上学的人性本善的教条。这个原则是那么重要，一个教师，不要牺牲这个原则，他不妨容忍很小的祸害，耐心地等待当经验显示它不良的结果时一般会出现的自动的反应。但是，教师除了他和学生共同享受的学校公民的共同权利以外，他还有一个不能抛弃的特殊责任：他的一个明显的职责，就是要使学校生活的基本目的不为少数人的腐败影响或其余的人的道德弱点所破坏。当这种危险威胁着的时候，当劝说不能在社会团体的“深处使善集中起来”的时候，他就必须行动，并且要坚决地行动。这个结论和前述论断之间并无矛盾，如果教师讲清楚，他的行动并不像一个专制君主恢复他一度中断的干涉的权利，而是受了广大社会的委托，对这个社会，他和这个危害的集体同样应该忠顺——这就是超越目前的成员资格的作为一个历史的实体的学校，或者，归根结底，就是大社会，而学校最终不过是它的一个机构。(第 113 页)

爱尔维修学派的理论和高尔顿学派的理论之间的对立是清清楚楚的，如果我们被迫采取其中一个理论而排除另一个理论，我们将处于一个不适宜的地位。但是，经常发生的是，真正的问题并不在于选择矛盾双方的一方，而在于决定两种不同的影响对于人类发展有多少贡献。……

这些研究和观察表明，高尔顿学派的观点过低估计了“社会遗传”在使天赋能力表现自己时所起的作用，所以对于普通人类的可能性倾向于悲观主义的观点。(第 118 ~ 119 页)

如果有什么地方可以应用人类生活的生物学观点，那么在这一点上求助于这种观点，应该是有益的。成人的活动是这样复杂，不易作直接的分析，而儿童的行为又因模仿的关系，多受年长者的影响，根据儿童的行为所作的推论，可能使人误解。但是，高等动物如狗和猿，它们的生活在许多方面是我们生活的简单模型，它们的大部分行为能分析成若干自我表现的形式，这些形式不仅保持在动物的一生，并且历无数世代而不变。通过“本能”的名称，我们熟识这些形式。所以，我们至少有理由研究，我们曾否在我们进化的过程中带来那些行为形式，或者其中一部分，它们是否还是我们复杂的生存的基础。如果确是这样，那么我们很多教育上的努力所以

比较的没有效果，会不会大体由于忽视了人类精力的这些相近的渊源，忽视了行为和学习上教育进步的真正源泉？（第 174 页）

教育应教人爱其所应爱，憎其所应憎，这是一个古老而又深刻的真理；但是这句格言决不可使我们犯这样的错误，认为爱和憎具有同等价值。因为爱促使人去发现和发展它的对象的宝藏，它是一个生长和扩张的原则；而憎的目的在于毁灭和它对象之间的各种关系，这样，它就是注定没有结果的。只有使憎为爱服务，排除对爱的生长的障碍或者清洗有损于爱的高贵的那些因素时，憎才是有结果的。所以，以憎恨其他民族为核心的"爱国主义"是可怜而没有结果的东西；但是，对玷污祖国历史的那些事件的憎恨，却是祖国荣誉最可靠的保证之一。同样地，以小比大，对"散漫"和不严肃的憎恨，是"治学精神"的必要因素。

我们的结论是，学校教育的中心任务在于鼓励爱的情操，而只应该像园丁用剪刀修去消耗树液和损害美观的茂枝那样去利用憎的情操。所以，无论教什么学科，第一步应该这样把它教给学生，使学生乐于研究，以奠定坚实的爱的基础。（第 190 ~ 191 页）

一个学生，当他在一所有"良好"声誉、基本上配称优秀的学校住上几年，往往出现个性逐渐削弱、热情逐渐低落和幻想逐渐消失的现象，很少还有比这种情况更加可悲的事情了。这种学校一般能够提高资质较差的学生，但是，它的很多优秀工作因压低具有天才的学生而抵消了。这种结果，一方面是由于那些不能完全消除的力量。孩子总是接近于野蛮人的，孩子的社团如果不加管理，自然会发展原始部族的特征，即习俗进行着铁的统治，古怪的个性受到严厉的抑制。另一方面是由于过分地运用了竞赛——在竞赛中，学校反映了近代世界所遭受的最大的祸害之一。但是，可能有人怀疑，在这些原因背后，比它们更加深刻的原因，是关于个人和社会关系的错误思想的影响，本书第一章（见第 5 ~ 7 页）曾经指出过这种错误思想。有一种思想，有时作用不明显，有时公开地主张，认为社会行为不免牺牲个性，而不是丰富个性；认为社会行为意味着自我抛弃，而不是自我满足。

这里的根本错误，在于假定"自私的"行为和"社会的"行为之间的区别，等于被社会本能所制约的行为和不被社会本能所制约的行为之间的区别。在最自私的行为中，社会因素往往起着重要的作用，例如，一个骗子的行为，他的有关人们弱点的知识，以及他利用这些弱点的技巧，都是由于有了强烈的合群冲动。同时，最明显的“社会的”行为，在它背后总包含着一个坚强的自我。例如，一个有教养的传教士，和文明社会隔绝，到热病流行的地区，为落后的部族服务，他牺牲很多，但他并不牺牲自我。相反地，他的行为，除非看作一个非常坚强的个性的自我表现，就难于理解。（第256～257页）

从我们全书论点的中心思想看来，可以知道，虽然学校必须是一个集体，但它必须是一个特殊性质的集体。它还必须是一个自然的集体，意思是在校内外生活条件之间，不应有突然的割裂。在学校里，公民的精力，不应受到抑制或窒息，无论教师或学生，都应该有完美地和活跃地生活的余地；那里找不到传统的行为标准，而只有普遍的规则和理想；那里在学术上和广大社会的兴趣没有隔绝，而至少是参与了校外的学术活动。另一方面，学校必须是一个人为的集体，意思是虽然学校应该真实地反映外部世界，但它仅仅应该反映这个世界中最优秀的和最重要的东西。我们可以这样说，一个国家的学校是国家生活的机关，它的特殊职能在于巩固它的精神力量，维持它的历史传统，保全它的过去成就，并且保卫它的将来。一个国家，通过它的学校，应该意识到它生活中最好的运动所经常吸取它们的灵感的无穷无尽的资源，应该来分享它的英雄儿女的美梦，应该不断地进行自我批评，应该澄清它的理想，应该重新教导和重新指引它的各种冲动。（第262～263页）

沛西·能著，王承绪，赵端瑛译．教育原理．北京：人民教育出版社，1992

思想评介

沛西·能及其进步主义教育思想

一、沛西·能教育生物学化思想

（一）教育生物学化思想的产生

沛西·能从生物学角度研究人的心理与行为，进而把它推演到教育领域，在看待教育问题是具有生物学化的倾向。

他的这种思想与当时的思想背景有关。我们知道，19世纪80年代至20世纪50年代，欧洲个性心理学研究的重点是探讨人心理的生物学基础，产生这种倾向的历史原因是对以前欧洲理性主义哲学的反叛。达尔文的进化论发表以后，人和动物不可逾越的鸿沟消失了，许多人试图用动物的本能解释人的行为。在这一时期活动的沛西·能也投入到这股生物学化的潮流之中。从他的著作中可以知道，弗洛伊德、麦克杜格尔、史皮尔曼等人的思想对他的影响最大。

除了当时时代趋势以外，沛西·能教育生物学化观点的产生也有其主观原因。

首先，他认为人与动物确实具有一些重要的共同性，如模仿、本能等。他说："和高等动物类似的本能行为，在人的生活中至少起着一定作用，并且在他一部分基本活动中有它的地位。这似乎是足够清楚的"①。

其次，人的心理十分复杂，难以通过实验来掌握。这种特征迫使一些人去研究动物，以找出人与动物的共同之处。沛西·能便是

---

① [英] 沛西·能著，王承绪，赵端瑛译. 教育原理. 北京：人民教育出版社，1992. 176

其中之一。

既然人与动物有共同性，而人的活动与心理又是如此复杂，难以观察与实验。因此，沛西·能似乎顺理成章地从生物学实验中寻找它与人的共同性，并把它推广到教育上去。

但是，沛西·能夸大了动物的心理发展水平。在他眼里，一方面，动物的感受性并不像照相板的消极的感受性，而是一种建设性或创造性的感受性，即动物的感受不仅仅是对外界事物的消极的“反作用”，而具有主动积极认识主观事物的特点。沛西·能用“反应”一词来表述它。另一方面，动物对环境的变化采取相应的行动时，也不仅仅是机械的，即使其行动的主要路线由本能决定并由反射实现时也是如此。他甚至认为，在知觉水平的智力行为和只有人类才具有的抽象推理之间，动物和人之间没有原则性的区别。

（二）沛西·能的若干生物心理学概念

1. 模仿与模仿趋势

沛西·能认为，在人类天性中有两个根深蒂固的趋势，其中之一是模仿趋势（mimesis）。什么是模仿趋势？他说：“模仿趋势（希腊文为 μίμησιζ）可以理解为一个人对接受别人行动、情感和思想的方式所表现的一般趋势。它的范围广泛地遍及动物界，它的影响和特殊遗传的影响那样微妙地交织着，以致两者很难分开。”① 模仿，即使动物也是具有的，很少有人会否认这一点。沛西·能的错误是把动物的模仿水平拔高，他把模仿分成模仿趋势与有意模仿二类。低水平的单纯的模仿趋势中，所仿效的动作仅仅是一个刺激，它在仿效者身上释放出一系列原来准备着的活动这些动作所包含的印迹情结，在天生倾向中就已经建立起来了。有意模仿则不然，虽然在人的天性中存在各种动作的要素，但要通过后天学习将这些要素联系起来。

沛西·能认为，除了行动模仿外，模仿趋势还包括情感和思想两方面。情感的模仿表现为“同志感”、群众心理、同情等。他认

---

① ［英］沛西·能著，王承绪，赵端瑛译．教育原理．北京：人民教育出版社，1992．157

为一个良好集体的形成在于情绪感应和对领袖的模仿（包括情绪模仿），因此，对学校集体来说，师生之间的共同情感是至关重要的，因为教师是影响集体的主要源泉。

2．本能

儿童活动的根源是什么？除了模仿以外，人类天性中是否还有决定着我们活动必须取道，甚至自由创造必须遵循的固定路线？这是沛西·能研究儿童本能的初衷。通过研究，他获得了肯定的答案，即人类与生俱来的本能是我们生存的基础，它决定了人类活动的方向。

沛西·能把本能分成两类："本能所发动的活动，可能遵循一种相对固定的类型（海猩和鸟类的建造活动提供了典型的例子），或者，它们可能从开始几乎就是可塑性的和可变异的，展开活动的环境塑造它们甚至改变它们。"他认为人类的本能一般属于第二类型。人的活动虽然比动物具有更大的变异性，但人的行为终究受"决定趋势"的支配，即人活动的动力和源泉是本能。

我们知道，人们开展活动的原因十分复杂，主、客观因素缺一不可，把人们活动的原因简单地还原为生理本能、先天趋势，是站不住脚的。沛西·能恰恰犯了这种错误，但他比麦克杜格尔和弗洛伊德进了一步，他没有把本能看成一个一个分离的东西。他认为，人的多种本能只是自我表现的特殊形式，它们在有机体种族历史发展过程中，主要由于它们对个人和种族长期有用而发展起来和"纳入渠道"的。实际上，他这种观点意在摆脱人是完全受本能支配的倾向，注意到了后天环境与活动的作用。显然，如果人完全受本能支配，他就不会在教育上提倡个性的自由发展了。在人的本能之外，他讲情绪、积极的自感、消极的自感等主观性的东西，原因或许就在这里。但是，我们看到，甚至在他讲情绪的时候也表现出生物学化的倾向，情绪在他那里，有时显得不是后天形成的，而是一种先天趋势。足见"本能"的观念在他思想中是根深蒂固的。

3．策动

沛西·能策动论的直接来源是麦克杜格尔的策动论，同时，他又吸取了以后兴趣的内驱力理论。

沛西·能认为，动物生来具有一种构成生命组织的、不断适应环境和冒险进取的基本特性，即有“一种驱力（drive）、冲动（urge），或者所感觉的向往某一目的的倾向”。“对于这个驱力或冲动的因素，不管它发生在人们和高等动物的意识生活中，还是发生在他们身体的无意识活动中或低等动物的（假想的）无意识行为中，我们建议给它一个单独的名称——‘策动’。按照这个建议，有机体的一切有目的的过程都是策动过程，意动过程是策动过程的一个部分，它的特殊标志就是具有意识。”① 可见，意动也好，策动也好，都不是人所特有的心理现象。这样，沛西·能也就通过策动把人与动物混淆起来了。他以此来解释人的活动，认为一个人的生命历史是一个策动过程，由单纯的生理阶段发展到有意识的意动阶段，在这个发展过程中，各种策动过程组织成为更广大、更复杂的策动系统。在这个策动过程中，存在着生理与意动系统的平行的双重发展。人的许多心理特点当然是与身体一起成长的，但是，由于沛西·能把它归之于天生内驱力，似乎心理的发展也是一个自然成熟的过程，这就错误了。

4．记忆基质

沛西·能认为，除了策动以外，记忆基质是动物和人的另一个基本趋势。记忆基质和策动是有机体活动的两个方面的名称，是不可分割的。记忆基质与记忆的关系如何呢？他认为，记忆基质的范围比记忆更广，它们之间的关系恰如策动与意动。从低等动物、高等动物到人，活动都离不开记忆基质。

印迹情结（engram－complex）是记忆基质中一个重要概念。他认为印迹情结具有以下特征：第一，这种印迹不是平行地存在动物的倾向内，而是作为一种统一的有组织的“印迹情结”存在的，并成为后起倾向结构的一部分。第二，无论动物，还是人，其生来就带有其祖先的某种原始倾向，这种倾向中充满从其祖先的生活中得来的印迹。后来，这些印迹逐步展开。

这种印迹情结对动物和人的生存、发展具有特别重要的意义。

---

① ［英］沛西·能著，王承绪，赵端瑛译．教育原理．北京：人民教育出版社，1992．25

他说："从最低等动物到人类为止，行为中所发生的各种形式的'从经验中学习'和'一致的前进以及适应'的现象，似乎可以用印迹情结来解释。"① 它对人们的行动具有决定性影响，即具有决定趋势。

沛西·能强调策动、记忆基质等先天趋势的影响的用意是什么？用他本人的话来表述再也清楚不过了。他说道："心理分析的记录大大地加强了把个人的独立自主的发展作为教育的中心目的的论证。这些记录表明，个性的基础建立在怎样阴暗的深处，个性的自然形式多么变化无穷，而对于一个成长中的性格强加以与统一的原则不相符合的形式，有时可能造成多大的危害。"② 毫无疑问，他是为了自己个性自由发展理论寻找生物学的依据。

人是生物实体，因此，在考虑个性的本性是社会性的同时，也就不能不考虑个性所带有的自己的生物学烙印。成熟规律是有机体生命活动的基础，对儿童个体发展来说，也是一条自然规律。生物遗传因素、先天素质是个性发展不可缺少的自然前提，是个性发展的潜在可能性，所以我们不能排除个性的生物因素。沛西·能认识到生物因素的重要性，注意到人的心理与人的生理是不可分割的整体，无疑有合理的地方。

但是，沛西·能从把人生物学化、否定人和动物的根本区别出发，进而认为在动物界也有教育，否认教育的社会性和目的性，这是错误的。

二、个性自由发展理论

（一）理论依据

沛西·能之所以把个性自由发展作为其教育目的，主要有以下的理论依据：

1. 哲学依据：从个人本位论到个性自由发展论

沛西·能提出，一个孩子应该为他自己而受教育呢？还是应该

① ［英］沛西·能著，王承绪，赵端瑛译．教育原理．北京：人民教育出版社，1992．26

② ［英］沛西·能著，王承绪，赵端瑛译．教育原理．北京：人民教育出版社，1992．65

为服务社会（或国家）而受教育呢？还是应该为这两个目的的某种结合而受教育呢？对这些问题的不同回答涉及到人们的不同的价值追求。人们的价值追求不一，人生观不一，教育目的势必不同。个人与社会的关系如何，人究竟是为个人还是为社会活着，个人与社会哪个价值更大，是历史上纷争不已的问题，它直接关系到教育目的的选择。

在这个问题上，沛西·能明确地站在个人本位的立场上，攻击社会本位论者的观点。他认为，社会本位论者危险并且有害地颠倒了价值标准，使自己误入歧途："他们认为铸模的价值高于所铸造的东西；他们似乎认为金子为了金尼压制器而存在，而不是金尼压制器为把金子铸成金尼而存在，民主的思想本能拒绝接受这种态度"①。他声明，自己"坚持个人人格的无限价值；坚持每个人对自己命运的终极责任；并且接受这个主张所包含的一切实际的结论"②，并且公然宣称："人类社会除了在一个个男男女女的活动中，并通过这些活动获得善以外，再没有其他什么善了，教育实践必须按照这个真理来计划"③。

2．心理学依据：从"生物"心理到教育心理学化

沛西·能引用大量心理学的最新成果，为其个性教育提供心理学依据。例如，他分析了不同气质类型的人的心理特征，并根据这些不同特征，说明在教育中应注意区别对待。他认为不管这些差别是先天禀赋的因素，还是起源于婴儿期，"到了儿童入学年龄，这些差别如果是可以改变的话，已是很困难了。同时，如果当这些差别非常显著，就应该在儿童管理方面加以考虑。"④ 他还介绍了比奈（Binet，A.）、斯皮尔曼（Spearman）、柏特等人的心理测量的研究成果，希望通过对儿童天赋能力的测定，实行适合不同心智水平的

---

① ［英］沛西·能著，王承绪，赵端瑛译．教育原理．北京：人民教育出版社，1992．7

②③ ［英］沛西·能著，王承绪，赵端瑛译．教育原理．北京：人民教育出版社，1992．8

④ ［英］沛西·能著，王承绪，赵端瑛译．教育原理，北京：人民教育出版社，1992．42

个性教育。

(二) 影响个性发展的因素

人的个性是如何形成的？遗传、环境、教育、活动在儿童个性形成中各自起怎样的作用？诸如此类的问题在国外教育史上曾存在着长期的争论。

在与沛西·能同时代的教育家中，有的人主张遗传决定论，如桑代克、高尔顿；有的教育家主张环境决定论，如华生、爱尔维修。沛西·能对这两种对立的理论进行了剖析。他认为高尔顿学派的观点低估了“社会遗传”在使天赋能力表现自己时的作用；爱尔维修学派低估了遗传素质的差异：一方面，他重视遗传作用，另一方面，他也重视社会环境对个性发展的影响。他说，人之所以成为人，主要是他对社会环境的各种反应的结果。只有在社会的气氛中，从共同利益和共同活动中获取养料，个性才能发展。而人的遗传素质是个性发展必须遵循的固定路线。他没有偏向其中任何一方。他认为，真正的问题并不在于选择矛盾双方的一方，而在于决定两种不同的影响对于人类发展有多少贡献。那么，它们到底各自起什么样的作用呢？在他看来，这两个因素都不能决定个性的模式，只是构成个性发展的基础。他说：“人类有机体，包括身心在一起，是利用禀赋和环境作为它的工作材料的创造力的中心；所以，有机体从天性和教养所接受的因素，除了它们构成作为有机体存在的主要事实的自由活动的基础之外，不足以决定它将变成一个什么样子。”① 沛西·能当然不会承认天性和环境的决定作用，否则他就不会高谈个性的自由发展、儿童的活动和自主性。

事实上，正如沛西·能所说的，任何企图排除遗传的影响或无视环境因素的作用都是不符合实际的，也是行不通的。沛西·能的更可贵之处是他没有把人看作只是环境的消极产物，注意到了人的主观能动性——“自由活动”在个性发展中的作用。这与“二因素论”者相比，无疑前进了一大步。但是，他的思想中也存在着一些

① [英] 沛西·能著，王承绪，赵端瑛译. 教育原理，北京：人民教育出版社，1992. 121

明显的不足，如他把人的社会性与人的本能、本性等牵强附会地扯在一起，认为人先天就具有合群本能；也没有阐明遗传与环境在个性的形成中各自到底起什么样的作用的问题。

学校教育是社会环境中的一个特殊部分，与其他因素相比，它的特征是有目的、有计划性。沛西·能很重视学校教育在培养个性中所起的作用。他说："我们所描摹的学校是一个选择的环境，在那里，青年的创造本能，可以在最好的条件下形成个性"①、"儿童的个性形式不管它怎样突出，也不管它怎样卑微，只有在一个有利于个性的教育的环境中，才能指望个性的全面发展，由于这个原因，我们看到，一个开明的社会得为年轻一代设置不同标准不同类型的学校，于是每一个儿童，可以找到最适合他的天性和需要的学校"②。但他认为当时即使最好的传统学校也不适合儿童个性自由发展的要求。他指出："一个学生，当他在一所有'良好'声誉、基本上配称优秀的学校住上几年，往往出现个性逐渐削弱，热情逐渐低落和幻想逐渐消失的现象，很少还有比这种情况更加可悲的事情了。"③

(三) 学校教育中如何培养个性

沛西·能旗帜鲜明地置身于当时的新思潮的行列中，向传统教育提出挑战。他认为，学校应该重视儿童的自主精神，以适应儿童的个性发展的需要。

他着重论述了以下几方面的问题：

1. 教师与学生

谈论学生个性的自由发展，必然会碰到如何处理教师与学生关系、教师在培养学生中起什么样的作用这一问题。沛西·能认为，强调儿童的自主精神，改变教师对学生的"专横态度"，教师的重

---

① [英] 沛西·能著，王承绪，赵端瑛译. 教育原理. 北京：人民教育出版社，1992. 283

② [英] 沛西·能著，王承绪，赵端瑛译. 教育原理. 北京：人民教育出版社，1992. 285

③ [英] 沛西·能著，王承绪，赵端瑛译. 教育原理. 北京：人民教育出版社，1992. 256

要性并没有因此降低。他说:“教师的职能在性质上可能改变,但是毫不降低他的重要性,甚至对教师的学习、智慧和专业技巧提出了更高的要求”①。那么,教师在学校教育中扮演什么角色呢?

第一,教师是学校环境的选择者。“学校生活的条件无论变得怎么‘自然’,它总还是一种在经过选择的环境,在广大世界中的一个人为的小世界中过着生活,而教师就担负着选择的任务”。

第二,教师是积极的观察者。他时刻“准备着”,像航海者所理解的那样,不作琐细的干预,而是准备在需要帮助的时候给儿童一臂之力……好像一个谨慎而又克制的母亲,必须等待时机,讲一句真正及时的话,或者给一个真正合理的暗示。

第三,教师是示范者。教师具有优秀的能力和知识,又有充分发展的人格,是环境中一个经常的、最重要的因素,对在她周围成长着的儿童起着同样决定性的影响。

第四,教师是指导者。教师的一个明显的职责,就是要使学校生活的基本目的不为少数人的腐败影响或其余的人的道德弱点所破坏,通过对学生的学习和阅读的影响,在很大程度上去调整全校或全班的道德风气。但这种指导性的影响应来自教师对于世界的丰富知识和经验的威信。

总之,教师“是广大世界和学校小世界之间的一个‘思想的载体’,不知不觉地把菌苗感染给他的学生,使这些菌苗开花结果,养成技艺精良和热爱劳动的思想”②。

沛西·能对教师作用问题的论述在当时具有历史的意义。首先,他在传统学校不注重学生学习主动性的情况下,反对教师对学生的过多干涉是积极有益的;其次,当时有的新教育家在提倡学生自我设计、自我活动时,没有充分肯定教师的作用,在这种气氛中,他大讲教师的重要性,不失为明智之举。当然,由于他没有把握教师与学生之间的辩证关系,使得他对这个问题的认识不够深刻、全面。如:他有时过分强调遗传的作用,这必然会贬低教师的作用。

---

①② [英]沛西·能著,王承绪,赵端瑛译.教育原理.北京:人民教育出版社,1992.110

在他思想中存在过分重视学生在学习中的自我教育的作用的倾向。

2．课程观

19世纪中叶以后，英国在教育内容上出现了纷争不已的状况，主要是人文学科与古典学科的对立。沛西·能并没有彻底站在任何一方，他主张把古典课程与职业课程、学科课程与活动课程结合起来。他认为：第一，学校应该教给学生有用的东西。他说："最明显的标准是有用的"。他说的"有用"有两层含义：一是对社会生活和学生未来职业有用，即课程内容要直接反映社会现实生活的需要；二是课程应具有"心理训练"的价值，它包括能力和品质的迁移。他的这种思想实际上是对实质学科和形式学科的调和。但他没有解决好这个问题，在他的思想中产生了这么一种倾向，似乎发展智力是天赋优良的人的事，而实用知识则是天赋欠佳者应重点学习的。第二，活动是课程的中心。他甚至认为，学校必须首先不是看作学习某些知识的地方，而是在某些形式的活动中受到训练的地方。

沛西·能设计的课程既不像对英国有很大影响的道尔顿制那样总以学生的活动为中心，更不是传统的学科中心，而是以活动为中心的活动与学科的结合。他主要强调的是活动，这从《教育原理》的字里行间都可以看出来。但是，英国固有的重视学术的传统，以及学术课程本身的价值，使得他不能忽视学科课程的作用。

3．教学方法论

沛西·能批评了传统教学中忽视儿童个别差异的现象，认为它不适合于培养具有开拓精神、创造性人才的需要。他说："有很多作家、发现者和活动家，他们责难他们的学校对他们的发展无用，有时甚至和他们的发展相对抗……狭隘的、没有想象的和过分形式化的学校教学，往往是埋没人才的直接原因"①。

他主要推崇游戏、自由学习法、活动教学法等。

沛西·能提倡的教学方法体现了进步主义教育思想的特点：抨

① ［英］沛西·能著，王承绪，赵端瑛译．教育原理．北京：人民教育出版社，1992．98

击传统教学方法的缺陷。但他不像有的新教育家那样把另一个极端绝对化，这一点是可贵的。

沛西·能的教育思想在我们今天看来并不新奇，也有不少错误之处。但是，在当时的历史条件下，沛西·能适应了时代潮流，在英国乃至欧美教育史上具有重要的地位。

沛西·能教育思想的合理的一面至少表现在以下三方面：

首先，沛西·能对新、旧教育理论都保持了比较冷静的态度。我们知道，进步主义者们首先是批评者，他们提出了许多激进的口号，在抨击传统教育保守、落后的不科学的方面的同时，也否定了其中的一些合理部分，把糟粕与精华一起抛弃了。这集中表现在三个方面：过分强调活动，忽视书面知识；过分注重儿童的兴趣，忽视适当的纪律与训练；过分迷恋变革，忽视事物固有的永恒价值等。可贵的是，在这种普遍偏激的气氛下，沛西·能仍然保持着清醒的头脑，他明智地看到传统教育中存在的一些可取之处，如班级授课制、形式教育、文法中学等问题。沛西·能的谨慎还表现在对当时人们心目中最科学的实验的态度上。

其次，沛西·能为进步主义教育理论提供了重要依据。许多人认为进步主义者是一个松散的群体，他们所提出的诸如个性、自由、生长等概念缺乏确定的理论基础。沛西·能的《教育原理》及时地解决这一问题。1920年，《教育原理》一出版，便得到了广泛的注意与赞赏，成为当时最闻名、最被广泛阅读的教育文献；哪怕是少数持不同意见的人，也不得不怀着尊敬的心情拜读它，持相同意见的进步主义者更是喝彩不已。自从英国新教育思想诞生以来，不乏有新思想的先驱，例如雷迪、巴德利、霍尔姆斯、尼尔、雷思、迈克门、柯克等都努力把新的思想引入实践，但从来没有像沛西·能这样以系统的方式阐述进步主义教育理论，也没有一本书像《教育原理》那样产生如此深远的影响。

同时，沛西·能对当时的教育实践给予了有力的指导。沛西·能并没有开办任何学校，但他对当时的教育实践产生了深远的影响。沛西·能还积极投身教育实践活动之中。首先，他作为一个从教几十年的卓越教师，为新教育思想摇旗呐喊，呕心沥血，直接影响了这批学生后来的教育实践。其次，他影响了英国的教育改革。他不仅解释、宣传意义深远的哈多报告，而且，1938 年的斯宾斯（will Spens）报告是在他的指导之下拟定的。再次，在他担任伦敦师范学院院长期间，不仅为该院的发展作了许多有益的实际工作，也为海内外培养了大量从事教育工作的骨干。

但是，沛西·能的教育思想也存在着明显的局限性。

首先，他用生物学化观点分析教育问题，在用实验科学去解释人的教育现象时，老是忘记了人与动物的根本区别，把在动物身上的实验或研究结论几乎照搬到人的身上。正如路斯克（R. R. Rusk）所指出的："沛西·能不仅从生物学概念中寻找帮助，而且让他自己被生物学观点控制了。"

其次，他讲的个性客观上实质上是指资产阶级的个性或资产阶级所需要的个性。"因为没有一个活着的人能够不站到这个或那个阶级方面来"，在阶级社会中，这是事实。他以此来了解个性自由发展的现实条件，以当时英国社会为民主社会的楷模，为英国资产阶级社会作辩护。

再次，沛西·能认为，个性自由发展主要是给予儿童尽可能多的自由，即自由活动。

造成这些错误的原因很多，既有主观的，也有客观的。但究其根本原因是他缺乏正确的世界观、方法论的指导。因此，在研究过程中带有盲目性，而正是这种盲目性，导致了许多本可避免的错误以及一些不能自圆其说之处。

（徐小洲）

6

罗　素

（Bertrand Arthur William Russell）

生平简介

罗素（1872～1970）英国哲学家、数学家、逻辑学家、教育家。1872年出生于英国威尔士的特雷莱克，家庭教育良好，11岁开始学习欧几里德几何学，1894年以第一名的成绩从剑桥大学道德科学系毕业，并在该校三一学院任教。1927年与妻子创办一所实验性学校——比肯山学校，直至1943年。1938～1944年在美国教书，写成了《西方哲学史》等名著。1944年回母校三一学院任研究员，5年后成为该学院的终身研究员。1950年，被诺贝尔奖评选委员会称为“当代理性和人道的最杰出的代言人”、“西方最无畏的自由言论与自由思想的斗士”，荣获诺贝尔文学奖。其一生著述颇丰，主要教育著作有：《社会改造原理》、《教育与美好生活》、《论教育：特别是幼儿教育》、《教育与社会》、《教育与社会秩序》等。

名篇选读

现代教育理论的基本原理

前人最优秀的教育学说，现在读起来也会使人感到教育理论已经有了某些改变。19世纪前，两个伟大的教育理论改革者是洛克和卢梭。这两个人理应享有盛名，因为他们都批驳了当时流行的许多谬论。但是，两人在他们自己的领域内均未达到现代教育家的程度。例如，两人都倾向于自由主义和民主主义；但两人讨论的只是贵族子弟的私塾教育。无论这种制度的效果如何出色，凡具有现代眼光的人均难给予高度注意，因为每个儿童都占有一个成年家庭教师的全部时间，从数学上看是不可能的。因此，这种制度只能为特权阶层所采用；在一个公平的社会里，它决无存在的可能。虽然现代人也许会在实际中为自己的孩子谋求特殊的利益，但他们认为只有通过某种方法使每个人或至少使每个有能力的人都受到教育，这一理论问题才能解决。我不是说富人应当立刻放弃现行社会里这种不能人人拥有的教育机会，那样做就是为公平而牺牲文化了。我的意思是，我们所应追求的未来的教育制度乃是一种能使每个儿童都获得最优机会的制度。理想的教育制度必定是民主的，虽然这种理想不会很快实现。我认为，现在这一点已经得到公认。在这种意义上，我将把民主牢记在心中。我所主张的一切都将是能够普及的，当然，如果某人有能力和机会使他的孩子受到更好的教育，他也不应当满足于一般的教育。甚至连这种最起码的民主原则在洛克和卢梭的著作中也毫无体现。虽然后者并不相信贵族政治，但在教育方面没有表现出这一点。

明确民主与教育的关系是非常重要的。坚持绝对的一致极为有害。有些儿童聪颖过人，从更高的教育中可以获得更多的益处。有些教师受过更好的训练或天生长于教学，但所有人都由这些杰出的教师任教是不可能的。是否人人都应受最高等的教育，我很怀疑，即使如此，在目前也是不可能的，因此粗暴地实行民主原则，其结果很可能是谁也得不到最高等的教育。这种意见倘若采纳，必定使科学进步遭受致命打击，并且使百年后的一般教育水平变得极为低下；不应当以牺牲进步来求得现阶段的机械平等。我们必须审慎地接近教育上的民主，以便在此过程中尽可能少地破坏那些与社会不平等偶然相关的宝贵产物。

但是，我们不能满足于不能普及的教育方法。富人家的孩子除母亲之外还有奶妈、保姆及其他仆人的服侍；在任何社会制度下都不可能使所有孩子尽享此种待遇。受到精心服侍的儿童是否会因过分寄生而受益，颇为怀疑，但公正的人无论如何不会建议给少数人以特殊的优待，除非他们是特殊的人，如弱智者或天才。今天，聪明的父母只要可能，大概都会为自己的孩子选择某种事实上不是普及的教育方法。为试验起见，父母应当有试验新方法的机会。但是，这些新方法若能产生良好的效果，应当是可以普及的，而不是因其性质只能限于少数特权阶层。幸运的是，现代教育理论和实践中的一些极优成分具有极民主的起源；例如，蒙台梭利[1]女士的工作就是从贫民区的幼儿园起步的。在高等教育中，对于特殊人才的特殊机会是不可或缺的，否则任何儿童都没有理由因受普通教育而吃亏。

教育中还有一种现代趋势与民主相关，它也许更有讨论的余地——我指的是使教育变得重实用而轻装饰的趋势。装饰与贵族的关系在凡勃伦[2]所著《有闲阶级论》一书中已有透彻的阐述，但与本题有关的只是这种关系中的教育方面。在男子教育中，这个问题与传统教育和现代教育之争密切相关；在女子教育中，它是“柔弱女子”的理想与培养独立女子的愿望彼此冲突的一部分。但是，与女子有关的教育问题被男女平等的愿望弄得很不正常：一直有人企图使女生获得与男生完全一样的教育，即使这种作法很不妥当。于是女教育家们总是以把同年级男生所学到的“无用的”知识也传授给女生为目标，并且激烈反对把母亲技术训练作为女性教育的一部分。这些相反的思潮使得我所要讨论的趋势在与女子有关的方面变得不甚明了，尽管“好女人”理想的破灭是这一趋势最显著的例证之一。为避免混淆起见，我暂且只谈男性教育。

许多有关其他问题的争论，都在某种程度上有赖于我们现在所讨论的问题。男生应当主要学习古典文学还是科学？有人认为古典文学是装饰的，科学是实用的。教育应当尽快成为某些职业的技术培训吗？实用与装饰之间的争论意义重大，虽然不是决定性的。儿童应当学会发音准确、举止文雅，或者这些不过是贵族的遗风？除艺术家外，艺术鉴赏力是否有价值？字的拼法是否应当音形一致？所有这些及许多其他论题都或多或少是以实用与装饰之间的争论为论点。

然而，我相信这整个争论都是不切实际的。那些术语一旦加以限定，争论就会停止。以最广泛、最正确的意义而论，有良好结果

---

① 蒙台梭利（1870～1952），意大利教育家，创造了一种以她的名字命名的教育体系。——译注

② 凡勃伦（1857～1929），美国经济学家和社会学家。——译注

的行动就是“实用的”。那些结果除“实用”外，还得是“良好的”，否则就没有真正的定义。不能说实用的行动就是有实用结果的行动。“实用的”东西的本质是，它有助于产生某种不仅是有用的结果。有时需要一系列结果才能达到可以称之为“良好的”最终结果。耕犁有用是因为它能耕地，但耕地本身并没有用，只是因为耕地之后能够播种，它才变得有用。播种有用是因为它能产生粮食，粮食有用是因为它能产生面包，面包有用是因为它能维持生命。但生命必定有某种内在的价值：假如生命只有作为其他生命的工具才有用，那生命就一点用处也没有了。生命视情况有可能好或坏；因此，当生命成为美好生命的工具时，它也可能是有用的。有时我们必须超出那根相继有用的链条，找到一个链条所要悬挂的地方；否则，那链条的任何环节都将失去实际用途。当“实用”被这样限定时，教育是否应当实用的问题就不存在了。既然教育是达到目的的手段，而不是目的本身，教育当然应该是实用的。但这并不完全是那些主张实用教育的人的意思。他们所极力主张的是：教育的结果应当是实用的。泛泛说来，他们认为受过教育的人就是懂得如何制造机器的人。如果我们问机器有什么用，他们最终的回答就是机器能生产身体所需的用品——食物、衣服、住房等。由此看来，那些主张实用的人仅赋予身体的满足以内在的价值：对他们来说，“实用”就是有助于满足身体的欲望和要求。在一个人们普遍挨饿的社会里，主张实用的人作为政治家或许是对的，因为满足身体的需要，此时也许最为迫切，但若把此义宣布为终极的哲理，那他无疑是错误的。

讨论本论题的另一面，同样有认真分析的必要。当然，称另一面为“装饰”是对主张实用的人做一让步，因为“装饰”理解起来多少有点无关紧要的含义。用“装饰”一词形容过去的“绅士”或“女士”颇为贴切。18世纪的绅士语音纯正、引经据典、衣着入时、熟谙礼节并知道何时决斗可增加荣誉。他们的教育是最狭义的装饰，现代人很少富裕到企望获得那样的教育。旧时意义上的“装饰”教育的理想是培养贵族：它只能属于拥有大量财产而无需工作的阶级。历史上的雅士淑女回想起来颇为迷人；他们的传记和乡村别墅给我们带来某种我们不会再为后代提供的愉快。但他们的美好之处即使是真的，也决不会尽善尽美，因为那些都是极端奢侈的产物：贺加斯[①]的《杜松子酒巷》把它们的代价描写得惟妙惟肖。今天已经没有人提倡这种狭义的装饰教育了。

但这并不是真正的论题。真正的论题是：我们的教育应当旨在使头脑充满可直接实际应用的知识，还是使我们的学生获得其本身有益的精神财富？知道一呎有十二吋，一码有三呎是有用的，但是这种知识并没有内在的价值；对于那些使用米制的人来说，它是毫无用处的。另一方面，熟悉《哈姆雷特》在实际生活中没有多大用处，除非某人碰巧要杀死他的叔叔；但它能给人以一种精神财富，舍此会使人感到遗憾，并且它也能在某种意义上使人变得更为出色。那些认为实用不是教育的唯一目标的人更重视这后一种知识。

在主张实用教育的人与反对者之间似乎存在三种不同的重要争论。第一种为贵族与民主主义者之间的争论，前者主张特权阶层应当学习利用闲暇去做自己高兴的事情，而平民阶层则应学习从事于他人有益的劳动。民主主义者对于这种观点的反对意见显得有点混乱：他们不赞成向贵族传授不实用的东西，与此同时又声称雇佣劳动者的教育不应仅限于实用的东西。这样，民主主义者反对在公立学校进行旧式的古典文学教育，同时又要求工人应当有学习拉丁文和希腊文的机会。这种态度也许在理论上不够明了，但在实践中却大体正确。民主主义者不希望把社会阶层分为两部分，一部分是实用的，一部分是装饰的；因此他们主张多向纯粹装饰的阶层灌输纯粹实用的知识，并且多向纯粹实用的阶层灌输纯粹娱乐的知识。但是民主主义本身并没有将这些成分的比例规定清楚。

第二种为只关心物质利益的人与只注意精神愉快的人之间的争论。假如富有的现代英美人被魔法带入伊丽莎白时代，他们大都会希望返回现代世界。如果没有浴室、茶和咖啡、汽车及其他物质享受，社会名士莎士比亚、雷利和菲利普·西德尼爵士、美妙的音乐、华丽的建筑都不能使他们得到满足。这类人，除非他们受到保守传

---

① 贺加斯（1697～1764），英国油画家、版画家和艺术理论家。——译注

统的影响，都认为教育的主要目的是增加日用品的数量和种类。他们也许能接受医学和卫生学，但他们对文学、艺术或哲学没有一点兴趣。毫无疑问，这些人是反对文艺复兴时期所设置的古典文学课程的主力。

我认为，仅仅通过精神的东西比纯物质的东西更有价值的说法来驳斥这种态度是不公允的。我相信这种说法是正确的，但不是全部真理。物质的东西固然没有很高的价值，但物质的危害却能极大地影响精神。自从人类有了先见之明，饥荒、疾病以及对它们的恐惧就一直损害着大多数人的生活。鸟类大都死于饥饿，但当食物充足时，它们就会快乐，因为它们从不考虑以后。经历过饥荒的农民则总是摆脱不了回忆和担心。

人类宁可长时间辛勤劳作以换来微薄的报酬，也不愿意死，而动物则情愿以死换来一时的快乐。多数人所以能够忍受几乎毫无乐趣的生活，是因为不这样做生命就会夭折。由于工业革命及其副产品，创立一个人人都有合理的愉快机会的世界，有史以来第一次成为可能。只要我们愿意，物质上的危害可以减少到极小的程度。通过组织与科学可使全世界人民都有饭吃、有房住，虽不奢华，也无大苦。疾病可以预防，慢性病也会变得殊为罕见。防止人口增长超过粮食增长将成为可能。人类下意识中存在的巨大恐怖会招致残酷、压迫和战争，而这种恐怖可以大大减少，以至没有危害。所有这些对人生具有不可估量的价值，我们没有胆量反对那种可以带来这一切的教育。在这种教育中，应用科学必将成为主要课程。没有物理学、生理学和心理学，我们就不能建立新世界，但没有拉丁文和希腊文，没有但丁和莎士比亚，没有巴赫和莫扎特，却无妨。这是赞成实用教育的有力论据。我大力宣讲过这个论据，因为我觉得它很有道理。然而，问题还有另外一面。如果人们不知道如何利用闲暇与健康，那争取它们又何益之有呢？反对物质危害的战争，像所有其他战争一样，不可进行得过于猛烈，使人们丧失和平建设的技能。决不能让世界所具有的善在与恶的斗争中灭亡。

现在我们来讨论一下第三种争论。只有非实用的知识才是有内在价值的吗？任何有内在价值的知识都是无用的吗？就我来说，我在青年时代曾用过很多时间学习拉丁文和希腊文，但我现在发现那几乎是完全白费工夫。古典文学知识对于我以后所要解决的问题毫无帮助。与99%学习古典文学的人一样，我对古典文学亦不够精通，读起来从未感到愉快。我学过诸如“supellex”一词的所有格之类的东西，而且一直没有忘记。这种知识并不比一码有三呎的知识更有内在的价值，它对我的用处只是能使我举出以上的例子而已。另一方面，我所学的数学和科学不但具有极大的实用性，而且具有极大的内在价值，它们可提供沉思默想的题目，在这多诈的世界里也可作为真理的试金石。当然，这在一定程度上是个人的特性，但我深信，从古典文学中获益的能力在现代人中更是殊为罕见的特性。法国和德国也拥有颇有价值的文学作品；它们的语言较容易掌握，而且有许多实际用途。因此，法文和德文与拉丁文和希腊文相比占绝对优势。在不忽视那种没有直接实际用途的知识的前提下，我认为我们可以合理地提出，除专门人才的教育外，这种知识的学习不应花费过多的时间和精力。人类知识的总量和人类问题的复杂性总是不断增加的；因此，若要腾出时间学习新的东西，每代人都必须修改他们的教育方法。我们必须通过妥协来保持平衡。教育中人文主义的成分必须保留，但也必须适量减少，以增加其他成分，否则永远创造不出一个新世界，虽然科学已使其成为可能。

我并不是想暗示教育中人文主义的成分不如实用的成分重要。若要充分发展富有想象的人生，了解一些伟大的文学作品、世界史、音乐、绘画和建筑是不可或缺的。人类只有通过想象才能假设未来世界的样子；否则，“进步”将是机械的和微不足道的。然而，科学也能促进想象。我小的时候，天文学和地质学在这方面对我的帮助比英、法、德的文学要大，因为许多文学名著我都是被迫看的，没有丝毫兴趣。这是一个有关个人的问题：一些儿童从这一学科获得鼓励，另一些儿童从那一学科获得鼓励。我的意思是，当掌握一门学科需要很难的技术时，除专门人才的训练外，那门学科应当是实用的。在文艺复兴时期，使用现代语言的伟大文学作品很少，而现在却很多。希腊传统中许多有价值的东西都可以传达给那些不懂希腊文的人；至于拉丁传统，其价值并不很大。因此，就那些没有特殊才能的儿童来说，既要让他们学到人文主义的知识，而又无需掌握多种语言；以后几年较为困难的学科一般应当仅限于数学和科学。但是，那些对其他学科有强烈爱好或特殊才能的儿童可以例外。铸铁规则是首先要取消的。

至此，我们一直在讨论应当传授何种知识的问题。现在我要谈谈另一种问题，这问题部分是有关教学方法，部分是有关道德教育和品性培养。这里我们不再涉及政治学，而要涉及心理学和伦理学。直到不久前，心理学还只是一种学术研究，很少用于实践。这种情况现已完全改变。例如，我们现在有工业心理学、临床心理学、教育心理学，所有这些都具有极为重要的实际意义。心理学对于社会制度的影响不久可望迅速增加。无论如何，心理学在教育上的影响已经很大，而且有益。

让我们首先讨论纪律问题。旧的纪律观念很简单。儿童或被命令去做他们所不喜欢的事情，或被命令不去做他们所喜欢的事情。若不遵命，他们会遭到肉体的惩罚，严重时还会遭到单独拘禁，只给水和面包。……

但现代教育家并非简单地废除纪律，而是通过新的方法维护纪律。关于这个问题，凡未曾研究过那些新方法的人很容易误解。我过去一直认为蒙台梭利女士废除纪律，而且纳闷儿她何以管理满满一教室的儿童。读了她关于她的方法的论述后，我才知道纪律仍占有重要的位置，丝毫没有废除的企图。自从我三岁的男孩每天上午去蒙台梭利的学校之后，我发现他很快变得很有规矩，而且非常愿意遵守学校的规定。但他完全没有被外界强迫的感觉：那些规定仿佛是游戏规则，遵守是为了娱乐。旧的观念是，儿童决不可能情愿学习，只能以恐吓强迫他们学习。现已发现，这完全是缺少教学艺术所致。若将所要学的东西——例如读和写——分适当步骤教，那么每一步骤都能引起普通儿童的兴趣。当儿童去做他们喜欢的事情时，自然就没有约束的必要。几项简单的规定——任何儿童都不许干扰其他儿童，任何儿童都不可同时占有一件以上的教具——既便于理解又让人感到合理，所以遵守起来也没问题。这样，儿童便能学会自制，这部分是由于良好的习惯，部分是由于在具体场合儿童能够认识到，为了最后的利益，有时值得克制一下冲动。人人都知道这种自制精神在游戏中容易产生，但过去没有一个人想到求知也可变得饶有兴趣，以至使这种精神发挥作用。我们现在已知道这是可能的，它将不仅适用于幼儿教育，而且适用于各个阶段的教育。我不敢贸然说这容易办到。教学法的发现需要天才，但使用教学法的教师并不需要天才。他们所需要的只是正确的训练，再加上某种程度的同情心和耐心，而这两种品性决不是罕见的。基本概念相当简单；正确的约束并非产生于外部的强制，而是产生于使人自然去做有益而非无益事情的思维习惯。令人吃惊的是，在寻求体现这一思想的教育方法中已经取得了巨大成功。因此，蒙台梭利女士理应受到最高的赞扬。

现在我来谈谈我在概述现代教育趋势时所要指出的最后一点：给幼儿期以更多的注意。这与我们关于品性培养观念的转变有着密切的联系。旧观念认为道德主要依靠意志：我们充满了邪念，可通过抽象的意志力加以控制。根除邪念被认为是不可能的：我们所能做的只是加以控制。其情形很像罪犯与警察的关系。过去无人认为能造成一个没有罪犯的社会；顶多是培养一批有实力的警察，使多数人不敢犯罪，若有例外者，就逮捕法办。现代犯罪心理学家不同意这种观点；他们相信，犯罪的冲动大都可以通过适当的教育加以抑制。适用于社会的东西也适用于个人。儿童尤其希望为长者和同伴所喜爱；他们通常都有一些冲动可根据他们所处的环境朝好或坏的方向发展。另外，儿童正处于新习惯易于养成的年龄段，而好的习惯几乎可以自动产生大部分美德。另一方面，旧式道德对邪念放任自流，只是使用意志力控制它们的表现，因此对恶行的制约远非令人满意。邪念就像被水坝拦住的河水，稍有疏忽，它们就夺路而出。年轻时有杀父之念的人以后会以鞭打自己的儿子为满足，并自认为他在惩罚“道德罪”。凡为残忍辩解的理论，其起源几乎都是由于某种欲望被意志扭曲，继而隐蔽起来，最后以痛恨罪恶或某种令人起敬的样子出现，叫人无法辨认。因此，用意志控制邪念有时虽然必要，但作为一种培养道德的方法是不合适的。

以上讨论涉及到精神分析的领域。我认为精神分析的许多细节颇为荒诞，缺少足够的证据。但是精神分析的一般方法似乎非常重要，为创造道德训练的正确方法所必需。许多精神分析学家赋予幼儿初期的重要性似有夸大；按照他们的说法，儿童到3岁的时候，其品性已经固定。我确信情况不是这样。但他们的错误是言之过早。幼儿的心理过去一直被忽视；是的，当时的知识水平也不可能对幼儿心理有深刻的了解。现以睡眠为例。所有母亲都愿意让她们的孩子睡觉，因为这样既有益于孩子的健康，又让大人省心。她们发明了一个办法：晃动摇篮并唱催眠曲。后来男人经过科学研究发现这个办法是错误的，因为虽然它也许随便哪一天都能奏效，但它会产生坏习惯。每个孩子都喜欢被人照料，因为唯我独尊的感觉是令人愉快的。如果孩子发现不睡觉能引起他人注意，他很快就能学会使用这个办法。其结果于健康和性格都有危害。这里重要的是养成习惯：床与睡眠密切相关，一旦这种关系得以确立，孩子就不会躺在床上不睡觉，除非他有病或疼痛。但这种关系的确立需要有约束，放任自流是不行的，因为这会使孩子感到躺在床上不睡觉很好玩。其他各种习惯的养成也有类似的情形。这一问题的研究尚处于起步阶段，但它的重要性已经很明显，而且肯定会越发明显。显而易见，品性教育必须始于诞生之日，而且所需要的方法往往与保姆和无知母亲的方法截然相反。同样明显的是，进行有目的的教育可以比以前所想象得更早，因为教育可以搞得很有趣味性，使婴儿注意力集中而又不致疲劳。在以上两个方面，教育理论近年来已有重大改变，有益的效果今后几年可能将愈加明显。

摘自：罗素著，靳建国译．教育论．东方出版社，1990．有删节

思想评介

罗素及其自由教育思想

一、罗素教育思想的基本内容

(一) 社会、人性与教育

第一次世界大战的爆发，促使罗素从对纯哲学、数学和逻辑学的研究转向对社会政治问题的研究与参与，最后将自己的注意力引向教育问题。

罗素认为，那场战争将会使这个世界走向腐朽和灭亡，“这个文明世界如果要从腐化中挽救出来，就需要根本的变革——经济结构方面和人生哲学方面的改革”。① 为了制止这场给人类带来空前灾难的战争，罗素不仅竭力从事反战活动，宣扬和平主义；而且提出要从根本上改造社会，彻底消灭产生战争的根源。为此，他发表了大量演说和著作，来表达他的社会改造思想。罗素认为，战争实质上都产生于对那些不合理的、荒谬的宗教教义、学说、主义或原则的错误信仰；人们之所以会轻易地相信它们及由它们导致的战争的必要性，是“因为在下意识里，我们的本性渴望着某种行动”，② 包括战争行动。所以，说战争起源于信仰冲突的看法，实在是一种从表面现象得出的误解。实质上，战争的根源在人的“下意识”里，在人的“本性”之中。

在罗素看来，人类的本性由冲动和愿望两部分组成。冲动是指对某些活动的本能追求和渴望，等同于人的本能或热情；愿望，指

---

① 罗素著，张师竹译．社会改造原理．上海：上海人民出版社，1959．143

② 罗素著，张师竹译．社会改造原理．上海：上海人民出版社，1959．2

的是对某种目标明确和理性的认识和向往，等同于有意识的目标或理性。罗素认为，人类的一切活动都产生于这两个来源：冲动和愿望。“战争，主要是从冲动的生活中产生出来的，而不是产生于理性或愿望的”。① 不过，并不是所有冲动都必然会导致战争。罗素指出，“同样一个本能，它可以引导到艺术和知识的创造，也可以在别的情况之下引导到喜欢战争”。②“引导”与“改变”本能作用的主要力量就是教育。他在《教育与群治》一书中写道，战争的发生，“主要是因为在人类下意识中潜伏着疯狂的、破坏性的冲动，而这些冲动又是由人们在婴儿期、童年期和少年期所受的不明智的教育造成的……解决这个问题的关键在于使人们变得明智，而这要求让人们受明智的教育。”③

罗素从他对战争根源的理解引申出，要改造社会、消除战争，必须改造人的本性、冲动或本能。而这又要求改造教育，将“不明智的教育”变成“明智的教育”。罗素指出，“教育的力量在形成品性和见解方面是很大的”，但是，“教育，大概说来，是站在现状这一边的最强的力量，而反对基本的改革”。④ 因为当时英国的教育目的和方法都是传统的，尤其是英国的公学，深受阿诺德（Thomas Arnold）思想的影响。这种思想与实践的最大的缺点是它的贵族主义性质。罗素指出，这种教育目的实在是以一系列牺牲为代价的：为了培养对“劣等”民族和被统治者的优越感与使命感，牺牲了同情心；为了培养意志，牺牲了想象力；为了培养刚强，牺牲了仁慈心；为了信仰，牺牲了智慧。总之，为了贵族主义，牺牲了理性、科学和民主主义；而这些被牺牲了的品性正是现代社会所需要的。所以，罗素强烈地呼吁，传统教育必须改革。

（二）教育理想

罗素在《教育论》一书的第一部分就专门探讨了“教育理想”

① 罗素著，张师竹译．社会改造原理．上海：上海人民出版社，1959．7
② 罗素著，张师竹译．社会改造原理．上海：上海人民出版社，1959．20
③ 罗素著．教育与群治．英文版．1932．246～247
④ 罗素著，张师竹译．社会改造原理．上海：上海人民出版社．1932．83

问题。就教育理想而言，他指出："我们所应追求的未来的教育制度乃是一种能使每个儿童都获得最优机会的制度。理想的教育制度必定是民主的"。[①] 他认为，作为19世纪前两个伟大的教育理论改革家的洛克和卢梭，在他们自己的领域里均未达到现代教育家的程度。因为，虽然他们都倾向于自由主义和民主主义，但两人讨论的只是贵族子弟的私塾教育。而这种教育只能在特权阶层所采用；在一个公平的社会里，它决无存在的可能。在这里，罗素非常重视教育民主问题。他强调，"明确民主与教育的关系是非常重要的。坚持绝对的一致极为有害。"[②]也就是说，教育民主，不能被看成是教育上的绝对平均主义，他认为，死板的划一的平均之主张，必将成为在教育上的大灾难。

接着，罗素从理想的社会与理想的人两个方面入手论述了教育目的。他认为，从教育与社会的外在关系看，教育的目的和作用在于引导和改造人的本性，培养理想的人及其理想的品格，以达到改造社会、创立理想社会和美好生活的目标。在教育与人的发展的内部关系方面，罗素认为，从人性发展的理想与品格发展的规律看，只要顺应自然法则，使儿童的本能或冲动得到良好的引导和积极、充分的发展，就可以培养出完美的或理想的人来。罗素针对旧教育将个人与公民相对立的弊病，指出，只要儿童的本能、冲动与个性得到正当的引导与积极、充分的发展，他们自然会成为一个好社会中的好公民。在罗素那里，个人与公民、个人与社会、教育与社会是统一的。

罗素所追求的理想的人，就是拥有理想品性的人。他说，"在我看来，以下四种特征的结合便可构成理想品性的根据：活力、勇气、敏感和智慧。"[③] 罗素认为，"活力"（Vitality），是正常的健康人具有的精力，它是形成理想品性的首要基础；"勇气"（Courage），是指人在内心深处真正彻底克服恐惧情绪，而不是出于外部压力的要求去压抑恐惧。一个人只有在具备健康和活力的基础上，兼备自

---

①② 罗素著，勒建国译．教育论．东方出版社，1990．4

③ 罗素著，勒建国译．教育论．东方出版社，1990．30

尊心与非个人的人生观，才能具有“真正的勇气”，真正做到不畏恐惧、不虑褒贬、不计得失与不惧生死；“敏感”（Sensitiveness），它也是理想品性的一个必备要素。如果一个人仅有勇气而对危险的存在很不敏感，那么，这种勇气就是鲁莽的。因此，敏感性具有矫正和指导徒有勇气者的行动的功能；“智慧”（Intelligence），包括实际的知识和接受知识的能力两个方面。罗素批评传统道德教育的一个最大缺点是没有智慧的位置。理想品性的本质内涵实际上可归结到爱与知识的结合。美好生活由爱和知识组成。在罗素看来，具有由活力、勇气、敏感和智慧组成理想品性的理想的人的理想社会将是一个全新的社会。罗素深信，“教育是打开新世界的钥匙。”①

（三）自由教育的原则和方法

要达到培养理想的人及其理想的品格的教育目的，罗素坚信，“只要我们在身体上、情感上和智力上适当地关心青年，所有这些资质（活力、勇气、敏感和智慧）均可形成。”② 所谓“适当地关心”，指的是在教育过程中，要遵循更多地发展个人自由的原则，采用让儿童有更多自由的方法。

这种“自由”教育的主张是罗素教育思想的核心所在。值得注意的是，罗素的“自由”教育观与当时的许多“自由教育”思想有很大不同。他在有选择地吸取了历史上多种不同的教育理论的基础上，提出了自己颇有见地的“自由”教育主张。他认为，我们之所以要给儿童有更多的自由、更多地发展个人的自由，是基于以下两种考虑：其一是，儿童情感的发展需要很大程度的自由。缺乏自由的儿童会同成人发生冲突，对周围环境怀有敌意和仇恨，从而导致一系列恶果。其二是，自由对于理智的发展是十分重要的。他认为，教育中的强制所造成的另一种后果是对创造性和理智兴趣的毁灭。用压制思想自由而得到的成功是暂时的，极无价值的。

在肯定教育中的自由对于儿童情感和理智的发展是至关重要的同时，罗素并不主张学校的自由可以被当作一条绝对的原则。他

---

① 罗素著，勒建国译．教育论．东方出版社，1990．44
② 罗素著，勒建国译．教育论．东方出版社，1990．30

说，学校中的自由有一定的限制，认清这些限制是十分重要的。给儿童尽可能多的自由是对的，但一定的纪律和约束也同样是必要的和合理的。他在《教育与群治》中具体列举了五个方面的教育问题，来说明纪律与约束的必要性。第一，为了养成儿童的整洁习惯，就不能过分强调自由。第二，完全的"自由教育"（Free Education）不能养成儿童的守时习惯。第三，完全的自由教育不能养成儿童的诚实品性。第四，放任自流不能养成儿童的生活常规。第五，努力学习的品性需要通过一定的外部鼓励与纪律约束才能形成。罗素指出，"自由"教育的原则与方法的关键，在于"自由与纪律之间的一种巧妙的结合"。① 在《社会改造原理》中，他也强调了教育的目的是思想自由；同时指出，服从和纪律不可缺少。

（四）品性教育

罗素所说的品性教育相当于我们通常所说的道德教育。罗素指出，儿童6岁以前是品格形成和发展的关键期，因此，6岁以前的儿童早期教育的主要任务就是品性教育；至于理智教育，基本上是6岁以后教育的主要任务，因为只有在身体健康和品格良好的基础上才能进行理智教育。

1．良好习惯的养成应从初生婴儿开始

罗素认为，儿童良好品性的培养，必须从初生婴儿开始。婴幼儿的教育又以培养他们的良好行为习惯为主。而过去人们都将人生的第一年划在教育的范围以外，这种传统的看法和做法是极不合理的。他说，虽然儿童刚出生时只有本能和反射行为而无习惯，但是"儿童获得习惯的速度是惊人的，而且所获得的每一种不良习惯都会成为以后形成良好习惯的障碍"；相反，"如果最初形成的习惯是好的，就可以免去以后的许多麻烦；更重要的是，最初获得的习惯对以后的生活来说，具有与本能类似的作用。"② 罗素强调，在儿童生活的第一年，要培养他们的良好的习惯，关键是成人应该有爱心和知识。

---

① 罗素著．教育与群治．英文版．1932．34～40

② 罗素著．论教育：特别是儿童早期教育．英文版．1932．70～71

2. 恐惧心理的预防与消除

罗素向年轻父母指出，儿童2~6岁是道德教育的关键期。孩子6岁时，道德教育应当接近完成；这就是说，以后所需要的美德应当作为业已形成的良好习惯和业已激起的远大抱负的结果由孩子们自动发展。只有当早期道德教育被忽视或实行不当时，以后才会需要大量的道德教育。

罗素认为，恐惧心理几乎是人的性格发展中的一切弊病的根源，因此，早期教育的重要任务之一是防止和消除儿童的恐惧心理。恐惧心理有先天的，也有在后天经验基础上与成人的暗示下获得的。他认为，从2~3岁起要特别注意帮助儿童防止和克服恐惧心理，逐步培养勇敢的品性。为此，罗素提出了四种方法来帮助克服和消除恐惧。①不要在儿童面前露出恐惧的表情；②帮助儿童逐步习惯容易引起恐惧的对象，并尽量作出科学的解释；③教儿童学会一些实际活动的技能和处理危险情形的技巧，使他们在活动中得到锻炼；④注意培养儿童的自尊心和非个人的人生观，因为它们是培养“真正的勇气”最重要的条件。

3. 在游戏中培养儿童的想象力

针对精神分析学说过分强调“性”在个体发展中的作用，罗素认为，“儿童时期的本能冲动主要不是性欲，而是要做大人的愿望，或者更确切地说，是权力欲。”这种本能常常在儿童游戏中表现出来。在游戏中，权力欲有两种表现：一种是学习做事，另一种是想象。罗素十分重视儿童在游戏中出现的“幻想”。如果有人试图消除儿童的幻想，就会使儿童变成现存事物的奴隶，一个屈从于现实的生物，从而也是一个无法造就天国的生物。从发展本能的角度看，罗素认为，也不应该限制儿童的幻想，因为“教育在于培养本能，而不是压抑本能”。他还指出，教育的秘诀，就品性发展的因素而言，是把那些能引导儿童有益地使用其本能的技能教给儿童。

4. 建设性的培养

在西方，对教育影响较大的两种人性学说是“性善论”和“性恶论”。罗素对此都不赞成。他认为，“孩子的本能欲望，正如我们前面所看到的，是很不确定的；教育和机遇能将这些欲望纳入多种不同的轨道。”他说，本能的素质，在伦理上是中性的，只因环境的影响，可以变成美，也可以变成恶。就一般而言，只要给予适当的教育，人的本能是可以向好的方向发展的。

罗素认为，儿童的建设性和破坏性都是本能的特性，与权力意志密切相关。建设性活动与破坏性活动都能满足儿童权力意志与本能的需要。但是，在通常情形下，建设性活动要比破坏性活动难一些，因此更能满足儿童的权力意志。建设性是重要的品性之一，对其他美德起着良好的作用。要通过多种活动培养儿童多种多样的建设性：不仅有物质活动上的建设性，还有精神活动与社会活动上的建设性。

5. 利己心与占有欲

罗素认为，利己心和占有欲是教育中经常碰到的十分普遍的问题。对于这个问题，否认和回避都不是办法；积极的措施是，认清它们的性质，以不违反儿童本性的方法加以恰当的引导。

利己心和自私性是儿童的自然本能与冲动，如果放任它们，它就会膨胀起来。教育儿童克服利己心的唯一办法，就是用公正原则去教育学生。如果一味地要求儿童自我牺牲，那么，不是引起儿童的愤怒和反抗，就是导致儿童虚伪的利他行为。所以，罗素指出："我们应该努力将公正的观念注入到儿童的思想与习惯中去。"同伴之间的交往，是开展公正观念教育的最好办法，任何儿童都不应该在长期的孤独状态中生活，"一个孤独的孩子，不是变得没有活力，就是变得自私自利，或者是二者兼有，依次出现。"

至于占有欲问题，罗素指出，儿童想占有物件的欲望是十分强烈的。占有欲分合理和不合理：合理的占有欲有利于建设性的培养与本能的良好发展；不合理的占有欲会导致吝啬、贪婪与残忍。罗素认为，正确引导儿童的占有欲，可以遵循两条原则：①不要让儿童形成一种由于没有充分占有所需物件而产生不满足感和失望感；②当某些物体能刺激儿童的积极活动与建设性时，尤其当它们有助于发展儿童的操作能力时，可以允许儿童占有它们。当然，从小培养儿童的慷慨的品格，也很重要。

6. 诚实品性的培养

诚实是一种重要的品性。罗素强调，诚实不仅指言论上的诚实，更重要的是指思想上的诚实。不诚实的根源差不多都在于恐惧。儿童往往是在发现诚实会遭到惩罚，而说谎或掩盖真相就可逃脱惩罚，那么，他就会说谎。其原因就在于恐惧。罗素培养儿童诚实品性的方法，归纳起来有以下三点：①儿童说谎时，不要责罚，而要说服，讲明说谎的坏处，让儿童逐渐认识诚实的合理性和必要性。②成人要作出榜样，以诚待人，使儿童感到可亲可敬可信。③成人一定要搞清楚什么是真正的谎言。一些年幼儿童常会说出与事实不符的话来，但往往是戏言，或因为无知。对此，不能认为儿童在故意说谎而加以斥责。

7. 爱心与同情心的培养

爱心与知识是一个人美好人生的基础，这是罗素的一贯思想。他指出，爱心和同情心都是儿童的自然本能，教育所要做的是恰当地加以引导和培养。罗素认为，不应该将爱心作为一种义务去要求儿童。因为爱心本质上是心理动力的问题。父母只有无条件地给儿童肉体和精神上的爱，才能引起儿童对自己及他人的爱。如果用说教或强制的办法培养儿童的爱心，只能造成儿童伪善与欺骗的恶习。

罗素认为同情心最初的性质也是本能的：儿童看到他人的痛苦就会本能地感到痛苦而予以同情。在这种基础上，只要顺乎自然，采用恰当的方法，就可以培养和扩大儿童这种本能的情感。在自己的著作中，罗素多次批评了不恰当的“国家主义”、“阶级情感”和“爱国主义”等传统教育。这显然与他的自由主义的人性论及人道主义观点有关。

8. 惩罚和同伴影响——培养良好品性的方法

(1) 惩罚是一种常用手段。但罗素认为，在品性教育中应该正确运用惩罚。他说，“惩罚在教育中的位置极不重要；但是我很怀疑严厉的惩罚是否需要。我把训斥或谴责都列在惩罚之内。所需要的最严厉的惩罚是愤怒的自然表现。”他认为，惩罚一定要公平，并让儿童知道错误之所在。他还说，嘉奖和责备是赏罚的重要形式。在进行赏罚时，要坚持三条原则：即避免将两个儿童的优缺点作对比；责备应少于嘉奖；对于理所当然应该做的事，不应嘉奖。罗素要求严格禁止体罚，因为体罚的后果会造成儿童残忍和暴虐的心理和行为。

(2) 同伴影响。按照罗素的观点，培养儿童良好的品性，父母与教师固然重要，也经常需要同伴的帮助和影响。儿童刚出生时，别的儿童对他的影响极小；随着年龄的增长，接受同伴的影响也越来越大。罗素认为，同伴的良好行为既有助于年幼儿童的学习，也有助于培养全体儿童的公正、协作和友好品性。所以，如果家庭因孩子不多而无法提供这种同伴的影响，那么，育儿学校就是十分必要与重要的了。罗素夫妇创办的比肯山学校就是这样一所实验性的寄宿制育儿学校。

(五) 理智（智力）教育

罗素认为，对 6 岁以前的儿童，应以品性教育为主，对 6 岁以后的儿童，则应该以理智教育为主。当然，他也指出，作为品性教育和理智教育的年龄界线，6 岁不是绝对的。事实上，在比肯山学校，儿童从 5 岁起就学习初步的阅读、写作和计算了。他说，在理想的人的理想品性中，有两个要素是互相联系、缺一不可的。这就是爱心和科学。

1. 理智教育的原则与方法

在罗素看来，进行理智教育时，教师不应考虑道德方面的问题。他说，“让教学受道德因素的影响，对儿童理智的发展是不利的，最终对于他们品格的发展也是不利的”。他还说，人们不应该认为有些知识是有害的，有些知识是善的，因为传授知识的目的是发展理智，而不是为了证明某种道德的或政治的观点；否则，将不利于培养学生的科学态度与宽容精神。

他也强调了在教学过程中让学生主动学习的重要性，要避免使学生产生“厌学”情绪，要注意调动学生的学习动机、激发学生的求知欲。

2. 理智教育的内容

罗素认为，总的来说，儿童在 14 岁之前，学校所教的内容应该是那些每个人必须知道的知识，除了特殊的例外，专门化的知识应该等到以后再教；当然，在这段时间，教师要注意发现学生的特殊才能或倾向，这也是理智教育的目的之一。在罗素看来，14岁以前，也相当于小学和初中学习阶段，学生所学的内容是基础知识和基础学科，包括文学、外语、数学和科学。他认为，外语的学习必须在幼年开始，否则会错过最佳期。而教学的顺序也是依据学科的易难程度排列。

中学最后几年的课程。罗素指出，具有平均以上智力水平的人，应在14岁开始，接受一定的专门化训练（实际意味着大学预科教育）；具有平均以下智力水平的人，则可以接受一些职业训练。这一阶段（相当于高中）的课程有三类：①古典学科，如拉丁文和希腊文。②数学和科学。③现代人文学科。在正规课程以外，还可以开设一些时事讲座。在理智教育中，罗素特别强调科学精神、开明和宽容态度的培养。

另外，罗素认为，6～18岁的青少年，接受学校教育好于家庭教育；寄宿学校又好于一般的全日制学校。

3．大学教育的改革

在罗素生活的年代，18～22岁的人，有极少数可以进入大学接受教育。罗素针对当时大学教育的弊病，提出了一系列改革大学教育的意见。

（1）大学在社会生活中的功能与大学的目的。大学从中世纪结束前的培养僧侣，到文艺复兴时期的培养贵族和绅士，再到现代民主社会与产业社会的新需要，走过了三个发展阶段。罗素认为，当时，一方面第二阶段的贵族主义大学教育实际上仍然存在；另一方面，财阀政治与产业主义对大学教育产生了极大冲击。这两方面的影响构成了当今大学教育中的一系列矛盾，例如，大学教育的功利性目的与非功利性目的、科学目的与人文目的的矛盾。罗素同时指出，由于贵族主义不断被产业主义所代替，现在大学中“纯粹的学问”或“非功利性的学问”正在不断被削弱。他认为，解决这个问题的办法是用国家和公众的资金支持大学教育，摆脱产业界巨头的制约，使大学很好地起到训练专业人才与发展学术的双重功能。

(2) 大学中的教学与研究。罗素指出，每个大学教师必须有充分的时间和精力从事研究工作，了解他所承担的那门学科在国际上的最新发展，并为学术的进步作出自己的贡献，而不应该将精力花在对教学方法和技巧的研究上。否则，就不能很好地从事科学研究，最终也无法搞好教学。因此，罗素要求每个大学必须每七年给教师一年的学术假期，让教师到国外大学去，或从其他途径了解他们所教学科的国际进展。

(3) 培养学生主动学习的态度。罗素坚决主张，大学要督促学生勤奋学习，但不是要教师去强制学生做这做那，而是要教师鼓励学生从事个人的自动作业活动、独立学习和研究活动。他认为，在这一点上，大学与早期教育一样，都应遵循“自由”教育原则。

(六) 性的教育

有关“性”的问题被迷信和禁忌团团包围，讨论这个问题使罗素“颇感不安”。他认为，许多人乐于承认无畏和自由对孩子有利，但是一涉及到性的问题，他们就想使孩子盲从和恐惧。

罗素主要讨论了儿童青春期以前的性教育问题。他认为，弗洛伊德的精神分析学说有错误，但他同意弗洛伊德的一个观点，即在性问题上处理不当，可能会造成幼儿以后生活中的精神变态。他相信，性的本能同其他任何本能一样，是“完全自然的现象”，因此，教育中要排除性方面的任何禁忌，以科学的态度对待性的问题，并尽可能向儿童讲清科学道理。这样，不仅可以防止儿童日后精神上的许多病态，也有助于培养儿童的科学精神。

罗素按照儿童性生理和性心理发展的先后顺序，讨论了儿童的手淫问题，性方面的好奇心问题，性道德问题，生育问题，性爱问题等。他认为，“依赖无知的道德是无价值的，女孩子和男孩子一样拥有求知的权利。”罗素关于性教育的“自由”原则，以及在性教育问题上所持的反传统的、开放的见解和态度，虽然在当时曾受到人们的非议；但罗素夫妇所创办的比肯山学校却曾因此而出了大名，慕名前往的参观者络绎不绝。

二、对罗素教育思想的初步评价

五四时期中国知识界从西方学者中挑选杜威和罗素来华，不管此举具有多大的偶然性，但确实明智之极。因为，杜威和罗素两人名不虚传，西方学术界普遍认为他们是百科全书式思想家的最后两位代表人物。罗素和杜威的立脚点都是哲学，但是，像所有产生了广泛影响的思想大师一样，他们绝不仅仅是面对着星空而苦思冥想、独居书斋而咬文嚼字，而是满怀大任在肩的积极精神，关怀人世间的一切悲欢祸福，他们总是从不同的角度和范围，触及时代精神，让自己非凡的才思驰骋于尽可能广阔的领域。不勉强拼凑体系，而是让思想永远像脱缰的野马一样奔突，这构成了罗素的思想特色，不仅表现为其思想的庞杂和多变，更表现为其对自己思想的不断超越。对这样一位思想大师的教育观要作出全面公正的评价，虽为时尚早，但要吸纳它的精华，运用于我们自己的本土，即所谓“移植和应用”，我们仍需作一基本的评价，尽管是初步的。

（一）关于教育与社会和人的关系问题

罗素的教育思想是与他的社会政治思想直接相联系，在教育与社会和个人关系问题上，体现出一种“大教育观”。他把个性培养与社会和谐放在同等重要的位置。在教育史上，就教育目的而言，基本可分为个人本位和社会本位两大类。“个人本位”和“社会本位”这对矛盾，在教育目的论上长期没有解决。罗素则力图在自己的教育理想中，将它统一起来。虽然他倾向于个人本位，但他不像许多人本主义者在个人与社会之间持不可调和的立场，将个人凌驾于社会要求之上，片面强调人的非理性方面；他也不像社会本位论者，以牺牲个人自由为代价，而把个人当成实现某种目的的工具。罗素认为，个性教育与社会性教育具有一致性；他强调个性自由发展，同时个人又应当为人类共同的幸福而奋斗。他目光敏锐、富有远见地指出，现在的世界已经与往昔迥然不同，必须抛弃一切陈腐的旧观念，代之以新的思想，必须以平等代替统治欲，以理智代替野蛮，以公正代替求胜欲，因为人类本是一家。这充分体现了罗素思想所反映的“全球意识”，即使在今天来看，这种意识仍显示出它的先进性。

罗素强调个性的培养，同时重视社会的和谐。在以往不公正地批判罗素的“个人主义”时，人们很爱引如下一段：“一切美好的东西必须体现在个人身上，一个要改变世界面貌的政治制度，它的终极目标必须是使个人获得自由发展。”罗素的上述言论，实际上与马克思、恩格斯在《共产党宣言》一文中所写的下面这句话，并无二致：“代替那存在阶级和阶级对立的资产阶级旧社会的，将是这样一个联合体，在那里，每个人的自由发展是一切人的自由发展的条件”。在如何达成这一目标问题上，罗素提出了人的品性的改造问题，用时下流行的一个词来讲，就是涉及到人的“素质”问题、“素质”的改善和提高问题。而罗素认为，最根本、最有效的途径则在于对个人的教育，特别是从幼年时期开始的教育。这是不是与我们今天倡导的教育，特别是“素质教育”不谋而合呢？

（二）关于道德教育问题

罗素关于道德教育目的、内容和方法的思想是在大量吸收了现代社会科学和自然科学成果的基础上产生的，是超越阶级而面向全人类的，也与他关于道德的基本观点相联系。他曾冒着遭受强大的社会舆论抨击和犯“法”的危险，对维多利亚时代的道德进行批判。他说，一个制度若要依靠无知和蒙昧去维持，那是难以奏效的，也是根本行不通的。

罗素在道德教育方面非常强调“自由教育”的方法，但他的“自由”教育思想的本质内涵与根本特点在于：在必要的权威与纪律的伴随下，尽可能给儿童以更多的自由，更多地发展儿童个人的自由，并按照自由的精神或原则来行使权威与运用纪律。很显然，这种“自由”教育的观点与卢梭、尼尔甚至蒙台梭利等人的“自由教育”思想是颇为不同的。有些人将罗素的“自由”教育思想简单地指责为“无政府主义”，看来多是出于误解。

与他的自由教育原则相关联，他曾把智育与德育相割裂；但他还是提到，理智教育可以培养虚心、信心、耐心之类“知的美德”。

特别值得指出的是，罗素强调，对6岁以前幼儿的教育，主要任务是品性教育，因为这一时期是儿童品格形成和发展的关键期；

至于智力教育，基本上是6岁以后的任务，他把健康的身体和良好的品格看成是智力教育的基础等一系列思想，对我国当前在幼儿早期教育中严重的“重智轻德”、“拔苗助长”倾向，具有极大的启示。而他在20世纪初期就强调建设性的培养，同情心和爱心的培养，创造力的培养，诚实性的培养，以及对利己心和占有欲的抑制，与80年代以来，联合国教科文组织向全球教育界倡导的“学会生存、学会学习、学会关心”相一致。

（三）关于理智（智力）教育问题

罗素针对20世纪工业化背景下的西方社会现状，怀着对人类文明前途的担忧，极力呼唤品性教育；但他同时强调了理智与品性之间的互动关系。他说，在理想的人的理想品性中，有两个要素是互相联系、缺一不可的，这就是爱心和科学。“没有科学，爱是无力的；没有爱，科学是破坏性的”。可见，科学对爱心，理智对品性是必不可少的。罗素认为，“无论在过去还是现在，在像我们这样具有高度复杂技术的社会中，一个人如果不在年轻时掌握大量知识，是无法有所作为的”。这种观点无疑是先进的，也是面向21世纪的教育所急需的。

至于罗素反对教师在理智教育中考虑道德问题，必须正确认识。正如马克思在《资本论》中指出的，“未来教育对于所有已满一定年龄的儿童来说，就是生产劳动同智育和体育相结合，这不仅是提高社会生产的一种方法，而且是造就全面发展的人的唯一方法。”在这里，有人对马克思在“未来教育”中不提“德育”，大惑不解；其实，只要知道罗素和马克思一样，他们对资本主义社会都是持尖锐的批判态度，既然“任何一个时代的统治思想始终都不过是统治阶级的思想”（马克思语），那么，他们对资产阶级的道德教育必然也持批判态度。而罗素并没有一般地反对“教学的教育性原则”，而是强调教学的科学性，也就是说，知识的真理性本身就具有培养学生的科学态度和宽容精神的教育价值。

他所强调的在教学过程中让学生主动学习的重要性，要避免使学生产生“厌学”情绪，要注意调动学生的学习动机、激发学生的求知欲等一系列观点，又与我们当今讲的“激励教育”、“愉快教育”相符合。

(四) 关于性教育问题

重视性教育，并对性的教育持反传统的、开放的见解和态度，这在20世纪初期，需要有多么巨大的勇气，因为这是个人向整个社会传统提出挑战。罗素就是这样不顾一切地站出来，表明自己的立场。罗素认为，性没有什么可奇怪的，关于性的一切神秘的氛围都是由于维多利亚时期那些道德家们宣扬的那种蒙昧主义造成的。他对这些道德家们恨之入骨。那些道德家认为，不应当让儿童知道“性”的事情。他们对性的事情采取偷偷摸摸、捂捂盖盖、讳莫如深的态度，显得那么鬼鬼祟祟，完全是一副虚伪的道学面孔。罗素则针锋相对，走向了另一极端（有时候，似乎不走极端就不能摧毁旧的观念和营垒），他认为应当把性的事实全都告诉儿童。罗素要人们对性的问题采取实事求是的科学态度，无疑有其合理性的一面。在我们这样一个封建社会历史久远的国度，在学校教育中实施性教育，改变人们对性的各种不正确认识，显得尤为重要、尤为迫切。在性教育问题上，我们一方面需要科学的态度，另一方面，我们更需要有罗素那种敢于冲破传统陈腐思想的胆量和勇气。

(五) 关于教育民主问题

罗素在探讨“教育理想”问题时，就“教育民主”问题提出了很好的见解。例如，他指出：我们所应追求的未来的教育制度乃是一种能使每个儿童都获得最优机会的制度。理想的教育制度必定是民主的。他认为，作为19世纪前两个伟大的教育理论改革家的洛克和卢梭，在他们自己的领域里均未达到现代教育家的程度。因为，虽然他们都倾向于自由主义和民主主义，但两人讨论的只是贵族子弟的私塾教育。而这种教育只能在特权阶层所采用；在一个公平的社会里，它决无存在的可能。尤其值得我们注意的是，他特别强调：明确民主与教育的关系是非常重要的；坚持绝对的一致，极为有害。也就是说，“教育民主”，不能被看成是教育上的绝对平均主义。他认为，死板的划一的平均之主张，必将成为在教育上的大灾难。这些主张，对当前我们正确认识“普及教育”与“因材施教”的关系，正确认识在中国这样一个社会主义初级阶段的国度，如何将教育的“普及”与“提高”辩证结合，特别是对于改革我国教育管理中长期习惯于绝对平均、处处统一和僵化的体制，无不具有十分重要的参考价值。因为有中国特色社会主义正是需要兼顾效率与公平、个人发展与社会需求相统一。罗素关于“教育民主”的思想对我国当前选择适合国情的教育目标，具有某种现实意义。

（六）*罗素教育思想的局限性问题*

罗素的教育思想也有其历史与个人的局限性。作为一位20世纪的“世纪的智者”，我们无需怀疑罗素热爱人生，酷爱自由，主张正义，追求真理的宝贵精神；但是，由于他在哲学观点上所曾持的“中立一元论”的本体论、“逻辑原子论”的认识论和“逻辑分析法”的方法论，以及他在政治思想上所坚持的观点，使得他最终把教育当成了实现社会理想，改造社会和人性的最主要手段。这在“科学技术是第一生产力”的今天，“科教”虽然可以兴国，但它终究不能改变一个社会的根本制度，更无法用它来救国。罗素曾指出了马克思的社会政治理论存在一个带根本性的缺陷，就是它是以人的经济动机为中心而不是以人的权力欲为中心。罗素对权力被滥用的忧虑当然不是多余的，他特别注重权力的分配。这对于社会主义思想来说也颇具匠心。不过，罗素试图将权力和组织置于社会的中心地位而将经济问题挤到次要的边道旁门中去，这就难免有矫枉过正之嫌。而且，他将驯化权力的最后希望寄托于教育对人性的改造，这使罗素的整体政治思想带上了挥之不去的悲凉。通过教育和宣传来改造人性，自然要诉诸人的理性与智慧，但罗素所厌恶的财富欲与权力欲之类恰恰又是非理性的。难怪罗素的至交、著名经济学家凯恩斯曾这样挖苦罗素：“他坚持认为，人间的事情实际上是以最不理性的方式发展的；而救治之方非常简单，那就是让人间的事情按理性的方式发展。”①

“矫枉过正”或许是罗素教育思想上的又一大特点。譬如，罗素反对进行爱国主义教育，虽然这与他的民族主义看法有关。按罗

---

① 冯崇义著．罗素与中国——西方思想在中国的一次经历．北京：生活·读书·新知三联书店，1994．74

素的逻辑，民族主义或爱国主义归根结底是有害的，医治民族主义的唯一药方就是消灭民族主义，也就是使人类的精力和情感不再服务于民族对立。然而，罗素在这里遇到了他自己设定的难题，既然“民族主义”源于人的本能，那么人类将如何消灭它自身的本能呢？而且，处于被奴役、被压迫地位的民族，或一切在国际力量对比中处于劣势的民族，难免感到罗素的宏论高不可攀。再如，在性教育问题上，他想让对这种事有兴趣的孩子感到厌腻、没意思，这就未免不切实际了。而且，让孩子从小就对性的事情感到厌腻，将来势必影响和危害他们的心理健全发展，以及创造性活力的发挥和家庭生活的和谐、幸福。那种危害——也就是心理上的危害——无异于精神上的阉割。

像罗素这样一位传统的叛逆者、20世纪的智者，他的思想随着时代的变迁而不断修正；他的许多预言，随着时间的推移而不断兑现。正如罗素自己经受了人生的一系列打击和迫害，度过了一次又一次的困境厄运，最终赢得了应有的名誉和尊敬，更清楚地认识到他的真面目和真价值。进入20世纪80年代，当人们冷静地再次反观罗素那充满传奇的人生历程和充满智慧的预言的时候，世人终于又一次发现了罗素、发现了他对人类的深切关怀和巨大贡献，虽然他对马克思主义有时存在着某些偏见和误解。

（周峰）

巴格莱

(William Chandler Bagley)

- 生平简介
- 名篇选读
  要素主义者的纲领
- 思想评介
  巴格莱及其要素主义教育思想

生平简介

巴格莱（1874～1946），美国教育家，要素主义教育的提倡者与主要代表之一。生于密执安州底特律市，接受了正规的中小学教育后，又先后接受过农业、科学、心理学、教育学等专业的高等教育，1900年获博士学位。大学毕业后曾在小学、师范学校、教师培训中心任教师，也担任过学监、副校长、校长等职。1908年被聘为伊利诺斯大学教育学院教授，1917年被聘为哥伦比亚大学师范学院教授，直至1940年退休。1938年2月在新泽西州的大西洋城与德米阿什克维奇等组建要素主义者促进美国教育委员会，提出《要素主义者促进美国教育的纲领》。主要教育著作有《教育过程》（1905）、《教育价值》（1911）和《教育与新人》（1934）等。

名篇选读

要素主义者的纲领（节选）

根本上正在起削弱作用的教育理论

两种对立的理论很明显地贯穿在漫长的教育史中——有组织的教育实际上和文明一样的古老。虽然过分地简单化往往是危险的，但是如果谨慎从事，人们可以用某些相反的概念概括出成对的对立物，把这两种教育理论加以对照，例如“个人与社会”、“自由与纪律”、“兴趣与努力”、“游戏与工作”——或者用最近流行的说法，如“目前需要与长远目标”、“个人经验与种族经验”、“心理组织与逻辑组织”、“学生主动性与教师主动性”。用这些名词表达的根本的二元论已持续了若干世纪。这个问题在智者派时期的希腊教育中已经很鲜明地表现出来。这在意大利的文艺复兴所引起的教育变革中已经反映出来。这还表现在17世纪的一些教育理论派别中，它的信从者早在那个时期里便已自称为“进步派”。这在卢梭、裴斯泰洛齐、福禄培尔和赫尔巴特先后倡议的各种教育的革新里也很明显。至于美国教育，它是反映在布朗森·亚尔柯德所提倡的理论和实践中，反映在贺拉斯·曼以及后来谢尔登和帕克的活动中；当代杰出的领袖约翰·杜威在19世纪末尾的10年初成名的时候，就在他的一篇著名的论文，即现在叫做《教育中的兴趣和努力》里，试图以综合的方式来解决这个二元论的问题。

如果群众教育要向前扩展而美国教育面临着不得不把放宽标准和降低严格要求说成是合理的的话，那末这种强调兴趣、自由、目前需要、个人经验、心理组织和学生主动性的理论，以及随之而来的轻蔑甚至谴责它们的对立物——努力、纪律、长远目标、民族经验、逻辑联系和教师主动性——就很自然地强有力地投合了人们的心意。一个多世纪以来，这些理论日益加深，影响到比较低级的学校。今天，这些理论如此大量地被明确地表现在各种运动里，这里只能列举比较突出的几点。

（1）完全放弃许多学校制度里以学业成绩的严格标准作为升级的条件，而让全体学生“按照预定时间表”通过。这个政策在30年前关于“留级和退学”的研究里开始受到强烈的拥护，而近来在心理卫生关于不及格有可能造成人格分裂的后果这个说教中，甚至引起了更广泛的注意。这个问题在以后提到时将表明是极端复杂的，但是这个运动至少已经引起了一个很重要的变化。过去在中年级里停留着一些“超龄”的学生，而现在却代之以一些缺乏基本训练的在学习上有缺陷的初中和高中“跳级”的学生。

（2）轻视学习的系统性和循序性，并断然否认学习材料中逻辑的、按年代顺序的和因果联系的任何价值，甚至否认按学习中的这些联系学完的可能性，这就把“附带的学习”①的理论提到了至高

① 指儿童在活动中附带发生的学习。例如，当研究地理时附带地学会了“地中海”、“旋风”等词汇，是克伯屈设计教学法的教育原理之一。——译注

无上的地位。它主张只有当一个人把那些事实和原则应用于在他看来似乎是当前值得解决的主要问题中，从而熟悉它们，那末他才能真正把这些事实和原则学到。关于熟练的技巧方面，如语言、测量和计算的基本技能的掌握，要尽可能地等到人们需要它们时再学。正像有人实际上所说的，“这些东西只不过是一些工具，当一个工人需要一件工具的时候，他到工具间拿来就是了”。然而，关于这个理论，即“心灵不要学习同它的基本的重要的目的无关的东西”，桑戴克曾根据多方面的实验，断言，“这是有吸引力的，而且表面上讲得通的，但无疑地是错误的”。杜威也曾经以毫不含糊的措词，对于轻视系统性和顺序性的学习理论进行了批判。

(3) 所谓“活动运动（activity movement）”的广泛流行。这是所谓“设计教学法”的一个结果。而设计教学法是要努力去发现，或者鼓励学习者去发现问题和有关的目的，在解决所发现的问题和有关的目的中能够学到想要学习的东西。活动运动和由此产生的“活动计划”、“活动课程”，像设计教学法一样，有着一个重要的地位，它在初等学校里起着主要的作用，在各级学校里起着一种极有用的辅助的作用。可是这个倾向以这些活动代替系统的和顺序的学习，并且甚至进一步把活动本身当作自足的目的，而不问通过这种活动能否学到什么东西，那是另外一个问题了。可是，无论如何，这是令人感到兴趣的主张。正像一个热诚的活动主义者说的，“让我们不要利用各种活动作为安排教材的借口”。如果学校只要为学习者提供大量的“丰富的经验”，那末，似乎别的问题将会奇迹一般地自己处理好。如果人们接受这些前提，那并不全然是可笑的，这是“附带的学习”的理论推论下去的逻辑结论，一种完全一致的结果。

(4) 不相信精密的和要求严格的科目。把中学向群众开放的最重大的障碍是中等学校的计划实际上一开始就把拉丁语、代数和几何作为共同必修课。也许天然地、确实地像一般人所说的那样，大部分的学生对于掌握这些科目是有很多困难的。同时，对这些科目的实际价值也很难做出辩护。但是，这些科目在课程中之所以占重要的地位乃是由于人们相信掌握它们证明在很大程度上对于心智训练是有价值的。凡是怀疑这个辩护的任何东西，都被那些负责推广群众教育的人们抓住了。对于他们的意图来说，非常幸运的是恰好在本世纪的交替时期里发表了第一个关于检验心智训练理论可靠性的心理实验报告。继桑戴克和伍德沃思的真正第一流的实验之后是一系列类似的研究，它们的目的是判定在一种科目里学到的东西，应用在或能够应用在其他的场合里的究竟有多少。结果一般表明这样的一种“转移”决不是必然的，而且在某些情况下是完全否定的，或者是极有限的，因而使得这个理论成为疑问。提倡普及中等教育和其他教育运动的人们，由于这些必修科目对于一般智力的学生有着困难而受到阻碍，他们是不会放松利用这些实验中的发现作为资本的。在这类情况下，论据很自然地被扩大到大大超过了各种实验所保证的范围，而且对学校实践影响很大。虽然拉丁班的绝对注册人数是增加了，可是过去10年里中学毕业的学生同拉丁语有所接触的只是极少数。同样的，除了在初等学校里得到的越来越贫乏的少量的算术以外，完全缺乏初等数学训练的人数比例是增加了。但是重要的事实是，不鼓励有能力的学习者去学习这些要求严格而精密的学科，逐渐成了风气。因此，群众教育的推广，虽然确实是一个民主运动，可是它不能防止自己陷入这个潜在的可悲的非常危险的陷阱，是有意地采取了降低程度的轻便的政策，而不是坚决地面对提高程度的这个艰巨任务——而提高程度的可能性正是民主的未来所必须依靠的。正像杜威曾经主张的，旧的古典语和数学课程对于那些有能力掌握它的人，有着一种无比的价值——根据他的判断，到目前为止，所谓各种改革运动还不曾为这种价值提供一种替代的东西。

（5）**日益加重“社会科目”**。当精密的和要求严格的科目实际上在遭受诋毁的时候，在通称“社会研究”的领域却日益敞开了一条抵抗力最小的安逸的道路。在这里，论证是似乎有理而投合人们的心意的。“公民教育”是一个具有无限潜力的响亮口号，特别是在这样的时代里，一些陈词滥调很容易成为公式，被乔装为通过艰苦的思索得来的基本的前提和准则。

显然，教育思想上没有一个基本前提能不承认在人类制度史上的一个坚固的基础的重要性，或者不承认特别是按照它们的起源来熟悉现在的和迫切的社会问题的重要性，或者不承认熟悉已经很好地建立起来的经济学、社会学和政治科学的这类原则的重要性。

但是，所谓社会科学和自然科学显然不是同等的东西。它们的概括是只在少数的情况下和只在有限的程度上，被认为能作出可靠的预测。当人的因素参与进去的时候，不稳定性也就参与进去……指望较低级学校里社会科目方面教育上的精神食粮，从根本上克服社会科学这种固有的局限性，虽是一种诱人的远景，但这是同指望一个奇迹一样不可能。说实在话，这正如以一种勇敢的和坚决的努力去鼓励未成熟的心灵“把圆化为正方”一样不合理。

(6) 利用低级学校建立新的社会秩序。为了一种特殊的社会秩序的利益，确定地和深思熟虑地对未成熟的学习者进行思想灌输，而这个社会秩序却与我们国家现行的秩序迥然不同，这个建议，如上面几节所提出的理由，如果没有别的理由的话，是要成为问题的。由于低级学校对于基本的和公认的专门知识（这种知识具有无疑的永久性和价值）越来越不能打好充分的基础，这样的努力必定是极表面的。为了便于说明起见，这可以称之为建立在沙滩上的一座完美而华丽的大厦，这是一个极端的例子，——在这个例子中，流沙是更恰当的譬喻。这里，我们要很好地研究人们实际上曾经成就的一种社会秩序，这种秩序曾被我们的理想主义者用来作为各方面实现他们梦想的例证。如瑞典、丹麦、挪威和新西兰，这些国家就被引证过。意义深长的一个突出的事实是，这些国家并没有由于削弱了教育制度而达到这些可以称赞的成果。真的，这些国家的人民在听到这种建议时，将大吃一惊。

(7) “课程改革”运动和它的幻想。刚才论述过的各种改革的建议，在一个通称为课程改革的广泛运动中达到了高峰，这个运动统治了低级学校近 20 年之久。首先强调的是围绕着当地社会的需要来建立起教学的计划。早在 1933 年，哥伦比亚大学师范学院，课程实验室的文件架上就放着三万多种不同的课程。这些课程的绝大部分是前十年全国地方学校系统的教师委员会所制定的。有时候，这些委员会是受“课程专家”亲身指导的，是由这些专家们快速发展起来的理论来指导工作的。就我们所知，这种理论从来没有清楚地认识到国家或民族对于学校教学的内容有着一种利害的关系。在全国人民的基础文化中，特别是在民主社会中所需要的共同因素这种理论实际上是被否定了。而且，美国人是世界上最好移动的人，在全国许多地区，于就学时间稳定地居住下来，乃是例外，不是常规。学校中不及格学生的平均数，在移居者中间高于定居者，可是课程的理论家却完全没有感到在学校的必修科目方面和在高难度的关键性题材的分班安排方面有采取某种统一措施的必要。此外，课程改革运动的一种明显的倾向是削弱基础知识，夸大浅薄的东西，贬低顺序性和系统性，而且还加重了较低级学校的弱点和缺乏效能。

问题和纲领

正当国内外情况处于非常危急的关头，美国教育竟然意外地软弱无能，这是特别不幸的。

美国人民面临着一个经济问题，无论其性质和范围都是史无前例的。现在全世界 2/3 的失业人口集中在这个最富足的国家里。在潜在的富裕中，生产、分配、交换和消费这四个齿轮脱节了。

当前占统治地位的一代人的明确和迫切的任务是，尽可能从经济学家和社会工程师那里寻求并采纳任何专门的指导来解决这个问题。对于这个任务，教育学者必须同一切其他公民协作。可是教育学者的特殊责任乃是考虑他的领域里的一些问题，因为不管当前极其严重的经济情况的解决可能采取什么形式，这些问题在现在看来似乎不可避免的变革中是必然要出现的——只有一个例外，如果美国人民在绝望中抛弃民主，而屈服于独裁，那么真诚的教育学者将不会起作用，因而就没有责任。

但是，我们应当认为“这种情况在这里是不会出现的”，不管新的经济和社会秩序怎样，建立在代议政体和权利法案基础上的政治秩序，将继续存在下去。因此，美国教育的首要功能是要保卫和加强这些理想，特别是要强调言论自由、出版自由、集会自由和宗教自由。现在十分清楚，无论什么时候如果容许这些民主理想的任何一方面遭到破灭，整个的民主结构将会像儿童用纸牌搭的房子一样倒塌下来。因此，这些民主的理想就是包括在要素主义者的纲领中最首要的要素。

民主现在显然是在考验中。它正受到批评和怀疑。每个弱点将会受到它的敌人的注视和欢迎。同现在好战的反民主的各民族将来即使不发生碰撞或冲突，也不可避免地要引起竞赛。除非有一种民主的训练足以加强和巩固民主的目标和理想，否则，民主社会在同极权国家的竞赛或冲突中，都不能继续生存下去。如果民主的理论不为教育找到地位，那么这个理论不要多久，就只有历史的意义了。

美国的教育理论很久以来，已经把“训练”这个词从它的词汇中摒弃了。今天它的最能说话和最有影响的发言人正主张未成年的初学者有选择自己需要学习什么的权利。他们谴责一切学习作业由教师所强加是“权威主义”。他们不承认系统和连贯地掌握各门课程的任何价值，而这些课程是一个民族付出了非常大的代价才学到的。他们宽容初学者拒绝从事于不投合他兴趣的作业，并认为他这样做是合理的。实际上他们为采取最容易的方法和付出最低限度的努力大开门路。他们诋毁服从是怯懦的标志。这一切他们都是用“民主”和“自由”这些迷惑人的名称来鼓吹的。

现在很显然，未成年人选择他所必须学习什么的自由，同他们日后免于匮乏、恐惧、欺诈、迷信和错误（这些东西对于无知者的束缚同奴隶监视人的锁链一样残酷）的自由对照起来，它的重要性是微不足道的——而且这种自由的代价就是往往要为掌握当时深信有意义的各种材料而献出的系统的和坚持不懈的努力。

因此，要素主义者的要素之一，就是当指导既是为个人福利所必需又是为民主集团的福利和进步所必需的时候，承认未成年的初学者有权得到这种指导。成年人对未成年人所负教导和管束的责任，对于延长人类的未成熟期和必需的依赖期具有生物学的意义。人类不知道经历了多少年代才认识到这个责任。完全确实，人类在认识到这个责任之前，依然处于野蛮的状态。原始社会，正像许多学者曾经观察到的（而且他们的证据似乎都是一致的），纵容和放任它们的孩子。儿童免于管束、指导和训练的自由，在野蛮人那里几乎是普遍的惯例；只有当野蛮人几乎普遍地为了标志青年人开始成丁而举行的仪式时，才有唯一简短而重要的例外，把它看作是有意识地指导人类的教育的最早而不明显的开端。

管束和训练也许是愚蠢的和粗暴的，而且也许用于无价值的目的，否认这一点是无益的。自我训练必须发展，由于意志的成熟生长必须放松外部的训练，否认这一点是无益的。但是所有这一切都不能改变根本的真理，即自由必须与责任携手并进，而有责任的自由总是经过努力得来的，而不是白送的。

有效的民主要求文化上的共同性。在教育上这意味着要使每一代拥有足以代表人类遗产最宝贵的要素的各种观念、意义、谅解和理想的共同核心。

关于这些要素是不会有什么疑问的。纪录、计算、测量的技术曾经是有组织的教育的首要任务，这并不单纯是偶然的。这些都是基本的社会技术，每个文明的社会都建筑在这些技术上。当这些技术丧失了，文明就一定不可避免地崩溃。埃及、小亚细亚和米索不达米亚散布着许多已经丢掉了读和写的方法的文明废墟。现代文明在历史上第一次试图尽可能地给这些技术以高于一切的特权来保证它的继续存在。

超越个人直接经验之外的世界知识已经成为普通教育所承认的要素；而且，至少多少熟悉人类的过去以及特别是多少熟悉人们自己国家的历史，早已在普通学校的教学计划里有所规定，这也决不是偶然的。如果要使公民免于受到地方性和直接性的错误信念的侵袭，开拓空间的视野和延伸时间的展望是必不可少的。

研究、发明和艺术创造已经增添到遗产中去。大家所认可的要素一览表已经扩展，并且将进一步地扩展。健康教育和健康习惯的教导现在是低级学校工作的基本方面。自然科学的基本知识有着它们的地位。无论美术和工艺都没有被忽视。

再说一遍，关于普通教育的要素是不会有什么疑问的。查尔斯·A·比尔德说得好：“虽然教育经常地接触到日常的实际事务，并适应政治和经济的迫切需要，可是它又有自己的充满着许多世纪的思想和献身精神的宝库。教育拥有知识的遗产和英雄事例——盖上了永恒印记的公认的价值。”

包括这些要素在内的一个各门特殊学科的教学计划应当是民主教育制度的核心。在我们这样一个人口高度流动的国家里，关于各门学科，特别是那些难度高的课题的讲授顺序和设置年级应当是共同一致的。已经成为美国教育特点的极端地方主义是没有充分根据的。美国的初等学校对基础教育不能像其他民主国家的初等学校一样打好牢固的根基是没有充分根据的。特别遗憾的是，现代教育理论实际上是嘲笑严格、正确、坚毅和精益求精的理想等品质而宽容马马虎虎的工作态度，并认为它是合理的。

一般说来，大家认可的要素应当通过教师所应负责实施的各门学科和各种活动的系统的教学计划来讲授的。学习者自发的通过经验的非正式的学习是重要的，而且在各级有组织的教育的范围内应当处处为这类经验提供多种多样的机会。但是，如前所说，非正式的学习，除了在低年级可以适当占优先地位外，应当看作是补充性的，而不是核心的。

不及格是令人讨厌的，留级是不经济而且往往不是很有效的。另一方面，缺少一种鼓励使学习者坚持工作，对于学习者和民主集体都是严重的不公道，我再说一遍，关于他的有效的教育对民主集体有着根本利害的关系。无疑地曾经把过分严厉的恶名施加于学校的不及格，认为不及格就是永远无能的标志。事实上，决非如此。恰恰是一位天才巴斯德①，在巴黎高等师范学校第一年竟学得如此糟糕，以致他必须回家再做准备。本世纪有一个杰出科学家②在应付中学的基础课时曾经历了一个艰难时期，据说，他的一门最基本的学科的功课考试不及格，可正是在这个方面他后来却驰名世界。这个名单几乎可以无限地加以扩充。

很显然，并不是一切学习者都能够以同等的速度前进。有些会进行得很慢很慢。另一些在开头会有困难，但是当他们克服了开头

---

① 巴斯德（Louis Pasteur，1822～1895），法国化学家。——译注

② 指爱因斯坦（Albert Einstein 1879～1955），生于德国的美国物理学家。——译注

的不利条件之后就进步很快。别让我们像过去那样诋毁不及格吧。另一方面，如果教育放弃严格的标准，因而对于学习所必需的努力不提供有效的鼓励，那么许多人将虚度在学的12年，不过发现自己愚昧无知和缺乏基本训练日益处于严重不利的困境。这简直无异于把小孩连同洗澡水一起倒掉。

当前有组织的教育的一个明确的和首要的任务，是认识那些正在进行中的变化的基本特点，并努力探索消除它们的危险的方法。让我再说一遍，符合这些需要的教育理论必须是强有力的、生气勃勃的、积极的，而不是无能的、软弱的和含糊的。过去一代中越来越统治着美国教育的各种理论基本上显然是属于后一种类型。要素主义者过去承认，而且现在仍然承认这些理论对于教育实践所贡献的真正价值。但是，他们认为，这些积极的因素在一种建立在未成年人必须依赖成年人的教导、教学和训练的基础上的教育理论里，是可以保存下来的。这种依赖是人性固有的。赫胥黎说过："史前原生动物中间所已固定的东西，不能用国会的法令使之改变。"我们可以加一句，不论教育家的动机是多么诚挚，他们的主观愿望也不能使之改变。"权威主义"是一个令人讨厌的词，但当鄙视这词的人在以值得称赞的精神反对这词的某种含义时，甚至否认明显事实的权威，那么，他们的论证也许正好适应激进的一代，可是却可悲地缺乏见解。

选自：华东师范大学教育系，杭州大学教育系编辑．现代西方资产阶级教育思想流派论著选．北京：人民教育出版社，1980．149～160

思想评介

巴格莱及其要素主义教育思想

一、要素主义教育思想兴起的背景

要素主义教育学派又称“新传统教育学派”、“精粹主义教育学派”、“保守主义教育学派”。由巴格莱和德米阿什克维奇等于1938年在美国大西洋城组织发起，当时称为“要素主义者促进美国教育委员会”。

19世纪末起始于欧洲的“新学校”运动传到美国后被美国教育学者们称为“进步主义教育”。当时，处于特定发展阶段的美国的各行各业大量需要会做工、会做事、有一技之长的中等技术人才，进步主义教育符合了美国社会的这种要求，因而兴盛一时，在美国教育界占据了统治地位。然而，到20世纪30年代，由于资本主义社会固有的生产力和生产关系之间矛盾的冲突与激化，美国爆发了有史以来最大的经济危机。大批工人失业，社会处于动荡之中。在这一紧要关头，人们开始对走过来的路进行反思和检讨，其中发现在美国教育界占据统治地位长达10年之久的进步主义教育思想在担当挽救美国的民主理想、促进社会和谐发展、维护社会秩序等方面显得软弱无能。巴格莱等人指出，美国的公共教育系统很多方面极为脆弱，主要表现在：“（1）初级中学基础教育水平远远低于其他国家的平均水平。（2）高中生运用初等英语语法也存在着严重缺陷。他们不能有效地阅读。除了无希望的不正常的孩子外，由于人人都应掌握的基础知识教育方面的不足，使聪明的和反应慢些的学生同样被耽误了。事实上高中教育并未达到它应该达到的有效程度。（3）普及教育的扩展并未降低和其他国家一样存在的犯罪的比率。"①于是，巴格莱等人站在进步主义教育的对立面，提出了其"要素主义者的纲领"。

二、巴格莱要素主义教育思想的基本观点

（一）教育本质观

巴格莱的教育理念是建立在他对人类社会发展进程的理解之上的。在《教育与新人》一书中，巴格莱首先对人类社会的进化（social evolution）过程进行了简要的回顾和分析。他研究后指出："在那些超越兽性和野蛮阶段的社会里，最强大稳定的文明动力是树立起关心个人独立性，为个人生存，为个人成长和个人经济负责的理想"②。个人之所以能够生存和成长，与其存在于其中的种族、社会有着密切的关系。因为"种族由个人组成，这是事实；然而个人问题从属于种族，这也是事实"③。人类社会总是在不断进化的，社会的进化过程，就是"积累和精化知识的过程"。这里所说的知识，实际上就是种族经验、文化遗产。要素主义者强调"种族经验"或"文化遗产"的重要性，认为经历历史检验的多数人的经验比个人经验有意义。这与进步主义教育家强调个人经验的获得是迥然不同的。个人要想得以存在和发展，就要继承这些知识，而"在最广泛的意义上讲，教育则是传递这些知识的过程，或者说教育是传递人类积累的知识中具有永久不朽价值的那部分的过程"。这一过程，就是系统的教育教学活动。换言之，通过系统的教育教学活动，体现出教育本质之所在——传授人类种族遗传下来的共同经验和文化精华。

（二）教育功能观

从一定的意义上说，实用主义哲学是一种价值哲学，它强调

---

① 埃德尔·哈恩，埃塔·查彼特，威廉·查德勒·巴格莱——教师之师．转引自袁桂林译．教育与新人．北京：人民教育出版社，1996．209

② 巴格莱．要素主义者促进美国教育的纲领．转引自袁桂林译．教育与新人．北京：人民教育出版社，1996．203

③ 巴格莱．价值的标准．转引自瞿保奎主编．教育学文集·教育目的．北京：人民教育出版社，1989．470

"价值"、"功能"等问题。在此基础上产生的进步主义教育运动，也是十分重视教育的价值和功能问题的。要素主义既然是作为进步主义的对立面而出现的，就必然地要对教育的价值和功能问题做出自己的回答。巴格莱的教育功能观，可以概括为以下几个方面：

1. 维护美国长期以来建立和努力维持的民主理想

巴格莱指出："不管新的经济和社会秩序怎样，建立在代议政体和权利法案基础上的政治秩序，将继续存在下去。因此，美国教育的首要功能是要保卫和加强这些理想，特别是要强调言论自由、出版自由、集会自由和宗教自由。现在十分清楚，无论什么时候如果容许这些民主理想的任何一方面遭到破坏，整个民主结构将会像儿童用纸牌搭的房子一样倒塌下来。因此，这些民主的理想就是包括在要素主义者的纲领中的最首要的因素。"① 可见，在巴格莱那里，教育的政治功能是置于首位的。

2. 促进社会进步

社会进步（social progress）是巴格莱经常使用的一个术语，它具体体现在以下 12 个方面：①在"和平的人类群体"中，从无政府主义的混乱与暴力状态转向有稳固的法律秩序，其中对社会犯罪情况的统计材料是社会进步的最重要的晴雨表；②较高的健康水平和较多的长寿者；③在民主国家中官员腐败现象持续下降，特殊阶层的特权持续下降，在政治竞争中持有偏见的呼声持续下降，人类理智的声音不断高涨；④性病、酗酒的比率减少，尤其是因酒精中毒而造成的死亡或精神不健全的比率减少；⑤群众生活水平提高，贫困减少；⑥反常的离婚率减少，结婚率提高，卖淫现象减少；⑦消除贫民窟，提供更多的公园和游戏场地，提高去艺术馆和博物馆的人次；⑧人均对高雅文学消费的提高，减少在报刊、电影等大众传媒中耸人听闻和邪恶暴力的宣传等；⑨增加在文学、艺术、科学和发明中的"创造性"因素；⑩减少以强凌弱、邪恶统治正义、不道德对道德凌辱的宣传；⑪在没有能力或缺少毅力为儿童提供合适

① 巴格莱．要素主义者促进美国教育的纲领．转引自袁桂林译．教育与新人．北京：人民教育出版社，1996．197

的教养情况下，减少儿童出生率；⑫提高男人和女人为追求某种理想而参加工作的意志，而不仅仅把工作当作获得金钱的活动。教育在社会进步中具有重要的功能，其中一个重要的例证就是，上面谈到的社会进步的几种表现是与普及学校教育的扩展相伴随出现的。

3．在社会急剧变动时期，教育还具有重要的稳定社会的功能

在巴格莱看来，教育稳定社会的功能表现为，当社会环境出现混乱特征时，学校总是强调极力避免出现混乱，而且会强调相对稳定的基本的价值观教育。他批判在美国黄金10年期间，美国的教育并没有发挥稳定社会的作用，之后的经济危机与教育没有充分发挥稳定力量有着一定的关系。

4．“文化同一”的功能

巴格莱认为，教育的上述重要的社会功能要得以实现，还有赖于教育的文化功能的发挥。这种文化功能，他称之为“文化同一”。他说：“正规教育的一个最重要的功能，特别在民主社会里，是尽可能使文化中共同性因素部分提高，使民主社会中绝大部分人群都有共同的思想、共同的理解、共同的准则、共同的精神，最终能使群体产生集体思维和集体决策，并且尽可能达到最高标准。”这些“文化中共同性因素”是文化上的各式各样最好的东西，是人类知识的基本核心，即共同的、不变的文化要素，其中包括各种基本知识、各种技艺及传统的“态度”、“理想”等。

（三）知识观

与其教育功能观相联系，巴格莱的知识观也是以“要素”为核心的。他指出，有效的民主要求文化上的共同性，“在教育上这意味着要使每一代拥有足以代表人类遗产最宝贵的要素的各种观念、意义、谅解和理想的共同核心。”① 此外，属于“要素”类的知识还包括基本的记录、计算、测量等自然科学的知识、超越个人直接经验之外的世界知识、健康的知识、研究、发明和艺术创造的知识

① 巴格莱．要素主义者促进美国教育的纲领．转引自袁桂林译．教育与新人．北京：人民教育出版社，1996．

等，这些知识具有永恒的价值，而且会逐步的扩展。①

在知识的功能上，他明确地反对进步主义教育者过分强调的知识的工具性功能，反对把是否有用作为判断知识价值的标准，因为“事实上，一个人学习到的知识，无论他是通过自己的经验直接学来的，还是通过别人的经验间接学来的，其中只有一小部分可以被直接地有意识地明显地用来解决问题。另外的学习内容对一个人的生活也有潜在的影响。全面地看问题，知识构成了人们意识背景的重要组成部分，这种意识背景将赋予人的意识印象一定的含义”②。这就是说，知识的“工具性功能”并不是它的唯一功能，知识还有重要的背景功能。人们获取的知识，可以当作生活内容的“背景”，它影响到人们的生活和意识，但并不直接派上用场。“知识具有高于和超越我们所设计的‘工具’的价值。知识可以作为背景，同时也可以作为工具，它的价值可以是解释的，也可以是功利的。”③知识的这两种功能既适用于个体，也适用于群体。很明显，巴格莱的知识观是对实用主义的急功近利的知识功能观的反动，也是一种比较全面的知识观。

（四）课程观

由于巴格莱强调知识、文化中的共同性的“要素”。所以在课程观上，他反对进步主义教育者倡导的通过木工、缝纫、编织等零散的活动来设置课程及相应的设计教学法等。他指出，这是根本上正在起削弱作用的教育理论，它的后果之一是导致“轻视学习的系统性和循序性，并断然否认学习材料中逻辑的、按年代顺序的和因果联系的任何价值，甚至否认按学习中的这些联系学完的可能性”④。“活动计划”、“活动课程”如同“设计教学法”一样，虽然“在各级各类学校里起着一种极有用的辅助的作用。可是这个倾向

---

① 巴格莱．要素主义者促进美国教育的纲领．转引自袁桂林译．教育与新人．200

②③ 巴格莱．要素主义者促进美国教育的纲领．转引自袁桂林译．教育与新人．北京：人民教育出版社，71

④ 巴格莱．要素主义者促进美国教育的纲领．转引自袁桂林译．教育与新人．北京：人民教育出版社，1996．192～193

以这些活动代替系统的和顺序的学习，并且甚至进一步把活动本身当作自足的目的，而不问通过这种活动能否学到什么东西[①]”。

基于上述认识，巴格莱重视基础知识和基本技能的重要性，强调“在全国的所有学校课程中，特别是在普及学校教育的课程计划中，需要有相当大范围的共同因素”[②]。为此要建立全国一致性的课程体系。他说：“本人并不赞同在我们国家初等学校里设置完全相同的课程，但是也不容许凭一时爱好，没有什么理论根据地乱设课程，以至造成目前的一些混乱，甚至会产生不可弥补的损失。”[③]那么他提出要建立全国一致性的课程的根据是什么呢？主要是“两种需要”和“一个借鉴”。“两种需要”的第一种需要是美国民主社会的需要。“生活在民主社会中的人们需要许多许多文化的共同要素，最终使人们能够讨论集体问题，或者说能够相互传递共同的思想内容”[④]。第二种需要是基于美国人的流动性大的现实需要而提出的，他称之为“纯粹的实践需要”。在美国人流动性大的情况下，“如果学校不能建立起大范围一致性课程，不形成统一的年级课程标准，那么对目前至少一千万的学龄儿童来说是极端不公平的。”[⑤]“一个借鉴”是法国的进步和文明程度对世界的借鉴。他认为，法国社会之所以取得让人感动的成就，“从根本上讲是整个国家实施单一的相同的初等学校课程计划的结果，课程的变化仅仅是每隔10年才能觉察到有微弱的变化”[⑥]。

为了建立一致性的、稳定而系统的课程，巴格莱指出应严格按照逻辑系统来编写教材，在教材中应能够反映人类文化要求的本质特征。他认为，普通教育课程应重视读、写、算、数学、历史、英

---

① 巴格莱．要素主义者促进美国教育的纲领．转引自袁桂林译．教育与新人．北京：人民教育出版社，1996．192～193

② 巴格莱．要素主义者促进美国教育的纲领．转引自袁桂林译．教育与新人．北京：人民教育出版社，1996．21

③⑥ 巴格莱．要素主义者促进美国教育的纲领．转引自袁桂林译．教育与新人．北京：人民教育出版社，1996．127

④⑤ 巴格莱．要素主义者促进美国教育的纲领．转引自袁桂林译．教育与新人．北京：人民教育出版社，1996．126

语等基础知识的系统训练，特别强调拉丁语、代数、几何等应作为中等学校的共同必修课。“这些科目在课程中之所以占重要的地位乃是由于人们掌握它们证明在很大程度上对于心智训练是有价值的。”① 此外，超越个人直接经验之外的世界知识也应该成为普通教育的教学内容，因为“如果要使公民免于受到地方性和直接性的错误信念的侵袭，开拓空间的视野和延伸时间的展望是必不可少的”②。

（五）教学观

在教学观上，巴格莱同样反对进步主义教育者提出的“儿童中心主义”，认为这种主张不能使儿童获得系统的知识，更不能使儿童的智力得到训练。他指出，教学应该使人获得系统的而不是零散的知识，教学过程实质上是一种训练智慧的过程，必须重视对学生思维能力的训练。

巴格莱十分重视智力训练，他明确指出“智力训练是教育的功能之一”，“知识的功能决不仅仅是知识获得者学习过程功能的副产品。已经有人明确地论证了某些类型的学习为智力训练创造了可能。”③ 他认为，蕴藏在儿童身上的智力和道德力量的资源不应被浪费；为此，对于提高儿童心智能力有用的教学科目应该有严格的高标准，这样才能真正开发儿童的智力。

在教学中的师生关系和教与学的关系上，巴格莱更加看重教师及其教的作用。他指出：“一般来说，大家认可的要素应当通过教师所应负责实施的各门学科和各种活动的系统的教学计划来讲授的。学习者自发的通过经验的非正式的学习是重要的，而且在各年级有组织的教育的范围内应当处处为这类经验提供多种多样的机会。但是……非正式的学习除了在低年级可以适当占优先地位外，

① 巴格莱．要素主义者促进美国教育的纲领．转引自袁桂林译．教育与新人．北京：人民教育出版社，1996．193

② 巴格莱．要素主义者促进美国教育的纲领．转引自袁桂林译．教育与新人．北京：人民教育出版社，1996．200

③ 巴格莱．要素主义者促进美国教育的纲领．转引自袁桂林译．教育与新人．北京：人民教育出版社，1996．79

在其他年级应当看作是补充性的，而不是核心的。”[①] 为此，他认为，对于未成年人来说，在学习方面接受必要的指导是他们的一种权利，对于成年人来说，教导和管束未成年人是他们的一种责任，这也是“要素主义者的要素之一”。[②]

与此相联系，在教学方法上，巴格莱则提倡“管束”和“训练”。他批评美国长期流行的教育理论时说：“美国的教育理论很久以来，已经把‘训练’这个词从它的词汇中抛弃了。今天它的最能说话和最有影响的发言人正主张未成年的初学者有选择自己需要学习什么的权利。他们谴责一切学习作业由教师所强加是‘权威主义’。他们不承认系统地和连贯地掌握各门课程的任何价值，而这些课程是一个民族付出了非常大的代价才学到的。他们宽容初学者拒绝从事于不投合他的兴趣的作业，并认为他这样做是合理的。实际上他们为那些采取最容易的方法和付出最低限度努力的懒惰者大开方便之门。”[③] 他进而指出：“未成年人选择他所必须学习什么的自由，同他们日后免于知识匮乏、恐惧、欺诈、迷信和错误……的自由对照起来，它的重要性是微不足道的”。[④]只有人类在没有认识到责任之前，仍处于野蛮状态时，儿童才免于管束、指导和训练。因此，未成年人要免于知识匮乏、恐惧等，就要接受严格的训练和管束。

（六）教师观

从巴格莱对师生关系和教与学的态度上，我们很容易发现，作为新传统学派的提倡者，他特别重视教师在教育过程中的权威作用。这是要素主义者反对进步主义者教育观的必然结果之一。

巴格莱认为：“对绝大多数学习者来说，不论是青少年还是成年人，如果他们的学习过程得到教师个人指导，可能是取得学习实质性进步的最基本因素。在美国教育中，无论是教育理论还是教育实践，存在一个明显的趋势是低估了教师直接教学的功能，夸大了

---

① 巴格莱．教育与新人．北京：人民教育出版社，1996．201

② 巴格莱．教育与新人．北京：人民教育出版社，1996．199

③④ 巴格莱．教育与新人．北京：人民教育出版社，1996．198

教师的考试和指导功能。"[①]而这实际上极大地限制了教师的所有功能的发挥。依巴格莱之见，教师的功能应该包括：(1) 在设计教学和活动教学过程中的指导功能；(2) 在初等学校中正确的、以直接口头语言讲述为主进行教学；(3) 用人类的经验教育学生，鼓励学生有生活热情和加深对生活意义的理解；(4) 发现各层次学生中间特别具有"天赋"的学生，或者发现学生将能够具备的能力；(5) 依靠自己的人格力量影响学生；(6) 在学生的精神卫生方面负责任。[②]

教师上述功能的发挥，有赖于教师的高素质。这些素质包括：对学生存在的困难有洞察力，有直觉印象，能敏感地意识到学生的困难，对学生的需要同情并理解，能够对人类遗产中的知识、技能、观念及道德规范准则等进行鉴别，能够把有生活意义的遗产编织到学生的生活经历之中等。由于教师要有这些高的素质才能很好地胜任工作，所以巴格莱认为，教师的教学应是一种艺术，而不是一种技术。[③]

巴格莱指出，到20世纪30年代，美国教师的状况难以置信的糟糕，这主要是由于人们对教师的选择和培养方面不正确的态度(如不关心教师的培养工作)，以及美国师范教育水平低下造成的。为了使美国能够顺利地招收高素质的师范生并把他们培养成所期望的教师，应该在许多方面进行变革，其中主要的措施有：提高教师培训机构的水平；认真挑选学生来源；给有能力的学生提供竞争机会，以便使他们取得可观的奖学金；建立新的师范教育课程，在课堂设置上应包含广泛的文化知识范围；对教师实行"单独工薪"；等等。[④]

三、对巴格莱要素主义教育思想的简单评价

巴格莱敢于对在美国教育中占据显赫的统治地位的进步主义教

① 巴格莱．教育与新人．北京：人民教育出版社，1996．154

② 巴格莱．教育与新人．北京：人民教育出版社，1996．156～159

③ 巴格莱．教育与新人．北京：人民教育出版社，1996．162

④ 巴格莱．教育与新人．北京：人民教育出版社，1996．170～172

育思想分庭抗礼，充分反映了他的教育批判精神。他提出的要素主义教育，在20世纪30年代可谓独树一帜，在一定程度上冲击了美国教育领域中长期存在的重术轻学、重实用轻基础的状况。他提出的重视教育的社会功能和文化功能，重视学生智力的训练，重视学生基础知识和基本技能的培养，重视知识的“背景”功能等观点，对于培养社会未成年人的人文品质，对于美国革除时弊，促进社会发展等都起了重要的作用。特别当美国举国上下受到1957年前苏联人造地球卫星上天的刺激后，决意进行大规模的教育改革时，巴格莱等人的要素主义教育思想备受人们的重视。在这些改革浪潮中，也涌现了不少著名的教育思想家，如科南特、布鲁纳、贝斯特、里科弗等。他们都因在不同的程度和不同的方面，发展了早期要素主义的教育思想，而成为后期要素主义教育思想的代表人物，使要素主义教育思想得到发扬光大。

然而，我们也应该看到，由于要素主义是作为进步主义的对立面出现的，所以要素主义者对进步主义者的不少观点都“背其道而行之”，从而也使要素主义教育的“航船”偏离了正确的航向。比如，由于进步主义教育家强调教育的个人的价值，巴格莱就特别强调教育的社会价值。但由于他过分强调教育的功利性价值的一面，他就难以正确认识教育的个人价值的合理性和科学性，从而导致要素主义忽视教育的、直接的、培养人的、内在价值的缺陷。由此，巴格莱也不能正确地认识学生的主动学习，在教学过程中的必要性和重要性，只能一味地强调教师的权威和严格管束。这种观点与其期望提高美国教育教学质量的初衷是相矛盾的。由于巴格莱及其他要素主义者在诸如这些方面存在的不足，所以到了20世纪60年代末70年代初，要素主义教育思想便受到了新的教育思潮——人本主义教育思想的冲击，在美国教育“舞台”上由“前台”退到了“幕后”。

尽管如此，巴格莱及其提倡的要素主义教育思想仍有其光辉的一面，比如，他提出的重视基础知识的教学和布鲁纳等人提出的重视自然科学的教学的观点，他强调的从多方面认识知识的功能和价值的观点等，对于今天我们持有急功近利的教育价值观的少数人来说，仍具有重要的教育意义；对于我们在迎接知识经济时代时客观而全面地理解知识及其功能、科学地理解知识经济的涵义，也具有不容忽视的价值。

（王卫东）

斯特鲁米林

（Струмили Станислав Туставович）

- 生平简介
- 名篇选读
  脑力劳动和教育程度的关系
- 思想评介
  斯特鲁米林的教育经济学观

生平简介

斯特鲁米林（1877 ~ 1974）亦名斯特鲁米洛—彼特拉施凯维奇，前苏联经济学家、科学院院士，出生于俄国达什科夫楚；1923年加入苏联共产党；十月革命后，1921 ~ 1923 年在莫斯科国立大学任教，1929 ~ 1930 年在国民经济学院任教，后长期从事计划和经济工作；1943 ~ 1951 年在前苏联国家计划委员会工作，曾任国家计划委员会副主席、中央国民经济统计局副局长、苏联科学院分院和附属机构委员会副主席、生产力研究委员会副主席等职，曾获列宁勋章和社会主义劳动英雄称号，研究范围广泛，著有 700 多种著作和文稿，涉及统计学、经济学和教育经济学，发明了劳动生产率指数，称“斯特鲁米林指数”，主持了原苏联许多经济问题讨论会；主要著作有《财富和劳动》（1905）、《国民教育的经济意义》(1924)、《劳动的经济问题》（1925）、《苏联经济概论》（1928）、《俄国的工业革命》（1944）、《苏联的教育经济学》（1962）等，其中《国民教育的经济意义》，引起国际教育经济学界的重视，被认为有价值的教育经济学早期作品，编入 1963 年国际经济学会论文集。20 世纪 40 年代和 50 年代，转入对科学技术经济效益的研究。著作有《科学的经济效益问题》、《论新技术的效果》等。20 世纪 60 年代从科学技术进步与人才培养紧密结合方面，进行了深入研究，论证了现代经济发展依靠科学技术进步和教育的趋势；在发展社会生产力方面，科学应用已成为决定性因素，成为直接生产力；为使更多的人熟悉科学成就，必须给学校教育和成人教育以大量的教育投资，制定贤明的教育经济政策，使教育投资取得更大的经济效益。

名篇选读

脑力劳动和教育程度的关系

教育程度对工厂里工人体力劳动熟练程度的影响，比这里想要研究的大得多。但是，有更多的理由可以预料，学校培训这个影响到职员所谓“脑力”劳动的熟练程度的因素，应当有更大的意义。

为了统计查明管理劳动领域与熟练程度有关的各种因素的作用，我们采用了粮食人民委员会和莫斯科邮政总局两个最大机关《登记卡片》的材料。在这里，这些卡片比其他卡片填写的更为详细。挑选这两个机关的理由是，在这里我们遇到管理劳动的专门业务，即邮政和分发工作。从社会必要性上看，这个专门业务的存在，是没有任何可争议的。在这里，劳动生产率的提高采取了我们特别敏感的方式。即教育对提高这类劳动效率的作用，不论从数量上还是从质量上，都最显著地、最有意义地表现出来。

我们采用了对列宁格勒的车床工人所采用的同一个办法时，研究了大约总计 2 800 张卡片（1 059 名是 1921 年粮食人民委员会的职员，1 762 名是 1923 年邮政总局的职员）。但是，其中许多卡片没有填写工资一栏，因此最后只好限定按这个特征观察的次数为 2 307次。①

其他的困难是，我们卡片中的熟练程度，是用 17 个等级工资额的工资等级表示的。为了把上述等级进行折合，以便与车床工人的材料作比较，必须把这些等级折合成劳动单元。为此，我们采用了如下方法。劳动单元，即简单劳动单位，从简单劳动报酬的观点来看，相当于当今普遍采用的工资率的概念。如果 17 级的工资定

① 引自：最近参加这个工作的巴贝宁的文章，统计学公报，1924（17，4～6）：107

额等于8个第一级的工资定额，那么这个工资率就意味着，我们把熟练程度最高的工作人员的一天或8小时的劳动，看作8个最简单的劳动单位，即8个劳动单元。可惜，在最近几年内不同工资等级的劳动报酬，在不同机关被非常明显地变更了。当然，这些等级的比率或工资率变化的程度还不算大。但是在这其中，还不得不停留在目前广为传播的、群众管理领域内的工资表上。至于校外的工资，我们没有按超出通行的定额范围以外进行计算。

在下面的图表中，我们提供的普通等级的熟练程度，即按17级工资等级表折合成劳动单元的熟练程度是按下面的比率折合的。

第一等级＝1个劳动单元
第二等级＝1.2个劳动单元
第三等级＝1.4个劳动单元
第四等级＝1.6个劳动单元
第五等级＝1.8个劳动单元
第六等级＝2.1个劳动单元
第七等级＝2.4个劳动单元
第八等级＝2.7个劳动单元
第九等级＝3个劳动单元
第十等级＝3.4个劳动单元
第十一等级＝3.8个劳动单元
第十二等级＝4.2个劳动单元
第十三等级＝4.8个劳动单元
第十四等级＝5.4个劳动单元
第十五等级＝6个劳动单元
第十六等级＝7个劳动单元
第十七等级＝8个劳动单元

尽管对熟悉程度的系数折合在总体上已经完成了，但是在这种情况下，我们也不算最后的完成。这是由于某些这样得到的结果的不准确性造成的。为了使这个折合完全准确，必须像我们对车床工人所做到的那样，整理每一个卡片材料的清单。由于随着等级提高的熟练程度的不平衡发展，被我们所采用的折合方式，如在试验上顺利得到证实一样，提供了一些估计过低的结果。但是这个估计过低的结果，按照我们的考查，在最坏的情况下不超过所计算数量的8%。并且在所有场合，误差都发生在同一个方向。因此，是不会严重影响所对照的数量的对比关系的。

在作了修正之后，我们直接分析得来的结果的统计表（见表8－1）。

我们可以看到，脑力劳动领域的年龄，对熟练程度的影响也和

表 8-1　职员的年龄和熟练程度表

按年龄划分的组别	观察次数	经验的数据				正常熟练程度			平均熟练程度		
		年龄	工龄	教育程度	熟练程度	工龄9.33年	教育程度4.2年	工龄9.33年与教育程度4.2年	等级	劳动单位	
		年								绝对值	相对值
1	2	3	4	5	6	7	8	9	10	11	12
15~24	206	20.6	3.68	4.61	7.45	8.55	7.29	8.39	8.39	2.82	88
25~34	647	29.6	7.90	5.27	9.40	10.11	8.81	9.52	9.52	3.21	100
35~44	806	39.2	13.16	3.91	9.49	8.72	9.66	8.89	9.35	3.14	98
45~54	507	48.9	19.09	3.32	9.09	7.88	9.63	8.42	8.42	2.83	88
55~71	141	59.6	29.29	3.86	9.08	7.58	9.19	7.69	7.10	2.43	76
15~71	2307	38.2	13.13	4.22	9.34	—	—	—	—	—	—

在体力劳动条件下一样，从最初到30岁，这种影响逐步提高，然后，影响又降低。尤其奇怪的是这种影响也和体力劳动的情况一样，随年龄升高而下降，这是不能解释的。因为在管理劳动范围内，一般说来，体力的消耗不起重要的作用。因此，只有假定人的智力对高龄人说来与体力并行，也明显减弱。

……

我们研究职工工龄在管理劳动中的作用时，引证了（见表8-2）。

随着工龄提高而增长的熟练程度，尽管在劳动者全部工作期间内没停止过，但在这里，增长得特别明显的，是工作的头几年，这就像体力劳动范围内一样。然而，在这里应当作出很重要的附加说明。不应该忘记，很多不同小组的职员，从邮递员、更夫到集体劳动的检查监督机关的领导者，都得到了这种平均结果。在研究具体职业的工龄影响的时候，我们还是顺利地发现了：熟练程度随工龄增长而提高，对其中许多人来说，停止得相当早，只对其他更熟练

表 8 – 2 职员的工龄和熟练程度表

按工龄划分的小组（年）	观察次数	经济的数据				正常熟练程度			平均熟练程度		
		工龄	年龄	教育程度	熟练程度（等级）	35.1年的年龄	4.2年的教育程度	35.1和年4.2的年工龄年龄	等级	劳动单位	
		年								绝对值	相对值
1	2	3	4	5	6	7	8	9	10	11	12
0～2	270	1.39	28.8	3.86	6.87	7.03	7.27	7.43	7.0	2.40	100
3～4	131	3.59	28.4	5.95	9.36	8.99	8.02	7.65	7.8	2.64	110
5～9	590	7.04	34.5	4.31	8.76	8.65	9.07	8.96	8.96	2.99	125
10～14	419	11.97	36.2	4.27	9.71	9.59	9.90	9.78	10.1	3.44	143
15～19	415	16.89	41.4	3.65	10.04	10.46	10.75	11.17	11.0	3.80	158
20～24	190	21.72	45.6	3.89	10.17	10.97	10.64	11.44	11.6	4.04	168
25～29	144	26.90	49.2	4.33	10.92	12.07	10.77	11.92	11.92	4.16	173
30～50	148	35.59	56.3	4.82	10.53	12.53	9.93	11.93	11.93	4.17	174
0～50	2307	13.13	38.2	4.22	9.34	—	—	—	—	—	—

的人来说停止得稍迟一些。只有在最复杂的劳动部门，为了十分熟识这些复杂的劳动部门，也许这种增长直到最后，即人的有限生命的一生全部经验也是不足的。与车床工人相比较，工龄对管理劳动的影响从表 8 – 3 中可以看出。

表 8 – 3 工人和职员的工龄表

工龄（年）	熟练程度			
	工人		职员	
	劳动单元	%	%	劳动单元
0	1.28	100	100	(2.21)
2	1.61	126	111	2.45
5	2.00	156	126	2.78
10	2.42	189	147	3.26
20	2.85	223	179	3.95
30	3.03	237	188	4.16

我们可以看出，由职工的工龄造成的熟练程度的增长，工人比职员大得多。但是，这个超出部分的全部增长是在工龄的头5年，因为在工人工龄的以后的25年内总计增加1.03个劳动单元，也就是说甚至比职员（1.38）还要少些。

与职员相比，工人在工龄的头几年的熟练程度，相当突然地升高，当然是因为他们所必需的体力上的素养，相当迅速地在头几年的工作过程中已经完全具备了。对他们当中的许多人来说，以后的工龄已经几乎什么东西也不能在这方面有所增加。在管理劳动上，起相当大作用的思维上的技能在一定程度上，已经在学校就获得了，因此，职员的工龄在今后更均匀地提高这些思维上的技能。

对管理劳动来说，学校培训的作用在《学校培训和职员的熟练程度表》中表现出来（见表8－4）。

表8－4 学校培训和职员的熟练程度表

按教育程度划分的小组（年）	观察次数	经验的数据				正常的熟练程度			平均熟练程度		
		教育程度	年龄	工龄	熟练程度（等级）	38.2年的年龄	13.1年的工龄	38.2年的年龄和13.1年工龄	等级	劳动单位	
从…到…		年								绝对值	相对值
1	2	3	4	5	6	7	8	9	10	11	12
0～2	922	18.6	42.1	13.47	7.89	7.30	7.77	7.18	7.18	2.45	100
3～4	501	3.29	34.9	10.85	8.13	8.23	8.53	8.63	8.80	2.95	120
5～7	567	5.32	36.7	15.17	10.65	10.74	10.46	10.55	10.55	3.62	148
8～9	131	8.11	3667	14.18	12.21	12.33	12.28	12.40	12.33	4.40	180
10～12	127	11.37	36.9	11.22	13.48	13.49	13.43	13.50	13.50	5.10	208
13～18	59	13.57	37.1	10.25	14.47	14.44	14.02	13.99	13.99	5.40	220
0～18	2307	4.22	38.2	13.13	9.34	—	—	—	—	—	—

显然，教育程度对脑力劳动熟练程度的提高起决定性作用。从16岁到30岁可以作为脑力和体力逐渐成熟的时期，如果最初相应条件下职员的熟练程度为0.85个劳动单元，而具有14年工龄的职员就提高了1.34个劳动单元，那么相应地高等教育14年的学校培

训，会使熟练程度提高 3.81 个劳动单元。即至少比单纯计算职员工龄的熟练程度高 2.8 倍。在表 8－4 中我们至少说明，学校教育对不同类管理劳动的平均系数有关系。

同时，毫无疑义只有熟练程度很高的工作，高等教育程度才完全被采用。因而，在这种工作上，教育程度应当比在表 8－4 中所表明的熟练程度有更大的提高。

为了检验这个见解，再引证一个教育人民委员会提供来的职员的统计表，在这个表里我们把这些职员的工资等级作为分类的基础（见表 8－5）。

表 8－5　1921 年苏联职员的熟练程度表

工资等级	观察次数	经验的数据				正常的熟练程度			
		年龄	工龄	教育程度	工资等级	等级			劳动单元
						36.5 年的年龄	18.9 年的工龄	36.5 年的年龄和 18.9 年工龄	
		年							
1	2	3	4	5	6	7	8	9	10
1～5 级	233	35.5	19.82	2.26	4.83	4.80	4.71	4.68	1.74
6～8 级	151	35.6	18.83	3.66	7.62	7.60	7.63	7.61	2.64
9～11 级	123	35.8	19.41	4.89	9.84	9.82	9.77	9.75	3.30
12～14 级	174	37.4	18.30	8.95	13.22	13.24	13.30	13.32	4.99
15～17 级	114	37.8	17.42	10.02	15.73	15.76	15.92	15.95	6.95
1～17 级	759	36.5	18.89	5.51	9.54	—	—	—	—

在这里，根据分类的方法，工作人员熟练程度最低的组，明显地远离熟练程度最高的组。按照这种分类方法，年龄和工龄在所有组中相当接近平均，为了计算正常状态下（这些平均的年龄和工龄方面）的熟练程度，可以忽略某些必要的附属条件。究竟由什么区分彼此联系的这些组呢？从表可以看出，仅仅是教育程度。但是有重要意义的是在这个分类里，职员的熟练程度在教育程度的每一年增长时，与表 8－4 比是相当快的。可是按照表 8－4，学校学习每多一年，总是使熟练程度增长的幅度逐渐降低。但在这里对高等教

育的组相反，我们得到的是同教育程度增长相比较，熟练程度的增长加快了。

相应的曲线的特点本身能更好地说明这点。而且下列数量上的比较，可足以作为说明的例证。按照表8－4，最高教育程度的组，在高等教育的一年内，总计增加0.12～0.13个劳动单元，而按照表8－5，在较高工资等级的职员的组里，相应的增加达到1.8个劳动单元，即多到15倍。

为了说明这个差异，还可以引用下列理由：在表8－4，高等教育程度的组全部由高等教育程度的人组成，但他们其中一些人很早就已经参加工作，并得以发挥他们的技能，按工作职务已进入较高的等级。而别人则刚开始自己的工作，也没有得以再发挥自己当初潜在的教育的特长，所以处在更低的工资等级上。因此，这个组的平均熟练程度与表8－5的高工资等级的组相比较，可能出现明显的下降。被集中在这个高等级的组里，已达到15～17等级的人，这也就是熟练程度得以发挥的已经达到最高程度的那些人。既然他们这个高度熟练程度应当归功于高等教育，那么高等教育在这里可作为最完善的等级率来评价。

然而教育程度的潜在的特点，到它在工作人员的工资等级的评价中没有反映出来时为止，对我们来说，只有单纯理论上的意义。因此，在计算学校培训的经济效果时，我们大胆地采用表8－4的比率。那么此表究竟向我们提供了什么呢？和体力劳动相比较，提高工作人员的熟练程度的过程中，在管理劳动的范围内，教育起了大得多的作用。

当然，为了比较，必须收集学校培训头几年的情况。例如表8－6的一些数目字：

我们可看到，七年制中等学校职员增加的熟练程度，几乎是工人的2.5倍。甚至四年制初等学校也为职员创造了比工人多90%的熟练程度。在当前职员工资按工资等级表1:8之比降低的情况下，情况就是这样。上述普通的初等教育的效益，在考虑到管理劳动可能有机会再增加的前提下，被按照体力劳动所估计的定额计算出来。

表 8-6 学校受教育年度与增加熟练程度表

受教育年度	增加的熟练程度（劳动单元）		
	工　人	职　员	相互差：%
第一年	0.30	0.43	43
第二年	0.23	0.40	74
第三年	0.15	0.35	133
第四年	0.11	0.33	200
第五年	0.09	0.32	256
第六年	0.06	0.31	417
第七年	0.04	0.30	650
第 1~7 年	0.98	2.44	149
其中第 1~4 年	0.79	1.51	91

但是，在试图确定高等教育的效益时，按照表 8-4 的比率，得到了完全另外的情形。根据计算，11 卢布 75 戈比应为第一等级的工资定额，我们假定，按照我们的观点建立起的工资等级，没有任何工龄和教育程度的 16 岁青年有权要求这种工资定额。我们借助于在每一年内年龄、工龄和教育程度的增加（见表 8-1、8-2、8-4），计算了这些基本工资定额的数值，和在职员全部工作的在业工资总额。在 8 年以下教育程度内，我们有条件的认为 16 岁是就业的起点，这样算每多受一年的教育，就业的起始年龄就提高一年，相应地缩短工作年限的总数。这个计算向我们提供了在不同教育条件下每个职员一生工资的大概数量。为了计算的费用，我们在计算教师劳动报酬以外的其他开支时，费用就倍增起来①。结果得到了这样的对照表（见表 8-7）。

① 在大学科研工作者的熟练程度范围内，我们采用年龄在 45 岁、工龄 24 年、教育程度 13~14 年（参看我们的《熟练程度和才能》一书）工资率 7.4，适合于 16~17 等级的工资等级。根据 11 卢布 75 戈比的第一等级的工资定额他们的实际工资按 1923~1924 年的计算，每月是 87 卢布，然而仅得到 60 卢布，按照 1924~1925 年基本的工龄正常要求计算，大概每年 1 000 卢布或者每月 83 卢布。

表 8-7　职员教育的经济效益表（1∶8 的比率）

开始工作的年龄	受教育总年份	工作的总年份	工资等级	折算的工资比率	调整的工资比率	一生工薪		教育的效益（卢布）	教育的成本（卢布）	对照	
						第一等级的工资（3个公民×6）	卢布（7个公民×140卢布）			收益总额（9～10个公民）	培训最后一年收益额
1	2	3	4	5	6	7	8	9	10	11	12
16	0	37	6.91	2.37	2.37	87.7	12278	—	—	—	—
16	1	37	8.56	2.87	2.87	106.2	14868	2590	18	2572	2572
16	2	37	9.89	3.36	3.36	124.3	17402	5124	46	5078	2506
16	3	37	11.06	3.82	3.85	142.5	19950	7672	85	7587	2509
16	4	37	12.01	4.20	4.31	159.5	22330	10052	126	9926	2339
16	5	37	12.81	4.69	4.76	176.1	24654	12376	170	12206	2280
16	6	37	13.59	5.15	5.18	191.7	26838	14560	212	16348	2142
16	7	37	14.34	5.60	5.57	206.1	28854	16576	272	14304	1956
16	8	37	14.89	5.93	5.94	219.8	30772	18494	361	18133	1829
17	9	36	15.30	6.30	6.30	226.8	31752	19474	491	18983	850
18	10	35	15.63	6.64	6.63	232.0	32480	20202	615	19587	604
19	11	34	15.90	6.90	6.90	234.6	32844	20566	761	19805	218
20	12	33	16.15	7.15	7.15	236.0	33040	20762	983	19779	-26
21	13	32	16.38	7.38	7.38	236.2	33068	20790	1325	19465	-314
22	14	31	16.60	7.60	7.60	235.6	32984	20706	1853	18853	-612

初等和中等学校的效益，根据这个计算是没有任何疑义的，但从高等学校三年级开始却远没有补偿培训方面的费用，特别没有补偿由于晚就业造成的工资损失。同时，培训的每多一年，赤字在增长，大体上高等学校在 6 年内达到每个毕业生将近 130 卢布，我们同时得到大学培训的价值为 1 362 卢布。这样一来，由于最近几年高等学校的培训完全免费，这个培训的效益对这个学校的学生来说，总是在相当高的数目字上表现出来，超过 1 200 卢布。高等学校之所以在最近几年特别广泛地向劳动人民敞开自己大门的动力，背后不仅有足够的理论意义，而且也有纯粹的经济原因。大家都清

楚，很快我国就会急迫地需要许多医生和教师，还有更多的工程师和科学家。但目前这个时期，由于战争封锁，造成国家的经济底子很薄，只好降低预算，所以表面上好像脑力劳动者有某种“过剩”。然而，从更高的意义上讲，前面这个自相矛盾的现象本身就反映着一个非常实际的对智力劳动工作者需求和供给的供求关系的情形。其实，这种“过剩”是一种特殊的相对过剩。在我们的山村，千百万病人没有任何医疗保障，我们也没有药品给医生，医生始终成千上万地在大城市和首都无事可做。在我们的国家将近70%的人口是文盲，但是我们没有什么可以付给教师使几万人的队伍补充了失业大军。但是，即使对智力劳动的购买力所能达到的需求这几年内大幅度地降低，那么大学的知识界的新人才培训在革命时期内明显地扩大起来。在1913年我们计算不超过9万大学生，而在1923年却达到20万，即增加120%。

这自然非常有力地影响到智力劳动的工资，1913年体力劳动的工人平均工资达到每年300卢布，这适合于在工业中当时工人的对比关系。按照1923年的工人已达到的2.15的平均工资率，这对第一工资等级来说，等于提供每年近140战前卢布，每月11卢布60戈比。普通教授的工资定额在1913年达到3 000卢布，中央机关的科长也同样得到这么多①。这适合于按当时比率的17级的职务，但是当时的17级工资数额平均来说还没有达到每年1 200卢布。换句话说，如果1923年17级的工作人员的劳动价值仅仅估价为第一等级的简单劳动的8倍，那么在战前的时间内，这个对比关系不低于20:1，至少高到2.5倍。

现在试问，在战前的智力劳动的估价上，是否有赔本的高等教育呢？

为了回答这个问题，我们做一个适当的有规律的计算。根据20:1的对比关系，假定每增一个工资等级，应支付在同一个百分比

---

① 我们不谈每年得到8 000卢布的局长，中学校长（5 000卢布）那样的职务等等；甚至中央机关“第5等级的办事员”每年也得到3 750卢布。更多的是像大家都知道的工程师与他相类似的在个别工作中具有高等教育程度的专家。

数目内的超过原来等级的工资，与当时8除得尽的比率相比较，我们得出下面假定的工资等级图表（见表8-8）。

表8-8　二个工资比率表

等　级	工资比率		等　级	工资比率	
	1:8	1:2		1:8	1:2
1	1.0	1.00	10	3.4	5.38
2	1.2	1.21	11	3.8	6.49
3	1.4	1.45	12	4.2	7.83
4	1.6	1.75	13	4.8	9.44
5	1.8	2.11	14	5.4	11.39
6	2.1	2.55	15	6.0	13.74
7	2.4	3.07	16	7.0	16.58
8	2.7	3.70	17	8.0	20.00
9	3.0	4.46	—	—	—

我们为了使表8-7第4栏的比率折合为战前的比率，在使用这些对比关系和采纳战前的140卢布这第一等级的全年工资定额时，得出学校培训的经济效益的另外的反映。当然，在更高的智力劳动的工资下，按每一个受培训者计算学校培训价值时，在一定比例内还是增长了。但根据战前的材料，计算高等学校培训一个大学生的各种费用，包括因为学习付出的工资在内，可达260~300卢布不等。可是在1923~1924年度，按预算在一年内总计为77卢布①。中等学校在1913年一个学生的费用，包括因为学习付出的工资在内至少116卢布50戈比。而在1923~1924年度，按预算花

① 根据1913年人民教育部的预算为48 628名大学生，国库资金中的大学的经费需要765.2万卢布，基建经费支出是210万卢布，教授的培训为32万卢布，除此之外，因为学习的工资达639.4万卢布，没有计算其他的专用经费。所列举的资金总计是1.27千万卢布，提供给每一个大学生的不少于61卢布。77卢布的数目字，根据1923~1924年度的预算，不包括地方资金中的补充拨款和经济机构的补充拨款，而且即使有这些增加的资金在最多的情况下，才达到每年100~120卢布。

费不超过 27 卢布①。我们计算这个差额，是要说明中等教育和高等教育要求更高的熟练程度的教师愈来愈有特别重要的意义。由此得出对战前时期的下面粗略的计算（见表 8－9）。

表 8－9 职员教育的经济效益（1∶20 的比率）

开始工作的年龄	受教育的总年份	工作的总年份	工资等级	经折算的工资比率	调整后的工资比率	一生的工薪		教育的效益（卢布）	教育成本（卢布）	对照	
						第一等级的工资	卢布（7个公民×140卢布）			收益总额（9~10个公民）	最后一年培训收益额
1	2	3	4	5	6	7	8	9	10	11	12
16	0	37	6.91	3.02	3.22	111.7	15638	—	—	—	—
16	1	37	8.56	4.13	4.13	152.8	21392	5754	18	5736	5736
16	2	37	6.89	5.28	5.28	195.4	27356	11718	46	11672	5936
16	3	37	11.06	6.57	6.57	243.1	34034	18396	102	18294	6622
16	4	37	12.01	7.85	7.85	290.4	40656	25018	164	24854	7560
16	5	37	12.81	9.13	9.13	337.8	47292	31654	230	31424	6570
16	6	37	13.59	10.59	10.45	386.6	54124	38486	314	38172	6748
16	7	37	14.34	12.19	11.77	435.5	60970	45332	435	44897	6725
16	8	37	14.89	13.48	13.05	482.8	67592	51954	612	51342	6445
17	9	36	15.30	14.59	14.25	513.0	71820	56182	871	55311	3969
18	10	35	15.63	15.53	15.35	537.2	75208	59570	1069	58501	3190
19	11	34	15.90	16.29	16.29	553.9	77546	61908	1302	60606	2105
20	12	33	16.15	17.09	17.09	564.0	78960	63322	1658	61664	1058
21	13	32	16.38	17.86	17.86	571.5	80010	64372	2205	62167	503
22	14	31	16.60	18.63	18.63	577.6	80864	65226	3050	62176	5

我们可以看到，在战前的劳动报酬标准下，高等教育经费完全能得到补偿。当然被我们引证的粗略计算仅仅是作为实例来说明它，但在理论上也有足够的理由证实它的可能性。

① 1913 年男子和女子中学，以及实业学校有 540 000 名学生，以此计算，总计为 6.29 万卢布。

市场的自发规律毫无疑义的是按极熟练的劳动生产费用计算劳动报酬的。如果为了培训医生或者工程师，高等学校的四年制学程是不够的，而需要5年制。那么，市场就应当完全付给5年的培训金。否则，如果没有足够的刺激，大学生就会丢掉这个读书余下的一年，而对社会来说就有个支付现金费用问题。尽管眼下还存在前面提过的那种特殊的过剩，可是我们却得不到我们所需要的医生和工程师的数量，不必说教师和律师的数量。我们的计算完全证明了这个理由。

高等教育根据这个计算，不仅在培训的全部四年内平均说来得到补偿，而且在最后人非常少的珍贵的第5年平均来说也得到补偿。

必须把我们所有统计表所发现的另外的事实与此相比较。在等级上表现出的熟练程度由于最后一年培训的增加而持续减退。在年龄较老的组里，培训费用增长得更昂贵。学校培训的效率逐年减退这个“规律”，同工资在熟练程度增长的关系上也完全类似，每个最后一年都有规律地减少。这特别值得我们的注意。

应当如何解释这个事实呢？这个问题考虑的还特别少。也许在这里我们用青年人单纯的大脑有较大的发展性和敏感性比较好些，年轻人大脑这个未动用的处女地能够提供刚垦荒后的特别丰腴的地力。然后，逐渐地随着大脑呆板闭塞，由于各种学习程度的深奥和成千上万种条件反射，这个活跃性在丧失，我们大脑的活动机械起来，我们习惯地按某时背熟的死板公式对待全部新的认识，以及我们很快获得的这个常见的反作用的准确性，在新的认识方法和劳动手段创造性的才能上我们所失去的一切。也许，在阐明上述规律时还应当吸取人和人类社会科学的其他领域的一些另外的理由。但事实终归是事实。

劳动者的熟练程度，即他的工作技能，所带来的经济效益的提高，按市场价格来说比花费在培训上的年限增长还要缓慢。假如这是正确的，那么用初等教育培训上较高的费用、以至于中等教育培训上较高的费用，去和高等教育比较，会看到教育培训上的效益逐年减退的“规律”，得到了完全充分的解释。照我们的计算结果，即使学习的效益最少的最后一年，按市场法则，在劳动者的劳动工资上，也应当完全补偿这一年培训的学习费用。所以效益更大的学习年度，自然而然地将高于这年的效益。尽管这样计算，也不超过与他们的学习有关的教育经费带来的效益。

然而，在这里也许会发生这样的问题：是否可以对脑力劳动，如像我们对体力劳动那样，把极熟练劳动的概念同更有技巧有效率劳动的概念看作是一个东西，如果在这里没有任何看得见的产品呢？须知，教师或医生的劳动，无论是评价的多高，无论在怎样的范围内，都不能去与铁匠的铣工的生产劳动相比较，因为脑力劳动不生产市场价值。

上述同一理论中，除真理以外还包含不少谬误的成分。虽然，教师或医生的劳动不能称作生产性劳动，但是从资本经营管理者的观点看，它也许会或多或少地被称为生产性。

曾经有过一个时候，重农主义者仅把农业劳动当作生产性的，但是亚当·斯密已经大大地扩大了这个概念，把一切商品的劳动都包括在这个概念之中，在斯密的有些说法中包含了更广的含义，按照斯密的意思，应当认为所有的雇佣劳动是生产性的，他不仅生产出本身的价值，而且还给企业主创造了剩余价值。马克思紧接最后这个最广泛的定义说："这里，生产劳动和非生产性劳动始终是从货币所有者、资本家的角度来区分的，不是从劳动者角度来区分的"①。从这个观点看，在商品生产和服务劳动中，脑力劳动和手工劳动，做杂活工人以及工程师，作家和小丑，杂剧歌唱家以及妓院的妓女，就资本主义生产来说，就是生产性的，因为他们被雇佣

① 《马克思恩格斯全集》第26卷第一分册，人民出版社1972年版，第148页。在另外的地方马克思把资本主义制度下的生产性作了"绝对的"和"相对的"区别，在这种社会制度下的恰当的生产性，就是剥削的另一种形式："资本家阶级的存在，从而资本存在的本身，是以劳动生产率为基础的，但不是以绝对的劳动生产率为基础，而是以相对的劳动生产率为基础。如果一个工作日只够维持一个劳动者的生活，也就是说，只够把他的劳动能力再生产出来（301），那末，绝对说，这一劳动是生产的，因为它能够再生产即不断补偿它所消耗的价值（这个价值额等于它自己的劳动能力的价值）。但是，从资本主义意义上来说，这种劳动不是生产的。因为它不生产任何剩余价值。"（同上143页）

而劳动使自己的企业主发财。在这同一范围内，毫无疑义，按照马克思的说法，为资本主义的市场生产最重要的商品——劳动力而工作着的学校的教师的服务是生产性的，或者为经常“修理”这个商品——劳动力而工作着的医生的服务也生产性的。

当然，这仅仅是在他们替企业主工作，以自己偿付的劳动被榨取剩余价值的情况下，才能发生。例如，被马克思称为“学习的工厂”的私人学校和私人医院等资本主义企业里，就是这样。

但是，如果抛开这种社会方面的资本主义性质，上述特征在我们苏维埃制度的条件下也是具备的。只要不是为个别人，而是为整个社会的最大限度内的劳动，就可以把一切劳动当作生产性的劳动。当然，不同形式劳动的区别，在生产性的标准上，是被我们意外地弄清的。例如，我们不能把妓院里妓女的陈腐劳动当作生产性劳动对待，而教师和医生的劳动在全部工厂被我们收归共和国国有后就不再是生产性劳动了。不仅在我们为了取得利润，按国家资本主义方式组织的学习和医疗的“工厂”内，认为是完全有生产效能的，而且在所有为了提高劳动生产率按国营方式组织的学习和医疗的“工厂”内，也是完全有生产性效能的。

教师的劳动在多大的程度上可提高这个生产效能，我们已经在上边看见了。完全证明，甚至在现在远远没有很好地组织专业学习的情况下，在培训的过程中，每一个受高等教育的毕业生花费的劳动折合成简单劳动不超过 13.2 个年份，但这个劳动者的生产效能以他的一生工作计算的话，会提高到第一等级简单劳动的 148 个年份，即多到培训时耗费的劳动的 11 倍。从这个观点看，医生为工人解除病痛延长工人的劳动生命是无疑的。但医生的劳动究竟在多大范围内是有生产效能的，这却是难以说清楚的。不管怎么样，医生劳动的经济效果一般说来是可以估计的，毫无疑义地表现出非常高的数值。

本文是斯特鲁米林 1924 年发表的《国民教育的经济意义》一文的第二部分。译自《斯特鲁米林选集》第三卷，莫斯科科学出版社 1964 年。有删节

思想评介

斯特鲁米林的教育经济学观

斯特鲁米林的《国民教育的经济意义》一文，是世界上第一篇比较有影响的教育经济学论文，该文 1924 年首先发表在前苏联《计划经济》杂志第 9、10 两期上，第二年（1925 年）又被编入《劳动经济问题》再次刊出。它主要由两大部分组成，第一部分是体力劳动与学校教育的关系；第二部分是脑力劳动与教育程度的关系。概括起来讲，这篇论文主要是通过分析劳动者的年龄、工龄和教育程度三方面，对生产发展，对经济增长的作用和影响，所采用的方法是从劳动收入与教育费用对比，来计算教育程度的提高所带来的经济净收入。

在该文中，作者通过大量的调查研究，从万名列宁格勒工人中抽取了项目填写最完好的 2 602 份机床工人职业卡和从 2 800 名职工登记卡中抽取了 2 307 张政府机关和邮政工人的职业登记卡，作为观察、分析的标志，分别验证了体力劳动与学校教育和脑力劳动与教育程度的关系。作者在分析研究过程中，将第一次世界大战前俄国劳动市场上相当于苏联一级工的技能等级为计量单位，称为"劳动单元"（又译作"劳动单位"），以市场机制下的工资差别为媒介，将复杂劳动折算成多量的劳动单元，将不同年龄、工龄和教育程度组的工资等级折算为劳动单元系数，借以分析这三个方面对表示劳动熟练程度的劳动单元的关系。

斯特鲁米林所采用的方法实际上是一种劳动简化法。所谓劳动简化法是依据马克思关于复杂劳动等于倍加的简单劳动的理论，以一定尺度确定的复杂劳动与简单劳动的比例值为计算教育投资经济效益的方法。劳动简化系数或简化比的尺度，既可用不同教育程度劳动者的工资或报酬及不同教育程度者劳动生产率不同来确定，也可用教育费用多少、受教育时间的长短来确定。显然，斯特鲁米林是用工资来确定劳动简化系数并以此来计算教育的经济收益的。其具体计算步骤是：

第一步，将工资等级折算为“劳动单元”。作者以工资增长为媒介，将复杂劳动折算成“多量的”简单劳动。作为研究材料的职业卡，虽然是根据12级（脑力劳动为17级）工人级差表上的工资等级和工资定额来进行评定的。但是，1918～1919年的工资等级，特别是工资定额级差的幅度，并不是确定技能的尺度。作者认为，第一次世界大战前的俄国，由于劳动市场上存在着相当自由的竞争，因而各种技能的劳动工资额接近对这种尺度的要求。经过前后两者的比较，测定出如果拿相当于战后1级工的技能等级的计量单位作为尺度，把它叫做“劳动单元”，那么9级工得到的工资额要高到2.6倍以上，12级工要高到3.2倍以上。根据这种对比关系类推，不难把工资等级换算成它们的战前工资额，并按定元等距函数关系，可以把工资等级转换为劳动单元所有的公式表示为：

$$X=1+0.2\ (n-1)$$

（式中：X是劳动单元数，n是12级工人工资表上的等级号。）

但需要说明的是，脑力劳动者的有关换算，不是这种定元等距函数关系。

第二步，将不同教育程度组的工资等级折算为劳动单元系数。以脑力劳动为例，作者从2 800张职工登记表中抽取了2 307张较为完备的登记卡进行统计分析，接受教育年数（0年至14年），分为15个教育程度组把折算出来的劳动单元系数，稍做平衡性修正即得出0年至14年教育程度组的劳动单元修正系数。分别为2.37，2.87，3.36，3.85，4.31，4.76，5.18，5.57，5.94，6.30，6.63，6.90，7.15，7.38，7.60（参见表8－7第6栏）。

第三步，分析年龄、工龄和教育程度三个方面对表示劳动者技能的劳动单元的作用。按年龄或工龄分组及技能换算为劳动单元的作用。按年龄或工龄分组及技能换算为劳动单元系数的步骤，与按教育程度分组换算相似，不赘述。分析结果是：

(1) 年龄对劳动熟练程度的影响表现为上凸的弧线，早期起作用，但从30岁起其作用开始下降，即工人的体力劳动充分式样化之前，他的熟练程度不断提高，而后随着年龄的不断增长，体力的自然下降，对老工人熟练程度的市场评价则日益降低；脑力劳动领域年龄对熟练程度的影响和体力劳动条件下的状况相似，但从30岁后便开始下降，而下降的相对幅度比体力劳动要大。

(2) 工龄一贯促进熟练程度或劳动单元提高，最初几年提高得最明显，而且工人比职员提高得多。但到了20年之后都明显地有所减弱，其中脑力劳动的减弱情况比体力劳动缓和。

从上述两项研究可见，与年龄比较，工龄是更为积极的因素。几十年的年龄差别改变相应工人组平均熟练程度幅度不超过12%，而熟练程度幅度随工龄而100%地变化。

(3) 教育程度的作用是一贯促进熟练程度或劳动单元的提高，比工龄的作用强烈而且后期减弱也慢（体力劳动和脑力劳动都如此）。每多受一年教育所提高的熟练程度，体力劳动与脑力劳动分别比相应的工龄的作用高1.6倍与1.8倍。而脑力劳动和体力劳动相比，教育程度在公务劳动范围内对提高劳动者的熟练程度起了更大的作用。资料表明，七年制中等教育使职员提高的熟练程度，几乎比工人高1.5倍；四年制初等教育也使职员提高的熟练程度也较工人高约90%。

第四步，计算一生的劳动单元系数。其计算方法是把某级教育程度的劳动单元系数乘以一生可能工作的总年数。如教育程度为0年的脑力劳动者，其平均工作单元（工资系数）为2.37，工作年数为37年，总计全部工作单元为87.7，以此类推，就可分别计算出不同教育程度脑力劳动者一生的劳动单元系数（详见表8－7）。由于当时一级工工资年总额140卢布，从而一生的全部劳动单元数分别乘以140卢布，则可得出不同教育程度脑力劳动者相应的全部收入。比如，教育程度为0年的脑力劳动者，其平均工作单元为2.37，工作年数为37年，总计全部工作单元为87.7，乘以一级工工资年总额 140 卢布，即等于 12 278 卢布；假定教育程度为 8 年的脑力劳动者，平均工作单元为 5.94，工作 37 年合计为 219.8 个工作单元，折合总收入为 30 772 卢布（详见表 8－7）。

第五步，计算教育的经济收益和教育收益净额。这里所说的教育的经济收益，是指将受高一级教育程度的劳动者与低一级的一生总收入相比所反映出的差额。这里所说的教育收益净额，是指由各自累计的教育收益减去累计教育费用，可得出教育收益净额（费用根据平均每个学生分摊的教师工资支出，加一倍的其他支出计算）。如 8 年教育的收益净额是 18 494－361（教育费用）＝18 133 卢布；9 年教育收益净额是 19 474－491＝18 983 卢布。以上两年净收益额再相减，即算出因增添第几年教育所多得的收益净额，如因增添 9 年的教育所多加的收益净额为 18 983－18 133＝850 卢布（职员的教育收益和净收益详见表 8－7）。

第六步，计算教育对国民收入的贡献。第五步计算的是教育程度对本人工资（收益）的影响。斯特鲁米林还认为工人不仅用自己劳动的产品完全补偿自己的工资，而且还为社会创造产品，并随着劳动生产率和工人熟练程度的提高而日益增加剩余产品。按最谨慎的估计，在革命前时代不少于所挣工资的 100%。可见，学校教育对于国家预算的价值的增加约有一倍。以此就可以推算出劳动者教育程度差异与净产值的关系。

作者通过上述分析得出结论：国家由于提高劳动生产率而得到的收益为其对初等学校教育投资的 27.6 倍，中等教育投资的收益虽然不如初等教育，但也是可观的，约为相应教育费用的 5.3 倍。与此同时，高等教育虽然因为延误了学生开始工作的时间，并因为高等教育开支很大而降低了教育的当年净收益，呈现了随教育程度提高教育投资效益的递减趋势，但按照当时工资制度折算出工人对社会作出的经济贡献，大学教育投资也是有盈利的。于是斯特鲁米林在论文结束时强调，在按新的社会主义原则、有计划地处理国民经济的改造问题时，不仅必须考虑到像电气化这样的国民经济改造的强大物质因素，而且还必须考虑到国民教育这种远不是那么明显的因素。倘若没有国民教育，即使是最好的电气计划也是难以实现的。

斯特鲁米林的这种从劳动收入和教育费用对比来观察教育程度所带来的净收益的方法，其理论基础是马克思的生产劳动理论、劳动价值理论和社会再生产理论。

马克思关于生产劳动的理论，概括起来包括两个基本含义：①从最初定义上来考察，只有创造具有使用价值的物品的劳动，才是生产劳动；②从生产劳动扩大了的概念来考察，随着劳动过程本身的协作性质的发展，劳动能力的越来越多的职能列在生产劳动的直接概念之下，这种劳动能力的承担者也被列在生产工人的概念之下。根据这一理论，斯特鲁米林在《国民教育的经济意义》的最后，分析了从重农主义到亚当·斯密对生产劳动的解释，依据马克思对资本主义制度下生产劳动划分的观点，肯定了在社会主义制度下教师的劳动是生产性劳动。同时肯定了国民教育在改造国民经济中的重要作用。随后，他的追随者 B. A. 扎明、A. 达依诺夫斯基等人又继承和坚持了教育具有生产性的观点。他们认为，教育服务或教育领域的劳动尽管不直接生产物质产品，但它是物质产品的创造者——劳动力生产和再生产的主要途径，因而教育劳动是生产性劳动，能为国民收入带来贡献，教育具有经济效益，能够创造经济价值。他们甚至认为，根据马克思的生产劳动理论，任何一种对社会有益的劳动，无论是物质生产领域还是非物质生产领域的劳动，亦无论是体力劳动还是脑力劳动，都是生产性劳动。因而在社会主义制度下，将劳动分为生产性劳动和非生产性劳动是不恰当的，特别是像科学、教育领域的劳动，是一种复杂劳动，具有较高的价值。但是，以莫斯科大学和国立莫斯科列宁师范大学的 Г. Н. 日利佐夫、С. Г. 科斯塔年为代表的教育经济学家则与斯特鲁米林及其追随者的观点有所不同。他们认为，无论在何种社会制度下，即使是对于社会有益的劳动，如果不直接创造物质财富，那就不是生产性劳动。由此推论，教育劳动尽管对于社会非常有益，但它不是通过物质形式表现出来的，因而不可能直接创造经济价值。不过，由于教育所培养的熟练劳动力进入生产部门之后能够创造新的价值，促进经济的发展，因而他们也承认，教育对经济增长是有贡献的，是具有经济价值的，但这种贡献或价值是间接的，而非直接的。

马克思创立的科学的劳动价值理论，其基本内容包括：(1) 商品的二重性和生产商品的劳动的二重性。商品是使用价值和价值的统一，使用价值是价值的物质承担者，价值是被物掩盖着的商品生产者之间的生产关系。商品二重性是由生产商品的劳动二重性决定的，具体劳动形成商品的使用价值，抽象劳动创造商品的价值。(2) 商品价值量的规定。商品价值量是由生产商品耗费的社会必要劳动时间决定的。在同一劳动时间里，复杂劳动创造的价值等于倍加的简单劳动。(3) 价值形式——交换价值。交换价值是价值的表现形式，价值是交换价值的内容。随着商品经济的发展，价值形式经历了简单的、扩大的、一般的形式，最后发展到货币形式。货币是固定的，充当一般等价物的商品，是交换价值的完全形式。(4) 价值规律及其在商品经济中的作用。价值规律在商品经济中的作用主要表现在：通过价格的变动，自发地调节着社会劳动在各个生产部门的分配，刺激商品生产者不断改进技术，提高劳动生产率，从而促进整个社会生产力的发展。

马克思创立的科学的劳动价值理论，是解释资本主义生产关系的理论基础，是马克思剩余价值论的基石，同时也是马克思主义教育经济学的理论基础，特别是马克思关于简单劳动与复杂劳动的理论，更是计量教育经济效益的理论基石。所谓复杂劳动是经过专门教育和训练，具有一定技术专长的劳动，在同样时间内，复杂劳动比简单劳动创造较多的价值，因为复杂劳动要经过一定时间的学习和训练，从事复杂劳动的劳动力比普通劳动力需要较高的教育费用，它的生产要花费较多的劳动时间，因而它具有较高的价值，也就能在同样的劳动时间内物化为较多的价值。因而，少量的复杂劳动等于倍加的简单劳动，复杂劳动的产品，在价值上等于若干个简单劳动的产品。复杂劳动折合成简单劳动，是在商品交换中通过商品生产者背后的社会过程自发形成的。简单劳动是在一定社会条件下，不需要经过专门训练，一般劳动者都能胜任的劳动。复杂劳动的劳动产品可以和简单劳动产品相交换，表明复杂劳动可以化为一定量的简单劳动。商品价值量由生产商品的社会必要劳动量决定，而社会必要劳动量是按简单劳动量来计算的。在商品交换过程中，为确定和比较各种复杂程度不同的劳动所形成的价值量，要以简单劳动作为统一计量单位。各种复杂劳动都要折合成若干倍的简单劳动。折合的比例，是在生产者背后的社会过程自发形成的。简单劳动的标准，不是固定不变的，而是随着科学技术的发展和教育文化水平的提高而日益提高。

以马克思创立的科学劳动价值论，特别是马克思关于复杂劳动和简单劳动的理论为理论基础，斯特鲁米林计算了教育的个人收益和社会收益，分析了教师的劳动性质和报酬。

他认为，劳动创造财富，人的劳动能力是社会物质财富增值的源泉。劳动者通过自己的劳动能力在生产中发挥作用，不仅可以生产出自身再生产所需的费用，而且还可以创造出新的物质财富。这是人的劳动能力所具有的特殊作用。但是，人的这种劳动能力绝不是自然形成的，也绝非是一个自然过程，它与劳动者所受到的教育与训练的程度是密切相关的。随着科学技术的发展，劳动者创造社会物质财富的多少，是与劳动者的教育程度成正比例关系的。增加对教育和训练的投资，劳动力本身的再生产费用与其所创造的价值之间的差额就会增大，国民经济就会不断增长。因为在正常情况下，投入教育和训练的费用越多，劳动力受教育的时间就越长，他的劳动复杂程度和熟练程度就越高，为社会创造的价值也就越多。

马克思主义社会再生产理论是马克思主义政治经济学的重要组成部分，也是马克思主义教育经济学的重要理论基础。按照马克思的社会再生产理论，在任何社会经济形态下，人类在进行物质资料再生产的同时，必然要进行生产关系的再生产和劳动力的再生产。据此，斯特鲁米林等前苏联教育经济学家认为，从整个社会再生产体系来看，劳动力再生产是社会再生产的必要条件；而教育和训练又是劳动力再生产的必要前提。从教育过程和生产过程看，教育是人力与物力的消费，消费了教育工作者和学生的时间与精力，同时还消费掉大量的物质财富。教育工作者的劳动与学生的学习，既不能直接创造抵偿他们因教育劳动而必须消耗掉的基金的价值，也不能创造出更多的剩余的经济价值。教育过程的结果是发展人的智力与体力，变一般劳动力为熟练的劳动力、复杂的劳动力、专门的劳动力。然而，由于这一必要的消耗，为生产活动作了不可缺少的准备，提供为一定生产力水平所需要的合格生产劳动者。这些经过教育训练的劳动力，在生产过程中与劳动资料相结合，就能转化为现实的生产力，创造使用价值与价值，这个价值不仅可以抵偿学习时所消耗的一切价值，而且是一个增大了的量。在这一基础上，斯特鲁米林根据1924年苏联国家计委制订的普及初等教育的10年计划指标和预测，建立了普及初等教育效益分析的数学模型，计算了初等教育的经济效益。根据他的计算，学校十年发展计划的实现，小学生将由400万增加到800万，费用共需16.22亿卢布，10年后受到小学教育的劳动者从事生产5年。这段时间国民收入的增长额将超过20亿卢布，抵偿了以前费用的全部开支还有余。如果考虑到毕业生在其整个有工作能力的期间（16岁到53岁，共37年）内的工作成果，那么普及初等教育这笔费用所得到的经济效益就等于692亿卢布。按照斯特鲁米林的观点，这就是教育创造的经济效益。

斯特鲁米林在20世纪20年代所以能借助劳动收入和教育费用对比来计算教育的净收益，是通过同等熟练程度的战前工资额，借助于劳动市场自由竞争而形成的各种熟练程度工资额差别，按比例增添剩余价值部分后进行计算的。但是，采用这一方法须以工资额足以反映熟练程度差别为前提，不是在任何条件下都可以应用的，所以到了20世纪60年代，除了B．A．冉明等个别经济学家仍根据不同工种工人的工资等级和工资水平的对比进行计算外，许多经济学家都力图借助于新的依据来计算平均劳动简化比，斯特鲁米林本人也对这种方法弃之不用了。

到20世纪60年代斯特鲁米林及其他苏联教育经济学家之所以不愿借助工资收入计算劳动简化比，这是因为：一是由于几十年来苏联工作人员的工资情况不断变动，20世纪60年代以来苏联工作人员的工资，已经不像1918～1919年时的工资那样容易计算为战前工资了。这样，平均工资以至工资等级的统计资料，就不能经常反映劳动效果对工作者教育程度及生产技能熟练程度的依赖关系。二是按20世纪60年代苏联的现行工资，由于许多社会因素的影响，已经不足以直接作为评定劳动熟练程度的尺度，因为在实践中往往充满这样的事例：在制定工人的工资等级时，除考虑他们的技术能力外，还考虑了劳动条件，这个部门或行为对国民经济的作用以及一些其他因素。各个企业的生产定额、奖金数额的差别，由于加班而形成的额外支付、夜班费、地区工资差别等，都会影响工作者的工资水平。

由于工资不能完全反映劳动贡献，特别是随着社会关系的发展，教育对工资的分化能力大大降低，因此，以不同教育程度者的工资差别来确定劳动简化比，计算起来就显得有些简单、粗糙。于是在20世纪60年代，斯特鲁米林又采用了按教育年限长短确定劳动简化系数的方法。这种方法把普通的和职业的教育水平作为劳动者的熟练程度的基础认为，人在受教育过程中，获得一定范围内的普通知识和专门知识，就能够从事更加复杂的劳动，掌握更多知识的人就会变成更加熟练的劳动者。所以，劳动者的教育程度越高，技能越熟练，社会从他那里得到的相应经济“偿还”就会越多。换言之，教育年限长短、劳动复杂程度以及创造价值的多少，这三者在数量关系上是成正比的。斯特鲁米林根据各类劳动者受教育年限的差别来计算劳动简化系数，他假定把受过初等教育和7年以下教育的劳动者的劳动复杂程度当作简单劳动的一个单位，则7年教育为1.2，8~9年教育为1.3，10年中等教育为1.6，中等专业和大学肄业为1.9，大学毕业是2.3。

与此同时，在斯特鲁米林的影响下，前苏联另一位著名教育经济学家B. E. 科马洛夫也假设教育年限的比例数可以直接表示劳动简化比，并且也以受过初等教育者为劳动单元，因此，不仅得出的劳动简化比值极为相近，而且具体计算过程也相似（见表8-10）。

斯特鲁米林通过改变计算方法，以教育年限作为简化尺度，确定了上述新的劳动简化比，对教育的经济效益做了新的核算，算得1960年国民经济生产领域里职工的劳动简化比是1:3。据此可以算

表 8－10 两种教育年限劳动简化比①

	С. Л. 斯特鲁米林	В. Е. 科马洛夫
受过初等教育	1	1
未受完7年教育	1	1.2
受过7年教育	1.2	1.3
受过8～9年教育	1.3	1.4
受过（10年）中等教育	1.6	1.6
中专、大学肄业	1.9	1.9
大学毕业	2.3	2.3

出与只受初等教育（或未受完7年教育）的简单劳动相比，因教育程度提高而对国民收入所作的贡献。下面是他推算前苏联国民经济增长中教育贡献大小的动态表（见表8－11）。

表 8－11 苏联国民经济增长中教育程度的贡献②

<table>
<tr><th colspan="2" rowspan="2">指　　标</th><th colspan="2">1940</th><th colspan="2">1960</th></tr>
<tr><th>实数</th><th>指数</th><th>实数</th><th>指数</th></tr>
<tr><td colspan="2">Ⅰ. 固定生产资金（10亿卢布）</td><td>55.7</td><td>100</td><td>173.9</td><td>312</td></tr>
<tr><td rowspan="4">Ⅱ. 从事生产的劳动者（单位：10万人）</td><td>（A）就业者总人数</td><td>54.6</td><td>100</td><td>68.4</td><td>125</td></tr>
<tr><td>（B）按教育程度就业者增加</td><td>10.5</td><td>100</td><td>20.2</td><td>194</td></tr>
<tr><td>（C）合计：（A）＋（B）</td><td>65.1</td><td>100</td><td>88.8</td><td>136</td></tr>
<tr><td>$\frac{B}{C}\times 100$</td><td>16.1</td><td>—</td><td>23.0</td><td>—</td></tr>
<tr><td rowspan="4">Ⅲ. 国民收入（单位：10亿卢布）</td><td>（1）由就业者人数产生的效果</td><td>33.5</td><td>100</td><td>45.6</td><td>136</td></tr>
<tr><td>（2）物质资金产生的效果</td><td>—</td><td>—</td><td>71</td><td>212</td></tr>
<tr><td>（3）各重要因素的综合效果</td><td>—</td><td>—</td><td>30.0</td><td>90</td></tr>
<tr><td>合　　计</td><td>33.5</td><td>100</td><td>146.6</td><td>438</td></tr>
</table>

① （苏）С. Л. 斯特鲁米林著. 苏联教育的效率：（俄文版）. 1962. 科马洛夫. 培养和使用专门人才的经济问题：（俄文版）. 1972

② （苏）С. Л. 斯特鲁米林著. 苏联教育的效率：（俄文版）. 1962

从上表Ⅱ项中可见，把受高等和中等教育的劳动者换算为初等教育毕业的劳动者后，从1940年到1960年一共有初等教育劳动者888万人，所创造的价值为456亿卢布，而从1940年到1960年国民收入的增长来看，已增加到1 466亿卢布。因此，教育程度提高所产生的价值占国民总收入的比率为：

$$(456/1\,466)\times 100\% = 30\%$$

斯特鲁米林以受教育年限的长短来确定复杂劳动和简单劳动比率的方法，比较容易折算出劳动简化比，而且，还可以把夜校与函授学校的教育年限，按全日制学校的学时进行折算，以便在不同学制学校之间进行比较。但是，这里存在的问题是，虽然人们在教育过程中获得普通的和专业的知识，这在一定程度上使其劳动变得复杂化，因而，教育年限的长短，一般确是与劳动复杂程度呈正相关。但是，毕竟还有其他因素（如经验等）也影响着劳动的复杂程度，因而，很难说受12年教育的劳动者其劳动复杂程度正好就是只受6年教育的劳动者的2倍。可见，为什么不同教育年限的比例系数会与劳动简化比相一致，还缺乏充分的凭据。

不过，尽管斯特鲁米林的工资换算法在计算上简单了一些，同时其依据的工资在差别幅度上也带有较小于欧美其他国家的特点，然而其中的比较原则，还是不约而同地成了以后苏联及世界各国学者计算教育经济效益的绝大多数方法的根本出发点。如美国经济学家丹尼森的经济增长因素分析法、舒尔茨的教育投资收益率法，也都是以不同受教育劳动者的工资差别为基础，认为工资的差别就反映了他们对经济增长作用的差别，并以此为依据，把工资的多少作为教育程度不同对经济增长作用的权重的。即使是斯特鲁米林，也包括科马洛夫等人后来所采用的教育年限劳动简化比的方法，以及C.Л. 科斯塔年和A.B. 达伊诺夫斯基等人所采用的教育费用劳动简化比的方法，都是以一定的假设为前提，利用一些实际数据来进行分析的。它们的区别在于：工资额换算法，是把不同教育水平的劳动者工资作为他们对经济增长作用的权重；教育年限换算法，是用教育年限的长短，作为不同教育水平对教育增长影响的权重；教育费用换算法，是以培养人的费用大小，作为不同教育程度劳动者对经济增长贡献的权重。

斯特鲁米林所创立的劳动简化原则之所以不约而同地成了以后苏联及世界各国学者计算教育经济效益的绝大多数方法的根本出发点。这是因为从理论和实践来看，劳动的复杂程度与劳动者受教育程度的高低是一致的，所以可以根据劳动者受教育的程度把各种复杂程度不同的劳动，用一定系数简化为简单劳动，以确定在社会劳动总量中，有多少是因教育程度提高而增加的劳动的增量，进而确定劳动增量对国民收入增加额的贡献。因为劳动的增量意味着社会总劳动量的增加，劳动量的增加将创造更多的价值，其中包括劳动者个人所得和他为社会所创造的价值，即剩余产品的价值。此外，按照这一原则来计算劳动简化比也比较简单，与其他方法相比，更切实用。

现在的问题是，按照斯特鲁米林创立的原则演变出来的各种简化方法，都是假定教育对经济增长的影响间存在着线性关系，因此，尽管采用这些方法能够在一定程度上刻画教育对经济的作用，但仔细推敲，按照斯特鲁米林创立的原则确立的指标却不是由“教育量”唯一决定“经济量”的那一类指标。这是因为，经济发展特别是现代经济的发展和增长，是由教育、劳动投入、物质装备、科学技术、经营管理等多种因素共同作用的结果。因此，要弄清教育与经济的实际关系以及教育对经济作用的机制，这就需要将教育放到社会经济这一大系统中去分析，并将它视为这个大系统中的一个有机构成部分，理清它与系统中其他因素之间的关系，进而掌握教育作用于经济的途径、方式和特点。如果弄不清教育的作用机制，弄不清教育与其他因素之间的联系，就不可能将教育因素正确地分离出来。而斯特鲁米林关于教育经济效益研究的理论模型和方法过于简化了教育与经济的实际关系，只描述了教育作为输入一端与经济作为输出一端的因果关系。而教育对经济作用的机制研究，诸如，教育究竟怎样作用于经济，教育与其他因素的关系是怎样的，这一些基本问题都没有引起足够的重视。加之采用的方法因劳动复杂程度简化系数确定得不准确，劳动数量、比例因素不确切，资料不全，故存在计算结果可信度比较低，说服力不很强的现象。因此，只有从经济发展的特点及其运动规律的高度上去进行理论的概括和抽象，才能深刻地揭示教育对经济作用的客观规律，也才能为合理使用教育——经济量化指标进行科学的定量计算提供正确的途径和思路。

总之，尽管斯特鲁米林的《国民教育的经济意义》一文以及他后来对教育经济问题的研究还存在着这样或那样一些不完善的地方，但是该文作为世界上第一篇论述教育经济意义的论文，仍具有重要的参考价值，他在 70 多年前所运用的计算方法，同现代的计算方法也很接近，很相似，是很了不起的贡献。我们认定该文为教育经济学研究的第一篇论文，不仅在于斯特鲁米林第一次计量了前苏联教育投资对国民收入的贡献和收益率，而且斯特鲁米林以这篇论文为起点，广泛地研究了教育经济问题，发表了一系列专题论著。他的开创性研究给后来学者以有益启示，他的一些理论和方法，至今仍值得我们借鉴和参考。这是任何时候都不应否定的。

（范先佐）

马丁·布贝尔

(Martin Buber)

- 生平简介
- 名篇选读
  品格教育
- 思想评介
  马丁·布贝尔及其品格教育思想

生平简介

马丁·布贝尔（1878～1965），奥地利犹太教神学家、存在主义哲学家，20世纪最有影响的哲学家和教育家之一，1878年2月8日出生于维也纳一个犹太农艺学家的家庭。童年时代是在利沃夫他的祖父家里度过的，他的祖父是一位商人，同时又是犹太教法典之后的希伯来文学方面的著名学者，对于布贝尔具有一定的影响。布贝尔青年时代在文法学校受教育，爱好古典文。1896～1900年，先后在维也纳大学、柏林大学、莱比锡大学和苏黎世大学攻读哲学、历史和艺术，深受德国唯心主义哲学家尼采（Friedrichwilhelm Nietzsche，1844～1900）的影响。曾积极参加犹太复国主义运动。1901年，应犹太复国主义运动领导人赫茨尔（Theodor Herzl，1860～1904）的邀请担任该运动的周刊《世界》（Die Welt）的编辑，后因与赫茨尔发生意见分歧而辞职。1904年在维也纳大学提交博士论文并获哲学博士学位。1916年创办德国犹太人的月刊《犹太人》（Die Jude）并任主编，直至1924年停刊。在该杂志上，布贝尔曾建议犹太人和阿拉伯人合作在巴勒斯坦建立一个两民族联合的国家，但未引起重视。1924～1933年，在法兰福克大学任宗教和伦理学教授。德国纳粹党掌权后，布贝尔更多地从事教育活动。1933年11月，担任在莱茵河畔的法兰福克新成立的“自由犹太成人教育组织”的领导人。1934年，又担任纳粹德国的“犹太成人教育和犹太人教师进修组织”的总监。当时在德国，犹太人师生或者被排除在教育系统之外，或者受到歧视和迫害。布贝尔对此表示不满，并成为对纳粹进行“精神反抗”的代言人。之后，他受到纳粹的迫害。纳粹秘密警察起初禁止他公开演讲，进而禁止他的一切教学活动。1938年，布贝尔逃离德国，移居巴勒斯坦。不久，任耶路撒冷希伯来大学的社会学和哲学教授，后又任社会学系主任，直至1951年。退休后任名誉教授。还曾任以色列科学和艺术学院第一任院长。以色列建军后，为了培训来自中东和北非的犹太移民，布贝尔于1949年还在耶路撒冷创办了“成人教育师范学院”，并自任院长。他之所以重视成人教育，是因为在他看来，当代的社会危机威胁着成人的安全，他们需要接受再教育。

布贝尔晚年主要探讨战争与和平、阿拉伯和犹太人的关系等问题，1952年到1957年间，布贝尔在美广泛游历，并到美国一些大学演讲，宣传他的主张。1965年6月13日在耶路撒冷去世。

布贝尔的主要著作有：《丹尼尔》（Danie，又译《但以理》，1931）、《我与你》（Ich und Du，1923）、《哈西德派遗事》（Chassidischen Bucher，1927）、《人与人之间》（1947）、《通向乌托邦之路》（1947）、《两种类型的信仰》（1950）、《正确与错误》（1950）、《善恶观念》（1952）以及《生存的对话：哲学和教育学全集》等。

名篇选读

品格教育

名副其实的教育，本质上就是品格教育。因为真正的教育者并不仅仅考虑学生的个别的功能，像任何一个教育者那样只打算教学生认识某些确定的事物或会做某些确定的事情；而是他总是关切着学生整个人，即当前你所看到的他生活的现实情况，以及他能成为什么样人的种种可能性。只有像这样把一个人看作一个现实的并有潜在可能性的整体，才算能把他看作个性，即其中潜伏着各种力量的一个独特的精神—物质结构，或把他看作品格，即介于这个人的为人与他的一连串行动和态度之间的纽带。就学生作为整体来说，把他看作个性或品格的这两种看法之间，有一个根本的差别。个性在其成长方面实质上是不受教育者影响的东西，而教育者的最重大任务则在帮助塑造人的品格。个性是一个成品，只有品格才是需要加工的东西。人们可以培养和增强个性，但在教育方面人们却能够而且必须以品格为目标。

然而，我要立即指出，不宜过高估计教育者对于品格的培养所能做到的程度。在讨论的最初，甚至在探讨什么是品格以及怎样加以培养之前，这一点比教学科学的任何其他分支更为重要的是认识到施行有意识的影响有着种种根本的限制。

如果我必须去教代数，我就能指望成功地传授给学生们一个含有两个未知数的二次方程式的概念。甚至智力发展最迟缓的儿童也会很好地加以理解，夜间他未能入睡时会以解这种方程式来消遣。即使记忆最坏的人在年老时也不会忘记怎样玩 X 和 Y。可是，如果我从事品格教育的话，对一切事情就难以预知了。我试图向学生们解释妒忌是可鄙的，我立即就会感到那些比他们的同伴较穷的人内心的反感。我试图解释恃强凌弱是邪恶的，我立即会看到强者嘴角上所挂着的抑制的微笑。我试图解释说谎会破坏社交生活，却发生了一种令人惊奇的情况：班上的一个最恶劣的撒谎老手竟能对说谎的破坏力写出了一篇绝妙的短文。我犯了以伦理学进行说教的严重错误，我所说的话被当作了老生常谈，我的话丝毫没有成为培养品格的重要因素。

然而，还有更深一层的困难。在一门学科的整个教学中我能随意公开宣布我的教学意图，这样并不妨碍教学成果。大部分学生毕竟想要学习一些东西（即使不想学得太多），因此可能达成一种默契。可是，一旦我的学生觉察到我想要培养他们的品格时，我恰恰就会受到那些最明显表示出真正独立品格的学生们的对抗：他们不愿听任自己被人教育，更确切地说，他们不喜欢别人想要教育他们的意图。而且，那些力求解决善恶问题的人，当有人指示他们什么是善和什么是恶好像是久已确定的真理时，他们也就对抗起来；他们之所以对抗却又是由于他们一再体验到要找到正确的行为方式是多么难啊。那么，是否可由此断定人们应该闭口不谈培养品格的意图，而应采取诡秘和圆滑些的行动呢？不能。我刚才已经说过，还有更深一层的困难。只看到品格教育不能纳入课堂教学里，这还不够；也不能把品格教育隐藏在巧妙安排的课间休息时间内。教育不能容许这种玩弄手段的行动。即使学生们并未觉察到这种隐藏的动机，这种隐藏的动机由于使教师失去他所具有的那种坦然直率的力量，也会对教师本身的行动起着消极影响。教师只能以他的整个人，以他的全部自发性才足以对学生的整个人起着真实的影响。因为在培养品格时，你无需一个道德方面的天才，但你却需要一个完全生气勃勃的人，而且能与自己的同伴坦率交谈的人。当他无意影响他们时，他的蓬勃的生气向他倾注着，极其有力而彻底地影响着他们。

品格（character）这个希腊字的原意是烙印（impression）。介于一个人的本质与他的外表之间的这种特殊纽带，介于他为人的统一性与他的一连串行动与态度之间的这种特殊联系，都是在他这个实体还具有可塑性的时候烙在他身上的。这种烙印是由谁施加的呢?是由一切事物施加的：即自然和社会环境，家庭和街坊，语言和习俗，历史事件以及通过谣传、广播和报纸而传来的每天新闻事件，音乐和专门科学，戏剧和梦境等一切事物所共同施加的。在这些因素中有许多激起了共鸣、模仿、愿望、努力，另一些则引起疑问、怀疑、嫌恶、反感而起着影响。品格就是由所有这些各种各样矛盾着的影响交织在一起所形成的。然而，在这种具有塑造作用的无数力量中，教师不过是另一些不胜枚举的因素之一，但他又不同于其他一切因素，他具有参与施加烙印于品格的决心，他还具有这样的意识，即意识到就成长中的人看来他应表示某种抉择，抉择什么是“正确的”以及什么是应当的。他作为一个教育者的职责就根本表现在这种决心和意识上。从这里真正的教育者获得两样东西：第一是谦逊感，即感到自己只是丰富多彩的生活中的一分子，只是现实对学生施行一切猛烈冲击中的一个单独实体；而第二却是自觉感，即意识到自己是一切事物中想要影响整个人的唯一实体，并从而产生责任感，即感到他负有给学生提示对现实应作抉择的责任。从所有这一切又产生第三样东西，即认识到在品格以及整个人的教育领域内只有一条途径可接近学生，这就是他的信任。对于面临着一个不可信赖的世界因而恐惧、失望的青少年来说，信任就意味着使人豁然开朗地领悟到人生的真理、人的存在的真理。当教育者赢得了学生的信任时，学生对接受教育的反感就会被克服而让位于一种奇特情况：他把教育者看作一个可以亲近的人。他感到他可以信赖这个人，这个人并不使他为难，而正在参与他的生活，在有意要影响他之前能与他相亲近。于是他学习提问了。

当教师第一次遇到一个学生接近他时，这孩子的态度有点傲慢，但双手却颤抖着，他显然被一种大胆的希望所启发和激励，他问教师在某种情况下应怎样处理才对——例如，在得知一个朋友把自己告诉他的秘密泄露了时，究竟应该去责问他，还是以后不再把秘密告诉他就此了结呢——教师遇到这种情况时应认识到这时正是实施品格教育第一个有意识步骤的时机；教师必须作出回答，而且负责地回答，所作的回答也许不是学生所问的那两种处理方式之一，而是指出正确的第三种可能方式。教师的职责并不是对什么是善和恶作一般的指示。他的职责是要解答一个具体问题，即回答在某种情况下怎样才是正确或错误的。正如我所说的，只有在信任的气氛中才能产生这种情形。当然，信任不是强求得来的，只有坦率而真诚地参与所要交往的人的生活（在这里是指自己的学生的生活而言），并担负起因这样地参与生活所引起的责任，才能赢得他的信任。具有教育效果的不是教育的意图，而是师生间的相互接触。一个深受人类社会方面和自己物质生活方面种种矛盾痛苦的人，带着一个问题来接近我。我尽量按照我的知识和良心力图加以答复，力求帮助他成为一个能主动克服这些矛盾的品格独特的人。

如果教师对学生持有这样的观点，参与他的生活，并意识到应负的责任，那么师生间所经历的一切事情：各种功课和各项游戏，关于班级中争论或世界大战问题的一次谈话，如果没有任何故意策划的或诡秘的目的，就都足以为品格教育开辟道路了。不过，教师切勿忘记教育的限度；即使在他赢得信任时，他也不能常常期望师生之间协调一致。信任含有打破限制、摧毁那种束缚一个不平静心灵的枷锁的意思。但信任并不意味着无条件地协调一致。教师决不可忘记，对于种种冲突只要能在一种健康气氛中加以解决，那么冲突也会具有教育价值。与学生所发生的冲突是对教师的最大考验。他必须全力运用他自己的见识；切勿使他的知识锋芒失去冲刺作用，但他必须同时作好准备对于被它所刺伤的心灵敷以刀伤药膏。

他一刻也不许运用一种诡辩技巧来替代为真理而进行真正的争辩。但是，如果他是胜利者，他就必须帮助战败者忍受失败；由于征服人心的胜利不是容易取得的，如果他不能征服他所面临的这个执拗的人心，他就必须寻求爱的言辞，只有这种爱的言辞才能有助于摆脱这种艰难的困境。

到目前为止，我所谈及的是由于教育者与学生之间关系所引起的品格教育方面的那些个人之间的障碍，而且暂时是把作为教育目的的品格本身当作具有固定内容的一个简单概念来看待的。然而品格决不是那样。为了深入探究品格教育的真正困难，我们必须对品格这个概念本身加以仔细的审察。

凯兴斯泰纳在他的《品格的概念和教育》这篇著名的论文中把品格区分为“最广义的品格”与真正的“道德品格”，他把前者指为“一个人对周围人们的态度，这种态度是稳定不变的并表现在他的行动中”，他把后者解说为“一种特殊态度，这种态度从行动上显示出把绝对价值看作高于一切其他价值”。无可否认，这样的区分是有一定道理的。但如果我们一开始就全然接受这样的区分，我们就势必面临着当代品格教育方面这样的严重问题：即这样的区分的真正可能性似乎大可怀疑。

凯兴斯泰纳所谓的“绝对价值”当然不能被认为对于有关的人来说只具有主观的效力。唐璜把尽可能勾引极多的妇女作为绝对的和主观的价值，独裁者则把尽可能独揽极多的权力作为这种价值。“绝对效力”只能同有关的人认可和承认存在的那些普遍价值和标准相关联。但是，否认那些具有绝对效力的普遍价值和标准的存在，却是我们这个时代的显著倾向。这种倾向并非像有时所认为的那样，仅针对宗教对于标准的认可，而是针对这种标准的普遍性质和绝对效力，针对这些标准凌驾于人之上而控制全人类的要求。在我们这个时代，价值和标准不得被看作任何别的东西，而只能被认为是一个集团的生活上的种种表现，这个集团把它自己的需要编成种种客观要求的言语，直到最后这个集团本身，例如一个民族，被推崇为绝对价值——而且作为唯一的价值。于是这种分裂成各个集团的情形贯穿在整个生活中，以致不再可能重新确定一个人类共有的价值领域，从而也不再遵从上帝授予人类的圣诫。随着上述这种倾向的逐渐增强，树立凯兴斯泰纳所谓的道德品格的基础也就逐渐消失。在这种情况下怎么能完成培养品格的任务呢?

我已经说过，师生之间的冲突是对教育者的考验。教育者必须面对这种冲突，不论这种冲突会怎样变化，他必须设法排除冲突而进入生活，我必须补充一句，进入一种生活，其中不仅有继续不动摇的信任，甚至这种信任更加神秘地增强着。然而，我刚才所举的例子表明要完成这样的任务是极端困难的，这种困难有时似乎已达到了难以逾越的极限。这种冲突不再单纯是两代人之间的冲突，而是几千年来深信有一种凌驾于人之上的真理的那种世界的人与不再相信——不再愿意相信或不再可能相信——有这种真理的那一时代的人之间的冲突。

但是，如果我们现在追问："在这种情况下，怎么能实施品格教育呢?"某种否定的情况就立即显而易见了：要想以任何理由证实各种被否认了的标准的绝对性依然存在，那是毫无意义的。那就要假定这种否认是思考的结果，是有争论余地的，也就是要接受一些可供重新考虑的事实。然而这种否认却是由于当代占优势的一批有代表性的人们的意向。我们有理由把这种意向看作人类的一种疾病。可是，我们切勿自欺而相信，这种疾病可以用那样的药方，即把万事都认为并非确如这种病人所想象那样的药方来治疗。对一种已经变得看不见永恒的人类高喊："瞧！这些永恒的价值!"那是毫无效用的。现在不计其数的人已到处沦为各个集体的奴隶，而每个集体对其奴隶来说就是最高权威；在各个集体之上不再有任何思想上、信仰上或精神上的普遍权力。对于集体所定的标准、法令和判决不可能提出上诉。这种情形不仅对极权国家，而且对所谓民主国家的各个党派或类似党派的各个集团，都是千真万确的。人们既委身于集体莫洛克，他们便不可能诉诸绝对性东西而得救，不论这种申诉说得多么动听，而绝对性东西所拥有的王国已被这集体莫洛克夺去了。一个人首先必须指出，他在完全孤独时因突然的痛苦而偶然自觉到疾病所在的那个方面：即指出一个人对于其自我的关系。为了能与绝对性东西发生直接的关系，首先必须重新成为一个人，必须把他真正的个人的自我从吞噬一切自我的集体主义的火红的牙床间拯救出来。要求这样做的愿望就潜伏在这个人因其同自我的关系被歪曲而感受的痛苦中。他一再以一种奇妙的毒药麻醉他的痛苦，从而也就遏制了他的那种愿望。要保持对痛苦的感觉，要唤醒那种愿望。这是对于使永恒显得模糊不清而感到遗憾的每个人应做的首要工作。这也是我们这个时代的真正教育者应做的首要工作。

对于一种既认为不存在普遍意义的种种绝对价值的人，就不可能使他采取“从行动上显示出把绝对价值看作高于其他一切价值的态度”。但是，人们能够教导他再次采取真正态度的那种愿望，即成为一个遵循可以导致当前这个目标的唯一道路的人的那种愿望。

然而，就上述这一点来说，凯兴斯泰纳所陈述的品格概念（据我们所知这种概念是从康德那里传来的），对于品格教育的现代特有的任务，可以认为是毫无用处的。如果要对品格教育的这种任务加以更精确的规定，那就必须探索另一种品格概念。

我们无法隐瞒自己，我们现今正站在一所大厦的废墟之上，而这所大厦的尖塔原是康德所建立的。我们现今活着的人不能据以起草一个新建筑物的计划。但是，我们或许能在没有计划的情况下，而按照我们心目中一种刚冒出的意象着手奠定最初的基础。

按照凯兴斯泰纳的最终定义，品格“根本上无非是自愿遵从那些通过经验、教学和自我反省而在一个人身上所形成的种种准则，无论这些准则是经过采用后而被完全吸取的，还是通过自我制定而在意识中创始的”。“然而”这种自愿遵从“只是自我克制的一种方式”。最初，一个人对于别人的热爱或惧怕一定会在他自己身上形成“自我克制的习惯”。于是，逐渐地“这种外表的遵从一定会转变成内心的遵从”。

习惯的这个概念后来又被扩大，尤其在杜威的《人性与行为》一书里。在杜威看来，品格是“由种种习惯交织而成”。如果没有“所有的习惯在每一行动中的继续作用”，那就不会有统一的品格，而只会有“对种种分散的情境所发生的互不相关的反应凑合在一起”。

品格既被认为是通过积累种种准则而进行自我克制的一种结

构，或者是由种种习惯交织而成的一种组织，按照这样的品格概念就很容易理解现代教育科学在面对人的疾病时是多么无能为力的了。可是，即使撇开当代种种特殊问题不谈，这种品格概念也不是建立一种真正的品格教育的适当基础。这并不是说，教育者无需采取有用的准则或促成良好的习惯。然而，在那些或许只是很少来临的时机，一种幸运的成功之感把他同探险家、发明家、艺术家联系在一起，同他对揭露隐藏着的东西的有所参与之感联系在一起。在这种时机里，他感到自己处于一种与准则和习惯的世界极不相同的世界。他只能把他的真正目标，即他所关切的真正的品格概念，确定在这上面，即在他的活动的最高水准上面，纵然他未必常常能达到这种最高水准。

当一个青年教师第一次独立地走进一个班级时，他不再像以前那样是由师范学院送来检定他的能力的了。他面前的这班学生好像人类的一面镜子，这班学生是极其各式各样的，矛盾百出，不易接近。他感觉到："这些孩子——我还没有了解他们；我既被安插在这里，就必须按照他们是什么样的人——而不按照他们目前此刻是什么样的人，不要按照他们实在是什么样的人，而要按照他们可能成为什么样的人来对待他们。然而，我怎样能发现他们内在的东西，我又能采取什么措施来把这种内在的东西塑造成形呢?"而且这些孩子所造成的情况使他不易对付。他们吵吵嚷嚷，制造麻烦，以藐视的好奇目光瞪着他。他立即想要责备这个或那个制造麻烦的孩子，宣布命令，强迫执行合乎礼节的行为规则，发出禁令，对于从下面（from beneath）发生的与他对抗的一切事情都发出禁令：他立刻想要从下面入手（starts from beneath）。如果教师从下面入手，他或许永远不能到上面来（arrives above），而一切情况则会越来越糟。可是，当时他的眼睛接触到一张使他感动的面孔，这不是一张美观的面孔，也不是一张特别聪明的面孔，但却是一张真实的面孔，更确切地说，这是一张在内心安定之前的心思混乱的真实面孔。在这张面孔上他觉察到一种不同于一般好奇心的疑虑："你是谁？你知道有关我的任何情况吗？你是否给我带来任何东西呢？你所带给我的是什么呢?"

他就是以类似这样的方式觉察到这种问题的。于是他这位青年教师向这张面孔讲话了。他讲的不是什么极其巨大的或重要的东西，他提出了一个普通的诱导性问题："上次地理课上你们谈到了什么？谈到了死海吧？那么，死海的情形怎样呢?"但是这个问题中显然有着一些很不寻常的东西，因为他得到的回答并不是普通学童的回答；这孩子开始讲起一个故事来了。几个月以前他曾在死海边上逗留了几小时。他所讲的就是关于这方面的情形。他补充道："一切东西在我看来，好像都是在其余的东西创造成之前一天就已经创造成了似的。十分明显，他只是在这时才决定谈这个问题。同时，他的面孔已改变了。它已不再像先前那样显示出心思混乱了。于是，全班学生都安静下来了。他们大家都倾听着。这班学生也不再是像一团糟了。某种情况发生了。这位青年教师已从上面入手了(has started from above)。

教师的任务当然不在于培养品格崇高的伟大人物。他不能选择他的学生，在他的生活道路上年复一年所接触到的那种世界，就是按学校班级形式派给他的各批学生，这是他命定的遭遇；他的一生工作的真正意义就存在于这种命定的遭遇中。他必须提倡纪律和秩序，他必须制定一种规则，他只能努力并希望取得这样的结果：纪律和秩序将越来越变成出于内心的和自治的，而最后这种规则将铭记在学生的心里。然而，他的真正目标一旦被他所认清并牢记，就将影响他的全部工作，而这个真正目标就是那些品格崇高的人。

这种品格崇高的人既不能被视为具有一系列准则，也不能被视为具有一系列习惯。他的特点在于他的行动是出于他的整个品质。那就是说，他的特点就在于他是按照向他这个积极主动的人进行挑战的每一情境的独特性而作出反应的。当然，不同的情境还具有各种各样的相似之处；人们能确定各种情境类型，人们常常能觉察出这种特殊情境是属于哪一类型的，并能从所积累的那些既定的准则和习惯中抽出适当的准则来应用，并抽出适当的习惯来实行。然而，对于这种特殊情境中的非典型特点依然未经觉察而加以反应。在我看来，那就类似这样的情形：人们已经确知一个新生婴儿的性别后，就立即确定他的类型，并把同一类型的全部婴儿都放在同一个摇篮里，而在摇篮上并未标明各个婴儿的名字，只标出这个类型的名称。各个生活情境虽然具有种种相似之处，却具有以前没有而将来也不会再有的新特点，正如一个新生儿具有一张新的面孔那样。这样的情境就需要你作出一种不能事前准备好的反应。它丝毫不需要重演过去的反应。它需要镇静沉着和负责精神；它需要的是你。如果一个人对于情境的要求，能用全力以赴的深厚心愿来通过其行动和态度加以满足，而且同时他的全部行动和态度又能从他乐于承担责任的心愿中表现出他整个人的统一来，我就把这个人叫做品格崇高的人。既然他整个人是统一的，这就是说他所承担的责任是统一的，而他的积极主动的生活也就会凝合成统一的了。于是，人们也许可以这样说，从他所负责反应的情境中就产生出对他来说的一种统一性了，这是难以解说的一种道德命运的统一性。

这一切并不意味着这种品格崇高的人是不承认各项标准的。没有一个负责的人会始终不熟悉各项标准的。然而，一项真正的标准所含有的命令决不会变成一条准则，而对命令的履行决不会变成一种习惯。一个品格崇高的人在他的发展过程中所履行的任何命令在他身上不会起着像意识的一部分那样的作用，或者起着形成习惯的成分那样的作用，可是却始终潜伏在他的品质的深处直到它在他身上具体的表现出来。命令对他所要作的指示，只是每当发生了一种情境需要他作出一种解决办法的那个时候才能显示出来，在那时以前他对这种解决办法也许毫无意念。甚至一项最普遍的标准有时也只能在一种很特殊的情境中才得到认可。我听说某一个人正当他被一个偷窃的欲望极其不同的意念所触动的一瞬间，他的心被“你不可偷窃”这一闪电般的光所照亮，因而使他的心大受振动，以致他不仅放弃了他所想要做的行动，而且以他的全部激情力量做出恰好相反的行动。善和恶并不像左和右那样彼此相反。恶像旋风一般，而善则像指针那样，影响着我们。甚至在一项禁令中也隐含着一项指示，一个“肯定方面”，一项命令，而在上述那样的一瞬间对我们显示其影响。在这样的一瞬间，这种命令实际上是用第二人称对我们发布的，命令中的你指的不是别人，而是指的自己。各条准则所指挥的只是第三人称的人，是每一个人和没有任何人（the each and the none)。

人们可能说，命令的发布具有绝对的性质使命令与准则有所区别。在人们不愿听取发布具有绝对性质的命令的一个时代，我们不能从那种角度来克服品格教育进退两难的困境。但是，深入洞察崇高品格的结构有助于我们克服这种困境。

当然，也许有人会问，教育者是否应当真正“从上面入手”，即在确定其目标时是否应把希望发现一个品格崇高的人（这种人必然是一种例外），作为其出发点；因为在他的品格教育方法中他必须常常考虑到其他人，即大多数人。对于这个问题，我的回答是：如果那样会导致一种不适用于这些其他人的方法，教育者就没有权利那样行事。然而，事实上正是他对于崇高品格的结构的真正洞察，才有助于他找到唯一的方法（正如我所已指出的那样），借以着手对那些受害于集体莫洛克的牺牲者也施加影响，对他们指出他们本身感到痛苦所在的方面——就是他们对于他们自我的关系。他必须从这方面引出那些他能使学生视为可靠的和可取的价值。这就是对于崇高品格结构的洞察所能帮助他做的事情。

一部分青年目前开始感到，由于他们被集体所吸收而使他们失去了某种重要的、无法替代的东西——即对于生活和世事应负的个人责任。的确，这些青年人还未认识到，他们对集体，例如对一个党的盲目信仰不是他们个人生活中的一种真正行为。他们并未认识到这种盲目信仰是根源于他们深恐在这个混乱的时代不得不孤立地依靠他们自己，依靠一个不再能从永恒的价值获得指示的自我。因此，他们还未认识到，他们的这种信仰之所以滋长，是由于一种不知不觉的愿望，即甘心让他们所深信的或想要深信的一个权威解除了他们的责任那种愿望。他们还未认识到这种信仰是一种逃避。我再说一遍，我所谈及的那种青年人还未认识到这一点。不过，他们正开始觉察到，凡是不再能以全付精神决定有所为和有所不为，并对这种决定负责的人，就会变成一个心灵空虚的人。而一个心灵空虚的人立刻就不成其为人了。

这就是教育者能够而且应当着手的所在。他能助长这样的感受：要想使意识逐渐清晰和愿望逐渐坚定，还缺少某样东西。他能激发青年人重新肩负起生活的勇气。他能使学生看到，一个不仅不拒绝应付生活和世事、而且对所遭遇的一切重要事情都能担当起责任的品格崇高人物的形象。他能把这种形象显示给学生，而不必担心他们中最需要纪律和秩序的那些学生会倾向于追求毫无目的的自由；相反地，他能按这种方式教导学生认识纪律和秩序也是走向自己负责的起点。他能指出即使是品格崇高的人物也不是生来就十全十美的，他整个人的统一在表现于他的一连串行动和态度中以前，要逐渐成熟起来。但是，必须对统一本身，这个人的统一，所过生活的统一反复加强。种种引起混乱的矛盾，不能由各个集体加以解决，这些集体中没有一个尝到过真正的统一的滋味，如果听任这些集体各行其是，它们就会同归于尽，正如一个讽刺的寓言里所讲的关闭在一只匣子里的蝎子那样会互相吞噬。对于这一大堆矛盾只有通过个人的统一的再生，即整个人的统一，生活的统一，以及行动的统一——整个人、生活和行动的统一的再生，才能加以应付和克服。这并不是意味着一律同样的东西的静止的统一，而是意味着形形色色的东西的高度动态的统一，在这种高度动态的统一中形形色色的多样性就被形成为品格的统一。今天，品格崇高的人依然是“人民的敌人”，他们热爱他们的社会，不仅愿意保持这种社会，而且愿意把它提到较高阶段。明天，他们将成为人类新的统一的缔造者。人类的统一必须从个人的统一中产生出来，教育者所应紧紧抓住并在学生身上加强的正是这种对个人的统一的渴求。对于这种个人的统一的深信和加以完成的意志，并不是“返回”到个人主义，而是超然于个人主义和集体主义的一切分歧之上的一个步骤。人与人之间的一种崇高的、完满的关系，只能存在于具有统一性的和可以信赖的人之间。这就是何以这样的人与人之间的关系在极权主义的集体中比在历史上任何较早形式的社会中更为罕见的原因所在；也是在权力主义的党派中比在任何较早形式的自由社会中更为罕见的原因所在。真正的品格教育就是真正的共同相处的教育。

在曾获得这样的教育和训练的一代人中，也将激发起重新正视永恒价值以及重新倾听有关永恒标准的言论的愿望。内心深处的统一的生活是一种神秘，凡能熟悉内心统一的人就会学习尊重这类一切形式的神秘。现在的各代人之所以反抗从前那种虚构的神秘的统治，是可以被理解的，但他们在这种反抗中却被那种力求把生活的一切神秘剥夺掉的愿望所困扰。这种虚构的神秘将会消失，而真正的神秘会重新出现。尊重这类一切形式的神秘的一代人将不再被永恒所遗弃。永恒发出的光只是由于眼睛患着白内障而似乎昏暗了；无线电收音机虽已被关掉了，但传播声音的以太并未停止振动。现今正当大变动的时候，永恒的东西的确是从假永恒的东西中筛取出来的。那种闪进原始的光使之缭乱的东西，以及使原始的声音模糊不清的东西将会被熄灭和静止下来，因为它面临到新混乱的恐怖而衰败了，这种怀疑多端的心灵暴露了它的完全无用。能够始终存在的，只有那些能超然摆脱充满着今天种种荒诞问题的深渊（正如超然摆脱各个时代的各个深渊那样）的东西：这就是像鼓翼飞翔的鸟那样振奋的精神，以及创造性的言词。然而，凡是能从统一中有所看到和听到的人，也将能重新看到和认清那些能永恒地被看到和认清的东西。凡是能够帮助人恢复他自己的统一的教育者，就将能促使他重新面对着上帝。

摘自：华东师范大学教育系，杭州大学教育系编译．现代西方资产阶级教育思想流派论著选．北京：人民教育出版社，1980．299～314

思想评介

马丁·布贝尔及其品格教育思想

马丁·布贝尔是奥地利犹太教神学家、存在主义哲学家，20 世纪最有影响的哲学家和教育家之一。他的关系哲学对 20 世纪存在主义哲学产生过极大的影响。其代表作《人与你》、《人与人之间》发表后，曾一度引起很大的反响。研究他的哲学思想及教育思想对我们反思当代教育甚有裨益。他的教育思想的主题之一是品格教育理论，对这一问题进行探讨不仅有利于我们把握他的教育思想的实质，而且对我们目前如何更好地开展品德教育也颇有启发。

一、教育的目的是品格教育

布贝尔的品格教育思想与他的存在主义哲学思想是分不开的。所以，有必要结合存在主义的基本教育主张来阐述他的品格教育思想。

存在主义教育主张的提出是基于对传统教育的批判。存在主义者认为，由于受传统哲学的影响，以往的教育不强调人和人的存在，只强调与人的生存不相干的事情，这是错误的。具体说来，传统教育的错误主要表现在以下几个方面：

第一，传统教育过分专注于人的理性的发展。传统的教育把人看成是生活在合于理性的世界中的有理性生物；人能够理解他在宇宙中的地位，而且这种理解主要是通过运用理性来获得的。于是，教育便以发展人的理性为目的。然而，存在主义者认为这种哲学、这种教育并没有消除人类大量的、层出不穷的非理性和不人道的现象。

第二，传统教育过分注重抽象概念。这是传统哲学追求永恒性、普遍性的结果。在存在主义者看来，这种所谓永恒性、普遍性在教育上的后果就是把人当作物，使教育者按照一个模式来塑造或制作人，这完全抹煞了人性，使个人在团体中消失，实际上是取消了个人的存在。

第三，传统教育过分注重科学和科学的客观性，而科学的对象是没有主观性的物，它追求的是客观性和一般规律，如果把科学的方法和结论运用于有主观性的人的教育，就会把人解释为自然现象，解释为没有内在生命的物体，这就势必抹煞人的主观性。

针对传统教育的上述特征与弊端，存在主义者强调，教育应使每个人认识到自己的存在，使学生养成正确对待生活的态度，用布贝尔的话来说，教育上的一个重要的目标就是对学生进行品格教育，使他们形成良好的品格。因为他认为，真正的教育者不仅向学生传授某些知识和技能，而且关心着学生整个人的形成。所以，他说："名副其实的教育，本质上就是品格教育"。[①]"教育者的最重大任务则在帮助塑造人的品格"。

那么，什么是人的品格呢？在他看来，品格就是"介于一个人的本质与他的外表之间的特殊纽带，介于他为人的统一性与他的一连串行为与态度之间的这种特殊联系"。换句话说，品格就是人与外界发生相互作用的结果，稳定地支配着人的行动和态度的那种内在的精神和道德品性。具体内容包括他们的真诚、选择和决定，以及责任感等。

（一）真诚

所谓真诚，指既不要与社会、团体随波逐流，人云亦云，也不要自欺欺人。要使学生认识到，每个人都是孤独地面对世界，他不可能在社会和团体求得安全和认同。如果缺乏真诚，把自己融化于社会和团体，不仅言行举止，甚至连思考问题的方式都与别人趋同，最终将丧失自我，感到厌恶。此外，真诚的人也不能自欺。

布贝尔赞成这种观点是与他的"关系哲学"相关的。他认为人一开始就处于两种关系之中："我—它关系"和"我—你关系"。前一种关系是一种经验、利用的关系；后一种是关系是一种生命的、对话的、生成的关系，是最原始、最本质的关系。"我—它关系"是过去——现时——将来的物理学时间中的因果系列关系，人只是被利用与被认识的对象。只有在"我—你关系"之中才能进行生命的相遇和生命的实现，人与人之间才能践行真诚与爱心。

进言之，布贝尔认为："人的本质只在于团体中，存在于人与人的统一中，但这种统一是建立在我与你的现实差别之上的。"[②]所以，他说："具有教育效果的不是教育的意图，而是师生间的相互

---

① 本文未注明之出处，均引自马丁·布贝尔：《品格教育》一文

② 罗嘉昌，郑家栋主编．场与有——中外哲学的比较与融通．东方出版社，1994．

接触”，提供一种可以使学生真诚地表现自己“真诚”的环境和气氛，使他们无拘无束地发展。

（二）选择和决定

存在主义者认为，存在是偶然的、荒诞的，对于人类来说，人首先存在着，然后通过自由选择去决定自己的本质，所以，人的存在因人的选择以及为自己的选择负责是分不开的。那么，教育对学生选择和决定气质的培养，就是一方面让学生认识荒诞和自由，要使他们知道，自己是在自己的选择、决断和行动的过程中创造自己的。因此，要鼓励学生作有意识的选择，正像布贝尔所说的那样，要使青年人认识到，“凡是不再能以全副精力决定有所为和有所不为，并对这种决定负责的人，就会变成一个心灵空虚的人。而一个心灵空虚的人立刻就不成其为人了。”另一方面，要让学生了解拥有比他们所知道的多得多的选择的余地，这一点尤为重要。“只有像这样把一个人看作一个现实的并有潜在可能性的整体，才算能把他看作一个现实的并有潜在可能性的整体，才算能把他看作个性，即其中潜伏着各种力量的一个独特的精神——物质结构，或把他看作品格，即介于这个人的为人与他的一连串行动和态度之间的纽带。”

巴西的教育家弗雷尔（Paulo Freire）和美国的格林（Maxine Greene）都十分赞成可能性教育。认为要使学生成为自由的人，作为自由演练的教育，就要鼓励学生摆脱过去和现存的模式，看到各种可能性，而且认识到，通过实践或有目的的行动，这种可能性是可以实现的。

（三）责任感

自由意味着选择，其中也包括了人的责任。教育旨在帮助学生意识到自己对自由的同时，也要使学生认识到自己的责任。因为在布贝尔看来，只要选择就涉及到基本价值的两种行动中选择其一。这种选择要求全神贯注和深入内省。但是，决不可以仅仅满足于如康德和凯兴斯坦纳所认为的，选择应自愿遵从某种高于一切其他价值的普遍（绝对）价值和标准；也不可满足像杜威等人认为的通过累积种种准则而进行自我克制，而应依据的价值准则则是具体情况下看来是唯一正确的行动路线。

这里，布贝尔并不反对真正的道德原则，只是反对抽象的道德原则。他说："没有一个有责任心的人竟然一贯不知道什么是道德标准。一个真正的道德标准之中所固有的命令决不会成为一种原则，并且实行这种原则决不会成为一种习惯。一个伟大人物本人所爱好执行的命令，在他的发展过程中并不是作为他内在意识的一部分，也不是作为培养他的习惯材料来起作用的。这种命令在它用具体方式表现出来以前，一直潜藏在他的实体的基层之内。"

概括地说，布贝尔品格教育的目的在于使学生认识到自己的存在是形成自己独特的生活态度，包括真诚、选择和负责的态度；使教育者认识到，教育不仅仅是向学生传授某些知识和技能，而且要关心着学生整个人的形成，即："教育者的最重大任务在于帮助塑造人的品格。"

二、如何进行品格教育

人的品格是如何形成的？社会、遗传、环境、教育在学生品格形成中各自起怎样的作用？

布贝尔认为，人的品格是在自然和社会环境的影响下形成的。这种环境包括"家庭和街坊，语言和习俗，历史事件以及通过谣传、广播和报纸而来的每天新闻事件，音乐和专门科学，戏剧和梦境等"，在这些因素中，"有许多激起了共鸣、模仿、愿望和努力；另一些则引起疑问、怀疑、嫌恶和反感"。"品格就是由所有这些各种各样矛盾着的影响交织在一起所形成的。"然而，在所有有影响的人的品格的因素中，教师是最重要的，因为教师的影响是有意识的，有选择的。

在这种情况下，布贝尔着重论述了师生关系，认为教师与学生之间的关系是"我与你"而不是"我与它"关系。"我—你"关系真诚地表现了两个具有主体性的人的关系。在这种关系中，双方都没有自己追求的现实利益，双方都不把对方作为实现自己目的的手段，而是真诚地赏识对方，欢迎对方，肯定对方，同时也受到对方的赏识、欢迎和肯定。这种关系可以叫做"对话"或交流。

上述学生本身的特点和教育的性质也决定了师生之间的对话具有与一般的人与人之间对话不同的特点，要使师生之间的对话不至演变成“我与它”的关系，布贝尔认为需要注意两个方面：

首先，师生之间要有信任。相互之间的信任是师生之间对话的基础。布贝尔认为，那些具有独立品格的学生不愿听任自己被人教育，而且，如果有人告诉他关于什么是善，什么是恶的问题乃是早已确定的真理，他们也会对抗起来。在这种情况下，对话就无法进行。布贝尔指出：“教师只能以他的整个人，以他的全部自发性才足以对学生的整个人起着真实的影响。因为在培养品格时，你无需一个道德方面的天才，但你却需要一个完全生气勃勃的人，而且能与自己的同伴坦率交谈的人。当他无意影响他们时，他的蓬勃的生气向他倾注着，极其有力而彻底地影响着他们。”布贝尔又说，对于一个面对不可信赖的世界而感到恐惧、失望的青少年来说，信任能使他豁然开朗地领悟到人生的真理，人的存在的真理。当教师赢得学生的信任时，学生对于接受教育就不会反感。换言之，只有在教师相互信任的情况下，才可能有真正的对话。

如何取得学生的信任呢？布贝尔说，信任不取决于教师的意图，因为取得学生的信任无需采用诡秘圆滑、玩弄手段的行为，它需要的是教师对学生的信任和真诚。布贝尔认为，只有坦率而真诚地参与自己学生的生活，并担负起因这样地参加生活所引起的责任，才能赢得学生的信任。

其次，要妥善处理师生之间的冲突。信任意味着打破师生双方的限制，摧毁束缚学生心灵的枷锁，使对话在两个平等的人之间进行。然而，这不等于两个人无条件地协调一致。所以，要使师生之间的对话进行下去，教师必须妥善处理师生之间的冲突。布贝尔认为，“师生之间的冲突是对教育者的考验。教育者必须面对这种冲突，不论这种冲突会怎样变化，他必须设法排除冲突而进入生活，我必须补充一句，进入一种生活，其中不仅有继续不动摇的信任，甚至这种信任更加神秘地增加。”这就是说，师生之间的冲突的结果不纯粹是消极的，如果妥善处理，它也具有教育的价值。

面对冲突，教师必须专心一致地运用他的观察力和见识，“切勿使他的知识锋芒失去冲刺作用”。但是，教师既不能采用诡辩的技巧为真理进行辩护，也不用强制的手段迫使学生就范。另一方面，教师应该允许并鼓励学生坦诚地面对自己，“同时作好准备对于被它刺伤的心灵敷以刀伤药膏”。如果教师是冲突的胜利者，“他就必须帮助战败者忍受失败；由于征服人心的胜利不是容易取得的，如果他不能征服他所面临的这个执拗的人心，他就必须寻求爱的言辞，只有这种爱的言辞才能有助于摆脱这种艰难的困境。”

那么，这种“我与你”的师生关系是不是对教师地位的降低呢？下面，我们分析一下教师在布贝尔的品格教育中的角色，就可以自然得出答案。

第一，教师是学校环境的选择者。“在这种具有塑造作用的无数力量中，教师不过是另一些不胜枚举的因素之一，但他又不同于其他一切因素，他具有参与施加烙印于品格的决心，他还具有这样的意识，即意识到就成长中的人来看他应表示的某种抉择，抉择什么是‘正确的’以及什么是应当的。他作为一个教育者的职责就根本表现在这种决心和意识上。”

第二，教师是品格教育的潜在影响者。“因为在培养品格时，你无需一个道德方面的天才，但你却需要一个完全生气勃勃的人，而且能与自己的同伴坦率交谈的人。当你无意识影响他们时，你的蓬勃的生气向他们倾注着，极其有力而彻底地影响他们。”

第三，教师是指导者和帮助者。“教师的职责并不是对什么是善和恶作一般的指示，他的职责是要解答一个具体的问题，即回答在某种情况下怎样才是正确或错误的。”教师“尽量按照他的知识和良心力图加以答复，力求帮助他成为一个能主动克服这些矛盾的品格独特的人。”

第四，教师是问题的观察者和提问者。“当他的眼睛接触到一张使他感动的面孔，这不是一张美观的面孔，也不是一张特别聪明的面孔，但却是一张真实的面孔……在这张面孔上他觉察到一种不同于一般好奇心的疑虑”，“于是这位年青教师向这张面孔讲话了……他提出了一个普通的诱导性问题”……

第五，教师是“我与你”关系中平等的对话者和责任者。教师与学生“我与你关系”的形成只有在信任的气氛中才能产生。“当然，信任不是强求得来的，只有坦率而真诚地参与所要交往的人的生活（在这里指自己的学生的生活而言），并担负起因这样地参与生活所引起的责任，才能赢得他的信任。”

布贝尔又进一步论述道：要成为以上角色，首先教师要有谦逊感，“即感到自己只是丰富多彩生活中的一分子，只是现实对学生施行一切猛烈冲击中的一个单独实体”；其次，教师要有自觉感，“即意识到自己只是一切事物中想要影响整个人的唯一实体，并从而产生责任感，即感到他负有给学生提示对现实应作抉择的责任。”第三，教师要有信任意识。因为“对于面临一个不可信赖的世界因而恐惧、失望的青少年来说，信任就意味着使人豁然开朗地领悟到人生的真理、人的存在的真理。当教育者赢得了学生的信任时，学生对接受教育的反感就会克服而让位于一种奇特情况：他把教育者看作一个可以亲近的人。”

三、简要评论

布贝尔的这种建立在“我与你”关系理论上的品格教育思想的提出具有其合理性：

首先，他以品格教育作为教育目的，从整个人出发进行教育，这与西方自柏拉图以来的理性教育传统相比，他更强调的是非理性的教育，人的内在品性和道德修养的教育。在这种教育中，学校培养出来的人不再是传统教育下的像从工厂里生产出来的产品那样整齐划一，而强调个性差异的各种问题与作用，并反对灌输，提倡个别化教育等。这无疑对完善教育有很大的启示意义。

其次，布贝尔的“我与它”和“我与你”的二种关系理论分析对教育具有重要的价值。在他看来，适用性的“我与它”道路是有必要和有意义的，但是，如果我们进入现实和联系他人只有这一条唯一的道路，那么，我们就仅仅生活在人类的低级水平上，我们若想发挥自己作为人的最大潜力，那么就要取向“我与你”的道路。这条道路是主体对主体、人对人的相互关系；这是人生活的最高形式，从这种联系中，人我被创造出来并充满生机地富有意义地成长，在这种联系中，人与人之间是对话关系，不再是利用与被利用关系。主体通过对话，培植了社会共通感，形成了主体间性，达成了主体平等、互爱与沟通，从而促进了社会的有机团结与有机整合，人与人之间不再是疏离的关系。在教育中，师生之间的“我与你”关系就是师生间的对话关系。

由此不难看出，教育中追求这种“我与你”关系需要做到如下几点：一是让学生尽可能地掌握人类不同的知识形式或不同的理解形式与思维形式，为能够作为一个潜在的强有力的对话者打好知识理解和思维批判的基础；二是让学生形成交往、沟通、理解主体间性的对话意识，并应尽可能地培养学生形成一定的社会交往、沟通、理解的对话能力；三是让学生以“你”而不是以“它”的方式看待这个世界，与宇宙万物建立一种“我与你”精神上对话相遇关系的生态意识。

再次，布贝尔认为对学生实施品格教育不能像进行智力教育一样进行意识明确的条理化灌输，否则只能适得其反；正确的方法是教师怀着谦逊感、责任感和信任感与学生交往，来潜移默化地影响学生、感染学生。这有一定的道理。传统上自古希腊以来就认为“知识就是美德”，“道德可教”，但时至今日，人们对那种教条化的道德说教式的道德教育早已反感，不断地发出疑问：“道德可教吗?”问题是提出来了，但人们却对如何寻求另外一条更恰当的答案没有方向。布贝尔的品格教育思想无疑给我们指出了一个方向。

但是，布贝尔的品格教育思想，也有一定的局限性。

第一，他过于强调品格教育的目的，对知识教育的重要性重视不够。虽然自柏拉图以来的主客二分思想使得西方社会因过于重视理性教育，重视对客观世界的控制、开发与利用，从而带来了科学主义的“非人性化”状况，布贝尔以“人人和谐相遇”的精神力求挽救和改变这种理性化状况，但这不等于完全忽视主客二分关系。主客二分关系永远是人与自然相处的方式之一，所以，人类为了处理好这种主客关系，接受知识教育，尤其是科技教育乃是必要的。

第二，布贝尔对“我与你”关系的构想含有太多的理想化成分。他忽略了现实生活中人与人之间的经济、文化、地位、个性等等许多方面的差异。在他的眼中，人性被美化了，人被当作一个纯粹的具有同一性的主体，所以，只要大家彼此乐意，就可以走到一起做朋友。他对人、社会中诸多的矛盾、利益冲突和竞争，以及人的多方面性认识不够。若要达成他的“我与你”的相遇关系，路似乎很长，或是较为遥远。

第三，布贝尔对教师角色的种种构想同样也带有许多理想化的色彩。不是说布贝尔的理想不够好，而是对教师而言，做到他的要求很难。因为这对教师在个性、能力、态度和知识水平等方面的素质要求很高，通常的教师往往难以达到这些要求。加上传统教育习惯在他们身上的积淀作用，达到胜任这些角色是不易的。当然，这并不是说布贝尔的教师形象是完美的且必要的。其中一个最大的不足是他忘记了教师首先是知识的传授者。这与教育是有计划、有目的的向青少年一代实施一定的知识教育职能是不吻合的。

行文至最后，我们说不管布贝尔的教育理想中有多少不现实的或偏颇的因素在内，如果考虑到今日教育中存在的许多不理想状况，我们就会深信布贝尔指出了改革教育的道路之一。因为“我们的学生像羊群一样被赶进教育工厂，在那里无视他们独特的个性，而把他们按同一个模样加工和塑造。我们的教师被迫，或自认为是被迫去按照别人给他们规定好的路线去教学。这种教育制度既使学生异化了，也使教师异化了。现在已经到了要改善的时候了。”① 所以，若想改变这种状况，布贝尔的哲学思想及品格教育思想算是提供了一种很好的思维向度。

（卜玉华）

① 陈友松主编．当代西方教育哲学．北京：教育科学出版社，1982．119

10

尼 尔

(Alexander Sutherland Neil)

- 生平简介
- 名篇选读
  夏山学校
- 思想评介
  尼尔及其自由主义教育思想

生平简介

亚历山大·苏瑟兰德·尼尔（1883～1973），英国著名自由主义教育家；历任办事员、学徒、实习教师、助理教师、刊物助编、主编等工作；1924年以激进的办学思想创办夏山学校并担任校长直至病逝。随着标榜自由的夏山学校的声誉日隆，尼尔分别被纽卡斯尔大学、埃克塞特大学、埃塞克斯大学授予名誉博士称号，其思想随着他到世界各地的演讲影响剧增。主要著作有：《夏山学校》、《夏山论》、《一个教师的日记》、《自由儿童》等。其中《夏山学校》被译成多种文字，并成为美国600多所大学的必修课。1961年，美国成立了夏山协会以鼓励人们建立类似的标榜民主和自由的学校。

名篇选读

夏山学校

报章杂志称夏山为“放任学校”，暗示它是一群无法无天的野蛮孩子的学校。因此我觉得有把夏山作一个据实报导的必要。我写的不免有点偏心，但我愿意尽量将夏山的优点与弱点一并报导，它的最大优点是培养健康自由的孩子，使他们生活不受“恐惧”与“仇恨”的摧毁。

不言而喻地，一个让活泼儿童坐在书桌上学习没有用的东西的学校是个坏学校。只有相信“这种制度”的人，只有一些没有创造力的公民——他们需要一群驯服的、无创造性的，只要能适应今日金钱万能的社会就行的子女——才不认为这种学校是坏学校。

夏山开始时是一个“实验学校”，但现在已非如此，它已成为一个示范学校。因为它已证实“自由发展”是行得通的。当内人和我创办这所学校时，我们有一个基本的目的：使学校适应儿童，而非使儿童适应学校。

我在普通学校执教多年，对于一般教学方法也有相当的了解，我知道那种教育方法全是错误的，因为那些方法是以成人的眼光来决定孩子应该怎样成长和怎样学习，采用那种方法时，心理学还是一门无人知晓的科学。

所以我们决定办一个可以使儿童自由发展的学校。为了要如此，我们不得不放弃所有的管训、指导、约束，以及一切道德训练与一切宗教教育。有人说我们勇敢，其实这并不需要勇气。所需要的不过是一个坚定的信念，认为孩子天性是善良的而不是邪恶的。40年来我们这一信念从未动摇，而且已成了绝对的信仰。我的看法是：孩子生来是聪明和现实的，假如成年人不给他约束，他会尽他之可能地去发展。从理论上来说，在夏山凡有做学者的天分和志向者，就会成为学者；同时，只适合做清道夫的就会发展成清道夫。但至今我们尚未教出一个清道夫来，我说这话并不含有任何势利的意思，因为我情愿学校教出一个快乐的清道夫，也不愿见它培养出一个神经不正常的学者来。

夏山学校到底是个什么样子呢？首先，上课是自由的，孩子们可以上课，也可以不上，只要他们喜欢，他们可以终年不上课。学校确“有”课程表，但这只是给老师们预备的。

孩子们多半由年龄来分年级，有时也依其兴趣而定。我们没有新的教学方法，因为我们并不觉得教学方法本身很重要。一个学校采不采用新的多位除法的教法并不重要，只有对那些想学多位除法的人来说，多位除法才重要，而且如果一个孩子真的要学它的话，不论什么教法，他都能学会的。(第2~3页)

来夏山访问的客人最通常的问题是：难道孩子们不会反过来责备学校不教他们数学或音乐吗？我的答案是：这代年轻的贝多芬或爱因斯坦自己会出头的。

孩子们应依他们自己的意志，而不该照焦急的父母或自以为是的教育家的看法去生活，所有家长与教师的关心与指导只会造成一些机器人。我认为不能强迫小孩去学习音乐或者任何其他的东西，不把他造成没意志的人。你把他们训练成甘心情愿接受“维持现状者”——对于一个需要乖乖坐冷板凳、站柜台等的社会，这自然是件好事；只有由那些畏畏缩缩小人物支撑，由一批吓得要死的唯唯诺诺者支撑的社会，才需要这样的人。(第9页)

我相信生命的意义在追求幸福，在寻找兴趣。教育是人生的预备工作。我们这文化不算成功。我们的教育、政治和经济都领着我们走上战争的道路。我们的医药没有能完全征服我们的疾病。我们的宗教没有消除高利贷和抢劫。我们鼓吹的慈善主义依然同意野蛮的打猎。时代的进步只是机械的进步——无线电、电视和喷气飞机的进步。今日的世界，战争威胁日增，因为人类的社会良知还是极为原始。

假如我们喜欢发问的话，我们可以问问下列难答的问题：为什么人类好像比其他动物有更多的病？为什么人类在战争中互相残杀而其他动物却不？为什么癌症日日增加？为什么有那么多自杀案子？为什么有那么多疯狂的色情罪案？为什么有反犹太主义？为什么恨黑人、私杀黑人？为什么有恨与憎？为什么性是猥亵和低级趣味？为什么私生子是社会的耻辱？为什么当世界失去爱和慈悲后，宗教还继续存在？为什么？……一千个关于我们这虚浮文明社会的为什么！

我问这些问题，因为我的职业是教师——和小孩打交道的职业。我问这些问题，因为老师们经常问的关于学校课程的问题常是无关紧要的，我要问，讨论法文和古代史有什么好处？它们的价值和人生重要的基本问题——追求幸福——比起来是微不足道的。

我们的教育中有多少是真有价值的？真能让孩子表现他们自己的？劳作大都是在一个专家监督下依样画葫芦。即使蒙台梭利制度（现代新教育以游戏为教育的方法）来说吧，那种方式只是使孩子从做中学习，它并无创造性。

在家里，孩子永远居于被动地位。每一个家庭中至少有一个没有长大的成人，会自告奋勇去教汤姆怎样玩他的电动火车。当摇篮里婴孩想看墙上的东西时，一定会有人抱他起来。有谁觉得我们每次教小汤姆怎样玩他的玩具时，我们便是在剥夺他生命中的最大的快乐——发现的快乐和征服困难的快乐——呢？我们让孩子相信他们不行，必须依赖大人帮助。

父母不能了解学校里的书本是多么不重要。小孩和大人一样只学得会他们喜欢学的东西。所有的奖品、分数和考试都妨碍正常性格的发展。只有书呆子才主张唯一的教育是从书上得来的。

书本是学校中最不重要的一部分，所有学生需要的只是基本读物就够了，其余应该有的是工具、泥巴、运动、戏剧、图画和自由。对大多数的少年学生而言，学校课程不过是在浪费时间、精力和耐心，它剥夺孩子们玩耍的权利，造出一批小老头来。

当我在师范学院或大学里对学生们讲课时，我常常对这些满腹无用知识的青年男女的幼稚感到惊讶，他们知道得很多，辩论时对答如流，古文出口成章。但他们对人生的看法却幼稚如婴儿。他们只被教给怎样去“了解”，但未学到怎样去“感觉”。这些学生们很友善、和气和热心，但是却缺乏情感因素，和使思想屈于情感的能力。我介绍他们一个他们陌生的情感的世界。一般教科书很少提及人性、爱、自由或者自由意志。这种教育制度如果继续下去的话，它只会教人继续使知识与感情分离的发展。

向仅为传授知识的教育制度挑战的时候已经到来。虽然学生应该学数学、历史、地理、科学、艺术和文学已成定论。但我们也应该知道普通小孩对这些科目都不甚感兴趣。

我由夏山每一个新生那里都得到证明。当他们知道学校是自由的，每个人都雀跃不已，“哈！哈！你不会逼我做无聊的算数和其余那些功课了吧!”

我并不是不重视读书，但读书应该放在游戏之后。学校也不应该以游戏方式来使读书更诱人。

……

我不是在炫耀自己。我只是很痛心地指出教师的墙壁像牢狱一样，是如何限制了教师的视野，而使他不能看清楚教育的真意。他只教育了孩子的头脑，却忽略了极重要的感情领域。

我希望年轻的老师们能兴起一个大的新教育运动。因为当今的高等教育丝毫不能招架社会的罪恶。一个满腹经纶的神经病人和一个胸无点墨的精神病人是没有分别的。

所有的国家——不论资本主义国家也好，社会主义或者共产主义国家也好，都有一套极完备的教育制度来教育年轻人。但是最完备的实验室或劳作室都不能帮助约翰、彼得和伊凡超越社会罪恶——那些由父母、教师和近代文化的摧毁性所造成的对感情伤害的罪恶。(第 17 ~ 21 页)

从前我主要的工作是“个别谈话”，而不是教书。夏山大多数孩子都需要心理治疗，特别是刚从别的学校转来的。“个别谈话”的目的在使他们快点适应我们这里的环境。假如一个孩子内心受到妨碍而紧张，他不可能适应这个自由环境。

……

过去我曾和小偷“个别谈话”，结果医好了。有的小偷不肯来上“个别谈话”课，但经过了三年自由生活，他们也被医好了。

在夏山，是爱在治疗一切，是同情和自由在治疗一切。我们 45 个孩子中，只有一小部分有“个别谈话”课，我愈来愈相信富有创造性的工作有治疗之功，假如可能的话，我会让孩子们练习更多手艺、戏剧和舞蹈。

让我在此申明：我是为要疏导他们的感情才给他们“个别谈话”的。假如一个孩子不愉快，我给他上“个别谈话”课，但是假如他认不得字或者恨数学，我不用分析疗法来治疗他，有时在上“个别谈话”课时，我才发现不认字是因为妈妈经常督促他要“像你哥哥一样聪明、可爱”，或者憎恨数学是由于不喜欢以前的数学老师引起的。(第 25 ~ 30 页)

夏山是以民主方式自治的学校。一切有关团体生活，包括对妨碍团体的犯过者都由星期六晚上学校大会投票处理。

每位教职员和孩子不论年龄长幼，都只有一票之权，一个 7 岁孩子的票，和我的票同样重要。(第 33 页)

天下没有问题儿童，只有问题家长。说得更恰当一点，只有一个问题人类。这就是为什么原子弹如此可怕，因为它在许多反对生命的人控制下。哪一个小时候在摇篮里手被捆起来的人是不反生命

的呢？（第 74 页）

什么是自由呢？它的含义在相信人性善良，在相信人现在和过去都无罪。（第 74 页）

也许夏山最大的发现就是：孩子们生来就是真诚的。因为我们不去影响他们，才能发现他们的真相，所以不干涉是我们管理孩子的唯一政策。

生活的目的在追求幸福。生命里的罪恶是限制或摧毁幸福。幸福就是善良，不幸福最后就变成杀犹太人、恨弱小民族和战争。所以将来的学校除了给孩子知识以外，更要给他们幸福。（第 79 页）

孩子们的幸福与快乐的程度全靠我们给他的爱和赞许而定。我们一定要和孩子们站在一边。跟孩子们站在一边就是给他们爱，那并不是一种占有的爱，也不是一种不讲理智的爱，而是一种让孩子感觉到你爱他，也赞同他一切行为的爱。（第 83 ~ 84 页）

家长和教师都喜欢去影响孩子，因为他们认为他们知道孩子应该有什么和应该怎样做，我不同意，我从不试着让孩子去采纳我的信念和偏见。我没有宗教，但我对孩子从没有说过反对宗教、反对刑法、反对歧视犹太人或者反对帝国主义的话。

我绝不会故意去影响小孩子，使他变成和平主义者、素食主义者或任何其他的主义者，我知道向小孩说教是行不通的，我对自由有信心，相信它可以使青年强壮，使他们能抵抗虚伪和盲从。

每一个强制加到孩子身上的意见都是罪过。一个孩子不是一个小大人，小孩根本就不能了解大人的想法。（第 177 ~ 178 页）

佛洛伊德说每一种精神病都是因性被压抑而起。我便说："我要办一个没有性压抑的学校。"佛洛伊德说下意识是比知觉更重要而且更有力量。我便说："我们学校里不查禁、处罚和说教。我们让每个孩子依他内心的冲动去生活。"

……

渐渐地，我发现我的工作是预防——而不是治疗。经过了许多年我才发现与了解：是自由而非治疗帮助了夏山的问题儿童。我发现我的工作是不干涉儿童和赞同一切他自己不赞许的东西——那就是强加在他身上的良心——也就是对他自己的仇恨。

……

真正自由对于夏山之类的团体，好像精神分析对于个人一样，犹如一阵清风吹过心怀而驱逐掉对人和对自己的仇恨。

替青年人争取自由一定要做得彻底，我们一定要分清立场而不能中立，权威或是自由，纪律或是自治。骑墙是不行的，今日青年人所居处境需要我们行动来支持。

要孩子做一个自由的人，一个对工作感兴趣，对友谊感兴趣，对爱情感兴趣的人，或者让他成为一个痛苦的、冲突的、恨自己和恨社会的人，这大权操在家长和老师手中。

幸福是怎样获得的呢？我的答案是——消除权威。让小孩做他自己要做的人，不要教导他，不要教训他，不要勉强他上进，也不要逼他做任何事。这也许不是你喜欢的答案，但是如果你不采用我的答案，你应该自己去找更好的答案才是。(第205~208页)

在夏山的制度下，孩子的意志力怎样发展？

在夏山，孩子并不能完全随心所欲，他自己内在的法律管束他。他只能对自己的事随心所欲。假如他愿意，他可以整天游戏，因为工作与读书只影响他个人，但是不可以在下课时吹喇叭，因为这样会影响别人。

什么是意志力？我能使自己不抽烟，却不能使自己陷入爱河，或喜爱植物。没有一个人能使自己做好或做坏。

你不能训练人有坚强的意志力。假如你给孩子自由教育，他们会对自己更了解，也会更有意志力。因为自由使许多下意识变成知觉。奴役制度才鼓励一个人软弱和没有意志力。

假如孩子在夏山遇到危险，你由他去吗？

当然不。人们常常不知道给孩子自由并不是去做傻瓜，我们不让年幼小孩自己决定什么时候睡觉；也不让他们接近机器、汽车、碎玻璃或者深水。

你不应该给孩子他不能担负的职务。但是请记得一大半孩子遇到的危险都是因为不良教育而来，对火不当心的孩子是因为他不知道火危险的缘故。

夏山的小孩会不会想家？

我知道当一个不快乐的母亲把孩子带到夏山来的时候，他会抓住她哭，叫着要跟她回去。我发觉假如小孩叫得不够的话，妈妈会不高兴。她要她的孩子想家，孩子愈想家，就表示愈爱她。常常痛苦万分的小孩在妈妈离开了五分钟以后就会兴高采烈地玩起来。

我不知道为什么家庭不快乐的孩子在开始上学的时候会想家，也许因为他不快乐的家庭给他很深的忧虑。他会忧虑家里又变成什么样子了。最可能的情形是一个不快乐的母亲得不到丈夫的爱，便把她所有的爱和恨都转移到孩子的身上。想家是一个坏家庭的象征。想家的孩子不是想家中的爱，而是要家里的保护。这看起来好像很矛盾。但是家庭愈不幸福，小孩愈需要保护。他在生命中没有目标，因此将家当作目标。因为离开了家，他便把家理想化。不是思念真的家，而是他所想要的家。

你们夏山收不收笨学生？

当然。不过要看怎样笨法，我们不收智能不足的学生。但是一个孩子在学校成绩不好，又是另外一回事。许多小孩因为学校枯燥无味而成绩不佳。

夏山说到“笨学生”，我不以考试和成绩来论断孩子的智力。在许多情形下，笨孩子只是有不自觉的冲突和罪恶感而心不在书本而已。如果下意识那个问题“我是不是坏？”在打扰他时，他怎能对数学或历史感兴趣呢？说到“笨学生”，我内心颇有感触，因为我小时候，简直就学不会东西。我口袋里装满了破铜烂铁。当我一看书的时候，我脑筋就打这些小玩意的主意。

我还没碰过一个所谓“笨学生”没有创造力的，以学校功课来断定孩子的智力是毫不正确，而有绝大害处的。

如果孩子拒绝学校大会通过的罚则，你们怎么办？

孩子们从来没有拒绝过，但是我可以想象假如处罚不公平的话，他们会拒绝。我们的上诉制度可以补救任何不公平的审判。

你说夏山的孩子都有干净的头脑，那是什么意思？

一个干净的头脑是一个不大惊小怪的头脑。大惊小怪就是你对使你大惊小怪的东西怀有压抑的感情。维多利亚时代的女人一听“大腿”就吃惊，因为她们对大腿有不正常的兴趣，与大腿有关的东西是性感和被压抑的东西。因此在夏山这种不把性、禁忌及罪恶连在一起的气氛下，小孩便不需要暗地私语和嘲笑而感到性不干净，他们对性就像对别的东西一样真诚。

七岁的威利在第一学期完了，从夏山回来谈吐不雅，因此邻居都不让他跟他们的孩子玩，我该怎么办呢？

对威利来说这是很不幸和痛苦的。但是有什么办法呢？假如你的邻居因为说一句“该死”、“去他的”就感到大惊小怪，他们都是被压抑而不该去碰威利的人。

夏山的儿童对于电影的看法如何？

他们对各式的电影都看。我们从不审查，结果，他们离校时对电影已经有很好的鉴赏能力，那些看过法国、意大利和德国好片子的年长学生对普通好莱坞的片子挑剔很多。还未发育的孩子对爱情片子不感兴趣，对他们来说，金露华一钱不值。

小孩顶嘴时你怎么办？

夏山从来没有顶嘴的孩子。小孩只有对待他们像下级一样的人才顶嘴。在夏山我们采用孩子的言语，假如一位老师诉苦孩子顶嘴，我知道准是这位老师不行。

你对一个不肯吃药的孩子怎么办？

我不知道。夏山没有一个孩子不肯吃药。我们的饮食非常得当，疾病在夏山不成为一个问题。

夏山年长的孩子照顾年幼的孩子吗？

不，年幼的孩子不用照顾。他们自己会忙自己的事。

你们夏山有没有教过黑人小孩？

有两名。依我的观察，别的孩子并未注意到他们皮肤的颜色。其中一个横行霸道，不受人欢迎，另外一个是很可爱的小家伙，而且特别逗人喜欢。

夏山有没有教童子军？

没有，我不相信夏山的孩子对日行一善有胃口。日行一善是自觉的自负，童子军运动的确有很多好处，但是对我来说，它已将中产阶级是非道德观念破坏掉了。在夏山我从不提童子军，但我也未见到过任何孩子对此表示过兴趣。

你对在虔诚宗教气氛中出来孩子的政策如何？你允许这样一个孩子在夏山信教吗？

是的，孩子可以不顾教职员和其他学生的反对而自由信他的教。但我发现没有一个自由的孩子愿意信教。

有些新生去做了几次礼拜，以后就不去了。教堂太乏味。我发现崇拜并不是小孩的天性，罪恶的感觉除去后，祈祷就用不着了。

通常从宗教家庭出来的孩子都是不真实和被压抑的。这在一种对生命的爱已经成了对死的恐惧的宗教制度下是免不了的。你可以灌输给小孩对上帝的敬畏，而不能灌输给他对上帝的爱。自由儿童不需要宗教，因为他们很少恐惧。

夏山的学生对政治感兴趣吗？

到现在为止，只有一个学生参加英国皇家空军。也许军队对自由孩子来说太缺乏创造性。夏山的孩子当然会和别的孩子一样愿意为他们的国家去打仗，但是他们也许会想知道他们是为什么去打的。

我们的毕业生曾参加第二次世界大战，一些也阵亡了。

你为什么要让男孩与女孩分开住宿？

夏山是英国的一家学校，因此我们一定得遵守英国的法律和道德观念。(第238～242页)

为什么你如此强调要使孩子快乐，天下有快乐的人吗？

这个问题不大容易回答，当然天下没有永远快乐的人，我们都有牙痛、失恋，或者工作不愉快的经验。快乐乃是一种内在的愉快与和平，以及对人生知足的感觉。只有自由的人才会有此感觉。

自由儿童的面孔是开朗无惧的。被严格教养的儿童看起来却痛苦和胆怯。快乐也可以说是一种人生受到最低限度压抑的境界。快乐的家庭是一个充满爱的家庭，不快乐的家庭则是一个紧张的家庭。

我标榜快乐是因为我标榜生命。宁可让孩子不知小数点的算法，也不要不让他自由和自足。宁可让他考不取学校，也不要使他脸上长满暗疮。我从来没有在一个快乐少年脸上发现过暗疮。

假如孩子有绝对自由的话，他什么时候才会知道自由发展是重要的，他会不会知道呢？

世界上没有绝对的自由。任何人让孩子永远要什么就有什么的话都是危险的。

没有任何人能有社会自由，因为他一定要尊重别人的权利。但是每一个人都应有他个人的自由。

讲得实在一点：没有人有权利去逼孩子学英文，因为学习是件个人的事，但是如果孩子在上英文课时不停地捣乱，那么他就应该被赶出课室，因为他干涉了别人的自由。

给“自治”下定义也不是一件容易的事，有时自治的意思不过是大人把自己的道德观念灌输在孩子心里而已。真正的自治不包括压抑与接受。它尊重别人的权利与幸福。这就是说努力修正个人的看法而去和别人和平相处。

你真的相信让一个懒惰的孩子自在地去浪费时间吗？当他对工作不感兴趣时，你怎样才能使他工作呢？

世界上没有懒惰这回事。懒惰的孩子不是身体不好，就是对大人要他做的事不感兴趣。我从来未见过 12 岁以下到夏山来的孩子懒惰过。许多“懒惰”的孩子都是从严厉学校转来的。他们在这里继续“懒惰”很久，在他们从以前的教育中恢复过来以前，我不让他做不感兴趣的事，因为时候还没有到。像你我一样，他一生将要做很多他不喜欢做的事。假如他现在玩够了，将来他便可以面对任何困难。依我所知，没有一个夏山毕业生是懒惰的。（第 242 ~ 243 页）

是不是每个人长大都会有些不正常呢？

佛洛伊德发现人的下意识是造成不正常行为的根本。每个分析家在花那么多的时间去分析一个病人都会感觉到，假如他小时候是自由发展的话，这些工作都是不必要的。

虽然我们不想断言，因为世界上没有一件事是可以断言的，但是我仍认为让儿童自由发展是避免他将来不正常的最佳方式。

我的女儿是自由发展的，有一天她也许会到分析家那里去说：“医生，我需要帮助。我已对被人称为 A.S. 尼尔的女儿感到厌倦了。人们对我期望过高，他们好像觉得我应该是十全十美的。我的父亲已经死了，但是我不能原谅他在书上一再提到我。现在，我是不是要躺下来请你分析?”谁也不知道这会不会发生。

对自己的仇恨是怎样表示出来的呢?

以孩子来说,他表现在反社会、易争吵、仇恨、毁坏和坏脾气上面,所有自己的恨都会反映或转移到别人身上。

有私生子的母亲会对别人性行为不检点定罪。多年来欲克服手淫的老师会打学生。将性升华或压抑的老处女会以揭露丑闻和毒辣表现对自己的恨。对犹太人的压抑是那些恨自己的人干的,你也可以在人种混杂的团体中看出来,在南非、亚欧混血的人常常比白人更不能容忍当地的土人。

当你和小孩站在一边时,你是不是想占有孩子的动机?

想又怎样?只要对孩子有帮助,我的动机有何相干呢?

我知道一个八岁女孩在母亲面前就口吃,这是什么原因?

口吃常常是为了要拖延谈话的时间来掩饰自己的想法。当我演讲到困难问题的时候,我常常以“呃……哎……”来掩饰我的无知和思想的混乱。

这个女孩好像怕她母亲,我猜她的母亲是位道学家。

我发现有个小男孩口吃,因为他手淫,而对此有罪恶感。治本的方法是告诉他手淫不是罪恶。口吃心理学至今仍有待研究。

配偶可不可以互相分析?

家里人从来不应该互相做心理分析。我知道有时丈夫分析妻子,或者妻子分析丈夫,这些分析都不会成功,而有时是绝对有害的。没有一个家长敢以分析的态度来对自己的孩子,不管他信哪一种心理学派。

为什么这么多成年人对他们童年的严师表示感恩?

多半都是由于骄傲的心理,一个在开会时站起来说“我小时被鞭打过,这对我很有好处”的人就是在说:“看看我,虽然我早期挨打过,我还是成功的。”一个奴隶并不是真正要自由。外在的纪律使人变成奴隶和被虐待狂,他们甚至对枷锁也心悦诚服。

一个普通的老师可以从事心理分析吗?

我想不能,他一定先要被分析过。因为假如他的下意识是不知的领域的话,他在探讨孩子心灵不知的领域时也不能深入。

摘自：尼尔著，王克难译．夏山学校．台湾：远流出版公司，1985

思想评介

尼尔及其自由主义教育思想

放弃限制儿童发展的清规戒律，放弃外在的道德说教和教学大纲，给儿童以充分的自由，甚至让其“随心所欲”，这一切听起来多么不可思议！然而，苏格兰出生的自由主义教育家尼尔所创办的夏山学校却成功地让人们感受到这种完全别样于传统的教育哲学。正如人们所普遍认为的那样，夏山是一个神秘的地方，一个充满着爱与和谐的引人入胜的世界。

一

尼尔是与众不同的。这不仅表现在尼尔曾提出惊世骇俗的教育思想上，也表现在我们对尼尔独特的理解方式上。似乎没有一个教育家能像尼尔那样，他就是他的教育哲学，他的教育哲学就是他。尼尔的教育哲学和他的人格、他的生活如此和谐地统一在一起，以至于我们如果不详尽了解他的生活经历，便无法完整地把握他的教育哲学思想。这或许在另一个方面表现了尼尔对教育的理解：真诚、言行合一、对完满人格的不懈追求。

1883 年 10 月 17 日，尼尔出生在苏格兰桑迪法埃弗的福法尔小镇上的一个教书先生家庭里，他在八个孩子中排行老三。其父乔治·尼尔和他的母亲一样遵循传统、严于持家。在父母的威压之下，尼尔从小怯懦内向，“简直学不会任何东西”①，他因为没出息和不成才而得不到父母的珍爱。不幸的家庭生活，使尼尔一直生活在父亲权威的阴影里，逆来顺受。不仅如此，当时的加尔文教也鼓吹人的堕落和罪恶，小尼尔在父亲和教士的鞭子底下循规蹈矩、祈祷和救赎。对神的恐惧、对罪恶和惩罚的恐惧、对死亡的恐惧以及世俗的维多利亚的道德教育，几乎破坏了童年尼尔的幸福。这一切是不幸的，同时也是有幸的。说它是不幸的，是因为尼尔因此成为了一个“问题儿童”，按尼尔的理解即一个不快乐的儿童；说它是一件幸事，是因为这种种的经历造成了尼尔顽强的反叛个性和独立思考的能力。他对传统教育无情地批判、对自由和民主不懈的追求、对于权威的不屑一顾、对于生命的无限热爱，不能不说由他的生活经历而来。尼尔的一生便是一个抛弃、反叛和建设的传奇故事。20世纪20年代的尼尔便钟情于杂志事业传播新思想，他立即就成为了一个“英格兰极端主义教育思想的肆无忌惮的宣传者”②。大学期间他接受和反思了萧伯纳和威尔斯的费边主义以及易卜生的个性解放思想。1917年他有幸结识了教育史上另一个有争议的人物、专门收容问题儿童的“小联邦”（The Little Commonwealth）的创始人霍默·莱恩（Homer Lane）并成为其门徒。在抛弃了几个言行不一、虚伪做作的传统学校之后，他于1924年创办了能够实践其教育哲学的夏山学校，而后开展了他富有争议的建设。

其实，尼尔所超越的更多。在他看来，外在权威以各种各样的粗暴的或柔美的近乎欺骗的方式向儿童灌输某种价值观念，是无理的和否定生命的。生活的规则不是外在的给予，而是人内在的性善所产生的。尼尔童年的挫折失败到中年以后的成功使他相信，儿童有能力自律。尼尔享年91岁，他几乎一辈子都在从事教育工作，据我们所知，这样的教育家并不多见，而像这样具有激进教育思想的教育家更少之又少。他的反叛的一生证明传统和尼尔是势不两立的。尼尔将规则制造的权力、快乐的权力、自由选择的权力，完整

① 尼尔著．夏山学校．台湾：远流出版公司，1985．239

② 世界著名教育思想家：(3)．178

地交给了儿童。夏山学校的办学宗旨就是要让学校适应于学生，而使学生适应于学校。

尼尔是一个坚定的个人主义者。他尊重个人的权力、尊重生命，所以他也尊重学生的权力。尼尔一生中几乎没有读过教育著作。他的教育工作不过是其固执、热情、反叛性格的自然延伸，甚至在一些著作中我们可以看出他的心血来潮和兴之所至。尼尔很幽默。他的幽默使他的人格充满了无限的魅力，同时这也是夏山的魅力。幽默是夏山研究的重要范畴。因为它意味着机智、好奇、热爱生命、平易近人和善于反思甚至批判。正因为尼尔本人是一个坚定的个人主义者，所以他才有可能从权力这个独特的哲学社会学的角度而非需要的心理学角度来理解教育和施行教育管理。尼尔将管理的权力让渡给学生，他曾自豪地宣称："夏山最大的发现就是：孩子们生来就是真诚的。因为我们不去影响他们，才能发现他们的真相，所以不干涉是我们管理孩子的唯一政策。"[①] 在夏山，学生可以上课，也可以不上课；学生可以任意选修课程；学生可以自由地编排和表演属于自己的舞蹈；在星期五的全体大会上（General School Meeting），学生经过讨论自订生活规章，一个六岁儿童的投票和尼尔的投票具有同等的效力。在学校里，权威只是一个概念。学生对老师直呼其名，甚至有的学生开玩笑地称呼尼尔为桔子皮或蜗牛。在这里，除了必需的保障学生生命的规则和那种更为根本的规则即不得妨碍他人的权利之外，一切都是随心所欲的。作为个人主义者的尼尔，自然地尊重学生个体的行为选择，但他同时又强调必须为其选择承担责任。比如在夏山你可以选择永远不上课，而你一旦选修了某门课程，你就必须按规定去上课，迟到和旷课的做法将会受到惩罚。不仅如此，尼尔还鼓励夏山的学生选择自己的生活方式而不为病态的社会所累，甚至有时候尼尔将他的做法推向极端以向传统教育无情地挑战。和时下的一些教育哲学研究工作者夸夸其谈、华而不实相比，尼尔显得更为真实、更为可爱。他的教育哲学是有生命活力的，是真正的文如其人，其文章背后真的有一个"人"

---

① 尼尔著．夏山学校．台湾：远流出版公司，1985．79

在！我们的教育哲学今天是缺少个性的，无论从思考还是从语言的层面看，不免千篇一律、千人一面。尼尔似乎早已给我们提出了批评和建议，那就是注重让人格代笔去言说！

二

尼尔曾是一位热心的精神分析家。弗洛伊德的《释梦》和《日常生活的精神伦理学》曾成为尼尔分析自己和他人的引导者。它们使尼尔比之于一般的教育哲学家更注意学生的童年经历、潜意识和性压抑，以至于在他的早期思想里他常常使用“利比多”这一范畴及相应理论。尼尔创办夏山学校时能够代表其风格的“个别谈话”（private lessons）即是来自于精神分析的弗洛伊德。尼尔对精神分析重视之极，甚至他称自己早期的工作不是教学，而是搞精神即“个别谈话”。尼尔还是受弗氏影响的莱恩的门徒。莱恩认为问题儿童的反社会行为是出于一种自我表现欲受到压抑的外在表现。只有外在的权威消失了，儿童才能真正地解放自己。这一思想真切地体现在尼尔的著作和夏山的实践建设里面。早在1921年他发表的《一个多疑的教师》里，就指出了鼓励被动就是鼓励犯罪。尼尔受另一位弗氏传人赖希的影响似乎更为具体些。赖希的“自然的社会性”取代了弗氏的“本我”成为人的行为的深层的心理动机，这一点启发了尼尔关注人的社会性与生物性的统一，同时赖希的性压抑学说也成为尼尔日后进行心理分析的一把钥匙。精神分析理论成为尼尔教育工作的心理学基础。尼尔所理解的心理学，是尊重学生自由发展其个性的心理学，否则他毫不客气地说：“心理学还是门无人知晓的科学”。① 这就是作为心理学家的尼尔。

然而尼尔的个性已决定了他绝不会停留于此。他还善于从其他教育家那里吸取营养。虽然尼尔自称他从未读过一本教育学专著，但我们却不会否认他曾受到卢梭的影响。他是继卢梭之后的又一个主张人性善的教育家。这一点他和自然主义的卢梭有惊人的相似之处。尼尔和卢梭同样坚信，儿童的天性是好的，用不着外在的说

① 尼尔著．夏山学校．台湾：远流出版公司，1985．3

教，儿童就会自动自发地学习、自爱、自信、自重、自律。正因为尼尔认为儿童的天性善良，所以他才能够尊重学生和信任学生让其自然和谐地发展而不强使他们做任何事。儿童有能力控制自己的本能与社会相适应。教育所要做的，正是要把学生的善良的天性引发出来。现实社会的问题儿童不是因为儿童自身的因素，而是因为不良的教育方式造成的。尼尔肯定地认为只有问题父母，没有问题儿童。外在的灌输式的德育虽然能够使教师、家长获得暂时的满意，但会伤害学生的天性而影响他一辈子。尼尔将自己完全放置在学生的立场之上，与儿童的命运息息相关。这就是作为教育家的尼尔。

尼尔的一生，注定是破坏着、建设着、探索着、挣扎着的一生。当尼尔将其充满个性的教育理念付诸实施的时候，当尼尔发现教育家和心理学家“病症”的时候，他又开始了具有决定意义的超越。他让教育家靠后站，缺少心理学基础的教育家总不在意地引发学生的精神创伤；他也不读弗洛伊德了，缺少教育学基础的心理学家总缺少足够的现实批判力。从此以后，作为心理学家的尼尔和作为教育家的尼尔真正地统一起来成为一个有个性的尼尔。他同时吸取了教育学和心理学的思想精华，并将之合拢起来，彼此平衡。

自赫尔巴特创立现代意义的教育学后，教育学便座落在心理学和伦理学的基础之上。但我们的心理学和教育学一直是两张皮。要么我们的心理学研究难以在教育学中得以实践，要么我们的教育实践缺乏心理学依据。教育要符合学生的身心发展规律，在今天与其说是一条教育实践的规则，不如说是一种知识学的描述。

尼尔将其对教育学的经验和对心理学的理解统整起来的结果是他善于在学生的立场上理解学生。所以他尊重从学生的自身兴趣出发的行为。他曾不止一次地表示他对“兴趣”的“厚爱”。他认为，“兴趣是唯一的标准”，“兴趣是整个性格的生命”。[①] 在夏山，学生学什么，玩什么，怎样学，怎样玩，全凭兴趣而定，尼尔坚持教师作为学生的同伴，他还没有完美到学生应该怎样做，应该去做什么。唯一有权力的是学生自身。他的善良的天性会引导他去做一些

---

① 世界著名教育思想家：(3). 182

他认为应该做的事情。应该说，“兴趣说”是尼尔性善论必然的逻辑结果。尊重学生的兴趣也就是尊重学生的好奇心、创造力，也就是尊重学生的天性。如果学生对学习什么都不感兴趣，即使被强行压制而暂时就范，从长远意义上看，这将会使学生盲从、逆来顺受和虚伪做作。然而真正地尊重学生的兴趣却很难。在现实生活中我们可以发现孩子们有几乎数不清的奇思怪想，我们总觉得他们以下犯上、不走正轨和没有出息，他们总让大人们觉得难堪，所以作为成人的我们有责任矫正他们。在尼尔看来，这一切均出自于成人的虚荣心。我们总试图将孩子看成一个小大人而不是实事求是地将其看成一个孩子。成人化的教育总是试图将某种生活方式和价值规范强加给学生，不管他能不能接受，会不会理解。尼尔认为这种行为是出于对孩子的恨。现在的教育在尼尔看来是以“禁止”为能事的教育，它以压抑儿童的天性为手段，以制造一个虚伪的公民为鹄的，其结果是使学生永远地生存在一个充满了恐惧的世界之中。所以尊重必须有爱，只有爱孩子才能贴近他们，认同和赞许他们。尼尔爱孩子，因为他热爱生命。弗洛姆正确地理解了尼尔。他曾欣然地以“自由、爱与生命”为主题为《夏山学校》一书作序。

尼尔在尊重学生的兴趣方面有许多独到的见解。这些见解明显地保留了精神分析学派的理论痕迹。学生有许多兴趣，其中当然包括许多不正当的兴趣，比如偷窃、说谎以及对性的病态敏感等。对此，尼尔不是用我们所推崇的压抑的手段去惩罚，而是耐心去疏导，让那种自我表现的欲望畅通无阻地表现出来从而使学生失去“兴趣”。在夏山学校里记录了不少这样令人吃惊的实例。尼尔不止一次地与几个问题儿童交换偷窃、偷乘火车和说谎的心得。在夏山没有学生对性有着病态的敏感，因为男女是合校的。虽然这在外人看来有一点惊世骇俗太过冒险，但夏山的确没有在性方面出过问题。尼尔的这种“去势”理论，在一定程度上避免了训斥式德育简单化的做法，而是深入到学生的心理底层发现其潜意识的东西并使之发泄出来。压抑式德育最大的潜在危险，就在于那暂被抑止的恶习突然之间爆发出来不可遏制。

尼尔爱孩子，所以他给学生以充分的自由。尼尔的自由原则是

“只要你不破坏他人的安宁就可去做你喜欢做的事情”。尼尔给予学生充分的自由，但自由并不意味着放纵。对此夏山有着明确的规定。然而尼尔也承认自由与放纵之间的界限的确难以判定。唯一的标准大概只有爱。尼尔自豪地宣称，在夏山，是爱在治疗一切，是同情和自由在治疗一切。①

关于教育爱，近现代许多教育家作了有益的探索。在这里我们准备再向前走一步，通过尼尔我们探讨教育的基督精神。我们所说的教育的基督精神，不是指在夏山开设宗教课程，事实上夏山因为没有开设宗教课而受到天主教的排斥和皇家督学的批评。在夏山学生有信仰任何宗教的自由；我们所说的教育的基督精神也不是说尼尔抱持“原罪”的观念，事实上尼尔童年深受其苦，他不得不用整个一生的自由意志去追求和宣扬人性善。我们所说的教育的基督精神，是指教育能够给孩子们以爱。尼尔也曾自豪地宣称虽然夏山没有开设宗教课程，但却是一个真正地实行教义的地方。因为在尼尔看来说话（宣扬教义）比之行动要浅薄得多。在夏山，人们真的有爱。夏山勇敢地招收被传统教育所侵害、被社会所抛弃的问题儿童，并帮助他们成为一个有爱心的和真诚的人。

尼尔是一个有爱心的人。正是这种无私的爱心，他才能在困难的物质环境下招揽教师和招收学生，并微妙地将大家团结在夏山世界里。尼尔就是夏山的教父，而他的爱心就是夏山孩子们的福音。尼尔的人格总有一种神秘的宗教般的力量。事实上尼尔生长在加尔文教的环境里面，不可能不受宗教潜移默化的影响。尼尔也承认他本人曾有过想当教区牧师的念头。的确尼尔一直像虔诚的教士那样传播着爱和人道。我们认为，教育的基督精神，是教育最本质的精神所在，这也是教育的安身立命之所。且不言古代教育言传身教那种由衷的厚重关爱，近代教育诞生标志的《大教学论》所标秉的“把一切知识传授给一切人的艺术”本身就具有十分明确的基督性质。基督最基本的特质是受难与爱。教育作为人类生存困境的应答方式饱含了对人类现实和未来的担忧和同情。没有哪一种社会是完

① 尼尔著．夏山学校．台湾：远流出版公司，1985．29

美无缺的，而教育就抱有这种期望。教育必须贴近人类，倾听人类，而非远离和漠视。我们可以在蔡元培、杜威等著名教育家的言行中感受到强烈的宗教气息。教育的基督精神是泛爱众。它不是去按照人的形象创造一个上帝，也不是按照上帝的形象在人们塑造一个世俗的权威。热爱生活、热爱生命就是爱“上帝”。特别是在一个充斥着物欲、人欲的病态的文明社会里，教育有责任去保护那些即被腐蚀的灵魂；否则，按照一般的实用性的工具去理解教育的话，那真的是在堕落。

三

西方理性主义教育学坚持认为人是理性的动物，通过某种合乎理性的方式就可以培养出具有完整理性的人来。因此西方的理性主义教育一直以课堂教学为手段，以理解、接受书本知识为形式，以训练人的“脑”发展人的理性为目的。不可否认这对于文明的传统和创造具有不可替代的作用，这也是教育功能最为基本的部分；但西方理性主义教育的极端发展在一定程度上“遮蔽”了教育的另一半即教育对人的内心即情感世界的关爱，甚至会造成“损伤情感的罪恶”。[①] 随着人们对人本身认识的不断深化，也随着人们对物质文明所带来的各种“迷失”（crisis）的反思，人们发现，理性必须接受情感的或人格的制约，否则必将造成“理性的暴政”。尼尔认为，传统理性教育的结果是培养了一批“满腹经纶的神经”，[②]他们具有丰富的知识，但对人生的看法却像婴儿。[③] 尼尔试图将被割离的“脑”与“心”结合起来，不仅要教给学生去了解（understand），更重要的是教给他们去感觉（feel）。尼尔对教育的理解，不是占有式的，而是享有式的，他曾强烈批评缺乏情感教育的蒙台梭利学校。在夏山，“书本是最算不了什么的”，其地位远在“泥巴和颜料”之类的东西之下。[④]相比于读书，尼尔更注重能够发挥其天性、创造力和活力的游戏。

①② 尼尔著．夏山学校．台湾：远流出版公司，1985．20

③④ 尼尔著．夏山学校．台湾：远流出版公司，1985．18

尼尔坚持情感主义教育原则是为了让儿童感到快乐，而快乐也就是自由。尼尔试图从学生的“内在冲动”出发，反对外在权威所带来的“畏”和“服从”，以消除学生的恐惧感，培养其自信心和勇气。他几乎没有给教学留下什么位置。他甚至以一种极端的方式表达了他对情感的偏爱和对知识论教学的厌恶：“我宁愿培养出一个快乐的清道夫，也不培养一个神经不正常的学者”。① 夏山不培养那些居于社会高位所存有的恶劣品质，也不执迷于培养被人仰慕的天才，但却如尼尔所宣称的那样，“学校虽然没有培养出天才，倒也造就出一批有名的艺术家、音乐家、伶人、科学工作者和数学家、医生以至厨娘”。② 一个成功的人，是一个快乐工作和积极生活的人。夏山培养快乐的社会生活者。尼尔不无自豪地说：“夏山也许是世界上最快乐的地方。”③ 尼尔所用的“快乐”，不是指暂时的精神愉悦，而是与幸福同义的。幸福是个人的自由选择，是从人的天性出发的“最少受压抑的状态”。④ 尼尔在对夏山毕业生作了跟踪调查之后指出，夏山最大的优点是培养健康自由的孩子，使他们生活不受恐惧和仇恨的摧毁。这也许是夏山和传统学校最为不同的地方。皇家督学对此也十分激赏。

“幸福本体”即“自由本体”的教育哲学是热爱生命尊重生命的教育哲学。尼尔在夏山的探索表达了一个教育家最为基本的品质，即向生活学习、对生活充满崇敬之心。这是一个极为重要但长期以来又极易为人们忽略的品质。理性主义教育之所以在一定程度上是脱离生命生活的有其根本的知识论哲学的原因。自柏拉图以来的西方知识论传统，坚持认为众多现象之后总存在着一个确定不移的本质，人们可以通过某种理性的方式把握之并以之为模型指导自己的社会生活。这种思想表现在教育上是认为教育总存在着一个不可挑战的终极的教育目的，我们可以通过某种可控可调的方式将这

---

① 尼尔著．夏山学校．台湾：远流出版公司，1985．3

② 尼尔著．夏山学校．台湾：远流出版公司，1985．24

③ 尼尔著．夏山学校．台湾：远流出版公司，1985．7

④ 尼尔著．夏山学校．台湾：远流出版公司，1985．242

个目的加诸于众生之上，一切与教育目的的确定性相违背的行为均被视为异端。在这一个象征着确定不移、严格控制、能够预测的加工工场里，无论怎样宣称学生的主体性，那牵着风筝的支配线总在社会及其代言人手里。学生因之被训练得一无主见，唯命是从。这一切在弗洛姆看来都是对生命的压抑。在《夏山学校》序里，弗洛姆尖锐地指出这正是厌恶生命的形式。同时，他也以高度的热情盛赞了尼尔的贡献。

四

评价某种教育思想是困难的，任何教育探索都具有启示或矫枉的意义，只是当它到了某个极端的时候，人们才觉得此教育思想有出格的嫌疑，而这往往又使我们的判断失之公允；评价尼尔的教育思想更难。他不隶属于我们耳熟能详的教育哲学流派之中，试图用贴标签的方法简单地评价尼尔的得失优劣容易做到但也更容易南辕北辙；辩证地评价尼尔的教育哲学尤其难，因为尼尔的几乎每一个探索都充满了闪光点和批判意识，但他似乎在每一点上又都走得太远而招致人们的非议。尼尔的价值或许永远存在于人们的批判之中。

夏山学校是20~60年代新教育运动的重要组成部分。在这个特定的弘扬个性、提倡自治、反讽批判成为时尚的时代里，尼尔对传统的反动便难免会走向极端。尼尔对自由个性的过分偏爱使得他不太关注教育的知识学方面的因素。在一个竞争日益激烈，个体和同类的生存日益面临困境的情况下，这多多少少让人担心。虽然夏山继任校长尼尔的女儿左绮（Zoe Neil）在考试制度、课程多样化方面有所改良，但人们仍然对夏山的孩子在一个所谓的“知识爆炸”的时代里的生存能力表示怀疑。存在论的尼尔反抗知识论的暴政，这对我们今天的教育是有补弊救弊之效的，这不啻为一剂治疗传统流行病的药方。但有一点是必须清楚的，我们超越知识论绝不意味着不要知识，而是相反，存在论只有在吸纳了充裕的知识之后才显得有价值和丰满。在这一点上，尼尔恐怕会面对很大的理论危机和现实挑战。

尼尔也过分地偏爱情感教育，因而常被极端地称为非理性主义。另外，尼尔坚持人性善的观点，但同时又认为学生良心的建立源自于合乎心理学标准的教育。这使得尼尔常在性本善和自由教育之间循环论证，有时甚至难以自圆其说。看来尼尔的理论还存在着一定的内在性矛盾。

前文我们已经谈及到尼尔行文的情之所至问题。他的信笔而作和情感宣泄使得他的一些表述不太清楚、过分零散和简单化。或许这种批评并不是很重要的。因为无论尼尔怎样宣扬他的教育思想，人们总无法复制出另外一个夏山来。尼尔是不再生的，夏山也是不可模仿的，虽然人们今天都满怀热情千里迢迢地挤在那个小学校里参观、嘀咕和赞叹。这似乎也就注定了尼尔和他的作为示范学校的夏山的孤独。夏山常被扣上“孤岛”和“狭隘的保守主义”的帽子。尼尔和夏山或许将有许多追随者，但不会有真正的知己。极端而真诚的自由主义者总是孤独的！我们并不苛求尼尔！

但我们仍还有一点重要的批评。尼尔曾自称他不是一个积极的社会改革者，但无疑他是一位理想主义者。他推崇幸福和快乐。他用尊重个性自由的方式使夏山学生生活起来从容不迫，游刃有余。为此人们不禁会问抛弃了传统、放弃了规范之后的路究竟该怎样走?！尼尔似乎并没有以足够的精力去关注生存的苦难与挣扎。事实上有时候我们不懂得选择或别无选择；有时候我们不得不去做一些我们根本不感兴趣的事；我们有时候会在信仰之间倍受煎熬或因失去信仰而痛苦异常；幸福有时不过是流泪后的一个苦笑……理想主义者的致命弱点是无法窥视生命的全部；看不到生存的苦难，便往往回避各种现实的矛盾，甚至会使我们浮飘浅薄。尼尔也许真的需要一点更为深层的思考。其实岂止尼尔，我们今天的教育岂不也已面对这一困境?

教育是一个充满着冒险的事业。只有当我们意识到这一点的时候，我们才能真正地投身其中。或许只有当我们真正地意识到这一点的时候，我们才可能真正地理解尼尔，理解尼尔为探索一条教育与生命的新路所做的冒险！

（高伟）

11

小原国芳

（おばらくにすし）

生平简介

小原国芳（1887～1977），日本著名教育家，玉川学园的创始人，全人教育论专家；1887 年 4 月 8 日生于鹿儿岛县的久志；由于受祖父的影响，从小就立下了“想当老师的宏愿”。但由于幼时家境贫寒，不得已报考了官费的电信学校，以谋求生计，养家糊口。但他不忘自己的宏愿，依靠自身的奋斗，先后考取了鹿儿岛师范学校（1905）、广岛高等师范学校（1909）和著名的京都帝国大学文学部。1918 年他应邀出任广岛高师附属小学教导主任，开始热心研究初等教育；1919 年应成城学园校长、著名教育家泽柳政太郎之邀，担任成城学园小学部主事，开始探索全人教育；1929 年创建了玉川学园，并逐步提出了完整的办学指导方针——十二教育信条，以此为基础，经过多年的惨淡经营，终于在 1947 年把玉川学园办成一所从幼儿园、小学、中学到大学的综合教育机构。由于小原国芳的学术成就，先后被加拿大国立大学授予名誉哲学博士，美国埃墨森大学特邀研究员，美国国际科学院提名他为终身会员和特别会员，德国格罗斯曼协会授予他格罗斯曼奖，并于 1975 年和 1976 年先后获得了丹麦国王和墨西哥总统的勋章。他一生著述甚丰，主要著作有：《全人教育论》、《教育改造论》、《教育的根本问题——宗教》、《教育的根本问题——哲学》、《自由教育论》、《教育立国论》、《母亲教育学》、《道德教学革新论》、《师道论》、《学校剧论》等，后人集之，出版了《小原国芳全集》（共 48 卷）。小原国芳是新教育运动的开拓者，他的教育活动和教育思想赢得了举世的公认和肯定。

名篇选读

全人教育论

教育的内容必须包含人类的全部文化，因此，教育必须是绝对的“全人教育”。所说的全人教育，是指完全人格亦即和谐人格而言，人在文化上欠缺了多少，作为人就残缺了多少。今天，日本很多学校不几乎都是“残缺学校”吗?！或者说全世界都如此也未可知。裴斯泰洛齐先生曾严厉地批评当时的学校说：“有作文学校，有习字学校，有问答学校，就是没有育人的学校。”他由内心中发出这一哀叹。现在日本大学问题中的根本问题，实际上不正是由人的人格缺欠而来的破绽么！升学考试准备、死记硬背、填鸭式教学、考试作弊、预备学校、教育妈妈、私塾家馆、出头发迹症……所有这些，在破坏着真正的人。(第1页)

……

在这里我不能不对全人所包括的内容，略作阐明。价值体系论是其中非常重大的问题。

历来的教育研究在根本上对这类问题等闲视之，实在是一大缺陷。只有确立了这个价值体系问题，然后才能确立教育思想，正确选择各教学科目，使教育的各种作用能占据应有的位置。因为文化价值体系的研究本来就是“人的研究”之别名。

针对知、情、意三种作用，作为价值则有真、善、美三者；作为文化表现则展开为“哲学世界”（含广泛的全部学问）“道德世界”、“艺术世界”三种。人们心意活动的全范围，止于知、情、意三个方面。尽管不属于这三方面范围的价值是绝不会有的，但却有宗教价值的世界，这又将如何解释呢？原来，无论是学问、道德还是艺术，如果一一追究下去，都要触及超世界的、超感觉的神秘境界，因此一切价值都可以取得宗教形式。西田几多郎博士说：“学问和道德的终极必然进入宗教。”它们的极致都进入宗教领域，这种思想柏拉图早已有了。他在真、善、美之上安排一个“最高之善”。他的所谓“最高之善”实际就是宗教。康德将柏拉图的思想作为正统继承下来，将这种境界叫做神圣性（Heiligkeit）。文德尔班称之为圣（das Heilige）。穆斯特贝尔也同样视之为形而上的价值。所以，“圣”不是所谓真善美普遍适用价值之外的另一种东西，而是真善美在有关超感觉实在这一范围内的价值的本身。人们通常惯于把学问与宗教、道德与宗教对立起来，这是不对的。在真善美各自深入下去时，即是说价值要深入到超世界的、超经验的、超感觉的境界时，就展现为宗教的世界。（第6~7页）

兹介绍我的贫乏的体系，请方家批评指正。

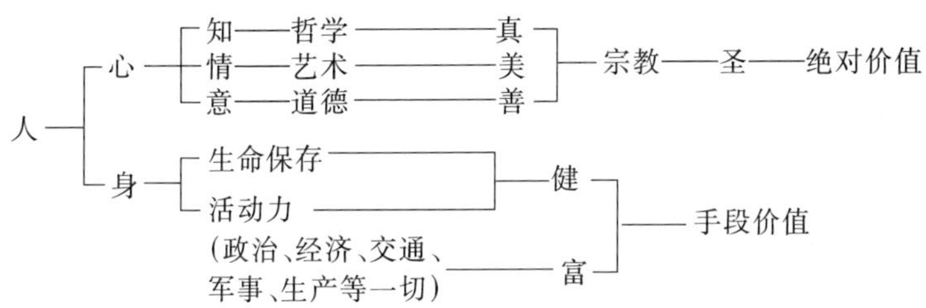

人有身心两个方面。为了身体，需要生命保存和精神活动之源泉的健康，即要求健的价值。所以健的价值无论如何是手段价值，其意义在于尽可能持续提供绝大的精神活动原动力。而且这决不是蔑视身体的意思，而是认为身体是不可缺少的手段。

此外，人必须生活，而“人不是光靠面包活着的”，于是，正像作为精神活动不可缺少的手段而需要健康那样，为了生活而需要面包。为了使精神有效地增强，就需要许多手段。发明、研究、交通、政治、外交、产业、军事、法律等一切，广义地冠之以“富”的名称。富的价值归根到底还是手段价值，而且与健的价值同样是不可缺少的价值。绝对不可轻视“富”，我比任何人都承认富的力量，不，我要求有尽可能大的富以使人进行旺盛的精神活动。对富的本身来说，富是没有意义的，但被人掌握了的富，就会生出价值来。我们应做主宰富的主人，而不能为富所役使。

就精神生活方面说，要承认真、善、美与圣四价值是绝对价值。就我自己说，我还是总有一种希望承认圣价值为最高价值的要求。

总之，我认为人有这六个方面。我所要求的“人”，是具备这六方面的人。这里的意思不是指一般陶冶所产生的东西，更不是抹杀个性索然乏味的东西。要真正对人们施以良好教育,将神所赋予的自然原样伸展开来,既要实现各自独特的世界,又要达成各自的完全境界。

其次，再将这些价值间的相互关系略作考察。文化价值的产出者及载体，既然是具有人格的人，因而，诸价值之间必然存在着紧密的相互关系，这是不言而喻的。因为“人”的展开，亦即其人人格本身的展现会产生诸种文化。所以，诸种文化价值，即哲学、艺术、宗教、道德、法律、科学、政治、经济、军事、交通、习惯等所有的一切必然有统一的关系。抛开精神就没有健康，离开健康也就没有精神。轻视富的价值，则精神文明不能成立，没有精神文明的发展，也就不能指望物质文明的进步。而且健也好，富也好，也就是说一切物质文明可以用宗教、道德、哲学来圣化、来深化。宗教也可以使智慧净化，智慧也可以使宗教深化。“人”如果真正纯粹地自然成长的话，当然就会出现浑然一体的协调的境界。正是这个境界才分不出什么哲学、军事、道德，等等。因此，一切都是艺术、道德、宗教、学问。在这里只有一个生活本身、人的本身生活而已，只剩下一个“纯一”。因此，一切教育、工业、军事、法律、苦行苦难、贡献、经济、发明等，彻底说都是道德，是神往，是艺术。(第10~12页)

我相信教育的最终目的只有一个，相信它应该是唯一的。然而上面列举的各种主义又意味着什么呢？这一切从唯一的教育理想的一个侧面研究来看，都有其意义。无视个人的社会无法得到繁荣，无视社会的个人也无法取得成就。泰利士① 只顾观看星座而掉在沟里，像印度那样忘掉了现实也不行。此外，招怨各国的国家自己

① 泰利士（公元前640〔624〕~524）希腊哲学家、米利都学派、哲学之祖，最早的星象学家。

也无法得到安宁，没有团结之心的国家也无法过人的生活。光进行宗教教育、艺术教育、道德教育、实业教育，只此一面不及其他，人就变得残缺不全。机械式地加以约束不能期望人的成长，而放任状态的自由也不是真正的自由。灵与肉的问题也使我们痛苦不堪。只有肉体的人，等于禽兽；只有心灵的人，也没有存在的道理。我仍然喜欢有血有肉的人。

这样自然就产生了二元对立的矛盾。有生命的人生就是矛盾的。这个充满血肉的矛盾的解决，我求之于黑格尔的辩证法。这就是扬弃（aufheben）这个包含个人与社会两方面的第三境界，这个由国家与世界扬弃而达至的第三帝国，这个适合于心灵的肉体、适合于肉体的心灵、灵与肉合致的妙境，这个理想与现实二者扬弃后的真实世界，是我们必须发现的境界。这说起来容易，实现它则是不容易的事情。道理就是如此。这是多少伟人历尽了艰辛的血和泪的事业。正如大圣贤斯宾诺莎教导的那样“因难而贵”。必须历尽苦难向迦南[①] 之地前进，也许这是永恒的巡礼。

这个经过扬弃后的第三境界，我愿意以之作为理想的境界。以前我提出“全人教育”的名称，其含义就是要把握这一完全境界的意思。价值体系论所当然要求的真、善、美、圣的价值生活，就是我的人生理想客观化了的东西。所以我办教育，无论学问教育、道德教育、艺术教育，都费尽心血，使之无误。而且，既然人必须生存，那么作为人类生活手段的健康教育、经济教育，当然也是必要的。

现在有体操学校、训练学校、作文学校、田径学校、美术学校、簿记学校、心算学校、英才学校、音乐学校、合格率学校等等，都是不对头的学校，是危险的教育，对孩子的毒害很大。还有唯我主义的教育，排外的国家主义教育、忠君教育、社会贡献教育、国际教育等等，五花八门。无论哪种教育都是片面的教育、危

---

① 迦南 巴勒斯坦、叙利亚、黎巴嫩之古称，亦即泛指埃及与小亚细亚之间的沿海地带。该地区的文化称为“迦南文化”。《圣经》故事中说该地是上帝赐给以色列人祖先的“应许之地”。

险的教育。(第13~14页)

社会学者杜尔海姆强调，在一切社会现象的根底上都存在着宗教。至少到过欧美的旅行者都深切感到凡是法律、工业、政治、经济，更不必说学问、艺术、道德，再细一些说音乐、绘画、建筑、雕刻、诗歌……抽去基督教精神就无法想象了。东洋也一样。特别是京都、奈良的文化，把佛教置之度外，就不可理解。

教育上更是如此。教育的理想、方法、教材论、儿童论、教师论，都不能离开宗教来思考，至少历史上的大教育家毫无例外地都是宗教家。从称为教圣的裴斯泰洛齐开始，到福禄培尔、阿诺德、布克·华盛顿，再上溯到耶稣基督、法兰西斯、依纳爵·罗耀拉①、马丁·路德都是如此。日本的中江藤树先生、广濑淡窗先生、山鹿素行先生、熊沢蕃山先生、吉田松阴先生、南州翁等都是大宗教家，同时也是大教育家。

所以，宗教教育是使精神生活总体得到适当发达，不是对一个方面、一个局部的发展，是将一切精神生活综合起来加以启迪、生长、开发。当然是全人教育性质的。对学问、艺术、道德、工业、乃至社会人事一切，都具有深刻兴趣的，同时对宇宙的绝对者也怀有深深虔敬之心的人，才能说是真正的完全的宗教家。这种人类生活一切精神状态的综合就是“宗教心”。

所以，我们的宗教生活既不是诗的情趣，也不是神秘的安息。实际上，人格就是以人格为对象的全精神的活动本身。全人教育就是这样的东西。忘记了这点只偏重知识的现今日本教育，实际是损坏人类的可怕的“癌症”。

人们常说：公立学校不能实施宗教教育，这话毫无道理。在宗教教育方面我的愿望是任何时候都要实施“宗教教育”，而不是“宗派教育”。宗教教育是人类共同的教育，希望把它看成一个根本问题。灵魂的教育，宗教的熏陶，在任何地方，任何时候都是可能的。宗教教育在音乐、美术，特别是戏剧、文学、历史、以及理科

---

① 依纳爵·罗耀拉(1491~1556)，天主教耶稣会创始人，出身西班牙吉普斯夸省罗耀拉城贵族。1530年至1534年间编写《神操》一书，并创立耶稣会。

和数学方面都是可能的，更不用说茶道、插花、体育、登山等活动了。人们常说："名山大川出伟人"。与其说登山是锻炼身体，不如说那是心灵的净化。特别是滑雪，在玉川所以受人重视，也是因此。在那白雪皑皑的银装世界里，无我忘怀地滑行，说是滑雪，真不如说是宗教教育。

当然教师本人的宗教信念、人生观、道德见识、语言、动作都是生动的宗教教育。教师其人，如果是虔诚的宗教徒，在进退坐卧上、在语言上、在行动上、在目光上，在一切方面都会自我表现出来。

如果是书法教师，其人在书法风格上、在选词造句上都会表现出来，所谓"笔写人心"。文科等学科更与宗教有重大的关系，都在选材、和歌、俳句、诗、论述等方面强有力地自我表现出来。至于音乐、舞蹈、戏剧、美术都与宗教有极深的关系。音乐的极致是宗教。名画、名雕刻本身就是宗教。

理科的教师没有宗教心的人，也将陷于可怕的结果。解剖和肢解青蛙、鳉鱼、蝴蝶、蝌蚪，无意中也许成了杀人的奖励法。

忘掉了神佛的今日教育，在科学进步的今天，在精神文明被物质万能所压制的今天，令人不寒而栗，恐惧万分。至少精神文明与物质文明二者平衡发展的精神教育是绝对必要的，也就是说，殷切希望对于"富"要加以精神指导！对于永无止境的物欲要加以净化！(第 15 ~ 18 页)

席勒的《美育通信》，确是值得细读的名著。席勒说："所谓为道德而道德，自康德开始才有可能，我们拯救一般人的道德须求助于艺术。"

确实如此。自香川师范以来，我进行的道德教育，差不多也是求助于宗教与艺术的力量。名著名文的阅读，清新的绘画或音乐的鉴赏，特别是戏剧，都具体地给人格的形成以巨大力量。

我提出"学校剧"已经 52 年了，一直受到迫害，特别是冈田良平任文相时期。虽然对于音乐、绘画、舞蹈、建筑、雕刻、诗歌等都一一承认了，但对它们的综合体——戏剧却予以否定。演剧完全是综合的艺术，是艺术的顶点！幸而我的学生斋田乔君、冈田阳君在戏剧方面大有成就，令人欣慰。宗教教育也能产生言论所不能企及的巨大感人效果。

在日本小学校中，鉴赏曲还远远不够。歌唱也是少数人的事。现在有倍增的趋势，希望尽可能地增长三倍才好。再者，一定要学习乐器，无论如何也要掌握一种乐器，至少一个横笛，甚至一片树叶，一片草叶也可以嘛！我在少年的时候，邻居有个男佣人，每天在田野干完农活，总是吹笛而归。那牧歌式的旋律、清新的音色，至今还萦绕在我的心头。

到了初中，到处都是为高中升学考试做准备，音乐的时间往往被挤掉，热心的艺术教师稍不注意，校长、同事就以“影响升学率”为借口，敬而远之，不久就成为下马的根据。难道不是这样吗?!

到了高中，音乐等课程逐渐取消，即使偶尔设有此课，也是选修课或课外活动。

对那些愿唱歌的、爱舞蹈的，甚至喜欢蹦蹦跳跳的，什么也不给，因而自然地染上不良的习惯。那些讨厌的词句，融会着肮脏的曲调，成为产生流氓少年的诱因。特别是电视，我想至少砍去一半。这是一种恶习。它是面向成人的，是放荡的，至少它不是教育的，也不是家庭的，非加以严肃的指导不可。

这样一来，作为大学考试的准备教育，教科书的程度是高的，也可以说是世界最高的。但至少也有三分之二对高中生是不适当的。不理解，没兴趣，厌学，也是产生流氓少年的条件之一。

其次应予以注意的，是对自然的尊重和亲身体验自然之美。科学万能的时代更要如此！我们离开了喧闹的牛込街区，大地震后，小田特快车通车之前，又大胆地带着小学一年级学生到很远的地方大约十英里路程的武藏野去，其根本原因在于此。甚而，景慕武相一带的丘陵，40年前来到玉川创办森林学园，其根本原因也在于此。净化心灵，向大自然积极开发，对学园创造者本身就是愉快的。将创造美的喜悦教给他人，这件事的本身实际上就是个重大的教育。

因此，不可忘记那种具有心灵美、温暖人间关系的人情教育。

以往的大学闹事，实际上忘掉人情教育的可贵不就是原因之一吗?!

另外，人要依靠文艺作品致力于情操教育。让小、中、高、大各级学校多读世界的经典著作：如《约珥书》①、《伊索寓言》、《安徒生童话》、戴·阿米奇②的《格雷童话》、辛科维奇③的《何处去》、雨果的《悲惨世界》，还有但丁的《神曲》、莎士比亚的三大悲剧、三大喜剧、歌德的《浮士德》、陀思妥耶夫斯基的《罪与罚》……都是人类的经典，修身的读物，人格形成的瑰宝。

特别请不要忘了神话，它甚至有着宗教、哲学、科学的根源。希腊神话以及北欧、印度，尤其是日本的神话，也应郑重对待。

尤其要尊重的是，丰富的艺术乃伟大学问的温床。沃维纳尔古曾说："伟大思想由心生"。叔本华也有极为相似的说法。释迦、基督也都是有丰富感情的人。柏拉图、康德、西田几多郎博士、波多野精一博士，实质上都是如此。丰富的感情生活，燃烧着的想象力，正是创造力的源泉。(第 18 ~ 22 页)

我根据以下理由，主张特设道德学科。

(1) 是中心学科。(2) 伦理知识的作用是道德修身的指针。(3) 由国民性来看，特别对富于感情的日本人是非常必要的，更不用说日本的女性。(4) 伦理道德哲学化的需要。(5) 培根说："知识就是力量"。斯宾诺莎教导我们说："知识就是道德"。(6) 需要与时代共同前进的道德变迁相适应的道德知识。(7) 为了和谐人格的完成，夏目漱石在《草枕》的开头上教导我们说："理智处事则棱角逼人，意欲行事则到处碰壁，感情用事则随波逐流。"关于道德的教养也必须有全人的和谐不可。

由于以上原因，痛感特设修身科的必要，更何况：

(1) 愿万众皆知人的人格价值之尊贵。康德的人格维护律说："在你自身之人格及所有人之人格方面，应尊敬人性的价值，而且要

---

① 《约珥书》亦译《岳厄尔》，属《旧约圣经》中《小先知书》。描写蝗、旱灾祸

② 戴·阿米奇 (1846 ~ 1908)　意大利作家，以儿童文学名著《格雷童话》蜚声世界文坛

③ 辛科维奇 (1846 ~ 1916)　波兰作家，曾获诺贝尔文学奖

把人格作为目的来运用，切勿单纯地作为手段使用。”巧妙的将人格的严肃的尊贵性教导给我们。“纵然降雪日，仍有拾樽儿”。（樽，送货用完的空桶——译者）这是安藤信友的名言。耶稣基督也谆谆教导说：“人，如果失去灵魂，即使得到全世界，又能如何?”

(2) 要树立正确的人生观，即超越喜、怒、哀、乐的坚定人生观。

(3) 希望了解善、恶、苦、恼的深意以及罪和忏悔的崇高意义。

(4) 知道道德生活的意义，意欲和理性的纠葛，“破山中之贼易，破心中之贼难。”（王阳明）必须知道人的生活矛盾和苦闷的深奥意义。

(5) 创造美好的、正直的、确有永久性的人的形象。（第23~24页）

教育教学的态度，首先分为两种，进行“teach”，还是使之“Study”？也就是教，还是使之学？是给与还是使之掌握？是以记忆或填鸭式为主，还是以创新或钻研为主？

不言而喻，“使之掌握”即使之“Catch”的教育比“给与”即“give”的教育值得尊重。“教”（teach）的教师是下等之下的教师，而“使之学”的教师才是难得的教师。称呼大学生们为Student的道理，大学教授尤应铭记心中。背诵不如钻研、发明，填鸭式不如创造，“压力”不如“爱好”。只有爱好然后才能精进，这是自古以来之说。诸如爱好用功、爱好理科、爱好语文、爱好音乐、爱好行善、爱好帮助他人、爱好奉献……。至圣孔子道破了这个真理：“知之者不如好之者，好之者不如乐之者。”实际上就是赫尔巴特所谓的“多方趣味”的主张。我想这实在是应予重视的。

大哲学家康德说：“你们不要跟我学哲学，而要学习从事哲学。”

希望今日日本自大学教授开始，高中教师，不，直至中小学幼儿园的教师们心中都要对这一严肃教导怀有严峻之感。我认为，对待学问要有火热般的热情，要领会其挖掘方法和锻炼劳作的能力。

希腊古代有“学问有惊异开始”的说法。所谓学问一词，就是惊异、奇怪之意。对心情上的奇怪产生Psychology（心理学），对动物的奇怪产生Zoology（动物学），对生物的奇怪产生Biology（生物学)、Ethnology（人类学)、Technology（工艺学）……甚至连Japanology（日本学）都产生了。填鸭式或死记硬背以及严格考试等等，都会使求知欲、探索精神，好奇惊异之心的幼芽趋于干枯。

伽利略、牛顿、斯普仑格尔对宇宙神秘的惊异奇怪的程度，我们应该极端尊重。(第27~28页)

众所周知：体育的目的，绝不是锦旗、奖章、记录和奖杯。手段和目的是不能混同的。

我认为，体育的目的在于强韧的体力，长寿的生命，调和的身体及技巧性，这是不言而喻的。为此，首先要有生理学的知识。体操是基础。(丹麦的体操平均进行基本体操、健美体操和技巧体操三种训练，这是值得敬佩的。）各种运动，特别是日本人的各种武道中至少要选择一种。(第30页)

在体育中可以磨炼节制、礼仪、克己、勇敢、协作、忍耐等，实际上这就是郑重的道德训练。正因为如此，我坚决反对一味计较胜负，唯奖品是图以及将体育演戏化。体育的基础是体操。我希望体操国民化，体操一般化，体育纯净化。(第34页)

所谓对立统一的法则，从全人教育立场上看，是件特别重要的大事。

大胆而小心，开朗而娴静，快活而谨慎，气质温和而坚强有力，好好学习又好好游戏（历来的教育实际上忘了闲暇教育，没有教给正确的、快乐的、美好的游戏)，善于赚钱又正确使用（迄今为止的教育，只教给赚钱和攒钱以及节约，而忘记了为国家社会做出大的奉献，以致酿成吝啬、小气的生意人劣根性)，愿将这些合二而一的花朵与果实，献给体面的绅士。能担肥干活又能弹钢琴，能做扫除又会茶道和插花，会绑拖把又会做丝绸衣服，会掏地沟又会唱第九交响乐，能打柴又能演剧、绘画，总之希望玉川的孩子们，由打算盘开始，直至读经，人人都能掌握。他们已能自己动手制作钢琴、小提琴、大提琴等乐器，同时还养猪，既能系领带，也能穿工作服在田间锄草。

我们的教育，是所谓个人主义对社会主义，国家主义对世界主义，现实主义对理想主义，自由主义对法制主义等等巧妙的对立、相反、矛盾。而且这正是人间的真相。特别是理想与现实，精神与物质，灵与肉，天与地，义理与人情，理想与意欲，这些盘根错节的事物，不正是严酷的事实么?！文艺上的大作家，全都巧妙地利用这些，《阿波之鸣门》、《石童丸》、《先代萩》等作品之所以催人泪下，正是因为事物本身具有这二元矛盾的缘故。其中最严峻的对立，当属国家主义与世界主义的对立，看一下每天的报纸，世界到处总有无情的人们不断地发生小冲突、各种麻烦、暴力、战争等等。希腊的大哲学家赫拉克里特虽然说过："斗争乃万物之父"，但我认为，这种斗争、对立、纠葛，不会是一成不变的。像当今日本的大学骚乱、劳资纠纷等也必然会到来消除对立的一天。

当然，斗争、烦闷其本身也是进步的前提。古人们也曾教导说："不断烦恼之时，正是你不断成长之日"。进步和成长固是可贵之事，但最后这严峻的二者——烦闷与成长必须合而为一不可。

像黑格尔教导的那样，有正（These）就有反（Antithese），有反就有正。这样它们二者在达到统一即综合（Sgnthese）境地之前，一定互相扬弃，并不是任何时候都一成不变地对立着，一成不变地斗争着。斗争至少会出现综合，产生更高更美的第三境界。黑格尔将这种运动称之为 Aufheben（扬弃）。auf 是止、保持的意思。heben 是扬起的意思。一定要时时刻刻地、日日夜夜地进行这种扬弃作用。苟日新，日日新，形成第三境界是人类的课业。那些像蝾螈似的，像附在岩石上的牡蛎似的冥顽不灵、做不到日日新的人，完全不做扬弃，是没有希望的人。

因此，无论如何，人们没有伟大的宽容、谦虚、让步、飞跃、忏悔，新生是不行的。伊斯兰教穆罕默德教诲道："天国在剑中"。不铲除吝啬的小我、利己、私心、狭隘是不行的。总之，所谓永恒不变的教育，也就是永远把一切对立双方的每一方面都只作为统一的一体来对待，我认为事情就是如此。其中心实际就是自我，必须将自我拓宽、提高、加深、净化，达到神的境界。人的一生，就是不断的修养，不断的忏悔，也就是佛教中所谓得到"真我"。然而，这谈何容易，或许这是一条不可能的艰难困苦之路也未可知，至少对我们来说是如此。(第 38～41 页)

全人教育与尊重个性，二者决不是矛盾的。恰恰相反，这二者必须融合统一。完全的个性发挥，实质上就是好的全人教育。使竹子、百合花、松树的本性，张三、李四的独一无二的本领得到发挥时，是最美好的教育。

实际上，所谓教育，就是要发现全宇宙都不能取代的尊贵的自我，要使天所赋予的各个人的天地充分活起来。在这里有无上的喜悦和不能言传的舒畅，甚至也成为一种性格的拯救。说到国家，实际也只有在人才济济，富有多种多样的伟大个性时才能繁荣起来，也只有如此才能对世界做出丰富的文化贡献。

看来全宇宙中再也没有像人类这样程度的个性差异之大了。既然具有任何东西所不能代替的本质，所以在质量上、在深度上、在速度上、在时间上完全是千变万化的，因此划一的课程、划一的时间表对个性是可怕的桎梏。“万民不得其所，朕之罪也。”这是新教育的第一要义。这就是为什么我们要对多种多样的设备、机械痛下功夫，并设计各种先进方案，拥有多方面的劳作场面之原因所在。

而且，我认为只有完美的全人教育，即发展丰富的协调的人格，才是培养发展伟大个性之所在。只因有了辽阔、广袤、无垠的麓下原野，才显现出神圣而庄严的富士山的灵峰。同理，全人教育与尊重个性教育是一物之两面，而且，必须努力把二者融合为一体。

然而，为了全人教育的彻底实施，绝对不能或缺的是导致灵肉如一、身心一致的劳作教育。

正如裴斯泰洛齐身体力行所强调的那样，教育的根本在于劳作教育。“劳”是额头流汗动手实干，是万人所喜所夸、视之为义务；“作”，不是“作业”的作，而是“创作”的作。二者相合，名之曰“劳作”。

（1）真正的智育绝不能得自注入式、死记硬背、考试用功或者是简单的说明等方法。只有依靠吃苦、劳作、体验、试行、思考以及行动等，才能得到。这就是第一次世界大战后德意志的“试行学校”（Versuchsschule）。“百闻不如一见”，而我更认为“百见不如一作”。

（2）真正的德育也是同样。应该活动的要活动。除了冒酷暑流热汗全力以赴地劳作体验外，没有其他成功的道路。这样做可以锻炼坚强的意志，真正使子孙后代得到教养。因为这里虽然有困难，但尊贵的知行合一说得以成立。正直、忍耐、克己、节制、协同、友情、忠实、勇敢、快活、奋斗、独立独行、贡献、报答等品德得到磨炼。

(3) 依靠苦难苦行方能使心灵与神佛相通，获得可贵的信仰，对祖先的、双亲的、兄弟之间的、社会的、国家的、全人类的深厚温暖的恩泽方能感谢，从而涌出可贵的奉献精神。那种每日早晨向圣山礼拜，是另外一回事。可是泥土的芳香、水田中的耕作、收获的喜悦、完成了的书、工艺作品的美感、植物发芽的神秘、以及蜂巢的齐整和丰醇、牛奶味道的纯良、万紫千红的花色、丰满的赤红色的蕃茄、萝卜和南瓜、西瓜和山芋……曾是通过自己汗水的东西都引起巨大的惊异、神秘、灵感、铭感。自身就会领悟到水户黄门阁下所说“白米弥足珍，粒粒皆民汗”的意境。

(4) 自己亲自种植、操作、下工夫、缝纫、洗染、张挂、修缮、清洗、扫除……只有如此，才能达成真正的美育。

(5) 打铁、喂牛、运土、打柴、积肥、锄草，吃自己种植的新鲜蔬菜，只有如此，才能获致身强体健。

(6) 多种多样的劳作教育必然蕴涵着生动的经济教育，也能成为职业教育。

有些反对的人将劳作教育说成是“榨取劳动”。这实在是毒害真正教育的、可怕的恶意解释。劳作教育实际上是圣育、智育、德育、美育、生产教育、健康教育的综合统一体。我们的心愿完全在于**真正的教育**，使人成为一个真正的人，作真正的事，努力向真正的教育精进不息。

真的，“全人!”对我的心灵来说是响起了美得不得了的最强音。全人教育，尊重个性，自学自律，劳作教育……我相信依靠这些，世界得以净化，得以救助。(第 41～45 页)

摘自：小原国芳著，刘剑乔，由其民，吴光威译．小原国芳教育论著选（下卷）．北京：人民教育出版社，1993

思想评介

小原国芳及其全人教育思想

小原国芳是一位勇敢的教育改革家，他敢于向传统的不合理的教育挑战，毕生致力于教育研究和教育改革，为他所倡导和追求的全人教育献身一生，不愧为20世纪最伟大的教育家之一。小原国芳的教育思想博大精深，体系完整，“全人教育思想”是其教育思想的核心，也是他整个教育理论体系的精髓，这一思想贯穿于他的全部教育著述之中。难怪有人说，懂得了他的全人教育思想，如同得到了打开他教育思想宝库之门的钥匙，就可以在他教育思想的海洋里徜徉。为此，我们以小原国芳的《全人教育论》为主线，对其全人教育思想进行简要评析。

一、什么是全人教育

小原国芳认为，所谓“全人教育”，是指全人格教育、和谐人格的教育。这一教育理想是他在严厉抨击了现实的日本教育种种弊端后而提出的。他大声疾呼：今天日本的很多学校不几乎都是“残缺学校”吗！指出：那种为升学考试准备的教育，死记硬背的教育，填鸭式的教育，考试作弊的教育，预备学校的教育等等，都是破坏真正人的教育。裴斯泰洛齐先生曾就当时的学校发生这样的哀叹：“有作文学校，有习字学校，有问答学校，就是没有育人的学校”①，小原国芳找到了知音，与他内心的这一哀叹发生了共鸣。

① 小原国芳著，刘剑乔，由其民，吴光威译．全人教育论．小原国芳教育论著选（下卷）．北京：人民教育出版社，1993．1

据此，他提倡教育必须是全人教育，要培养完全的文化人格而不是残缺分裂的文化人格，教育的内容必须包含人类文化的全部。他所谓的“文化的全部”包括六个方面，即学问、道德、艺术、宗教、身体、生活。“学问的理想是真，道德的理想是善，艺术的理想是美，宗教的理想是圣，身体的理想是健，生活的理想是富。教育的理想就是创造真、善、美、圣、健、富这六种价值”，“这六种价值正如庭院中盛开的大波斯菊（Cosmos）一样，希望和谐地生长”①，大波斯菊是六瓣花，每一花瓣代表一个方面，六者要和谐发展，缺一不可。小原国芳用大波斯菊的和谐盛开来象征全人教育，真可谓用心良苦。不仅如此，每年在他的玉川学园都要举行大波斯菊节，其目的在于使全人教育、和谐发展的思想深入人心。

二、全人教育的价值论体系

小原国芳非常重视全人教育价值论体系的研究。他认为，历来的教育研究对此问题的忽视，不能不说是一大缺陷，因为“只有确立了这个价值体系问题，然后才能确立教育思想，正确选择各教学科目，使教育的各种作用占据应有的位置”②。他认真研究和分析了西方和日本几位著名教育家和哲学家的价值体系论，从中汲取营养，获得启发，并提出了自己的全人教育的价值论体系：③

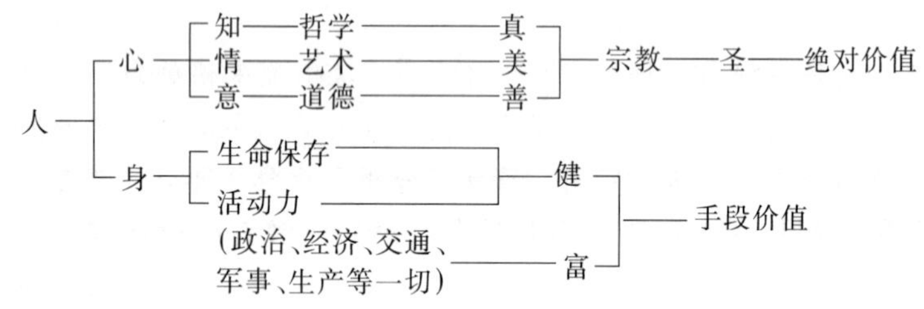

① 小原国芳著，刘剑乔，由其民，吴光威译．全人教育论．小原国芳教育论著选(下卷)．北京：人民教育出版社，1993．4

② 小原国芳著，刘剑乔，由其民，吴光威译．全人教育论．小原国芳教育论著选(下卷)．北京：人民教育出版社，1993．6

③ 小原哲郎编．全人教育の手がカフり．日本：玉川大学出版部，1985．73

小原国芳认为，人有身心两个方面，在价值判断上，他把解决精神方面问题的前四项价值即真善美圣称为“绝对价值”，把健和富这两项维持和解决身体方面问题的价值看作“手段价值”。他认为，人的心理有知、情、意三方面的作用，与此相对应，作为价值论则有真、善、美三种价值，而这三种价值的文化表现则展开为“哲学世界”(包含广泛的全部学问)、“艺术世界”、“道德世界”三种，知、情、意包含了人的心意活动的全部，但心意活动最终必将进入一个超世界、超感觉的神秘境界，即宗教境界。“无论是学问、道德还是艺术，如果一一追究下去，都要触及超世界的、超感觉的神秘境界，因此，一切价值都可以取得宗教形式”①。所以，小原国芳把宗教的价值“圣”作为其全人教育价值体系的绝对价值之中的最高价值。可见“宗教境界”是小原国芳教育追求的极致，“圣”乃是人的最高价值追求。他欣赏日本哲学家西田几多郎博士的话，“学问和道德的终极必然进入宗教”，也非常推崇柏拉图在真善美之上安排一个“最高之善”，他说“最高之善”实际上就是宗教。小原国芳并不忽视健和富两方面的价值，但他认为这两方面都是手段价值。他说：人有身心两个方面。为了身体，需要生命保存和精神活动之源泉的健康，即要求健的价值。但健的价值无论如何只是手段价值，其意义在于尽可能持续提供绝大的精神活动原动力。这决不是蔑视身体的意思，而是把身体的健康看作人的发展不可缺少的手段，光是身强力壮本身找不出什么意义来。富的价值也一样是不可缺少的手段价值，绝对不可轻视富，他说，为了使精神有效地增强，就需要许多手段；发明、研究、交通、政治、外交、产业、军事、法律等等一切，广义地说都是谋富的范畴。对于富本身来说，富是没有意义的，但被人掌握了富，就会生出价值来，它是人进行精神活动不可缺少的手段价值。小原国芳提醒人们应做富的主人，不要成为富的奴隶。

小原国芳认为，绝对价值和手段价值是相对而言，相伴而生

---

① 小原国芳著，刘剑乔，由其民，吴光威译．全人教育论．小原国芳教育论著选(下卷)．北京：人民教育出版社，1993．6

的，同人的身心一样，抛开精神就没有健康，离开健康也就没有精神。同样，轻视富的价值，则精神文明不能成立，没有精神文明的发展，也就不能指望物质文明的进步。因此，他所要求的全人，必须具有这六个方面的价值。

三、教育理想的归宿

小原国芳认为，教育是有理想的，尽管教育者和受教育者在认识上有高低深浅之别，但都有自己的理想。不同时代的人由于文化、精神、理想乃至各自的人生观、世界观、人类观的差异，会产生出各自不同的教育理想。自古以来的教育理想有个人主义的、社会主义的、国家主义的、国际主义的、理想主义的、实利主义的、宗教主义的、唯智主义的、人文主义的，甚至在方法上划分有机械主义的、自然主义的等各种各样的表现形式。那么小原国芳所追求的教育理想是什么呢？那就是他借助于黑格尔的辩证法，对于人生的二元对立的矛盾“扬弃”之后的所谓“第三境界”或叫作“完全境界”，这就是他所提出的“全人的教育”，他说，我相信教育的最终目的只有一个，全人的教育是教育理想的唯一归宿。而自古以来的种种主义，都只说出了教育理想的各种侧面，结果如何呢？无视个人的社会无法得到繁荣，无视社会的个人也无法取得成就；招怨各国的国家自己也无法得到安宁，没有团结之心的国家也无法过人的生活；光进行宗教教育、艺术教育、道德教育、实业教育，只此一面不及其他，人就变得残缺不全；机械式地加以约束不能期望人的成长，而放任状态的自由也不是真正的自由。灵与肉的问题也令人痛苦不堪，只有肉体的人等于禽兽，只有心灵的人也没有存在的道理。这种二元对立的矛盾就是生命的人生，而这个充满血肉的矛盾的解决，就要借助于黑格尔“扬弃”的辩证法，将人为割裂与对立的二者统一起来，回归于“全人的教育”，这就是教育的最终目的，也是教育理想的归宿。要实现教育的目的，培养真正的全人，就必须要进行全人的、全面的教育，包括宗教教育、艺术教育、道德教育、学问教育、健康教育和生活教育六个方面。

（一）宗教教育

小原国芳认为，宗教教育的理想在于圣，“圣”是人的最高价值，所以，它也成为全人教育价值论体系中绝对价值之最高价值。在小原国芳的全人教育理论体系中，宗教教育、宗教境界占有十分重要的地位，因此也成为人们对他的教育思想评价中最有争议的部分。我们认为，对于小原国芳的宗教教育，应以客观公正的态度，把它放回到全人教育理论体系之中去认识它、分析它和评价它，因为他的宗教教育不同于我们一般理解的宗教教育。

小原国芳认为，所谓“宗教意识”并不是什么特别的东西，乃是人类精神生活的总和。所以，“宗教教育也就是使精神生活的总体得到适当发达，不是对一个方面、一个局部的发展，是将一切精神生活综合起来加以启迪、生长、开发，这当然是全人性质的”①。可见，在小原国芳的思想体系里，宗教不是迷信，而是一种信仰，他把这种信仰作为他整个教育的理想而执着地追求着。他借用杜尔凯姆的话说，“信仰是温暖，是生命，是热，是全身心的生命高扬，是一个人的飞跃。”② 我们今天的教育所迫切需要的不正是这种信仰和执着吗？小原国芳正是以这种信仰和执着追求，想要去医治和拯救现实中不尽如人意的教育，虽然不免有些空想色彩，却能震撼人心。在谈到智育与宗教教育时，他说，那种“非使学生理解不可的心愿，要把学生提高到自己那种程度上来共享理解后的喜悦的心愿，不就是智育的生命之所在吗”，“这之中有感激、有生命上的共鸣，已经不单是冷冰冰的智育，而是人格和人格的接触。所有的弦都在这里产生共振。我把这种殉教者的态度称作教学的宗教境界。”③ 到了这个境界，教育才是一个有完整体系的生命，智育、德育、情育、生命、生活等都融合在一起，真正的教育、教学正是指

---

① 小原国芳著，刘剑乔，由其民，吴光威译．全人教育论．小原国芳教育论著选（下卷）．北京：人民教育出版社．1993．16

② 小原国芳著，刘剑乔，由其民，吴光威译．教育的根本问题——宗教．小原国芳教育论著选（上卷）．北京：人民教育出版社，1993．126

③ 小原国芳著，刘剑乔，由其民，吴光威译．教育的根本问题——宗教．小原国芳教育论著选（上卷）．北京：人民教育出版社，1993．119

这个境界。①

关于德育与宗教，小原国芳认为，德育的根本问题是心灵的净化，前提是教育者要有一颗纯净的宗教心，才有资格去从事“全人”的感化与陶冶工作，教育者对于他所要向学生宣扬的道德，自己必须先对它具有信仰，信仰就是力量，“教育者应该以自己的确信，不，以自己的纯真，不，以一个能够表现特种色彩的个性的自己来训导儿童、学生”，②以实现人格的完成。所以小原国芳与裴斯泰洛齐的呼喊发生了共鸣：“理想的教师应该是个宗教家”。因为只有有着最真诚的宗教感的人，才是最完全的人格者，“真正的宗教者是真正的人格者；而真正的人格者必然是真正的宗教家”。③德育就是一种在不知不觉中，在无意识之中人格对人格的感化，是心与心的接触。这种纯净崇高的宗教境界，不正是小原国芳宗教教育所追求的吗？不禁使我们联想到当下某些教育者，对于向学生传授的道德，自己都没有信仰之心，要求学生做到的，自己都不具备必要的修养，怎么会感化学生，引起心灵的共鸣呢。小原国芳说：“感化不过是把内在的东西真实地向外传达，内部不存在的东西向外传达，那是甚于伪善的不道德”。④难怪会出现道德课成绩考得好却道德品质不良的少年。这种不仅没有触及学生的心灵，就连表皮都不曾触动的道德教育，怎么可能净化师生的心灵！这不能不引起我们对当前我国德育改革的思索。德育是心与心的接触，人格对人格的感化，舍此没有真正的道德教育。

（二）艺术教育

小原国芳认为，艺术教育的理想在于美，而他所说的美不仅仅

---

① 小原国芳著，刘剑乔，由其民，吴光威译．教育的根本问题——宗教．小原国芳教育论著选（上卷）．北京：人民教育出版社，1993．120

② 小原国芳著，刘剑乔，由其民，吴光威译．教育的根本问题——宗教．小原国芳教育论著选（上卷）．北京：人民教育出版社，1993．135

③ 小原国芳著，刘剑乔，由其民，吴光威译．教育的根本问题——宗教．小原国芳教育论著选（上卷）．北京：人民教育出版社，1993．141

④ 小原国芳著，刘剑乔，由其民，吴光威译．教育的根本问题——宗教．小原国芳教育论著选（上卷）．北京：人民教育出版社，1993．152

是指外表的、形式的美，而是指心灵美。美育在小原国芳的全人教育思想中占有非常重要的地位，他认为，美育是挽救人类道德不可缺少的组成部分，因而与德育密不可分。他说，优秀艺术的极致就是真正优秀的道德，[①]他十分欣赏席勒《美育通信》中的一句话“我们拯救一般人的道德须求助于艺术”，也很赞赏但丁的话“人在崇拜美的过程中，自己逐渐成为完人”，更加崇尚孔子的名言“兴于诗，立于礼，成于乐”。所以小原国芳非常重视艺术教育对学生人格塑造的巨大作用，他指出：为了使人成为真正的人、全人，必须有艺术。[②]他对当时日本学校忽视艺术教育，过于注重升学考试的教育非常痛心，曾多次呼吁文部省对此应给以严重关注。他本人从创办成城学园、玉川学园起，一直躬身践行，把艺术教育作为全人教育不可缺少的组成部分予以重视，尤其令人敬佩的是，50年来他一直顶住文部省的压力，积极倡导自己首创的艺术教育形式——学校剧，所谓学校剧就是适合儿童的欣赏水平和年龄特点，由儿童自己演出的戏剧。其内容多是富于温情、友爱、诚实、勤劳、勇敢、自我牺牲和科学幻想等。他认为，演剧是综合艺术，对于形成儿童的艺术爱好，具有很大的魅力，同时对儿童人格的修养也会产生巨大的力量。除此之外，他还重视通过文学作品对儿童进行情操教育，提倡让学生阅读如《伊索寓言》、《安徒生童话》、雨果的《悲惨世界》、但丁的《神曲》、莎士比亚的三大悲剧和三大喜剧、歌德的《浮士德》以及陀思妥也夫斯基的《罪与罚》等人类文化的宝典；在音乐教育方面，他批评日本的小学校鉴赏曲远远不够，歌也唱得太少，希望能够尽快增加至三倍，而且每人至少学会一样乐器。他严厉地批评日本的初中教学，初中为了升高中、高中为了升大学而到处占用音乐及其他艺术课程的时间。另外，他还特别重视自然美对学生心灵陶冶和净化的作用，他说，对自然的尊重

---

① 小原国芳著，刘剑乔，由其民，吴光威译．母亲教育学．小原国芳教育论著选（下卷）．北京：人民教育出版社，1993．286

② 小原国芳著，刘剑乔，由其民，吴光威译．母亲教育学．小原国芳教育论著选（下卷）．北京：人民教育出版社，1993．285

和亲身体验自然之美，在科学万能的时代尤其需要。

小原国芳认为，培养创造力是艺术教育的功能之一，“丰富的艺术是伟大学问的温床”，“丰富的感情生活，燃烧着的想象力，正是创造力的源泉”。[①] 可见，小原国芳的艺术教育不是为艺术而艺术，在这里艺术与科学、道德、哲学、宗教从根本上是不可能分的，是相通的。

（三）道德教育

小原国芳认为，道德教育的理想在于善。他坚决反对日本文部省当局偏重智育忽视德育的政策，指出，日本道德的恶劣状况使人心寒，可谓“累卵之危”。他坚定不移地维护道德教育课在教育中的重要地位，并身体力行，在他的玉川学园中单独开设了道德教育课。他认为，道德教育课的任务在于培养学生懂得人格价值之尊贵，树立正确的人生观，了解善、恶、苦、恼的深意以及罪和忏悔的崇高意义，懂得道德生活的意义，创造美好的、正直的、确有永久性的人的形象。[②] 主张道德教育要从知、情、意三个方面来进行，即启发儿童的道德知性，锻炼儿童坚强的意志，陶冶儿童纯美的情操。他反对空洞的道德说教，特别重视道德教育中人格感化的作用和教师的以身作则、身体力行，并说，真正的教育是在早晨八点以前和午后四点以后的师生共同参加的课外活动中。他还极力的呼吁，道德教育的目的是培养能够自己发现道德、创造道德的儿童，而不是那些道德课成绩考得最好却品德行为不良的孩子。另外，小原国芳还认为，道德教育并不是一成不变的，要用发展的、辩证的眼光来看待道德教育，指出：道德的原理是不变的，然而道德的表现形式却随文明的前进而变化，不能用旧的道德模式来套今天的学生，需要造就出能自己树立自己的道德的活生生的人。[③] 他的这一

① 小原国芳著，刘剑乔，由其民，吴光威译．全人教育论．小原国芳教育论著选（下卷）．北京：人民教育出版社，1993．22

② 小原国芳著，刘剑乔，由其民，吴光威译．全人教育论．小原国芳教育论著选（下卷）．北京：人民教育出版社，1993．24

③ 小原国芳著，刘剑乔，由其民，吴光威译．教育改造论．小原国芳教育论著选（上卷）．北京：人民教育出版社，1993．308

思想对我国今天的德育改革颇有启发。

(四) 学问教育

小原国芳认为，学问教育的理想在于求真。学问教育即是我们通常所指的智育，他非常痛心地指出，在学问教育方面，日本简直荒唐无理，有填鸭式的，死记硬背的，有准备升学考试的，也有为成名发迹的，更有专门研究考试如何作弊的。这哪里是真学问？分明是对学问的歪曲！

小原国芳认为，教师在教学中不应该单纯地传授教材知识，而应着眼于培养学生的思考能力，点燃学生内心之火，产生师生共鸣；他反对教育中的填鸭式和死记硬背，主张教学的目的在于激发儿童天生具有的创造力和对真理的探究精神；他反对注入式或满堂灌式的教学，认为，知识不应该是教师硬塞给学生的，而应该是学生自己掌握的知识，并说：教的教师是下等之教师，而“使之学”的教师才是难得的教师。这正是我们当今教育所极力倡导的“教会学生学习”。他认为，学习质量的提高不在于加重学生的学习负担，而是应激发学生的学习兴趣和爱好，由此他特别欣赏孔子的名言：知之者不如好之者，好之者不如乐之者。他认为，作为教师，对待学问要有火一般的热情，要有领会其挖掘方法和锻炼劳作的能力，他希望日本从幼儿园、中小学到大学的教师，都要在教学过程中，千方百计地唤起学生的求知热情和学习兴趣，让学生自己掌握挖掘学问宝库的“十字镐”，即治学方法。

小原国芳还十分重视唤起和保护学生的惊奇感和疑问心，他说，“学问”一词在希腊语中就是惊异、奇怪之意。他认为，怀疑、惊异、烦恼是发现真理的必要条件，“那种对任何事物都感觉迟钝，些许怀疑都没有，不起任何惊异之念的人，是没有资格进入学问领域的人”①。伽利略、牛顿、斯普仑格等科学家，正是由于对宇宙之神秘的惊异和奇怪，经过不懈的努力，才作出了重大的科学发现和发明。而填鸭注入式教学，死记硬背和只为考试的学习，都会使

① 小原国芳著，刘剑乔，由其民，吴光威译．教育的根本问题——哲学．小原国芳教育论著选（上卷）．北京：人民教育出版社，1993．78

求知欲、探索精神和好奇惊异之心的幼芽趋于干枯，因而也就求不得真正的学问。因此，唤起和保护学生的惊异感和疑问心，是各科教学的共同追求，尤其理科教学，要想求得真学问，就必须进行实验。他非常痛心当时东京都有不少中小学的理科教学没有实验课，只是死记硬背、准备考试，他认为，这样的教育是很难求得真学问的。

（五）健康教育

健康教育即体育，小原国芳认为，体育的根本目的不在于锦旗、奖章、记录和奖杯，而在于强韧的体力、长寿的生命、调和的身体及技巧性。为此，他主张体育首要的是要教给学生有关的生理学知识，其次是让学生参加基本的运动项目，其中最主要的是体操，他认为体操是体育的基础，尤其推崇丹麦体操。另外小原国芳及其玉川学园还特别重视滑雪、游泳，及由西方传来的橄榄球、射箭等多项运动项目。并且他认为，体育不仅能健身强体，而且还能够磨练节制、礼仪、克己、勇敢、协作、忍耐等高尚的道德情操和审美的情趣。可见，在小原国芳看来，体育不是孤立的，它与德育、美育有着极为密切的关系。

（六）生活教育

小原国芳认为，生活教育的理想在于富，但不是为单纯追求财富的富，而是全人教育的富，是为了支持真善美圣四个绝对价值并使之发挥和弘扬之富。他特别欣赏一些实业家为了支持学术和教育而慷慨解囊，希望日本能有越来越多这样的实业家。同时小原国芳还呼吁政府必须尊重教育，增加教育经费，并多次提出“只有教育经费才是最大的投资”。

四、与全人教育密切相关的几个问题

（一）全人教育与对立统一的辩证法

尽管小原国芳在《全人教育论》的前半部分，分别论述了构成全人教育的六个方面各自的重要性，但他认为，在具体的教育中，上述各育并不是分割的，而是一个密切联系的培养全人的整体。小原国芳的教育哲学思想深受黑格尔辩证法思想的影响，他认为，对立统一的原则从全人教育的立场看，是特别重要的事，并且他把这一对立统一的辩证法思想贯彻到玉川学园的教育实践中，希望把玉川的孩子们培养成为“大胆而小心，开朗而娴静，快活而谨慎，气质温和而又坚强有力，好好学习而又好好游戏，善于赚钱又能正确使用，能担肥干活又能弹钢琴，能做扫除又会茶道插花，会掏地沟又会唱第九交响乐，能打柴又能演剧绘画”的“全人”①。在这里，小原国芳为我们勾勒了一幅“全人”、“真我”的美妙画卷，但不免有些流于空想，就连他自己也承认“或许这是一条不可能的艰难困苦之路也未可知”②。我们知道，虽然教育需要必要的乌托邦，但教育终究要面向现实，我们要改造的是现实的教育，我们所追求的全人，也只有依赖现实教育的改革而逐步实现。

（二）全人教育与尊重个性的教育

小原国芳认为，全人教育与尊重个性，二者并不矛盾，而是一物之两面，二者必须融合统一，他说“所谓教育，就是要发现全宇宙都不能取代的尊贵的自我，要使天所赋予的各个人的天地充分活起来”，“完全的个性发挥，实质上就是好的全人教育”③。多么精辟的教育辩证法思想！它对于我们今天如何实施素质教育，深化教育改革，将有深刻的启发。可见，小原国芳的全人教育并不是划一的教育，其实质就是尊重个性的教育，用小原国芳的话说就是：使竹子、百合花、松树的本性，张三、李四的独一无二的本领得到发挥时，就是最美好的教育。而且他认为也只有在人才济济、富有多种多样的伟大个性时，国家才能繁荣起来，唯有如此，也才能对世界文化的发展作出自己独特的贡献。为此，小原国芳十分反对学校中划一的课程，划一的时间表，他说，整齐划一无疑是对个性发展的可怕的桎梏。认为，针对个体的个别差异，教育无论在质量上、深度上、速度上、时间上都应有所区别，只有这样，才能培养和发

① 小原国芳著，刘剑乔，由其民，吴光威译．全人教育论．小原国芳教育论著选（下卷）．北京：人民教育出版社，1993．39

②③ 小原国芳著，刘剑乔，由其民，吴光威译．全人教育论．小原国芳教育论著选（下卷）．北京：人民教育出版社，1993．41

展丰富、协调的伟大个性。

（三）劳作教育

为了实现教育的理想，小原国芳特别重视劳作教育。他认为，“劳”就是额头流汗，动手实干，“作”不是“作业”的作，而是“创作”的作，有人说“百闻不如一见”，而他认为“百见不如一作”。他的这一观点深受裴斯泰洛齐教育思想的影响。在小原国芳的教育理论中，劳作教育并不是一个独立的教育形式，而是圣育、智育、德育、美育、生产教育、健康教育的综合统一体。他认为，真正的智育，不可能得自注入式、死记硬背和简单为考试而用功的办法，而是依靠吃苦、劳作体验、思考及行动而获得；真正的德育也是一样，除了劳作体验以外，没有其他成功之道，通过劳作可以锻炼人的意志，修练和养成正直、忍耐、克己、节制、协作、友情、忠实、勇敢、快活、奋斗、独立、奉献和报答等品质；而自己亲自种植、操作、缝纫、洗染、张挂等本身就是最好的美育；打铁、喂牛、运土、打柴、积肥、锄草、吃自己种植的新鲜蔬菜也能获致身强体健；当然各种各样的劳作教育必须蕴含着生动的经济教育。所以他认为，劳作教育才是“真正的教育”，才是培养全人的教育。

五、教育的关键问题是教师

小原国芳在“全人教育论”的最后部分，论述了教师在教育中的重要性，在其他的著作和文章中也多次论及教师，并有专著《师道论》。他说，“对于教育，兴之抑或亡之，在于教师，在于‘人’，制度、理想、课程、教科书、设备、方法，一切都在于人”①。可见小原国芳是位教师决定论者。他认为，教育是一种用“全人”来感化“全人”的工作，因此理想的教师必须是“全人”，即具备文化之全部的人。为此他要求教师要不断提高自己的修养，“连进行自己修养都不可能的教师，即使不眠不休地工作又能做出何等事情

① 小原国芳著，刘剑乔，由其民，吴光威译．全人教育论．小原国芳教育论著选（下卷）．北京：人民教育出版社，1993．46

来呢?"[①] 所以他认为，进步乃是教师最重要的资格[②]。小原国芳在《师道论》中专门论述了为师之道，他认为，为师之道的根本是教师精神，是全人教养，一个优秀的教师要有热情、信念、使命感，要有一颗理解、宽容、信赖的爱心，要有如饥似渴的求知心和创造性，要健康、风度、幽默……总之，理想的教师要臻于"全人"。他主张对教师要进行严格审查，并希望国家对培养教师的大学要加大投入力度，他忧心地指出："当前可怕的事实是，东大也好，京大也好，大冢的教育大学也好，广岛大学也好，教育学部在校内都是最劣等的单位，对国家来讲，这是多么可怕的事情啊!"[③] 他一次又一次地呼吁："首相啊，财相啊，文相啊，所有的政治问题中，难道不是唯有教育问题，特别是唯有教师问题才是最紧要、最重大、最根本的问题吗?"[④]

综上分析，可以看出，小原国芳的教育思想既不同于以儿童为中心，无视教师作用的进步主义教育，也有别于以教师为中心，无视儿童个性的传统主义教育。而是一个以尊重儿童个性为核心，以教师为主导，使人在真（智）善（德）美圣健（体）富（劳）六个方面得到和谐全面发展的新体系。[⑤]

六、小原国芳全人教育思想的思想渊源及理论基础

小原国芳的全人教育思想，有着广泛的理论和实践基础。

在哲学观点上，小原国芳推崇柏拉图的《理想国》，康德的理性世界，休谟的不可知论和黑格尔的辩证法。

在教育思想上，他极力崇拜瑞士大教育家裴斯泰洛齐及其教育

---

① 小原国芳著，刘剑乔，由其民，吴光威译．教育改造论．小原国芳教育论著选（上卷）．北京：人民教育出版社，1993．252

② 小原国芳著，刘剑乔，由其民，吴光威译．师道论．小原国芳教育论著选（下卷）．北京：人民教育出版社，1993．360

③④ 小原国芳著，刘剑乔，由其民，吴光威译．全人教育论．小原国芳教育论著选（下卷）．北京：人民教育出版社，1993．47

⑤ 吴光威．小原国芳和他的教育思想．小原国芳教育论著选（上卷）．北京：人民教育出版社，1993．4～5

思想，并兼收并蓄，推崇卢梭的“回归自然”，福禄倍尔的“人的教育”，第斯多惠的“教师论”，帕克赫斯特的“道尔顿方案”，爱伦凯的“儿童观”以及苏格拉底的“启发式教学”，洛克的“教育漫话”，席勒的“美育通信”等多种教育思想和教育理论。

在宗教信仰上，小原国芳是虔诚的宗教信徒，并取西方宗教文化之精华，为我所用，把宗教的“传导精神”，“殉教态度”，“拯救众生的思想”移植到教育中来，认为教育的极致是“宗教境界”，把宗教价值的“圣”视为人的最高价值。

小原国芳的全人教育思想，也是他自身教育实践的结果。从成城创业到玉川成功，惨淡经营了五十年，他的全人教育思想也日臻完善。以全人教育为核心他提出了“尊重个性”、“自学自律”、“尊重自然”、“劳作教育”等著名教学原则，在课程论、学习论、教学方法论、教师论、道德教育论等方面，也都有精辟的见解。所有这些都是通过自身的教育实践完善、丰富和发展起来的成果。

当然，小原国芳的教育学说仍不无遗憾。一般认为，他把教育的极致归结为“宗教境界”，把人的最高价值归结为圣，是他教育思想的缺憾。但是对于小原国芳的“宗教境界”和“圣”，不能简单化地去理解。小原国芳学说中的宗教和圣，并没有什么迷信色彩，而是一种信仰，他要求教师要有一颗宗教心，以宗教的“奉献精神”、“传道热情”、“虔诚信仰”，“殉道决心”，把神圣的爱奉献于儿童，奉献给教育事业。这难道不正是今天我们所大力提倡的教师的敬业精神？但是，这种思想作为一种理想或目标来努力又是不现实的，因为教育不是一个独立王国，人也不是抽象的人，而是社会的人，教育不可能不受社会的制约去造就抽象的个体。小原国芳的教育思想在教育实践中，在现实社会中受到的种种阻碍，恰恰说明了这一点。他的“成城”、“玉川”从来不是生活在真空之中，教育永远达不到“宗教境界”，人也永远达不到“圣”。

诚然如此，小原国芳的“宗教境界”和“圣”仍有着不可忽视的价值，值得我们去研究和借鉴。人不只是环境和教育的产物，人是需要有精神、有信仰、有理想的，只是这种精神、理想、信仰应当建立在科学的基础上。小原国芳的教育思想，是在特定时代，特定地域和世界观的影响下产生的，是世界教育思想发展长河中的一朵浪花，我们不能对其求全责备，而是要研究它，发掘它，借鉴它，来充实、丰富和发展我们的教育理论。

（庞桂美）

12

科南特

(James Bryant Conant)

生平简介

詹姆斯·布赖恩特·科南特（1893～1978），美国著名的科学家、外交家和教育家。科南特出生于美国马萨诸塞州波士顿市，1910年科南特进入哈佛大学化学系学习，1916年获该校哲学博士学位，1919年起科南特在哈佛大学化学系任教，1933年起任该校校长，长达20年之久。在二战期间及战后，科南特在美国政界、科技界和教育界担任许多重要职务：历任美国国防研究委员会主席，美国原子能委员会顾问，美国驻西德大使，美国科学促进会和教育理事会会长以及教育政策委员会委员。1957年和1961年，科南特两度接受卡内基基金会的资助，对美国公立中学和师范院校进行广泛调查研究，提出了一系列改革建议，被誉为20世纪美国著名的教育改革家。在美国教育界也称其为“20世纪中叶最有影响的美国教育家”。其主要教育著作有：《分裂世界的教育》（1948）、《教育与自由》（1953）、《知识的堡垒》（1956）、《今日美国中学》（1959）、《美国师范教育》（1963）、《教育政策的制定》（1964）和《综合中学》（1967）等。

名篇选读

知识的堡垒

一个世纪以前，美国教育开始使自己适应新的情况而且获得成功。今天，我们面临着一个完全不同的任务。在十年之内，这个国家在一个非常不安宁的新世界里被推上了责任极其重要的地位。一个世纪以前从欧洲输入的有关中小学和大学的观念，必须剧烈地改变以适应建筑在新的地理事实基础上并受新理想所推动的新型国家的需要。美国的教育传统，现在接近一百年的悠久岁月，是不是同样需要改变以对付20世纪中叶这个缩小了的地球，即我们新世界的挑战呢？我的回答是肯定需要改变。因为在我看来似乎很清楚，我们美国人今天所面临的世界情况不同于10年或20年以前，正如我们祖辈所面临的情况不同于欧洲的情况一样。现在并不是一个在扩张过程中的新国家和那些静止的古老国家之间的对比。现在是一个在若干年以前大体上不必依赖欧洲或亚洲能够解决它自己的社会、政治和经济问题的孤立的美国和在一个远距离已经消失了的世界两大强国之一的美国之间的对比。

那些还记得“欢乐的20年代”的人们可能会同意，20世纪30年代和60年代的对比，对美国人来说，不是程度上的差别而是性质上的对比。不管我们喜欢不喜欢这种对比（和我同年龄的人中，很少有人至少在某时间内不会不喜欢它的），我们和有些新邻居紧密地生活在一块，有些是友好的、有帮助的，有些并不这样。由于近代航空发达，我们现在所处的情况，和欧洲人多少世纪来所处的情况非常相同。

要我们美国人习惯于这样一个世界，在那里大西洋和太平洋不过相当于两个狭窄的海峡，而南极和北极不再是未开发的、人迹不能到的地方，这可能是够困难的。但是我们必须使我们自己适应一个以两句话为特征的时期的新的地理条件，这两句几乎同样是不祥的话，一句是“分裂的世界”，另一句是“核武器时代”。

这里我不想去探索蕴藏在“分裂的世界”这句话内部的对美国的含义，但是我要强调这个时代改变了的地理情况对美国教育的重要意义。如果由于一些奇迹，核武器得到国际控制从而从我们的思想里排除掉，人类以每小时几百英里的速度在空中旅行的能力仍然不变。要是明天苏联势力消失而共产主义集团瓦解了，美国人民仍然是生活在不同于几十年以前可以称之为“新世界”的情境之下。首先必须唤起我们教师和教育界领袖的富于想象力的反应的就是这些情境。这种事情将会来到，我是有信心的。正如19世纪中叶的新的情境造成了农学院和工艺学院的建立以及1862年土地补助法案（即莫里尔法案）的通过，所以，20世纪的新情境也将导致另一次美国教育的变革。

……

我们在历史上第一次得到很多近邻。对这些近邻作实事求是的评价，显然是头等重要的。为这种评价奠定基础乃是美国教育的新任务之一。我完全明白这样的事实：很多年来有些教育家竭力主张我们的中小学和学院要更多地关心国际事务。但是，十分坦率地说，在第二次世界大战结束以前在这个问题上所写的文章很多比陈腐还糟。我们现在生活环境的冷酷的现实，是十年前在这些事情上的积极分子所没有预见的。

首先，让我们考虑一下这些新任务对普通教育的影响。我们未来的公民必须懂得什么叫做彻底了解一个友好邻国或一个敌对邻国。我们必须在外交事务方面要老练一些，一方面要避免乐观的感情用事，另一方面要防止绝望的讥诮态度。我们需要很多人，他们自己不用准备去评价外国，但是懂得这个任务的一定的复杂性和困难。在这个领域里，和在今天其他许多领域一样，容易作出一种表面的判断，难于掌握专家们所要研究的主要事实。

正如我们为了要评价科学专家们的讲话，需要了解科学是怎样发展的，同样，我想一个普普通通的人需要了解在过去国家利益是怎样发展和相互联系的。这特别意味着要更加强调历史的研究。长期以来我提倡过中小学和学院应特别注意美国史。过去，我多半考虑美国的政治史和社会史。现在很清楚，外交政策至少需要同样进行研究。当然，考虑美国的外交政策，自然而然地就要去研究其他国家的外交政策。

我相信，专门教育的改革比普通教育的改革将更为需要。一个明显的例子是：在我们历史上第一次我们需要很多具有和外国人一起工作的才能和爱好的很合格的人。我们需要在早年就发现这种人，并且为他们的发展提供教育的机会。这一部分是一个获得技能——掌握外语——的问题，但也是一个发展对别的国家和人民的兴趣的问题，这一切意味着对口语和书面语的大量的艰苦劳动，长时间的学习，耐心的工作。

关于这一点，再看一下欧洲不是不合适的。地理在很大程度上形成了欧洲人对学校在技能教学上的要求的看法。荷兰和瑞士足以说明我的观点。在那些国家里，如果一个人不能至少（我强调这至少两个字）流利地讲两种外国语，就不被认为是有教育的。交通运输的革命使得法国、德国、意大利和西班牙的首都同华盛顿的距离，如第一次世界大战时这些国家首都相互之间的距离一样近，对于这一点我不需要再多讲了。在美国学校将来的课程中，外语教学的地位，像历史的地位一样，将和过去很不相同，这是一个明显的预见。即使那些最热心的语言学家也不会认为这种改变将使学校生活更轻松一些。美国在一个缩小了的地球上的新地位交给我们大家新的负担，包括所有我们的青年。

服军役本身对我们的教育制度正在发生、而且将继续发生巨大的影响。但是，除了这些适用于我们身体强壮的青年男子的考虑以外，这个负担落在我们所有青年人身上，男子和妇女一样。他们的潜在能力是这个国家的最大财富。青年时期是发展这些能力的时期；这个时期浪费的时间越多，美国的未来就将越差，肩负新的世界情况交给我们的负担的能力就将越小。甚至美国教育的最热心的支持者必须承认，在中小学和学院里大量时间是被浪费了。

美国全国教育协会教育政策委员会在1950年出版过一本题为《天才儿童教育》的小册子。在这本书的前言中说："熟悉了当前的教育实际，使委员会确信在全体学生中天才只是少数，而这少数人多半是太被忽视了。"这里不是详细介绍这篇报告的建议的地方，虽然作为报告的作者之一，我很想这样做。但是我可以引用下面的话来概括我们的看法："要利用天才儿童和青年所拥有的人类才能的丰富资源，中小学和学院对天才学生的教育必须特别注意。"

对中小学和学院的这个号召是在战后时代的性质还没有像现在这样清楚的时候写的。过去5年给我们揭示了生活在一个缩小了的但是分裂的世界的后果。这些后果肯定加强了对天才儿童的教育改革的必要。因为在这个困难时期，如果美国要完成它的责任，需要最大可能限度地利用每个世代的"人类才能的丰富资源"。

让我们举两个例子：近年来对于我们不能培养出足够数量的科学家和工程师产生了不断增加的忧虑。换言之，没有足够的人适当地配备我们的工业和国防设施。学院责备中小学准备不足（特别在数学方面），中小学责备纳税的人没有提供足够的经费供养第一流的科学和数学教师。在我看来双方的批评都是正确的；对于后一个批评，我将在本书结语中更详细地谈。对于前一个批评，困难不小的部分在于我们不能把那些具有一般数学才能以上的男孩和女孩在比较幼年的时期就鉴别出来。如果这样的学生被鉴别出来（为这个目的所用的测验似乎有了）而且鼓励他们在学习上进展比较快一些，那么，比较好的学院的入学新生中将有相当数量的人具有足够的数学才能热情地、成功地对付物理和化学的功课。目前，有很多过去怀有成为科学家的雄心壮志的大学生，一旦碰到大学一年级的物理、化学和数学的困难就放弃了。

同样的考虑适用于外语的学习。像数学一样，我怀疑企图迫使大部分中学生去学习欧洲大学预备学校所特有的那种“艰难”的课程是否明智。诚然，缺乏天生才能在相当程度上可以用勤奋的学习来补偿。但是，那种在欧洲曾经迫使想升大学的中学生在中学时特别努力学习（按美国标准）的社会压力在美国并不存在，而且在最近将来也不会存在。非常多的美国家庭（甚至在高薪阶层）责问校长（甚至私立学校校长）为什么约翰必须继续学习对他是那么困难的数学？毕竟我们并不要他成为一个爱因斯坦！至于外语，为什么要我们的孩子继续学习法语？任何人都会说他可能永远不需要它。在美国，即使在占人口5%或10%的人中间，家长对欧洲式的那种“严格”的教育的要求几乎并不存在，而在那些古老的国家里，人口中这么多的孩子们“不管愿意不愿意”将被迫去学习要他们学习而不一定是他们所喜欢的功课。在美国的公立学校和私立大学预备学校里，学生的态度不会因为主管人说“书本学习”重要而去承担这种艰巨的任务。美国的儿女们，和欧洲的儿女们不一样，他们在幼年时期就已经学会问：“为什么我应该那样做？”而且要求对这个问题有一个合理的回答。

这种教育困境的出路在于鉴别年轻人的学业才能（数学或外语，或数学外语两门），然后提供教师，他们将鼓励被挑选的学生尽力学习，因为他们要学习而且以此自豪。学院必须做到在这样的基础上接受被挑选的学生，那就是他们在高中的不寻常的学业成绩将被承认并给予适当的奖赏。在我看来，竞赛的精神并不是什么可遗憾的东西。如果用“公平”精神使竞赛精神有个限度，它是我们在体育运动上非常强调的一个健康的方面。没有理由为什么同样的动机不能用于数学和外语的学习，假如，像在体育运动一样，有天赋才能的人的选择被认为当然的事；假如公众舆论变得相信这样做法的重要性。

没有一个人期望大部分学龄儿童学会演奏一种乐器，但是几乎人人都希望鼓励有音乐天才的儿童发展他们的才能。我们对待音乐的态度，可以作为我们美国人对我们具有语文或数学天才的青年教育应该有的态度的榜样。需要焕发地方的热情，发现并适当地教育那些智力特别高的人。在全国规模上，最近成立的优胜奖金公司是走向这个方向的重大步骤。通过鉴别才能激发起来的兴趣和竞赛而引起的动机，应当能使我们的学校比现在更多地利用每个世代的丰富的才能资源。

……

选自：华东师范大学教育系，杭州大学教育系编译. 现代西方资产阶级教育思想流派论著选. 北京：人民教育出版社，1980. 163～168

改进公共中等教育的建议

在对教育董事会的成员和学校行政人员提出若干建议之前，最好先作点简单的说明。我的这些建议是以所观察到的事实为根据的。我所建议的组织形式和实施办法，几乎无例外地都是在我能指名的某所学校或某几所学校已经采取的，它们不是实验，而是多年来已试行并经过考验的东西。总的说来，这些建议勾画出了一所有广泛综合性的、工作令人满意的中学的重要特征；必须广泛而全面地评判这些建议，因为有些建议如果孤立地采用，就几乎是不能产生实效的。

由于我感到兴趣的是确定一所使人满意的综合中学的特征，本报告这一章的许多读者就可能认为这是过于保守的。但是根据本研究的前提，我的建议内容只能包括我所发现的至少在一所学校早经确立的一些特征。我曾经看到许多有意义的新发展，例如利用电视进行教学。我认为这些还没有发展到成为一所综合中学的固定特色的地步。我也不必强调指出在所有教育方面进行实验和想望革新的重要性。本章的保守性的建议如果还要以一定武断的形式提出来，还要引起任何人误会说我赞成把课程研究或中学组织工作停顿下来，那将是最不幸的。

事实上，我可以轻而易举地列出一系列急待解决的问题，它们只有在试行各种新设想并尽可能慎重地评价各种新发展的学校里才可解决。这里只是举几个事例来说说。在电子学方面如何为男生开拓职业学习的新领域看来有必要进行探索，应当使所有关心职业教育的人都注意这方面的卓有成效的尝试。我发现人们普遍不满意世界史课程，还发现教师或行政人员怀疑中学第 4 年开设社会研究课的价值，因而愿意开设四年一贯的社会研究课的很少。这样我也认为在课程研究工作中还应当首先检验、评价和讨论社会研究任课教师的有关想法。在中学教学的许多领域现在正在酝酿做一些新的事情：新的物理教学法正在迅速进行研究；对四年一贯的教学已做多次新的探讨；有些学校的外语教师已从低年级开始教外语。我的任务不在于逐一评判这些课程的具体内容。要是这样，我想自己是不能对任何上述新发展作出鉴别的。时间必然会告诉我们哪些新发展是有成效的。但是我们必须对已在所有方面检查中学课程的这种新精神感到高兴。没有疑问，应当试行并检验有关改组教学日和各科教学时间分配的一些新的措施，也应当检验一下把代数和外语移到低年级教学的可能性。如果这些办法被证明成功，那么，10 年甚至 5 年以后我的建议中至少有一些还可能要大加修改。总之，一方面要采用已很好试行或检验过的最好的办法，另一方面要虚心对待目前处于计划或试行中的实验结果，这两方面是没有矛盾的。

我的下述建议，有些可能要涉及增加预算的问题，因此就要求教育董事会采取行动；为了得到支持就必须对各地社区作出关于这些建议的解释。这些建议对教育董事会及其所应对之负责的公民特别重要。有一些建议涉及学校的组织管理和课程设置的细节，就应当首先属于学校行政人员工作范围的事。我的假想是，如果一个学校能令人满意地进行工作，那么在教育董事会、教育局长和校长之间的关系就应当是：校长和教育局长应向教育董事会充分说明他们所推行的改革措施，同时，教育董事会也会向公民说明这些改革的情况。

我的以上判断是根据在18个州对各校进行几个月的参观和访问而得出的，也是根据同许多学校行政人员一起进行的讨论作出的。这里我愿意重新提一提这样一个判断：只要一所中学的规模够大，就需要具备三个条件才能把它办好：第一，教育董事会的成员必须是能充分认识到在决定政策和行政管理之间的区别的人，是尽职、明智而又有理解力的公民；第二，有第一流的教育局长；第三，有一位好校长。假定教育董事会已把课程编制工作完全交给行政管理人员和教职人员去办，它仍须对课程的一切新发展保持灵通的信息。此外，教育董事会成员还必须保留权利要求教育局长答复有关课程编制细节的质问，并通过他让校长答复这类质问。教育董事们不仅要保留这个权力，还必须不时使用这个权力。

我还要向教育董事会成员提出最后一点忠告。下面提出的有些建议可以在学年开始就付诸实行而不致使学校教职员在思想上感到有任何干扰，然而有一些建议则只有使大多数教师认识到自己的才智才会见诸实效。假如一个行政管理人员感到他应当采用这些建议，他的首要任务就要会同各科教师委员会一起考虑有关问题，而后就要来说服教师们坚决试行这些建议。我特别想要谈论的是关于能力分组这个有争论的问题，关于评分或分等级的任何建议，以及关于允许学高级课程的各种条件问题。

建议一：学生辅导制度

一个令人满意的学校系统的学生辅导工作，应当从小学就开始。如果是“六、三、三”制，初级中学和高级中学的辅导工作应当有良好的衔接。如果是按“八、四”制组织起来的学制，小学和中学的辅导工作也应当有很好的衔接。中学里每 250 ~ 300 名学生应当有专任的辅导员（或指导员）1 人。辅导员应当具备当教师的经历，但是实际上应当拿出全部时间做辅导工作；他们应当熟悉使用学生能力倾向与学业成绩测验工具的方法；熟知自己的职能并不是代替家长的工作而是帮助家长给青年提出忠告。为此，他们应当同家长和学生有密切的接触，应当根据学业和能力性向测验、各门课程的成绩记录，以及教师的评语来测定学生的兴趣和能力，通过辅导工作力求年年使学生订出符合其兴趣与能力的选课计划；他们应当对那些能够发展谋生技能的选修课程抱有好感，了解阅读能力迟钝学生的选课计划，并且随时准备同他们的教师进行合作。

说明：辅导员在辅导能力较强的学生时，应当留意这样一些聪明的男女学生，他们从一些不时举行的能力倾向测验的结果看是有高才能的，但是从各门课程的测验分数看成绩又是低的。促进这些学生的学习是一个困难的问题。这里我愿意强调指出，重要的是应当充分认识，适当的动机对决定任何学生能否最后获得成功有重要作用。

一个辅导员工作的范围是由学校所定的政策，例如由学校关于职业课程所定的政策决定的。一个学校在这方面定的政策应当能保证人们不致利用这种课程作为淘汰不擅长文理科目学生的手段。此外，学校的政策还应当使辅导员能够辅导所有学生把富有意义的相互联系的各种课程列入选课计划。在我设想的那种综合中学，对大多数学生说来，所谓有意义的相互有联系的课程，应当是能够发展学生谋生技能的一系列课程（参看建议七），在建议九里，我将提出我认为擅长文理科目学生应当学习的最低限度的课程计划。我所访问过的多数学校的家长为要求自己具有中等以下才能的子女学高级课程而施加的压力是不大的。辅导员的主要任务常是在于说服家长，使其聪明的子女能选修十一二年级的数学、物理和外语。另一方面我也熟知许多学校还存在与此恰恰相反的情况。

我对辅导或指导工作的看法不只是从所访问过的55所中学考察得来的，还根据马里兰州巴尔的摩市教育局长助理R.C.劳埃德博士为我写的专门报告来的。他曾访问过各种学校，在调查过程中同许多辅导员谈过话。

建议二：个别化的课程计划

学校的方针应当使每个学生有一种个别化的课程计划；不应当按照划清界限和标出名称的分科或分轨，例如分为“升学准备科”、“职业科”、“商科”等等来把学生分门别类。辅导员在对学生选课计划提出忠告的时候，作为执行学校的既定方针，要为擅长文理科目学生推荐最低限度的课程计划，要为毕业后想获得谋生技能的学生推荐学另一序列的课程。这就将出现有同等能力和同样职业兴趣的许多学生选学差不多相同课程的情况，但是选学某一序列文理课程的学生可能要转到学另一序列职业课程，以及出现与此相反的情况。此外，每个学生如果有了这种个别化课程计划，就将不致感到由于自己选九年级或十年级课程而被人称作这一类或那一类学生。关于擅长文理科目学生的课程计划如果按上述宣布的方针有弹性地设置，并且如果能辅之以良好的辅导工作，那么，我所说的“文理科目学习情况报表”显示的结果，会像明显划分为文理科或升学准备科的学校所出现的结果一样令人满意。

说明：如果这所学校严格区分选不同课程计划的各组学生，那么，注册学文理课程的学生就会容易产生一种优越感；于是那些雄心勃勃的家长将可能不管其子女的能力如何而逼迫他们在升学准备一科注册。这种压力是很难抵制的，由此可能导致许多学生力求学习他们不能胜任学习的数学、物理和外语等课程。

建议三：全体学生的必修课程

（1）普通教育　全体学生毕业时都要学完以下必修课程：4年英语；3年或4年的社会研究课——其中包括2年历史

(应有一门美国史）和毕业班学的“美国问题”或“美国政府”课程；九年级1年的数学（代数或普通数学）；九年级或十年级至少学1年的自然科学，最好设生物或普通物理。我在这里说的学1年，是指在整个学年度每周上5节课，或学习总时数与此相等的课。这项普通教育的文理课程计划包括4年内学完有家庭作业的9门或10门课程，不管学生的选修课程计划如何，都应当占大多数学生一半以上的学习时间。

（2）选修课程　学生要在中学毕业的另一个条件是要合格地选学至少7门以上课程，不包括体育。应当鼓励全体学生在其选修课程计划里包括艺术和音乐。应当辅导所有学生，使他们的选课计划有一个核心的东西，或者以那种能使他发展谋生技能的课程为核心，或者以学习具有文理科性质的课程为核心。这些都应当成为重要序列的课程。

（3）及格和不及格标准　这条建议是对中学校长提出的，包括一项与地方教育董事会并无直接关系的政策。为了帮助辅导员工作，使他们指导学生选学能有效学习的课程，应当促使担任高级文理选修课程——外语、数学和自然科学——的教师坚持高标准。应当告诉他们，如果学生不能达到他们所判定的掌握该科所必要的最低成绩水平，就应当毫不迟疑地打不及格的分数。换句话说，评定文理选修课程学习成绩的标准应当是高的，没有能力学习这种科目的学生不要轻易选修它们，并要阻止不及格的学生继续学习这个序列的课程。另一方面，对必修课程应当采用另一个标准。因为这些课程是不管学生能力高低要求人人都学的，只要学生尽自己所能来学习，就不管他是否达到了一定的成绩水平，都可以给及格分数。应当采用一套英语作文考试办法（建议六）来保证学生养成最低限度的作文能力；同样要建议在十一年级举行算术测验，紧接着在十二年级开一门算术补习课程。

建议四：能力分组

在由能力不同学生学的必修科目和选修科目中，应当按他们的学习能力进行分组。例如英语、美国史、九年级学的代数、生物和物理等，都至少应当分为三种班级，——甲班学生是各该科目学习能力较高的学生，乙班是学习能力中等、人数较多的学生，丙班则集中阅读能力较为迟钝的学生，由专门教师来任教。中等能力一类学生还可按他们学习各该科目的能力高低分为2~3组。这样的分组方法不应该同那种一揽子式的分组法（across－the－board grouping）混为一谈，也就是说，这不是把某个学生在所有课程上都放到一个特定的组里的办法。按这里所建议的分组办法行事，某个学生学英语时可能在最高的能力组里，而在学习历史或九年级代数时就可能在中等的一组。

……

建议七：可获得谋生技能的多样化课程

应当为有志于养成各种谋生技能的女生设置课程。如设置打字、速记、会计和办公机器的使用、家政或家政的一个专业分支的课程。学了后一类课程，再通过升大学深造，就可能引导学生从事营养学家的职业。如果能劝说社区各零售商店适当打开就业之门，就可开设市场推销教育方面的课程。要是在农村社区，就应当包括农业方面的职业课程，还应当视地方经济的需要为男生开设手工艺和工业课程，应当在十一年级和十二年级要求用每周半天学习这种职业课程。每个专门行业应当设立由业主和劳工双方代表组成的顾问委员会。这些课程可以利用联邦的经费来开设。

学校行政方面应当经常调查职业课程所涉及的那些行业的就业情况。当一个社区不再有某一行业的就业机会时，就应当取消这种职业的训练课程。当一个社区或区域有了新的就业机会，学校行政方面就应当随时准备开这些新的职业课程。在有些社区还应发展一些高级技术课程，它们所需的数学基础往往比建筑业或汽车机械方面的课程所经常要求的更高一些。正如建议三（1）所述，学生既应注册选修能养成谋生技能的课程，也应注册学习英语、社会研究和其他课程，要学完这些课程才准许毕业。此外，应当尽力设法使这些学生不同其余学生有相互隔离的现象。设立“本班教室”可能是达到这一目的的一个有效手段（见建议二十）。

……

建议九：擅长文理科目学生的课程计划

关于擅长文理科目男女学生的选课计划，学校应当规定一定的方针作为辅导员工作的指南。在我论述的“综合中学”这类学校里，应当特别强调最低限度要设置以下一些课程：

除 4 年英语、3 年社会研究外，还需必修 4 年的数学、3 年的自然科学、4 年的一门外语；总计 4 年内要学习带有家庭作业的课程 18 门。这个课程计划将要求每周至少做家庭作业 15 小时。

许多擅长文理科目的学生可能还愿意学一门第二外语，或者增加学一门社会研究类的课程。由于这类学生有能力学习 20 门以上带有家庭作业的课程，因此可以在上述建议的最低限度课程计划之外增设一些文理课程。要是学校的教学安排每天是 7 ~ 8 节课，每年还可以在计划里至少再加一门不带家庭作业的课程，例如艺术或音乐。

如果可以把包括数学和一门外语的最低限度文理课程计划当作学校的课程设置方针，向擅长文理科目的学生及其家长提出，那么，辅导员就要尽早发现这类学生。在根据全国统一举行的学术性向测验选定的这类学生之下的 10% ~ 20% 的男女学生中间，也可能发现一些具有相应的文理科目学习能力的人，辅导员们应当也指导他们学习同类性质的但是较容易一些的课程。

……

建议十：有高度天赋的学生

对有高度天赋的学生应当作出某种特殊的安排。就全国范围来说，这类高才生约占学生总数的 3%，他们在某些学校的人数太少，还不能把他们编成特殊班级进行教学。在这种情况下，就应指定一个专门的指导人员作为他们的导师，使之在高中 4 年的全部学习时间同这类学生保持密切联系。导师应当注意使他们不仅在课业上同时还要在发展特殊兴趣上都处于有事可做的状态。可以从七八年级或更早些时候就开始去辨识这样的高才生。

如果有足够人数的这类学生，开设了特殊班级，就应当让学生在十二年级学一门或一门以上的“大学先修课程”（advanced placement program）。这种课程是近年来在“学院入学考试委员会”赞助下由中学和各学院合作发展起来的。按照这种课程计划，一个十二年级学生可以学习大学数学、大学英语或大学历史等类课程，并且可以通过适当的考试给以其各该课程的大学学分，还可给以读这些课程大学二年级科目的资格。实施这种课程计划的原因，不仅由于它对这些学生有好处，还由于它能加强学习所有文理课程的风气，对学习能力稍差的学生有很好的鞭策作用。关于这种课程的资料，可以向纽约市27区西117街425号“学院入学考试委员会”的“大学先修课程处”主任函索。

……

建议二十：本班教室（Homerooms）

为了在学习文理科目和职业科目方面有不同能力的学生之间有相互的了解，应当组织一种本班教室，使它成为学校里有重大意义的社交单位。因此，应当使学生在高中学习的全部时间（3年或4年）都在本班教室活动，并且应当尽量设法使这样的本班教室在了解学生的学习能力和职业兴趣上成为反映全校情况的一个横断面。学校行政方面应当劝导负责各个本班教室的教师认识其工作的重要意义。应当为本班教室的活动安排足够的时间，使得学生能够利用这一活动时间发展为公众谋福利的意识，并能从事具体而微的代议制政府活动的练习。各班级推选代表一二人参加学生会，每次会议后学生代表回本班传达情况。他们应当听取本班同学的意见，按照其意见对学生会会议上讨论的事情作表决。为使学生会工作有成效，学校行政方面应当对学生会工作持积极支持的态度，使学生会能参与考虑当年出现的一些重要问题，并且能够由各班代表回本班教室介绍和传达有关的处理意见。

……

摘自：科南特著，陈友松主译．科南特教育论著选．上海：华

东师范大学出版社，1985．63～92

思想评介

科南特及其教育改革思想

20世纪50年代末至60年代末，美国掀起了一场声势浩大的教育改革运动。这场改革运动是美国在二战后所面临的一系列国内国际因素的刺激下发动的。国内，二战后美国的现代化大工业生产和经济的发展，要求教育培养出掌握更多现代科学技术的人才和熟练的技术工人，可是美国当时的教育却仍然沿袭20年代以来杜威的实用主义教育思想，使得培养出来的学生素质不能适应新时期的要求，引起公众对教育现状的强烈不满。国际上，随着“冷战”时代的到来，美国的教育却日益显出其软弱性，尤其是1957年苏联人造地球卫星上天，更暴露了美国科技的落后。这引起美国朝野的震惊，认为科技落后的主要原因在于教育的落后，社会各界纷纷批评当时进步主义的“生活适应”教育，强烈呼吁教育改革。教育改革势在必行。当时，美国人呈现了一种前所未有的教育改革热情，许多社会头面人物纷纷著书立说，猛烈抨击美国公立教育，提出自己的改革设想。正是在这种背景下，科南特发表其《知识的堡垒》等著作，提出了其教育改革的思想。由于科南特对美国教育的批评“温和而友好”，所主张的改革也不像其他批评者那样要求重新厘定美国教育的方向，他认为只要对美国教育作一些具体改革，就可以适应美国政治和经济的需要，因而受到统治者的重视，科南特也逐渐取得了这次教育改革的领导权。科南特的教育改革思想和改革主张主要见之于《知识的堡垒》、《今日美国中学》和《美国师范教育》等著作中。其中后两本著作是他对美国中等教育和师范教育的调查报告，分别阐述了他对美国中等教育和师范教育改革的一系列具体建议。科南特对二战后美国教育的发展作出了不可磨灭的贡献，其本人也被称为20世纪中叶美国最著名的教育改革家。

一、主要教育改革思想

《知识的堡垒》一书发表于1956年。这部著作反映了科南特的主要教育思想，在这部著作中，他认为美国必须面对二战后的新形势，并据此制定相应的教育改革措施。

(一) 重视教育的作用，提出了其教育改革目的的思想

早在30年代和40年代，科南特就开始关心美国教育，他十分重视普通教育的作用，总是把它与保卫美国的民主制度联系起来。

在二战行将结束，科南特任哈佛大学校长时，就曾设立专门委员会，研究所谓"自由社会普通教育的目标"问题。1945年，该委员会发表题为"自由社会的普通教育问题"的报告（即著名的哈佛报告）。该报告提请人们注意"正在兴起的共产主义的威胁"，指出了教育在维护社会稳定，创立公共的价值观念等方面所具有的重要作用。在《教育与自由》一书中，科南特又强调说："必须把教育看成是一个社会的过程，它在每个国家都是与当时的政治局面，与国家的社会、国家的理想分不开的。"

在《知识的堡垒》一书中，科南特分析了美国所面临的国际国内形势。他一再强调，时代变了，指出"美国人今天所面临的新情况不同于10年或20年以前了"；而且还预见到60年代与30年代将不是程度上而是性质上的差别。因此，他特别强调应该充分认识"这个时代改变了的地理情况对美国教育的重要意义"。他对当时美国教育没有培养"足够的人适当地配备我们的工业和国防设施"而忧心忡忡。他指出美国的教育传统必须改革"以对付20世纪中叶这个缩小了的地球，即我们新世界的挑战"。

科南特认为教育改革的目的就是要使"我们的中小学、学院和大学"意识到"我们是自由国家公认的领袖"和"自由国家反对苏联的意识形态的斗争中，我们是主要的保卫者"的重大责任。他的意思就是强调美国教育对外要发挥作为美苏争霸工具的作用。科南特极力主张对美国"未来的公民进行美国民主生活教育"，使学生

认识清楚所谓美国的民主原则。他力图通过公民教育来增强未来公民对美国社会的信心，创立“公共的”社会价值观，以抗衡来自社会主义国家的影响。在科南特看来，普通教育正是使年轻一代树立这种信念的最佳途径。因此，他呼吁，在这样一个“分裂的世界”上和处于这样一个“核武器时代”，美国应该通过教育改革使“各级各类学校更多地关心国际事务”，以“筑起知识的堡垒”。

综上所述，可见科南特致力于美国教育改革的出发点和实质，就是为了维护美国垄断资产阶级对国内的统治和美国在世界上的霸主地位。

（二）主张加强智育和提高学术标准

科南特对当时美国的普通学校在进步主义教育思想的影响下长期偏重实用知识和能力，过分强调学生的经验和对生活的适应，忽略系统科学文化知识的教育感到很不满意，他主张要加强智育，提高学术标准。

早在1952年，科南特在《现代科学与现代人》一书中，他分析了现代科学的发展，提出了要加强智力训练来培养适应现代科学和工业需要的现代人的必要性。

在《知识的堡垒》一书中，科南特为“近年来对于我们不能培养出足够数量的科学家和工程师”而忧虑。他指出其中的重要原因是“中小学准备不足（特别在数学方面）”，以致“很多过去怀有成为科学家的雄心壮志的大学生，一旦碰到大学一年级的物理、化学和数学的困难就放弃了”。他指责当时“中小学和学院里大量时间是被浪费了”。他认为青年时期是发展潜在能力的最佳时期，“这个时期浪费的时间越多，美国的未来就将越差，肩负新的世界情况交给我们的负担的能力就将越小。”科南特预见到“在美国将来的课程中，外语教学的地位，像历史教学的地位一样，将和过去很不相同”。他认为这种改变将不再使学校生活更轻松，因为“美国在一个缩小了的地球上的新地位交给我们大家新的负担，包括我们所有的青年”。由此可见，科南特认识到加强智育训练和恢复学术标准来培养适应新形势青年的必要性。

在科南特的影响下，1961年全国教育协会政策委员会通过了一项《美国教育的中心目标》的新声明，提出把智力训练作为中学基本职能的新重点。① 它指出：学校教育年限有限，不足以完成许多教育目标；学校的中心任务是训练学生的独立思考能力，发展理解和推理能力，以便让学生自己去完成其他的教育目标。

科南特这一主张可谓把握了时代的脉搏，切中了科学技术和社会发展对人才培养提出的新要求——深广的科学文化基础，较高的理智力和应变能力。

(三) 主张加强天才教育

早在 1950 年，科南特就曾参与美国全国教育协会教育政策委员会编写的一本题为《天才儿童教育》的小册子。在该书的前言中他指出，"学生中的天才是太被忽视了"，强调为利用天才儿童和青年所拥有的人类才能的丰富资源，中小学和学院对天才学生的教育必须特别加以注意。在《知识的堡垒》一书中，他又一再指出"没有足够的人适当地配备我们的工业和国防设施"的后果；肯定了"加强对天才儿童教育改革的必要"。科南特对天才儿童教育的观点就是："没有一个人期望大部分学龄儿童会演奏一种乐器，但是几乎人人都希望鼓励有音乐天才的儿童发展他们的才能，我们对音乐的态度，可以作为我们美国人对我们具有语文或数学天才的青年教育应该有的态度和榜样。"在《今日美国中学》中，科南特再次提出了其天才教育的思想，认为这是加强国力，适应当今世界激励竞争的需要。

实行天才教育的首要任务就在于"把那些具有一般数学才能以上的男孩和女孩在比较幼年的时期就鉴别出来"。因此，科南特提出，鉴别天才要从七八年级或更早的时候开始。他认为具有高度天赋的学生只占学生总数的 3%。因此，也应对这些学生特别关注，强调要对他们作出某种特殊的安排，包括：为他们指定教师，编成特殊班级进行教学，在中学高年级开设大学选修课程等。

为了有利于天才学生脱颖而出，科南特建议大学用一个或若干

---

① 科南特著，陈友松主译．科南特教育论著选．上海：华东师范大学出版社，1985．15

领域的“专精程度的修习”代替当时的“主修”和“副修”。他认为只有通过“精深教育”，这些学生才能对这一门学科得到有连贯性的全貌，得到关于知识广阔范围的鸟瞰，从而感受到训练素质的锐利锋芒，并能满意地显露出学者的思想习惯。

此外，科南特还提出了衡量一所中学的天才教育的三条标准：一是在整个中学高年级（九至十二年级），必须激发学生的理智好奇心和学习兴趣，使学生以充满科学探索的热情进入学院，继续学习；二是引导学生把理性分析、价值观念及解决复杂的现实问题三者结合起来；三是培养学生良好的学习工作习惯，尤其是培养他们从事艰苦的脑力劳动和科学探索所必需的能力与态度。在科南特看来，学校要做好鼓励学生“竞赛精神”的工作，教师则要做好“鉴别”和“发现”优秀者的工作。

针对二战后美国中学长期忽视学术教育，学业水准低下的局面，科南特主张加强智育和提高学术标准，倡导天才教育，要求学校鉴别出有学术能力的理智尖子，并对他们加以精心培养，主要是出于以下两方面考虑的：一方面，作为政治家，他清醒地认识到当今世界美苏两国之间竞争的实质乃是科技和人才的竞争。因此，他认为中小学和学院必须提高学术标准，加强天才教育，以最大限度地利用每一代丰富的人才资源。另一方面，作为科学家，科南特也敏锐地注意到，二战后美国大工业生产的发展对高科技专门人才的渴求。因此，他强调学术标准，推行天才教育以培养优秀人才来满足需求。科南特的这些思想主张应该说是切中时代的脉搏，符合美国朝野对美国教育的期望，因而也受到人们的重视。

从教育理论的发展上看，二战后，进步主义的教育思想备受指责，其势力也逐渐衰落，以要素主义为核心的保守主义教育思潮兴起。保守派认为美国学校教育的落后已经危及国力和民主体制，极力要求把科学、数学、外语、历史等学术科目作为课程的核心，加强理智训练，提高学生的学术标准，充分发掘天才学生。科南特深受要素主义思想的影响，其教育改革思想也鲜明地体现了要素主义教育哲学的基本特征，是当时保守主义教育思潮的一个重要组成部分。

二、中等教育改革主张

1957年，科南特在卡内基基金会的资助下，对美国中学进行广泛深入的调查研究，发表题为《今日美国中学》的调查报告。书中分析了美国中等教育制度发展的历史特点，提出了改进公立中等教育的21条建议。针对当时许多人主张向欧洲学校学习，甚至向苏联教育看齐，科南特认为必须坚持美国教育的独特传统，“美国中等教育的基本类型无须彻底改变”，但须从中等教育的目的和制度以及课程设置等方面进行改革，才能适应当代国际国内形势的需要。其对中等教育改革的建议可归纳为以下四方面：

（一）建立学生辅导制度

科南特对改进公立中等教育建议中的第一条，就是要求美国中学建立学生辅导制度。在他看来，要给未来的理智尖子以良好的教育，首先就需要把他们鉴别出来，然后对能力不同的学生给予不同的指导，充分发掘他们的潜在才能。

科南特认为“一个令人满意的学校系统的学生辅导工作，应当从小学开始”，而且还认为每250～300名学生就应当设专任辅导员1人。他为担任这种辅导工作的人员提出了4个条件：第一，辅导员应有教师的经历，必须专心致力于学生的辅导工作；第二，熟悉使用学生能力倾向与学业成绩测验工作的方法；第三，不代替家长工作而是帮助家长给青年提出忠告；第四，能依据学生的不同能力水平帮助其制定一个个性化的选修课计划。科南特还提请辅导员注意，在指导更能干的学生时，要特别当心按性向测验显得能力很强而学业分数则很低的男女儿童。总之，在科南特看来，学生的辅导工作就是把学生引导到“适合的机遇阶梯上任何一档”上，使之各得其所的有效手段。①

（二）改革课程设置

在课程设置问题上，科南特建议从以下方面进行改进。

---

① 马骥雄主编．战后美国教育．南昌：江西教育出版社，1991．28

1. 加强普通教育文理科学术基础课程的教学

科南特在调查中发现文理科教学质量低下，他建议设置一些最低限度的标准的学科，作为所有学生必修的共同核心课程，来加强普通教育的基础。这些课程包括：4 年英语；3 年或 4 年的社会研究——其中包括 2 年历史（含一年美国史）和十二年级开设的“美国问题”或“美国政府”研究课程；九年级开设 1 年代数或普通数学；九年级或十年级至少学 1 年自然科学（包括生物和普通物理）。科南特认为这些作为普通教育必修课程应占学习总课时的一半以上。

2. 增加职业性的、多样化的选修课程

在强调学习共同必修课的同时，科南特还强调，学生至少还要选修 7 门课程。他把选修课分为两类：一类是可获得谋生技能的职业选修课，诸如打字、速记、会计、护士、商业、手工艺和工业、农业等方面多样化的课程；另一类是供文理科目的能力较强的学生选修的学术性课程，诸如数学、自然科学和外语。科南特主张学生的选修课计划要有一个核心，或者以发展“可获得效益的技能”即以谋生技能的课程为核心，或者以学习文理课程为核心，组成一套序列课程。

此外，科南特还要求综合中学要为约占全体学生 15% 的擅长文理科目的学生（即有学术才能者）开设年限较长和标准较高的课程：4 年英语，3 年社会研究，4 年数学，3 年自然科学，4 年一门外语；总计 4 年内要学 18 门学科，每周至少 15 个小时的家庭作业；对极少数高度天赋的学生，开设特别班级，可让他们越级选修高深课程，如“十一年级数学”、“十二年级数学”以及“学院数学”等。对特别迟钝的学生，他也建议应采取特殊照顾的措施。

总之，在课程设置上，科南特力图纠正当时实用主义那种偏重实用技艺，轻视一般科学文化知识传授的错误倾向。他认为教育上的“通”和“专”都不能偏废，实用知识、能力与专门技艺并不能代替普通科学文化知识和人的一般素质。因此，他建议尽量为所有学生提供尽量广泛的课程，其目的是使学生的潜力能在中学时代就得到充分发展。

（三）按能力分组的课程教学组织形式

科南特主张，不管是必修课或是选修课课程都应当按学生的能力进行分组，实行适合其个性的课程计划。能力的划分是依据学生的学业成绩和能力倾向测验等。每门学科例如英语、美国史，九年级代数、生物和物理等都至少应当分为3种班级——甲班是各该科目学习能力较高的学生；乙班是学习能力中等、人数较多的学生，丙班则集中阅读能力较为迟钝的学生，由专门教师来任教。中等能力组的学生还可按他们学习该科目的能力高低分为2至3组。他强调学生学习各科不要按“一揽子分组法”固定在某一个特定班组，而是在不同班组进行。这样一个学生英语可以在能力强的一组，而他的历史或数学可能是在中等组。

此外，科南特还建议组建本班教室（homeroom）。他认为要把本班教室办成“学校里有重大意义的社交单位”，要为本班教室的活动安排足够的时间。这样学习文理科目和职业方面有不同能力的学生之间有相互的了解，而且还可利用本班教室的活动时间发展学生为公众谋福利的意识。

科南特主张能力分组，是力图把当时的“平等主义”和“英才主义”调和起来，使能力不同的青年得到符合其能力的充分发展。同时，能力分组也是当时教育机会均等、教育大众化趋势下克服美国教育质量“平庸”的一项举措，其真实目的是要加强美国的民主主义社会制度，确保其世界霸主地位。

（四）提倡综合中学

在办中学的目的和制度上，科南特主张办综合中学。他把中学按职能分为两大类：一类是专门中学（包括单独设立的职业中学和专门化的文理科中学）；另一类是综合中学，综合中学是相对于专门中学而言的，意即把“普通教育”、“学术教育”、“职业技术教育”这三种职能或者说三种类型的学校集合在同一教育机构中。他给综合中学的定义就是：“它的修业计划反映社会中所有青年的教育需要。”科南特给综合中学提出了三大任务：第一，为所有学生提供民主社会未来公民的良好的普通教育；第二，为大多数想在学校毕业后立即使用所学技能的学生开设好选修课程；第三，为毕业后准备升学的学生开设良好的文理科课程。

科南特认为综合中学是改进学校的最佳类型，它比规模小的专门中学更能培养美国未来公民的“民主精神”。他说：“对美国未来很重要的是，要在中学阶段就尽可能使将来的专业人员、工艺师、经理、劳工领袖、售货员以及工程师之间有密切联系。”此外，综合中学规模大，师资低，容易购置现代化教学设备，开设新学科，有利提高教学质量和办学效率。

科南特所提倡的综合中学被称为科南特式综合中学。在科南特的影响下，“在20世纪50年代后期和60年代，美国的综合中学大力发展，学校数1950年为24 081所，1960年增为29 845所；在校学生数1950年为636.5万余人，1960年增至近960万人，到1964年猛增为1 570.7万余人。”① 综合中学成了美国现代公立中学的基本模式。

科南特的这些中等教育改革建议成了当时相对落后的美国教育的一贴灵丹药。《今日美国中学》一书发表后，美国中学的分轨课程明显减少，毕业水准迅速提高，学术科目的教学普遍加强。许多学校建立了学生方向指导系统推广分组教学，学校综合化的进程明显加速，学校效能迅速提高。

三、其他教育改革主张

（一）师范教育改革主张

二战后，美国师范教育再度成为人们争论的焦点。科南特也敏锐地注意到师范教育改革与中等教育改革密切相关，并且决定着整个教育改革的成败。于是，1961年科南特转而对美国师范教育进行调查研究，探求改革思路。经过一年多的调查，科南特写出了《美国师范教育》的调查报告，该报告对美国中小学师资的培训工作、师范教育课程改革等问题提出了一系列建议。归纳起来主要有以下几方面：

---

① 滕大春主编．外国教育通史（第六卷）．济南：山东教育出版社，1994．91

1. 改进师资培养方式

当时美国的师资培养比较混乱，既有文理科大学培养，也有师范院校培养。前者只重视文理科的教学，认为“学者必良师”，后者则强调教育学科的教学，认为“良师非学者”。即使在文理科大学也存在文理科教授和教育学教授之间的“学者非良师”和“良师非学者”之争。由于都各执一端，使得培养出来的师资质量受到公众的非议。科南特力求调和两者的争端，他建议文理科教授和教育学教授通力合作，组成一个联席委员会，去创设一种跨学科的新学位即教学硕士学位（The master of arts in teaching）来培养师资。一方面由文理科各系发学士学位，证明某生对其在中小学任教的科目（例如英语）已有充分的准备；另一方面，由教育学院或教育系证明，该生经教育学课程（学习1年）的学习考试合格，就授予该生教学硕士学位。科南特的这个设想基本成功。今天，美国师范教育的培养方式在很大程度上仍然沿用。

2. 确立师范课程发展的新方向

科南特认为美国未来的教师既要有文理科普通教育的广博基础，又要求各科专业教育的专深训练，还要有教育学专门知识。因此，他提出师范教育课程应包括普通文理科课程、各专业课程和教育学专业课程，这三部分有其各自的作用和地位，他提出了各部分在师范生课程计划总量中的比重（见下表）。

师范教育新计划①

师范教育要素	未来中学教师		未来小学教师	
	所占总课时的比重	学分时	所占总课时的比重	学分时
普通教育	50%	60	50%	60
任教学科教育	37.5～40%	45～48	25%	30
教育专业教育	10～12.5%	12～15	25%	30

（该表根据科南特《美国师范教育》书中的论述编成。）

从表中可见，科南特很重视师范生的普通教育，这显然是为了

① 马骥雄主编．战后美国教育．南昌：江西教育出版社，1991．28～184

保证学术教育的水准。然而，他却把教育课时数降低到了最低限度。在科南特看来，教育训练的重点是教学实习（包括学科教学方法教程），其次是教育心理学，至于其他教育学科如教育哲学、教育社会学、教育史等价值都有限，不一定要开设。

科南特重视教学实习和教育心理学固然可取，然而他的观点未免片面。在教育科学日益发展的当代，假如教师对基本的教育科学知识（如教育过程中的人际关系，学校管理与卫生知识、教育技巧、教学基本原理等）都一无所知或一知半解，则很难想象他会胜任好本职工作。

3. 强调教学实习

科南特认为师范教育的重点应放在使师范生胜任教学工作这点上，因此，他特别强调教学实习的重要性。在他设计的未来中学教师的训练计划中，教学实习（包括学科教学法课程）占教育专业训练总量的60%～75%之多。他建议设立“临床教授”来负责指导和评价师范生的教学实习。按科南特的设想，“临床教授”就是学院或大学教授，同时也是一名优秀的中学教师，其作用类似于医学院的临床教授，负责对实习生的教学指导。他认为“临床教授”应具备丰富的教学经验，了解教育研究的新成果并善于运用于教学实践。

此外，为保证教学实习的质量，科南特还建议要合理安排实习计划，建立实习评估指标，加强针对教学实习的指导，把教学实习作为取得教师证书的必要依据。

4. 严格教师认定工作

针对当时各种教师认定工作松散、标准不一、教师证书混乱的状况，科南特要求严格教师认定工作以确保教师质量。他建议把各种认定教师的责任委托给高等学校，用实际的教师成绩证书来代替根据所学课程学分所作的认定，师资的训练计划要经过专业的认可机构认可等。

5. 加强教师进修

为改变当时教师文化素质和执教能力偏低的状况，科南特建议要加强教师进修工作。他认为教师进修的宗旨在于提高任教能力，因而进修的重点应是提高学术性文理课程的水平，而不是教育课程。他认为暑期班是教师进修的最好形式，可开设较多科目，使教师有充足时间和精力用于学习，并可充分利用图书馆和实验室。因此，他建议以暑期班来代替当时的夜校和全日制教师进修。他认为教育学院应把好教师进修质量关，负起培养合格教师的责任。科南特关于教师进修的建议受到人们的重视，暑期学校也逐渐成为教师进修的一种正常形式，对保证师资质量起了很大作用。

科南特的这些师范教育改革主张与其中等教育改革主张一样，都强调普通教育，重视学术性文理科目的基础知识和基本技能的训练。这就是他所强调的中等教育的“新重点”和师范教育的“新方向”，这也正是科南特对美国教育的贡献所在，其目的是要培养出优秀人才和能培养这种人才的教师，以适应美国经济社会发展和统治阶级对外政策对教育的“新要求”。

(二) 重视改善贫民区黑人教育

科南特在60年代初还对美国城市贫民区黑人教育作了专门调查，写出了《贫民窟与郊区》一书。在调查中他发现，贫民区由于办学条件落后及教育质量低下等原因造成大量青年退学失业。他认为不解决贫民区的这些问题无异于置埋下“社会炸药”。他建议要改善贫民区的办学条件，为贫民区青年提供就业培训计划等。尽人皆知，造成贫民区黑人青年退学、失业率高，最根本的原因还是种族歧视政策，科南特所提议的不过是一些治标而不能治本的措施。

此外，科南特在其担任哈佛大学校长时，对高等教育也有一些独到见解，例如主张平衡、协调大学各项职能，建立专业奖学金制度等。这里限于篇幅不详细论述。

四、结束语

科南特是著名的科学家、外交家和教育家。然而，他最大贡献却在教育方面。他不是专业教育家，其在教育方面的影响也主要体现在其对中等教育和师范教育的改革方面。因此，与其笼统地说科南特是个教育家，不如确切地说是一个教育改革家。本文也主要探讨了其教育改革思想主张，力求还大家一个教育改革家的本来面目。

作为科学家和政治家，科南特以其丰富的阅历和敏锐的眼光洞察出二战后国际国内政治和科技发展的新形势和新要求以及美国教育的相对落后。作为资产阶级民主制度的维护者，他深感不安，力主作出相应的改革措施。因此，从这一点看，科南特的教育思想适应了时代的发展，顺应了历史潮流，具有进步意义。

科南特的教育改革主张的重要来源之一是调查研究，他重视调查研究的务实精神是难能可贵的。他在广泛调查基础上写成的《今日美国中学》和《美国师范教育》成了美国当时中等教育和师范教育改革的指导性文献。至今，对美国教育仍有现实的意义，“因为他对美国中等教育和师范教育中错综复杂的关系和各种现实的问题，提出了处理原则和解决方法”。[①] 由此可见他对美国教育的影响。

（刘小流）

① 科南特教育论著选．上海：华东师范大学出版社，1985．18

13

赞可夫

(Л.в.занков)

生平简介

前苏联教育科学院院士、教育科学博士列奥尼德·符拉季米罗维奇·赞可夫教授（1901～1977）是著名的心理学家、教育家。他一生富有成果的教育活动受到前苏联政府的多次表彰，他曾获得一枚列宁勋章，两枚劳动红旗勋章和一些其他奖章。十月革命胜利时，他去乡村教书，后在儿童农业营任教养员及主任。20年代中期，赞可夫考入莫斯科大学学习心理学，并在维果茨基指导下从事科学研究活动。二次大战前，他从事普通心理学和儿童缺陷学的教学和科研工作，大战期间，从事脑伤战士恢复语言功能的研究。从50年代初期起，赞可夫开始专门从事教学论的研究，1952年建立实验教学论实验室，1957年开始对教学与发展问题进行全面的实验研究，1975年出版的《教学与发展》一书便是对实验工作的总结性著作。赞可夫一生中曾发表过约150种论著，其中《教学论与生活》（1968）和《和教师的谈话》（1975）在前苏联被列为教师必备书籍，他的一些著作在美、日、德等13个国家被翻译介绍。1970年苏联教育部部长普罗科耶夫认为，赞可夫在某种意义上为教学、特别是为小学阶段的教学奠定了现代化基础。美国学者苏珊·雅各比认为赞可夫对苏联教育产生的影响可以和马卡连柯相媲美。70年代以来，苏联出版的《教育学》教科书和教学论专著都在不同程度上吸收了赞可夫新教学体系的某些结论。赞可夫的“发展性教学理论”被誉为现代教学中的三大流派之一，对世界各国的教育改革产生了重大影响。

名篇选读

教学与发展

维果茨基概括了当时一些著名心理学家提出的原理以及在教育界广泛流传的观念，指出在教学与发展的关系方面有三种观点。他写道："第一种，也是至今在我们这里最为流行的观点……是把教学与发展看作两个互不依赖的过程……教学……似乎是架设在成熟的上面的……教学被理解为纯粹从外部利用发展过程中所出现的可能性"。持第二种观点的作者们"把教学与发展混为一谈，把两种过程等同起来"（詹姆斯、桑代克）。第三种理论（考夫卡等人）把上述两种观点结合起来，但是又以某种全新的东西补充它们："……教学不仅可以跟在发展的后面走，不仅可以和发展齐步并进，而且可以走在发展的前面，推动发展前进，并在它里面引起新的构成物。"①

在维果茨基的著作中，儿童心理发展的理论和他的关于教学与发展的关系的思想有机地结合在一起。

对生活概念和科学概念发展情况的比较研究，得出了一条重要的理论原理，即通过教学能使儿童意识到以前没有意识到的东西。例如，儿童凭生活经验清楚地知道"哥哥"是指什么，他已有了"哥哥"这个生活概念。但是，当需要解答关于"哥哥的哥哥"这个抽象题目时，儿童就会弄糊涂了：他现有的概念是没有被明确意识的。儿童通过教学所掌握的科学概念的力量，就在于这些概念的有意识性和随意性。

---

① 维果茨基．心理学研究选集．莫斯科：俄罗斯联邦教育科学院出版社，1956．251～257

有意识性和随意性所凭借的根据是许多概念的系统性。在科学概念的范围内，除了概念与客体的关系外，同时还有这一概念与另一概念的关系。这样，超经验的联系便成为可能，于是产生了概念体系的最初因素。在科学概念范围内已经产生的新的概括结构，以后就作为已知的活动原则，不需任何学习地迁移到所有其余的思想和概念的领域里去。于是，“意识就跨进了科学概念的大门”。①

关于教学作用于儿童发展的途径，由于维果茨基引进了区分儿童发展的两种水平的原理而揭示出一个清楚的观念。第一种水平是现有发展水平，由已经完成的发展程序的结果而形成，表现为儿童能够独立解决智力任务。维果茨基把第二种水平称为最近发展区。最近发展区说明那些尚处于形成状态、刚刚在成熟的过程正在进行。这一水平表现为：儿童还不能独立地解决任务，但在成人的帮助下、在集体活动中，通过摹仿，却能够解决这些任务。儿童今天在合作中会做的事，到明天就会独立地做出来。

教学与其说是依靠已经成熟的机能，不如说是依靠那些正在成熟中的机能，才能推动发展前进。教学创造最近发展区，然后最近发展区则转化到现有发展水平的范围之中。

维果茨基这样总结了他的关于教学与发展问题的思想：只有当教学走在发展前面的时候，这才是好的教学。“教育学不应当以儿童发展的昨天，而应当以儿童发展的明天作为方向。”②

由此可见，维果茨基已经非常接近于对教学与发展的问题做出这样的教育学解释，这种解释的一个关键问题是：在什么样的教学论体系下才能在学生的发展上达到理想的效果？

维果茨基在自己的学说中没有做到以彻底的辩证唯物主义的哲学观点来揭示儿童发展的实质。

但是，把他的即使是个别的提法（例如，儿童的心理发展是有

---

① 维果茨基．心理学研究选集．莫斯科：俄罗斯联邦教育科学院出版社，1956．247

② 维果茨基．心理学研究选集．莫斯科：俄罗斯联邦教育科学院出版社，1956．277

社会性的；教学与发展是一个复杂而矛盾的统一体）加以对照，就可以看出：他是朝着以辩证唯物主义观点来理解儿童心理发展的实质和教学与发展问题的方向前进的。

维果茨基的一些思想是在马克思列宁主义关于发展的学说的直接影响下产生的。例如，把教学过程建立在那些尚未成熟的心理机能上，这就和儿童发展的现有的、业已展开的阶段处于矛盾之中。这种外部的对立性引起学生心理上的内部矛盾。

……

在批判地分析皮亚杰学说的过程中，维果茨基写道："凡是没有自我运动的地方，那里就没有发展（就这个词的深刻而真实的含义来说）的地位：那里是一个排挤另一个，而不是从另一个中产生出来。"①

当教学论的一些基本著作（达尼洛夫和叶西波夫的《教学论》等）出版以后，这些著作里提出了类似下面的一些建议："……应当选择那种有助于发展学生的观察力和思维的方法"。有时候也列举了一些帮助发展学生思维的个别方式：结合实际生活中的材料解答习题，然后再结合分析和检查解题方法而进行解答，等等。但是，所提的这些建议，并没有任何关于它们的效果的事实来作证明。

无论是教学原则、教学方法，还是编写学校教学大纲的教学论原理或教学论的其他问题（还有教育的问题），都没有从学生发展的角度来进行过探讨。教育学著作中包含的一些互不一致的见解也是泛泛其谈，而且仅仅涉及智力发展或认识能力这一方面。教学与发展的关系并没有在教育学里作为一个学术问题作过实验性的研究。

当我们在1957年开始进行这一问题的教育实验研究时，儿童心理发展理论的状况和对教学与发展关系问题的观点大致轮廓就是如此。在心理科学中可以吸取的，一方面是个别的科学原理，提供

---

① 维果茨基．心理学研究选集．莫斯科：俄罗斯联邦教育科学院出版社，1956．106

了理解学龄初期（作为儿童发展阶段之一）儿童的心理特点的实质的线索，另一方面是一些反映某些心理过程（记忆、思维等等）的事实。但是，这些一般的理论性原理，并没有在系统地检验所提出的假说的过程中，用取得的科学事实加以切实的论证。同时，儿童心理学方面的研究都是按这样的年龄进行的：年龄期的划分要么是以儿童出生后相当短的时期（婴儿期、童年早期）为标志，要么是以儿童接受教学和教育的机构类型（学前期、学龄期）为标志。

心理科学中原有的事实，都是在按照传统教学法对学生进行教学的条件下获得的，因此也不能作为我们的研究的出发点和指针；而为了达到我们的研究目的，则必须建立另外一种小学教学体系，在这个体系下，应当使学龄初期儿童达到比按照传统教学法的框框进行教学的情况下高得多的发展水平。因此，如果我们只向现有的事实看齐，那就会阻塞了完成任务的途径。本来也可以设计一套传统教学法的变式的方案，但是那样就不可能创立一个新的小学教学的教学论体系，这个新体系的目的在于达到学生的理想的一般发展，并就其本质来说根本区别于传统教学法。

但是，这并不意味着我们不重视学龄初期儿童心理学的事实材料。在注意到这些资料的同时，我们致力于探求新的途径去促进学生的一般发展，这种发展就其水平——而主要是就其质的特点来说，应当大大高出于按照现有文献所能判断的发展水平。（第 12～17 页）

历史上杰出的进步思想家和教育家，曾经指出过方向，提出过一些方法和方式，借以在儿童的发展上取得指望的结果。但是，缺乏系统收集的可靠事实来证明在一定的教学结构下，发展在实际上究竟是怎样进行的。由于缺乏这些事实，就无法对所创造的教育学途径和方法加以论证。要进行论证，就需要发现所创造的教育学途径同实施这些途径时学生的发展进程两者之间客观的教育学规律性。

遵循一定的要求对于完成上述任务有决定性的意义。首先，要求把根本不同的两种教学体系的结构和效果加以比较。如果只在一种体系（例如传统教学法）的范围内研究学生的发展进程，那就只能说明某某教育学体系可以导致学生的某一种发展进程。在这种情况下，对教学与发展关系的认识是极其贫乏的，而研究对学校的普遍实践所产生的影响也不大。同时，也会失却揭示教学结构与学生的发展之间的客观联系的性质的可能性。

教学与发展问题的教育实验研究的一个重大特点就在于：揭示教学过程的客观规律性，不仅要同改革教学过程不可分割地联系起来，而且要以改革作为前提条件。不能把这种联系仅仅理解为只要把研究结果拿到学校实践中去运用就行了，教育实验研究的方法必然要求对改变现行的实践给以实验性的论证。在教学与发展问题的教育研究中，揭示教学过程的客观规律性，同时也就是借助它们探寻那些能够在学生的发展上取得预期效果的途径。

……

以实验教学论体系为一方，而以传统教学法为另一方的这两种有原则性区别的教学结构类型，是决定学生（一方面是实验班的学生，另一方面是普通班的学生）的一般发展进程的原因。根据上述我们的研究目的，就出现了一系列问题，而教育实验则可能对这些问题给以回答：

在传统教学法的情况下所达到的学生的发展是否已经到了极限？

如果还没有达到极限，那末能够为学生的发展带来更大效果的教学论体系应当是怎样一种体系？

在传统教学法体系下和在实验小学教学体系下，学生的一般发展进程各是怎样的？

在学生的一般发展取得重大进展的基础上，将会使学生达到真正高质量地领会知识和掌握技巧的设想，是否能够成立？

……

关于学龄初期儿童的一般发展在传统教学法条件下并未达到极限这一设想，是根据对小学各年级教学大纲、教科书和教学法的分析而作出的。不合理的把教材编得太容易，无根据的把教学进度放得很慢，进行多次的单调的复习，这些显然都不能促使学生的迅速发展。理论知识贫乏、肤浅、服从于技巧的训练，这也是一种不利的情况。

通过参观和观察直接认识周围世界的范围极其狭窄，助长了只用口头和文字进行教学。儿童的好奇心得不到满足，主要的负担放在记忆上而忽视了思考，儿童没有或者很少表现出对学习的内部诱因。教学活动过程的单一化不能使学生的个性得到表现和发展。

……

由于我们对教学与发展问题的理解跟大多数人的理解不同——我们所指的不只是智力发展，因此我们的这种观点就对研究方法提出了一些特殊的要求。在心理学和教育学著作中，使用的术语有“发展”、“智力发展”、“一般智力发展”、“一般发展”等（安纳尼耶夫，维果茨基，达尼洛夫，科斯丘克等）。“一般发展”这个概念，就其无所不包的意义来说，还应当包括身体发展和心理发展。揭示这里存在的多种多样的复杂的相互联系，正如安纳尼耶夫所强调指出的，乃是解决人的完整发展问题道路上的最重要的任务之一。但是，这一任务暂时还没有进行，在本范围内没有包括对身体发展的研究，所以这一任务将有待于将来去完成。这就是说，我们所研究的教学与发展问题是有一定局限的：我们研究的是教学与儿童一般发展的关系。(第 18～23 页)

教学与发展问题本身的性质要求必须把对学生的心理研究有机地包含到教育学研究中去，因为这里提出的问题是教学结构与学生心理发展进程的本质联系问题。这就是说，必须研究的正是那些遵照实验体系的原则接受教学和教育的学生的发展过程，而不是把教育和心理学著作中提供的关于学生的现成资料简单地加以利用就行了。

有代表性的是，在教育学的科研著作和指导书里，常常是这样来解释教育学和心理学的联系的：心理学是教育学的依据，因为在教育过程中必须考虑儿童心理活动及其发展的规律性。

当然，我们是注意普通心理学和儿童心理学的事实和理论原理的。然而这一因素在我们的研究中只起着辅助的、从属的作用。

如果仅限于利用学龄初期儿童心理学的现有资料，那也许会跟我们的研究任务相矛盾。如果不建立一个对达到学生理想的一般发展具有高效率的教学论体系，使实验教学的结果能像我们设想的那样，在学生的一般发展上大大区别于现有文献所记录的发展进程，那么我们的研究任务就不可能完成。

对儿童一般发展进程依赖教学结构的问题，无论在心理科学或教育科学中，都还没有进行过实验研究。因此，我们面临的任务就是要找出研究这一问题的合适的方法论观点。

在研究学生的一般发展进程时，我们从发展的整体性这一观念出发。这一观念具有重要的调节机能：把未被认识的客体看作一种整体的东西，再以适当的方式安排认识它的途径。发展的整体性在研究方法上表现为发展的内部统一性和内部制约性。

怎样在学生发展的心理实验研究中体现上述方法论的要求，是一个重要问题。既然研究的对象是一般发展，那就可能产生一种想法，即把一般发展当作一系列心理过程（感觉、知觉、表象、记忆等等）的数量的联合物加以研究。根据我们对发展的理解，这条途径是不适当的。整体性并不是各个因素的数量的联合，同时也并不是一个不可分的整体。因此就提出了对一般发展进行分析的任务。

儿童的一般心理发展，是儿童与周围世界相互作用的一种前进运动。因此，我们对发展的研究，是从人对外部世界、对客观现实的下列主要关系方面来进行的：与客观现实“面对面”地接触，认识现象的本质，直接作用于客体从而改变客体、创造新事物等。

人对外部世界的关系是积极的关系。因此，上面所说的人对外部世界的主要关系，应当理解为人的心理活动。

为研究心理活动的发展指出方向的原则之一，就是要求查明发展过程进行的内部决定性。同时应当特别强调指出：在这里，单纯以外部环境的影响来解释学生心理发展的独特属性，是完全不够的。

那末，怎样才是对发展进行心理学研究的适当方法呢？我们认为，按照心理活动的几个发展线索进行研究是适宜的。每一条线索是整体的一定表现形式，查明它的特点，就使我们有可能深入到心理活动的前进运动的实质中去。

这里提出的研究方法，是符合分析就是分解为单位这一要求的。这种分析使我们有可能认识整体，而与这种分析相对立的一种分析——分解因素，则会抹煞整体的属性。

我们对发展的心理学研究是通过个体试验的方法来实现的。

观察是一种复杂的活动，它的基本成分是具有一定方向性的知觉。我们这样来安排研究的方法，以便保证能反映出学生由低级水平到高级水平的上升情况，即学生的思维过程越来越多地、有机地参与到观察中来的情况。

为了研究思维活动，选择了这样的方法：不把主体局限于词和逻辑的操作，而是要求对感性地知觉到的客体进行抽象思维的工作(例如，猜出将各种形状、高低、颜色的一些几何形体分成几组的依据)。

在研究实际操作中，决定性的事情是要把制作物质客体的操作预测与目的预测合理地结合起来。需要先对提供的样品进行视觉分析，然后周密思考制作指定物品的过程如何安排。对于已完成的工作做出口头汇报，则能反映出学生对制作客体的整个过程理解的程度。

在心理活动的上述三条发展线索中，每一条线索的构成要素都是相同的，即：观察和思维过程。但是，每一要素的活动结构和机能作用，却各自有着突出的独特性。

研究学生一般发展进程的方法的一个特殊要素，是多方面地跟踪个别儿童在整个小学教学期间的精神成长和学习情况。这一方法适用于研究发展的个体变式的任务，这种研究是为了把心理活动发展的个别线索纳入学生个性的整体中去的一种尝试。

研究学生的发展进程和分析反映这一进程的事实时，要注意到使发展的变式性不仅不掩盖这里起作用的客观规律性，而且能成为客观规律性存在的补充证据。

总之，在我们所采用的方法里，包含着心理活动发展的各个线索是统一的和相互渗透的这一思想。在保证遵循研究方法的原则性规定的前提下，研究方法在形式上也有所变化，并且随着对所取得的事实进行分析和解释的情况而以新的方法和方式加以补充，以求适应由已被认识的事物中产生的更为复杂的任务。

为了解决根据我们对课题的看法而提出的问题，使教学结构和研究学生的发展进程得到不同程度的稳定是完全必要的。实验教学是根据教育学范畴和概念的逻辑来安排的，它的基础是实验室所创造的教学论原则，这些教学论原则决定教学大纲的内容和结构，决定教学法（教科书、教学指导书）的典型属性。教学结构没有被心理学化，也不是以一般发展的心理学为依据。

发展进程是按照心理科学的逻辑，即按照心理活动的发展线索、从儿童个体心理特点的角度来研究的。假如对发展的研究按照和教学结构同样的线索来进行，那末对发展的内部过程的认识就会是不可能的：对发展的研究结果只能显示出教学所预先赋予的东西。

教学不是在个别的教学论原则方面，而是作为一个体系与学生的一般发展进程发生关系的，这个体系在学生的整体的一般发展上带来一定的结果。(第 27 ~ 31 页)

建立实验教学论体系所依据的基本思想，是这一体系要在学生的一般发展上取得尽可能大的效果。

实验教学的过程，不言而喻，是由苏联学校所担负的任务而决定的。实验教学的指导思想即保证学生能得到全面、和谐的发展，这是苏联普通教育学校的主要任务之一。对学生进行共产主义教育，以深刻而牢固的科学基础知识武装他们，这些当然都是我们的实验教学所要完成的任务，因为实验教学是把小学的全部教学和教育工作过程包含在内的。我们强调学生的理想的一般发展这一思想，是因为就研究的课题来说，这一点首先而且主要是实验教学的特点所在。

我们所建立的是这样一种教学论体系，它的各个部分都贯穿有某种起主导作用的东西。

教学论原则对于形式多样的教学过程来说，具有指导的和调节的作用。这里所说的是指我们创立的原则，其目的是为了使教学在最大程度上促进学生的理想的一般发展。

我们的小学教学实验体系的教学原则，就其形成的经过和所属的领域来说，都不同于一般教学论著作中所提到的原则（直观性原则、自觉性原则、系统性原则、巩固性原则等等）；我们的原则既不取代它们，也不与它们相提并论。根据我们的研究工作的结构，教学论原则是在就一个班的实际教学进行实验的过程中诞生和形成的。

一般教学论著作中所提到的教学原则，在很大程度上是借鉴于过去的进步教育学，同时结合苏联学校的任务对它进行了批判的改造和补充。

我们实验体系的原则来源于它的指导思想，这就是教学要在学生的一般发展上取得尽可能大的效果。在这个方面也截然不同于一般的教学论原则，一般教学论原则所要求的是在掌握知识方面取得成功的结果。但是，不应当把我们的原则理解为似乎背离了高质量地掌握知识和技巧这一任务。正如实验研究中大量的、多方面的事实材料所证明的那样，学生在一般发展上的成绩，乃是自觉而牢固地掌握知识和技巧的可靠基础。

实验体系的原则基本上是在研究的第一阶段创立的，但当时还没有得到充分确切的表述。例如，当时把以高难度进行教学和以高速度学习教材作为一条统一的原则。这里正确地把握了这两项要求的统一性，但还没有意识到各自的特殊性。把两者融而为一，就不能发现它们的真实的相互关系，特别是发现不了以高难度进行教学受到以高速度学习大纲教材支配的制约性。直到实验的第二阶段，对教学过程和学生发展进程以较大的规模作了进一步研究，同时对教学与发展的相互关系的理论分析也有了进展以后，这时候上述两项原则才被分化出来，才查明了它们的相互联系的特点。

理论知识在小学教学中的地位，在实验的第一阶段还没有就其全部真正的意义显示出来。对它的地位没有充分肯定，而主要是把它同学习教材的深度联系在一起的。于是出现了这样的提法："理论知识比重的提高和学习教材的深度"。当我们发现实验班学生在一般发展进程上大大超过普通班的学生，并把这种情况跟教学结构加以对照时，学生的发展对于实验体系实质的真正的依赖性就表现出来，这才使我们对理论知识在小学教学中的地位能给予恰当的估价。于是，相应的原则才被称为理论知识起主导作用的原则，它的内涵也被揭示出来。

当时还没有提出使学生理解学习过程的原则和必须在全体学生（包括最差学生）的发展上下功夫的原则。后来，经过对掌握知识和技巧的过程的深入分析，以及取得了在整个小学教学过程中研究学龄初期儿童发展的个体变式的资料，才使我们得以提出上述两项原则，而这两项原则也就有机地成为从原则上对实验体系进行教学论证的构成因素。

我们能把这些原则有机地包括到实验体系的构成中去，乃是因为这些原则虽然还是一些未经磨练的、在理论上没有表达出对于教学过程的要求，但实际上已经在实验教学法中起着作用了。这一事实也就证明：我们的教学论原则是在实验研究的过程中形成的，教学论的原则来源于教学法，而教学法是在实际的教学与教育工作中产生的。

教学论原则的分化、磨练、深化及新原则的形成，同发现它们之间的相互联系是不可分割地结合在一起的。于是，当实验室接近实验的第三阶段时，作为多样化的统一体的教学论原则，已经具有了在以后的研究阶段中起作用的那种形式。

在我们实验体系的教学论原则中，起决定作用的是以高难度进行教学的原则。“难度”这个概念，在教学论中使用于各种不同的场合，具有各种不同的含义。这个概念的含义之一，是指克服障碍。乌申斯基就广泛的社会心理学意义谈到劳动时写道，劳动这个概念里有机地包含着与障碍作斗争的任务。“我们爱劳动，但是不爱劳动中的困难，我们未曾想到没有困难的劳动是不可能有的。”①这个概念的另一个含义，是指学生的努力。例如，在可接受性原则的定义中就谈到，可接受性原则要求逐步提高所授教材的难度。“由易到难”的规则具体化为“逐渐地由具体的、熟悉的事实过渡到概括，由最简单的概括过渡到较复杂的概括”。对“从简单到复杂”的规则做了如下的解说：“……所谓简单的事物就是不通过一

① 乌申斯基文集．第9卷．莫斯科：俄罗斯联邦教育科学院出版社，1949．248

定的努力就能理解的事物”①。可以看出，这里是把难度理解成教材的复杂性，同时也理解成学生的“努力”。

以高难度进行教学的原则的特征，并不在于提高某种抽象的“平均难度标准”，而是首先在于展开儿童的精神力量，使这种力量有活动的余地，并给以引导。如果教材和教学方法使得学生面前没有出现应当克服的障碍，那末儿童的发展就会萎靡无力。

因此，在这里，问题并不在于像教学论里谈到逐步提高难度时所说的那样，简单地要求学生作“智力上的某种努力”。以高难度进行教学，能引起学生在掌握教材时产生一些特殊的心理活动过程。这里所发生的就不仅仅是对现有知识的增加和它们的联合。有重大意义的是：掌握一定的知识，使这些知识不仅变成学生的所有物，而且在以后的认识过程中能引起对这些知识的再思考。这就是知识的系统化，这种系统化的结构是复杂的。

困难的程度要靠掌握难度的分寸来调节。初看起来，可能认为，提出难度的分寸，就等于取消了这一原则本身（人们有时正是从这个方面批评这一原则的）。然而这是一种误解，因为难度的分寸不是绝对的，而是具有相对性。难度的分寸可以在高难度的教学中使用，也可以在低难度的教学中使用。在两种情况下，分寸是不相同的，因为它取决于难度的水平。

按照我们的理解，难度的分寸绝不是要降低难度，而是合理地运用这一原则的必要因素。具体地说，这就是指实施这一原则时，提供的教材必须是学生能够理解的。如果不掌握难度的分寸，那末儿童由于不能理解所提供的教材，就会不由自主地走上机械记忆的道路。那样一来，高难度反而从一种正面的因素变成反面的因素。

难度的分寸具体体现在教学大纲、教科书、教学法指示和教学方式里，它在日常教学工作中还取决于教师经常留意儿童掌握知识和技巧的过程和结果。检查掌握的结果，主要的并不在于用分数对知识和技巧给以数量的评定，而是要有区别地、尽可能准确地判定

---

① 达尼洛夫和叶西波夫．教育学．北京：人民教育出版社，1961．231～232．叶西波夫主编．教学论原理．莫斯科．教育出版社，1967

该班学生掌握的质量和特点。

了解学生掌握知识和技巧的进程的情况是难度分寸具体化所必需的补充材料，使难度分寸的具体化能针对全班学生的情况，以及针对个别学生的情况，能按照掌握教材的个人特点。

以高难度进行教学的原则也决定着教学内容的结构，因此教材不仅应当更加广泛和深入，而且要具有质的特点。由于这条原则与另一条要求理论知识在小学教学中起主导作用的原则有不可分割的联系，难度性质的轮廓就清楚了。由此可见，我们指的不是任意的一种难度，而是要能认识现象的相互依赖性及其内在的本质联系的那种难度。

确定理论知识的主导作用的原则，并不贬低知识和技巧以及学龄初期儿童获得知识和技巧意义。我们的教学大纲、教学法指示、教材和教科书，都证明在实验教学中对技巧是十分重视的。至于形成技巧的途径，确实跟传统教学法不同。在实验教学中，技巧的形成是在一般发展的基础上，在尽可能深刻地理解有关的概念、关系和依存性的基础上实现的。

高难度原则是实验体系的基本原则，同时又在一定程度上依存于另一条原则——在学习大纲教材时高速度前进的原则。由于多次、单调的复习旧课，把教学进度不合理地拖得很慢，这样就妨碍了以高难度进行教学，或者甚至使它成为不可能的事，因为学生的学习活动主要是在“走老路”。

这一原则对高难度原则来说是在完成一种辅助的职能，但是同时它也起着重要的独立作用，它要求不断地向前运动，不断地以各个方面的内容丰富学生的智慧，能为学生越来越深入地理解所学的知识创造有利条件，因为这些知识被纳入到一个广泛展开的体系中。

问题的实质并不在于让儿童在一节课上做尽可能多的例题，完成尽可能多的练习，等等。以高速度前进，绝不意味着在课堂上匆匆忙忙，赶快把尽量多的知识教给学生。匆忙从事和追求记录是跟我们的实验体系格格不入的。多次单调的重复也是同样不能加深这些知识并把它们联系起来。这一原则与其说是具有量的特征，毋宁说主要是具有质的特征。

理论知识的主导作用，通过使学生理解学习过程的原则取得自己的变相存在。这一原则既和公认的掌握知识的自觉性原则相近似，又和它有着重大区别。

……

平常所理解的自觉性原则和我们所说的使学生理解学习过程的原则，就理解的对象和性质来说，都是有区别的。前者所说的理解是指向外部的，即把应当掌握的知识、技能和技巧作为理解的对象；而后者是指向内部的，即指向学习活动的进行过程。

……

以上我们考察了我们的实验教学论体系的四条原则。还有一条原则，即要求教师进行目标明确的和系统的工作，使班上所有的学生（包括最差的学生）都得到一般发展的原则，这就使上述四条原则的作用范围更加明确了。

这一原则有着特别重要的作用，因为在小学的普遍实践中，对于最差的学生提供的真正智力活动的可能性是最少的。补课和布置大量的训练性练习，被认为是克服学业成绩不好的学生落后状况的必不可少的手段。然而，学业落后的学生，不是较少地，而显然是比其他学生更多地需要在他们的发展上系统地下功夫。我们的经验证明，这种工作能使差等生在发展上取得很大进步，从而也就使他们在掌握知识和技巧方面达到较高的成绩。相反，许多训练性的作业使得差生负担过重，不仅不能促进这些儿童的发展，反而只能扩大他们的落后状态。

我们的这些教学论原则是相互联系的。但是，这些联系不是千篇一律的：它们各在不同的方面起着作用，所起的作用和职能也有所不同。

实验体系的原则具体体现在小学教学内容的结构中，体现在各门学科的教学法结构中。实验体系包含的是整个小学教学，而不只是个别的学科或其部分。构成这一体系的基础的不是某些孤立的分散的规则，而是有机地相互联系的上述各条原则。

不应认为这些教学论原则是分开实施的：这一条原则适用于某些章节和教学工作的某些场合，而另一条原则则适用于别的场合，等等。每一条原则都是根据它在教学论体系中的作用，根据它的职能，以及根据它与其他原则的联系的特点而具体地表现出来的。

我们的教学论原则是在实验体系的内部起作用的，然而这一体系的特点已经超出教学工作本身的范围。在传统教学法中，起特殊重要作用的是一些实质上跟认识没有内在联系的学习动机。最强烈的动机之一就是要获得优良的分数。当这一类动机起着作用的时候，教学论里所说的克服困难和作出努力就只是为了达到与认识无关的外部目的，而掌握知识只是一种手段。在实验体系中，不借助分数及类似的方法对学生施加压力，实现我们的教学论原则能使学生产生对学习的内部诱因，增加和深化这种诱因。不断地以新的知识丰富学生的智慧，让他们思考，树立学生自己去探索真理的志向，让他们完成复杂的任务——这一切都会产生强烈的、稳定的内部诱因。当然，这里也往往会产生勤奋，但是，勤奋是内容丰富的、使渴望认识深入成为习惯的活动交织在一起的，所以，勤奋没有来自外部压力所造成的不愉快性质。因此，不应当把以高难度进行教学的原则理解为使学生完成来自外部的要求而造成他们在学习中的紧张。

实验体系的另一个特点是按照同样的道路发展的。为了尽量开拓学生发展的可能性，为他们的发展创造有利条件，我们认为必须给个性以发挥的余地。这当然绝对不是说要降低集体在学生发展中的作用。我们是从马克思的这一原理出发的："一个人的发展取决于和他直接或间接进行交往的其他一切人的发展。"① 个性的发展，在孤独和隔绝中是不可能的，只有在儿童集体的内容丰富而形式多样的生活中才有可能；集体生活要具有应有的思想方向性，而同时也要反映出学生的动因、愿望和意向。

个性的东西并不是给学生在某一发展阶段上一般固有的个性的某些方面或特点，给学生自身蕴藏着的发展可能性，简单地涂上一层与众不同的色彩。个性的东西是共性的东西的存在形式。因此，要求一律，就会压制个性，从而也就压制了学生的精神力量，阻碍

① 马克思恩格斯全集．第3卷．北京：人民出版社，1976．515

了学生发展可能性的发现与形成，也阻碍了学生的一般发展。（第41～51页）

摘自：赞可夫著，杜殿坤等译．教学与发展．北京：人民教育出版社，1985

思想评介

赞可夫及其发展性教学思想

赞可夫的发展性教学理论是在特定的历史条件下产生的，与50年代苏联教育改革的整个形势密切相关。1956年，苏共二十大以后，苏联政治形势发生了变化。1958年9月，赫鲁晓夫提出了《关于加强学校同生活的联系和进一步发展全国国民教育制度的决议》。同年12月，苏联最高苏维埃主席团审议通过了《关于加强学校同生活的联系和进一步发展国民教育制度的法律》。这样把教育改革问题用法律形式固定下来，并作为国家法令付诸实施。在教育理论界，《苏维埃教育学》杂志发表了两篇重要社论：《克服教育学中个人崇拜的后果》和《全面而深刻地研究儿童》，要求改变“教育学中无儿童”的状况，指责心理学不研究儿童心理发展的规律，批评把智力发展等同于掌握知识的错误观点，凯洛夫的教学理论被视为传统的教学思想而受到批判。在50年代中期，已经呈现出科技迅猛发展、知识加速老化的趋势，这不仅要求学校的教学内容不断更新，而且要求学生在校学习期间得到充分发展，形成独立获取知识的能力。可是，当时在苏联的学校教学中，“不合理地把教材编得太容易，无根据地把教学进度放得很慢，进行多次的单调的复习，这些显然都不能促使学生迅速发展。理论知识贫乏、肤浅、服从于技巧的训练，这也不利于学生的发展。……儿童的好奇心得不到满足，主要的负担放在记忆上而忽视了思考，儿童没有或者很少表现出对学习的内部诱因。教学活动过程的单一化不能使学生的个性得到表现和发展。”①基于对教学不能有效促进学生发展的现状，赞可夫在吸收和借鉴维果茨基等人的心理学研究成果的基础上，凭借自己在心理学研究上的优势，明确提出：“教学要在学生的一般发展上取得尽可能大的效果。”赞可夫就是在这样的时代背景下，结合教学实际，开始了他长达20年的“教学与发展”改革实验。

1957年9月起，赞可夫组织领导了“教学与发展的关系”这一课题的研究工作。在小学教学范围内对教学与发展问题开展了全面的实验研究，实验规模从小到大，由一个班至几个班发展到上千个班。最后推广到苏联几个加盟共和国，有上千名小学教师投入了这项实验。实验分为三阶段：第一阶段，自1957年至1961年，主要在莫斯科第172学校的一个班里进行实验；第二阶段，自1961年至1965年，是进一步推广阶段；第三阶段，自1965年以后，进行大规模的实验和总结阶段。在实验过程中，由制订实验计划、编写各科实验教学大纲、教材和教学参考书，至创立新教学原则，探讨新教学方法，逐步形成了一个较为完整的实验教学新体系。1975年出版的《教学与发展》一书便是他的实验研究的总结性著作。赞可夫的发展性教学论思想就是在这一实验过程中逐步形成和完善的。

赞可夫对教学与发展问题的思考得益于维果茨基对他的深刻影响。赞可夫早在莫斯科大学学习期间，就曾受教于维果茨基的门下。大学毕业之后，赞可夫被留在心理研究所的研究班里，并根据维果茨基的建议，从事心理学的研究。因此，赞可夫比任何一位研究人员更醉心于教育学与心理学关系的研究。他说，实验班级在组织学习过程中，力求做到教学走在发展的前面。沃尔科夫在纪念赞可夫诞生八十周年时指出：“心理学成了赞可夫向着摘取教育科学的桂冠进军的罗盘指针。”

---

① 赞可夫著．教学与发展．北京：人民教育出版社，1985．20~21

关于教学与发展的问题，在赞可夫开展实验之前，已有人思考和探索，前苏联的教育学和心理学都认为儿童的心理发展受教育的制约，更确切地说，即认为教育在学龄儿童的心理发展上起决定作用和主导作用。但是，赞可夫曾在《教学论与生活》一书中指出："承认教育在儿童发展中的主导作用，绝不意味着忽视发展的内在规律性"。因为教学是发展的外部条件，并不是发展的内在源泉，所以，教学与发展之间存在着复杂的依存关系，关于教育在儿童发展中起主导作用的决定论观点，远远不能揭示出教学与发展之间的全部相互关系。

赞可夫在回顾历史上以及当代关于教学与发展问题的各种学说时注意到，维果茨基早在 30 年代曾在总结教学与发展相互关系的各种学说的基础上，提出了他的关于教学与发展问题的思想，他认为"只有当教学走在发展前面的时候，这才是好的教学"。维果茨基在对儿童的智力发展进行实验研究时发现，同一智龄组的儿童在智力发展水平上有着相同的一面和不同的另一面。相同的一面就是该智龄组儿童的现有发展水平。可是儿童的现有发展水平并不能完全反映出他的全部发展状况。维果茨基举了这样一个例子：现有发展水平相同（即智龄相同）的一组儿童在一定的帮助引导下，其中有的儿童竟然能够完成超出他智龄 3～4 岁的智力任务，例如，有的智龄为 9 岁的儿童经一定的引导，竟然能够完成本应是智龄为 12～13 岁儿童才能完成的智力任务。可是在同样的帮助下，有的智龄为 9 岁的儿童却只能完成超出他现有智龄 0.5～1 岁的智力任务。这显示了智龄相同的儿童在发展水平上有所不同的另一面。这种在成人帮助下或同龄人合作中完成智力任务所表现出来的发展水平，维果茨基把它叫做"最近发展区"。最近发展区的揭示，其重要意义并不仅仅在于说明了同龄儿童在发展上的个别差异，而主要是在于证实了儿童发展的现实可塑性，在于指出了教学作用于发展的明确途径："教学创造最近发展区，然后最近发展区则转化到现有发展水平的范围之中。"① 所以，维果茨基的关于儿童发展的两种

① 赞可夫著．教学与发展．北京：人民教育出版社，1985．14

水平的原理从理论上阐明了：教学促进发展的实质就在于教学把那些正在或将要成熟的心理机能的形成推向前进。赞可夫在 1963 年出版的《论小学教学》中说："维果茨基正确地强调指出了教学对于促进儿童的尚未成熟的心理机能趋于形成的作用，但是他忽略了这样一个问题，就是在学生发展方面的成效，可能随着教学过程的安排的不同而表现得大不相同。"所以，赞可夫提出了"教学的结构决定学生发展进程"的思想，于是在实验过程中就着重研究和揭示"受教学过程的某一种结构决定的掌握知识的过程和学生的发展进程"。

研究教学与发展的关系问题，必须解决在教学中如何研究儿童一般发展进程的问题。赞可夫采用了与传统做法截然不同的方法，他主张通过探讨分析性观察、抽象思维和实际操作三条线索进行。在赞可夫看来，人对外部世界、对客观现实主要有三种关系，人与客观现实面对面地接触；人认识现象的本质；人直接作用于客体从而改变客体、创造新事物。据此，赞可夫认为，儿童的一般心理发展，是儿童与周围世界相互作用的一种前进运动。因此，上述人对外部世界的三种主要关系，应当理解为人的三种心理活动形式：分析性观察；抽象思维；实际操作。这是符合关于意识和活动统一的原理的。鲁宾斯坦在《普通心理学》一书中说："心理意识是在活动中形成，也是在活动、行为中表现出来的。"意识和活动的统一"打开了根据个人的行为的外部表现，即根据个人的举止行动而去认识他的内部内容、他的体验、他的意识的可能性"。于是，赞可夫提出了通过观察活动、思维活动和实际操作活动来研究儿童一般发展的创见。从教学实践的角度或从教学论的角度来说，这三种活动是研究儿童一般发展的三条途径；而从心理分析的角度或从心理学的角度来说，则可把这三种活动看作是心理活动的三条发展线索，通过它们来研究儿童一般发展的进程。

心理活动的这三条线索是相互联系、相互渗透和相互补充的，它们中的每一条线索都是一般发展的一定表现形式，换句话说，学生在周密设计的观察活动、思维活动和实际操作活动过程中反映出来的发展水平，都是一般的发展水平，而并不是个别的具体能力的水平。以观察活动为例来说，实践证明，儿童在进行观察活动时，绝不能只靠感知觉器官的活动，而必须思考被观察客体的各个部分之间的联系和关系，必须分析该客体与其外界事物之间的联系和制约性等等，这就需要进行分析、比较、综合、概括等活动。同时，在观察过程中，“属于意志范围里的因素占着很重要的地位，这些因素通常被称为‘意识到行为的目标’、‘使自己的行为服从于既定的任务’、‘进行意志努力’等等”。此外，儿童对于观察活动持什么态度、有没有兴趣等也影响着观察活动的进行，这也是不言而喻的。所以，作为研究儿童一般发展的途径之一的观察活动的水平，是儿童一般发展水平的表现形式之一，同样的道理，在赞可夫实验研究中所说的思维活动和实际操作活动的水平，也都是儿童一般发展水平的表现形式。①

赞可夫提出的用实验心理学的方法“通过观察活动、思维活动和实际操作活动来研究儿童的一般发展”的创见，具有很大的现实意义，它不仅表现在解决了具体的研究方法问题本身，而且表现在在一定程度上可以用数量来判别儿童的一般发展水平，从而有可能用数据来说明不同的教学体系对学生的发展所起作用的优劣。

儿童发展水平的绝对数量标准是谁也不可能制定出来的，至少目前在世界上还没有这种标准（现有的求智商的方法，可靠性是有限的）。同时，教学对于学生一般发展的效果，从来只能作某些定性分析，而这种定性分析往往要经过一个较长时期才能作出，这就使教学的发展作用处于一种自流的、不可控制的状态。一般认为学生学习的成绩优良，似乎他在发展上一定也是高水平的。其实，知识水平与发展水平不一定成正比的现象，即“高分低能”的现象，在日常生活中是并不罕见的。

赞可夫在周密设计的观察活动、思维活动和实际操作活动的实验方案中，对活动进行的质量及效果都订有一定的数量或等级标准，这就有可能通过实验判别两名（或两类）学生在发展上的优劣（或者判明同一名学生经过一定时期在发展上的进展情况）。例如，

---

① 赞可夫著．教学与发展．北京：人民教育出版社，1985．7～9

在用某种鸟的标本进行观察活动的实验时，一名学生说了12句话（指出一种颜色或一个特点算作一句话），另一名学生只能说出8句话，这就显示了差异。同时，学生所说的话如果相等，但如果一名学生所说的话中，关于颜色、形状（表面现象）所说的话占了很大比率，另一名学生所说的关于颜色、形状（表面现象）的话只占很小的比率，这也可判别出前者的发展水平低于后者，因为颜色、形状完全是外露的。这样的结果，虽然仍不可能判断这两名学生的发展的绝对水平，但至少可以用数据（或等级）对他们的发展水平作出比较了。这种比较的结果就为改进教学、提高教学的发展性作用提供了可靠的信息。在赞可夫的实验研究中就是用这种办法来说明实验教学与传统教学在学生一般发展上的效果的优劣的。

怎样使教学最有效地促进学生的发展？赞可夫认为要以整体观点来安排教学结构、组织教学过程，他说："教育作用的完整性是保证教育作用对发展有高效果的关键所在。"据此，赞可夫强调，必须有这样一些安排教学过程的原则，使这些原则能够成为所有学科教学的核心。这个核心就是他在教育实验过程中制定的五项教学论原则：①以高难度进行教学的原则；②以高速度进行教学的原则；③理论知识起主导作用的原则；④使学生理解学习过程的原则；⑤使全班学生（包括最差的学生）都得到发展的原则。这五项原则是具体体现和落实实验教学的指导思想的关键所在，是在安排教学结构各因素时的重要依据。这五项原则是相互联系、相互制约地起作用的，赞可夫说，"不应认为这些教学论原则是分开实施的：这一条原则适用于某些章节和教学工作的某些场合，而另一条原则则适合于别的场合，等等。每一条原则都是根据它在教学论体系中的特点而具体地表现出来的"①。这五项原则的主旨在于充分调动学生的精神力量，在于"使学生产生对学习的内部诱因，增加和深化这种诱因。不断地以新的知识丰富学生的智慧，让他们思考，树立学生自己去探索真理的志向，让他们完成复杂的任务——这一切都会产生强烈的、稳定的内部诱因"②。这五项原则的使命在于指

①②赞可夫著．教学与发展．北京：人民教育出版社，1985．50

导和调节教学的发展作用，因此可以把它们称之为“发展性教学”的原则。发展性教学是对传统教学的重大突破。以五项原则为重要标志的实验教学论体系，是赞可夫首创的苏联发展性教学的第一例完整的体系。

赞可夫的发展性教学理论，其核心就是以教学促学生的一般发展，并创造性地构建了一个相应的教学原则体系。

一般发展的含义是什么呢？赞可夫说，所谓一般发展就是不仅发展学生的智力，而且发展情感、意志品质、性格和集体主义思想。根据他的多篇论著，一般发展这一概念有十分丰富的内涵：(1) 它有别于特殊发展，后者专指在某种艺术、学科领域中得到的发展，但两者有联系，并相互促进；(2) 它有别于智力发展，后者通常指认识活动而言；(3) 它也不等于全面发展，后者主要是从社会方面而提出来的，一般发展是从心理学、教育学角度提的；(4) 一般发展应包括身体发展，但对身体发展的研究有待于将来完成。由此可见，赞可夫关于发展的论述是比较明确、全面而深入的。一般发展不仅从概念的外延上大于智力范围，而且在内涵上有其本质的规定性。

在教学目的上，赞可夫强调一般发展，他的实验教学的指导思想是以最好的教学效果促进学生的一般发展。他之所以强调一般发展，原因主要有三点：(1) 时代的需要。“不管教学大纲编得多么好，男女青年在中学毕业后，不可避免地要碰到他们不懂的科学发现和新技术。他们必须独立地并且迅速地弄懂不熟悉的东西并掌握它。只有具备一定的品质，有较高发展水平的人，才能更好地应付这种情况。”① 学生的一般发展对于他们从学校毕业后的活动的意义，无论怎样估价也不会过高。(2) 学生个体发展的需要。赞可夫认为人的每一种活动，不仅包含着智力因素，而且都伴随有情绪意志因素，基于对人的心理发展的整体性认识，他要求发展学生的智慧、意志、情感和集体主义思想。发展他们的才能和禀赋，以造就共产主义的新人。(3) 克服苏联学校传统教学落后性的需要。传统

① 赞可夫著．和教师的谈话．北京：教育科学出版社，1980．141

教学中简单的重复、烦琐哲学和形式主义，不仅浪费了大量的学习时间，把教学进度拖得很慢，而且更严重的是阻碍了学生的发展。赞可夫不仅重视在学生发展上取得重大进步，而且要求在掌握知识和技巧方面达到高质量，他希望人们不要把他们的教学原则理解为似乎背离了高质量的掌握知识和技巧这一任务。还说："确定理论知识起主导作用的原则，并不贬低知识和技巧以及学龄初期儿童获得知识和技巧的意义"①。赞可夫要求通过各种途径，使学生获得大量的知识，"以深刻而牢固的科学基础知识武装他们"②。教师要经常留意儿童掌握知识和技巧的过程和结果，要为学生越来越深刻地理解所学的知识创造有利的条件，以知识的广度达到知识的深度。事实上，他们的教学大纲、教学法指示和教科书都表明在实验教学中对技巧是十分重视的。赞可夫认为，在学生的发展上下功夫与高质量地掌握知识和技巧，二者并不是绝对对立的。一方面，学生的发展不是在知识的真空中取得的。另一方面，"学生在发展上的重大进步，乃是真正自觉而深入地掌握知识的最重要的条件之一"③。技巧的形成是"在尽可能深刻地理解有关概念关系和依存性的基础上实现的"④。发展上的进步与知识技巧的掌握也并非是同步关系或成正比例，而是辩证的关系，赞可夫针对传统教学论思想片面强调知识的传授而忽视学生的发展，把教学的重心转移到学生的发展上来，同时又不忽视知识与技能技巧。这是对传统教学思想的一个突破。这也反映出赞可夫对于以凯洛夫为代表的传统教学论思想没有全盘否定，而是加以批判性的改造和积极的借鉴。

为了使教学在最大程度上促进学生的理想的一般发展，赞可夫提出了实验教学论体系的五条教学原则。

（一）以高难度进行教学的原则

赞可夫认为，高难度原则的难度这个概念的含义之一，是指克

---

① 赞可夫著．教学与发展．北京：人民教育出版社．1985．45

② 赞可夫著．教学与发展．北京：人民教育出版社．1985．41

③ 论小学教学．206

④ 赞可夫著．教学与发展．北京：人民教育出版社．1985．45

服障碍；另一个含义是指学生的努力。同时明确指出了难度的质的规定性：我们指的不是任意的一种难度，而是要能认识现象的相互依赖性及其内在的本质联系的那种难度。这个原则的特点在于使教材和教法，能将儿童的精神力量发动起来，并使这种力量有充分活动的余地。在这种条件下学生所掌握的知识，就不仅简单地变成他们的所有物，而且在以后的认识过程中学生能思考这些知识，运用这些知识分析问题和解决问题。他引用了维果茨基关于区分儿童发展的两种水平的原理：第一发展水平是现有发展水平，表现为儿童能够独立地完成所提出的智力任务；第二发展水平也称为最近发展区，这个发展区说明儿童的发展尚处于正在形成状态，刚刚在开始成熟。儿童处于这种水平，还不能独立地完成向他提出的任务，但在教师的帮助下，通过集体活动，或者通过模仿，经过一番努力，就能完成任务。儿童在今天通过合作会做的事，到明天就会独立地做出来，于是第二发展水平就会转化成第一发展水平。教学不应该停留在第一发展水平，而应该依靠那些正在成熟的机能，推动发展前进，创造“最近发展区”，通过儿童的努力，使他们在智力发展的阶梯上不断上升。这就是提出该原则的理论依据。

所谓“高难度”，就是尽早开设那些有助于学生认识周围世界的学科，用反映事物客观规律的、内容充实的教材代替那些“原始”的、陈旧的教材。他指出：“如果教材和给学生的题目大大低于他的能力，如果儿童的精神力量不派用场，那么他的发展就进行得缓慢无力。儿童的智力、情感和意志也像肌肉一样，如果不加锻炼和给以正常的负担，它们反而会衰退，不仅得不到应有的改进，有的还会变得迟钝起来。”只有能为学生紧张的智力活动提供“丰富的食物”的教学过程，才能促进学生迅猛的发展。所以，教学要为儿童的精神成长提供“食粮”，而不要使他们“营养不良”。在赞可夫制定的实验教学计划中，从小学一年级起就单独开设“自然常识”和“地理”课，二年级增设“历史”课，语文、数学课则把四五年级的教学内容提到一至三年级来教，各种教材都加深加宽，充实了教材内容。

赞可夫指出，运用高难度原则时，并不是越高越难越好，而要注意难度的分寸：给学生提供的教材一定是学生所能理解的。如果不掌握这个分寸，使儿童无法弄懂所学的教材，那么他就会不由自主地走上机械识记的道路，这样高难度原则就走向了它的反面。它就会从积极因素变为消极因素。

赞可夫认为，在实验教学体系中，这是起决定作用的一个原则。

（二）以高速度进行教学的原则

高速度的意思是指教师讲的东西，只要学生懂了，就可以往下讲，不要原地踏步。这个原则“要求不断地向前运动，不断地以各个方面的内容丰富学生的智慧，能为学生越来越深入地理解所学的知识创造有利条件，因为这些知识被纳入到一个广泛展开的体系中”①。

赞可夫主张以知识的广度来达到知识的巩固性。所谓广度，也意味着不是孤立地传授知识，而要在有机的联系中掌握概念，使知识纳入一个广泛而严整的体系。为了达到这个目的，他主张让学生多读点课外书，多参加点科技活动，多搞一些参观旅行，多交谈、多争论。这样做的结果，就使他们掌握的知识不仅能巩固，而且能灵活运用。

赞可夫指出，所以提出并强调这个原则，是针对传统教学的弊端而采取的措施。他说，旧的教学方法的最大缺点，就是教学进行多次单调的重复，迫使学生咀嚼那些已知的材料。有些课文是很浅近的，教师读一遍学生还感兴趣，再读学生就不听了，甚至学生知道你以后还要读许多遍，索性第一遍就不注意听。让学生接连不断地去完成千篇一律的练习，他就会堕入半睡眠状态。他又指出，学生在课堂上“打瞌睡”、“半睡半醒”，提问时表现出那种“惘然若失”的样子，是并不奇怪的。一个学习日或一个学年结束时，学生的神经抑制现象表现得很严重。

同时，这个原则也是针对传统教学中严重的繁琐哲学和形式主义提出来的。他认为这些弊端不仅把教学进度拖得很慢，浪费了学

① 赞可夫著．教学与发展．北京：人民教育出版社，1985．46

生大量的宝贵的时间，并严重地阻碍了学生的一般发展。他主张一篇课文里的生字、生词不一定都讲，只要挑几个对理解课文最有影响的讲一下就可以了。有些词义，在教材的上下文里是可以看出来的，以后又在别的上下文里遇到，多碰到几次，对它的含义也就理解了。

赞可夫特别强调学生对教材的第一印象，引导学生在学习中有所发现，寻找规律，从而明确事物之间的依存关系或相互联系，从而把知识系统化、体系化，这也就保证了教学的高速度。

赞可夫说的高速度不是“开快车”、“赶进度”，也绝不意味着给学生头脑里装的东西越多越好；而主张使教师和学生都稳稳当当地工作，教师要不吝惜时间而耐心地听学生把话说完；也不要吝惜时间跟儿童进行推心置腹的谈话。他认为这种工作方式是会得到加倍的报酬的。

（三）理论知识起主导作用的原则

赞可夫提出的理论知识起主导作用的原则，是强调理论知识对学生认识过程的指导作用，反对旧教学体系片面强调训练技能技巧的“原始性”。他指出，“理论”是区别于“实践”而言的。从这个含义出发，理论知识是指那些直接反映在技巧中的知识。例如一个学生可能知道怎样进行几个数的进位加法，但并不知道这种运算的规律——加法的交换律和其他几个规律，如果学生掌握了后一类知识，就是掌握了理论知识。

赞可夫指出，理论知识是掌握自觉而牢固的技巧的基础。因此，掌握理论知识不仅不妨碍技巧的形成，而且恰恰相反，乃是形成技巧的重要条件。根据他的观察：一年级学生就能掌握许多抽象概念，理解事物之间的某些内在联系。实验数学教学大纲从一年级起引进“加数”、“和”、“减数”、“差”等许多定义和概念，并使用了代数符号。学生一经掌握了这些概念，就大大加强了运算的可论证性，举一反三，并很少犯错误。他认为，只有抽象思维才能更深刻、更接近事物的实质；同时，只有从抽象过渡到具体，才能更完整地认识那个具体事物，认识它与周围事物之间的具体联系。

赞可夫指出，要让儿童观察一些实物或图像，但不能仅仅停留在这上边，而应该迅速地揭露事物的本质属性。他申明：并不反对儿童直接观察的重大意义，仅是反对旧教学体系的片面性和原始性，主张用现代教学手段，使学生较快地了解各种现象及他们之间的内部联系。确定理论知识起主导作用的原则，并不是贬低技巧的意义。他很重视形成学生的技巧。问题是形成技巧需要通过什么途径，采取什么方法。他认为，在实验教学中，技巧的形成是在一般发展的基础上实现的。

（四）使学生理解学习过程的原则

赞可夫认为，使学生理解学习过程的原则，要求学生注意的对象是学习过程本身，即理解学习的结构和进程。这个原则看起来与大家所熟知的"自觉性原则"相似。在调动学生学习的积极性和主动性上是共同的。但二者有重大区别。即所指的理解的对象和性质是不同的：自觉性原则所说的理解是指向学习的外部的，即把学生应该掌握的知识、技能和技巧作为理解的对象；而后者是指向学生学习的内部的，即指向学生学习活动的进行过程，就是让学生不仅明确学习什么，而且明白应该怎样学习。赞可夫用教乘法为例，具体说明这一原则。在学习了乘法表时，实验教学体系采用了与传统教学不同的形式安排教学：使学生弄明白教材的一定编排的根据，了解熟记教材某些部分的必要性，知道掌握教材时发生错误的根源等，而不是简单地拿了乘法表让学生背诵。

这个原则应体现在各科的教学中，在语文教学中，有些词或语法很近似，容易混淆，提醒学生应该看得特别仔细，分清他们之间的微小的差别。在数学课上，解题前要预先计划解题的步骤，对自己解题的方法要能论证，要能随时检查自己，及时发现错误并加以纠正，当题目解错时，也能找出错误的原因。

总之，教师在教学中，应随时向学生说明：哪些教材要熟记，哪些教材不必记。知识之间是怎样联系的，错误是怎样产生的，应该怎样防止等。归根结底，这一原则主要强调培养学生的自学能力，教会学生探讨和总结适合自身特点的合理的学习方法。

（五）使全班学生（包括最差的学生）都得到发展的原则

赞可夫认为，使全班学生都得到发展的原则，有特别重要的作用。这一原则的特殊用意，是针对那种偏偏是在差生身上倾盆大雨式地布置语文和数学的操练性习题的作法而提出来的。对于差生，比之对于其他学生，则更加需要花大力气在他们的发展上不断地下功夫。下了这样的功夫，就能使差生在发展上得到更大发展，从而也就能够使他们在掌握知识和技巧方面取得良好的成绩。相反，以大量的操练性的题目弄得差生负担过重，非但不能促进这些儿童的发展，反而会使他们更加落后。他认为，真正的社会主义人道主义的崇高理想，要求无论在教养方面或发展方面，都能使所有的人而不只是特选出来的一部分人得到最大限度的收获。

有人曾向赞可夫提出："照教学法专家们的一般看法，如果执行实验体系的那些教学原则，势必会使差生和留级生的数量比按照传统教学体系的要求进行教学增加好多倍。"对此，赞可夫用研究差生的事实，作了明确的回答。自 1963 年，实验室对一个实验班的三名差生和两个普通班的 7 名差生进行跟踪研究。同时对另外 6 个实验班和 10 个普通班的学生，也用心理实验法进行了研究。

赞可夫首先分析了差生的心理特点：(1) 他们在情感、意志方面"个人中心主义"严重，不关心别人，经常与别人发生冲突。自尊心强，偏偏自己又不行，背着沉重的"学习差"与"二分生"的包袱，总认为别人"看不起自己"，为此既苦恼又不服气，与集体闹对立；(2) 求知欲低，没有把精力用到学习上，吊儿郎当，甚至对学习、教师和学校有反感；(3) 发展水平低，观察力薄弱，常常是"视而不见"，"听而不闻"，思维能力与语言表达能力都有严重缺陷。

他认为，差生在学习上落后的原因是多方面的，极其复杂的。其中主要是在传统教学观念的影响下，学校和教师对他们采取了一系列错误处置：把他们看成包袱，甚至用最"厉害"的办法把家长找来，向他们施加压力；教师常常布置大量的练习性作业，把他们留下来补课，并劝告家长把孩子"抓得紧一点"，更加重了他们的学习负担与对学习的厌烦情绪；他们本来有些差，甚至有些"笨"，但教师对他们要求急切，总想使他们早点及格，逼迫其死记硬背，而不注意启发他们的思维和发展他们的兴趣，更不利于他们的发展。他认为，儿童在学习上落后的一个根本原因，就在于他们的发展比较差，这正是以前忽视的方面。所以，这一问题总得不到解决。

赞可夫领导的实验室，对差生采取了截然不同的态度和卓有成效的措施，主要是运用了区别对待的教学法：(1) 减轻学生的思想负担和精神压力，不急于提高学生的分数或让其达到及格水平；(2) 逐步培养和树立他们的学习信心，估计到他们能够回答的问题再问他们，克服他们在学习上的自卑感；(3) 利用一切机会，引导他们观察事物，积累较多的各种事物和现象的表象，激发他们的求知欲和对学习的兴趣，发动他们的精神力量；(4) 改革对他们的辅导形式，补课与习题不在于多，而在于“准”，他在哪个环节上没接通，就补哪个环节，不是硬灌，而是开阔他们的思路，启发他们的思维，发展他们的各种能力；(5) 吸引他们参加课外研究小组和班级的集体活动，增加他们与其他同学的交往，要求大家善意地帮助他们，克服他们的自我中心主义。这些研究取得了可喜的成果。

赞可夫强调指出，区别对待的方法是多方面的，但是它的最本质的一面，就是以不同的深度来教大纲中的同一些问题。所以，全班学生包括那些最差的学生都可以快速前进。

赞可夫指出：优生和差生是相对的，他们的发展过程是不平稳、不均衡的，有迂回曲折，有加速和减速，有许多复杂的逐步积累的“地下活动”的过程，这些过程用肉眼是看不到的，可是一旦时机到来，它们就会以发展和掌握知识上的突飞猛进的形式表现出来。因此教师不能用固定的眼光看待他们，而应该以科学的教学体系和方法促进他们的发展。

赞可夫认为，以上原则尽管各有自己的特点和作用，但彼此之间是有机的相互联系的，而它们既是构成实验教学体系的一部分，同时又对实验教学体系发挥作用：尽可能提高教学效果，促进学生的一般发展。总之，这五条教学原则把教学目的、课程内容、教学过程、教学对象有机地结合起来，比较全面地反映了教学与发展关系这一主题。但是，这五条教学原则与传统的教学原则（如直观性原则、自觉性原则、系统性原则、巩固性原则等等）的关系是什么？赞可夫认为，前者既不取代后者，也不与后者相提并论。这样的回答显然不会令人满意。如果理论知识起主导作用，那么该如何看待个体直接经验的地位和作用，如何评判儿童与成人在认识上的差异，如何面对发展水平不同的儿童来落实这一原则？诸如此类的问题都有待于后继者继续思考和探讨。

我们不必苛求赞可夫教学理论的绝对正确与完美无缺，但我们应该认识到其中的不足与缺陷。赞可夫的"两高"教学原则在提法上显得过于偏激，容易产生误解。关于"以高难度进行教学的原则"，从赞可夫各种著作中对它的说明来看，并不要求教学的难度必须是"高"难度的，这样，教学原则的名称与其内容说明之间有点脱节，这可以认为是理论概括上的失误。他在阐述某些问题时，理论论证显得不够充分。例如，关于"教学结构综合地作用于学生使之得到一般发展"的问题，他着重强调了教学原则的指导作用。但是为什么以及怎样地起作用就没有充分地加以论证。此外，在教学方法上，赞可夫也没有作出系统的总结和抽象的概括，由于缺乏对教学方法的阐述，教学原则的落实就很容易遇到各种各样的问题。他的教学原则体系之所以引起争论，不能不说与缺乏方法论思想有关。总之，赞可夫的教学理论在其产生和形成的过程中，遇到这样那样的批评，在一定程度上说明了他的学说无论在理论上或实践中还存在一定的局限性。

（刘德华）

14

舒尔茨

（Theodre W. Schultz）

■ 生平简介

■ 名篇选读

教育一词应作何解?

教育的两个基本组成部分

教育的经济价值

教育——经济增长的源泉

■ 思想评介

舒尔茨及其人力资本理论

生平简介

西奥多·W·舒尔茨 1902 年 4 月出生于美国南达科他州阿林顿的一个德裔农村社团，22 岁毕业于布鲁克林农业学校，后考入州立学院，获科学学士文凭，1928 年和 1930 年相继获威斯康辛大学科学硕士和哲学博士学位。他先后担任依阿华州立学院和芝加哥大学经济系主任工作，1960 年被推选为美国经济学会会长，并于 1972 年被授予该会最高荣誉奖章——沃克奖章。1979 年，舒尔茨获得经济学最高成就奖——诺贝尔经济学奖，1980 年曾来华作学术演讲，先后在北京大学和上海复旦大学传播其人力资本理论。

30 年代后期和 40 年代，他主要研究农业经济问题，先后出版四本著作：《重新调整农业政策》、《不稳定经济条件下的农业》、《农业和福利》、《农业的经济组织》；自 50 年代中期以后，致力于人力资本理论的研究和著述；1959 年发表了人力资本的第一篇论文，题为《人力资本——一个经济学家的观点》。此后，舒尔茨又发表了大量有关人力资本理论的论著，分别是《用教育来形成的资本》(1960 年)、《教育和经济增长》(1961 年)、《回顾人力投资的概念》(1962 年)、《教育的经济价值》(1963 年)。这些著作构成了人力资本理论体系，奠定了其在人力资本理论研究中的核心地位。

名篇选读

教育一词应作何解?

教育的概念同自由的概念一样是难以理解的。因为教育的内容包含着它赖以产生、发展的大量固有文化。教育是与它所服务的社会文化密切联系着的，因此，一个社会的教育与另一个社会的教育有所不同。尽管公认的一切教育确有共同因素，但是“教”和“学”在培养学生中所起的作用上还有差别。教育一词就其原意来说，它意味着“抽引”人的潜在能力；它意味着发展人的道德和智力，使之善于个人选择和社会选择；它意味着通过系统教学使之适合某种行业；它还意味着培养、训练与形成人的各种能力，例如培养人的判断力。凡属为达到上述目标所采取的措施，确切说来，都必须符合教育一词的含义。

“学校教育”和“教育”这两个概念就某种意义说，是可以交互使用的；但从另一种意义说，第一个概念表述了对学生的教与学的全部活动，而第二个概念则表述了教育机构的特殊职能。倘使在必要的情况下，要对二者加以区别，那么我就以“学校教育”这个概念代表第一种情况，而以“教育”代表第二种情况。在本文后一部分，我将谈到的“学校教育年限”，是把一个人所受的系统教育年限作出比较精确的估计。这样，学校教育这个概念就适用于初等、中等和高等学校的教育，也包括学生的自学。系统教育，不仅“生产”学历，而且通过科学研究把学术推向前进。为自身的发展，学校教育还经常进行教学以外的活动。教育机构所从事的许多活动不能变成学生成绩的一个重要部分。如上所述，研究工作乃是教育机构的一个传统职能。再如发现人才、培养人才也是这样。虽然这一点表现不甚明显，但确很重要。这中间包含着教师专门的指导、训练与栽培，它代表教师的心血。看来学校教育和教育虽说是常可交互使用的两个概念，但在本书中，对它们加以区别仍属必要。

我认为教育是具有特定目的的一个集合活动，其中有的是有组织的，像学校教育那样；而有的基本上是没有组织的，像家庭教育那样。马希路普在《美国的知识生产和分配》一文中对教育的分类极有教益。① 他在书中把教育视为“生产”知识的一种活动。于是他按照不同场合所进行的活动把教育分为：家庭教育、教会教育、军事教育、行业教育（在职训练包括在内）和学校教育（主要有初等教育、中等教育和高等教育）。学校可以视为专门“生产”学历的厂家，教育机构（包括各种学校在内）可以视为一种工业部门。

显然，教育机构不具有传统工业的某些经济性质，这是事实。除少数采取不正当办法追逐金钱的学校以外，一般学校的组织管理都不是为了盈利的。教育机构的资产并未在证券交易所开列户头。无论学生或他们的家长，通常都不支付学生所需的全部费用。从学校教育能增加学生将来收入这一点来看，它具有投资性质。不过，这样创造的人力资本并不像物力资本那样可以出售。教育所做的巨大贡献是无法估量的：它能同时为社会、政治以及其他各种目的服务。教育机构和传统工业部门之间存在这样那样的区别。虽然经济学家在研究教育时对这种区别要给以考虑，但并不排除把经济分析用于教育。

新的研究领域对人们总是具有极大吸引力的。教育对经济家说来就是这样一个领域。对教育进行经济分析时，重要的是教育的两个组成部分，另外还有教育的组织方式以及教育如何有效地利用资源这两个问题。（第 13 ~ 16 页）

---

① 舒尔茨．高等教育的经济价值——国际展望．见：教育的经济价值．长春：吉林人民出版社，1982．129

教育的两个基本组成部分

不管学校教育收益多寡，学校费用实际是很重要的。起码，我们一下子就看得出投入教育的资源绝不是微不足道的。以美国为例，美国的初等、中等和高等学校教育费用每年超过300亿美元之多。尽管由于所谓公共教育的提法有人认为教育是免费的，实际上这笔费用绝大部分是由学校和他们的家长提供的。尤其对成年学生来说远不是免费的问题，因为当他们入学时放弃了以前的收入。这笔收入很可能超过他们在学校里的一切费用。当然，学校可以给学生提供助学金，助学金的数额有可能与他们不读书而从事工作所得的工资数相同。这笔费用可能转嫁到其他人身上。但是从社会来说，这笔费用总额基本未变。这里，我不想说明谁应当负担这笔费用及学校其他费用。我只想把学生放弃的收入提出来加以说明。作为学校全部费用中的一部分——学生放弃的收入这一概念是解释教育上各种迷惑不解的问题之关键所在。

假如学生放弃的收入略而不计，再来观察各种不同学历的人之间终生收入的差别就会发现，美国大、中学生受教育所付的学费，收益率是很高的。即使把公立学校和私立学校所有支出都算在内，这个收益率仍比其他任何投资收益率为高。如果放弃的收入包括在全部费用估算之内，则收益率大约下降60%。即使是这样，收益率仍比一般投资为高。但是，投资包括放弃的收入在内，则收益率悬殊不等的问题就可以迎刃而解了。

求学费用这个问题对以下三种情况提供了一个合理的解释。(a) 家庭收入低的许多有才能的儿童过了法定的强迫教育年龄后，即使是免缴学费，发给奖学金都不能使他们继续在学校学习；(b) 农村儿童所受教育不如城市儿童那样正规；(c) 国民收入低的国家的儿童在完成头几年学习之后就被迫失学。从以上三种情况看来，放弃的收入是个关键问题。因为儿童可以被指定去干一些有收益的劳动，对收入较少的家庭则会做出微薄的贡献。

在国民收入低的国家里，初等学校每年费用随着家庭收入的增加而减少；而国民收入高的国家，各级学校每年费用都在显著增加。这种情况是否属实呢？那么就请看这样一个例子吧。美国每年学校费用对消费品价格来说是急剧增加的，对国民生产总值所含价格来说也是急剧增加的。为什么呢？为了回答这个问题，在研究费用一节里，我将对此进行估算。我的估算将表明，1930 年和 1956 年之间初等学校每年费用比国民生产总值中的相对物价约高 60%，中学一年费用约高 90%。

可见，在教育经济学研究中，费用是一个基本组成部分。所以，为此目的，应该使用一些确切的概念，并将各种费用加以区别和测算。然而，以往在这方面所做工作之少，实在令人惊异！

学校教育的价值是什么呢？对这个问题的回答有各种不同的说法——有的说它具有道德上的价值，培养情趣，给人们以真正的满足；有的说它具有职业上的价值，发展技巧，增加人们的收入；也有的人说它是一种人力投资。我们的任务便是对这些问题以及学校教育的其他价值问题进行系统的分析。

不过，学校教育的经济价值问题一经提出加以考虑，就有些人出来反对。在他们看来，把“价格”观念加诸教育之上就贬低了教育的价值。“无论你用什么方法来研究教育，都不能用经济尺度来衡量其价值”。上述这种看法是对教育的根深蒂固的看法。这种看法是毫无根据的。虽然，某些无系统的经济学知识被别有企图的人用来作为制定政策的依据，这是实有其事，但是要说探讨教育的价值这方面的研究比起其他方面的努力一定要受到更多的攻击，那是不能使人相信的。

对于学校教育的价值远远超出经济范围之外这个信念，除非经济学家的研究结果表明它是错误的，就要毫不动摇地坚持下去。这将有助于把学校教育的“文化”性质和“经济”性质区别开来。这个区别的内涵有二——它既把文化同经济区别开来，又把作为文化的生活艺术同脱离文化的谋生手段区别开来。这个二分法是建立在文化的特定、狭隘概念之上的。文化的一般的综合概念并不排斥许多经济分析集中研究的消费和生产活动，人们谋生之道，一般说来是文化的一个组成部分。文化（Cultura）这个词就其拉丁语源来说，就是耕耘、栽培的意思。正因为如此，英文中“农业”一词的构成用了Cultura这个词。总之，人们的谋生方式以及为之服务的经济乃是一个民族文化的重要的基本组成部分。在现代经济和大学教育中，科学技术同样如此重要。再有，尽管所有的学校教育都以进行道德教育或情趣培养为任务，但这却不是无代价的。如上所述，美国每年支付各级学校教育费用300亿美元，美国人民生活水平的提高，不能认为与这笔费用无关。这一事实对经济学家说来颇有启迪性。因此，我得出结论：认为经济不是社会文化的一部分，或者认为文化无经济的意义都是不正确的。总之，无论为了道德陶冶或为了情趣培养所付出的代价都在经济分析范畴之内。

学校教育的价值就在于它能造福于人。假设一个学生能获得学校教育的全部利益，那么这个利益则不能改善这个学生邻居的状况，不能改善其雇主及与其合作者们的状况，更不能广益于社会。学校教育无论现在（例如和大学里的同学们交往可能立即得到愉快）或将来（增长欣赏优秀作品的能力）都可使人得到满足。由于学生的利益在将来才能获得，学校教育就具有投资性质。作为一种投资，它不是影响将来的消费，就是影响将来的收入。因而，学校教育的消费成分就包括两部分，一部分为当前的消费，另一部分为将来的消费。学校教育的生产成分是一种知识技能的投资，它增加将来的收入，因而也与其他物力生产的投资具有同样性质。

人们从学校教育得到的满足系属消费部分。它包括与教育相联系的各种价值，一般说来，职业教育、专业教育不包括在内。从学校教育中获得增加将来收入的能力则不算作消费部分。当它是消费部分的时候，其价值可能是道德的培养、情趣的满足或其他方面的满足。就把学校教育当作消费品而言，它首先要具有耐久性成分，其耐久程度甚至比耐用的消费品更耐久。从学校教育中很难找到主要是代表当前消费的范例。学校教育就其耐久性的消费成分而言，由于它能增加将来的实际收入，它就是将来满足的源泉。但这种满足是不能以测得的国民收入来计算的。

经济学家用对待其他消费品同样的方法来对待学校教育费用，打开了需求分析的大门。这种分析既能确定物价的波动性，又能确定学校需求收入的波动性。虽然在这方面还有些问题含混不清，但下述理由确足以表明我们可以从中得到许多大有益处的知识。（第16~21页）

教育的经济价值

为了进行经济分析，把学校教育的消费价值和生产价值加以区别（正如我在第一章所说的那样）是有必要的。学校教育对消费的贡献可区分为以下几个部分：为当前服务的消费，为将来作贡献的消费。而后者则成为一种投资。学校教育的生产价值就在于把投资直接用于培养将来的生产能力和谋生能力上。因而，学校教育的受益包括下面三种内涵：(1) 当前的消费；(2) 将来的消费（投资）；(3) 将来的生产能力（也是投资）。其中每一内涵究竟有多大？无人知晓。若干研究结果初步表明，第三种内涵可能是很大的。同时，许多迹象表明其余两个内涵也不是空洞无物的。但是，这些迹象究竟意味着什么仍不清楚。当一个人考虑到个人爱好、收入水平，考虑到美国教育费用，似乎会感到当前消费的需要只是一小部分，而其余的大部分则为学校教育的另两个贡献所必需，后两个都是属于投资性质的。

如果把学校教育成果全部直接投到最终消费之中，那么发展学校教育就不能对经济增长有所贡献。这时，更多的学校教育只能表现在人们在对各种变化着的消费情况的适应，包括随经济发展而来的人们收入的增长。然而，如果所有学校教育都采取持久性消费能力的形式，那么，增加学校教育就会增加未来福利，但它却不能从测算的经济增长中表现出来。虽然实际收入会增加消费的满足，但是由投资持久性消费能力的增加而得到的满足，不包括在已经测得的国民收入之中。然而，只要学校教育能增加将来的生产能力和收入，那么所做的贡献就成为已经测得的经济增长的源泉。

另外，对学校教育和教育机构的区别加以讨论仍有必要。因为教育机构由学校构成，而学校从事各种活动所创造的价值并不划归学校；因为学校教育的价值对学生来说，很大一部分要靠学生学习的努力而定。因而人们很可能只注意“教”和“学”，局限于“教学水平”和“学校班级”而忽略教育的某些重要作用（或职能）。（第60～61页）

教育——经济增长的源泉

“经济增长”意味着增加国民生产，它是可以用“美元”来测算的。经济增长的研究已经提到经济学家的首要日程，这不是因为人们赞同关于经济增长的过分宣传（不管是否是出于天真），而是因为社会公众对经济增长的关切与日俱增。但是，用传统生产因素的实际增加一直不能解释实际的经济增长。解释这一增长最好的线索是各种生产因素的质量（其中包括人和机器）的改善和大量的经济因素的改善。学校的数量正在迅速增长。正在对这一点进行分析，以便考察它对人的生产能力的影响有多大。同时还正在调查大学的研究工作对科学技术的贡献有多大，以便弄清楚它们在多大程度上是经济增长的源泉。

学校教育与经济增长的计算 要想弄清学校教育与经济增长的一般关系，为了方便起见，让我先做几个假定：假定所有学校教育都是一项为了将来的收入而进行的投资；假定投资收益率无论对初等学校还是高等学校来说统统一样；而且假定所有工人数目保持不变。在这些简单假设的前提下，假如每一工人的学校教育资本储存未曾提高，则学校教育就不可能成为经济增长的源泉。

一个国家的学校教育一旦达到高水平，它肯定需要很多学校教育来保持这种水平，而每年对学校教育的投资也就必须增加。这样，学校教育显然就不再是一个经济增长的源泉。同样，无论一个国家学校教育的水平怎样降低，如果不提高，它照样也不是经济增长的源泉。不过，从低水平出发，要提高水平就有极大的可能性。如果这个水平实际上迅速提高了，那么，此时的学校教育在实际上就成为经济增长的源泉。还是在同样的假定前提之下，对每个工人增加一年中等教育，那么，这一年的中等教育就会使他增加劳动力的资本储存，其数值比该工人增加一年初等教育所增加的这种储存多得多。目前在美国，就投资而言，中等学校一年费用约为初等学校一年费用的五倍之多。这种学校教育与经济增长的关系是以每个工人的学校教育的资本储存有何变化为依据的。当这个与劳动力规模的稳定性有关的假设不那么严密时，即使每个工人的学校教育保持不变，只要劳动力增加就必将增加学校教育全部资本储存的数量。这样，这种增加就成为经济增长的源泉。

为解释经济增长的计算法，先假定某一经济以3%的增长率增长。让工人所得占国民收入的75%，让一年内学校教育增加劳动者的生产力和收入为1%。这样学校教育就会使经济增长率增加0.75%，它代表整个经济3%增长率中的1/4。（这还将增加学校教育，它以劳动力的增加表现出来。）再就投资而言，假使每一个人实际收入为4 500美元，使增加学校教育的投资为450美元，学校教育以1%的比率增加生产力和收入。这样，总的收益率（贬值和废弃部分不计）则为10%，因为在4 500美元收入中增加1%则为45元，因而投资收益率的10%则为450美元。（第66～68页）

摘自：舒尔茨著．教育的经济价值．长春：吉林人民出版社，1982

思想评介

舒尔茨及其人力资本理论

一、人力资本研究的现实意义及时代背景

如果说“适者生存”的生存机制唤起当代人在市场竞争中的学习意识，那么“物以稀为贵”的价格机制所唤起的投资意识更是当代人掀起这股学习热的另一个极为重要的原因。知识越来越重要是因为知识能够创造出物质财富和精神财富。学习知识以后才有可能给你带来更多的收益，当然这已经除了其中某些偶然性，也就是知识作为学习的成果或产品是可以作价出售的，这就和物质资料的产品一样。所以学习或者说是接受教育本身便是一种投资，因为充实知识不仅会有收益，还必须付出成本。

现在所有社会的学习辅导班都要收取高额的费用，正规学校教育的收费也越来越昂贵。随着市场经济的发展，一切活动都将按市场资源最优配置原则进行，教育也不例外。

作为国家、社会来讲教育面向市场可以节约资源，做到人才结构的合理化以及人才素质的有效提高，只要适当注意对基础学科的扶持，教育的总体方向将是有利的；对于接受教育的个人来讲，教育的市场化也将使个人有的放矢，他们可以对教育的收益或成本作一粗略比较，从而决定是否要接受某一类教育，比如大学毕业生将面临两条可供选择的路：一是工作，二是继续深造，那么继续深造的成本便包括他在学习期间必须支出的费用，这是显性成本，以及他接受教育的同时所放弃的收入，这是隐性成本，而继续深造的收益则包括几年以后工作的工资收入以及晋升机会等等。教育不仅是一种消费，教育更是一种投资这一观念现在已是深入人心。教育既

然是一种投资，那么它与物质资本的投资以及普通投资等有什么区别呢？要理解教育投资的独特之处，首先必须理解人力资本这个概念。

对于教育之于人力资本的经济学研究始于本世纪60年代，当时发生两件令经济学家感兴趣的事情：一是美国从1889年到1919年的30年间，在国民生产增加的总额中，有67%是由于增加物质资本和劳动力的数量所得；而从1919年至1957年30多年间，这个比率就下降为32%。为什么会出现这样的变化，这32%以外的增长额又是什么因素引起的呢？经济学家对此进行了大量的研究。比较一致的结论认为：这是由于劳动力素质提高和科学技术在生产中应用的结果。二是日本的经济自二次世界大战以后，从1955年到1975年的20年间，国民生产总值提高了5倍，而劳动力仅增加27%，其中技术所起的作用却达到55%~63%。这种技术的作用是与长期以来的人才培养和教育投资分不开的。这两个典型的事例表明：科学技术在生产中的应用，是促进经济增长的重要因素。而科技人才的培养，关键在于增加教育投资。这一客观事实的存在，正是人力资本理论得以形成和迅速传播的社会原因和时代背景。

二、教育与人力资本投资

人力资本（human capital）是与物质资本相对应的概念，它是由美国经济学家舒尔茨（T. WSchultz）首先给予阐释而获得特定含义的一种资本概念。按照舒尔茨的解释：全面的资本概念应当包括人和物两个方面，即人力资本和物质资本。

所谓人力资本，指的是凝聚在劳动者身上的知识、技能及其所表现出来的能力。这种能力是生产增长的主要因素，它是给个人和社会带来财富的源泉。

人力资本是由投资的方式产生的，人们用在教育、卫生、医疗以及为了获得就业机会而进行的国内迁移所付出的直接费用，乃至为了获得教育而放弃的收入，都是属于人力资本的投资。其中，教育投资是最主要的部分。简言之，人力资本就是对人的技能的过去投资的现行价值，也就是对提高人的能力而进行投资所形成的一种资本。舒尔茨对人力资本作了如下概括："人们需要有益的技能和知识，这是显而易见的，但是人们却不完全知道技能和知识是一种资本"，这种资本实质上是一种计划投资的产物；这种投资在西方社会以一种比传统的（非人力）投资大得多的速率增长，而且这种增长恰好是该经济体系最为突出的特点。①

人力资本理论经过经济学家的努力，在几十年里形成一套完整的理论体系，它已成为西方经济学中的一个不可或缺的研究领域。它的基本观点有：

（一）人力资本投资的作用

人力资本投资的作用大于物质资本投资的作用，人力资本的形成是我们这个时代经济中最突出的特征。

舒尔茨认为，物质资本投资和人力资本投资，都是发展经济不可缺少的生产性投资。如果没有人力资本投资，物质资本投资再多也不能发挥其作用，特别是在现代化生产中，人力资本投资的作用更大于物质资本投资的作用。他指出，当代劳动生产率迅速提高正是人力资本的数量不断增加的结果。有的国家在战争中遭受到极大的破坏，如西德、日本的机器设备几乎摧毁无遗，但在战后得到迅速恢复和发展，这正是由于人力资本的长期积累和后来重视人力资本投资的结果。他测定，美国战后农业产生的增长，只有20%是物质资本投资引起的，其余80%主要是由于教育以及与教育密切相关的科学技术的作用，这正是人力资本投资的结果。当代世界经济中最突出的特征，就是人力资本的形成，没有对人的大量投资，就不能享有现代化农业的硕果，也不能拥有现代化工业的富裕。因而，确定人力资本投资和物质资本投资的合理比例是促进经济增长的重要条件。如何确定这个比例，应视收益率高低的情况来调节。一般来说，收益率高的就应该增加投资，收益率低的就应该减少投资。当两者的投资收益相等时，就是最佳的比例。

① 舒尔茨．高等教育的经济价值——国际展望．见：教育的经济价值．长春：吉林人民出版社，1982．129

（二）教育投资是人力资本投资的主要部分

舒尔茨认为教育投资是一种生产性投资。教育活动是使蕴藏在人体内部的能力得以增长的一种生产性活动。“教育远不是一种消费活动，相反，政府和私人有意识地投资，为的是获得一种具有生产能力的潜力，它蕴藏在人体内，会在将来作出贡献。”而且“作为一种投资，教育显然增加了那种无形的潜力”①。因此，把教育看成是消费活动的观点，或把教育经费看成是福利开支的观点，都有极大的片面性。教育是提高人能力的关键，各国人口的先天能力是几乎平衡的、相近的，但后天获得的能力却大不相同。各国人口质量的不同，主要取决于后天的能力。这种后天能力，主要指知识、技能、文化水平、企业精神等，是教育的结果。人们通过学习而获得的知识和技能，是资本的一种形式。

（三）人力资本增长的速度比物质资本增长的速度快得多

投资于教育比投资于物质设备更为有利，按照舒尔茨的计算，从1900年到1957年的五十多年间，作为实际的物质资本增加大约是4.5倍，而对劳动力进行教育和训练的投资，却增加了大约8.5倍。教育投资的增长速度大大超过物质资本的增长速度，而其利润收益的结果更是惊人。同时，物质资本投资赚回的利润增加了3.5倍，而教育投资所增加的利润却达17.5倍。另有资料表明，第二次世界大战以来，由于人力资源的开发，即提高工人的技术水平，加强经营管理等因素，使人口增长的份额占国民经济增长总额的41%以上，有的国家达到65%。这都说明，教育投资比物质的投资更为有利。

（四）资本积累的重点，应从物质资本转移到人力资本

舒尔茨从教育投资比物质的投资在收益方面相对地更高这一事实出发，预计这种趋势还会继续下去。因为，教育本来就是一种基本的经济事实，尤其是在生产日益现代化的条件下，支撑着生产力高度发展的是人力资本的不断积累。随着社会富裕程度的提高，教

① 舒尔茨．对低收入国家经济成就及其前景的估计．见：世界经济情况．1980(5)

育投资也会相应地增加。资本积累的重点，必将从物质资本转移到人力资本上来。然而，当前的主要问题，仍然是对教育投资的作用重视不够，主要是受传统偏见的束缚。事实上，“学校教育投资并非微不足道，恰恰相反，其数量之大，足以使人们对以往普遍承认的储蓄和资本形成的数量估算为之一变。关于工资和薪金（相对的收入）结构的确定，个人所得的分配以及经济增长的源泉，所有陈腐观点都须重新加以研究。”① 舒尔茨强调指出，一种“顽固的偏见”，就是认为资本只包括物质资本，因而“最优先受到考虑的是钢厂、民航、辅助工业以及土地开发等等，而只把少量资源留给中等和高等教育。长期以来，这种反常的投资减少了生产和盈利的潜力。理想的投资方式，应该是增加那些可能产生最佳预想收益率的资本方式。② 也就是人力资本投资的方式。

（五）教育投资应以市场供求关系为依据，以人力价格的浮动为衡量信号

舒尔茨认为，我们正处于一个复杂多变的世界，一个国家企图对所需的各种人才作出长远的规划，然后按计划执行实际上是办不到的。只能遵循一条原则，“有需求，就供应”。对学校教育各阶段的投资，对高等学校各个专业的投资，都不能根据市场需求来安排。但是，教育制度是由一连串的联系方程式组成的，改变一个变量，其余的变量也会随之改变。因此把教育与经济之间的关系过分狭隘地固定化是危险的，整个经济始终是在平衡和不平衡中发展，教育也是在适应和不适应中发展的。特别是技术革新所带来的职业间劳动力的流动增长，要求教育制度应有相应的灵活性，对教育投资的比例也必须有相应的调整。

三、教育投资的经济分析

从人力资本理论的基本观点我们可以看出，教育投资作为人力资本投资的一项重要组成部分对于完整理解资本这一概念很关键，

① 舒尔茨．教育的经济价值．长春：吉林人民出版社．1982．24

② 舒尔茨．教育的经济价值．长春：吉林人民出版社．1982．130

而教育投资从它的几种主要形式来看，可以分为正规教育和在职培训，至于其他的形式都可以归到这两种形式上。接下来我们就以这两种形式为例来分析教育投资是如何进行决策的。

（一）在职培训

之所以对在职培训进行详尽的分析，还并不是因为它比其他各种人力资本投资更重要——虽然在职培训的重要性往往被低估——而是因为它能清楚地说明人力资本对收入、就业及其他经济变量的影响。例如，它可以清楚地说明间接与直接成本之间的紧密联系，以及人力资本对不同年龄收入的影响。对在职培训的详细讨论为更简明扼要地探讨其他各种人力投资开辟了道路。

在职培训的目的肯定是提高生产率，无论从企业一方还是从个人一方出发，边际生产力的提高都是会带来好处的。但决定是否接受在职培训或者说是否进行这一项教育投资的关键就在于它的收益率有多大，然后这一收益又是如何在企业与个人两者之间进行分配的。

与此同时，未来的生产率只能靠成本来提高，否则对培训就会有无限的需求。成本中包括用于受培训者的时间与努力的价值，其他人所提供的“教育”，以及所用的设备和材料。因为如果它们不用于提高未来的产量，则可用于提高当前的产量，所以这部分机会成本也应计算在总成本之内。培训所花费的成本量与培训时间的长短部分取决于培训的类型，因为时间越长花费的成本越多，比如说，实习教师的培训就比农业工人所需的时间长，花的成本也多。

一般而言在没有在职培训的情况下，企业的收入与成本是确定的，而且因为市场是完全竞争的，企业无法左右市场上的产品价格，所以企业行为按照最大化理论的结果就是边际收益等于边际产品，这在劳动力市场上也是如此，劳动者（工人）的边际产出工资率相等的时候为企业的生产最优化。

但是这种情况在考虑到在职培训时就发生变化了，尽管边际收益等于边际成本的条件仍然未变，但必须建立起现期与未来的收益与支出之间的联系，因为培训一则会降低现期收益并提高现期支出，二则它又可以大幅度地提高未来的收益并大幅度降低未来的支出，这种收益与成本的不同期性使得教育投资者不能仅从现期实现的价值来判断收益率，而是必须将未来可能发生变化的收益与成本进行贴现从而使之现值化，然后把收益现值与支出现值进行比较作出决策。这就是人力资本投资与物质资本投资之间的一种重要区别。

其实以上的条件可以被看成是未来收益与未来成本之差应等于收益与成本差，这一条件是资本理论的一般基础，但关键在于这两种差额分别是谁投资或是谁获得的，所以仅仅抽象地谈论边际收益等于边际产品不能解决在职培训的具体问题，应该更多关注的是把这一条件应用于对在职培训的投资上。

在职培训根据所培训的具体内容还要分为一般培训和特殊培训。

一般培训是指培训内容为一般性、普遍性的在职培训，所以一般培训不仅对于提供这种培训的企业是有用的，而且对提供这种培训之外的许多企业都是有用的。例如公司里营销人员的营销培训课程对其他企业也是适用的，医院里培养出来的医生的技术在其他医院也有用。就因为存在这样的一般培训，所以现在社会上才会有如此众多的跳槽现象。大多数在职培训都提高了提供这种培训的企业的工人的未来边际生产力，而且一般培训还同时增加了许多其他企业的边际产品。因为在一个竞争的劳动市场上，任何一个企业所支付的工资率都是由其他企业的边际生产力所决定的。所以，在提供一般培训的企业中未来工资率和边际产品都会增加。

那么，对企业来讲要占有培训的部分收益，必须使提供培训的企业的边际产品的增加大于工资率的增加。而实际上“完全一般性”培训在许多企业中都是同样有用的，而且在所有这些企业中边际产品都按同样的幅度增加。所以，工资率和边际产品增加的量完全相同，而提供这种培训的企业也就得不到收益。

但是收益与成本永远是与生俱来的，既然一般培训的收益不是企业得到的，那么处于竞争状态的劳动力市场上的理性的企业为什么会提供一般培训呢？谁出力谁得益，企业将不承担这笔额外的生产费用，尽管它提供一般培训。以承担这些费用的人必然就是受益者——接受一般培训的人，因为培训会提高他们未来的工资。所以，承担一般培训的费用并从收益中得到好处的是受培训者，而不是企业。

受培训者作为一般培训的最终决策者，他的行为也是理性的，在支付了一般性在职培训的费用后，雇员在培训期间的收入就低于他不接受培训时所得到的工资，而且潜在边际产品与培训费用之间存在差额，但这种差额是会在培训之后的工作收入中逐年得到补偿的。这种逐年的补偿可以通过简单的收入——年龄曲线表示出来。它将说明培训对收入与年龄之间的关系有重要的影响。如果以收入为纵轴，以年龄为横轴，那么当一个人没有受过培训，则无论他的年龄多大，收入都是相同的，在曲线上则表现为一条平行于横轴的直线。

而受过培训的人在培训期间将得到较低的收入，因为在这段期间要为培训付出代价；在以后的年龄中可得到较高的收入，因为那时得到了好处。这样，为培训付出代价与从培训中得到好处的联合影响将使受培训者的年龄收入曲线变得较为倾斜，一条从左下向右上倾斜的曲线，如果投资和成本与从投资中得到的收益之间的差额变大，这种倾斜也更大。

教育投资的成本常常被简单化，这在学校教育中较为常见，在学校教育中总成本基本上是表现为教育费用的直接支出，而很少考虑机会成本。但是对接受在职培训的工人来说，全部成本应表现为放弃的收入，虽然直接费用实际也可以是成本的一个重要组成部分，工人在对培训进行投资决策时所考虑的却仅是所得到的实际收入与不进行培训时收入的差额大小。

受培训者进行教育投资决策会产生一个问题，既然培训费用是由工人自己出，那么是否将存在工人决策与企业愿望相背离的情况呢？假设有的工人在计算收益率时得出错误的结论：不培训比培训好。那么这时企业是否会采取主动为工人支付培训费用来促使工人无偿地去接受培训呢？这就涉及到工人进行教育投资决策时所必须考虑的第二个因素。

因为工人接受的是一般性、普遍性培训，这种教育成果可以为多家企业所用，所以企业支付工人的培训费用会给其他企业带来外部经济，这就和专利的发明然后又缺乏保护专利的制度时一样，在竞争性市场上企业是缺乏供给一般培训的动力的。这时动力是在受培训者身上，因为这时工人也面临着竞争，无论工人如何地计算他将在培训中付出的成本得到的收益，他首先都必须对劳动市场的竞争作出反应，如果劳动力市场上其他人都支付了培训费用而他不支付从而不接受一般培训，那么他的边际产出就一定是小于工资率水平的，这就意味着他将不受雇用。所以接受一般培训就成为工人在劳动力市场可能被雇用的前提条件。尽管作为受培训者整体，是否接受培训应当通过如前所述的贴现计算，但作为受培训者个体，他就没有多少选择余地了，他一个人无法对完全竞争的劳动力市场上的价格进行干预。

完全一般性培训提高了受培训者的边际生产力，这对提供培训的企业和其他企业都是完全一样的。但某些类型的培训所提高的生产率在提供培训的企业和其他企业显然是不同的。大家也明显注意到企业并不是完全不支付培训费用，由企业支付培训费用的在职培训就是不同于一般培训的特点培训。

能更大地提高培训企业的生产率的培训可以称为特殊培训，完全特殊培训可以定义为把受培训者用于其他企业时对生产率没有影响的培训。许多在职培训既不是完全特殊的又不是完全一般的，但它们能更大地增加提供培训的企业的生产率，从而属于特殊培训定义的范围之内。平常所见的特殊培训有：为使新雇员熟悉自己的组织，企业一般都要花费一些资金，而这样所获得的知识是特殊培训的一种形式，因为获得知识的雇员使得企业的生产率有了提高。其他各种雇用成本，诸如就业代办费、新雇员在找工作时需要的支出、或者交谈、考试、检查证件与记账所用的时间，都不能十分明显地增加新雇员的知识，虽然这些都不是培训，但它们也是特殊人力资本投资的一种形式。它们之所以是投资是因为这些短期支出会对生产率发生不同的影响；它们之所以特殊是因为主要提高了进行这种支出的企业的生产率，而当雇员离开时就会失去其价值。所以特殊培训的范围是很大的，此外的分析是针对与一般培训相区别的其他在职培训。

如果全部培训都是特殊的，那么一个雇员在别处所能得的工资就不取决于他所受到的培训的多少。这样，我们就可以顺理成章地认为企业所支付的工资也不取决于培训，既然特殊培训的费用不是由雇员而是由企业来支付，那么培训的收益也必将由企业得到，企业将以利润更多的形式得到这种培训的收益，利润的增加来源于更高的生产率，无论收益多少——按适当的比例贴现——只有在收益至少等于成本时，企业才会提供培训。长期竞争的均衡要求收益的现值完全等于成本。而雇员尽管接受了特殊培训，但由于他并没有支付培训费用，所以他也得不到培训的收益。

那么，为什么是企业支付费用并得到收益，而不是工人去支付费用并得到收益呢？这是因为培训的动力已从工人身上转移到企业身上了，在竞争性的劳动力市场上工人离开某个企业——即使它提供了特殊培训——也会得到平均的市场工资，所以他缺乏竞争的压力从而也缺乏接受特殊培训的动力。但对企业来讲就不一样了，因为在这个“特殊”行业中获得平均的利润水平就必须要有具有特殊才能的工人，但这样的工人在劳动力市场上是没有的，所以它只有自己支付培训费用来提供特殊培训。

但在现实中并不是所有的特殊培训的费用都是由企业来支付，往往是由企业与工人共同承担的。这是因为我们必须考虑到劳动力的流动性。对于一般培训而言，劳动力的流动对于教育投资者并不造成伤害，但是当工人或企业加上一些成本时，流动问题就变得重要了，这正是特殊培训的影响。假定一个企业为一个完成了特殊培训后离职而去的工人支付了全部特殊培训费用，而企业又必须以市场工资雇到一个新工人，然后又必须增加支出来提高新雇员的生产率，对他进行新的特殊培训。换句话说，企业将由于一个受过培训的雇员的离去而蒙受损失。当然企业也可以通过从留下来的工人那里得到足够的收益来弥补离去的人造成的损失，但这似乎不能从根本上解决劳动力的流动问题。

其实，劳动力的流动并不是绝对无常的，而是取决于工资。认识到工资对于劳动力流动的影响，企业所要做的就不仅仅是去弥补劳动力流动的损失，而是应该通过为培训过的工人提供高于其他地方的工资来减少流动本身的可能性。所以企业应提高工资而把培训的某些收益流动转移给受培训者。这样做的结果将会使受培训者的供给大于需求，人人都希望不支付费用而得到收益，市场将因此而失衡，使市场重归于均衡的办法只有一个：使劳动力的工资率平均化，市场将无法接受高出一般水平的工资率。所以最后的办法是把某些培训费用和收益同时转给雇员，从而使供给与需求更加一致。当采用了这种办法后，企业就不再支付全部培训费用，也不再获得全部收益，而是企业与雇员分摊费用并分享收益。各自的份额取决于离职率与工资、解雇率与利润之间的关系以及其他一些因素。

以上分析表明一般培训与特殊培训之间的区别，它们都是教育投资的不同形式之一，但由于其中的某些性质不同而导致了不同的决策过程。实际情况可能不是这样极端的，某些培训既不是在所在企业有用也不是在一个企业有用，而是在由产品、工作类型或地理位置所决定的某类企业中有用。例如，律师的培训主要是提高了律师行业的生产率，而中国的法律培训在美国就没什么用。这一类培训就同时具有一般培训和特殊培训的某些特点了。这种培训的费用应该由受培训者支付，因为单独企业很难得到收益，这和一般培训的情况是同样的。但作为一个行业、一种职业或一个国家，特殊培训的工人比其他工人更不愿意离开这个行业、职业或国家，这样，该行业、该职业或该国家的流动性就比平均水平低。在这一方面这种培训又与特殊培训很相似。

（二）正规教育

在职培训是教育投资在企业发生的一种重要形式，它包括所有那些由企业提供课程的教育，不论是企业还是个人支付了培训费用。教育投资另一种重要形式是以学校为教育所在地的正规教育。

学校是专门从事教育生产的机构，它与结合产品的生产来提供培训的企业不同。作为正规教育所在地的学校要么专门从事一种技术的教育，如现在社会上诸多的职业学校，要么是提供大量素质教育而不涉及具体的技术，如从小学到大学。学校与企业通常是特定技术人才的替代性来源。这种替代性可以由逐渐发生的转变来证明，例如，在法律方面，从律师事务所的学校到法律学校；在工程技术方面，从在职培训到工程技术学校。

正规教育的必要性在于不同类型的知识对教育有不同的要求，有的知识如果能同时与实际问题相结合会掌握得更好，而另外一些知识则要求有长期专业教育，这就是说，在学习与工作以及学习与时间之间有一些互相补充的因素。建筑行业的大部分教育最好是在工作中进行，而培养物理学家则要求长期的专门努力。

正规教育不仅要花大量的时间，而且必须抽出专门的时间，所以它也是一项投资，并且是一种重要的人力投资，因为人力资本也很大程度得归结为一个人在青少年时所学的十几年正规教育，这也是时间投入最多的一种人力资本来源。

那么，作为正规教育的投资者，他又是怎样进行成本—收益比较从而作出投资决策的呢？基本的因素与在职培训的决策一样，从成本角度出发，学费、其他费用、书籍、各种供给、以及偶尔的交通与住宿支出是正规教育的直接成本，也是正规教育的成本中显而易见的部分，另外正规教育还必须包括机会成本或间接成本。一个学生接受正规学校教育要投入时间，这部分时间除了用于接受教育之外还可能有两种用途，一是用于闲暇，从而得到一定的效用，二是用于工作从而可以得到收入，由这两种用途所得到的收入（精神上和物质上）就构成了正规教育的间接成本；从收入出发，受教育者在教育之后的收入就构成了正规教育投资所带来的投资收益，它与在职培训的收益一样可以通过现值计算与成本进行比较。投资者制定接受教育的前提自然是贴现后的边际成本等于边际收益，这里教育已被当成了一种产品。

至于正规教育的其他一些方面及关系都与企业在职培训相似，比如在某些方面可以把学校作为一种提供一般培训的企业，学生是接受一般培训的受培训者，又比如正规学校教育也使前述的年龄—收入曲线形状倾斜，即年轻人的后期与现期收入之间是反方向的关系，等等。所以对于正规教育的投资只作简单介绍，对在职培训的分析已经得出了也可以适用于其他各种教育投资的一般性结论。

（邓云洲）

15

泰　勒

(RalphW．Tyler)

■ 生平简介

■ 名篇选读

如何选择可能有助于达到这些目标的学习经验

■ 思想评介

泰勒及其课程与教学思想

生平简介

泰勒1902年4月22日出生于美国芝加哥。1921年在多内学院(Doane College)获文学士学位后，曾在南达科他州皮尔市（Pierre）的一所中学任教一年，尔后去内布拉斯加大学攻读，1923年获文学硕士学位，1927年在芝加哥大学获哲学博士学位。泰勒的指导教授是当时在美国教育界颇负盛名的康茨（Counts，G.S.）、贾德(Judd，C.H.)和查特斯（Charters，W.W.)①

从1922～1953年，泰勒先后在内布拉斯加大学、北卡罗来纳大学、俄亥俄州立大学和芝加哥大学任教。在芝加哥大学期间，他曾在该校担任教育学系系主任、大学主考、社会科学院院长，同时还兼任了美国三军学院（US′ Amed Force Institute）考试部主任。

1953年，泰勒在加里福尼亚的斯丹福大学创建了“行为科学高级研究中心”后，任该中心主任，直到1967年退休。在这之后，他一直是该中心的名誉主任（Center for Advanced Study in the Behavioral Scien)。

退休后的泰勒，并没有退出历史舞台，而是以饱满的热情活跃在教育领域，从事教育科学的研究，并在众多教育学术团体中任职。

作为一个教师，泰勒可谓“桃李满天下”。他的高足包括后来在课程与教学及教育评价领域享有声誉的学者，如：塔巴（Taba，H.)、施瓦布（Schwab，J. J.)、比彻姆（Beauchamp，G. A.)、古德莱德（Goodlad，J. I.)、布卢姆（Bloom，B. S.）和克龙巴赫(Cronbach，L. J.）等人。

作为一名行政人员，由于泰勒学识广博、待人诚恳，深得人们的仰慕。据与泰勒打过交道的人说：“如果你怀着任何担忧的心理，只要一见到泰勒，就会马上平静下来。”②泰勒的处世之道与他的人

---

①② Schubert，W. & Schubert，A. L. L.，Ralph W. Tyler in Review：An Interview and Antecedent Reflections. *Journal of Thought*，Vol. 21 No. 1，*Spring* 1986

生哲学有关。他认为："一个人的美好生活，就是不断地试图使自己变得更富有人情、更善于学习、更有助于他人，以及与别人一起形成一种尊重每个人的潜力、不贪图他人为自己服务的社会。"①

作为一名学者，泰勒著作等身，据统计，到1986年春为止，泰勒的论著已达700篇（部）②。他的论著已成为美国教育科学研究成果的一个重要部分。1976年，"全国教育改进基金会（NFIE）"专门组织出版了《对美国教育的看法》③一书，详细列举了泰勒1929～1974年的所有论著。尔后，又有人出版专著，列举了泰勒1929～1986年的全部论著④。美国《思想杂志》（Journal of Thought）于1986年春出了专辑，探讨泰勒对美国教育的影响。

正如泰勒的学生古德莱德所说的，泰勒既是教师，又是行政管理人员、学者、机构创建者、决策者、立言人、顾问、咨询者、朋友。不论处于何种角色，他都能起到这个角色应起的作用。泰勒"平时不关注从事某种活动会对自己生涯有何种影响。只要这项任务有价值，需要去做，他就会对这项工作作出重大贡献，并始终愿意承担这类工作"。在古德莱德看来，泰勒"最大的贡献是在与他人交谈时，给数千人提供的个人咨询"⑤。

鉴于泰勒所从事的研究活动对美国教育产生过重大影响，1981年，美国"课程历史研究会（SSCH）"第四次年会的主题，就是考察泰勒半个多世纪来的著作，"因为泰勒直接参与了该会成员所要探讨的许多研究和事件，他的著作是在课程领域中最有影响、被人引证最多的著作之一，同时他又被许多人视为评价运动之父。因此，从某种意义上说，考察泰勒的著作，也就是考察课程和评价领域以往半个世纪的历史。"⑥ 有鉴于此，"全国教育改进基金会"还

---

①② Schubert, W. & Schubert, A. L. L., Ralph W. Tyler in Review: An Interview and Antecedent Reflections. *Journal of Thought*, Vol. 21 No. 1, *Spring* 1986

③ Tyler, R. W., *Perspectives on American Education: Reflections on the past… Challenges for the Future*, 1976

④ Kolodziey, H. M. (Ed.), *Ralph W. Tyler: A Bibliography*, 1929～1986, 1986

⑤ Goodlad, J. I., Introduction. In *Perspectives on American Education*, pp. 9～10

⑥ Strickland, K., Preface, *Journal of Thought*, Vol. 21, No. 1, Spring 1986.

于1973年在华盛顿特区成立了“泰勒研究（W. RalphTyler Project)”的机构，“其宗旨是使泰勒所作出的实质性贡献，现在能继续对教育工作者有效用。”①

泰勒一生著作甚多。在对自己的论著进行回顾后，泰勒本人认为比较满意的代表作为：《成绩测验的编制》(1934)、《学生进展的评估与纪录（Appraising and Recording Student Progress)》(1942，与史密斯合著)、《课程与教学的基本原理》(1949)、《影响美国教育的社会因素（Social Forces Influencing American Education)》(1961，选编)、《教育评价：新角色与新手段（Educational Evaluation：New Roles，New Means)》（1969，选编)，以及《测验中的关键问题(Crucial Issues in Testing)》(1974，与沃尔夫合著)。其中最有影响的当推《课程与教学的基本原理》。该书自1949年首版以来，已重印30多次，并被译成多种文字。1981年曾被美国《卡潘》（Phi Delta Kappan）杂志评为自1906年以来对学校课程领域影响最大的两本著作之一，现已成了“现代课程理论的经典著作，是试图理解这个领域的后继著作的人的必读书”②。

名篇选读

如何选择可能有助于达到这些目标的学习经验?

到目前为止，我们一直在探讨教育计划所要达到的结果。这些结果或目标，是根据其所包含的那种行为以及该行为所涉及的内容

① Neubauer，D. Highlighting the Contributions of a leaehing Educator：The Ralph W. Tyler project，Educational leadership，Oct. 1976，p. 68

② Walker，D. F. & Soltis，J. F. Curriculum and Aims 1986，p. 116

来界说的。我们接下来将探讨如何才能达到这些目标的问题。实质上，学习是通过学习者所具有的经验而发生的，就是说，学习是通过学习者对他所处的环境作出反应而产生的。因此，教育的手段是学习者已有的教育经验。在设计教育计划以达到某些特定目标时，我们面临的问题是：要决定提供哪些特定的教育经验，因为只有通过这些经验，才会产生学习，从而才能达到教育目标。

"学习经验"的含义

"学习经验"（learning experience）这个术语，不等同于一门学程所涉及的内容，也不等同于教师所从事的各种活动。"学习经验"是指学习者与他对作出反应的环境中的外部条件之间的相互作用。学习是通过学生的主动行为而发生的；学生的学习取决于他自己做了些什么，而不是教师做了些什么。因此，坐在同一个班上的两个学生，可能会有两种不同的经验。假定教师正在解释某一问题时，一个学生对这个问题非常感兴趣，而且把精力集中在教师的解释上，因而他能看出事物之间的各种联系，并能根据教师的解释，从自己的经验中找出某些例证。与此相反，另一个学生可能正在一心想着即将到来的篮球比赛，他正全神贯注于筹划这场比赛。显然，尽管这两个学生坐在同一个班上，但他们并没有同样的经验，教育的基本手段是提供的经验，而不是向学生展示的各种事物。

经验涉及学生与其环境的相互作用。这一定义意味着：学生是一个主动参与者，学生的环境的某些特征吸引着他的注意力，学生所做的，正是对这些特征的反应。人们可能会提出这样的问题：由于学生必须自己从事某种行动（这是教育经验的基础），那么教师为学生提供教育经验有可能达到多大程度呢？教师可以通过安排环境和构建情境向学生提供教育经验，以激发所期望的那类反应。这意味着，教师必须对学生已有的各种兴趣和背景有一定的了解，以便能对某种特定情境引起学生反应的可能性，进而能对引起理想的学习所必不可少的那种反应的可能性作出某种预测。这种学习理论，并没有因为它认为学习者本人的反应将决定他会学到些什么，而轻视教师的责任。但是，这种学习理论确实意味着：教师控制学习经验的方法，是通过构建情境——会引发学生作出所期望的那种行为的情境——的方式来控制环境。

我们还应该注意的是：即使外部条件看来是相同的，但是同班的每一个学生仍然可能具有不同的经验。这就把相当大的责任放在教师身上：教师要构建多方面的情境，以便有可能引发全体学生产生所期望的经验；或者是要使经验多样化，以便提供对班上的每一个学生都可能有重要意义的经验。这样，选择学习经验的问题，是一个确定哪些种类的经验有可能达到既定教育目标的问题，也是一个如何构建将会在学生内部引发或产生所期望的那些学习经验的情境的问题。

选择学习经验的一般原则

适合于达到教育目标的特定学习经验，虽然是随着达到的目标种类不同而有所变化，但无论教育目标是什么，还是存在着某些适用于选择学习经验的一般原则。其中第一条原则是：为了达到某一目标，学生必须具有使他有机会实践这个目标所隐含的那种行为的经验。也就是说，如果教育目标之一是要培养解决问题的技能，那么除非提供的学习经验使学生有充分的机会去解决问题，否则是无法达到这个目标的。相应地，如果另一个目标是要使学生对广泛阅读书籍感兴趣，那么除非使学生有机会以一种使他感到满足的方式广泛地阅读书籍，否则是不可能达到这个目标的。因此，重要的是建立的学习经验，必须使学生有机会实践学习经验所隐含的那种行为，这条原则对每一类目标都是适用的。

由于一个教育目标的完整的界说，不仅包括对其涉及的那种行为的陈述，而且也包括对该行为所涉及的那种内容的陈述，所以，学习经验还必须为学生提供处理这个目标所隐含的那种内容的机会。因此，如果教育目标包括解决健康问题的能力，那么学习经验必须不仅使学生有机会解决问题，而且必须有机会具体处理有关健康的问题。如果一个有关兴趣方面的目标，是要使学生对广泛阅读小说感兴趣，那么重要的是，学习经验不仅要使学生有机会阅读，而且有机会阅读各类小说。这是适用于为所有类型的目标选择学习经验的一条基本原则。

第二条一般原则是：学习经验必须使学生由于实践目标所隐含的那种行为而获得满足感。以旨在形成解决健康问题的技能的学习经验为例，重要的是这种学习经验不仅要使学生有机会解决健康问题，而且还应该使学生通过有效解决这些问题而感到满足。倘若这种学习经验不能使学生感到满足，甚至使他们感到厌恶，那么所期望的那种学习是不可能发生的。事实上，学生更有可能形成一种与所期望的目标相背的行为。旨在形成阅读兴趣的学习经验中也会发生同样的情况。这种学习经验不仅必须使学生有机会从事广泛阅读，而且，为了使学习经验富有成效，还必须使学生从这种行为中获得满足感。这就要求教师对学生的兴趣与需要以及对人类的基本满足有充分的了解，从而能对某些特定学习经验是否有可能使学生感到满足作出判断。

有关学习经验的第三条一般原则是：学习经验所期望的反应，是在学生力所能及的范围之内的。也就是说，学习经验应该适合于学生目前的成就水平和心理倾向等方面的条件。这是古谚"教师必须以学生的现状为出发点"的另一种表述方式。如果学习经验涉及的那种行为是学生目前还做不到的，那就不可能达到其目标。这也就要求教师对学生要有充分的了解，以便确定学生目前的成就、现在的背景和现有的心理定势是否有可能使他们作出所期望的那种行为。

第四条一般原则是：有许多特定的经验可用来达到同样的教育目标。只要教育经验符合有效学习的各项准则，它们便有助于达到所期望的目标。为了达到特定的目标，也许可以想出或拟定出难于确定数目的学习经验。这意味着，教师在计划具体工作时，有大量创造的可能性。这也意味着：某一学校可以拟定范围广泛的教育经验，所有这些经验都旨在达到同样的目标，但又利用了师生双方的各种各样的兴趣。我们不必为了确保实现所期望的目标，在课程中提供一组有某种限制的或规定的学习经验。

第五条原则是：同样的学习经验往往会产生几种结果。例如，当学生在解决健康方面的问题时，他同时也获得了有关健康领域的某些信息。他还可能对公共卫生程序的重要性形成某些态度。他可能对健康领域的工作形成兴趣或感到讨厌。每一种经验都有可能引起一种以上的学习目标。从积极方面来看，这无疑是有利的，因为这样可以节省时间。一组设计良好的学习经验，是由那些可以同时有助于达到几种目标的经验组成的。从消极方面来看，这意味着：教师必须始终警惕为其他某种目标而设计的学习经验可能引起的不良结果。所以，某教师为培养学生解释莎士比亚戏剧的技能而作出的努力，可能同时也会产生另一种结果：使学生对莎士比亚形成一种强烈的反感。或者，某教师选择算术题，原来只是为了使学生有机会练习数学运算，但由于疏忽，选择的内容使学生对这些算术题所涉及的生活的某一方面形成了错误观念。

有助于达到各类目标的学习经验的特征例举

由于各种可能的目标的数量非常多，因此，我们不可能对有助于达到每一类目标的学习经验的特征加以全面的阐述。于是，我们将只讨论常见目标的样本，并把注意力放在达到这些目标的有效学习经验所必备的重要特征上。

1. 培养思维技能的学习经验

“思维”这个术语有各种不同的用法。但一般说来，思维所隐含的那种行为，是把两个或两个以上的观念联系起来，而不是记忆或重复这些观念。归纳思维涉及从一系列具体资料中得出一般概括。演绎思维涉及把一个或多个概括运用于具体的事例。逻辑思维涉及用一种方式排列各种假设、前提和结论，以形成逻辑论证。在某些情境里，常常需要从事若干种思维，所以教师只集中注意思维的某一方面的情况是极少见的。由于学习经验必须使学生有机会进行上述这些思维，因此，重要的是使教学情境能激发这种行为的发生。对思维领域中学习的研究表明，当学生面临的问题是他们无法立即回答的时候，更有可能引导他们从事各种类型的思维。这意味着：发展思维的学习经验要利用各种不同的问题——对学生来说，须是现实的问题，以便激发他们作出反应。此外，这些问题，不应该是学生自己通过查阅教科书或其他各种参考材料，就能直接找到答案的问题。这些问题，应该是要求学生把各种事实和观念联系起来，才能获得某一种解决办法的那类问题。而且，这些问题，最好是在学生生活中常常会遇到的那种环境里提出来的。这样更可能使学生把这种问题，看作是值得努力解决的现实问题。

当学生正在获得解决问题的最初经验时，我们必须把情境构建得使学生能看出并遵循思维步骤的常态序列。这种常态序列可能包括这样一些步骤：(1) 意识到存在着一个目前无法解决的问题或困难；(2) 通过分析对这个问题有较清晰的认识；(3) 搜集有关的事实；(4) 提出各种可能的假设，也就是对这个问题提出各种可能的解释或可供选择的解决办法；(5) 通过适当的手段检验这些假设；(6) 得出结论——也就是解决这个问题。在形成各种可能的假设时，学生常常能够利用已知的概括或原理，在这种情况下，他也许在没有检验"这个原理是贴切的"这一个假设的情况下，立即就能解决这个问题。在特殊场合下，解决问题的这些步骤可能有所不同，其中某些步骤也许是不必要的。但就一般而言，学习经验应该使学生有机会经历解决问题的一些基本步骤，以便了解每一步骤涉及的内容，并逐渐善于采取各种必要的步骤。

当然，学生显然是通过自己解决问题的经验学会思维的。如果由教师来解决问题，学生仅仅只是观望，那么他们是不会达到这个目标的。同样明显的是：解决问题的某些步骤，在学生成熟的不同阶段可能需要加以特别注意。例如，搜集有关的事实以便作为提出可能的解决办法的基础，这一步骤要求在小学和中学的早期阶段给以专门的练习。遗憾的是：在数学教学中，教师通常把学习所需要的全部事实都给了学生，以致学生所做的全部事情就只是进行运算。到后来，当学生面临必须由自己获得某些事实时，常常不知道自己需要些什么事实，以及从哪里可以找到这些事实。实验表明：在自己确定所需要的有关事实，以及从哪里和如何获得这些事实方面有过专门练习的学生，在学习解决问题时会表现出有更大的进展。另一方面，如果学生在以往的教育阶段已经习得搜集有关事实的技能，那么在学院和研究生阶段就没有必要再强调搜集有关事实的方法了。

有人做过一些有关学习方面的实验，以求回答这样的问题："教给学生一套分析问题的固定形式是否有用?"有一项研究调查了九年级学生的情况，结果发现学生在解决问题时采用多种不同的方法。研究人员发现，一些学生在解决问题时能够事先看出问题之所在，从而省去某些中间步骤。而另一些学生则费力地按部就班，一步一步地经历分析过程的每一个阶段。当教给所有学生一种特定的分析方法时，结果发现学习较慢的学生会有长足进步，而对较聪明的学生来说，教这种方法则没有什么特别好处。这就表明：对于某些学生，必须教他们一步一步地分析问题；而另一些学生，则常常能够作出心智上的大跳越，他们不必墨守一种详尽的分析方式。

常使学生感到困难的另一点，是要构思种种可能的解决办法或解释。大多数学生，除非他们反应异常迅速，一般都不能提出一两种以上的解决办法或解释。证据表明，如果在学习过程的这一阶段上给学生一些帮助，可以提高他们解决问题的能力。如果向学生显示各种解决办法，或者向学生显示必须考虑到的各种可能的事实和条件，并让学生在解决问题的过程中有机会练习提出各种可能的解决办法，那会对学生很有帮助。

在解决问题时感到的另一点困难，是一些学生缺少一种概念结构，因而不能以此来分析问题和处理这个问题中的各个要素。教学生思维，包括使学生有机会练习使用一些基本的概念和体系，以便观察正在思考着的特定现象，从而使学生形成一种分析问题和处理问题的心理机制。某些领域的专门术语、基本假设和概括的真正功能就在这里。它们可用来提供一种概念结构，学生能够凭借它们来探讨问题，并把所涉及的现象的各种要素联系起来。在为学生提供有效解决问题的基础时，我们常常必须为学生提供有关使用这种概念结构的特定的学习经验。

2．有助于获得信息的学习经验

这类学习经验包括的目标有：增进对某些特定事物的理解，以及获得有关各种事物的知识等。所要获得的信息通常包括：各种原理、规律、理论、实验和支持概括的证据、观念、事实和术语。我们认为，只有把信息看作是功能性的东西，也就是说，有助于学生解决问题或有助于指导学生的实践，那么这类目标才具重要性。我们并不认为信息本身就具有终极的价值。

考察一些有关的研究也许是有帮助的。这些研究向我们表明了目前为传递信息而提供的学习经验的不恰当性。这些研究一般都认定信息学习中的五个缺陷。其中第一个缺陷是：学生经常是死记硬背，而对他们所记住的观念并没有任何真正的理解，也没有获得运用这些观念的能力。举例说来，杜威（John Dewey）曾提到他访问芝加哥附近一所学校的某个班级，当时这个班级的学生正在学习地球形成的可能的方式。杜威问学生：如果他们能够挖掘到地球的中心，他们所发现的地球中心是热的还是冷的？当时没有一个学生能回答。这时，那位教师对杜威说，你提了一个错误的问题。然后她转过身问学生："同学们，地球中心处于一种什么样的状态？"结果所有学生异口同声地回答："处于一种火球般的融化状态。"像这种没有理解的记忆，完全是由于目前普遍地用来获取信息的经验所造成的结果。信息学习中的第二个缺陷，是通过许多学生表现出非常迅速的遗忘率这一事实而暴露出来的。事实上，大多数具体信息的遗忘曲线，看上去与梅伊曼（Meumann）在上世纪第一次发表的无意义音节的遗忘曲线非常相似。在典型的情况下，学生在修完一门学程后的1年内，会遗忘已获得的信息的50%；在修完一门学程后的2年内，会遗忘75%。第三个缺陷是缺乏适当的组织。许多学生只是把信息作为孤立的片断来记忆，不能够用任何有组织的或系统的方式把它们联系起来。第四个缺陷是学生回忆信息时，表现出相当程度的含糊性和大量的不精确性。学生学习的信息精确性愈高，则回忆它的可能性就愈低；要不然，学生即使记住了它，也会带有相当比例的不精确性。最后，第五个缺陷是：学生表现出不大了解精确的、新近的信息来源。由于处理当代问题所需要的大部分信息，必须是反映最新成就的信息，因此，知道从哪里能获得精确而又可靠的信息，对学生来说是极为重要的。然而，最近的一些研究表明：只有不超过20%的学生，能够确认他们在学校里学过的问题的可靠信息来源。

为了克服信息获得中的这些缺陷，在安排学习经验时，可以参照下列几个建议。

第一，研究已经表明：学生可以在学习解决问题的同时获得信息。因此，安排一种能使学生把获取信息作为整个解决问题过程的一部分的学习情境，比提供一种只是为了记忆信息的特定学习经验来得更经济些。此外，当获得的信息是作为解决问题的一个部分时，那么这种信息的用途以及获取这种信息的原因就清晰了。这样就不大会导致死记硬背。

第二，只选择值得记忆的重要信息。我们不必让学生学习成千个专门术语，就像有些科学学程常发生的那样，而是要选择数量较少的、非常重要的和使用频率较高的术语，使学生能正确和准确地获得这种信息。如果学生所学的材料是经常要使用的，那么遗忘的可能性就小多了。

第三，要安排这样的学习情境：使信息给学生印象的强度和广度，能增进记忆这些重要信息项目的可能性。这意味着：要以各种方式和相当强度来提出这些值得记忆的重要信息项目，而不要使学生以一种漫不经心的态度去看待它们。

第四，要经常使用这些重要信息项目，并且要在各种不同场合下使用。经常使用信息，会增加记忆信息的可能性。而且，通过在各种不同场合下呈现信息，会增加日后联想的可能性，并会赋予所处理的信息以更多的意义。

在帮助学生组织他们所获得的信息时，重要的是使他们不要以为这种信息只有一种组织体系。当学生了解到：为了有效地使用材料，对同样的材料可以用两种或两种以上的方式加以组织时，他就能够组织信息了。这意味着：学习情境应该涉及用各种方式重组信息，重组的方式要适合于可利用这种信息的各种不同的情境。

就熟悉信息来源来说，必须让学生从事查询各种信息来源的练习，让他们知道从哪里可以获得某类可靠的信息。涉及解决问题的学习经验，可以很容易地提供这种练习。最好是让学生为获取可靠信息而查询各种不同的来源，而不是仅仅依赖于一本教科书或有关这种信息的少量参考材料。

显而易见，这些建议表明，信息应该在这样一些学习经验中呈现，即信息是某些事物（尤其是解决问题）的一部分。仅仅为了记忆材料而提供学习经验是不足取的。

3. 有助于形成社会态度的学习经验

可以归入形成社会态度的教育目标，包括在社会学科、文学、艺术、体育和课外活动等所强调的那些目标。态度可定义为是一种反应的倾向，即使这种反应实际上并没有发生。每一个人都体验过想做某些事情的渴望，一种随时准备以某种方式作出反应的情感，这类渴望和情感可能在外显反应之前就有了；而在某些情况下，这种渴望和情感可能被抑制住，所以实际上没有发生外显反应。因此，一个人可能对某个同事持厌恶的态度，但他并没有通过言或行的手段表示出来。态度的重要性可以从这一事实中略见一斑：态度对行为——也就是外显行动——有强烈的影响，而且对个人所选择的满意事物和价值的种类也有强烈的影响。

有关态度形成的一些研究表明：人们的态度通常是通过四种主要手段形成的。最常见的方法，是通过环境的同化作用（assimilation）。我们周围的人认为理所当然的事情，我们的朋友和熟人所共同持有的观点，这些都是因环境的同化作用而产生的社会态度的例证，这些态度经常是在我们没有意识到的情况下被同化的。形成态度的第二种（也许是常见程度其次的）方法，是通过某些经验的情绪效应引起的。一般来说，倘若一个人在某种特定情境中有过满意的经验，他便会对这种经验的某些内容或某些方面形成一种偏爱的态度；反之，倘若他从这种经验中得到的是不满意的结果，那么他形成的态度可能正好相反。第三种最常见的形成态度的方法，是通过创伤性经验——也就是具有深刻的情绪效应的经验。例如，一个学生会因为被狗咬了以后，在一夜之间便形成一种极度怕狗的情绪。最后，形成态度的第四种方法，是通过直接的理智过程。在某些情况下，当我们了解到某种特定行为的实际含义时，当我们分析出某种特定客体或过程的性质时，我们会根据从这种理智分析中获得的认识，对它们形成一种好或恶的态度。可是，通过确切的理智过程而形成的态度，不像用其他方式获得态度那样常见。在上述四种形成态度的方法中，第三种方法在学校里可能不大有用，因为涉及强烈情绪反应的创伤性经验太难控制，以致在教育计划中无法系统地应用。所以，学校必须主要依靠使用与环境的同化过程，通过某些特定经验的情绪效应和直接的理智过程来形成态度。

就形成态度的学习经验而言，我们可以提出几个一般原则。要尽可能地改善和控制学校和社区的环境，以有助于形成所期望的态度。在许多现代社区中，学校与家庭、学校与教会、学校与社区中其他机构之间，对学生应该形成什么态度存在着意见分歧。社会环境互不一致：新闻界认为理所当然的价值和观点，受到宗教界的非难；电影中强调的价值，与学校力图形成的价值相冲突。为了帮助儿童形成良好的社会态度，我们很有必要在学生的整个经验过程中努力改善他们的环境。这意味着要增进环境的一致性程度，并力求强调社会的态度，而不是自私的态度。

对学校来说，最有可能做到的，是为形成学生态度而构建一种更为统一的学校环境。倘若全体教师能对他们自己认为是理所当然的观点、学校的规章制度和实际做法加以检查，那么他们便常常有可能会对它们作出明显的修正，从而形成一种有助于强调社会态度的更为统一的环境。

在某些社区中存在的一种普遍倾向，是趋于破坏而不是形成社会态度；这就是说，学校没有考虑到校外存在的社会结构的性质，并且误认为美国旧派教师所持的中产阶级的观点是理想的观点——纵然这些观点可能与本社区各种不同的家庭、种族团体和社会阶级所提供的社会环境发生尖锐的冲突。通过加强社区中积极的社会态度，并使学校与这些社会态度保持一致，而不是武断地强行灌输某一教师团体所持的一套特定的观点，才有可能使儿童的环境有更大程度上的统一性，从而促进学生社会态度的形成。

在许多学校中要克服的第二个缺点，是学校中存在着反社会的条件。由于学校中容纳某些派系，由于非正式社会组织和由于教师对不同类型儿童的不同对待，加深了校内社会阶级的界限，常常会在我们不知不觉的情况下形成学生自私的态度。倘若我们对学校环境作一番仔细考察，便会发现可用来形成学生良好态度的许多可能性。

通过利用伴随满意情绪的经验来形成态度时，重要的是为学生提供机会，使他们用所期望的方式行事，并从中获得满足。例如，倘若某所小学力图使学生对其他种族团体形成一种更好的、更融洽的社会态度，那么，重要的是要提供各种经验，使学生与其他种族团体的儿童有分享的机会，就是有为他人服务和受他人服务的机会，而且要使儿童在这些情境里从这类分享中——付出与接受——获得许多满足。如果儿童一起筹划了一个晚会，并且因成功地完成这一计划而感到满足，那就是构建一种能给学生反映出良好的社会态度，同时又能使学生获得满足的学习经验的一个例子。

在使用理智过程来形成学生的社会态度时，学校提供的经验应该使学生有机会对各种社会情境作一番广泛的分析，首先是增进了解，然后才是形成良好的态度。在有些情况下，要正面着手解决某些社会问题是不可能的。倘若学生抱有偏见和刻板的看法，这可能会阻碍他们的了解，使他们看不到社会观点的逻辑。关于这一点，一种常常有效的办法是：让学生有机会获得这类问题的直接经验，例如让他们自己去了解失业问题，以便对处理这类问题的各种可能的方式有真正的发言权。文学作品或电影经常对某种社会情境提出一种个人的观点，而这种观点仅仅通过对资料的研究是不可能获得的。通过利用这些方法，可以开辟研究问题的领域。然后，当学生对情境有了清晰的了解之后，就有可能在他们认识自己所持观点的实际含义时，帮助他们形成社会态度。最后，在通过理智过程形成学生态度的这类教育计划中，最好让学生定期回顾一下自己在某一特定方面的品行，帮助他们与自己只是口头讲讲的目标相对照，看看自己的行为与自己明确的所信奉的行为距离一致性有多远。这种定期的回顾，也有助于影响和形成社会态度。

很显然，我们无法迫使人们持有不同的态度。学生态度的转变，起因于学生观点的改变；而观点的改变，或者起因于对某种情境有了新见识和新知识，或者起因于他从以往所持的特定观点中得到的满足或不满足，或者起因于这两种过程的结合。因此，学校提供的学习经验，要使学生有获得见识并感到满足的种种机会。

4．有助于培养兴趣的学习经验

在教育上，兴趣既与目的有关，又与手段有关；也就是说，兴趣既是目标，又是与旨在达到目标的经验相关的动机力量。然而，在这里，我们把兴趣看作是一类目标。人们之所以常常强调兴趣是重要的教育目标，是因为一个人对什么感兴趣，在很大程度上决定了他会去注意些什么，而且还常常决定了他会去做些什么。因此，兴趣往往使行为集中在一些特定方向上而不是其他方向上，这种兴趣确实是使一个人成为那一种人的强有力的决定因素。

对旨在形成学生兴趣的学习经验的基本要求是：它们要能使学生从为形成兴趣而安排的经验领域中获得满足。因此，为形成兴趣而提供的学习经验，应该使学生有机会探索要他们形成兴趣的领域，并从这些探索中得到满意的结果。满足感可能来源于几个方面。有一些所谓基本的满足，看来对所有人都是必需的。这些基本的满足包括：从社会赞许中得到的满足；从适应生理需要（如食物和休息等）中得到的满足；从成功（即实现自己抱负）中得到的满足；等等。因此，学习经验只要有可能为学生提供这些基本满足的机会，都有可能使学生对这些活动感到兴趣。

使学习活动令人感到满足的第二个基础，是把这种活动与令人感到满足的其他经验联结在一起。例如，使用带有情绪色彩的符号，把个人的活动置于社会活动的背景之中，这些做法都是为了试图把本身不会使人获得基本满足的某种活动与令人感到满足的事情联结起来，从而使情绪效应进一步延伸，使人对被联结在一起的事情也感到满足。因此，对那些还不能从阅读中获得基本满足的儿童，我们可以通过把阅读安排在一种令人感到满足的社会情境中，或者把阅读与其他令人愉快的经验联结起来，从而引导他们喜爱阅读。

对于身体健康的幼儿来说，我们可以在很大程度上利用他们对活动的需要，以便他们在广泛探索各种活动中得到满足感。幼儿的兴趣在受到限制和被引导到特定方向之前，他们很可能是从纯感觉经验和各种自由活动中获得满足的。对幼儿来说，好奇心的满足是一件愉快的事情。因此，在与幼儿年龄组打交道时，可以在极大程度上借助于纯粹的探索，以此为日益增长的满足感提供基础，只要这种探索不与基本的满足相背离——例如，不会使学生有一种失落感或被人嘲笑，或者是活动给他带来消极的结果，从而使他讨厌这种活动。

最困难的问题是安排学习经验，使学生原来感到厌烦或讨厌的那类活动变得富有趣味。这类活动不可能仅凭简单重复而变得有趣。为了转变学生的兴趣，我们必须使用一种新的方法。这种新方法可能涉及到要使用一些完全不同的材料，或者也可能涉及到把这种学习经验置于一种使学生愉快的全新的情景中。

前面列举的4个例证，也许已足以表明我们可以列出有关用于达到每一种主要目标的学习经验的一系列特征的方式。在课程设计中，对每一类行为目标都应该进行这种分析。这种分析将有助于进一步澄清行为的定义，而且大大有助于学习经验的选择。

许多学习经验可以用来达到某一特定目标；而同样的学习经验常常可以用来达到多种目标。这一事实意味着：设计学习经验的过程，并不是用一种机械的方法为每一个特定目标制定明确规定的学习经验。相反，它是一种比较富有创造性的过程。当教师考虑到预期的目标，并对自身可能发生的经验或据说别人正在使用的经验加以反思时，他便开始在心里逐渐形成一系列可能发生的事情：他可能要做的事情、可能要实施的活动，以及可能要使用的材料。当这些思考有了些头绪时，最好把它们写下来，作为各种可能的学习经验。在把它们记下来以后，便可以对它们作出较为详细的规划，指出它们应该包括哪些内容。然后，首先可以根据预期的目标，慎重地检核一下有关某些学习经验的这份暂定稿，以便了解所提出的学习经验是否使学生有机会从事教育目标所隐含的那种行为，以及这些学习经验是否反映了教育目标所包含的那种内容。其次，可以根据效果准则来检核一下所提出的学习经验，例如，这些学习经验是否有可能使特定的学生——这些学习经验是为他们而设计的——感到满意？如果学习经验没有导致令人满意的效果，那么它们就不大可能实现预期的结果。第三，可以根据学生的准备状态检核一下所提出的学习经验，例如，这些学习经验是否要求学生作出他们尚未作好准备或无法从事的行动？这些学习经验是否与学生的某些成见或心理定势完全相反？最后，可以检核一下这些学习经验在操作上的经济性，例如，这些学习经验是有助于达到多种目标，还是只顾及一两个目标？在根据这些一般准则检核了学习经验之后，最好还要用某些更具体的特征来检核它们。这些更具体的特征，是从达到各种不同类型的目标所需的学习经验的一般性特征中引申出来的。如果对经验的这种尝试性阐述完满地符合了这些准则，那么，看来我们是在编制一份很有希望的计划了。如果有些准则没有很好地得到满足，那么，为了使学习经验更有效，就有修正的必要。如果学习经验大部分与这些准则不相符合，那就应该放弃这些暂定的学习经验，重新编制其他的学习经验。如果采用这种方式，选择学习经验的过程便能为富有创造性的建议提供机会，然后可以根据适当的准则仔细检核它们。这样做的结果，便是在为教学计划制定明确方案之前，既提供艺术创造又提供慎重评价的机会。

选自：泰勒著，施良方译．课程与教学的基本原理．北京：人民教育出版社，1994

思想评介

泰勒及其课程与教学思想

一、引言

泰勒（1902～1994）于20世纪30年代和40年代分别提出两条基本原理：一条是评价活动的原理，以《成绩测验的编制》为书名，于1934年首次发表①；另一条是课程编制的原理，1949年以《课程与教学的基本原理》为书名公开出版②。前者使他被称为当代教育评价之父③；后者则被视为现代课程研究的范式④，并使他被誉为现代课程理论之父⑤。

正如泰勒本人在80年代回顾时所说的："这两条原理都是作为特定环境条件下的产物而形成的"⑥。1929～1933年，席卷美国、波及全球的经济大萧条，以一种不可抗拒的力量对学校教育提出了挑战：一方面，失业率剧增，致使大多数中学毕业生无法找到工作；另一方面，少数进入大学的学生中又有相当多一部分人在读了一年之后就退学了。因此，如何改进学校的课程与教学，以缓和日趋激化的社会矛盾，成了当时美国教育界亟待解决的问题。

为了寻找帮助学校教育走出绝境的途径，美国"进步教育协会"（Progressive Education Association，PEA）率先发起了一项著名的"八年研究（Eight-year Study）"。参与这项实验研究的，除了专业研究人员外，还有横贯美国的300所大学、学院和选择出来的30所中学。"八年研究"不仅对美国大学入学要求和中学课程产生了深远的影响，同时由于它指出了教育目标、课程设计和评价过程之间

---

① Tyler，R. W.，*Constructing Achierement Test*，1934. "评价原理"可概括为7个步骤或阶段：（1）确定教育计划的目标；（2）根据行为和内容来界说每一个目标；（3）确定使用目标的情境；（4）设计呈现情境的方式；（5）设计获取记录的方式；（6）确定评定时使用的计分单位；（7）设计获取代表性样本的手段

② Tyler，R. W.，*Basic Principles of Curriculum and Instruction*，1949.（黄炳煌译. 课程与教学的基本原理. 台湾桂冠图书公司，1981. 又施良方译，瞿葆奎校. 课程与教学的基本原理. 北京：人民教育出版社，1994）。"课程原理"可简述成4个步骤或阶段：（1）确定教育目标；（2）选择学习经验；（3）组织学习经验；（4）评价结果

③ Husén，T. et al. （Eds.），*The International Encyclopedia of Education*，Vol. 3，1985，p. 1747

④ Tanner，D. & Tanner，L. N.，*Curriculum Development*：*Theory into Practice*，2nd ed.，1980，p. 90

⑤ 黄炳煌. 课程理论之基础. 台湾：文景出版社，1985. 2

⑥ Tyler，R. W.，A Rationale for Program Evaluation. In Madaus，G. F. et al.（Eds.），*Evaluation Models*，1983，p. 67（施良方译. 计划评价的基本原理. 课程与教学的基本原理（附录）. 北京：人民教育出版社，1994. 152）

存在着密切的联系，既孕育了教育评价领域，又为现代课程理论奠定了基础。而泰勒的主要贡献正是在这两个方面。

泰勒的评价原理和课程原理是相互依存的，其中每一条原理都被称为“泰勒原理（Tyler Rationale）”。本文主要探讨泰勒的《课程与教学的基本原理》，或简称“课程原理”。

《课程与教学的基本原理》一书的影响，从瑞典学者胡森（Husén，T.）等人主编的《国际教育百科全书》的评论中可略见一斑：“泰勒的课程基本原理已经对整个世界的课程专家产生影响……不管人们是否赞同‘泰勒原理’，不管人们持什么样的哲学观点，如果不探讨泰勒提出的4个基本问题，就不可能全面地探讨课程问题。”① 正因为如此，有人把这本书看作是“达到了课程编制纪元的顶点”②；看作是“课程研究的范式”③。

二、理论背景与实践背景

泰勒《课程与教学的基本原理》是特定时代的产物。一方面，泰勒从20世纪上半叶的哲学家和心理学家杜威、桑戴克（Thorndike，E. L.）、贾德和波特（Bode，B. H.）等人的学说中寻找理论依据，从现代课程理论先驱博比特（Bobbitt，F.）和查特斯的研究成果中继承有用部分；另一方面，泰勒积极从事课程实践活动，尤其是投身于“八年研究”，从实践中汲取充分的养料。所以，泰勒的“课程原理”有它的理论背景和实践背景。

（一）理论背景

1918年，出版了第一本专门论述课程的书，那就是博比特的《课程》④。人们一般认为它标志着课程作为专门研究领域的诞生⑤。

---

① Husén，T. et al. （Eds.），*The International Encyclopedia of Education*，Vol. 2，1985，p. 1142

② McNeil，J. D.，*Curriculum：A Comprehensive Introduction*，4th ed.，1990，p. 388

③ Mitzel，H. E.（Ed.）*Encyclopedia of Educational Research*，5th ed.，1982，p. 423

④ Bobbitt，F.，*The Curriculum*，1918. 张师竹译. 课程. 现代教育名著. 商务印书馆，1928

⑤ Zais，R. S.，*Curriculum：Principles and Foundations*，1976，p. 5

同时，全国教育协会（NEA）的“中等教育改组委员会”编著了《中等教育的主要原理》①，从而拉开了美国20年代课程改革运动的序幕。

美国20年代课程改革运动的起因，在很大程度上是由于当时教育界人士和学生家长普遍认为：学校教育与当代生活不相干，因而没有实效②。课程改革者几乎一致反对学校教育中与形式训练说有关的一切做法③。他们认为，课程应该与当今事务有直接联系，应以功利为价值取向。因此，他们把泰罗（Taylor，F.）在20世纪初提出的“科学管理原理（principles of scientific managemen）”视为一种理想的模式。

泰罗的口号是“效率（efficiency）”。他强调“彻底的实际效用”。在科学管理原理中，“生产率（Productivity）”是一个核心概念；个体仅仅是整个生产系统中的一个要素。它的基本假设是：人是受经济利益驱动的；是一种可供操纵的生产工具。因此，若要提高生产率，就须用科学的原理来管理，即要分析工人的“特殊能力和限制条件，以便使每个工人都处于自己最高效率和最大生产能力的状态。”④

一些教育界人士对工厂企业的科学化管理运动，很快就作出反应。他们竞相仿效，并把这种“科学”方法运用于学校管理。所以，有人把这一时期称为“学校督导从教育者转变成经理的时期”⑤。

效率运动不仅影响到学校管理，而且对课程理论也产生了深远影响。在效率运动的早期拥护者中，就有后来成为课程改革的学者

① National Education Association，Commission on the Reorganization of Secondary Education，*The Cardinal Principles of Secondary Education*，1918

② Pinar，W.（Ed.），*Curriculum Theorizing*：*The Reconceptualists*，1975，p. 40

③ 瞿葆奎，施良方．“形式教育”与“实质教育”（上）．上海：华东师范大学学报．1988（1）

④ Taylor，F. W.，*The Principles of Scientific Management*，1911，p. 43

⑤ Callahan，R. E.，*Education and the Cult of Efficiency*：*A study of the Soeial Forces That Have Shaped the Administration of the Public Schools*，1962，p. 148

博比特。事实上，现代课程领域的范围和研究导向，最早主要是由博比特确定的。

博比特后来在谈及自己的经历时说，引起他从事课程研究的原因，不只是为了学术研究，“而是由于感到这是一种社会需要”①。正是由于上述这种“社会需要”，促成博比特的早期著作实质上遵循这样一条主线：把工业科学管理的原则运用于学校教育②，继而又把它推衍到课程领域本身③。这样，美国课程理论从一开始就依据这样的隐喻：学生是“原料”，是学校这架“机器”加工的对象。难怪后人称其为“学校工厂”（school-factory）。随后，博比特又把企业成本会计原理应用于学校的教学科目中。这样，学校课程的核心——学科——也围绕“效率”这个轨道运转④。“效率等于同科学”，这就是当时一些课程理论工作者的看法。

在现代课程理论史上博比特的第一部专著《课程》中，将上述观点加以系统化和理论化。他认为：“教育实质上是一种显露人的潜在能力的过程，它与社会条件有着特殊的联系。”由于教育是要使学生为完美的成人生活作准备，因此，“我们首先应该根据对社

---

① 麦克尼尔著，施良方等译．课程导论．沈阳：辽宁教育出版社，1990．353

② 博比特在1912年的《消除教育中的浪费》一文中说，科学管理的4条原则是：(1) 要在所允许的全部时间里使用所有的设施；(2) 通过最大限度地发挥工作人员的效率，尽可能减少人员；(3) 消除浪费；(4) 把科学管理的一般原则应用于教育理论本身。这意味着：要根据不同学生的能力来进行教育，即要求课程内容多样化，以满足社区中每一类个体的需要；训练和学习的过程要有灵活性，使每一个人都能正好获得自己所需要的东西（Bobbitt，The Elimination of Waste in Education．*The Elementory School Teacher*，Vol．12，No．6，Feb．1912）

③ 博比特在1913年《把管理的某些一般原理应用于城市学校系统》一文中认为：三年级数学教师应该教会学生每分钟做对26道加法题；四年级教师要教会学生每分钟做对34道加法题。如果教师不能使学生达到这个标准数，就说明教师没有完成任务，其失职的程度与学生少做几道题成正比。同样，教师也没有责任教学生超出这些标准数（Bobbitt，Some General Principles of Management Applied to the Problems of City-School Systems，*Twelfth Yearbook of the National Society for the Study of Education*，Part 1，1913）

④ 博比特在1915年《高中成本》一文中提及：他以学生每1000小时的学习时间为成本单位。在他所取的25所中学样本中，数学教学的成本为30～196美元；拉丁语教学成本比数学成本平均高20%（Bobbitt，High School．Costs，*The School Review*，Vol．23，No．8，1915）

会需要的研究来确定目标"[①]。他指出，学习经验是达到目标的手段。为了使课程科学化，"我们必须使教育目标具体化"[②]。因为"科学的时代要求精确性和具体性"[③]。相应地，强调教育目标的具体化（particularization）和标准化（standardization），成了20世纪20年代初课程科学化运动的一个重要标志。

在博比特看来，课程是通过对人类活动的分析而被逐渐发现的东西，所以，"课程发现者首先是对人性和人类事务的分析者"，即要发现当代人类社会所需要的特定的"能力、态度、习惯、鉴赏力和知识的形式"[④]。这种把人的活动分析成具体的和特定的行为单位的方法，即著名的"活动分析法（activity analysis）"。

根据博比特《怎样编制课程》一书[⑤]，可以把课程编制过程归纳成以下几个步骤：

（1）对人类经验的分析。即把广泛的人类经验划分成一些主要的领域。通过对整个人类经验领域的审视，了解学校教育经验与其他经验的联系。

（2）工作分析。即把人类经验的主要领域再进一步分析成一些更为具体的活动，以便一一列举需要从事哪些活动。

（3）推导出目标。目标是对进行各种具体活动所需要的能力的陈述，同时也旨在帮助课程编制者确定要达到哪些具体的教育结果（博比特在《怎样编制课程》中，曾例举了人类经验的10个领域中的800多个目标）。

（4）选择目标。即要从上述步骤得出的众多目标中选择与学校教育相关的、且能达到的目标，以此作为教育计划的基础和行动纲领。

---

① Bobbitt，F.，The Curriculum，pp. 43

② Bobbitt，F.，The Curriculum，pp. 283

③ Bobbitt，F.，The Objectiver of Secondary Education，The School Review，Vol. 28，No. 10，Dec. 1920

④ Bobbitt，F.，The Curriculum，p. 43

⑤ Bobbitt，F.，*How to Make a Curriculum*，1924. 容子熊译. 课程编制. 商务印书馆，1943

(5) 制定详细计划。即要设计为达到教育目标而提供的各种活动、经验和机会①。

进入20世纪20年代后，以博比特为首的课程改革运动增加了一位极有影响的课程研究领导者——查特斯。同博比特一样，查特斯也把确定人类活动的基本单位作为课程编制过程的第一步骤。在他看来，由于当时人们对学校里传授不实用的内容日益不满，因此，当务之急是用活动分析法来消除课程中的无用之物。

查特斯认为，课程工作者的首要任务"是要发现人们必须做些什么，然后向他们展示如何去做"②。活动分析在这里采取了另一种形式。他注重考查学生在学习过程中容易出差错的地方，以便所选择的课程内容能够克服或纠正它们。所以，在他看来，"编制课程的目的是要克服达到目标时所遇到的困难，而不是要达到目标"。(着重号是原作者加的)③ 由于学生在学习中所犯的错误和所遇到的困难，"在决定课程与教学的重点应放在哪里时起重要作用"，因此，他主张采用错误分析法（analysis of errors）或困难分析法（difficulty analysis)④。

此外，查特斯主张应该把理想作为课程内容的一个重要组成部分，这是不同于博比特的。因为理想不是从对人类活动的分析中提炼出来的。查特斯认为："教育不仅要向年轻人展示怎样控制目标，而且也要向他们展示应该如何去控制它们。"每个教育工作者都希望把理想注入到学生的生活中去，这就需要了解适用于理想的各种活动，并要分析选择出来的理想在学生活动中运用的情况。因此，"课程是由理想和活动这两者构成的。"⑤

简言之，查特斯课程编制模式是："首先必须制定目标，然后选择课程内容，在选择过程中，必须始终根据目标对课程内容进行

---

① McNeil, J. D., *Curriculum: A Couprehensive Introduction*, 4th ed., pp. 381～383

② Charters, W. W., *Curriculum for Women*, University of Illinois Bulletin, Vol. 23, No. 27, March 8, 1926.

③ Charters, W. W., *Curriculum Construction*, 1923, pp. 80

④ Charters, W. W., *Curriculum Construction*, 1923, pp. 82

⑤ Charters, W. W., *Curriculum Construction*, 1923, pp. 75

评价。”① 查特斯把课程编制过程归纳为以下7个步骤：

(1) 通过研究社会背景中的人类生活，确定教育的主要目标。

(2) 把这些目标分析成各种理想和活动，然后再继续把它们分析成教学工作单元 (working units) 的层次。

(3) 按其重要性的程度加以排列。

(4) 把对儿童有很大价值、但对成人价值不大的理想和活动，提到较高的位置。

(5) 删除在校外能学得更好的内容，然后确定在学校教育期间能够完成的最重要的内容。

(6) 收集处理这些理想和活动的最佳做法。

(7) 根据儿童心理特征安排内容，以便用一种适当的教学顺序获得它们②。

如美国课程论专家麦克尼尔所概括的：博比特与查特斯作为课程科学化运动的代表，提出了下列课程思想和范围：课程是一种过程；如果遵循这一过程，就会产生一种进化课程。课程编制过程本身就是一个研究领域。目的 (或者说理想)、目标和活动之间的关系，是课程所关注的问题。目的的选择是一个规范性的过程，而目标和活动的选择则是一种实验性和科学性的过程。目标和活动是从属于科学分析和验证的。知识与生活实际需要之间的联系，是课程研究者要解决的一个核心问题③。

到了20世纪20年代中期，美国几乎所有学校都在尝试修订课程。但是，这场以教育目标具体化、标准化为特征的课程科学化运动，虽说孕育了博比特和查特斯以教育目标为中心的课程编制模式，但在实践中遇到了一个很实际的问题：事实上，当时的教育目标通常是由州教育厅确定的，教师只有对活动作出选择的机会。所以，当时有人批评说：“目前绝大多数课程编制都是很肤浅、很轻率的”，用所谓的科学原理来“制定课程是荒唐的，这就像邀请一

① Charters, W. W., *Curriculum Construction*, 1923, 84

② Charters, W. W., *Curriculum Construction*, 1923, p. 102

③ McNeil, J. D., *Curriculum: A Conprehensive Introduction*, 4th ed., p. 384

批从事实际工作的电工去重新设计一座现代化电厂一样可笑”①。

就是在20世纪20年代初期，也有人对这种科学化持不同意见。当时哈佛大学名誉校长、1893年十人委员会（Committee of Ten）的著名报告的主要设计者埃利奥特（Eliot，C. W.），以89岁高龄，写信给《纽约时报》。他指出，尽管工人动作的标准化可能会导致生产率提高，但是，“不可避免的结果是破坏工人的利益”。他认为，教育目标标准化在教育中也具有同样的结果，而且更有过之，它是与真正的教育过程相悖的。“真正的教育目的是使个体的能力得到最大限度的发展，不仅是在童年期、青春期，而且在整个人生中都得到发展。在劳动、学习和家庭生活方式中固定的标准，是人的身、心和精神充分发展的敌人。”②

20年代后期，“全国教育研究学会（NSSE）”对课程研究领域进行了大规模的回顾与前瞻，并编撰了第26《年鉴》③。当时委员会的主席是拉格（Rugg，H.），成员包括巴格莱（Bagley，W. C.）、博比特、查特斯、康茨、贾德、克伯屈（Kilpatrick，W. H.）等有影响的教育学家。拉格在该《年鉴》的“前言”中指出：课程工作者毫无批判地致力于各种方案和运动——吸收当前的各种方式，最后又像当初采用它们时一样，不假思索地把它们抛弃了。这种做法是极为有害的。而美国教育这架“机器”中的许多部分，在以往半个世纪中实际上就是这样发展而来的④。

拉格在总结课程发展史上的经验和教训的基础上，提出了课程编制过程的3项任务，或者说3个阶段：

（1）确定基本的目标。

---

① Whipple，G. M.，*What Price Curriculum Making*，School and Society，Vol. 31，March 15，1930

② Eliot，C. W.，*Letters to The New York Time*，Vol. 72，No. 23946，Aug. 7，1923

③ 该《年鉴》以《课程编制的基础与方法（The Foundations and Technique of Curriculum Making）》为书名（1927），共分2篇。第一篇是《课程编制：过去与现在（Curriculum-Making：Past and Present）》；第二篇是《课程编制的基础（The Foundations of Curriculum-Making）》

④ Curriculum-Making：Past and Present，p. x

（2）选择活动和其他教学材料。

（3）发现最有效的教材组织方式①。

泰勒在1971年提到：他在“八年研究”中形成的课程原理，与拉格的构思是很相似的。但他自己对这3个方面做了系统化、理论化的工作，并增添了评价阶段，“把评价的结果作为不断修订课程的基础”②。

（二）实践背景

如前所述，在20年代后半期，这场“以效率为学校教育的理想，以课程科学化为目标”的运动开始走下坡路。紧接着，从1929年开始的经济大萧条，又对学校课程提出了新的挑战。

经济大萧条给美国经济以沉重打击，生产力水平急剧下降，工人失业率骤增，劳动力市场上难有中学毕业生的一席之地。据统计，在1930年，成年人中有25%失业，而青少年几乎100%无法找到工作③。这样，大批青少年在就业无门的情况下，无可奈何地又回到学校注册。据统计，在1910年，美国14～17岁年龄组中只有不到17%的人读高中，而到了1930年，这个年龄组中则有51%升入高中④。许多学生进入高中，主要是为了避免在社会上闲荡，他们并不打算将来升大学。而在事实上，当时美国几乎所有高中的课程都是为升入大学做准备的，尽管实际上只有1/6的高中毕业生能够进大学深造。

1930年，“进步教育协会”在年会上决定，要从根本上对美国中学的课程进行尝试性的改革研究。他们认为，高中把重点放在为升入大学做准备，就不可能为大多数学生提供有意义的教育经验。

---

① Curriculum-Making：Past and Present，p. x.

② Tyler，R. W.，Curriculum Development in the Twenties and Thirties. In NSSE Seventieth Yearbook，1971，Part 1—The *Curriculum*：*Retrospect and Prospect*，p. 31

③ Tyler，R. W.，Reflecting on the Eight－Year Study，*Journal of Thought*，Vol. 21，No. 1，1986，p. 15

④ 据 Connell，W. F.，*A History of Education in the Twentieth Century World*（1980）的统计，在1930—1940年的10年中，14～17岁中学生在学率由28%猛增到52%（见赵祥麟主编. 外国现代教育史. 上海：华东师范大学出版社，1987. 280）

虽然在那次年会上，与会者对如何改进中等教育提供了一整套设想，但是他们也意识到，大多数中学不愿意冒险地进行课程改革，担心这样会偏离大学入学所规定的要求，从而影响少数学生入大学的机会，进而影响学校的声誉。尽管当时美国综合中学的办学宗旨，是要使学生为适应社会生活和升入大学这两方面做好准备。

为了消除中学领导、教师、家长和学生的顾虑，“进步教育协会”在 1931 年任命了一个“学校与学院关系协调委员会(CRSC)”，目的是考察使中学与大学更好地合作与衔接的途径。具体说来，就是如何使高中有更多的机会自由地修订课程，同时又不影响部分学生入大学的可能性。这个委员会共有 26 个成员，由一些中学和大学的领导组成。他们一起工作了 2 年以后报告说：有近 300 所大学和学院愿意参加这方面的合作研究，并同意从 1936 年开始，连续 5 年接纳实验的中学的学生入学。这些大学和学院对参加实验的中学毕业生不进行入学考试，而是根据实验的学校校长的推荐和学校的成绩记录。

1933 年秋，“进步教育协会”精心选择出来的 30 所参加这项实验研究的高中，开始招收实验班学生入学。这些学校有公立的，也有私立的；学校规模、地理位置、财政来源和办学条件等各不一样；而且学生的来源及毕业后的出路也各不相同。但作为实验学校，它们当时的目标是共同的：（1）致力于帮助学生适应社会生活；(2) 编制一套更统一、更连贯的课程①。

为了帮助和指导这 30 所中学的实验研究工作，“进步教育协会”成立了各种委员会和分支委员会。但大家公认，在所有这些委员会中，由泰勒领导的评价委员会的工作最有起色②。泰勒提出的评价基本原理，为实验中学测量目标成就（包括传递社会态度、培养思维方式等）的需要提供了帮助。在泰勒看来，评价必须建立在清晰地陈述目标的基础上，而且是课程编制过程中的一个不可或缺的环节。

---

①② Husén, T. et al. (Eds.), *The International Encyclopedia of Education*, Vol. 3, 1985, p. 1646, 1647.

那么，这项历时8年（1934～1942年）[①]、横跨美国大陆的数百所学校、耗资百万[②]的研究，其结果如何呢？以泰勒为首的测量评价专家小组，对从30所实验高中毕业后入大学的1 475名学生，与具有类似背景和能力的、从其他中学毕业后入大学的1 475名学生作了配对比较。每一对学生在性别、年龄、种族、学业能力倾向、家庭和社区环境、职业兴趣和其他嗜好等方面尽可能相似。通过对照比较后发现："来自30所实验高中的毕业生：(1) 总的平均分略高一些；(2) 在大学4个年级中每一年接受的学术荣誉略多些；(3) 具有更强的理智好奇心和动机；(4) 在思维方面表现得更精密、更系统、更客观；(5) 对教育的意义有更清晰的看法；(6) 在遇到新情境时，显示出更强的应变能力；(7) 在遇到同样的问题时，提出的解决办法更有效；(8) 常常更多地参加有组织的学生团体；(9) 获得非学术性荣誉更多些；(10) 对职业选择有更好的定向；(11) 更积极地关注全国和全世界的事务。"[③]

"八年研究"不仅对美国学校教育的实践产生了重大影响，而且引起了教育理论界的思考。例如，当时哥伦比亚大学师范学院院长霍克斯（Hawkes，H. Z.）就曾说过："看来，不那么注重传统的中等学校教育培养出来的学生，在进入大学后，比以往送来的学生能更好地理解人文学科方面的材料。"[④]

泰勒认为，他作为"八年研究"评价组主任，对这项研究的结果"最有发言权"[⑤]。他认为，从现在回顾的角度来看，"八年研

---

① 泰勒多次反复强调："这项研究的确切时间是在1934—1942年期间"（Tyler，R. W.，New Dimensions in Curriculum Development，*Phi Delta Kappan*，Sep. 1966）。而美国教育史学家克雷明（Cremin，L. A.）在《学校的变迁 *The Transformation of the School*》(1961) 一书中则认为，"八年研究"的时间是1932年至1940年（英文版，第253页；中文译本见单中惠、马晓斌译. 学校的变革. 上海：上海教育出版社，1994. 282.

② 一些基金会从1933年起先后提供了160多万美元的资助（见 Cremin，L. A.，*The Transformation of the School*，p. 257；中译本，第286页.

③ Chamberlin，D. et. al.，*Did They Succeed in College*？1942，pp. 207～208

④ Aikin，M.，*The Story of the Eight－Year Study*，1942，p. 150

⑤ Tyler，R. W. The Five Most Significant Curriculum Events in the Twentieth Century，*Educational Leadership*，Dec. 1986/Jan. 1987（施良方译. 20世纪五项最有意义的课程事件. 课程与教学的基本原理（附录）. 北京：人民教育出版社，1994. 145～151.

究”的主要结果是：

第一，现在人们广泛接受了这样的观念：学校可以编制既满足大多数学生的兴趣和需要，又为学生进大学后获得成功经验作好准备的教育计划。许多大学对中学课程的特殊要求因此也大大减少了。

第二，大学和学院认识到，在没有达到特定科目要求的中学毕业生中，在大学期间取得成功的不乏其人。这就使另一种入学考试（如学习能力倾向测验）得到了广泛应用。这种考试不是测验具体的内容，而是评定一般的能力。

第三，使在职研讨班得到了发展。这种研讨班是在“八年研究”期间发明的，目的是为教师编制教学计划和教材、掌握新知识和新技能提供帮助。这种方式，现在已被公认为是许多领域对专业人员进行继续教育的有效手段。

第四，人们普遍接受用教育评价来替代测验。“八年研究”提醒教育工作者，教师在教一门课时，通常都寻求达到若干个教育目标，单凭一个测验分数是不能客观地概括教学结果的。通过使用问卷、观察、产品样本和测验，都可以评定学生在每个主要目标上进展的情况。这已成了一种普遍的评价观①。

总而言之，“八年研究”的实验及其示范，对美国乃至整个西方世界的课程与教学活动产生了深刻的影响。“八年研究作为进步主义教育运动的一翼，反映了30年代美国社会普遍存在的对传统教育的‘信任危机’和统治阶级急于推行教育改革来创造一种社会改良气氛的迫切心情。”②

令人遗憾的是，关于“八年研究”的系列总结报告是在1942

---

① Tyler, R. W. The Five Most Significant Curriculum Events in the Twentieth Century, *Educational Leadership*, Dec. 1986/Jan. 1987（施良方译. 20世纪五项最有意义的课程事件. 课程与教学的基本原理（附录）. 北京：人民教育出版社，1994. 145～151）

② 赵祥麟主编. 外国现代教育史. 上海：华东师范大学出版社，1987. 283～284

年发表的[①]，当时正值第二次世界大战爆发之际，因此没有得到应有的注意，从而没有产生轰动的效应。但它已作为一项经典性研究载入教育史册。它不仅对美国大学入学要求和中学课程产生了深远的影响，而且还孕育了教育评价这个新领域。此外，由于在实践的基础上提出了目标制定、课程设计和评价过程之间密切的联系，从而为现代课程原理奠定了基础。

当泰勒在1986年回顾自己教育思想的形成和发展时承认："八年研究"对他的影响最大[②]。事实上，泰勒的评价原理最初是在1929~1934年期间，"为帮助俄亥俄州立大学教师改进本科生学程这一特定目的而构想、制定的"[③]。后来他任"八年研究"评价组主任后，发现它具有普遍的效用，因而撰文立说，使其理论化、系统化，并用于指导实验学校的评价工作。而泰勒的课程原理则是在"八年研究"的实践过程中形成、并用于指导实践的。

值得一提的是，被誉为现代课程领域最有影响的理论构架——泰勒的《课程与教学的基本原理》，最初是诞生在"八年研究"会议期间一次午餐的餐巾纸上的！据泰勒的回忆，在1936年的一次会议上，30所实验学校校长普遍反映，评价组对他们的指导和帮助比课程组更大些，因为泰勒制定的评价原理在实践中起了指导的作用，而课程组则没有提供类似的原理。就在那次会议上，当泰勒

---

① "八年研究"系列报告的总题目是《美国教育的冒险性尝试》（Adventure in American Education)。其中包括：Giles，H. H. et al.，*Exploring the Curriculum*，主题是对30所学校的实验工作进行概述；Smith，E. R.，et al.，*Appraising and Recording Student Progress*，主要论及30所学校的评价和记录的情况；Chamberlin，D. et al.，*Did They Succed in College*?，主要是对来自30所实验学校的毕业生在大学期间进行追踪研究，其研究结果是通过与其他中学毕业的大学生进行对照比较后得出的；*Thirty Schools Tell Theitr Story*，这本书由30所实验学校分别提供的报告组成。此外，还有许多单篇的或专题性的报告（参见Cremin，L. A. *The Transformation of the School*，*pp*. 253~254页；中译本，第283页）。

② Schubert，W. & Schubert，A. L. L.，Ralph W. Tyler in Review，*Journal of Thought*，Vol. 21，No. 1，1986

③ Tyler，R. W.，A Rationale for Program Evaluation. In Madaus，G. F. et al. (Ed.)，*Evaluation Models*，p. 70，1983（施良方译. 计划评价的基本原理. 课程与教学的基本原理（附录）. 北京：人民教育出版社，1994. 156）

与塔巴共进午餐时，泰勒突然萌发了课程原理。他在餐巾纸上向塔巴勾勒了这个原理的概图。午餐后，他把这张餐巾纸给这些实验学校的校长们看，他们看了后都说："这正是我们所需要的！"① 以后，又是在泰勒的学生和助手塔巴的鼓动下，泰勒把它整理后，以《课程与教学的基本原理》为名，作为在芝加哥大学暑期研讨班的讲授纲要，最后于 1949 年由芝加哥大学出版社正式出版。

三、课程与教学的基本原理

泰勒的课程与教学的基本原理是围绕着 4 个中心问题运转的。他认为，如果我们要从事课程编制活动的话，就必须回答这些问题：

(1) 学校应该达到哪些教育目标？

(2) 提供哪些教育经验才能实现这些目标？

(3) 怎样才能有效地组织这些教育经验？

(4) 我们怎样才能确定这些目标正在得到实现？②

泰勒并不试图直接回答这些问题，因为具体的答案是因学校性质、教育阶段的不同而有所差异的。他只是想提出研究这些问题的方法和程序。在他看来，这本身就构成了考察课程与教学问题的基本原理。

我们可以把这 4 个问题看作是课程编制过程的 4个步骤或阶段：(1) 确定目标；(2) 选择经验；(3) 组织经验；(4) 评价结果。泰勒原理实质上就是对这些步骤的进一步阐释。其中，确定目标是最为关键的一步，因为其他所有步骤都是围绕或紧随目标陈述的。所以，泰勒用了全书将近一半的篇幅来论述如何确定目标。在泰勒看来，"我们如果要系统地、理智地研究某一教育计划，首先

---

① Schubert, W. & Schubert, A. L. L., Ralph W. Tyler in Review, *Journal of Thought*, Vol. 21, No. 1, Spring 1986

② Tyler, R. W., *Basic Principles of Curriculum and Instruction*, p. 1, 1949（施良方译. 课程与教学的基本原理. 北京：人民教育出版社，1994. 2）

必须确定所要达到的各种教育目标。”①

（一）确定教育目标

泰勒认为，学校领导和教师与其说是制定目标，还不如说是选择目标。而要对教育目标的抉择作出明智的判断，必须有来自3个方面的信息：（1）对学生的研究；（2）对当代社会生活的研究；（3）学科专家的建议。任何单一的信息都不足以为明智地选择教育目标提供基础。由于学校教育的时间、能量有限，因此要把精力集中在少量非常重要的目标上，这就要对选择出来的大量目标进行筛选或过滤，剔除不很重要或互相矛盾的目标。泰勒建议，用教育哲学和学习理论作为两个筛子，对已选择出来的目标进行筛选。所以，我们可以把泰勒确定教育目标的过程用下图来表示②：

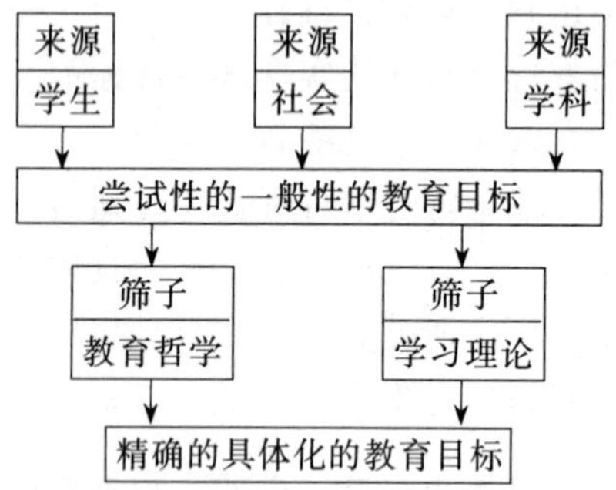

图1　泰勒确定教育目标过程图

来源1——对学生的研究

泰勒指出：“教育是一种改变人的行为方式的过程。”③ 有人因此而不得不遗憾地把泰勒归入行为主义者之列④。虽说泰勒的“教

---

① Tyler，R. W.，*Basic Principles of Curriclum and Instruction*，p. 1（施良方译．课程与教学的基本原理（附录）．北京：人民教育出版社．1994. 1）

② 参见 Popham，W. J. & Baker，E. L.，*Establishing Inatructional Goals*. 1970，pp. 81 ~ 100

③ Tyler，R. W.，*Basic Principles of Curriculum and Instruction*pp. 5 ~ 6，6（施良方译．课程与教学的基本原理（附录）．北京：人民教育出版社．1994. 3）

④ Tanner，D. & Tanner，L. N.，*Curriculum Development*：*Theory into Practice*，2nd ed.，p. 91

育”界说带有行为主义的色彩，但他对“行为”的解释与众不同，它既包括外显行为，也包括“思维”和“情感”等行为主义者不屑一顾的内隐行为。而且，泰勒在阐述课程原理时揭示的教育概念远比这个定义更精致、更完整。事实上，教育目标是指学校“寻求使它的学生发生的各种行为变化”。①

泰勒认为，我们只需把有关学生目前的状况与理想的常模加以比较，确认其中存在的差距，就可以发现教育上的需要，从而提示出教育目标。因为教师的一项职能，就是要开辟各种渠道来满足这些要求，即以一种对个人和社会都有意义的方式，帮助学生满足这些需要。

这里值得指出的是，泰勒显然是受杜威的影响。他在从事“八年研究”的评价工作时，经常征询杜威的意见②。像杜威一样，泰勒强调教育是一种主动的过程，是学生自身积极投入的过程。所以，学校应该为学生提供各种活动的机会，让他们积极参与其中，专心处理他们所关注的事情，尤其是要学会如何有效地从事这类活动。

来源2——对当代社会生活的研究

工业革命促进了科学技术的迅猛发展，学校要在课程中包容所有有用的知识、技能已不再可能，因此，根据对社会生活的意义来选择知识、技能就摆到议事日程上来了。泰勒认为，由于社会生活千变万化，因而学校就有必要把精力放在当代社会生活中最重要的方面，不要让学生去学习在50年前重要的、但现在已不再有意义的内容。

把对社会生活的研究作为制定目标的基础，常常会遭到各种批评，因为社会上许多人从事的活动，并不能证明这些活动的合理性，非得在学校里传授，况且大多数成人的活动，可能根本不合学

---

① Tyler，R. W.，*Basic Principles of Curriculum and Instruction* pp. 5～6，6（施良方译．课程与教学的基本原理（附录）．北京：人民教育出版社．1994．3）

② Schubert，W. & Schubert，A. L. L.，Ralph W. Tyler in Review，*Journal of Thought*，Vol. 21. No. 1，Spring 1986

生的兴趣和需要。但泰勒坚持认为，只要我们不把对社会生活的研究结果作为选择目标的唯一的基础，而是把它与其他信息来源结合起来考察，并用大家公认的教育哲学和学习理论加以甄别，就可以避免上述指责。

来源3——学科专家的建议

在泰勒看来，美国大多数学校往往都把学科专家的看法作为教育目标的主要来源，因为教科书通常是由学科专家编写的，而且基本上也反映了他们对学校应该达到哪些教育目标的想法。

泰勒认为，由学科专家提出的教育目标往往太专门化，或在其他方面与学生的需要不合。因为学科专家往往把学生看作是将来要在这个领域从事高深研究的人，而不是把这门学科视作基础教育的一个组成部分。泰勒明确指出，学科专家应考虑的是这门学科对一般公民有何用处，即探讨这门学科的一般教育功能，而不是该学科本身的特殊功能。在这里，泰勒相当详细地探讨了普通教育（general education）与专业教育（specialized education）之间分化的问题。

美国课程论专家坦纳夫妇（Tanner，D. & Tanner，L. N.）在80年代审视泰勒原理时，回顾了美国60年代初期的课程改革运动，认为这场学科中心的课程改革，是以各学科专家之间的“论战”为特征的。每一学科都想在课程中占优势地位。而且，专家们一般都拒绝普通教育的职能，而是把课程设计得好像每一个学生将来都会成为各学科中的专家似的。① 如果从泰勒原理的角度来看，60年代课程改革的风云人物布鲁纳（Bruner，J. S.），后来注意到“深刻的社会力量”对课程的影响②，就早在情理之中了。

筛子1——教育哲学（或办学宗旨）

从上述3个来源中获得的教育目标，是一些暂时性或尝试性的目标。泰勒认为，由于达到教育目标（即改变学生的行为方式）需

---

① Tanner，D. & Tanner，L. N.，*Curriclum Development*：*Theory into Practice*，2nd ed. pp. 86~87

② 布鲁纳著，邵瑞珍译，王承绪校. 教育过程. 布鲁纳教育论著选. 北京：人民教育出版社，1989. 7

要经历一定的时间，因此，我们只能从中选择少量能够达到的、真正重要的目标，而且，各教育目标之间应该高度一致，使学生不至于因相互矛盾的行为方式而感到困惑。那么，学校所信奉的教育哲学可用作过滤教育目标的第一个筛子。

学校的教育哲学或办学宗旨，涉及对美好生活的看法，所持的价值观，以及对社会适应、社会改造和社会分工等问题的态度。例如，倘若学校认为教育的基本职能是顺应社会，那么所选择的教育目标，就会不同于主张社会改造的学校；倘若学校认为社会阶层是合理现象，那么就会为不同类型的学生制定不同的教育目标。

“泰勒原理”并不关注学校应该信奉哪种教育哲学，它要说明的是：教育目标的选择与学校办学宗旨直接相关。不论学校主张哪种教育哲学，都应明确地表述出来，还要对其中蕴涵的教育目标的要点予以说明，以便据此考察所提出的每一个目标。

筛子2——学习理论（或学习心理学）

教育目标是通过学生的学习而得到的结果，因此，除非它们与学生学习的内部条件相一致，否则是没有什么指导作用的。泰勒认为，学习理论方面的知识，一方面可以有助于我们把“可能期望通过学习过程使学生产生的变化”与“不可能期望产生的变化”区别开来；另一方面有助于我们把“在特定年龄阶段可行的目标”与“需要花费很长时间才能达到的目标”区分开来。此外，学习心理学的研究表明，大多数学习经验都会产生多重的结果，各种相互一致的学习可以彼此强化。

最后，当目标确定后，我们还要用一种最有助于选择学习经验和指导教学过程的方式来陈述教育目标。泰勒发现，人们在实践中往往容易犯这样的错误：(1) 把目标作为教师所要做的事情来陈述，但没有陈述期望学生发生什么变化；(2) 列举学程所涉及的各种要素（如课题和概念等），但没有具体说明希望学生如何处理这些要素；(3) 采用概括化的行为方式来陈述目标，但没有具体指明这种行为所能应用的领域。

泰勒说，陈述目标的最有效的形式，是“既指出要使学生养成的那种行为；又言明这种行为能在其中运用的生活领域或内容”。[1]也就是说，每一个教育目标都应该包括行为和内容这两个方面，这样就可以明确指出教育的职责。泰勒强调要清晰地界说目标，因为“教育目标是指导课程编制者所有活动的最为关键的准则”[2]。

如前所述，注重课程目标，强调目标的具体化，这在博比特那里就有详细论述，但在制定课程计划时“广泛使用行为目标这也许主要应归功于泰勒”。[3]

(二) 选择学习经验

教育目标确定之后，面临的问题是要决定提供哪些学习经验，因为只有通过经验，才会产生学习，从而才有可能达到教育目标。这里，泰勒显然受了杜威“从经验中学习”的影响。杜威认为：“思想、观念，不可能以观念的形式从一人传给另一个人……只有当他亲身考虑问题的种种条件，寻求解决问题的方法时，才算真正在思维。”[4]

泰勒联系课程与教学的问题，对此作了进一步阐发。

泰勒认为，“学习经验”并不等同于一门学程所涉及的内容，也不等同于教师所从事的活动，而是指学生与环境中外部条件的相互作用。学习是通过学生的主动行为而发生的；学生的学习取决于他自己做了些什么，而不是教师做了些什么。因此，坐在同一个班上的两个学生，可能会有两种不同的经验。所以，“教育的基本手段是提供的经验，而不是向学生展示的各种事物”[5]。

泰勒强调，学生是一个主动的参与者。学生之所以参与，是因为环境中某些特征吸引他，学生是对这些特征作出反应。他认为这并没有轻视教师的责任，教师的任务是要通过构建情境来“控制学

---

①② Tyler, R. W., *Basic Principles of Curriculum and Instruction*, pp. 46 ~ 47, 62 (施良方译．课程与教学的基本原理．(附录)．北京：人民教育出版社．1994．36)

③ Ebel, R. L., Behavioral Objectives: *A Close Look*, Phi Delta Kappan, Vol. 52. No. 3, Nov. 1970

④ 杜威著，王承绪译．民主主义与教育．北京：人民教育出版社，1990．170

⑤ Tyler, R. W., *Basic Principles of Curriculum and Instruction*, pp. 64, 65 (施良方译．课程与教学的基本原理（附录）．北京：人民教育出版社．1994．50)

习经验”，而且要构建多种多样的情境，以便为每个学生提供有意义的经验。有的人因为泰勒使用的“控制（control）”一词，不适用人类学习而提出批评①。这是可以商榷的。如果从泰勒的全部论述来看，他对学习经验这部分论述，很难说是属行为主义的。

在泰勒看来，选择学习经验的问题，既是一个决定哪些学习经验有可能达到教育目标的问题，也是一个如何构建会在学生内部产生所期望的学习经验的情境的问题。为此，他提出了选择学习经验的5条原则：

（1）为了达到某一目标，学生必须具有使他有机会实践这个目标所隐含的那种行为的经验。

（2）学习经验必须使学生由于实践教育目标所隐含的那种行为而获得满足感。

（3）学习经验所期望的反应，是在有关学生力所能及的范围之内的。

（4）有许多特定的经验可用来达到同样的教育目标。

（5）同样的学习经验往往会产生几种结果②。

泰勒认为，能有效地达到教育目标的学习经验数量众多，特征不一，但可以把注意力放在一些主要特征上，即学习经验是否有助于培养思维技能、有助于获得信息、有助于形成社会态度、有助于培养兴趣。

泰勒强调，我们可以用多种学习经验达到某一目标；同一学习经验也可以用来达到多个目标。因此，设计学习经验的过程，“并不是用一种机械的方法为每一个特定目标制定明确规定的学习经验。相反，它是一种比较富有创造性的过程”③。

---

① Downey，M.，The Psychological Backgroud to Curriculum Planning. In Kelly，A. V.（Ed.），*Curriculum Context*. 1980，pp. 66～67

② Tyler，R. W.，*Basic Principles of Curriculum and Instruction*，pp. 65～68（施良方译. 课程与教学的基本原理（附录）. 北京：人民教育出版社. 1994. 51～53）

③ Tyler，R. W.，*Basic Principles of Curriculum and Instruction*，pp. 81（施良方译. 课程与教学的基本原理（附录）. 北京：人民教育出版社. 1994. 64）

（三）组织学习经验

泰勒认为，教育往往是以一种滴水穿石的方式产生作用的，因为人的行为的一些重大变化，不是在一夜间发生的。为了使学习经验产生累积效应，必须对它们加以组织，使它们起相互强化的作用。

对如何组织学习经验，泰勒提出了3项主要准则：连续性（Continuity）、顺序性（sequence）和整合性（integration）。连续性是指直线式地陈述主要的课程要素；顺序性是强调每一后继经验要以前面的经验为基础，同时又对有关内容加以深入、广泛地展开；整合性是指各种学习经验之间的横向关系，以便于学生获得一种统一的观点，并把自己的行为与所学的课程内容统一起来。

在组织课程内容时，首先必须确定作为课程组织线索的课程要素。泰勒认为，课程要素是指学科的基本概念和技能。要素应该是具有长远影响的内容，而不是具体的事实、习惯或非常具体化的内容。他提请人们注意：不能把这些要素看作是独立的实体，或看作是独立的教学目标。因为，良好的教学总是包括若干要素的综合；同一学习经验也可以同时有助于若干要素。

在确定主要课程要素之后，还须确定把这些要素组织在一起的原则。泰勒说，组织原则可以有许多，“我们所需要的组织原则，应该能够用来作为设计教学计划中拓宽和深化主要课程要素的方方面面的基础”①。他还指出，尽管在许多情况下，一种逻辑组织（即对学科专家有意义的、重要的关系），同时也是一种合适的心理组织（即它可能对学生也有意义的一种体系），但在另一方面，心理程序与逻辑程序并非始终一致，因为学科专家所看到的关系，与对学生本身具有意义的关系之间，有时可能会有很大的差别。这就“需要根据组织原则对学习者心理上的意义来考察它们”②。

泰勒对美国当时学校课程组织结构的实践，作了以下系统的分析和归类。

---

①② Tyler, R. W., *Basic Principles of Curriculum and Instruction*, p. 96（施良方译. 课程与教学的基本原理（附录）. 北京：人民教育出版社. 1994. 77）

在最高层次上，组织结构有：(1) 学科课程（如地理、算术和历史等）；(2) 广域课程（如社会学科、语言艺术和自然科学等）；(3) 核心课程（把广域课程或学科课程结合起来，供普通教育的需要）；(4) 完全未分化的结构（即把整个教学计划作为一个单元来处理）。

在中间层次上，组织结构有：(1) 按顺序组织的课程（如社会学科Ⅰ、社会学科Ⅱ和社会学科Ⅲ）；(2) 以学期或学年为单位的课程（如十年级的古代史、十一年级的欧洲近代史和十二年级的美国史等）。

在最低层次上，组织结构有：(1) 课（指每天的教学单位）；(2) 课题（一个课题可以持续若干天或若干周）；(3) 单元（每个单元一般包括持续若干周的学习经验，而且是围绕一些问题或学生的主要目标加以组织的）。

泰勒认为，上述每一种结构，在不同条件下都可能有其长处和短处。为了起到扬长避短的作用，在组织课程时，一般要采取 3 个步骤：(1) 对课程组织的总体框架取得一致的看法；(2) 对已确定的每一学科领域要遵循的一般组织原则，取得一致的看法；(3) 对采用何种教学单元，取得一致的看法。

(四) 评价结果

在泰勒看来，在前面各个步骤中，从一定的意义上说，已根据一些准则对学习经验作了初步评价，“我们可以把这些步骤看作是评价的中介阶段或初期阶段”①。

评价的目的，泰勒认为，是要较全面地检验学习经验在实际上是否起作用，并指导教师去引起所期望的那种结果。换言之，评价是查明学习经验实际上带来多少预期结果的过程。因此，评价过程实质上是一个确定课程与教学实际达到目标的程度的过程。由于评价涉及获得学生行为变化的证据，所以，获得任何有关教育目标所期望的行为的有效证据，都是一种合适的评价方法。

---

① Tyler, R. W., *Basic Principles of Curriculum and Instruction*, p. 104（施良方译. 课程与教学的基本原理（附录）. 北京：人民教育出版社. 1994. 84）

泰勒反对把评价看作是“纸笔测验（paper - and - pencil test）”的同义词。事实上，像问卷、观察、交谈、样品收集、记录分析等，都可为是否达到教育目标提供证据。

评价过程是从教育目标入手的，因此，目标的定义应该是很清楚的。如果目标还不清楚，那么评价过程的第一步就是要界说目标，以便了解这些目标实际上达到的程度。第二步是要确定评价的情境，以便使学生有机会呈现教育目标所指的那种行为。泰勒认为，只有在完成这两个步骤之后，再考察现有的各种评价手段，以便发现获取有关证据的适当途径。由此可见，除非评价方法与教育目标相切合，否则评价的结果便是无效的。

泰勒还对如何使用评价的结果作了说明。他认为，从评价手段中得出的结果，不应该只是一个单一的分数或单一的描述性术语，而应该是反映学生目前状况的一个剖析图，因为，评价目的之一是要让教师、学生和有关人士了解教学的成效。

简言之，泰勒课程原理包括：确定教育目标、选择学习经验、组织学习经验、评价教学结果这4个方面。泰勒强调，他的原理是为课程研究人员提供一个概貌，在课程编制的实际过程中，不一定要与这里提出的秩序完全一致。

四、泰勒原理的反思与发展

被誉为在现代课程领域最有影响的理论构架——《课程与教学的基本原理》——公开出版已有50年了。泰勒对课程编制提出的4个基本问题及其阐述，对国际上的课程专家都有影响。有的人说：“在1949～1962年期间，所有课程论方面的著作都在隐含地或外显地探讨这4个基本问题。”① 又有人说：“1960～1969年之间的大多数作者认为，课程编制过程中要回答的主要问题，就是泰勒在1950年提出的那些问题……课程的一般理论和概念体系在这些年

---

① Husén, T. et al. (Eds.), *The International Encyclopedia of Education*, Vol. 2, 1985, p. 1142

中没有什么进展。"[①]还有人认为，它"至今还在课程学者中广为讨论，并占据课程领域的中心地位"[②]。

当然，讨论它是一回事，是否赞同它则是另一回事。事实上，在这数十年间，泰勒本人也在不断地"重新思考、变更、修改和澄清我的主张"[③]。尤其是他在60年代初主持"全国教育进展评定"后，他在强调没有理由要改变课程原理所提出的基本问题的同时，也作了一些修正和补充，其中主要包括以下几个方面。

(一) 更加关注学生的能动性

当泰勒在1966年回顾自己的研究后认为，他"思想中变化最大的是对学习者和知识的看法"[④]。泰勒对杜威的观点作了进一步阐发：真正的教育，是在受学生控制的因素与学生无法控制的因素之间保持一种平衡的环境。在他看来，学生无法控制的环境，或一切都受学生支配的环境，都会把教育引向歧途。理想的学习，在于学生能够识别出自己在学习情境中必须顺应的因素，以及可以根据自己的目的予以控制的其他因素。

联系60年代美国课程改革运动，泰勒强调要把学生作为一个积极能动的、有目的的人。在他看来，当时美国大量课程研究项目，通常是由学科专家来确定目标，很少关注学生的兴趣和需要。例如，人们常常采用"教育传递系统"(educational delivery system)这类术语，好像可以把教育传递给学生似的。根据这一思想，泰勒对选择学习经验的5条原则作了修正和补充。他保留了前2条，删除了后3条，另外又新增了8条。这样就形成了选择学习经验的10

---

① Goodlad, J. I., Curriculum: State of the field, *Review of Educational Reserch*, Vol. 39, No. 3, 1969

② Tanner, D. & Tanner, L. N., *Curriculum Development: Theory into Practice*, 2nd ed., p. 84

③ Tyler, R. W., New Dimensions in Curriculum Development, *Phi Delta Kappan*, Sep. 1966 (施良方译. 课程编制的新尺度. 课程与教学的基本原理. (附录). 北京: 人民教育出版社, 1994. 107)

④ Tyler, R. W., New Dimensions in Curriculum Development, *Phi Delta Kappan*, Sep. 1966 (施良方译. 课程编制的新尺度. 课程与教学的基本原理. (附录). 北京: 人民教育出版社, 1994. 109)

条原则：

（1）学生必须具有使他有机会实践目标所蕴涵的那种行为的经验；

（2）学习经验必须使学生由于实践目标所蕴涵的那种行为而获得满足感；

（3）使学生具有积极投入的动机；

（4）使学生看到自己以往反应方式的不当之处，以便激励他去尝试新的反应方式；

（5）学生在尝试学习新行为时，应该得到某种指导；

（6）学生应该有从事这种活动的足够的和适当的材料；

（7）学生应该有时间学习和实践这种行为，直到成为他全部技能中的一部分为止；

（8）学生应该有机会循序渐进地从事大量实践活动，而不只是简单重复；

（9）要为每个学生制定超出他原有水平但又能达到的标准；

（10）使学生在没有教师的情况下也能继续学习，即要让学生掌握判断自己成绩的手段，从而能够知道自己做得如何。①

（二）强调学生的校外学习

泰勒指出，以往的教育和课程理论，往往只重视学生在学校里的学习，忽视了对学生校外学习的研究和利用。因此，他在70年代中期提出了“学习发生在哪里?”的问题②。他认为，学习不仅发生在学校里，而且也发生在家庭里、社会里。许多过去只能在学校里学到的东西，现在通过其他媒体也能学到。例如，据泰勒统计，现在10~14岁儿童每年光是花在看电视上的时间就比在校学习的时间还多③。

---

① Tyler, R. W., New Dimensions in Curriculum Development, *Phi Delta Kappan*, Sep. 1966（施良方译. 课程编制的新尺度. 课程与教学的基本原理（附录）. 北京：人民教育出版社，1994. 111~112）

② Tyler, R. W., Where Learning Happens, *The Education Digest*, May 1975

③ Tyler, R. W., Reconstructing the Total Educational Environment, *Phidelta Kappan* Vol. 51, No. 1, Sep. 1975

此外，现在学生校外建设性地参与学习的机会大大减少了，我们必须充分认识到这种现象在教育上的结果。据统计，在20世纪60年代，美国学龄儿童的母亲只有26%外出工作，而在1974年则达到了51%。这样，学生在校期间通过打短工赚钱来学习的机会就大大减少了。

在泰勒看来，培养学生的目的，是为了使他们将来能建设性地参与社会，并使他们习得必备的知识、技能，以便为社会和个人的完善而充分发挥自己的才能。但学校只能提供学生所需要的部分教育经验。这意味着，对学生具有重要意义的许多教育经验，必须由社会各行各业来提供。学校所能做的，是帮助学生寻找这些机会，并给予适当指导。

泰勒认为，为了应付这一挑战，学校需要通过各种方式与社区其他组织共同协作，以便为年轻人成为建设性的公民提供有效的学习机会。他呼吁重建整个教育环境。

如何改善整个教育系统呢？泰勒认为：第一，要充分利用学校的资源，更加集中关注学生所学内容的价值，帮助学生学会利用这些资源。第二，加强校外课程。学校领导，尤其是课程论专家，应该与社区领导一起重建社区的教育系统。要帮助公众认识到，为了确保他们子女受到合适的教育，需要有一个不仅包括学校在内而且也依赖于校外提供经验的有效的教育系统。应该负责地把社区组织起来，为年轻人提供全面的教育机会。第三，帮助学生应付校外环境。学校可以帮助年轻人掌握评价大众媒介——特别是电视和新闻报道——的技能。鉴于许多年轻人把大部分业余时间用在看电视上，因此，让学生了解电视媒介之价值，培养有关的技能、态度、兴趣和习惯是非常重要的[①]。

所以，泰勒提请课程工作者认识到，学校课程只是指导学生整个学习过程中的一个部分（当然是很重要的部分），课程编制要考

① Tyler, R. W., Two New Emphases in Curriculum Development, *Educational Leadership*, Oct. 1976（施良方译. 课程编制的新尺度. 课程与教学的基本原理（附录）. 北京：人民教育出版社，1994. 123～124）

虑到学生校外的学习经验。

(三) 关于教育目标一般化与具体化的程度问题

泰勒认为，关于教育目标的一般化程度的问题，“也许是目前课程工作者面临的目标方面最为棘手的问题”①。在《课程与教学的基本原理》中，泰勒对桑戴克与贾德的观点作了比较对照：桑戴克把学习视为在特定刺激与特定反应之间形成的联结，从而提出非常具体的目标。他在《算术心理学》中提出了3000多个具体目标。而贾德则把学习看作是形成解决问题的类化（一般）方式，或是对类化刺激作出类化反应的方式。因而他主张用一种比较一般的方式来看待教育目标。当时，泰勒师承其导师贾德的观点，“我倾向于把教育目标看作是要形成一般反应模式，而不是要习得非常具体的习惯”②。

但是，到了20世纪60年代，泰勒的倾向发生了变化。他在对儿童的类化能力进行实际调查时发现，在不提供具体内容的教学情况下，大多数儿童都不可能达到精确的类化水平。这意味着：“目标应该是极为具体的，理由是：儿童不可能学会各种比较一般化的行为。”③ 但是，当泰勒把明确的一般化程度作为目标来进行研究时，例如从20个具体事例中类推出一位数的加法，大多数7岁儿童的学习都是成功的。因此，他认为，教育目标一般化与具体化的程度问题，“是一个需要用实验来解决的问题”④。

到了70年代，泰勒对这方面的论述就比较完整、清楚了。他认

---

① Tyler, R. W., New Dimensions in Curriculum Development, *Phi Delta Kappan*, Sep. 1966（施良方译．课程编制的新尺度．课程与教学的基本原理（附录）．北京：人民教育出版社，1994．110）

② Tyler, R. W., *Basic Principles of Curriculum and Instruction*, p. 43（施良方译．课程与教学的基本原理（附录）．北京：人民教育出版社．1994．33）

③ Tyler, R. W., New Dimensions in Curriculum Development, *Phi Delta Kappan*, Sep. 1966（施良方译．课程编制的新尺度．课程与教学的基本原理（附录）．北京：人民教育出版社，1994．110）

④ Tyler, R. W., New Dimensions in Curriculum Development, *Phi Delta Kappan*, Sep. 1966（施良方译．课程编制的新尺度．课程与教学的基本原理（附录）．北京：人民教育出版社，1994．110）

为，我们的目的是要帮助学生学会一般的行为方式，但这需要通过学生能够恰当处理各种具体事例来表明。“目标应该是清晰的，而不一定是具体的”[①]，换言之，教育目标涉及两个方面：行为和内容；行为方式应该是一般的，而内容则是具体的。这样，学生就能够容易地从一般转入具体，又从具体转入一般；既能识别一般原理的具体例证，又能识别出包括许多具体事例的一般原理。

那么，在确定目标时具体如何做呢？泰勒建议采用施瓦布（Schwab，J. J.）提出的“集体审议程序（the procedure of group deliberation）”[②]，即要考虑到教师、教材专家、课程专家、心理学家、社会学家和人的发展方面的专家提供的建议和判断，以此作为目标的基础。泰勒认为，“这种审议程序也有助于确定把目标定在何种一般化程度上”[③]。

五、泰勒原理的评价

数十年来，“泰勒原理一直被作为课程入门和探索的基本原理”[④]。它“为课程理论领域奠定了基础，这是大家普遍公认的。事实上，它一直被用来指导大多数课程研究的设计”[⑤]。但与此同时，泰勒原理也一直受到来自各方面的批评和修正。对泰勒原理的理论探讨主要集中在以下几个方面。

（一）课程目标的来源及其关系

直到现在，泰勒的论述一直被课程领域的学者广泛讨论着，并

---

① Tyler，R. W.，Specific Approaches to Curriculum Development. In Schaffarzick，J. & Hampson，D. H.（Eds.），*Strategies for Curriculum Development*，1975，P. 26（施良方译. 课程编制的具体方法. 课程与教学的基本原理（附录）. 北京：人民教育出版社. 1994. 136～137）

② Schwab，J. J. *The Practical*：*Arts of Eclectic*. *School Review*，*Aug*. 1971；and Schwab，J. J.，*The Practical*：*A Language for curriculum*，1971

③ Tyler，R. W.，Specific Approaches to Curriculum Development. In Schaffarzick，J. & Hampson，D. H.（Eds,），*Strategies for Curriculum Development*，1975，p. 26（施良方译. 课程编制的具体方法. 课程与教学的基本原理（附录）. 北京：人民教育出版社，1994. 136）

④ Mitzel，H. E.（Ed.）*Encyclopedia of Educational Research*，5th ed.，p. 423

⑤ Beane，J. A. et al,. *Curriculum Planning and Development*，1986. p. 65

把确定教育目标的主要来源归功于泰勒，已如前述，因为泰勒确定了目标的3个来源：(1) 对学生的研究；(2) 对社会生活的研究；(3) 学科专家的建议。“然而，当代许多课程论学者没有看到，体现在泰勒原理中的一些基本要素，是从本世纪初的进步主义教育中派生出来的。”①

早在1902年，杜威就在《儿童与课程》(The Child and the Curriculum) (1902) 一书中，论述了教育过程的3个基本要素：(1) 学生；(2) 社会；(3) 教材。杜威是把教育目的与教育过程联系在一起的。用他的话来说：“完整而连续的教育过程应该决定目标。”② 杜威告诫人们，不要把这些要素割裂开来，不要因为坚持一种要素而牺牲其他要素，而是要把它们看作是有机地相互作用的。

事实上，与泰勒交情颇深的波特③，1931年在《处在十字路口的教育》一文中，也曾论及课程目标类似的3个来源：(1) 教材专家的观点；(2) 实践工作者的观点；(3) 学生的兴趣④。泰勒的学生塔巴在1945年《课程设计的一般方法》一文中，也详细论述了3个来源：(1) 社会研究；(2) 学生研究；(3) 教材内容研究⑤。但所有这些，都还不足以成为一种范式，只是在泰勒《课程与教学的基本原理》出版后，“才充分装配成功”⑥。

美国学者克利巴德 (Kliebard, J. I.) 指出，尽管泰勒认为任何单一的来源都不足以为课程目标提供合适的基础，但他倾向于分别地对待它们，认为每一种来源都有其某些价值。然而，他没有看

---

① Tanner, D. & Tanner, L. N., *Curriculum Development: Theory into Practice*, 2nd ed. p. 84

② 杜威. 教育科学的资源. 赵祥麟，王承绪编译. 杜威教育论著选. 上海：华东师范大学出版社，1981. 284

③ 泰勒在主持“八年研究”的评价工作时，经常与波特一起工作。*Journal of Thought*, Vol. 21, No, 1, 1986

④ Bode, B. H., Education at the Crossroads, *Progressive Education*, Vol. 8, Nov. 1931

⑤ Taba, H., General Techniques of Curriculum Planning. NSSE Forty - fourth Yearbook, Part I, *American Education in Postwar Period: Curriculum Reconstruction*, 1945

⑥ Tanner, D. & Tanner, *Curriculum Development: Theory into Pactice*, 2nd ed. p. 83

到这3个来源分别出自一系列传统的学派，这些学派有着不同的理论假设、有自己的立言人和追随者、有自己的一套表述方式。泰勒只是把它们并列地放在一起，这种“简单的折衷主义可能并不是从事理论概括的最有效的方式”①。在克利巴德看来，杜威是创造性地论述这些要素，而泰勒则只是同时接受它们。

但古德莱德认为，泰勒原理之所以被如此广泛接受，正是由于他试图接受所有这些学说。“泰勒原理把一组有关问题（以前都是分别地探讨的）联系在一起，显得特别有用。”② 还有人甚至认为，要是我们坚持泰勒对教育目标3个来源的阐述，那么在20世纪60年代课程改革运动中，就不会把学生看作是站在学科领域前沿的科学家的雏形来培养了③。例如，施瓦布是这场课程改革运动中学科中心说的主要支持者之一，但在20世纪60年代末，他认识到课程改革失败的原因之一，是学科专家在起支配作用，而没有注意到课程理论工作者和其他教育工作者的作用。

这里需要指出的是，课程范式不是调制出来的，而是来自实践。杜威对教育过程3要素的论述，来自他在芝加哥实验学校的实践。而泰勒课程原理对教育目标3个来源的论述，出自“八年研究”。在“八年研究”期间，“进步教育协会”成立了“中学课程委员会（Commission on the Secondary School Curriculum）”，组织专家对青少年的兴趣、社会的需求以及教材的问题等进行了一系列研究，为各门学科的教育目标和学习活动提供了大量的材料④。泰勒本人也承认：“我只不过是把大家正在做的事情组合在一起罢了。”⑤ 这

---

① Kliebard, H. M., Reappraisal: The Tyler Rationale. In Pinar, W. (Ed.) *Curriculum Theorizing: The Reconceptualists*, 1975, p. 71

② Goodlad, J. I., *Curriculum Inquiry: The Study of Curriculum Practice*, 1979, p. 19

③ Tanner, D. & Tanner, L. N., *Curriculum Development: Theory into Practice*, 2nd ed., p. 70

④ Tyler, R. W., A Rationale for Program Evaluation. In Madaus, G. F. et al. (Eds.), Evaluation Models, 1983, pp. 22~48（施良方译. 计划评价的基本原理. 课程与教学的基本原理（附录）. 北京：人民教育出版社. 1994. 152~166）

⑤ Schubert, J. J., Ralph W. Tyler in Review, *Journal of Thought*, Vol. 21, No. 1, 1986

一方面反映了泰勒为人谦虚、诚恳的品质，另一方面也道出了客观事实。

(二) 课程编制过程的模式

对泰勒原理批评最多的，也许是认为它把课程编制作为一种直线式的过程。但很有趣的是，尽管一些学者批评泰勒原理，而他们提出的大多数建议事实上却又在遵循泰勒的模式。甚至有些完全不赞同泰勒原理的作者也是这样①。因此，从这个意义上来讲，泰勒原理确实成了课程领域的一个范式。

泰勒认为课程即学校为了达到其教育目的而设计并指导的学生所有的学习。课程编制过程可概括为确定目标、选择学习经验、组织学习经验、评价结果这样4个步骤或阶段。这里，我们一方面似乎可以看到博比特和查特斯以目标为中心的课程编制模式的影子，另一方面也依稀可以看到杜威目的与手段之关系的影响。

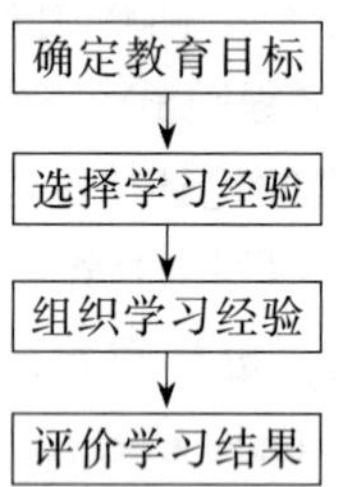

图2 泰勒课程编制过程模式

当今，国际上许多课程论工作者都坚定地相信，形成明确的目标，不仅是所有课程设计中必需的第一个步骤，而且也是所有其他课程决策的准则。但看来人们没有注意到，除了可以从目标入手外，还可以从其他处入手；而且目标也并非一定是判断手段的有效准则②。

事实上，自泰勒原理发表后，也有不少课程论工作者试图在泰

① Husén, T. et al (Eds.), *The International Encyclopedia of Education*, Vol. 2, p. 1141

② Husen, T. et al. (Eds.), *The International Encyclopedia of Education*, Vol. 2, p. 1142

勒原理的基础上，勾勒课程编制过程所涉及的方方面面及其关系。

有人试图通过描述一些具体的观念（包括对教育目标的来源、课程组织的类型、评价手段的具体说明等）来修正泰勒模式。其中，塔巴就把泰勒的4个基本问题作为直线式的步骤，再进一步把它们划分成以下8个步骤：

（1）诊断需要；

（2）形成具体的目标；

（3）选择内容；

（4）组织内容；

（5）选择学习经验（活动）；

（6）组织学习经验（活动）；

（7）评价；

（8）检查平衡性和顺序性①。

塔巴的8个环节是泰勒模式的具体化。其主要特点是：（1）明确了目的（aims）与目标（objectives）之间的区别。目的是指一般的意向或意图；目标则指特定的或具体的学习结果（相比之下，泰勒的论述中常有把目的与目标混用的情况②）。制定目标这一环节的主要任务，是把一般目的分析成具体目标。（2）相应地，实现目标的手段——内容，也需要把一般内容细分为具体的学习经验或活动。在我们看来，塔巴的第三、四步讲的是课程，第五、六步是讲教学。

有人认为，泰勒原理是直线式的，如果评价结果不符合预期目标时，不能实现反馈，以重新编制课程。例如，惠勒（Wheeler，D. K.）以泰勒模式为基础，将它改成圆周式（如图3）③。

事实上，泰勒是很强调目标与评价之间的关系的。他认为，目标是评价的准则，目标的界说是评价的初步阶段。用评价程序来确

① Taba，H.，*Curriculum Development*，1962，pp. 347～379

② 最典型的是，他在论述课程编制的4个基本问题时，也把目的（purposes）与目标（objectives）混用。见 *Basic Principles of Curriculum and Instruction*；Two New Emphases in Curriculum Development；A Rationale for Program Evaluation

③ Wheeler，D. K.，*Curriculum Process*，1967，p. 31. 转引自：欧用生编著. 课程发展的基本原理. 台湾：复文图书出版社，1985. 23

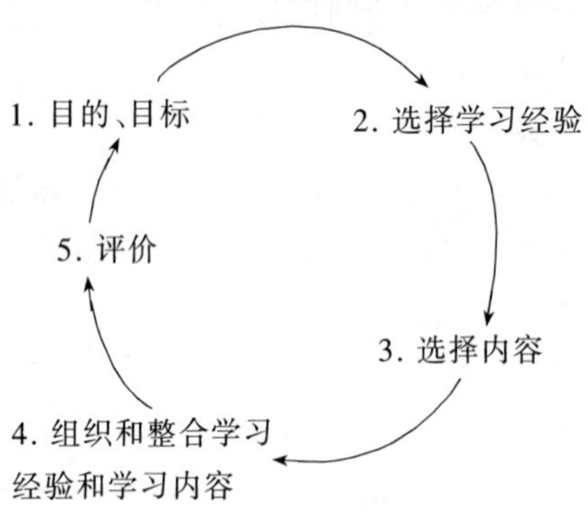

图 3 惠勒课程编制过程模式

定学生达到目标的程度，目的在于进一步修改教育计划。不过，不得不承认，惠勒的图解把泰勒原理中的这层意思更加明确化了。

也有人认为，泰勒对课程的基本问题作直线式排列是错误的，因为他没有认识到这些问题都是相互依赖的，泰勒模式不能表明这种相互依赖的关系。例如，D. 坦纳与 L.N. 坦纳就试图用立体的方式来表明泰勒原理（如图 4）①。

两位坦纳的模式，旨在强调目标、内容、方法与评价之间的相互依赖的关系，而这种依赖关系是以教育哲学为基础的。在他们看来，从分析的角度来看，泰勒的 4 个步骤是符合逻辑的，但在课程编制的现实中，这个过程必须被看作是一种“社会生态学的关系(ecological relationship)”②。

施瓦布则朝着这个方向走得更远。他认为，任何一种课程原理或模式都可能会存在一些问题。因为在描述课程编制过程中，通常都要包括若干步骤，或是直线式的，或是按某种逻辑顺序。但在现实中，课程编制涉及到一系列复杂的要素，这些要素是互相联系，互相依存的，以致很难表明它们谁影响谁，谁是从哪里派生出来的。因此，提出从目标到活动这样的模式，是否认了现实世界中许

---

①② Tanner, D. & Tanner, L. N., *Curriculum Development: Theory into Practice*, 2nd ed., pp. 88, 85

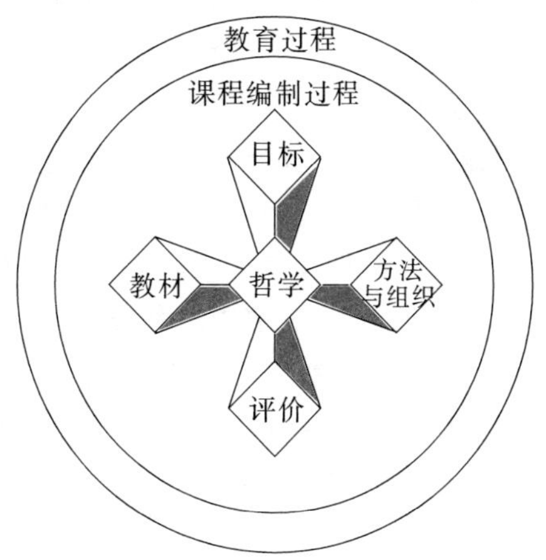

图 4 D. 坦纳与 L. N. 坦纳课程编制过程模式

多课程实践工作者的研究工作①。从这一观点推衍，必然会提出要用系统论的方法来设计课程编制工作，在这个系统中，每一个步骤都要考虑到所有其他因素。所以，施瓦布敦促课程工作者要参与实践，在实践中寻找课程的解决办法。他认为课程决策不需要有一种课程理论来指导②。

（三）课程目标与评价

泰勒原理一个最大的贡献，是把评价引入课程编制过程，它指出了目标制定、课程内容安排、教学组织方式与结果评价之间的不可分割的联系。

泰勒的课程原理和评价原理都是以目标为中心的。在他看来，目标不仅仅是对学生应该如何行为的方式的陈述，用最精确的方式陈述目标，也是为了更清楚地告诉我们课程与教学成功与否。

事实上，目标在课程编制过程中起中心作用，这在博比特那里就有详细论述。但博比特是强调“具体化的”目标，他把目标作为一种“指标”，学生这一“原料”通过学校这架“机器”加工成

① Beane, J. A. et al., *Curriculum Planning and Development*, p, 66

② Walker D. E. & Soltis, J. F., *Curriculum and Aims*, p. 50

"产品"，然后看看产品是否达到指标。这是一种典型的"加工模式(Production model)"。有人认为，泰勒原理实质上也是一种加工模式①。在我们看来，泰勒在讨论学习经验时，尤其是在谈到培养反省思维能力时，很难说他也把教育看作是一个生产加工过程。而且，他对行为目标的看法也是比较全面的，他强调要根据实验或试验的结果来决定行为目标一般化的程度。他把学生看作是一个自主思维的个体，这与行为主义者把学生看作是一个反应系统是不同的②。

英国学者凯利（Kelly，A. V.）认为，要求教育工作者清楚阐述目标，虽然是在本世纪初博比特和查特斯等人的著作中已提出来了，但到了20世纪50～60年代，强调清楚陈述目标在美国和英国成了一场运动，这主要应归功于泰勒、惠勒和布卢姆的研究结果③。

如前所述，惠勒是通过把泰勒直线式模式圆周化来强调目标与评价之间的关系。而布卢姆则是通过教育目标分类学（Taxonomy of Educational Objectives)，把目标与评价完全结合在一起。

布卢姆等编著教育目标分类体系的设想，最初是由出席1948年在波士顿召开的美国心理学会年会的一些大学考试专家提出的。他们一致认为，"鉴于教育目标为编制课程和测验提供了基础，而且教育目标是我们许多教育研究的出发点，因而，要获得这样一种理论框架，最好是用一种对教育过程的目的进行分类的体系。"④

布卢姆等认为，一部完整的教育目标分类学，应该包括学习的3个基本领域：认知、情感、动作技能。他们认识到，这种划分本

---

① Kliebard，H.，*Persistent Curriculum Issues in Historical Perspective*. In Curriculum Theorizing，p. 45.

② Tanner，D. & Tanner，L. N.，*Curriculum Development*：*Theory into Practice*，2nd ed.，p. 91.

③ Kelly，A. V.，Ideological Constraints on Curriculum Planning. In Kelly，A. V. (Ed.)，*Curriculum Context*，1980，pp. 14～15.

④ 布卢姆等编，罗黎辉等译，施良方校. 教育目标分类学：第一分册. 认知领域. 上海：华东师范大学出版社，1986. 6

身就存在着把这些领域分割开来的危险，为了便于分析，才作这种划分。他们认为，教育目标主要是为了有助于“内容和行为的选择，这些内容和行为组成了课程的结构，并为评价某一特定的教育计划是否成功提供基础。”①

布卢姆等的教育目标分类学具有以下几个特征：第一，用学生外显的行为来陈述目标。制定教育目标是为了便于客观地评价，而不是表述理想的愿望。事实上，只有具体的、外显的行为目标，才是可测量的。用一个公式来表示，就是“目标＝行为＝评价技术＝测量问题”②。第二，教育目标是有层次性的。他们将学生行为由简单到复杂按序排列，后一类目标建立在前一类目标的基础上，用一个公式来表示，就是“属于A式的行为形成一类，属于AB式的行为形成另一类，而属于ABC式的行为又可以形成一类”。③ 第三，教育目标分类学是超越学科内容的。布卢姆等认为，不论哪门学科，不论哪一年级，都可以把教育目标分类学的层次结构作为框架，加入相应的内容。他们已作了成功的尝试，制定了十几门学科的教育目标。

虽说有不少人对教育目标的分类作了种种尝试，但影响最大的，当推师承泰勒课程原理的布卢姆等的教育目标分类学。事实上，泰勒本人也多次参加了该书起草的讨论。泰勒的行为目标，经《教育目标分类学》的传播，成了一项国际性的普及④。

尽管泰勒原理中对目标与评价之间的关系论述得不够完善，但是他指出了这一关系，并把评价作为课程编制过程的一个不可分割的部分。而且，“在1935年以前，对学生的考查基本上都是根据事

---

① 克拉斯沃尔（Krathwohl，D. R.），布卢姆等编，施良方等译，瞿葆奎校．教育目标分类学：第二分册．情感领域．上海：华东师范大学出版社，1989．3

② 克拉斯沃尔（Krathwohl，D. R.），布卢姆等编，施良方等译，瞿葆奎校．教育目标分类学：第二分册．情感领域．上海：华东师范大学出版社，1989．7

③ 布卢姆等编，罗黎辉等译，施良方校．教育目标分类学：第一分册．认知领域．上海：华东师范大学出版社，1986．19

④ Ebel，R. L.，Behavioral Objectives：A Close Look，*Phi Delta Kappan*，No. 3，Vol. 52，Nov. 1970.

实性知识和掌握基本技能的情况，是泰勒在这一时期的研究和论述，才使人们意识到：通过简单的事实测验不能引发高级心理过程；促进事实性知识的教学，不可能促进——事实上可能干扰——其他重要的教育目标。”[①] 教育评价专家克隆巴赫的这一评述，比较客观地道出了泰勒在这方面的功绩。

虽说泰勒的《课程与教学的基本原理》作为现代课程理论的奠基石，至今仍然有一定影响，但它毕竟是半个世纪前的产物，因而必然带有时代的印记。无论是他20世纪20年代末在俄亥俄州立大学从事的课程评价工作，还是在20世纪三四十年代参与的“八年研究”，以及20世纪60年代初主持的“全国教育进展评估”工作，都是想要帮助学校走出困境，从而起到缓和当年美国社会矛盾的作用。此外，我们在泰勒对“教育”、“行为目标”、“学生”和“学习经验”等所下的定义中，可以清楚地看到当年在美国盛行的行为主义心理学和实验主义哲学的影响。然而，我们对在历史上起过作用的学说和人物，只能用历史唯物主义的观点来加以分析。时代条件达到什么程度，人们也只能认识到什么程度。从方法论的角度来看，泰勒原理给我们启示最深的，就是理论研究要从实践中吸取养料，并用于指导实践。这对我们当今课程与教学的研究工作，也许仍然很具借鉴意义。

（瞿葆奎　施良方）

① Cronbach, L. J., Evaluation for Course Improvement. In Heath, R. W. (Ed.), *New Curricula*, 1964, pp. 233~234

16

朗格朗

(Paul Lengrand)

■ 生平简介

■ 名篇选读

终身教育的意义、目标与战略

■ 思想评介

朗格朗及其终身教育思想

生平简介

保尔·朗格朗是法国当代著名的成人教育家，终身教育理论的积极倡导者和理论奠基者。

朗格朗于1910年出生在法国。巴黎大学毕业后，他曾在中小学任教多年。后来，他到法国的格勒诺布尔（Grenoble）工人教育中心担任领导工作，并曾在蒙特利尔（Montreal）的麦克吉尔（McGill）大学讲授法国文学。1948年，朗格朗到联合国教科文组织（UNESCO）下属的成人教育局工作，并于1962年成为该局的负责人。与此同时，朗格朗还负责了经济合作与发展组织（OECD）中与成人教育有关的项目，并任法国文化和发展协会的秘书长以及教育发展委员会秘书处的成员。

1965年，在联合国教科文组织召开的“第三届促进成人教育国际委员会”的会议上，朗格朗以“education permanente”为题作了学术报告，该报告引起与会者的极大反响。后来，联合国教科文组织将“education permanente”改为英译“lifelong education”，即终身教育。正是在这个学术报告的基础上，朗格朗于1970年写成并出版了其代表作《终身教育引论》（An Introduction to Lifelong Education）。该书出版后，被译成20多种文字，在国际上产生广泛的影响，被公认为是终身教育理论的代表作。

名篇选读

终身教育的意义、目标与战略

一个人有了一定的知识和技能以后便可以终生应付裕如，这种观念正在迅速过时并在消失之中。由于内部需要的压力，同时作为对外部需求的回答，教育正处于实现其真正意义的过程之中，这种意义不在于获得一堆知识，而在于个人的发展，在于作为连续经验的结果得到越来越充分的自我实现。

鉴于这种情况，可以把教育的当前的责任确定如下：

首先，组织适当的结构和方法，帮助人在一生中保持他学习和训练的连续性。

其次，培养每个人通过多种形式的自我教育在真正的意义上和充分的程度上成为自己发展的对象和手段。(第 44 页)

如果说正像我们已见到的那样，教育的训练在人的整个一生中都占有一定地位，那么，在任何个人生活中出现的关键时刻，教育就更是必不可少的了。

从一个年龄期到另一个年龄期的过渡——从儿童到青少年（它本身又有几个阶段），从青少年到成熟期的各个阶段，从这些再到第三阶段，最后到一生的垂暮之年——时时都会出现各种问题，而且甚至可能促使危机爆发。每个阶段都有自己的长处和弱点，自己的优点和缺陷，而且无论如何都有自己的具体内容。为了使每个过渡时期都能获得其充分意义，为了使它们不致成为分崩离析的时期，而成为在争取更敏锐的意识、更可靠的知识、更有效的自我控制的道路上的进步阶梯，需要每一时期在教育上作出特别的努力，就像是每次都在跨入青春期一样。(第 46 页)

终身教育也是作为解决当代社会的一个重要问题的一种合理方法而出现的，这个重大问题就是从几代人的关系中产生出来的问题。有充分的证据表明，青年一代和老年一代之间的交流和交往处于一种不良状态，以致在很多情况下父子之间、教授和学生之间的关系到了实际没有对话的程度，而这种交流和交往无论对于双方个人的互相增进知识和丰富生活还是对于社会的平衡都是非常宝贵的，不可缺少的。

归根到底，这种危机状态的主要责任还在年长的一辈，因为别的且不论，他们毕竟都是从年轻人过来的，而年轻人却从未当过成年人；因此，需要由年长的一代在互相理解、适应、革新和设想等方面作出主要的努力，没有这些，相互的交往将仍然是不可能的。

首要的是，权威的确认应从以地位和名望为基础迅速变为以能力和对其他人的坦率、开明为基础。

换言之，如果成人要使自己得到别人的听从，如果他要向年轻一代传授所积累的知识和发号施令，那么，他自己就必须不断地学习。如果成人想要得到自己希望得到的下一代的看重，那么，他就必须为不断的训练和进步、为不懈的自我探索、为自己知识和经验的增长付出应有的代价。看来，这将是通向重建对话和生气勃勃地开展对话的唯一途径。(第48页)

……

“学会学习”这句话现在已是人们用俗了的套语，人们把它作为一种最佳的解决办法加以滥用从而使它变得乏味了。但是，它的意义是名副其实的。从此以后，在任何学习过程中，重点不能再放在必然局限、安排刻板的内容上；它必须着眼于理解的能力、吸收和分析的能力、把学得的知识加以条理化的能力、应付裕如地处理抽象与具体之间的关系和一般与特殊之间关系的能力、把知和行联系起来的能力以及协调专业训练和学识广博的能力。

在终身教育的条件下，这也就是要用一种方法来武装人们，使他们能在自己的整个求知道路上和文化生涯中得心应手地运用这种方法。这意味着，教育活动，无论是严格意义上的讲授还是更广意义上的教学和训练，其要旨必须是养成习惯和条件反射，获得多种能力。因此，应通过各种方法在完全名副其实的意义上把重点放在能增进以上种种能力的实践上。

在这里，在校外环境中获得的经验也是有教益、有帮助的。不管我们关注的是不是大脑的训练、身体的发育、与其他人的各种关系、口语和书面语的传授、各种语言的译解、对音乐和造型艺术的介绍，我们在校外经验中都能发现大量成就、实验和研究，整个教育能够而且应该从中获益。(第48～49页)

终身教育是以个人不再与自身相冲突的方式努力统一和协调这些不同阶段的训练。它注重个性发展的统一性、全面性和连续性，由此提出的课程和教育手段就能在职业生活、文化形式、一般发展和个人为了自己的完善、实现自己抱负的种种外部环境等等方面的需要和学习内容之间造成连续不断的交流。

从这个角度来看问题，实现体系化的工作是不可避免的。但体系这一概念在这里是用来表示使互相联结的机构和从整体来看互相依赖的教育过程的不同方面和不同阶段具有连续性、统一性和明确性的一种探索。虽然无论是在学校教育和制度化教育的范围内、还是在校外教育的各个领域内，都已经有许多终身教育的因素，但至今缺乏的还是对问题的全面认识，有了这种全面认识就可能使各类职责分工明确，而且将有助于研究出和准备好结构改革的进程；而无论在哪种情况下这种结构改革的必要性是人们所公认的。自第二次世界大战以来，各个西方国家进行了十多次的努力，均告失败，而教育则变过来变过去，既没有求得内部的平衡，也没有发现满足现代社会需求的令人满意的答案。它无疑证明：如果不求助于一种新的教育概念，求助于对教育的重新认识，充分考虑人对训练、教学、进展的不断的普遍的需要，那么，要求得到对这些问题的答案是不可能的——在今天也将是徒劳的。

在任何这样一种概念中，教育将在生活的各个方面获得自己的地位，将贯穿于个性发展的始终；基于这种概念，现在把各类各级教育活动加以往往是密封式的相互隔绝的许多障碍将不得不消除，让位给充满生气的、有目的的相互交流。从今以后，就能把教育看成是一个统一的有机体，其中的每一部分都有赖于其他部分，而且只有在与其他部分发生联系时才具有意义。如果失去一个部分，那末这个有机结构的其他部分就会失去平衡，而且没有哪一个部分能代行其分担的具体职能。因此，我们无论在理论方面还是在实际的成就方面，都必须进行一系列协调工作。(第 51 ~ 52 页)

……

终身教育显然并不是传统教育的简单延伸。它包含着对每个人生活的基本问题采取新的态度、新的观点和新的方法，首先表现在对人的生存的意义问题上。终身教育使我们能够理解和认识个人在其中显示出新的意义的整整一系列基本情况；它为影响着个人和社会命运的某些重大问题带来了新的答案。

教育是人在不断的进取中有意识、有计划、有良好精神和物质条件的活动，而这种不断进取是所有人类的规律。我们当然不应过高估计教育在实现某种或某些目标中的地位和作用。虽然坚持认为作出这一努力绝对必要这一点是正确的，但是，我们不能反复地回忆这样一个事实，就是既存在促进个性发展的教育结构，也有抑制个性发展的教育结构。体力上的贫困产生并保持道德上和智力上的贫困，生活在生存边缘的人也生活在人性的边缘。

努力建设一个将保证自己的公民更多和更公平地分享消费品和文化资源的社会，也就是为了丰富和改善精神生活。只有仍然沉湎于虚幻的理想主义的文明前景的空想家才会认为物质的价值观念和精神的价值观念是截然分离的。这些价值观念都出自同一的崇高抱负。

文化发展政策以及这一政策范围内的相应战略这两者的基本内容包括以下几点：为一个国家的所有居民提供像样的居住条件，使家庭能充分发挥其作用，也能履行它的教育职能；发展生产力，增加每个人的收入，增加消费和享受文化成果的机会；增加有利于发展社会交往和各种形式的相互交流的物质设施和组织机构的数量；建立足够数量的博物馆、图书馆和文化中心；以及提供满足求知欲望和熟练劳动力需求所必不可少的所有教学设施——大中小学校和培训机构。

因此，各种形式的行动，不排斥政治行动，是建立能够体现征服自我的不同阶段的组织结构的必不可少的工具，而征服自我正是教育的目的所在。既然如此，任何使政治行动与文化经验背道而驰的尝试和努力都是不会有结果的，而且归根到底是要失败的。

不过，确实还有另一种错误的幻觉，认为改革物质设施和社会结构，即使是渐进意义上的改革，就足以满足个性的所有需要。政治行动对于支配个人需要的基本原则来说是负有多种职责的。说到底，唯一明智稳妥的政策和唯一合理正确的管理制度，难道不是在其原则、目标和方法上充分考虑由熟悉这个问题的人所提出的“以人类为标准”的政策和管理制度么?

论据还不止于此。即使是最好的政策，即使最接近于满足文化人和教育家愿望的政策，也是范围有限的。它能够，而且无疑地必须建立、使个人前途能在有利条件下得以实现的外部环境。但是，它不能，即使是在文化政策的伪装下，声称自己可以代替在方向和表现形式上都独特的具体和创造性的努力，这种努力只能由每个人独立进行。

从另一方面说，如果教育要起一种能帮助人生活的作用，那么它自己就必须是富有生命力的。许多人都被劝说不要走教育的道路，这不只是因为它需要努力、劳动和刻苦，而且还因为除了极少例外，它一直没有能从活的生活源泉中吸取营养，没有能满足生活的需要。

对于十分之九的人来说，教育就意味着学校，意味着性质特殊的、用课程、方法和专业人员体现其内容的一种活动——一个只能用它自己特有的名称“学界”来描述的世界。学校是生活中的一首插曲，有入口，有出口。学生进校时穿上学生服，离去时就脱下。我们能够理解为什么成人不愿意做这类事情，为什么只有为需要或义务，一般是经济上的或职业上的需要和义务所驱使的人才会去做这种意义上的学生。

如果教育要在个人的整个一生中、在个人生活的各个方面发挥我们前边所说的作用，那么，很清楚，首先就需要使它突破学校的框框，使它占据人类活动的全部，既与工作联系起来，也与闲暇时间联系起来。教育不是从外部强加的一种生活的附加物；它像文化一样，同样不是一种可以获取的财产。用哲学家的语言来说，它不在“占有”的范围内，而在“存在”的范围内。

处于不同发展阶段和不同情况下的个人是教育的真正对象。因此，要十分精确地规定教育的地位是很困难的，也许是做不到的。只要哪里要作出有意识的努力，或要作出抉择，要克服精神上的障碍，要建立理性的、情感的或美学的联系，我们就能在哪里看到教育的存在。尽管如此，我们还是可以提出若干特别需要教育行动的重点情况。我们发现它们有时是发生在个人生活中，有时是发生在集体生活中，但更经常的是两者兼而有之。(第 53 ~ 55 页)

……

在闲暇这个领域对于教育的一种类似的需要也是显而易见的。

已有很多著述论及闲暇在个人、集体、社会生活中的地位。1965年4月在布拉格召开的“当代欧洲成人教育和闲暇问题地区会议”清楚地说明了教育在保证使闲暇有助于人的发展而不是有害于他这个问题上的意义、作用和职能。在这一点上，这次会议的一项建议具有特别重要的意义：

“……成人教育是由一系列活动组成的，其中大部分活动是在闲暇时间进行……同时，它还提供了各种方法使闲暇时间的利用在整体上能更有成效地促进个性的发展和充实。”

“……（必须考虑）成人教育的和文化发展的职能（和方面）的多样性，比如职业技术教育、为个人消遣进行的学习、判断的形成、对利用闲暇时间的更好认识、文化成果的传播、对娱乐形式的评价……”。

但是，必须强调指出，闲暇和工作并存的问题应该加以解决，同一个人必须始终兼顾生活的这两个方面，而他对其中一个方面的反应方式将对另一方面的内容产生深刻的影响。（第58～59页）

……

在任何终身教育计划中，必须给公民的训练以充分的必要的重视。这里的“公民”一词是把人看作为赋有各种责任和义务的一种公有的实体，他对国家、社区、国际友谊或工会、合作社、大众文化团体、妇女俱乐部等社团都负有责任和义务。从这个意义上来说，普天之下都需要对人进行训练。教育和民主之间的联系已常为人们所重视和阐述。一方面，知识和认识的发展有助于确立和加强民主形式的政权和行政机构；另一方面，民主能得以繁荣和正常实行的前提条件就是，国家能有数量越来越多的、训练有素的公民可供依靠，这些公民关心共和国的命运，他们的判断力有广泛的知识作基础，他们能在各种组织体制中、在各级国家生活中履行社会成员的职责。这样一个政权机器的正常运转要求国家的每个居民作出经常的系统的努力，使自己了解而且认真、不懈地研究国家面临的问题。如果不是这样，我们又怎么能指望公民的投票与国家的利益相一致，又怎么能指望选出的代表是按照他们的能力和对共同事业的忠诚来遴选的呢？

如果说普通公民需要有判断能力和工作能力的话，那么这些素质对于所有担负领导职务的人，如市长、工会书记、企业经理等来说，就更是必不可少、更为重要了。接受公职就要求当事者个人证明自己严肃认真，要求他熟悉工作的各项内容。如果以轻浮来代替这种忠诚，其结果必将是政务混乱不堪。

现代民主政体要顺利开展工作也首先需要有新型的政治家和行政长官。非常重要的一点是，无论哪一级的管理者都应该抛弃那种从远古承袭下来的、每个掌权者都带有的神圣不可侵犯性。众所周知，权力往往易于使人脱离大众从而腐败下去。因此，掌握权力的人应特别警惕，注意克服在理性上和道德上特别有害于他们的职业病。实际上，正是要通过坦率的和自然的方法以及忠于真理的态度才能在统治者和被统治者之间建立交流的关系。公民的教育首先要求每个老百姓在自己的领导人身上看到思想民主和行为民主、伦理民主的形象。只有付出这种代价，他才会感觉到自己与国民生活中的问题利害休戚相关，才会对公共机构的正常工作提供思想上和感情上的支持。

终身教育的这个方面在发展中国家具有十分迫切的意义。它们首先要作出巨大的努力进行大众教育，使他们承担公民责任、积极参加国家建设，除此以外，一个十分紧迫的任务就是高级管理人员的培养和训练，这方面的需要在各级都是显而易见的，而且发展中国家在今后许多年内都将继续感受到这种需要的迫切性。工业、农业、交通、公共、服务事业都需要很快地培养出自己的经理、领班、技术工人和会计师，尤其要注意培养行政管理人员，他们能够保持国家机器的正常运转，首先是执行发展规划中规定的措施。如果不作出努力来适应这些需要以进行人员的培训和提高，那么，这些国家的独立自主将只能是空洞的口号，而它们的经济也不可能在可计量的时期内达到起飞的程度。（第 62 ~ 64 页）

……

要提出一种模式的终身教育是不可能的。每个国家都有自己的体制、结构，自己的传统，自己的禁忌，自己的便利条件。而且，历史的进程总是这样：在一个社会的历史上，任何时候总是有一个问题在重要性上超过所有其他问题而必须予以优先考虑。比如，我们可以设想，而这实际上也是发生了的，一个国家在发生革命以后的很长时期内，会用主要的力量来发展成人教育，而同时把其他教育问题或多或少地暂搁一边。资源的相对缺乏使人不得不进行选择，不得不作出牺牲。这对发展中国家来说尤其如此，它们缺乏合格劳动力与物力，就和缺乏财力资源一样。

尽管如此，阻止理想计划实现的障碍，不应影响这些国家根据终身教育原则所阐明的主要方针来寻求实际的解决办法，这些原则就是：

·要保证教育的连续性以防止知识过时；

·使教育计划和方法适应每个社会的具体要求和创新目标；

·在各个教育阶段都要努力培养新人，使之能适应充满进步、变化和改革的生活；

·大规模地调动和利用各种训练手段和信息，这种训练和信息超出了对教育的传统定义和组织形式上的限制；

·在各种形式的行动（技术的、政治的、工业的、商业的行动等）和教育的目标之间建立密切的联系。

在这些原则的基础上可以建立多种多样的模式，这些模式都考虑到各种不同的方面，但都服从同一个条件，这就是使教育成为生活的工具，成为使人成功地履行生活职责的工具。(第65页)

……

教育的任务是培养未来的成人承担生活的责任和义务，接受变革和各种形式的智力和文化的冒险活动，适应社会习俗、道德观念和理论学说的迅速变化。这意味着要确立以下这些目标：

·把有关劳动的价值观念列为现代生活中的文化主题；

·通过解释和介绍有关社会结构和各种关系的正确理论，引导学生参加某些法律和经济领域的活动；

·积极应用传播知识和娱乐的主要媒介（电影、广播、电视）；

·经常注意阅读（学习诗歌和哲学的语言，速读问题等等）；

·传授生活的艺术；

·发现和吸收人类各种伙伴关系（对话、异性交往、互相帮助等等）的价值观念。(第72页)

……

从长远观点看，终身教育是以按前面各章阐述的思想与行动全面而彻底地改造教育制度为其先决条件的，这一点已经愈来愈明显。这项任务将是一项长期的任务，其最终目的就是达到一种对于人性和人的愿望更加尊重的更有效和更开放的社会。

然而，考虑到所有的先决条件绝不可能在同一时刻具备，因此不能等到这样一个社会的所有先决条件都具备之后再采取行动。

因此，现在正是采取各种措施来满足目前的需要并有助于使制度朝着保证终身教育得以实现的结构方面来演变。

从近期的情况来看，一项合理的教育政策，要达到以下目标：

成人教育的发展：

(1) 由于本书第一章所列出的一系列挑战所产生的教育方面的要求可以得到满足。

(2) 如果没有精心安排的成人教育结构网，那么，就不可能对学校教育进行认真的改革，因为需要向学生提供百科全书性的知识。

(3) 成人教育为最终决定一种不拘泥于传统类型式的教育结构与方法提供了独特的实验室。

(4) 成人教育对于在教育领域有决定性发言权的个人，即家长，具有十分重要的影响，这种影响能够达到改造其教育对象智力和行为方式的程度。

(5) 成人教育使各代人之间得以建立建设性的关系。

教师的培训：

在任何终身教育的体制中，对教师的作用必须加以根本的改变。教师作为知识传递者所发挥的作用在重要性和影响两方面都将消失；由于他能够在相当大的程度上把这项任务移交给技术媒介，就尤其如此。另一方面，他作为教育者的作用将要加强。人们不久将会承认这样的情况令人难以置信，即像孩子这样宝贵的具有各种性格与希望的教育对象，竟然听任个人——教师去安排，而这个人却不具备完成这项棘手的任务所要求的能力。一个孩子并不仅仅是名册上的一个数字、一个好学生或坏学生、在算术上或在语法上没有才能的学生，他首先是一个具有个性的人。他有自己的心灵、他的社会学意义、他在一系列事物中的地位、他的冲动和抑制，有些道路向他开放，而有些则对他封锁。对孩子拥有这么大支配权力的成年人没有能力去理解孩子、理解情况与他相同的人，不去指导而是去裁决，不去找出在每个人身上的长处而是去惩罚他们的每个缺点，这种状况难道是可以想象的吗？所有这些要求彻底的理论与实践准备，包括普通心理学和智力研究以及在整个社会的广泛意义上和在集团社会学的狭隘意义上的社会学。这里所需要的是，为了使教师完成其任务，要立即开展对他们必不可少的最低程度的培训，以便消灭浪费并为终身教育打下基础。(第 74 ~ 76 页)

摘自：保尔·朗格朗著，周南照，陈树清译. 终身教育引论. 北京：中国对外翻译出版公司出版，1985。标题是编者另外加的，摘录时有删节。

思想评介

朗格朗及其终身教育思想

一、终身教育产生的历史背景

朗格朗指出，传统上一般地将人的一生划分为两个阶段：准备阶段（幼年期和青春期）与实际活动阶段，并认为在前一个阶段所获得的知识和能力可以在后一个阶段一劳永逸地享用。但是，在现代社会，这种“一个人有了一定的知识和技能以后便可以终生应付裕如”的观念“正在迅速过时并在消失之中”①。他认为，对于所有的人来说，现代社会除了来自年老、疾病、交往、职业、政治、宗教等的一系列挑战外，自本世纪初以来，又增加了一系列新的挑战，而这些挑战在很大程度上改变了决定个人和社会命运的条件，这些新的挑战主要有以下九个方面：世界各方面变化加快；人口增长及人的寿命的延长；科学知识和技术的进步；政治方面的挑战；大众传播媒介的迅速发展而带来的社会信息化；人们拥有越来越多的闲暇时间；生活模式和相互关系的危机；人对自身的认识的日益科学；思想意识形态的危机。

朗格朗认为，为了迎接以上的诸多挑战，“帮助人们去创造发明；引导人类去想象、冒险和从事各种各样的研究；使人类接受对自己的信念、态度和知识必须不断地提出怀疑的地位……教育必须在它的具体目标、内容和方法上不断进行更新”②。朗格朗指出，虽然在许多领域都发生了变革，但是，在教育领域，至少是在从事儿童、青少年教学的教育部门，却没有看到有类似的变化。固然，儿童不再挨打，发展他们智力的技能也大大提高了，学校课程和方法方面也有了进步，但是，“除了因政治改革而引起了教学革命的少数国家以外，学校教学的精神和最终目标根本一点没变……社会用以教育和训练未来公民的工具，即学校和大学，却世世代代表现出同样的特点：与生活缺少联系，脱离具体的现实，教育与娱乐割裂，不存在对话和参与。”③ 在朗格朗看来，教育事业之所以这样落后，主要在于以下一些障碍的影响：首先，教育事业本身的复杂性。教育关系到个人、团体、民族的生活的无数方面，而且哲学、社会结构、教育的成本和效益及平等和正义等各种各样的因素对教育起作用。其次，教育事业的迟效性和保守性。由于教育工作的结果只有在遥远的将来才能清楚地显现出来，并且人们在进行变革时，常常举棋不定，这一切对教育的发展有很大的影响。再次，教

---

① 终身教育引论（中文版）. 北京：中国对外翻译出版公司，1985. 44

② 终身教育引论（中文版）. 北京：中国对外翻译出版公司，1985. 33

③ 终身教育引论（中文版）. 北京：中国对外翻译出版公司，1985. 34

师及权威机构的人士对教育变革缺乏热情和兴趣。

朗格朗认为，在这种状况下，只有战胜阻力和克服障碍，才能实现变革和适应变化。他认为，在当代有四种因素对教育变革起着决定性的作用，而且将继续有力地起作用。这四种因素是：政治革命、消费者的论战、发展及其问题、成人教育。朗格朗指出，在这些促成教育改革的因素中，政治革命起巨大作用。因为革命取得胜利的国家必然要对教育体制、教育内容及教育方法进行一系列的改革，从而使教育成为与传统的各种观念作斗争的强有力的武器。学生的论战也为教育改革打开了一个突破口，并冲击了教育保守主义势力。第三个决定性的变革力量来自第三世界国家。二战后取得独立的国家，普遍认识到教育在民族独立和经济发展中的重要作用，因此，这些国家以极大的勇气创立自己的教育制度，确定教育内容和教学方法，从而对世界教育改革产生很大的影响。第四个促成传统教育变革的因素是成人教育的发展。朗格朗认为，成人教育的发展是在对传统的文化观念和学校教育体制的批判和摆脱的基础上产生的。

二、终身教育的意义

朗格朗认为，在当今世界，那种拥有一种知识或技能后可以终身享用的观念已经过时，教育不再是单纯地获得知识，而在于促进个人的发展。因此，教育的主要责任在于，“首先，组织适当的结构和方法，帮助人在一生中保持他学习和训练的连续性。其次，培养每个人通过多种形式的自我教育在真正的意义上和充分的程度上成为自己发展的对象和手段。”① 朗格朗认为，若要真正地将以上这种思想贯彻到教育实践中，必须对以下问题有清楚的认识。

首先，打破那种将教育限定在某个年龄阶段的传统认识。朗格朗认为，“如果人们一致同意教育过程必须持续地贯穿在人的一生之中，那么，就不可能有理由认为某个年龄阶段是专门用于教育的。”② 尽管人的一生中的某个时期比其他时期对学习更为有利，但

---

①② 终身教育引论（中文版）. 北京：中国对外翻译出版公司，1985. 44

是它只是表现在某些能力或技巧性较强的学科和体育运动中。他坚信，人们在一生的每个阶段，都可以接触和学习许多形式的智力、体力方面的知识技能，它们的大门是敞开着的。朗格朗认为，每个阶段都有自己的长处和弱点，自己的优点和缺陷，而且无论如何都有自己的具体内容，所以，需要每一个时期在教育上都作出特别的努力。因此，朗格朗要求，教育工作者应尽一切努力摈弃任何一种把思想和道德、习俗看成一成不变的观念；他们不仅需要努力使人接受变革，而且需要努力以各种方法促进教育的对象机智而有效地参与各个阶段的变革。

其次，终身教育赋予成人教育以新的意义。成人教育不再是学校教育的简单延伸，而是立足于成人的特点和成人的需要，是非强制的，自由的教育。

再次，终身教育为学校的教育内容和教学方法的改革提出了新的要求。朗格朗主张，在任何学习过程中，重点不能再放在刻板的内容上，“它必须着眼于理解的能力、吸收和分析的能力、把学得的知识加以条理化的能力、应付裕如地处理抽象与具体之间的关系和一般与特殊之间关系的能力、把知和行联系起来的能力以及协调专业训练和学识广博的能力。”① 朗格朗还认为，在终身教育的条件下，要用方法来武装人们，使他们能在自己的整个求知道路上和文化生涯中得心应手地运用这种方法。

最后，朗格朗还从终身教育的角度明确提出教育过程的统一性和连贯性。他认为，虽然无论是在学校教育和制度化教育的范围内，还是在校外教育的各个领域内，都已经有许多终身教育的因素，但至少缺乏的还是对问题的全面认识。于是，他认为，如果不求助于一种新的教育概念，求助于对教育的重新认识，那么，要求得到对这些问题的答案是不可能的。因此，他主张将教育看成是个统一的有机体，其中的每一部分有赖于其他部分，而且只有与其他部分发生联系时才具有意义。

---

① 终身教育引论（中文版）. 北京：中国对外翻译出版公司，1985. 49

三、终身教育的内容和范围

在传统观念中，教育就意味着学校，意味着性质特殊的、用课程、方法和专业人员体现其内容的一种活动。朗格朗对之提出批判，他认为，如果教育要在个人的整个一生中、在个人生活的各个方面发挥作用，“首先就需要使它突破学校的框框，使它占据人类活动的全部，既与工作联系起来，也与闲暇时间联系起来”①。朗格朗指出，教育与职业密切联系是终身教育中十分突出、人们普遍认识到的一个方面。他认为，普通教育与职业训练是有机统一的，所谓的普通教育，也就是学会使用科学知识和表达思想的工具，只有在它培养了人们从事职业的能力时才能获得其充分的意义，也才能获得最强大的动力。

闲暇时间也与终身教育紧密联系着。随着科学技术的发展，人们拥有越来越多的闲暇时间。在朗格朗看来，闲暇教育和闲暇学习有广阔的时间和空间。他认为，“人在闲暇问题上最难但又最重要的训练，无疑是要学会把自己的时间合理地用于工作和休息，用于集体生活和独处，用于学习和娱乐。”② 因此，朗格朗主张，必须要有为了闲暇而进行的教育，人们必须作好准备并接受训练，以便有价值地使用这种自由支配的时间，而且也必须在闲暇时间向人们提供教育，确保无论什么情况下，都使闲暇变成一种宝贵的财富。可见，朗格朗认为，提高人们闲暇生活的质量，既是终身教育的应有之义，又是终身教育的重要内容和重要方式。

朗格朗还主张，体育运动应在终身教育中占有应有的地位。对于这一点，朗格朗主张要从双重意义上来理解。首先，必须抛弃那种认为体育运动训练只是在一生的一个短暂的时期内进行的观点。其次，应将体育运动和整体的终身教育结合起来，把它从单纯的肌肉作用、从它与文化隔离的状况中解放出来，把它与智力的、道德的、艺术的、社交的和公民的活动等紧密结合起来。

---

① 终身教育引论（中文版）．北京：中国对外翻译出版公司，1985．55

② 终身教育引论（中文版）．北京：中国对外翻译出版公司，1985．62

另外，朗格朗认为，在任何终身教育计划中，必须给公民的训练以充分的必要的重视。特别是对于发展中国家来说，通过终身教育加强公民教育，使国民承担公民责任、积极参加国家建设更是具有十分迫切的意义。

四、终身教育的战略建议

朗格朗指出，每个国家都有自己的体制、结构，自己的传统，自己的禁忌，自己的便利条件。而且，一个国家在一定历史时期总有一个问题在重要性上超过所有其他问题而必须予以优先考虑。因此，朗格朗认为，仅仅"提出一种模式的终身教育是不可能的"①。鉴于这种考虑，朗格朗提出了发展终身教育战略的一般性原则，这些原则主要有以下几个方面：第一，要保证教育的连续性以防止知识过时；第二，使教育计划和方法适应每个社会的具体要求和创新目标；第三，在各个阶段都要努力培养新人，使之能适应充满进步、变化和改革的生活；第四，大规模地调动和利用各种训练手段和信息，这种训练和信息超出了对教育的传统定义和组织形式上的限制；第五，在各种形式的行动（技术的、政治的、工业的、商业的行动等）和教育的目标之间建立密切的联系。②

朗格朗认为，在以上这些原则的基础上，各个国家可以根据自己的条件建立适合自己国情的终身教育的模式。但是，建立终身教育的模式必须遵循这样一个原则：使教育成为生活的工具，成为使人成功地履行生活职责的工具。

从上述原则出发，朗格朗提出了改进成人教育、儿童教育及扫盲教育的建议。

朗格朗指出，由于科学技术的发展和社会变革的加速，在人一生中的任何阶段所积累的知识和技能迅速变得过时，失去了它的价值。因此，人们在幼年时期和青少年时期所接受的教育，不再能够使他们过着一种令人满意的生活了，因而，成年人也不得不抽出时间和花费精力继续接受训练、进行学习、取得新的技能。然而，如

①② 终身教育引论（中文版）. 北京：中国对外翻译出版公司，1985. 65

果成人教育要在数量上和效能上得到必要的发展，那么国家就必须在不同程度上对之进行干预。但是，朗格朗认为，在大部分国家，成人教育处于经费拮据的局面，虽然国家承认成人教育的价值、重要性及采取行动的迫切性，但是，每一项行动都因财政预算的问题而年复一年地无法实现。因此，他主张，对于成人教育，政府应给予财政上的大力支持，同时，要制定必要的法令和管理措施，而且政府必须为成人提供各种教育服务机构，使他们得到必要的帮助。另外，朗格朗还强调指出，“成人教育不能走以儿童为对象的传统教学法的道路。只有当负责成人教育的人经过了心理学、社会学、技术和教育的专门训练，认识了如何去适应成人的动机、吸收能力、发展需要，为成人设计的教育计划才能有效地得以实施并达到预定目标。”①

朗格朗从终身教育的角度出发，对于学校教育的重要性以及学校教育与成人教育的之间的关系给予了充分的肯定。他指出，虽然，“学校教育，与整个教育过程相比，将只占一个较短的时期”。但是，“学校教育将成为充分的完整的教育过程中相当重要的具有决定意义的序曲。”②

然而，朗格朗又指出，“今天通常进行的学校教育和一般的教育，都极大地扼杀和压抑了人们的创造性。”③ 并且，“一个坐在学校课桌旁度过了宝贵的十年光阴的成年人，可能学会了拼写，可能学会了某些语法的基本规则……但是，他还没有得到学校应该给他的最重要的东西，即阅读的兴趣和习惯。”④ 因此，在朗格朗看来，应将成人教育与儿童教育紧密结合起来。他认为，“不管为促进成人教育而开展的任何运动有多大的广度和深度，都只有在采取了同样坚决的行动来改进为儿童和青少年设计的普通教育阶段的结构、课程和方法，才能取得成功……如果成人在早年所受的是使他们厌

① 终身教育引论（中文版）. 北京：中国对外翻译出版公司，1985. 69

② 终身教育引论（中文版）. 北京：中国对外翻译出版公司，1985. 128

③ 终身教育引论（中文版）. 北京：中国对外翻译出版公司，1985. 107

④ 终身教育引论（中文版）. 北京：中国对外翻译出版公司，1985. 118

恶学习、不求上进的教育，或者这种教育没有充分培养他们形成继续教育过程所需要的坚韧性，那么，从成人教育这个角度来看，他实质上就是一个已告失败的人。"①而且，朗格朗认为，"如果没有精心安排的成人教育结构网，那么，就不可能对学校教育进行认真的改革，因为需要向学生提供百科全书性的知识。"②可见，朗格朗认为，成人教育的成功很大程度上取决于青少年时期的教育。因此，他认为，必须要改变目前学校教育的落后状况，学校教育"必须使每个人按照他自己的本性得到发展，而且这种发展应是他自己志趣、倾向和能力的一种作用，而不是让他按一种只适用于某种特定的对象即学得快而且对学校制度顺从的'天才学生'的既定模式来发展。"③他还主张，加强学校教育与社会生活的联系，教育的任务在于培养未来的成人承担生活的责任和义务，接受变革，适应社会习俗、道德观念的迅速变化。总之，朗格朗极其重视成人教育，并认为，"成人教育为最终决定一种不拘泥于传统类型式的教育结构与方法提供了独特的实验室。"④

朗格朗还将扫盲教育放在终身教育的广阔背景中来认识。他认为，"扫盲为终身教育概念的正确性提供了最好说明。"⑤朗格朗对传统的成人扫盲运动的缺点和不足进行了认真的分析。他指出，对于成年文盲来讲，最常出现的情况过去是，现在仍然经常是别人只教他们读、写、算的基本知识而不顾他们生活的社会与经济环境，也不考虑他们已获得知识的效果和未来的用途。朗格朗认为，虽然，读写能力是一种特殊的、无可替代的手段，不会读和写，通往学习和参与文化生活的道路就完全被封死了，但是，扫盲更为重要的意义在于，通过扫盲培养人们的现代意识，提高对飞速发展的现代社会的适应能力。朗格朗还认为，"如果扫盲要完整地和有效地发挥作用，那么它不可避免地要与成人的终身教育理论与实践建立

---

① 终身教育引论（中文版）．北京：中国对外翻译出版公司，1985．70

②④ 终身教育引论（中文版）．北京：中国对外翻译出版公司，1985．75

③ 终身教育引论（中文版）．北京：中国对外翻译出版公司，1985．71

⑤ 终身教育引论（中文版）．北京：中国对外翻译出版公司，1985．72

起更加紧密的联系与关系。”①

另外，朗格朗还从终身教育的角度出发，对教师的作用给予了重新的认识。他认为，在任何终身教育的体制中，教师作为知识传递者所发挥的作用在重要性和影响两方面都将消失，这是因为由于大众传播媒介的发展，教师的单纯传递知识的作用将减弱；但是，由于教师在培养学生的能力、个性和性格等方面发挥着积极的作用，所以，他作为教育者的作用将要加强。正是因为如此，朗格朗主张，“为了使教师完成其任务，要立即开展对他们必不可少的最低程度的培训，以便消灭浪费并为终身教育打下基础。”② 鉴于教育涉及到人格的许多方面，影响到社会组织的众多成分，朗格朗认为，教育只靠从事教育工作的专职人员去做是不可想象的。他主张教育是集体的事业，在某一时刻和某些条件下对教学和训练负有职责的任何人都是教育工作者。而且，他主张，“实施终身教育从根本上讲是一种政治任务，要完成这项任务将涉及到国家组织的所有部分。”③

虽然，在以上的论述中，朗格朗对于终身教育的意义给予了充分肯定。但是，在结论部分，朗格朗指出，“终身教育仍处于概念阶段……它无疑会与具体的成就长期地保持相当的距离，这正是概念的性质所决定的。”然而，他又坚信，由于许多因素的推动，“终身教育不仅已经变成人们所向往的，而且已成为可以实现的……这项事业今天是有可能实现了，并且今后终身教育必将大有希望。”④

五、终身教育的目标

在朗格朗看来，终身教育的主要目标在于“实现更美好的生活”⑤，“从中吸取一切有益的东西，使人过一种更和谐、更充实、符合生命真谛的生活。”⑥ 具体来讲，朗格朗认为，终身教育的目标

① 终身教育引论（中文版）．北京：中国对外翻译出版公司，1985．74

② 终身教育引论（中文版）．北京：中国对外翻译出版公司，1985．76

③ 终身教育引论（中文版）．北京：中国对外翻译出版公司，1985．81

④ 终身教育引论（中文版）．北京：中国对外翻译出版公司，1985．82

⑤ 终身教育引论（中文版）．北京：中国对外翻译出版公司，1985．17

⑥ 终身教育引论（中文版）．北京：中国对外翻译出版公司，1985．31

主要有以下的两个方面：(1) 培养新人。朗格朗指出，教育的真正对象是全面的人，是处在各种环境中的人，是担负着各种责任的人，简言之，是具体的人。他认为，作为个体的人应从两个方面来考查：一方面是把他作为一个独立的个体来考查；另一方面是从他与其他人，与社会的一般关系上来考查。他既是孤立的，同时又是与别人联系在一起的。因此，他指出，“教育的目标就是要适应个人作为一种物质的、理智的、有感情的、有性别的、社会的精神的存在的各个方面和各种范围。”① 并认为，“在终身教育中，每个人都能找到自己的发展道路，因为，它提供了一系列不同种类的适合各人个性、独创性和职业的教育和训练。”② 总之，朗格朗认为终身教育一方面使人能够适应各种变化，特别是经济和职业方面的变化；另一方面，能够培养具有丰富个性的人，促进人的全面发展，使人能够充实、幸福地生活。(2) 实现教育民主化。朗格朗将实现教育民主化作为终身教育的另一重要目标。在朗格朗看来，教育民主化的核心内容是教育机会均等。他主张学校教育的“重点一定要放在为民主而教育人这一点上”③。并认为，终身教育是“实现真正平等的手段”④。在朗格朗看来，终身教育是贯穿人的一生的教育，它不仅可以在学校教育阶段，而且在人的终身过程考虑实现教育机会均等问题。

六、简要的评价

朗格朗提出终身教育的思想至今已快 30 年的历史了，由于国际社会的倡导及各国教育工作者的一致努力，终身教育的理论更趋完善，并已成为世界各国制定政治、经济、文化与教育的有关方针和政策的主要指导思想。这一思想的提出对当代人类社会的发展，特别是教育改革和发展有着重要的理论价值和实践意义。

终身教育思想的提出是当代教育理论的重大变革。朗格朗是从

---

① 终身教育引论（中文版）. 北京：中国对外翻译出版公司，1985. 88

② 终身教育引论（中文版）. 北京：中国对外翻译出版公司，1985. 144

③ 终身教育引论（中文版）. 北京：中国对外翻译出版公司，1985. 119

④ 终身教育引论：（中文版）. 北京：中国对外翻译出版公司，1985. 142

当代社会变革对人类生存的挑战以及人类迎接挑战的需要出发，在充分吸收现代生理学、心理学、社会学、人类学、行为科学及语言学等众多学科最新研究成果的基础上提出其终身教育思想的。终身教育思想突破了传统教育的一般局限性，从更广阔的社会大背景对传统教育理论及其弊端进行了较为深刻的反思和批判，从一个全新的角度对教育作出了诠释，从而使教育理论产生了一次新的变革。

朗格朗的终身教育思想冲破了传统教育理论对教育的定义，扩大了人们对教育的研究视野。虽然以往的教育理论工作者将教育划分为广义的教育和狭义的教育两个层次，但在实际的研究中却往往将重点放在学校教育上，并且在人们的传统观念中也往往将教育等同于学校教育，以为学校教育就是教育，教育过程就意味着按计划使儿童在学校中接受文化知识的过程，学校教育的结束就意味着一个人一生所受教育的结束。这种狭隘的教育观不仅使个人、社会及教育的发展产生了许多不良后果，而且这种理论极大地限制了人们的研究视野，使人们在急剧变革的现代社会难以找到一个全面指导教育改革的根本思想，而只能对学校教育制度、目的、方法及内容等方面进行一些局部的改革。这些改革虽取得了一点成效，却不能从根本上迎接和解决当代社会发展对人类的生存和发展所提出的诸多挑战和矛盾。终身教育则从当代社会发展对人类的生存所提出的严峻挑战出发，集当代有关科研成果之大成，确认人的一生是不断发展完善的一生，都要受到来自多方面的危机的挑战。因此，教育就不能再仅仅限于青少年期，而应该贯穿于人的一生；教育就不应局限于学校，而应扩展到学校以外的社会各个层次和多个部门之中。也就是说教育是无时不有、无处不在的人类自身不断完善的必要的活动。总之，终身教育思想拓展和丰富了教育的内涵和外延，实现了对传统教育的超越和变革。这一超越开拓了人们的研究视野，使人们意识到当代教育改革是一项全人类的系统工程，必须将某一具体教育问题置身于这一大的系统中去考虑，才能有所得，否则仍然不能解决问题，最终无法适应社会发展的需要。

朗格朗所倡导的终身教育思想是推动当代教育改革的一个基本原则。终身教育思想并非是某一种教育形式或方法，它是根据当代教育改革的基本指导思想或原则而提出的，并贯穿于当代教育改革的各个层面。它的提出推动了教育实践的发展，对当代教育发展具有深远的影响。

首先，它打破了千百年来学校对教育的垄断，促进了各种教育形式的发展。终身教育在提倡改革现有学校教育的同时，把几乎所有形式的教育因素即家庭、社会、工作场所中的学习与教育看成一个整体，一个有机的大系统，在这个大系统中各种教育因素都是人类应付挑战所不可缺少的，都有自己的重要作用。人们认识到在当前社会中假如忽视其他教育因素，而仅仅孤立地在改善学校教育上下工夫，无论花费多大努力，也难以从根本上解决问题。正是因为在终身教育的影响下，家庭教育、社会教育受到世界各国政府和团体的高度重视并得到了长足发展。总之，终身教育把学校教育之外的一切教育因素都包容到教育概念中，力图最大可能地弥补在当代社会发展中学校教育日益暴露出的局限和不足，从而为更多的人提供他们所需要的学习和受教育的机会，提高人们迎接挑战的能力，为人类教育的改革和发展提供更加广阔的前景。

其次，终身教育推动了学校教育的改革。从某种意义上说，终身教育是针对传统学校教育的诸多弊端而提出的。虽然，终身教育思想是在批判传统学校教育的基础上形成的，但是终身教育并不否定学校教育存在的必要性。学校教育不管过去、现在还是将来，已经并且仍将继续存在，它作为整个教育体系中的主体与支柱也决不会改变。终身教育既不是传统学校教育的简单延伸、简单迭加、简单重复，也不排斥学校教育的存在与价值，而必须内在地包含并以青少年必须接受的学校教育为基础，是内容更加丰富、形式更加多样的一种教育。总之，终身教育主张对传统学校教育的弊端进行改革，使之与其他教育形式相适应，从而成为终身教育的大系统的一个有机组成部分。因此，终身教育同样是世界各国改革学校教育的基本指导原则。在这一原则的指导下，人们把学校教育的目标从单纯地传授知识转变到培养适应社会变革的各种能力，尤其是学习能力上。因为从终身教育的观点来看，学校教育仅仅是人们终身学习过程的一个较短的阶段，这一阶段应为人们走向社会作好准备，因此学校教育应注意培养人们参与社会生活、发展自身的多种能力，例如，学习能力、动手能力、处理人际关系的能力、与他人合作的能力、管理和解决矛盾的能力等。同时，在终身教育的指导下，学校面向社会各阶层举办包括讲座在内的各种形式的教育，这不仅满足了社会各阶层人们日益增长的教育的需求，而且充分利用了学校的各种资源，从而弥补了社会教育资源的不足。

再次，由于终身教育的广泛影响，人们已不再满足于对学校教育进行局部的改革，而是着眼于学校如何更好地为社会服务，从整体上自觉纳入终身教育的大系统中，使教育内容更加丰富，形式更加灵活，方法更加适合。

另外，由于终身教育的影响，世界许多国家的企业也投入大量的经费和人力对职工进行各种职业培训。据有关资料表明，1980年，美国各公司用于举办各种培训班的经费高达300亿美元，相当于联邦和各州政府用于高等教育的拨款的一半。法国政府1982年拨款50亿用于成人的教育，相当于当年教育经费的四分之一。可见，终身教育思想对包括学校教育在内的各种教育的影响是全面而深刻的。

终身教育是近30年来流传极广、影响很大的教育思想。终身教育的观念已为世界各国所承认和接受，并已逐渐成为世界各国进行教育改革的原动力和指导原则，而且许多国家还把终身教育的理论作为制定国家教育法令的依据。例如，法国议会早在1971年便通过了一项旨在促进职工继续教育的法案，其中提出了以终身教育作为指导思想，确认职工享有继续教育的权利。美国于1976年就颁布了《终身学习法》。日本“临时教育审议会”也将建立终身教育体系作为教育改革的一项重要内容。1988年日本将“社会教育局”改名为“终身学习局”，并于1990年颁布了《终身学习振兴法》。1984年，韩国就将终身教育列入国家新宪法中。1997年夏，韩国国会又讨论有关“终身教育法”的立法问题。欧洲联盟的会员国为了推动终身学习，发展学习化社会，将1996年定为“欧洲终身学习年”。我国也在1995年通过的《中华人民共和国教育法》总则第11条中规定，国家要“推进教育改革，促进各级各类教育协调发展，建立和完善终身教育体系”，确立了终身教育在我国的法律地位。并且，教育法中还鼓励学校和整个社会“为公民接受终身教育创造条件。”总之，终身教育已成为当今世界最有生命力的一种教育思想。

终身教育提出将教育贯穿于人的一生的各个阶段；主张教育的社会整体性，即打破家庭教育、学校教育、社会教育之间的彼此隔离状态，把人生各个阶段影响人的发展的各种因素有机地结合起来。这些思想已被世界许多国家的教育实践证明，是具有可行性的战略决策。事实表明，终身教育已不再是乌托邦式的幻想。1996年由雅克·德洛尔任主席的国际21世纪教育委员会向联合国教科文组织提交的报告《教育——财富蕴藏其中》中也指出，“终身教育不是一种遥远的理想，而是在以一系列强化这种教育需要的变革为标志的复杂教育环境中日趋形成的一种现实。”①

但是，终身教育的全面展开和实现，必然以一系列社会的、教育的物质设施等客观条件的具备和国家政策决策人、教育工作者与广大民众的教育观念等主观因素的成熟为依托和基础。所以，尽管以终身教育为原则对学校教育、社会教育等方面进行的改革取得了一些成就，但这不足以表明，终身教育的思想已不折不扣地变成了现实，或者说终身教育是解决一切教育问题，甚至社会问题的万应药。而只能说，已取得的这些成就只是向终身教育的全面实现迈出了一小步。因此，我们应该清楚地意识到，终身教育的实现必然是一个渐进的、漫长的过程。尽管如此，我们应该坚信终身教育的前景是极其光明的。

饮水思源，终身教育的发展之所以有今天，这与朗格朗最初的积极倡导分不开的。作为终身教育的积极倡导者，朗格朗这位先驱者的功绩是不可磨灭的，其代表作《终身教育引论》同样具有不可低估的历史价值和意义。

（巨般梅）

---

① 国际21世纪教育委员会．教育——财富蕴藏其中（中译本）．北京：教育科学出版社，1996．90

17

布鲁纳

（Jerome S. Bruner）

- 生平简介
- 名篇选读
  结构主义教育
- 思想评介
  布鲁纳及其结构主义教育思想

生平简介

杰罗姆·布鲁纳生于1915，是美国著名心理学家、教学论思想家。他于1937年在美国杜克大学（Duke University）获学士学位，1941年在哈佛大学获心理学博士学位。第二次世界大战期间，他先在艾森豪威尔总司令部搞心理战术研究，后在美联邦交通委员会、农业部等部门任职，最后任普林斯顿公共舆论研究所副所长，战争信息办公室海外支部委员，并在法国军队从事智力开发工作，战后返回哈佛大学任心理学讲师，1952年升为教授，1962年起任认知研究中心主任，并先后担任美国心理学联合会主席，艺术和科学院研究员，社会问题心理研究会主席，教育研究院研究员，科学促进会理事，国际社会心理学联合会理事，总统科学顾问委员会以及白宫教育研究与发展专门小组等成员。布鲁纳以其卓越的教育和心理实验研究成果及社会科研活动成绩，先后荣获美国优异科学奖（1962），教育研究联合会和教育出版机构联合奖（1969），以及梅里尔—派尔美机构的嘉奖状（1970）等。

布鲁纳教育论著甚丰，主要有：《人民的委任》（1944），《舆论与人格》（1956），《思维的研究》（1956），《教育过程》（1960），《论认识》（1962），《认识成长之研究》（1966），《教学论探讨》（1966），《认识成长过程》（1968），《婴幼儿教育》（1968），《教育的适合性》（1971），《教育过程再探》（1971），《论教学的若干原则》（1972），《超越给定的信息》（1973），等等。其中，《教育过程》，《教学论探讨》，《教育的适合性》三本专著，一般公认为是他的教育代表作。《教育过程》被西方教育界人士誉为“划时代的著作”，“有史以来教育方面最重要最有影响的一本书”，该书被译成23种文字，对各国先后掀起的教改运动产生了重要影响。布鲁纳的结构主义教学论思想被视为战后教学论三大流派之一。

名篇选读

结构主义教育（节选）

我们也许可以把追求优异成绩作为教育的一般目标，但是，应该弄清楚追求优异成绩这个说法指的是什么意思。它在这里指的是，不仅要教育成绩优良的学生，而且也要帮助每个学生获得最好的智力发展，强调学科结构的良好教学，对能力较差的学生比起对有天才的学生来，可能更为宝贵，因为最容易被质量差的教学抛弃的，正是前者而不是后者。这并不是说所有的学生需要同样的课程内容或步调——虽然，正像一位参加会议的成员指出，"当你教得好时，总好像有百分之七十五的学生超过中数似的"。仔细的调查研究会告诉我们，在什么地方应该区别对待，有一件事情是清楚的：如果促使所有的学生充分利用他们的智力，就将使我们这个处于工艺和社会异常复杂的时代的民主国家，有更好的生存机会。

……

第一个题目已经有所介绍：结构在学习中的作用以及它怎样才能成为教学的中心。这方面的探索是有实际意义的。学生对所学材料的接受，必然是有限的。怎样能使这种接受在他们以后一生的思想中有价值？对这个问题的回答，在已经从事于新课程的准备和教学的人们中间，占优势的观点是：不论我们选教什么学科，务必使学生理解该学科的基本结构。这是在运用知识方面的最低要求，这样才有助于学生解决在课堂外所遇到的问题和事件，或者日后课堂训练中所遇到的问题。经典的迁移问题的中心，与其说是单纯地掌握事实和技巧，不如说是教授和学习结构。有很多事情属于这类学习，其中不少是对使人有可能主动地运用他终于理解的材料的习惯和技能的支持。如果先前的学习能使往后的学习更为容易的话，那就得提供一个一般的图景，按照这个图景，把先前与往后所遇到的事物之间的关系尽可能弄得清楚。

虽然这个题目很重要，但关于如何有效地教授基本结构，或者如何提供形成基本结构的学习条件等问题，还是知道得太少。在专门研究这个题目的那一章里，有许多地方讨论如何达成这样的教和学的手段和方法，以及如何进行所需的那些研究工作，以帮助编制强调结构的课程。

第二个题目是关于学习的准备。过去十多年的经验指出这个事实：我们的学校也许以过分困难为理由，把许多重要学科的教学推迟，从而浪费了宝贵的岁月。读者将会发现，在专门研究这个题目的那一章里，一开始就提出了这样的命题：任何学科的基本原理都可以用某种形式教给任何年龄的任何人。虽然这一命题最初似乎颇令人吃惊，但其意图则是要强调一下在设计课程时常常被忽视的一个重要之点。这就是，处于一切自然科学和数学的中心的基本观念，以及赋予生命和文学以形式的基本课题，它们既是简单的，又是强有力的；要统率这些基本观念，并有效地运用这些观念，就需不断地加深对它们的理解；而这种理解是通过在愈益复杂的形式中学习运用它们而获得的。只有当这些基本观念是用形式化的术语，如方程式或精心制作的言语性概念来表达时，它们才超越儿童力所能及的范围，倘若他事先从未直觉地理解过这些观念，也没有机会亲自尝试过它们的话。自然科学、数学、社会科学和文学的早期教学，应该在教学中做到所教的知识和所用的教学方法是经过慎重选择的，正确的，然而要强调观念的直觉理解以及这些基本观念的运用。一门课程在它的教学进展中，应反复地回到这些观念相适应的完全形式的体系为止。四年级儿童能够玩受拓扑学和集合论原理指导的引人入胜的游戏，甚至会发现新的“一着”（moves）或定理。他们能掌握悲剧的观念和神话里描绘的基本的人间困境。但是，他们不能像成人一样，用正式的词语表达这些观念或运用这些观念。关于循环往复到达较高水平的“螺旋式课程”（spiral curriculum），很多情况有待查明，仍待回答的许多问题将在第三章里进行讨论。

第三个题目讨论直觉的本质——研究不通过分析步骤而得出似乎是真实的但却是试验性的公式的智力技巧，而这种公式要借助分析步骤才能发现其结论是否正确。直觉思维，预感的训练，是正式的学术学科（formal academic discipline）和日常生活中创造性思维的常被忽视而又重要的特征。机灵的预测、丰富的假设和大胆迅速地作出的试验性结论，这些是从事任何一项工作的思想家极其珍贵的财富。我们能引导学校儿童掌握这种天赋吗？

前面提到的三个题目，都是以一个中心信念为前提的，这个中心信念就是：无论哪里，在知识的尖端也好，在三年级的教室里也好，智力的活动全都一样。一位科学家在他的书桌上或实验室里所做的，一位文学评论家在读一首诗时所做的，正像从事类似活动而想要获得理解的任何其他人所做的一样，都是属于同一类的活动。其间的差别，仅在程度而不在性质。学习物理学的小学生就是个物理学家嘛，而且对他来说，像物理学家那样来学习物理学，比起做别的什么来，较为容易。所谓“别的什么”（something else），通常指的是掌握伍兹霍尔会议上所称的“中间语言”（middle language），即掌握谈论某一知识领域的结论的课堂讨论和教科书，而不是集中于探求知识本身；要是用那样的方法来学习，那么中学物理学往往看来很不像物理学了，社会学科就远离通常所讨论的生活和社会问题了；还有，中小学的数学也常常失去同该学科的核心——次序的观念——的联系了。

第四个题目讲到学习的欲望以及怎样才可以刺激这个欲望。按照理想，学习的最好刺激，乃是对所学材料的兴趣，而不是诸如等级或往后的竞争便利等外来目标；认为竞争的压力能有效地被消除，或者认为设法消除这些压力是明智的，这种设想肯定是不现实的；然而，怎样能激起对学习本身的兴趣，这个问题却是值得考虑的。在伍兹霍尔会议上，还有许多关于怎样改善中小学学习气氛的讨论，范围遍及如此不同的课题，诸如师资训练、学校考试的性质和课程质量的讨论。第五章就是专门讨论这一组问题的。

在伍兹霍尔会议上，相当多地讨论了教学装置：影片、电视、视听辅助器、教学机器以及教师在教学中可以采用的其他装置；可是，在这个问题上意见不完全一致。所有参加会议的人实际上都同意，教学的主导者是教师，而不是教学装置；不过，在怎么样去帮助这一点上，存在着意见分歧。这里的分歧也许能够用比较重视教师本人，还是比较重视教师所采用的教学辅助工具这句话来概括，尽管这种概括未免过于简单。这两种相反的意见，说得夸大一点便是：第一种意见认为，在如何讲述某一学科以及采用何种装置的问题上，教师必须是唯一的和最后的主宰者；第二种意见认为，教师应该是讲解员和注释者，去讲解和注释通过影片、电视和教学机器等装置而准备好的材料。前一种意见的含义在于：应该尽全力培养教师深刻地掌握他所教学科的知识，从而使他能据此尽量搞好工作，与此同时，应该提供最好的资料，以便教师进行选择，编出符合教学大纲要求的讲义。后一种意见则指，要大力准备影片、电视节目、教学机器用的教学程序等等，并教会教师如何凭借他所掌握的有关学科的知识来使用这些装置。这场辩论是够激烈的，对教育哲学的含义也是够重大的，所以最后一章准备专门讨论这个问题。

总起来说，我们将集中于四个题目和一个设想，即结构、准备、直觉和兴趣这四个题目，以及在教学工作中怎样最好地帮助教师这个设想。(第 26 ~ 30 页)

在前面的讨论中，至少有四个有助于教授学科基本结构的一般论点，这些论点需要进行详细的研究。

第一，懂得基本原理可以使得学科更容易理解。我们在物理学和数学中，曾扼要地说明了这个道理。不仅物理学和数学中是这样，而且社会学科和文学中也完全是这样。一个民族为了生存，必须进行贸易，只要抓住了这个基本观念，那么美洲殖民地三角贸易这个似乎特殊的现象就更容易理解：它不单纯是在违犯英国贸易规定的气氛下进行糖浆、甘蔗、甜酒和奴隶的商业。只有引导学生领会梅尔维尔的小说是突出地以罪恶和追踪那条“要命的鲸鱼”的人的困境为主题的著作，才能使阅读《莫贝·迪克》的中学生更深入地理解这部小说，如果再进一步引导学生懂得小说所写的人间困境是相对少数，他对文学的理解就会更好。

第二，要涉及人类的记忆。关于人类记忆，经过一个世纪的充分研究，我们能够说的最基本的东西，也许就是，除非把一件件事情放进构造得很好的模式里面，否则就会忘记。详细的资料是靠简化的表达方式保存在记忆里的。这些简化的表达方式，具有一种特性，可以叫作“再生的”（regenerative）特性。长期记忆所具有的这个再生的特性，能够在自然科学中找到好的例子。科学家不去记忆落体在不同的重力场中不同的阶段时间内所通过的距离，而是记住一个公式，这个公式使他能够在不同的准确度上，再生出比较容易记得的公式所依据的细节。他谙记 $S = 1/2gt^2$ 这个公式，而不去熟记关于距离、时间和重力常数的手册。同样的例子，《吉姆爷》中评论员马洛所说的关于主人公困境的话，人们未必会去确切地记住它，而是只记住它是个沉着的旁观者，是个试图理解而不能判断是什么曾把吉姆爷引入他所在的海峡的人。我们记忆公式，记忆那对事件具有意义的生动情节，记忆那代表一系列事件的平均数，记忆那保持本质的素描或图景——所有这一切都是简约和表达的技巧。学习普遍的或基本的原理的目的，就在于保证记忆的丧失不是全部丧失，而遗留下来的东西将使我们在需要的时候得以把一件件事情重新构思起来。高明的理论不仅是现在用以理解现象的工具，而且也是明天用以回忆那个现象的工具。

第三，正如早些时候所指出的，领会基本的原理和观念，看来是通向适当的“训练迁移”的大道，把事物作为更普遍的事情的特例去理解——理解更基本的原理或结构的意义就在于此——就是不但必须学习特定的事物，还必须学习一个模式，这个模式有助于理解可能遇见的其他类似的事物。如果学生完全能够从人性的角度领悟百年战争结束时欧洲的厌倦，能够领会签订那个可以实行但在意识形态上并不完美的威斯特伐利亚条约的背景是怎样的，他也许更能够理解东方和西方之间意识形态的斗争——虽然这种比较决不是确切的。一种仔细形成的理解同样也应该使他能认识概括的限度，把“原理”与“概念”作为迁移的基础这个观点原不是新的观点，非常需要更多的专门研究，以提供怎样在不同年级中最好地进行不同学科的教学的详尽知识。

经常反复检查中小学教材的基本特性，能够缩小“高级”知识和“初级”知识之间的差距。这是要在教学中强调结构和原理的第四个论点。现在由小学经中学以及大学的进程中所存在的部分困难，不是由于早期所学材料过时，就是由于它落后于该学科领域的发展太远而把人引入迷途。这个缺陷，可以依靠在前面讨论中所提出的在教学中强调结构和原理的办法来弥补。

……

一门学科的课程应该决定于对能达到的、给那门学科以结构的根本原理的最基本的理解。教专门的课题或技能而没有把它们在知识领域更广博的基本结构中的脉络弄清楚，这在几个深远的意义上说来，是不经济的。第一，这样的教学，使学生要从已学得的知识推广到他后来将碰到的问题，就非常困难。第二，不能达到掌握一般原理的学习，从激发智慧来说，不大有效果，使获得的知识不能在超越原来学习情境的思维中运用。第三，获得的知识，如果没有完满的结构把它联在一起，那是一种多半会被遗忘的知识；一串不连贯的论据在记忆中仅有短促得可怜的寿命。根据可借以推断出论据的那些原理和观念来组织论据，是降低人类记忆丧失速率的唯一的已知方法。

按照反映知识领域基础结构的方式来设计课程，需要对那个领域有极其根本的理解。没有最干练的学者和科学家的积极参与，这一任务是不能完成的。过去几年的经验表明，这样的学者和科学家同有经验的教师以及研究儿童发展的学者一道工作，就能准备我们所曾经考虑的那种课程。如果要使我们教育实践中的改革足以应付我们现在生活中所经历的科学和社会革命的挑战，需要在课程资料的实际准备、师资训练和支持研究工作等方面作出更多的努力。

教授基本概念最重要的一点，是要帮助儿童不断地由具体思维向在概念上更恰当的思维方式的利用前进。可是，试图根据远离儿童思维样式且其含义对儿童来说又是枯燥无味的逻辑进行正式说明，肯定徒劳而无益的。数学课的许多教法就是这个样子。儿童学到的，不是对数序的理解，而是搬用呆板的方法或秘诀，却不懂得它们的意义和连贯性。他们并没有转译成他的思想方法。这种不恰当的开端，容易使儿童相信：对他来讲，重要的事情是“准确”——尽管准确性同数学的关系，比起同计算的关系来要少些。这类事情中最突出的例子，也许要算中学生初次接触欧几里得几何学的情况了。学生不具备关于简单几何图形的经验和据以进行学习的直观手段，因此把几何学看作一套公理和定理，要是早一点在儿童力所能及的水平上，采用直观几何学的方式讲授概念和算法，说不定他就可以好得多，有能力深刻地掌握往后向他揭示的公理和定理的意义。

可是，儿童的智力发展不是像时钟装置那样，一连串事件相继出现；它对环境，特别对学校环境的影响，也发出反应。因此，教授科学概念，即使是小学水平，也不必奴性地跟随儿童认知发展的自然过程。向儿童提供合适的富有挑战性的机会使发展步步向前，也可以引导智力发展，经验已经表明：向成长中的儿童提示难题，激励他向下一阶段发展，这样的努力是值得的。正像初等数学界最有经验的教师之一戴维·佩奇曾经评论过的："从幼儿园到研究院的教学中，使我感到惊讶的是各种年龄的人在智慧方面的相似性；虽然，跟成人相比，儿童也许更有自发性、创造性和更生气勃勃。就我个人的经验而论，只要根据年幼儿童的理解力给以任务，他们学习任何东西几乎都比成人快。很有趣味的是，如果按照他们的理解力提供教材，结果，他们就自己去学习数学，而他们对教材越熟悉，就越能把他们教好。我们提醒自己，给任何特殊课题一个绝对难度，都要十分审慎，这是合适的。当我们告诉数学家们，四年级学生很可以学习'集合论'的时候，其中少数回答说'当然'，多数人却大吃一惊。后面这些人完全错误地认为'集合论'是真正困难的。当然，或许没有什么事是真正困难的。我们只是必须等待到适当的观点和表达它的相应语言的出现而已。在教某种教材或某个概念时，容易问儿童不可能回答的困难问题。这里的诀窍在于发现既能回答得了又能使之前进的难易恰当的适中问题，这是教师和教科书的大事。"有人借助精巧的"适中问题"去引导儿童更快地通过智力发展的各个阶段，更深入地通晓数学、物理和历史的原理。能够达到这一步的做法，我们必须了解得更多。（第46～47页）

学习一门学科看来包含三个差不多同时发生的过程。第一是新知识的获得（acquisition）。新知识，往往同一个人以前模模糊糊地或清清楚楚地知道的知识相违背，或者是它的一种替代。至少可以说，是先前知识的重新提炼。因此，教学生牛顿的运动律，会违反感官的证据。或者，教学生波动力学，会破坏学生关于机械的碰撞是真实的能量转换的唯一来源这个信念。或者，向学生介绍物理学上所断言的能量不灭的守恒定理，会违背“消耗能量”这种说法和这种说法所含的思想方法。更常见的是不那么极端的情况，比如在给学生讲循环系统的详情时，学生已经模糊地或直觉地知道血液循环。

学习的第二个方面，可以叫做转换（transformation）。这是处理知识使之适合新任务的过程。我们学习“揭露”或分析知识，把它安排好，使所得的知识经过外插法（extrapolation）、内插法（interpolation）或变换法（conversion），整理成另一种形式。转换包含着我们处理知识的各种方式，目的在于学得更多的知识。

学习的第三个方面是评价（evaluation）：核对一下我们处理知识的方法是不是适合于这个任务。概括得恰当吗？外插得合适吗？运算得正确吗？教师在帮助学生进行评价中常常具有决定性的作用。但许多评价的作出，仅靠似真性（plausibility）的判断，不能够真正严格地检验我们的努力是否正确。

在学习任何一门学科时，常常有一连串的情节（episode），每个情节涉及获得、转换和评价三个过程。光合作用可能合理地包括生物学里一个学习情节的材料，这个情节是更广泛的学习（例如通常关于能量转换的学习）的一部分。学习情节运用得最好时，可以反映以前已经学过的东西，而且可以举一反三，超过前面的学习。

一个学习情节，时间可长可短，包含的观念可多可少。学习者愿意一个情节持续多久，这取决于此人期望从他的努力中获得什么，是为了获取像等第这样的外部事物，还是为了提高理解能力。

我们经常通过控制学习情节来安排教学，以适应学生的学习能力和需要。其方法如次：缩短或延长情节；采取表扬或给以金星的方式增加外来的奖励；在学生对材料充分理解时老师像演戏似的用惊异的神情加以肯定。一门课程中的单元意味着承认学习情节的重要性，尽管许多单元拖得很长而且没有理解上的高潮。关于怎样在不同学科里为不同年龄的儿童非常高明地设计合适的学习情节，这类研究之贫乏实在令人诧异。许多问题需要根据仔细的研究来予以回答，我们现在来讨论其中的一些问题。

首先是，外来奖励和内在奖励之间的平衡问题。关于学习中奖励和惩罚的作用，已经有过许多论著，但是对兴趣和好奇心的作用以及发现的诱惑力，却很少论及。如果我们希望教师能使儿童习惯于愈来愈长的学习情节，那么，在详尽的课程计划中势必更要注重把加速认识和领会作为一种内在奖励的形式。有个方法议论得最少，这个方法就是引导学生学完艰难的教材单元。这个方法的目的是要鞭策学生竭尽全力地学习，使他得以发现圆满而有效地完成任务的愉快。好教师懂得这种诱惑的力量。学生应该领会专心致志地研究问题是什么感觉。他们在学校里很少能体验到这种感觉。通过在课堂上专心致志地学习，有些学生就能把这样的感觉带到由他独立进行的工作中去。

在一个学习情节中，获得、转换和评价（即获得事实、处理这些事实和检核一个人的观念）应强调到何种程度？为了弄清这点，还有一系列的问题需要解决。例如，先给年幼儿童最低限度的一套事实，然后鼓励他尽可能从这些知识中提出一套极完满的含义。这样做是不是最好？总之，对年幼儿童来讲，是不是一个情节所包含的新知识应该少一些，而强调让儿童靠自己的力量做点什么事就可以超过那一点知识呢？一位社会学科的教师已经在四年级学生中采用这个方法获得了很大成功。比如说，他先讲文化往往发源于肥沃的河谷这个事实——唯一的“事实”，然后在课堂讨论中鼓励学生思索：为什么这是事实？为什么文化的发生多半不在多山之国？这样的做法实质上是发现的技巧，其效果在于儿童靠自己引出知识，接着能够对其来源、出处进行检核或估计，而且在这个过程中获得更多的新知识。显然，这是学习情节的一种形式，它的适用性肯定是有限的。还有另外形式的学习情节吗？是否有些形式比其他形式更适合于某种课题和年龄？事实不是“学习就是学习就是学习”（“to learn is to learn is to learn”），但在研究文献中，似乎很少承认学习情节的差别。

关于学习情节最适当的长度，我们只能说一些常识性的情况，这些情况也许很有意思，可借以对它作出有成果的研究。例如，似乎相当明显：要是某人受到鼓舞而热情地从一个情节转入下一个情节的话，则情节越长、内容越多，就越能大大地增进力量和理解。凡是用等第来代替理解的奖励的地方，很可能一旦不再用等第来奖励时（毕业时），学习便立即宣告结束。

一个人越是具有学科结构的观念，就越能毫不疲乏地完成内容充实和时间较长的学习情节。这看来也是合理的。真的，在任何学习情节中，有些新知识确实是我们不能够立即领悟的。再者，正像我们早已注意到的，我们对于这种尚未融会贯通的知识能够记住多少，是受到严格限制的，据估计，成人一次能够掌握大约七个独立的知识项目。至于儿童，还没有合用的常模——这是令人遗憾的一个不足之处。

关于儿童学习情节如何形成，有许多细节可以讨论，不过已经谈论的问题，即足以表示他们的特点。由于这个课题是我们理解一门课程该怎样安排的中心问题，所以显然这方面的研究工作是头等重要的。

“螺旋式课程”

如果尊重成长儿童的思想方法，如果想方设法把材料转译成儿童的逻辑形式，并极力鞭策诱使他前进，那么，就很可能在他的早年介绍这样的观念和作风，以使他在日后的生活中成为有教养的人。我们不妨问一下：在小学里所教的任何学科的准则，如果充分扩展的话，是否值得成人知道？而如果童年时懂得了它，是否成年时会更高明？倘若对这两个问题的答复都是否定的或含糊的，那么这种材料就会造成课程的混乱。

如果本章介绍的假设——任何学科可按照某种正确的形式教给任何儿童——是正确的，那么跟着而来的论点便是：课程建设应当围绕着社会公认为值得它的成员不断关心的那些重大的问题、原理和价值。试考虑两个例证：文学教学和自然教学。例如，假如承认使儿童认识人类悲剧的意义而且使之产生同情感是合适的，难道就不可能在很早的恰当的年龄用启发而不用恫吓的方式进行悲剧文学的教学吗？有许多行得通的方法可以开始进行，如通过复述很出色的神话、通过采用儿童文学名著、通过放映和评论经过检验的影片，恰好什么年龄该用什么材料，有什么效果，是有待于研究——各种各样的研究——的题目。我们可以先问儿童关于悲剧的概念：在这里，不妨采用皮亚杰和他的同事们在研究儿童的自然界因果关系概念、道德概念、数概念等等时所采用的同样的方法。只有在用这些知识把我们武装起来的时候，我们才能够知道儿童怎样将我们给他的任何东西变成他自己的主观术语。我们也不需要等到有了全部研究成果后才开始行动，因为一个技能高的教师也能进行试验，他试着去教在直观上似乎切合于不同年龄儿童的那些材料，在前进中不断加以修改。到一定时候，一个人可能进而学习同一种文学的更复杂的作品，也可能仅仅重复阅读早些时候读过的同样几本书。重要的是后来的教学建立在早期对文学的反应上，它寻求产生一种对悲剧文学更清晰和更成熟的理解。任何伟大的文学形式都能够按照同样的方法被掌握；任何重大的主题——不论喜剧形式还是个性主题，个人忠诚，以及其他——也是这样。

自然科学亦然。如果认为对于数目、测量和概率的理解在探索自然科学中具有决定性的作用，那么这些学科的教学就应该尽可能早开始并采用智育上正确的形式，而且应该同儿童的思想方式相符。要让这些课题在以后各年级中扩展、再扩展。这样，如果大多数儿童准备选学十年级的生物学单元，难道他们需要把这门学科一下子就都学完吗？必要的话，用起码的正式实验操作，以一种或许不太精确然而较为直观的精神，尽早向他们介绍一些主要的生物学观念，难道不可能吗？

许多课程最初设计时的指导思想，颇像我们在这里提出的那样。但是当课程实际上实施的时候，当它们发展和改变的时候，它们常常会失去它们最初的形式，陷于不大成样子的局面。督促人们亲自再审查现行章程是否符合前面指出过的连续性和发展的论点，这决不错误。我们无法预计修改课程可能采取哪些确切形式，直率些说，目前有用的研究确实太少，不可能提供合适的回答。我们只能建议，应该用最大力量尽快地着手进行适当的研究工作。（第

52～57页）

关于直觉思维的性质问题好像集中在两个大的题目上：什么是直觉思维？影响直觉思维的又是什么？

人们对分析思维，可以说出比直觉思维多得多的具体情况。分析思维是以一次前进一步为其特征的。步骤是明显的，而且常常能比较充分地意识到所包含的知识和运算。它可能包含仔细的和演绎的推理，因为它往往使用数学或逻辑以及明确的进行计划。或者，它们可能包含逐步的归纳和试验过程，因为它利用了研究设计和统计分析的原理。

直觉思维与分析思维迥然不同，它不是以按仔细的、规定好的步骤前进为其特征的。的确，它倾向于从事看来是以对整个问题的内隐的感知为基础的那些活动。思维者虽然得到答案（不管正确还是错误），但他对其间的过程究竟如何，却很少知道。他难以说明是怎样获得答案的，而且他也许不知道他所回答的问题情况是什么样子的。直觉思维总是以熟悉牵涉到的知识领域及其结构为根据，使思维者可能实行跃进、越级和采取捷径，多少需要以后用比较分析的方法——不论演绎法或归纳法，重行检验所作的结论。

我们认为，应该承认直觉思维和分析思维的相互补充的性质。一个人往往通过直觉思维对一些问题获得解决，而这些问题如果借助分析思维将无法解决，或者充其量也只能慢慢解决。这种解决，一旦用自觉方法获得，可能的话，就应当用分析方法进行检验；同时，把它们看作这种检验的有价值的假设。的确，直觉思维者甚至可以发明或发现分析家所不能发现的问题。可是，给这些问题以恰当的形式体系的，也许还是分析家。可惜，学校学习中的形式主义已经或多或少贬低了直觉的价值。过去几年来一直在从事设计课程，尤其是从事设计数学和自然科学课程的人，都坚决相信需要做更加多得多的工作去发现，我们怎样才有可能从最早年级起便开始发展学生的直觉天赋。因为，正像我们已经看到的，在我们向学生揭示演绎和证明这种更传统的和更正式的方法以前，使其对材料能有直觉的理解，可能是头等重要的。

至于直觉思维的性质，到底是什么呢？很清楚，无论是把特定的解决难题的活动认作直觉的，或者是确实地鉴别直觉能力本身，都并不容易。根据可以观察到的行为来下一个精确的定义，在目前是我们力所不及的。显然，我们不能等到可以给直觉思维下一个纯粹而含糊的定义，并对出现的直觉有鉴别的精密技术时，才来研究这个题目。这种精密性是厂家的目标，而不是据以进行研究的起点。如果要探究能否同意把一个人的作风或偏爱的工作方式，从性质上划分为更加分析或归纳的还是更为直觉的，而且更进一步，探究我们能否找出一个方法去把任务分类，看每个任务需要哪一种工作方式。确实很清楚，要紧的是不使用像有效或无效这类评价概念，来混淆直觉思维和其他类型的思维，因为分析的思维、归纳的思维与直觉的思维都可能有效或无效。也不应该根据能否产生新的或熟悉的成果，来区分这两种类型的思维，因为这不是重要的差别。

关于直觉的暂定界说，我们正好先用韦伯斯特的解释："(直觉就是）直接了解或认知"。按"直接"这个词是同"间接"——靠正式的分析法和证明法为中介所获得的了解或认知——相对而言的。直觉是一种行为，通过这种行为，人们可以不必明显地依靠其分析技巧而掌握问题或情境的意义、重要性和结构。直觉的正确或错误最后取决于通常的证明法而不是取决于直觉本身。然而，直觉的形式能很快产生假设，且在知道观念组合的价值之前，便发现观念的组合。最后，直觉本身可以产生一类知识的一个试验性的组织，同时可以造成一种感觉，使我们觉得那些事实如此组织起来是不言而喻的；它对我们的帮助主要在于给我们提供一种根据，使我们得以在检验现实的过程中前进。(第59～61页)

我们最终必须重视：教育不是一个与社会无关的中立性题目，也不是一个孤立的题目。教育是一个深刻的政治问题。这里，我们保证了某些人的前途，但常常在保证这些人的前途时，却抛弃了另一些人。如果我现在有权选择，那么为70年代而进行的"课程设计"，应是寻找一种我们能借以使社会恢复它的价值观念和生活优先权的手段。我认为，我满怀信心地宣称，若是要继续前进的话，那么与历史的结构、物理的结构、数学的前后联系等有关的重要事情的知识就别再强调了，宁愿认真对待关于我们所面临的问题的知识。我们自己更要好好地关注着如何使这些问题得以解决，不只是采取实际行动，而且还要使知识——我们从任何场合找到的、用任何方式找到的知识——用在这些大规模事务的工作上。我们不妨把职业和意愿退回到教育的过程中去，但应比先前的做法做得更坚定。(第440页)

教学论，在某种意义上说，是约定俗成的通例，它阐明有关最有效地获得知识与技能之方法的规则。据此看来，这种理论可为批评或评定任何一种教学法或学习法提供一个标准。

教学论是一种规范化的理论。它树立一定的准则，并说明与这种准则相符合的条件。这些准则必须具有高度的概括性。例如，教学论不应以特定方式规定三年级学生学习算术的有效条件。其实，这些条件是可以从学习数学的更一般的观点中推知的。

有人可能要问，既然心理学中早已包括着学习理论和发展理论，为什么还要教学论呢？学习理论和发展理论是描述性的，不是约定俗成的通例。它们告诉我们实际情况怎样，比如说它们指出绝大多数6岁儿童还没有具备可逆性的观念。而教学论就可能提出有助于儿童获得可逆性的观念的最好方法。简言之，教学论所关心的是怎样最好地学会人们想教的东西，它所关心的是促进学习而不是描述学习。

这倒不是说学习理论和发展理论同教学论毫无关系。事实上，教学论必然涉及某门学科的性质，也必然涉及学习与发展，并且在各种不同的理论之间也必然是协调一致、彼此间又有互补关系。

教学论具有四个主要的特点：

(1) 教学论应当详细规定能使人最有效地牢固树立学习——一般类型的学习和特殊类型的学习——的心理倾向的经验。例如，在学前儿童的环境中，什么样的关系将使初入学儿童具备学习的意愿和能力？

(2) 教学论必须详细规定将大量知识组织起来的方式，从而使学习者易于掌握。最理想的结构乃是提出一套命题，从中可引出更大量的知识。显然，这种结构的系统化或公式化，取决于特定知识领域的进展状态。关于各种最理想的结构的性质，我们将在后文中逐一说明。这里只需说一说，因为一种结构的优越性取决于它在简化信息、产生新的命题和增强知识的可操作性诸方面的力量，所以这种结构总是与学习者的状况与天赋有关。由此可见，最理想的知识结构是相对的而不是绝对的。主要的条件应是：在同一个知识领域里不会产生两套相互矛盾的结构。

(3) 教学论应当详细规定所由来的学习材料的最有效的序列。例如，倘若一个人想要教现代物理学理论的结构，他将如何着手进行工作呢？他首先呈现具体材料，以此引起关于经常复现的各种规则的问题？还是他一开始就用公式化的数学符号，使其更简易地体现出日后遇到的规律？采用上述两种方式所产生的结果实际上有什么不同？这是个序列问题，容后再详述。

(4) 最后，教学论必须详细规定学习和教学过程中奖励和惩罚的性质和步调。从直观的角度来讲，由于学习不断前进，因而有一个要点似乎是很清楚的，即最好将外来的奖励变为一个人在自行解决问题时所固有的内在的奖励。同样，还有一个要点似乎也是很清楚的，即学生完成作业后的即时的奖励应当代之以延缓的奖励。至于外来奖励向内在奖励和即时奖励向延缓奖励转移速率，我们对此的了解少得可怜，但其重要性却是非常明显的。事实果真如此吗？比如说，凡是涉及到一系列行为的综合化的学习场合，总是应当尽早地促使即时奖励向延缓奖励转移，尽早地促使外来奖励向内在奖励转移吗？(第441~442页)

摘自：邵瑞珍等译．布鲁纳教育论著选．北京：人民教育出版社，1989。标题是编者加的。摘录时有删节。

思想评介

布鲁纳及其结构主义教育思想

布鲁纳结构主义教学论思想的产生，是美国在二战后教育内外部双重因素影响的结果，有其历史必然性，因而也具有一定的进步性和合理性。第二次世界大战后，科技迅速发展，经济迅猛增长，国际政治力量的斗争日趋激烈，教育愈来愈受到普遍的重视。在美国，以杜威为代表的实用主义教学思想，主要着眼于学生个人的直接经验和生活技能的教学，片面坚持以儿童为中心，以活动为中心，以经济为中心，严重影响着教学质量的提高，不利于大量培养满足时代和社会需要的合格人才。1957 年苏联首先发射人造卫星上天，震动了美国的朝野，成了美国大力进行教育改革的导火索，“美国和苏联不仅在空间技术方面而且在教育方面竞赛的序幕拉开了”（布鲁巴克语），杜威的教育理论成为众矢之的，受到“连珠炮似的”攻击，人们都把科技领先地位的动摇归之于公共教育的失败，归之于实用主义教育理论和实践促使教育质量大大降低所致，把“伊凡能学到的东西而约翰之所以未能学到”的罪魁祸首加到它的头上，于是，长期与之持不同意见的各派乘机而起，纷纷提出自己的主张，但许多形形色色的资产阶级教学流派如永恒主义、存在主义、改造主义、新托马斯主义、要素主义以及程序教学理论，都因各自的局限性不能担当起指导当时教学改革的重任。在人们普遍要求提高中小学教育质量、追求卓越的质量标准、培养大量科技人才的呼声中，唯独布鲁纳以其心理学家所独具的对事物观察的敏锐性，较早地看到了美国社会政治经济和科技发展新形势，对教育教学工作所提出的各种新要求，及时地将他擅长的心理学理论运用于教育与教学问题的研究，在心理学和教学论领域的交界处开拓了新的研究阵地，对儿童的智力发展、学习与认识的过程、课程与教材的编制设计，以及教学方法改革等重要问题作了深入的探索，并汲取瑞士著名心理学家皮亚杰（J. Piaget，1896～1980）关于“发生认识论”等的研究成果，提出了不少有独创性的见解，并据此创立了结构主义教学论流派。布鲁纳从结构主义哲学和认知心理学出发，阐明了自己对教学理论的独到见解和改革学校课程的大胆设想，他把教学的重点由经验改造转移到智力发展，并且具体探索了一系列促进智力发展、培养优秀人才的途径，受到美国当局的重视和学术界的普遍欢迎。1959年，在美国国家科学基金会、空军、兰德公司、联邦教育署，美国科学发展协会和卡内基公司等的资助下，一大批科学家、教学论专家和心理学家集合在一起，召开了著名的“伍兹霍尔会议”。布鲁纳的《教育过程》便是这个会议的总结报告，它成了“学科结构派”课程改革的“宣言书”。

布鲁纳的结构主义教学论思想主要体现在以下几个方面：

一、教学的目的：促进认知发展

布鲁纳强调这是现代教学论所应注意解决的重要问题。他认为，由于当代科技发展的迅猛形势，学生在学校所学的一定数量的知识技能已经远远不敷所用，因此通过教学就不仅要使学生掌握必要的知识和技能，更为重要的是要发展他们的智力，培养他们的能力，教学要“帮助每个学生获得最好的智力发展”，使之能够成为适应社会和科技迅速变化的需要，善于解决所面临的各种新问题的有才智的聪明人。布鲁纳所讲的知识是一种结构化了的知识，即“通过定义、原理、法则的形式重新组织教材，使每门学科的知识归结为基本结构”。在布鲁纳的教育思想里，学生智力的发展与能力的培养是个中心的概念，强调新时代应当普遍地注意教育的智力目的，通过教育促使人的智力发展，提高人的质量或素质。布鲁纳意识到当时美国统治阶级加强高级和尖端人才培养的强烈愿望，从理智主义出发，十分强调认知能力的培养。他甚至还把这样的教育目的同国家的安全或命运联系起来，认为“如果能够使我们所有儿童的智力都得到充分的发挥，就可以使我们这个处于工艺和社会异常复杂的时代的民主国家获得更好的生存机会”。据此，他十分强调要充分估计学生的智力发展水平，并主动促进其智力的发展或成长，要十分注意培养学生接受信息和处理信息的能力，即善于在接受信息后使之转化，加以组织、归类、贮存、再现和应用的能力，养成他们自动自主的学习和应变的能力。

二、课程内容：结构化

布鲁纳提出为使学生有限的接受能力在以后一生中得到充分发挥，变得更有价值，就必须研究教学内容；提高课程教材的质量，就应当教授各门学科的“基本结构”。他强调，任何学科中的知识都可引出结构，所谓结构，就是学科中基本概念、基本原理及其相互关系。“不论我们选教什么，务必使学生理解并掌握该门学科的基本结构”，要把这种基本结构放在设计课程和编写教材的中心地位，使它成为教学的中心，而这种基本结构可以归纳为各门学科的定义、原理和法则等，学生如果掌握了，便可以容易理解该门学科的内容，不仅可以记住知识，还可以获得新知识，易于举一反三，扩大对其他学科内容的理解，是通向“训练迁移”的大道，能够“学会怎样学习”。如果不学习好基本结构，那么从已学得的知识推广到他后来将碰到的问题，就非常困难；从激发智慧来说，不大有效果；所获得的知识多半会被遗忘。总之，从深远的意义上来看是不经济的。布鲁纳根据皮亚杰的发生认识论观点，认为儿童认识世界在不同的年龄阶段上都有他自己观察世界和解释世界的独特方式。课程的编制就是按照这个特定的方式去阐述那门学科的结构。因此，他主张用螺旋式方法组织编制各科教材，注意教材组织的心理化，使所编的教材符合儿童智力发展的进程和特点，学来易懂易记易于迁移，对具有参差不齐才能的学生都可起到促进智力发展的作用。他提出要由专家学者参加编写中小学各科教材，以便把学识的智慧带给初步学习的学生。布鲁纳要求把教材分成不同的水平，使之同学校里不同年级不同水平的学生的接受力配合起来，做到“使它既能由普通的教师教给普通的学生，同时又能清楚地反映各学术领域的基本原理”。

三、教学原则：心理化

布鲁纳在《论教学的若干原则》等有关文章中提出动机、结构、程序、强化四原则，认为这些是通过教学能否使学生最有效地获得知识技能和发展智力的重要规则，可为评估任何教学法或学习法提供标准或树立准则。(1) 动机的原则。他强调要注意儿童学习的心理倾向和学习行为的驱动力问题，认为那些具有自我强化作用的内在动机，如好奇的内驱力、“胜任”的内驱力和“互惠”的内驱力等，远比“奖赏”“竞争”等外在动机更为重要，因为以外在动机促进学习的作用很有限，而以引发内在动机促进学习所延续的时间长，效果好。为此教师就要充分利用由于学生本身需要而产生的那些内在动机，设法“激活”它们，使之具有明确的目的性或“方向性”，能够保持稳定。(2) 结构的原则。他提出，“一种结构的优越性取决于它在简化信息、产生新命题和增强知识可操作性等诸方面的力量，它也总是与学习者的状况与天赋有关”，认为结构就是把大量知识组织起来的方式，教学目的之一就是要促进学生对教材结构获得一般的理解，使他们掌握把许多事实、观念、概念有意义地联系起来的知识的整体，或知识之间的联系。(3) 程序的原则。认为应考虑不同年龄阶段儿童智力发展一般按动作、图像（或映象、肖像）、符号（或象征）再现表象程序呈现的特征，要注意呈现的经济原则，通过教学过程加快不同年龄阶段儿童智力的成长。他认为教学一般按照儿童认知发展的这些程序进行，教授各门学科的最好顺序应当按照儿童智力发展进程的这个程序来安排，而教材难度的大小在一定程度上就是同这种安排有关的。(4) 强化的原则。主张教师应当选择适当时机随时让学生知道自己学习的结果，提供反馈的信息，合理发挥“强化”的作用，强调应使学生逐步具有自我检查、自我“强化”的能力。布鲁纳上述四条教学原则主要是从心理学角度提出来的，这反映出布鲁纳用心理学来探讨教学论问题的独特视角。

四、教学方法：发现法

布鲁纳认为，学习的行为是由获得、转换、评价三个过程组成的，应当广泛使用“发现”法，使学生主动地、有兴趣地产生学习的行为，培养他们获得知识和创造发明能力。“发现是教育儿童的主要手段，在可靠的范围内，教学方法应当以引导儿童自己去发现“目标”。他认为，“发现”不限于只是寻求人类尚未知晓的事物的行为，也包括用自己的头脑获得知识的一切形式；科学家的发现和小学生的学习都是性质相同的智力活动，只是程度不同而已，等等。他强调学生应在教师启发下按自己观察事物的特殊方式表现学科的结构，借助于教材或教师提供的其他教材来亲自探索或“发现”事物，主动地概括应知应会的基本原理或规律性的知识。他要求教师仅向学生提供学习材料，而结论和规律应当让他们自己“发现”，认为这样的“发现”是促进学生学习的重要因素，教学中应用这种方法可以使学生成为“发现者”，增强他们的学习兴趣，促进他们的智力成长。“关于发现法的优点，布鲁纳概括了四点：提高智慧的潜力；使外来动机向内在动机转移；学会发现的试探法；有助于记忆。布鲁纳强调发现法的积极意义在于认识科学研究和学习过程的共同点，即都是主体研究客体的活动。

五、教师：不可替代的主导者

布鲁纳认为教师在教学过程中永远是主导者，他不仅是知识的传授者，还应是学生心智成长过程中的楷模，任何先进的教学辅助手段都代替不了教师应起的作用。为了使伴随探究的危险缩小到最低限度，为了使学习者不至于因探究活动失败而降低学习积极性，教师应该成为学生进行发现学习的积极引导者。教师要鼓励学生大胆猜想，促使学生的直觉思维向合理程度发展，但是布鲁纳也在多处强调指出，随着时代的进步，科技的发展，现代化教学手段的广泛应用，对教师的要求也越来越高。例如他认为要有效地利用电子计算机辅助教学，必须输入高质量的“软件”或编制合乎逻辑的科学的教学程序，而要做到这点，就必须在主观上作出更大的努力，必须不断深入钻研教材，提高各种知识水平，丰富教学经验等等，才有可能为进行良好的教学、收到理想的教学效果创造条件。在布鲁纳看来，教师作为教学活动的主导者，具有不可替代的作用，随着教学手段的改进和现代化，对教师的要求应该是提高了，而不是降低了。他的这一观点无疑是正确的。

布鲁纳对上述教学论领域的一些重要问题，用他所擅长的认知心理学派的理论为指导，进行了深入的研究，提出了有独创见解的主张，形成了颇具新时代特色的、有一定科学水平的结构主义教学理论。这在战后一度受到极大的推崇，甚至被人赞扬为在一定范围一定程度上，发挥了给各国教改提出方向和指针的作用。

布鲁纳的教育教学思想随着美国战后教改走过的曲折道路而有所变化，那就是，从积极主张搞课程改革，主要是中小学数理科教材改革以实现其新教学论即结构论主张起，转为冷静而更深入地思考如何解决新教学论所面对的主要问题，也就是如何更好地发展儿童的智力和能力，更全面地实现教改的目的问题，紧接着又转为密切注视美国社会发生的种种问题，探讨如何使教育教学工作更好地适应社会需要的问题，即教育和社会的相互关系的问题。布鲁纳教育思想的这一发展演变过程，无疑地是日趋正视美国社会各种现实问题、接触到教育的本质问题，因此应该说是日趋于进步的。

《教育过程》一书是布鲁纳于伍兹霍尔教改会议结束后，以自己的结构论思想为主导，综合学者专家们在会上发表的不同意见写作出版的一本成名作。它主要“按结构主义表达知识观”，“按照直觉主义表达研究认识过程”，阐述了课程改革的四个中心思想，即学习任何学科，主要是要使学生掌握这一学科的基本结构，同时也要掌握研究这一学科的基本态度或方法；任何学科的基本原理都可以用某种形式教给任何年龄的学生；过去在教学中只注意发展学生的分析思维能力，今后应重视发展直觉思维能力；学习的最好动机乃是对所学材料本身发生兴趣，不宜过分重视奖励、竞争之类的外在刺激。结构主义教学论在课程设计思想上，既不同于经验主义的课程设计论，也不同于以学科为中心的分科课程论，强调要学生学习各学科的“基本结构”，即各种基本概念、基本原理以及它们相互之间的规律和联系，强调使学生参与知识的建构、结构的学习过程，掌握知识的整体与事物之间的普遍联系，而不是掌握零星的经验或事物或知识的结论。在教学法思想上，强调应广泛使用“发现”法，教师要在教学中“尽可能保留一些使人兴奋的观念的系列”，“引导学生自己去发现它”；要求学生像数学家那样思考数学，像历史学家那样思考史学，亲自去发现结论和规律，使自己成为一个发现者。关于学习动机，认为这是使发现的学习能有效进行所必须注意的重要方面，但主张应激发学生的内在动机，否则用奖赏或竞争等外在动机的收效是有限的，也不能保持长久。由此出发，他主张围绕兴趣组织儿童的学习，引发其学习动机。布鲁纳认为应当基于儿童对所学材料产生积极主动的兴趣来引发其学习动机，在教学进程中努力把所要传授给学生的结构性知识作为他们自己思维的对象，使教学过程积极化，创造必要条件发展学生智力才能和进行创造性思维的能力。

布鲁纳的《教育过程》一书提出把学校各科教育重点转移到培养儿童的智力和能力上来，其课程改革思想无疑地是为美国解决教育所面临的问题提出了一个颇为吸引人的新方案。它既不同于传统教学论盲目强调系统知识的学习，又与实用主义教学论偏重经验学习的主张不同，而是把教学的着眼点放到解决现代人类开发智力资源的需要上来，因而具有突出的时代特色和很强的生命力，受到了极大的欢迎。然而人们发现，按照布鲁纳理论观点编写或改编的中小学各科教材，主要是数、理、化、生各科新教材，其共同特点是片面强调内容的现代化、理论化，轻视基本知识和基本技能的传授与训练，混淆学科和科学两者的界限，具有极端的理性主义色彩，脱离绝大多数教师和学生“教”与“学”的实际能力，因而并不能达到预期的教改理想，促使中小学教育与教学发生质的积极变化，而是相反，出现了学生学业成绩继续大面积下降的现象。这就不可避免地招致了越来越多的社会人士和青年学生的不满和指责，从20世纪60年代中期开始，一场强大的群众性的“恢复基础”运动便汹涌而起，矛头直指布鲁纳所倡导的上述课程改革实验，从而很快就宣告了美国战后不久，继续深入思考教育与教学领域在新形势下所面临的各种新问题。《教学论探讨》和《教育的适合性》这两本论著正是在这样的背景下先后问世的。《教学论探讨》收入的八篇文章是布鲁纳于60年代上半期用了约5年时间先后写出的。实际上是一位探索认识过程的学者试图掌握教育问题所作出的努力。其中《成长的模式》，着重从心理学角度提出了成长或智力发展的一些基本标准，认为一种成长的理论，如果不能阐明人类如何按顺序控制从动作到映象、到符号这三种表象系统的发展特点，是不会引起人们兴趣的理论；《教育是社会的创造力》，指出当前亟需思考教育上的种种变化，如对人的漫长成长过程、人的智力增长的性质、以及10年教育实验研究和社会迅速变化，向教育提出的新要求等在理解上逐渐深入的变化，从教育应是一种社会的创造力来看待人类处理和再现信息的智力发展过程，要把人类已经发展的三个平行系统，即操作的、映象的、符号的系统，看作发展过程的各个着重点进行研究；《本国语教学》，强调语言主要是一种思想工具，具有多种功能，与人的智能发展有着密切的关系；《人类学课程》，进一步阐述了他的课程设计论点，指出这门课程的设计实验研究仍证明，一门课程越是基本的，修习它的学生年龄越是幼小，确定培养智力的教学法目的也越重要。他强调，一门好课程所提供的智力训练或培养的诚实的学习态度和方法，同它所授予学生的知识一样重要，二者缺一都是不可能使它成功的。其他几篇，《一种教学理论的笔记》、《学习的意志》、《论适应与防卫》、《对课程制定与评价的回顾》等，也都是对教学论有关问题所作的理论和实际的探索。《教育的适合性》共收入九篇文章，前五篇主要对智力、认知、直觉和发现过程等问题作了剖析和探讨，后四篇则主要对文化环境等社会因素与人的认知发展成长之间的关系提出了自己的观点，在更大的范围考查了教育、发展、认知成长等等与社会的相关性问题。布鲁纳在《教育过程再探》一文里就已明确提到，教改所首先要求于人们的，“已不是改革而是革命”，“就紧要之处来说，起中介作用的工具将不是课程而是学校，甚至连学校也不是而是社会”；说现在人们已“不是凭借课程从内部去改革学校，而是要把学校全部改组以切合社会的需要”，教学“应更多地注意与社会面临的问题相关联的知识”；他已承认，第一次教改企图从自然学科的教学开始，随后将遍及其他学科搞课程教材内容现代化来实现教改的理想，“实在是‘天真无知’的”，“过于理想主义了”，等等。

布鲁纳的教学论思想并非完美无缺，1977 年，布鲁纳自己也曾感叹，《教学过程》所讨论的是“几乎不切实际的空想”。在教学实践中，以结构主义教学论为指导的课程改革失败了，它受到严厉的指责或长期冷落，这自然有众多的原因，然而这一理论体系自身所存在的一些缺点也不容忽视。

（一）片面强调课程的结构化

按结构主义教学理论设计的课程教材，由于片面强调知识的结构，内容不免过度理论化，抽象化，忽视与社会现实生活，与学生生活，以及与教师和学生“教”与“学”的能力的联系，因而并不能解决科学的课程论所应解决的这样几个基本问题，即如何按照学习者的基础水平和心理年龄特点，用学科这种形式使之顺利占有各科科学知识和技能的问题；如何处理好知识、技能与智力发展三方面之间的关系的问题；如何既重视学科本身的内在知识结构的关联性及各学科知识之间的质的区别性，又重视各学科之间存在的普遍联系和相互渗透现象，从综合化的高度考虑课程教材的体系问题；等等。此外，按此理论设计社会科学各学科也有困难，因为这类学科以世界观、历史观为基础，含有“爆炸性”的问题较多，资产阶级为维护本阶级利益所设的“禁区”随处皆是，实难找出它们的“基本结构”，即使同一门学科的学者也很难对该学科的知识结构保持一致的看法，也并非所有的学科具有明显的知识结构，成人所认为的知识结构对普通儿童来讲，可能使他们敬而远之，要让学生自己去发现它们的基本概念、定义、原理、法则或规律之类的东西自然也更难。

（二）忽视儿童认识过程的特殊性

布鲁纳明确提倡发现法来学习结构课程，强调儿童独立思考的重要性，从积极方面讲，有助于克服注入式教学，但若把发现法强调到一个不恰当的地位，要求学生都亲自去发现，就不可避免地影响教学进程，带有浓厚的“做中学”色彩。布鲁纳由于过分强调探索与发现的效用，常盲目反对机械识记、演绎教学和接受学习等等，离开教师应起的作用而单纯强调发挥儿童自主的主动的学习作用，夸大儿童学习的主观能动性，势必造成把“教”与“学”的双边活动变成单方或单边活动，实质上否定了学生认识活动客观存在的特点，直接影响到“发展学生智力、培养能力”这一教学目的的更完满实现。发现法对教师的要求很高，而教师自己不生产知识，没有作过原始发现，也就很难用发现法引导学生。布鲁纳提出“任何学科的基本原理都可以用某种形式，教给任何年龄的任何人”这一大胆设想，认为甚至小学四年级学生就能利用拓扑学原理做非常有趣的游戏，能发现一些新“步骤”或新“定理”等，这既无视教学过程基本上是一种特殊认识过程，学生所学知识主要是间接知识这样一些特点，也无视儿童学习本身有赖儿童个性、素质、才智、能力、年龄心理特点而异等等情况，势必违反教学客观规律，导致教学的失败。实践的结果也证明了这一点。后来，布鲁纳也承认说：“我们在谈到发现的方法，或把发现当作教育的主要媒体时，应该谨慎从事。”还说，“一个学生不能只凭发现法学习，犹如一个发明家不是一天到晚都在搞发明一样。”布鲁纳还甚至抱怨人们没有正确理解和运用发现法，他说：“这个原来为了突出自我指导与意向性的重要作用而阐述的发现的概念，已经变得与它所涉及的范畴不相干，转而以它本身为目的。某些教育家认为发现本身好像就有价值，而且自然就会有价值，竟不管它是什么样的发现，也不管它对谁起作用。”可见，布鲁纳到后来也认识到了发现法的局限性。事实上，发现法像其他任何一种教学法一样，其运用是有条件的。另外，很明显，他也没有或不够重视从整体观点将儿童作为一个完整的人来分析其全部心理活动特点。

（刘德华）

18

苏霍姆林斯基

（Василий Александрович Сухомлинский）

- 生平简介
- 名篇选读

  帕夫雷什中学

  把整个心灵献给孩子
- 思想评介

  苏霍姆林斯基的全面发展的教育思想

生平简介

瓦西里·亚历山德罗维奇·苏霍姆林斯基（1918～1970），苏联教育科学院通讯院士，世界著名的教育理论家和教育实践家。他当过小学教师，参加过卫国战争。1947年他被任命为乌克兰帕夫雷什中学校长。他领导全校教师，经过20多年的努力，将这所普通的农村十年制中学改造成了花园式的世界知名的“教育实验室”。他在自己丰富的实践和深入研究的基础上，不断地作出理论上的概括，终其一生，给人们留下了41部著作，600多篇论文和近1 200篇文艺作品。他的主要著作有：《中学校长——教育、教学工作的领导者》、《中学教育集体》、《帕夫雷什中学》、《把整个心灵献给孩子》、《给教师的一百条建议》、《全面发展的个性的培养问题》、《和青年校长的谈话》等。

名篇选读

帕夫雷什中学（节选）

教师应当不仅仅是教导者，而同时也是学生的朋友，应当和他们共同去克服困难，和他们喜忧与共。我们竭力把学生的集体生活组织得使学生不把道德行为，看作是教师为了实现他的想法而必须进行的一种练习，一种有意安排的行动。我们的社会主义道德与那种旨在压制积极性、倡导恭顺的资产阶级道德不同，它多方激励集体和个人的创造性、积极性和革命斗争精神。

年轻心灵厌恶有意的造作。对于学生来讲，高尚行为应当是非如此不可的事，应当出自集体内部关系的要求本身。对于孩子来讲，最好的教师是在精神交往中忘记自己是教师，而把自己的学生视为朋友、志同道合者的那种教师。这样的教师连他学生内心最隐秘的角落也都很了解，因而他口中的话语便成为能在年轻的、正在形成中的个性上起作用的有力武器。创设那种能激发道德行为、道德行动的情境，恰恰就是要靠教师对学生精神世界的敏锐理解。教师的这种品质对于少年教育，尤为重要。在少年教育中产生困难的、最重要的原因，就在于教育行动以赤裸裸的方式出现在他们面前，而人在这种年龄从本性上就不愿意被他人教育。(第6页)

大家知道，最完备的社会教育就是学校—家庭教育。家庭以及存在于家庭中的子女与家长之间的相互关系——是智育、德育、美育和体育的第一所学校。父亲、母亲、哥哥、姐姐、爷爷、奶奶都是孩子在学龄前时期的首批教育者，乃至他们上了学依然还是。家庭生活中精神和道德美的财富——既是在家庭条件下、也是在幼儿园和学校里顺利教育孩子的极重要的条件。孩子7岁入一年级，但最好让他从5岁、也就是在开始学校教育两年之前就处于学校的教育影响之下。我校教育集体认为，孩子在2~7岁期间所处的道德、智力和审美环境十分重要。在孩子生活之初的头几年里，在他的发展中起决定作用的是他周围的人，以及丰富的、多方面的人的关系。科学上已知道32个孩子在童年早期被不同的野兽夺去养育的事例。被救回到人类社会的这种“野”孩子，没有一个能被造就成一个完全合格的人。这是因为他们童年的最初岁月没有在人中间度过，在他们对外界影响最敏感的时期未能认识人性关系。这可以说是提供了能够借以弄清人类教育过程实质的唯一的一种事实。它无可辩驳地说明，人的年龄越大，就会变得越保守、越不易教育。自然本身就为教育孩子划出一段他们神经系统的一个成长幼年期；这个时期一旦错过，日后便无法弥补。然而，即使在人类社会中也并非所有的儿童，都能在这个时期受到极其丰富的全部人类关系的影响，而这却是可以使儿童的心理、他的智力、思维、意志、情感和性格得到充分发展的唯一保证。所以我们认为在教育方面非常重要的是，要让每个幼儿——未来的小学生能够在人类关系中最大限度地得到他能够得到、发觉到、看到和感受到的一切。我们是通过向家长普及教育知识来做到这一点的。

施行学校—家庭教育不仅可以很好地培养年轻一代，而且还可以使家庭和父母的道德面貌完美。没有对子女的教育，没有父母对学校生活的积极参与，没有成人与孩子之间经常的精神上的接触和相互充实，就不可能有作为于社会基层单位的家庭本身，不可能有学校这个最重要的教学教育机关，也不可能有社会在精神上的进步。(第6~7页)

学校教育的理想是培养全面和谐发展的人、社会进步的积极参与者。全面和谐的发展意味着劳动与人，在各类活动中的、丰富精神的统一，意味着人在品行上以及同他人相互关系上的道德纯洁，意味着体魄的完美、审美需求和趣味的丰富，及社会和个人兴趣的多样。能力与需求的协调赋予人的充实的精神生活，可以使他体会和感受其中的幸福。和谐的发展意味着人显示为：第一，是社会物质生产领域和精神生活领域中的创造者；第二，是物质和精神财富的享用者；第三，是有道德和文化素养的人，是人类文化财富的鉴赏者和细心的保护者；第四，是积极的社会活动者、公民；第五，是树立于崇高道德基础之上的新家庭的建立者。

和谐全面发展的核心是高尚的道德。集体中的生活、劳动、学习和相互关系——所有这一切，我们都竭力使它都受到崇高道德理想的鼓舞。我们总是力求做到，使“人对人是朋友、同志和兄弟”这个原则在少先队和共青团的生活中得到尽可能充分的贯彻。

要实现全面发展，就要使智育、体育、德育、劳动教育和审美教育深入地相互渗透和互相交织，使这几方面的教育呈现为一个统一的完整过程。学校教育给予学生的和学生给予社会的一切，其最终目的是一致的，那就是：培养具有清醒的理智、高尚的心灵和灵巧的双手的人，能以尊重态度对待其他社会成员的，善于珍惜、爱护和尊重他人的劳动、精神尊严、智慧和优美之点的人。所以，智育的目标不仅在于发展和充实智能，而且也在于形成高尚的道德和优美品质，即具有为人们贡献自己知识的意愿、勤劳以及对大自然和社会生活的美感。学生不只是人类所创造的财富的享用者和鉴赏者，而且也是新财富的创造者，这些新财富又以某种方式提供给社会，造福于他人。

劳动与智力生活的结合对于人的全面发展非常重要。发扬创造精神，进行钻研，开展试验活动，根据科学技术成就改进劳动——这是学校集体精神生活的一个很重要的特点。孩子在干中思考，也在思考中干。在劳动过程中进行创造性思考乃是能热爱劳动的源泉之一。我校全体教师认为，极为重要的教育任务是，让从学校投入生活的人都具有较高的劳动素养，不仅能创造物质财富，而且也会革新劳动。(第 8 ~ 9 页)

每个学生的才能和天赋都可在教育过程中得到发展。日后，一些人将成为科学家、思想家、艺术家，另一些人将成为工程师、技师、医生、教师，又一些人将成为钳工、车工、农业机械师，但是有一个共同特点会使他们很相似，这就是智慧和创造性在劳动中起主导作用。钳工和车工、电气装配工和建筑工、畜牧工和植物栽培工的创造性，与数学思想家或设计师、作曲家或画家的创造毫无二致。开发每个人的天赋和才能，使他享受到为社会、为人民的幸福进行饶有趣味的、充分发挥了智力的创造性劳动的幸福——这就是学校的任务。注意每一个人，关怀每个学生，并以关切而又深思熟虑的谨慎态度对待每个孩子的优缺点——这是教育过程的根本之根本。

学生集体中的兴趣、爱好、才能是多种多样的，丰富多彩的。切不可硬让这种丰富多彩的多样性迁就某种统一模式。实践证明，那种按全校学生都学习同一专业的方式、设置高年级生产教学课程的做法是不正确的。生活表明，要把普通教育同职业化结合在一起的意图是有害的，它会导致普通教育水平的降低和在掌握专业上的不求甚解态度。普通中学是综合技术学校，它的主要任务是：授给学生深刻而又巩固的科学基础知识，教会他们能了解现代生产的一些最主要的部门；把理论知识同实际技能结合起来，以便最充分地显示个人的天赋、才能和倾向。

人的全面发展同掌握高深的知识、同积极的社会活动和劳动活动、同任意选择职业的可能性联系着。所有这一切都要求个人兴趣与社会需要相结合，职业则应适合于人的天赋和志向。这里，我们做教师的负有重大责任。我们认为，要使人的个性得到充分的发挥，就要让他从事他喜爱的劳动，而且，他越深入到这种劳动中去，他的能力和天资就会得到越好的发展，他的生活也会更加幸福。

马克思写道："……人的不同志趣和才能为自己选择到适宜的活动范围，如果没有限制，在任何地方都作不出重要的事情"。①我们认为，我们的任务在于，让我们的每个学生都能在少年时期或青年早期，就能有意识地找到适宜于自己志向的事，就能施展自己的才能，就为自己选好那条足以使自己的劳动达到高度技艺和创造水平的生活道路。在完成这项任务中最主要的是，要在每个孩子身上发现他最强的一面，找出他作为个人发展根源的"机灵点"，做到使孩子在他能够最充分地显示和发挥他天赋素质的事情上，达到在他的年龄可能达到的卓著成绩。同时，凡在此种情况下，对活动内容的加深及范围的逐步划定，则都要在人文知识和珍贵美学文化的宽广背景上进行，而绝不意味着早期的专业化，不是在学校里就预先决定专业的选择。(第11~12页)

教师集体特别注意的一件事是，对那些喜好某种智力活动（或艺术活动）的孩子去做个别工作。在组织课堂的教学方法中、在课外工作的手段中、以及在集体精神趣味的培育中——处处都要施以特定方向的教育，这就是，要使那些将来可能会成为科学家、思想家、作家、艺术家的学生的天资得到发展，智慧和创作才能得到培育。教师的技巧在于善于察觉儿童的天赋，善于确定足以使他施展他的智力和创造力的领域，并向他提出一些在完成中要克服某些困难，从而促使他的才能进一步发展的那种任务。我们努力设法使学生在课外时间能过丰富的智力生活，并使这种生活能影响集体在精神上的发展，提高全体学生的智力水平，并发展天资较低的学生的才能。

拥有可以自由支配的时间，是个性发展的一个重要条件。孩子的素质和天资，只有当他每天都有时间从事自行选择的、喜爱的劳动时，才能得到发挥。因此，我们认为，给学生提供空余时间就是

① 马克思恩格斯全集．第23卷．北京：人民出版社，1972．404

创造宝贵财富。这里也包括这样一点，即把靠减少掌握大纲教材所花费的功夫而增加空余时间，也视为改进课堂教学过程的目的之一。我们给自己的教育工作定了这样一条常规：学生应当拥有同花费在学校课堂上一样多的空闲时间。这在学龄晚期尤为重要。

自我教育是学校教育中极重要的一个因素。我们组织学生的生活，总是设法让他们把那些能显示智力、道德和意志力的活动时间，尽可能多地用在每个学生感兴趣的、能促使他产生新的兴趣和要求的自愿活动上去。

教育者和被教育者集体的多方面的精神生活——他们的劳动、道德、智力和审美能力的发展及社会活动——不只是学校教师和校长施行教育领导的对象，而且也是一种教育力量。教育技巧恰恰就在于善于激发这种力量，使它活跃起来，并在日后引导它。在这种情况下，学生的精神生活可以达到如此高的独立程度，以至于不仅忘记教师是年长的一辈，而且忘记他是教导者。

大家知道，任何一种教育现象，孩子在其中越少感觉到教育者的意图，它的教育效果就越大。我们把这条规律看成是教育技巧的核心，是能够找到通向孩子心灵之路的基础，是能够那样去接近他，以至于达到使吸引他投入其中的任何一项活动，对于他都成为需求和迷恋向往之事，而教师则成为他的同志、朋友和志同道合者的这种境地的基础。一个学校领导人对这种技巧掌握到何种程度，决定着整个学校生活的教育目的性如何，这也是校长得以把教师们在教育上所作的努力统一起来的保证所在。这种技巧同对儿童的爱、全面的学识以及一般素养和教育素养结合在一起，乃是成功地领导教师集体的最主要的条件。

自我教育，是学生在认识周围世界——大自然、劳动和社会生活的同时，也认识自己，在以最高标准——共产主义道德准则的眼光评价自己的见解、行动和品行。

没有足以使儿童、少年和青年感动、钦佩、赞美、受鼓舞的榜样和理想，就不能想象有自我认识和自我肯定。受榜样的鼓舞，对榜样的钦佩，可以使人奋发向上，唤起对自身的思考，教育人看到自己的优缺点。学生便开始自觉地考验自己的意志和精神力量，如同在检验自己一样。

正处于从童年向少年时期过渡的精神发展的这个阶段，要求教师和校领导具有很细心的关注态度、恰如其分的分寸感和对学生人格的高度尊重。少年们不仅希望从组织方面支配他们集体的活动，而且也希望支配涉及思想、情感和感受的精神过程。要十分关切地对待少年内在的精神世界，不可粗暴地把自己的意见强加于他们，要耐心地听取他们的意见（有时甚至是错误的意见），要以平等待人的态度参加他们的争论。

对自我教育的指导是一项非常细致和需要耐心的工作，其意义在于，在童年和少年时期就应当教会人迫使自己付出辛苦，遵守一定的制度，克服各种困难和克服自己的弱点。还应当使学生认识到：并非一定要在非常环境下才能检验自己的意志力，人可以经过积极的努力，在平常的生活条件下创造不同寻常的事迹，可以在平凡的劳动中、在克服困难中、乃至在同自身弱点的斗争中成为意志坚强的人。（第 13 ~ 15 页）

教育是在一定程度上独立于教学的特殊过程，它最主要的任务是培养意识，也就是形成世界观、道德和审美方面的概念、观点、信念，以及多方面的含有道德意义的行为动机。

形成意识，就是变知识为个人信念、个人对真理获胜的关心。

学生在积极的活动过程中认清真理、并深深倾注了理性、道德和审美情感时，便形成信念。这样，不仅会使他的那些思想显得崇高和变得十分鲜明清楚，而且会由这种思想来决定他自己的心灵和行为的崇高和美。这个过程是自我教育极其重要的一个方面。我们总是竭力把集体的精神生活组织得使思想尽可能深地掺入意识，支配每个学生的情感和意志，成为指引他个人生活的灯塔；而当学生为新的思想所支配并力图将它付诸实践时，学校的生活环境就应当促进他的积极行动。

积极的活动、行为、劳动及克服困难的斗争，都是坚定信念的最重要的先决条件。不论在教学过程中向学生阐发的那些科学真理距离日常的生活实际有多么遥远（如宇宙空间和时间的无止境，有理性的生物在其他星球存在的可能性等），我们仍然力求把他们的智力生活引导得使那些似乎远离生活实际的知识资料服务于他们的现实兴趣，激发他们做好事的愿望和为真理的胜利而贡献全副力量的意愿。

在掌握科学知识中形成意识，就要把个人精神生活的各个部分、特别是情感都投入认识过程。学生赞赏那些为科学宇宙观的胜利而斗争的人们的伟大、刚毅和精神美，由此激起深入认识周围世界的愿望。他开始细心地观察各种现象、事件和人们的行为。结果，他不安地认识到世上还有许多同人的崇高名字不相称的事，认识到不仅要消灭社会的不公正现象、战争、原子自我毁灭的威胁，而且还要清除我们日常生活存在的一切因循守旧、庸俗丑陋的恶习。这些思想会激发青少年做出某些行动，通过某种方式表达他对待世界的积极态度。

教育集体和每个教师都要特别关心的问题是，要对那些在学习过程中和社会生活中，学生认识到的善与恶作出明确的思想政治评价。我们的理想是，学校培养的人要具有公民的觉悟、科学的世界观并能在与邪恶相对抗时表现出勇敢顽强精神……同现代世界密切相联系的知识对于学生变得宝贵起来。他珍视这些知识，把它们看作是个人的精神财富，并要捍卫它们。他愿为祖国的荣誉和尊严而奋斗。他以自己的劳动为祖国而奋斗。

当学生能够利用知识获取新的知识、扩大眼界并能对他在劳动和社会活动过程中及精神生活中碰到的许许多多问题独立地自行找出答案的情况下，知识就能成为信念。

对于形成信念非常重要的是，要让在学习必修大纲中获得的知识，能通过课外补充阅读科学读物得到扩充和加深。这种阅读可以使孩子获得比大纲要求得到的还要多的知识，可以开阔他的眼界，使他日后的学习变得更容易，因为这会使他产生新的智力上的需求。而在阅读过程中或通过实验要了解、解释、考察和深入探索这个或那个问题的需要越多，学生的精神生活就越丰富，他的科学唯物主义信念就越深切。(第 15 ~ 17 页)

学校的中心任务之一就是培养道德的、理性的、审美的高尚情感。所谓高尚情感，这首先就是爱祖国、爱人民、爱劳动、爱文化，尊重本国每个同胞和世上每个诚实人的人格，对劳动人民的友爱、同志和兄弟情谊，认识和改造世界的快乐，以及对人类创造的文化财富的无私享用。一个真正的人不能设想没有善良情感。实际上，教育就是从培养真诚的关切之情——即对周围世界所发生的一切都会由衷地做出思想和情感上的反响——开始的。真诚的关切——这是和谐发展的一般基础，在这个基础上人的各个品质——智慧、勤勉、天才——都会获得真正的意义，得到最光辉的发扬。(第 17 页)

我们认为，使学生养成良好习惯和预防不良习惯，是一项重要的教育任务。

良好习惯首先涉及劳动和集体中的相互关系。我们把良好习惯的形成同情操、而且一般同孩子的情感生活联系起来。我们组织儿童的生活和劳动，总是要让确立良好习惯所需要的活动能唤起和加深他们乐观愉快的情感，能在他们的心灵上留下某种愉快的痕迹。美感动机会把天天重复的劳动变成精神需求，也只有当人感觉到、体验到这种需求时，他自身的意志力才会成为自我教育这个巩固良好习惯的最重要因素的源泉。

变为学生习惯的日常劳动活动越多，他们新的道德品质的进一步发展以及新的兴趣、要求和需要的形成的前景就越广阔。这样一来，教育者面前便展现出发挥他所教育的每个人的个人才能和天赋的无限可能性。(第 20 页)

一个好教师意味着什么？

第一，意味着他是这样的人，他热爱孩子，感到跟孩子交往是一种乐趣，相信每个孩子都能成为一个好人，善于跟他们交朋友，关心孩子的快乐和悲伤，了解孩子的心灵，时刻都不忘记自己也曾是个孩子。

第二，一个好教师是这样的人，他精通他所教的科目据以建立的那门学科，热爱那门学科，并了解它的发展情况——最新的发现、正在进行的研究以及最近取得的成果。除此以外，本人若能热心于本门学科正在探讨的问题，并具备进行独立研究的能力，这样的教师则可成为学校的骄傲。一个好教师应具备比中学教学大纲的规定多许多倍的知识。教学科目对他来说只是科学的基础知识，深湛的知识，广阔的视野，以及对科学问题的浓厚兴趣，这一切都是教师用以引起学生对知识、学科、学习过程的兴趣的必备条件。教师的知识越深湛，视野越宽广，各方面的科学知识越宽厚，他就在更大程度上不仅是一名教师，而且是一位教育者。对于低年级教师来说，重要的是不仅要具备多方面的知识，而且要对某门学科和某方面的知识具有特殊兴趣。

第三，一个好教师要精通心理学和教育学，懂得而且能体会到，缺乏教育科学知识，就无法做好孩子们的工作。

第四，一个好教师要精通某项劳动技能，并且是这项工作的能手。十分重要的是，学校里要有出色的园艺家，有醉心于机器的人，有电工技术专家，有细木工，有喜欢教学实验园地作业的植物栽培家。一所好学校里，每个教师都应当有从事某项劳动的热情。(第 44 页)

教师，这是学生智力生活中第一盏、继而也是主要的一盏指路灯；是他在激发学生的求知欲，教会他们尊重科学、文化和教育。

多年的经验向我们证明，有效地开展学生全面发展工作的一个最重要的条件，就是教师集体要有丰富多彩的智力生活，要有多样化的兴趣、广阔的眼界、顽强的钻研精神和对科学新事物的敏感性。

集体的智力财富是由各个人的智力财富汇集而成的。学校及学校所从事的一切活动赖以确立的基础，就是每个教师的多样化的知识、丰富的智力生活、宽阔的眼界和在学识上的不断提高。教师在他大学毕业 3～5 年以后所拥有的知识，应当比他工作头一年时多 3 倍、5 倍乃至 10 倍。否则他的学生定将蒙受呆读死记之苦，从而趋于愚钝，因为，由于教师缺乏竭求知识的强烈愿望，致使教学不仅失去光彩和热情，而且变为他的苦差和重负，这就会使学生的求知乐趣丧失殆尽，智力上的禀赋和才华遭到扼杀。学识的增长，知识的不断丰富、更新、补充、加深和完善，这是一般教师，特别是那些已有 10 年、20 年、30 年教龄的教师的致命问题。思想“僵化”对这类教师的威胁不亚于、甚至有时更甚于年轻教师；防止这

种现象是一个事关集体的重大问题。(第47~48页)

这里想给校长们提几点建议。不论教师面临的任务多么紧迫，都不能一蹴而就。不论是教育战线的新手、还是有些经验的教师，对于校长来说，重要的是辨明他的能力、他的教育素养和一般素养、他的眼界和学识。重要的是怎样更好地防止课堂上出现各色各样的缺点和错误。听过头几节课之后就应作出结论，为改进这位教师的工作质量都需要做些什么。

个别工作的成效主要取决于，教师怎样借助于校长的意见和建议去掌握独立分析自己的成绩、缺点、失误的方法。在我校，意见和建议的性质乃至语气全都符合这个目的，这些意见和建议都产生于跟教师一道对教学过程的共同分析。每堂课上都会揭示出某种新问题，思想也会深入到在此之前一直不易察觉的细节中去。重要的是，要使校长的思想也能吸引教师，使校长和教师为共同的探索所激励，成为教育过程的共同研究者。最有经验教师绝不应当在已经取得的成绩上停步不前，因为不继续前进，就必然要落后。

在做有经验教师的个别工作时，校长的任务在于跟他一起（往往由于教师的能力比校长强），去寻找一个可以从那里开始进一步完善教学技巧的创造领域。完善教学技巧，这在我们的工作中是没有止境的。

如果你在做年轻教师的工作，那就要在开始时向他展示一些教学技巧，哪怕是一点一滴也好。但正如砧木里的汁液没有开始畅流之前，嫁接在上面的幼芽就不会复苏一样，想借鉴好经验的人在尚不具备借鉴这种经验所必备的条件，即不具备一般文化素养、相应的眼界、教育学和教学法知识，以及理解儿童精神生活的能力以前，好经验是不会开花结果的。为教师创造这些条件要比让他看到现成的经验并做到使他清楚地理解这种经验的实质还要困难。(第103页)

智育（智力的培育）是共产主义教育的一个重要环节。它包括获取知识，形成科学世界观，发展认识和创造能力，养成脑力劳动的技能，培养对脑力劳动的兴趣和要求，以及对不断充实科学知识和运用科学知识于实践的兴趣和要求。

智育是在获取科学知识的过程中进行的，但又不能仅仅归纳为一定知识量的积累，只有当知识在变为个人信念，变为人的精神财富，从而影响到他生活的思想方向和他的劳动、社会积极性及兴趣的时候，知识的获取过程和知识的深化过程才能成为智育的要素。世界观的形成乃是智育的核心。

马克思写道："……个人的真正的精神财富完全取决于他的现实关系的财富……"① 智育意味着用社会的一切精神财富充实学生的头脑；这种充实乃是学校教学教育过程与社会生活的和谐结合。

马克思说过，人们的智慧总是以种种无形的纽带跟人民的机体联系着。正在形成中的人的智力吸取着人民的意识和心理，人民的信念和传统，以及它的理智的、道德的、美学的文明。

教学是智育极重要的手段。教学过程中的智育成效取决于这样一些因素：学校全部精神生活的丰富；教师精神上的丰富、宽广的眼界、渊博的学识和文化素养；教学大纲的内容；教学方法的性质；学生在校和在家智力劳动的安排。

教学过程中要实现智育的主要目的——发展智力。A.П. 平克维奇写道："我们应当竭力培养灵活的、活跃的思维，即反映自然本身运动的思维"。② 就像人不识字就无法看书一样，没有智力的发展，没有灵活、活跃的思维，也就不可能有智育。

那末怎样实地实施智育呢？任何时候也不能忘记马克思所提到的那些现实关系的财富。只有当学生为多方面的智力兴趣和要求的气氛所包围，当他与周围人们的交往中充满求知精神的情况下，他才能得到智力上的培养。关心整个学校生活的智力财富，乃是符合要求的智育的决定性条件。

每个教师都应当成为学生智力的得法的、有头脑的培育者。只有当教师不把知识的积累和知识量的扩大视为教学过程的最终目的，而只是当作发展认识和创造能力，以及喜好钻研的灵活思考能力的一种手段的情况下，才能在教学过程中实现智育。在这样的教

---

① 马克思恩格斯选集．第1卷．北京：人民出版社，1972．42

② A．П．平克维奇．教育学绪论．莫斯科，1930．58

师手下，学生所获得的知识是一种工具，学生借助于这个工具可以在认识周围世界的过程中自觉地迈出新的步子。在这种情况下，把已经掌握的认识方法转用于新的认识对象，便成为学生的思维活动规律。以后他们就可以独立研究新的现象、过程、事件的因果关系了。因此，学习自然科目时的生产劳动、考察工作和实验活动，以及学习人文科目时的独立研究生活现象、钻研图书资料、进行文艺创作尝试，便成为最重要的智育因素。

人之所以需要受到智育，这不仅是为了让他能在劳动中运用知识，而且也是为了充实精神生活——为了善于珍惜文化艺术财富。不应仅从劳动中实地应用知识的角度看待教养内容。近些年在某些文章中，流露有学校教学和教育唯智化的思想。有人就对“智育”一语害怕起来。这种情况，形象地说，不过是令人遗憾地也波及了国民教育的那股欠考虑的“改革”浪潮上的一片浮沫而已。智育过去和将来都永远是教学教育过程的一个主要环节。（第256~257页）

摘自：苏霍姆林斯基著，赵玮，王义高等译．帕夫雷什中学．北京：教育科学出版社，1983

把整个心灵献给孩子（节选）

儿童就其天性来讲，是富有探求精神的探索者，是世界的发现者。那么就让那个绝妙的世界在鲜明的色彩中、在嘹亮颤动的音响中、在童话和游戏中、在自己的创作中、在激动他的美景中、在为人们做好事的意愿中展现吧。通过童话、幻想和游戏，通过儿童独特的创作——这才是通向孩子心灵的正确道路。我要那样去引导孩子们进入周围世界：使他们每天都能从中发现一点什么新东西，使我们所走的每一步都成为走向思维和语言的源泉、即走向大自然绝妙美景的旅程。我要关注的是，让我所培育的每一个孩子都成长为会思考、会探索的有智慧的人，让认识过程的每一步都使心灵变得更高尚，使意志炼得更坚强……

儿童在给周围世界增添各种幻想形象、虚构这些形象的时候不仅能发现美，而且还能发现真理。没有童话、没有活跃的想象，孩子就无法生活；没有童话，周围世界对于他就会变成虽说是美的但却是画在画布上的画了；童话却能赋予这幅画以生命。（第 32 ~ 33 页）

我们的教育学经常忘记，学生学习期间的大半时间首先还是个孩子。教师在往孩子头脑里填塞现成说法、结论和论断时，常常甚至不给儿童机会去接近思想源泉和生动语言的源泉，把想象、幻想和创作的翅膀给束缚了起来。孩子由一个活泼、积极、好动的人变成一部记忆的机器……不对，这是不应该的；不能用一堵高墙把孩子同周围世界隔离开；不能让学生失掉欢快的精神生活。孩子只有生活在游戏、童话、音乐、幻想、创作世界中时，他的精神生活才有充分价值；没有了这些，他就是一朵枯萎的花朵。

当然，学习不可能是轻松的游戏，不可能是纯粹的和经常不断的娱乐。学习首先是劳动，但是在组织这种劳动时，要照顾儿童在他智力、道德、情感和审美能力发展各个阶段中的精神世界的特点。儿童的脑力劳动与成人不同。对于儿童来讲，掌握知识这个最终目的不可能像成人那样成为他付出智力方面努力的主要动力。学习愿望的源泉在于儿童智力劳动的性质，在于思想的情感色彩，在于理性的体验，如果这个源泉涸竭了，任你用什么办法也不可能让孩子坐下来念书。（第 78 页）

我讲讲小家伙们是怎样学习读和写的。敬爱的读者，请不要把这里所讲的东西当作识字教学的新方法来看待。我没有去思考我们所进行的创造（这确实是孩子们的创造，是有助于教学的教育工作）的科学根据，也不认为它能在某种程度上取代那些经过几十年检验的识字教学的方法。这种创造产生在田野和草场上，在树荫下和草原热风的吹拂中，在夏日朝霞升起和冬天黄昏到来的时刻。

我已经思考过不止一年：在初入学的日子里读和写对于孩子变成那样困难、那样无趣而又恼人，在通向知识的艰难道路上孩子又要遭遇那样多的失败，而这一切就是由于学习变成纯粹跟书本打交道的缘故。我看到过孩子怎样在课堂上费力地辨别字母，这些字母怎样在他跟前跳跃，汇合成无法辨认的图案。同时我也见到过，当识字教学具有某种趣味、同游戏相结合，而且特别重要的是当谁也不要求孩子“你必须记住，学不会你就当心”的时候，孩子们多么容易记住字母，并且用它们拼成词。

从学校生活的最初日子起，在艰难的学习道路上孩子面前就要出现一个偶像——分数。对于有的孩子，它是和善的，宽容大度的；而对于另一个则是严厉的铁面无情的。为什么这样，为什么袒护一个人而折磨另一个人，孩子不理解。因为，7 岁的小孩还不能理解评分是取决于自己的劳动，取决于个人的努力的，这是他暂时还做不到的。他要设法去满足或者（在最坏情况下）去欺骗偶像，并逐渐习惯于不是为自己的乐趣而是为分数学习。我绝不是说要把分数根本驱逐出学校。不是，没有分数不行。而是要等到孩子已经懂得了自己的智力劳动质量要取决于自己在学习上所付出的努力这个道理的时候，才在他身上使用分数。

依我看，对小学评分的最主要的要求，就是它的乐观主义和富有乐趣的原则。分数应当是奖励勤奋的，而不是惩罚懒惰和懈怠的。如果教师把 2 分和 1 分当作可用来抽打懒马的皮鞭而把 4 分和 5 分当作糕点的话，那么孩子很快就会连皮鞭和糕点一起都痛恨不已。2 分和 1 分——这是十分锐利和精细的工具，聪明而又有经验的低年级教师总是备而不用的。也可以说，这件工具存在于小学，就是为了任何时候都不动用它。教师在教育上的英明就是要让孩子任何时候都不失掉信心，都不使他感到他什么都弄不好。每次作业都应当成为学生的一个哪怕是微小的进步。（第 90～91 页）

课后，孩子们在家里休息。尽管采取种种措施使儿童不致因课内的脑力劳动而感到过度疲劳，但孩子们还是非常疲累的，课后，他们应当休息。多年的经验使我深信，下午，学生一般不应当进行像在学校中那种紧张的脑力劳动。尤其不能让低年级的孩子负担过重。如果在学校里进行了三四小时的脑力劳动之后，孩子在家里还进行这么紧张的劳动，那么不用多久，他就会筋疲力尽。

不留家庭作业是办不到的。应当教孩子集中注意力，进行紧张的脑力劳动。但这首先应当在课内做，逐步培养独立进行脑力劳动的习惯。孩子不容易学会全神贯注地进行工作。经验丰富的教师并不依靠某些特殊影响学生的方法，而是以上课的内容把学生的注意力“拴”到自己的故事、解释和讲述上来。(第 144 页)

给儿童以劳动的欢乐、取得学习成绩的欢乐，在他们的心中激发自豪感、自尊心——这是教育工作的头一条金科玉律。在我们的学校里，不应当有不幸的儿童——那种被什么也干不了的思想折磨着心灵的孩子。学习取得成绩乃是孩子产生克服困难的动力和学习愿望的内在力量的唯一源泉。

如果孩子没有了学习的愿望，那么我们的全部计划、探索和理论就都化为灰烬，化为死气沉沉的木乃伊。儿童学习的愿望只能同学习成绩一起产生。似乎得出了这么一种似是而非的议论：为了孩子取得成绩，就要他不在成绩上落后。然而这并非似是而非的议论，而是脑力劳动进程的辩证统一。只有当掌握知识过程中取得成绩而产生欢欣鼓舞的心情的时候，才能出现学习的兴趣；没有欢欣鼓舞的心情，学习就成为孩子的沉重负担。我倒很想把埋头苦干称作欢欣鼓舞乘以孩子认为他一定能取得成绩的信心。(第 204 页)

我尽力使每个孩子逐步补充自己的图书，使阅读成为孩子最大的精神上的需求。在孩子们上小学的头两年中我就已做到使每一个家庭都有了藏书。在一些家庭里，藏书超过了 500 册，在另一些家庭里，要少一些，但每家的藏书都要逐月增加。如果一个月之中家庭藏书连一本也没有增加的话，那我就认为这是一个令人不安的现象。

自我教育和个人的精神生活是从书本开始的。在教育过程中总有这么一个时刻，始终小心翼翼地拉着自己学生的手，领着他前进的老师终于认为可以放开他的手对他说：“你自己走吧，去学习如何生活。”决定走这一步，要有高度的教育学水平。为了培养一个人能在精神上独立生活，必须把他引进书的世界。书应该成为每一个学生的良师益友和明智的教导者。我认为使每一个学生在小学毕业时能向往单独与书相处——向往默想与沉思——是一项重要的教育使命。单独与书相处并不意味着孤僻。这是思维、情感、信念和观点的自我教育的开始。只有当书作为精神上的需要进入幼小者的生活时，这样一个开始才有可能。(第248页)

劳动要成为一种巨大的教育力量，就是必须成为我们的学生精神生活的需要；能给他们带来团结友爱的快乐；能促进钻研精神和求知欲的发展；能在克服困难之后，产生激动人心的欢乐；能在周围世界里不断发现新的美好事物；能唤起初步的公民义务感——人类生活必不可缺的物质财富的创造者的感情。

劳动的乐趣是一种巨大的教育力量。每一个孩子都应当在童年时代深深体验这种高尚的情感。(第298页)

只有那些善于努力工作和知道什么是汗水、什么是疲劳的人，才能领略这种快乐。童年不应该总是沉浸在节日之中——如果没有孩子力所能及的紧张的劳动，他是不会懂得劳动的幸福的。劳动教育的最高要求，就是要在孩子们心中树立起劳动人民对待劳动的态度。劳动不仅是人们生活所必不可少的——没有它，人的生存是不可想象的；而且，是多方面显示个人精神生活和精神财富的一个领域。人们纷繁多样的相互关系也在劳动中展现。如果孩子体验不到劳动的美，要培养他热爱劳动，那是不可能的。人们把劳动看作是个人自我表现和自我肯定的最重要的方式。常言道：人不劳动，即成行尸走肉。使每个学生的自尊感和自豪感建筑在劳动成果的基础上，这是一项重要的教育任务。(第301页)

摘自：苏霍姆林斯基著，唐其慈，毕淑芝等译．把整个心灵献给孩子．天津：天津人民出版社，1981

思想评介

苏霍姆林斯基的全面发展的教育思想

在20世纪世界著名教育家行列中，苏霍姆林斯基是一位普通乡村中学的校长，工作岗位十分平凡，但他在培养全面和谐发展的人才方面成绩卓著。在帕夫雷什中学这所普通乡村学校，苏霍姆林斯基实践他的教育信念，抒写他那生动感人的教育诗篇。在这里，他度过了他的大部分教育生涯。《帕夫雷什中学》一书，正是“根据笔者个人经验写成，在某种程度上是笔者在帕夫雷什中学任教33年（其中22年任校长工作）的总结。”①

培养全面和谐发展的人——这是贯穿在《帕夫雷什中学》一书的主题。事实上，这也正是苏霍姆林斯基终生潜心探索的主题，是他的重要教育信念。他说：“学校教育的理想是培养全面和谐发展的人，社会进步的积极参与者。”②苏霍姆林斯基所理解的全面发展，不仅指德、智、体、美、劳都要得到发展，不可偏废任何一个方面，而且要求各方面需要发展到一定的程度。另外，他认为各方面的教育在全面发展的教育中并非都处于同等地位。他说：“和谐全面发展的核心是高尚的道德”。③智育也居于非常重要的地位，因为智育不仅要发展智能，而且要培养高尚品德；而学生在劳动上的成熟与在智力上的成熟又是分不开的，“劳动与智力生活的结合对于人的全面发展非常重要”，“人在智力发展上的每个阶段都有一个相应的劳动技能和劳动成熟程度的特定阶段相对应”。④苏霍姆林斯基所理解的和谐发展，是指人的高尚的道德、丰富的精神世界和健全的体魄等各方面形成相互协调、相互渗透、相互依赖的有机统一

①②③④ 参阅：帕夫雷什中学．北京：教育科学出版社，1983．26，8，9

体，是对全面发展的完善和提高。他说："要实现全面发展，就要使智育、体育、德育、劳动教育和审美教育深入地相互渗透和互相交织，使这几方面的教育呈现为一个统一的完整过程"。①

为了把学生培养成为全面发展的人，苏霍姆林斯基认为必须从教育着眼，为学生创设有利于身心发展的环境。这种环境既包括物质环境，也包括精神环境。前者如自然风光、学校园地、教学设备、图书资料和校舍内部陈设等。苏霍姆林斯基认为这些物质环境"首先是一个完备教育过程的必不可少的条件；其次，它又是对学生精神世界施加影响的手段，是培养他们的观点、信念和良好习惯的手段"。② 书籍，形式上是一种物质设备，实质上是学生不可缺少的精神食粮。后者既包括多方面的精神生活（包括智力生活）和学生内在的精神力量，也包括学校健全良好的教育与管理体制和学校全体教职员工组成的优良教育集体。苏霍姆林斯基认为，学校的精神生活应当是丰富而多方面的，各方面的教育都要在这种精神生活背景上进行，以使每一个学生在德、智、体、美、劳诸方面的兴趣都能得到满足和发展，并使每一个学生都能找到展示自己创造才能的场所。学生内在的精神力量，即学生本人乐于接受教育、追求进步的要求和愿望，是学生能不能很好地接受教育的一个不可忽视的方面。学校健全良好的教育与管理体制以及优良的教育集体，是凝聚学校各方面力量教育好学生的重要条件。

苏霍姆林斯基强调，实现全面和谐发展的教育，最为重要的是实施多方面的教育，在这多方面的教育中，德育、智育、劳动教育起着关键性的作用，是全面发展教育的中心环节。在此基础上，辅之以正确的健康教育和审美教育，那么，他的主要的培养目标就能达到。这正是苏霍姆林斯基把主要精力放在智育、德育和劳动教育上的根本原因。

苏霍姆林斯基认为，道德教育是全面发展教育的灵魂，关系到一个人终生的发展方向和发展道路。他认为，要在儿童幼小的时

---

① 参阅：帕夫雷什中学．北京：教育科学出版社，1983．10

② 参阅：帕夫雷什中学．北京：教育科学出版社，1983．122

候，就要向他们展示全人类的道德准则，把初步道德教给他们，因为在这个年龄，儿童很容易接受情感的影响。这个时候一旦缺少良好教育，以后就难以弥补。按照他的看法，应该培养儿童如下几方面基本的道德素养：自己的每一行为、每一愿望都要考虑到对周围人的影响，不能只顾自己不顾别人；不能只做物质财富和快乐的享受者，要树立起为社会为人民创造更多物质财富和精神财富的义务感；热爱劳动，养成牢固的劳动习惯，作为学生，学习则是首要的劳动；要做一个正直的公民；要对不良行为作斗争。苏霍姆林斯基认为这些是人类的道德准则，应该把它们作为起码的道德素养、作为基本的公民精神传授给孩子们。所以，他把这些基本的道德素养又称为公民道德基础。在此基础上，形成和发展未来公民的道德品质，并确立起热爱祖国的爱国主义信念，树立起为实现共产主义而奋斗的崇高理想。为了对学生进行思想道德教育，苏霍姆林斯基领导他的同事们编辑了一部独特的道德价值文选。苏霍姆林斯基自豪地说："我们把整个进步人类的道德财富中最光彩的精华收进了我们的文选。"① 选用古往今来为人类社会进步事业作出贡献的英雄先进人物生动感人的事迹，是对学生进行思想道德教育的良好教材，它必定会对学生的心灵产生深刻触动，对学生树立起正确的人生观和科学的世界观起着重大作用。毫无疑问，苏霍姆林斯基主编道德价值文选，是一项值得推广的创举。

在智育问题上，苏霍姆林斯基提出了许多新颖而精辟的见解。他认为，智育即"智力的教育"，他对智育的这一看法是新颖的，与通常人们把智育看作仅仅是向学生传授知识的观念，形成了鲜明对比。学生的主要任务是学习，对学生进行智育则又是学校的主要任务，而智育不能简单地归结为传授知识和积累知识，智育的主要目的是发展智力。苏霍姆林斯基说："只有当教师不把知识的积累和知识量的扩大视为教学过程的最终目的，而只是当作发展认识和创造能力以及喜好钻研的灵活思考能力的一种手段的情况下，才能

---

① 参阅：帕夫雷什中学．北京：教育科学出版社，1983．222

在教学过程中实现智育"。[1]同时，智育是一个很复杂的过程，"它包括获取知识，形成科学世界观，发展认识和创造能力，养成脑力劳动的技能，培养对脑力劳动的兴趣和要求，以及对不断充实科学知识和运用科学知识于实践的兴趣和要求"。[2]苏霍姆林斯基还批驳了那些唯恐学校教学"唯智化"倾向的人的担忧，非常正确地指出："智育过去和将来都永远是教学教育过程的一个主要环节。"[3]他对学生学习成绩的评定也有十分独到的见解。他认为，分数不是全面评价学生的唯一尺度，也不是反映学生在学习上取得成就的唯一标准，所以，教师不能轻率地使用分数这一细微的教育工具。他认定，不及格的分数在小学阶段应该是备而不用的，尤其不能把它当作鞭子来使用。他说："对小学生评分的最主要的要求，就是它的乐观主义和富有乐趣的原则。分数应当是奖励勤奋的，而不是惩罚懒惰和懈怠的。如果教师把2分和1分当作可用来抽懒马的皮鞭而把4分和5分当作糕点的话，那么孩子很快就会连皮鞭和糕点一起都痛恨不已"。[4]同时，他说："给儿童以劳动的欢乐、取得学习成绩的欢乐，在他们的心中激发自豪感、自尊心——这是教育工作的头一条金科玉律"。[5]

苏霍姆林斯基不论谈及德育、智育、体育、美育哪个方面，都强调劳动的教育作用。他认为劳动是人的个性和谐全面发展的基础，"一个人的和谐全面发展、富有教养、精神丰富、道德纯洁——所有这一切，只有当他不仅在智、德、美和体的素养上，而且在劳动素养、劳动创造素养上达到较高阶段时，才能做到。"[6]要使人的个性和天资得到充分的发展，就要让他从事他喜爱的劳动。"孩子的智慧出在他的手指上"[7]，这是苏霍姆林斯基最深信不疑的

① 参阅．帕夫雷什中学．北京：教育科学出版社，1983．257
② 参阅．帕夫雷什中学．北京：教育科学出版社，1983．256
③ 参阅．帕夫雷什中学．北京：教育科学出版社，1983．258
④ 参阅．把整个心灵献给孩子．天津：天津人民出版社，1981．91
⑤ 参阅．把整个心灵献给孩子．天津：天津人民出版社，1981．204
⑥ 参阅：帕夫雷什中学．北京：教育科学出版社，1983．355
⑦ 参阅：把整个心灵献给孩子．天津：天津人民出版社，1981．12

教育信条。他在劳动教育理论上有两方面的创新：一是劳动教育有两个目的——劳动的社会目的和劳动的思想目的。前者是指创造社会财富，后者是指丰富和充实人的精神生活，提高人的道德素养和审美情操，使劳动成为人们幸福快乐的源泉。前者只是劳动和劳动教育最初的和表面的目的，后者才是劳动和劳动教育最终的和本质的目的。二是他强调创造性劳动，重视在体力劳动中运用科学技术的力量，以提高劳动效率，并且，在体力劳动中要讲究手脑并用、体智结合，提高劳动者的精神素养。劳动本身就是一种创造，在劳动中能展示人的能力和天资，所以劳动能给学生以欢乐，并充实学生的精神生活。如果教育者能够做到使劳动成为青少年学生时代精神生活的一部分，那么，劳动的创造性将激发起新的智力兴趣，提高学生的求知欲，并对劳动创造了世界这一真理有深切的感受，从而以健康的心态和饱满的热情为幸福生活而努力工作。

苏霍姆林斯基在谈到全面发展问题时，还强调要使孩子的天赋才能得到充分的发挥。他指出："要在每个孩子身上发现他最强的一面，找出他作为个人发展根源的'机灵点'，做到使孩子在他能够最充分地显示和发挥他天赋素质的事情上，达到在他的年龄可能达到的卓著成绩。"① 这种天赋才能的充分发挥，是个性特长的发展，是个性特点的发展，是一种个性教育，因人而异。要想充分发挥每一个学生的个性特长，"教师的技巧在于善于察觉儿童的天赋，善于确定足以使他施展他的智力和创造力的领域，并向他提出在完成中要克服某些困难、从而促使他的才能进一步发展的那种任务。"② 学校教育的任务就是要把每个学生的天赋才能挖掘出来，使之更好地为人民的幸福进行智力的创造性劳动，并由此而享受到这种创造性劳动的幸福。

家庭在孩子的成长过程中起着非常重要的作用，因此苏霍姆林斯基十分重视学校和家庭密切配合，协调一致，共同完成培养下一代这一极其细致的任务。为此，他建立起了学校—家庭教育体系。

---

① 参阅：帕夫雷什中学．北京：教育科学出版社，1983．12

② 参阅：帕夫雷什中学．北京：教育科学出版社，1983．13

他指出，“最完备的社会教育就是学校—家庭教育”。[①]他和他的同事们认为：“孩子在2~7岁期间所处的道德、智力和审美环境十分重要”，必须“让每个幼儿——未来的小学生能够在人类关系中最大限度地得到他能够得到、发觉到、看到和感受到的一切。我们是通过向家长普及教育知识来做到这一点的”。[②]为此，他在帕夫雷什中学里创办了“家长学校”，并授以“父母教育学”。他的“学校—家庭教育体系”范围所及，不仅包括学龄期，而且也包括学龄前期。他的理论依据是：人的年龄越大，就会变得越保守，越不易接受教育；在孩子生活之初的头几年里，在他的发展中起决定作用的是他周围的人，以及丰富的、多方面的人的关系。为了使学校和家庭密切配合，苏霍姆林斯基非常重视校长、教师同学生家长的联系。在这方面，他强调两点：一是在学生学习的最初几年，要特别注意加强同家长的联系；二是这种联系指的是同父母双方的联系。苏霍姆林斯基身体力行，经常同家长接触交流。他专门拟出了同家长交谈的题目，这些话题都有较强的针对性。他还帮助家庭教育工作做得好的家长总结经验，并积极推广，务使每个家长在教育子女方面都不断做出新的成绩。

苏霍姆林斯基深信“没有自我教育就没有真正的教育”[③]，认为自我教育是学生能否真正接受教育的关键因素。青少年时期是学生在智力、道德和个性上的自我确认的时期。在这个时期，学生正常的精神发展，离不开对周围世界的认识，也离不开对自己内心世界的认识，即是说，应该要求学生对自己进行自我教育。可是，在学校的实际教育工作中，教师只把学生看作教育的对象，往往只注意到对学生的教育，而没有注意到学生的自我教育。教师的全部注意力，几乎都放在如何向学生灌输尽可能多的知识和道德信条上面，捆住了学生的手脚，没有让学生自己去获得知识和道德真理，学生并不认识自己、了解自己。教师生怕学生一旦单独活动的时

---

① 参阅：帕夫雷什中学．北京：教育科学出版社，1983．6

② 参阅：帕夫雷什中学．北京：教育科学出版社，1983．7

③ 参阅：帕夫雷什中学．北京：教育科学出版社，1983．23

候，就经不起坏榜样的诱惑。事实上，在一个人的生活中，他更多的是常常一个人独处。真正的教育不应总是牵着学生的手走路，而应该让学生独立行走，形成自己的生活态度。苏霍姆林斯基的自我教育思想的可贵之处，就在于他从根本上否认了不相信学生的自觉和自我完善，对学生进行限制束缚的旧办法，也完全改变了只重视教育者和外在条件的教育作用，而否认受教育者内在的精神状态和积极主动性的重大作用的陈腐观念。

苏霍姆林斯基当过28年校长，其中有22年担任帕夫雷什中学的校长，积累了丰富的学校管理工作经验。他在学校管理上有一个独到的见解，这就是：校长对学校的领导，首先是教育思想上的领导，其次才是行政上的领导。他说："学校领导人只有不断完善自己既作为老师又作为教育者的技艺，才能充当教师和学生的优秀而有威信的指导者。"① "我竭力做到使居于我这个校长工作首位的，不是事务性问题，而是教育问题。"② 他认为，作为校长，要把学校领导好，就要精通教育科学，并使这门科学成为科学地领导教育和组织全校师生活动的基础；就要掌握影响儿童和青少年的艺术，成为教育教学过程的能手。教学是学校工作的中心环节，校长尤其要善于用教育理论武装自己的头脑，深入实际调查研究，带领和指导教师分析和解决教学过程中出现的实际问题。事实也正是这样，他深入教学第一线亲自教课，一天不漏地坚持每天听两节课，并和教师一道分析、探讨。在他看来，课是教育思想的源泉所在，是教育信念的萌发园地。苏霍姆林斯基的最可贵之处，就在于他从千头万绪的校长工作中把握住了学校最根本性的问题——教育问题，特别是把教育思想和教育信念问题作为领导学校工作的最重要的问题来看待的。正如他自己所说："我们总是竭力做到使学校全体工作人员——从校长到看门工人——都来实现教育思想，使全体人员都全神贯注这些思想。"③

---

① 参阅：帕夫雷什中学．北京：教育科学出版社，1983．25

② 参阅：帕夫雷什中学．北京：教育科学出版社，1983．42

③ 参阅：帕夫雷什中学．北京：教育科学出版社，1983．43

苏霍姆林斯基在教师素养问题上也有深刻的见解。他认为，作为教师，首先必须具备的素养是对儿童的爱。他说：“一个好教师意味着什么？首先意味着他是这样的人，他热爱孩子，感到跟孩子交往是一种乐趣，相信每个孩子都能成为一个好人，善于跟他们交朋友，关心孩子的快乐和悲伤，了解孩子的心灵，时刻都不忘记自己也曾是个孩子。”① 在他看来，热爱孩子是教育素养的实质，是教育艺术的基础，是实施教育的前提条件。如果不具备“爱孩子”这一起码的品质，就根本不配成为一个教师。他自己一生热爱儿童，他的座右铭就是：“把整个心灵献给孩子”。他自豪地说：“我生活中什么是最重要的呢？我可以毫不犹豫地回答说：爱孩子。”② 他把毕生精力献给了孩子们，献给了教育事业，以自己的行动为全体教师作出了榜样。

和热爱孩子密切联系的是要相信孩子。苏霍姆林斯基深信，相信孩子是与相信教育的力量是分不开的。他说：“只有当教育建立在相信孩子的基础之上时，它才会成为一种现实的力量。如果对孩子缺乏信心，不信任他，则全部教育智谋，一切教学和教育上的方法和手段都将像纸牌搭小房一样定然倒塌。”③ 每一个儿童都有很大的可塑性，每一个儿童都是带着积极向上的愿望进学校的，即使孩子有不当行为，但只要引导得法，也一定能矫正过来。他还认为，一个教师只有相信孩子，他才会去积极努力地去教育孩子、鼓励孩子，才能发现孩子们不同的天赋、才能和兴趣，从而因人而异地指导他们，使他们都找到表现自己的天地并取得优异成绩，树立起自尊心和自豪感，这样，孩子们又会尽一切努力向更好的方向发展。

热爱孩子和相信孩子，就必须了解孩子。“不了解儿童，就不可能成为教育者。”④ 苏霍姆林斯基一再强调研究儿童的必要性，并把了解和研究儿童放到了他的注意中心。每个孩子都有一个独特的

---

① 参阅：帕夫雷什中学．北京：教育科学出版社，1983．44

② 参阅：把整个心灵献给孩子．天津：天津人民出版社，1981．1

③ 参阅：帕夫雷什中学．北京：教育科学出版社，1983．29

④ 参阅：把整个心灵献给孩子．北京：教育科学出版社，1983．5

世界，教师应当熟悉自己学生的这个独特的世界，而要做到这一点，教师就应当成为孩子的朋友，与他同欢乐、共忧伤，忘记自己是教师，这样，孩子才会对他敞开心灵。他坚信："尽可能深入地了解每个孩子的精神世界——这是教师和校长的首条金科玉律"①。作为一个校长，如果想对学校实行教育思想上的领导，如果想把学校的领导建立在科学的基础上，就要亲自并率领全体教师对儿童进行研究。他相信，没有对儿童的了解，就没有学校，就没有教育，也就没有真正的教师和教师集体。他兼做班主任工作，常常与学生同活动、同读书，靠友谊，靠共同的兴趣、爱好和感情来铺设通往儿童心灵的道路。他几十年如一日地对学生做"跟踪观察"笔记，还组织教师定期对学生做"教育学评定"和"心理学评定"。他特别注意观察并研究了"难教儿童"（"差生"）的心理状态、情绪表现及其与教师采取的教育方法之间的关系，他试图从这些具体事实中找出正确的对学生施教的规律性。只有建立在对孩子的真正了解、关心和爱护基础上的教育，才是真正的教育，才会收到教育成效。苏霍姆林斯基说得好："教育——这首先就是人学，不了解孩子——不了解他的智力发展，他的思维、兴趣、爱好、才能、禀赋、倾向——就谈不上教育。"②

作为一个好教师，除了要有热爱孩子、相信孩子并了解孩子的基本品质之外，还必须具备哪些基本素养呢？

首先，要精通他所教的那门学科。苏霍姆林斯基说："学校及学校所从事的一切活动赖以确立的基础，就是每个教师的多样化的知识、丰富的智力生活、宽阔的眼界和在学识上的不断提高。"③就是说，教师不仅要有渊博的知识，而且要不断吸收新知识，使其见识随着时代的发展而提高。教师无论是在课堂上，还是指导课外活动小组，他渊博的知识，开阔的视野，广泛的兴趣，敏捷的思维等等，可以形成朝气蓬勃的智力生活，唤起学生强烈的求知欲。教师

---

① 参阅：帕夫雷什中学．北京：教育科学出版社，1983．30~34

② 参阅：把整个心灵献给孩子．天津：天津人民出版社，1981．7

③ 参阅：帕夫雷什中学．北京：教育科学出版社，1983．47

的知识越丰富，学生掌握基础知识也就越容易。这样的教师是学生的知识之源和热爱科学的榜样；这样的教师在学生心目中有崇高的威信。那么，渊博的知识从何而来呢？苏霍姆林斯基的回答是：读书！他说："真正的教师必是读书爱好者"，"一种热爱书、尊重书、崇拜书的气氛，乃是学校和教育工作的实质所在"。① 他认为，一个教师只要勤奋，而且有强烈的求知欲，那么任教之初知识上的空白可以填补，教学上的缺陷也可以得到纠正。

其次，要懂得教育学和心理学方面的知识。要想成为一个真正的教育工作者，就必须深入地研究儿童的心理现象和心理过程，了解儿童的身体健康状况、个性特点和影响他智力发展的生理解剖因素，并寻求改进儿童行为、增进儿童智能的最佳途径和方法。而所有这一切，都依赖于教育学和心理学方面的知识。苏霍姆林斯基认为，不掌握这些知识，教师在教育工作中就会像在黑夜里走路一样。他批评苏联高等师范院校对人及其生理发展的知识教得太少了。

第三，要擅长某项劳动技能并在某些方面具有专长。苏霍姆林斯基说，一个学校里要有出色的园艺家，有醉心于机器的人，有电工技术专家，有细木工，有植物栽培家。学生不单是在课堂上受教育，还应该开展多种多样的课外活动，如各学科的科学小组和可用以满足和发展学生审美需要的各种文艺小组，这些都是学校丰富多彩的精神生活和智力生活背景，可以使儿童在精神上不断地得到丰富。在活动中，教师和学生在共同兴趣和爱好的基础上打成一片，教师把道德素养和思想信念传授给学生，教会他们怎样在社会里生活，并发现和发展他们的爱好和特长。由此可见，教师具有某项劳动技能和一些爱好是多么必要。

"快乐学校"是苏霍姆林斯基的一项成功的创举。孩子从结束幼儿园生活到进入学校学习，这是他们生活中的一个重大转折时期。为了使孩子们顺利地度过这一转折时期，并给教师一个考察未来学生的时间，苏霍姆林斯基决定在新学年开始时，将6岁的儿童

---

① 参阅：帕夫雷什中学．北京：教育科学出版社，1983．48～50

招收进来，成立一个小学预备班，在为期一年的时间里，引导孩子们顺利进入小学一年级，从而开始正常的学习生活。第一次共招收了31名孩子，其中11人没有父亲，2人父母双亡。由于战争及其他异常情况，不少家庭缺乏应有的良好关系，有的家庭完全不知道如何教育孩子，有的孩子因抚育照顾不周而导致身体有缺陷、性格孤僻……在这种情况下，苏霍姆林斯基以满腔热情发出了“要还给孩子们一个快乐的童年”的呼声，“快乐学校”就这样诞生了。

苏霍姆林斯基首先要求家长积极支持“快乐学校”的工作，成为学校各项措施的赞助者和帮手。他相信，有意给孩子作坏榜样和不爱自己孩子的家长是不存在的。他提醒家长们注意，不要把自己的遭遇、苦恼和不幸，转移到自己孩子身上，刺伤孩子幼小的心灵。他还教给家长一定的教育学方面的知识，教他们如何不断地开阔孩子的视野，教他们如何回答孩子提出的各种各样的问题。同时，还进行着医治儿童身心创伤的工作，比如到“蓝天下的学校”、“大自然——健康的源泉”去学习，到“劳动世界”去旅行，开展“幻想之角”、“童话故事会”、“健康乐园”、“云雀节”、“欣赏大自然的音乐”等活动，不仅使他们苍白的脸颊红润起来，瘦弱的身子健壮起来，而且激发了他们对知识的渴求，并初步教会他们观察、感知和思考。

苏霍姆林斯基把小学生的健康问题列为教师最为重要的一项工作。他发出了“健康，健康，再一个还是健康”的呼声。他说：“我不怕一再重复：对健康的关注——这是教育工作者首要的工作。孩子们的精神生活、世界观、智力发展、知识的巩固和对自己力量的信心，都要看他们是否乐观愉快、朝气蓬勃。如果掂量我在头四年教学工作中对孩子们的操劳和焦虑，那末多半是为了他们的健康。”① 道理很简单，如果学生没有健康的身体，没有旺盛的精力，那末他就不能保持坚强的意志和耐久的毅力去克服种种困难，他的思维、注意、记忆和专心程度也都要受到影响，从而最终影响他的精神生活和智力生活的发展。正因为这样，苏霍姆林斯基不厌其烦

① 参阅：把整个心灵献给孩子．天津：天津人民出版社，1981．126

地谈孩子应该尽量多地在户外新鲜空气中活动。他经常带着孩子们在“绿色的教室”（草坪上、大树下、葡萄架下等）里上课，并与孩子们一起在野外进行力所能及的劳动。在假期里，他又组织孩子们远足、野营。他家访时，主要不是谈学习，而是谈孩子要在新鲜的空气中睡觉，要按时叫醒孩子起床做早操，要在凉亭里读书和做作业，夏天要打赤脚上学等等。

苏霍姆林斯基独创的“思维课”，是开发智力的极好手段，是他在教学论上的一项创造。它的核心是通过观察自然界的事物和现象而发展学生的思维能力。他把这种在自然界里上的课，形象地称之为“到生动的思想的源泉那儿去旅行”。他认为，大自然是思维的取之不尽的源泉，对于小学低年级学生来说，教会他们善于思考的最好的办法，就是带领他们到大自然中去，观察周围世界的现象，思考其中的因果联系。当然，在苏霍姆林斯基那里，大自然不仅仅在开发儿童智力方面有着重大作用，大自然在陶冶儿童的性情、热爱祖国大地、热爱劳动和劳动人民、领会艺术的美、锻炼健康的身体等各方面都有巨大的作用。

苏霍姆林斯基在《帕夫雷什中学》一书中，系统、全面地总结了他的全部教育思想，包括基本教育信念、办好帕夫雷什中学的全部措施及其教育理想的具体实现的过程。《把整个心灵献给孩子》一书，最鲜明地表现了苏霍姆林斯基热爱教育事业、热爱孩子的一颗火热的心和把自己的全部身心奉献给教育事业、奉献给孩子的崇高精神。他的教育著作的一个突出特点是：反映了学校教育的生动的真实的情境，是对学校教育和学校生活的生动丰富的事例的概括和再现。他的这些教育著作被誉为“活教育学”是当之无愧的。

（曾令奇）

19

伊里奇

（Ivan Illich）

■ 生平简介

■ 名篇选读

学校教育之外的出路

■ 思想评介

伊里奇及其非学校化社会观

生平简介

伊凡·伊里奇1926年生于维也纳。父亲是南斯拉夫的天主教徒，母亲是德国的犹太人。他在维也纳的萨日堡大学（University of Salzburg）获得历史学博士学位后，转赴罗马的葛瑞勾尼大学（Gregorian University）修习神学，并被任命为神父。他的第一项圣职是在纽约的波多黎各移民区担任助理神父。在5年的任职中，他献身于这些文化、经济不利的少数民族的社会福利问题上。天主教会非常肯定他的能力和成就，在1955年颁赠“蒙席”[①]（Monsignor）的荣衔给他。其后，他远赴美国属地波多黎各的首府波恩斯（Ponce），在天主教波多黎各大学担任副校长。如同大多数的加勒比海国家，波多黎各的经济不稳定，生活水准低落，农民和非技术工人的贫困因为高出生率而愈加恶化。在50年代和60年代波多黎各一直是研究和试验避孕药片的主要中心。伊里奇支持这项研究活动，导致他与出生于美国的波多黎各主教麦摩勒士（James McManus）发生冲突。麦摩勒士禁止天主教徒投票给支持生育控制计划的退休官员马瑞（Luis Marin），伊里奇被迫辞职。

回到美国后，伊里奇被补偿性地任命为天主教福德汉大学（Catholic Fordham University）的教授。在此他提出建立一个中心来研究一般人性问题（尤其是存在于拉丁美洲的人性问题）的构想。他的构想成功地获得福德汉大学、红衣主教协会（Cardinal Spellman）和美国的拉丁美洲主教委员会等三个单位的支持，因此，1961年他在墨西哥的库尔那娃卡（Cuernavaca）成立了文化交流资讯中心（Center of Intercultural Information）。它的创始宗旨是透过西班牙文的方案和拉丁美洲研究，来培育将到拉丁美洲工作的天主教神父和布道师。该中心的图书馆在拉丁美洲区发行“CIDOC通讯”（CIDOC Informa），并逐渐地具有相当的影响力，致使该中心更名为文化交流文献资料中心（Center for Intercultural Documentation，简称

① 蒙席，是比神父高一级的荣衔，是用来表彰杰出的神父。

CIDOC)，伊里奇也离教会愈来愈远了。CIDOC 已经变得完全世俗化了，它的目的在于认清人类问题（尤其是拉丁美洲和发展中国家的问题），搜集相关的资料，刺激和唤醒大众对这些问题的知觉，并谋求可能的解决途径。

伊里奇的这些活动，使他和天主教会的冲突持续不断。1958 年他被传召到罗马，接受梵蒂冈的秘密调查。伊里奇拒绝宣誓作证，因此，1969 年元月以后，所有的天主教成员都被禁止去访问 CIDOC，同时，伊里奇被迫放弃作为一个神父的权利和蒙席的荣衔。但是，他并未被解除神父的职位，也未被逐出教会。他仍然是一个神父，一个站在地狱边缘的神父，他有权利作弥撒、布道、听告解或主持领受圣餐的仪式。自从他公开宣称他仍然是“一个真诚、热爱教会和保有正统教派信仰的传教士”之后，他已完全拥有自由。CIDOC 自此独立于教会之外而自给自足，伊里奇成为它的掌舵者。在 CIDOC 这个机构当中，伊里奇表现出他对未来教育和学校的激进理念。

伊里奇的主要教育著作和文章有：《解除学校教育的社会》(1971)、《醒觉的庆典》（1970)、《解除学校教育之后是何面貌?》(1973)、《学校教育之外的出路》(1971)、《学校的破产：是问题还是病症?》(1971)、《禁锢于全球教室之中》(1976)、《方言的价值和教育》《1979》、《生态教育学与共有物》(1984)。

名篇选读

学校教育之外的出路

好几个世代以来，我们试着提供更多的学校教育以促使世界成为更美好的地方，但是这种努力显然已经失败。我们从中学到的是：强迫所有的孩子攀爬开放式的教育阶梯并不能促进均等，但必然对较早、较健全开始或有备而来的孩子有利；强迫性的教学降低了大多数人独立学习的意愿；把知识当作商品，成套地传递，像私有财产般地被接受，必然会使知识变成稀有之物，永远供不应求。

为回应教育制度所遭受到的批评，目前逐渐出现一些强势且非正统的补救办法（如教育代用券计划 voucherplan），使每个人能够在开放的教育市场中购买自己的教育机会，以便将教育的责任由学校转移到大众媒体，以及工作上的学徒制等。有些人预言，就像过去两个世纪世界各地的教会遭废止一样，学校也将被废止。另有些改革者提出各种新的制度以取代普遍存在的学校制度，并宣称这些革新的制度更有助于个人适应现代社会中的生活。这些崭新的教育机构约可分为三大类：（1）革新教室（reformedclassroom）：在现有学校制度中革新教室教学；（2）自由学校（freeschool）：在社会各处传布自由学校制度；（3）世界体系教室（world wideclassroom）：将整个社会转变成一个巨大的教室。这三种改革的途径代表教育升降梯中的三个阶段，每一个阶段比前一个阶段更敏锐而普遍地威胁到现有的社会控制。

我相信废止学校已无可避免，而且这种学校幻象的终结将为人类带来希望。我也深信学校教育时代的结束，可以引领人类进入“全球学舍”（golbal schoolhouse）的世纪。“全球学舍”一词从字面上来看，就可以和把教育、矫正、适应三者视为同义词的“全球精神病院”（golbal madhouse）或“全球监狱”（global prison）区分清楚。因此我也相信学校的崩溃将迫使我们超越它的灭亡，去面对取代它的根本教育方式。我们只能由二中择一：一是恐怖而强势地实施新的教育措施，使世界更隐晦不明，人类更受限制；另一种选择是安排进入新教育纪元的条件，运用科技使社会更单纯、透明，让人类能够再一次认识真理和使用塑造人类生活的工具。直截了当地说，我们可以废止学校或我们可以选择无学校的文化。

为了要清楚认清我们所面临的“二选一”（ either…or）的抉择，我们首先必须区分“教育”与“学校教育”的差异，意即我们应该区别教师的人文意图（ humanistic intent）以及固定不变的学校结构的影响。这种潜在的结构形成一种永远在教师和学校董事会控制之外的教学课程。它传递一些难以消除的信息：只有透过学校教育，个人才能为社会中的成人生活做准备；学校没有的知识几乎不具任何价值；在学校外所学到的知识都不值得去认识。我称这种潜在的结构为学校教育的潜在课程，因为它成为制度中无法改变的架构，在这个架构中，所有的课程都被改变了。

不论在哪个学校或地方，潜在课程永远是相同的，它要求所有同龄的孩子每 30 人聚集成一班，在合格教师的权威教导之下，每年上 500～1 000 小时以上的课。它不在乎课程是被设计出来教法西斯主义、自由主义、天主教教义或社会主义的原则，也不在乎学校的目的是在制造苏联或美国公民、机械师或医生。教师是权威的或放任的并无差异，教师是否贯彻它的信仰或实习教师是否只为自己设想也都不关紧要。只有这些才是重要的：学生学到了在学校中经由消费的等第评定过程所获得的教育是有价值的；个人在社会中享受到的成功程度视他所消费的学习量而定；与“世界有关的学习”（learning about the world）比“从世界中去学习”（learning from the world）来得有价值。

众所周知，潜在课程将学习由活动转化为商品，而学校却垄断了这个商品市场。在所有国家中，知识被当作求生存的首要之物，而且被视为比卢布或美元更通行的货币。透过马克思（Karl Marx）的著作，我们已习于谈到阶级社会中工人和他的工作疏离的情形。现在我也必须确认到，当学习变成专业服务的产品，且学习者变成消费者时，学习者已和他的学习疏离了。

个人消费的学习愈多，他所获得的知识库存（knowledge stock）也愈多。因此，潜在课程为社会界定了一个新的社会阶级结构，使社会中拥有大量知识库存的知识消费者享有特殊权利、高收入，并能接近更高效率的生产工具。这种知识的资本主义（knowledge－capitalism）已被所有的工业社会所接受，并建立了一套工作与收入的分配原理（Ivar Berg 在《教育与工作》一书中，从学校教育与职业能力失调的角度特别强调此点）。

竭力让所有的人经历各个连续性的启蒙阶段，这种想法根源自中世纪末期的炼金术。康米纽斯（John Amos Comenius）——一位摩拉维亚教派（Moravian）的主教、独具风格的泛诡辩学者（Pansophist）和教育学者——被公认为现代学校的创始者之一，是首先提出7~12年义务学习的先驱之一。在《大教育学》（Magna Didactica）一书中，他把学校描绘成“教每个人每件事”的装置，且画出制造知识的装配线，以使教育更便宜更好，让所有人尽可能的人性化成长。康美纽斯不只是一个早期的效率专家，他还使用炼金术语来描绘培育儿童的艺术。炼金术士引领他们精粹的精神，历经12道连续性的启蒙阶段，试图精炼基本元素使其转变成金，借以谋求他们个人和全世界的利益。

当然，无论这些炼金术士如何努力，终究都失败了，但是每次他们的“科学”都会提出新的理由来解释，然后他们会再次尝试。

教育学开启了大教育艺术（Arts Magna）的新史页。教育变成试图制造新人类的精炼过程，使他们能适应科学奇迹所创造出来的环境。但是，无论每一个世代花多少心力在学校上，结果大多数的人都不能适应这种启蒙的过程，而必然因为没有替人造的世界生活作好准备而遭摒弃。

接受“学校已经失败”的教育改革者可归为三类。最值得尊敬的当然是允诺改善学校的炼金专家。最具魅力的是承诺让每个厨房变成炼金实验室的魔术师。最邪恶的是宇宙共济会员，他们试图把整个世界转化成巨大的学习庙堂。今日的炼金专家是由大财团所雇用或资助的研究指导者，他们相信学校透过经济支援可变得更确实可行，同时可销售大量成套的服务。关心课程者宣称课程过时或不适切，因此课程中充满非洲文化、北美帝国主义、妇女解放、污染或消费社会等成套新的教材。被动学习是错误的，所以我们和蔼地允许学生决定教什么及如何教。学校犹如监狱，校长可合法同意校外教学，及将课桌移到被种族隔离的哈林街（Harlem Street，一条黑人区的街道）。敏感性训练广为流行，因此我们把团体治疗引进教室。过去是教每件事物给每个人的学校，现在是教所有的事物给所有的学生。

其他的批评强调学校未能充分使用现代科学。某些教育人员就使用药物以改变学童的行为。其他人员则把学校转化成教育竞赛的竞技场。也有些教育人员把教室改成电化教室。假如他们是麦克卢汉（McLuhan）的信徒，就会用多元媒体来取代黑板和教科书；假如他们追随斯金纳（Skinner），他们就会宣称能比传统的教师更能有效地修正学生的行为。

当然，这些变革大多有良好的成效。实验学校很少有游荡的学生。非集权学区的家长的确较有参与感。由教师分派成学徒身份的学生通常比滞留在教室内的学生学到更多的能力。某些学童的确在语言实验室中增进了西班牙文知识，因为比起花时间和他们的波多黎各同辈交谈，他们更喜欢操弄录音机开关。但是所有这些改革都是在狭隘的限制下进行，因为它们未触及到学校的潜在课程。

有些改革者宁愿从撼动潜在课程着手，但是他们很少成功。即使是出席的束缚经常被长期游荡的情形破坏，自由学校也只是制造了自由的海市蜃楼而已。谆谆诱导学生受教育的必要性，比调查旷课的职员更能说服学生出席上课。在舒适的软垫教室中，放任纵容的教师很容易应付他们的学生，一旦学生走出校园，他们就无法有效地拯救这些学生。

在这些自由学校中，除了学到社会所看重的技能之外，一无所得。可见新的祭司只是旧的牧师① 的翻版而已。

真正的自由学校必须符合两个条件：第一，避免再引进年级制，以及检定合格的学生（certified students）在检定合格的教师淫威下学习的措施。第二个条件更重要，必须提供一个架构，即让所有的教职员和学生能够脱离学校化社会（schooled society）的潜在基础。第一个条件经常被纳入自由学校所宣示的宗旨中。第二个条件则很少受注意，也很难被陈述成自由学校的目标。

辨别清楚我所描述的潜在课程和学校教育的神秘基础，是有用的事情。潜在课程可说是进入现代社会的正式入门仪式；而这种仪式是经学校的制度化设计而产生的，它的目的在使仪式的参拜者能够逃避而不用去面对平等社会的迷思，与该社会实际的阶级意识之

① 祭司，指自由学校；牧师，指传统学校。

间的矛盾。一旦仪式的这种作用被辨识出来，它的力量即丧失，当前学校教育已逐渐呈现出这种状况。但是有某种基本的假设（或称神秘基础）逐渐成熟，且在学校教育的仪式中表露无遗。而自由学校的做法很容易增强这种神秘基础。

这些假设之一就是史克瑞格（Peter Schrag）所谓的“移民症候”（immigration syndrome）。这种移民症候，使我们把所有的人当作必须经过归化过程的新来移民者看待。唯有经过检证合格的知识消费者，才被公认具有公民权。人并非生而平等，但是透过学（母）校（Alma Mater）的培育，可使人人平等。

所有学校都夸称他们是为未来而塑造个人。但是在个人发展对前辈（elders）的高度容忍力之前，为了个人未来的工作，学校不可能放过个人。换言之，学校的教育是为了个人的生活（ for his-life），而不是在日常生活中从事教育（in everyday life）。极少数自由学校能够完全免除这种做法，然而，自由学校名列新生活形式的重要辐射中心，不是因为其所培养的毕业生的影响所致，而是因为前辈（elders）在选择培育儿童的教师时，不考虑任用隶属少数激进团体的合格教师，且因为他们对培育儿童的成见，促使他们采用自己的新方式来培育儿童。

最危险的一类教育改革者，主张知识可以在开放市场中生产和贩卖，而不是由学校控制。这种改革者辩称，如果学习者真的感兴趣，就能轻易由技能模式中获得大多数技能。同时个人权利（individual entitlement）也能提供更平等的教育购买力。他们要求审慎地区分“知识获得的历程”和“知识的测量与授证历程”。这些主张相当明确，但是相信设立知识的自由市场就是教育改革的出路，是一种谬误。

设立自由市场的确能破除当前学校教育中的潜在课程——即依年龄学习、划分年级的课程。自由市场也能抵消学校化社会的神秘基础：即“移民症候”、制度化的垄断教学和直线式入学的仪式等。但是教育的自由市场也会提供炼金术士无数隐藏的手，将每个人适当地安置到复杂的科技体系中。

过去数十年来对学校教育的信赖，已经使知识转变成可行销的特殊商品。知识同时被视为民生第一必需品及社会上最珍贵的通货。知识转化成商品，同时也反映在语言的转化上。从前作动词用法的字，已逐渐变成表示所有权意义的名词。例如，“居住”、“学习”甚至“医疗保健”等，在过去代表着活动的意义，如今却被视为是传递商品或服务的意义了。当我们谈到建造房子或医疗设施的意思时，人们不再被认为可适用居住或可以自我疗养照顾了。在这种社会状况下，人们相信专业的服务比个人式的照顾来得有价值(所以年轻人不愿学习如何照顾他们的老祖母，反而学习如何向医院示威抗议为何不收容照顾老年人)。这种态度使得学校在废除声中得以苟延残喘，就如采纳第一修正案（First Amendment）很久以后，学校合并入教堂，仍然保有提供服务的条件。而更明显的是，测量复杂的套装知识（knowledge - packages）的成套测验卷也使废除声中的学校轻易地留存下来——也因而强制每个人得义务性地从知识的仓库中最少购买一套知识货品。因此“科学性地评量每个人的价值”，以及“每个人都可历经冶炼而充分发挥潜力的炼金术”，两者终将相互符合。在自由市场的出现下，使得地球村变成一个环境子宫（environnental womb)，所谓的教育治疗家便借着复杂的肚脐来滋育每个人。

现今，学校将教师的才能局限于教室中，使得教师无法主张人的全部生活才是他教学的范围。废除学校将使教师所受的限制消失，同时也会使侵入私人领域的终身教育获得合法的外貌。此外，求知的自由市场使我们导向一种粗鄙、表面性的平等主义与功勋奖赏制的矛盾之中，废除学校正可以取代这种在自由市场中攀爬营求知识的途径。除非我们对知识的看法改变，学校只有废除才能将分隔学习与投证（certification）的“功勋奖赏制”与“提供个人治疗直到他成熟圆融的社会”等两者融合为一体。

对崇拜科技官僚信念的人来说，任何事物只要技术上可行，即使只是对少数人有用，就不管这些少数人是否真正需要，他们必定会使之出现，而不考虑大多数人的穷困与挫败。假使钴治疗是可行的，接下来特哥西哥帕（Tegucigalpa）地区每两家大医院就有一家装置一套这种设备，而这样的一笔经费却可使洪都拉斯（Honduras）的大多数人口免于寄人篱下，依赖他人供养。假如超音速是可能的，则必定能够加快部分人的旅游步调；假如飞上火星被认定是办得到的，于是便会有某种论调出现使大家认为这是件生活中必要的事情。在科技官僚信念中，贫穷的意义也被现代化了：不仅古老的选择会被新的垄断事业所击败，而且日常用品的匮乏，要从“技术上可行的服务”与“实际上大多数人能使用到该项服务”两者之间的差距，来加以混合考量的。

当教师采纳了这种科技官僚信念后，他便转变为“教书匠”(educator)。然后，他表现得就好像把教育当成一种技术性的企业，设计出使人适应科学“进步”所创造出来的环境。此时，他已无视于所有（知识）商品不断过时淘汰、得付出高代价的事实：也就是训练人们了解这些（知识）商品所需付出的巨额费用。他似乎忘记在教育中价格不断上升的器物工具（Tools），需以高昂的代价才能购得，这些器物工具降低了经济的劳力密集，使得在工作中学习变得不可能，即便有可能，也只限于少数人才能有这种在工作中学习的特权。目前全世界对教育人们所花费的经费，增长得比整体经济的生产力还来得快，而且很少人对公共福利事务有知识的参与感。

要对抗这种以专业知识作为基础的特权力量类型，我们必须改变对学习本质的看法。这种改变特别意味着教与学责任的转变，只要知识被视为企业机构的结果，或当作机构目标来实践时，它才被定义为商品。只有当人们重拾对其所学和所教内容的个人责任感时，才能解除知识被视为商品的符咒，以及改善偏离实际生活的学习。

重新获得教与学的力量，意味着教师在冒着干预他人私人事务的风险时，也得对其结果负责；同样地，学生在教师的教学影响下，也得对自己的教育负责。为达到上述的目的，教育机构——假想他们终究是必需的——理想上应该以设备中心的形式出现，使人人都可以在其中拥有自己的天地，便利地接触到所需的东西，例如钢琴、炉具、唱片、书籍或幻灯片等，基本上，学校、电视台、戏院以及类似的场所都是为专业人员而设计的。解除学校教育的社会，特别意味着否定教学此一古老职业的专业地位。目前对教师的检定授证已对言论自由构成不当的限制；就如新闻界的公会结构与专业自负，已经对出版自由构成不当的限制，而强迫入学条例亦违反了集会自由。解除学校的社会就是整个文化的突变，人们将因此重新恢复有效使用宪法所赋予的自由：由信奉人生自由而不是被人待以自由的教师来引导教与学，大多数人花费大部分的时间去学习，是因为他们在做自己喜爱的事情；大多数人都是充满好奇的，而且想对他们接触到的任何事物赋予意义；大多数人除非被非人性的工作所麻痹或被学校教育教坏，否则都具有与他人亲密交往的能力。

事实上，富有国家的人民未必学得更多，相对的也无法证明贫穷国家的人民便会学得更少。相反，具有讽刺意义的是，富有国家的人民无法学得更多，正因生活环境中的学习被高度规划所致。他们在现今的社会结构中不断地遭遇挫折，而在这个社会中做决定所依据的事实也变得令人难以理解。他生活在原可作为创造用的工具已沦为奢侈品的环境中，这种环境使得沟通渠道沦为少数人对大多数人发表谈话的工具。

一个现代的迷思使我们相信普遍渗透到我们生活中的无力感，是科技毫无节制地创造出来的庞大系统所造成。但事实上并不是科技使系统变得庞大，而是工具膨胀了其效用，以及沟通的渠道流于单向化。反过来看，如果加以适当的控制，科技可以使人更有能力去了解周遭环境，并以其双手有力地加以塑造改善，也可人与人之间达到前所未有的充分沟通。这种对科技的另一种使用途径，将构成教育的另一种主要的选择。

假如一个人要长大成熟，首先必须要去接触事物、地方、过程、事件及记录。在充满意义的环境中，他需要去看、去触摸、去修补、去掌握所有的事物。而如今这些实际的学习方法多数都已经被摒弃了。当知识变成商品后，它便如私有财产般地受到保护，而制定来保护个人（知识）财产秘密性的原则，也变成限制没有适当认可头衔者的依据。在学校里，教师把知识私藏着，除非当日讲课中有需要才拿出来。大众媒体虽能传布资讯，但却排除他们认为不适合印行的事物。资讯因此被封锁于某些特殊语言中，专门化的教师凭借着对知识的转译来维生。企业团体保有各种专利，官僚体系守卫着各种机密，而各个专业、机构和国家都小心谨慎地捍卫着私人的（知识）珍藏以防他人侵犯，既不是社会的政治结构，也不是社会的专业结构，能抗拒驱除使人们远离事实的力量。我所倡导的接近（access）事实的方法，与标记（label）事实的方法大不相同。接近的方法必须建立在实体之中，而我们对于广告业的要求，也只是它能保证它没有误导而已。接近实体的方法，是以教知识为目标的教育制度之根本替代方案。

如现况所显示的，废除企业团体掌有知识秘密的权力（即使专业的意见坚称保有这种秘密是为了共同的福祉），比起传统对公有权的要求或对生产工具的控制而言，是一种更激进的政治目的。没有有效地教人们知其所以然的工具社会化，将把知识的资本主义者推向由法西斯主义者主导一切的地位。信奉科技官僚主义的人，一味诉诸于他拥有的某种稀少且秘密的知识存货。而保障这些知识货品的最好方法，就是借助大量且资本密集的组织，以使得要知道这些知识之所以然的途径，变得窒碍难行。

对于一个有学习兴趣的学习者而言，要获得他想学的任何技能是不必花费很多时间的。我们常忘记在社会中专业教师垄断各种知识进路的大门，并且把未获资格认可的个人教学视为江湖骗术。在工业界或研究中所运用到的机械技能，很少像开车那样复杂、危险和要求繁琐，而大多数人却很快地就能从同辈处学会开车。并非所有的人都适合学高级逻辑，但是早年就开始接受数学游戏挑战的人，学了高级逻辑很快就有长足的进步。以库尔纳波卡（Cuernavaca）地区为例，每20个小孩中就一个只要接受两周的训练，便可在威浑氏证明（Wiff'n' Proof）上击败我。而在CIDOC中心学习西班牙语的人中，除了少数成人之外，其余的人经过四个月的学习，都能学得相当好，会应用这种新学会的语言来处理课业上的事情。

打开接近技术之门的第一步，就是提供各种诱因给具有技能的个人，促使他们与他人分享知识。这种做法无可避免地将违背工会与专业组织的利益。但是多元的学徒制（multiple apprenticeship）具相当吸引人的，它提供大家学习任何事物的机会。我们毫无理由限制个人同时兼具开车、修电话、修马桶的能力，以及既是助产士也是建筑的绘图员。当然特殊利益团体以及被他们训练过的消费者，会主张大众需要专业保证的保护。但是这个论点已逐渐被消费保护协会所质疑。我们郑重地反对经济学家对于技能激进社会化一事的论点：亦即专利、技能等知识若被民主化之后，其进步将受阻。只要我们现有教育系统所产生的无效的与不经济的成长比率呈现给他们了解，他们的论点就不攻自破。

接近（acess）愿意把自己的技能与人分享的人，并非学习的保证。这种接近的方法目前不仅被教育方案及工会透过发证照的方式所垄断，也被科技的稀有性所限制。目前使人们了解如何运用这些高度专门化工具的技能，都被设计得过于专业化。这些生产货物或提供服务的工具，只有少数人能用得到，而且也只有有限的人知道如何使用。例如，在众多生病的人当中，只有一些特权者，曾从复杂的医学科技产物中获得好处，而且甚至只有极少数的医生会使用这些科技产物。

在医学研究方面也有同样的情况。因此，他们开始创造一种基本的医药工具箱，使陆海军医生只要接受几个月的训练就会运用它。在二次大战期间，其所获致的成果远超出正规医生的期望，假如医学专家事先针对某特定地区，设计好药剂及医护指导的话，任何一个农家女都能学会诊断和处理大多数传染病的简易方法。

上述这些例子都证明了一项事实：单从教育上的考虑，便足以要求急剧地缩减专业化的结构，以免阻碍科学家与大多数想进入科学范畴的人之间的关系。假如这样的要求要受到人们的重视，人人将能学会使用昨日的工具，有效且持久地应用今日的科技，以开创明日的世界。

很不幸地，当前的状况和上面所说的趋势正好相反。就我所知，南美洲某一临海地区的大多数居民是靠小船捕鱼为生。在船外加装马达之后，的确使这些渔民的生活发生戏剧性的变化。根据我在该地区的调查发现，当地半数的马达购于 1945 ~ 1950 年间，现在仍靠着不断地修护而继续使用着；而另一半购于 1955 年的马达，则因原先的设计就是基于用坏即丢的观念，未考虑维修的事情，而无法再使用了。科技的进步提供大多数人负担不起的机械装置，但同时也剥夺了人们对简单器物的需要。

自从 1940 年以来，金属、塑胶及钢筋水泥等建筑材料已有长足的进步，而材料的进步理应提供更多人兴筑自己家园的机会。但是，在 1948 年美国有 30%以上的核心家庭是自建的，而在 60 年代末叶，自建房子的比例已剧减到 20%以下。

在拉丁美洲，经济发展导致技术水准降低的情形，更是明显可见。此地的大多数人仍然自己建造房子。在当地湿热多风的气候中，他们常使用晒干的泥砖及仍可使用的干草作为房屋的建材。在其他地区，他们使用厚硬纸板、油鼓皮及其他工业废弃物作为盖房子的材料。而普天之下所有的政府不提供简单的工具和高度标准化、耐用，且易修理的材料，反而一味追求低成本大量建造的房子。很明显的，没有一个国家有能力提供令人满意的现代化住宅给绝大多数的国民。而且这种追求低成本大量建造房子的政策，使得自建房子所需的知识与技能的获得，对大多数人而言变得愈来愈困难。

教育上的考虑使我们形成任何后工业社会（post - industrial society）所必须拥有的基本特色：以基本工具箱（basic tool - kit）所具有的本质性来反对科技官僚的控制。基于教育的理由，我们必须努力以迈向科学知识与工具或构成要素交融的社会，以使这些工具以最小的单位让人人都能理解并且有效地应用。只有具有这样特性的工具才能使学习技能的途径社会化。也只有这样的工具受到为特殊情况而使用这类工具的临时性团体所喜爱。就如同维修工人所了解的，只有这种工具才能容许使用过程中引发特定的目的。唯有结合接近事实的途径和大多数工具的有限力量，才可能使我们面临一个包含着现代科学成果的自给自足式经济。

发展这种自给自足式经济，毫无疑问是对贫穷国家中的绝大多数人有利。同时也是富有国家中，解决持续恶化的污染、剥削，以及知识遭专业垄断而不透明等问题的唯一替代方法。但是，如我们目前所见的，若没有同时废止 GNE（Gross National Education——即人力资本估计），要废除 GNP 是不可能的。在凭借学校授学位以赋予生产权利的社会中，平等主义的经济是无法存在的。

实施现代的自给自足式经济，并不需要依赖新的科学发明。它主要是依赖社会认同基本的、自我选择的反科层体制、反科技官僚的抑制机制。

这些抑制机制可以很多形式出现，但是除非它们触及生活的基本层面，否则便无法运作（例如，国会反对制造超音速飞机的决议，便是通往正确方向的最具鼓励性步骤）。这些自发性社会抑制机制的本质非常单纯，任何谨慎的人都能充分了解且判断出来。目前在 SST 中备受争论的议题，便是最佳的例子。所有的此类抑制机制将会被大家选择，用以提升科学探究中稳定而平等的乐趣。法国人认为要教会一个农民如何应付一头母牛得花一年的时间。假如产品的设计不是每隔几年就花样翻新的话，就不会像现在必须花费两个世纪的时间，来协助非洲或拉丁美洲的人民使用或修理船上的马达、简单的汽车、帮浦、医药箱和钢筋水泥机器。而且由于愉悦的生活是在富有意义的环境中持续而有意义的交往，所以平等的喜悦感的确会转化为平等的教育。

当前要达成过俭朴生活的共识是难以想象的。政治或经济阶级经常被用来说明多数人无力感的理由。鲜为人理解的是，学校化社会中的新阶级结构是被既定的利益强而有力地控制着。毫无疑问地，帝国主义及资本主义者的社会组织结构，使得社会中少数人对多数人的有效意见有着不相称的影响力。然而在科技官僚主义的社会中，少数知识资本家（knowledge - capitalists）的权力，可以透过对科学方法和沟通媒体的控制，阻碍大众真实意见的形成。宪法对言论、出版和集会自由的保证，是用来确保人民政府的存在。现代电子学、照相制版术、连线电脑及电话，大体上已提供了硬体设备，以赋予宪法保障的这些自由的全新意义，但不幸的，这些东西竟被用来增加知识银行家（knowledge - banker）的权力，使他们的成套知识计划，传递给较多的人，而不是借以增加网络，提供大多数人平等交流的机会。

废除学校教育的文化和社会结构，需要应用科技以使参与式的政治成为可能。唯有在大众联合的基础上，才能不受牵制且自由地决定，对知识的秘密性和日益扩张的知识权力加以限制。我们需要一个崭新的环境使成长的人不分阶级，否则我们将处于让老大哥(Big Brother)教育我们大家的“美丽新世界”(brave new world)中。

思想评介

伊里奇及其非学校化社会观

截至目前为止，伊里奇著名的教育革新主张仍是最富革命性的。他认为学校不应再成为教育过程中的主要机构，必须加以废弃。从60年代初期开始，他不断在许多杂志中撰文或在新闻刊物中阐述这个观念，并将这些文章汇集成《解除学校教育的社会》(Deschooling Society，1971)一书，他的观念因而引起广泛的讨论。一般而言，人们并没有持平镇定地接受他的主张，反而有两种壁垒分明的立场：热情的皈依者和绝对的反对者。或许这是人们对任何处理人类基本关注的富想象力和革命性方案的必然反应。研究和评鉴伊里奇无学校教育社会的观念，以及发展取代学校的变通方案来当作教育的途径实有其必要。特别是，他对当代教育的许多批评颇有说服力，使人认识到改革不管是激进的或其他种改革乃属必需。伊里奇的主要想法不多也很简单，然而或许是记者招待会的气氛使然，通常以夸张渲染的风格出现在报章杂志上。

伊里奇对教育作了什么批评？回答这个问题，应先了解他所谓真正而良好教育的面貌，然后再探讨这种教育是如何灭亡的。然而，值得一提的是回避哲学的原则是他思想的一大特色，想从他的著作寻找任何存在的本质、知识或价值的理论，将徒劳无功。虽然伊里奇对于天主教会仍然忠诚，但不能因此将任何特定的哲学附加在他的身上，因为哲学上并无天主教正教此一学派。虽然，一般而言天主教义对于阿奎纳(Thomas Aquinas)所发展的亚里士多德学派最能应和，但它同时也拥护奥古斯汀（Augustine）和史考特士（Duns Scotus）于其后所建立的柏拉图主义（Platonism），以及神秘主义（mysticism）和实用主义（pragmatism）。从许多方面来看，伊里奇的立场和马克思主义哲学最密切，特别是“知识是在真实情境中主动参与的函数”此一知识论的观点。然而，他从未明白地陈述这些观点。他的教育观不是来自哲学的立场，而是由对人与社会的直观描述而来。

他凭借许多拉丁美洲的实例所提出的模式，是一种理想村（idealistic vision of the village）的幻境，村中进行的活动均可增进个人与社会生活，这两种类型的生活毫无冲突地以简单而互补的方式并存着。然后，他假设自然人类对周遭环境充满好奇和关注，由于人类的适应性、创造性和智巧，使其能有效地回应环境的挑战。从整体的角度来看，在回应周遭环境的挑战时，人类和社会都会产生学习的效果，这就是教育。因此，伊里奇为避免历程与结果二者分裂为二，提出“教育是在真实生活情境中不断适应学习的抽象概念”的观点。当然，目前并无任何社会做到这种“教育”。他宣称，这是遭相反的教育概念蒙蔽后的堕落，也是学校教育的异常产物。

伊里奇的思考大多是依循马克思主义的历史诠释路径，他认为学校是腐败而反人性的机构，必须立刻废弃，就像 19 世纪时许多国家的天主教会脱离政府而分立出来一般。期望伊里奇论证教育和学校如何沦落到此种地步，原是合理的事。虽然，他以前的同事雷马（Everett Reimer）在一本富煽动性的书《学校已死》（School is Dead）中，对于学校的历史有简要记载。但是，伊里奇本身并未做任何论证，相反地，他只是断言学校已经使教育覆灭了。

那么，此点如何证明？首先，对伊里奇而言，“学校”是一种类别的（generic）用语，它包括从幼稚园到大学的所有的公私立机构，而且基本上在这个庞大统整的体系中，各个部门都具有“调教”（processing）学生以配合各行各业雇用的目的。他认为学校并没有为个人的有意义生活而准备。而且，从这种类别的角度来看，学校透过对授证（certification）原则的控制，实质上已成为垄断的事业。现代生活中几乎要跨入每一种行业都需要证书、执照或某种学位，而在这些形式的资格背后意味着需修习一些学科或课程①，此点伊里奇虽未阐明，但正可以把他的观念传神地点出了。授证原则是如此的形式化，以致失败而未获得资格者会被贴上贬抑或侮辱性的标签：中途辍学。

一部分是由于这种“调教”活动所致，而大部分则由于学校为市场经济服务之故，原来是由真实情境中产生的知识，已被调制和包装成伊里奇所谓的“商品”，导致知识变得抽象而无意义。伊里奇惯用商业的隐喻，例如，学校把持一个“知识仓库”，课程即由此取出。他进一步指出，就如同在超市的商品加入防腐剂，使其不易起化学变化借以延长“有效使用期限”（shelf - life）一般，类似的情形也会在课程中发生。在高技术发展的社会中每个人被迫参与这种学校教育的仪式（ritual），而且仪式本身形成一股巨大的压力。学校是不平衡的社会机构，它和感化院、军队、修道院有许多雷同之处，身处其中的许多相关人员，在严苛甚至高压的纪律中团结在一起。因此社会控制是迫切需要的。以学校为例，学校虽然已经靠巨额的经费来维持，却仍要追加费用，采用研究的方式寻求改善这种控制的途径。但是由于这种控制必须持续下去，许多教育研究中的努力（特别是心理学和社会学方面）均导向包着糖衣的强制性药片，导向寻求最佳可行的策略，使学生尽可能在最少痛苦和抱怨的情形下，透过严苛的灌输以获得知识仓库中的大部分知识。诚如伊里奇所言，学生被制约而接纳这些策略，并且把它们当作正确而适当的教育价值或学校的正当角色。这些要求学生顺从社会价值的压力形成了伊里奇所谓的“潜在课程”（hidden curriculum）。但是这种要求顺从的压力在先进的社会中，已经开始难以发生作用，特别是在美国，学校教育为促使学生顺从社会价值，已经出现相当令人痛苦的景象。而当这种教育的取向加诸于发展中国家（如拉丁美洲），就像伊里奇和他以前的同事弗雷勒（Paulo Freire，巴西的教育改革家）所深刻意识到的，它的问题就更严重了。

透过学校作媒介，使特定年纪的人口踏进商品导向文化的入门

① 课程（curriculum）的拉丁字源是赛跑（race）或赛跑所经之路（course toberun）.

仪式（ritual of initiation），是一种对“个人隐私”以及“不被教育工作者干扰的天赋权利”的教学侵犯。他采用古典马克思主义的概念，说明这种教学侵犯将使人们在学习中异化（alienation）。同时伊里奇深深地感觉到真正的学习和教育是维系和开展人性的重要条件。

伊里奇在面对当前学校改革计划后，依然坚定。事实上，他极度蔑视当前一些改进学校运作的努力，认为这些只是达成相同授证结果的一些较聪明的做法而已。所谓让学童更主动的参与学习，使课程更有意义更适切，在他看来都是虚假的，因为它们掩饰了学校只是为已经异化的职业“调教”学生以及生产“卑微人物”（non－people）的意图。他也嘲弄在教室中装置电化设备的做法；同时也极度轻视和恐惧想把整个世界变成为全球学舍（golbal school－house）的作为，因为那会导向老大哥式的集体主义（big brotherly totalitorianism）。他并未使用纯洁无邪（innocence）的概念，但是在他的文章中，总是隐含着“强占”、“对原初完整性的暴力奸污”等概念。就此点而言，也许他已出卖了他的神职与虔诚。

人类正处于危机中，而学校教职员的教育观念，正升高了此种危机。应该如何处理这种危机呢？解除学校教育的社会（deschooling society）只是破坏的步骤，应该采用何种建设性的步骤？依据伊里奇的说法是采用完全非正式的学习，使人们主动、好奇、敏锐、流利而全心全意地投注到补充个人或社会生活的活动中，首先这意味着公众的态度需有激进的改变，以及提供易为人接近并开放给每个人终生学习的学习情境。其次，这也意味着一个事实：人们不是透过正式而仪式化的学校教育，而是在非正式和随机的方式中学到“真正”（real）而富意义的知识。因此，伊里奇提出学习网（learning webs）的理论，作为学校之外的另一项变通选择。

“吾人如何学习？”伊里奇提出吾人的学习来自四方面——器物（things）、楷模（models）、同辈（peers）、前辈（elders）。据此他建构出学习网（learning webs）的理论。他承认以“网”作隐喻并不适切，因为“网”含有牵连纠结和陷阱的意义，但是现有的语汇中并无适当的字眼可资运用。“网”同时也是一个社会学的概念，可以用来联系生活中错综复杂的事件。伊里奇就是采用“网”的这个正面意义。从广义的角度来看，“器物”是指文化的物质层面，在科技的社会中，人类必须接触他们。伊里奇认为应该使器物更近便可利用。“楷模”具有一种非实体不可捉摸的性质，意指吾人以这些“楷模”的言行典范作为学习的借镜。“同侪”和“前辈”则是能够主动地作自我解说（self－explanatory）。在提出这四者是学习的来源之后，伊里奇进一步指出，这四者目前都或多或少存在，但都限於私人所有。因此应该大量公开的提供，使大众都能近便而有效的利用。他主张利用所有的科技资源来扩大和维系这种公开性和近便性。可能的话，应该可建立一种庞大的电脑资讯储存和取出系统来监控这个学习网。

就伊里奇的教育理论而言，教育是在生活中从事活动的历程。人与人之间只有“差异”（differences）并无谁居“优位”（superiority）的概念存在。他从未分析此种“差异”如何产生，却指出这些“差异”引导我们以不同的方式展开生活，并寻求各种不同充实知识的途径。不管是透过根基不稳的团体或专业的组织，只要能够满足我们参与的需求。每一种途径都有同等的价值。价值的问题是相对的和个人的，我们没有权利将自己的观念强加在他人身上。因此传统观点中的“课程”应该全盘废止；学习内容全然是源自日常生活中个人的需要，而透过环境中的器物、楷模、同侪和前辈等媒介获得。当然，教师仍需存在，但是角色需完全改变。伊里奇宁可称他们为“教书匠”（educators），因为“教书匠”太独裁并且太学科中心了。这种称谓上的改变，具有严肃的意图：它隐含着在协助学生达成自发性的学习任务时，教师的功能上已激进地改变了。因为没有学校，所以国家在教育的提供方面并无明确的角色；但是在培育有教养的自由人民方面，国家将提供最大的支持系统。道德的成长也完全是个人的成就，关于此点，伊里奇大都未论及。所以只能侧面地由他的著作中去推演。

伊里奇的观念引发大量的争议，他本人成为争议的中心，并且乐在其中。他经常在各种会议中遭到质疑和谴责，但是他坚持提供完整理论的必要。他扮演着“先知”的角色，提供一种无远弗届的改变人类社会的理论蓝图，至于实施的细节则是采用者的任务。诚然，假如要采用他的计划，实施细节的规划和步骤，的确是属于我们的任务，因为依据他的理论本质，我们不应该让任何一个老大哥（包括伊凡·伊里奇老大哥）来支配和引导。

假如我们要遵循他的理论，甚至要反对他的理论，首先需加以评估。评估的程序包括哲学的审察和基本假设的探究。许多改革的理论都是以天真无邪的本质出发，最明显的例子是 18 世纪时卢梭有关人性本善的宣告。这些乌托邦的蓝图都需要从是否符合实际的角度加以评估。因此，我们必须质疑伊里奇的“理念村”（ideological picture of the village），以及热切专注追求学习的弹性而多面向的人。首先，我们先驳斥“教育即超越”（education as transcendence）的问题，因为这个概念包括价值的发展。价值（各种标准）从何处产生？当然不只是从经验的可行性而来，因为这样只是停留在粗陋的实用层次而已。就如伊里奇在他的理论中所提的，价值来自理想（ideals）。这些理想因日常活动环境的提升而不断地扩大，并在宽广的背景对照之下而呈现出来。人类参照广大架构的理想，而形成高度的文化。为了发展和维系这种高度文化，人们必须接受符号和假想身历其境（vicarious）的知识。伊里奇似乎对抽象理念有困难，所以他的许多改革建议，把学习者描绘成完全投入或是要大部分投入具体的操作领域中。但是价值观念的产生是来自抽象思考的脉络中。假如学校的制度被废除，要如何才能产生这种抽象的概念，以及如何沟通这样的想法？当然不是靠伊里奇所痛恨的、在全球教室（global schoolroom）中使用的那种大众传播媒体。

同时我们也质疑“学校会全然依照他所呈现的模式运作”的论证。是否在此他自身的经验影响了他的思想？30 年代的欧洲教育的特色是给学生严酷的压力，而且无疑的许多当代美式学校教育也是空洞、易引起学生焦虑的。也可以这么说，强行将美式学校移植到落后的拉丁美洲，是祸福难断的。难道这就是全部的面貌？伊里奇对目前学校不被接受的情况，并没有提供充分的历史背景解释；他占了他的大多数读者缺乏知识的优势，把他描述的学校中的每件事视为理所当然，难道就足以证明学校已经失败了？假如真是这样的话，那他的测试和证明又何在呢？由于伊里奇只强调这些观点，他陷入了对现代科技的爱恨交织之中；他一方面希望孩童在真实生活中投入有意义的工作中，而且不涉足学校、不陷入为庞大无节制发展的工业社会作职业准备的过程中。但另一方面他却又想要提供收录音机、马达三轮车和高密度道路网给玻利维亚、秘鲁等国的农民，以改善他们的生活。从何时开始科学家、工程师和科技专家，有能力提供这种工业的硬体设施？他想要替南美洲农民修筑和维护道路网，而要什么样的基础科技建设？这些问题都必须被慎重地加以回答，而且后果也应慎思。以伊里奇的看法，我们目前的科技水准是可用来丰富生活内容，因为他所提出的四个学习网是以电脑方式呈现。假如目前的科技水准是如此的高超，且成就了当前的学校制度，又怎能坚称学校已经彻底失败了？

一个富有前瞻性的研究方向，是探究19世纪以来的学校历史和教育概念，以确定学校从什么地方开始变得不适当。是否任何人都能够严厉地反对伊里奇对学校病症的诊断，颇值得怀疑。但是伊里奇对他的主张并没有版权：早在公元前二千年的一个文献中，即对教师严苛教鞭下的学习角色提出严厉的批判。这种批判迄今为止一直是教育史中的主要课题，改进学校制度理当是我们应该努力的，但是我们是否理性地争论它的废存？是否伊里奇过度的反应，扮演着反对偶像崇拜的角色，企图毁灭我们的神圣幻象？若考虑他所提出的四个学习网，其中又有何新意？当然这些都已经是极富价值的非正式教育的一部分，或许可以这么说，他从报纸的分类页和电话簿上，引发了技术交换学习网的构想，而他以什么来保证学习网本身不会沦为正式化及组织化，以至于它们实际上变成另一种类型的学校，而破坏它们原先想达成的目的？从最有可能实现的情况来看，学习网理论是极端复杂的。它对目不识丁、贫穷与缺乏动机的人将毫无用处。事实上，当伊里奇建构这个概念时，似乎已对中产阶级的巩固提出了前所未有的承诺。

而且如同其他理论家对学校教育所提的替代方案，伊里奇断然否定现有的价值与需要，并采取非历史的观点，这也是他的特点。当然19世纪期间学校发展成大众教育的工具，有其正当的理由。

当时的工业界正处于最丑恶的阶段，童工法律不是未制订，便是没有有效的执行。凯兰德（Newgate Calendar）有一篇文章记载十八九世纪时的英格兰，经常为了微不足道的犯罪而吊死8岁小孩，这种情况显示当时对儿童的保护是多么必要。强迫式的大众学校教育被认为是一种完备的工具，而且我们必须记得，它“已经”如工具般被使用了。目前反对学校的异议在扩大中，应可视为健康的象征。如同一个成熟社会的发展，这些异议已逐渐意识到学校机构已经过度超载了，装满了不断增加的枝节工作。但是，从历史的观点来了解学校是很重要的，过去百年来的大众教育，已经明显而有效地带给我们清楚表达意识的水准。假如伊里奇没有经历过他所公然指责的教育过程，他能发出如此尖锐的抗议吗?

在教育的领域中，自由并不是绝对的规准，儿童也不是被赋予完全的权利，而借着自己的不成熟去判断自己未来的需要。很多时候孩童有兴趣学习的事物的价值，在往后才会被知道或得到赞赏。忽视此一事实是否实际?再者，真正的授证（certification），亦即合宜相称的授证历程，本身不是非好即坏的事情。伊里奇相当反对以等级或分数竞争的方式，来达成目标完成的效果。但是从评估的角度来看，如果审慎合宜的使用并且尽可能降低可能的歧视和不公平，授证显然是必要的。

伊里奇所提建议的积极面是，它们引发了丰富的质疑，而且这种过度情绪主义的运动，已经被“学校是什么”，“学校能适当地做些什么”这一类较佳的评估所取代。从小学到大学，学校可从多方面来看，而且它们经常被理所当然地看作是实际的结构。然而，这样的看法却误解了它们的本质意义。当然学校是需要改进；而且假如能从“学校是学者的社群”这个历史演进的角色来看待学校，将会有所助益。假如我们能更有效地界定学校最适合去追求的活动项目，据以删除不相干的活动（或将之转移到其他的学习情境），这样做还不能满足我们的需要吗?学校表现出许多积极的功能（即令有些学校做得不好），其中最重要的是在基本训练和思考形式上提供了一个基础，而这些基本训练和思考形式本身即包含着增长知识的技巧。

废除学校的同时也会有废除文化和文明的危险。因为学校的另一个基本功能是保存我们的心智意识（intellectual consciousness）；学校也维护着我们全体所创造的文化，使社会能够赖以延续留存下去。在人类所有的机构中，学校单独负起增进知识卓越的职责，提供方法使人超越固执盲从、偏狭无度等限制。假如学校像伊里奇所批评的，一时陷于要提供所有事物给所有人的困境，并且要承担这么多功能，这个过错岂不也是我们自己造成的吗？而且补救的方法难道不是包含发展其他的教育机构来补充学校的不足吗？事实上，假如学校已经过度关注职业和社会化的角色，难道就意味着一旦其他的机构也表现出这些角色时，就必须加以废除吗？我们难道不应该重新检视我们在教育上的理念以及优先顺序的问题？我们能保证无学校的社会会兑现我们所需要的解决途径吗？

伊里奇已经为我们做了一项重要的服务：他已经普遍地影响且培育大家一个激进的新想法，假如这个想法实现出来，必然会产生巨大的后果。作为批判“当前学校大多在资本主义官僚体系中运作”的发言人，伊里奇已经使我们停下来仔细思考目前学校已大规模地扩增为一个全球性的社会工具，用来实现每一种目的。虽然，伊里奇自己背叛了他受过的良好学校教育背景，以及他经常引用的希腊文 schol’e（学校）的原义，但是他已经站在教育是超越个人限制的方向上指出，我们可以继续合理地坚守学校的健全功能。

（包文、霍布森著　[台湾] 陈丽华、钟圣校译）

麻生诚

（ASOU MAKOTO）

生平简介

麻生诚 1932年出生于日本东京都，1953年4月入东京大学教育学部，1955年3月同校毕业，同年4月，考入该校研究生院人文科学研究科教育学专业，于1962年3月同校人文科学研究科博士课程学业毕业。

麻生诚教授一生致力于教育事业，自1964年4月任东京学艺大学教育学部讲师以来，曾任大阪大学人间科学部副教授、教授、大阪大学评议员、大阪大学人间科学部部长、日本女子大学理事、日本放送大学客座教授、兵库县教育大学参与等职。现在担任日本广播大学教育学部教授、大阪大学名誉教授、日本女子大学理事、东京女学馆理事、日法教育学会会长、厚生省和文部省各种审议会委员等职务。

麻生诚教授置身于众多学术团体并担任重要职务。他所在的学术团体有：日本教育社会学会会长，日本教育学会会员，日本社会学会会员、文部省大臣官房“教育例外措施”调查研究组成员。文部省初等中等教育局关于高等学校教育改革会议委员、文部省教育助成局教职员培养审议会会员、文部省高等教育局视学委员、国立学校财务中心运营委员、广播大学学园播送节目委员会委员、财团法人大学基准协会判定委员会委员、大阪府社会教育委员，大阪府国土利用计划地方审议会委员、大阪府终身学习促进委员会委员。

麻生诚教授是当今日本著名的教育学者，他在英才教育和终身教育领域方面，成果显著并在日本教育界中得到同行学者、专家的认同。他在英才教育领域内的贡献可以说在日本是独一无二的，因此，他的业绩也得到国际教育学界的公认和首肯。他学术严谨，科研成果、个人专著甚多。同时他又以充沛的精力投身到社会教育活动当中，兼职许多重要工作职务，从而对日本当今时代的教育改革的决策发挥了重要作用。因此，可以说麻生诚教授是日本当代著名教育家、天才教育理论的开拓者乃当之无愧 。

麻生诚的主要著作有：《天才与教育》（1967年）；《大学与人

才培养——对现代化所起到的作用》(1970 年);《学历与价值——对学阀的抵抗与追踪》(1977 年);《英才的形成与教育》(《英才与教育》的增补版)(1978 年);《教育学大全集三 近代化与教育》(1982 年);《生崖教育论》(1982 年);《学历社会的理解》(1983 年);《终身教育论——终身教育学的成立》(1984 年改订版);《终身教育论——论终身学习社会的发展》(1989 年改订版);《日本的学历英才教育》(1991 年);《终身发展与终身学习——面向丰富多彩的终身学习社会》(1993 年);《Education and Tapan's Modernization》(与天野郁夫共著,1972 年);《NHK 市民大学丛书 33 现代社会学》(与副田义也、松原治郎、汤沢雍彦、秋元律郎、奥田道大、佐藤守弘、袖井孝子共著,1975 年);《讲座·现代心理学四 知能与创造性》(与伊藤隆三、苎阪良三、东洋、冈本夏木、板仓圣宣共著,1981 年);《实学入门——对“失业社会”的补充》(与中山茂、后藤邦夫、仓内史郎、岩内亮一、天野正子、新井郁男共著,1983 年);《Education and Tapan's Moderni zation》(与天野郁夫共著,1983 年)。

名篇选读

英才形成的社会学

第一节 英才形成的诸要因

英才形成是具有众多原因的,其原因和作用的方法根据历史的、社会的条件而不同。它一面与这些社会状况相适应,一面又以各自的比重来参与英才形成的过程。有时是相互补充的,而有时又是相互牵扯。正因为这种相互之间的原因而创造了具有密切关联性的构造,从而达到英才形成的特殊机能。例如:在严格的等级社会中，出身阶层由于所有的原因都必须要从属于特定等级这一原理，所以在英才形成中一直起着统治的地位。有能力者，或选择英才志向的人，他所选择的领域也受到特定的阶层出身限制，其他阶层人士更是排除在英才阶层之外。如果柏拉图在他的《理想国（Respublica)》中所描绘的社会尚存在的话，正是由于在那里的教育制度，才会使那些具有相应才能的人得到广泛的选拔，而使他们从事相应的职业。因此，那里的教育制度可以说扮演着促使英才形成与成长的支配角色。

那么，作为英才形成的要因应如何去加以分析呢？我是把英才形成的要因大体上分为如下四个方面因素来思考的。

首先，最初英才形成的要因群是由社会阶级，家族、地域社会、学校四个要因而形成。其次，第一育成要因群的产生属于人类属性的要因群，即：特定地位（这就是学历、血缘、或属于派阀的英才外向属性)、诸能力、展望、个性四因素而构成。第三，英才是社会与所要求的诸基准有密切关系的产物，其中也包括构成英才的职业、地位、技艺、展望及个性。最后的要因是英才的业绩，这是指成为英才者的人，要将成为英才者以前的业绩和成为英才者以后的业绩区别开来。把这个作为成为英才者的第四个要因，主要是因为其业绩可以成为加入英才行列的条件，因此，对英才所要求的外部属性与内部属性不同，作为英才和社会的媒介要因也必须给予足够的重视。

以上，分为四种范畴的要因，完全是基于英才的形成过程，依照时间系列来排列的，将这些要因以图示排列的话，如下所示：

英才形成要因的相互关系

英才育成条件：
社会阶级
家　族　　形成
地域社会
学　校
英才育成的个人条件：

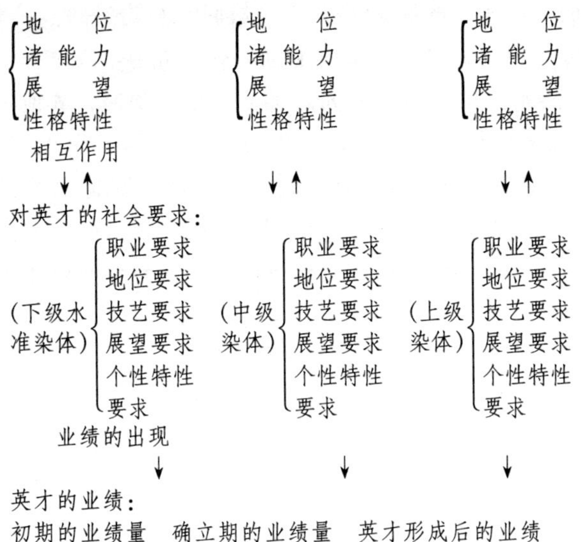

下面就各自的要因群,结合事例加以说明。

第二节 英才的培养条件

——社会阶级、家庭、地域社会、学校

(一) 社会阶级

社会阶级作为英才的供给母胎,对英才的形成起到了重要的机能作用。在一定的社会体制中,所实行的经济体制作用下为根基的社会阶层,包容了家庭、各种职业集团、结社等等的集团(集体)。对那些集体中所渗透的意识是集体的小宇宙,那是阶级独自统治的综合意识,特殊文化的产物(例如:资产阶级的道德规律,作为全人类获得解放者的无产阶级这种神话,以及为了统治其他阶级的阶级斗争的组织和装置)产生出来特殊的利害关系,捕捉所属的人类。对此,加强了施加一定方向的社会化进程。这种社会阶级的力量,由于历史的发展阶段和社会情况的不同,特别是阶级之间的势力关系变化,以及社会阶级之间的个人、集团的上升或下降运动的大、小而受到影响。这些社会阶级便构成了各自的权力、威信、经济水准、文化水准的不同形式的阶级构造。一般来说，英才社会阶层是作为补充母胎，无论从哪个阶级对于其阶级成员比例的英才而言，提供的社会则较难予以认可。下列图表是日本、美国、英国、法国的实业英才，展示了将怎样的社会阶层作为主要母胎而加以补充呢？一般来说，将职业作为特点的阶层高低，与英才的辈出比率成正比。

表 a （日本） %

父亲的职业	1960年 实业英才	1920年 男子有职业人口分布	与全体人口英才的 辈出比率平均比＝100
公务管理者	11	0.4	3 149
专门性职业	10	1.3	769
大企业主	22	1.7	1 294
白领职员	9	7.9	114
工　　人	1	26.3	4
农　　民	24	48.3	49
其　　他	1	0.9	110
合　　计	100	100	

出典：万成博“商业英才”p19

表 b （美国） %

父亲的职业	1960年 实业英才	1920年 男子有职业人口分布	与全体人口英才的 辈出比率平均比＝100
官厅管理者	2	1	200
专门性职业	14	4	350
大企业主	31	4	775
小企业主	18	5	360
白领职员	11	12	92
工　　人	15	47	32
农　　民	9	27	33
其　　他	—	—	—
合　　计	100	100	

出典：W. Lioyd Warner and James C. Abegglen，“Qccupational Mobility in American Business and Industry” p 35

表 c （英国—1951） %

父亲的职业	1960 年实业英才	男子有职业人口分布※（1951 年国势调查）	全体人口英才辈出比率（平均比 = 100）
经营·管理	57	12.9	440
专门性职业			
地主阶层	2	1.5	133
白领职员	8	10.1	80
小企业主	16	3.7	430
农　民	2	6.5	33
其　他	15※※	65.3※※※	—
合　计	100	100	

※ 因不是英才出生时的从业人口故与其他表相比有不严密之处。

※※ 尚未包括工人阶级的子弟。

※※※ 主要是工人阶级。

出典：G. H. Copemem，“Leaders of British Industry” p 95

表 d （法国—1959） %

父亲的职业	实业英才	男子有职业人口分布（英才出生时）	与全体人口英才的辈出比率平均比 = 100
经营·管理	70	5	1 400
专门性职业			
白领职员	13	10	130
商业·职员	12	9	133
工人阶级	1	30	8.7
农　民	4	46	33.0
合　计	100	100	

出典：A. Girard “La Reussite Sociale” p 96

以日本为例，官厅公务员阶层出身者，尽管该阶层只占全人口比例 0.4%，但优秀分子（英才）占 11%，所以该阶层的英才辈出率为 31.5 倍。以此类推，大企业以及管理者的儿子为 12.9 倍，专门性职业的儿子为 7.7 倍。因此，能成为实业界精英的机会比起一般阶层来说得天独厚。小企业主与白领职员阶层中只不过是 1.7 倍，而且，只有 1.1 倍可以成为白领阶层，农民子女成为实业英才的机会也只不过是平均的一半左右，工人子女实际上也就占1/25。日本的情况是，一方面由于社会阶层缘故，能成为优秀分子的机会差别非常之大，而另外一方面，从所构成的优秀分子集团来看，可以看出工人阶级的出身者明显地有着不利条件，但作为例外，特定阶层的出身者也并非独占其优秀分子地位，从中可以看到多元化的面目结构。具有特别特征的是农民出身的优秀分子较多。即为：在优秀分子集团中社会阶级的多元性和构成各社会阶级的英才机会的极端差别已成为一种格局，日本的英才就是其中的一种特色。

以美国为例，之所以成为实业英才的机会最多，主要是因为大企业主，管理者阶层在成为英才人数中是平均数的8倍，而最得不到机会的是工人阶层，其英才辈出的机会是平均数的1/3。英才辈出的机会使社会阶层之间的差距越来越大，而且在英才集团中维持着具有各种阶层出身者，并使他们成为英才，这种多元化结构也是一大特点。

对此，法国、英国的情况也可以看出：跨进实业的优秀分子机会的阶层差距较大，进而，英才集团过半数以上被上流阶层所垄断、社会阶层的代表性较小。

以上也可以看出：日本、美国、英国、法国各国情况中出现三种不同倾向，在各自社会的构造中展示了作为英才的母胎社会阶层机能状态的差异。日本的现况是在构成英才的有利外因和内因属性机会，各社会阶层具有较大的倾向性。同欧洲相比，社会阶层的障碍对加入英才集团而言，只允许一部分阶层，而且排他性并没有那样强烈，展示了各个阶层成为精英的余地，以及成为精英分子阶层的母胎结构。另外，美国对成为精英分子的有利外因条件和其内因属性的机会，各社会阶层分配尚不匀见，且社会阶层障碍使得优秀分子集团置于一少部分阶层的独占之下，并非执意顽固，表现出了各阶层中涌现出优秀分子可能性的母胎构造。与此相比，英国、法国等国家对于产生优秀分子的外因条件和内在属性的机会，各社会阶层是十分偏颇的。而且，传统社会阶级的阻碍，使得优秀分子置于一部分阶层独占垄断的地位上，从而展示了各阶层涌现出来的优秀分子可能性这一闭锁的阶级母胎构造。而且，这些优秀分子对于领导地位产生了较大影响。就此方面以图表示如下：

[日本型]

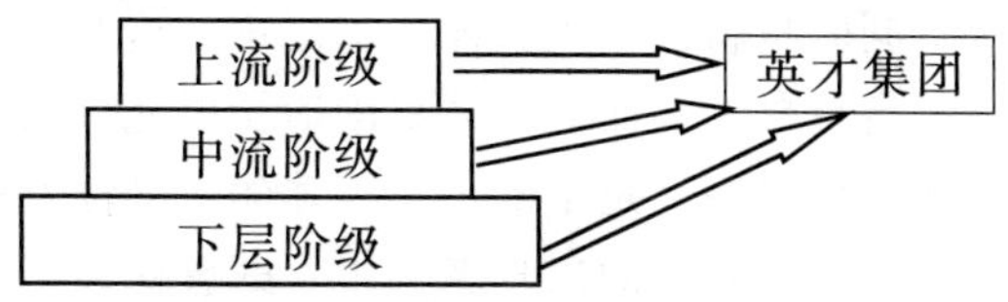

· 多重式领导集团模式
英才集团内部阶层分化显著

上层阶级尚未确立牢固，阶级社会之间的障碍不明显。

[美国型]

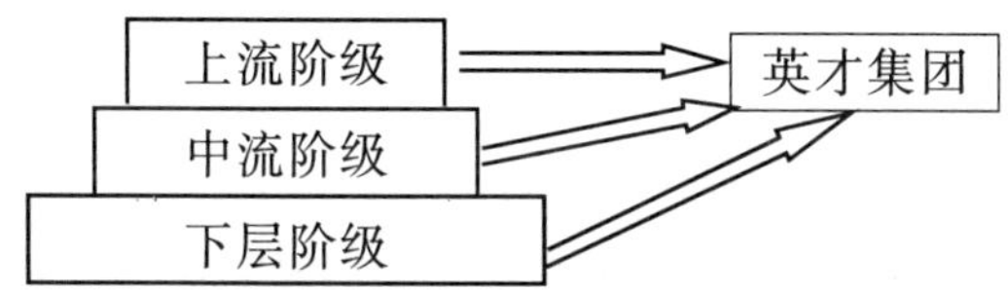

· 多元化的领导集团模式
多元化的领导集团竞争型

社会阶级的构造属于流动式。

[欧洲型]

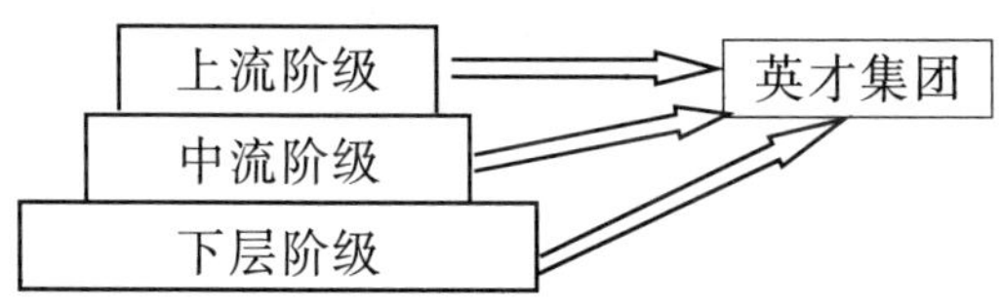

· 保守式的领导集团模式
传统的领导集团占有优势

社会阶级构造闭锁，特别是与下层阶级之间障碍较大。

作为提供英才的母胎阶级社会中，维持阶级的权力、威信、经济水准、文化水准之间差异的比例，是促使英才供给率变化的条件；而英才的社会出身也关系到其阶级的利害、体验、社会性格、文化背景等等，同时也将注入到英才集团之中。这对于英才集团的作用，增加了一定色彩。然而对下述界限应予以充分认识，即为仅从英才的社会阶级出身中，是不能把握英才的主导性方向的。为什么这样讲呢？因为上层阶级的出身者当中，既有代表下层阶级的意识形态，也有在下层阶级中涌现出来的卓越成就者，他们无视其出身阶级的利益而竭尽全力地服务于既得利益；而且有些代表其阶级利害关系的人，也未必就是其社会阶级出身者和其阶级的所属。以后者为例，代表独占资本家阶级利益的中产阶级出身，可以提供属于中产阶级的经营者。

（二）家庭

处于一定社会阶级的家庭，在某种程度上对英才产生影响。

1. 家庭的社会—经济地位

社会—经济地位较高的家庭，对于自己的子女都具有较强的，欲将对英才的占有和确保的信念和追求。即使在日本也是同样的。在明治到大正期间，许多经营农业和工商业的人，大多是以“家”的制度相结合而运营工作，事业是以“家业”的形态而进行的，家业、产业的继承，主要是通过嫡系成员；而且较大的经营，并非是以经营者的家单独进行的，而是以这个家为中心，对周围的分家、别号以至于本家中，统统包括在内的经营形态。这种情况下，作为英才的本家地位，被本家成员所继承也是十分普遍的现象。

在这种经营形态下，“家”制度对于英才的选择起到了巨大作用。而且，这种家制度，起到了两种不同的英才形成作用：其一，从本家的世袭地位中可以看出因血缘关系选择传统英才选择的机能，而另外一点则是，对本家抱有强烈的忠诚心，有能力的人才从下面选拔上来，把它作为类似血缘关系的分家、别家来选择英才的机能。目前这种经营形态，由于经营规模的扩大，官僚化倾向同以往相比已非常少了。社会—经济地位较高的家族，由于拥有对英才培养的最短距离的教育机构—— 一些知名大学，对自己的子弟，努力确保使他们成为英才机会心理十分强烈，此外，在中小企业中经营者的世袭制，因同族派组织的解体，这一体制比以前更加巩固了。

2．家族的价值体系

在各自的社会阶层中所占有一定位置的家族价值体系，由于孩子的个性内在化，对孩子的动机产生较大影响。L. 维纳等列举了作为美国中产阶级家庭传统的价值观，即强烈地自我抑制与今天的快乐目标延伸到明天的两种行动规范，使之不断地进行自我改造，阐述了美国人这种无止境的前进目标，从幼儿期就有这种动机，并且做了各种准备的国民性。

最近，将达成动机作为重点，就带有家族的人而言其价值观念受到怎样的影响，这一研究成果得以进展。一般来说，达成动机较低的人种和民族，在工业化方面常常也是处于一种落后的倾向，而且达成动机较低的孩子，即使其智商再高，也不可能取得好的学习效果。

达成动机——个人在社会中获得高度评价的价值基准，而且使业绩达成，促使产生这种行动力的动机。

我曾经以传记资料与从事精神分析的专业心理学者一同进行过调查，即在推动我国近代化的明治期间所产生的英才家族中，对英才们这种较高的达成动机，究竟潜在着何种价值观呢？对此问题进行了分析，并以此作为参考资料在全国范围内做了介绍，展示了我个人对于我国现代化起主导作用的英才产生家族集团的考察结果。其结果表明：在英才们生长的家族中，可以看到一个共通的价值观，即把“家”作为永远发展的目标价值放在第一位。其价值意味着以家长为中心的家族成员，使该“家”永续不断，永久对祖先的祭祀，因此具有极强烈的宗教性质。下面略举二三事例。

武士出身的实业英才——中野武营的父亲，他边回顾自己的一生，边说道：“我手里没有一分钱，然而我却没有使家族的人生活为难，实在是我的运气好。的确，孩子们看我真不愧是中野家的十分了不起的一个人。”他在生前边注视着自己的牌位，一边述说道：“这么大的牌位就足够了，若比祖先牌位稍高一些总是令人感到畏惧，还是要缩剪一些为宜，凌驾祖先之上总不是好事……”特别是后面所说的话，尽管是在同自己的祖先之灵对话，但可以说充分表现了他对“家”，自己所能履行的义务和希望而感到自豪之感。

农民出身的实业英才——片仓兼太郎的父亲，告诫自己的儿子说：“我家的大业是属于我们家族所共同的事业，尽管需要同心协力，精诚团结，但也必须依靠自己努力担负其重任，绝不可回避自己一生职责，要持之以恒，不断进取”。他的最小儿子二代片仓兼太郎说：“直至晚年，我一直没有忘记父亲的话，无论在什么情况下，我们同族兄弟之间都互相协商、相互帮助致力于家业，我们片仓家之所以达到今日，完全是归公于父亲之训诫。”

明治商家出身的实业英才——高岛嘉右衙门的父亲是江户期的木材商人。他经常说：“孩子是祖先转生之物”。他从不在孩子面前盘腿坐，或者脱光赤膊等，以极严谨的教养方法来教育孩子。他对母亲经常说：“若使吾儿成长必以兴家为本”。嘉右衙门在 14 岁第一次身着元服操持家业时，他父亲告诫他说：“你现在为我而操持家业，任何时候都可使家业显出朝气。倘若家运日趋衰落，眷属一家为寻求安然而不得已四处离散，或者寄与他人之下，或者求助于亲属而为维持糊口度生，甚至于一朝病起，彼此之间尚无看护照料之心，处于目不忍睹的悲惨境地，这种人生惨事乃时时潜在。因此，你从现在起就必须在心中认为你的父亲已经谢世，为家族之独立而觉悟。”

上述这些事例，几乎都是论述了以“家”作为世世代代永远发达之目标，在家庭的成员中，以超越个人（自我）为至高无上的命令这一存在事实。但是，这种价值观，若走错一步必将带来以后的危险。那就是“家”的世代连续性，过于强调过去家庭起源的价值意识，从而陷入了传统主义的泥潭之中，把个人的主体性自由，完全埋没在没有个性的“家精神”当中。可是，日本的“家精神”具有一种使缺乏个性倾向抑制在最小限度以内的特性。我想主要是下面理由所致。我们从幕府末期直至明治维新，所产生英才的家族构成来看，其家族的构成一般是五人至七八人，也就是说户主及妻子，直系亲属及直系下属，以及将来成为户主的配偶者，未婚的旁系亲族（直系下属以外的孩子）这些人构成的长系家族。而且，由于士、农、工、商的身份而产生种种差异，尽管如此，家产和家督却以世袭制为本持续地相传下去。这种家族的类型，正如铃木荣太郎所指出的那样：同族家族与夫妇家族有中间性存在，这种中间性的意思是，在其形态上有夫妇家族相同的情况基础上，在其性质方面又存在着与同族家庭完全相同的一种家长制作风。与同族家庭的差异是：主要取决于次子、三子以下是否分家，在各个世代中继嗣以外的人员在一定的条件下必然要从家族中分离出去，所以，直系家族其成员在某种程度上没有那么多。之所以把此称为家长式的直系家族，最重要的是家族团体的永久化，即为尊重家族系谱的连续性。

家长对于家族成员的支配权，崇拜祖先，尊重家系世传，尊重“家”的传统，职业的世袭，家督的承继、继嗣的选定，养子制度，违背“家”的统制而予以排除（断绝父子关系，除籍），女婿入赘或新郎入赘等一系列制度的确立，但尽管如此，同上述制度并存的没有家督、家产继承权的次子、三子积极主张分家的开拓性性格，起到了重要职能作用。比较小的家长制直系家族，由于社会条件的变动，沉浮激烈又明显，对此，作为防卫措施对于家族成员的个人业绩寄予较高评价，进而面对次子、三子们重新创建“家”的挑战，这种价值观念就愈发强烈了，并使之进一步强化。当然，如同社会学者们指出的那样：这种家长制的直系家族，是以父亲的血缘为核心，具有同维持本家——分家关系同族集团极为密切的关系，家长制式的直系家族间的相互关系，仍然具有同族本家家长为中心的一个侧面。但是，这种制约力，只限于查看英才的传记资料，对各个家庭的独立性未造成威胁的前提下而得出的结论。同族所具有的制约力的强弱，被认为是由于历史的条件、地域、社会阶级的不同而有所差异，特别是从幕府末期至维新这段历史时期，对于正在蓬勃兴起的农业和商业的中产阶级和下级武士阶级来说是恰当的。

总而言之，在这种家长制的直系家族中，以父子、兄弟等亲密度较高的人际关系为基础，继承祖先的家督、家产并作为氏族精华保存的价值取向与无继承权的次子、三子自己成家立业的价值取向并存。这种具有生命力的家长制直系家族的价值构造中，使传统的价值与革新的价值有机地结合，对即将走上社会的孩子们，使他们继续立志于传统的“家”，以此来通过个人的业绩，去适应新的外界社会环境，树立起较强的达成动机；而且把与这种“家”所具有的价值取向相结合的达成动机为根基确立了对自己实行自我抑制、对他人将耻辱意识为媒介的竞争性，对工作的勤勉，对消费的质量，节俭、学问的求知等等较高评价的价值体系。其要因不难想象，正是对指导日本现代化英才的形成产生了巨大影响。

第三节　英才的个人条件

（一）地位

在集团内部，将每个人都设定在一定的位置，用语言表示就称为“位置”；与一定的位置进行相互交涉的人们、集团，对占据其位置的人所拥有的期望（expectations）用语言表现即称为“地位”，这就是“地位”的定义。例如：所谓的位置，如教师、学生、某一特定大学的毕业生等等。对此所说的“地位”，即为：对于占据教职这一位置的人来说，必须是同在此位置的人具有关系的所有人，他们所拥有的是一般性期待。那么，随之而来的便产生了这样的一个疑问：至今在社会学和社会心理学中所频繁使用的“作用”这一概念相比，有何不同呢？对此问题，试作下列解答。即使占有同一位置，占据其位置的个人，根据他是怎样的人而决定对其的期待，对此也各有不同。所谓“作用”，占据特定位置的人，对其的一般期待（地位）该以如何的特殊样式，或者如何表现其个性呢？该词汇即属于这类概念。因此，即使在教职这一同样的职业中，临时性的教师A与对教师具有强烈使命感的教师B当中，人们对A与B的期待之所以不同也是理所当然的，把这个内容就称为“作用”，即为前面所讲的“地位”区别之处。

社会构造的差异，对地位的概念也会带来一定的影响。特别重要的是：归属于一定的地位，重视反映在该地位中的包含许多不同地位的集团（如大公司）的威信呢，还是侧重于重视地位实行能力（作用）本身呢？我们把它们区别为：前者称为特殊主义的地位指向，后者称为普遍主义的地位指向。比如：日本人喜好说东京大学的某某人，那么日本人即属于前者，美国人喜好说在大学中领取年薪一万二千美元的人，那么美国人即属于后者。(第二章 109)

(二) 能力

这里进一步谈到的是，在人的诸能力当中，对英才形成起到巨大贡献作用的知识能力与体力两项内容。关于体力，从体力生理学方面，尽管考虑到是具有各种各样的要素构成，但在那些构成要素中，有表示究竟能具有多长时间从事体力劳动的持久力和究竟在体力劳动中，以最大的速度、能否以较高的效率从事工作这样两种势力要素。古希腊的哲学家柏拉图说，在克榔球竞拔大会中有摔跤选手，但在现代的英才中青年期作体育锻炼的人，即使会看到超过半数，体力的持久力对于英才来说是极其重要的。

下面就知识能力分析如下：

关于知识能力的构成，从基尔霍夫所提出的模式图便可看出来。首先我们看思考素材方面：所谓形态素材，是指我们能够看到、听到、感觉到的具体内容；所谓抽象素材，是指数字一类抽象度较高的内容。语义素材，主要是指在语言中把所表现的意思作为重点内容（例如文学表现)。行动素材，是指人们的心理状态和行动模式本身的内容。这四种素材中通过认识作用，记忆作用，差异式的思考作用，集约式的思考作用，评价作用的操作过程，产生出各个种类形态化的情报。而且在形态化的情报中，还包含：单位(例如特定的数字就是一个抽象的单位)；分类（例如国际象棋、音乐、掷骰子等就是一种室内游戏的语义分类)；关系（例如上下级关系)；体系（表示相互之间关联化的部分集合体)；转换（表示一种情报的新定义)；含蓄（表示具有某种预见性的情报）等等种类的形态。

在基尔霍夫模式图中画有斜线的正四方体的部分中，由于数的素材而发生的认识作用，表示将某一对象单位化的思考机能，依照同样的方法也可以将其他的 119 个正四面体具有思考机能形态的性质。知识能力，我们把它可以看作是 120 个要素体的总和而构成的东西。

教育，也就是具有这种构造知识能力的某一种类的强化机能，并且在削弱其他机能的同时，而使之发达。例如，自然科学工作者和技术英才，运用抽象的素材在认识能力方面具备卓越的才华是特别重要的。此外，所谓无学识但具备政治才能的我国一些政党英才们，运用行动素材，通过认识作用和评价作用，也可以在“把握好政治关系”方面，具备卓越才华。进一步来讲在最近出现的有关创造性的问题也可以把它置于这种模式中以差异思考为中心的位置。(第二章 112)

第四节　成为英才的社会条件

从教育学的观点来看，即使是作为英才的个人条件十全十美的人，他如果作为一定社会条件下所要求的英才，但缺乏其外部属性和内部属性的话，他也不会作为英才被社会挑选，而结束他的一生。柏拉图在“高尔吉亚”的后半部分否定了苏格拉底以及所有的政治家，只有一个人，也就是他自己才是真正从事政治的人，这里柏拉图所认为的英才与不容于社会的柏拉图本身的现实政治，似乎令人感到陷入了完全绝望的境地。这也是不管什么时代都是反复出现的课题。立足于人间性英才的个人条件与适应一定社会条件要求的英才之间，其矛盾明显增大时，其社会也就趋向于解体的危机。

各自所从事的职业，成为英才的机遇，被定位于最短距离的位置上，因此，几乎无缘于英才之人到处可见，在这两种极端的职业中间，配置了多种多样的职业。实际上，迈向英才之路这渠道的职业，一般是限定的极少数职业中，将我国职业作为基准大体分类的话，能被考虑可以作为英才渠道的职业是：专业职业（男子总就业人口数的5.2%），管理职业（3.7%），事务职业（10.8%）这三种职业群。仅次于这些职业的是：贩卖职业（10.1%），服务性职业(4.3%)。后面两种职业作为成为英才之路明显地低下。而且，置于生产现场的农业、渔业工作的人（25.9%），采矿、采石的工作人员（0.5%），技工、生产工程工人以及单纯的体力劳动者(28.6%)，这些工种中的就业者作为英才之路，几乎成为英才趋于零，是不可能的。例如，看一下第28次众议员的议员职业构成，其中公司的经理、公司的领导、辩护律师、党政要员，以及其他团体的首脑人物，总计占全体众议院议员中的六成以上，而国民代表的英才人数只占职业阶层的一少部分。(第二章 120)

第五节 英才的业绩

英才的业绩，应该从确立英才地位之前的业绩和确立了英才之后的业绩两方面统筹考虑。职业心理学者苏伯说：作为职业经历时期，是从 25 岁至 45 岁，把它称为确立期，这期间人的职业经历中职业已定位，并对其职业不断地去努力、向上。把该时期的英才业绩可以称为英才的确立期业绩。确立期之后，几乎可以维持到 65 岁。这里所指的是，在社会上发现自身价值并能否占有或维持以前的业绩呢，还是凭靠已熟悉的方法去战胜环境的挑战，从而取得业绩作业中心课题。这两种方法表现出它们同时产生并构成综合课题，把这一时期的英才业绩称为英才维持阶段的业绩。

据莱曼诠释，在大多数的创造性领域内，人类的新思想是从 40 岁至 45 岁这一阶段产生得来。创造性曲线，在 20 岁前后显著上升，到了 20 岁后半期以至 30 岁左右已达到了顶峰，从那之后，则逐渐地朝下坡滑去。在科学、艺术、文学的世界中，取得最大成绩的时期，正是在确立期阶段。社会的伟人、年轻的领导者的涌现，除了个别的在混乱时期产生以外，其余的几乎都是在维持阶段出现和产生出来，不妨列举出他们最大业绩产生时的年龄，从这里便可知道。

最大业绩产生时的年龄

职业		年龄
科学	化学	26 ~ 30
	外科技术	30 ~ 39
	心理学	30 ~ 39
	细菌学	35 ~ 39
作曲	选择乐器	25 ~ 29
	管弦乐音乐	35 ~ 39
	大合唱（附诗的短歌）	40 ~ 44

职　　业		年　　龄
文学	抒情诗人	24～28
	讽刺诗人	30～34
	悲剧作家	34～38
	小说作家	40～44
社会指导者	大学总长（校长）	50～54
	上院议员（1925年以后）	60～64
	最高法院法官	70～74

这尽管说是社会制度，但还是应该看作是具有安定倾向的一种秩序。

关于各种形式的英才，他们在确立期最大的业绩是什么？在维持阶段最大的业绩又是什么？调查表明，在这二者之间是否存在着某种必然联系，因此一些人对调查表现出极大兴趣。我们可以看几位政治指导者便可得知，这些英才们几乎都是在确立期之后，并在维持阶段中取得了辉煌的业绩。

英才业绩的连续性

人　　物	确立期最大业绩	维持期最大业绩
F. 罗斯福（1884～1945）	第一次大战海军将领使海军力量增强	新政政策、二战的指导者
W. 丘吉尔（1874～1964）	第一次大战任军需大臣，临战体制组织化	第二次大战的指导者
A. 希特勒（1889～1945）	国民社会主义劳动党（纳粹）组织化	纳粹法西斯体制确立，二战指导者
I. 斯大林（1879～1953）	首任共产党书记掌握党的权力	社会主义政策确立，二战指导者
毛泽东（1893～1976）	中国共产党创立者，共产党在农村扎根	中华人民共和国成立任主席

（第二章144）

第六节 英才形成的社会学

英才形成的三角形模式。前面已经分别阐述了英才形成的诸原因，这里，根据单纯化图示，来表现出它们的相互关系，就是说，在什么样的条件下，能够获得最佳业绩的英才呢？针对该问题我想不是凭自己个人的观点，而是站在一定的社会立场上英才形成的观点去加以分析。这个关系，以简图表示的话，如下所示。

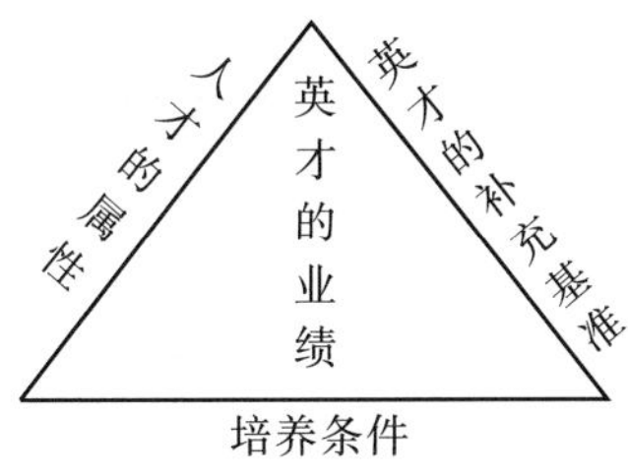

英才形成的三角形

英才的业绩，以三角形的面积表示，英才的培养条件，被培养的人才，英才的补充基准，则构成了三角形的三条边。培养条件是由前面讲到的培养要因群（社会阶级、家族、地域社会、学校）构成，被培养的人才，也是由前面所谈到的人才属性群（地位、前途、能力、个性）而构成。英才补充的基准，是由加入英才集团条件的要因群而构成。这三个条件，应从质和量两方面去把握。而且，这三项条件之间在进行合理的调和时，在一定的社会里，可以发挥英才的最大能力，并且也有可能实现最大的业绩。换句话说，三角形各边为一的话，所构成三角形是正三角形面积，为最大面积，英才的业绩也达到了极限程度。但是，如果该三角形不规则，其中有一边不够一的话，就构成了不等边三角形，其面积（业绩）也就随之减少，更极端情况下，若缺少一边，就不能构成三角形，当然也就不能发挥出英才的能力。为此，英才形成的战略目标可以说，一定要使三角形的各边成为一，并使之达到其最大面积。（第二章 155）

英才的培养基础趋于大众化，向社会输送的人才趋于少量化，英才补充基准多元式的高度化，我们从这三个方面去加以认识现今社会英才的形成构造，如果把日本的英才形成构造按前面三角形模式组合的话，如下图所示：

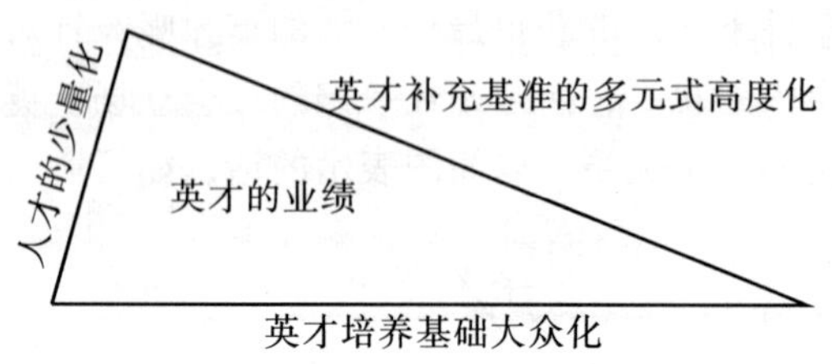

英才形成的三角形模式现状

一方面打破了培养英才基础的闭锁观念，使英才培养基础明显地趋于大众化，而另外一方面社会上对英才的要求，越来越趋于强调质与量的多元化、高度化，但是，英才培养基础的大众化，在社会各个领域内，选择具有领导能力的人，为了使他们具有强烈的责任感，进行培养和训练，在此方面的强化与结合尚未实施。因此，也就不能产生出能适应英才的多元式高度化机制的人才。这种情况从社会的观点出发，迟早会表现出歪曲英才业绩的迹象。因此，作为英才形成的三角形模式的三条边设定为“一”，做成一个完整的、正确的正三角形模式，是留给日本进入大众化社会阶段的一个重要课题。(第二章 188)

英才与教育。

高度大众化教育的成立与英才教育的崩溃。

哈尔兹曾谈到，随着产业化的进展，教育分为下面三个阶段发展。第一阶段是对全体国民的初等教育制度的发展，第二阶段中等教育面向社会全面普及，第三阶段，高等教育广泛地趋向大众化。例如在非洲、拉丁美洲各国，正在实施第一阶段，日本第二阶段和第三阶段几乎同时进行，在英国是否进入第二阶段还在困惑之中，美国已完全进入到了第三阶段。

埃尔曼·罗伯推测：在 1970 年美国青年已达到 60%的数量具有升入大学意向。1960 年，美国 100 人当中已有 75 人高中毕业，而这中间又有 40 人通过了专职教育，成为取得现课程学位的希望者，其中 25%已具有取得学士学位可能。对于正在进入第三阶段的日本来说，由于在战后开放式的学校体系和学历而取得了安定地位的学历主义协同下，后期的中等教育和高等教育的大众化几乎是同时进行，青少年七成以上的人进入高中，高中毕业的男子近半数都希望考入大学，其结果，接受高等教育的人与该人口比率，仅次于美国的 38%，达到了 15.8%，在此过程中，引发了对英才形成具有密切关系，在教育上形成两种事态：

(1) 战前英才的培养教育课程已结束。旧的教育制度是接受六年制教育的国民，在统一学校教育之后便马上经过挑选进入其他学校的复级型教育制度，作为与高等教育相连接的学校类型可分为中学和以中等职业教育为目标的中等实业学校，以及一般工人、农民为对象的高级小学──→实业补习学校三种系列形式。能否进入高等教育，当孩子在 12 岁的时候就已经决定下来。主要是依靠以社会阶层为基准的选拔后而进入中学的人，在那里毕业后，再次运用社会阶层，与学力并用的原理进行选拔分为：旧制高中——帝国大学，私立大学预科──→私立大学，官公立专科学校，私立专科学校。而且，在社会阶层中选择，学力是最好的选择。第一点当中的旧制高中──→帝国大学课程是国家所需要的英才培养为主的课程制度，因此在物质上、心理上都具有一种特权化的教育。从全国各地汇集而来的知识型英才们，以多情善感的青年期为基础，形成了一个小集团，一边磨炼自己的人格一边以外语为主，历经三年时间而获得最基本的学识。与此相接续的大学，又进行了为期三年的专业教育，从而形成了向社会提供英才的有利条件。这些为了培养英才的教育机关，对英才们来说纯化了他们的冲动，培育了他们新的冲动和直观认识，以及世界观，确保了一定程度的封闭性，同时也促使了这些英才分子的雏形的成熟。

战后的新学制，不容许有这种具有特权的英才培养机构。向英才学校的第一次选拔，延长了三年时间，而且中学实施了从最高素质者到最低素质者的综合性义务教育。从英才培养的观点看是极其低效率的做法；加上新制高中是以具有各种升学要求的人，实施统一的三年教育为目的的学校，以此原则为出发点，实际上重点学校出身，考试英才们可以说他们是在与教育无缘的、无规章制度的环境中产生出来的，在英才的培养目标上，是毫无关系的学校。大学是实施二年一般教育与二年专门教育的机构。作为带有专业学历的场所，相当于战前的专业学校。而且二年的一般教育被批判为是只可起到新制高中课程计划翻版的功能。这样，六、三、三、四制成为消灭旧制度下以培养国家官吏为目标的英才教育机构的新型制度。第二点大学成为收纳占同一年龄人口15.8%的机构组织，正因为如此，大学毕业等于英才的这种战前模式从根本上结束了其使命。升入大学的人占同一年龄人口的15.8%，其智能指数为120以下的人有相当一部分。今后社会的英才其智商指数，至少在智能素质上要求在130以上，虽说这也是一种智能分配的观点，但“大学毕业=英才”这一公式已不通用了。况且，即使从社会的角度，从具有一定质和量的、高水平的专业化劳动力是必要的观点出发，现在的大学，也不可能去满足这种社会需求，单纯地抑制国民升学需求，实施统一式的教育，也会导致同一年龄人口入学率15.8%的倾向。

最近，媒体列举了一些大学毕业生就职于大企业，以电子计算机计算出令人饶有兴趣的数字——担任其公司重要职务的准确率来看，昭和三十二（1957）年入社的职员占4.9%，昭和三十七（1962）年入社的职员占1.6%。与此相对，公司职员自己相信在四个人当中有一个人会成为公司要员。就是说，大学已丧失了培养英才的机能，只是一个单纯的白领阶层的再产生机构而已。那么，大学以外在哪里培养英才呢，又成了一个问题，而对此问题则无法得到明确的解答。在一种社会体制中，以往作为职能的英才培养机构的消失，对其社会具有重要意义。在某种情况下，那也是构成社会解体的一个要因。所以英才对于社会而言是具有最重要限制能力的中枢集团，因此若该集团力量减弱的话，对整个社会的整体也就产生了无规则状态。对于认为异常大学的大众化与英才形成的矛盾来说，应如何考虑对策措施呢？现在对此问题，看作是具有两种不同的对应方法。

(2) 在现行的学校体系中，试图设置一个较早培养英才的教育课程。这一立场从昭和三十八（1963）年举行的经济审议会关于“人的能力政策的答申”中便可以看到，并且在其培养训练分科会报告中做了明确的表示，那就是站在“以科学进步和技术、经济发展为主导的培养高级技术人才，其意义在于处在一个有生命力的技术革新时代，没有比培养高级人才更为重要的了。因此，这些高级人才的培养问题可以说它对于日本的发展是至关重要的。高级人才的性格虽然是由先天素质和后天素质（经验和努力）而形成的东西，但去发现其素质，系统地加以开发的意义，在培养高级人才方面至关重要。而且，日本的战后教育中可以看到形式上的机会均等，普及教育相当进步，但发展劳动力的素质和能力，并且加以开发等方面存在不少缺点。这种对现实问题深刻反省的立场，在四项原则的基础上，提出了高级人才的培养教育计划：

第一，高级人才是从国民各阶层中发现、开发的一种“社会性正义”（social justice）的原则。第二，以高级人才早期发现的原则去运作，该原则是最近以美国为中心的英才教育的研究中而得出的结论，它与“国民性效率”（national efficiency）的问题是密不可分的。第三，高级人才的培养机构，一般是以高等教育为中心，但必须放在对国民进行广泛的教育体系中这样一个位置上加以思考的原则。第四，因为在大学的教育中，高级人才是不可能成为最终的完成品，所以，在产业社会中，仍然要努力开发培养高级人才这种与产业社会有着密切关连的强化原则。

我们站在四项原则的立场上，同时又必须强烈地呼吁：高级人才层必须要在同一年龄的人口数量中，达到3%～6%的比例，特别是以学问和技术为对象的劳动力（科学家、研究者、具有独创性的技术人员）培养作为战略目标，实施英才教育。支持该提案的两根支柱是，需要一定质和量的高级人才这一产业社会的要求，以及尊重适应能力教育的教育理念。后者是站在对于富有卓越才能的英才教育，对于精神弱智儿的教育都以适应能力教育理念为中心而提出的原则。

就该立场而言，尽管是对于少数高级人才，建立了保证其能力开发的教育制度，但还是主张大多数青少年的能力抑制在一个较低的水平上，使高度化的大众教育得以充实，并且作为开发英才的场所具有积极的意义，同时也使适应新时代的英才培养成为可能。在该立场上，对共同教育制度的正确方面寄予了较高的评价（扩大了英才开发的市场，培养非职业式的劳动力，具有广阔视野和丰富才智的劳动力等等），并考虑设置小学──→统一中学──→综合制高中──→大学──→独立式的综合研究生院五个阶段的指导系统，同时也考虑到对英才的培养，在研究生院进行，也可以对以往的综合制高校──→大学作为英才的开发场所进行扩大和加以充实。而且，在这种英才的开发场所中，没有必要设置英才培养课程（作为学校制度），况且，在统一中学的体系中，设置了英才培养课程（作为学校制度）。成为这种立场的决定因素是个人的自由教育欲求比社会性的要求要重要，并把个人的这种欲求置于优势地位，体现出个人主义式的教育思想，以及从大众教育的扩大中，自然会产生英才的大众教育观。

对我个人而言，不管是第一立场也好，还是第二立场也好，英才应该由学校产生，其必要性尚未充分研究。即使是美国也具有同样倾向，第一立场避免使用集团概念即英才这一词汇，而使用个人概念即高级人才一词，那是故意避开如何获得集团的统一性，多元性成为英才，或者在怎样的社会构造中，以什么作为媒介，对于大众实行领导地位机能这一问题。另外，尽管推测是有政策上的理由，以社会现象为对象的高级人才劳动力（企业，官厅的经营管理者阶层、工会的领导者阶层）这些阶层的形成，除了先天的出色素质之外，后天的，依靠经验的人才也是形成的重要原因，尽管存在着未超越学校教育范畴等问题，但必然是一个问题。因此，这些英才，不单单是官僚阶层英才，也不是技术万能主义的英才，而是以一定组织体为基础，运用专业技术，具有能够决定重要意志权力的技术官僚英才。所以，以学问和技术为对象的高级人才劳动力和以社会现象为对象的高级人才劳动力这种二分法，是因为今后的英才是否具有妥当性而令人怀疑。

第二立场，若具有英才培养机构的话，也只能把它委托于研究生院，在以下的学校阶段，存在着在选拔英才、培养英才机能方面尚未作出考虑的问题。在法国明确地听到如下讲法，英才的选拔与培养，非同寻常的社会努力是极为必要的。(第五章 279)

今后高等教育与英才培养。所实施的教育，特别是通过高等教育途径向社会提供的英才，其意义到底去何处寻求呢？我讲得极端一些，合理的英才培养是只有通过教育而获得。这种合理的意思是如韦伯所说，具有两种意义。

英才多元培养体系的确立。英才依靠教育而进行培养其根据在前面已讲述过了，但英才只靠教育是不能产生的这也是事实。正如第二章所讲，今后英才的多元化、高度化日益加深，与此相对应的英才多元化培养体系在高等教育之外也有确立的必要。因此，这些英才，通过什么样的培养途径而形成的呢？我们大体划分一下，可分三个方面：

第一，研究生院的培养途径。现在，研究生院尽管只是形式，而无实体存在，但对于理工科毕业的研究生需求量仍在日益增加。这种倾向，今后，随着研究生院制度的不断充实会更加强化。这种大学院不仅成为接受高等专业教育的场所，而且同时也是培养科学家、高级技术人员、高级管理者、大企业经营者的英才场所。运用高度专业能力、提高科学、技术上的成绩，或者对社会的核心组织起到决定作用的英才，都会从这里得到供给。把这种研究生院作为顶峰，在大学、高中、中学各阶段之间备置了种类繁多的英才教育课程。下列事例即为典型。

事例 A：公立小学五年毕业──→公立六年制高中（前期中等教育与后期中等教育合并的英才教育形式）毕业──→国立大学工科优秀生毕业──→A 国立大学大学院博士课程毕业──→A 国立大学工学科副教授──→A 公司技术部长。这些英才们是作为在国际水平上的指导者的英才，履行具有首次责任的领导地位机能。

第二，大学毕业并加入了公司等组织体，经过那里的英才培养途径，经过自己的努力和个人能力，表现出对所在组织体中的贡献和忠诚，因而成为造就英才的途径。下面列举出典型事例。

事例 B：B 小学校毕业──→B 中学毕业──→B 高中毕业──→B

大学理学专业毕业──→B钟表股份公司入社──→分配至该公司研究所，因该公司采取一人一研究课题主义的研究体制，无论是任何新入公司者依靠自己实力都可成为公司的英才──→对某种钟表开发成功──→成为公司英才。

这里的公司研究体制，在培养公司英才的基础上起到了较大作用。而且，大学从英才形成的观点上来看，它只起到了第二次的作用。公司的英才开发体制和潜藏在那里的英才自己开发，如事例所讲会产生出公司自己的英才。他们使自己全身能量燃烧在工作中，提高自己的创造力和非凡的业绩。但是，多数情况下，其视野停留在工作──→公司的框框当中，符合技术型英才的名称。但是，在组织体中起决定作用的英才是非连续性的，所以，他们在公司里更要努力地去开发产品，为了公司而成为公司中辛勤劳动的专家英才。他们也并非是国际水准的指导者，而是各组织体和特殊专业领域内的指导者，其中大多数是在大学接受专业教育。

第三，指一般教养专业的大学毕业，具有一定职业，主要是在职业外的市民活动中，发挥指导能力而成为英才的途径。该途径，即使现在也可以看到朦胧状态，因此被人们认为也是今后的一种重要途径。下列事例即为典型。

事例C：C小学校毕业──→C中学校毕业──→C大学教养学专业毕业──→C股份公司工作──→组织市民活动并成为C市民会议议长。

前面所讲的英才命名为市民型英才。他在公司的工作，没有像公司英才那样使自己的能量充分燃烧，或利用余暇时间，举行市民活动，遵守市民利益，提高市民生活水平为目标，而将自己的能量完全倾注于市民活动，组织团体当中。况且，构成市民能量结晶核心，对于从国际领导能力的决定意识来说，行使从大众方面来的影响力是完全可能的。这样的市民型英才，把大众与国际性的领导作为媒介，必须给予足够重视。

以上所举的英才，包括国家领导型英才，专家型英才，市民型英才，他们各自都有不同的高等教育背景。国家领导型英才主要是由研究生院提供的英才，是具有最高水平的，最终挑选的学校──

研究生院培养形成的英才。专家型英才主要是由重视专业教育的大学所提供，此后在所就职的组织体中，由于英才开发体系和自我开发体系及活动而成为的英才，最后是市民型英才主要是由重视一般教养课程大学所提供，尽管批判了国家领导型英才和专家型英才的指导性，但是将他们的指导性综合于市民的利益过程，就成了英才分子。这个关系以《英才的多元培养体系图》所示。

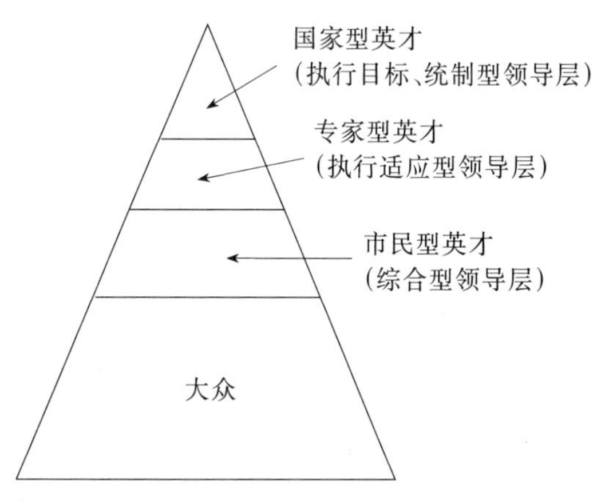

英才的多元培养体系图

今后的英才，相互间发生影响，又为面向21世纪奠定了基础。当然，没有通过高等教育途径，成为英才之路也就留给了今后。所以，通过了高等教育途径的人，其丧失了的某种特性，会被那些尚无持有学历证书的英才所拥有，但是，这些英才的数字，总的来说非常少，最终，多元型的分化的高等教育，将具有各种各样指导性的英才提供给社会，这也是今后的一个方向，同时也可认为是按此方向行进，改革以往的高等教育也是必要的。高等教育，当它放弃供给大众社会英才的作用时，社会将使中枢机能麻痹，置身于无规则的、解体的危机社会之中。(第二章 288)

摘自：英才与教育．日本：福村出版社，1967

思想评介

麻生诚及其英才教育思想

一、战后教育的“戒律”

战后，在日本教育界中，在绝对的平等主义教育舆论面前，英才教育被视为一种“戒律”。追溯一下战后中央教育审议会的历史沿革，也曾提到过“英才教育”，但是可以说未同中央的教育施策结合。早在昭和四十一（1966）年中央教育审议会《后期中等教育的扩充与完备》的咨询报告中，阐述了：（1）关于高等教育职业的专业分化与改善新领域内与之相对应的人才需要，寻求教育内容的多样化。（2）对于特别教育的制度，“在知识，艺术以及其他方面，对于那些具有高度素质的人来说，有必要实施具有效果的特别教育，为此，就教育制度的弹性化与其特别的教育方法有必要进行认真检讨”。由此，指出了英才教育的方向。

关于这一时期的高等学校教育的多样化，在昭和三十（1955）年二月教育课程审议会的咨询报告中已经提及到五种类型的设想。即为：（1）不偏废学科；（2）以艺术、家庭、职业中的任意一种，或者以这三个内容为重点；（3）将国语、社会、数学、理科、外语作为重点；（4）国语、社会、外语作为重点；（5）数学、理科、外语作为重点，提出了这样五项多样化议案，但尚未实现。

在此之后，日本国内对于教育的多样化要求日益强烈，昭和四十二（1967）年二月，全国高等学校校长协会，对中教审中高等学校要实行多样化学科进行了认真的回答。

当时，在职业、家庭科目中，已经实行了多达243种类的多样化的学科划分，但在普通科中尚未着手行动。

然而，高中的升学率已上升到了90%以上，入学者的1/3甚至到2/3尚未接触到教育课程，不实行多样化，教育则难以成立，所以才展示出才能、文科、理科、一般教养、家庭教养共五项系列化议案。但是对课程过分细化持批判态度的文部省，相隔10年对高等教育课程的改定作了咨询的教育课程审议会提出了三种类型的具体意见：（1）大学升学；（2）一般教养；（3）认真考虑职业性的教育。

对此，关于强化理科—数学的学习方面，日本文部省在昭和四十三年（1968）四月开始实施，各都道府县教育委员会就本地实情也依次开设了旨在强化教学的数理科，昭和四十四（1969）年28个县已达到77所学校，具有英才教育性质的普通学科的多样化教学，起到了培养英才的先驱作用。

昭和四十六年（1971）中央教育审议会的咨询报告中，对于英才教育有如下所述：

改善适应个人特性的教育方法，在达到一定成熟度的高级阶段，以适应能力的升级、升学要予以认可。说明：对于传统的不同学年所给予的教育指导，即所谓无学年制的方法，用以适应个人的发展而给以适当的指导，作为今后的一种方法而提出，这是十分值得探讨的课题。另外，就升级、升学而言，可以看到是使特别能力得以发展，对身心发展也是极有好处的一种教育方法，被认为作为特殊情况处理是尊重个性的表现。

在许多国家，以学力特别优秀的孩子作为对象专门设置了特别升学的班级，使参加大学入学考试的年龄提前，同时也展示了学生的卓越才华，即“跳级”制度。

然而，昭和四十六（1971）年的英才教育各项条款未见实现便告终，主要是因为一些教育界人士认为：英才教育等于“甄别，差别教育”，这种论调在教育界反映十分强烈，甚至在新闻媒体方面也对英才教育给予了批判。

80年代中期的临时教育审议会，对于英才教育也没有提出什么新的观点而宣告结束。

在平成元年（1989）成立的《中央教育审议会》所做的两份咨询报告中，其中一份《后期中等教育改革与高等教育之课题》中，值得世人瞩目的是其中包含一项“……在特定的方法中，关于具有特别才能的人，使之其能力得以更好发挥的问题，在大学入学年龄方面及教育上采取特殊措施方面是否可以放宽限制，希望予以认真核讨……”。

对此咨询报告的理由，文部省的说明是：“在近年的社会急速变化中，教育方面产生了各种各样问题，因‘考试竞争’而导致的白热化，青少年的问题已构成了较大的社会问题。此外，以往的学校教育不管从哪方面讲，由于采取的是一种划一的、僵化的教学模式，使学生很难适应社会变化和学生的实际状态。而且，与学校教育有着密切关系的诸问题，尤其是适应学生能力、个性、适应性等等多样化问题，日益显现出必须要以后期中等教育为中心，对学生的多元化个性、能力等等给予积极的评价，以适应各种学习要求，伸长个性为目的，使后期中等教育更加趋于多样化、弹力化，这是十分必要的。”对此，作为具体的审议事项，在特定的领域内，对于能力有明显特长的人，可否在教育方面采取特殊措施进行充分的研讨。

像这种十分明确、而且又十分具体的形式，谈及英才教育，在战后尚属少见。

战后，经历了半个世纪之后终于将英才教育问题不是以“戒律”看待，而是以政策的水准来谈论，可以说已经迎来了一个涉及“英才教育”的时代。使我们感到必须将“英才教育”这种教育方向坚持下去。这是因为，教育政策中被视为“戒律”的“英才教育”，正是在自由民主的教育计划当中的“绊脚石”。

二、尖子教育与英才教育

英才教育，在日本有一种与所谓“尖子教育”同等对待的倾向。

首先，所谓“英才教育”是指将那些在智能、才能上十分得天独厚的优秀儿童早期发现，按所期望的素质方向，使之发达的教育。以往，虽然只限于智商方面较为优秀的儿童，但现在，已涉及到了其他领域。例如：前苏联除了数学、物理学、化学、生物学以外，还有语言、音乐、美术、体育、芭蕾，甚至还有杂技等等，无所不包的“英才学校”。因此，“英才教育”可以说是“适应多种能力的教育”的一个领域，同时也是把个人的能力开发作为目的的一种“特殊教育”。事实上，在美国“特殊教育（Special Education）”的教科书中，就把“英才儿童的教育”列入其领域内。

与此相对应的“尖子教育”，是指在社会生活的诸领域内，起指导作用，而且对所预定的一定人才数所进行的教育。这也是过去只限于官界所进行的教育，但在今日也涉及到了其他领域。一句话，就是指各界的干部候补者的培养和教育。

尖子教育，其手段往往有许多是采取英才教育的形态，但其本质是为了适应社会的要求和国家的需要。这种尖子教育实际在历史上是从统治阶级的子女教育开始的。他们为了自己的子女教育而创办了特别学校，并对所毕业的学生施以较好的社会地位和经济上较好的报酬等等契约。英国是至今仍然保留该传统的为数较少的国家之一。日本在明治以后成为民主国家，决定不断地要促进该教育模式。为此，国家创立了“复线型”学校制度，对于特定的高等学校教育机关的毕业生，给予某种特定的社会特权和功能。即为：战前的小学校──→中学校──→旧制高等学校──→帝国大学这一教育模式。作为尖子的培养对象，大体上属于中流以上的阶层或者是高智能的持有者。

但是，随着政治上的平等化不断深入，以及教育民主化的扩大，给予少数人这种“尖子教育”的特权，从理念上，实际教育活动上都予以否定，取而代之的是符合广大民众利益的大众教育。

学校制度，以教育机会均等为前提改成了单线型的学校制度，以往在中等教育过程中进行甄别的模式，逐渐开始趋于淘汰。这种倾向，在二战之后越来越明显。例如：法国废止了中等教育的甄别形态；英国和西德创设了综合制中学；日本实施了六、三、三、四学制等等。不仅如此，依教育民主化而逐渐形成的教育大众化，对于尖子教育从原理上不同的“英才教育”也给予了否定。

那么，在现代，尖子教育和“英才教育”难道就不需要了吗？回答是否定的。不是不需要，而是十分有必要。众所周知，在社会上所形成的中枢部分（核心），以及被称为社会诸活动和实行诸活动的少数人才，这些“精英”无论在任何社会中，都是绝对必要的。若缺少这部分人才，就必然导致社会的某种衰弱表现。所需尖子人才的培养，在当今这种高度的大众教育下，由于这种特定的学校系统，似乎是感到不太可能。所以，实现在高等教育的水准基础上，在大学和大学院（研究生院）的教育活动中，采取“学校差”的形态来从事“尖子教育”。M. 多伦（美国高等教育研究者）在谈及高等教育中指出：在先进国家各种就学的大学生中，应该有占总数的10%比例，实施的“精英教育”，例如：美国的常青藤学校（美国东部著名大学总称，包括哥伦比亚、哈佛、耶鲁、普林斯顿等大学）、法国的贵族大学、日本的旧帝国大学等等。这些大学，从制度上不能说实施的是“精英教育”，但从机能、水平上可以说实施的是一种“精英教育”。也就是说，“精英教育”是从社会的必要性出发，而实质上是一种“survive”现象而已。

毋容置疑，英才教育也可以说它在大众教育的浪潮下，其踪影也将会消失。一般来说，不只是在日本，即使在美国，在欧洲，与二三十年前相比，英才教育在制度上，在整个教育活动中，都不可能看作是深入推广，但是同日本相比较，在美国以及欧洲，无论是从制度上，还是从教育的实践活动上，其“英才教育”之广泛和兴盛是不能否定的现实。

三、英才教育的概念和方法

所谓英才教育，就是指被称为英才儿童，或者是天才儿童的优秀儿童的特殊教育；是以早期发现其超群才能，按其所期望的方向使之素质得以发展为目的的教育。

英才教育的历史从古代柏拉图、孟子时代就可以看到有关英才的教育和英才教育实践。而今天的英才教育的基础，则是从19世纪到20世纪所进行的以智能为中心的能力差研究和技术测定的开发。

在民主主义的观念下，收容具有多种多样的能力、适应性较好的学生，并且以“开展平等、多元化的教育”、“平等的，而且是适应能力的教育”为主的美国公立学校，英才教育成为教育上的主要课题。

这一事实，主要是以50年代后期苏联成功地发射了人造卫星，而使美国感到大为震惊，使得美国政府不得不调整当时的现行教育政策。

即使目前，英才教育实施的最兴盛的是美国。我们从那里可以看出英才教育的方法大致可分为下面三点：

1. 促进化（acceleration）

这是一种使英才儿童比一般儿童较快进入教育课程的一种方法。这种方法还可更进一步地划分为：①飞跃进级（grade skipping），②以短时间使全部学业完成方法（rapid progress），③早期入学（early aamission），④在高中里设置大学的一般基础课程，并取得学分方法（advanced placement）。促进法虽然具有在现存的教育制度下，原封不动地实施英才教育的优点，但是，也产生使英才儿童身体，社会方面的发达与能力的发达，不断扩大的担心。

2. 扩充法（enrichment）

即在授课中，对英才儿童给予他们比普通儿童更多的，而且高质量的教材，使他们学习更加充实的学习内容。对此，也可以划分为：①广泛导入相关教材，即水平式的扩充（borizontal enrichment）；②导入更高水准的教材，即垂直式的扩充（vertical enrichment）；③将一般的教材从内容上加以补充，即为补充式的扩充（supplementary enrichment）。扩充法的优点是：对于英才的兴趣和能力，而对此提供更多的教育内容，但从另一方面讲，给予同一教室内的一般儿童以负面教育的影响，和一贯的组织式的教育是不可能的，最近有迹象表明，如课外活动小组、独立研究（independent study），为英才而学习的数据（learning Pnckets），流动教员（floating teacher）而使用的课程计划进行扩充的一种倾向。

3. 编制特别组别（special grouping）

使英才分子汇集一起，编制特别组别，是使他们履修教育课程计划的方法。英才的学习效果虽然说是有所提高，但因在民主主义社会，抗拒力量也是极大的，所以，将平时的同一组别的全体能力（total ability grouping）取而代之的是再组成只是进行教科活动的组别，其他的学习与同年龄者一起接受教育，构成这样一种变形能力组别形式（modified ability grouping）。

除此以外，对于夏日学校，周末等等形式，在日常授课以外，对英才进行特别组别的教育，以英才教育为目的的学校也将会陆续产生。

四、日本导入英才教育的三个困难点

第一，从历史上看，在日本的教育历史中，有一种厌恶英才教育的倾向。就是说，人们在提高某种业绩的情况下，能力与努力是以乘法来计算的。撰写《能力主义的兴亡》一书的M. 扬格在书中列出了这样公式："merit = IQ × effort"。在日本，尽管努力奋斗（effort）是得以较高评价的，但对于能力和才能本身的过高评价，并以此作为国民的"共有财产"而培育的思维方法是十分浅薄的。进而，在战后教育民主化，大众化方针下，在法律规定中"平等，适应其能力的教育"，只在前段作了强调，却看漏了结果的后段内容，同时也就看漏了"英才教育"，因此才带来了这一结果。

第二，英才的概念与identification的问题。回顾英才教育的历史，对于英才的身份，是以智能测试，加上教师的评价为主要手段。例如：特曼·比涅法的智能测试IQ为130以上，是适龄人口2%～3%。作为3%的英才儿童只是100人当中的3个人，这样庞大的数字，若对他们实施英才教育的话，学校制度必须使一部分得以修改才行。而且，把他们从一般儿童中分离出来，个别进行教育的话，日本的整个平均学力水准势必导致低下。另外，如此这样大规模的推进英才教育也必然会遭到舆论的反对。

因此，把"英才"更加缩小范围的特曼认为：应该选出被称为"天才"的英才儿童（IQ180以上）。这样的话则便构成了适龄青年人口的0.3%，1 000人当中只有3个人。但是，这种智力能力以目前心理学的水准来看是难以测析的。特别是，创造儿童即具有独创能力，在此方面，展示了特殊的卓越才能，但在智力测试中，也未必得以高分数的英才儿童，把这些也称为身份的话就更有其难度。

最近，英才教育在美国和欧洲也暂时地势头减弱，这也许就是在智能测试的界限中，认识日趋于扩大化的缘故。若是认真的心理学家，将英才教育作为一种超前教育，用一种使高智商儿童智能标准化的测验方式，是否可以测试出来呢？恐怕有100%的人都会踌躇不定。然而，标准化测试与富有经验的教师评价复合一起，对英才儿童的判定方法，其信赖性和妥当性还是具有较强的说服力。以什么程度的标准，来判断英才儿童的身份，这是涉及到英才教育的根本问题，目前从科学的角度尚未解明。正因为如此，拖了英才教育的后腿。

第三，现在，日本可以看出整齐划一、平等的大众教育和考试前准备教育，与此相关而产生的英才教育中的早期教育与考试教育，已形成了真正英才教育的萌芽状态。应试的英才教育，不仅是预备校，被称为东京大学预科的国立大学附属学校、中学、高中六年制的私立学校以及较好的一般高中，都在进行这种“英才教育”，而且，这种应试的英才教育，已从私塾、中学、小学校、幼儿园阶段向全国扩展。说得严重一些，日本国内潜在的英才，由于小、中、高的划一教育和应试培养教育加上大学的大量扩充教育，抓住这个极小的萌芽，以大学作为顶点的日本整齐划一教育社会，可以说是英才的“坟墓”。

但是，在现实中许多英才以隐蔽的形式的确存在着，则是不可否认的事实。

五、英才教育的方法

首先应克服前面所谈到的困难点，即英才教育以怎样的方法才能得以顺利实施呢？思考的结果，应消除对英才教育的“戒律”，这是一个大前提。消除“戒律”后，从整齐划一的平等主义的大众教育中，自然而然地会使英才教育而显现出来，这也只不过是一种幻想认识而已；而且完全依靠于大学、大学院（研究生院）的英才教育，也被视为一种“过迟”之举。那么，英才教育，原则上应该在中等教育阶段来进行。

具体实施英才教育，在当今可能条件下，如下所述：

(1) 将英才教育的范围缩小规模的同时，限定其特定的领域。特定领域的才能，在年龄较小的时期萌发，是在最近依靠大脑生理学的成果而得出的结论。

就是说具备所有、全面的智力能力优秀者尚不够，还必须从具备特殊的才能，或者技能的优秀者开始进行“英才教育”。例如，在运动能力和艺术能力领域内，所进行的英才教育，即使现在国民也是一致同意的一种倾向，对此最好用加上数学、物理学、化学、生物学、语言学等等。在此领域内得到了国民的70%赞同，而且这Specially gifted children依靠某种权威机关判定，对这些人采取使之能力得以发挥的特别措施，如使他们早期进入大学的措施等等。要让世人清楚地认识到英才教育的改革从这里着手是可以被认可的良策。回顾日本国的教育历史，当时创设的东京美术学校，把一些优秀的艺术家作为教授的同时，对新入校学生，设立了入学年龄从16~25岁适合于美术教育的规则，另外，又设置了选科制制度，不管学历如何，而注意对专业课程的专心，勤勉的学习态度和方法。至今，在维也纳的国立音乐大学中，被允许入学的最低年龄是12~20岁，并根据专业领域采取不同方法。以上可以看出，对于具有极其才华、天赋的优秀者来说，原则上应允许在入学年龄以下可以入学。入学考试（等于才能考试）对于年少者来说，必须要慎重考虑适应应试者的年龄特点来进行。

此外，在学期间，所定的专业课程，与标准的修业年限区分开，成绩特别优秀者，即使尚未修够所定年限，也允许参加毕业考试，使之提前毕业。

(2) 现在划一的平等主义的教育，向平等多元主义教育转化的过程中，在一般教师中间，“适应能力的教育”作为一般方法，使教师们能够认真地去考虑英才教育的方法和手段，列米·约瑟教授在其著作《英才儿童》(1957) 一书中指出：“对我们来说，有扼杀英才的权力吗?”“……英才儿童若有一件困难受到阻碍后，往往就被埋没了……这种状态应该改变，忽视人才的做法难道能说是人道主义的吗?”约瑟教授对于作为“人类进化的先驱”的英才儿童，若忽视了他们，认为是现代社会的一种无情表现，约瑟教授还呼吁：对于创造人类未来的英才者，若不积极地去发现、挖掘，将会给人类、民族带来不幸。通过约瑟书中的启示，作为教师都应该具备这种英才教育的思想，这样那将会给我们的教育实践充满理想和带来希望。

(3) 要强调的一点是：关于英才儿童的教育和研究，对于将来的英才教育是十分重要，也是必不可少的，若能使“英才教育”思想深入人心，也就是英才教育的辉煌成绩之时。

（王　符）

参考书目：

[1] 清水羲弘，向坊隆．英才教育．第一法规出版．1969

[2] 麻生诚．英才教育．日本教育社会学会编．新教育社会学辞典．东洋馆出版．1986

[3] R. 约瑟著．前田嘉明，西畑明译．英才儿童——发现与培育—．朱鹭书房．1986

皮德思

（R. S. Peters）

■ 生平简介

■ 名篇选读

教育即启发

■ 思想评介

皮德思及其分析教育哲学

生平简介

皮德思出生于 1919 年，曾在布列斯特罗（Bjstol）一所传统公学——克里夫顿学院（Clifton College）接受教育，后来，于 1938 年升进牛津大学，攻读文学学位，除了研究古典文学之外，对宗教及哲学问题也产生了浓厚的兴趣，并且多所涉猎。

二次世界大战爆发之后，皮氏加入兄弟会的救护组织(Friends Ambulance Unit)。德军空袭伦敦期间，奉派到伦敦工作，经过一段时间，复转任社会救助工作。他在怀特加堡（WhitechapeI）的汤恩比会堂（ Toynbee Hall）主持一所青年之家，随后并在毫无基础的情况下，独立在华生士特罗（Walthamstow）创设了另一所青年之家。

在这段期间，他一直维持着哲学的兴趣，并在伦敦大学伯克白学院（Birkbeck College）注册，利用空余时间，攻读哲学学位。稍后，他离开社会救助工作，而在沙漫莎特（Somerset）的一所住宿学校——史狄克中学（Sidcot School）担任古典文学的教职。若干年后，皮氏为了全心准备在伦敦大学的学位考试，而辞去了教职。后来，他不但获得研究奖助金，同时并获聘为伯克白学院的兼任讲师，随之，并先后升任正式讲师及高级讲师。在此同时，他也在成人教育界里相当活跃。

因为早年在青年之家的工作以及中学的教学经验，使皮德思一直对教育保持着兴趣。不过，他进入教育哲学界的方式相当特殊。刚开始的时候，他从事广播讲演的工作，演讲主题包括权威、责任等。当他着手找寻其他可供探讨的主题时，发现教育目的这个主题相当值得探讨。他之所以会有这种研究动机，乃是因为他在从事青年辅导工作的时候，常不断地面对一个问题，即工作的目的和目标何在？

皮德思同时也被教育哲学所吸引，因为这门学问牵涉到哲学及心理学的许多领域，而这些领域是他所深感兴趣的。皮氏在柏克白的研究工作，主要集中在哲学心理学，特别是心理主题的逻辑分析。他曾经写了一本有关霍布斯（Thomas Hobbes）的论著。他所以对霍氏有兴趣，乃是因为他的著作融合了心理学、哲学和政治学。随后，他又写了一本探讨动机概念的书。皮氏发现自己这些兴趣，在教育哲学这个领域之中，最能得到满足，因为教育哲学融合了这些领域的知识。

皮德思探讨教育问题及其他相关课题的广播内容，后来被收印在《听众》（The Listener）杂志之中，并引起谢富勒（Scheffler）的注意。谢氏当时乃是哈佛大学教育研究所的教育哲学教授，于1961年邀请皮氏到哈佛大学担任访问教授。次年，皮氏膺任伦敦大学教育研究所教育哲学教授讲席，一直到1983年才卸任。其间他并获选为教育学院院长，1966年皮氏获美国国家教育学术奖。

皮氏阅历广阔，他担任过美国、加拿大、澳大利亚和纽西兰等国许多访问教席和客座教授的职位。在这个过程之中，他协助各个访问国，发展教育哲学使之成为一门学科。

自被任命讲席之后，皮氏便致力于伦敦大学教育研究所的发展工作，使其成为世界上最具规模与影响力的教育哲学研究部门。它提供学士学位一直到博士学位的课程，同时也吸引了来自英语世界各地的学生。

在大不列颠哲学界中，皮德思普遍受到肯定，并誉之为开创哲学里一门新且受尊重领域的功臣。英国皇家哲学会且于1973年于爱赛持（Exeter）组成教育哲学研究会，在此十年之前，这是绝对想不到的事。当时，对许多哲学家而言，教育哲学所得到的学术评价甚差。而今，哲学家们至少准备将教育哲学视为一门重要而有意义的哲学论题；同时，在教学领域之中，也已经将教育哲学视为教育理论中不可或缺的一部分。这两项成就，绝大部分的功劳应归于皮德思。

皮德思的主要著作有：《社会原则与民主国家》（1959）、《伦理学与教育》（1966）、《教育的逻辑》（1970）、《权威、责任与教育》（1973）、《教育与师资教育》（1977）、《论教育家》（1981）。

名篇选读

教育即启发

20世纪60年代有一项引人注目的特征，那就是教育已经成为公众辩论和理论探讨的主题。在此之前，教育不过是极少数受过熏陶的人歌颂认同的对象而已，并未引起广泛的讨论。当然，过去也有许多回忆学校生活的篇章，不过这些文章所显现的，要以自我陶醉的成分居多，而非对教育怀有热烈兴趣。

如今一切全改观了。某些对社会上各种不公平现象特别敏感的政治人物发现，教育是他们可以放肆攻击的一块处女地，不像私有财产制和所得不均这些旧话题，那么容易惹来激烈的争执。另外，一些对美国和苏俄的科技成就感到忧心忡忡的人，则欣然接受经济学者们的见解，认为教育对社会而言，是一项值得投资的商品。社会学家们则告诉教师们，在社区中他们确实扮演着社会化机制（socializing agency）的角色。

大众对于这些浅显教育道理的理解，有的教师深为苦恼，有的则尚觉愉悦。如今，他们这群静默的人，在长久以来低收入、不受尊重和员额不足的工作岗位上，持续地工作，面对人们汹涌的议论，而大部分人对自己高谈阔论的教育主题又都毫不在行的情形下，教师们充耳不闻的态度是情有可原的。不过，从另一个角度来看，这种态度却有些不近情理。因为人类有别于宇宙万物的主要特征之一，乃是他拥有一个可变的认知结构，这结构决定了人类行为的各个层面。个人可由各种不同的方面来思考自己身为人师的角色，任性地把自己与各种不同的看法隔绝，无异于限制自己的眼界——以偏执的近视来求得逃避。

不过，粗略描述教师工作，或者把它比喻成其他事物的做法，都可能严重扭曲教师的主要特征。举例来说，假设把“接吻”描述成一种可以刺激官能的双唇运动。这种粗略的描述不仅遗漏了接吻的若干主要特征，同时，把接吻解释成一种单纯的肢体动作，也会使人觉得它和唾液分泌或者膝盖痉挛等动作没什么两样。我认为这是危险的误解。事实上，我常觉得行为主义者所使用的概念架构，不但会造成认知偏差，在道德上也是危险的。他们极可能习惯性的以淡漠冰冷、符合他们所谓科学中性的词语，来看待和研究人类。所幸，时下的行为主义者，仍保有人性、人情。尽管他们在实验室里高谈阔论、不可一世，然而，平时与别人从事面对面的讨论时，还能保有人与人之间那份情感的交契。不过，只怕往后的行为主义信徒，连与人讨论时，所持的态度都将是冰冷的。

同样的，教师如果太偏重于自己的社会化角色，把教育看成国家的投资商品，或者认为教育的最主要任务仅在于培养心理健全的儿童，这些偏狭的见解，都会使人深陷于概念的迷障里。事实上，教育有别于社会工作、心理治疗或者不动产投资。万事万物都是独特的，不可能与其他事物完全相同。公众对于师资之培育与补充、教育应不只是将来生活的准备、缺乏升学进路及如何鉴别能力等问题争论不休，却很少有人能够细心思考，探讨多数人所缺乏的到底是什么。如今教育就像昔人所谓的天堂：近在眼前，却又远在天边。只有少数菁英才能经由教育获取文化精髓，这些人并试图教育未得救的芸芸众生，希望有朝一日他们也能得救，至于“教育”究竟为何物，则从未被清楚地刻画出来。

“教育”与外在目的

由前文可知，厘清“教育”这个概念，是当前至为紧要的工作，这种观念澄清的工作，是教育哲学家的首要任务，不过，献身于这个工作的哲学家，是否会遭受到质疑？包括苏格拉底在内都可能怀疑，以概念分析找出“教育”之“本质”的可能性。我在前文曾经提到，教师如果太热衷于经济学家、社会学家及心理学家们的建议，可能会使自己陷于概念的迷障里，然而，是否我自己也已陷入“本质论”（essentialism）的泥淖之中了呢？

老实讲，就算是这样，我也不以为忤。我觉得，我们所应该反对的是那种不问情境和讨论主题，一味坚持某些“特质”才是教育之本质的主张。例如，吾人在讨论资源之运用与计划的时候，将教育视为一种投资商品，便无可厚非；而从社会整合的角度着眼，把教育看作社会化的过程，亦无不当。不过，如果从教师的教学活动出发来思考这个问题的时候，上述两种看法，就嫌空泛，同时也蕴含着某种危险，因为这两种主张很容易使人以保守或工具的眼光来看待教育。

或许，我们不问情境，提出有关教育的经济性或社会性观点，容易产生误导的原因，乃在于这些观点只是以旁观者的立场，指出教育在社会或经济体系中，所可产生的“功能”或“效果”，而非以一个献身于教育之工作者的眼光来阐释教育的真谛。倘使以类似的方式，吾人也可以说医学的目的是在为制造药罐子的工人创造工作机会，或者在于增加人口数量，但是这些并不符合医师们自我认定的角色。假使他们真以这些细微目的作为从事医学活动的要务，那就令人遗憾了。再说，以这些功能来描述医生的作为，也将使人难以厘清他和药剂师的不同。所以，我认为描述教育的本质时，必须兼顾教育的意向性（intentional）及其特殊性。像增加自杀比率，或者提供印刷工人就业机会等想法，都不应包括在教育的概念里。

诚然，道德教育和性教育之中某些具有意向性和特殊性的活动，都具有明显的社会化形式。如果以这种观点出发，势必会决定在这些科目上多花些心力，而将儿童的其他理解形式的发展（如科学或数学等）视为次要的教育活动。像这种教育内涵的决定过程，通常就是一种优先顺序的取决。再者，如同我稍后即将阐释的，所有的教育活动，实际上都可以被视为一种社会化的形式。因为教育对于由语言、及其他各种思考形式所塑造成的公共传统，具有启蒙的作用。不过，这样描述过于空泛，无法显现出教育与其他社会化活动的不同。当然，以社会学家的眼光来看，这已经能够清楚标示出教师角色的特殊性了，问题是局外人面对这些社会化的观念时，并不像社会学家那样，只以某些特殊的角色来诠释他们。例如，教师们听到自己是一种社会化机制的时候，可能会把自己看成社会工作者，并竭力以“一般的”（不具教育特殊性的）方式，来协助儿童顺应社会。这些教师所获得的概念，并不像我稍后所定义的教育概念，他们所谓的教育，只是在帮助儿童建立和谐的人际关系，并使他们自安于一份简单的工作、良好生活习性及和乐的家庭生活。或许对于纽申报告书（Newsom Report）——《我们的半个未来》（Half Our Future）里所指的那些遭受不公平社会地位限制的儿童而言，我们所能做的，大约仅止于此①，不过，我们对促成智力发展所需的教育情境所知不多的时候，就妄下这种结论，是相当草率而危险的。近期所完成的这类研究均指出②，许多小孩因为早期贫乏的学校教育和家庭生活，而被剥夺了无数智力发展的机会。其实，如果吾人不曾为这些小孩付出连贯而持续性的努力，使他们具备接受教育的基本条件，就遽尔判定这一大群孩子无法接受教育，这将是极为不幸的事。我所担心的是教师会被一些讨论他们的社会化角色，却又界定不清的言论所误导，而把自己的工作看成是在“驯服无知的大众”（gentling the masses）。关于这点，只有更为清晰而明确的“教育”和“社会化”概念，才能帮助我们避开这种危险。

另一个危险，在于人们普遍倾向于把教育类比成某种达成工具性目的的过程，造成这种趋势的始作俑者中，经济学家要比社会学家担负更大的责任。事实上，吾人不难想象，这种类化现象是如何由漫不经心的处理方式所挑起。为了把这点交待得更清楚，我现在必须阐明教育本质的三大概念中的第一个概念。

“教育”③ 乃促成心灵朝可欲方向发展的过程。我们说一个人

---

① 参见中央教育咨询会议（Central Advisory for Education）的报告书——《我们的半个未来》（*Half Our Future*），H. M. Stationery Office，London，1963.

② 可参阅 B. Bernstein 所著《社会阶级与语言发展：社会学习论》，收录于 A. H. Halsey 等人所编《教育、经济与社会》（*Education*，*Economy and Society*）一书，Free Pres，New York，1961

③ 事实上“教育”既是 G.Ryle 所称的“工作”（task）概念，亦是一种“成就”（achievement）概念。关于此，详见 Ryle 所著《心灵的概念》（*The Concespt of Mind*），Hutchinson，London，1949。近来这方面的分析，稍能达到这个尝试所想要达成的几个目标者，可参见 Paul Hirst and R. S. Peters. 所著的《教育的逻辑》（*The Logic of Education*）一书，第二章，Routledge and Kegan Paul，London，1970。

已经受过教育，却未产生可欲性的进展，就如同说一个人已经被感化，却没有变好一样，是不合逻辑的。当然，教育和感化是有所不同的，教育并不代表把一个人从鄙恶中救出，并使之返回正途的过程，不过就使人产生良好改变的意义而言，教育和感化是极为类似的。其次，教育通常被视为是带有意向性的活动。亦即，当吾人从事教育活动的时候，会把自己或别人置于适切的情境中，同时也意识到自己的行为。卢梭曾经说过“教育来自于大自然、人类和各种事物”。依照这种过度延伸的定义，几乎万事万物都可成为教育的一部分了——大概连上妓院也不例外。可是，“教育”一词的主要用法是被限定于某些情境的，在这些情境里，吾人审慎地将自己和别人安置于一种导向高价值心灵状态的途径中。

不过即使“教育”意指导向可欲心灵状态的意向性行为，仍然很容易被类比成其他具创造性价值的一般活动。首先，在某些情况中，吾人会做一些不具价值色彩的活动，以达到某种价值性目的。例如，我们为了去听音乐而搭公车；为了能和朋友取得联系而在信封上贴上邮票。所以，对那些受过教育的人而言，教育往往变成确保可欲结果的必经之途，像获取高薪的职位或在社区中赢取优势地位等。其次，如果从教师的角度出发，很容易会产生第二种现象，亦即将教育看作变化的中性材质，使之成为价值性事物的有效艺术。就像把黏土做成瓶器，或把橡胶做成高尔夫球那样。在这种教育里，人类的心灵被塑造成某种可欲的产品，或者被填鸭式地贯注一些可欲的事物。当吾人考虑到“教育的用处何在?”特别是花费大量金钱的时候，从以上两个角度来看待教育，尚无可厚非。

可是，这两种思考方式基本上有一些混淆，造成这种混淆的原因，在于他们依循陈腐的观念，仅从教育的结果而不从教育的历程或活动，去思考价值提升的问题。很明显的是，教育活动可以被视为兼具工具性和本质性价值。比如说，吾人不但认为科学或木工都具备独立自存的价值，同时也把它们看作增加生产或供给房舍的工具。所以，询问人们传授或训练别人从事这两种活动的目的何在，便是相当合理的。可是，如果仅从外在目的着眼，来询问教育的目的何在时，就会像问“道德的目的何在?”那样，显得荒谬不堪。

面对这种问题，大概也只能答以智力或品行训练等具有教育之本质性价值的目的。因为，说某种事物具有“教育性”，意指这种事物的历程或活动本身，可以促成或含括某些价值性内涵。而一般人们在谈到“教育之目的”的时候，多半均已根植于扭曲的“教育”概念。

这点在我的学说里相当重要，我愿意加以详述：“教育”这个概念，并不像训练或演讲等活动那样，标定了某种特殊的活动历程，而是就训练等各种活动历程，提出应当依循的规准。规准之一，便是各种教育历程所传递的必须是有价值的事物。根据这点，当吾人在训练某人的时候，或许可以达到“教育”的层次，但不一定能达到，因为我们可能以苦刑的方式来从事训练工作。不过，认为教育历程必须传递某些价值内涵的要求，不能被解释成教育必须导致或创造有价值的事物。如果回到前面我所提到的例子，这就好像说“感化”工作必须使人变得更好一样。这里我所要阐明的是，“使一个人变得更好”并不是感化工作的外在目的，相反的，它是一种规准。感化工作的任何历程都必须符合这个标准，才能够称得上是一种“感化”。与此类似的是，使教育活动成其为教育的某些必要特征，也常常被抽离出来，变成教育的外在目的，因此，人们认为教育必须为某种有价值的外在目的而存在，问题是本身具有自存价值，才是某种活动被称为“教育”的部分原因。而工具性或外塑性的教育理念，认为教育应当透过活动历程获得价值性目的，或者视教育为塑造儿童心灵的方式等，都是将教育的必要性可欲特征予以曲解的结果。

要肯定这个“教育”理念，可以从检视“目的”（aim）这个词着眼，这个词的本源，出自于射击或投掷的活动情境，一般瞄准（aiming）时，必须针对要投击或穿刺的目标集中注意力，所以当这个词被运用得栩栩如生的时候，应当隐含对某种活动的全神贯注。所以，如果我们用它来表示某种活动的外在目的的时候，会显得相当突兀，在这种情境，通常以目标（purpose）或动机（motive）来描述较多。此外，当人们对于自己的目标感觉混淆不清，或者不着边际，毫无头绪，甚或在竞选时，要拟定竞选计划以统整出己方意图的时候，吾人即常常会问他们从事该项活动的“目的”何在？问一个人从事某项活动的目的何在，实则就是使他专一心志，或者认清活动方向的方式之一。因此，“目的”这个词时常在教育情境中使用，其道理实则至为明显。因为在这个领域里，人们投注了相当的精力，但是对于所要达成的成就却又不甚清楚，所以问教育的目的何在时，就要使人辨明，并集中心力于高价值成就的味道，而不是在于探求教育的外在产出。

当然，判定是非的准则是不能从定义中厘出的。人们在看过上述有关“教育目的”的论点以后，大可理直气壮地说：“如果这样，我反对所谓的教育，我比较喜欢用科学训练人们，以便为社群增加潜能，或使人们获取高薪工作，如果教人科学，而不能在这几方面显现出成效的话，我想，这种教学也没什么意义可言。”这种论点颇值得争辩，不过，它不能伪装成讨论“教育目的”的状态出现。

“教育”和“生长”

从历史发展的角度来讲，当功利或外塑模式的教育理论遭受挑战的时候，其余阵营即完全为另一种理论所取代，这种理论将教育与自然的历程连贯在一起，在这种历程中，个体朝向某种预定而可欲的目标发展或“生长”(grow)。逐渐地，一种实证性而以儿童为中心的意识形态出现了，这种意识形态被那些反对当时仍盛行于学校之中的传统教学的人，热情的拥抱。

我使用“意识形态”这个词是有意的，目的在提醒大家注意这是一组松散的信念，这种信念源自于一个蕴含心理学偏见之不稳定基础的特征，远比他的价值性来得明显。持儿童中心论的进步主义教育思想家，一般均深信“生长”理念，不过吾人却很难分辨出这种思想究竟出自哪位主要的思想家。他，或者应当说是她，倾向于相信，教育乃在促进人类本有潜能的发展，而非无中生有的“塑造”(moulding)；课程应以儿童的需要与兴趣为出发点，而不是出自教师的要求；自我表现要比“科目内容”来得重要；在学习历程中，儿童不应受到胁迫或处罚；应当允许儿童从经验中学习，而非从口授中学习。现在的困难在于吾人无法辨认这些观点源自于哪位重要的教育理论家。当然，福禄贝尔曾强调儿童各个不同学习阶段的重要性，同时也主张学习内涵必须依照儿童的兴趣及其发展阶段来做调适。但是，福氏坚信教学情境必须依照可欲的途径建构（译注：这点可从福氏有关“恩物”的主张中窥出），他的教育理念统摄于一种神秘的召唤，这种召唤则要求个体必须体察贯穿宇宙万物的统一性。人们常将杜威的名字与“生长”、“经验”等概念紧密连结一起。为此，杜威不得不写一本书（《经验与教育》①），来为自己摆脱进步主义教育运动中某些教条和做法所带来的责任，顺便也驳正人们对于其较为温和之主张的误解。再者，某些研究卢梭的学者认为，即使卢梭也不相信教育仅在促进“自然”潜能的开展，相反的，教育应当引导儿童循序渐进地达成“道德自由”（moral freedom）、自信、自制和热爱真理正义的理想境界。

要追溯美国和英国以儿童为中心的进步主义意识形态的发展轨迹，必须像教育史学家那样，博识教育的理论与实际。这不但超乎本文的范围，亦非作者之能力所可及。不过，简要来说，这种意识形态常与某种模式的教学情境相结合，在这个情境里，设定教师必须学过发展理论，同时必须安排“情境”以提供适切的条件，促使个体“实现自我”（realise himself）或者不受阻碍的自由“生长”。这种模式避免了其他模式中常见的偏狭式和工具性的教育方式。然而，这如同艾可罗斯（Icarus）② 一般，当哲学分析的光芒照耀在这种模式上的时候，它便无法长久在空中浪漫地飞翔了。因为像“自我实现”和“生长”这类概念，都预设了某些评判价值的规准，这些规准决定何种“自我”值得实现，何种方向才是正确的发展趋向。人类并不像花朵那样，有一个预定的终点作为它们发展的方向。“生长”或“自我实现”意指从事某种有价值的活动，而价值判定所依据的规准，则是人类自我了悟，并世代相传而来的。外塑

---

① 参见 John Dewey 所著《经验与教育》（*Experience and Education*），Macmillan，New York，1938.

② 希腊神话中的传说人物，以蜡制造双翅，高飞空中，蜡为太阳所融，致坠海而亡.

模式的教育，至少指明教师必须选择有价值的事物来激励儿童，只不过，如同我前面所提及的，外塑模式在强调这个理论时，所采用的隐喻过于冷酷罢了①。

尽管，未经分析即热烈支持“生长”或“自我实现”等概念，常予人缺乏评价规准的印象。然而，从另一种角度而言，对教育采用这些漫画式的描述方式，却具有颇为重要的道德意义。因为这显示价值判断可由另一种层面进入教育理念中，这个层面所牵涉到的，是教育的方式（manner）而非教育的内涵。这些描述方式强调程序性原则（procedural principle）的重要性，在此意指的是要让儿童自己做抉择，从经验中学习，并且指导自我的生活。这些原则的重点均在强调个体自我导引（self－direction）的重要性，这是传统教师所常忽视的。同时，它们所代表的价值判断，比较不涉及教育内涵，或某些空泛的教育宗旨，而在于教学活动中所采用的教育方式。这点不但从一般的道德立场来看，觉得有所贡献，特别重要的是，它开辟了一条蹊径，使价值可以从教育的本质性内涵去观察，而不必总是从外在目的出发。事实上，我在其他地方也提到，许多有关教育“目的”的争执，实际上都与程序性原则的分析有关。②强调“生长”概念的人，问题出在他们确信任何从事教育活动的人，在任何情况下均应重视儿童自我的生长方式。例如，杜威在《经验与教育》一书中对于窃盗一例所采用的辩证方式，便是他的论点中最难令人满意的一段。③

从概念厘清的角度来谈，“生长”模式的教育，与工具式或外塑模式的教育，都可说是教育图像的一种漫画；它们也像其他具影响力的漫画一样，由于强调对象的某些突显特征，而扭曲了对象的原有面貌。因为工具式和外塑模式将教育的必要道德特征，转变成

---

① 关于“外塑”（moulding）及“生长”（growing）这两种隐喻的进一步批评，可参阅Ⅰ. Scheffler所著《教育的语言》（*The Language of Education*）第三章，Thomas，Springfield Illinois，1960。

② 参阅R. S. Peters所著《权威、责任与教育》（*Authority，Responsibility and Education*）一书，Allen and Unwin，London，1963。

③ 参见John Dewey所著《经验与教育》第37～38页，Constable，London，1961。

教育的外在目的；而生长模式则将教育过程的必要特征，转化成程序性原则，这点可以从生长模式总是倾向于强调“教育”与“引发”（edvcere）而非与“培训”（educare）的关连中得到证明，由此并将教育塑造成一种“引出”（leading out）而非“植入”（stamping in）的概念。当这种概念成为教育的说服性定义之后，便形同于认定，凡是忽略“引出”这个程序性原则的活动，都不能算作是“教育”。这种将教育概念，转化成特殊道德原则的理论背景，有待更进一步的说明，其中牵涉到我对“教育”的第二个主要概念。

我对于教育的第二个主要概念是这样的：“教育”除了必须传递有价值的事物之外，虽然不选定特殊的活动方式，但是隐含着活动过程必须符合某种规准。首先，它意指受教育的人关心教育者所传递给他的价值性内涵，进而希望达成相关的学习标准。比如说，某人如果具有科学知识，但对真理却毫不在意，或者是把科学看作是获取开水或热狗之类的工具，那么，吾人绝不会称他是一位“有教养”（educated）的人。再者，教育隐含以一种有意义的方式，引导受教者进入活动的主题或各种认知形式，使他能够了解自己正在从事什么活动。一个人可能经由制约而养成逃避的习惯，也可能因催眠的暗示或引诱，而做了某种事情。但是，如果他在学习的过程中，不知道自己在学些什么，就不能说他在接受“教育”。根据这些立场，若干训练如果只是让个人心不在焉地反复练习一些窄化的刻板动作，就应当被排除在教育之外。一个活动要算作是教育，至少必须包含起码的领悟活动，这与儿童早期被使唤去做一些事情的情况是不相违背的，因为儿童们约略了解他们必须做哪些事情，也知道在别人的期望中，他们必须达到哪些标准。此外，从某种角度而言儿童仍是个自愿的行动主体，因为他们可以反抗或拒绝别人的要求。不过，如果儿童被催眠，吃迷幻药或被洗脑，就另当别论了。

那些相信权威教育方法的人假定，即使儿童在刚开始的时候毫不在乎这些活动，但是一旦他们着手去做，他们终将会在乎的，他们也将经由这种历程逐渐成为有教养的人。相反的，持生长理论者，秉持受教育意含对有价值事物的兴趣与关注，假定只有不断以吸引儿童的方式传递价值性的事物，才可能使儿童发展成有教养的人。他们从心理学的立场出发，认为以强迫和命令的方式，要使孩子们对价值的事物产生关注，将徒然无功。他们也觉得这样对待小孩在道德上是可议的。这种看法转化成程序原则之后，应当要求允许小孩从经验中学习，并且自我抉择。因此，他们的“教育”概念，可以说是由他们的恻隐之心铸造而成的。

简单的说，我对于教育的第二个观点，认为“教育”意含：(a) 对价值性事物的关注；(b) 受教育者被引进价值性事物，对之产生关注，获取相关的知识与技能，并且具备起码的认知理解和自愿性。这点被“生长”理论者引用为教育的说服性定义。在这种定义下，“教育”等同于对“自我决定”(self－determination) 此一程序性原则的遵守。他们这种观点的最主要缺失，不在于他们受心理学理论和道德要求的影响，进而将自己对“教育”的概念膨胀为程序性原则的做法，而在于规避传统教师所强调的——教育应当包含积极传递价值内涵的活动。

依柏拉图的想法，教育如同将灵魂之眼导引向光亮的地方。这种观点至少要比前述两种教育模式恰当得多。因为虽然柏氏认为人类有共同渴求的真理有待领悟，也有许多目标待完成，但是，他认为以强迫的方式要人去了解这些内涵，或者企图把它们印入人们蜡样心灵的做法，在心理上是不健全的，就道德的意义而言也相当低劣。柏氏强调教育内涵具备客观标准的必要性是极为正确的，这也是生长主义论者所规定的要点。至于生长主义论者所强调的程序性原则，柏氏也没有完全忽视。

“教育”和“认知”

对于亲身“了解”与“领悟”的强调，常见诸于柏拉图和生长主义论者的理论中，这点指出了“教育”的第三个概念性要点，亦即除了前面所提到的，教育必须传递价值性事物，并注意其传递的方式之外，还必须注意教育内涵的认知层面。

我们常说一个受过高度训练的人没有教养。这种责骂的背后隐藏着什么意义呢？这并不是指这个人所专精的技巧不被赞同。因为我们也会拿这样的话来责骂一个医生，或是那些精于谋略和辩论技巧的哲学家，但是对于他们的专业素养我们却是非常认同的。这也不是用来骂那些像机器人式机械行动的人，因为他可以热情洋溢地从事某种技艺活动，并且投入其智慧和意志力。这里所指责的是他对于自己所从事的工作，见解过于狭隘，不能触类旁通，也不了解这个工作在整体生活中的地位。这个工作对他来讲，在认知上是飘忽不定的。教育家的口号中，诸如“教育关乎全人的养成”，不仅是反对太多特殊化训练的明证，也说明了“教育”与以较广阔的视野来了解所从事之工作的理念是互为关连的。当我们要强调一个人在某种具有独特内在标准的思想或艺术领域的既有成就时，我们说他是一个经过“训练”的哲学家、科学家或厨师，我们不会说他是受过“教育”的哲学家、科学家或厨师。不过，我们却可以进一步的问，是不是有教养的“人”（men)，这样问起码就有判定他们职业视野局促的味道。

要确认“教育”与认知洞见之间的概念关连，可以从较为常见的事物去思考。我们说“情感教育”要比说“情感训练”来得自然，因为各种不同情感，是因为不同的认知核心，和不同的信念而形成的。比如说，“生气”和“嫉妒”的基本差异，只有参酌个人对某人所持的不同信念与其所面对的不同情境，才能加以厘清。一个嫉妒的人，必然认为某人占有自己应得的事物，任何使他产生嫉妒的情形，都与这个信念密切关连；但是一个生气的人，并不需要这种特殊的信念，他可能只是认为某人阻挠了他的目的。因此，如果我们想要改变人们的情绪性态度（emotional attitude）或反应，我们的主要工作，应在于使他对自己与世界之间的关系改变看法。嫉妒的人，经由改变他的权利观念，或者调整对别人行为的看法，可以减少偏见，这里，我们用到“教育”一词，最主要是因为在改变人们情感的过程中，牵涉到信念的改造工作。

另一方面，有些时候我们也讲到情感“训练”，其中的含义就不相同了。“训练”这个词的标准使用情境，应当是类似于战斗机飞行员的训练，或者绅士们应对进退的训练等情形。像这些道德意志顶尖的人物，必须经历一套习惯的磨练或培训历程，以使他们面临危机时不至于崩溃，不因恐惧而瘫痪，或者在公众场合时，能不为悲痛或嫉妒所屈服。“训练”意含对特定情境之适当反应习惯的获得，它缺乏“教育”所具的较为宽广的认知意义。当我们想确实使人们的反应依照某种规范进行时，我们会很自然的使用“品格训练”这样的词语，因为品格见诸于人类所决定的行为上，而且能够以一种相当固定而无弹性的方式展现出来。[①] 但是当我们说到“道德教育”的时候，我们所立刻面对的是那些人们所相信的事物、这些信念的辩证，以及和这些信念相关连的事实等问题。为了更清楚的表达我的观点，兹举一例说明：“性教育”的执行者，如医生、学校教师或者其他人，必须将有关于性的知识和价值判断传递给学生，使之形成一套包括人体功能、人际关系及社会制度的复杂信念体系。如果这些人想要进一步对学生们实施“性训练”的话，我想没有任何教室可以容纳这样的活动。

教育与认知内涵的这种关连，也说明了为什么某些活动比其他活动更具有教育意义的原因，拥有广域认知内涵的技艺极少，骑脚踏车、游泳或者打高尔夫球，可资了解认识的非常少，这些活动大部分只是一种“知其然”而非“知其所以然”的活动，[②] 是一种技巧的学习，而非认知领悟，此外，从中所了解的，对其他活动的启示也不多。相反的，历史、科学或者文学，就有许多值得去了解的了，而且如果能够适当类化，应可对其他无数的事物拓广并加深见解。根据这个道理，可知游戏所含的教育价值极其有限。因为，即使某种游戏需要卓越的技术，并且也包含可观的认知内涵（像打桥牌），但是，它之所以被称作是一种“游戏”，乃是因为它无关紧要，独立自存，且限于特定的时空。[③] 倘要能使游戏具有教育意义，只有当它所提供的知识、技能和性格的涵养，能够适用于更广阔的生活领域时才行。相同的道理，游戏如果要具有被认可的道德

---

① 要进一步了解“品行”（character）一词的含义，可参考 R. S. Peters 所著《道德教育与性格心理学》（Moral Education and the Psychology of Character）一文，收录于《哲学》（*Philosophy*）期刊，1962 年元月版。

② 参见 G. Ryle 所著《心灵的概念》一书，Hutchinson，London，1949。

③ 见 J. Huizinga 所著“*Homo Ludens*”一书，Kegan Paul，London，1949。

教育意义，也应当有以上的功能。许多游戏之所以被认为具有相当大的功能，那是被学校教师神化了的结果，这些教师将自己神秘的热诚误认为教育的万灵丹。

有人可能要反对我说，因为我太注重教育所隐含的认知内涵，将有使教育沦为“说教”（instruction）的危险。这么讲，就误解了本文的主要分析方式了。我的理论并没有说“教育”指涉任何特殊的活动程序，并因而使它等同于“说教”、“训练”或者“练习”等的活动方式。相反的，我只是认为它包含了三个教育程序必须满足的规准，依据这三个规准，仅仅是“说教”或者“训练”，都不能称作是一种教育，因为训练和说教很可能只是在教人做一些像抽鸦片之类的无益事物，这样的话，就不能满足符合价值性的第一个规准了。再者，说教也可能传授一些小孩子所无法理解的枯燥思想，而训练也可能变成不假思索的机械式练习，倘使如此，则又不合乎前述的第二个教育规准了。

不过，那些对“说教”这种隐含“枯燥思想”之传授，抱持敌意的人，常容易把教育看成只关乎技艺之获得，这或许是受到美国实用主义和行为主义影响的缘故，因为这两种主义总把思想视同为一种行为，并称思考为一种“替代行为”（sorrogate behaviour），但是一个有教养的人，最主要还是借着他所“领悟的”或“掌握的”来展现自己的不同，而比较不依靠自己的行为技能。如果他在训练的领域内展现良好的技能，他还必须能够洞观这个活动与其他事物的关连才行。如果一个训练活动，不含一丝一毫的知识传授，那么这种训练便很难令人相信它能够创造出什么有教养的人来，因为有教养的意义包括“知其所以然”和“知其然”两者。

或许也有人会反对我说，我所描述的教育概念，实际上和“博雅主义教育”没什么两样，我的用意并非如此，教育应当“博雅化”的呼声，通常是用来反对将教育限制在某些外在目的之达成，比如说物资生产、健康的提升、或者王国的兴盛等。“博雅主义的教育”认为人类心灵不能被这些枷锁限制，而应有适当伸展的机会，忠诚只能献给那些与真理紧密相连的规准，因为这些规准是人类心灵功能的本质性内涵。有关“博雅”的这种阐释，引发了若干不同的教育讨论课题，而这些和我在第一个要点所提到的较为相关，在第一个要点中我强调教育必须包含价值内涵的提升；不过，对“博雅”的另一番见解，则和我刚刚所申论的认知洞见较为接近。这种观点认为教育不应局限于特殊的训练，强调个体所接受的知识训练应该超过一种领域。这种要求已经超乎“教育”的概念了。因为一个“有教养”的人，很可能只接受某一个领域的训练，例如科学，不过他对其他形式的世界观仍然充分了解，因此他能够掌握自我工作的历史性、社会性或独特的优点，以及其他许多方面的知识见解。然而，“博雅主义”的教育，则要求他也要在其他的思考方式上接受某种程度以上的“训练”，尽管这种要求显然也是从教育的意蕴中发展出来的，仍然要比我所谓的“教育”的意蕴严格多了。

教育是一种启发工作

现在我打算就教育做一个比较明确的叙述，这个叙述是依辩证的方式，由各种被扬弃的教育模式的批判中建构而来的，它和我前面已经说明过的三个“教育”规准互为一致。当然，这个叙述并不在提出另一种教育模式，因为如果创造出这样一个模式来，将触犯了我在处理“教育”这个概念时所闪现的指引光芒。我在前文曾经提到，“教育”并不表示师生之间要有任何特殊的互动方式，它只说明这种互动所应遵循的规准而已。

所谓“教育”主要是指刻意以一种合乎认知性与自愿性的方式，来传递价值事物的一些历程，它能使学习者产生成就动机，同时也和生活中其他事物一样受到重视。“训练”、“说教”或者是“教学”等词语则太过狭隘，因为教育活动并不一定要有这些特殊的互动方式，而这些特定的互动方式也不一定能够完全符合“教育”所包含的规准。相反的，“启发”（initiation）这个词就比较概泛，只要约定所启发的都是一些有价值的活动或行为操守，那么它就可以涵盖各种形式的师生互动方式了。

人并非与生俱来便有一颗智慧的心灵，因为心灵发展所表现的乃是一系列个人的和族群的成就。儿童一生下来便有领悟能力，但这种领悟能力尚未分化成各种信念、需求和情感，所有这些特殊的，与外界各种事物有着内在关连的知觉模式，均在往后儿童能够辨认基本的代表性事物时，才同时发展出来。逐渐的，儿童会对可获得的事物产生需求，不再不着边际的妄想一些不切实际的事物；他开始害怕那些会伤害他的东西，同时也相信发生过的事物总将成为过去。他学会了如何称呼各种事物，将自己的经验定位在一个时空架构里，并且运用因果和“手段—目标”等范畴概念来理解各种事件和行动。他会以与别人约定或叙述自我动机等方式，来创造一种经由合作而产生的可预期性。一开始的时候，儿童并非马上就能够完全做到这些，这种心灵的初胚，是启发儿童，使其进入一个蕴含于共有语言之中的公共传统后才产生的，而这种传统则是人类经历无数世纪后，才发展成功的。

这些基本的技能熟悉之后，一个更为广大和富变化的文化遗产大门就为之敞开了。当儿童被进一步引进各种独立分化的知识形态，如科学、历史、数学、宗教、美学鉴赏，和各种实用知识，包括道德、谨慎及各类技术的知识与行动时，他的认知形态也就更进一步的分化了。这种的领域情形，对一个儿童的心灵或先民来讲，都是相当陌生而遥远的，对17世纪以前的人而言更是如此。拥有一颗心灵——并不是在欣赏一场个人画展或者运用某种内在的透明器官，而是在于获取一种领悟能力，这种领悟力能够依照既有传统所蕴含的各种规范来分化领域。“教育”则是标明了某些程序，并经由这些程序将个人引进已有传统之中。

为什么一开始就“教育”作明确叙述，便选择性地简述了人类心灵发展的社会史呢？一部分原因，是希望在这个叙述的核心部分建立启发的观念，另一部分原因，则是因为我想提醒大家注意蕴含于公共传统之中，那种超乎个人的内涵及程序的切要性。教育所启发的内容，总是那些需要时间和决心才能够熟悉的知识领域与行为模式。启发与我所谓具有“认知内涵”的活动相关连，这可满足三个教育规准中的第三个。这些规准在我讨论到那些不合适的教育模式时，就已经多所阐释了。不过在教育之中，那种超乎个人之内涵与程序的重要性，还有待更进一步的强调。

很多像杜威这样的人，抨击教育在于传递某种知识的观念。他们所强调的重点是批判思考、个人经验与问题解决等。我曾经目睹美国的学校课程，盲目执行这种理念的情形：某些教师讲授诗词，目的只在激发儿童的“批判思考能力”；连历史也被用来作为解决问题的工具，关于诗词应当用来聆听欣赏，以及了解历史问题之前必先具有一定程度的历史知识的观念，对他们来讲是相当陌生的。也许，如果人们在传递各种知识的同时，丝毫没有想到要传递这些知识所赖以累积、批判和修正的共有程序（public procedure），则强调“批判思考”的重要性，是相当有好处的。但是，如果没有传递任何实质的东西，以作为批判的对象，光是掌握一种空泛的“批判思考”技巧，也是相当悖谬的。就如同“批判思考”有许多样式一般，人类的知识也分成各种不同的学科，而在像历史、科学以及哲学等等这些不同的学科里面，都必须获取大量的知识，才能够掌握相关问题的独特本质。

当然，非常重要的是，人们除了逐渐进入建构一门学科的程序之外，也要熟习这门学科既有的内涵，这两者必须是并存的。举例而言，人们不只要知道历史，同时也必须具有历史思考的能力。不过，具备历史思考能力的唯一方式，是要和精熟这门思考方式的人共同探究过去的事实。更进一步地说，要学得一门学问的治学程序，必先透过一个入门之士的指导，以研究并熟悉已有的知识内涵。怀德海曾经说：一个满脑子只是塞满资讯的人，是世界上最没用的无聊汉。我个人并不完全赞同这句话，我总觉得百科全书相当有趣，依我的看法，那些以纯粹批判要来取代博学多闻的人，也一样令人厌烦，套句康德的说法：没有批判的内涵是盲的；没有内涵的批判是空的。

另一个更深入的观点必须在这里说明，亦即已有的知识内涵，所赖以评判、修正和转化成新发现的批判程序，有某种公共规准来作为其超然的标准。这种规准是师生双方所必须共同遵守的。前面我所探讨过的几种教育模式所犯的毛病，就在于没有重视教育之中这种极为关键的互为主体性（Inter－subjectivity）。这种互为主体性也就是劳伦斯（D. H. Lawrence）所谓的“神圣领域” （holy ground)。将教育看成一种治疗，或者灌注给别人某种模式的活动，甚或是调适环境以使个人充分“生长”的过程等说法，都没有充分体认我所应共同遵守之超然性的重要性。这种超然性遍及于所传递的内涵，以及这些内涵所赖以接受批判和修正的规准。教师并不是将某种结果灌注给别人的孤离操纵者，他的工作应在于帮助其他人，使他们进入他所分享并且也认为是有价值的一种公共生活模式之中。比如说，在科学领域里，真理才是最重要的，而不是个人所认定的事实；在道德上，则首重正义，而不是某个人的意见。

到了教育的最高阶段，师生间的差异就很小了。他们一起参与，分享开拓某个共同世界的经验，教师只是对这个世界的轮廓较为熟悉，同时也较为善于利用工具来厘清迷雾，并评判事物的优劣罢了。有时在个别指导的情形里，这种共同世界的开展是采取对话方式的，不过，这种活动通常以团体经验为多。伟大的教师们，一方面能够依循较为严格的方式来导引这种共同开展的活动，另方面又能传递投注于这个共同事业的风潮，在这个事业之中，人人都因一股共同的狂热而紧密地结合在一起。这是为什么幽默对教师有那么大的帮助的原因，因为如果人们能够开怀地笑在一起，就可以超越由年龄、性别以及地位所形成的自我中心的阴影。这种共同经验的营造，可以形成一种催化剂，促使班级的学生开放自己，并且彼此融合在一个共同的志业里，这种志同道合的友爱感，即是一个由超然原则所引导之志业所赖以推动的情感基础。

关于教学情境之人际关系的粗略讨论相当多。确实，一般人往往担心，与学生“享有良好的人际关系”，会冒着丧失教学成果的危险。除了我们刚刚所提到那种友爱的感觉之外，教师应当要尊重学生，而不是与学生维系一种亲密的人际关系。① 教育爱必须配合教师在这种特殊关系中的地位，以及教师将教育对象视为学生而非儿女或兄弟的概念。教师必须随时谨记，他所面对的是有独特知觉能力的个体，这些个体在他们的正式角色之外，还有个人独有的特

① 这个问题在此处多作申论，显得有些离题，若欲进一步探讨，可参阅皮德思与赫思特所合著《教育与逻辑》一书第六章。

质与情感。每个人多少有些沉醉并自傲于个人的成就；每个人也都以某种独特的观点在关照这个世界。在教育的最初阶段，个别差异应该多于强调，因为这个阶段的教育，所传递的是日后从事研究时所必备的基本技能，而其传递的方式应慎重选取，以顺应儿童较未受公共传统定型的心灵。因此，我们了解到教育的实施方法与个体之发展模式的重要性；以及“我们教小孩，不是科目”这个口号的正确性；另外，我们也体认到，教师必须多了解心理学家们有关个别差异和儿童发展等方面的研究发现。这种“儿童中心”式的教法，不仅适用于幼儿阶段，也适用于发展迟滞或者发展困难的成人身上。因为关键差异并不在年龄而是在于动机与认知结构的发展情况，以及个人在各种公共思考模式上所达到的阶段。

然而，在教育事业另一端的大学教育，成人教育以及中等教育的后半阶段，所强调的应该是蕴含于各种思想形态的思考法则，而不是各种个别的启发途径。由于处在人我互相尊重的气氛之中，以及受到那种友爱感的提示，教育环境里将可产生一股暖流，在其中，教师得以执行他的主要功能，亦即展现某种思想形式，并导引别人进入其中。了解某个学科或者某种行为模式的各种法则是一回事，要将他们极其巧妙又富有判断力的运用到各种特殊状况中，则又是另一回事。昆体良（Quintilian）曾经说：判断力是无数经验的最终花朵。但是这种经验的获取，必须从已经具有判断力的人那里去学习，不可能只是从书本或者一些正式的演讲中求得。奥克夏（M.Oakeshott）对于教育之中这种正式的师生关系，已经有至为详明的论述发表，不容我在这里多加赘述。[①] 我也无需再在这里说明：“启发”这个词，最易于阐明教育活动中经验老到的人，设法使别人的目光投注在真正超然的事物之上的过程。

“启发”也颇可用于说明“生长”理论者所强调的另一个教育重点，亦即教育活动中受教育的人，必须有意愿去从事或精熟教师所传递的价值事物，同时这种教育的实施，不能纯粹以进步主义中

---

① 详见 M. Oakeshott，所著《政治教育》（Political Education）一文，收录于 Oakeshott 所著《政治的理性主义》（*Rationalism in Politics*）一书，Methuen，London，1962

儿童观察者的哄骗方式来代替传统教师的强迫教法。我常认为命令与指导的价值性，被现代的教育理论低估了，尤其是对那些较不聪明的儿童而言，更是如此。至少，命令与指导很清楚的指明了教育者所认为重要的事物，而且它绝对比贿赂的教法来得好，也比较不会产生毫不相干的诱因。再者，这种教法可以唤醒儿童若干反抗的心理，而如果儿童本身能够找到兴趣的方向，便会产生一种从事自我认为有价值之事物的冲动。倘使教育措施必须与儿童的需求相关才付诸实施，则儿童所产生的需求将受到贬值，因为可以用以与需求相对比的非常有限。

这点使我想起我对“教育”的最后一个、可能也是最基本的看法。我曾经提及教育隐含着若干标准，而不是目的（aims）。教育活动乃在于将人引进各种活动、行为与思想模式之中，这些活动都有它们的内在准则，吾人参酌这些规准，据以行动、思想和感觉，只是每个人在活动时所展现的技巧、难度与品味的层次不同罢了。如果教师们不能承认这点，应当不要予以聘任。或许他们对于这些活动比对其他活动更有价值的理由感到迷惑。关于这点，并不意外，因为辩证的问题通常非常困难，这也是苏格拉底以来，无数道德哲学家不断想要克服的难题之一。而要就这些价值事物，个别赋予多少重视的问题，同样也颇为棘手。因此，提供一个容许人们自我抉择的系统便非常重要了。不过关于这些事物的价值性，我想任何献身于教育工作的教师们都不会加以质疑。

教师经过启发，进入这些活动、思想与行为模式的核心之后，将可以很清楚的了解，某些创造物很美，有些则不然；可以体会一个论证或者一段文章的典雅、一场辩论的说服力、一段说明的清晰性、一篇评论的机智、一套计划的简明以及一个决定的公正与智慧。他也可能产生对真理的喜好，对正义的热忱以及对乏味之事物的厌恶。我们问他，进入这种生活方式的目的或意义何在，显然是多余的。因为像苏格拉底便体会到一个真正了解善的人，实际上就是致力于善之追求的人。他怎么可能在了解什么是具说服力的辩论，或者什么是公正与睿智的决定之后，仍然执着于散漫、马虎或随便的辩论与决定呢？他认为只有那些未开通的门外汉才可能问这种问题。当然，苏氏也知道科学、数学，甚或是历史都可以从工具式的角度来看，例如它们有助于医院的修建与用人、战争的赢取、土地的开发，以及横越地球表面的资讯沟通等。但除此之外，还能如何？当人们之必要性需求满足之后，将何去何从？如何思考？欣赏的又将是何种事物？难道这些脑筋僵化的人对构成文明的事物一点也毫不在意吗？

儿童在大体上有着上述的情形，他们在刚开始的时候是属于未开通的门外汉。关键就在于如何使他们进入文明的核心，以使他们在抵达这个园地的时候，能够了解并喜欢他们所看到的一切。不必讳言的是，构成文明生活的各种活动以及思想与行为的模式，并不容易精熟，这也是教育工作者的道路如此艰辛，而又毫无捷径的原因。美国学校坚持儿童必须快乐地学习，显然忽视了这个严格的事实。人们可以很愉快地享受日光浴，但是这种快乐，并不是一个教育家所关注的要点。我们将“福祉”（Welfare）这个概念，与“快乐”（happy）地过价值生活的概念混淆，终致变得迷眩不清。

如果“教育”的意义，在于追求人类福祉，那么到底有多少人能达成这个目标？这种问题并不属于哲学范畴。因为，哲学家们即使会关注一个概念使用时应有的必要条件，但是这些条件在实际上被实现到何种程度的问题，却是属于经验的范畴。比如：一个哲学家可以描述出道德的意义何在，以及运用这个词所必须满足的条件——如拥有中枢神经，具备同情心等。但是，如果要探讨到底有多少人能够满足这些条件，那就不是哲学家们所要管的事了。

不过很明显的是，从以上对“教育”概念的分析，吾人了解到教育在认知结构及动机上，有若干必要条件必须满足。尽管有关这些条件的经验事实，并不在哲学家们的工作范畴之内，但是提醒大家这些经验事实被了解太少，却也不算逾越本分。像这种经验事实，我在前面也曾提到过，比如说教育成效和早期家庭及学校环境间的关系至为密切的事实便是一例。既然极大比例的英国学生，都因学习环境而阻碍了学习动机及认知的发展，所以率尔决定教育只能为“菁英”而设的做法，就显得不公平，也太草率了。

许多教育家觉得传统教育强迫儿童去做那些困难而又毫无兴趣

的事情，既不尊重学生，也无效率可言，因此提出“兴趣”原则。他们认为，如果这些艰涩的内涵能够依照儿童的需求予以调适，将可使所传授的学科充分发挥其效果，省去个人不必要的辛苦学习。至于技巧、判断力和分析能力等，则可用现存的需求做基础而建立起来。比如说在青年服务团（Youth Service）里的活动，便常运用预期中青少年们对异性的兴趣，来发展他们的仪态、舞技以及个人的穿着品味。这种方式是希望女孩们透过这种训练，能够真正体会仪态以及舞艺本身的价值，而不只是将其视为一种结交男友的手段，并以此为核心，继续发展其他各种才能。所以，启发的技巧之一，便是运用人们已有的兴趣，来诱导他们进入活动的核心，并期望他们一旦进入之后，能够产生前所未有的兴趣。不过，如果单以这种方法教学，会有增强工具性态度的危险。因为这将使学习者以为，只有那些能够明显迎合某种外在目的的事物，才值得好好去学。

这当然是一种非常狭隘的“启发”概念，因为它忽视了需求的游动性。大体而言，人们目前真正需求的或者感兴趣的，实际上就是在此之前所受“启发”的产生。教育者的工作，不仅在依据现存需求去创造教学成果，更要以能够产生新需求并刺激新兴趣的方式来呈现价值事物。如果教师无法做到这点，其他人将会做到，比如说广告业者，以及“同辈团体”的其他成员便是。最近美国出现一些颇为有趣的研究报告，这些研究指出放任式的教育方法与儿童的从众性颇有关连。① 如果教师不设定成就标准，作为儿童努力的目标，那么其他人将会引诱他们朝向较不正确的途径发展。怀德海（A. N. Whitebead）对处在这种“浪漫”期的教育，有许多颇为睿智的见解。怀氏认为只要是能够使儿童对价值事物产生兴趣的方法，都不应被禁止，就算仅仅靠着口授和在黑板上图示说明，只要

① 参阅 F. Kerlinger，所著《美国教育放任术式教条的意义》(The Implications of the Permissiveness in American Education)，收录于 H. Burns，and G. Brauner 所合编《教育哲学》(*The Philosophy of Education*)一书，Ronald Press，New York，1962。

运用这种教法的人技巧纯熟，便也无妨。[①] 不过，在浪漫阶段之后，必须进入精准的阶段。要了解并达到知识的内在规准，是要付出血汗与泪珠的。“游戏”式的教育方法，或许可提供一条通往“乐土”（Promised Land）的途径，但是对于抵达这块“乐土”所需的精准、技巧和判断力，这种方式所能给予的却很有限。学生们必须掌握活动的基本原理，才能进入其核心，顺利达到自律的阶段，要做到这点，首先必须精熟前辈们所传留下来的各种典范，而这些典范则蕴含于生活的各种传统中。一个人要如何才能在这方面达于极致的境界，乃是实证性的问题。不过，可以确定的是，在儿童们具备某些能力以前，就谈论如何鼓励“创造性”的做法，将是有害的；再者，除非儿童有足够的知识去面对并且真正体会问题所在，否则“问题解决”（problem - sloving）的教法，也将只是个空洞的口号罢了。惟有先进入奥克夏所谓的“文献”（Iiterature）之后，才有可能精熟各种思想或活动模式的语言（language），[②] 而这种工作是相当艰巨的。

事实上，有证据显示，教师们并不一定要完全依赖学生的特殊兴趣，或者是他们对教师的仰慕与谄媚，作为激发学生达到精准阶段的诱因。因为，人类也有一种追求卓越的本然动机。[③] 这是一种较为概泛而限于特定对象的兴趣。例如精熟某种艰难的工作、正确处理事情以及行事端正等便是人类动机的强大来源之一。这种动机不仅能够紧握住儿童们的心，而且可以使大人们献身其中。这也是英国清教徒运动的主要趋势之一，而这个运动则曾经一度使英国充

---

① 参见 A. N. Whitehead 所著《教育的目的》（*The Aims of Education*）一书第二章，*William and Norgate*，*London*，1962。

② 详见 M. Oakeshott 所著《大学中的政治教学》（The Teaching of Politics in a University）一文，收录于 oakeshott 所著《政治的理性主义》（Rationalism in Politics）一书，Methuen. London，1962

③ 参阅 D. McClelland，所著《成就动机》（*The Achievement Motive*）一书，Appleton - Century，New York，1953；而最近出版的文献可参阅 R. White，所著《知能与性心理发展阶段》（Competence and the Psycho - sexual Stages of Development）一文，收录于 M. R. Jones 所编《内布拉斯加大学动机论文集》（*Nebraska Symposium on Motivation*），University of Nebraska Press，Lincoln，1960。

满活力与朝气。当然，这也可能沦为强迫性质；或者演化成琐碎和令人厌恶的事物。不过，如果这种动机能够被引导向有价值的事物，就不应当受到鄙视，在清教徒所具有的一般美德中，诸如进取、规律、有始有终以及耐心等，都是相当值得一提的，这些对教育而言，尤为重要。

因此，教育不应有超乎本身以外的标的，其价值源自蕴含于其本身的原则与规准。接受教育并不是要抵达一个特定的终点，而是要具备一种不同的观点以翱游世界，静观万物。教育所需要的，并不是急切地为一个预立的目标作准备，而是要以精准、热情与高品味的方式，着手从事于价值事物。这些价值事物不能以强迫的方式灌注给一个不情愿的心灵，它们也不是教师猛对心灵幼苗谄媚微笑后，而开花结果的产物。这些价值事物的取得，必须经由那些入门之士，以足够的耐心、热情与能力来启发，才有可能成功。

"在生活的事实表象之上，永远存在着某种生活的美质"。[①] 一个伟大的教师，能够将自己对这种美质的体验传递给别人，使人投入其中，并全心全意将自己的思考与感情，调整到最为适切的形式。因为生活并没有固定的目的，目的需赖人们自我决定。在生活当中我们会遇到若干问题，这主要包括一些我们必须忍耐，或者享乐的情境。教育的功能即在提供一种升华及永恒的感觉，在这种感觉之下，忍耐将付以尊严的色彩，而痛苦的忍受与动物性的狂欢也都将升华成一种生活的美质。

选自：R. S. Peters,"Education as Initiation" in R. D. Archumbanlt (ed.), *Philosophical Analysis and Education*, Routledge and Kegan Paul, London, 1956

① 参见A. N. Whitehead所著《发展中的宗教》(*Religion the Making*)一书第80页，Cambridag University Press，1926。

思想评介

皮德思及其分析教育哲学

有关皮德思著作第一个值得一提的特点，乃是它代表了新的教育哲学研究进路。如果对这个研究途径没有若干理解，就难以掌握其著作的要义。皮氏隶属于分析哲学的门派，这个研究进路，对于近年来教育哲学的研究，一直有着相当的影响力。根据这个学派的思想，哲学的主要功能在于分析，而分析的对象包括概念及各种论辩的主题。这种分析可以称之为语言或逻辑分析。事实上，本世纪以来，有所谓的“哲学革命”，这正是导致教育哲学本质产生遽变的原因。然而，这个革命的内涵为何？如何发生的？

20世纪初叶，西方哲学理论的主流乃是理性主义。尽管这个流派在当代影响最大的是德国哲学家黑格尔（George Willem Friedrich Hegel），然而其始祖则是柏拉图。这里的重点不在于叙述这个学派成为哲学界主流的事实，而是在于说明其特别倚重哲学之形上学概念的情形。另 个值得注意的是，自柏拉图一直到黑格尔这段期间，许多形上学的争论，虽然曾经有所结论，并且也维持一段时间，但是却从没有一个形上学的理论曾经得到完全的接纳。而今理性主义时来运转，又再度受到青睐。

形上学的目的在于解释存在的最高本质，同时也非常重视直观和抽象的思考方法。所有传统形上学理论的主要问题，乃在于无法确切的建立起他们的基本前提。所有形上学的基本前提都是建立在信念的基础之上，这些信念一旦被接纳之后，所有其他的理论，又根据这些前提来推论，于是一个包罗广泛而又极为统整的哲学理论便这样产生了。不过，问题仍然存在，亦即必须为这个系统所赖以维系的初始预设，提出一套大家可以共同接受的论证。相同的，由前述分析可知传统的道德和伦理理论，想要为人类善良生活界定本质的做法，实则仅仅植基于哲学家个人的价值判断，因此，没有办法获致确切的论证。

数个世纪以来，与形上学及道德理论相对应的科学理论，却已获致一群逐渐增多的结论。而每当科学理论与形上学理论有所争议的时候，总是科学理论获胜，因为科学是可以公开验证的。于是，科学逐渐侵并了原先隶属于哲学的研究领域。物理、化学、生物、心理学和社会学，逐渐从哲学之中独立出来，成为植基于经验的研究科目。因此哲学的领域缩小了，它的许多理论过于深奥，同时，也超乎一般人的知识所可及的范畴。

科学在发展知识，获致大家可接纳之结论等方面的显著成就，与哲学在这方面的明显失败，使得许多哲学家开始怀疑自己的工作本质。他们所得到的结论是，许多传统的哲学问题，根本就无法解答，至少，可以肯定的是，光以哲学的方法来解决，必然是不会有结果的。比如说，以形上学来讲，在这些哲学家们看来，就是一种不值得浪费气力去研究的学问。因为他们认为，纯粹靠哲学冥思与反省，根本就无法发现新知（甚至连最平凡的知识都难以求得）。相同的他们也认为，那些试图为人类生活寻找最佳途径的哲学家，在基本上，只是提供人们判别是非的价值观而已，如此，又凭什么必须对他们的判断多加重视呢？

那些反对哲学冥思与规范功能的哲学家，乃以分析作为哲学的主要功能。当然，远自柏拉图的时代，分析便是哲学的一部分了（在柏氏的对话录中，已经包含了若干基本概念的分析，如真理、正义和美德等）。不过，现在的主张，并不只是把分析作为哲学的一部分，而是把它视为哲学的全部，或者，至少是哲学的菁华。只有从事这种工作，哲学家才能作出正面的贡献。他们认为，与其竭尽心力去回答超乎自己能力以外的问题，不如做些有价值的分析工作。厘清人们讨论基本问题时所使用的语言，指出思考上的逻辑迷失，同时也揭露隐藏在人们信念背后的各种预设。

这种哲学新进路，在本世纪初期，逐渐受到欢迎。二次世界大战爆发以前，便已具有相当大的影响力了。从那时候起，分析哲学重新作了若干修正。不过，目前它仍是英语世界哲学研究领域里，具有影响力的研究进路。这种研究法，经过一段较长久的时间，才被教育哲学界所接纳。事实上，直到60年代，这种研究法才在教育哲学的研究领域中取得了举足轻重的地位。

或许这种新进路的主要成果之一，便是更加注意语言的本质，同时也体会到，在研究哲学问题的时候，先了解语言的复杂性是多么重要。首先，今日的哲学家更加明了语言的各种功能，以及这些功能在以往受到混淆的情形。比如说，在哲学中有一个非常重要的观念必须知道，亦即并非所有规约性的语句，都是在叙述事实。让我们来思考以下两个例子：

“处罚儿童会阻碍他们的学习欲望”。

“处罚儿童是不道德的”。

第一个命题所主张的可能是一种事实，也可能不是（这只有透过实证性的研究才可以断定其真假）。第二个命题所表达的是一种价值判断，其意义与下述命题相当：“吾人不应该处罚儿童”。这种观点无法由经验的法则予以确立，只能假由道德论证的方式来加以判别。区分事实与价值，以及不由价值推论事实的概念，正是分析哲学的主要原则。

分析学派的哲学家认为，以前的哲学之所以颓败的原因，乃是因为用语不够精确的结果，特别是若干基本观念的运用更是如此。例如“善”、“神”、“国家”和“教育”等概念便是。过去的形上学哲学家，在他们的著作中错误地以为这些基本观念都有了清晰和广为人知的意义，因此也就没有必要去说明它们的确实意义。更糟的是，赋予这些概念的意义，时常随着讨论情境的进展，而做不同的变换。这种种均使有效的哲学结论难以建立。

在分析概念的时候，现代哲学家试图建立起各个概念使用时的“必要”和“充分”条件。前者是指使用一个概念时永远必须具备的条件，后者是指分辨一个概念和其他容易与之混淆的概念之间，所需要的条件。试以教育这个概念为例（这是皮德思关心的基点），大家或许知道，有学习活动的产生，乃是教育的必要条件。不过，这个条件本身是否够充分？抑或某种特殊的学习形式和学习成就，才能够称之为“教育”?

哲学家们可能也会分辨一个概念的“定义性”和“附随性”特征。比如说，尽管大部分教育活动均发生在学校之中，但这并不是教育的定义性特征（事实上，教育活动也可能在家庭之中产生）；所以前述定义不过是附随于教育概念的一种特征罢了。

在分析语言方面，若干哲学家的目的仅止于了解大部分人使用某个字所采用的意义，亦即该字在日常生活中使用的情形。有些哲学家试图更进一步了解人们使用文字时所认定的基本或主要意义，并对此加以解释。在这个过程之中，他们可能会为这个字定出一个意义，而且只要他们所提出的理由受到信赖，这个定义便会被正式接纳。

运用这类分析技巧，① 使得许多长久存在的哲学问题，有了新而具价值性的见解。再者，经过概念分析和由此而获致的论证依据，不但若干问题迎刃而解，或者变得较为容易解决，同时也证明若干问题只是一种假问题（这种问题没能正确认识语言的功能），或者并非真正的哲学问题，而是属于科学的范畴。另外，有些问题经过研究分析之后，发现只是个人的价值判断而已。

现在，让我们来了解一下皮德思在这个运动中所处的地位。皮氏应是将分析进路引介到教育哲学界中最有影响力者。他将这个研究法广泛运用到各种教育问题上，并已引起当代教育哲学家们的注目。当然，他们并非完全赞同皮氏的结论，但至少他们已经对皮氏的理论有所了解，同时也普遍认为必须加以回应。

皮德思对教育思想的贡献主要在两个领域。

首先，他的著作为希望从事教育哲学研究的人，指引了方向。皮德思运用分析哲学的技巧，厘清了教育上的许多基本概念，这些概念包括教育、教学、训练、灌输和制约等。一个人不论采取何种教育理论，对这些概念均应有清晰的理解。概括来说，皮德思和其

---

① 要进一步了解当代哲学分析方法，可参阅：J. Wilson 著《以概念思考》（*Thinking with Concepts*）一书，Cambridge University Press，1963；J. Hospers 著：《哲学分析导论》（*An Introduction to Philosophical Analysis*）一书，Routledge and Kegan Paul，London，1956；G. J. Warnock 著：《二十世纪以来的英国哲学》（*English Philosophy Since* 1900）一书，Oxford University Press，London，1958.

他分析哲学家的影响，在于他们强调准确运用语言、验证假设以及逻辑论证法则的重要性，这些使得教育领域之中的哲学论辩显得更为严谨。

其次，在于提出了教育的原创性理论，正因为这个贡献，使皮德思在教育上树立了显要的地位。他的理论与当代教育家斯金纳（B. F. Skinner）、尼尔（A. S. Neill）或伊里奇（Ivan Illich）等人的不同，主要在于他是从哲学家的立场出发的。这方面，他与柏拉图及亚里士多德颇为相像。他的理论以其建立的基本原则为基础，至于教育之中的应然问题，皮氏则极力避免渗进自己的价值判断，这点与他的分析研究进路颇为相符。再者，他所关心的不仅在于获致教育结论，同时也在解决由教育所引发的哲学问题。对某些人来讲，皮氏著作中所蕴含的强烈哲学倾向，可能会影响他们对其思想的了解。不过，倘能进一步体会研究这些问题的必要性，应当就会对皮氏的理论有所认识。

皮德思的教育理论，以对教育概念的分析为核心。除了厘清教育之确切本质确有其明显的重要性之外，还有其他两项诱因促使皮氏去探索教育的适切定义。

首先，是要反制将教育视为权宜之计的趋势。这种趋势，只把教育当作获取工作、取得权益或者是达到其他目的之方法，这些与教育的真实价值根本毫不相干。用哲学的术语来说，皮氏反对将教育视为其他外在目的之工具，并且认为，应当视教育为一种具备本然价值或内在价值的活动。他所反对的这种趋势，实际上乃是今日普遍性唯物走向的一部分。这种走向以权力和财富来衡量个人的成败，依据这种态度，教育必须产出某些物质或具体性效益，否则便是在浪费时间。

其次，乃是要化解传统主义和进步主义教育间的冲突。他洞识两者的缺陷，同时也希望建立一条中庸之道，以避免两者所犯的毛病。而为了表达中庸的立场，他必须采取一种新的理论模式，这种模式在他《教育即启发》的理念中得到了实现。

皮氏依据上述关心的主题，而发展出来的教育概念，首先见诸于他在伦敦大学教育研究所发表的一篇名为《教育即启发》的就职演说中，自那时起，他在当代教育哲学界中声名大起。首先，他主张“教育”一词和“写字”、“游泳”或者“教学”和“教导”等不同，它并不代表任何过程或活动。相反的，它是一种规范性语词，亦即，教育一词建立了各种活动成为教育活动时所必须满足的标准。皮德思将这些标准，化为三个教育活动实施时所必须符合的条件或规准。

在教育活动中，学生必须习得某些具有价值性的事物、或者在心灵上获得可欲的发展。换句话说，依定义而言，受教育本身乃是一种有价值的经验。吾人不会把学习无意义资讯的活动称之为教育，也不会将有害事物的学习过程看作一种教育活动（像教人如何成为一个盗贼便是一例)。

因此，严格说起来，询问教育目的何在是毫无意义的，因为这个问题假定有某种超乎教育之上的价值必须满足，才能使教育活动显得有意义。教育和感化的概念相类似。吾人绝不会问感化一个人的目的何在？因为使人变得更好，已经蕴含在感化这个词的意义之中了。相同的道理，某人经由某种方式而得以长进，乃是接受教育的部分意义。

教育的第一个规准，将内在价值很明白地提示出来，这也是皮氏关注的焦点之一。尽管如此，皮德思并无意否认学校的教育活动可以达成许多有用的外在目的。诸如提供专业训练的人力，以及使未来的公民社会化等等。不过，这些并不是使教学活动具备教育意义的关键，这些目的或许可称之为教育的有益副产品。除非那些献身教育活动的人都能体认这点，否则他们可能会对自己的工作产生完全偏差的概念。

皮德思认为，许多有关教育目的的争论，都是在争执受教育的真正本质为何的问题。例如，智力发展或者道德发展何者较为重要的问题，所争辩的并不是教育以外的主题，而是在于探讨要成为一个有教养的人必须具备哪些特质。

皮德思对于教育之内在价值的观点，可以下述见解作为总结：“成为一个有教养的人，并不是意味要抵达某个终点，而是在于能够以一种不同的观点来阅览世界”。[①] 这里所谓不同的观点，在皮氏的第三个教育规准中，会有更清晰的说明。

皮氏的第二个规准，所关注的乃是教学情境之中师生采用何种互动方式的问题。在这方面，他检视了进步主义论者如卢梭（J. J. Rousseau）和杜威（John Dewey）等人的主张。卢梭等人强调教学活动必须充分承认儿童兴趣及其需要的重要性。皮氏则以为，这些思想家倾向于将教学方法看作一种自我完成（ends in themself）的对象，因此便常常会高估其重要性。不过，至少他们的主张是教育思想的一大重要革新。

皮氏融合进步主义论者的见解，建立了他的第二个教育规准，亦即，教育必须引发学生对价值性活动的关注（换言之，学生从教育活动中，体会出学习内涵的价值），同时，这要在学生自知和自愿的情况下完成。这里所谓的自知，意指学习者必须知道自己正在从事学习活动，或者，必须了解某种技能有待习取的事实。至于自愿性的规准，皮德思所阐释的就较为晦涩不明了。很明显的是，有许多学生并非在完全自愿的情况下学习的（那也就是说，他们宁可去做别的事），不过，只要他产生精熟学习内涵的意图，大概就已经符合皮氏所谓自愿性规准的要求了吧。

这些规准的主要目的是要将催眠、制约和洗脑等摒除在教育方法之外。皮氏这些规准并不必然排除呆板式的教导和命令，甚或是灌输式的教学，因为在这些情况之下，儿童们至少仍然了解（尽管只是狭义的了解）教授的内涵。“再者，就某种意义而言，他们仍是个自主性的机制，因为他们可以反抗或抗拒加诸于自己的要求。事实上，他们也常常这么做。”[②]

灌输或许符合教育的第二个规准，然而，却不合乎其他两个条件的要求。因为灌输所教授的若不是毫无价值的内涵（这点与第一个规准不符），便是学习者在学习历程中缺乏理性思考的基础，无

---

① 参阅《教育即启发》一文。

② R. S. Peters 著. 伦理学与教育. （*Ethics and Education*）一书，Allen & Unwin, London, 1966, P. 42.

法与其他信念作逻辑上的联结（这点则不符合第三个规准的要求）。

第三个规准关乎教育过程的成果，它描绘出心灵可欲状态的本质，由此，更详尽地阐明了第一个规准的意旨。至于这个规准所重视的学习成就，基本上则在认知和理解两方面。

一个有教养的人，其所获得的知识，不应只是一些零碎事实的集合。相反的，这些知识必须组合成某种概念架构，经由这种概念架构，可以将个别的知识相互联结在一起，并使这些知识真正对个人的世界观及行为有所影响。因此，一个有教养的人，和只受过训练的人是不同的。训练所指的乃是某种特殊技巧或能力的学习，不像教育着重于个人整体世界观的全盘转化。比如说“道德训练”和“道德教育”便有所不同。这个区别是亚里士多德首先提出的。“道德训练”意指学习者已经被导入于某些特定的行为模式，然而，对这些行为的正确性却毫无理解。相反的，“道德教育”意指学习者能够理解道德原则，并执着于此，所以能够依据这些原则来思考自己的行为方向。这种区分，同样也可以运用到“体能训练”和“体能教育”上，即使“性训练”和“性教育”也都是有所分别的。

皮德思使用“认知洞见”一词，来表达一个有教养的人所需要的心理能力的本质。教育必须发展广阔的人生观，而不只是某种特殊领域的开展。比如说，一个只对科学有深入了解，而对其他事物所知甚微的人，吾人不会称他是一个有教养的人。当然，一个专精于某个领域的人，仍可能是个有教养的人，只要他对其他领域的知识也能有某种程度以上的认知与兴趣。（皮氏于此，并未明白指出个人对专精领域以外的其他领域，究竟该研究到何种程度才足够。事实上，这将依个人判断而有差别。因为，在今日，要专精一个领域以上的知识实在有所困难）。

总结说来，对皮氏而言，教育活动应当是一种有价值事物的学习历程，同时，学习内涵必须能够组合成某种概念架构，进而促成认知洞见的效果。此外，任何教学方法，都要考虑到学习者的自知和自愿性。

皮氏随后提出一套教育历程的模式，其目的旨在使吾人对教师角色产生正确的认识，并由此更进一步分析教育概念。他将教育描述成一种启发个人，使其进入各种价值活动和思考模式的历程。具有价值的活动与思考模式，共同构建价值生活的整体，师生可以共同分享这种生活。而这种生活可以是公众的，也可以是私人之间的共同生活模式。对教师而言，他已经进入了这种生活的核心，其工作便是要带领学生来分享这种生活方式。

目前有一个极为明显的问题待答，亦即这些所谓的价值活动与思想行为模式所指为何？皮氏对这个问题采取相当保留的回答方式，他认为这些主要蕴含于希腊时代以来，西方文明所发展出的知识与技能之中。这些知识组合成各种不同的思想模式或学科，例如科学、历史、文学、社会研究和哲学等，这些都是吾人了解世界最基本的知识。除此之外，传统的人文价值思想，如正义、自由、尊重别人和考虑别人的利益等，都是学生们应当接受启发的部分。

皮氏认为，对教育内涵这种人际与公共特质的强调，调和了传统和进步主义思想，开创出另一种新的模式。他认为，上述两种模式在教育领域中曾享有的优势地位，对教育理论来讲是一种重大的伤害，因为，两者均犯有严重的缺陷。传统模式的教育观点其缺陷至为明显，概括来说，是对学生不够尊重，没有把学生视为一个独立自主的个体。这种教育不仅对学生的动机未予充分的注意，也没有将学习内涵与儿童的兴趣连结在一起，至于通常学习内涵是否为学生所正确了解，也颇值得怀疑。

进步主义教育模式的缺点，虽然不是那么明显，但也是非常严重。至少，以纯粹进步主义的理论而言确是如此。首先，诚如皮氏所指出的，由于这种理论过于强调潜能发展、生长和自我实现等理念的重要性，导致了相当大的问题。因为，这些发展可能是好的，也可能是坏的，而判断好坏的依据得视其发展或生长的方向而定。发展自私和攻击性的潜能，以及犯罪或虐待狂的倾向等，当然不能算是具有教育价值的活动。因此，教师们势必要对生长的本质予以价值判断，同时提供学生们某些积极的指导。这种指导大致来讲，是透过施予学生的某些特殊教育活动中完成的，而这些活动又以那些具有客观价值的知识领域为其根本基础。换言之，将自我实现及其他相关概念视为教育本质的看法，常常容易忽视传递价值性内涵或学科知识的重要性。

相类似的是，进步主义论者强调学生的创造力、自发性及批判思考等能力之发展的重要性的理论，必先以具有创造和批判思考的对象为其前提。如皮德思所言，这些特质并不是凭空而来的，相反的，它们只有在与某些问题或主题产生关连的时候，才有存在的可能，而要对这些问题或主题之意义及重要性有所了解，则必须对其所属的各个学科领域有所研究才行。

因此，进步主义教育方式的基本毛病，在于它未能适切承认学习内涵在教育中所占的重要地位，亦即，对于传递价值性生活形态的必要性，未能充分的体认。这种缺失，倘由其反对传统教育方式的初衷来看，倒是可以理解的，因为传统教育实在过于强调学科知识的重要性了。进步主义论者，指出传递学科知识应当采用适当的方式，这是相当重要的贡献。不过，将这些教学程序误认为是自我满足的目的，却是他们常犯的错误。

至于，皮氏的教育理论是如何避开前两者的错误，又同时能够撷取两者之长，进而融合成一种新的教育模式的呢？他认为传统和进步主义的教育模式"犯有共同的错误，它们均忽视了教育的一个重要事实，即教育乃是启发人进入某个公共世界的历程。这个世界可由一个人所使用的语言和概念予以识别，其结构则由统御人我互动关系和各种目的之规则所构成"。依此见解，教师不应像传统教育模式那样，只知做一个灌输儿童思想的外塑操作者；也不能像进步主义的理念一味想要开展儿童的潜能，却不知所开展的又是儿童个人的偏好罢了。"教师应当是一个导引者，他协助儿童共同开展和分享一个公共的世界，而这个公共世界的轮廓，早已由前人描绘成形。"①

换句话说，教师和学生的个人经验均非教育的中心要点，重点应在于师生彼此能够共属共享的公共世界。这个公共世界包含两个部分，其一为数个世纪以来发展出的知识内涵，另一为，这些知识

---

① 皮德思1960年在一场讨论会里所发表的文章．教育目的——一个概念性的探讨．(Aims of Education——a Conceptual Enquiry)．这篇文章复印于皮氏所编．教育哲学．（*The Philosophy of Education*）一书中，Oxford University Press，London，1973．P．26

所赖以修正和开展的批判程序。

皮德思很喜欢引用劳伦斯（D. H. Lawrence）所谓的“神圣领域”（holy ground）。这个领域存在于师生之间，同时亦为师生所应共同衷心追求的。教师的工作是要使学生进入并享用这种公共遗产。事实上，到了教育的较高阶段，师生之间的差距便非常小了——此时，师生已能分享开发一个公共世界的经验。

目前，要讨论皮氏对教育之本质所持的理论，显得较为复杂棘手。因为20世纪70年代皮氏曾经就其理论作过修正。然而皮氏认为，他所作的修正幅度，并不像表面上所看到的那么大。其大要简述如下：自从皮氏发表过就职演说《教育即启发》一文以后，他对教育概念的分析，常被批评为过于窄化。评论者以为在教育一词的日常使用情境中，并不一定符合皮氏所定的第一和第三个规准。比如说，教育可能被视为一种时间的浪费，甚至是有害的。以上，可能是顽固务实者的看法，也可能是那些想使现存宗教及政治教条保有不可置疑之地位的人士，所提出的见解。因为教育会削弱这些教条的权威性。因此，这些人认为，第一个条件所指教育必须具备本质性价值的说法，并不能成为使用教育此一概念的必要条件。

其次，有人认为，说某人接受某种特殊的教育，或者说某个社会所进行的教育活动，只是在教授一些简单的技巧、民俗或像斯巴达教育中那种僵化的军事训练等，这些说法并不会让人觉得有任何矛盾的地方。很明显的是，在上述的例子当中，并没有像皮氏第三个规准中所谓“认知洞见”那种具有广度的认知与理解。

面对这些挑战，皮氏不得不承认有第二种，也是较为松散的教育概念的用法，这种用法笼统地包括了养育和教导等活动。这个意义才是教育的原始用法。皮氏对教育概念所采用的特殊意义，包含内在价值和认知洞见等规准，这种用法，可溯源自古希腊时代，到了19世纪尤其显示出其重要性。因为当时的人习惯称那些纯粹为知识而追求知识，并且能够融贯各类知识，获致全面发展的人为“有教养的人”（educated man）。依据皮氏的见解，吾人所指的教育和他的教育概念是相同的（至少是相类似的）。当吾人用到“教育”一词时，所指的可能是皮氏的教育概念，也可能是其他那个比较原始而概括中立的教育概念。[①]

以上的批判，对皮氏早期所分析的教育概念有何影响呢？如同我于前文所提到的，其影响并非很大，因为皮德思的意图仍然没有改变——亦即他最初分析教育概念时，便已显露出的那种想要提升教育之理想典型的动机。如今，皮氏很愿意承认他所定义的教育，并不是教育的惟一意义，不过，他认为这个定义才是那些从事教育活动的人所最值得重视，也是实施教育活动时所应遵循的。因此，皮德思已经逾越纯粹的概念分析了，事实上，他业已对自己所认定的最有价值的教育下了规范性的判断。尽管如此，皮氏仍以为他所提出的教育规准，并不全然是一种个人偏好，而是语言发展分化以后的结果（例如“教育”与“训练”便有所差别）。同时，他也认为自己所选取的规准，乃是现今日常用语所反映的词义之中，最为适切且重要的特征与价值。皮德思的其他著作，大致都有阐释并验证其对教育之价值性分析的意图。

大体而言，皮氏的基本研究进路并没有改变，他持续主张教育非工具论，并辅以启发的教育程序，希望由此能在前述两大教育模式之间，寻得一种整合。

现在对于皮德思的分析方法，可以提出几个问题供读者们参考。

首先，他的理论是否真正整合了传统和进步主义的教育模式，或者比较倾向于传统模式？很显然的，他对进步主义者的批判似乎要比对传统主义者的批判来得猛烈，同时，他的理论与传统主义者的主张也较为相似，例如教育启发模式除了认为必须在儿童的心灵根植学科知识以外，也隐约强调教师身为一个启发者应当具有权威。在讨论到上述观点时，皮氏甚且将儿童比为“门外汉”（the

---

① 皮氏承认有第二种教育意义的证据，主要见诸于．教育和有教养的人．（Education and the Educated Man）一文．这篇文章最先在1970年大英教育哲学会（Philosophy of Education Society of Great Britain）的年会里发表，并刊录于会刊的第四篇中，后来又被收录在R. F. Dearden，P. H. Hirst & R. S. Peters所合编的．教育与理性发展．（*Education and the Deveiopment of Reason*）一书中，Routledge & Kegan Paul，London，1972；另外也可参阅R. S. Peters and P. H. Hirst合著．教育的逻辑．（*The Logic of Education*）一书第二章，Routlege and Kegan Paul，London，1970 barbarian outside thegates)。他强调儿童并不总是了解什么是对自己有益的，而且也不是所有的学习活动都必须趣味盎然才行。再者，他非常重视理论和抽象知识，而有将理智生活的重要性提升到超越情感生活之重要性的趋向。以上种种，特别是最后一点，与古希腊时期的教育思想颇为相符，这必然会引起尼尔等人的痛斥。

另方面，皮氏且刻意强调传统主义教育理论的某些优点，以对抗进步主义从60年代至70年代初叶以来，逐渐扩大的影响力。此外，有必要说明一点，亦即皮德思也鼓吹自由、平等、尊重别人及考虑别人利益等自由主义价值，由此，他避过了加诸于传统主义体系的所谓“道德偏差”的批评。皮德思了解师生关系的重要性，同时对于教学活动中所存在的个别差异现象亦颇为注意。所以，传统教法过度注重反复练习和熟读强记的缺点，他是了然于心的，他比较喜欢讲解、说明及亲身示范的教法，到了较高层次，师生像是共同追求知识的伙伴，教学活动便应以交谈和对话为主。最后，皮氏反对理智与情感对立冲突的观念，认为理智生活实际上孕育着情感的因素，例如“对真理、正义的热爱和对品味低俗的事物之厌恶”等便是。①

第二个有待思考的问题是，皮德思的教育概念乃是一种“英才主义”(elitist)，因此，这种教育所要求的目标，只是那些最聪明，最有天分的学生才有可能达成。换言之，他认为教育必须使学生对西方智慧财产中的各个基本学科知识作全盘理解的看法，是否适合当前大众教育的趋向？尤其在知识爆炸的今日，要每个人广泛接受各种知识教育的概念是否可行？而个人在极少数基本学科之外，还会想要对其他事物作详尽的了解吗？

与此相关，同时也颇值得思考的是，皮氏的教育概念是否只适用于经济及政治高度发展的社会，这种社会已经在物质上达到安定与富足的阶段。或许，对第三世界许多发展中国家而言，还有比皮德思式的教育更为迫切的需要，例如供给农业和工业之专业人才便是。

在思考这些问题的同时，读者可能会想到，克服知识爆炸的方法，在于集中心力于传授各类学科的基本概念及思辨方法，而不在

---

① 参阅《教育即启发》一文。

于把所有片段的事实传授给学生。至少，必须使学生对各学科领域的本质及问题略作了解，同时，也要使他们具备获取相关知识所需的经验与能力，以便他们有机会并有兴趣的时候，可以从事有关的研究工作。此外，让我们也想想，是否如皮德思所言，人们无法由教育获得同等进展的现象，并非只是一种巧合的不幸事实而已，我们必须接纳另一个事实，即人类的智能并不是生而平等的。

倘使读者经过判断，认为要全然实现皮德思的教育概念，只有极少数人才有能力（在这同时，你也了解到，这种现象并不尽然是这极少数人享受到特别优待才造成的，这也可能在人人机会平等的情境下产生），再者，皮氏的理念只有在已开发社会中才有可能完全达成。基于上述考虑，吾人是否应当排拒这种教育概念，或者它仍然不失为各地教育事业值得追求的理想目标？关于这点，还有另一个问题：即使可以拿这个教育概念作为理想目标，但是它能算是一种完整的教育理念吗？它过于强调传统文化财产继承的重要性，却对文化快速变迁的历程未予充分认识，因此，当吾人考虑教育在社会中所应扮演开创未来的角色时，会不会觉得皮氏的教育概念过于静态保守？它在强调文化保留的重要性时，是否把文化的改良功能牺牲了？这种批评，从现代社会许多层面所存在的危机而言，尤能切中要害。[①] 在这种危机情境中，人们是否需要一种全新的教育研究途径，以使教育能够扮演更为积极而直接的角色，并据以反对现代社会中反社会与反现存（antisurvival）体制的倾向（这许多工作或许还需要一套新的道德与知识的价值观）。是否斯肯纳，或与皮氏持相反意见的思想家，如尼尔等人，在这方面能够提出更为有效的办法呢？或者如艾立克及其门徒所言，人类需要一套全新的教育制度？

尽管有上述种种批评，皮德思仍然可以回应，他的目的在于建立一个有价值且适用于任何情境的生活模式。这种模式本身具有解决现存问题的必要程序，同时也只有透过这种具有广度和弹性的教育活动，才有可能解决这些问题。皮德思或将以为，目的最为切要的，不应是反对这种注重理性与科学方法的知识教育模式，传统自

① 这里所谓的危机情境包括人口过剩、资源枯竭、核战威胁、环境污染等。

由主义者所强调的公正、自由和尊重别人等价值，应当是更加严谨而有系统地将这些措施和价值运用到现实情境中。

面对这种难题，究竟应采取何种立场，实则仍取决于个人的判断。

除了对教育所从事的分析以外，皮氏在教育思想界尚有另一项重要贡献，即是他对教育有直接关连的道德及社会问题所作的探究工作。这种探究有助于阐明皮氏教育研究进路中的某些层面，同时也补足了皮氏理论的大要全貌。皮氏在这个领域的主要作品，见诸于《伦理学与教育》（*Ethics & Education*）一书的第二部分，这个部分验证了平等、关心别人利益、自由、尊重别人和友爱等价值。他同时也探讨何为价值活动（皮氏大略把所谓的价值活动等同于人类有关知识及理论性知识的追求活动）以及植基于这些活动的课程应当如何论证的问题。

皮德思在证明这些原则的价值性时，仍然采用分析辩证的方法，他应是当今探讨伦理学的理论者当中，采用这种辩证模式的先驱。在提出自己的道德理论以前，皮德思先探讨并批驳了当今讨论道德之价值体系的三大研究途径：自然主义，直观主义和情绪主义。他自己的理论，部分源自德国大哲学家康德（I. Kant）的思想，并且以人们参与道德讨论时，在心中均预设了某些价值，作为其立论的先决条件。这些价值使人与人之间的讨论显得有意义，因此，任何真心加入讨论的人，都必须遵守这些价值，要了解这种理论的要旨，及其论证这些价值的过程（包括公平、考虑别人利益、自由、尊重别人和价值活动等），有必要阅读皮氏《伦理学与教育》一书中相关的部分。除了这些辩证性的讨论之外，皮德思还就这些价值如何运用到教育中，作了颇为有趣的探讨。

皮德思在《道德教育的形式与内涵》这篇论文中，着手探讨道德教育，并且再度寻求一种中庸之道。这次他所要调和的是道德上极端的相对主义与绝对主义之间的冲突。为了达到调和的目的，皮氏作了一个很重要的区分——把道德的内涵与形式分开（亦即将吾人持有的道德信念与吾人取得这些信念的方式分开）。此外，皮氏亦相当强调理性在道德上的地位。在这篇论文的第一部分，皮氏以道德之形式与内涵的区分，来处理何谓道德的问题，第二部分则是有关道德学习历程的探讨。

在第二部分，他提出小孩在可以理性思维以前，应如何从事道德教育的问题。关于此，皮氏和亚里士多德的方法相类似。均认为非理性的教育方式，如习惯训练，在这个阶段是可以接受的，不应受到责怪。因为在这个阶段除了用这种方法，别无他途。重要的是，使用这种教法应当特别留意，不可妨碍或者延误儿童理解道德原则的进度。相反的，必须在可能的范围内尽速鼓励儿童发展这种理解能力。

因此，对皮德思而言，道德乃是价值生活的一部分，也是必须带领儿童进入的生活方式。皮氏的道德理论确实从自由主义的若干基本价值中寻得了客观的基础。皮氏在《伦理学与教育》一书中对此已有所阐释，在这篇论文中又再次论及。因此教师在启发儿童进入这种生活时，不必觉得不安，只要了解到，许多特殊的事例可以存有价值歧异的现象（例如，性行为、宗教及个人生活类型等便是）。这些领域会因社会或群体的不同而有所差别。概括而言，这些较为特殊的价值以若干基本原则为最高基础（这些原则所建构的是道德形式而非道德内涵），不过，这些原则仍会因社会、文化及宗教的不同而有所差异。此外，在一个需要同时运用到数个基本原则的情境中，则会产生原则之间孰重孰轻的问题。

至此，读者可预先就皮德思对教育的分析研究法做个价值评断。在从事教育问题研究的时候，采用这种方法是否能获致丰硕成果？是否能在避免规范性判断的前提下，为从事教育工作的人提供可观的研究成果？有趣的事，面对上述问题，皮氏本身也承认自己为了提升教育概念，已经逾越了严谨的分析方法了。实际上，近来许多当代教育哲学家，都对严格的分析研究法表示过极大的怀疑。尽管这种方法在哲学上相当有用，可是教育哲学本身必须对若干问题作价值判断，例如，应当教些什么？要使用何种教学法？以及教学的整体目的何在等均是。目前已有许多人体验到一个教育思想家，除非只想在教育思想上做较小的贡献，否则，带有某种规范价值色彩，实在是无可避免的。

若干社会事实，可以辅助说明上述现象。50年代末叶及60年代初叶这段分析运动的萌芽期间，社会上并没有像现代所产生的这种价值危机，因此，当时的教育哲学家们较能略过这种价值问题。如今这已经不再可能了。同时，容许规范性见解的宽松式分析进路，对教育似乎也较有贡献。不过，有一点非常重要，亦即采用这种宽松式分析进路的哲学家们从事价值判断，或者想要确立何以吾人应当接纳某些价值论证时，必须同时了解，这些规范性立场是不可能获致有效证明的。如此，教育哲学家在发展自我的教育哲学时，便可以将分析进路的优点（清晰、逻辑严谨性等）与提供教师正面而积极之刺激及辅导等的长处结合在一起。

在皮德思的著作中，可看出其认为自己在教育思想上的主要创见，乃在于统合传统主义和进步主义的教育观点。因此，引述皮德思这段概说自己教育研究之全貌的话，作为探讨皮氏著作的结论，应当颇为适合。

在教育理论方面，我主要采取一种统合折衷的立场。我尝试兼取传统教育模式，及其反对者——儿童中心教育模式的长处。以教育所蕴含的社会特性，调和个性的强调；了解权威的重要性，又能对权威保持一种挑战的姿态；一方面主张自由对儿童教育的重要性，另方面则强调限制措施的必要性；再者，尽管我认为某些活动比其他活动更有价值，不过我也非常重视个人选择及自我兴趣的重要性。任何一个采取这种立场的人，都很有可能遭受来自传统主义和进步主义双方的攻击——不过时下被进步主义攻击的情形可能会多一些。因为他们觉得在辩证推论的过程中，实在很难接受相反的论调。当然，以上两者很容易便可以为他们的批评找到支持的凭据。这点是任何一个想要调和对立思想的人，必须学着顺应，因为，相反的声浪，不仅来自外在，亦来自个人的内心。①

（James Bowen & Peter R. Hobson 著　［台湾］　林逢祺译）

---

① 摘自 R. S. Peters《宾果游戏价值之争：答辩文》（in Defence of Bingo：A Rejoinder），刊载于《大英教育论丛期刊》（*British Journal of Educational Studies*），16 卷 2 期，1967 年，6 月版，第 194 页。

阿莫纳什维利

（Ш·А·АМОНаЩВИлИ）

- 生平简介
- 名篇选读
  - 教育者的十条“箴言”
  - 教学原则
  - 游戏在小学生认识活动中的作用
- 思想评介
  - 阿莫纳什维利及其“合作教育学”思想

生平简介

沙·阿·阿莫纳什维利生于1930年，前苏联格鲁吉亚人，苏联教育科学院院士、心理学博士、教授，苏联格鲁吉亚共和国教育科学研究所所长。60年代初，他在第比利斯第一实验学校开始进行小学教学实验研究，创立了取消分数的教学体系。1986年，他和沙塔洛夫等教育革新家一起提出和创立了“合作教育学”。他是“合作教育学”理论的主要代表。他著述丰富，主要代表作是教育实验三部曲:《孩子们，你们好》(1983年)、《孩子们，你们生活得怎么样?》(1986年)、《目标一致——孩子们，祝你们一路平安!》(1987年)。

名篇选读

教育者的十条“箴言”

(1) 在一个人道主义的社会里，教育只能是人道主义的。使儿童对教育过程产生好感，使他们成为我们在教育他们中的自愿助手——这是人道主义教育的主要原则。

(2) 交往——是人们生活的主要之点，使儿童得到与我们交往的快乐:共同认知、共同劳动、游戏、休息的快乐，——这是人道主义教育的主要方法。

(3) 成人的日常生活和相互关系的性质——这是未来的人的个性赖以形成的环境。因此，极为重要的是，要使我们的日常生活、我们的相互交往，尽可能在更大程度上符合我们力求使儿童树立的那种理想。80年代的教育者应该是21世纪人的榜样。

(4) 人对人们的信赖，人对自己的生活立场的信心——这是人与人之间富有人生乐趣的交往和使个性升华的本源。因此，我们必须爱护和发展儿童对我们——自己的教育者、对自己的同学、对人们的信任感和对自己的信心。

(5) 社会主义社会是一个平等的和互相关心着人们的社会。我们的教育过程应该贯穿对每一个儿童个性的尊重，应该使儿童养成关心同学、亲人和一般的人们的感情。

(6) 只有在使人能感到自己是社会所需要的人，是自己人，只有在他既不人为地被抬高，也不人为地被贬低的社会里，人才能显示和发展自己的一切才能和天赋，并成为幸福的人。在对儿童的教育中，也应该使他们感到自己是所生活的社会中的这样的一员。

(7) 儿童是感情容易冲动的人，他们很难理解我们。但我们教育者有义务去理解儿童，应该在考虑到儿童内心活动的情况下拟定我们的教育计划。

(8) 教育是一个长期的潜移默化的过程，因此，我们在解决教育任务的一切具体场合，都应该表现出明智、有远见、合情合理和耐心。

(9) 对儿童富有同情心、体贴入微、心地善良、爱、温和、直爽、乐于帮助、休戚与共，这一切应该是我们教育者的行动指南。同时，还应该把这一切与对自己和儿童的严格要求，对年轻一代的责任感和关心祖国未来结合起来。

(10) 我们应该坚决摒弃与人道主义教育相对立的和抑制儿童个性发展的权力主义和强迫命令及其种种表现形式，如训斥、辱骂、伤害自尊心、讥笑、粗暴、恐吓、暴力，等等。——我们没有把“箴言”付诸实践的现成处方。因此，尊敬的家长们，我们必须发挥创造精神，孜孜不倦地去探索以人道主义的原则教育儿童的方法！这乃是我们对每一个儿童最大关怀的体现！(第60~62页)

摘自：阿莫纳什维利著，朱佩荣译．孩子们，你们好．开明出版社，1990

教学原则

如果课的教育环境能使儿童的课堂生活变得愈益生动有趣和愈益充满着激情，他们就会喜欢上课。

那么，我深入钻研的课的主题究竟是什么呢？是的，有一个主题——这就是发展着的儿童的生活和他们的成长过程。无论是今天的课，还是 170 个学日中的全部 680 堂课，决定其成败的就是这一主题。那么，我又是怎样在课上展现这一主题的呢？概要地说，在课上应该突出儿童多方面的和丰富多彩的生活中的主要之点，并加以深化。不用说，这就是儿童的个性，他们的认识兴趣和激起他们的认识（当然还有生活）渴望的活动形式，如独立探索、揭示事物的奥秘、自由讨论问题、解答难题、纠正教师的“错误”、论证自己的意见的正确性，等等。

没有儿童的勤奋、细致耐心和不屈不挠的努力工作，要使他们掌握熟练技巧和发展能力是不可能的，但是，包含在整个认识活动体系中的这种学习劳动，儿童不可能是消极被动地接受的，在这中间，使儿童感受到成功的快乐的认识活动气氛起着有力的推动作用。

所有这一切乃是我要提出的教学论原则的理论根据。（第 222 ~223 页）

使儿童的生活在课上继续的原则

儿童不可能把自己的生活、自己的印象、自己的感受通通丢在校门之外，怀着纯而又纯的学习愿望来到学校。但愿教师们谁都不会这样想：当他开始上课的时候，儿童立即就会抛开自己的种种感受，抛开想骑着放在露台上或草棚里的自行车闲逛的打算，抛开关于昨天发生的家庭悲剧的印象，抛开玩弄放在自己口袋里的锡制士兵玩偶的念头，完全忘记昨天晚上祖父给他讲的引人入胜的故事。

这一切都是儿童生活的一部分。各种各样的事件、印象、感受，儿童可以暂时不去想它，但要使它们忘得干干净净，全神贯注于认识别的什么事物，不是一件容易的事。

让每一个儿童都带着自己的全部生活来到学校吧！我要请他们告诉我——他们的老师，他们每个人今天有什么使自己激动、焦急和难以忘怀的事。

如果不是在课上，不是在这儿童精神生活的源头上，就开始培养他们对人的同情心、关切感，以他人的乐为乐，以他人的忧为忧的休戚与共感，能从哪里开始呢？如果是这样，那么，就应该让这一教育交响乐的变曲在儿童的日常生活中更强烈、更有感染力地响起来，而课本身就会成为儿童的生活目的。

确立与儿童实事求是关系的原则

这是什么意思？为了阐明在课上的实事求是关系的本质，我们得向 C.T. 沙茨基请教（实事求是关系这个概念，我就是从他那儿借用来的）。

“……问题在于，教师向学生的提问与一般人向人的提问有着极大的差别：教师知道他所提问题的答案，学生也完全知道教师对自己所提问题的答案，早已胸有成竹。而在我们成人之间互相提问时，我们想问对方的仅仅是自己所不知道的事情……

无疑，在学生的头脑里已形成了一种信念，即如果教师知道答案，仍然一个劲儿地问他们，那么，他的提问仿佛就是一种教育的巧妙手段，学生努力追求的，不是回答教师所提的问题，而是猜测在教师头脑中已有的对该问题的答案……总之，我们给自己的学生提出的所有问题造成了教师与学生之间的非实事求是的关系。教师想出一系列教育办法、巧妙的手段去对付学生，而学生呢，他们理解教师的目的，因而竭力采取种种防御的姿态……

但怎样按别的方式来提问呢？在提问和回答中能在教师和学生之间建立实事求是的关系、实事求是的气氛么？教师该问些什么呢？如果他想确立实事求是的关系，就应该问他在与学生的共同工作中自己所不懂得的和不了解的东西。他不知道学生的种种困难；

他不体会学生的各种疑问；他不了解激起学生专心致志于工作的兴趣爱好；他不懂得学生在完成这一工作中感到的不愉快的感觉。因此，如果教师想要问自己的学生某种问题，最正确的办法莫过于问伴随着学生工作的那些条件，即问他们的困难、疑问、兴趣爱好，等等。

我认为，在这样的条件下，可以使学生养成回答问题的浓厚兴趣，有了这种兴趣，他们就会乐意尽可能多地接受教师的这种提问，因为这些问题将帮助他们工作；在经过这样的作业——问题和回答——之后，学生就能较容易地工作。”

在摘引杰出的教育家关于在课上与儿童实事求是关系的思考时，不由得使我想起了很久以前某个时候我给孩子们提问和布置作业的情景，我给他们提的问题和布置的作业是非实事求是的，基本的意思可以归结为这样一个公式：“我什么都懂，你们懂吗?”这时，孩子们的脸色是愁苦的，目光是呆板的，调皮的孩子不敢调皮了，纪律是顶呱呱的！在教室里踱踱方步，思考思考例题，不慌不忙地给孩子们提提问题。谁会来指责你的这种教学呢?

而现在?我提出了与儿童的实事求是关系的某种原则！要知道，这一思想的作者没有说这是一条教学论原则，他只是指出，教师的问题应该指向他本人所不了解的东西。

在这里，我与儿童建立了什么样的实事求是的关系呢?我给他们做的习题的答案是我熟知的，孩子们未必会认为，他们给我打开了一个新的知识领域。我们没有发现任何新的东西。但是，我认为，我们的关系仍然是非常实事求是的。其所以是实事求是的，这是因为，在给孩子们做习题时，我显出一本正经、有所操心的样子，提出与他们的答案相反的论证。我的“心不在焉”，我的“健忘”，我的“错误”，激起了他们纠正我的错误、与我辩论的渴望。

不言而喻，给儿童提出其答案我真不知道的问题是不可能的。正因为这样，我就给他们创造条件，让他们在与我的交往中感到自己是与我平等的伙伴，是我的战友。在这样的条件下，他们感到需要我，而我作为教师，也不能没有他们。随着我的教育经验的日益丰富，我越来越坚信在教育理论上争论不休的一条原理的正确性：

教育学不仅是一门关于教育和教学的科学，而且也是一门关于教育和教学的艺术的科学。如果我要使坐在座位上目不转睛地瞧着我，期待着从我这儿获得某种重要信息的孩子们，真正感受到每一个学日的快乐，乐意接受教育和教学，而又并不认为这是强加给他们的教育和教学，我就应该努力使我们之间实事求是关系的纽带成为连续不断的和牢不可破的。既然有必要维护这种实事求是关系的连续不断性和牢不可破性，我就应该鼓足勇气，扮演一个演技巧妙多变的教师——演员的角色。扮演这一角色的实质在于：对儿童来说，我与他们之间的实事求是的关系不应该丧失其真实性，不应该剥夺他们的自由选择感、自己参加课上活动的独特感。当然，要做到这一点是很不容易的，但是，在我选择职业时向其请教过的人中间，谁也没有要我相信：教育儿童的工作——这是轻松的事业。

此外，我还采用下述方法来确立我与我的六岁学生之间的实事求是的关系：我让他们知道，在课上有哪些事情等着我们去做，并让他们有可能陈述自己的意见。

“孩子们，”——在课一开始我对他们说，——“你们看，今天有哪些练习和功课等着我们去做，这就是我想教会你们的！”——我给他们看黑板上写着的作业、练习和习题，或者只是口头讲。我的指点和解释要达到激起儿童“好奇心”的程度。因此，每当完成一项学习任务时，我就立即走向黑板，指着黑板上画着的图式和写着的课题项目说：“这我们已经完成了！让我们把它勾掉吧！”或者：“孩子们，你们希望我们的课上成怎样的课呢?”

按适当的速度上课的原则

一般说来，是否存在着这样的问题：教师最好以怎样的速度上课为宜？根据教育学、教学论、教学法的教科书来判断，似乎根本不存在这样的问题。也许，果真不存在吗？那我就请读者去做这样的一个实验：当您急着前进的时候，您试着以很慢很慢的速度走走看，我深信，走不上5分钟（大概您不会继续这样地走下去)，您一定会感到比以通常的速度走路加倍地疲劳。或者，您试着用极慢极慢的速度与人谈话，您一定会发现，不仅您感到难受（由于抑制思想的迸发)，而且，听话的人也会感到难受（由于集中注意，最后才弄懂您的话)，对方能从您用极慢极慢的速度所说的话中得到的信息，比之从用较快的速度所说的话中获得的信息要少得多。

您可以强令六岁儿童不动也不跑，只能规规矩矩地、默不作声地哪怕坐上一小时。但是，儿童能从这种“休息”中得到什么好处呢？他们究竟能不能忍受类似的一小时“休息”？儿童们蹦蹦跳跳、说话大声嚷嚷、富有表情，干什么总是心急如焚，但他们这样做绝不是故意的：发展着的机能促使他们东奔西跑和使尽力气“闯祸”。因此，儿童不可能不是活泼好动的人、富有表情的人、易动感情的人。他们的发展、成长和坚强起来正在于速度，在我们看来，这种速度似乎太快了，因为它不符合我们的老成持重，可是对儿童来说，这是合乎自然的，正常的。我们的老成持重往往使我们忘记了，儿童有儿童的活动速度，不仅是体力活动的速度，还有智力活动的速度。可以说，如果在课上教师讲课的速度、与儿童的交际的速度，像电影里的慢镜头一样，儿童也会像我们迫使他以极慢的速度走路，只许他安安静静，不许他乱说乱动的一样感到难受。他想飞，可是翅膀被捆缚住了……应该按照与儿童的发展相适应的速度教他们。

教学的理论和实践如果能像音乐一样，也拥有丰富的用以表述演奏教育交响乐的细腻的表演手段，那该有多好。我发现，在音乐作品的总谱里，有很多用来表述乐曲速度和表情的手段绝妙术语。例如，用来表示速度的术语有：慢调（缓慢地)、平调（适中、稍缓)、快调（快速地)、急板（急速地)、捷板（活泼地、速度极快)……表示演奏表情手段的有：温柔地、温和地；不安地、激动地；热情地、兴奋地；任性地、变幻无常地；有精神地、有生气地；活跃地、富有活力地；热烈地、非常兴奋地；庄严地、隆重地、坚决地、果断地、诙谐地、戏谑地；安静地、平静地……

每一位作曲家在谱写自己的作品时，都不会忘记给每一段乐曲标上演奏的节奏和表情手段，其所以要这样做，是为了使乐曲演奏得完美，能够激起听众在精神上和情感上的共鸣。

难道教师就不需要操心怎样使自己的课上得完美，对儿童的精神和心灵激起巨大的影响么？也许早就应该考虑，我们的课应该以怎样的速度，怎样的表情手段，来组织这样或那样的教育过程，并把这过程称作为教育的旋律，是这样吗？由课组成的这些教育过程，或教育的旋律，要求教师精心设计它的速度和表情手段。我个人久已坚信这一点。(第223～235页)

摘自：孩子们，你们好．有删节．题目为编者所加

游戏在小学生认识活动中的作用（节选）

实验教学体系

最近20年来，我和实验组的同事们对小学教育进行了探索。这一时期，我们逐渐形成了整体教育这一概念，并在格鲁吉亚共和国第比利斯市第一小学以及本共和国的许多城镇和乡村小学里建立了实验教学体系。苏联在不同的时期将这种教学方法分别称为："没有分数的教学"、"内容评价教学"和"游戏教学"。这种实验体系基本上是以在教学过程中对学生采取人道主义的区别对待方法为基础的，而这些名称仅反映了实验体系的某些特征。根据这种新概念，我们制定了实验教学大纲，编出了课本和其他一些专用教材，确定了教学方法。为了更好地运用实验教学法，教师需经过特别培训，尤其是在总体思想、基本原理和某些教学方法方面对教师进行了指导。一些教师也应邀参加了实验组，共同探索根据小学生不同个性对他们进行教育的途径、方法和技巧。研究人员和教师一起，给小学生上本族语、俄语、算术、音乐等课程。许多教师也帮助研究人员编写教材和系统的练习材料。

格鲁吉亚共和国教育部戈盖巴什维利教育学研究所①实验教学论研究室的全体人员，负责对大约由800名小学生组成的22个实验班进行直接的科学的教学指导。40多名教师参加了实验。有一幢教学大楼供实验班小学生使用（预备班由六岁儿童组成，分为甲、乙、丙班）。在实验教学中，不用分数，而用其他一些能促使形成积极的学习动机的教学形式，如教学的内容评价、自我评价和集体评价。这些形式中就包含着学生本身的认识活动。另一些教学形式将在下面讨论。通过实验，发展对六岁儿童的特殊的教学方法，建立了每周学习五天的制度（星期六、星期日不上课），缩短了上课的时间（每节课都是35分钟）。所有这些改变都产生于教育过程自身的深刻变化。

《展望》杂志的读者对实验教学体系的某些方面已有所了解。②在本文中，我们尽可能地阐明与我们实验教学有关的一条心理学教学原理，即游戏和学习之间的关系问题，并用一些教学方法方面的例子来说明我们的观点。不过，首先应该指出：教学过程中游戏和学习之间的关系十分复杂，读者可能会询问我们对这一问题的确切主张；其次，也许因为用我们的观点对这一问题作深入的分析超出了本文的范围。读者如要进一步阅读关于这个问题的资料，请查阅有关的著作。③

背　景

游戏和学习是小学生生活中最重要的两种活动形式。教育者总是面对着这样一个问题：在教学过程中，对游戏和学习应持什么态度？对于这个问题，有下面三种看法：（1）通过游戏进行教学，即

---

① 该研究所以格鲁吉亚著名的民主主义教育家戈盖巴什维利的名字命名。——译注

② 指作者已在《展望》杂志上发表过文章。

③ 据俄文资料，阿莫纳什维利有下列著作：《从六岁起入学》，1986；《对学生的学习评价的教育职能和教养职能》，1984；《孩子们，你们好！》，1983；《为了造就人》，1982；《教学、评价、分数》，1980。另有许多文章，其中一部分已经由朱佩荣辑译成中文，书名为《学校没有分数行吗?》，已由教育科学出版社出版。

在游戏中实施教育；(2) 游戏和复杂的智力活动交替进行；(3) 从教学过程中排除游戏，因为学习肯定不是、而且永远不是游戏。在传统的学校教学实践中，一直采取流行最广的第三种观点。在小学教师的培训教材中，很少提到游戏是认识活动的一种形式。然而，近几十年来，人们越来越多地发表意见，认为需要一种旨在发展学生的认识兴趣、培养他们独立获取知识的能力的教育。那么，如何去找到解决这一问题的方法呢？显然，仅靠游戏是不能使儿童获得规定数量的理论知识的。同样明显的是，教学过程本身具有强制性质，也不能激发起儿童对学习的兴趣。如果盲目地把游戏跟学习结合起来，也不能产生预期的效果。

那么，我们为什么要把游戏和教学过程的改革相提并论呢？要清楚地说明有关的问题，有必要对游戏和学习（我们认为二者都是非常重要的）的某些方面做些心理学分析。

什么是游戏呢？孩子们为什么需要游戏呢？更重要的是，孩子们在什么样的情况下会接受这样的游戏呢？

至于说孩子们为什么需要游戏，有许多说法。根据某些人的说法，游戏可以使孩子们过剩的精力得到释放。另一些人认为，孩子可以在游戏中扮演一个角色，从而使他的想象力得到发展。也有一种观点认为，孩子们通过游戏来了解他们周围的世界，等等。还有一种假设：游戏是儿童定向发展心理功能的一种表现形式，这些内在的心理功能需要得到发挥。当一个孩子全神贯注地做游戏时，他便获得了发挥某种心理功能的机会。如果他停止一种游戏而去做另一种游戏，这便意味着他的另一种心理功能在发挥作用。如果一个孩子永远不去做游戏，这就说明与这种游戏相关的心理功能停止发展。而通过做另一种游戏，则这种心理功能可处于一个更高的发展阶段。

虽然这种功能倾向性理论（乌兹纳泽的理论，1967）不能解释有关游戏始动的全部机制，但是它指出了一个重要的心理特征。没有这一点，孩子们就不会体验到游戏的乐趣。这个理论的最重要的论点是，游戏给即将活跃起来的心理功能的力量提供了自由表现的机会。格鲁吉亚的孩子们常说："我玩够了，太痛快了。"这说明，做不做游戏，孩子们有绝对的自由——“我要！”或“我不要！”如果强迫一个孩子去做游戏，那对他来说便失去了游戏的本来意义。故意地激发或强行抑制它们，只能对孩子们造成一连串伤害。游戏的心理学基础是有自由选择的情感。实验上孩子们选择的游戏和玩具通常具有社会意义，因为它们是过去、现在和将来的社会生活的一种反映。对于孩子们来说，在长时间的游戏过程中，要使自由选择的情感（我要或我不要）成为他们真正的需要。经儿童自由选择的任何活动可以使儿童为进行这种活动所需的所有的心理功能发生变化，并使它们得以充分而自由地发展。

以上所说并不意味着，既然游戏是以自由选择为原则的，那么它就不需要孩子做出任何克服困难、或者避免不愉快的事的努力。游戏的全部目的在于：给儿童发展能力的机会，从而最大限度地发展自己，克服某些偏差，使某些能力得到适当的发展。如果游戏不需要儿童具备必要的意志力，也不需要身体上和精神上的努力，如果游戏仅仅是为了使他们快乐，那么，就不能有助于发展儿童天赋的各种心理功能，也不能帮助儿童形成和发展个性的一些新的特征——知识、技巧、能力和经验，等等。

因此，游戏最重要的心理特点是建立在自由选择基础上的，选择游戏是儿童个性的充分表现，这有助于培养他们仔细的、有目的性的和坚定的性格。没有这一点，孩子们就不会进行游戏，因为那样游戏就将失去它本身的特性。

现在，我们来讨论学校教育。从某种意义上可以说，教学是一种强制的过程。第一，因为这是成人把教学内容以系统的理论知识的形式从外部灌输给学生的。从这个意义上说，为了教育儿童，为了形成他们与社会的经济、文化、科技发展的理想一致的个性，就把各种职能和心理力量开动起来，并使之沿着特定的方向发展。这就意味着，不是由孩子，而是由负责教育孩子的成人来确定：孩子必须朝什么方向和什么目标去努力。第二，教学过程具有社会性，因而心理功能的自由发展受到下面几种现实情况的制约：在发达的社会中，教育对于一定年龄的所有儿童都具有强制性；所采用的教学方法也是强加于孩子们的。不言而喻，这样做的目的，是为了使儿童学习人类所获得的知识的过程尽可能地合理，尽可能地富有成效和尽可能地迅速。第三，在于这样一个事实，即现有的教育是建立在权力主义基础上的。因为它以这样一种假设为依据，即除了强迫之外，就无法促使小学生去学习。

在学校发展史的不同阶段，使用权力主义教育的形式和方法已几经变换。现行的教学形式继承了几经变换的权力主义精神以及为了维持权力主义而琢磨得很好的方法。权力主义教育在教师的工作和他们对待学生的态度上留下了烙印。在权力主义的教学中，教师所处的地位是由他的教学活动决定的。教师向学生讲解，叙述，演示，证明，口述，提问，提要求，检查，评定成绩。而学生则被迫用心听讲，观察，识记，做作业，执行要求，回答问题。如果学生不这样做呢？教师便拿出一套约束学生的规章和特定的压制方法。其中，分数这个“胡萝卜和大棒”在教学过程中扮演着最重要的角色。按这种路线进行教学，就会把教学过程变为两个对立面的“统一物”：一方面，具有教育经验和良好高尚的愿望，并同时拥有社会给予的权力的教师强制学生学习和掌握知识；另一方面，学生似乎并不理解教师的良好愿望，往往把教师的行为看成是对他们的人格及真正需要的侵犯。

这种教学形式不能使儿童的潜力得到充分发挥。长期以来，儿童在这种教学中表现的某些技巧、活动形式和个性品质，被解释为是儿童的年龄心理特征，它们不受教育和培养方式的影响。最近20～25年当中，根据不同的教学原则而产生的多种实验教学体系的采用，使得教育的一些基本问题（师生关系、课程内容、教学方法等等）在不同程度上发生了根本性的变革，从而使苏联教育科研人员获得了有关儿童发展可能性和心理特征的最新材料。这些新材料表明：儿童的一些能力——例如抽象思维能力、复杂的独立活动能力、理解整体观点的能力、吸收知识的能力等，其开始形成的时间比我们过去认为的要早得多，形成的速度比我们过去认为的要快得多。这些材料还表明：儿童不仅不回避在学习中遇到的困难，而是相反，他们十分乐意去克服困难。

由此，我们得出了一个不同往常的观点，儿童能够满怀热情地投入到学习中去，能够主动地去克服困难，从而能在学习过程中显示他们的多方面的、正在发展中的能力。然而，现行的教学体系忽视了这些东西，选择了显然十分简单化的解决办法：这是一条前人早已踏熟的道路，即我们通常称为权力主义教学方法的道路。

综上所述，由于学生必须在规定的时间内学到一定数量的知识，他就必须被迫接受社会强加于他的、充当他自由选择的学习任务。

现在，我们有可能来揭示一种作为教育科学和教育艺术的教学方法的本质。

认识过程中的合作

在认识活动中，儿童在相互平等和尊重他们人格的基础上努力地与教师进行合作。无论游戏是多么奇异，无论他们在其中扮演何种角色，无论他们的合作者是谁，孩子们总是认真地对待游戏，并且也尽力使其他人同样认真地对待。如果在教学过程中，教师认真地对待学生并且真诚地与他们合作，那就说明教师是从孩子的立场出发来组织教学的，并且在孩子们的认识活动中真正地成为他们的合作者。

因此我们认为，对小学生来说，为体现自由选择原则而安排的教学过程必须以下列原则为基础：(1) 在教学过程中，创造一种友好的、相互信任和相互尊重的良好气氛；(2) 这种教学过程必须在与儿童合作、共同作出创造性努力的条件下进行；(3) 必须创造条件，能在那些教育价值相同但主观评价不同的教材中进行自由选择；(4) 必须满足儿童对日益丰富的学习活动的需要以及他们各种认识能力发展的需求；(5) 必须启发、发动和鼓励儿童进行独创性和建设性的学习活动。

在儿童学习中体现自由选择的原则是与教学过程中采用的教学方法密切相关的。显然，教师用权力主义态度对待学生，就不能使他们像在游戏中那样自愿地、高高兴兴地投入教学活动并接受教师的影响。需要有一种能激起儿童兴趣的师生关系体系和一套能鼓励儿童自愿参加他们自己的教学活动的个别对待儿童的方法。

这种方法在很大程度上取决于教师本身的个性。教师仅仅熟悉他所教的学科，知道不同年龄儿童的教育和心理发展的法则，这些已经是不够用的了。现在需要这样一种教师，他能够自己观察学生，用娜·康·克鲁普斯卡娅的话来说，就是能从学生的外表看到他的内心世界。教师能够以平等的态度与孩子们一起做游戏并指导他们，能把教育变成一门艺术。他对每一个孩子的能力抱有乐观态度，使每一个孩子具有信心，把孩子看成小大人并认真地对待他们。最后，他必须热爱孩子，并且相信他所依据的教育学。然而，一个称职的教师最重要的标志就是：孩子们真诚地热爱他。

摘自：杜殿坤，朱佩荣主编．苏联关于教育思想的论争．北京：教育科学出版社，1988．61～69

思想评介

阿莫纳什维利及其“合作教育学”思想

阿莫纳什维利的教育思想十分丰富，涉及到教育系统的诸多方面。就其思想发展的线索看，主要有两个阶段：一是从20世纪60年代到80年代前期，探讨的主要是以实质性教学评价（取消分数的教学改革）为突破口的学校教学改革问题；二是80年代中期以来，倡导和探讨合作教育学理论。其中，实质性教育评价的研究，是合作教育学思想的重要实践源泉。因而，下面对阿莫纳什维利教育思想的评述，主要围绕这两个问题而展开。

一、实质性教学评价的理论与实践

取消分数，代之以实质性评价，这是阿莫纳什维利教学改革的突破口。这一探索，源于他对分数性质的认识。他认为，分数在传统教学中具有举足轻重的地位，同时具有很大的危害性。具体说，他把分数的弊端概括为七点：(1) 分数是分等的工具，不利于形成和发展学生完美的个性；(2) 分数不产生矫正和反馈，不利于学生完善和巩固知识、技能与技巧；(3) 分数导致偶像崇拜，不利于培养学生的认知兴趣；(4) 分数产生依赖心理，不利于形成学生独立的判断能力的自我评价能力；(5) 分数造成过分的焦虑与压力，不利于学生的心理健康；(6) 分数产生不良习惯，不利于培养和发展学生的道德品质；(7) 分数引起师生之间的对立与冲突，不利于师生关系的和谐。基于这种认识，他强调学校应取消分数，并在自己的实验学校开展了没有分数的教学实践探索。

关于阿莫纳什维利取消分数的主张，学术界存有争议。赞同者有之，反对者亦有之。我们体会，阿莫纳什维利取消分数的要求，不是泛泛而论，而是针对当时苏联传统教学体系的状况来说的。他认为，传统教学体系（其实指的是凯洛夫教学体系）的本质特征是强制性，而分数是实现教学强制的重要工具，在这一过程中，分数脱离开教学过程而获得独立的社会意义，从而产生各种消极有害的影响。那些脱离了教育联系的分数，应该在学校中消亡。这是阿莫纳什维利取消分数的真正意向。

取消脱离了教育联系的分数，并不意味着取消评价。在阿莫纳什维利看来，取消分数恰恰是加强教学评价的一种措施，因为在传统教学体系中，分数等同于评价，实质上是从整个教学活动结构中排除了评价这一因素。他认为，评价并不等同于分数，评价是学习活动的一个组成部分。学生长期的、循序渐进的学习过程是由一个个具体的、个别的行动构成的，评价是学习——认识活动整体结构的必要成分，只有那种评价活动贯穿学习过程始终的学习——认识活动才是完整的。阿莫纳什维利强调，为了完善教学活动的结构，必须取消形式化的分数而进行实质性评价。

实质性评价就是把学生的学习——认识活动的进程或结果与拟定的学习任务所要达到的目标的相对比的过程，它是贯穿学习——认识过程始终的旨在促进和加强学习活动的评价形式。通过教学改革实验研究，阿莫纳什维利发展了实质性评价的三种基本方式：教师评价、学生集体评价、学生个体评价。其中，教师评价一方面是以肯定和鼓励的态度对学生的学习进行校正与激励，另一方面是帮助学生潜移默化地吸取和接受一定的评价标准，掌握一些评价活动的形式与方法，即让学生学会评价。学生集体评价是从教师评价转向学生个体独立评价的中介，重点是形成集体标准与集体舆论，集体评价的基本精神是对儿童有积极作用的批评与自我批评的态度。学生个体的独立评价是一种内在性评价，即学生运用一定标准监控并调节自己的学习活动的过程，是发展学生评价能力的重要途径。这三种评价方式同时存在、互相促进、协调配合，就构成了实质性评价的体系。

我们体会，实质性评价的创建，是现代教学评价发展历程中的重要成果，丰富了人们对教学评价的总体认识。第一，实质性评价突出了评价的教育本性。实质性评价关注的是教学评价的教育功能，力图强化和充分发挥教学评价对学生发展的促进作用。在教育发展的历史与现实中，教学评价的实际作用是多种多样的，有许多的评价活动不但不促进学生健康发展，反而阻碍和危害学生健康发展。实质性评价注意到了教学评价中存在的这种负面影响，并力图改变这种局面，以促进学生发展为出发点，把教学评价从发展的阻力转化为发展的动力，这是实质性评价的本质和灵魂。有了这一灵魂，实质性评价就超出了一般的评价技术改革的层次，凸显出来的是一种新的评价思想——人道主义教学评价观。实质性评价的首要贡献，正在于它突出教学评价的价值前提，倡导教学评价的教育情怀。第二，实质性评价重视学生的主体性发挥。实质性评价有教师评价、集体评价、学生个体评价等不同形式，而学生个体评价是最终落脚点。通过评价活动学会评价，尊重学生的意见和看法，乃至让学生自己形成内在的标准，这是实质性评价的突出特色。在这里，学生不是被动的评价对象，而是积极的评价主体。确立学生的评价主体地位，是教学评价真正成为学习过程的有机组成部分的必要前提，更是发展学生评价能力的必然要求，具有重要的理论与实践意义。第三，实质性评价是一种动态的形成性评价。实质性评价是一种学习活动的反馈和监控系统。实质性评价重视在动态的学习过程中始终进行即时的反馈、评估，它从学习目标着眼，把学习进展与预期标准随时加以比较，在比较的基础上对进一步的学习进行设计安排。简言之，它是一种全程的形成性评价。全程性和形成性，这是实质性评价能对学生发展起到有效促进作用的技术保障。第四，实质性评价是一种注重具体描述的定性评价。重视量化和标准化，是现代教学评价的重要特色。量化是比较的基础，把事物数量化，有利于选拔、管理的有效开展。但是，在教学活动中，评价的主要目的并不是选拔，而是促进学生发展。量化评价，尤其是简单给学生一个分数，是难以全面反映学生发展的状况的，也难以对学生发展产生有效的指导作用。实质性评价力图克服量化评价的局限性，努力在教学活动中加强具体描述的定性评价。它关注的是学生的行为、作品和表现，评价就是对这些信息的保存、记载与评论。它力图从各个侧面反映学生的身心变化，并给予积极的鼓励。这种评价方式难以在人与人之间进行对比，但能比较真实地描绘每个学生的特点与进步。实质性评价不适合大规模的选拔，但在学校教育教学过程中大有用武之地。

二、合作教育学思想及其评价

在20世纪80年代中后期，阿莫纳什维利结合当时苏联的社会大背景，总结了个人教育改革探索的经验，与其他一些革新教师一起创立了合作教育学理论。

（一）合作教育学的基本思想

合作教育学是一群长期从事教育改革探索的教育家的集体成果，主要倡导者有阿莫纳什维利、沃尔科夫、沙塔洛夫、伊利英、卡拉科夫斯基、雷先科娃、谢季宁等人。他们在1996年9月至1998年10月之间举行了四次会晤，发表了《合作的教育学》、《个性的民主化》、《更新的方法》和《到新学校去》四个报告。这些报告，阐述了他们关于学校乃至整个教育改革的基本主张，是合作教育学的基本文献。合作教育学的内容相当丰富，涉及到教育工作的方方面面。其中，人道主义思想、个性发展观和师生合作论是合作教育学最核心的内容。用他们自己的话说，合作教育学主张的是

“每一种教育活动，每一个解决问题的过程，每一种行为都应该被置于人道、合作和发展的可靠基础上”。[①]下面就从这三个方面对合作教育学做些具体介绍。

人道主义是合作教育学的旗帜。合作教育学反对教育中的权力主义和强制性，主张人道地对待儿童，明确宣称合作教育学是人道的教育学。阿莫纳什维利作为合作教育学的主要理论代表，对发展人道主义教育思想进行了积极探索。他提出了认识积极性对人道主义教学方针的内在依从性理论，认为：“认识积极性以及对探索、改造和发现的激情所具有的心理特点是它们与强制、绝对服从的势不两立性……只有在师生关系建立在人道原则基础上的教育过程，才是对学生的个性发展，同时也是对作为个性特点的认识积极性的发展最有效的教育过程”。[②]他说，“真正人道主义的教育学就是这样一种教育学，它能够使儿童自觉自愿地接受教育，能够激起他们接受教育、成为好学不倦的受教育者的渴望——使他们由不自觉到自觉地对待学习”。[③]基于这种认识，阿莫纳什维利和他的志同道合者都力主建立人道的教育关系、形成人道的教育氛围，甚至以人道精神为基础来设计整个教育世界。合作教育学的各种具体改革措施，如教学的自由选择原则、不给学生打坏分数、尊重学生人格尊严、进行鼓励性管理，等等，都是以人道主义教育思想为基础的，是人道主义教育思想的具体化。

在学校教育改革的众多因素中，合作教育学选择的突破口是师生关系，师生合作是合作教育学的最基本含义。阿莫纳什维利等人非常重视师生关系，认为师生之间的关系决定着学校的面貌。合作教育学的师生关系理论，由三部分组成：儿童观、教师观和师生合作论。

合作教育学认为儿童具有完整的个性，是潜藏主动性的精英。

① 阿莫纳什维利等．到学校去．外国教育资料．1989（1）．37

② 阿莫纳什维利著，朱佩荣译．学校没有分数行吗?．北京：教育科学出版社，1986．18

③ 阿莫纳什维利．论快乐，生气勃勃的教育学．外国教育资料．1986（6）．29

学生来到学校，并不是单纯以教育对象的身份存在，而是一个活生生的人。“每个学生来到学校的时候，除了怀有获得知识的愿望外，还带来了他自己的情感和感受的世界”①。他们认为儿童就是儿童，儿童是自己现实生活中种种需要的俘虏，“教育过程必须环绕着儿童的种种需要和对全部生活的渴望来进行”②。他们还认为，儿童具有内在的学习积极性，有着克服困难的天性，是富有主动性的精英。儿童的懒惰，只是他的主动性被束缚住了，而束缚的力量正是强制性教学和教师的权力主义倾向。儿童不仅具有主动性，而且有着闪亮的内心世界，在那里，“潜藏着我们国家所极端需要的人的力量，还潜藏着有待得到发展的才能，潜藏着善良的力量，潜藏着使所有的人和自己都生活得幸福的愿望”③。可以说，合作教育学的儿童观，是典型的人道主义儿童观，它关注儿童的个性，尊重儿童的需要，坚持儿童天性本善和富有潜能的基本立场。

在教师问题上，合作教育学也提出了独特的见解。他们认为，教师不仅是教育者，而且是有丰富内心世界的个人。教师和儿童一样，有自己的个性，“教师除了教学工作之外，还有自己的情感和感受的世界，在教师与儿童的这两个世界之间没有本质上的差别”④。教师的整个内心世界都参与着教学活动，是教育创造的真正力量源泉。对此，阿莫纳什维利说得很透彻：“只有在教师的能力和情绪跟学生的能力、力量和情绪相接触的最高境界上，才能产生一种真正的、欢乐的、引人入胜的教育学，师生之间才能有真正的精神上的相互沟通”⑤。正是基于对教师个性的教育作用的肯定，合作教育学非常重视教师在学校改革中的影响，并提出了教师自我更新和解放的要求。教师的自我更新首先要求改造外部环境，强调应在学校形成人道化的工作氛围，实施民主化管理，形成保障教师

---

① 苏联关于教育思想的论争．北京：教育科学出版社，1988．17

② 苏联关于教育思想的论争．北京：教育科学出版社，1988．18

③ 阿莫纳什维利等．个性的民主化．外国教育资料．1988（1）．18

④ 苏联关于教育思想的论争．北京：教育科学出版社，1988．67

⑤ 阿莫纳什维利著，朱佩荣译．学校没有分数行吗?．北京：教育科学出版社，1986．64

们探索和创新的机制。在外部条件得到改善的前提下，教师更应加强内部更新，即个性的更新。只有不断提高自己的水平，提升精神境界，教师才能名副其实地成为儿童个性发展的源头。阿莫纳什维利说："一个教师，如果他怀着凶狠的心肠，最好别走进学校去，以便不摧残儿童的心灵；如果没有明确的目的和教育的意图，最好别走进学校去，以便不把使儿童莫名其妙和不知所措的教育拉杂强加给他们；如果没有摆脱昨天的束缚，没有经过自我更新，最好别走进学校去，以便避免类同和给儿童带来烦闷"①，这对教师无疑是一种很高的要求。教师为了实现自我更新，必须摒弃陈旧的教育教条，对各种教育观念和习惯经常进行理性审查，学习教育理论新成果，同时也要学习教育创造的工艺，努力成为学者型教师。

以对儿童和教师的新认识为基础，合作教育学提出了师生关系改革的基本主张：师生合作。师生合作关系是对传统教学中严重的师生对立现象的反抗，是对权力主义的反抗！革新教师们发现，传统教学体系中师生关系具有权力主义的性质，这是导致整个学校、整个教育系统矛盾和冲突的根源，只有从根本上改变师生关系上的权力主义性质，才能使学校面貌和教学性质发生根本变化。这样，师生关系的改革，就具有牵一发而动全身的意义。在教育实践中，革新教师们通过各自独立的探索找到了师生关系改革的共同方向——师生合作。师生合作是一种新型的师生关系，它强调师生是教育过程的共同创造者，是志同道合的战友，是平等的教育伙伴。在师生合作关系中，师生并不是单纯的教育者和教育对象，而是一个个富有个性的人，他们发挥着各自的个性力量，积极进行个性交往活动；师生保持着人格上的平等，大家享有相互尊重的权利；师生是教育活动的共同主人，教育活动则是大家共同的事业，大家一起探索、创造和发现，结成团结互助的伙伴关系。简单地说，师生合作就是师生力量协同发挥，师生共同对教育事业负责，师生平等互助。

如果说师生合作是合作教育学的突破口，那么，个性发展则是合作教育学的归宿。在合作教育学中，合作只是手段，个性发展才

① 阿莫纳什维利．一个学日的总谱．外国教育资料．1987（4）．34

是目的。用革新教师们自己的话说，就是追求个性民主化。在第二个会晤报告《个性的民主化》中，他们集中阐述了合作教育学追求个性发展的价值指向。报告说，“个性的自由发展是我们的目标”，“合作的教育学应该成为个性发展的教育学”，即“使每一个个性民主化，使儿童的内心世界民主化，使儿童与人们之间的关系和他们自己之间的关系民主化”①。关于个性民主化，合作教育学从个性的内容与个性的品质两个方面进行了具体探讨。为了促进个性民主化，必须在道德视野、文化修养和文化见识、职业见识、政治见识和世界观等各方面给予学生有效的教育。同时，要努力发展学生的个性品质，如：责任心、自由感、主动性、自尊心、自我调节、创造才能、独特性等。教学、集体生活与自由活动是个性民主化的基本途径。简言之，个性民主化是个性内容与个性品质发展的有机统一，是个人潜能和精神力量的全面、充分发展。这是合作教育学的内在追求，是现代社会发展的客观需要。

总结上面的内容，我们认为，合作教育学乃是以人道主义为思想基础、以师生合作为突破口、以个性发展为归宿的教育流派。

（二）对合作教育学的评价

对合作教育学的评价，国内外都存在着褒贬不一的意见。在前苏联，合作教育学的兴起，曾引起一场教育思想的大论战。论战的一方是合作教育学的倡导者（即阿莫纳什维利等人）和支持者，以《教师报》为核心阵地；另一方是合作教育学的反对者，如苏联教科院的部分院士，以《苏维埃教育学》和《国民教育》为主要阵地。合作教育学的支持者对它大加称赞，而反对者认为合作教育学不是什么新东西。在我国，合作教育学介绍进来后，曾经反应十分热烈，在1987年至1989年夏天之间，着实掀起了一场合作教育学热。有的地方还开展了合作教育学的实验研究。1989年夏天以后，由于种种原因，合作教育学在国内降温，甚至成为禁忌。从总体上看，国内对合作教育学持赞同意见者多，反对的文章甚少。综合国内外的有关资料，对合作教育学的评价，主要涉及到五个有争议的

---

① 阿莫纳什维利等．个性的民主化．外国教育资料．1988（1）．18～19

问题。这五个问题分别是：合作教育学是由谁创立的？合作教育学是否是自由教育的翻版？合作教育学与传统教育学的关系是怎样的？合作教育学学术性强还是政治性强？合作教育学有无建树？要全面评价合作教育学，就应对这些问题进行分析。

关于合作教育学的创立者是谁，有三种意见：第一种意见认为合作教育学的创立者是在《合作的教育学》一文上署名的革新教师。第二种意见认为合作教育学主要是《教师报》的记者索洛伊奇克、马特维耶夫对参与会晤的实验教师的思想的总结。第三种意见是合作教育学自家的观点，认为参与会晤的实验教师是创立合作教育学的主要人物，同时也广泛反映了优秀教育理论家和实践家的先进思想。从我们所接触的资料看，第三种看法比较准确。参与会晤的实验教师（革新教师）的理论与实践探索是合作教育学的主要源泉，而阿莫纳什维利在创立合作教育学的理论体系中作出的贡献最大，《教师报》的记者对合作教育学起了催生的作用，同时也反映了其他一些教育家的思想，如伊凡诺夫的集体创造性教育思想。因此，合作教育学是一种集体创造。

合作教育学与自由教育的关系，涉及到合作教育学的思想源流问题。苏联20年代的教育探索，是合作教育学重要的思想库。阿莫纳什维利等人高度重视布隆斯基、沙茨基、维果斯基、马卡连柯等人的思想，在合作教育学中给予了大力发挥。于是，有人便指责合作教育学是20年代苏联自由教育思想的翻版。应该说，合作教育学和20年代的“儿童学”、设计教学法等有一定相似之处，如重视儿童的积极性和自主性。但是，合作教育学也划清了自己和自由教育的界限，比如，阿莫纳什维利就明确指出：“在教育的战略上，不是采取人道的态度，就是采取专制的态度，在这两者之间是没有折衷余地的。至于所谓的自由教育，那么，它除了使儿童完全成为自己一时的活动与需要的俘虏之外，再也没有别的了”①。应该说，合作教育学并不是自由教育的翻版。

① 阿莫纳什纳利著，朱佩荣译．学校没有分数行吗?．北京：教育科学出版社，1986．19

合作教育学与传统教育学的关系，是有关合作教育学评价的重要方面。对此，有不同的见解。一种看法是：合作教育学与传统教育学是对立的关系，合作教育学是与原有的教育学截然不同的新教育学。合作教育学的倡导者基本持此论调。另一种看法是：合作教育学并不是一门新的教育学，而是对苏维埃教育学的丰富，二者具有原则上的一致性。这是八院士在《科学与实践的联盟》一文中提出的观点。还有一种看法是：合作教育学完全背离了苏维埃教育学的原则，是对苏维埃教育学的反动。其实，这里首先涉及到传统教育学指什么的问题。对传统教育学，有两种不同的理解：一种是指合作教育学之外的苏联所有教育思想，即苏维埃教育学；另一种是指从凯洛夫到巴班斯基的学院式的正统教育理论，即官方教育学。应该说，合作教育学继承了苏联教育学中人道主义教育思想的遗产（如马卡连柯、苏霍姆林斯基、赞科夫的教育思想）并有所发展，因而并不与所有苏联原有的教育理论相对立。合作教育学责难、反对的是正统教育学，即以凯洛夫为代表的教育学。在表面上看，合作教育学把正统教育学视为水火不相容的敌人，二者是完全对立的；在实质关系上，二者其实并非完全对立，合作教育学在批判的同时也有所继承。合作教育学反对的主要是正统教育学中存在的忽视儿童、师生关系不平等、管理僵化和教学片面化等弊病。对于正统教育学在具体教学模式、方法、技术上的优点，在合作教育学中是有所体现的。我们体会，合作教育学反对的主要是正统教育学的基本精神即“科学主义”倾向，而对正统教育学的具体内容则是有选择地利用和发展。

合作教育学是在前苏联社会变革的特殊时期产生的，因而，就有人提出了合作教育学究竟是学术主张还是政治主张的问题。应该说，戈尔巴乔夫的改革新思维的提出，是合作教育学诞生的重要社会条件。合作教育学的一些核心词汇，如个性民主化、学校更新、革新教师等提法，带有鲜明的时代印迹。由合作教育学而引起的苏联教育思想的大论战，则是当时苏联教育变革的重要组成部分，并对苏联教育变革产生了内在的影响。从这些侧面看，合作教育学的确含有一定的政治成分。但是，合作教育学并不是新思维政治方案在教育领域的简单运用，它本质上还是一种学术探讨。它萌芽在60年代，是众多教育实践经验的总结，有自身的学术脉络和传承历程。合作教育学所指出的问题，是苏联教育实践中客观存在并迫切需要解决的问题，合作教育学所提供的方案，是一套有着内在的逻辑联系和理论依据的方案。因此，我们认为，合作教育学的基调是学术的，尽管在言词上和宣传策略上带有政治色彩。

最后，关于合作教育学有无成就的问题，学术界存在明显分歧。主要有三种观点：全盘肯定论、基本否定论和一分为二论。对此，我们的基本认识是：合作教育学是一种有重大突破、有较大影响同时也还需要完善的教育学理论，大致属于一分为二论。在实践上，合作教育学努力强化学校教育的内在吸引力、建立新型的师生合作关系、启发学生的主体精神，这是有积极意义的教育创新之举。在理论上，合作教育学提出了有特色的师生关系说、教学动力论和个性发展观，对教育理论发展具有独特的价值。合作教育学以其人道主义思想为基础，全面探索了教育人道化的实践模式，使教育人道主义理想有了有效的现实操作，并在一定程度上实现了科学主义与人本主义的结合，其影响是巨大而深远的。另一方面，合作教育学在理论上和实践上都还有不完善之处，需要进一步发展。比如，合作教育学的理论，主要是以会晤报告形式提出的，论证的严密性和逻辑性需要提高。合作教育学的实践方法，对教师的教育艺术要求较高，如何才能真正为广大一般教师所掌握，仍是一个问题。

应该说，合作教育学并不是阿莫纳什维利个人的思想，但阿莫纳什维利的确是合作教育学的主要代表。而且，就他个人的学术经历来说，合作教育学是他自80年代中期以后在一种更综合的层次上个人思想的新发展。比如，他对教育人道化的认识，他在师生关系上的探索，他对教学活动的改造，都在合作教育学中得到了新的提升和综合。因此，通过对合作教育学的述评，自然也能窥见阿莫纳什维利思想的光彩！

（王本陆　王永红）

鲍尔斯、金蒂斯

（Samuel Bowles、
Herbert Gintis）

■ 生平简介

■ 名篇选读

美国：经济生活与教育改革

■ 思想评介

鲍尔斯、金蒂斯及其
新马克思主义教育思想

生平简介

鲍尔斯（Samuel Bowles）、金蒂斯（Herbert Gintis）是两位著名的美国教育学者。他们从1968年开始，在福特基金会的支持下，历时7年，进行了他们自称的运用马克思主义观点和方法对美国学校教育历史发展的考察，试图从历次教育变革中去寻找变革的动力和各种改革畏缩不前的原因。他们的代表作《美国：经济生活与教育改革》（原名《资本主义美国的学校教育：教育改革与经济生活的矛盾》）便是他们考察后的产物。《美国：经济生活与教育改革》于1876年出版，被认为是“为考察一切发达资本主义国家的教育提供了框架”的“最著名的新马克思主义”的代表作。

名篇选读

美国：经济生活与教育改革

向贫困开战的令人失望的成果，以及在比较广泛意义上说，美国长期存在的贫困和不公正，已经使自由派社会政策名誉扫地。在向贫困开战方面，教育改革的记录本上也不乏灾祸。兰德公司的一项重要研究，评价了各种教育工作的效验，指出：“……实际上，对全国各种补偿教育计划进行的大规模调查，已经毫无例外的表明了，按平均数计算，没有取得任何有益的成果”。联邦教育局教育机会调查处的研究（科尔曼报告）的广为流传，并没有对学校改革者日益低落的乐观主义情绪起到任何激励的作用。科尔曼在1966年对4 000多所学校的600 000个学生的大规模研究是由1964年的公民权法案授权进行的；显然这项研究的目的是为纠正教育不平等的经费重新分配政策提供统计学的支持。但是尽管科尔曼和他的合作者确实验明了学校的某些方面（如教师质量）的积极作用，但大量证据似乎指出，教育资源和教师质量实际上并不是教育成果的决定因素。60 年代后期经济学家的研究揭示了，黑人的学校教育与经济成功之间，存在着一种意想不到的微妙关系。70 年代初期，各种社会科学舆论都乐于接受由詹克斯（Jencks）等人在他们广为宣传的研究著作《论不平等》中提出的观点：一个比较平等的学校系统，对收入或机会的比较平等的分配不会起到多大的作用。（第 8 页）

我们共同开展的这项研究工作是从 1968 年开始的。那时，我们积极地参加了校园政治运动。由于看到了教育改革的大量矛盾，所以我们感到有责任对教育在经济生活中的作用进行全面的再思考。由于一开始我们就运用社会科学所提供的理论的、经验的和历史的所有证据来解决把教育作为进步主义社会改革有力工具的问题，因此，我们十分希望这种分析的结果会获得崭新的，甚至彻底的形式。而且，我们为了完成这项任务，还把一种预先设定的理想作为贯穿始终的东西：能够促进经济平等和人的积极发展的学校理想。此外，我们对一切事情都表示怀疑；我们认为，产生所谓好的教育制度所必需的社会变革，尽管是非常可行的，但却是十分深远的。（第 10 ~ 11 页）

这项研究的某些统计结果（将在后面几章里进行详细介绍），昭示了各种改革尝试畏缩不前的原因。第一，自由派为实现经济平等而采取的策略是建立在对教育系统的历史演变的根本误解的基础之上。……第二，各种尝试的失败和教育对经济平等的微弱作用，都不能归结为个人在智商或其他可测的认知能力上的不均衡，不管这种不均衡是出于遗传上的原因还是环境的原因。（第 11 ~ 12 页）

我们怎样才能更深刻地认识教育与资本主义经济之间明显而又重要的相互关系呢？任何恰当的解释都必须从学校培养劳动者这样一个事实出发。传统理论却通过把劳动者看作机器来说明受过教育的劳动者不断增长的价值。根据这个观点，劳动者具有某种专门规格（技能和动机模式），而这种规格在某种生产环境中将决定劳动者的经济生产率。生产素质（productive traits）是通过学校教育得

到培养的。(第13~14页)

在我们看来，资本主义生产不只是一个技术过程；它也是一个社会过程。劳动者既不是机器，也不是商品，而是为了满足自己个人的和社会的需要而参与生产过程的能动的人。雇主的核心问题是要建立一整套企业内的和整个社会的（如果可能的话）社会关系和组织形式，这些社会关系和组织形式将把满足劳动者个人和社会需要的目标纳入剩余价值的生产和剥夺的轨道。因此，作为一个社会过程，资本主义生产具有内在的对抗性，并始终存在着爆炸的可能性。虽然阶级的冲突会以许多形式表现出来，但最基本的冲突则发生在创造和剥夺剩余价值的斗争中。(第14~15页)

美国教育在创造和剥夺剩余价值及利润的社会过程中发挥了双重作用：一方面，通过传递技术的和社会的技能以及适当的动机，教育提高了劳动者的生产能力；另一方面，教育有助于使可能爆炸的生产过程的阶级关系变得没有爆炸性和非政治化，因而有助于使这种社会的、政治的和经济的条件得以永存，在这些条件下，部分的劳动产品就以利润的形式被剥夺了。(第15页)

这种简明的模式反映了美国经济生活不民主和以阶级为基础的特征。它具有一些重要的含义。这将在后面加以详细阐述并以实例说明。

第一，我们发现，经济不平等的普遍程度和个人发展的各种形式首先是由界定资本主义体制的市场关系、财产关系和权力关系决定的。而且，不平等程度和社会制约的个人发展形式上的基本变化几乎全部发生在资本积累和经济增长的常态过程中，发生在参与经济活动的各集团间权力的转换中，即使有时是间接地发生。

第二，教育系统并不增加或减少不平等和压抑性的个人发展的总体程度。相反，最好把教育系统理解为一个把青年人顺利地统合到劳动力大军中去，从而使经济生活的各种社会关系得以永恒化的机构；通过这些经济生活的社会关系，教育的组织形式才得以确立起来。这种作用通过各种形式表现出来。学校通过明显的英才教育方式促进了不平等的合法化；通过英才教育方式奖励和选拔学生，并把学生分配到职业等级制的不同职位上去。学校在学生中塑造和强化各种形式的社会阶级、种族和性别身份，从而使学生能够与生产过程的权力与地位等级制中的最后所处职位“恰当的”联系起来。学校将促进与经济领域的支配与服从关系相一致的各种形式的个人发展；最后，学校培养出足以供雇主挑选的剩余熟练劳动力，从而为雇主在训导劳动者方面提供有效的基本武器——雇用和解雇的权力。

第三，教育系统与其说按照教师和行政管理人员在日常活动中的自觉意图来运转，不如说是通过影响劳动场所个人关系的社会关系与教育系统的社会关系之间的紧密对应来运行的。尤其要提到的是，行政管理人员与教师、教师与学生、学生与学生以及学生与其学业之间的权力关系和控制关系，复现了支配了劳动场所的劳动等级制分工。权力是按照从行政管理人员、教员到学生的职权垂线而形成的；学生对自己学习的课程有某种程度的控制，这与劳动者对自己的工作有某种程度的控制相类似。学校的动机激发系统由于是由等第和其他外部奖励，以及不及格的威胁所组成，而不是由教育（学习）过程或其明确成果（知识）的内在社会利益所组成，所以它密切地反映了工资和失业的幽灵在激发劳动者动机中的作用。职业分割的特征也反映在学生间业已制度化和消极的竞争中，反映在学术知识的专门化和分割化中。最后，教育中的支配与服从关系依水平不同而区分开来。中学的规则定向反映了对低层劳动者的严密监督；尖子学院的规范内化和免去连续监督反映了较高层次的白领工作的社会关系。处于以上两者之间的大多数州立大学和社区学院则适应低层技术人员、公务人员和管理人员所必需的行为要求。

第四，尽管学校系统已经为获取利润和政治稳定提供了有效的服务，但它还不是掌握在社会统治集团手中最好的调谐工具。学校和学院确实有助于不平等的合法化，但它们也是在一些家长、教师和学生中发展高度政治化的平等主义意识的场所。权力主义的课堂确实培养了驯顺的劳动者，但也培养了与社会格格不入的人和反叛者。大学用统治技能来训练英才，但它也孕育了强有力的激进运动和对资本主义社会的批判者。美国教育的矛盾性质在某种程度上是由这样一种情况造成的：利润的绝对需要往往使学校系统处于相互对立的方向之中。培养有效劳动者必需的种种训练，往往是与促进有利可图的雇佣劳动的那些观念和制度永不相适应的。而且，学校系统以外的各种矛盾力量不断冲击着学校系统的工作。学生、劳动人民、家长以及其他人都试图利用教育来达到分享社会财富中的更大份额的目标，来发展真正重要的能力，来获得物质的保障。一句话，用教育来追求与资本目标不同的（往往是截然相反的）目标。美国的教育就像美国的社会一样，充满矛盾，错综复杂；任何一种过分简单化的或机械的理论都不能帮助我们来理解它。

最后，教育的组织形式（尤其是学校结构与职业结构之间的对应）在美国历史上不同时期采取了不同的和特殊的形式。它的发展反映了与资本积累过程、雇佣劳动制的推广和从中间商经济向公司经济过渡的有关政治斗争和经济斗争。（第15~17页）

在大多数自由派教育改革者看来，教育系统必然至少履行三个职能。第一个职能也是最重要的职能，是学校必须有助于把青年人统合到发展着的经济和稳定的政体所需要的各种职业的、政治的、家庭的以及其他成人角色中去。约翰·杜威在《民主主义与教育》中说："教育是生活的社会延续的手段。"（这可能是自由派教育理论的最重要的阐述）我们把这个过程称作教育的"统合"职能。

第二个职能是，尽管大多数自由派理论家认为在经济特区和社会地位方面的巨大不平等不可避免，但给予每个人公开竞争这些特权的机会却是有效的如意的……

最后一个职能是，认为教育在促进个人心理的和道德的发展方面是一个重要的工具。个人的完善主要依赖于我们身体的、认知的、情绪的、审美的以及其他方面潜能发展的程度、方向和活力。如果教育系统由于把个人发展当作目的本身而没有讲到这些潜能的发展，那么，它的工作也就完全失败了。（第28~29页）

教育史的考察很难支持自由派教育理论的乐观见解。根据一个不平等的和急剧变革着的经济秩序需要实行社会控制的思想，就很容易理解教育的政治属性。（第38页）

我们断定，美国教育是高度不平等的，接受学校教育多少的可能性实质上取决于一个人的种族背景和父母的经济水平。而且，即使存在着实现较平等的教育制度的某种明显趋向（比如缩小黑人教育的不足）的话，它对经济机会结构的影响充其量也是很小的。正如我们现在可以看到的，作为人的圆满发展促进者的美国学校系统的成绩并不令人鼓舞。（第 52 ~ 53 页）

教育改革实际成败的记录，并非用以承认还是否定自由派的观点，但它将必然成为认真探讨教育改革是否可能有助于社会改善的出发点。正如我们所证明的，这种记录并不令人鼓舞。首先，尽管有整整三代进步主义教育家的齐心努力，尽管他们的语汇在美国已得到广泛的吸收，但总的来说，学校仍然与个人发展的需要相敌对。其次，美国教育的历史并没有证实以下观点：学校已经成为经济地位或机会平等化的工具。它们今天还不是这样。教育机会均等化的具体方案层出不穷，但对于美国教育结构所产生的影响却是非常小的，对于美国经济的收入结构和机会结构的影响甚至更小。显然，美国教育对于经济地位和机会的分配所产生的影响实在太微弱了，以致不可能实现其允诺充当“伟大的平等化机器”的使命。学校教育在促进美国少数民族充分参与方面仍是一个贫弱的工具——事实上，相当引人注目的是，这方面花钱很多的各种试验计划似乎都没有取得成功。

教育系统——通过它的社会关系与经济生活社会关系的对应——服务于经济不平等的再生和人的发展的扭曲。因此，在公司资本主义条件下，自由派教育改单的目标是自相矛盾的：正是因为教育系统作为一种异化的和分层的劳动力的生产者而发挥作用，所以它形成了压制性的和不平等的结构。在美国教育史上，正是统合的职能，支配了学校教育的目的，因而有损于自由派其他目标的实现。

从更加基本的方面看，自由派教育改革目标的矛盾性，可能直接导致硬加在教育身上的既有利于获取利润又有利于加强稳定的双重角色，亦即，提高劳动者的生产能力，有助于将劳动成果转化为资本家利润的社会条件、政治条件和经济条件得以永恒化。正是资本家阶级的这些压倒一切的目标——而不是自由派改革者的理想——才构成了美国教育的现实，并且不可能为学校促进平等或人的圆满发展的事业留下什么余地。当教育被看作资本主义劳动分工再生的一个方面时，美国学校改革的历史似乎就不是一部明智而又不幸失败的改良史话，而是资产阶级本身发展过程的一个组成部分。

我们不能排除如下这种可能性：未来向着教育机会均等的、富有戏剧性的、前所未有的转折，也许会作为一种争取平等化的力量而发挥作用。我们也不能排除如下可能性：大课堂和免费学校也许会对人的更加自由的发展过程做出巨大贡献。实际上，我们已积极地支持过作为社会和经济改革一般策略的那部分改革，但是把教育与其他社会力量割裂开来考察教育的变革，完全是过于假设性的了。美国教育的结构并不是在真空中演变发展的；如果能够把其他事物看成是永恒不变的，那么教育结构才不会产生什么变化。教育已经历史地成为将个人定位于各种经济职位的一种手段。各种经济职位本身的不平等是劳动的等级制分工所固有的，不同经济部门的垄断力量，不同职业集团限制供应或增加自己工作的货币报偿的权力是有差异的。因此，教育结果的平等化，而不是减少不平等，很可能会直接把个人定位于各种经济职位的工作转向其他一些“机构”。同样，一个具有较少压制性的教育系统带来的只能是“职业的忧郁”，除非它能够对劳动的性质以及对生产的控制产生某种影响。

我们说了这许多，至少可以肯定以下几点：压制性、个人的无能为力、收入的不平等以及机会的不均等，都不是历史地起源于教育系统，也不是由今天不平等的、压制性的学校所产生。压制性和不平等的根子在资本主义经济结构和功能之中。(第73～75页)

美国教育不能顺利地为促进平等和人的圆满发展做出贡献，看来与学校必须把新一代青年人统合进去的经济结构的性质密切相关。我们必须十分注意美国经济制度及其组织机构的性质，从而把教育改革牢牢地建立在一种现实可行的教育理论之上。轻而易举地或浮光掠影地对美国经济进行快镜拍摄是行不通的。我们不希望隐藏这样一个事实：我们对美国资本主义的分析会涉及经济理论中的一些疑难问题。的确，我们现在着手的经济学的大量分析，出现在一本教育的论著里，对于读者来说似乎可能是不相宜的。然而，我们相信，只有通过这样的研究，我们才能够了解美国教育系统的运转以及变革它的方法。(第 79 页)

资产阶级的权力和特权往往是继承下来的，但不是通过优良的基因。[试问戴维·洛克菲勒（David Rockefeller）能交出自己的资本以换取 30 多个智商分吗！] 智商的差异，如果它们是通过遗传继承下来的，也不能解释经济和教育不平等的历史形式。收入和经济机会不均等之难以消除的原因不能归结到通过遗传继承的智商差异上。不能把“向贫困开战”的令人失望的结果推到穷人的基因上去。平等主义学校改革的失败反映了这样一个事实，即资本主义制度下的不平等不是由个人的缺陷，而是由生产和财产关系的结构造成的。(第 185 页)

在我们看来，要问美国教育的最终结果是促进平等还是不平等，是促进压制还是促进解放，是毫无意义的。这些问题面对下列重要事实便失去了它们的意义：教育系统是再生主要社会阶级结构方面的一个整合要素。教育系统自然有其自己的发展史，但是劳动的经验和阶级结构的性质，是形成教育价值、评价社会公正、形成人们的意识以及历史地改变教育活动的社会关系的基础。

简言之，回到书本一贯坚持的主题上来，教育系统把青年人统合到成年劳动角色中去的任务，抑制了它可能促进各种类型的个人发展，这种统合的职能是与实现其促进个人发展的职能相对立的。(第 187 页)

我们相信，教育系统通过教育的社会关系与生产的社会关系的结构性对应，有助于将青年人统合到经济系统中去。教育的社会关系结构，不仅使学生习惯于劳动场所的纪律，而且还确立了作为适合职业需要的重要因素的各种个人行为类型、自我显示方式、自我意向以及社会——阶级身份。尤其是教育的各种社会关系——管理人员与教师的关系、教师与学生的关系、学生与学生的关系、学生与他们的学习的关系——复制了劳动的等级分工，等级关系反映在从管理人员到教师再到学生的纵向权力路线上。异化劳动反映在学生对他或她的教育缺乏控制，反映在学生与课程内容的异化关系，反映在学校工作把等第和其他外部奖励，而不是把学生与学习过程或教育“生产过程”的成果（知识）相统一作为动机激发因素上。劳动的分割反映在学生通过接连不断的、表面的英才教育的等级划分和评价方面，反映在进行制度化的且常常是破坏性的竞争方面。通过使青年人与工厂的社会关系相协调，学校教育试图使个人需要的发展适应于工厂劳动的要求。

但是，学校教育与生产的社会关系的对应不限于这种总体水平上的对应。由于不同的教育层次为职业结构的不同层次提供劳动者，相应地，它就形成了与等级制劳动分工的各个层次相类似的内部组织。正如我们已发现的那样，企业等级制中的最低层次强调遵守规则，中等层次强调可靠性、不需要直接和连续监督的工作能力，而较高层次则重视企业规范的内化。同样，在教育上，较低层次（初级和高级中学）倾向于严格限制和指导学生的活动。在教育阶梯的稍高层次，师范学院和社区学院容许较为独立的活动和不那么全面的监督。在顶端，最优秀的四年制学院则强调与生产等级制中较高层次相适应的社会关系。因此，学校连续不断地保持着对学生的控制。当学生“掌握了”一种行为规则时，他们要么被允许朝上一级发展，要么被引导到产生等级制的相应层次上去。即使在一所学校里，按成绩分成的不同组的社会关系也倾向于符合不同的行为规范。因此，在中学，职业组（Vocational Track）和普通组（Ceneral Track）都强调遵守规则和严密的监督，而升学组（College Track）则倾向于一种强调规范内化的更为开放的气氛。

学校之间和学校内部和社会关系的这些差别，在某种程度上反映了学生的社会背景和他们未来可能的经济地位。因此，黑人和其他少数民族集中在这样一些学校里，这些学校的压制性、专横性、普遍混乱的内部秩序、强制的权力结构以及最低的发展可能性，反映了低级职业地位的特点。同样，以工人阶级为主的学校倾向于强调行为控制和服从规则，而富裕的郊区学校则采用相对开放的方式，这种学校赞成学生更多地参与，较少地受到直接监督，学生有更多的选择课程，以及一般说来赞成一种强调控制标准内化的价值体系。

出身于不同社会阶级的学生所进学校不同的这种社会化模式，不是偶尔产生的。相反，这种模式反映了这样一个事实，即管理人员、教师和家长的教育目标和期望（以及学生对各种教学和控制模式的反应）因不同社会阶级的学生而不同。在美国教育史的一些关键转折点上，学校教育的社会关系变化，是受阶级结构的更加和谐的再生所支配的。但是，在学校的日常工作中，由各自文化背景和劳动经验所造成的不同职业阶层的意识，对于保持我们所描述的对应性是关键性的。工人阶级家长似乎赞成更加严格的教育方法，这种情况反映了他们自己的劳动经验。他们的劳动经验证明，服从权力是一个人能否得到并保持稳定的、高工资工作的重要因素。从事专业工作的和不专为某一雇主工作的家长，喜欢比较开放的气氛，并更加强调动机控制，这种情况同样也是他们在劳动的社会分工中的地位的反映。社会地位较高的家长，一旦有了机会，比起社会地位较低的邻居，更有可能为自己的子女选择"大课堂"。

经费来源的不平等进一步强化了学校教育的社会关系方面的差别。少数民族和低收入的家庭子女缺少教育的经济资助，使得经济上拥有更多控制权的家庭可以把更多的资源用于其子女的教育方面；它还在工人阶级学校的教师和管理人员身上，强加了一种相当真切地反映工厂情况的社会关系。缺乏经济资助的学校对财政问题的思虑，妨碍了关系亲密的小班级的建立、多种选修课的开设和专业教师的聘用（除了训导人员以外）。这些学校不可能给予教师可供自由支配的时间和一种较为开放、灵活的教育环境所需要的可供自由支配的空间。富人子女所进的经费充裕的学校，能够为从事较高级工作的人取得良好工作成绩所需要的、持久独立的工作能力，和所有其他特征的发展，提供更多的机会。（第 195 ~ 198 页）

我们已经论证了，教育变革的动力是资本积累与再生资本主义秩序之间的矛盾性质。教育领域的冲突往往反映了经济领域中的、隐藏的、或公开的冲突。因此，有关教育改革过程的分析，必须考虑不断改变的、阶级冲突的舞台，和资产阶级调解阶级冲突、并使之转向的机制。这是不容易做到的。实际上，对问题的透彻的阐释必须要求——最低限度——对教育的官僚化和专业化，对主要的私人基金会和半公立机构的作用，对主要政府议策机关的构成，对教育经费和资源分配的重要过程，对家长和学生意见的影响，以及对教师联合会的作用进行深入的调查研究。在这些方面进行历史的和当代的研究是起码的。(第355页)

反对资产阶级支配教育改革过程的唯一切实的力量能够是——实际上今天就是——一个代表全体劳动人民的、能明确阐明具体教育改革方案和具有比资本主义更好的总的意识形态和纲领的政党。在本世纪的第二个10年里，只有社会党才间接地接近于作出这样一种实际的抉择。而且，一般来说，民众的力量除了混乱无序以外丝毫不能从资产阶级控制的教育改革策略中得到什么东西。(第359~360页)

教育改革与发展的推动力来自劳动人民日益觉醒的阶级意识和政治斗争精神。(第361页)

由于教育变革的贯彻最终不能离开企业精英阶层的财政支持，所以这些教育精英没有能力发动一场独立的和持久的总体改革运动。(第362页)

美国的社会主义究竟是什么样的呢？社会主义不是一个事件，而是一个过程。社会主义是一种经济民主和政治民主的制度，在这种制度中，个人有权利，也有义务通过直接地参与控制，来建构自己的劳动生活。我们这种社会主义观，无需以我们所有人都是利他者、无私者作为前提。相反，社会主义的社会和经济条件将促进个人能力的圆满发展。而这些能力则有利于形成合作、民主、平等和参与的人际关系，有利于文化的、情感的乃至肉体的满足。我们可以认为，美国未来的社会主义没有固定的形式，同时，它也不是能解决我们在本书中所讨论的所有问题的一种办法。社会主义可以直接解决许多社会问题，但在很多方面，它又不过是一个比较吉祥的舞台，在这个舞台上，人们为了个人及社会的发展进行着斗争。社会主义的形式将由实践活动而不是由抽象推理来决定。不过，我们可以指出，美国社会主义的某些合理方面，将与教育的改造有直接的联系。(第399页)

革命的教育必须接受革命的教育哲学的指导。在这一节里，我们试图指出这样一种哲学会是什么样子的。我们之所以这样做，是受几点考虑的促动。首先，教育的目标必须承认，经济生活中的各种社会关系与教育活动中的社会关系之间是对应的。劳动与个人发展不仅在资本主义社会，而且在任何可以想象的社会中，都是紧密相联的。其次，我们既想避免前一章中所描述的美国教育所隐藏的危险，又想领略当代平等主义和反权力主义对美国教育进行批判的热忱。因此，我们将发展一种辩证的人道主义思想。这种人道主义，主要是受马克思关于个人发展——通过个体与环境之间的辩证的相互作用来实现——的概念的启发。根据这一观点，教育制度的好坏优劣是根据其解决社会的再生需要与学生的自我实现需要之间的基本矛盾的方式，说得更严格些，是根据其对师生之间矛盾的必然反映来进行判断的。(第 405 页)

在美国，进行社会革命实际上是可能的。我们这种乐观主义见解的核心，在于人的需要——即人们所想要的东西——同资本主义进一步扩张与生产的紧迫需要之间存在着不断加宽的鸿沟。这种观点出现在一本强调意识与技能的再生是符合资本主义扩张需要的书中，看来是不适当的。资本家阶级的优势，不仅影响着工厂的结构，也影响到学校以及对人的发展过程极为重要的其他机构，这一点是有确凿证据的。那么，劳动者的需要为什么会与资本的需要背道而驰呢？我们只能给出一个概要的解答。

劳动过程既生产商品，又生产人。但人不同于商品，人决不可能完全按照资本家的规格生产出来。产品（包括人们已感受到的各种需要）不仅取决于用以开始进行生产的原材料，也取决于这些原材料所受到的“处理”状况。然而这两者，无论如何是资本家阶级所不能充分控制的。人将变成什么样子，他们将表现出来的意识，他们所感受到的需要，都将取决于人的遗传潜能，与正在不断变化发展的、个人所经历的、各种社会环境之间的、共同的相互作用关系。在这里，麻烦并不在于符合人的遗传素质特点的各种发展模式，表现出令人难忘的多样性；而关键在于人们将某些不以资本家阶级的意志为转移的东西，也带进了人的发展过程之中。

同样重要的是，使遗传潜能得以发展的社会经验本身，也不是仅仅由资本家阶级来决定的。这里解释一下马克思在另外的场合说过的一句话：资本家阶级可以生产人，但不能按照自己的意愿进行生产，而只能在从过去继承下来的各种条件下来进行生产。因此，说人生产了人自身同样也是正确的，正如劳动是生产过程中的一种积极力量，而决不是一种消极的商品一样，人在其自身的再生产过程中，在追求自身的目的并抵制其他人的图谋时，也是一种积极的力量。(第415~416页)

劳动人民已经感受到的各种需要，之所以与资本的需要背道而驰，还有其他的理由。其中最根本的一点，或许是这样一个目前已众所周知的事实，即资本家培养劳动力大军的各种目标，本质上可能是自相矛盾的。因此，在学校系统内，显然存在着这样的矛盾，即资本积累过程中进步的和以增长为目标的趋势，与资本主义生产的社会关系的保守的和惯性的趋势这两者之间的矛盾。提高劳动能力与发展生产力是一致的，但这一必须履行的责任，正如我们已经看到的那样，往往是与资本主义制度之延续所需要的社会、政治和经济条件的再生目标相抵触的。

当然，积累与再生之间的这种矛盾，是一种很普遍的矛盾，它不仅远远超出了学校系统的范围，还为进行更大范围的革命提供了可能性。(第417页)

然而，我们主张在美国开展一场革命性的社会主义运动。不管通向成功的征途布满多少荆棘，社会主义抉择都是唯一能使未来社会在公正、个人的解放和社会福利方面取得真正进步的抉择。(第422页)

社会主义运动的压倒一切的策略目标，是工人阶级意识的产生。在多数情况下，人们只把这一任务理解为使自己意识到自身所受的压迫。但这是远远不够的！对于自己深受压迫这一事实，大多数人都是非常了解的；所缺少的不过是推翻压迫的策略。只有当美国劳动人民的分裂意识，逐渐被一种共同的认识（即认为大家虽然在各自的需要、欲望以及社会特权方面存在巨大的实际差异，但大家都受到同一种压迫，都能从社会主义的抉择中获益）所取代时，他们才会产生社会会朝好的方向转变的信念。(第426页)

摘自：鲍尔斯，金蒂斯著，王佩雄译．美国：经济生活与教育改革．上海：上海教育出版社，1990

思想评介

鲍尔斯、金蒂斯及其新马克思主义教育思想

新马克思主义教育思想产生于60年代末，兴盛于70年代中期。由于它运用马克思主义的理论对资本主义社会进行了无情的批判，被西方称为“激进”思潮、“赤色”思潮。新马克思主义教育由于运用马克思主义的观点分析社会历史，使其思想具有一定的理论深度和批判性。但是它在理解和运用马克思主义时又对马克思主义做了一定的歪曲，最终形成的不是马克思主义教育思想，而是地道的资产阶级教育思想。在当代西方教育思潮中，新马克思主义教育思想的复杂也可说是屈指可数的，对它进行分析和理解，能够帮助我们区分真假马克思主义教育思想，进一步揭示资产阶级的教育理论的本质特征。这里所介绍和分析的新马克思主义教育思想主要是美国教育家鲍尔斯和金蒂斯的观点。

一、新马克思主义教育思想的产生

新马克思主义教育思想产生于60年代末70年代以奥尔萨塞、柯林斯、鲍尔斯（Samuel Bowles）、金蒂斯（Herbert Gintis）等人为代表的运用马克思主义的辩证法、阶级斗争等理论对资本主义社会及其教育进行分析的社会批判理论，通常被称为“新马克思主义派”、“激进主义派”或“冲突论”。新马克思主义教育思想的产生是与教育的发展，教育理论解释功能的丧失和马克思主义在西方的

传播分不开的。

(一) 教育变革的失败

鲍尔斯、金蒂斯和伊里奇及其他教育家一样都亲眼目睹了“向贫困开战”的令人激动的开局和令人失望的结局。面对失败，鲍尔斯和金蒂斯于1968年在福特基金会的支持下开始了历时7年的美国教育历史的考察，试图从历次教育变革中去寻找变革的动力和各种改革畏缩不前的原因。他们的代表作《美国：经济生活与教育改革》、《美国资本主义制度和教育》便是考察的产物。《美国：经济生活与教育改革》被认为是“为考察一切发达资本主义国家的教育提供了框架”的“最著名的新马克思主义”的代表作。

在历史考察中，鲍尔斯和金蒂斯认为：美国历史上的教育变革从根本上都是失败的。教育从来就不是实现经济平等的推动力。尽管教育对于个人的经济机遇来讲具有重要的作用，但多年来，教育成就的实际均等化并没有明显地导致个人收入的均等化。19世纪末20世纪初，人们像当年对待西部开发一样，对教育的开拓充满信心。然而近几年来，人们认识到学校已经越来越不可能实现机会均等和个人圆满发展的神话。美国梦已经破灭。在鲍尔斯和金蒂斯的分析中，我们可以看到，他们的理论的焦点是教育变革与机会均等、个人自由的关系，而不是教育与国民经济、社会总体发展的关系。同时，我们也可以意识到，他们的理论一反以往教育理论的乐观主义精神，而陷入一种悲观的批判中。这种悲观的批判的态度是资本主义社会及其教育在六七十年代处于缓慢发展状况的现实反映。

(二)“自由派教育理论”解释功能的丧失

鲍尔斯和金蒂斯在《美国：经济生活与教育改革》开篇不久就指出：“向贫困开战的令人失望的成果，以及在比较广泛的意义上说，美国长期存在的贫困和不公正，已经使自由派社会政策名誉扫地。”①

① 鲍尔斯，金蒂斯著，王佩雄译．美国·经济生活与教育改革．上海：上海教育出版社，1990．7

自由派教育理论主要包括两种教育理论，以杜威为代表的进步主义理论和以涂尔干、帕森斯为代表的功能主义理论。

杜威的进步主义理论主要阐述了教育与民主的关系，对教育促进民主持一种乐观态度。杜威认为教育有三个职能：第一是统合职能。即将青年人统合到发展着的经济和政体所需要的各种职业的、政治的、家庭的以及其他成人角色中去。第二是平等化职能。尽管在经济和社会方面存在着不平等，教育可以给予每个人公开竞争这些特权的机会。第三是发展职能。教育是促进个人发展的一个重要的工具。杜威坚信这三个职能是与社会生活相一致的。首先，他相信资本主义职业角色的选择标准是与教育中学生个人发展水平相一致的，即教育成就与经济地位是一致的。其次，他认为教育具有一种不受种族、阶级、性别等外在因素影响的独立性、纯粹性，可以为个人发展提供保障。

最近的一种自由派教育理论是功能主义理论。功能主义侧重于教育与技术之间的关系的研究，实际上是一种技术决定论。功能主义理论认为，社会变革和教育变革的动力是技术发展和社会一体化为目标的进步运动。学校是再生产劳动者所需要的技能的工具。学校与社会之间存在着一致性、和谐性。社会中技术尖端程度的提高能说明需要不断延长学校教育的年限，而教育的成就又将带来个人经济地位的变化，促进社会经济的增长。

无论是杜威的进步主义理论还是功能主义理论，都一致认为教育与社会平等、个人自由之间存在着正相关。进步主义认为教育本身具有实现机会平等、个人自由的能力，而功能主义则认为技术是一种客观、公正的东西，教育通过培养技能就可以使个人的教育成就具有经济性。然而，广泛的不平等、贫困以及个人的日益组织化、异化对这些理论给予了嘲讽。

同时，无论是进步主义理论还是功能主义理论都认为社会各要素之间，教育各因素、功能之间，教育与社会化之间是统一的、和谐的，社会变革和教育变革的动力就在于这种统一与和谐。然而，历次变革却说明：变革的动力就在于冲突，恰恰不在于和谐。

产生于经济迅速发展与繁荣时期的进步主义理论和功能主义理

论已经难以对缓慢时期不断激化的矛盾作出解释。

新马克思主义教育思想正是对这两种理论的否定的产物。对进步主义的否定，实际上是对资本主义的民主性和教育的民主和自由的否定，从而得出资本主义社会和教育的不平等性。对功能主义的否定，是对技术决定论和选优任能论的否定，从而对技术、知识、智力以及经济等产生一种极不信任感，把它们统统作为一种虚饰的东西从教育分析中剔除出去，保留下来的是一种意识形态的教育。

(三) 新马克思主义的传播

“新马克思主义”形成于本世纪20年代初。第一次世界大战刚刚结束，战争加剧了资本主义社会的各种矛盾。俄国抓住这一时机取得了十月革命的胜利，开辟了社会主义革命的新纪元。1918～1920年，芬兰、巴伐利亚、匈牙利、斯洛伐克和波兰相继建立了苏维埃政权。在十月革命的影响和推动下，欧洲其他国家（主要是西欧）一批接受了马克思主义的激进的知识分子，也满腔热情地投入到本国的工人革命运动中去，然而迎来的却是革命的失败。马克思所预测的欧洲资本主义国家的总体革命未能实现。20年代初，西欧资本主义的矛盾、斗争开始缓和，进入相对稳定的发展时期。西欧的一些马克思主义者开始对马克思主义与西欧革命现实的反差进行反思，力图重建马克思主义。卢卡奇的《历史和阶级意识》(1923)、科尔施的《马克思主义和哲学》以及葛兰西的《新秩序》和《狱中札记》等是新马克思主义的奠基之作。新马克思主义认为，欧洲革命运动失败的根本原因不在于经济即客观条件的不成熟，而在于主观条件，即无产阶级革命意识的不成熟。因此，新马克思主义者把强调决定论的马克思主义称为庸俗的马克思主义，将研究中心从客体转向主体，从经济领域转向意识形态领域。新马克思主义的核心概念是主体与客体的辩证关系和物化等。

30年代初，马克思的一些早期著作，如《1844年经济学哲学手稿》、《德意志意识形态》首次公诸于众，又在西方掀起了研究马克思主义的高潮，出现第二代新马克思主义者——以马克斯、霍克海默尔、特奥多尔、阿多尔诺、赫伯特、马尔库塞、埃里希、弗洛姆等人为代表的法兰克福学派。在法西斯主义猖獗时期，法兰克福学派的成员被迫侨居国外，开始在日内瓦和巴黎，然后又转移到美国，使得新马克思主义在欧美得以传播。第二次世界大战的胜利是无产阶级的胜利，也是马克思主义的胜利。在西方资本主义国家开始出现“新左派”运动。新马克思主义的影响在60年代达到顶峰。在美国，一些主要大学的课程表上几乎都有马克思主义、激进派历史、工会等课程。新马克思主义成为60年代欧美学生运动的理论旗帜。然而就是在这顶峰时期，在这种激烈的运动中，我们看到的是一种小资产阶级式的激进。这一时期的新马克思主义继承卢卡奇等人关于主体与客体的辩证关系的观点，并用异化理论对人的主体性进行了深入的分析。分析得到的结论是：(1) 发达工业社会是个单向度的社会。社会分为两部分：极权主义和消费主义。劳动阶级作为消费者完全依附于极权，失去了革命意识。(2) 人的主体意识的产物——科学技术已经异化成商品，变成了极权主义统治人的工具，成为一种虚假的、单面的意识形态，与人的欲望、爱情等意识形态形成对立。(3) 无产阶级革命的希望仅存在于人的欲望的觉醒中。

从分析的结论中，我们可以对新马克思主义的性质有一个基本的了解。新马克思主义从他们的异化理论（不是马克思的劳动异化）出发，认为异化是工业社会的永恒现象，不是私有制的产物，从而否定了消灭私有制的必要性，不仅反对资本主义制度，而且对社会主义制度也展开了批判。新马克思主义者对前苏联式的社会主义是持敌视态度的。由于以异化理论为核心，新马克思主义实质上是一种抽象的人道主义思想，并最后沦落为生物化的人性论（弗洛伊德马克思主义）。它对人的意识的产物——科学、技术和文化的积极作用的否定，是对人的主体性的最大的否定。将科学、技术和文化从人的意识中去掉，剩下的当然只是欲望等生物、生命意识。把异化作为一种永恒现象，同时又否定人运用科学、技术与文化的可能，否定人的主体性，从而也就否定了无产阶级革命的可能性。由此可见，新马克思主义与马克思主义是大相径庭的。

鲍尔斯、金蒂斯正是采用这种新马克思主义对教育进行分析和批判的。他们的基本观点是与新马克思主义一脉相承的，如教育是国家意识形态的工具，否定教育传递科学、技术和文化的作用等。

二、新马克思主义教育思想的基本观点及分析

(一) 社会变革的动力——冲突和意识

针对功能主义的技术决定论，新马克思主义指出：资本主义生产不只是一个技术过程，它也是一个社会过程。资本主义经济的推动力是雇主对利润的追逐，而利润的获得，不是通过提高劳动者的技术水平，而是尽可能使更多的工作常规化、组织化。也就是说，剩余价值的产生是以劳动者牺牲个人需要和能动性成为异化的组织人为前提的。但是，“劳动者既不是机器，也不是商品，而是为了满足自己个人和社会的需要而参与生产过程的能动的人。雇主的核心问题是要建立一整套企业内的和整个社会的（如果可能的话）社会关系和组织形式，这些社会关系和组织形式将把满足劳动者个人和社会需要的目标纳入剩余价值的生产和剥夺轨道。因此，作为一个社会过程，并始终存在着爆炸的可能性。虽然阶级的冲突会以许多形式表现出来，但最基本的冲突则发生在创造和剥夺剩余价值中。”①

既然资本主义经济的推动力是阶级冲突，那么社会变革的动力也在阶级冲突。这里，新马克思主义回答了一个问题，驳斥了技术决定论。问题：平等和人道的社会主义是否在技术上是可能实现的？回答：技术只能增加社会选择的手段以满足社会需要。要害的社会后果是社会选择原动力中不合理的权力关系的产物，而不是科学理性或因工业技术发展而产生的需要的产物。社会变革的动力在阶级冲突，这一点确定之后，还需深入一步，动力在哪一阶级，在哪些因素上？动力在劳动者，在劳动者个人需要的意识的觉醒，在于这种意识转变为一种政治意识。

新马克思主义对技术是生产和社会变革的动力的否定，实质上否定了生产力的决定作用。同时，它所强调的冲突看似马克思主义

---

① 鲍尔斯，金蒂斯著，王佩雄译．美国·经济生活与教育改革．上海：上海教育出版社，1990．14~15

的阶级斗争，而实际上则是劳动者个人需要与组织化的冲突，是主体与客体的异化，而不是马克思主义所说的资本主义制度下无产阶级与资产阶级在生产关系与分配关系上的冲突，更不是生产方式与生产力之间的冲突。因此，新马克思主义的冲突论只是一种抽象人道主义的社会批判理论，是对马克思主义的歪曲。

（二）社会变革的方向——“美国式的社会主义”

作为一种社会批判理论的新马克思主义思想的核心就是反对组织化、机构化。只要有官僚机构存在，就会有垄断，有异化。消灭私有制，并不一定就能消除垄断和异化。新马克思主义者对前苏联和东欧社会主义是持敌视态度的。他们认为，虽然苏联消灭了私有制，但苏联仍然是一个官僚的、专制的国家。“这些国家虽然废除了生产资料的私人占有制，但又重新确立了以资本主义所特有的经济控制关系，支配与服从关系。”① 因而，新马克思主义者鲍尔斯、金蒂斯提出要建立一种“美国式的社会主义”。这种社会主义的模式是：（1）由一个社会党领导；（2）经济民主制，即每一个人都享有经济上的民主和自由，享有经济参与权，享有劳动选择权；（3）代议制政府；（4）平等的、人道主义的社会主义；（5）人的天性不是利己主义的、地方主义的和竞争的。这种社会主义不是什么新东西，而是小资产阶级式的民主、自由、平等思想的大杂烩，是一种无政府主义的以个人私有为核心的，所谓资产阶级性质的平等和人道的社会主义。这种社会主义模式本身矛盾重重：经济民主制是一种私有制，而又企求人不是自私的、竞争的；经济民主，政治民主，个人参与却又出来一个社会党。矛盾、冲突决定了这种模式只能是小资产阶级书斋里的空想。

（三）教育是上层建筑

在资本主义生产中，雇主关心的核心问题是在企业和整个社会形成一套将个人需要纳入剩余价值产生过程的社会关系和组织形式。学校已是这样一种组织和机构。鲍尔斯和金蒂斯对教育的社会

---

① 鲍尔斯、金蒂斯著，王佩雄译．美国·经济生活与教育改革．上海：上海教育出版社，1990．398

作用作了如下说明："美国教育在创造和剥夺剩余价值即利润的社会过程中发展了双重作用：一方面，通过传递技术的和社会的技能以及适当的动机，教育提高了劳动者的生产能力；另一方面，教育有助于使可能爆炸的生产过程的阶级关系，变得没有爆炸性和非政治化，因而有助于使这种社会的、政治的和经济的条件得以永存……"① 关于教育传递技术、技能的作用，只是新马克思主义者言不由衷的说法。他们真正关心的是第二个方面。教育传授技术、技能是假，而灌输阶级意识是真。教育是再产生不平等的社会关系，维持统治阶级利益的诸种意识形态的国家机器（包括传播机构、宗教机构、工会等）的一种。教育如同军队、警察一样，是镇压机器，它是意识形态的镇压机器。同时，教育在再产生不平等时又具有隐蔽性。教育不再是通过语言和符号，而是通过教育中一整套体现不平等和阶级意识的社会关系和组织形式等道德实体去进行道德教育。而在表面上，它又通过技术、智商、文凭等似乎科学、合法的形式掩盖社会选择和不平等，使不平等合法化，让人们相信他们已经得到了走向成功的平等的机会。鲍尔斯和金蒂斯用大量事实揭露了技术、智商、文凭的虚伪性，证明在美国教育中根本不存在以智商为基础，以技术水平为标准的英才教育，智商、能力和技术水平的划分完全是以学生的归属特征（经济和阶级地位）为依据的。

新马克思主义教育把教育作为意识形态、上层建筑进行了比较深入的分析，揭露了教育作为国家及阶级意识统治机器的工具性，揭示了技术、智商、文凭的虚伪，并对教育赖以维持阶级意识的途径和实体（社会关系、组织形式）给予说明，对于人们理解资本主义教育的阶级性无疑具有重大的理论和实践意义。但是，我们又要看到新马克思主义对于教育与社会的关系的分析的片面性。它把教育完全看成是一种社会过程，而否定了教育几千年来传递知识与技能，促进社会进步的作用；它把教育完全归属于上层建筑，而否定

---

① 鲍尔斯，金蒂斯著，王佩雄译．美国·经济生活与教育改革．上海：上海教育出版社，1990．15

教育与生产力、经济生活之间的辩证关系；它把教育完全看成是国家意识形态的工具，而没有看到或充分认识教育作为意识形态的自主性——多年来美国教育中民主、自由、平等及个人主义思想的传递；它只看到技术、智商、文凭的虚伪，而无视它们在维持平等，合法中的积极作用；等等。一句话，新马克思主义教育把教育作为意识形态的工具从属性绝对化，夸大化，从而否定了教育自身的独立性，积极性。这是违背历史事实的。这样一来，新马克思主义者对教育变革只能持一种消极、悲观的态度。

（四）教育与社会的对应

教育不是一个独立机构，而是国家、统治阶级或者说劳动市场控制下的机构。因此，教育系统是由一整套与劳动市场相对应的社会关系和组织形式组成的。“教育系统与其说按照教师和行政管理人员在日常生活中的自觉意图来运转，不如说是通过影响劳动场所个人关系的社会关系，与教育系统的社会关系之间的紧密对应来运行。”①

教育与社会的对应体现在几乎所有方面：行政管理人员与教师、教师与学生、学生之间以及学生与学业之间的权力和控制关系，出现了支配劳动场所的劳动等级制分工；学生学习的动机是由等第、文凭、不及格等外部奖励和威胁激发的，而不是由学习过程和学业成就的内在意义组成的，它密切反映了工资和失业的幽灵在激发劳动者动机中的作用；学术知识的专门化，技能培训的分化体现了劳动市场的职业划分情况；中学规则反映了对低层劳动者的严密监督，尖子学院的规范反映了较高层次的白领工作的工作特点，而处于二者之间的州立大学和社区学院则制定了适应低层技术人员、公务人员和管理人员的行为要求；教育的结构和组织形式的变迁是与资本积累过程，雇佣劳动制的推广和生产体制的发展相适应的。

鲍尔斯和金蒂斯的教育与社会对应论，充分揭示了资本主义社

---

① 鲍尔斯，金蒂斯著，王佩雄译．美国·经济生活与教育改革．上海：上海教育出版社，1990．17

会市场经济与教育之间的控制和被控制关系，社会与个人之间的控制与被控制关系，对于我们理解教育与经济的关系，资本主义教育的实用主义、功用主义性质提供了极好的分析材料。但是，对应论对教育与社会的关系的分析显然是表面的，简单的。首先，对应论的分析只停留在制度上——社会关系和组织形式的对应，而没有深入到上层建筑与经济基础，生产方式与生产力的内在关系中，因而从根本上失去了分析的历史性而造成了分析的静止性。这样，对应论无法解释如下问题：如果说对应机构的建立是雇主追求利润的手段，为什么这种对应在60年代末没有使资本主义生产获得更多的利润，没有促进扩大再生产和经济繁荣？如果说教育向来就不是促进技术进步和经济发展的手段，只是维护阶级利益的工具，那么又如何解释本世纪初世人公认的教育对经济所做出的贡献？这些问题的答案只能在马克思主义的唯物史观中获得：资本主义生产关系从促进生产力发展到阻碍生产力发展的历史规律。其次，对应论没有辩证地分析教育与社会之间的关系。教育与社会之间不仅是对应、统一的，有时还会表现出对立和不协调；教育受控于社会，但又有自己的规律、理想和历史，有自己的独立性。否则就无法解释诸多复杂的历史现象。为什么国家对教育越来越暴躁，公司雇主对学校的抱怨越来越多？这是因为教育有自身的规律，不可能随时适应需要。为什么教育变革的愿望总是不能在教育实践中得以全面贯彻？这是因为教育有自己的传统。为什么在美国享有最高特权的尖子学院会发生激进的抗议社会的学生运动？这是因为美国教育有自己的理想和传统——民主、自由、平等和个人主义。

（五）教育变革的方向、基础和动力

新马克思主义教育思想的最终目的是要寻找教育变革的出路，摆脱美国教育屡改屡败的困境。通过对美国教育变革历史的考察和对教育变革与社会变革的关系的分析，新马克思主义者似乎找到了出路。

1. 教育变革的方向

新马克思主义理想中的教育是“美国式社会主义”的一个有机组成部分：平等、人道的教育。这种教育具有如下性质：（1）个人

主义性质，教育以个性自由发展为唯一目标，以个人选择取代社会选择。(2) 均等主义性质，每个学生都享有充分的均等的教育机会。(3) 经济性质，学生学业成就、教育成就的差异将成为经济成就差异的唯一原因。新马克思主义的教育的性质是与美国式的社会主义的性质相一致的。

2. 教育变革的基础——经济民主制

教育是上层建筑、意识形态，教育与社会之间永远是被控制与控制的关系。只要经济不平等存在，教育就必定是再产生不平等的工具。如果只取消学校而不改造经济生活，社会结构中的对应原则不可能有片刻时间不发生作用，人们还会找到其他制度化的方式。因此，鲍尔斯和金蒂斯对伊里奇废除学校的主张毫不犹豫地持否定态度，认为那是不现实的。他们肯定教育的根本变革不可能在现有的经济制度中发生，变革的前提和基础是经济民主制，即取消经济生活的组织化，彻底消灭支配与服从的关系。

3. 教育变革的动力

社会变革的动力在于冲突：劳动者与雇佣者之间，个人需要与组织之间的冲突。社会变革的动力在于意识：冲突中劳动者产生的阶级意识、政治意识，冲突中觉醒的个人意识。教育变革的动力与社会变革的动力是一致的，对应的。教育变革的动力在于家长、学生和教师的平等主义、人道主义的政治意识。但是，新马克思主义者对这种意识的作用持悲观态度。虽然历次教育改革的动力都来自家长、学生和教师的不满，但是雇主很快又会找到新的办法来维护社会关系。“民众的力量除了混乱无序以外丝毫不能从资产阶级控制的教育改革策略中得到什么东西。”①

这样，新马克思主义将教育变革的希望完全寄托在经济民主制建立以后，经济民主制的建立又依赖于阶级冲突中劳动者意识的觉醒，而这种意识的觉醒和作用在新马克思主义者看来又非常不可靠。这是一个悲观的循环。教育变革的出路何在？新马克思主义教

---

① 鲍尔斯，金蒂斯著，王佩雄译. 美国·经济生活与教育改革. 上海：上海教育出版社，1990. 360

育理论没有找到答案。

新马克思主义教育作为一种社会批判理论，对资产阶级教育的阶级性质、工具性质进行了揭露和批判，敢于正视资本主义制度中的重重矛盾、冲突和教育变革、社会变革举步维艰的现实，对于在资本主义社会生活的人冷静、客观地思考现实和未来，无疑是有进步意义的，同时对于我们深入理解当代资本主义制度和教育也提供了生动的材料。但是，新马克思主义者夸大了冲突和矛盾，将控制与被控制，支配与服从的关系绝对化，否定了被控制者——劳动者，人的意识（知识和技术）以及教育等社会组织的能动作用，从而淹没了变革的出路，陷入悲观之中。同时，新马克思主义还以今天来论昨天，以今天论明天，以今天的教育困境否定过去教育曾做出的贡献，否定教育在未来的积极作用。这些都是违背科学，违背历史的。新马克思主义教育理论的社会批判精神和悲观色彩，正是资本主义发展困境的真实写照。新马克思主义是歪曲地运用马克思主义进行社会和教育分析的产物，是知识分子小资产阶级性质的激进的教育理论。

（季　苹）

24

弗雷勒

(P. Freire)

- 生平简介
- 名篇选读
- 思想评介

保罗·弗雷勒思想及其教育主张评介

生平简介

弗雷勒在1921年生于巴西雷西佛（Recife），1959年完成博士论文，奠定其教育哲学的思想基础。1963年，在巴西东北方贫民窟担任劳工联盟的律师时，对当时推行的文盲识字训练感到兴趣。后来他积极将此识字运动推展到全国各大城市，力求不再重蹈现存威权主义下的传统教育之弊的覆辙，主张运用成人生活经验为题材，透过对话的方式，去启迪成人的自主性及反省意识。这恢复成人自主及反省意识的思想，实源于他对巴西社会文化现象的体察与批判。

弗雷勒早年，即体验巴西由于长久以来的殖民封建社会，即形成统治与平民阶层的区分；加之1929年全世界经济大恐慌，波及他的出生地，使他了解穷人生活在贫困及目不识丁的状况中，失去了一个人的自信与自主性。

基于这种社会现象的体察，加上1950年到1960年盛行的反体制思潮的激荡，弗雷勒力主教育目的在培养已失去自信的文盲，及那些运用文盲的无知，遂其统治欲望的统治阶层，恢复人性自主，在相互尊重中，完成人化的历史志业。但是，弗雷勒投入种种成人对话教育的努力，却遭到政治上的欺压，在1964年以《颠覆活动》（Subversive activites）的罪名被捕入狱。在入狱的这段时间，开始写下他的第一本教育著作《教育即自由的实践》（Education as the Practice of Freedom）。而在他离开巴西之后，旋即于1969年到了美国任教于哈佛大学，10年之后（1979）他才回到巴西。在1979年5月2日，因心脏病逝世于Rio de Janeiro，享年75岁。

关于弗雷勒的英译本的主要著作兹如下胪列：

[1]　Freire, Paulo（1970）《Pedagogy of the oppressed》（2nd）（trans. By M. Bergman Romos），New York：the Seabury Press.（1968 1st）

[2]　Freire, Paulo（1978）《Pedagogy in press》：The Letters to Guinea-Bissau（trans by Carman St. John Hunter），New York：the

Seabury Press.

名篇选读

弗雷勒在《受压迫者教育学》一书的第二章中，对于囤积式教育（banking education）及发问式教育（problem-posing education）有着详细的分析，以下就几个角度摘录部分原文。

一、囤积式教育的概念

弗雷勒先说明了传统教育中罹患的过度重视“讲述”的弊病：

当我们对任何阶段的师生关系（无论是校内或校外）进行仔细的分析时，我们会发现师生关系基本上有一种“讲述的”（narrative）性质。师生关系中包括了一个“进行讲述的”（narration）主体（教师）与一些耐心聆听的客体（学生）。而教学的内容（无论是现实中的价值或实际），则是在这种讲述过程中逐渐变得僵硬无活力。教育，所罹患的正是一种“讲述症”（narration sickness）。

当教师在论及现实时，仿佛现实是静止不动的、停滞的、片段化的与可预测的；要不然就是他所阐述的主题与学生的存在毫无关联。教师的工作成为一种以其讲述内容来“塞满”（to “fill”）学生的工作——教学内容与现实脱节，也与赋予其意义的整体毫无关系。所用的词句也由于缺乏具体性，而成为一些空洞的、异化的赘词。

如果说这种讲述式教育中有其最为特别之处，就在于它所使用的话语十分响亮，而不是在于它的改造力量（transforming power）。例如“4×4=16；帕拉（Pará）的省会是贝伦（Belém）”。学生记录、记忆与重复着这些片语，但却不明了“4×4”真正的意义为何；也不了解“省会”（capital）一词在“帕拉的省会是贝伦”中的真正涵义，亦即是，他们不明了贝伦对于帕拉的意义以及帕拉对巴西的意义。

讲述（其中教师即是讲述者）会使得学生去机械地记忆讲述的

内容。更糟的是，它会使得学生成为一种“容器”（containers）或是“接受器”（receptacles），教师可在其中“塞满”东西。对于教师来说，他只要塞填得愈多，他就愈是一个好老师。对于学生来说，他们只要愈驯服地让教师来塞填，他们就愈是所谓的好学生。

接下来，弗雷勒认为传统的教育已经变成了一种只知堆积存放的活动。

教育因此成为一种“存放”（depositing）的活动，学生变成了“存放所”（depositories），而教师则变成为“存放者”（depositor）。教师所采行的方法，不是沟通，而是借着发出公告（communiqués），制造一些学生必须耐着性子接受、记忆与重复的“存放物”。此即为教育中“囤积”（banking）的概念。在囤积的教育概念中，其允许学生进行的活动范围仅限于接受、归档、与存放囤积的东西。事实上，对学生来说，他们真的很可能变成只知储藏事物的搜集者或两脚书橱。但是分析到最后，这些只知道“归档”的学生，在错误的教育体系下，很可能缺乏创造与改造力及知识。因为除却探究与实践的行动之外，人不可能成为正直的人。知识只有在发明（invention）及再发明（re-invention）中才会出现，惟有透过在这个世间的人们，与世界、与他人一起进行无尽的、彻底的、不断的与充满希望的探究，知识才会出现。

弗雷勒又进一步分析了何为教育的囤积（banking）概念：

在教育的囤积概念中，知识成为一种由某些学识渊博的人赋予那些他们认为一无所知之人们的“恩赐”（gift）。由于前者认为人是无知的（这是压迫之意识形态中的一项特性），他们会否定教育与知识是一种探究的历程。在教学的过程中，教师是以与学生对立的姿态出现，为了强调自己地位的正当性，教师往往会将学生视为绝对的无知。至于学生则是如黑格尔辩证法中所讲的，被异化成为奴隶的地位，由于他们肯定教师存在的正当性，所以他们也接受自己的无知——但是不像奴隶，学生永远不会发现其实是他们在教育老师。

二、囤积式教育反映了压迫社会的存在

弗雷勒认为，囤积式教育有利于压迫社会的维持。

囤积式的教育借由下列的态度与方式，保持甚至刺激了矛盾的发生，这正反映出压迫社会（oppressive society）是以一种整体而存在的：

（1）由教师来教学，而学生只能被教；

（2）教师知晓一切，而学生一无所知；

（3）由教师来进行思考，至于学生只是被思考的对象；

（4）由教师发表谈话，至于学生则只能乖乖地在旁边听话；

（5）由教师来施以训练，至于学生则只是被训练的；

（6）教师可以决定并强化他的选择，而学生则必须服从符合；

（7）教师可以进行行动，但学生只能透过教师的行动产生自己也有行动的幻觉；

（8）教师选择教学的内容，而学生（未经过商议）只能去适应它；

（9）在教师身上混合了知识与人格的权威，而其所处的地位则是与学生自由相对立的；

（10）教师是学习过程中的主体，学生只是客体。

说来并不特别令人诧异，教育的“囤积”概念认为人类是适应的、温驯的存有。但实际上，当学生愈去致力于囤积教师所教给他们的东西时，他们的批判意识愈无法得到发展，这将使他们愈发无法介入这个世界，成为世界的改造者。当他们愈接受别人所强加给他们的被动角色时，他们就愈只能去被动顺应这个世界与片断化的现实。

因为囤积式教育会使得学生无条件为压迫阶级服务。

囤积式的教育会减少或摧残学生的创造力，使得学生不经思索地为压迫者献上服务，而压迫者本身其实并不关注世界的揭露，也不关心是否能看到世界的改造。压迫者常常利用他们的“人道主义”（humanitarianism），来维护他们的既得利益的情境。因此，他们常是本能地就对某些会带来批判能力的教育实验进行反对，也对

于那些不满片面现实、积极找出不同问题间联系的教育实验进行反弹。

三、发问式教育与解放教育

为了对抗囤积式教育，弗雷勒提出了以发问式的解放教育的观念。

真正献身于解放的人，必须完全拒绝囤积式的概念，而采用“人是有意识之存有（conscious beings）”的概念，他们并且认为“意识是专注于（intent upon）此一世界的意识”。他们必须放弃囤积的教育目的，而以“人类的发问”来取代。这种发问式的（problem-posing）教育，回应了意识的本质——意向性（intentionality）——它一方面拒斥单方面的宣告，一方面又具体地展现了沟通。它撮述了意识所具有的特质；察觉到（being conscious of）某物。它不只是一种对于“对象”（objects）的意向，它察觉的对象也会转向自身，此即雅斯培（K. Jaspers）所讲的“分裂”（spilt）——意识即意识的意识（consciousness of consciousness）。

解放的教育包括了认知的行动（acts of cognition），而不只是资讯的转移（transferrals of information）。它是一种学习情境，在这个情境中，那些“可认知对象”（cognizable object）（并非认知行动的目的）是认知行动者的仲介（intermediatets）——教师的一方，而学生在另一方。因此，发问式的教育从一开始便要求师生间的矛盾关系应该予以解决。否则对话关系（dialogical relations）——它是认知行动者在共同合作认知相同之认知对象时所不可缺少的能力——就成为不可能。

发问式的教育则是要打破囤积式教育中的上下模式特性（vertical patterns characteristic），它只有在克服了前述的矛盾后，才会完成其实践自由的功用。透过对话的发生，所谓的“学生的老师”（teacher-of-the-students）与“老师的学生”（student-of-the-teacher）不复存在，取而代之的是一种新的名词：“同时身为学生的教师”（teacher-student）与“同时身为教师的学生”（student-teachers）。教师不再只是那个教导的人，而是在与学生对话的过程中，教师本身也受到了教导；学生在接受教导的过程中，学生也同时进行教导。教师与学生在共同成长的过程中同负责任。在这样的过程中，那些以“权威”为基础的论证不再有效；为了要发挥功能，权威本身必须站在自由的一方，而不是反对自由。在这里，没有人教导另一个人，也没有任何人是可以完全靠自学（self-taught）的。透过世界的仲介与那些“可认知对象”，人们彼此教导。而在囤积式的教育中，这些“可认知对象”原来是为教师所“拥有”的。

弗雷勒说明了发问式教育中教师的角色。

发问式的教育方法则未截然将“同时身为学生的教师”所进行的教育活动予以二分。他不是在某一时刻是“认知的”（cognitive），而在另一时刻又成为讲述的（narrative）。他总是“认知的”，无论其是否在准备一个教学计划或是正在进行与学生的对话。他并不将那些“可认知对象”视为自己的私有财产，而是将其当成他自己与学生反省的对象。以此方式，发问式的教育工作者可以在学生的反应中不断更新自己的反省。学生——不再是温驯的聆听者——现在成为与教师进行对话的、具有批判力的共同探究者（co-investigators）。教师基于对学生的考量提供教材，当学生表达了他们自己的看法时，教师又重新考量他早先的考虑。对于实施发问式教育的教育工作者来说，他的角色是在与学生共同创造一种情境，在此情境中，那些原属“意见”（doxa）层次的知识会被属于“真理”（logos）层次的真正知识所取代。

发问式教育因为是不断地揭露现实，所以可以帮助学生进一步觉醒。

囤积式教育会麻醉、抑制创造的力量，而发问式教育则与现实的不断揭露有关。前者试图一直保持意识的沉沦（submersion），而后者则是致力于意识的浮现（emergence），并且对于现实进行批判性介入（critical intervention）。

当学生不断地被问及与其本身有关的问题时，他会逐渐感到受到挑战，并且也被迫对于挑战作出回应。因为他们领会到，在整个脉络中，应挑战是与其他问题相互关联的。由于他们并不将它看成一种理论性的问题，结果会使他们更具有批判力，并且也不再像以前一样异化。学生对于挑战的回应会引起更多的新挑战，之后并产生新的理解，他们在这样的过程中，亦会开始认为自己已有所投入。

四、教育应该是一种自由的实践

弗雷勒反对将教育视为一种"宰制的实践"，而认为应该是"自由的实践"。

教育作为"自由的实践"（practice of freedom）——与实践宰制的教育是对立的——否认人是抽象的、孤立的、自存的、与世界无任何关系的看法；它也不认为世界是一种与人们无关的现实。真正的反省并不认为人是抽象的，也不认为世界可以没有人而存在，而是认为人们是生活在与世界的关系中的。在这种关系中，意识与世界是同时存在的（simultaneous）：意识既不先于世界，也不是在世界之后而存在。

在发问式教育中，人们发展了他们知觉的力量，他们可以用批判的方式去觉察到他们存在于这个世界的方式（人们是与世界一起，在世界中发现他们自己）；他们不再将世界视为静态的现实，而是视为过程与转化中的现实。虽然人们与世界间的辩证关系独立在对于这些关系的知觉方式（或是它们到底有无被知觉到）之外，但是人们所采取的行动形式却与人们如何知觉自己的方式密切相关。因此，当"同时身为学生的教师"与"同时身为教师的学生"都在反省自身与世界，并且未将反省与行动二分时，他们将可以建立一种思想与行动的真正形式。

五、囤积式教育与发问式教育的进一步比较

在第二章的最后，弗雷勒又进一步比较了囤积式教育与发问式教育。

我们再一次分析前述两种教育观念与教育实际间的冲突之处。囤积式的教育（有着明显的原因）试图借着迷思化的现实（mythcizing reality），来隐匿某些可以说明人们存在于世界之方式的事实；发问式的教育则是担负了"解迷思化"（demythologizing）的任务。囤积式教育排斥对话；发问式教育则认为对话是揭露现实之认知行

动中所不可或缺的部分。囤积式教育将学生看成帮助的对象（objects of assistance）；发问式教育则使学生成为批判的思考者（critical thinkers）。囤积式教育抑制了创造力，并且试图透过将意识孤立于世界之外的方式，来驯服（虽它不能完全毁灭）意识的意向性，囤积式教育由此进而否定了那些使人们能更加人性化的存在性与历史性志业。发问式教育则是以创造力为基础，它引发了对于现实的真正反省与行动，它对于人类的存在有志业有所回应，因为人们只有在其从事探究与创造性改造时，他们才会成为真实的存有。总言之，囤积式教育理论与实际，是一种不动的、固定的力量，它不承认人们是一种历史性存在；发问式教育的理论与实际则是将人类的“历史性”（historicity）当作起点。

两者的不同，还来自于它们一些基本哲学理念的不同。

发问式教育认为男人与女人们是生成过程中的存有（beings）——是一种尚未臻于完美的（unfinished）、未完成的（uncompleted）存有，人所处的现实也是未臻于完美的现实（unfinished reality）。的确，与那些也是未臻于完善但不具历史性的其他动物相较，人知道他自己是未臻于完美的；人们对于自己的未完成性（incompletion）有所知觉。在这种未完成性与知觉中，有着教育的根基，在这样的基础上，教育是人类才有的表现。也由于人有这种未完成性，加上现实所具有的改造性质，这使得教育必然成为一种继续不断的活动。

在实践中，教育不断地被重新塑造。为了要成为存有，教育必须是生成的。它是“延续性”（duration）——以柏格森（Bergson）对于该字的用法来说——是在对立之“不变”（permanence）与“变”（change）间互动（interplay）中发现的。而囤积式方法则强调“不变”，它是反动的（reactionary）；发问式教育——它既不接受一种照章行事的（well-behaved）“现在”，也不接受预先命定的“未来”——它奠基于动态的现在，它是革命的（revolutionary）。

比较起来，发问式教育更具有革命性与未来性。

发问式的教育具有革命的未来性（revolutionary futurity），所以它是预言的（prophetic）（而且充满希望的）。因此，它与人类的历史性本质相对应；它将人们视作会超越自身的存有，在超越的过程中，人们往前进并且向前眺望，对人们来说，“不动”（immobility）代表的是一种致命性的威胁，所谓的往回看，其实是为了要能把他们自己看得更清楚，以使得他们能更有智慧地去建造未来。因此，发问式教育等同于让人们知晓自己未完成性的运动——这是一种历史性运动，它有其出发点，有其主体，亦有其目标。

囤积式教育方法或多或少都会加强人们对于其情境的宿命观。而发问式教育方式则是以问题的形式将情境呈现于人们面前，由于情境成为认知的对象，所以那些会产生宿命观的原始的、神秘的知觉就会消退，而让位予那种即使它去知觉现实，仍可以知觉到自身的知觉，人们因而可以对于现实抱持批判的客观态度。

最后，弗雷勒认为发问式的教育才是真正属于受压迫者的教育。

发问式的教育，是一种人性的与解放的实践，坚持受制于宰制的民众必须为自己的解放起而战斗。为了达到这个目的，它透过对于权威主义与异化的唯智主义的克服，使得教师与学生都能成为教育过程的主体；它也使得民众能够克服他们对于现实的错误知觉。世界——不再是以欺骗性言词来描述的某物——成为男人与女人们为着追求人性化进行改造行动的对象。

发问教育并不是、也不能为压迫者的利益而服务。任何的压迫性秩序都不可能允许受压迫者开始问“为什么?”的问题。虽然惟有在一个革命社会才能以系统性的方式来实现这种教育，但在革命领袖能够使用这种教育方法之前，他们并不必然需要掌握完全的权力。在革命的过程中，领导者们不能抱着“稍后再用一种真正的革命方法来进行”的想法，把囤积的教育方法以权宜为由当成是过渡时期的措施。他们必须一开始就是革命性的——也就是说，从一开始就是对话的。

思想评介

保罗·弗雷勒思想及其教育主张评介

一、历史背景

巴西自1500年由葡萄牙人发现，于1808年正式为葡萄牙所统治。自此巴西在葡萄牙式的政治结构中发展其文化。直到1822年，才脱离葡萄牙的殖民统治，成为独立的国家。

在葡萄牙统治期间，葡萄牙人的移入，虽然带给巴西葡萄牙式的政府结构、经济方式，然而也由于统治阶层及社会菁英都集中在葡萄牙人的掌握之中，造成社会关系的两极化：统治者、银行家、地主、企业家角色，都由皇族及其亲族扮演重要角色，其余的原住民、印第安人及有色人都成为被统治者或奴隶。奴隶的比例相当高：1600年，巴西总人口数约10万人，其中地主只占2%，有色人种的奴隶却高达60%；1819年，人口增加到3 598 312人，其中有色人沦为奴隶者仍高居30%左右，总数是1 510 806人，直到1872年，已逐渐降至人口数的15.2%。1888年，奴隶制度才由政府明令废除。

奴隶制度废除之后，巴西社会由于各种族可以自由通婚，加上工业化自1901年逐渐形成，人口也日益向都市集中，社会阶层不再像过去殖民时代一样，具有很明显的两极化倾向，慢慢出现共和体制下允许的中产阶级。（巴西于1889年改成Republic）中产阶级且随着殖民体制的结束，政治经济权势不再集中于少数人的手中。相对的，弱势阶层的比例而逐年降低。自1920年至1955年则下降了28%，各阶层的详细比例如下：

比例　年代 社会阶层	1920	1950	1955
高及高、中阶层	3.5	5.0	6.0
中低及高、中阶层	26.5	45.0	52.0
最低阶层	70.0	50.0	42.0

巴西目前存在几个较不利于整体社会发展的特色：

(1) 殖民地残留的拖拉、保守性格清晰可见；

(2) 对传统与现代文化爱好的挣扎；

(3) 年轻一代巴西人比老一代的人面临多元化社会问题；

(4) 行政体制破坏，缺少稳定的政府；

(5) 公共事务的处理受到太多人情困扰，较不能就事论事；

(6) 经济社会发展与人民生活需要脱节，无论是工业化、现代化都是源自对先进国家的惊羡。

(7) 少数移民对巴西仍有殖民心态，造成文化上的统整难题；

(8) 传统好赌，相信运气的习性仍残留。

(9) 缺少足够教育、福利与医疗措施。

综合上述的分析，存在于巴西社会之中的最大困难在于：人民生活困苦，社会不平等，政治不民主，经济不独立自主，教育不普遍，不自由。其情形如下图（见719页）。

在这样的分析脉络之中，它显示出存在巴西社会结构的最低阶层的比例虽然逐年降低，而生活状况也有些许改善，但他们仍处于较不利的地位。就教育状况而言，早期巴西大半被统治者及地主的奴隶，这些人长期在被差遣的位置上生活，他们被认为不需要受教育，这种状况直到1967年，文盲多达半数以上，而到了1981年为止，据估计文盲的比率仍高达34%。质言之，弗雷勒投身于成人教育，这自然是有其社会及历史因素。

二、思想渊源

弗雷勒的思想除了受到巴西当时社会的影响外，还有当代以及

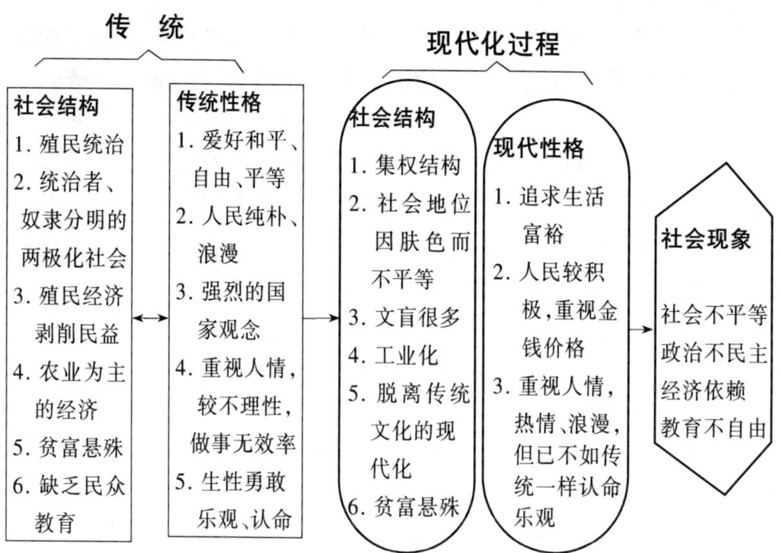

过去的一些思潮，更是加深了他运用其中概念来诠释巴西的文化现象，而提出以对话重建巴西文化的主张。在这一部分拟先就其思想渊源做一概要的介绍，而有关其对话教育论的部分则留待下一节再加以讨论。

（一）无政府主义

无政府主义对于教育的影响，自18世纪即已开始。此派的教育学者古德曼、依利希及欧立革、飞而列等觉察到教育为了训练国家有用的公民，往往沦为以灌输、训练等强迫方式去实施教育，以至于抹杀了学生的自主性、创造性。他们将这教育弊病归于政府在政治利益的关怀前提下，造成了国家控制教育的局面，使教育失去了开展个人成为有创意个体的功能。

一个要特别说明的重点在于：弗雷勒他没有一味反对政府涉及教育实务，然而却十分重视教育应有充分的自由，要尊重个性，发挥人性的主张，故而强调教育不仅需要不受已失去人性的统治阶级之宰制，更要启迪被统治者的自由意识，才有可能发展自主化、人性化的文化。

(二) *马克思主义*

马克思认为阶级理论基于经济利益之上，究其原因即在于经济因素左右人的精神存在，人类历史文化的发展来源，起于经济的因素。基于这样的主张，马克思并不认为教育可以在社会主义的革命中，扮演重要的角色。因之，就马克思本身对教育的看法，这点弗雷勒并没有怎样的影响，而是他对整个人类社会发展的论点，引发了弗雷勒的兴趣，并将之运用于解释当时巴西社会的现象、文化发展，再据以提出对话的教育思想。

弗雷勒与马克思的教育观点是迥然不同的，他认为教育基本性质是政治的。教育所以会成为统治阶级维护或开创其利益的基本工具，是因为所有受教育者在长期被统治者依其意识形态的教育或政治宰制过程中，失去了批判、反省的意识，误把宰制灌输的事实当成合理所造成的结果。

面对这种偏见，弗雷勒认为唯有透过对话的教育，而不是灌输的方式，才得以使被统治者恢复做自己主义的真正意识，进而以对话的教育来改革被压制的政治与文化发展，达到政治平等，文化自由发展的路数。这种观点显然是借用马克思阶级斗争与政治革命的想法。

(三) *左派弗洛伊德的思潮影响*

雷奇（W. Reich）所代表的左派弗洛伊德思想是基于对弗洛伊德思想所呈现的社会哲学加以批判，他认为弗洛伊德的精神分析，虽然可以洞察出人的本质总受到道德的要求、社会期望的压制，但并不据此改变社会的结构与价值，反而以精神治疗去帮助个人适应现存的社会体制。

雷奇依此一认识，他发现弗洛伊德的社会哲学宜加以修正，个人应透过精神分析去建构一个平等、自由，不压制本性的社会，而不是要个人学会去适应社会。

弗雷勒撷取了雷奇对弗洛伊德的修正，运用精神分析来解释民众虽知道自己的利益所在，仍不以实际行动争取自身的利益，而提出以对话的方式来引导意识，落实于实践中。

（四）存在主义

存在主义盛行于第二次世界大战之后的欧陆，存在主义学者在战后看到充满危机、残酷、令人不安的世界，而开始反省过去以理性、形而上学来了解人类发展与社会文化的谬误。他们看到人生存中个别的、孤独、无助、无虑的一面，反对人是全然理性的看法，积极主张“存在”（existenz）是人的意义所在。只有从个体所处的任何具体状况，才能了解到人。“人的本质不是预先被确定着，人没有固定的本质。”“人的特质在于他的行动或他的自由或可能性……人只能在行动中创造价值，实现自己。”

人要在个别的行动中，创造价值，显示人需要有充分的自主与自由，去与自己做抉择。而人与人之间的关系更需基于尊重主体性的基础之上。

根据这种存在主义对人存在的观念，弗雷勒在对话教育中引用了主体性和自由的概念，说明了对话的性质和对话关系建立的条件。

（五）早期法兰克福学派

弗洛姆是早期法兰克福学派的主要学者之一，他对于人性论的看法深受马克思人道主义的影响，主张人应具有自主性，为己存有的可能性。弗雷勒对他为己存有的主张，深表赞同，并引用作他评析农奴生活是否合乎人性的主要依据。此并引用他的“存有与拥有”（to have or to be）的人性存有观，作为社会批判教育学的主要标准。

弗雷勒运用拥有的观念，人的物化，缺乏主体性的病态社会现象。此外，他并以马库色的“单面向的人”以及“爱欲与文明”两书的概念，来批判巴西压制者，将科学与技术合法化为他们压制的工具，使人民在科学理性的支配下，将自己物化，失去了反省性及情感的表达。

三、人道的精神——压迫与反抗的陈显

弗雷勒认为（humanization）是人存在的本质。所谓人道是人能够恪守彼此尊重道理，自由地开展存有。他说：人的存在本质是让“所有”的人都成为创造自己历史的“主人”。在这里“所有”概念，说明了人普遍有其人道的能力。“主人”的观念是说，人有

"主体性"的意识能力和实践行动的可能性。

弗雷勒以"人道"作为人的普遍特质，含有很浓厚的人文主义色彩。他以此作为讨论被压制者，找出人道存在的处境，以"为己存有"与"与他人而活"两个概念作为区别是否被压制者标准。这个以人道为指引的标准，实源自弗洛姆与马克思的人道观点。

由于弗雷勒所主张的教学观点，是一种批判的取向，故而其动力一方面是源自于对教育现况的不满，同时，它又对未来转化的可能性，保持着乐观的期待。例如，《被压迫的教育》就是对于反霸权的理论家或行动者而言，希望能在探索社会理论与描述人类自由之间，找出一种新的联结形式。（West，1993：XIII）亦即就弗雷勒对压迫—被压迫之间的权力分析来看，存在于经济因素或社会结构的压迫的现象，这不但是因为他们身为劳动者，同时也是受到心理感受状态的影响。（Aronowitz，1993：17）无怪乎他为受权力宰制下的个体，用"被压迫"（oppressed）一词来加以形容："被压迫者的声音，其实并不是他们自己的"。（Freire，1970：34）

弗雷勒的观点和新教育社会学的主要不同，在于后者呈现出在政治、经济以及文化再制等逻辑上的起迄，就弗雷勒而言，他则是开始于生产历程的分析，也就是说，人们可以用不同的方式发出他们自己的声音以及在特殊的历史情境和压迫之下确认他们自身的反对经验。资本主义理性和其他压迫形式的再制，它们只是在政治或理论下的压迫历程，而不是所有人类存有的本质。所以，弗雷勒主张：

人们只有透过一种不断的论辩、经验和他们自己被压迫的历史，才能够被解码、被挑战以及被转化。（Giroux，1987：XVi）

另外，就复制或压迫的角度而言，现行的教育机制所提供的知识、技能以及社会关系等，"总是为了能使资本主义经济和管制下的社会能发挥其作用。因此，公共教育也就从不提供一种批判思考或转化行动的工具。"（Giroux，1987：XI）在这样的宰制企图中，我们共同承受了一套文化再制符号（例如语言、规则、规范以及符码）的霸权。因此：

把社会关系视为自然、正常、无可置疑，而且必须是正确的，在这样的情况下，我们也就消极地接受了宰制以及社会控制的逻

辑。(Kanpol，1994：35)

为了突出现行教育将宰制或复制合理化的幽暗性本质加以陈显化，弗雷勒等人认为：“希望和抗争的哲学是根植于语言的可能性，而这种可能性又是广泛地取决于传统的解放神学。”(Giroux，1987：XIV）也就是说，我们可以透过：

对社会进行一种政治抗争，进而获得自由，我们可以追求自由的抗争明白我们并非是自由的！这里赋予了转化的意涵。(Shor & Feire，1987：13)

在传统的教育之下，当学生仅被视为学习的客体时，教师才是学习历程中真正的主体。(Aronowitz，1993：11）基于批判教育学的立场，它认为教育是一种主观涉入的活动，而且它又必须与人生命相契合，同时它更要将其导入日常生活的领域之内，故而教育与学生不应是主体与客体对立的传统关系；相反的，师生应在互为主体的形式下，从寻找生命的自我意义着手，进而逐步为僵化的教育带来解放的希望。因此，对于 Giroux 所谓“转知识分子”、对于“公民的勇气”（civic courage）的观点，或者是“一种可能性的教育”等等，其实这些正是期待让教师成为一个“改变的行动者”(change-agents)。(Shor，1993：34）所谓教育希望转化的可能性即在于——从教师自身开始，进而改变学生，改变课程，重塑新的学校文化，进而改变教育的机制。

四、教育实践

(一）教育本质

如果了解弗雷勒的写作背景，不难了解何以他的主要著作多集中在文盲教育之上。他指出文盲及后文盲教育有其相同的形成过程，而不是各自孤立的。弗雷勒主要的教育目标，在协助参与者将知识运用在实务之中。此种反复与实现行动的过程，弗雷勒将其称为实践。他指出教育除了人性化的目的之外，它更是革命性的过程。其结果在于教育可以使人变为更真诚的人，有能力转变不合理的社会，使其人性化。

弗雷勒主要的关怀，很显然地在于创造更好的社会：他重视民众的自由开展，并视教育为个人获得真诚人性的工具。教育与民众的自由，就弗雷勒来讲，两者是同时的过程，而不是分别独立的。简而言之，教育的本质在于使个人对社会更了解，更具有转化世界的能力。

（二）教学方法——对话教育论

分析当时巴西所处的社会现实，弗雷勒认为要所有人变成一个自主的人，在当时的情况下，没有办法靠统治者的觉醒，因为根据弗雷勒的看法，改变利欲熏心的统治阶层，转化他们的物化观念很难，将事倍功半。依此，他认为只有先唤醒被压制者的意识，让他们了解被压制的事实，再引导他们从行动中去实践变成自己的主人，才有可能转变社会文化朝向物化的、非人性发展的局面，创造人性化的社会文化。

换句话说，弗雷勒相信人性迷失源自于被压制的社会事实。如果要恢复人性，也要先创造人性化的社会文化气氛。然而创造人性化的社会文化气氛，本质上，不是铲除统治者的压制行动而已，而是整体人民，无分统治者与被压制者之间人性解放的过程。这种解放过程的起点与动力则来自于被压制者的意识觉醒。

至于什么地方可以使农奴之类的被压制者透过意识觉醒而恢复其人性尊严呢？弗雷勒认为，这还是要依靠教育的作用。不过他所谓教育不是学生当作物来加以看待的知识灌输过程，而是把学生当人，使师生可以基于相互尊重，彼此对话的历程。他把这种一反过去把人当物的强迫、填塞的教育方法，主张尊重人性的教育方式，他将其称之为质疑（problem-posing）的教育。

教育的特色在于强调师生自由平等的对话，可以彰显人类存有的世界，达到人性的创造。弗雷勒认为“没有人能教别人，也没有人能教自己，而是透过人与人之间的互动，彼此教导”。也就是对话是可以开展人性的教育方式。

在这种对话的教育里，师生的关系并非是主客对立的，而是基于对话的相互学习关系——并同投入以世界或欲认识对象之中，去进行对话，开展人性的创造。以下将弗雷勒之对话教育论的主张，透过一个简要概念图来加以呈现：

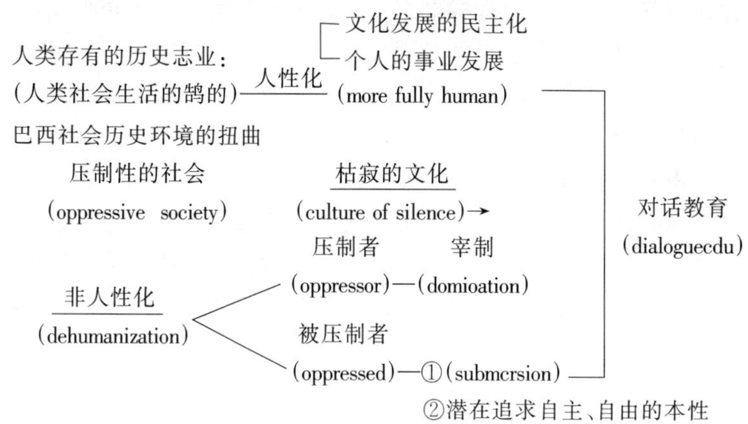

弗雷勒认为有对话才有沟通，有沟通才是真正的教育。而对话为什么可以达到真的教育目的——协助个人完全的发展，辩证开展人性化的社会文化？为了解决这样的疑问，弗雷勒认为这必须检视对话的先决条件。其实，为了使对话依其性质发挥功能，对话自然要建立在相互尊重，彼此平等，对话者双方都不失人性的自主关系方有可能。换言之，基于人道的关怀，把人的沟通原则，而不是以控制输赢的方式进行。弗雷勒因之说明对话是一种人对世界命名的创造和再创造行动。这种行动要能实践，需要具备下列的条件：

(1) 对话者之间具有爱人和反省的行动；

(2) 谦恭为怀，不满不溢；

(3) 充满希望，坚忍的奋斗信念；

(4) 朝向批判思考的对话。

上述所谈的条件状似非常普通的教条，但如以加深究则可知其实立论于弗雷勒的理论基础之上。他强调人的最终目的与最大价值在于人道的开展。所谓人道开展，就个人的层面而言，是使人具有自由，自主性，成为更健全的人。如以整个社会文化来看，则是朝向相互尊重，平等自由的人性化方向辩证开展的持续不断的人类进步历程。

另外，对话的教育要能够实践，弗雷勒反省巴西现存的两种社会现象，提出了两个实践的途径：一是使文盲受教育，使他了解自己存在意义，引导他们具有自主、批判思考的能力，不再退居社会的一角，被动地接受宰制的社会文化。二是在于促进文化的融合，他强调恢复自己文化的自主性，接纳外来的文化，使两者自然地融合，扬弃对外来文化的盲目接受。

弗雷勒认为就大多数文盲而言，他们自认为是无知的、没有地位、甚至有人认为若没有统治阶层或地主阶级的施舍，他们就没有办法生存。这种特性给统治者有剥削他们的机会。要启蒙被统治者扬弃自暴自弃、过度依赖的特性，则需要以对话教育的方法，让他们重新获得信心，肯定自己的存在。因此，弗雷勒认为要对文盲实施对话教育，其必要的程序即为：

(1) 以对话方式寻找对话题材（简而言之，为了达成这目的，对话材料，就必须是与民众生活息息相关的，是来自民众可与之互动的题材）。

(2) 实施对话教育，以唤起被统治者合作、联合、组织的觉醒，创造自主性的文化。

五、弗雷勒思想的贡献与局限

弗雷勒提出学习者的解放作为改变世界的方法，在社会学结构的方法论辩上意义深远。综合前述分析，弗雷勒的对话教育主张，带有强烈的人道精神，主张开创一种具有真诚性的教育对话，让人民从现有的压迫机制之下重获自由。总括弗雷勒的贡献大抵如下：

(1) 建立成人教学的新典范。

(2) 增进深入重构成人理论教学的可能性：

①成人教学理念的再概念化；

②突破量化、程序化、演绎式的教学方法论；

③强调教学理论与实践呈现一种辩证统合的关系；

④从社会存有论建构教学模式的理论，具有合理性的基础。

(3) 促进成人教学方法的革新与多元。

相对的，弗雷勒的对话教育论却也存在着自身的局限与困境，就其可能遭逢的问题，兹胪列如下：

(1) 弗雷勒本身所主张的文盲对话教育，后来受到军政府的干预，他先被捕入狱，继之，被迫流亡，这种遭遇正可以说明弗雷勒的对话教育思想被宰，处在非人性化的病态之中，缺少稳定持续的实践性，颇具乌托邦的色彩，这是弗雷勒思想中最受批判的部分。

(2) 就对话教育实践而言，弗雷勒似乎疏忽了在引导过程中，对话活动或对话者如何不再受强制性政治暴力压迫的策略。

(3) 文盲的教育目的着眼于宏观的社会文化批判，容易忽略人类其他方面的微观学习，例如认知兴趣之外的技术与实践兴趣。

(4) 教育的方法是受辩证、批判影响很深的对话，教学效度及信度常令人怀疑。

(5) 教育对象局限在“被压制者”，呈现出此教育模式的运用限制。

(6) 对话教育需要高度专业化的协助者，其养成与训练不易，容易形成对话教育无法普遍扩展的困境。

(7) 对话教育的成果只能以质的方式来加以理解、评价，在资本主义社会讲求科学成效的价值观念里，很难取得成人教育工作者的信服，及社会大众受教者的认同。

虽然弗雷勒的思想进路仍存在着如上述的可能问题，但是就其整体的贡献而言，他仍是十分令人敬仰的，例如1992年，当弗雷勒在纽约度过他70岁生日时，就有超过200多个教育学者、改革行动者等共同为他举行了连续3天的庆祝活动。因此，对于弗雷勒的思想与行迹的深远影响是不容漠视的。

（[台湾] 王秋绒、方永泉）

参考书目：

[1] 王秋绒．弗雷勒批判的成人教学模式研究．国立台湾师范大学教育研究所博士论文（1990）．未出版．

[2] 王秋绒．成人教育的思想与实务——现代、后现代的论辩．台北：心理出版社．1997

[3] 王秋绒等译．20世纪的成人教育思想家．台北：心理出版社．1999

[4] Freymond；Braley（trans．1975．15－6）

蔡元培

(Cai Yuan Pei)

- 生平简介
- 名篇选读

  对于新教育之意见

  就任北京大学校长之演说

  以美育代宗教说

  新教育与旧教育之歧点
- 思想评介

  蔡元培及其资产阶级教育思想

生平简介

蔡元培（1868～1940），字鹤卿，号孑民，中国浙江绍兴人。蔡元培幼稚举业，少年得志，26岁即补翰林院编修；早年发起和领导中国教育会、光复会等教育和革命团体，并任中国同盟会上海分会负责人；1907年赴德国留学；辛亥革命后归国担任民国首任教育总长，对封建教育制度进行大刀阔斧的改革，奠定了中国近代资产阶级教育制度的基础；1917年任北京大学校长，实行“思想自由、兼容并包”的办学方针，使北大成为五四新文化运动的中心；1927年南京国民政府建立后，主要从事教育和科学领导工作，创建中央研究院，奠定了中国现代科学研究事业的基础；1940年蔡元培在香港病逝后，中共中央主席毛泽东发出唁电，称其为“学界泰斗、人世楷模”；1980年中国大陆纪念其逝世40周年时，蔡元培又被称为中国近代著名的“民主革命家、教育家、科学家”；最近以来，蔡元培又与孙中山一起被海内外学者誉为20世纪海峡两岸中国人都无异议的民族伟人。蔡元培的主要著述有：《中国伦理学史》、《石头记索引》和《伦理学原理》（译）等专著，以及《对于新教育之意见》、《以美育代宗教》和《教育独立议》等论文。迄今为止，其著述最为完备的结集，是浙江教育出版社1998年出版的18卷本《蔡元培全集》。

名篇选读

对于新教育之意见

近日在教育部与诸同仁新草学校法令，以为征集高等教育会议之预备，颇承同志饷以谠论。顾关于教育方针者殊寡，辄先述鄙见以为喤引，幸海内教育家是正之。

教育有二大别：曰隶属于政治者，曰超轶乎政治者。专制时代(兼立宪而含专制性质者言之)，教育家循政府之方针以标准教育，常为纯粹之隶属政治者。共和时代，教育家得立于人民之地位以定标准，乃得有超轶政治之教育。清之季世，隶属政治之教育，腾于教育家之口者，曰军国民教育。夫军国民教育者，与社会主义舛驰，在他国已有道消之兆。然在我国，则强邻交逼，亟图自卫，而历年丧失之国权，非凭借武力，势难恢复。且军人革命以后，难保无军人执政之一时期，非行举国皆兵之制，将使军人社会，永为全国中特别之阶级，而无以平均其势力。则如所谓军国民教育者，诚今日所不能不采者也。

虽然，今之世界，所恃以竞争者，不仅在武力，而尤在财力。且武力之半，亦由财力而孳乳。于是有第二之隶属政治者，曰实利主义之教育，以人民生计为普通教育之中坚。其主张最力者，至以普通学术，悉寓于树艺、烹饪、裁缝及金、木、土工之中。此其说创于美洲，而近亦盛行于欧陆。我国地宝不发，实业界之组织尚幼稚，人民失业者至多，而国甚贫。实利主义之教育，固亦当务之急者也。

是二者，所谓强兵富国之主义也。顾兵可强也，然或溢而为私斗，为侵略，则奈何？国可富也，然或不免知欺愚，强欺弱，而演贫富悬绝，资本家与劳动家血战之惨剧，则奈何？曰教之以公民道德。何谓公民道德？曰法兰西之革命也，所标揭者，曰自由、平等、亲爱。道德之要旨，尽于是矣。孔子曰：匹夫不可夺志。孟子曰：大丈夫者，富贵不能淫，贫贱不能移，威武不能屈 。自由之谓也。古者盖谓之义。孔子曰：己所不欲，勿施于人。子贡曰：我不欲人之加诸我也，吾亦欲毋加诸人。《礼·大学记》曰：所恶于前，毋以先后；所恶于后，毋以从前；所恶于右，毋以交于左；所恶于左，毋以交于右。平等之谓也。古者盖谓之恕。自由者，就主观而言之也。然我欲自由，则亦当尊人之自由，故通于客观。平等者，就客观而言之也。然我不以不平等遇人，则亦不容人之以不平等遇我，故通于主观。二者相对而实相成，要皆由消极一方面言之。苟不进之以积极之道德，则夫吾同胞中，固有因生禀之不齐，境遇之所迫，企自由而不遂，求与人平等而不能者。将一切恝置之，而所谓自由若平等之量，仍不能无缺陷。孟子曰：鳏寡孤独，天下之穷民而无告者也。张子曰：凡天下疲癃残疾茕独鳏寡，皆吾兄弟之颠连而无告者也。禹思天下有溺者，由己溺之。稷思天下有饥者，由己饥之。伊尹思天下之人，匹夫匹妇有不与被尧舜之泽者，若己推而纳之沟中。孔子曰：己欲立而立人，己欲达而达人。亲爱之谓也。古者盖谓之仁。三者诚一切道德之根源，而公民道德教育之所有事者也。

教育而至于公民道德，宜若可为最终之鹄的矣。曰未也。公民道德之教育，犹未能超轶乎政治者也。世所谓最良政治者，不外乎以最大多数之最大幸福为鹄的。最大多数者，积最少数之一人而成者也。一人之幸福，丰衣足食也，无灾无害也，不外乎现世之幸福。积一人幸福而为最大多数，其鹄的犹是。立法部之所评议，行政部之所执行，司法部之所保护，如是而已矣。即进而达礼运之所谓大道为公，社会主义家所谓未来之黄金时代，人各尽所能，而各得其所需要，要亦不外乎现世之幸福。盖政治之鹄的，如是而已矣。一切隶属政治之教育，充其量亦如是而已矣。

虽然，人不能有生而无死。现世之幸福，临死而消灭。人而仅仅以临死消灭之幸福为鹄的，则所谓人生者有何等价值乎？国不能有存而无亡，世界不能有成而无毁，全国之民，全世界之人类，世世相传，以此不能不消灭之幸福为鹄的，则所谓国民若人类者，有何等价值乎？且如是，则就一人而言之，杀身成仁也，舍生取义也，舍己而为群也，有何等意义乎？就一社会而言之，与我以自由乎，否则与我以死，争一民族之自由，不至沥全民族最后之一滴血不已，不至全国为一大冢大已，有何等意义乎？且人既无一死生破利害之观念，则必无冒险之精神，无远大之计划，见小利，急近功，则又能保其不为失节堕行身败名裂之人乎？谚曰当局者迷，旁观者清。非有出世间之思想者，不能善处世间事，吾人即仅仅以现世幸福为鹄的，犹不可无超轶现世之观念，况鹄的不止于此者乎？

以现世幸福为鹄的者，政治家也；教育家则否。盖世界有二方面，如一纸之有表里：一为现象，一为实体。现象世界之事为政治，故以造成现世幸福为鹄的；实体世界之事为宗教，故以摆脱现世幸福为作用。而教育者，则立于现象世界，而有事于实体世界者也。故以实体世界之观念为其究竟之大目的，而以现象世界之幸福为其达于实体观念之作用。

然而现象世界与实体世界之区别何在耶？曰：前者相对，而后者绝对；前者范围于因果律，而后者超轶乎因果律；前者与空间时间有不可离之关系，而后者无空间时间之可言；前者可以经验，而后者全恃直观。故实体世界者，不可名言者也。然而既以是为观念之一种矣，则不得不强为之名，是以或谓之道，或谓之太极，或谓之神，或谓之黑暗之意识，或谓之无识之意志。其名可以万殊，而观念则一。虽哲学之流派不同，宗教家之仪式不同，而其所到达之最高观念皆如是（最浅薄之唯物论哲学，及最幼稚之宗教祈长生求福利者，不在此例）。

然则，教育家何以不结合于宗教，而必以现象世界之幸福为作用？曰：世固有厌世派之宗教若哲学，以提撕实体世界观念之故，而排斥现象世界。因以现象世界之文明为罪恶之源，而一切排斥之者。吾以为不然。现象实体，仅一世界之两方面，非截然为互相冲突之两世界。吾人之感觉，既托于现象世界，则所谓实体者，即在现象之中，而非必灭乙而后生甲。其现象世界间所以为实体世界之障碍者，不外二种意识：一、人我之差别，二、幸福之营求是也。

人以自卫力不平等而生强弱，人以自存力不平等而生贫富。有强弱贫富，而彼我差别之意识起。弱者贫者，苦于幸福之不足，而营求之意识起。有人我，则于现象中有种种之界画，而与实体违。有营求则当其未遂，为无已之苦痛。及其既遂，为过量之要索。循环于现象之中，而与实体隔。能剂其平，则肉体之享受，纯任自然，而意识界之营求泯，人我之见亦化。合现象世界各别之意识为浑同，而得与实体吻合焉。故现世幸福，为不幸福之人类到达于实体世界之一种作用，盖无可疑者。军国民、实利两主义，所以补自卫自存之力之不足。道德教育，则所以使之互相卫互相存，皆所以泯营求而忘人我者也。由是而进以提撕实体观念之教育。

提撕实体观念之方法如何？曰：消极方面，使对于现象世界，无厌弃而亦无执著；积极方面，使对于实体世界，非常渴慕而渐进于领悟。循思想自由言论自由之公例，不以一流派之哲学一宗门之教义梏其心，而惟时时悬一无方体无始终之世界观以为鹄。如是之教育，吾无以名之，名之曰世界观教育。

虽然，世界观教育，非可以旦旦而聒之也。且其与现象世界之关系，又非可以枯槁单简之言说袭而取之也。然而何道之由？曰美感之教育。美感者，合美丽与尊严而言之，介乎现象世界与实体世界之间，而为津梁。此为康德所创造，而嗣后哲学家未有反对之者也。在现象世界，凡人皆有爱恶惊惧喜怒悲乐之情，随离合生死祸福利害之现象而流转。至美术则即以此等现象为资料，而能使对之者，自美感以外，一无杂念。例如采莲煮豆，饮食之事也，而一入诗歌，则别成兴趣。火山赤舌，大风破舟，可骇可怖之景也，而一入图画，则转堪展玩。是则对于现象世界，无厌弃而亦无执著也。人既脱离一切现象世界相对之感情，而为浑然之美感，则即所谓与造物为友，而已接触于实体世界之观念矣。故教育家欲由现象世界而引以到达于实体世界之观念，不可不用美感之教育。

五者，皆今日之教育所不可偏废者也。军国民主义，实利主义，德育主义三者，为隶属于政治之教育。(吾国古代之道德教育，则间有兼涉世界观者，当分别论之。) 世界观、美育主义二者，为超轶政治之教育。

以中国古代之教育证之，虞之时，夔典乐而教胄子以九德，德育与美育之教育也。周官以卿三物教万民，六德六行，德育也。六艺之射御，军国民主义也。书数，实利主义也。礼为德育；而乐为美育。以西洋之教育证之。希腊人之教育为体操与美术，即军国民主义与美育也。欧洲近世教育家，如赫尔巴特纯持美育主义。今日美洲之杜威派，则纯持实利主义者也。

以心理学各方面衡之，军国民主义毗于意志；实利主义毗于知识；德育兼意志情感二方面；美育毗于情感；而世界观则统三者而一之。

以教育界之分言三育者衡之，军国民主义为体育；实利主义为智育；公民道德及美育皆毗于德育；而世界观则统三者而一之。

以教育家之方法衡之，军国民主义，世界观，美育，皆为形式主义；实利主义为实质主义；德育则二者兼之。

譬之人身：军国民主义者，筋骨也，用以自卫；实利主义者，胃肠也，用以营养；公民道德者，呼吸机循环机也，周贯全体；美育者，神经系也，所以传导；世界观者，心理作用也，附丽于神经系；而无迹象之可求。此即五者不可偏废之理也。

本此五主义而分配于各教科，则视各教科性质之不同，而各主义所占之分数，亦随之而异。国语国文之形式，其依准文法者属于实利，而依准美词学者，属于美感。其内容则军国民主义当占10%，实利主义当占其40，德育当占其20，美育当占其25，而世界观则占其5。

修身，德育也，而以美育及世界观参之。

历史、地理、实利主义也。其所叙述，得并存各主义。历史之英雄，地理之险要及战绩，军国民主义也；记美术家及美术沿革，写各地风景及所出美术品，美育也；记圣贤，述风俗，德育也；因历史之有时期，而推之于无终始，因地理之有涯涘，而推之于无方体，及夫烈士、哲人、宗教家之故事及遗迹，皆可以为世界观之导线也。

算学，实利主义也，而数为纯然抽象者。希腊哲人毕达哥拉斯以数为万物之原，是亦世界观之一方面；而几何学各种线体，可以资美育。

物理化学，实利主义也。原子电子，小莫能破，爱耐而几(Energy)，范围万有，而莫知其所由来，莫穷其所究竟，皆世界观之导线也；视官听官之所触，可以资美感者尤多。

博物学，在应用一方面，为实利主义；而在观感一方面，多为美感。研究进化之阶段，可以养道德，体验造物之万能，可以导世界观。

图画，美育也，而其内容得包含各种主义：如实物画之于实利主义，历史画之于德育是也。其至美丽至尊严之对象，则可以得世界观。

唱歌，美育也，而其内容，亦可能包含种种主义。

手工，实利主义也，亦可以兴美感。

游戏，美育也；兵式体操，军国民主义也；普通体操，则兼美育与军国民主义二者。

上之所著，仅具崒较，神而明之，在心知其意者。

满清时代，有所谓钦定教育宗旨者，曰忠君，曰尊孔，曰尚公，曰尚武，曰尚实。忠君与共和政体不合，尊孔与信教自由相违(孔子之学术，与后世所谓儒教、孔教当分别论之。嗣后教育界何以处孔子，及何以处孔教，当特别讨论之，兹不赘)，可以不论。尚武，即军国民主义也。尚实，即实利主义也。尚公，与吾所谓公民道德，其范围或不免有广狭之异，而要为同意，惟世界观及美育，则为彼所不道，而鄙人尤所注重，故特疏通而证明之，以质于当代教育家，幸教育家平心而讨论焉。

据：临时政府公报．第13号，1912年2月11日出版

就任北京大学校长之演说

5年前，严几道先生为本校校长时，余方服务教育部，开学日

曾有所贡献于同校。诸君多自预科毕业而来，想必闻知。士别三日，刮目相见，况时阅数载。诸君较昔当必为长足之进步矣。予今长斯校，请更以三事为诸君告。

一曰抱定宗旨。诸君来此求学，必有一定宗旨，欲求宗旨之正大与否，必先知大学之性质。今人肄业专门学校，学成任事，此固势所必然。而在大学则不然，大学者，研究高深学问者也。外人每指摘本校之腐败，以求学于此者，皆有做官发财思想，故毕业预科者，多入法科，入文科者甚少，入理科者尤少。盖以法科为干禄之终南捷径也。因做官心热，对于教员，则不问其学问之浅深，惟问其官阶之大小。官阶大者，特别欢迎，盖为将来毕业有人提携也。现在我国精于政法者，多入政界，专任教授者甚少，故聘请教员，不得不聘请兼职之人，亦属不得已之举。究之外人指摘之当否，姑不具论。然弭谤莫如自修，人讥我腐败，而我不腐败，问心无愧，于我何损？果欲达其做官发财之目的，则北京不少专门学校，入法科者尽可肄业法律学堂，入商科者亦可投考商业学校，又何必来此大学？所以诸君须抱定宗旨，为求学而来。入法科者，非为做官；入商科者，非为致富。宗旨既定，自趋正轨。诸君肄业于此，或三年，或四年，时间不为不多，苟能爱惜光阴，孜孜求学，则其造诣，容有底止。若徒志在做官发财，宗旨既乖，趋向自异。平时则放荡冶游。考试则熟读讲义，不问学问之有无，惟争分数之多寡；试验既终，书籍束之高阁，毫不过问，敷衍三四年，潦草塞责，文凭到手，即可借此活动于社会，岂非与求学初衷大相背驰乎？光阴虚度，学问毫无，是自误也。且辛亥之役，吾人之所以革命，因清廷官吏之腐败。即在今日，吾人对于当轴多不满意，亦以其道德沦丧。今诸君苟不于此时植其基，勤其学，则将来万一因生计所迫，出而任事，担任讲席，则必贻误学生；置身政界，则必贻误国家。是误人也。误己误人，又岂本心所愿乎？故宗旨不可以不正大。此余所希望于诸君者一也。

二曰砥砺德行。方今风欲日偷，道德沦丧，北京社会，尤为恶劣，败德毁行之事，触目皆是，非根基深固，鲜不为流俗所染。诸君肄业大学，当能束身自爱。然国家之兴替，视风俗之厚薄。流俗如此，前途何堪设想。故必有卓绝之士，以身作则，力矫颓俗。诸君为大学学生，地位甚高，肩此重任，责无旁贷，故诸君不惟思所以感己，更必有以励人。苟德之不修，学之不讲，同乎流俗，合乎污世，已且为人轻侮，更何足以感人。然诸君终日伏首案前，芸芸攻苦，毫无娱乐之事，必感身体上之苦痛。为诸君计，莫如以正当之娱乐，易不正当之娱乐，庶于道德无亏，而于身体有益。诸君入分科时，曾填写志愿书，遵守本校规则，苟中道而违之，岂非与原始之意相反乎？故品行不可以不谨严。此余所希望于诸君者二也。

三曰敬爱师友。教员之教授，职员之任务，皆以图诸君求学便利，诸君能无动于衷乎？自应以诚相待，敬礼有加。至于同学共处一堂，尤应互相亲爱，庶可收切磋之效。不惟开诚布公，更宜道义相勖，盖同处此校，毁誉共之。同学中苟道德有亏，行有不正，为社会所訾詈，己虽规行矩步，亦莫能辩，此所以必互相劝勉也。余在德国，每至店肆购买物品，店主殷勤款待，付价接物，互相称谢，此虽小节，然亦交际所必需，常人如此，况堂堂大学生乎？对于师友之敬爱，此余所希望于诸君者三也。

余到校视事仅数日，校事多未详悉，兹所计划者二事：一曰改良讲义。诸君既研究高深学问，自与中学、高等不同，不惟恃教员讲授，尤赖一己潜修。以后所印讲义，只列纲要，细微末节，以及精旨奥义，或讲师口授，或自行参考，以期学有心得，能裨实用。二曰添购书籍。本校图书馆书籍虽多，新出者甚少，苟不广为购办，必不足供学生之参考。刻拟筹集款项，多购新书，将来典籍满架，自可旁稽博采，无虞缺乏矣。今日所与诸君陈说者只此，以后会晤日长，随时再为商榷可也。

据：东方杂志．第14卷．第4号．1917

以美育代宗教说

兄弟于学问界未曾为系统的研究，在学会中本无可以表示之意见。惟既承学会诸君子责以讲演，则以无可如何中，择一于我国有研究价值之问题为到会诸君一言，即“以美育代宗教”之说是也。

夫宗教之为物，在彼欧西各国，已为过去问题。盖宗教之内容，现皆经学者以科学的研究解决之矣。吾人游历欧洲，虽见教堂棋布，一般人民亦多入堂礼拜，此则一种历史上之习惯。譬如前清时代之袍褂，在民国本不适用，然因其存积甚多，毁之可惜，则定为乙种礼服而沿用之，未尝不可。又如祝寿、会葬之仪，在学理上了无价值，然戚友中既以请帖、讣闻相招，势不能不循例参加，借通情愫。欧人之沿习宗教仪式，亦犹是耳。所可怪者，我中国既无欧人此种特别之习惯，乃以彼邦过去之事实作为新知，竟有多人提出讨论。此则由于留学外国之学生，见彼国社会之进化，而误听教士之言，一切归功于宗教，遂欲以基督教劝导国人。而一部分之沿习旧思想者，则承前说而稍变之，以孔子为我国之基督，遂欲组织孔教，奔走呼号，视为今日重要问题。

自兄弟观之，宗教之原始，不外因吾人精神作用而构成。吾人精神上之作用，普通分为三种：一曰知识；二曰意志；三曰感情。最早之宗教，常兼此三作用而有之。盖以吾人当未开化时代，脑力简单，视吾人一身与世界万物，均为一种不可思议之事。生自何来？死将何往？创造之者何人？管理之者何术？凡此种种，皆当时之人所提出之问题，以求解答者也。于是有宗教家勉强解答之。如基督教推本于上帝，印度旧教则归之梵天，我国神话则归之盘古。其他各种现象，亦皆以神道为惟一之理由。此知识作用之附丽于宗教者也。且吾人生而有生存之欲望，而此欲望而发生一种利己之心。其初以为非损人不能利己，故恃强凌弱，掠夺攫取之事，所在多有。其后经验稍多，知利人之不可少，于是有宗教家提倡利他主义。此意志作用之附丽于宗教者也。又如跳舞、唱歌，虽野蛮人亦皆乐此不疲。而对于居室、雕刻、图画等事，虽石器时代之遗迹，皆足以考见其爱美之思想。此皆人情之常，而宗教家利用之以为诱人信仰之方法。于是未开化人之美术，无一不与宗教相关联。此又情感作用之附丽于宗教者也。天演之例，由浑而昼。当时精神作用至为混沌，遂结合而为宗教。又并无他种学术与之对，故宗教在社会上遂具有特别之势力焉。

迨后社会文化日渐进步，科学发达，学者遂举古人所谓不可思议者，皆一一解释之以科学。日星之现象，地球之缘起，动植物之分布，人种之差别，皆得以理化、博物、人种、古物诸科学证明之。而宗教家所谓吾人为上帝所创造者，从生物进化论观之，吾人最初之始祖，实为一种极小之动物，后始日渐进化为人耳。此知识作用离宗教而独立之证也。宗教家对于人群之规则，以为神之所定，可以永远不变。然希腊诡辩家，因巡游各地之故，知各民族之所谓道德，往往互相抵触，已怀疑于一成不变之原则。近世学者据生理学、心理学、社会学之公例，以应用于伦理，则知具体之道德不能不随时随地而变迁；而道德之原理则可由种种不同之具体者而归纳以得之；而宗教家之演绎法，全不适用。此意志作用离宗教而独立之证也。

知识、意志两作用，既皆脱离宗教以外，于是宗教所最有密切关系者，惟有情感作用，即所谓美感。凡宗教之建筑，多择山水最胜之处，吾国人所谓天下名山僧占多，即其例也。其间恒有古木名花，传播于诗人之笔，是皆利用自然之美以感人者。其建筑也，恒有峻秀之塔，崇闳幽邃之殿堂，饰以精致之造像，瑰丽之壁画，构成黯淡之光线，佐以微妙之音乐。赞美者必有著名之歌词，演说者必有雄辩之素养，凡此种种，皆为美术作用，故能引人入胜。苟举以上种种设施而屏弃之，恐无能之役参。然而美术之进化史，实亦有脱离宗教之趋势。例如吾国南北朝著名之建筑则伽蓝耳，其雕刻则造像耳，图画则佛像及地狱变相之属为多；文学之一部分，亦与佛教为缘。而唐以后诗文，遂多以风景人情世事为对象；宋元以后之图画，多写山水花鸟等自然之美。周以前之鼎彝，皆用诸祭祀。

汉唐之吉金，宋元以来之名瓷，则专供把玩。野蛮时代之跳舞，专以娱神，而今则以之自娱。欧洲中古时代留遗之建筑，其最著者率为教堂，其雕刻图画之资料，多取诸新旧约；其音乐，则附丽于赞美歌；其演剧，亦排演耶稣故事，与我国旧剧“目莲救母”相类。及文艺复兴以后，各种美术，渐离宗教而尚人文。至于今日，宏丽之建筑，多为学校、剧院、博物院。而新设之教堂，有美学上价值者，几无可指数。其他美术，亦多取资于自然现象及社会状态。于是以美育论，已有与宗教分合之两派。以此两派相较，美育之附丽于宗教者，常受宗教之累，失其陶养之作用，而转以激刺感情。盖无论何等宗教，无不有扩张己教、攻击异教之条件。回教之谟罕默德，左手持《可兰经》，而右手持剑，不从其教者杀之。基督教与回教冲突，而有十字军之战，几及百年。基督教中又有新旧教之战，亦亘数十年之久。至佛教之圆通，非他教所能及。而学佛者苟有拘牵教义之成见，则崇拜舍利受持经忏之陋习，虽通人亦肯为之。甚至为护法起见，不惜于共和时代，附和帝制。宗教之为累，一至于此，皆激刺感情之作用为之也。

鉴激刺感情之弊，而专尚陶养感情之术，则莫如舍宗教而易以纯粹之美育。纯粹之美育，所以陶养吾人之感情，使有高尚纯洁之习惯，而使人我之见、利己损人之思念，以渐消沮者也。盖以美为普遍性，决无人我差别之见能参入其中。食物之入我口者，不能兼果他人之腹；衣服之在我身者，不能兼供他人之温，以其非普遍性也。美则不然。即如北京左近之西山，我游之，人亦游之；我无损于人，人亦无损于我也。隔千里兮共明月，我与人均不得而私之。中央公园之花石，农事试验场之水木，人人得而赏之。埃及之金字塔，希腊之神祠，罗马之剧场，瞻望赏叹者若干人，且历若干年，而价值如故。各国之博物院，无不公开者，即私人收藏之珍品，亦时供同志之赏鉴。各地方之音乐会、演剧场，均以容多数人为快。所谓独乐乐不如人乐乐，与寡乐乐不如与众乐乐，以齐宣王之惛，尚能承认之。美之为普遍性可知矣。且美之批评，虽间亦因人而异，然不曰是于我为美，而曰是为美，是亦以普遍性为标准之一证也。

美以普遍性之故，不复有人我之关系，遂亦不能有利害之关系。马牛，人之所利用者，而戴嵩所画之牛，韩干所画之马，决无对之而作服乘之想者。狮虎，人之所畏也，而芦沟桥之石狮，神虎桥之石虎，决无对之而生搏噬之恐者。植物之花，所以成实也，而吾人赏花，决非作果实可食之想。善歌之鸟，恒非食品。灿烂之蛇，多含毒液。而以审美之观念对之，其价值自若。美色，人之所好也；对希腊之裸像，决不敢作龙阳之想；对拉飞尔若鲁滨司之裸体画，决不敢有周昉秘戏图之想。盖美之超绝实际也如是。且于普通之美以外，就特别之美而观察之，则其义益显。例如崇闳之美，有至大至刚两种。至大者如吾人在大海中，惟见天水相连，茫无涯涘。又如夜中仰数恒星，知一星为一世界，而不能得其止境，顿觉吾身之小虽微尘不足以喻，而不知何者为所有。其至刚者，如疾风震霆，覆舟倾屋，洪水横流，火山喷薄，虽拔山盖世之气力，亦无所施，而不知何者为好胜。夫所谓大也，刚也，皆对待之名也。今既自以为无大之可言，无刚之可恃，则且忽然超出乎对待之境，而与前所谓至大至刚者肸合而为一体，其愉快遂无限量。当斯时也，又岂尚有利害得丧之见能参入其间耶！其他美育中，如悲剧之美，以其能破除吾人贪恋幸福之思想。《小雅》之怨悱，屈子之离忧，均能特别感人。《西厢记》若终于崔、张团圆，则平淡无奇；惟如原本之终于草桥一梦，始足发人深省。《石头记》若如《红楼后梦》等，必使宝、黛成婚，则此书可以不作；原本之所以动人者，正以宝、黛之结果 死一亡，与吾人之所谓幸福全然相反也。又如滑稽之美，以不与事实相应为条件。如人物之状态，各部分互有比例。而滑稽画中之人物，则故使一部分特别长大或特别短小。作诗则故为不谐之声调，用字则取资于同音异义者。方朔割肉以遗细君，不自责而反自夸。优旃谏漆城，不言其无益，而反谓漆城荡荡，寇来不得上，皆与实际不相容，故令人失笑耳。要之，美学之中，其大别为都丽之美，崇闳之美（日本人译言优美、壮美）。而附丽于崇闳之悲剧，附丽于都丽之滑稽，皆足以破人我之见，去利害得失之计较，则其所以陶养性灵，使之日进于高尚者，固已足矣。又何取乎侈言阴骘、攻击异派之宗教，以激刺人心，而使之渐丧其纯粹之美感为耶。

这篇是在北京神州学会上的演说词．据：蔡孑民先生言行录．北京：北京大学新潮社，1920

新教育与旧教育之歧点

今日承京津中华书局代表之招，得与诸先生晤言一堂，不胜荣幸。中华书局，为供给教育资料之机关；诸君子皆有实施教育之职务。今日所相与讨论者，自然为教育问题。鄙人于小学教育，既未有经验；又于直隶省教育情形，未有所考察，不能为切实之贡献。谨以平日对于教育界之普通感想，质之于诸先生。

夫新教育所以异于旧教育者，有一要点焉，即教育者非以吾人教育儿童，而吾人受教于儿童之谓也。吾国之旧教育以养成科名仕宦之材为目的。科名仕宦，必经考试，考试必有诗文，欲作诗文，必不可不识古字，读古书，记古代琐事。于是先之以《千字文》、《神童诗》、《龙文鞭影》、《幼学须知》等书；进之以四书、五经；又次则学为八股文，五言八韵诗；其他若自然现象，社会状况，虽为儿童所亟欲了解者，均不得阑入教科，以其于应试无关也。是教者预定一目的，而强受教育者以就之；故不问其性质之动静，资禀之锐钝，而教之止有一法，能者奖之，不能者罚之，如吾人之处置无机物然，石之凸者平之，铁之脆者煅之；如花匠编松柏为鹤鹿焉；如技者教狗马以舞蹈焉，如凶汉之割折幼童，而使为奇形怪状焉；追想及之，令人不寒而栗。新教育则否，在深知儿童身心发达之程序，而择种种适当之方法以助之。如农学家之于植物焉，干则灌溉之，弱则支持之，畏寒则置之温室，需食则资以肥料，好光则复以有色之玻璃；其间种类之别，多寡之量，皆几经实验之结果，而后选定之；且随时试验，随时改良，决不敢挟成见以从事焉。故治新教育者，必以实验教育学为根柢。实验教育学者，欧美最新之科学，自实验心理学出，而尤与实验儿童心理学相关。其所试验者，曰感觉之阈，曰感觉之分别界，曰空间与时间之表象，曰反射，曰判断，曰注意力，曰同化作用，曰联想，曰意志之阅历，曰统觉，凡一切心理上之现象皆具焉。其试验之也，或以仪器，或以图画，或以言语，或以文字。其所为比较者，或以年龄，或以男女之别，或以外界一切之关系，或以祖先之遗传性，因而得种种普通之例，亦即因而得种种差别之点。虽今日尚未达完全之域，然研究所得，视昔之纯凭臆测者，已较有把握矣。

因而知教育者，与其守成法，毋宁尚自然；与其求划一，毋宁展个性。请举新教育之合于此主义者数端。一曰托尔斯泰（Tolstoy）之自由学校，其建设也，尚在实验教育学未起以前，乃本卢梭、裴斯泰洛齐、弗罗贝尔等之自然主义而推演之者；其学生无一定之位置，或坐于凳，或登于桌，或伏于窗槛，或踞于地板，惟其所欲；其课程亦无定时，惟学生之愿，常以种种对象间厕而行之；其教授之形式，惟有问答。闻近年比利时亦有此种学校，鄙人欲索其章程，适欧战起，比为德所据，不可得矣。二曰杜威（Dewey）之实用主义，杜威尝著《学校与普通生活》一书，力言学校教科与社会隔绝之害；附设一学校于芝加哥大学，即以人类所需之衣、食、住三者为工事标准，略分三部：一曰手工，如木工、金工之类；二曰烹饪；三曰缝织，而描画模型等皆属之；即由此而授以学理，如因烹饪而授以化学，因裁缝而授以数学，因手工而授以物理学、博物学，因原料所自出而授以地学，因各时代各民族工艺若服食之不同而授以历史学、人类学等，是也。三曰蒙台梭利之儿童室，即特设各种器具以启发儿童之心理作用者，是也；吾国已有译本，想诸君已见之。四曰某氏之以工作为操练说，此说不忆为何人所创，大约以能力说为基础。能力者，西方所谓 Energy 也，近世自然哲学，以世界一切现象，不外乎能力之转移，如燃煤生热，热能蒸水成汽，汽能运机，机能制器；即一种能力之由煤，而热，而汽，而机，而器，递相转移也。惟能力之转移，有经济与不经济之别，如水力可以运机发电，而我国海潮爆布之属皆置而不用，是即不经济之一端也。近世教育，如手工图画等科，一方面为目力手力之操练，而一方面即有成绩品，此能力转移之经济者也。其他各种运动，大率止有操练，并无出品，则为不经济之转移。若合个人生理及社会需要两方面而研究之，设为种种手力足力之工作，以代拍球蹴球之戏；设为种种运输之工作，以利用竞走竞漕之役；则悉于体育之中，养成勤务之习惯，而一切过激之动作，凌人之虚荣心，亦可以免矣。其他类是之新说，为鄙人所未知者，尚不知凡几，亦足以见现代教育界之进步矣。吾国教育界，乃尚牢守几本教科书，以强迫全班之学生，其实与往日之《三字经》、四书、五经等，不过五十步与百步之相差。欲救其弊，第一，须设实验教育之研究所。第二，教员须有充分之知识，足以应儿童之请益与模范而不匮。第三，则供给教育品者，亦当有种种参考之图画与仪器，以供教员之取资。如此，则始足语于新教育矣。

这篇是在天津中华书局“直隶全省小学会议欢迎会”上的演说词．据：北京大学日刊．第150、151号，1918

思想评介

蔡元培及其资产阶级教育思想

“五四”运动是中国近代史上一次伟大的新文化运动。它揭开了中国新文化运动的序幕，吹响全国批判传统封建文化的号角；它引导了中国新文化运动发展的方向，推动了中国新文化运动迅猛地向前发展。胡适倡导的白话文运动是当时新文化运动的主干，陈独秀引导发起的新人生思想则是新文化运动的灵魂。正是在他们的倡导下，从此以道德革命和文学革命为内容和口号的新文化运动就以披荆斩棘之姿，雷霆万钧之势汹涌澎湃地发展起来了。胡适、陈独秀和其他也在新文化运动中发挥了很大作用的人物如李大钊、钱玄同、吴虞、周树人、周作人、刘半农等，都是当时北京大学的教授。由此可以看出，“五四”运动的主体是北京大学的先进知识分子，“五四”运动的中心在北京大学。北京大学在新文化运动中的领导地位是由蔡元培奠基的。蔡先生力主思想自由、兼容并包，使北京大学吸引并容纳了一批中国当时最优秀的知识分子。蔡先生在“五四”前后的新文化运动中，在北京大学的建设发展中均占有很重要的地位。

作为一个贯通中西的学者，蔡元培主张学术民主、思想自由，反对历史上那种独尊孔氏的学风，痛恶科举制度下知识只是作为升官晋爵之途径的恶俗心理。他就任北京大学校长期间，力整校风，改革教制，发表演说，宣传他的学术自由，兼容并包，发展美育的思想，在中国教育史上写下光辉的一页。

一、兼容并包，学术自由

在欧洲留学时，西方学者为追求真理而研究学问的精神曾给蔡元培以很深的影响。在中国社会，知识分子总是与社会政治密切相联。求知的目的，从利己方面说，是为求功名利禄，从公共方面说，则为求治国平天下。“学”是手段，“仕”是目的。“学而优则仕”的思想在社会中的实现便是科举制度的形成。科举制度的形成反过来又进一步维系“学”与“仕”之间的关系。于是读书人不以读书为本业，而以做官为鹄的。更有甚者，有的读书人到处钻营，争取投靠有权有势者，将来能仰人鼻息以求一官半职。蔡先生当时接管的北京大学就是一个汇集着官僚和纨绔子弟的腐败学堂。当时，“学生对于专任教员，不甚欢迎，较为认真的，且被反对；对于行政司法界官吏兼任的，特别欢迎。虽时时请假，年年发旧讲义，也不讨厌。因有此师生关系，毕业时仍可为奥援。所以学生于讲堂上领受讲义及当学期学年考试时要求题目范围特别预备外，对于学术并没有何等兴会”。在这种情势下，蔡元培首先从确立办学方针入手，指出：“大学也者，研究学问之机关。”“大学生，当以研究学术为天责，不当以大学为升官发财的阶梯。”蔡先生力图打破中国历史上延续下来的“学”、“仕”密切相联的教育模式，提倡西方的为学术而学术的精神，认为大可将大学“视为养成资格之所，亦不可视为贩卖知识之所”，学者更“当有研究学问之兴趣，尤当养成学问家之人格”。他的结论便是“教育事业应当完全交给教育家，保有独立的资格，毫不受各派政党或各派教会的影响。”①只有教育从各党派的纷争中独立出来，才能使教育方针保持一贯而不会因政权交替屡屡变迁，这样教育才可能有实效，学术才可能有发展，学者才可能成为独立的知识分子。

抱定学术自由之宗旨，蔡先生在北京大学实施了一系列的改革。他在学术上主要提倡兼容并蓄，学术自由。教授之所以为教授，在于他在学术上有所贡献，在他本行中是个权威，并不在于他在政治上有什么主张。如辜鸿铭在民国已经建立了几年之后，还是带着辫子，穿着清朝衣冠，公开主张帝制，但他的英文水平很高，他可以教英文，北大就请他教英文。蔡先生到校仍未改变这一事实，反而又加聘了一个反动人物，那就是刘师培。刘师培出身于一个讲汉学的旧家。袁世凯在计划复辟帝制时，为了欺骗舆论，办了一个“筹安会”，鼓吹只有实行帝制才可以使中国转危为安。筹安会有六个发起人，当时被讥讽地称为“六君子”。在六人中，学术界有两个知名人士，一是严复，一是刘师培。袁世凯被推翻后，这六个人都成了大保守派。就在此时，蔡先生聘请刘师培为中国文学教授，开的课是中国中古文学史。陈独秀是当时新文化运动的思想领袖，蔡先生便请陈任北京大学文科学长，极力扶持陈的工作。他又请了胡适之、刘半农等人任教授。这种情况，正如马寅初先生所说的“当时在北大，以言党派，国民党有先生及王宠惠诸氏，共产党有李大钊、陈独秀诸氏，被视为无政府主义者有李石曾氏，憧憬于君主立宪发辫长垂者有辜鸿铭氏；以言文学，新派有胡适、钱玄同、吴虞诸氏，旧派有黄季刚、刘师培、林损诸氏。先生于各派兼容并蓄，绝无偏袒。更于外间之攻讦者，在《答林琴南氏书》中，表其严正之主张。故各派对于学术，均能自由研究，而鲜摩擦，学风丕变，蔚成巨欢”②。蔡先生认为，对于教员，应以学诣为主，无论何种学派，只要持之有故，言之成理，就可以自由讲学。正是这种“兼容并包”

① 高平叔编．蔡元培教育论集．长沙：湖南教育出版社，1987．334

② 蔡元培先生纪念集．62

的民主办学的方针，使得北大讲坛吸引了一大批名流学者，一时间，北大人才济济，一跃而成为中国新文化运动的中心。

蔡先生的“兼容并包”的学术民主的方针不是毫无原则的。对于复辟帝制的辜鸿铭、刘师培等人，蔡先生是让他们讲其所长的学术，而绝不容许他们在讲坛上宣扬帝制复辟。这就是“和而不同”。罗家伦在回忆“五四”时期求学北大的一段经历时说：蔡先生“主张学术研究自由，可是并不主张假借学术的名义，作任何违背真理的宣传，不只不主张，而且反对……经学教授中新帝制派的刘师培，为一代大师，而刘教的是三礼、尚书和训诂，绝未讲过一句帝制。英文教授中有名震海外的辜鸿铭，是老复辟派，他教的是英诗(他把英诗分为《外国大雅》、《外国小雅》、《外国国风》、《洋离骚》等类，我在教室里想笑而不敢笑，十分难过，却是十分欣赏)，也从未讲过一声复辟”①。

蔡先生的“和而不同”的精神在他一生的言行中也表现得非常的明显。如：1923年为了反对北洋政府教育总长彭允彝干涉司法、蹂躏人权，他发表了著名的不合作主义宣言；1928年至1929年间因耻与国民党上层官僚集团为伍，他屡次坚辞国民党政府授予他的监察院院长的职务；1933年因胡适顽固反对民权保障同盟的章程及活动，他和宋庆龄坚决主张把胡适清除出同盟等。

蔡先生的“兼容并包”的思想除源于上述的他对教育、学术研究的看法外，还在于蔡先生继承了中国传统中富有人道主义意味的忠恕、仁爱、信义等思想，又接受了西方的自由、平等、博爱的思想。他把这两方面的思想结合起来，以儒家思想中的仁、恕、义去解释博爱、平等、自由的原则。在此基础上，他形成了自己的“兼容并包”的人格精神。正如梁漱溟所指出的：“蔡元培先生的兼容并包之量，时下论者多能言之，但我愿指出说明的：蔡先生除了他意识到办大学需要如此之外，更要紧的乃在他天性上具有多方面的爱好，极广博的兴趣。意识到此一需要，而后兼容并包，不免是人

---

① 萧超然．试论蔡元培先生的“和而不同”精神．北京：北京大学学报，1988(1)

为的（伪的）；天性上喜欢如此，才是自然的（真的）。有意的兼容并包是可学的，出于性情之自然是不可学的，有意兼容并包，不一定兼容并包的了；唯出于真爱好，而后人家乃乐于为他所包容，而后尽管复杂却维系得住。——这才是真器局、真度量。”① 正是出于这种自然率真的人格精神，蔡先生的“兼容并包”才具有了强烈的感化人的力量。凡和他接触过的人，无不感到这种无形的力量。冯友兰在回忆他初次见到蔡先生的印象时说：“我在北京大学的时候，没有听过蔡元培的讲话，也没有看见他和哪个学生有私人接触。他所以得到学生们的爱戴，完全是人格的感召。道学家们讲究一气象，譬如说周敦颐的气象如‘光风霁月’。又如程颐为程颢写的《行状》说程颢‘纯粹如精金，温润如良玉，宽而有制，和而不流……视其色，其接物也如春阳之温；听其言，其入人也如时雨之润。胸怀洞然，彻视无间，测其蕴，则浩乎若沧溟之无际，极其德，美言盖不足以形容’。这几句话对于蔡元培完全适用。这绝不是夸张。我在第一次进到北大校长室的时候，觉得满屋子都是这种气象”。② 不独冯先生为然，柳亚子也有此种印象，他说：“蔡先生一生和平敦厚，蔼然使人如坐春风。”

“兼容并包”的方针，在一定时期内，可能是为旧的东西保留地盘，也可能是为新的东西开辟前进的道路。历史事实证明了，蔡先生的“兼容并包”在当时是为新的革命的东西开辟道路的。因为陈独秀当了文科学长之后，引进了许多进步教授，还把他在上海办的《青年》杂志搬到北京，改名为《新青年》，成为北京进步教授发表言论的园地。此后，毛泽东、邓中夏等人也是沿着蔡先生开辟的道路来到北大的。正是他们的领导下，新生的力量越益壮大，终于导致了“五四”运动的高潮。

二、“自由、平等、博爱”：新教育之纲领

蔡元培主张西学与中学融会贯通，他认为，研究学术，“非徒

① 梁漱溟．忆往谈旧录．北京：中国文史出版社，1986．89

② 冯友兰．松堂自序．三联书店，1983．320～321

输入欧化，而必于欧化之中为更进之发明；非保存国粹，而必以科学方法，揭国粹之真相”，以求传统文化的创新。而传统文化之所以能够创新，关键在于吸收和消化外来文化。希腊民族吸收埃及、腓尼基诸古国之文明而消化之，是以有希腊之文明；高卢、日耳曼诸族吸收希腊、罗马及阿拉伯之文明而消化之，是以有今日欧洲诸国文明。中国文化要在现代世界中求生存和发展，也必须吸收外来文化。蔡元培考察了中外文化接触的历史，认为汉以后西域文物虽悄悄输入，初无甚影响，对中国思想最有影响的，是印度文明的传入，他以汉季为中印文化接触之始，晋至唐为吸收之时代，宋为消化之时代。而欧洲文明，自元以来便渐至传入我国，但始终未能在社会上形成广泛的影响，直至清末民初，才有了吸收欧洲文化的机会。然而这种吸收应是“择其可以消化者而始吸收之”，不可囫囵吞入。

在欧留学的经历使他对法国革命的自由、平等、博爱的主张十分敬仰，认为这个口号与中国传统对理想境界的追求是一致的。“所谓自由，非放恣自便之谓，乃谓正路既定，矢志弗渝，不为外界势力所征服。孟子所称富贵不能淫，贫贱不能移，威武不能屈者，此也。准之吾华，当曰义。所谓平等，非均齐不相系属之谓，乃谓如分而与，易地皆然，不以片面方便害大公。孔子所称‘己所不欲，勿施于人’者，此也。准之吾华，当曰恕。所谓友爱，义斯无歧，即孔子所谓‘己欲立而立人，己欲达而达人’。张子所称‘民胞物与者’，是也。准之吾华，当曰仁。仁也，恕也，义也，均即吾中国古先哲旧所旌表之人道信条，即征西方之心同理同，亦当宗仰服膺者也”。[①] 蔡先生以义、恕、仁来解释自由、平等、博爱，即不是像当时国粹论者那样以“古已有之”来拒绝和蔑视西方文化思想，也不是像胡适那样以全盘西化来彻底打倒传统文化，而是采取一种“和和”、“中庸”的态度，指出尽管地理不同，但人同此心，心同此理，对世界前途之要求与渴望是相同的。他把儒家的“义”、“恕”、“仁”扩充为一种对个人解放和社会改造的追求，作

---

① 蔡元培全集．第3卷．北京：中华书局，1984．121

为在中国建立民主政治的基础。同时，在解释自由、平等、博爱的意义时，他不仅保持了它们在西方文化中的原意，并进一步赋予他们以人格修养方面的涵义。中国传统认为自由即是无拘束，这种自由观与西方建立在社会契约基础之上的自由观不同，而且在中国这样的父子、君臣有定位的社会中，思想被垄断，个性被钳制，根本谈不上什么自由。所谓的大丈夫“居天下之广居，立天下之正位，行天下之大道”，只不过是一种人格理想。蔡先生指出，自由并非“放恣自便之谓”，而是有责任在其中，为着这种责任去奋斗不已，不为权贵淫威所慑，不为艰难困苦所扰，一心朝着既定的目标，这才是自由。自由意味着完成自己的责任，实现自己的生命。此一看法用诸学术，就是潜心研究，不求功名；用诸社会，就是力矫颓俗，振兴国家。作为“五四”时期的重要思想家，蔡元培同样怀着对民族前途和命运的忧虑，他感到，国家所以“民俗日偷、士风日敝者，端由于师法堕落，学术消沉”。[①] 在这种情势下，如“非根基深固，鲜不为流俗所染”。所以只有个人束身自爱，以身作则，才能力挽士风民俗于颓败之间，而风俗正清，国家才能兴旺。所以有识之士，应当恪守正道，为真理，为科学而献身，即所谓“得志，与民由之；不得志，独行其道”。蔡元培不仅是如此主张，更以自己的行为实践之。在任北大校长的十年中，经过无数恶劣环境，而先生从来未与任何恶势力作过妥协。

关于平等，先生指出并非“均齐不相系属之谓，乃谓如分而与，易地皆然，不以片面方便害大公”。平等不是那种无条件的绝对平等，更不是中国历史上的那些“等贵贱，均贫富”的空泛的理想，而是浓缩于“己所不欲、勿施于人”的八个字中。中国传统中的所谓平等大多为追求起码的日常生计之满足且流于平均主义。这种平等观是对小农经济生活的反映，在一个生产不发达的社会中，这种平等观如得到实施，其结果必然是社会的普遍贫困。蔡先生根据西方的平等观念，认为平等应是个人在权利、精神上的平等，即每个人都有争取自由和幸福的权利，而这是以个人保持和发展个

---

① 蔡元培全集．第3卷．北京：中华书局，1984．116

性、同时又尊重他人的独立为基础的。他反对抹杀个性、侈谈群性，他认为教育就是培养个性的最好方式，教育是要个性与群性平均发展的，它与政党不同。政党只要求群性，要求服从，教育则要培养独立个性，要求自由思想。他反对旧道德的那种家长作风，说："旧日道德，隐然有一种魔力，法规所定，无论当否，无丝毫违抗改变余地。国之君主，家之家长，私塾之师，其令之严，被动者惟有服从，无所谓自由其思想，居于判断是非之地。"① 蔡先生感到，平等的风气，应首先从教育界入手，校风正则国风会渐好。因此在就任北大校长时，他以自己的平等待人受到全体师生员工的爱戴，同时他又尊重和相信学生的独立判断和思考能力，让他们对不同学术流派自行消化与吸收。

谈到博爱，蔡元培以中国传统思想的"仁"说明之。他认为"仁"的核心在于爱，而此种爱首先是亲子之爱，由此推广则是"泛爱众"，则是墨子所谓"兼爱"，张子所谓"民胞物与"。他提倡爱人之心。学生对教师应敬爱，学生之间应有手足之情，并将敬爱师友作为对北京大学学生的三项要求之一。他认为博爱是由平等推暨而来的，"不承认平等之义者，即不能再望以博爱。"蔡元培认为，道德的根本，就在于自由、平等、博爱，中国伦理思想的基本信条，也就在于仁、恕、义。这三者与人类心理的意、智、情相联。意志是人生的主体，它又需智与情的翼助，如果意志表现为道德的话，那么决定人心道德之向背的，惟有科学与美学。"二五之为十，虽帝王不能易其得数，重坠之趣下，虽兵甲不能劫之反行，此科学之自由性也。利用普乎齐民，不以优为贵；立术超乎攻取，无所党私，此科学之平等性及友爱性也，若美术者，最贵自然，毋意毋必，则自由之至者矣。万象并包，不遗贫贱，则平等之至者矣。并世相师，不问籍域，又友爱之至者矣。故世之重道德者，无不有赖乎美术及科学，如车之有两轮，鸟之有两翼也。"② 正由于科学与美学集中体现了自由、平等、博爱的精神，因此成为陶铸道德

① 蔡元培全集．第3卷．北京：中华书局，1984．47

② 蔡元培全集．第3卷．北京：中华书局，1984．121～122

之要具，国家的振兴，既然依赖于道德之重建，便更有赖于科学与艺术之提倡。

“自由、平等、博爱”，见诸行动上，则是一勤二俭。“勤则自身之本能大，无需于他；俭则生活之本位廉，无入不得，是含自由义。且勤者自了己事，不役人以为工；俭者自享己分，不夺人以为食，是含平等义。勤者输吾供以易天下之供，俭者省吾求以裕天下之求，实有烛于各尽所能，各取所需之真谛，而不忍有一不克致社会有一不获之夫，是含友爱义。”① 应当说，这种克勤克俭的主张，既是传统思想中安贫乐道思想的发挥，又融合了对自由、平等、博爱的理想的追求。

三、“五育并举”，育一代新人②

由对于“自由、平等、博爱”口号的提倡和对它们的内在涵义的中国式理解，蔡元培提出了著名的“以美育代替宗教”的主张。

蔡先生是一个无神论者，但他却一向主张宗教信仰自由。他认为，“真正之宗教，不过信仰心，所信仰之对象，随哲学之进化而改变，亦即因个人哲学观念之程度而不同，是谓信仰自由。”③ 但是他不赞成那种认为宗教仪式和信条可以涵养德性的看法。他以第一次世界大战中法、德、俄三国军队的各自表现，来说明道德素养不是由宗教信仰得来。俄国最重宗教，德国次之，而在法国，宗教则已退化为一些以宗教内容命名的节日，然而自欧战观之，虽战争目的不同，法德两国军队却都能英勇奋进，俄军中却由于屡发军官克扣兵饷之事致使士气低落、军心涣散。可见，道德心并非由宗教而来，却是由美育而来。法德两国美术、音乐发达，德国人追求刚阳博大之美，故能抱定目的，虽历千难万险而始终不渝；法国人追求阴柔和合之美，故能显从容洒脱之态，虽当颠沛流离之际，决不改变其常度。所以若谈陶冶情操，应归功于美育。

---

① 蔡元培全集．第3卷．北京：中华书局，1984．122

② 汤一介主编．北大校长与中国文化．北京：北京大学出版社，1998

③ 中国哲学思想论集·现代篇：（一）．326

事实上，蔡先生所说的美育，并不是现在意义上的美学，而恰恰是一种伦理教育，一种高尚人格之培养。在他那篇著名的《以美育代宗教说》的演说中，蔡先生以“智、情、意”之关系为基础，探讨了宗教的产生及其与科学、艺术由合而分的过程，提出了美术之能够代替宗教的理由。他指出，宗教只是在人类发展的初期阶段，才兼有智、情、意三种作用，因那时人对自身和自然界都没有什么了解，宗教便成为愚昧的人类对自己和环境唯一可能的解释。随历史之演进、科学之发达，宗教的垄断才被打破，科学和伦理学有了独立之可能。这时只有美学还与宗教相联。自文艺复兴后，艺术内容由宗教转向了人文，自此，美学便开始了摆脱宗教的过程。与宗教结合的美学，不过是附属于宗教而只起到刺激感情的作用，只有舍弃了宗教的纯粹美学，才纯具“陶养吾人之感情”的作用。美术之所以具有陶养性情的作用，在于它具有两种特性：一是普遍性，一是超脱性。食物之入我口者，不能兼果他人之腹；衣服之在我身者，不能兼供他人之温。这种物质上的不相入，助长了人我之分和自私自利的计较。而美的对象则不然。美感的发动，以达之于视觉、听觉为限，因而有“天下为公”之感。正所谓“独乐乐，不若与人乐乐”，“与少乐乐，不若与众乐乐”，名山大川，人人得而游览；夕阳明月，人人得而赏玩，图画造像，人人得而畅观。正是美的这种普遍性，足以打破人我成见。同时，人们欣赏美的对象，仅只是因其赏心悦目，决无功利之贪图。犹如戴嵩所画之牛，韩干所画之马，决无对之而作服乘之想者，因而美是超越于利害之上的。正由于美可以破人我之偏颇，超功名之利害，所以它能够陶冶人的情操，使人在现实生活中以众人的生与利为目的，而一己的生与利托乎其中；特别是当着生死利害的紧要关头，能够“杀身以成仁”，“舍生以取义”，才能具有“富贵不能淫、贫贱不能移，威武不能屈”的气概。

智、情、意三者合和，使人达于真、善、美的境界，从而实现了传统思想中天人合一、知行合一、情境合一的理想。因此，以美育代替宗教，是蔡元培思想的核心内容。通过智、情、意三者的关系，既达于自由、平等、博爱的社会理想，又达于真善美合一的人格思想，这不就是几千年来中国传统知识分子所一直追求的吗？蔡元培以美育统摄之，为传统的追求赋予了新的内涵。

正由于蔡先生将美育与高尚人格之培养结合起来，因而他在提出教育方针时，将德、智、体、美作为基本内容，并特别注重德育。他认为，教育是以追求实体世界的最高精神境界为最终目的的，所以智育、体育、美育都是围绕这个最终目的开展并为此目的服务的。他根据自己关于意志、知识、情感相互关系的理论，指出意志即道德心，它并不能脱离知识和情感单独进行。“凡道德之关系功利者，伴乎知识，恃有科学之作用；而道德之超越功利者，伴乎情感，恃有美术之作用。”① 在蔡元培看来，道德教育乃国民教育之根本，一个民族的道德水平才是这个民族文明的核心内容。因此，他十分系统地研究了中国伦理思想发展的历史，著成《中国伦理学史》一书。

《中国伦理学史》可说是较早的系统整理和叙述中国古代各家伦理思想的一本书。书中蔡元培以科学的方法分析和评价了各家思想，指出各人的长短优劣，他认为中国的伦理思想产生于对天的崇拜，将天道秩序推广至人类社会，始产生上下尊卑，长幼有序的道德伦理，而这种伦理又靠家长制度来维系和完善。传统中国道德观的根本在于“中”，“中者，随时地之关系，而适处于无过不及之地者也。”② 而道德修炼之方法，就在于真心诚意、致知格物。对于中国传统的伦理思想，蔡先生是将它们与“自由、平等、博爱”的口号结合起来说明的，因而他特别注重的是这样三方面的内容：一是孔孟的中庸之学，认为这是民族性格之根本；二是孟子所谓大丈夫的品格；三是以礼乐教化为政之本的政治思想。

事实上，当以仁义忠恕说明自由、平等、博爱之时，蔡先生已是将仁义忠恕的道德规范理想化了，他只注意到它们在形成“完满之人格”方面的作用，却没有看到，这种由家族主义引发出来的道德关系，本身就隐含着抹杀个性、反对自由的倾向。因为上下尊卑

① 蔡元培全集．第3卷．北京：中华书局，1984．3

② 蔡元培哲学论著．10

的天际关系和孝亲为主的长幼秩序，本身是非对称性的，它表明了尽忠和尽孝仅仅是下级对上级、臣民对君王、子女对父母的义务，这必然导致祖宗崇拜和长老至上，而这种思想最终的结果，只能是极权政治。中国两千多年的历史已经极好地说明了这一点。这种政治制度的导演，决不是董仲舒一个“独尊儒术”就能办到的。它有思想上的渊源。当然，“仁”的本意也确有“爱人”的涵义，“恕”的本意也确涵有“宽宏”的涵义，但在两千多年的中国社会演化中，这种“仁者爱人”，“己所不欲，勿施于人”的思想，逐渐地演化为士大夫个人的修行标准，从整个社会的政治和道德说，它们只不过剩下一副空架子，成为伪善者的假面具。

蔡元培的《中国伦理学史》一书的意义在于，他以西方自由、民主、科学的精神，为传统的伦理规范灌注了一股清新的甘泉，将“仁”、“义”、“恕”等等古老的道德范畴同现代思想结合起来，作为德育的基本内容，这是蔡元培的贡献，也是他个人高尚的道德修养的体现。

蔡先生是中国近代教育史上首倡世界观教育的人。他认为德育所要实现的，最终还是有价值的人生观，这样才可能最终达到真善美的统一，达到人生最美好的境界。

但是，德育的实施必须有其他方面的辅助方得以成。这些方面中，首推体育。这可以是对中国近百年来受人欺侮所得出的经验。他认为，“强邻交逼，亟图自卫，而历年丧失之国权，非凭借武力，势难恢复。”当然，蔡先生提倡体育决非要提倡穷兵黩武，他将体育作为培养健全人格的重要环节，认为无健康身体的人，精神上也必感痛苦。所以他在接管北大后，兴办了各种娱乐活动，以使学生的身心得到最充分的锻炼。

德育的实施，还要靠智育的辅助，即道德之关系功利者，恃乎知识之提倡。发展科学和实业教育的目的，在于提高人民富裕程度，增强国家财力，这样才可在世界竞争中立于不败之地。而且，知识的学习还可使人的思维缜于细密，以提高民族的理论思维。

将美育列为教育方针的组成部分，是蔡元培的首创。他认为由于美学的普遍性和超脱性之特点，使之可以陶冶人的情操，扩大人的视野，消灭人我的界限，超越功利的计较。教育若无美育便不是完全之教育，因为它是人的情感所必需，又是由现象世界到达本体世界之桥梁。教育家的任务，就在于通过美育，使人达到最高的精神境界。

在德、智、体、美（若将世界观教育单列为一项，则为“五育”）中，蔡元培认为以“公民道德为中坚，旧世界观及美育皆所以完成道德，而军国民教育及实利主义，则必以道德为根本”（《全国临时教育会议开会词》）。只有五育并举，才能够培养出既有强健的体魄，又有丰富的知识，更有高尚的道德的一代新型知识分子。在那个“世风日偷”的年代，这样的知识分子肩负改造风气、振兴国家的重任，在今天，这样的知识分子更是社会进步的中坚。

蔡元培的教育思想，奠定了中国现代教育的基础，也成为现代化教育的重要依据。特别值得一提的是，蔡元培首次在北大招收女性旁听生，从此开了男女同校的先例，这在中国教育史上是第一次。也正因为他提倡男女平等，才在《中国伦理学史》中独举出俞正燮，以其主张男女人格平等，在伦理学史上给他一席之地。

蔡元培对中国文化的贡献是多方面的，而其中尤为重要者，是他力主思想、学术自由，倡导兼容并包而形成的思想、学术的大局，为近代的中国开导出了一新的潮流。诚如梁漱溟所说的，“谈论蔡先生一生，没有什么其他成就，既不以某种学问见长，亦无一桩事功表见。然而他所成就之伟大，却又非寻常可比。这就是：他从思想学术上为国人开导出一新潮流，冲破了社会旧习俗，推动了大局政治，为中国历史揭开新的一页。在这里，他并非自己冲锋陷阵的。他之所以能成其功，全在他罗致聚合了上述许多人物（指陈独秀、胡适、李大钊等人——引者注），倾心维护他们，并从而直接培养出了许多青年后起人物。”① 今天我们纪念蔡元培先生，尤应继承他的学术自由、兼容并包的思想，为中国文化的发展不断地开导出新的潮流。

（葛新斌　徐兰婷）

---

① 梁漱溟．忆往谈旧录．北京：中国文史出版社，1986．86

黄炎培

(Huang Yan Pei)

■ 生平简介

■ 名篇选读

中华职业教育社宣言书

职业教育谈(节选)

中华职业教育社奋斗三十二年发见的新生命

■ 思想评介

黄炎培及其职业教育思想

生平简介

黄炎培（1878～1965），号楚南，后改号韧之、任之，笔名抱一。江苏省川沙县（今属上海市）人，出生于贫穷知识分子家庭，年少时饱受儒学熏陶，青年时母亲父亲相继病逝，出于谋生需要，黄炎培读书之余在百货零售商店做临时工，历时三年，20岁开始当塾师，22岁府试秀才第一名，25岁乡试中举人。1901年他考入上海南洋公学特班读外交科，师从蔡元培，深受蔡元培教育救国思想的影响。1903年以后，黄炎培深入调查国内教育现状，出国考察世界教育情况，积极创办新式学校，积累了丰富的教育实践经验。黄炎培密切联系教育界、实业界、政界人士，发起成立“中华职业教育社”，创办《教育与职业》杂志，开设一系列职业学校，促进了中国职业教育的发展，形成了独树一帜的职业教育思想。黄炎培堪称中国近现代职业教育的重要奠基人。他的主要教育论著有：《学校教育采用实用主义之商榷》、《实用主义小学教育法》、《黄炎培考察教育日记》、《中华职业教育社宣言书》、《中国教育史要》等。

名篇选读

中华职业教育社宣言书

今之策国是者，莫不重教育；策教育，莫不谋普及。夫教育曷贵乎普及，岂不曰教育普及，则社会国家一切至重要至困难问题，根本上皆得缘以解决也。今吾中国至重要至困难问题，尚有过于生计者乎！兴学20余年，全国学校亦既有10.8万余所，何以教育较盛之区，饿殍载途如故，匪盗充斥如故。更进言之，谓今之教育而能解决生计问题，则必受教育者之治生，较易于其未受教育者可知。而何以国中自小学以至大学，学生之毕业于学校而失业于社会者比比。此国人所谛观现象，默审方来，而不胜其殷忧大惧者也。

甲寅之秋，同人有考察京津教育者，某中学学生数百人，其校长见告：吾校毕业生，升学者 1/3，谋事而不得事者 1/2。乙卯、丙辰两岁，江苏省教育会以毕业生之无出路也，乃就江苏公私立各中学调查其实况。乙卯升学者得 23%，丙辰得 39%，此外大都无业，或虽有业而大都非正当者也。今岁全国教育联合会各省区代表报告，则升学者仅及 1/10，或不及 1/10。若夫高等小学，今岁调查江苏全省毕业者 4 983 人，而收容于各中等学校者，不及 1/4，此外大都营营逐逐，谋一业于社会，而苦所学之无可以为用者也。

或曰：此之所云，普通学校耳。则试观夫实业学校、专门学校。有以毕业于纺织专科，而为普通小学校图画教员者矣；有以毕业于农业专科，而为普通行政机关助理员者矣；甚有以留学欧美大学校专门毕业，归而应考试于书业机关，充普通编译员者矣。所用非其所学，滔滔皆是。虽然，此犹足以糊其口也。其十之六七，乃并一啖饭地而不可得。实业学校毕业者且然，其他则又何说。然则教育幸而未发达未普及耳，苟一旦普及，几何不尽驱国人为高等游民，以坐待淘汰于天演耶。曩岁同人鉴于教育之不切实用，相与奔走呼号，发为危言，希图教育当局之省悟。今则情见势绌，无可为讳，盖既不幸言而中矣。

简而言之，吾侪所深知确信而敢断言者，曰今吾中国至重要至困难问题，厥惟生计。曰求根本上解决生计问题，厥惟教育。曰吾中国现时之教育，决无能解决生计问题之希望。曰吾中国现时之教育，不惟不能解决生计问题，且将重予关于解决生计问题之莫大障碍。此而不思所以救济，前途其堪问耶！

救济之道奈何？或曰：此社会事业不发达之故。夫人才而有待夫现成之事业耶，抑事业实待人才而兴也？或曰：此用人而违其长者之咎。然吾闻农场尝用农学生矣，其知识其技能，或不如老农也。商店尝用商学生矣，其能力未足应商业用，而其结习，转莫能一日安也。吾侪所深知确信而复敢断言者，曰方今受教育者之不能获职业，其害决非他方面贻之，而实现时教育有以自取之也。

且教育曷贵也，语小，个人之生活系焉；语大，世界国家之文化系焉。今吾国文明之进步何如乎？行于野，农所服者，先畴之畎亩也。游于市，工所用者，高曾之规矩也。夫使立国大地，仅我中华，则率其旧章，长此终古，亦复何害。独念今世界为何等世界，人绝尘而奔，我蛇行而伏。试观美利坚一国，发明新器物，年至四万种。爱迪生一人，发明新器物，多至九百种。我未有一焉。谁为为之，无新学识以应用于实际，无新人才以从事于改良，教育不与职业沟通，何怪百业之不进步。由是吾侪深知确信而复敢断言，曰吾国百业之不进步，亦实现时教育有以致之也。

同人于此，既不胜其殷忧大惧。研究复研究，假立救济之主旨三端：曰推广职业教育；曰改良职业教育；曰改良普通教育，为适于职业之准备。

依教育统计，全国中学 403 所，而甲种实业学校仅 94 所，高等小学 7 315 所，而乙种实业学校仅 230 所。夫中学毕业力能升学者，或不及 1/10。高等小学毕业，力能升学者，或不及 1/20。数若是其少，谋生者数若是其多。乃为学生升学地之中学、高等小学数若是其多，为学生谋生地之实业学校数若是其少，供求不相剂若此，职业教育之推广，其可缓耶！又况甲乙种实业学校，固未足以括职业教育，而尽给社会分业之所需也。虽然，属于普通性质之中学、高等小学数既若是其多，则一时欲广设职业学校，俾适合乎 1/10 中学、1/20 高等小学毕业生升学者与谋生者之比，不惟财力将有所不胜，即进行亦嫌其太骤。故同人所主张，一方推广职业学校职业补习学校；一方于高等小学中学分设职业科。谓惟此于事实较便，影响较广耳。

虽然，仅言推广职业教育，而谓足解此症结，则又何解于实业学校毕业生失业者之纷纷。盖吾国非绝无职业教育，其所以致此，亦有数原因焉：一曰其设置拘统系而忽供求也。美瑟娄博士有言，苟与我 60 万金办中国职业教育，我必以 20 万金充调查费。夫职业教育之目的，一方为人计，曰以供青年谋生之所急也；一方又为事计，曰以供社会分业之所需也，然则今时之社会，所需者何业，某地之社会，所需者何业，必一一加以调查，然后立一校，无不当其位置，设一科，无不给其要求，而所养人才，自无见弃之患。今则不然，曰农，曰工，曰商，不可不备也。农若干科，工商各若干科，苟为法令所无，匪所宜立也。其所汲汲者，在乎统系分明，表式完备，上以是督，下以是报，而所谓时也，地也，孰所需，孰非所需，均在所不暇计。二曰其功课重理论而轻实习也。自《小学校令》有加设农商科之规定，各地设者不少，顾农无农场也，商无商品也，不过加读农商业教科书数册，其结果成为农业国文、商业国文而已。所谓乙种农、工、商学校，亦复如是。即若甲种，其性质既上近专门，其功课更易偏理论。今之学生，有读书之惯习，无服劳之惯习，故授以理论，莫不欢迎；责以实习，莫不感苦。闻农学校最困难为延聘实习教师。夫实习既不易求之一般教师，则所养成之学生，其心理自更可想。而欲其与风蓑雨笠之徒，竞知识之短长，课功能于实际，不亦难乎。三曰其学生贫于能力而富于欲望也。实习非所注重，则能力无自养成。然而青年之志大言大，则既养之有素矣。上海某银行行长，录用学校毕业生有年，一日本其经验语人曰：今之学生，学力不足，而欲望有余，不适于指挥，徒艰于待遇耳。夫银行，新式事业也，犹且如此。则凡大多数之旧式事业，学徒执役，则极其下贱，学成受俸，则极其轻微，其掉头不屑一顾可知。夫生活程度，必与其生活能力相准。办事酬报，必与其办事能力相当。若任重有所不胜，位卑又有所不屑，奚可哉！此第三病根，实于受普通教育时代种之。故同人所主张：改良职业教育，必同时改良普通教育。

救济之主旨如上述，其施行方法奈何？曰调查，曰研究，曰劝导，曰指示，曰讲演，曰出版，曰表扬，曰通信答问。其所注意之方面，为政府，为学校，为社会，而又须有直接之设施。曰择地创立都市式、乡村式男女子职业学校，日、夜、星期职业补习学校。而又须有改良普通教育之准备。曰创立教育博物院。迨夫影响渐广，成效渐彰，又须设职业介绍部。其为事曰调查，曰通告，曰引导。

今欧美之于职业教育，可谓盛矣。德国一职业学校，分科至

300多种。美国黑人实业学校，凡房屋以及房屋之砖之瓦之钉，屋内一切家具，马车以及车之轮之铁之褥之油幔，马之缰及马之豢养，御者之衣及履，食物如面包、以及制面包之麦之粉，若牛肉，若牛油，若鸡蛋，若牲畜之豢养及屠宰，无一非出学生手。凡归自欧美者，莫不艳称而极道。然试考其发达之源，英仅自1908年苏格兰设教育职业局始。美仅自1907年波士顿设少年职业顾问所始。其后经舆论之赞成，极一时之响应，以有今日。可知谋事无所为难，作始不嫌其简。同人不敏，所为投袂奋起，以从事于本社之组织。十年而后，徜获睹夫欧美今日之盛，学校无不用之成材，社会无不学之执业，国无不教之民，民无不乐之生，乃至野无旷土，肆无窳器，市无游氓，因之而社会国家秩序于以大宁，基础于以确立，斯皆有赖夫全国同志群策群力之赞助，以底于成，而非同人一手一足之所能为役矣。同人所敢言者，矢愿本其忠诚，竭其才力，始终其事。一切组织，具如别订。盖诚目击夫现象之大危，心怵夫方来之隐患，以谓方今最重要最困难之问题，莫生计若。而求根本上解决此问题，舍沟通教育与职业，无所为计。惟我教育家、实业家与夫热心谋所以福国家利社会诸君子有以教之。

摘自：田正平等编．黄炎培教育论著选．北京：人民教育出版社，1993．80~84

职业教育谈（节选）

或问于余曰：“谈职业教育者棼矣，请质言其旨，可乎?”曰：“可。职业教育之旨三：为个人谋生之准备，一也；为个人服务社会之准备，二也；为世界、国家增进生产力之准备，三也。”

或曰：“是三说者，于古有征乎?”曰：“有。言治莫古于《尚书》，禹谟三事，曰正德、曰利用、曰厚生。为个人谋生，厚生之说也；为世界、国家增进生产力，利用之说也；有群而后有道德，服务社会，德莫大焉，职业教育为之准备，非正德而何?”

自本杂志第一册以幼儿画饭具揭于面，一时议论蜂起。称之者曰：“善哉！今后之学子，其得啖饭地矣。”诋之者曰：“鄙哉！乃以职业教育为啖饭教育也。”二说背道而驰，果孰非而孰是乎？请得而释之。吾人在世之目的与天赋之责任，其决非仅为个人生活明矣。虽然，苟并个人生活之力而不具，而尚与言精神事业乎？而尚与言社会事业乎？职业教育之效能，非止为个人谋生活，而个人固明明借以得生活者。以啖饭教育概职业教育，其说固失之粗浮，高视职业教育，乃至薄啖饭问题而不言，其说亦邻于虚骄。

某毕业生求事，余函复之。其言或为一般学生谋职业者所宜注意也。

谋事甚难，学生出路问题久悬未解。此固社会事业寂寥，对于学生信用淡薄所致。然行远自迩，升堂有阶，在学生方面亦宜先求其应尽之道。窃谓学生毕业，第一，须依其夙所研究之学科，调查社会上关于该科之现况，谋增进其知能。譬如习师范，应调查教育现况；习师范而注意研究国文，应调查国文教科之现况。第二，须发表其心得与疑问，或以笔或以舌，就正于先辈，亦借使社会知有某某其人。第三，须随时利用机会，注意社交。若株守家园，与世隔绝，而欲待机会之叩门而至，毋乃大难。此三者中，以前二者为大要。为用人者计，苟未深知其人平日学行如何，能力如何，其不敢贸然畀以位置，亦人情也。

张君士自美国纽约哥伦比亚大学来书云：“私意在美，先就美国最长之处研究，拟十分注意于心理学一门。心理于教育关系极大，美国人之研究，比德国更重实验。此间言职业教育者，渐注意于职业心理学，使儿童得习其性所最近之技术，此亦余所拟加研究者”等语。

研究职业教育，注重于职业心理学，此可谓为世界思潮之新趋向。吾国此时职业教育，诚在萌芽，倘能于下手时，即根据职业心理，为倡导之标准，必且易于收效。已函复张君，请其搜采资料，随时见告。

各国方大致力于战后教育之研究。质言之，则所谓战后教育者，生产教育而已：如何可使土地增加其收获；如何可使人力增加其效能；制造也，如何使之更精；运输也，如何使之更捷。或谋事后弥补疮痍，或谋乘机发展国力，虽地位不同，要其心光、目光所凝聚之一点，惟“地”与“人”与“物”、生产能力之增进问题而已。夫欲解决“地”与“人”与“物”、生产能力之增进问题，舍职业教育，尚有他道邪？故吾敢断言，欧战终了以后，正职业教育大发展之时期也。

吾国今兹地位，非常困难。战事终了，所受影响如何，殊难逆料。虽然，弱国有弱国之战后教育。以土地如此之大，人口如此之多，苟不亟亟焉自谋所以增进其生产力，他人将有代为谋者。是故，吾国之战后教育，更舍职业教育无所为计。所以图存者在此，所以图强者亦在此。谋教育而有国家思想、有世界眼光者，定不河汉斯言。

教育与职业．1918（3～6）

中华职业教育社奋斗三十二年发见的新生命

一系列的人受了他们广泛的、天真的人道主义和国家民族主义这些思想的驱使，前前后后奋斗了几十年，依他们的方向，找出一条路，自己先走，走通了，希望大家走，来实现他们的理想。不料中间遭遇了连续性的却是不同方向的无数阵的暴风雨，他们自始至终总是直立着，倒借了这些风和雨，磨炼成功了他们相当坚实的体格，还靠了抗毒素的加强，在漫长的岁月里，延续了他们的生命。天气依着规律性大放晴光了。当前呈现出一个新的世界。正是他们所指着的方向，却是他们从前憧憬着还没有清楚地发见的道路。他们兴奋了，将要拔步前进的时候，愿意向着大众，说明他们过去为什么奋斗，怎样奋斗和长期的怎样怎样遭遇艰苦，艰苦到几于丧失生命而到底没有丧失的种种事实和缘由，以及从今以后，立志把他们所有一切的一切，贡献给新的世界，认为该重定一种新的努力方式，作为他们继续奋斗的范畴。这就是我所写这篇文章的大意。

这一系列的人，有已经离开世界的，值得报告一下：沈信卿先生恩孚、袁观澜先生希涛、姚子让先生文枬、杨月如先生保恒、贾季英先生丰臻、顾述之先生生倬、黄伯樵先生异、俞抗澜先生泰临、刘湛恩先生、邹韬奋先生、季寒筠先生，当然数是数不尽的。

一、中华职业教育社是怎样产生的呢

它是公元1917年，中华民国六年五月六日在上海开会宣告成立的。一篇宣言书草案发表后，大得各方同情。署名的，当时教育、实业两界知名人士以外，全国南北名人蔡元培、马良、严修、伍廷芳、张元济等，在宣言书上是首列的。

当时中国的社会，新发生一种矛盾现象。基于民国成立，各省大量推广教育，中学校一县有骤增到100所以上的，但它的毕业生大都没有出路。江苏省教育会年年公布教育调查统计，中学毕业生升学者仅占25%左右，求事而不得事者，占到半数，甚至半数以上。同时却因世界大战发生，舶来品骤然减少，实业界很想推广制造国货来承乏，而苦于缺少技术人员。它的发起宣言，就针对着这种现象立论。对于大量扩充普通性的中学，认为是无目的、无计划的教育，严切地加以评正；大声疾呼着主张大改革教育政策，必须把教育和生活密切地联系，它愿首先这样尝试、倡导起来。

社章里明确地揭示它的目的，有三点，第一是改良教育的准备，第二是替学生谋服务社会的准备，而第三点，就是替中国和世界谋增加生产的准备。那时候，中国还没有人提到增加生产从教育下手，它是第一声。

它所提出终极的目的，是使无业者有业，使有业者乐业。

明年1918年，民国七年，它在上海创立了一种中华职业学校。

设有铁工、木工、纽扣、珐琅各科。前两者属于教育上手脑并用的基本教练，也是发展一般工业的基本因素；后两者，它从海关输出入统计上看出这两种舶来品数量骤增，而实际上倒不难抵制，想从这上边做个国货制造的先导，——后来这两种国货，到底抵制住了外货，尤其是珐琅业，上海这类工厂数大增，大都有中华职业学校毕业生在内。它从教育上为中国增加生产的宣言，算初度小小试验有效。

同时，它发行《教育与职业》月刊，编行不少关于职业教育专书，拿来阐明职业教育的理论和方法。

二、它壮大起来了

职业教育本来在理论上着实站得住的，“后稷教民稼穑”，就说明了一部社会发展史。教育不是资产阶级的装饰品，而是在人类生活进化上会起一种领导作用的。就依新的学说，手脑联合训练，确是人类生活教育上最基本的工夫。

但是它呢，很早就和封建社会搏斗，它从产生时起饱受了教育界顽固派的打击。这一派人认为文雅教育才是正统教育，教育而谋解决人类生活问题，还成什么话！所以辱骂职业教育为“作孽教育”。这不是十足的封建作风吗？而它却因实际上能为学生打开出路，大得学生家长同情；手脑联合训练，适合青年期身心发展的自然要求，大得学生同情。而又盛倡教育与实业合作，教育供给实业需求的双方有利，同时职业学校拥有相当规模的机械设备，施行新式的工作实习，用事实来表现，使来观者眼界一新——那时候社会最厌恨空论——尤其重要的，它的毕业生大部分确能亲切地供给工商界的要求。因为学生服膺它的校训“劳工神圣”、“利居众后，责在人先”——中华职业学校成立不久，添设商科，尤能与金融界、工商界合作，使企业家与一般生产救国论者笃信职业教育是为公、为私必要的唯一的康庄大道。它从得到了这些助力以后，就在社会上成为蓬蓬勃勃地富于有生力量的一支先锋部队。

中间却因中华职业学校所办机械、木工、纽扣、珐琅各厂同时赔本，负债很多。没办法，想发行一种债券，定期还本付息，拿来减轻债累。债券上须有信用卓著者署名，各债户才肯受抵。就向那时候上海声望最高的金融界领袖宋汉章商请署名。汉章答："除非让我去查账，一点不错误，我才愿署名。"某日清早，汉章果到校，耗了半天的时间，查完了校账。问有错误么？答没有。"宋汉章"三字写上了。从此债券风行，而学校和工厂信誉更坚固。同时把这些踏实的作风，教它一般的学生。

从它成立那年起，把金钱最早捐给它的：(1) 菲律宾华侨趸数捐给了一注菲币；(2) 南洋华侨领袖陈嘉庚从成立那年起，每年把额定金钱捐给它，连续了五年。它对这些捐金人是用全力维持信用的。到中华职业学校学生有出品时，它就把这些出品运到南洋开展览会，轰动了一时，说明每年捐款并没有白费。

那时候，各方乐于把金钱捐给它的不少。而捐金最多，且继续捐给，几于无限期的，就是聂云台、徐静仁、穆恕再藕初兄弟、刘柏生等等，都是当时新兴的纺织界巨子。他们多数还委托它设计职业学校，或指定地点委托它创办职业学校。各省教育参观团到上海参观了职业学校，回去以后，纷纷委托设计。职业教育一时成为新的风尚。

1922 年，民国十一年，北京政府颁布了新学制，在中等教育阶段，确定了职业教育的地位，职业学校相当于初级和高级中学。

那时候，全国教育会联合会每年轮流在各省开会。它就追随着同时同地——后来不一定同时同地——举行社员大会或职业学校联合会或成绩展览会。

三、它遭遇打击了

国民政府自始即予它以无情的打击，这中间当然有些复杂的因素，主要倒有一件事实，可以公告的。远在 1923 年，民国十二年，那时候，它的负责人同时是江苏省教育会负责人。国民党在上海欲从地下展开党的工作，借广设平民学校名义，由汪精卫向这些负责人商请出面，把这些学校都伪作江苏省教育会设立。这些负责人一想，我们的根据地都在上海租界以外，在军阀淫威之下，怎么可以呢？就婉转拒绝了。不久，国民党在上海租界开大会，汪精卫当众骂这些人所办教育是“乡愿教育”。对这些人满肚子不痛快，而指不出这些人的坏处，乡愿教育的名称就是这种心理的表现。同时，就替它一群人起一个名词，叫“学阀”。有的人还创出“不革命即反革命”的口号。

一到1927年，民国十六年，国民革命军到上海，大迫害来了：江苏省教育会被封闭；财产被清算，清算结果，无可指摘，予以没收；同时派暴徒围困社所，迫令工作人员写字据，证明它的负责人是反动，却给工作人员严正拒绝，就捣毁了办公室，把它封闭起来，所有工作人员赶上大车逐出上海郊外。这是4月23日的事，隔一天，又派暴徒到中华职业学校，将手枪指着校长的胸口，逼令交出学校和工厂。校长正坚拒时，大群学生、工人出来了，大呼“这是我们的学校，这是我们的工厂，谁来接收，和谁拼命”。暴徒散去了。

那时候，宁汉已分裂，蒋介石所领导的国民党政府，一天一天，路越走越错。它呢，对内和封建社会作战，在教育上已胜利了。同时对外是主张倡造国货来抵制外货的。还没有到“九一八”，它这群人早看出日本将下手，主张抵抗的。它早不满意于政府纵容帝国主义的侵略，尤其是为了《生活周刊》事件，它虽使尽技巧，求免于迫害，到底无法获得反动政府彻底谅解。

那时候，它的危机虽像过去，这并不等于它就能和国民党政府和谐相处。其中经历的曲折，应付的艰苦，到今天想来，真是不堪回首。冷静地分析一下，它所始终坚持的，是基于政治上看法，和越来越反动的国民党政府的政策无法调和，这是主因。而它所唱出“职业神圣”“职业平等”诸口号，虽然还只是资本主义社会里的理想，但这理想有一个很鲜明的前提就是反封建，和国民党越来越支持封建势力的气味，总是不相投的。它一群人主张倡造国货、民族主义，是它一开始就揭示的基本主张，和国民党政府越来越不成话的卖国政策，更是水火不能相融。但是，它一群人从二三十年艰苦奋斗中间磨炼出来的一套做法，正面绝对不通融的，但侧面未始不可以周旋，在趋向相同的某项工作范围内，未始不可以周旋，但立脚点是绝对不动摇的。所以对日抗战八年中间，它和国民党政府曾有过表面的合作，它一群人且曾卖过极高度的气力，例如劝募战时公债，靠私人的力量募到相当多的数量。一到抗战结束，解放战争开始，它已经找到了明确的立场，当然更为当局所侧目。于是它不断的遭遇压迫，它的负责人受到长期的监视。

四、它怎么不会被消灭的呢

当然，它在社会上积下多少年信誉，国民政府虽然忌恨它，也不敢轻于下手。同时倒也值得检讨一下他们的作风。

我用纯客观的态度，把这群人——包括初时的江苏省教育会负责人和后来它的负责人，在过去45年中间——从清光绪末到现在，很严正地评判他们的长处和短处，一点一点写在下边。

（1）他们有理想的，但他们实现理想的方法，却只有言论和文字，而从来缺乏行动。即有行动，只限于教育性，而缺乏政治性。正确些说来，缺乏革命的政治性，——例如前前后后自己教育出来的学生着实不少不少，但从来没有组织——对日抗战是例外的，他们有行动了，他们一群人有组织了。

（2）他们也认识群众，也能联系群众，例如它在昆山徐公桥，在上海西郊等处，能使农村群众跟着他们干实际的抗日工作；它在上海市曾办很多处补习学校，“八一三”以前最盛期间，同时有学生一万多人，但缺乏经常性的组织。

（3）他们每一个人都有特立独行的风格，每一时期都能不受恶势力的威胁和利诱。例如拥戴洪宪皇帝，他们所负责的江苏省教育会首先通电反对，所以袁世凯最痛恨他们，批评他们八个字：“与官不做，遇事生风”。也可见独裁者对富贵不淫、威武不屈的正义派穷于应付，而又特别畏惧他们能生出风来。——但他们虽反对恶势力，从来没有领导推翻恶势力的计划和魄力。

（四）说到教育，他们确能吸收最新的理论和方法，领导一般教育界，加以咀嚼而咽下去的。但他们的缺点，不免偏重方法，而没有能本着空间、时间的基本认识而构成理论体系，拿来做他们的教育根据——职业教育，它有一套理论体系，发表于抗战期间《教育与职业》上边。但把今天我们认识的来对照，只能说是一隙之明，还没有完整。

从上开四点的因，产生了下开三点的果：

（1）他们从推翻满清之役起，经过倒袁运动、五四运动，直到人民革命，每一事变，都能认清是非，向着群众路线尽力地配合，尽力地援助，发展成功，却没有发动，没有领导。——对日抗战，它一群人在上海倒是处于发动。而它一群人中间，倒有人处于领导地位的。这是例外。

（2）社会在渐变时，他们不失为领导改进的有力分子。——从清末起，在教育上确曾领导全国。——但到突变时，他们不会做主力军。

（3）他们就为了一贯地保持着这种作风，才取得30多年的自存和自全。否则不被屠杀于袁世凯和北洋军阀，必被屠杀于蒋介石，哪还有今日！所以，与其说他们靠这些长处壮大起来，还不如说他们就靠这些短处，掩护着他们的生命。

究竟为什么他们留着这些缺点呢？也得说明一下：

30年前，中国在半殖民地的环境中，残余的封建势力还存在着，广大的民众，还没有站起来。他们干教育工作，所根据的是人道主义，是国家、民族观念。从阶级方面说，他们还是从资产阶级的立场出发的，教育工作者本身当然不是资产阶级，但由于工作的联系，他们不可能不依存资产阶级的支持。同时在无形中他们也就支持了资产阶级。那时候，教育工作者正和这些资产阶级本身一样，分作进步和落后两派，因而工作路线也就分作革命和反动两种。他们使用了全身气力和敌人搏斗，虽对反动派斗争取得胜利，实际上总是跳不出这圈子。这圈子就是资产阶级。他们缺点的去不掉，若问病根所在，应该说就在这上边。

五、它现状怎样呢

它的社本部在上海，社屋自建，基地自置。它有历年征求得来的社员，社员名卡，积有三万多，但死亡迁移，人事上变更太多了。后来为了环境的恶劣，无法召开社员大会。它的组织有理、监事会，到理、监事任期满了，只有用通讯来选举。

它有研究部，专研究职业教育的理论和方法，同时翻译出版。出版物前后统计有120多种，经常的是《教育与职业》期刊，从它成立之年创始的，现时还在出版。

中华职业学校现设机械科、土木科、商科。今夏共有学生1 200多人。前后毕业生共八千几百人，校有基地20多亩，有附设机械工场，有特建的校友会。学生参加人民革命的不少。

因中华职业学校学生实习需要而创设并发展起来的中华铁工厂、中华珐琅厂，都早成为独立的组织，在上海他们的同业里，都已站在前列的地位。

中华工商专科学校，是对日抗战期间，它在重庆因中华职业学校毕业生进修的要求而设立起来的。后来由重庆迁上海，从艰苦中发展。现设工商管理、会计、银行、机械等科。今夏有学生700多人，前后毕业生有200多人。当反蒋斗争时，被称为上海民主堡垒之一，学生、教师被拘捕的30多人，有被屠杀的。在解放前，参加人民革命工作的有100多人。

比乐中学，是它在抗战结束以后，发现到处都还是普通性中学，毕业生仍然没有出路，但如予以适于一般生活所需要技能和常识的训练，虽没有办职业科，并不是不可以取得企业机关服务机会的，因此，就社本部余屋附设这个中学。现届三年，初中修了，已经做到：(1) 学生思想上的解放和乐于为公众服务；(2) 它所用方法，于班级教学中加强学生的个别辅导，对每个学生的特点，保有经常的调查研究的记录，以此为根据，对学生予以学习和品行的个别指导；(3) 还逐渐地实现了学校和学生家庭间密切合作的计划，设家长代表会议，顾问学校财政，提供教学训导的意见，一般私立学校和家长对立的状态大体已消除。恰值人民解放军南下，这班教师和思想已经解放的学生，纷纷地前去参加解放工作了。

中华职业补习学校，在抗战以前办得最出色，7个补校所在地附近的大小工厂、商店几乎都有它的学生，算得上轰轰烈烈了。中间一所补校，就设在中华职业学校内，意在提高工厂一般工人文化水准，亦颇有相当贡献。战后在反动的政权下，没有能一气恢复，但作为基本的第一补校就设在社本部里面。现有学生1 000多人，已草有新的计划，正在筹备发展。

职业指导所，是它从23年以前在上海创办起来的。一面指导学生就学，一面介绍就业。这原是市政上一种必要的措施，当时政府没有办，或办得不够，它就办起来了。

伤残重建服务处，是它在战后受“行总”委托而办起来的。伤残重建，在教育上是一种新的理论，事实上在战后确很需要。但在它方面说来，到底是一种临时性的工作。

在它的若干出版物之中，有一种《生活周刊》，在前面第三节里先提到过了。为了抗日，它重新发行一种《国讯》，前后支撑了15年，到民国三十六年终于被迫停刊。它又和一般朋友合办《展望》周刊，解放前一度被封闭，今在继续出版中。

这都是它在上海的工作。这以外，还值得略略报告一些它在内地的一些工作。

国民政府成立以前，它给与各省的职业教育影响，已于第二节说过了，其后终止发展；为了抗战，它才得在国民政府之下，稍微向内地发生些联系。“八一三”战役之结果，淞沪陷落，它就倾它的全力，向着西南发展。川、桂、滇三省都有分社或办事处，都有学校或工厂，且都具有相当规模，给一般人称道。例如重庆白沙沱中华职业学校、灌县都江实业职业学校、昆明中华业余中学、中华小学、柳州中华铁工厂等，都为当时当地推重。抗战结束，它看到政治上有一种新的斗争，且将遭遇新的打击，就将人力、物力向上海集中。到现在，重庆 、成都、昆明虽还设有办事处，但地方都还没有解放，一切当然无法进展。

总之，它的第一个十年中间，由萌芽而壮大起来，是很蓬蓬勃勃地发展的。因为国民政府的忌恨，就限制了它的发展。后来，借了抗日斗争，却给它一种旁枝的茁长机会。抗战结束，它的根据地——上海，一片可怜景象，社屋被人占住了，具有相当规模的中华职业学校3/5的校舍被毁了。它呢，却因人才的集中，社会对它的信誉留下些基础，还得从昏天黑地的状况之下，把旧的复兴起来，新的建设起来，像上面报告的这些。

六、它今后怎样呢

今后它将怎样呢？这是它一群人认为值得彻头彻尾郑重考虑的问题。

它一群人是有理想的，有抱负的，对教育是有整个计划的。从它创始时不是已向着群众宣布三个目标么？它要改造一般教育；它要使一般学生获得就业机会；它要替国家做一番增加生产的准备功夫。这样的志大言大，难道办了一二所职业学校、一所职业性的专科学校、一所特殊性的中学校、若干职业补习学校和干了若干为社会服务的工作，就算完成它的目标么？当然不是的。它总想自己先立一个榜样，开一些风气，让政府大量推行。可是北洋军阀自然一切都说不上，国民政府始终和它闹别扭。

现在，人民政府成立起来了。对新民主主义下的人民政府的看法，该怎样呢？

人民政府，是人民的政府。新民主主义下的人民政府，是由无产阶级领导者中国共产党领导着，由各方面共同支持着的政府。如果认为这种看法对的话，下面几种观念必须纠正的。

"你们是在朝的，我们是在野的。国家一切事情，当然靠托你们在朝者，在野恕不负责。"这是一种要不得的观念。

在野的也该做一些事。慈善也好，文化教育也好，不必参加整个计划，也不想跟社会需求和国家整个计划密切地配合，只想借这些作为在野者的幌子或个人的消遣方法罢了。这又是一种要不得的观念。

又有一种，把他的事业作为私人所占有。事业的性质，原是为公众谋福利的，结果为了私人立名，甚或为了私人殖产，把公的变为私的，那更万万要不得了。

这些观念，都要彻底予以廓清才好。

职业教育，是今后增加生产、繁荣经济的国策实施时所必要采取的措施。联合政府成立，确定了增加生产大方针。第一件事必须集合专家经过极慎重的研究，提出一份连续若干年的、全国性的生产总计划，中间必将包括各种农业、各种工业以及水、陆、空交通运输业等等密切地相互配合着，而任何一项，必然需要大量人才。除一部分毕业于大学以外，绝大部分所需要的，必然是受过职业训练的中等技术人员。现有的万万不够，必然需要迅速、切实地重新训练，依技术的性质和需要急迫的程度，定训练期间的长短。这不是职业教育，是什么？职业教育，在今后建国大计的需要上必然地很广大而且很急迫，我所敢坚决认定的。——苏联1938年技术学校、中等医科学校和其他职业学校学生，比革命前增加了26.6倍①，此其一例。

还有一点，新社会职业教育，不仅在量的发展上将是空前的，就在质的进化上，亦将史无前例。资本主义社会里的职业教育，表面上是为大量青年解决生计问题，——在它已作到一部分的提高劳工文化水准（见前第五节）——实质上总是为资本家增加获得利润的有利条件。新社会的经济成分，主要的是属于以工农为基础的人民大众的国家经济，即使是私人工商业，也是有利于国计民生的经济。因此，为这样经济服务的职业教育，便消失了过去的弱点，而成为建设人民民主国家的重要条件。

既然认清了新民主主义下人民政府的性质，认清了建国大计上需求职业教育的重要而且急迫，又认清了新社会职业教育的特殊意义，那么，对于职业教育积有若干年经验，像它一群人，只有把所有懂得的一些、会得的一些，都贡献给人民的政府，所有已经造成的一些，本不以这一些为满足的，也都拿来贡献给人民的政府，使一部分私人的事业，化为全体人民公共的事业，而永远为全体人民所支持，即永远认全体人民为它的主体。

让我具体说来：

（1）它所创办的学校，依其必要和可能，归之于公家。如改国立，即是若干国立职业性学校的一分子；如改所在市市立，即是若干市立职业性学校的一分子。同时根据它的经验和研究所得，由它协助政府制定一份全国或全市的职业教育计划。

（2）它所附设的其他事业，同样地依必要和可能归之于公家。

---

① 麦丁斯基．苏联教育制度．庄季铭译本．90

(3) 它的社本部，改为全国职业教育工作人员和职业教育研究者研究总机构，隶属于人民政府全国教育行政系统之下。

这样，它绝对不是消极，而倒是积极；绝对不是消灭，而倒是发展。这样，才使它依据原定的目标，走上正轨，得以一步一步地完成它所自动地乐于负担的伟大使命。

话还可以回头说一下，它不是很早标榜着要使无业者有业，有业者乐业吗？它不是很早着眼于个人生计问题的解决和社会生产的发展？它和新民主主义的社会观，并没有违反的。在当时，它之所以能产生，能壮大，还不是靠那第一次世界大战，帝国主义对中国民族工商业不能不放松一手。这一个时代背景，使中国民族工商业短时期抬了一下头，因而觉悟到旧教育的空虚，不济事，刺戟了实用教育——实用教育也是它负责人在它产生前四年，民国二年喊出，而得到全国教育家赞许且接受的——和职业教育的要求，容许它乘时崛起么？可是这机运一霎眼过去了，中国依然在帝国主义、封建主义、官僚资本主义三重压迫之下，国民经济依然得不到健全合理的发展，靠这些做基础的它，自然也无法纳入正轨。由于这些经验和觉醒，它这群人虽然没有参加大革命，毕竟参加了抗日战争、民主运动和爱国自卫的解放战斗。在这三个阶段中，它一群人得到了充分的信心，来迎接新的时代，把最大的兴奋，来参加新民主主义社会的建设。希望早日实现社会主义、共产主义，它一群人并且已经清楚地认识了一点，就是只有实现社会主义和共产主义，才能使人类职业问题获得最实际而美满的解决，才能十足地完成它最伟大的“无业者有业”“有业者乐业”的使命。

有人说：职业教育，是资本制度下的产物，现时这名词是否适用，怕成问题了。我是这样答复的：

我们所争，在实不在名。名只须表达它内在的意义，不过要表达得正确，越正确越好。

职业教育，不但是资本制度下的产物，而且还是封建制度下的产物（中国过去的社会是这两种并存的，而且封建的意味并不较淡于资本。我所感到，是这样的），但它本身是平民化的，是为解决平民生计问题而产生出来的，是进步的。例如问，华莱士是美国人么？不错，华莱士生在美国的，但不是美帝，是美而非帝。若说凡产生在资本社会、封建社会里的东西，都成问题，那么全部教育不都从这些中间产生而演变出来的么？科学不也是这样吗？

话倒要说回头的，踏进了社会主义、共产主义的境界，平民生计不会成问题的。就退一步说，新民主主义到了实现了发展生产、繁荣经济的时候，平民生计也不会成问题的。所以职业教育，可以说它应该是过去在特定经济制度下由发展而成长而衰亡的。但这句话只说明了这个名词的过程，若说到它的内容，关于基本是手脑联合训练，关于具体工作，举例说来，硬性的，如机器制造，软性的，如文书的作和写，要训练到做出来的东西正确、精美、经济，这都是这名词的内容。这些怕是任何社会里不可少的。

如果在职业教育以外，找到一个新的名词，能正确表达这些内容，我们是极端欢迎的，并且应该大家寻求的。

人民日报. 1949. 10. 15

思想评介

黄炎培及其职业教育思想

职业教育思想是黄炎培教育思想的核心，是黄炎培留给近现代中国教育史的宝贵财富。黄炎培一生80余载，大半人生在为中国职业教育的发展奔走呼号。在长期的职业教育实践活动中，黄炎培认真总结中国实业学堂发展到职业学校的办学经验及教训，批判借鉴当时世界各国的职业教育思想与制度，逐步形成了具有其个人风格的职业教育思想。

一 黄炎培职业教育思想产生的原因

中国职业教育发轫于近代，黄炎培职业教育思想的产生与他个人的经历相关，更离不开当时复杂的社会大背景。

(1) 从个人经历来看，黄炎培注重实际，并深受“教育救国”思想的影响。近代中国灾难深重，有识之士为唤起民族觉醒与自救，纷纷寄希望于教育。黄炎培就读于南洋公学特班时受业于蔡元培。据他回忆“斯时吾师之教人，千言万语，一归之爱国……‘中国国民遭到极度痛苦，而不知痛苦的由来，没有能站立起来，结合起来，用自力来解决痛苦。你们出校，必须办学来唤醒民众’。蔡师这几句话，我永远记着。”可见，黄炎培年轻之时，就已立下了通过办学来救国救民的志向，这种志向实际影响了他的一生。黄炎培的教育经历十分丰富。1903 年后，黄炎培亲自创办了多所学校，如上海广明小学、广明师范、浦东中学等，并先后在上海城东女学、丽泽书院任教，积累了许多实际办学经验。1912 年中华民国成立后，黄炎培先后担任江苏都督府教育科长、教育司长。任职期间，他调查研究小学教育，指出小学教学偏重书本、教材脱离实际生活的弊病，提出改革意见。1914～1917 年任江苏教育会常任调查干事期间，他对皖、赣、鲁等省的教育状况实地考察，进一步了解了中小学教育与生活、与生产严重脱节的现象。长期的教育实践中，黄炎培结识了一批教育界、实业界、新闻界的知名人士，如张謇、陈嘉庚等，并与他们长期保持联系，黄炎培养成了特别注重社会实际的风格。黄炎培认为惟有职业教育紧密联系社会与教育，因而选择了大力兴办职业教育“来唤醒民众”这种爱国方式。

(2) 黄炎培职业教育思想的产生有其深刻的社会背景。20 世纪初中国民族资本主义的空前发展，为职业教育的兴办提出了要求并提供了条件，当时美国、日本、菲律宾等国兴盛的职业教育，为中国提供了可资借鉴的榜样。辛亥革命后建立起的中华民国，颁布了一系列保护农工商的法令，为民族资本主义经济发展创造了条件。1914 年第一次世界大战爆发，欧美各国忙于战事，无暇东顾，暂时放松了对中国的经济侵略。中国民族资本主义获得了迅猛发展的有利时机。20年代初，中国民族资本家投资的各种工厂企业成倍增长，如棉纺织业、面粉业、火柴业、卷烟业、机器制造业、修理业、交通和金融业等均有较大飞跃。资本主义工商业的发展，迫切需要大量中、下级技术人员、管理人员，以及有一定文化水平和现代科技知识的工人、职员。然而，当时的教育与社会需求严重脱节。一批批中小学毕业生、甲种和乙种实业学校毕业生，由于无一技之长而不断被抛入失业者的行列。社会急需人才而学校养才无用，教育必须改革以适应民族资本主义经济发展的时代需要。1915年，欧洲大陆进行的第一次世界大战，刺激了美国军工企业的发展，急需补充技术人员并提高员工水平。美国政府连续颁布了几个有关职业教育的法令，使职业教育获得很大发展。黄炎培正赶上此时赴美考察三个月，获得了对职业教育的感性认识。“回念吾国……不能不认职业教育为方今之急务。”[①]1917年黄炎培又对日本、菲律宾进行了考察，见识不少。黄炎培认为日本的富强端赖职业教育，菲律宾正是由于实行职业教育，“不十年而改观”，“市无游民，道无行乞，国多藏富之源，民有乐生之感”。国外经验给了黄炎培颇多启示与信心，在他看来，救国的门径即在职业教育，“提倡爱国之根本在职业教育”。

二　黄炎培职业教育思想的演变

黄炎培职业教育思想经历了一个演变发展的过程。1917年5月，中华职业教育社在上海成立，黄炎培任办事部主任，7月，48位教育界、文化界、实业界、政界的知名人士共同签署中华职业教育社宣言书，倡导发展职业教育。宣言书对中国职业教育发展起了重要指导作用，标志着黄炎培职业教育思想的形成。此后20多年，是黄炎培职业教育思想发展的黄金时期。抗日战争爆发后，黄炎培在继续职业教育工作的同时积极投身抗日救亡运动。抗战以后，年逾花甲的黄炎培着重于回顾职业教育创办的历史，总结职业教育的思想经验。

---

① 毛礼锐等主编．中国教育通史．第5卷．济南：山东教育出版社，1988．526

（一）从实业教育转变为以解决个人生计问题为主的职业教育

实业教育兴于清末之际，民国后逐步为职业教育所取代。1917年黄炎培认为，广义的教育都含有职业教育的意味，教育“授人以学识、技能而使之能生存于世界”；狭义的教育“仅以讲求实用之知能为限，亦犹实业教育也”①。职业教育和实业教育“义非两歧，道实一贯”，但二者又有不同：(1) 实业教育实施重点在中等教育以上，职业教育实施重点在中等教育以下；(2) 实业教育所培养的人，有一部分主用，职业教育所养成的人物完全主用技能；(3) 实业教育兼含研究学说的意味，适应面较窄，职业教育则专重实习，纯为生活起见，因而适应面广。职业教育的提出源于三方面的刺激，即“一般社会生计之恐慌为一刺激。百业之不改良为又一刺激。各种学校毕业生失业者之无算为又一大刺激”。这些社会问题中，失业是“一大刺激”，其原因“顾就抽象言，则教育不实用之害中之；而就具体言，则职业教育之缺乏，实为其直接感受苦痛之所在。于是语以抽象的实用教育，不若语以具体的职业教育之惊心动目”②。这样，提倡“职业教育”的呼声“宣腾众口”。当时中国最重要、最困难的问题是“生计”问题，从根本上解决生计问题，只有靠教育，要改进当时教育不良的状况，就必须“推广职业教育”、“改良职业教育”、“改良普通教育为适应于职业教育之准备”③。强调职业教育解决生计问题的社会功能，突出了职业教育与实业教育的区别，从教育制度演变的角度看，为职业教育取代实业教育作了舆论准备。1917年实业教育主义产生的第三年，“谓是职业教育萌生之第一年，可也。”重点解决个人生计问题成为职业教育思想形成初期，黄炎培等教育界、实业界人士的共识。

把职业教育同饭碗问题直接联系在一起，在社会上产生了巨大的吸引力和号召力。1918年中华职业学校创办时，社会反响强烈，一些中下层家庭纷纷把子女送来学习。把解决个人生计问题放在首

---

① 田正平，李笑贤编．黄炎培教育论著选．北京：人民教育出版社，1993．91

② 田正平，李笑贤编．黄炎培教育论著选．北京：人民教育出版社，1993．71

③ 田正平，李笑贤编．黄炎培教育论著选．北京：人民教育出版社，1993．82

位，迎合了社会舆论的需要，有利于减少传统观念的非难，有利于职业教育的推广。

（二）从注重个人谋生到强调为社会服务的职业教育

1918年5月黄炎培认为各国的职业教育实际上以生产教育为其主体，与生产教育名同实异。“各国方大致力于战后教育之研究。质言之，则所谓战后教育者，生产教育而已……生产能力之增进问题，舍职业教育尚有他道邪?”[①]1919年5月初，中华职业教育社作为发起者之一邀请杜威来华讲学。杜威严厉批评当时有一种危险，把职业教育在理论和实践方面，解释为工艺教育，作为获得将来专门职业的技术效率的手段。这些言论加深了时人对职业教育的认识。黄炎培总结职业176实践经验，认为考入职业学校的人往往抱定如下想法：“欲求职业，须从读书中得来，故吾宁注重读书”、“既入学校受教育，总须就高等的职业，否则辱没身份”[②]是不正确的。“此种种心理，括言之，非以职业为贱，即以职业为苦。总之，受职业教育者，非真对于职业抱有最高之信仰而来也。来学时既无就职之诚，学成后更安有乐业之日?”黄炎培指出：有人以为职业教育就是为个人谋生活，这种误会，不可不注意，职业教育不仅是为个人谋生活的，并且是为社会服务的[③]。职业教育社创设不到四年“由通都而及于腹地，由空论而见诸实事”[④]，影响逐年扩大，黄炎培满怀信心地认为“所谓社会生计问题，国家经济问题，将因此得一透彻之解决”。这是一种不切实际的幻想，也反映职业教育在当时影响甚大，黄炎培的职业教育思想在不断丰富。

（三）提出“大职业教育主义”

20世纪20年代中期以后至30年代，乡村教育成为中国很有影响的一种社会思潮，贫穷落后的农村地区成为有志之士实现教育救国理想的最好试验场所。在这种影响中黄炎培提出了“大职业教育

---

① 田正平，李笑贤编．黄炎培教育论著选．北京：人民教育出版社，1993．122

② 田正平，李笑贤编．黄炎培教育论著选．北京：人民教育出版社，1993．176

③ 田正平，李笑贤编．黄炎培教育论著选．北京：人民教育出版社，1993．171

④ 《民国十年之职业教育》

主义”。

1926年1月，黄炎培在《教育与职业》杂志上第一次提出“大职业教育主义”的概念。他认为：(1)只从职业学校做工夫，不能发达职业教育；(2)只从教育界做工夫，不能发达职业教育；(3)只从农工商职业界做工夫，不能发达职业教育。“办职业教育的，须同时和一切教育界、职业界努力地沟通和联络；提倡职业教育的，同时须分一部分精神，参加全社会的运动。”这就是“大职业教育主义”。1926年以后，在“大职业教育主义”方针的指导下，中华职业教育社率先走出城市，走向农村，以江苏徐公桥为试点，开展了为期6年多的农村职业教育试验。在上海试办了各种类型的职业补习学校，星期日学校、晨校、夜校、函授学校，为全国职业教育机构提供了样板。黄炎培认为“内部工作的努力不用说了，对外还须有最高的热诚，参与一切；有最大的度量，容纳一切”。[①]职业教育要突破教育界、职业界的局限，积极参与全社会的运动。抗日战争爆发，黄炎培积极投身到抗日救亡运动的大潮中。

随着国内阶级矛盾、民族矛盾的激化，认为“职业教育是中国国运隆替的命根”的学说，再也激发不起社会各界的热情。伴随黄炎培在政治上的觉悟，以其为代表所倡导的职业教育思潮逐渐退出历史舞台。

三　黄炎培职业教育思想的主要内容

通过长期的职业教育实践，黄炎培积累了丰富的经验，逐步形成了一系列颇具特色的职业教育思想，集中体现在以下几方面：

(一)“无业者有业，有业者乐业”的职业教育目的

1918年5月，黄炎培明确提出职业教育目的在于：为个人谋生之预备；为个人服务社会之预备；为世界及国家增进生产能力之预备。20世纪20年代后，黄炎培又提出职业教育要“谋个性之发展”、“解决刻不容缓之严重问题”、“谋民生主义的实现”，希望通

① 黄炎培．提出大职业教育主义征求同志意见．转引自黄炎培教育论著选．北京：人民教育出版社，1993．206

过实施职业教育，“使无业者有业，使有业者乐业”。

黄炎培认为，人类最基本的需要是“求生”，即求得自身的生存和发展；而为了求生，就要具备维持生存和发展所必需的知识、技能。求群也是人类的一种本能，“天赋我以知，更赋我以爱”、“孤生不能，生亦寡趣，乃求群”。[①] 人类不但要生存，而且要在社会中生活得有意义。但社会现实令人堪忧，要解决社会问题，“从客体言，在增进所以供给需求之分量与效用；从本体言，在广其知以大其爱。二者之间，因果存焉。所求既给，则爱他心油然而生”。职业是“增进所以供给生活需求”的最好手段，教育是“广其知以大其爱”的最好办法，据此推理，沟通教育与职业，发展职业教育，必将解决人们的生存问题，使社会太平。

黄炎培认为社会如同花瓶，重心在下，如果重心上移，花瓶就会倾倒，社会上劳工占大多数，在教育上，“安得不重平民教育?”一切问题，皆应以大多数的平民为目标，因此，平民是职业教育的主要对象。职业教育就是要“解决平民问题”。由于“上海之西南各区，民之贫困无业者，较他处为多。苟无相当之学校预为培养其子弟，施以适宜之教育恐失业者接踵而起。”[②] 故而 1918 年中华职业学校把校址选定在上海市西南区，开设铁工、木工两科，并且为使贫民无业者学会谋生之道，职业学校招收“寒素子弟求学，费用务使减轻”[③]。中华职业教育社还创办了为数众多的职业教育机构，以帮助失学失业青年掌握职业技能，提高在职店员、中下级公务人员、职员的文化水平和业务能力。

黄炎培认为人的生存离不开职业，职业是“人以其劳心或劳力换取生活需要之定型动作”。教育的宗旨“一曰治生，二曰乐生”。[④] 教育应当授人以学识技能，使人能生存于世界。但长期以来的教育带几分迂腐气息，不重视个人的生活问题。这种薄吃饭问题而不言的封建教育观，在黄炎培看来，是十足的虚伪。黄炎培直言

---

① 黄炎培教育论著选．北京：人民教育出版社，1993．335

②③ 毛礼锐等主编．中国教育通史第 5 卷．济南：山东教育出版社，1988．529

④ 毛礼锐等主编．中国教育通史第 5 卷．济南：山东教育出版社，1988．530

不讳教育要解决人们的吃饭问题，但同时又认为，教育还要满足人们自身发展的需要。“职业一名词包括对己谋生与对群服务，实是一物两面”。职业外适于社会分工制度的需要，内根据人类天生不同才性的特征。职业教育帮助人职匹配，既“使百业效能赖以增进”，又使人“获得职业的乐趣”，使人养成“自求知识之能力、巩固之意志、优美之情感”①，实现个性的和谐发展。所以职业教育，从小的方面看，与个人生活相关，从大的方面看，与世界国家的文化相联。职业教育就是用教育方法，使人人依其个性，发展能力，服务社会，并获得生活的乐趣，“使无业者有业，使有业者乐业”。

黄炎培对教育本质的认识，对教育在人的发展，教育与社会生产力发展的关系方面的论述有其正确的一面，但他提出的职业教育的终极目的，过分夸大了职业教育的作用。

(二)“社会化”的职业教育办学方针

黄炎培十分重视职业教育的社会化、科学化，并认为这是办好职业教育机构应遵循的基本方针。

社会化是指办职业教育，“着重在社会需要”，“必须注意时代趋势与应走之途径”。办学要看职业界的需要，定什么课程，用什么教材，要问问职业界的意见；训练学生，也要体察职业界的习惯；聘请教员，还要利用职业界的人才；校长除了要有热诚、学力、德行和经验外，还要加上一件，就是社会活动力，职业学校校长资格所最不相宜的，“就是富有孤独性的书呆子”。②

1926年黄炎培又提出：“办职业学校的，须同时和一切教育界、职业界努力沟通联络。提倡职业教育的，同时须分一部分精神，参加全社会的运动。”③“职业学校最要紧的一点，譬如人身中的灵魂，‘得之则生，弗得则死’。……从其本质来说，就是社会性。”④从其作用来说，就是社会化。职业教育机关唯一的生命就是

---

① 黄炎培教育论著选．北京：人民教育出版社，1993．166

② 黄炎培教育论著选．北京：人民教育出版社，1993．229

③ 黄炎培教育论著选．北京：人民教育出版社，1993．205

④ 黄炎培教育论著选．北京：人民教育出版社，1993．227～228

社会化。黄炎培强调职业学校设科，必须十分注重当地社会状况。乡村与城市不同。即便同是乡村，同是城市，地方状况也不尽相同，万一设科不合需要，势必影响学生出路。因此办学要因时、因地制宜，因材施教。办职业教育“须向职业社会里去设施。若专凭理想，不合实际，可名为飞机式的学校，因其飞舞空中，一落地便不能动。一般学校设施，皆宜以社会为根据，职业学校尤宜向职业社会里边去办，而以飞机式为大戒”。在办学时，专业设科、课程设置、招生人数、培养规格，职业道德标准等都必须建立在详细周密的社会调查基础之上。“办职业教育，是绝对不许关了门干的，也绝对不许理想家和书呆子去干的”。

黄炎培看到职业教育比普通教育与社会生活有着更紧密的联系，这种认识反映了伴随近代大工业社会化生产而出现的职业教育的本质特点，是十分可贵的。

黄炎培强调要“用科学来解决职业教育问题”。“职业教育直接求百业的进步，间接关系民生国计大问题，并不会在科学以外，别有解决的新方法。”只有用科学搞职业教育，社会百业才会有进步，否则没进步。科学性建立在对实际调查研究的基础上。黄炎培强调调查研究是“寻病源”、找“良方”的必要手段。他不辞辛苦，走遍当时全国28个省的24个省，对当地的教育、经济、政治和民俗进行认真的考察，著成多篇考察报告。他还考察了美国、日本等国的职业教育制度和实践，了解了客观情况，获得了有益的启示。

黄炎培把办职业教育的工作归纳为两大部类：一类是物质方面，如农业、工业、商业、家事等。各专业课程的设置、教材的选择编写、教学原则的确定、实习设施的配置等，都要力求因地制宜，经过试验，取得经验，逐步推广。一类是人事方面，采用科学管理方法组织职业教育机构的自身建设。他主张因职业的不同，与人的天性、天才、兴趣、环境的不同，进行科学归类。如1921年中华职业教育社参酌德国方法，制成七种心理测验器，在招生时已实地使用。应用科学方法于职业教育上，在中国算是第一次。黄炎培力图把中华职业教育社的工作纳入科学化的轨道。中华职业教育社专门设有研究科学管理问题的机构，黄炎培还“将社会科学与自然科学合一炉而冶之”，写成《机关管理一得》、《民主化的机关管理》两书。

在近现代中国教育家中，不同于其他人，黄炎培一生亲自做过许多社会考察，十分强调实地调查与科学研究对兴办教育事业的重要作用。黄炎培对职业教育社会化、科学化的倡导和实践，在中国职业教育史上具有开创意义。

(三)“手脑并用”的职业教育教学原则

黄炎培反对清末以来实业教育中“只重读书，轻视实习”的做法。认为过去的实业教育，不是教学生农工商之事，而是教学生读农工商之书，以致毕业于农工商学校的学生，舍职业而求做官。“真学问不在书本上，而在事事物物上，故称求学为读书，实为错误。”学校功课设置重理论而轻实习，使得学生富于欲望而贫于能力。黄炎培认为单靠读书，欲求得实用的知识和技能是万万学不成的，职业教育的目的在于养成实际的、有效的生产能力，要达到这种境地，必须手脑并用。

1918 年 6 月，鉴于当时教育为学不以致用的弊病，黄炎培主持创办中华职业学校，“举例示人”以避免“空言寡效”。针对学生鄙视劳动的弊病，黄炎培特别注重劳动和实习。中华职业学校的铁工、木工、珐琅、纽扣等课程规定：每周授业时间总数约计 48 小时，授课 24 小时，实习 24 小时，商科的实习事项，根据公司商店的性质不同，由各公司商店安排实习。还特别规定：学生修业期满仅发肄业证书，必须在工作单位实习一年，证明能胜任所担任工作后，再发给毕业证书。黄炎培认为“要使动手的读书，读书的动手；把读书和做工两个拼起家来；要使人们明了，世界文明是人类手和脑两部分联合产生出来的。做工自养，是人们最高尚、最光明的生活……吾们亲身做工，同时还要用书本来阐发做工的原理和方法。”① 此外，在招生方面，黄炎培认为应尽量招收有某方面职业经历的学生入相关学科；教师聘用“毋宁聘有职业经验者”；各科教材的编写，也强调实践性。

---

① 黄炎培教育论著选．北京：人民教育出版社，1993．261

作为直接为农工商各界输送从业人员的职业教育，强调动手能力的培养和基本技能的训练，显然比普通教育有更强烈的现实性。因此，黄炎培主张将“手脑并用”，理论与实际并行、知识与技能并重作为职业教育最基本的教学原则，是符合职业教育规律的。

（四）“敬业乐群”的职业教育道德规范

针对社会上有人怀疑主张职业教育即不主张道德教育、公民教育，黄炎培指出这是不知职业教育与二者并非处于对立地位，事实上，主张职业教育者，同时必须注重职业道德。而公民教育和公民道德与公民职业两者密切相关。黄炎培认为职业教育的概念，从内涵上讲，应该包括职业技能的教学和职业道德的训练，二者缺一不可。他认为职业教育训练，第一要义即“为群服务”，并把职业道德教育的基本规范概括为“敬业乐群”，并将之作为中华职业学校的校训。

“敬业”指“对所习之职业具嗜好心，所任之事业具责任心”①。通过职业教育，让学生懂得“职业平等，无高下、无贵贱。苟有益于人群，皆是无上上品”②。教学生深刻理解自己所从事职业的重要性，尊重自己从事的职业。“乐群”指“具优美和乐之情操及共同协作之精神”，强调培养学生“利居众后，责在人先”，合作互助、服务社会的精神。中华职业教育社根据黄炎培的意见，制订和完善了职业道德教育标准（亦称训育标准），把敬业乐群具体化，内容有：认识职业的真义在服务社会，养成责任心；养成勤劳习惯；养成互助合作精神；养成理性的服从美德；具有稳健改进的精神；养成经济观念；养成科学态度等。又根据农工商家事各科的职业特点，制订专门标准。如农科须保持乡村淳朴的风习，充分养成农夫的身手，具有天然的美感；商科须养成敏捷、决断的能力，充分发挥信实的美感，养成注意社会状况的习惯以及良好的礼貌等。

黄炎培认为做人必须有完整的人格，“人格一经毁坏，其人见

---

① 潘文安：《最近之中华职业学校》，《新教育评论》第3卷第18期

② 黄炎培教育论著选．北京：人民教育出版社，1993．176

弃于群众，哪有功名事业可言。”没有良好的人格，就谈不上“敬业乐群”，也不能胜任本职工作。为此黄炎培要求职业学校的学生要有“铁的纪律、金的人格”。黄炎培认为，如果商业学校的学生只知道赚钱，只为个人谋利益，忘掉了为群众服务的宗旨，毕业后就会贩卖鸦片烟、外国货，干缺德的买卖。而职业教育所追求的目标，并不只是“为糊口、求生计、求职业”，还应具有更为崇高的目标，即在职业教育的过程中激发学生对职业的事业心、责任感和创造力，促进学生树立服务社会、造福人群的观念，养成高尚的道德情操和远大的社会理想，成为“良善的社会公民”。黄炎培告诫学生：“诸君须知，人生必须服务，求学非以自娱。无论受教育至何高度，总以其所学能应用社会，造福人群为责。彼不务应用而专读书，无有是处。”“求学与习事，初非两橛，以实地功夫求学，以科学方法习事，互相印证，其乐无穷。”①

中国自古以来重士而轻农工商，科举遗毒积重难返，当时社会仍以“读书做官为荣”，以“读书谋事为耻”，以至有闻职业教育之名，而以啖饭教育视之的。对此，黄炎培大力提倡职业道德教育，使人人以服务社会为荣，以劳动为荣。使受教育的学生养成良好的职业道德习惯，致使中华职业学校获得了良好的社会声誉，一时学生多有未毕业而被单位邀去者。这对鄙视职业教育的社会风气是个沉重打击，给职业教育的发展清除了路障，促进了职业教育的发展。黄炎培强调敬业乐群的职业道德规范，主观意图是以资产阶级的道德观、职业观、价值观来打破“读书做官”、“劳心者治人”等封建伦理观念长期以来对学生的束缚，冲毁广泛存在于人们头脑中的无形的“职业教育之礁”，培养一批有一技之长、有服务精神、创造精神的人才，以解决社会最重要最困难的生计问题，在当时的历史条件之下，这是一种进步的教育观点。

随着社会实践领域的扩大和政治思想的转变，黄炎培不断地赋予职业道德教育以新的内容。1933 年中华职业学校成立十五周年纪念会上，他号召学生：“人人须勉为一个复兴国家的新公民，人

① 黄炎培教育论著选．北京：人民教育出版社，1993．176

格好、体格好，人人有一种专长，为社会国家效用。”① 人格好，是指学生要养成高尚纯洁的人格，博爱互助之精神，侠义勇敢的气概，刻苦耐劳的习惯，更须以坚强贞固的节操，战胜千难百险的环境，甚至能将个人整个生命，完全献给关系国家民族生存的工作。黄炎培所倡导的职业道德教育内容与时俱进，不仅具有反封建的积极意义，更具有强烈的爱国主义精神。

20世纪初，涌入中国的西方教育思潮甚多，职业教育曾被人称为“中国国运隆替的命根”，对教育产生了长期而广泛的影响，直接影响1922年学制改革。中华职业教育社作为一个私人创办的全国性教育团体，在中国长期生存。这些成绩与黄炎培的辛勤耕耘息息相关。目睹灾难深重的旧中国积贫积弱的社会现实，黄炎培力图解决人们的生计问题，以谋民族的独立和国家的富强，他冲破几千年封建旧教育的束缚，积极倡导和兴办职业教育，沟通教育与职业，对中国传统教育向现代教育的转变，起了重要推动作用。由于世界观的影响和所处社会历史条件的限制，黄炎培职业教育思想打上了“阶级调和”和“教育万能”的烙印；他虽然在主观上力图通过职业教育解决中下层人民的生计问题，且在实践中取得过一些成效，但职业教育“使无业者有业，使有业者乐业”的目标终是无法实现。毕竟，“中国近代各种教育思想在实际上之影响，无有出乎职业教育思想之外者”②，黄炎培是中国近现代职业教育的倡导者，是中国职业教育的重要奠基人，黄炎培职业教育思想是中国教育思想史上的宝贵遗产。

（许国春）

---

① 黄炎培教育论著选．北京：人民教育出版社，1993．269

② 舒新城．近代中国教育思想史．北京：中华书局，1929．218

晏阳初

(Yan Yang Chu)

■ 生平简介

■ 名篇选读

平民教育的真义

平民教育概论

■ 思想评介

晏阳初及其平民教育思想

生平简介

晏阳初（1890～1990），原名兴复，又名遇春，字阳初，家人称呼云霖。出生于四川省巴中县的一个书香世家，是中国现代史上享有国际盛誉的著名教育家，世界平民教育运动与乡村改造运动的奠基人。他5岁启蒙，入私塾习读《四书》等传统科目。13岁时离家赴阆中县中国内地会创立的西学堂求学。17岁入省城成都美国美以美会设立的华美高等学校肄业，三年结业后在巴中一中学担任英文教师。23岁赴香港圣史梯芬孙书院深造，旋转升入圣保罗书院。1916年夏，他横渡太平洋赴美留学，在耶鲁大学半工半读。1918年，他从耶鲁大学毕业的第二天，即束装赴法国为在欧洲战场上作苦力的华工服务，继而开展华工教育。他首开了华工识字班，并自编了识字教材《千字课本》，创办了《华工周报》，这是他从事平民教育之始。1920年7月，晏阳初获得普林斯顿大学历史学硕士学位。同年8月，回到阔别已久的祖国，遂担任了中华基督教青年会全国协会平民教育科科长。1923年8月，发起组织中华平民教育促进会并任总干事，从此积极致力于平民教育运动。

自1926年起，晏阳初把平民教育的重点从城市移到乡村。1929年秋，中华平民教育总会由北平迁入河北定县考棚，晏阳初与平教会同仁携家属同时迁居定县，全力从事“彻底的、集中的、整个的县单位实验”。1940年，他创办了中国乡村建设育才院并任院长。1943年5月，哥白尼逝世400周年纪念会在纽约举行，他被美国百余所大学的学者推选为“现代世界最具革命性贡献的十大伟人”之一，与爱因斯坦、莱特、劳伦斯、夏浦瑞、杜威等人齐名，成为当时获此殊荣的唯一的东方人。

从1950年始，晏阳初从事国际平民教育运动，曾被聘为联合国教科文组织特别顾问，先后到过许多发展中国家考察和指导乡村建设工作。1967年，晏阳初任国际乡村建设学院首任院长。同年，菲律宾总统马科斯授予他最高平民奖章——金心勋章。1987年10月，美国总统里根亲自为他颁发了“终止饥饿终生成就奖”。1986

年，中共重庆市委常委会，决定以在《重庆日报》上公开发表文章的方式，为“中华平民教育促进会”和“中国乡村建设学院”平反，恢复名誉。1985年和1987年，应中华人民共和国人大常委会副委员长周谷城之邀两次回国访问，受到党和国家领导人的热情接见。1990年1月，在纽约溘然长逝，享年100周岁。

他的主要著作有：《平民教育概论》、《中华平民教育促进会定县工作大概》、《平民教育的宗旨目的和最后的使命》。

名篇选读

平民教育的真义

“平民教育”的真义与其他教育的关系

（一）引言

自“平民教育运动”开始以来，为时虽仅数年；然影响所及，已遍全国，大而通都大邑，小而穷乡僻壤，都有平民学校的踪迹。先后受平民教育的，已达300余万人（系根据售出之千字课推算）。至于组织平民教育促进分会，专事提倡平民教育的，则已有20行省及4特别区。“平民教育”一名词，差不多是家喻户晓了。可是，“平民教育”的真义究竟怎样？“平民教育”和其他教育的关系究竟如何？非但一般人一知半解，有许多误会的地方；就是现在从事“平民教育”事业的人，也少有能十分彻底了解的。我们创办“平民教育”的人，实负有解释之责，爰成斯篇，一详述之。

（二）我国的“平民教育”就是欧美的“成人补习教育”吗

开宗明义，我要郑重声明“平民教育”不是欧美的“成人补习教育”；因为这种误解，几乎普通人都是有的。所谓欧美的“成人补习教育”，是为已经受过国家“义务教育”而未受过较高的专门教育的成人而设，目的在使受教者得到职业上和公民上的知识，并能运用此等知识以改善其生活。若我们中国现时一般的人，目不识丁，本来就未受过教育，补什么？习什么呢？还有，“平民教育”也不是美国的“移民教育”。美国的“移民教育”，是为不通当地语言文字习惯的外来移民而设，目的就在使受教育者通晓运用当地语言文字和习惯，成为美国的国民。若我们中国一般的人，虽然一字不识，虽然没有受教育，但他们始终是中国人，不是移来的外国人，哪里扯得上什么“移民教育”呢？

(三)“平民教育”是“义务教育”的仇敌呢？朋友呢

有许多人以为“平民教育”是代替“义务教育”的，还有许多人以为“平民教育”是与“义务教育”冲突的。其实“平民教育”既不能代替“义务教育”，也不与“义务教育”有什么冲突。

就受教育者的年龄来说，全国6岁以上，14岁以下的学龄儿童，是应受义务教育的；其最小限度亦需4年，6岁到10岁。其余14岁或10岁以上未受教育的人，估计总数约在200兆以上，是应受“平民教育”的。不过在城市中，“义务教育”已有相当的设施，所以城市平民学校所收的学生应在14岁以上。但在乡村中，6岁至10岁之最小限度的“义务教育”，都未实行，故乡村平民学校中，不能不暂时兼收10岁至14岁的学龄儿童。再就教材来说，“平民教育”的教材，多关于青年与成人在社会上的种种活动，注重适合青年及成人的心理，采取混合编制法。“义务教育”则不然，教材多关于儿童的种种活动，注重适合儿童的心理，采取分科制度。其他如教育年限等等，亦各不相同。总而言之，“平民教育”和“义务教育”，各有特殊的目标和方法，不相雷同，亦不能偏废，更不能说谁代替谁。

至于说到冲突，这简直是笑话，“平民教育”不仅和“义务教育”不相冲突，还能补助“义务教育”呢。为什么！有道理：

第一，父兄们自己没有受过教育，就很难知道教育的重要，也更不注意他们子弟去受教育。倘若他们受过“平民教育”，固然不能得到很多的知识，但至少能叫他们觉悟教育的重要，和不识字的吃亏，更进而推想子弟们不受教育的痛苦，自然而然肯踊跃叫他们去读书了。即或没有义务学校可进，他们也要自动地想法子了。可是，现在呢，一般做父母兄长的，多未受过教育，就是有了义务学校，恐怕他们也不肯送子女弟妹们去上学，宁肯留在家里看小孩子或放牛呢。由此说来，要想“义务教育”发达，先要提倡“平民教育”；“平民教育”实是“义务教育”的先锋。

第二，学校固然是教育儿童最重要的地方，但是家庭里的生活，关系儿童的发展更形密切。故家庭教育，更觉重要。家长的一举一动，对于儿童的影响，既深且大。所以没有受过教育的父母兄长，很难同学校合作。譬如在学校里，先生讲授卫生，说“随地吐痰”如何危险，如何不合卫生，该应怎样养成不随地乱吐的习惯，学生都完全明白了；但是一回到家，看见父亲随地乱吐，母亲也随地乱吐，自己也不知不觉跟父亲母亲乱吐起来了。又如学校里讲公民教育，有一项是“不要骂人”，说得学生明白这实是一种恶习惯，要努力从事改正；孰知一跑回家，不是听见父亲骂母亲，就是母亲骂他们自己。或者母亲和邻居相骂，骂忘了形也把他们夹在里面骂起来了。在学校里所得的一点好教训，就无形中在家里打消了。在这种情形之下，纵使“义务教育”实行全国，若无“平民教育”来先教义务学校里学生的父母兄长，“义务教育”的效力一定是事倍功半的。

第三，除上述两项而外，“平民教育”又是促进“义务教育”实现的；因为在一个地方，从事“平民教育”运动，一定要联络当地教育界和其他各界人士，与之合作，做大规模的游行宣传，大规模的招生，大规模的训练教师，大规模的办几十处或几百处平民学校；这样一来，这个地方上教育的空气一定要很浓厚了。教育的空气既浓厚，其他教育也一定要连带受影响，受刺激的。何况“义务教育”原与“平民教育”有互相的关系，更不能不受“平民教育”的影响了。据我们这几年办理“平民教育”的经过来看，因受了“平民教育”的影响，而振兴“义务教育”及其他教育的，比比皆是。

(四)“平民教育”就是千字课而已吗

“平民教育”的工作大概可分为两步：第一步是“识字教育”，

第二步是“继续教育”。有些人说“平民教育”就是千字课，或千字课就是“平民教育”，这实在是大误会而特误会。

先说第一步“识字教育”，要想实施一种教育，识字是必需的基本工具。但我国字繁而且难，故不能不选出最常用的字，去教一般已过学龄期限失学的人，以求速效。现在用的千字课，就是“初步平民教育”的一种工具，他的目标有三种：(1) 认识千余个基本汉字；(2) 输入这千余汉字所能代表的常识；(3) 引起读者的兴趣。这第三个目标“引起的兴趣”，尤其重要。读完千字课，决不能就算毕了业。“平民教育”的事功，也决不是教完千字课就算全部完成了。况且千字课既不是万应灵丹，也不是百科全书，这是更要大家明白的。

现在人们对千字课的批评分二派：一派是瞧得起千字课的，把千字课看得太高了，不是说千字课里没有科学常识，就是说千字课中缺少公民教材；一派是瞧不起千字课的，把千字课看得太低了，说：教千字课，够不上教育两个字。其实这都是不明了千字课的目标，或误解千字课为百科全书的结果。

“识字教育”的工作完成之后，就要谈到“继续教育”了。“继续教育”的目标也有三种：

第一，养成自读、自习、自教的能力。

第二，灌输公民常识，培养中华国民应有的精神和态度。

第三，实施生计教育，辅助、指导、改善平民的生活。在城市中如关于工业、工艺等，在乡村里如关于农业、农艺等是。

那末，怎样才能达到上面说的三种目标呢？这就有下面的三种方法：

1. 关于普通方面的

(1) 平民补充读物。我国妇女以及农工商贾等，除大街小巷卖的唱本小说外，均无可读之书。著作家及出版者也决不为他们特别编辑、印刷可读之书。在这些人中，不识字的固不能读书，已识字的又苦无书可读，所以编辑一些有价值的、浅显的、平民能够欣赏的补充读物，实为当务之急。这种补充读物，可以印成小丛书、戏剧、小说、诗歌等，或编为定期刊物（如中华平民教育促进会总会出版之《新民》、《农民》，南京平民教育促进会出版之《平民旬报》等是）。内容应无所不包：如关于文化的，关于实用科学的，关于常识的，关于生计的，以及其他种种学科等是。这些补充读物，有可以在平民学校里抽出几分的功夫来讲授的，有可以让他们自己去读的。

（2）平民阅报室。平民阅报室是各地平民教育促进会与当地人士为平民学校毕业生设立的。一般平民，大都受经济的压迫，实无余钱，买多量的书报来参考，若有了公开的平民阅报室，则可以随时尽量阅读了。

（3）平民读书团。读书团是由平民教育促进会干事去辅助指导的。他的功用在互相质疑，互相研究；而且互相交换阅读各人所有的书，这又是很经济的。

（4）平民校友会。同在各地平民学校的毕业生，已自动的组织了许多平民校友会，其目的有三：第一，继续研究学问；第二，彼此联络感情；第三，共同做有组织的社会活动及公益事业，如举行国耻纪念，拒毒运动，卫生运动等是。至各地校友会的人数，多则数千，少亦有数百人呢。

2．关于学校方面的

（1）高级平民学校。在初级平民学校毕业后，倘若有志继续研究，就可入高级平民学校，高级平民学校与初级平民学校的组织大略相同，惟特别注重“公民教育”及做人应有的常识。

（2）平民奖学金。高级平民学校毕业生中，如有成绩优异而有志升学的青年，就设法送他们到正式学校里去继续读书。对于贫寒有志的学生，则助以奖学金，这种“奖学金”的办法，有由学校免学膳宿费的，有由平民教育促进会另行筹款津贴的。现在由平民学校转入正式学校的学生，城市、乡村都很不少。盖如此，则有天才的人，不致湮没；且可鼓励后来的人努力。

3．关于生计方面的

（1）在乡村里，如办农家改进社，农事表证场等，以改进农民的生活及改良我们中国固有的农艺。

（2）在城市中，如办平民银行，平民工厂，以改进我们中国固有的工艺。

总之，在我们中国今日情形之下，最注重的是根据我国一般平民生活程度，经济能力的大小，去一面研究，一面试验，来改进我国固有的农艺工艺，方适应今日平民的需要，方有改进平民生计的可能。若徒高谈外国的法门，照样画葫芦的去办，一定是有弊无利的。

（五）“平民教育”是否“社会教育”的别号

复次“平民教育”不是“社会教育”。我们可以指出它们不同的地方：

所谓“社会教育”，是一种辅助正式学校的教育，譬如图书馆，本身就不在正式的学校系统内；但它对于教育事业却有间接的影响。学生到图书馆里阅读书籍，一方能帮助校内的正课，一方能引起他们研究的兴趣。成人到图书馆里阅读书籍，能补充或继续增长他们在实际生活上所需用的知识，能在图书馆里得到高尚的娱乐，以免浪费时间金钱于无益的消遣。这就是一种“社会教育”。另一种间接的或附带的教育事业。例如博物院、音乐厅、陈列所、展览会、阅报室、纪念日、教育电影、通俗讲演、文明新戏、动植物公园等也是“社会教育”。他们的事业虽然不同，却有两种通性：(1) 假定受教者已经受过基本教育；(2) 和学校系统内的教育事业只有间接的关系。“平民教育”则不然。受初级平民教育者都未曾受过基本教育，目的就在给与他们这种基本教育。照平民教育的学制说，这种基本教育和义务教育相仿佛，“继续教育”里有和“社会教育”相仿佛的。我们只能说“社会教育”是“平民教育”的一部分事业，却不能说“平民教育”就是“社会教育”。

（六）“平民教育”就是“贫民教育”吗

还有一种很普遍的误会，就是把“平民教育”当作“贫民教育”，或如从前一般人办的平民教育，或如现在各学校附设的平民学校一类的教育；其实，“平民教育”之受教者，是不分贫富贵贱的，决不限于贫民。至于从前一般人办的平民教育或如现在各学校附设的平民学校一类的教育，也大都是“贫民教育”，不是“平民教育”。兹将其分别之点，分三项述之：

1."贫民教育"是附带的

办这种教育的多属学校学生，于读书之余，抽暇从事于此的。若"平民教育"则关系我国200兆平民的大问题，实如美国教育家所说："中国的平民教育是自有人类以来最大的教育运动"；而且我国"平民教育"是最近世界上的特殊教育问题，是东洋、西洋所没有的，要想抄袭，决不可能。所以像这样重大问题，非专门研究，专门去办不可，不过研究出来的东西，亦非有各界人士与提倡"平民教育"的人去合作实施不可。

2."贫民教育"是慈善性质的

贫民学校所收的学生，贫家子弟十居八九。而且办这种教育的动机，也就是以慈善为怀的。至于"平民教育"却是正宗的教育事业，和高等教育、普通教育是一样重要的。但在今日的中国，"平民教育"实较其他任何教育还来得重要。凡是中华民国国民，无论男女贫富，只要他是在应受教育期限内而未受教育的，或受过基本教育而缺乏公民常识的，都在"平民教育"范围之内。受"平民教育"的固有一大部分贫民，但"平民教育"却不单限于贫民，总之"平民教育"是以教育程度来定范围的，不是以经济能力来区分的。

3."贫民教育"是零碎的

"贫民教育"既是附带的，又是慈善性质的，所以办这种教育的是东一个西一个，彼此毫无联络，更无制度、无系统。"平民教育"则不然，是有组织、有系统的，北京有中华平民教育促进会总会，各省区有省分会、市分会、县分会、村分会。北京总会的组织分总务、城市、乡村、华侨四部，又复分科研究，如平民文学科、研究调查科、视导训练科、公民教育科、生计教育科、妇女教育科、健康教育科等是。再关于"平民教育"的学制方面，目前正在研究与试验期间，大约分为第一级平民学校，第二级平民学校以及继续教育等等。

或者有人要说像这种重大的事业，不应该由人民来办，应由政府去办，这话倒也不错，不过现在7 000万失学的学龄儿童，政府都还没有地方给他们读书，怎能谈200兆失学的青年与成人的身上呢？因此，我们的能力虽然薄弱，却不能不努力的。

（七）“平民教育”是否一种“阶级教育”

还有一部分人因为“平民教育”的“平民”二字，就误认“平民教育”是与“贵族教育”成对立的名词的。其实所谓“平民教育”是说同是圆颅方趾，同是平等的人，都应当享同等的权利，受人所应受的教育。故“平民教育”可以说是“全民教育”或“民众教育”。若拉东洋或西洋“平民”名词的观念来看我国的“平民教育”，那便成了阶级教育了，岂非笑话！

“平民教育”决非“阶级教育”，已如上述。而且我国人对于阶级的观念，自来就很薄弱，远不及英国、日本、印度等那样严重。考之历史，在中国有许多立大功、成大业的，大都是平民出身，并未曾受什么贵族的压迫，而不得发展。如果说中国也有阶级，那便是“知识”阶级，或说是“士”的阶级。所谓“士农工商”把“士”列在首位，“士”的阶级和其他各界，显然分个贵贱、高下。“平民教育”就在铲除这种“士”的阶级，使所有的人都受教育，以达到士农，士工，士商，士兵的目的，实行“均学”主义。所以说“平民教育”是打破阶级的教育则可，如说“平民教育”提制造阶级的则不可。现在我国人才缺乏，主要的原因，就在大多数的人不但未曾受过初等教育，就连受最低限度的基本教育的机会都没有，故无形中不知道埋没了多少英雄好汉。试看美国几个世界闻名的人物，例如大发明家爱迪生，政治家林肯，实业家福特，虽然高等教育是没有受过的，然而最低限度的基本教育，却是受过的。他们便凭了这一点基本教育，自己寻出大的发展了。由此看来，倘若我们借“平民教育”来开发世界最大最富的“脑矿”，使我国200兆失学的男女，都受点基本教育，使他们天赋的才能，有发展的机会，难道说在这200兆人民当中，不会产生出类拔萃的人才吗？我们相信凡是一个“人”对于社会国家都有贡献的可能。欲使这“可能”成为事实，无论如何，最低限度的基本教育，是决不可少的。

（八）结论

最后，再总起来说一说：所谓“平民教育”的“平民”是指一般已过学龄时期而不识字的男女，或一般已识字而缺乏常识的男女。所谓“平民教育”的“教育”共分三步：第一步是“识字教育”，第二步是“公民教育”，第三步是“生计教育”。“平民教育”的最后目的，是在使200兆失学男女皆具共和国民应有的精神和态度。

不过要达到这个目的，是一件很不容易的事。现在急待解决的“平民教育”问题很多很多。例如关于教材的研究，补充读物的编制，干事人才的培养，学制的规定，师资的训练，视导的计划等事，都非一方面专门去做调查、研究、实验、编辑、训练、提倡工夫，一方面与全国人士通力合作不为功。因为这种教育，不仅是我们中国的创举，亦是世界上的创举，所以我们竭诚的希望全中国全世界的人士，多多注意这个问题，并多多的赐与帮助。

平民教育的真义. 商务印书馆，1927

平民教育概论

第一章　平民教育的意义

（一）平民信条

人的人格，本来平等，原尢上卜高低之分；因为社会制度不良，一部分的人得有受教育的机会，一部分的人没有受教育的机会，于是各人的学问、德行，出生显然的不同，人格的上下，高低，即由是而判别。吾人在社会组织未经改良之前，惟有努力于教育机会的平等，使人人所蕴蓄的无限能力，都有发展的机会，那末，人格不平等的原因，就可以消除了。

（二）平民界说

现在全国只有最少数的人民得受教育，其余最多数的人民，全没有教育。依中华教育改进社的调查统计，不识字的人民，占全国总数80%以上，就是全国4亿人中有3.2亿不识字的人。其中有一部分是6岁至12岁的学龄儿童，虽不能定其概数，但依欧美各国的统计，学龄儿童，约占人口总数1/5；所以现在国内至少有7 000万的失学儿童。这种学龄儿童，应受国家的义务教育，假使政治上了轨道，还有受教育的机会；其余2亿以上的青年和成人，政府对于他们不负责任，社会对于他们没有设法补救，真是不幸极了。所以应受平民教育的平民，从狭义讲，就是指这一般失学的青年和成人；从广义讲，就是一般粗通文字没有常识的男女，也应包括在内。

（三）平民教育

平民教育的目的，是教人做人。做什么人？做“整个的人”。什么叫做“整个的人”？第一要有知识力，第二要有生产力，第三要有公共心。要造就整个的人，需有三种教育：

1. 文字教育——民智

就我国人对于读书的观念来说：常有一种根本谬误的观念，以为读书是读书人的专业，其他的人，可不必读书。士农工商之中，惟士可以读书；若农若工商，就不必读书。所以现在除商人因需用文字，尚有一部分读书以外，其余农人工人几乎全数都是不识字的。我们应先将此种观念，根本推翻，使人人觉悟读书识字是人类共有的权利，无论什么人都应享受。若是只有一小部分人读书，最大多数人愚蠢，必致产生许多痛苦和羞耻的事。

就我国的新文化运动来说：所谓新文化运动，都是少数学者的笔墨运动，和多数平民真是“风马牛不相及”。其中虽亦有关于改进平民生活，免除平民压迫的问题；然而平民生活，只有一天比一天堕落，各种压迫只有一天比一天加重。尽管一些研究社会学的学者，在报章上对于工人有什么8小时工作制啦，增加工资啦，工人卫生、教育啦；对于农民，又有什么打倒地主啦，保障农民利益啦，高谈阔论，说得天花乱坠；而城市的工人，每天的工作仍然在15小时以上，所得工资只顾个人的口腹，尚虞不足，至于教育、卫生，更是梦想不到；乡村的农民，终年忙碌，所有生产，都被政府、地主剥夺净尽，自己则“乐岁终身苦，凶年不免于死亡”。像这样无知识的人，对于自己的生活没有改进的方法，对于外界的压迫，没有免除的能力，社会上种种切身关系的运动，也不知道参加，岂不是，“一生辛苦有谁怜”。

再从人类和牛马的分别来说：牛马供人们驱使，所得不过满腹。现在的农民工人，为吃饭而劳动，为劳动而吃饭，和牛马有什么分别？与其名之为人，不如称为两腿动物。倘人类与牛马，仅在两腿与四腿之分，人生还有什么意义？有什么价值？但是人类无论如何决不屑自等于牛马，皆愿享受教育以培植其知识；更愿将所得的知识，分给多数的人，以消除其牛马的生活。

最后就人类的生存竞争来说：知识是生存竞争必不可少的东西。无论个人，无论国家，其优胜者，必定是知识超然的；其劣败者，必定是知识低下的。现在国家受异族的压迫，人民受军阀的摧残，其根本原因就在我国人民平均知识的低下。假使我们真有为民族争自由，为民权图发展的决心，而应先努力于提高民智，使我国过牛马奴隶生活的民众，一变而为有知识有头脑的国民。

文字是传播知识的工具，也是寻求知识的锁钥；欲传播知识，须先传授文字；欲得知识，必须认识文字；所以平民教育第一步，必须有文字教育。

2. 生计教育——民生

文字教育可以消除大多数的文盲。即使文盲除尽，人人都能应用日常必需的文字，其与国家、社会的前途，究竟有什么利益？这是平民教育第一重要的问题。并且中国人还有一种最通行的毛病，在没有读书以前，尚肯做工，以谋个人的生活，一到抱了书本以后，便成文人，文人自己可以不必生产，社会应负供养的责任；还有一部分的人，终日埋头窗下，只求书本的知识，至于实际生活，尽可菽麦不分；这种寄生虫似的书呆子教育，不是平民所需求的，且应极力设法消除。所以平民教育于实施文字教育外，即需有生计教育，使人人具备生产的技能，造成能自立的国民。倘全国人民均有生产能力，国民生计，必皆富足，社会经济，自极活动；就是将来世界的经济，也都要受中国的影响了。

3. 公民教育——民德

平民教育，从文字方面，以提高民智，从生产方面，以裕民生；即使民智提高，民生充裕，对于国家、社会的前途，究竟有什么利益？这是平民教育第二重要的问题。试看历来的卖国奴，何一非知识超越，经济富足的人呢？盖其人缺乏公德心，一举一动，只知有自己的祸福利害，不顾国家社会的祸福利害；所有知识、经济，只足以供其为恶之资；所作之恶，常比无知识、无能力者高出万倍。倘平民教育，处处都是养成这种自私自利的亡国奴，岂是国家之福？所以平民教育于实施文字教育和生计教育外，另需有公民教育，希望造成热忱奉公的公民。

总之，平民教育是养成有知识力、有生产力和有公德心的整个人。

第二章　今昔平民教育的区别

(1) 以前有许多人误解平民教育，为贫民教育。办理这种教育的动机，也就是以慈善为怀；平民学校招收的学生，十之八九都是贫民。其实平民教育何曾是施米施粥的教育？近来所提倡的平民教育，在中国现状之下，比较高等教育、中等教育和义务教育还更重要。凡是中华民国国民，无论男女贫富，只要他是在应受教育期内而未曾受教育的，或受过基本教育而缺乏公民常识的，都应领受平民教育。民主国家里最重要、最正宗的教育事业，莫过于此。

(2) 以前的平民教育，多是中等以上学校的学生，于求学之余，抽暇来办的。这种关系我国200兆平民的重大问题，岂是学生课余附带办理的方法所能解决的？现今所提倡的平民教育，必须有专门的人才，专门的研究和专门的去办，才有成功的希望。

(3) 以前办理平民教育的人，是东一个西一个，零零碎碎，彼此毫无联络。现在办理平民教育的人是很有联络的，因为现今的平民教育是有组织、有系统的。就组织方面说，北京有中华平民教育促进总会，各省区有省分会、市分会、县分会、村分会，运用灵活，如脑之使臂，臂之使指。就系统方面说，有高初两级平民教育和继续教育等。

(4) 以前办理平民教育的，不外授予学生以文字教育，绝没想到生计教育和公民教育的必要，所以只能养成有常识而无生产力及公德心的片面人。现在我们知道一个人至少必具知识力、生产力及公德心三种要素，才能成为整个人。因此才有文字教育、生计教育及公民教育。

(5) 以前办理平民教育的，多是社会热心人士的提倡，某地有热心的人，其地平民教育即可发达，所以运动的范围，都是限于一小区域之内。自民国十二年，全国平民教育代表，集合于北京，组织中华平民教育促进会总会以后，这种运动，才有普及全国之势。现时各省虽未见都能进行无疑；但平教的空气，确已遍传于全国，兼及各地的华侨所在地了。

第三章 平民教育的急需

(一) 齐家

中国人对于国家的观念，非常薄弱；但对于家庭的观念，确是根深蒂固，牢不可破。这种观念，有利有害，随个人见解而不同。现在有许多人，觉得有害无利，主张打破家庭的组织与制度；但能否打破，尚属疑问；即使能够打破，必另产生新组织新制度的家庭。可以断言，无论旧家庭或新家庭，精神方面，纵不讲怎么纲常伦秩，亦必一家人相亲相爱，通力合作。物质方面，虽不必高楼大厦，画栋雕梁；亦必窗明几净，室无微尘。倘进其门，则秽气冲天；登其堂，则粪土满地；入其室，则立无容身；闻家人语，则此诟彼谇；人类的团体生活和男女的共同生活，无论取任何式的组织，恐怕也不应有这样现象吧？西洋人对于家庭观念虽不及中国人，其对家庭的整理，亦非常注意。可见齐家一事无古今中外，都是必要的。现在中国仍是以家庭为国家组织的单位，欲治其国，须从齐家起。平民教育是齐家所急需的理由，至少有两点：

1. 平民教育与家长教育

欧美的教育，注重在儿童；中国的教育，应注重家长，为什么？因为中国现在做家长的，自己都没有受过教育，不知道教育的重要，多不肯送子女弟妹们去上学。倘若他们受过教育，至少可以觉悟教育的重要，和不识字的害处，推想到子弟不受教育的害处，自然很愿意送他们去读书。

2. 家庭教育与学校教育

学校教育固然重要；但是家庭教育和儿童的发展更形密切。因为学校教育是有限制的；家庭的教育是无限制的。家长的一举一动，影响于子女者甚大；教师的一言一行，影响于学生者甚小。有人以为家庭不过吃饭、睡觉的处所，对于儿童教育没有关系。其实家庭是造人的基本工厂，要想制造有学问、有道德的好人，须看家长是否有学问、有道德的好人。倘家长受过平民教育，便有好习惯、好教训，灌输于子女，学校教育得着家庭的协助与合作，定可收最大的效果。

（二）治国

儿童是将来国家的主人，这句话谁都不能否认的。欧美各国对于义务教育，特别注意，以培养国民的基础，担负将来国家的责任。近常有人说，今日的中国，是没有希望了；要建设明天的中国，尽可努力于义务教育，数十年之后，便可收效。不知欧美各国所以能努力于将来，都是因为现在的结果，已由前人艰难缔造好了；中国的先民，对于国民教育，既未曾艰难缔造，致生今日举国文盲的结果。倘今日中国所处的地位，还有数十年从容制造国民的机会，那末，现有的青年和成人，只好任他随时而逝，勿容我辈操心；不幸中国所处的地位，危险已极，救国的责任，加不到数十年后的人身上，只好借重现在不长进、号称为文盲的青年和成人。

1. 平民教育与平民政治

中国今日为共和国家，若能把共和推翻，恢复16年前的专制，则蚩蚩者氓，仍可不识不知，顺帝之则。凡努力于平民教育运动的人们，都是多事。现在这民主国家的金字招牌，是脱不下了的。聪明的人就得脚踏实地去作共和国家以民为主的工作，从根本上唤醒民众，使他们知道，人民都应该参与政治运动。人民都能参与政治，才是真正的民主的政治；不参与政治，让一般军阀、官僚、政客去把持，就是假民主的政治。现在国家弄到这步田地，固然应该痛恨一般军阀、官僚、政客的误国殃民；但是我们也得自怨自艾，为什么不摆起主人翁的架子来管政治？我们不管政治，是因为多数的民众没有政治的知识，不知道国家是什么东西，和自身有什么关系？所以我们觉得现在应从速施行平民教育，提高民众的知识，才有实现真正的民主政治的希望。孙中山先生说：外国人建屋，重在奠基；中国人建屋，重在架梁。我们建设民主政治的华夏，请从奠基始。

2. 平民教育与建国人才

中国现在最危险的现象，就是无论在政治界、教育界的舞台上，都是这一般老角色，在台上轮流唱演。我们作听曲的民众，实在已经听倦了，不爱听了；那舞台上的人多不知趣，简直是恋栈不去。始终看不到一个新名角出台，这不是国内人才要破产了吗？是又不然，试以美国为例，其人口约一万万，自立国至今不过200年，人才辈出；且所谓人才，大多数都是平民。数年前，美国某报发报选举历来国内伟人50名，投票者共200万人，选出的伟人50名，中有32人是平民。政治家远之如华盛顿、林肯，其出身寒微，固已人人皆知；近之如哈丁、顾理治亦均出身平民；科学家如富兰克林、爱迪生，大商人如福特等，无一不是从平民出身。中国前此何独不然，所谓“将相本无种，茅庐出公卿”，就是这个意思。中国人口4倍于美国，若于10年之内，能产生1个拔萃的人才，中国于同样10年之内，应出4个，才合比例的数目。为什么竟没有一人？其原因就在美国人民都受了基本的教育，凡是天才，都有自行发展的机会。中国虽号称4万万，其得受教育的机会的不过8 000万人；其不能多产人才，也是理所当然。中国现在不是没有人才，是民众的脑矿未开，有许多“豪杰”、“智士”、“哲人”和其他有用的人，都埋没在不识字的人海中了。平民教育是开脑矿最简单最适用的工具，使大多数人民均有受教育的机会；然后从中即可产生人才。有了真正的人才，从民众中产出；然后才有多数人去担负国家各种的责任。所以欲谋国家的发扬光大，惟有推行平民教育之一法。

（三）平天下

1. 平民教育与国际关系

民国十二年，在美国加利福尼亚举行世界教育会议时，各国代表报告本国文盲的人数，在英国每百人中只有3人，在法国只有4

人，在美国只有6人，在日本也只有4人；我国代表报告每百人中有80人时，各国无不惊讶。即此一端，在国际上已无地位之可言。该会并议决12年以内，除尽全世界的文盲。倘此时若不努力，以后要在中国举行世界教育会议时，不知我国有担任的勇气否?

2. 平民教育与世界和平

太平洋沿岸各国国民，得欧战的教训，不愿人类再演战争的惨剧。于民国十四年，特召集国民代表会议，实行国民真正公开的外交，打破政府秘密的外交。赴会的共9国，代表百余人。晏阳初为中国国民代表之一，曾提出平民教育案。开会时，会长韦尔博博士当众宣言：此次通过议案60余件中，依我个人的意见，暨各专门家的观察，最有关于太平洋沿岸各国的太平的，莫如现在中国的平民教育运动。在各国或者以为含有夸扬之意；在我国实敢受之而不愧。我国地大物博，人口占世界1/4；前此所以无大发展者，即在民众知识的低下，生产力的薄弱，和公共心的缺乏。设若平民教育的成功，把民众都养成社会整个的人，那就不难建设健全的国家；以全国人民之多，一举一动，真是影响世界之力。吾民族素有大同思想，正可尽量发挥，以保持世界永久的和平。

第四章　平民教育的原则

(1) 全民的。即凡一般已过学龄期限而不识字，或已识字而缺乏常识的青年和成人，不分男女、老少、贫富、贵贱，都有领受平民教育的必要。

(2) 以平民需要为标准的。平民是因为缺乏某种知识，或需要某种技能，才来上学，所学即为所用，所用即为所学。倘平民学校不能满足其需求，平民教育，就算失败了。

(3) 适合平民生活状况的。平民大多数都很穷苦，每天工作的时间很长；要使他们筹出一点钱，在百忙之中，来受教育，非用最少的经济，最短的时间，万办不到。所以平民教育第一要图金钱和时间的经济。课程及教材，也应力求简单。倘读书时间过长，易使平民生厌倦之心，势必半途而废；所以教育的期间，不能超过4个月。

(4) 根据本国国情和人民心理的平民教育是我国特有的教育问题，非抄袭西洋而来；要想抄袭，亦无从抄袭。只有根据本国国情、人们心理，而定教育的目标、方法与进行的步骤。

(5) 地方自动负责的。平民教育应普及于全国，事业远大，不是一个机关可以包办的。不说财力不足，人才缺乏，没有包办的本领；就是财力人才都很充足，在原则上讲，也不应由少数人来包办。因为由本地方的人，出本地方的钱，办本地方的事，不特可以持久，更可养成本地责任观念和自立精神。

(6) 人人参加的可能。现在社会上很难得有一件事，人人都有参加的可能。只有平民教育，不论什么人，都可以参加；受过教育的人，可以来教人；未受过教育的人，可以来受教育。所以人民对于平民教育运动，不必问能否参加，但问愿不愿参加而已。

第五章　平民教育实施的方法

(一) 学校式的

学校式的教育，对于青年较为适当。因为青年，脑筋灵敏，思想活泼。用形式的、有系统的训练，收效甚易。在学校式的教育中，因教具和教法的不同，可分为三种：(1) 单班学校。普通的单班教学，用不着特别的教具。(2) 挂图学校。所用教具是挂图，挂课，挂字等。(3) 幻灯学校。应用幻灯，可以教育多数的学生。

(二) 社会式的

成人年龄已长，事务较多，脑筋纷杂，记忆薄弱，只能施以社会式的教育，如讲演、戏剧、展览、电影、音乐等，都是教育成人最好的方法。

(三) 表证式的

凡事徒空谈理论而没有实验证明，往往不易使人信服；尤其是平民厌听空话，爱看实验。所以在生计教育，多采这种方法，使平民易于相信，并能仿效。

第六章 平民教育的现状

（一）国内：可分为城市和乡村两部分来说

1. 城市

全国各省已经成立平民教育促进分会的，有19处，特别区分会3处，市分会20余处。

2. 乡村

全国乡村平民教育促进会，有150余处，都是自动组织的。由总会直接提倡办理的，是直隶保定道属的20县，并以定县为推广平民教育的试验区，进行不及数月，成绩很好。

全国平民学校，及已受平民教育的男女，共有若干，本会未得完全的报告，无从统计；但据上海各大书局报告售出平民千字课的总数，截至去年9月底止，共360万部，准此以推，全国平民学校毕业生，至少已达300万名以上。

（二）国外：亦可分两层来说

1. 华侨教育的发展

前述太平洋国民会议在檀香山举行时，因中华平民教育促进会总会总干事晏阳初曾有关于平民教育的提案，得多人的赞扬；该地华侨大受感动，组织檀香山华侨平民教育促进会，推行平民教育。已毕业学生120人；其继续开办的，不久亦将毕业。此外菲律宾，澳大利亚，日本，及其他国外各地华侨，亦闻风继起，常来信探询推行平民教育的情形。

华侨旅居异国，受外国的教育，易被异族所同化，对于祖国的文化，每怀轻视之心，真是国家前途最不幸的事！海外同胞，富于冒险，善于居积，所以都能独立奋斗，造成巨富。孙中山先生前此提倡革命，得他们的助力不少，可见华侨尚未忘情祖国。应急推行教育，使能欣赏祖国的文化，生爱国之心，并愿协助国内文化事业的发展。

2. 国际教育的联络

自太平洋国民会议以后，平民教育不但影响及于华侨，他国也受了相当的影响。现在菲律宾，已进行最大规模的平教运动，计划在5年之内，普及平民教育。印度、朝鲜有识之士，也都觉得平民教育的重要，正在设法推行，彼此声气互通。我们倘能由国际教育的联络，进而为东亚民族的联络；由东亚民族的联络，进而为东亚民族自由解放的联络，力量之巨大，直可撼山岳，泣鬼神。我希望努力平民教育的人，都有这种抱负。

第七章 平民教育总机关的组织

本会的组织，包含有三种制度：

（一）行政制度

本会于总干事之下，设有总务、城市、乡村、华侨四部。每部直辖若干股，分担一切行政事宜。

（二）研究制度

本会设有调查统计、平民文学、视导训练、公民教育、生计教育、直观教育、妇女教育、健康教育8科。每科直辖若干门，分担一切研究事宜。

（三）训练制度

本会设立平民教育师范院、育才院、研究院，以培养全国平民教育事业所需要的人才。

第八章 平民教育运动的使命

平民教育运动的使命，在于“做新民”。分析其内容，有下列三项：

(1) 养成有知识、有生产力，有公共心的整个人；

(2) 养成社会健全的分子，发展社会的事业；

(3) 养成建设国家的国民，增高国际地位。

第九章 平民教育推行的政策

平民教育促进会总会，是平教的学术机关；至于推行平民教育，算是各地平民教育促进会的责任。欲要希望平民教育达到普及的目的，非全国各地方一致努力推行不可。根据各处推行教育的经验和希望将来推行的顺利，我们采取了一个鼎足而三的平教推行政策。这“三足”：一是地方人士；二是平教专家；三是地方政府。三足分工合作的责任，大致如下：

(1) 地方上各界领袖自动结合各法团各机关和一般热心人士共同提倡平教并分任各委员会的委员，协助专家实施平教；

(2) 培养或聘请平教专门人才，专任实施平教事宜，并请托平教总会选派专家指导一切；

(3) 呈请地方政府补助经费，维持秩序，并规定褒奖和惩戒办法，使平民教育在地方上易于普及。(下略)

平民教育概论．商务印书馆，1928

思想评介

晏阳初及其平民教育思想

一 晏阳初与平民教育思潮的形成

(一) 关于平民教育思潮

在“五四”运动时期，教育界有一个非常响亮的口号，那就是“平民教育”。“平民教育”思潮就其渊源而言，是随着西方平民主义思潮的演进和传播发展而来的。“平民主义”是英语 Democracy 的译语，是由“民主主义”演化来的。译语的不同，有着社会思潮的背景，反映了时代思想的发展变化。事实上，Democracy 一词，既可译为“民本”，也可译为“民主”。胡克在《杜威全集》卷十“导言”中，就指出：“有时民主被用在狭义的政治意义上；有时民主一词与教育视作同义词”。下面我们要谈的中国传统的“民本思想”，则是中国古代传统政治文化的反映。所谓的“民本”其基本意义是推崇“德治”与“仁政”，追求的理想是“修齐治平”，目的仍在于维护传统阶层秩序，但其中确也隐含萌芽状态的民主思想，然而在中国古代封闭的小农经济社会中，这种民主思想不可能发展成为民主政治。到了近代，西方民主政治思想的传入，“民本”的内涵中已充实了更多西方“民主”成分。晏阳初宣扬的“民本思想”，正体现了这一时代特征。

作为平民教育思想的实践，平民教育运动最初主要是从城市平民教育开始的。其主要目的是教城市平民识字，以使进一步获得知识技能的工具，并启发他们一定的政治觉悟，成为健全的国民，从而奠定民国的坚定基础。20年代中期以后，平民教育的中心由城市移到乡村，平民教育者们致力从事于乡村教育的乡村社会改造，于是，又形成了乡村教育思想的乡村教育运动。平民教育与乡村教育思潮，曾在中国近现代教育思想发展史上，产生过重要影响。

（二）平民教育思潮的形成

20年代初兴起的平民教育思潮，源头应追溯到晏阳初在法国白朗的华工教育实践。晏阳初在回忆平民教育时，也视此为起源，他说：“这个运动是从法国开始的……”对于平民教育的源头，平教同仁有一致的看法。陶行知也认为：“当欧战期中，有许多华工在法国，多半都是目不识丁者，生活上当然感受种种困苦。幸当时留美学生，曾注意及此，特推晏阳初等赴法，专为华工办平民夜校，以补救之。惟当时事属创举，诸感困难。所用教材，系用晏阳初自编的一千字汇，再三考虑，力求切要；教法亦诸费苦衷。所以为时虽短，成效尚佳。”①他不仅肯定平民教育起于法国，还对取得的成绩给予了褒扬。另一位同仁俞庆棠，1935年在江苏省教育学院和广东省社会教育讲习会上作了题为《中国民众教育之演进》的演讲。她指出：“蔚成平民教育这一大史绩，到现在还在进一步的研究与实验，其胚胎在欧战时期。”②

“五四”运动前后，美国教育家杜威、孟禄先后来华，宣传平民主义教育，使平民主义教育、民治主义思想一时弥漫全国，盛极

① 《陶行知全集》第1卷，第432页

② 1936年2月《教育生活》第3卷，第6期

一时。杜威讲演足迹遍及十多个省市，系统介绍了其平民主义教育主张。其言论主张经他们的弟子们努力宣传，竭力加以推展，促成了平民教育思潮的兴起。

从产生的原因上看，这是中国固有的民本思想和西方传送过来的民主思想在中国教育上的反映，同时又是教育救国，科学救国论者思考的结晶。

二　晏阳初平民教育的理论基础

晏阳初在《平民教育概论》的开篇，便鲜明地提出他的平民信条："人的人格，本来平等，原无上下、高低之分……"进而说明了教育机会平等对每个人发展的重要性。这归于他的民本思想，而其理论的核心则为"民为邦本，本固邦宁"。

晏阳初的《乡村改造的十大信条》①是其晚年对一生从事乡村改造运动的方法与理论上的总结，其中第一条开宗明义："先自圣先贤给我们的古训中有一条叫做'民为邦本，本固邦宁'。人民是国家的根本，本不固则邦不宁。这虽是几千年前的老话，但它却是历千年而不朽的真理。人民是国家的根本，要建国，先要建民；要强国，先要强民；要富国，先要富民。"② 可以说这是他毕生为平民教育奋斗不懈的源泉，也成为晏阳初一生在中国在世界指导平民教育与乡村改造运动实践的最高原则。

回顾这一思想对晏阳初毕生的影响，我们不仅能看到其中中国传统民本思想的"火种"，也能看到近代西方民主思想的闪亮火花。正如他自己所说那样，"我是中华文化与西方民主科学思想相结合的一个产儿"。

（一）中国传统的民本思想

民本思想在中国源远流长，最早可以追溯自殷商之际民本思想的萌芽阶段。晏阳初一生无数次提及的"民为邦本，本固邦宁"一语，最早见于这一时期的《尚书》之《夏书·五子这歌》篇。据唐

---

① 晏阳初1988年在IIRR国际乡村研讨会上的讲话

② 宋恩荣编．晏阳初全集：第二卷．长沙：湖南教育出版社．1989．557

人孔颖达《尚书正义》，释为“言人君当固民以安国”。

中国古代的民本思想，从《尚书》诸篇中重民、保民的言论，到儒家学说的创始人孔子把民本思想，推进到了一个新的阶段而建立的“仁”的观念，提出的“爱民”、“富民”、“教民”、“有教无类”的主张；再到孟子的“君权民与”，“民为贵，社稷次之，君为轻”。民的主体性观点的提出而形成的朴素的民主思想，应该说在先秦时期，实际上已初步形成了一个完整的体系。它成为儒家思想的一个基本组成部分，同时亦为其他各家所关注。这些主张虽然都是从维护封建统治出发，但仍不失其顺应历史潮流，促进社会进步的积极意义。

到了汉代，贾谊更明确指出：“闻之于政也，民不无为本也。国以为本，君以为本，吏以为本。故国以民为安危，君以民为威侮，吏以民为贵贱。此之谓民无不为本也。”

唐代，是我国封建王朝的盛世，唐太宗著名的贞观之治与他所认识到的“舟所以比人君，水所以比黎庶，水能载舟，亦能覆舟。”而采取的“安国富民”的政策不无关系，到宋元明清时期，民本思想发展更加完善，产生了许多主张以民为本的思想家。如张居正的“愿皇上重惜民生，保固邦本”；王夫之的“君以民为基……无民而君不立”，倡导“藏富于民”与“义利统一”的观点。明末清初的思想家黄宗羲、顾炎武等人，更深悟到民本的重要性，而积极倡言“民为主”，“君为客”以及“养民”、“裕民”、“富国”的思想。

从以上简述的中国古代思想家民本的主张及其演进，可以看到民本思想在中国古代思想史上具有悠久的历史与极其丰富的内容。传统民本主义者的主张，在当时历史条件下，都有一定的进步意义。因不可避免地存在着历史局限性，虽提炼出治国平天下的方略，却只能供统治者参用，他们自己仅能“坐而论”；却不能“起而行”。

晏阳初出生于一个世代书香家庭，虽无精深的国学根底，但受传统文化深深的熏陶，他自幼小便在心田里“埋下了一粒微妙的火种”，“那就是儒家的民本思想的天下一家的观念”。儒家学说“修身，齐家，治国，平天下”的谆谆训导，造就了他“忧以天下，乐以天下”的胸怀。晏阳初生活在那个民族危亡的年代，深深体察到国家的贫弱和劳众的疾苦，更使他立下“治国平天下的豪志”。而“平民教育，乡村改造，都是放眼世界的运动，和我从小时的理想，可谓是殊途同归”。“不论在中国，或是在海外，都是民本思想的实践，而以天下一家为最高宗旨”。① 由此亦可见，晏阳初所倡导的平教运动给传统的民本思想赋予全新的意义。

（二）西方近代的民主思想

晏阳初从少年时代起，就接受基督教教会教育，后来从香港到美国留学，接受高等教育，进一步沐浴西方文明，受西方“民主”、“平等”、“博爱”思想的深深熏陶。诚如他说：“我生长晚清民初，正是风云激荡，变革纷纷，民主政治好似天边彩虹，真幻莫辨。在港大读了五年政治，略知民主的理论未见实践。第一次体验民主的真谛，是在耶大”。② 同时，与近代社会的巨大变革相一致的社会思想的巨大变革，对晏阳初的民本思想的确立亦产生了深刻的影响。

任时先曾指出：“平民主义教育思想的产生是德漠克拉西思想盛行的结果。所以欧美各民主共和国家，早已有此种思想的流行。中国经过数千年君主专制政体，人民思想始终在‘天下有道，则庶人不议’的圈套中，所以平民主义思想的表现，仍在辛亥革命政体改革过以后的事。至‘五四’运动时，欧美各种新思想尽量输入中国来，于是平民主义教育思想遂大盛。适于此时，平民主义思想的创造者杜威博士来华讲演，更予中国社会莫大的影响。”③

晏阳初归国后，开始从事平民教育工作，就是通过基督教会进行的。而此时也正值杜威在中国宣传其哲学和教育，晏阳初的平民教育思想亦深受他的影响。

三 晏阳初的平民教育观

20世纪20年代左右，由于“五四”新文化运动的影响，西方

① 宋恩荣编．晏阳初全集：第二卷．长沙：湖南教育出版社．1989．495

② 宋恩荣编．晏阳初全集：第二卷．长沙：湖南教育出版社．1989．523

③ 中国教育思想史：（下册）．商务印书馆，1937．358

各式各样教育理论在中国的教育领域异彩纷呈，为中国的教育界提供了一个可供比较与选择的机会，从而形成了中国教育理论界一个新的百家争鸣的局面，与春秋战国时期“百家争鸣”相比毫不逊色，各种教育思潮此消彼长，时盛时衰，展示了百舸争流的局面。

平民教育作为“五四”时期一种重要的教育思潮与运动，亦存在诸多流派，其中从晏阳初、梁漱溟等人的乡村教育思想和乡村教育实验影响最大。尤其是晏阳初在河北定县的乡村平民教育实验，立足定县，胸怀全国，放眼世界，在世界范围内都产生了一定的影响。

晏阳初的乡村教育实验，是与他的平民教育观相联系的。晏阳初深受过欧风美雨的洗礼，作为一个资产阶级知识分子与教育家，他对于西方教育中的平民精神和民主精神极为崇敬，笃信平民教育改造社会的巨大功用，认为平民教育为普及教育的先声；他主张教育救国，借推行平民教育以实现社会改造，拯救濒临危亡的国家，挽救水深火热中的同胞，因而竭力倡导推行平民教育。

（一）平民教育的功用

晏阳初《平民教育概论》中“平民教育的急需”专门讨论平民教育与平民政治、平民教育与建国人才的关系：“聪明的人……请从诸基始”。他将平民教育当作一切建设的基础，尤其是民主建设更是如此。正由于平民的教育问题过去置若罔闻，这才导致“中国现在最危险的现象，就是无论在政治界或教育界的舞台上，都是这一般老角色，在台上轮流唱演”，“始终看不到一个新名角出台”。而美国政治家华盛顿、林肯，科学家富兰克林、爱迪生都出身贫寒。中国人四倍于美国，但十年内竟无出类拔萃人才，其根本原因是什么？他说：“中国现在不是没有人才，是民众的‘脑矿’未开……所以欲谋国家发扬光大，惟有推行平民教育之一法”。[①]

（二）平民教育“整个的人”的目标

晏阳初在《平民教育概论》中旗帜鲜明地提出平民教育的目的，是教平民做人，做“整个的人”。其涵义有三点“第一要有知

① 宋恩荣编．晏阳初全集：第一卷．长沙：湖南教育出版社．1989．127

识力，第二要有生产力，第三要有公德心”。并且还提出了语意互补的观点，即教平民做“新民”。其内容有：(1) 养成有知识，有生产力，有公共心的整个的人；(2) 养成社会健全的分子，发展社会的事业；(3) 养成建设国家的国民，增高国际地位。

造成“整个的人”须有三种教育：一是文字教育，以开启民智。他反对传统的读书观念，以为读书仅是“读书人”的事，至于士农工商中的农工商则不必读书。进而他反对社会学的学者呼吁的“对于工人有什么8小时工作制啦，增加工资啦，工人卫生和工人教育啦，对予农民又有什么打倒地主啦，保障农民利益啦，高谈阔论，说得天花乱坠。而他认为：“假使我们真有为民族争自由，为民权图发展的决心，同应先努力于提高民智，使我国过牛马奴隶生活的民众，一变而为有知识有头脑的国民”。因“文字是传播知识的工具，也是寻求知识的钥匙。欲传播知识，须先传授文字；欲得知识，必须认识文字；所以平民教育的第一步，必须有文字教育”。二是要有生计教育，以解决民生。识字不是平民教育的目的，平民教育需有生计教育，“使人具备生产的技能，造成能自立的国民”。三是须有公民教育，以增进民德。平民民智提高，民生富裕，倘使缺乏公德心，那么“一举一动，只知有自己的祸福利害，不顾国家社会的祸福利害；所有知识、经济，只足以供其为恶之资；所作之恶，常比无知识、无能力者高出万倍。倘平民教育，处处都是养成这种自私自利的亡国奴，岂是国家之福?”所以，须有公民教育相并而行，以造成“热诚奉公的公民”。

(三) 平民教育“除文盲，做新民”的宗旨

1923年中华平民教育促进会成立时，宣布“除文盲，做新民”为其根本宗旨。1927年在《平民教育的目的和最后的使命》中，晏阳初对此作了明确的阐述：“我们内受国家固有文化的陶育，外受世界共通新潮的教训，自觉欲尽修平治齐的责任，舍抱定‘除文盲，做新民’的宗旨，从事于平民教育的工作而外，别无根本良谋。”①

① 宋恩荣编．晏阳初全集：第一卷．长沙：湖南教育出版社．1989．114

平教运动的宗旨充分体现了晏阳初从根本上改造人的思想。他认为对于当时中国的各种问题的“根本的解决法，在将欲从各种问题的事上去求的时节，先从发生问题的‘人’上去求”，“所以我中华四万万民众共有的问题，欲根本上求解决的方法，还非从四万万民众身上去求不可”。绝不能头痛医头，脚痛医脚。然而，中国虽号称有四万万人民，但文盲有三万万以上，对于他们而言，又何有“知识力”、“生产力”、“团结力”可言？为了使民族能生存于当今知识竞争的世界，并对世界文明作出新的贡献，只有本着愚公移山的精神，尽心竭力以平民教育为天职。在《平教同志歌》中平教同仁们豪迈地唱着：“力恶不出己，一心为平民。奋斗与牺牲，务把文盲除尽，男男女女老老少少一起见光明。唤醒旧邦人，大家一起做新民。意诚心正身修家齐国治天下平。”①

“除文盲”是整个平民教育的最基础的工作，它以人人识字，人人取得基本教育为目标，是实现“人的改造”的教育工作的第一步；而“做新民”则是平民教育的最高目标，目的在培养适应20世纪中国所需要的具有“知识力”、“生产力”、“团结力”及“强健力”的“完整的人”。

四　“四大教育”与“三大方式”

从1926年前后开始，当时一大批有见识的教育家，将教育实验运动从大城市转向了中国广泛的农村。晏阳初、陶行知、黄炎培、梁漱溟等一大批教育家在20世纪20年代后期几乎同时开始了由城市向农村的战略“转移”。至30年代，形成了声势浩大的乡村教育实验运动，晏阳初及其主持的中华平民教育促进总会（简称平教会）所进行的河北定县乡村教育实验，是为这场运动中一朵绚丽的浪花。

晏阳初是个教育救国论者，他认为其时中国所有的问题是“人的改造”。晏阳初与他的同仁们认识到“中国大部分的文盲不在都市而在农村，中国是以农立国，中国的大多数人民是农民。农村是

① 宋恩荣编．晏阳初全集．长沙：湖南教育出版社．1989．393

85%以上人民的着落地，要想普及中国的平民教育，应当到农村里去，所以同仁才决定到定县去工作”。[1]

定县的乡村教育实验是与晏阳初对平民教育认识的发展紧密联系的。晏阳初认为，农村建设的工作最重要的必须有具体的方案，具体的方案必须以事实为依据，必须靠有系统的精确调查。所以，当1926年平教会在定县开展实验时，首先就把社会调查作为一项重要工作。经过几年努力，1933年平教会出版了《定县社会概况调查》，此书被称为我国近代以来爱国知识分子以西方社会学方法与技术进行的以县为单位的社会调查的代表作。

在定县乡村教育实验的基础上，晏阳初对于县范围内如何具体实施乡村教育，也总结了一套成功的经验，集中表现为他所概括的“四大教育”和“三大方式”。

（一）“四大教育”

通过调查，晏阳初认为，中国农村问题千头万绪，但基本可以用“愚”、“穷”、“弱”、“私”这四个字来代表。所谓“愚”，是指“中国最大多数的人民，不但缺乏知识，简直他们目不识丁”，“80%是文盲”；所谓“穷”，是指“中国最大多数人民的生活，简直是在生与死的夹缝里挣扎着，并谈不到什么叫生活程度，生活水平线”；所谓“弱”，是指“中国最大多数人民是无庸讳辩的痛夫”；所谓“私”，是指“中国最大多数人民是不能团结，不能合作，缺乏道德陶冶，以及公民的训练”。晏阳初强调这些问题如不得以解决，任何建设事业都将谈不上的。而要根本解决此四大问题，必须从事“四大教育”，即文艺教育，生计教育，卫生教育，公民教育。他认定在四种方法中“救国救民是唯一方法，并非一切头痛医头脚痛医脚贴膏药式的方法可比。因为在全国人民没有知识力、生产力、强健力和团结力以前，随你用什么方法来号召，都是不成的。所以只有平教才是根本，其余都是枝节”。

---

① 章元善，许士廉．中华平民教育促进会定县工作大概．载：乡村建设实验．第2集．中华书局，1935

1. 以文艺教育医愚，培养知识力

是从文字及艺术教育着手，“使人民认识基本文字”，得到求知识的工具，促进文化生活，以此为接受一切建设事务的准备。凡关于文字研究，开办学校教材的编写，教育教学方法的研究，以及乡村教育制度的确立都包括在内。

2. 以生计教育救穷，培养生产力

它以从农业生产，农村经济，农村工业各方面着手，以达到农村建设为目标。在农业生产方面，注意到选种，园艺，畜牧各部分工作，应用农业科学，提高生产，使农民在农事方面，能接受最低程度的农业科学；在农村经济方面，利用合作方式教育农民，组织合作社，自助社等，使农民在破产的农村经济状况下，能得到相应的补救方法；在农村工作方面，除改良农民手工业外，还提倡其他副业，以充裕其经济生产力。

3. 以卫生教育攻弱，培养强健力

它注重大众卫生和健康，及科学医药的设施。使农民在他们的经济状况下，能得到科学治疗的机会，以保证他们最低程度的健康。具体措施是要创建农村医药卫生保健制度，由村到县组成一个有系统的，整个县单位的保健体系：县设保健院，区设保健所，每村设一个保健员，由平民学校的毕业生经过短期训练后担任，负责全村的医疗保健工作，使每一个农民，都可得到科学医药治疗的机会。

4. 以公民教育治私，培养团结力

它是要“激起人民的道德观念，施以良好的公民训练，使他们有公共心、团结力，有最低限度的公民常识，政治道德，以立地方自治的基础”。所以，公民教育首先是施以公民道德的训练，使每一个公民，都了解个人与社会的关系，以发扬他们公共心的观念。晏阳初认为，在“四大教育”中，公民教育最为根本。

(二)“三大方式”

在定县乡村平民教育实验中，针对过去教育与社会相脱节，与生活实际相背离的弊端，在强调发挥教育的整体功能作用时，晏阳初提出了在农村推行“四大教育”的“三大方式”，即：学校式教育，社会式教育，家庭式教育。

1．学校式教育

以青年为主要教育对象，包括初级平民学校，高级平民学校，生计巡回学校。初级和高级平民学校学制为4个月。初级平民学校以识字教育为主，力求增强学生读、写、说流畅通顺，内容为四大教育。学生经过4个月或96个小时的学习，认识1 300个字。后来经改进，缩短到3个月，而识字增至1 700个字，方法主要采用导师传习制，用业余时间进行教育，课本为《公民千字课》。高级平民学校为毕业于初级平民学校的一部分青年农民所设立，进一步传授更具体的关于四大教育的知识。晏阳初在《定县的乡村建设实验》中说："高级平民学校实验的目的是为了培养执行计划的村长，特别是同学会会长"。对于妇女，因为在乡村难寻觅正规女教师，故应"特别着重培养她们从事初级平校的教学和管理工作"。因为时力所限，教学必须具体，有实际效用。因而高级平民学校不为学而设，而自有其目标。至于生计巡回学校，是为"使农民取得应用于农村当前实际需要的训练，以生活的秩序为教育的秩序，顺一年中时序的先后，在研究区内分区轮流巡回训练，传授切实的技术"。在方法上还注意以成绩优良的农家为"表证农家"，作为示范引导的典型。

2．社会式教育

是向一般群众及有组织的农民团体实施教育的一种方式。内容取材于四大教育，主要是通过平民学校同学会所开展的各项活动，如成立读书会、演说比赛会、演新剧、练习投稿、成立自助社、合作社、农业展览会等，使平民学校的毕业生继续受教育。平校毕业生同学会是其中心组织。

3．家庭式教育

是对各家庭中不同地位的成员用横向联系的方法组织起来进行教育的一种方法。就是每个家庭应对其成员进行公民道德训练、卫生习惯、儿童保护、家庭预算、家庭管理、妇女保健、生育节制等方面的教育。教育内容仍是四大教育，选材标准侧重家庭需要与身份特点。

五 晏阳初的历史影响及其局限性

“晏阳初是一个真诚爱国者，在他身上有着一代受过中西文化双重影响的爱国知识分子所共有典型性格。这些性格表现为：他们一方面受传统文化与传统观念的影响，具有不同寻常的道德义务感、社会责任感、历史使命感；另一方面受西方文明的影响，具有较强的不依附于政权的独立的政治意识与民主思想”。①

晏阳初又是个彻底的教育救国论者，他的平民教育和乡村改造的理论就是他教育救国思想具体体现。他从欧洲回国后，目睹国内的情形，指出其时的中国正患着瞎、聋、哑等病，救治这种病症的方法就是“多在平民教育上做工夫”，“万灵丹就是在读书识字”，指出“这个责任完全在教育界”。他期望5年之内能在全国普及识字教育，否则中国将会“主权旁落”。他说：“中国不必亡，亡不亡全在教育界。教育界可以支配中国，支配前途，改造社会”。正是这种教育救国论的坚定信念，使晏阳初毅然放弃了专心攻读的政治学专业，决心不走仕途，不上政治舞台而投身于平民教育，并把它作为自己矢志追求的事业。1929年，晏阳初及平教全国同仁携家属迁居河北定县，他身先士卒，放弃了城市的舒适生活，号召广大知识分子“与村民一起劳动和生活”，“给乡下佬办教育”。亲率他们到农村，从事乡村教育，虚心“给农民做学徒”，出现了中国现代教育史上“洋博士”与“乡下佬”相结合的盛况，具有伟大的历史进步意义。

我们不能否认，晏阳初关于“四大教育”、“三大方式”的主张存在着严重缺陷，晏阳初所提出的中国农村四大基本问题，只是看到了社会现象的表层，而没能认识“帝国主义之侵略与封建残余的剥削，才是造成‘愚、穷、弱、私’的原因”。②否认了旧中国社会问题的根源是阶级压迫和剥削，反而把由于阶级压迫所造成的愚、穷、弱、私等社会现象作为问题根源。因而，其理论不能解决旧中

---

① 宋恩荣，熊贤君著．晏阳初教育思想研究．沈阳：辽宁教育出版社．1994．362

② 千家驹．中国农村的出路在哪里．中国农村：第二卷．第一期

国农村的根本问题，达到复兴农村，拯救国家的根本目的。因而晏阳初为解决中国社会问题所采取的办法是改良主义的。乡村建设作为一种社会改革运动，实际上是一个不彻底的资本主义运动，其结果是以失败而告终的。但晏阳初的平民教育和乡村改造理论毕竟有其可取之处：首先，晏阳初是一位爱国的教育改革家，他的平民教育和乡村改造理论颇有中国特色。其次，虽然晏阳初的乡村教育实验，并没有也不可能使实验区的农民从根本上摆脱贫穷落后的命运，但确实也给他们带来了一定的实惠。它在当时对于实验区农民文化水平的提高，农业人才的培养，农业科学技术知识的传授和推广，农村合作事业以及其他公益事业发展等方面取得了一定的成绩，而且，这一切影响深远。再次，晏阳初"四大教育"、"三大方式"的理论，打破了狭隘的教育观念，把乡村教育视为是与乡村经济、文化、卫生、道德等方面共同进行，学校、家庭、社会相互促进的系统工程，这在中国教育史上是一种创新，直至今天，仍有现实意义。

"总起来说，尽管是晏阳初的教育理论未能揭示旧中国农村的根本问题，他的教育事业也不可能从根本上复兴农村，拯救国家。然而，他从中国是一个农业国，农民中的绝大多数是文盲的国情出发，重视乡村教育，把开发亿万农民的'脑矿'，看作是比开发金矿、银矿更重要的事业；首先创立以一个县为基本单位从事乡村教育实验研究；他主张乡村教育是一个系统工程，文艺教育、生计教育、卫生教育、公民教育应同时进行，学校教育，家庭教育，社会教育要相互促进；提倡知识分子积极作用，受到人们的称赞，而且在今天，依然有现实意义"。①

晏阳初与平教会在他们推行改革计划的实验时，有时虽然也不得不借助政治的力量，但从他们的全部历史来看，他们仍然保持了其独立学术精神，这一点尤其难能可贵。因此，晏阳初不愧是中国现代教育史上一位有重大历史影响的爱国教育家。

（汪　灏）

---

① 孙培青主编．中国教育思想史．上海：华东师范大学出版社，1995．261

参考书目:

[1] 宋恩荣编. 晏阳初全集. 湖南: 湖南教育出版社, 1989
[2] 宋恩荣, 熊贤君著. 晏阳初教育思想研究. 沈阳: 辽宁教育出版社, 1994
[3] 宋恩荣编. 晏阳初文集. 北京: 教育科学出版社, 1989
[4] 孙培青, 李国均主编. 中国教育思想史. 上海: 华东师范大学出版社, 1995
[5] 王炳照, 阎国华主编. 中国教育思想通史. 长沙: 湖南教育出版社, 1994
[6] 毛礼锐, 沈灌群主编. 中国教育通史. 济南: 山东教育出版社, 1988
[7] 董宝良, 周洪宁主编. 中国近现代教育思潮与流派. 北京: 人民教育出版社, 1997

胡 适

(Hu Shi)

- 生平简介
- 名篇选读

  学生与社会

  对于新学制的感想

  爱国运动与求学

  争取学术独立的十年计划

  谈谈大学
- 思想评介

  胡适及其中西融通的文化教育思想

生平简介

胡适（1891～1962），安徽绩溪人。原名洪骍，学名嗣穈，字希彊。应留美考试时改名适，字适之。先后就学于梅溪学堂、澄衷学堂、中国公学及美国的康奈尔大学和哥伦比亚大学。留美期间，曾随实用主义大师杜威学习，受杜威思想影响至深。1917年夏回国，旋任北京大学教授，加入《新青年》编辑部，积极宣传民主与科学，大力倡导白话文与文学革命，为当时新文化运动的著名人物。在五四新文化运动中，挑起“问题与主义”的论战，反对马克思主义。1922年，与丁文江共同创办《努力周报》，主张构建“好人”政府和“省自治的联邦制”。翌年，主办《国学季刊》，提倡“整理国故”。1928年担任中国公学校长。1931年创办《独立评论》，支持蒋介石“攘外必先安内”的政策，并发表“全盘西化”（后改为“充分西化”）的主张。1938年出任驻美大使。1946年担任北京大学校长。1949年前往美国，后至台湾。1957年就任台湾“中央研究院”院长。主要著作有《胡适文存》等。

作为中国近现代史上颇具影响的资产阶级学者，胡适既是一位思想家，亦是一位教育家。就教育层面而言，胡适毕生致力于文化教育问题的探讨，十分注意中西文化教育的融通，其将西方实用主义的方法论与乾嘉学派的考据方法会通而形成的“大胆的假设，小心的求证”的治学思维方式，对学界影响甚大。

名篇选读

学生与社会

今天我同诸君所谈的题目是《学生与社会》。这个题目可以分两层讲：个人与社会；学生与社会。现在先说第一层。

(1) 个人与社会有密切的关系，个人就是社会的出产品。我们虽然常说“人有个性”，并且提倡发展个性，其实个性于人，不过千分之一，千分之九百九十九全是社会的。我们的说话，是照社会的习惯发音；我们的衣服，是按社会的风尚为式样；就是我们的一举一动，无一不受社会的影响。

六年前我作过一首《朋友篇》，在这篇诗里我说：“清夜每自思，此身非吾有：一半属父母，一半属朋友。”如今想来，这百分之五十的比例算法是错了，此身至少有千分之九百九十九是属于广义的朋友的。我们现在时在此地，而几千里外的人，不少的同我们发生关系。我们不能不穿衣，不能不点灯，这衣服与灯，不知经过多少人的手才造成功的。这许多为我们制衣造灯的人，都是我们不认识的朋友，这衣与灯就是这许多不认识的朋友给与我们的。

再进一步说，我们的思想、习惯、信仰……都是社会的出产品，社会上都说“吃饭”，我们不能改转来说“饭吃”。我们所以为我们，就是这些思想、信仰、习惯……这些既都是社会，那末除过社会，还能有我吗?

这第一点的要义：我的所以为我，在物质方面，是无数认识与不认识的朋友的，在精神方面，是社会的，所谓“个人”差不多完全是社会的出产品。

(2) 个人——我——虽仅是千分之一，但是这千分之一的“我”是很可宝贵的。普通一班的人，差不多千分之千都是社会的，思想、举动、言语、服食都是跟着社会跑。有一二特出者，有千分之一的我——个性，于跟着社会跑的时候，要另外创作，说人家未说的话，做人家不做的事。社会一班人就给他一个诨号，叫他“怪物”。

怪物原有两种：一种是发疯，一种是个性的表现。这种个性表现的怪物，是社会进化的种子，因为人类若是一代一代的互相仿照，不有变更，那就没有进化可言了。惟其有些怪物出世，特立独行，做人不做的事，说人未说的话，虽有人骂他打他，甚而逼他致死，他仍是不改他的怪言、怪行。久而久之，渐渐的就有人模仿他了，由少数的怪，变为多数，更变而为大多数，社会的风尚从此改变，把先前所怪的反视为常了。

宗教中的人物，大都是些怪物，耶稣就是一个大怪物。当时的人都以为有人打我一掌，我就应该还他一掌。耶稣偏要说：“有人打我左脸一掌，我应该把右边的脸转送给他。”他的言语、行为，处处与当时的习尚相反，所以当时的人就以为他是一个怪物，把他钉死在十字架上。但是他虽死不改其言行，所以他死后就有人尊敬他，爱慕、模仿他的言行，成为一个大宗教。

怪事往往可以轰动一时，凡轰动一时的事，起先无不是可怪异的。比如缠足，当初一定是很可怪异的，而后来风行了几百年。近来把缠小的足放为天足，起先社会上同样以为可怪，而现在也渐渐风行了。可见不是可怪，就不能轰动一时。社会的进化，纯是千分之一的怪物，可以牺牲名誉、性命，而做可怪的事，说可怪的话以演成的。

社会的习尚，本来是革不尽，而也不能够革尽的，但是改革一次，虽不能达完全的目的，至少也可改革一部分的弊习。譬如辛亥革命，本是一个大改革，以现在的政治社会情况看，固不能说是完全成功，而社会的弊习——如北京的男风，官家厅的公门……附带革除的，实在不少。所以在实际上说，总算是进化的多了。

这第二点的要义：个人的成分，虽仅占千分之一，而这千分之一的个人，就是社会进化的原因。人类的一切发明，都是由个人一点一点改良而成功的。惟有个人可以改良社会，社会的进化全靠个人。

学生与社会。

由上一层推到这一层，其关系已很明白。不过在文明的国家，学生与社会的特殊关系，当不大显明，而学生所负的责任，也不大很重。惟有在文明程度很低的国家，如像现在的中国，学生与社会的关系特深，所负的改良的责任也特重。这是因为学生是受过教育的人。中国现在受过完全教育的人，真不足千分之一，这千分之一受过完全教育的学生，在社会上所负的改良责任，岂不是比全数受过教育的国家的学生，特别重大吗？

教育是给人带一副有光的眼镜，能明白观察；不是给人穿一件锦绣的衣服，在人前夸耀。未受教育的人，是近视眼，没有明白的认识，远大的视力；受了教育，就是近视眼带了一副近视镜，眼光变了，可以看清楚远大。学生读了书，造下学问，不是为要到他的爸爸前，要吃肉菜，穿绸缎；是要认他爸爸认不得的，替他爸爸说明，来帮他爸爸的忙。他爸爸不知道肥料的用法，土壤的选择，他能知道，告诉他爸爸，给他爸爸制肥料，选土壤，那他家中的收获，就可以比别人家多出许多了。

从前的学生都喜欢戴平光的眼镜，那种平光的眼镜戴如不戴，不是教育的结果。教育是要人戴能看从前看不见，并能看人家看不见的眼镜。我说社会的改良，全靠个人，其实就是靠这些近视镜，能看人所看不见的个人。

从前眼镜铺不发达，配眼镜的机会少，所以近视眼，老是近视看不远。现在不然了，戴眼镜的机会容易的多了，差不多是送上门来，让你去戴。若是我们不配一副眼镜戴，那不是自弃吗？若是仅戴一副看不清、看不远的平光镜，那也是可耻的事呀。

这是一个比喻。眼镜就是知识，学生应当求知识，并应当求其所要的知识。

戴上眼镜，往往容易招人家厌恶。从前是近视眼，看不见人家脸上的麻子，戴上眼镜，看见人家脸上的麻子，就要说：“你是个麻子脸。”有麻子的人，多不愿意别人说他的麻子。要听见你说他是麻子，他一定要骂你，甚而或许打你。这一改意思，就是说受过教育，就认识清社会的恶习，而发不满意的批评。这种不满意社会的批评，最容易引起社会的反感。但是人受教育，求知识，原是为发现社会的弊端，若是受了教育，而对于社会仍是处处觉得满意，那就是你的眼镜配错了光了，应该反回去审查审查，重配一副光度合适的才好。

从前格里林因人家造的望远镜不适用，他自己造了一个扩大几百倍的望远镜，能看木星现象。他请人来看，而社会上的人反以为他是魔术迷人，骂他为怪物，革命党，几乎把他弄死。他惟其不屈不挠，不抛弃他的学说、停止他的研究，而望远镜竟为今日学问上、社会上重要的东西了。

总之，第一要有知识，第二要有骨子。若是没有骨子便在社会上站不住。有骨子就是有奋斗精神，认为是真理，虽死不畏，都要去说去做。不以我看见我知道而已，还要使一班人都认识，都知道。由少数变为多数，由多数变为大多数，使一班人都承认这个真理。譬如现在有人反对修铁路，铁路是便利交通，有益社会的，你们应该站在房上喊叫宣传，使人人都知道修铁路的好处。若是有人厌恶你们，阻挡你们，你们就要拿出奋斗的精神，与他抵抗，非把你们的目的达到，不停止你们的喊叫宣传，这种奋斗的精神，是改造社会绝不可少的。

20 年前的革命家，现在哪里去了？他们的消灭不外两个原因：(1) 眼镜不适用了。20 年前的康有为是一个出风头的革命家，不怕死的好汉子。现在人都笑他为守旧，老古董，都是由于他不去把不适用的眼镜换一换的缘故。(2) 无骨子。有一班革命家，骨子软了，人家给他些钱，或给他一个差事，教他不要干，他就不敢干了。没有一种奋斗精神，不能拿出“你不要我干，我偏要干”的决心，所以都消灭了。

我们学生应当注意的就是这两点：眼镜的光若是不对了，就去换一副对的来戴；摸着脊骨软了，要吃一点硬骨药。

我的话讲完了，现在讲一个故事来作结。易卜生所作的《国民公敌》一剧，写一个医生司铎门发现了本地浴场的水里有传染病菌，他还不敢自信，请一位大学教授代为化验，果然不错。他就想要去改良它。不料浴场董事和一般股东因为改造浴场要耗费资本，拼死反对，他的老大哥与他的老丈人也都多方的以情感利诱，但他总是不可软化。他于万分困难之下设法开了一个公民会议，报告他的发明。会场中的人不但不听他的老实话，还把他赶出场去，裤子撕破，宣告他为国民公敌。他气愤不过，说："出去争真理，不要穿好裤子。"他是真有奋斗精神，能够特立独行的人，于这种逼迫之下还是不肯退缩。他说："世界最有强力的人就是那最孤立的人。"我们要改良社会，就要学这"争真理不穿好裤子"的态度，相信这"最孤立的人是最有强力的人"的明言。

本文是胡适1922年2月19日夜在北京平民中学的演讲，半尘节记。原载同年3月10日《共进》增刊第11期

对于新学制的感想

我对于第七次全国教育联合会议决的学制系统草案，大致都很满意。陶知行先生要我把我个人对于这个草案的意见写出来。我觉得这个问题很重要，这个讨论的时期尤其重要，故我不敢推辞，就把我的几个感想，——或是赞同，或是疑问，——都写了出来，请国内教育家指教。

一 关于初等教育的一段

新学制改小学七年制为六年制，废去国民学校与高等小学的名称，统称为小学校，但得分为二期：第一期四年，第二期二年。这个改革把小学的年限缩短了一年。我想这一改革有几层好处：第一，省出一年来，加在中等教育上去，使六年的中学制容易实行。第二，当此义务教育未能实行的时候，——后三年的实行更不知在何年！——缩短一年便可以减轻学生家属一年的负担。第三，有人疑心年限的缩短便是程度的降低。这是错的。小学改用语体文以后，时间应该可以大缩短，而程度可以必不降低。但这个责任，课

程与教科书也应该分担一部分。若把旧日古文体的教科书翻成了白话，就算完了事，那是决不行的。小学里用白话教授，教学的困难可以减去不少，教学的效率应该可以增加。若仍旧一课只能教“一只左手；一只右手”，那就是大笑话了。

新学制关于初等教育，还有一个大长处。总说明第四条云：

教育以儿童为中心，学制系统宜顾及其个性及智能，故于高等及中等教育之编课，采用选科制；于初等教育之升级，采用弹性制。又第五条云：图之左行年龄，以示入学及升级之标准。但实施时，仍以其智力与成绩或他种关系分别入学或升级。

这个弹性制是现在很需要的。现在的死板板的小学对于天才儿童实在不公道，对于受过很好的家庭教育的儿童也不公道。我记得17年前，我在上海梅溪学堂的时候，曾在12日之中升了四级。后来在澄衷学校，一年之后，也升了两级。我在上海住了5年多，换了四个学校，都不等到毕业就跑了。那时学制还没有正式实行，故学校里的升级与转学都极自由，都是弹性的。现在我回想那个时代，觉得我在那五年之中不曾受转学的损失，也不曾受编级的压抑。我很盼望这个弹性主义将来能实行；我很盼望办小学的人能随时留心儿童才能的个性区别，使天才生不致受年级的制限而埋没。当此七年小学制未废止的时候，我知道有许多儿童可以不需7年的；将来六年制实行之后，也许有一些儿童还可以缩短修业年限的。当缩短而不缩短，不但耽误了天才的发展，还可以减少求学的兴趣，养成怠学的不良结果。

二　关于中等教育的一段

新学制把中学的修业期限由四年改为六年，分作两级：前一级为初级中学，或三年，或四年，或二年；后一级为高级中学，或三年，或二年，或四年。中学改为六年，是很好的。但我有几点疑问。现在的中学，可算是失败了。但失败的原因并不全在四年时间之短，乃在中学教员之缺乏与教授之不得法。年限的加长并不能救现在中学的弊病。用现在办中学的人，不变现在的教授法，即使六年的工夫全用来教现制中学四年的课程，也是不会有进步的。何况新制的六年中学，除了做完现制四年的中学课程之外，还要做完大学预科和高专预科的课程呢？现在单办中学，人才还不够用；将来办这些兼大学预科的中学，又从哪里得人才呢？这几点都是我们应该注意的。

大学及各种高等专门学校皆不设预科，这固是我极赞成的。我常说，民国元年的学制把各省的高等学堂都废去了，规定“大学预科须附设于大学，不得独立”，那是民国开国的一件大不幸的事。因为：(1) 各省设立大学的一点小基础，从此都扫去了；(2) 各省从此没有一个最高学府了，本省的高等人才就不能在本省做学术上的事业了；(3) 大学太少了，预科又必须附在大学，故各省中学毕业生，为求一个大学预科的教育，必须走几千里路去投考那不可必得的机会，岂不是太不近情理吗？试想四川、云南、贵州的中学毕业生必须跑到北京、南京，方才有一个投考预科的机会。这两年的预科教育，值的这么大的牺牲吗？

新学制主张废止预科，使各省的高级中学都可以做大学预科和高专预科的课程。这就等于添设无数大学高专的预科了。这是极好的意思。但是有一个大疑问。现在国立大学（北京、山西等）的预科成绩实在不能满人意。我们自己承认北京大学的预科办的实在不好。但是北京请教员自然比他处容易多了；国立各大学对于预科教员的待遇，自然比将来高级中学教员的待遇要高得多了。北京的预科办不好，将来的高级中学分做现在预科的职务能更满意吗？这不是很可注意的一个疑问吗？

综合以上各点，我们对于新制六年中学的办法，不能不提出几条辅助的条件：

第一，高级中学之设立必须十分审慎。经费，设备，人才，教员资格，课程等项，必须有严格的规定。

第二，高级中学教员之待遇，须与现在大学预科教员的待遇略相等。

三　余论

有许多别的问题，我不能讨论了。我现在且下面三个普通的观察。

(1) 新学制的特别长处在于它的弹性。它的总标准的第三第五两条是:“发展青年个性,使得选择自由”;“多留各地方伸缩余力”。这就是弹性。学校的种类加多了,中等学校的种类更加多了,使各地方可以按照各地方的需要与能力,兴办相当的学校。职业教育多至六种以上,年限有一年至六年的不同,内容有完全职业的与由普通而渐趋向职业的两大类。中学修业年限也有四二、三三、二四的不同。大学也有四年、五年、六年的不同。这还是新制哩。若加上现制未能即改的种种学校,那就真成了一个“五花八门”的学制系统了!但这个“五花八门性”正是补救现在这种形式上统一制的相当药剂。中国这样广大的区域,这样种种不同的地方情形,这样种种不同的生活状况,只有五花八门的弹性制是最适用的。

(2) 学制系统的改革究竟还是纸上的改革;它的用处至多不过是一种制度上的解放。我们现在需要的是进一步研究这个学制的内容。内容的研究并不是规定详细的课程表,乃是规定每种学校的最低限度的标准。这件事决不是教育部的几个参事司长能办到的。我很盼望国内的教育家应该早日作细密的研究,把研究的结果发表出来,引起公开的讨论。

(3) 前日听见孟禄博士说,他对于学制改革,主张“一种新制学校非到办得有成效时,不得代替同种的旧制学校”。这是一个极重要的忠告。我们决不可能随便把旧制学校的招牌改了就算实行新制了。这种“换汤不换药”的法子是行不得的。我以为新制的大部分(中学一段尤其如此)应该从试验学校办起。旧制之下的学校暂时不去改动;旧制学校非确有最高成效为专家公认的,不得改为新制。等到试验学校的成效已证明了,然后设法推行这个新制。

据《新教育》第4卷,第2期,1922年2月出版

爱国运动与求学

当5月7日北京学生包围章士钊宅，警察拘捕学生的事件发生以后，北京各学校的学生团体即有罢课的提议。有些学校的学生因为北大学生会不曾参加五七的事，竟在北大第一院前辱骂北大学生不爱国。北大学生也有很愤激的，有些人竟贴出布告攻击北大代理校长蒋梦麟媚章媚外。然而几日之内，北大学生会举行总投票表决罢课问题，共投一千一百多票，反对罢课者八百余票，这件事真使一班留心教育问题的人心里欢喜。可喜的不在罢课案的被否决，而在一、投票之多，二、手续的有秩序，三、学生态度的镇静。我的朋友高梦旦在上海读了这段新闻，写了一封长信给我，讨论此事，说，这样做下去，便是在求学的范围以内做救国的事业，可算是在近年学生运动史上开一个新纪元。——只可惜我还没有回高先生的信，上海五卅的事件已发生了，前20天的秩序与镇静都无法维持了。于是6月3日以后，全国学校遂都罢课了。

这也是很自然的。在这个时期，国事糟到这步田地，外间的刺激这么强；上海的事件未了，汉口的事件又来了，接着广州、南京的事件又来了；在这个时候，许多中年以上的人尚且忍耐不住，许多六十老翁尚且要出来慷慨激昂地主张宣战，何况这无数的少年男女学生呢?

我们观察这七年来的“学潮”，不能不算民国八年的五四事件与今年的五卅事件为最有价值。这两次都不是有什么计划，事前预备好了然后发动的；这两次都只是一般青年学生的爱国热诚，遇着国家的大耻辱，自然爆发；纯然是烂漫的天真，不顾利害地干将去，这种“无所为而为”的表示是真实的，可爱敬的。许多学生都是不愿意牺牲求学的时间的；只因为临时发生的问题太大了，刺激太强烈了，爱国的感情一时迸发，所以什么都顾不得了：功课也不顾了，秩序也不顾了，辛苦也不顾了。所以北大学生总投票表决不罢课之后，不到 20 天，也就不能不罢课了。20 日前不罢课的表决可以表示学生不愿意牺牲功课的诚意；20 日后毫无勉强地罢课参加救国运动，可以证明此次学生运动的牺牲的精神。这并非前后矛盾：有了前回的不愿牺牲，方才更显出后来的牺牲之难能而可贵。岂但北大一校如此？国中无数学校都有这样的情形。

但群众的运动总是不能持久的。这并非中国人的“虎头蛇尾”、“五分钟的热度”，这是世界人类的通病。所谓“民气”，所谓“群众运动”，都只是一时的大问题刺激起来的一种感情上的反应。感情的冲动是没有持久性的；无组织又无领袖的群众行动是最容易松散的。我们不看见北京大街的墙上大书着“打倒英日”、“不要五分钟的热度”吗？其实写那些大字的人，写成之后，自己看着很满意，他的“热度”早已消除大半了；他回到家里，坐也坐得下了，睡也睡得着了。所谓“民气”，无论在中国在欧美，都是这样：突然而来，悠然而去。几天一次的公民大会，几天一次的示威游行，虽然可以勉强多维持一会儿，然而那回天安门打架之后，国民大会也就不容易召集了。

我们要知道，凡关于外交的问题，民气可以督促政府，政府可以利用民气：民气与政府相为声援方才可以收效。没有一个像样的政府，虽有民气，终不能单独成功。因为外国政府决不能直接和我们的群众办交涉；民众运动的影响（无论是一时的示威或是较有组织的经济抵制）终是间接的。一个健全的政府可以利用民气作后盾，在外交上可以多得胜利，至少也可以少吃点亏。若没有一个能运用民气的政府，我们可以断定民众运动的牺牲的大部分是白白地糟蹋了的。

倘使外交部于 6 月 24 日同时送出沪案及修改条约两照会之后即行负责交涉，那时民气最盛，海员罢工的声势正大，沪案的交涉至少可以得一个比较满人意的结果。但这个政府太不像样了：外交部不敢自当交涉之冲，却要三个委员来代掮末梢；三个委员都是很聪明的人，也就乐得三揖三让，延搁下去。他们不但不能用民气，反惧怕民气了！况且某方面的官僚想借这风潮延长现政府的寿命；某方面的政客也想借这问题展缓东北势力的侵逼。他们不运用民气来对付外人，只会利用民气来便利他们自己的志气！于是一误，再误，至于今日，沪案及其他关连之各案丝毫不曾解决，而民气却早已成了强弩之末了！

上海的罢工本是对英日的，现在却是对邮政当局、商务印书馆、中华书局了。北京的学生运动一变而为对付杨荫榆，又变而为对付章士钊了。广州对英的事件全未了结，而广州城却早已成为共产与反共产的血战场了。三个月的“爱国运动”的变相竟致如此！

这时候有一件差强人意的事，就是全国学生总会议决秋季开学后各地学生应一律到校上课，上课后应努力于巩固学生会的组织，为民众运动的中心。北京学联会也决议北京各校同学于开学前务必到校，一面上课，一面仍继续进行。

这是很可喜的消息。全国学生总会的通告里并且有“五卅运动并非短时间所可解决”的话。我们要为全国学生下一转语：救国事业更非短时间所能解决：帝国主义不是赤手空拳打得倒的；“英日强盗”也不是几千万人的喊声咒得死的。救国是一件顶大的事业……需要有各色各样的人才；真正的救国的预备在于把自己造成一个有用的人才。

易卜生说的好：真正的个人主义在于把你自己这块材料铸造成个东西。他又说：有时候我觉得这个世界就好像大海上翻了船，最要紧的是救出我自己。

在这个高唱国家主义的时期，我们要很诚恳的指出：易卜生说的“真正的个人主义”正是到国家主义的唯一大路。救国须从救出你自己下手！

学校固然不是造人才的唯一地方，但在学生时代的青年却应该充分地利用学校的环境与设备来把自己铸造成个东西。我们需要明白了解：“救国千万事，何一不当为？而吾性所适，仅有一二宜。”认清了你“性之所近，而力之所能勉”的方向，努力求发展，这便是你对国家应尽的责任，这便是你的救国事业的预备工夫。国家的纷扰，外间的刺激，只应该增加你求学的热心与兴趣……你的事业是要把你自己造成一个有眼光有能力的人才。

本文完稿于1925年8月31日，原载同年9月5日《现代评论》第2卷第39期，后收入《胡适文存》三集卷9

争取学术独立的十年计划

我很深切的感觉中国的高等教育应该有一个自觉的十年计划，其目的是要在十年之内建立起中国学术独立的基础。

我说的“学术独立”当然不是一班守旧的人们心里想的“国家自有学术，何必远法欧美”，我决不想中国今后的学术可以脱离现代世界的学术而自己寻出一条孤立的途径，我也决不主张十年之后就可以没有留学外国的中国学者了。

我所谓“学术独立”必须具有四个条件：①世界现代学术的基本训练，中国自己应该有大学可以充分担负，不必向国外去寻求。②受了基本训练的人才，在国内应该有设备够用和师资良好的地方，可以继续做专门的科学研究。③本国需要解决的科学问题如工业问题，医药与公共卫生问题，国防工业问题等等，在国内应该有适宜的专门人才与研究机构可以帮助社会国家寻求得解决。④对于现代世界的学术，本国的学人与研究机关应该和世界各国的学人与研究机关分工合作，共同担负人类学术进展的责任。

要做到这样的学术独立，我们必须及早准备一个良好的、坚实的基础。所以我提议，中国此时应该有一个大学教育的十年计划，在十年之内，集中国家的最大力量，培植五个到十个成绩最好的大学，使他们尽力发展他们的研究工作，使他们成为第一流的学术中心，使他们成为国家学术独立的根据地。

这个十年计划也可以分作两个阶段。第一个五年，先培植起五个大学。五年之后，再加上五个大学，这个分两期的方法有几种好处，第一，国家的人才与财力恐怕不够同时发展十个第一流的大学。第二，先用国家力量培植五所大学，可以策励其他大学努力向上，争取第二期五个大学的地位。

我提议的十年计划，当然不是只顾到那五个十个大学而不要那其余的大学和学院了，说的详细一点，我提议：

（1）政府应该下大决心，在十年之内，不再添设大学或独立学院。

（2）本年宪法生效之后，政府必须严格实行宪法第一百六十四条的规定，“教育文化科学之经费，在中央不得少于其预算总额15%，在省不得少于其预算总额25%，在市县不得少于其预算总额35%”。全国人民与人民团体应该随时监督各级政府严格执行。

（3）政府应该有一个高等教育的十年计划，分两期施行。

（4）在第一个五年里，挑选五个大学，用最大的力量培植他们，特别发展他们的研究所，使他们能在已有的基础之上，在短期间内，发展成为现代学术的重要中心。

（5）在第二个五年里，继续培植前期五个大学之外，再挑选五个大学，用同样的力量培植他们，特别发展他们的研究所。使他们在短期内发展成为现代学术的重要中心。

（6）在这十年里，对于其余的四十多个国立大学和独立学院，政府应该充分增加他们的经费，扩充他们的设备，使他们有继续整顿发展的机会，使他们成为各地最好的大学，对于有成绩的私立大学和独立学院，政府也应该继续民国二十二年以来补助私立学校的政策，给他们适当的补助费，使他们能继续发展。

（7）在选择每一期的五个大学之中，私立的学校与国立的学校应该有同样被挑选的机会，选择的标准应该注重人才、设备、研究成绩。

（8）这个十年计划应该包括整个大学教育制度的革新，也应该包括“大学”的观念的根本改换，近年所争的几个学院以上才可办大学简直是无谓之争。今后中国的大学教育应该朝着研究院的方向去发展。凡能训练研究工作的人才的，凡有教授与研究生做独立的科学研究的，才是真正的大学。凡只能完成四年本科教育的，尽管有十院七八十系都不算是将来的最高学府，从这个新的“大学”观念出发，现行的大学制度应该及早彻底修正，多多减除行政衙门的干涉，多多增加学术机关的自由与责任，例如现行的学位授予法，其中博士学位的规定最足以阻碍大学研究的发展。这部分的法令公布了16年，至今不能实行，政府应该早日接受去年中央研究院评议会的建议，“博士候选人之平时研究工作及博士论文，均应由政府核准设立研究所5年以上并经特许收受博士候选人之大学或独立学院自行审查考试，审查考试合格者，由该校院授予博士学位”。今日为了要提倡独立的科学研究，为了要提高各大学研究的尊严，为了要减少出洋镀金的社会心理，都不可不修正学位授予法，让国内有资格的大学自己担负授予博士学位的责任。

这是我的建议的大概。这里面我认为最重要又最简单易行而收效最大最速的，是用国家最大力量培植5个到10个大学的计划。眼前的人才实在不够分配到100多个大学与院去。（照去年夏天的统计，全国有28个国立大学，18个国立学院，20个私立大学，13个省立学院，21个私立学院，共计100个。此外还有48个公私立专科学校。）试问中国第一流的物理学者，国内外合计，有多少人？中国专治西洋历史有成绩的，国内外合计，有多少人？这都是大学必不可少的学科，而人才稀少如此。学术的发达，人才是第一要件，我们必须集中第一流的人才，替他们造成最适宜的工作条件，使他们可以自己做研究，使他们可以替全国训练将来的师资与工作人员，有了这5个10个最高学府做学术研究的大本营，10年之后我相信中国必可以在现代学术上得着独立的地位。

这不是我过分乐观的话，世界学术史上有许多事实可以使我说这样大胆的预言。

在我出世的那一年（1891），罗氏基金会决定捐出2000万美金来创办芝加哥大学。第一任校长哈勃尔（W.R.Harper）担任筹备的事，他周游全国，用当时空前的待遇选聘第一流人物做各院系的主任教授，美国没有的，他到英国欧洲去挑。一年之后，人才齐备了，设备够用了，开学之日，芝加哥大学就被公认为第一流大学，一个私家基金会他能做到的事，一个堂堂的国家当然更容易做得到。

更数上去十多年，1876年，吉尔门校长（D.C.Gilman）创立霍铿斯大学，专力提倡研究院的工作。那时候美国的大学还都只有大学本科的教育，耶鲁大学的研究院成立于1871年，哈佛大学的研究院成立于1872年，吉尔门在霍铿斯大学才创立了专办研究院的新式大学，打开了“大学是研究院”的新风气，当时霍铿斯大学的人才盛极一时，哲学家如杜威，如罗以斯（Royce），经济学家如伊黎（Ely），政治学家如威尔逊总统，都是霍铿斯大学研究院出来的博士。在医药方面，当霍铿斯大学开办时（1876），美国全国还没有一个医学院是有研究实验室的设备！吉尔门校长选聘了几个有研究成绩的青年医学家，如倭斯勒（Osler）、韦尔集（Wellch）诸人，创立了第一个注重研究提倡实验的医学院，就奠定了美国新医学的基础。所以美国史家都承认美国学术独立的风气是从吉尔门校长创立大学研究院开始的，一个私人能倡导的风气，一个堂堂的国家当然更容易做得到。

所以我深信，如国家能大力来造成5个10个第一流大学，一定可以在短期间内做到学术独立的地位。我深信，只有这样集中人才，集中设备，只有这一个方法可以使我们这个国家走上学术独立的路。

本文作于1947年9月18日，原载同年9月28日《中央日报》，后收入北平独立出版社出版的《独立时论集》第1集，又收入台北文星书店出版的《胡适选集》杂文分册

谈谈大学

今天承各位青年朋友如此热烈欢迎，深感荣幸，本人于四年前曾来台中，当时所听到有关于东大者，仅仅是一个董事会，甚至连校名也未曾确定，四年后的今天，东大不仅是开学了，而且有这么好的建筑，这么幽静的环境，最高班也已至三年级了，这种迅速的进度，实在令人敬佩，我愿意借今天的机会向各位道喜！

我在美国时，曾看过贝聿铭先生的建筑设计，今天在此地又看

到东大的校舍，诸位能在这么一个美丽的建筑、安静的环境中，安居乐业，专心研究，实在是够幸运了！

我现在已决定回美后，于本年秋间，和内子带一些破烂的书籍一同回来，那时希望有更多的时间，一方面研究，一方面可以多来东大看看，多作几次有关学术的讲演。

东大是一所私立的大学，到底私人设立的大学对一个国家的历史和地位又有什么关系，什么影响呢？记得20余年前，中日战事没有发生时，从北平到广东，从上海到成都，差不多有一百多所的公私立大学，当时每一个大学的师生都在埋头研究，假如没有日本的侵略，敢说我国在今日世界的学术领域中，一定占着一席重要的地位，可惜过去的一点基础现在全毁了。所以诸位今天又得在这一个自由的宝岛上，犹如平地起楼台，这是何等艰巨的一份工作啊！

说到这里，我们应该想想今天我们的国家在世界上又占着一个怎样的地位！这当然有很多的原因，但其中一点我们不能否认，也必须了解的，就是有关于公私立大学校的延续问题，我国可考的历史固然已有四千年，但一直到今天还没有一个有过60年以上历史的大学。我国第一个大学，是在汉武帝时，由公孙弘为相，发起组织，招收学生所设立的太学，这所太学，就是今日国立大学的起源，不过在设立之初只有5个教授，50个学生，也就是所谓五级博士，至纪元后一百多年，王莽篡汉时，这个太学不仅建筑扩大了，而且学生人数，也达到一万人，光武中兴时的许多政坛人物，多是出身自这所太学，到第二世纪，这所太学的学生已发展到三万多人，比当今之哈佛、哥伦比亚等，毫无逊色。最可惜的，是当时政治腐败达于极点，因此许多的太学生，就开始批评政治，进而干预，结果演成党锢之祸，使太学蒙受影响。其后各代虽也有太学，但没有多大作用，到最后太学生可以用钱捐买，因此就不成为太学了。此外汉代也有私人讲学，其学生多少不等，有的三五百，有的二三千，这可以说是私立大学的起源，如郑玄所创者，即是一个很好的例子。

自纪元二百年郑玄逝世，至一千二百年朱熹逝世，在这一千年中，中国的学术多靠私人讲学传授阐扬，不过因政治问题，常受到压迫，虽然环境如此，但私人讲学并没有因此而中辍，而且仍旧成为传播学术的重要基础，如历代的书院，与学派的盛行，都是实例。

中国的高等教育虽然发达得很早，但是不能延续，没有一个历史悠久的学校，比起欧美来，就显然落后了。即使新兴的国家如菲律宾，也有三百多年历史的圣多玛大学。美国的历史只有一百六十余年，而美国的大学如哈佛、哥伦比亚等，都有二三百年的历史。至于欧洲，尤其古老，如意大利就有一千年和九百多年历史的大学，英国的牛津和剑桥历史也达到八九百年，若几百年历史的大学，在德法等国也为数不少。为什么历史不及我们的国家，会有那么长远历史的大学，而我国反而没有呢？因为人家的大学有独立的财团，独立的学风，有坚强的组织，有优良的图书保管，再加上教授可以独立自由继续的研究，和坚强的校友会组织，所以就能历代相传，悠久勿替，而我们的国家多少年来都没有一个学校能长期继续，实在是很吃亏的。

这几十年来，教会在中国设立了很多优良的大学和中学，它们对于近代的学术实在有很多的贡献和影响，可惜现在又都没有了，因此这些光荣的传统，就不得不再落于诸位的身上。中国的私立学校是否在将来世界的学术上占一席地，其在世界的高等教育中又若何，可以说都是诸位的责任。我以为私立学校有其优点，它比较自由，更少限制，所以我希望东海能有一个好榜样，把握着自由独立的传统，以为其他各校的模范，因为只有在自由独立的原则下，才能有高价值的创造，这也就是我今天所希望于诸位的。

本文是胡适 1958 年 5 月 7 日在台中东海大学的讲演，原载 1958 年 5 月 15 日《东海大学校刊》第 13 期，标题为“胡博士谈话要点”。后收入台北文星书店出版的《胡适选集》演说分册，改为今题

思想评介

胡适及其中西融通的文化教育思想

一种外来文化的输入，不仅与本国固有文化有关，而且与其他外来文化必然发生一定的关系，如何对待这些关系往往是文化输入的成败关键。胡适早年就十分重视中西文化教育的汇合融通，他在引入实用主义教育思想时也自然地融入了其他西学理论和实践经验，并注意到与中国社会的某些历史文化特点和现实状况相结合，力图把它改造成适合中国人的思维方式，以期达到通俗化、社会化和中国化。过去曾经把胡适教育思想简单地定性为实用主义教育思想的中国翻版，应该说是失之偏颇的。

（一）

胡适既深受中国传统教育的熏陶，又系统受过西学训练。关于中西文化问题，他曾经是“全盘西化”的拥护者，30 年代尝著文《我完全赞成陈序经先生的全盘西化论》。但不久，又以“充分世界化”修正之。胡适说：“我们理想中的‘充分世界化’，是用理智来认清我们的大方向，用全力来战胜一切守旧恋古的情感，用全力来领导全国朝着那几个大方向走，——如此而已”。①这里所谓“大方向”，是指科学工艺世界的新文明和新文化。胡适试图充分接受这种新文明和新文化，来战胜一切守旧恋古的文化复古思潮，最后达到他心目中的理想状态——中西文化的自然调和。这大半是因为在30 年代前后，当时政府当局和某些地方军阀、知识界人士公开主张恢复“本位文化”，胡适觉得有必要以激进的方式相颉颃。不过，

① 胡适．答陈序经先生．独立评论．第 160 号

胡适在更多的时候放弃这种激进的说法，直接表明其“中西文化汇合”说，而在早年尤为突出。

胡适在其博士论文《中国古代哲学方法之进化史》（又译《先秦名学史》）的“导论”中说：“如果对新文化的接受不是有组织的吸收的形式，而是采取突然替换的形式，因而引起旧文化的消亡，这确实是全人类的一个重要损失，因此，真正的问题可以这样说：我们应怎样才能以最有效的方式吸收现代化，使它能同我们的固有文化相一致、协调和继续发展?”① 在胡适看来，中国确实曾经创造了辉煌灿烂的古代文化，把这些文化成果予以“突然替换”，这无疑是全人类的一大损失。但问题的另一面是，以儒学为核心的中国传统文化已经式微，它根本无法适应20世纪中国现代社会的需要。虽然守旧派不甘心儒学权威的陨落，有人甚至要把它封作国教写进宪法，但都遭到有识之士的普遍反对。胡适断言：“中国哲学的将来，有赖于从儒学的道德伦理和理性的枷锁中得到解放。”②

胡适一反传统偏见，主张从非儒学派中寻找中国传统文化的精华。他认为，在非儒学派中“可望找到移植西方哲学和科学最佳成果的合适土壤”③。强调通过中国文化精华与外国文化精华的“联结”，以避免“因不经批判地输入欧洲哲学而带来的许多错误”④。事实上，胡适正是以“平等的眼光”（蔡元培语）来审视中西哲学，提出了许多令人深思的见解。胡适这一“中西文化汇合”说在后来对宋儒和清儒思想研究中又有了进一步的尝试，反映在教育上即表现为：对中国传统教育精华的吸收和肯定；同时，对西方教育也不作盲目颂扬；而是主张中西教育精华的有机融通。

中国传统教育的涉及面很广，胡适对其中的书院制度颇多赞赏。他说：“一千年以来，书院实在占教育上一个重要位置，国内的最高学府和思想的渊源，惟书院是赖。”⑤ 胡适之所以赞赏书院，

---

① 胡适学术文集·中国哲学史（下）. 中华书局，1991. 772

②③ 胡适学术文集·中国哲学史（下）. 中华书局，1991. 773

④ 胡适学术文集·中国哲学史（下）. 中华书局，1991. 774

⑤ 胡适作品集（26）. 台湾远流出版公司，1986. 5

关键是推崇其“自修和研究”精神。他甚至把它与国外的大学研究院以及盛行一时的“道尔顿制”相提并论，称：“我国书院的程度，足可以比外国的大学研究院”①。在胡适看来，这种比较并非形式上的对号入座，若就学术研究而论，书院亦不比大学研究院逊色。“譬如南菁书院，它出版的书籍，等于外国博士所做的论文。”②从学生重自修、教师尚指导的角度观察，胡适认为书院与道尔顿制的精神也是相通的。他举宋代四大书院为证，写道：“书院大半在山水优秀的地方，院内广藏书籍，使学生自修时候，不致无参考书。此藏书之多，正所以引起学生自由研究的兴趣。此四大书院，不独藏书很多，并且请有名学者在院内负指导责任。来兹学者，如有困难疑惑之处，即可向指导者请教；犹如今日道尔顿的研究室。”③

从以上可以看出，胡适对中国传统教育的某些精华部分的确给予了充分的肯定。但必须指出，胡适肯定了传统教育的某些方面，这并不意味着他要恢复传统教育；恰恰相反，他的本意要走向文明世界的现代教育。他虽然对书院精神赞不绝口，但又十分理智地指出：“做书院课卷是不能造就领袖人才的”④；“在今日的中国，领袖人物必须具备充分的现代知识，必须有充分的现代训练，必须有足以引起多数人信仰的人格”⑤。当然，胡适所向往的只是西方那种以科学和民主为主要内容的现代教育，对西方教育中的宗教教育仍持明显的怀疑和排斥态度。他甚至认为，宗教教育也应该顺应时代和社会发展趋势，要求传教士抛弃传教事业，专办世俗教育。他说：“学校是发展人才的地方，不是为一宗一派收徒弟的地方。用学校传教，利用幼稚男女的简单头脑来传教，实行传教的事业，这种行为等于诈欺取利，是不道德的行为。”⑥显然，胡适对西方教育也是有所取舍的。

事实上，胡适苦苦思索的是如何在中国教育园地寻找接受和嫁

---

①② 胡适作品集（26）．台湾远流出版公司，1986．5

③ 胡适作品集（26）．台湾远流出版公司，1986．6

④⑤ 胡适论学近著．一集．卷四．商务印务馆，1935

⑥ 胡适．今日教会教育的难点．胡适文存．三集．卷九

接西方先进教育理论的合适土壤，从而使中国教育赶上世界现代教育潮流。比如，他一方面肯定宋儒的怀疑精神，另一方面又指出“宋儒讲格物全不注重假设”①。又如，他肯定清儒具备了假设通则的能力，但又批评清儒的研究对象和材料只局限于文字书本，而脱离活生生的生活本身。在这里，胡适对书院教育精神的提倡以及对宋儒、清儒治学方法的某些赞许，其目的就在于与杜威的“实证思维术”和“教学五步法”进行有机地融通汇合，以便契合中国人的思维方式。

胡适在口述自传中说：“我治中国思想与中国历史的各种著作，都是围绕着‘方法’这一观念打转的。‘方法’实在主宰了我四十多年来所有的著述。从基本上说，我这一点实在得益于杜威的影响。”②他所称的“方法”即其“十字真言”——“大胆的假设，小心的求证”，它是对杜威思想“五步法”的进一步概括。这个直接从杜威思想“五步法”脱胎而来的“十字真言”，被胡适与“清代学者的治学方法”相融通之后，就明显地带有中国气派和中国特色。

胡适强调，杜威哲学的最大目的在于养成“创造的思想力”，这种“创造的思想力”同样也是学校生活的目的：“学校的生活需要养成这种活动的思想力，养成杜威所常说的‘创造的智慧’。”③在杜威看来，创造的思维蕴含五个步骤，即：第一步，疑难的境地；第二步，确定疑难之所在；第三步，假设种种解决疑难的方法；第四步，检验哪一种假设可以对付疑难；第五步，证实结果的有效性如何。胡适认为，杜威的“五步法”思想，“最重要的就是第三步，第一步和第二步的工夫只是要引起这第三步的种种假设；以下第四第五步只是把第三步的假设演绎出来，加上评判，加上证据，以定哪种假设是否适用的解决法”④。有鉴于此，胡适又把杜威的五步并为三步：“细心搜求事实，大胆提出假设，再细心求实

① 胡适哲学思想资料选：上册．上海：华东师范大学出版社，1981．187

② 胡适哲学思想资料选：下册．上海：华东师范大学出版社，1981．106

③ 胡适哲学思想资料选：上册．上海：华东师范大学出版社，1981．85

④ 胡适哲学思想资料选：上册．上海：华东师范大学出版社，1981．78

证”①。更多的时候则直接将其分为二步，他在《清代学者的治学方法》中说：“他们用的方法，总括起来，只是两点。(1) 大胆的假设，(2) 小心的求证。”② 当胡适悟出了东西方学者在治学方法上有共通之处时，他十分激动，自称：“在那个时候，很少人（甚至根本没有人）曾想到现代的科学法则和我国古代的考据法、考证学，在方法上有相通之处。我是第一个说这句话的人，我之所以能说出这话来，实得之于杜威有关思想的理论。”③

胡适把杜威的“五步法”紧缩为二步法——“大胆的假设，小心的求证”，确实容易让人产生误解，以为可以不顾及假设的前提条件。事实上，胡适的“大胆的假设”并非凭空杜撰，而是针对疑难情景，调动一切可以调动的知识、学问和经验，分析思考发生疑难情景的具体事实，在这样的前提条件下方提出解决问题的大胆假设。胡适举自己找书的例子说明该方法的可行性。他说：“所谓有计划的找书，便是用‘大胆的假设，小心的求证’方法去找书。现在再拿我找神会和尚的事做例子，这是我有计划的找书：神会和尚是唐代禅宗七祖大师，我从《宋高僧传》的慧能和神会里发现神会和尚的重要，当时便作了个大胆的假设，猜想有关神会和尚的资料只有在日本和敦煌两地可以发现？因为唐朝时，日本派人来中国留学的很多，一定带回去不少史料，经过‘小心的求证’，后来果然在日本找到宗密的《圆觉大疏抄》和《禅源诸诠集》，另外又在巴黎的国家图书馆及伦敦的大英博物馆发现数卷神会和尚的资料。”④在这里，胡适的大胆假设显然是建立在一定的历史知识基础之上。

事实上，胡适在谈论治学方法时十分重视具体的事实与材料。1928 年，胡适针对有人忽视材料的重要性，著文矫正说：“考证家若没有证据，便无从做考证；史家若没有史料，便没有历史。”⑤ 他甚至认为，即使有史料，历史学家还要问：“（1）这种证据是在什

① 胡适哲学思想资料选：上册，上海：华东师范大学出版社，1981．217

② 胡适哲学思想资料选：上册，上海：华东师范大学出版社，1981．208

③ 胡适哲学思想资料选：下册．上海：华东师范大学出版社，1981．109

④ 胡颂平．胡适之生平年谱长编初稿．台湾：联经出版事业公司，1984．3132

⑤ 胡适．治学的方法与材料．胡适作品集（二）．352

么地方寻出的?(2)什么时候寻出?(3)什么人寻出的?(4)依地方和时候上看来,这个人有做证人的资格吗?(5)这个人虽有证人资格,而他说这句话时有作伪的可能吗?"[①]也就是说,历史学家寻找和查证材料,必须如法官审核证据的出处真伪一样严肃认真。应该说,这是一个学者应有的老实态度。

罗尔纲作为胡适的得意门生,深受胡适"十字真言"治学方法的影响,并在学术上确实取得了相应成绩。他在《师门五年记》中写道:"适之师平时教人做考证有两个原则:一个是大胆的假设,一个是细心的求证。我在这篇(指胡适所作《醒世姻缘传考证》——引者注)考证里面,领会到如何大胆的假设而不致流于荒唐无稽,如何细心求证而有线索可寻。后来我考证太平天国三件疑案——朱九涛问题,洪大泉问题和黄畹问题——写了《朱九涛考》、《洪大泉考》、《上太平军书的黄畹考》三篇考证,便是用这个方法去考证的。"[②]有一次,罗尔纲写了一篇题为《清代士大夫好利风气的由来》的文章,胡适看到后十分生气,认为题目大而无当,证据不足,批评道:"治史者可以作大胆的假设,然而决不可做无证据的概论也。"[③]他反对把"大胆的假设"等同于"无证据的概论",强调要正确理解"大胆的假设"与"小心的求证"之间的辩证关系。正是在胡适不断鼓励和鞭策下,罗尔纲愈益奋发上进,终于成为一名著名的历史学家。

为了让人们便于接受其"大胆的假设,小心的求证"的治学方法,胡适还常常别出心裁地将这一方法与中国传统文化的某些特点相比较,作进一步的通俗化阐发以求契合中国人的思维方式。比如,胡适把其治学方法比作中国传统文化中的"做官四字诀"——勤、谨、和、缓,认为:"这四个字不但是做官的秘诀,也是良好的治学习惯"[④]他解释说:"第一,勤。勤是不躲懒,不偷懒……第

---

① 胡适哲学思想资料选:上册.上海:华东师范大学出版社,1981.347

② 罗尔纲.师门五年记.寞寂的狮子.台北:香草山出版公司,1979.102

③ 罗尔纲.师门五年记.寞寂的狮子.台北:香草山出版公司,1979.129

④ 胡适哲学思想资料选:上册.上海:华东师范大学出版社,1981.458~460

二，谨。谨是不苟且、不潦草、不拆滥污……谨就是‘小心求证’的‘小心’两个字……第三，和。和就是虚心，不武断，不固执成见，不动火气……第四，缓。缓是很重要的，就是叫你不着急，不要轻易发表，不要轻易下结论……许多问题，在证据不充分的时候，绝对不可以下判断。”① 在这里，中国传统文化中的“做官四字诀”经过胡适的重新诠释，与其治学方法巧妙地沟通起来，既易于理解，又便于体会。

需要指出，胡适“大胆的假设，小心的求证”存在明显的局限性。其一，胡适“十字真言”所依托的是个人有限的知识经验，所根据的事实是个人所见的经验事实，与我们所说的“不依赖于人的主观意志而存在的客观事实”不同。因此，这一方法对于学术研究有其可取之处；但对于纷繁复杂的社会政治问题，胡适建立在“经验论”基础上的所谓“科学方法”往往无能为力。其二，这一方法隐藏有某些主观主义倾向。如，胡适说：“假说是愈大胆愈好”②，又说：“史料总不会齐全的，往往有一段，无一段，又有一段。那没有史料的一段空缺，就不得不靠史家的想象力来填充了。”③ 这些说法显然与其前述的尊重材料、尊重证据是有矛盾的。

（二）

1922 年，胡适曾说：“我这几年的言论文字，只是这一实验主义的态度在各方面的应用。”④ 胡适为什么要输入实用主义这一“学理”呢？从教育的角度分析，更容易理解。胡适在《归国杂感》中写下自己所观察到的内地教育状况，他说：“我有十几年没到内地去了，这回回去，自然去看看那些学堂。学堂的课程表，看来何尝不完备？体操也有，图画也有，英文也有，那些国文、修身之类，更不用说了。但是学堂的弊病，却正在这课程完备上。例如我们家

① 胡适哲学思想资料选：上册．上海：华东师范大学出版社，1981．444
② 胡适哲学思想资料选：上册．上海：华东师范大学出版社，1981．217
③ 胡适的日记：(上)．中华书局，1985．185
④ 胡适哲学思想资料选：上册．上海：华东师范大学出版社，1981．89

乡的小学堂，经费自然不充足了，却也要每年花60块钱去请一个中学堂学生兼教英文唱歌。又花20块钱买一架风琴。我心想，这60块一年的英文教习，能教什么英文？教的英文，在我们山里的小地方，又有什么用处？”①这种脱离当地实际需要的办学模式，不仅小学如此，中学也一样。学校里所教的功课，基本上与社会上的迫切需要无所关涉，故培养出来的人才只是不能做事的废物，胡适称之为“亡国的教育”。

通过对现实教育的考察，胡适的结论是：“几十年的教育改良，只注重数量的增加（教育普及），却不曾注重根本上的方法改革。”② 胡适所谓“根本上的方法改革”，实际上就是指要以实用主义为指导思想，兴办教育首先要考虑的就是社会实际生活的需要。胡适说：“列位办学堂，尽不必问教育规程是什么，须先问这块地方上最需要的是什么。……切莫注重课程的完备，须注意课程的实用。”③

既然兴办教育必须依据现实的生活需要，这就很自然地引出这样一个问题：教育究竟具有什么样的功能？

早在中国公学的求学期间，胡适对教育的社会启蒙功能就有了初步认识，撰写了数十篇白话文，投身到“开通民智”的启蒙教育之中。留美之后，胡适通过系统的西学训练，特别是受到实用主义的思想影响，对现代意义的大学教育有了亲身的体会。在他看来，“欧洲之有今日的灿烂文化，差不多是中古时代留下的几十个大学的功劳。近代文明有四个基本源头：一是文艺复兴，二是十六、十七世纪的新科学，三是宗教改革，四是工业革命。这四大运动的领袖人物，没有一个不是大学的产儿。”④ 有鉴于教育特别是大学教育，在近代西方社会文明进程中的巨大作用为事实依据，胡适强调要通过现代教育去“增加人的生产能力，提高人的幸福”，“学人家

① 胡适．归国杂感．胡适文存：一集．卷四

② 胡适哲学思想资料选：上册．上海：华东师范大学出版社，1981．89

③ 胡适．归国杂感．胡适文存：一集．卷四

④ 胡适论学近著：（一集）．卷四．商务印务馆，1935

怎样用教育来打倒愚昧，用实业来打倒贫穷，用机械来征服自然，抬高人的能力和幸福”①。应该说，这些认识包含了一定的合理性。

依据对教育功能的如上认识，胡适进而接受了杜威发展“智能的个性”的思想。在教育理论上，杜威反对从外部强加的教育目的，主张根据受教育者的身心特点和实际经验，去培养和发展其“智能的个性”。他所谓“智能的个性”，就是指“独立思想，独立观察，独立判断的能力”②。强调近代社会进步和科学革命都离不开独立人格的不息抗争，杜威说：“近代科学革命所包含的观察和想象的自由是不轻易取得的；必须为自由而斗争；很多人为争取理智的独立遭受苦难。但是，总的看来，近代欧洲社会先是容许个人背离习俗所规定的反应，然后至少在某些领域、有意识地鼓励个人背离这些反应。到了最后，发现、研究、新的探究和发明或者成为社会的风尚，或者在某种程度上成为可以容忍的东西”③。这就是说，具有独立个性的人格常常会表现对社会习俗的背离和批判精神，正是这种精神推动了社会的进步和发展。这一点恰为胡适所推崇，他试图利用“智能的个性”对中国根深蒂固的封建习俗和思想展开批判。

中国的宗法封建社会长达二千多年，人民长期以来受制于宗法血统和封建等级的双重枷锁，个性遭到极度压抑，许多人往往从不自觉的血缘依赖与等级束缚下逐渐养成自觉的双重人格。胡适说：“吾国家族，父母视子妇如一种养老存款，以子妇必须养亲，此一种依赖性也。子妇视父母遗产为固有，此又一依赖性也。”④ 在胡适看来，这种交相蒂固的依赖性必然滋长而成为一种十足的奴性，并殃及整个社会，因为封建等级制度无非是家族制度的放大而已；反过来，森严的封建等级制度又进一步强化了这种奴性人格，从而蔓延成柔顺服从的普遍的国民性问题。辛亥革命推翻了封建专制统

---

① 胡适．请大家来照照镜子．胡适文存：（三集）．卷一

② 胡适哲学思想资料选：上册．上海：华东师范大学出版社，1981．89

③ 杜威著，王承绪译．民主主义与教育．北京：人民教育出版社，1990．311～312

④ 胡适留学日记．商务印书馆，1947．251

治，但革命果实很快为袁世凯所攫取，帝制复辟时有发生，在军阀混战的岁月里有多少人流离丧生，人们并没有从专制统治下解放出来而获得真正的人格独立。

人们应该如何从“专制”和“奴性”中解放出来呢？胡适认为，首先要对造成奴性人格的专制社会持有一个“易卜生主义”——即写实主义的态度，予以充分曝光。在易卜生笔下，从虚伪的家庭、教条的宗教，到腐朽的道德、破败的法律，几乎整个社会都浸透了罪恶。那么，人们是否可以“跳出社会”去自由地发展自己的个性呢？对此胡适称之为“独善的个人主义”。这在古代表现为宗教家的极乐园和神仙隐士的生活，在现代则有所谓“新村生活”。因为社会本身就是由个人组成的，个人注定要与社会发生千丝万缕的联系，改造个人不可能离开社会去过什么“新村生活”，而只能从改造社会的种种势力做起。这就要求培养敢于批评和改造社会的独立个性人格，这种人格至少必须具备两个条件：“第一，须使个人有自由意志。第二，须使个人担干系，负责任。”①

胡适形象地指出：“教育是给人戴一副有光的眼镜”，以便“认识清社会的恶习，而发不满意的批评”②。他最反对那些受了教育，仍看不出社会弊病，或者即使看出他也不敢大胆给予批评的好好先生。他提醒说：“摸着脊骨软了，要吃一点硬骨药”③。没有一点硬骨头的精神，怎么能抵挡得住强大的封建势力呢？胡适号召大家向易卜生笔下的司铎门学习，学习他不畏种种丑恶势力的围攻迫害，甚至甘冒“国民公敌”之恶名，勇往直前地与黑暗社会作殊死的抗争。在这里，胡适把“易卜生主义”与杜威的发展“智能的个性”的思想有机地结合起来，在我国当时的具体历史条件下确实具有强烈的反封建意义。

值得注意的是，胡适虽然主张要培养和发展独立的个性人格，但他又十分赞赏杜威所主张的“须养成共同活动的观念和习惯”④。

---

① 胡适哲学思想资料选：上册．上海：华东师范大学出版社，1981．169

②③ 胡适．学生与社会．共进．1922

④ 胡适哲学思想资料选：上册．上海：华东师范大学出版社，1981．89

杜威从其“改良主义”的社会发展观出发，认为：“教育是社会进步及社会改革的基本方法……教育是达到分享社会意识的过程中的一种调节作用，而以这种社会意识为基础的个人活动的适应是社会改造的唯一可靠的方法。”① 胡适对教育功能的认识，即受到杜威改良主义教育思想的深刻影响。特别是“五四”运动之后，胡适反复要求学生把豁达的个性与学校的团体生活习惯和课堂学习结合起来，反对学生过多地干预政治和走上革命救国的道路，把教育与革命对立起来，不理解教育功能的发挥归根结底要受到经济、政治的制约关系，热衷改良，反对革命。他虽然认识到用教育去打倒“贫穷”和“愚昧”等，但他认识不到造成中国贫弱的真正根源。声称“贫穷”、“疾病”、“愚昧”、“贪污”和“扰乱”是我们的真正敌人，而根本否认隐藏在此“五鬼”背后的帝国主义剥削和压迫，这无疑是肤浅之论。可见胡适所主张的个性发展和人格独立不可能超越资产阶级所认定的民主秩序和共同生活习惯。

（黄明喜 黄书光）

---

① 杜威教育论著选．上海：华东师范大学出版社，1981．11

陶行知

(Tao Xing Zhi)

- 生平简介
- 名篇选读

  什么是生活教育

  生活教育

  生活即教育

  社会即学校

  生活教育之特质

  什么是教学做合一

  在湘湖师范“教学做”讨论会上的答问

  教育生活漫忆

  生活教育现代化
- 思想评介

  陶行知及其生活教育思想

生平简介

陶行知（1891～1946），原名文浚，安徽省歙县人。中国现代著名教育家。他于1914年南京金陵大学毕业，入美国伊利诺大学攻读市政学，次年，获政治硕士学位，同年，入哥伦比亚大学师范学院读教育科学，师事杜威、孟禄等名家，1917年获该校都市学务总监资格文凭后回国，历任南京高等师范学校和东南大学教授、教务主任和教育科主任，中华教育改进社总干事，南京安徽中学校长等职。1923年陶行知辞去东南大学教授职务，从事平民教育运动，转而提倡乡村教育运动和普及教育运动，先后创办晓庄师范学校和山海工学团，逐步形成了独具特色的“生活教育”理论；抗战开始后，提倡国难教育运动和战时教育运动；抗战胜利后，倡导民主教育运动和社会大学运动。1946年7月，陶行知病逝于上海，毛泽东亲自为他写悼词：“痛悼伟大的人民教育家”。主要著作有：《中国教育改造》（1928）、《教学做合一讨论集》（1932）、《普及教育》（1934）、《陶行知全集》（1985）等。

名篇选读

什么是生活教育

从定义上说，生活教育是给生活以教育，用生活来教育，为生活向前向上的需要而教育。从生活与教育的关系上说，是生活决定教育。从效力上说，教育要通过生活才能发出力量而成为真正的教育。“教学做合一”，是生活法亦即教育法。为要避去瞎做、瞎学、瞎教，所以提出“在劳力上劳心”，以期理论与实践之统一。“社会即学校”这一原则，要把教育从鸟笼里解放出来。“即知即传”这一原则，要把学问从私人的荷包里解放出来。“行是知之始，知是行之成”，是教人从源头上去追求真理。工学团或集体主义之自我教育，是在团体生活里争取自觉之进步。“教育是民族解放、大众解放、人类解放之武器。”这种教育观，是把教育从游戏场、陈列室解放出来，输送到战场上去。时间不许我细说，总之，生活教育理论，是半殖民地半封建的中国争取自由平等的教育理论。我希望你把研究之门大开起来。如果有机会，我想和你谈谈。千万不要因为一时之倒霉，少数人之不忠实，就误断一个运动的命运。

生活教育是以生活为中心之教育。它不是要求教育与生活联络。一提到联络，便含有彼此相关的意思。倘使我们主张教育与生活联络，便不啻承认教育与生活是两个个体，好像一个是张三，一个是李四，平日不相识，现在要互递名片结为朋友。联络的本意原想使教育与生活发生更密切的关系，不知道一把它们看作两个个体，便使它们格外疏远了。生活与教育是一个东西，不是两个东西。在生活教育的观点看来，它们是一个现象的两个名称，好比一个人的小名与学名。先生用学名喊他，妈妈用小名喊他，毕竟他是他，不是她。生活即教育。是生活便是教育；不是生活便不是教育。分开来说，过什么生活便是受什么教育；过康健的生活便是受康健的教育；过科学的生活便是受科学的教育；过劳动的生活便是受劳动的教育；过艺术的生活便是受艺术的教育；过社会革命的生活便是受社会革命的教育。从此类推，我们可以说：好生活是好教育；坏生活是坏教育；高尚的生活是高尚的教育；下流的生活是下流的教育；合理的生活是合理的教育；不合理的生活是不合理的教育；有目的生活是有目的的教育；无目的生活是无目的的教育。反过来说，平日过的是少爷小姐的生活，便念尽了汗牛充栋的劳动的书，也不算是劳动教育；平日过的是奴隶牛马的生活，便把《民权初步》念得透熟，熟得倒过来背，也算不了民权教育。没有生活做中心的教育是死教育。没有生活做中心的学校是死学校。没有生活做中心的书本是死书本。在死教育、死学校、死书本里鬼混的人是死人——先生是先死，学生是学死！先死与学死所造成的国是死国，所造成的世界是死世界。①

1939年12月写，原载：战时教育．第5卷．1940（4）

生活教育

生活教育这个名词是被误解了。它所以被误解的缘故，是因为有一种似是而非的理论混在里面，令人看不清楚。这理论告诉我们说：“学校里的教育”太枯燥了，必得把社会里的生活搬一些进来，才有意思。随着这个理论而来的几个口号是：“学校社会化”，“教育生活化”，“学校即社会”，“教育即生活”。这好比一个笼子里面囚着几只小鸟，养鸟者顾念鸟儿寂寞，搬一两丫树枝进笼，以便鸟儿跳得好玩，或者再捉几只生物来，给鸟儿做陪伴。小鸟是比较的舒服了。然而鸟笼毕竟还是鸟笼，决不是鸟的世界。所可怪的是养鸟者偏偏爱说鸟笼是鸟世界，而对于真正的鸟世界的树林反而一概抹煞，不加承认。假使笼里的鸟，习惯成自然，也随声附和的说，这笼便是我的世界；又假使笼外的鸟，都鄙弃树林，而羡慕笼中生活，甚至以不得其门而入为憾，那么，这些鸟才算是和人一样的荒唐了。

我们现在要肃清这种误解，生活教育是生活所原有，生活所自营，生活所必需的教育（Life education means an education of life，by life and for life)。教育的根本意义是生活之变化。生活无时不变即生活无时不含有教育的意义。因此，我们可以说：“生活即教育”。到处是生活，即到处是教育；整个的社会是生活的场所，亦即教育之场所。因此，我们又可以说：“社会即学校”。在这个理论指导之下，我们承认：过什么生活，便是受什么教育；过好的生活，便是

① 本节摘自：教学做合一下之教科书．原载：中华教育界．第19卷．1931（4）．本篇署名：何日平．

受好的教育；过坏的生活，便是受坏的教育；过有目的的生活，便是受有目的的教育；过糊里糊涂的生活，便是受糊里糊涂的教育；过有组织的生活，便是受有组织的教育；过一盘散沙的生活，便是受一盘散沙的教育；过有计划的生活，便是受有计划的教育；过乱七八糟的生活，便是受乱七八糟的教育。换个说法，过的是少爷生活，虽天天读劳动的书籍，不算是受着劳动教育；过的是迷信的生活，虽天天听科学的演讲，不算是受着科学教育；过着随地吐痰的生活，虽天天写卫生的笔记，不算是受着卫生的教育；过的是开倒车的生活，虽天天谈革命的行动，不算是受着革命的教育。我们要想受什么教育，便须过什么生活。

生活教育与生俱来，与生同去。出世便是破蒙，进棺材才算毕业。在社会的伟大学校里，人人可以做我们的先生，人人可以做我们的同学，人人可以做我们的学生。随手抓来都是活书，都是学问，都是本领。

自有人类以来，社会即是学校，生活即是教育。士大夫之所以不承认它，是因为他们有特殊的学校给他们的子弟受特殊的教育。从大众的立场上看，社会是大众惟一的学校，生活是大众惟一的教育。大众必须正式承认它，并且运用它来增加自己的知识，增加自己的力量，增加自己的信仰。

生活教育是下层建筑。何以呢？我们有吃饭的生活，便有吃饭的教育；有穿衣的生活，便有穿衣的教育；有男女的生活，便有男女的教育。它与装饰品之传统教育根本不同。它不是摩登女郎之金刚钻戒指，而是冰天雪地下的穷人的窝窝头和破棉袄。

生活与生活摩擦才能起教育的作用。我们把自己放在社会的生活里，即社会的磁力线里转动，便能通出教育的电流，射出光，放出热，发出功。

原载：生活教育．第1卷．1934（1）

生活即教育

今天我要讲的是“生活即教育”。中国从前有一个很流行的名词，我们也用得很多而且很熟的，就是“教育即生活”（Educatiron of life）。教育即生活这句话，是从杜威（John Dewey）先生那里来的，我们在过去是常常用它，但是，从来没有问过这里边有什么用意。现在，我把它翻了半个筋斗，改为“生活即教育”。在这里，我们就要问：“什么是生活？”有生命的东西，在一个环境里生生不已的就是生活。譬如一粒种子一样，它能在不见不闻的地方而发芽开花。从动的方面看起来，好像晓庄剧社[①] 在舞台演戏一样。“生活即教育”这个演讲，从前我已经讲了两套，现在重提我们的老套。

第一套就是：

是生活就是教育，不是生活的就不是教育；

是好生活就是好教育，是坏生活就是坏教育；

是认真的生活就是认真的教育，是马虎的生活就是马虎的教育；

是合理的生活就是合理的教育，是不合理的生活就是不合理的教育；

不是生活，就不是教育；

所谓之生活未必是生活，就未必是教育。

第二套是第二次讲的时候包括进去的，是按着我们此地的五个目标加进去的，就是：

是康健的生活，就是康健的教育；是不康健的生活，就是不康健的教育；

是劳动的生活，就是劳动的教育；是不劳动的生活，就是不劳

---

① 晓庄剧社是晓庄师范生组织的戏剧团体，成立于1929年初，陶行知任团长。

动的教育；

是科学的生活，就是科学的教育；是不科学的生活，就是不科学的教育；

是艺术的生活，就是艺术的教育；是不艺术的生活，就是不艺术的教育；

是改造社会的生活，就是改造社会的教育；是不改造社会的生活，就是不改造社会的教育。

近来，我们有一个主张，是每一个机关，每一个人在19年里都要有一个计划。这样，在19年里我们所过的生活，就是有计划的生活，也就是有计划的教育。于是，又加了这么一套：

是有计划的生活就是有计划的教育，是没有计划的生活，就是没有计划的教育。

我今天要说的就是：我们此地的教育，是生活教育，是供给人生需要的教育，不是作假的教育。人生需要什么，我们就教什么。人生需要面包，我们就得受面包教育；人生需要恋爱，我们就得过恋爱生活，也就是受恋爱教育。准此类推，照加上去：是那样的生活，就是那样的教育。

与"教育即生活"有联带关系的就是"学校即社会"。"学校即社会"也就是跟着"教育即生活"而来的，现在我也把他翻了半个筋斗，变成"社会即学校"。整个的社会活动，就是我们的教育范围，不消谈什么联络，而他的血脉是自然流通的。不要说"学校社会化"。譬如现在说要某人革命化，就是某人本来不革命，假使某人本来是革命的，还要他"化"什么呢？讲"学校社会化"，也是犯同样的毛病。"社会即学校"，我们的学校就是社会，还要什么"化"呢？现在我还有一个比方：学校即社会，就好像把一只活泼的小鸟从天空里捉来关在笼里一样。他要以一个小的学校去把社会上所有的一切东西都吸收进来，所以容易弄假。社会即学校则不然，他是要把笼中的小鸟放到天空中去，使它能任意翱翔，是要把学校的一切伸张到大自然界里去。要先能做到"生活即学校"，然后才能讲"学校即社会"；要先能做到"社会即教育"，然后才能讲到"教育即生活"。要这样的学校才是学校，这样的教育才是教育。

杜威先生在美国为什么要主张教育即生活呢？我最近见着他的著作，他从俄国回来，他的主张又变了，已经不是教育即生活了。美国是一个资本主义的国家，他们是零零碎碎的实验，有好多教育家想达到的目的不能达到，想实现的不能实现，然而在俄国已经有人达到了，实现了。假使杜威先生是在晓庄，我想他也必主张“生活即教育”的。

……

关于“生活即教育”，我现在再来补充一套。我们是现代的人，要过现代的生活，就是要受现代的教育。不要过从前的生活，也不要过未来的生活。若是过从前的生活，就是落伍；若要过未来的生活，就要与人群隔离。以前有一部书叫做《明日之学校》，大家以为很时髦的，讲得很熟的。我希望乡村教师，要办今日之学校，不要办明日之学校。办今日之学校，使小学生过今日之生活，受今日之教育。

问：为什么要主张“生活即教育”，反对“教育即生活”？

答：教育可以是书本的，与生活隔绝的，其力量极小。拿全部生活去作教育的对象，然后教育的力量才能伟大，方不至于偏狭。我们要拿好的生活去改造不好的生活，拿整个的生活去解放偏狭的生活。

“教育即生活”是拿教育作生活，好教育固然是好生活，八股的教育也就造成八股的生活。“生活即教育”，根本上可以免除这种毛病，虽然他的流弊也有拿坏生活作教育的，但就教育立场说，其效力仍是极大的。

“生活即教育”，教育极其广阔自由，如同一只鸟放在林子里面的；“教育即生活”，将教育和生活关在学校大门里，如同一只鸟关在笼子里的。

“生活即教育”，是承认一切非正式的东西都在教育范围以内，这是极有力量的。譬如与农民做朋友，是极好的教育，平常都被摈弃在课程以外。其他有效力的东西，也是如此，当然，生活中一部分是有目的的，就是有目的的教育；一部分是合理的，就是合理的教育。

“生活即教育”，是叫教育从书本的到人生的，从狭隘的到广阔的，从字面的到手脑相长的，从耳目的到身心全顾的。

本篇系在晓庄学校主办的乡村教师讨论会上的演讲记录。记录者：戴自俺、孙铭勋。原载1930年3月29日《乡村教师》第9期，本文在收入《教学做合一之系统研究》一书时，作了增删改动。本次收入，以原发表件为准，有删略

社会即学校

问：为什么要主张“社会即学校”，反对“学校即社会”？

答：我们主张“社会即学校”，是因为在“学校即社会”的主张下，学校里面的东西太少，不如反过来主张“社会即学校”，教育的材料，教育的方法，教育的工具，教育的环境，都可以大大增加，学生、先生也可以更多起来。因为在这样办法下，不论校内校外的人，都可以作师生的。“学校即社会”，一切都减少，校外有经验的农夫，就没有人愿去领教；校内有价值的活动，外人也不得受益。

问：如上所言，坏的社会也可以作学校吗？

答：坏的社会，我们也要认识，也要有所准备，才能生出抵抗力，否则一入社会，便现出手慌足乱的情状来。

原载：乡村教师．1930（1）．原文发表时署名为：操震球问，陶行知答。操震球是晓庄师范第一期学生

生活教育之特质

您如果看过《狸猫换太子》那出戏，一定还认得那里面有一件最有趣的事情，就是出现了两个包龙图：一个是真的，还有一个是假的。我们仔细想想，是越想越觉得有趣味了。世界上无论什么事，都好像是有两个包龙图。就拿教育来说罢，您立刻可以看出两种不同的教育：一种叫做传统教育；另一种叫做生活教育。又拿生活教育来说吧，您又可以发现两种不同的说法：一种主张“教育即生活”；另一种是主张“生活即教育”。我现在想把生活教育的特质指出来，目的不但要使大家知道生活教育与传统教育之不同，并且要使大家知道把假的生活教育和真的生活教育分别出来。

（一）生活的

生活教育第一个特点是生活的。传统的学校要收学费，要有闲空工夫去学，要有名人阔老介绍才能进去。有钱，有闲，有面子，才有书念，那么无钱，无闲，无面子的人又怎么办呢？听天由命吗？等待黄金时代从天空落下来吗？不！我们要从生活的斗争里钻出真理来。我们钻进去越深，越觉得生活的变化便是教育的变化。生活与生活一摩擦便立刻起教育的作用。摩擦者与被摩擦者都起了变化，便都受了教育。有人说：这是“生活”与“教育”的对立，便是“生活”与“教育”的摩擦。我以为教育只是生活反映出来的影子，不能有摩擦的作用。比如一块石头从山上滚下来，碰着一块石头，就立刻发出火花，倘若它只碰着一块石头的影子，那是不会发出火花的。说得正确些，是受过某种教育的生活与没有受过某种教育的生活，摩擦起来，便发出生活的火花，即教育的火花，发出生活的变化，即教育的变化。

（二）行动的

生活与生活摩擦，便包含了行动的主导地位。如果行动不在生活中取得主导的地位，那么，传统教育者就可以拿“读书的生活便是读书的教育”来做他们掩护的盾牌了。行动既是主导的生活，那么，只有“为行动而读书，在行动上读书”才可说得通。我们还得追本推源的问：书是从哪里来的？书里的真知识是从哪里来的？我们是毫不迟疑的回答说：“行是知之始”，“即行即知”，书和书中的知识都是著书人从行动中得来的。我要声明著书人和注书人抄书人是有分别。人类和个人的知识的妈妈都是行动。行动产生理论，发展理论。行动所产生发展的理论，还是为的要指导行动，引着整个生活冲入更高的境界。为了争取生活之满足与存在，这行动必须是有理论、有组织、有计划的战斗的行动。

（三）大众的

少爷小姐有的是钱，大可以为读书而读书，这叫做小众教育。大众只可以在生活里找教育，为生活而教育。当大众没有解放之前，生活斗争是大众唯一的教育。并且孤立的去干生活教育是不可能的，大众要联合起来才有生活可过；即要联合起来，才有教育可受。从真正的生活教育看来，大众都是先生，大众都是同学，大众都是学生。教学做合一，即知即传是大众的生活法，即是大众的教育法。总说一句，生活教育是大众的教育，大众自己办的教育，大众为生活解放而办的教育。

（四）前进的

有人说，生活既是教育，那么，便有生活即有教育，又何必要我们去办教育呢？他这句话，分析是对的，断语是错的。我们承认自古以来便有生活即有教育。但同在一社会，有的人是过着前进的生活，有的人过着落后的生活，我们要用前进的生活来引导落后的生活，要大家一起来过前进的生活，受前进的教育。前进的意识要通过生活才算是教人真正的向前去。

（五）世界的

课堂里既不许生活进去，又收不下广大的大众，又不许人动一动，又只许人向后退不许人向前进，那么，我们只好承认社会是我们的唯一的学校了。马路、弄堂、乡村、工厂、店铺、监牢、战场，凡是生活的场所，都是我们教育自己的场所，那么，我们所失掉的是鸟笼，而所得的倒是伟大无比的森林了。为着要过有意义的生活，我们的生活力是必然冲开校门，冲开村门，冲开城门，冲开国门，冲开无论什么自私自利的人所造的铁门。所以，整个的中华民国和整个世界，才是我们真正的学校咧。

（六）有历史联系的

这里应该从两方面来说：第一，人类从几千年生活斗争中所得到，而留下来的宝贵的历史教训，我们必须用选择的态度来接受。但是我们要留心，千万不可为读历史而读历史。我们必须把历史的教训，和个人或集团的生活联系起来。历史教训必须通过现生活，从现生活中滤下来，才有指导生活的作用。这样经生活滤过的历史教训，可以使我们的生活倍上加倍的丰富起来。倘使一个人停留在自我或少数同伴的生活上，而拒绝广大人类的历史教训，那便是懒惰不长进，跌在狭义的经验论的泥沟里，甘心情愿的做一条小泥鳅。第二，中国已经到了生死关头，争取大众解放的生活教育，自有它应负的历史的使命。为着要争取大众解放，它必须要争取中华民族的解放；为着要争取中华民族的解放，它必须教育大众联合起来解决国难。因此，推进大众文化以保卫中华民国领土主权之完整，而争取中华民族之自由平等，是成了每一个生活教育同志当前所不可推卸的天职了。

原载：生活教育．第3卷．1936（2）

什么是教学做合一

教学做合一是生活现象之说明，即是教育现象之说明。在生活里，对事说是做，对己之长进说是学，对人之影响说是教。教学做只是一种生活之三方面，而不是三个各不相谋的过程。同时，教学做合一是生活法，也就是教育法。它的涵义是：教的方法根据学的方法；学的方法根据做的方法。事怎样做便怎样学，怎样学便怎样教。教与学都以做为中心。在做上教的是先生，在做上学的是学生。在这个定义下，先生与学生失去了通常的严格的区别，在做上相教相学倒成了人生普遍的现象。做既成了教学之中心，便有特殊说明之必要。我们怕人用“做”当招牌而安于盲行盲动，所以下了一个定义：“做”是在劳力上劳心。因此，“做”含有下列三种特征：行动；思想；新价值之产生。

……

做是发明，是创造，是实验，是建设，是生产，是破坏，是奋斗，是探寻出路。

是活人必定做。活一天，做一天；活到老，做到老。如果我们承认小孩子也是活人，便须让他们做。小孩子的做是小发明，小创造，小实验，小建设，小生产，小破坏，小奋斗，探寻小出路。小孩子的做是小做，不是假做。“假做”不是生活教育所能允许的。

……不做无学；不做无教；不能引导人做之教育，是假教育；不能引导人做之学校，是假学校；不能引导人做之书本，是假书本。在假教育、假学校、假书本里自骗骗人的人，是假人——先生是假先生，学生是假学生。假先生和假学生所造成的国是假国，所造成的世界是假世界。

摘自：教学做合一下之教科书．见：陶行知全集．第2卷．289~290．标题是编者所加

在湘湖师范“教学做”讨论会上的答问

问：“道尔顿制”① 与教学做合一之异同如何？——唐文粹

① 道尔顿制是一种教学制度。1920年由美国著名教育家柏克赫司特（Helen Parkhurst）创立于马萨诸塞州道尔顿中学。该教学制度强调发展儿童个性，注重自由研究，不采用传统的班级授课制，代之以作业室制，作业时间由学生按计划各自分配，以利于养成儿童独立自重的习惯。

答：按“道尔顿制”，学生有一个时间的预算，依着进程表工作，不过它太看重了书本！它每门功课，都有实验室，其实只是图书室。在里面，学生很据先生做好的问题，各人按照各人程度去找答案。它的好处，便是能够按照各人的程度工作——聪明一点的可以做得快些，愚笨一点的可以做得慢些。所以在这制度下的学生比较旧式学校要自由得多。可惜它太看重了书本，而且须初中以上的程度才能行。

“教学做合一”是以生活为中心——怎样做，就怎样学；怎样学，就怎样教。所有的问题，都是从生活中发生出来的。从生活中发生出来的困难和疑问，才是实际的问题；用这种实际的问题来求解决，才是实际的学问。它的实验室是大自然和大社会，不像“道尔顿制”那样专在书本上做工夫了。虽然书中也有一部分可以解决生活问题，不过书仅能用为生活的工具罢了。

问：什么是“教学做合一”？——叶纶恕

答：教学做合一有两种涵义：一是方法；二是生活的说明。

在方法方面，它主张教的法子根据学的法子，学的法子根据做的法子。不然，便要学非所用，用非所学了。

在又一方面，它是生活的说明；在做上教的是先生；在做上学的是学生。从先生对学生的关系说，做便是教；从学生对先生的关系说，做便是学。先生拿做来教，乃是真教；学生拿做来学，乃是实学。不在做上用工夫，教不成教，学也不成学。一个活动对事说是做，对己说是学，对人说是教。我们不能说种稻是做，看书是学，讲解是教。为种稻而讲解，讲解也是做；为种稻而看书，看书也是做。

……

有有意义的做与无意义的做。

人家怎样做，我也怎样做，而不求其所以然，便是无意义的做。在劳力上劳心。手到心到才是有意义的做。

做有意义，即学有意义，教有意义。

做什么事，便看什么书，问什么人，用什么工具，那么才做得好，学得好，教得好。不然，“饱食终日，无所用心，难矣哉”！

问：教学做的目的是什么？——翁衍桢

答：教育的目的要先看所教的是什么人。各校有各校特殊的目的。像我们乡村师范学校，总目标是：培养乡村人民儿童所敬爱的导师。从总的目标又析为五个分目标如下：

培养乡村人民儿童所敬爱的导师
- 康健的体魄
- 农人的身手
- 科学的头脑
- 艺术的兴味
- 改造社会的精神

本篇系答问记录。记录者：罗谦。湘湖，即湘湖师范，全称浙江省立乡村师范学校，校址设萧山县湘湖中的定山。由陶行知筹创，并先后派晓庄师范毕业生多名到该校担任领导及教学工作。原载方与严编《教学做合一讨论集》，1951 年 7 月，上海教育书店版

教育生活漫忆

我开始感觉民主教育的必要而予以实践以来，已经有了 19 年。回想起来，这是一段压迫和艰难的历史。现在，中国因团结和苦斗粉碎了日本法西斯侵略者的野心。在某种意义上，中国真正的民主教育，可以说到最近才渐入轨道。

在日本，大部分的日本人差不多都识字，可是以前的日本却有重要的东西缺乏着——就是民主的成分。缺少了民主的成分，就是日本不幸的根源啊。总之，中日两国真正的民主教育的发展是有待于今日的。当新的民主教育开始时——日本不仅识字者多，由于此次战败的法西斯势力也已打倒，所以有利于日本的地方不少。可是中国呢？民主教育和识字运动仍需要并行兼施。中国民主教育前途的难关较日本多呢。

日本，它已经有相当的基础，所以只要确定一个新的方针就可

以，要紧的是确定了之后不要动摇。

晓庄学校时代

我对于“普及教育”和“民主教育”问题，开始注意是在民国七八年的时候，民国十六年才有了一个组织。

当初我们开展的是“乡村教育”运动，民国十六年在南京和平门外，创设了晓庄学校，目的是号召全国造成一百万个乡村教师，使他们从事普及乡村教育的工作。

民国八年，我作关于“生活教育”的演讲，并确定意为：（1）生活的教育；（2）为生活而教育；（3）为生活的提高、进步而教育。十六年对于“生活教育”更进一步地定义成为：（1）人民的教育；（2）人民教育人民；（3）人民为自己生活的提高、进步所希求的教育三项。因为中国人口的四分之三都住在农村，经营农业，所以普及“人民的教育”的运动也就和乡村教育运动没有什么不同。

由于民国十六年以来的教育运动的经验，我们发现了若干道理。

第一，我们觉悟到过去的教师仅停滞在狭义的教育范围内是不够的，因为教师也有体力——有手也有脚，具有足够的劳动能力；同时农民也不应该只是默默地劳动，应该有思想的必要。总之，我们觉悟到了思想和生活的具体的关联性。

我们发现了手和脑若能打成一片，农民和工人始能成为革命的农民和革命的工人。而教育者获得了头脑和手脚的同盟，始能成为一个有创造能力的学者。

第二，我们觉悟到教学的本质是学习，而“学习”也就是实践，学而后能教人。这一点，就是说教学做合一。

所谓“做”是包含广泛意味的生活实践的意思。而学习或是教学，不是片段而是一个整体，要教学必须先有手和脑的结合与思想和生活的合一，换句话说不单是要“劳力”同时也要“劳心”。

在这样意义的教育运动的实践中，感到学校教育的狭隘性是当然的。因此遂发现了第三个道理，就是为要真正的教育，必须做到“社会即是学校”这一点。整个乡村是我们的学校；扩大之，整个中国是我们的学校；更扩大之，整个世界乃至于宇宙都是我们的学校。

这样说来，单靠一个学校推动教育工作是不可能的。在整个教育过程中的学校，好像是整个房子当中的客厅。对教育——即教学范围的观念，这么一扩大，学校自然也很广大了，教师也多，功课也繁，至于学生的范围也就更多了。因而教育的效果也就更实在了。

总而言之，我们创办晓庄学校的目的，当初在于知识分子和农民之间的接触和结合，可是后来这两者的关系发生了很大的变化。根据我们的道路可以这样说：由生活即是教育发展到，教学做合一；然后更发展到，社会即学校。

革新教育运动和民主运动有什么关系呢？农民和工人在这过程当中渐渐地认教育家为最可亲的友人，在这一点上有非常重要的意义的。

我们在晓庄学校里所施行的教育，因种种的关系终难以推广和实现，学校也就不得已而停办了。不过这却更坚定了我们“社会即学校”的信念，更为了“打入整个社会”而继续努力了。

工学团的创始和小先生运动

“一二八”战事爆发，我除了积极地参加对于日本帝国主义的反侵略斗争外，深深地感到普及教育的使命更加重要。因之，更发现了另一个新的原因，这是我特别地要告诉你的。

中国原是个穷国，所以教育也要采用“穷办法”。我是顾到这点才展开小先生运动的。可是这小先生运动不是忽然地想起来的，乃是在民国十一年提倡“平民教育”的时候，我有57岁的母亲，她有一个愿望，要学“平民千字课”。我和我的妹妹每天忙于推广我们的运动，连给母亲教千字课的时间也没有，结果我就教才6岁的孩子小桃教他的祖母读千字课，因为小桃在那个时候已经读熟了千字课第一册。这大胆的尝试居然成功了，祖母和她的孙子，或戏玩或读书，兴趣愈来愈好，一个月后竟读完了第一册。当我的母亲读书的第十六天，我到张家口旅行，用千字课中的文字给她写一封信，母亲接到了，竟很容易地念完了。回想当时，觉得那件事的本质里面包含着重大的意义。

“一二八”战争以后，小先生运动却成了全国性的运动而发展下去了。

我们在上海郊外的大场镇，提出了“工以养生，学以明生，团以保生”的口号，经营着山海工学团。可是我们决没有偏重于劳作技术的传播，却以受教育的人投入民间，把整个社会当作学校，以提高整个社会的教养水准为目标，而传播者就是小先生。在大场镇附近有25个村庄，一直到沦陷为止，那些小先生们都为了普及教育的工作而在奋斗。当时，在上海特别市区，俞塘、高桥、旧公共租界、旧法租界以及山海工学团里，已有了一万多的小先生在活动。

工学团具体的教育方法，是由每一个教师担任指导40个学生，教育他们怎样在校外教穷人和穷孩子们认识文字。这就是把学校当作发电机，学生当作电线，两者打成一片点亮电灯（即大众教育）的运动。换句话说就是把社会和学校完全有机地予以统一的。

由小先生在“即知即传”的口号下传播给农民、劳工、妇女们，他们马上就当“传递先生”再传给别人去。

在以前是以教育发动民众，后来则由农民、工人、妇女自动地发动教育。

工学团打入城市——发展到社会大学

“九一八事变”，日本法西斯变本加厉地伸出它的魔手的时候起，一向在农村里工作的我们，才发展到大都市。我们的工学团也就在上海的北新泾、杨树浦、静安寺、曹家渡、浦东等地开辟了工作的据点，组织了不同的工学团，有儿童工学团，也有报贩的工学团，也有妇女的工学团等等各色各样的，它们都是半工半学，学了以后再传给别人的。

我们的最后目的是：

培养求学的嗜好，造成好学的民族。

培养教人的嗜好，造成诲人不倦的民族。

我们的学校（社会即是学校）并无年龄上的限制，是永远学而不倦，好学以至于死为目标的最高学府，是社会大学，是人民的大学。

本篇系陶行知与上海日文《创造日报》记者小野三郎的谈话记录。记录者：小野三郎。题目为编者所拟。出自 1946 年《陶行知先生纪念集》

生活教育现代化

生活教育是早已普及了。自有人类以来，便是人人过生活，人人受教育。自然而然的，生活是普及在人间，即是教育普及在人间。但有些人是超时代，有些人是时代落伍。有些人到了现代还是过着几百年前的生活，便是受着几百年前的教育。教时代落伍的人一起赶上时代的前线来，是普及教育运动的目标。做一个现代人必须取得现代的知识，学会现代的技能，感觉现代的问题，并以现代的方法发挥我们的力量。时代是继续不断的前进，我们必得参加在现代生活里面，与时代俱进，才能做一个长久的现代人。否则，再过几年又要成为时代落伍者了。因此，我们必须拿着现代文明的钥匙，才能继续不断的去开发现代文明的宝库，保证川流不息的现代化。这个钥匙便是活用的文字符号和求进的科学方法。普及教育运动之最大使命，便是把这个钥匙从少数人的手里拿出来交给大众。

本篇原载 1935 年 3 月 1 日出版的《生活教育》第二卷第一期，系《攻破普及教育之难关》一文中的第一段

思想评介

陶行知及其生活教育思想

生活教育理论是陶行知教育思想的核心和精髓，是陶行知在认真总结了其推行平民教育的经验教训和亲身从事乡村教育实验的基础上创立的具有中国特色的教育理论。

一 陶行知生活教育理论的创立

陶行知生活教育理论体系的发展轨迹是：由“教学做合一”思想的提出，到“生活即教育”、“社会即学校”理论的确立。自1917年回国到1926年的近10年间，是他生活教育理论从探索、萌芽到形成的时期。陶行知回国后，一方面在南京高等师范学校任教，一方面考察中国教育现状，摸索改造中国旧传统教育的途径，积极组织并参与了“新教育共进社”、“中华教育改进社”的活动，极力推行平民教育运动。由于陶行知曾参与黄炎培主持的中华职业教育社的活动，于1918年发表的《生活主义之职业教育》一文认为：“生活主义包罗万象，凡人生一切所需皆属之。其范围之广，实与教育等。有关于职业之生活，即有关于职业之教育；有关于消闲之生活，即有关于消闲之教育；有关于社交之生活，即有关于社交之教育；有关于天然界之生活，即有关于天然界之教育。”① 这是陶行知最早对生活教育的论述。1912年2月，陶行知在《教学合一》一文中提出“教学要合一”，“教的法子必须根据于学的法子”②；1926年，陶行知又详尽地阐述了其“教学做合一”的主张：

① 陶行知全集．第1卷，长沙：湖南教育出版社，1984．78

② 陶行知全集．第1卷，长沙：湖南教育出版社，1984．87～88

“事怎样做就怎样学；怎样学就怎样教”；“教的法子要根据学的法子，学的法子要根据做的法子。教法、学法、做法是应当合一的。”① 陶行知在1927年的一次演讲中，详细回顾了其创立：“教学做合一”这一生活教育之方法论原理的过程。

1919年的“五四”新文化运动，增强了陶行知改革教育的决心和力量。他对传统教育脱离生活、脱离社会实际进行了抨击，主张通过教育实验办新式教育，使教育与生活联系，为社会服务。1919年7月，陶行知在《新教育》的讲演中提出“现在所需要的，是一种新的国民教育”②，它“不单是属于形式的方面，还要有精神上的新”③。就是“学校是小的社会，社会是大的学校”④；学生不是坐而受教，“凡改变我们的，都是先生；就是我们自己都是学生。以前只有在学校里的是学生，一到家里就不是学生；现在都做社会的学生，从根本上讲，来的着实，不至空虚。”⑤ 在此，陶行知对杜威“学校即社会”思想已有所突破，有了“社会即学校”思想的萌芽。他还认为，有生活就有教育，人从出生到老都在受教育。他说：“人就是天天受教育，差不多从出世到老，与人生为始终的样子。你哪一天生存不是学？你哪一天学不是生存呢？⑥ 他在这里，已经非常清楚地认识到有生活就有教育，人终生都要受生活教育。

1922年1月发表的陶行知演讲笔录《活的教育》一文，在谈到什么是“活的教育”时说：“活的教育，更是教育中最不可少的现象”；“活的教育，正像鱼到水里鸟到树林里一样”；“活的教育，好像在春光之下，受了滋养料似的，也就能一天进步似一天”；⑦ “我们讲活的教育，就要本着这世界潮流的趋向，朝着最新最活的

① 陶行知全集．第1卷，长沙：湖南教育出版社，1984．638
② 陶行知全集．第1卷，长沙：湖南教育出版社，1984．122
③ 陶行知全集．第1卷，长沙：湖南教育出版社，1984．123
④ 陶行知全集．第1卷，长沙：湖南教育出版社，1984．126
⑤ 陶行知全集．第1卷，长沙：湖南教育出版社，1984．127
⑥ 陶行知全集．第1卷，长沙：湖南教育出版社，1984．126～127
⑦ 陶行知全集．第1卷，长沙：湖南教育出版社，1984．175

方面去做"[①]；活的教育，"要用活的人去教活的人"，"学生向前进，教员也要向前进，都要一同并进"；活的教育，"要拿活的东西去教活的学生"，"活的教育，就是要与时俱进"。[②]在这次演讲中，他用英文完整地提出了生活教育的三方面的主要内容：（1）Education of life，即生活教育；（2）Education by life，即依据生活而教育；（3）Education for life，即为了生活而教育。[③]

在不断的探索和实践中，陶行知认为当时中国的教育是死的教育，就像人体有病，要找出病之来由，然后才好预防、保护，谋永久的生活[④]。于是，在1924年10月提出平民教育要搞"下乡运动"；1926年，他重视农村教育的思想更加坚定，提出搞"师范教育下乡运动"，以实现改造乡村生活的目标。到1926年底，陶行知发表了一系列讲话、文章、宣言和答问，诸如《中国师范教育建设论》、《中华教育改进社改造全国乡村教育宣言书》、《我们的信条》、《中国乡村教育之根本改造》、《中华教育改进社设立试验乡村师范学校第一院简章草案》、《试验乡村学校答客问》等。通过这些讲话、文章、宣言、答问，陶行知对中国旧传统教育发起了总攻，明确地提出了以"生活即教育"、"社会即学校"、"教学做合一"为核心的生活教育理论[⑤]。

从1927年3月陶行知与赵叔愚等人创办南京晓庄试验乡村师范学校，到1946年与李公朴在重庆创办社会大学，是陶行知实践和发展其生活教育理论的时期。在晓庄师范学校，陶行知开展了以生活教育思想为指导的全面、系统的教育试验。根据陶行知的设计，让学生着重过5种生活，即康健生活、劳动生活、科学生活、艺术生活和改造社会的生活，并以"教学做合一"的理论来安排这些生活。晓庄师范学校的试验是成功的，它不仅培养了一批革命的生活教育的教师，还使生活教育思想和方法，通过试验和总结，形

① 陶行知全集．第1卷，长沙：湖南教育出版社，1984．179～180

② 陶行知全集．第1卷，长沙：湖南教育出版社，1984．180～181

③ 陶行知全集．第1卷，长沙：湖南教育出版社，1984．183～188

④ 陶行知全集．第1卷，长沙：湖南教育出版社，1984．185

⑤ 贾培基著．陶行知．重庆：重庆出版社，1991．36

成了生活教育的理论体系。1931年“九一八事变”后，民族危机日益严重，陶行知并未因挫折而气馁，继续探索改造旧教育的道路，积极推行“普及教育”，并于1932年在上海创办“山海工学团”，倡导小先生制。1935年10月，陶行知组织了实践生活教育学说的流动学校——新安旅行团；“一二九运动”后，他又发动组织国难教育社；“七七事变”后，陶行知又及时将国难教育改为战时教育。这一时期，生活教育在内容和形式上都有新的发展变化。1939年7月，陶行知在重庆创办育才学校，接收有特殊才能的难童入学，从教学内容到教学方法，都是在生活教育学说指导下开展的，学校与社会相沟通，教育与生活紧密联系，学习与生产劳动相结合，手脑并重，教学做合一，使学生得到全面和谐的发展。育才学校的全面试验同样获得巨大成功，也极大地丰富了生活教育理论。抗战胜利后，陶行知提出战时教育应转为“民主教育”，指出民主教育是“教人做主人，做自己的主人，做国家的主人，做世界的主人”①。为此，他于1946年1月创办社会大学，主要招收在职的进步青年，培养明“民德”、“亲民”，谋“人民之幸福”人才。这是陶行知在世时按照生活教育思想创办的最后一所学校，就此完成了他从学前教育到办高等职业教育的一系列教育试验，使生活教育理论日臻完善。至此，陶行知在生活教育的理论和实践上都取得了丰硕的成果，他的教育学说和办学事迹在国内外广为传播，中国共产党的解放区和根据地推崇他的教育学说，延安还出版了他的教育文集，肯定他的教育理论同新民主主义教育是完全一致的②。

二 陶行知生活教育理论体系

陶行知生活教育理论的内容十分丰富，他的许多文章、演说、宣言和诗歌对此作了大量的论述和讲解。由于陶行知一直主张生活教育是“与时俱进的”，故他在生前并未对这一理论进行系统的概括和总结。当代学者在用系统论观点对陶行知的生活教育理论和实

---

① 陶行知全集．第3卷，长沙：湖南教育出版社，1984．569．

② 贾培基著．陶行知．重庆：重庆出版社，1991．36

践进行深入研究后认为，陶行知的生活教育学说不是零散的、个别的实际经验，而是一个由生活教育的目的、原理、原则和基本途径构成的完整的教育理论体系[①]。具体表现为：一个目的、三大原理、七条原则，七项措施[②]，分述如下：

(一) 生活教育的目的

生活教育的目的是什么呢？陶行知对此有过多次的论述：生活教育是"为生活而教育"；"为生活的提高、进步而教育"[③]；"为生活向前向上的需要而教育"；[④]是"大众为生活解放而办的教育"；[⑤]是"教民造富"、"教民均富"、"教民用富"、"教民知富"、"教民拿民权以遂民生而保民族"[⑥]；是"教人做人，教人做好人，做好国民"[⑦]；是对学生进行"心、脑、手并用"，"学政治、学经济、学文化相合"的"全面教育"[⑧]。由此我们可以看出，生活教育的目的首先是指向社会的、民族的、整体的，即为人民生活向前、向上的需要，为民族、为大众求解放、谋幸福、培养"生活力"的；其次是指向社会个体的，即培养人的多方面的素质。总之，生活教育以人的全面发展为基本目的，同时又根据社会生活的发展与教育对象的不同规定了具体的目标，其核心就是启发儿童、青年、人民大众改造社会生活的觉悟与手脑结合的实践创造能力，去改造生活，创造新人生，创造新的中国，新的世界。

(二) 生活教育的三大原理

陶行知的生活教育理论由三大原理构成：一是"生活即教育"；二是"社会即学校"；三是"教学做合一"。

1. "生活即教育"

---

① 孔棣华编著：陶行知教育名著选讲．广州：广东高等教育出版社，1991．89

② 孔棣华编著：陶行知教育名著选讲．广州：广东高等教育出版社，1991．89～97

③ 陶行知全集．第3卷，长沙：湖南教育出版社，1985．623

④ 陶行知全集．第5卷，长沙：湖南教育出版社，1985．477

⑤ 陶行知全集．第3卷，长沙：湖南教育出版社，1985．27

⑥ 陶行知全集．第2卷，长沙：湖南教育出版社，1985．1

⑦ 陶行知全集．第1卷，长沙：湖南教育出版社，1984．458

⑧ 陶行知全集．第3卷，长沙：湖南教育出版社，1985．554

“生活即教育”，是生活教育理论的核心，是生活教育理论的本体论。何谓“生活即教育”？陶行知指出：“生活教育是生活所原有，生活所自营，生活所必需的教育（Life education means an educution of life，by life and for life）。教育的根本意义是生活之变化。生活无时不变即生活无时不含有教育的意义。因此，我们可以说：‘生活即教育’”。①。他还说：“生活教育是以生活为中心之教育。……过什么生活便是受什么教育：过康健的生活便是受康健的教育；过科学的生活便是受科学的教育；过劳动的生活便是受劳动的教育；过艺术的生活便是受艺术的教育；过社会革命的生活便是受社会革命的教育。从此类推，我们可以说：好生活是好教育；坏生活是坏教育；高尚的生活是高尚的教育；下流的生活是下流的教育；合理的生活是合理的教育；不合理的生活是不合理的教育；有目的的生活是有目的的教育；无目的的生活是无目的的教育。”② “从生活与教育的关系上说，是生活决定教育。从效力上说，教育要通过生活才能发出力量而成为真正的教育。”③

由上可知，“生活即教育”包含了以下主要精神：一是生活含有教育的意义，具有教育的作用，生活本身就是一种特殊的教育；二是生活决定了教育，教育不能脱离生活；三是教育为改造生活服务，在改造生活的实践中发挥积极的作用。“生活即教育”的主张是针对旧传统教育严重脱离社会生活实际而提出来的，是教育思想上同“老八股教育”、“洋八股教育”的决裂。

2.“社会即学校”

“社会即学校”是与“生活即教育”紧密联系的一大原理，是属生活教育理论的范畴。何谓“社会即学校”？陶行知说：“整个的社会活动，就是我们的教育范围”；④ “到处是生活，即到处是教育；整个的社会是生活的场所，亦即教育之场所。因此，我们又可

---

① 陶行知全集．第2卷，长沙：湖南教育出版社，1985．633～634

②④ 陶行知全集．第2卷，长沙：湖南教育出版社，1985．288

③ 陶行知全集．第5卷，长沙：湖南教育出版社，1985．477

以说：‘社会即学校’”。[①] 为什么陶行知要主张“社会即学校”呢？他说：“我们主张‘社会即学校’，是因为在‘学校即社会’的主张下，学校里面的东西太少，不如反过来主张‘社会即学校’，教育的材料，教育的方法，教育的工具，教育的环境，都可以大大增加，学生先生也可以更多起来”。[②] “社会即学校”这一原则，要把教育从鸟笼里解放出来[③]。因为，“学校即社会，就好像把一只活泼的小鸟从天空里捉来关在笼里一样。他要以一个小的学校去把社会上所有的一切东西都吸收进来，所以容易弄假。社会即学校则不然，他是要笼中的小鸟放到天空中去，使它能任意翱翔，是要把学校的一切伸张到大自然里去”。[④] “社会即学校”这一原理，反映了学校与社会的辩证关系，即社会决定学校，学校为社会服务。陶行知提出这一主张的宗旨是：要改造旧的学校教育，革除学校教育严重脱离社会生活的弊病，把学校办成促进社会进步、能够帮助人民过更美好生活的力量。为此，他曾先后努力创办了民众茶园、自然学园、通讯学校、空中学校、工学团、业余学校、社会大学等。陶行知把整个社会、整个人生都当成进行生活教育的范畴，从而把学校教育和社会教育、家庭教育、终身教育等联系在一起，构成了一个完整的大教育体系。

3．“教学做合一”

“教学做合一”是生活教育理论的教学方法论，也是陶行知生活教育理论体系最早形成的一个基本原理。在陶先生的生活教育思想中，“教学做合一”不是一般的教学方法，而是指导整个教学活动的“校训”。什么是“教学做合一”呢？陶行知指出：“教学做合一有两种涵义：一是方法；二是生活的说明”。[⑤] “教的方法根据学的方法，学的方法根据做的方法。事怎样做便怎样学，怎样学便怎样教。教与学都以做为中心。在做上教的是先生，在做上学的是学

---

① 陶行知全集．第2卷，长沙：湖南教育出版社，1985．663～634

② 陶行知全集．第2卷，长沙：湖南教育出版社，1985．201

③ 陶行知全集．第5卷，长沙：湖南教育出版社，1985．477

④ 陶行知全集．第2卷，长沙：湖南教育出版社，1985．182

⑤ 陶行知全集．第2卷，长沙：湖南教育出版社，1985．162

生”。[①] 何谓“做”呢？陶行知说：“所谓‘做’是包含广泛意味的生活实践的意思。”“教学的本质是学习，而‘学习’也就是实践，学而后能教人。这一点，就是说教学做合一。”[②] 就“教学做合一”的实质来说，陶行知概括得非常明确。他说：“‘教学做合一’，是生活法亦即教育法。为要避去瞎做、瞎学、瞎教，所以指出‘在劳力上劳心’，以期理论与实践之统一。”[③] 这一原理，将“做”放在第一位，是完全符合“行是知之始，知是行之成”的认识论思想的。陶行知提倡“教学做合一”的主要意图是：一方面为了改变旧的传统教学中脱离生活、脱离实际的弊端；另一方面是为了把学生视为“字纸篓，死读书、死教书”的教学转到着重培养学生能运用“活的知识”、有“行动”能力、有“生活力”、有“创造力”的轨道上来。

(三) 生活教育六大原则

陶行知本人并未就生活教育的原则给予概括和总结，但他在《生活教育之物质》一文中却明确提出：生活有六大特质，即生活的、行动的、大众的、前进的、世界的、有历史联系的。人们循此线索，并根据陶行知的生活教育实践及其理论阐述，综合出生活教育的六大原则：

1. 实践性原则

陶行知说：“人类和个人的知识的妈妈都是行动。行动产生理论，发展理论。行动所产生发展的理论，还是为的要指导行动，引着整个生活冲入更高的境界”。[④] 在这里，陶行知清楚地阐明了知识来源于实践，而又指导实践的认识规律。他明确指出“学习”就是实践，“教学做合一”中的“做”则是更广泛意味的生活实践。生活教育的实践性原则，是其区别于传统教育的分水岭，也是陶行知教育思想的一大特色。

---

① 陶行知全集．第2卷，长沙：湖南教育出版社，1985．289
② 陶行知全集．第3卷，长沙：湖南教育出版社，1985．623
③ 陶行知全集．第5卷，长沙：湖南教育出版社，1985．477
④ 陶行知全集．第3卷，长沙：湖南教育出版社，1985．26

2. 科学性原则

陶行知说:"教育必是科学的……教育的内容也必须包含并着重自然科学和社会科学,否则不能前进"。[①] 可见,陶行知的生活教育不仅仅是重视实践,而且也非常重视理论教学与科学教育。不仅如此,他还反对非科学态度,或无科学理论指导下的假生活教育。教学中,师生都要有科学精神,做到"知之则知之,不知则不知",因为我们自己知道自己不知的地方,那还有能够知道的一日;倘若不知的而认为知,那么,不知道的,终究没有知道的日子了。"[②] 他还说:"任何教师必须擅长一门自然科学,没有自然科学训练的,不配做现代的教师。""科学实验要在做上学,在做上教"。[③] 陶行知还主张普及科学知识,提倡"科学下嫁"运动,因为"做一个现代人必须取得现代的知识,学会现代的技能,感觉现代的问题,并以现代的方法发挥我们的力量。"[④] 由此可见,生活教育是非常重视科学性原则的。

3. 前进性原则

陶行知认为,生活教育是"与时俱进"的,"要随时随地的拿些活的东西去教那活的学生,养成活的人生"。[⑤] 生活教育不能做时代的落伍者,要适应人民生活的需要,为"人民大众生活向前向上"而开展。在晓庄时期,"农夫的身手"是该校"第一个教育目标";[⑥] 抗战时期,陶行知又提出:"我们要拿好的生活来改造坏的生活,拿前进的生活来引导落后的生活,针对着现在说,我们要拿抗战的生活来克服妥协的生活"[⑦];而抗战后的生活教育,则是"教人做主人,做自己的主人,做国家的主人,做世界的主人"。[⑧]

---

① 陶行知全集. 第3卷,长沙:湖南教育出版社,1985. 338~339
② 陶行知全集. 第1卷,长沙:湖南教育出版社,1984. 181
③ 陶行知全集. 第2卷,长沙:湖南教育出版社,1985. 289
④ 陶行知全集. 第2卷,长沙:湖南教育出版社,1985. 269
⑤ 陶行知全集. 第2卷,长沙:湖南教育出版社,1985. 13
⑥ 陶行知全集. 第1卷,长沙:湖南教育出版社,1984. 653
⑦ 陶行知全集. 第3卷,长沙:湖南教育出版社,1985. 292
⑧ 陶行知全集. 第3卷,长沙:湖南教育出版社,1985. 569

可见，生活教育始终坚持一条前进的、适应时代的革命性原则。

4．全民性原则

生活教育不是为少数人服务的，它必须面向大众，面向社会。陶行知说："从真正的生活教育来看，大众都是先生，大众都是同学，大众都是学生"。"生活教育是大众的教育，大众自己办的教育，大众为生活解放而办的教育"。① 为此，他提出："冲开校门、冲开村门、冲开城门，冲开国门"，② 实现"不论宗教信仰、种族、财富及所属阶级有何不同，男孩与女孩机会均等，男子与女子机会均等，成人与儿童机会均等"③ 的全民教育。

5．终生性原则

陶行知指出："生活教育与生俱来，与生同去。出世便是破蒙，进棺材才算毕业"；④ 学习为生活；生活为学习。只要活着就要学习。"⑤ 陶行知提出终生教育的主张，要求人们适应时代的需要、人生的需要，活到老，学到老，是难能可贵的，也符合世界教育改革发展趋势的。

6．创造性原则

陶行知说："我们要打倒传统的教育，同时要提倡创造的教育。"⑥ 他一贯反对死读书、死教书的旧教育，提倡活学、活用的创造教育。他指出："创造的教育是以生活为教育"；"我们的教育非但要教，并且要学要做。教而不学，学而不做，叫做'忘三'。我们要能够做，做的最高境界就是创造"。⑦ 他认为教师应开展创造性的教育活动，并鼓励说："处处是创造之地，天天是创造之时，人人是创造之人。"⑧ 在以上思想指导下，陶行知描绘了一幅极具新意

① 陶行知全集．第3卷，长沙：湖南教育出版社，1985．26
② 陶行知全集．第3卷，长沙：湖南教育出版社，1985．27
③ 陶行知全集．第3卷，长沙：湖南教育出版社，1985．554
④ 陶行知全集．第2卷，长沙：湖南教育出版社，1985．733
⑤ 陶行知全集．第3卷，长沙：湖南教育出版社，1985．554
⑥ 陶行知全集．第2卷，长沙：湖南教育出版社，1985．676
⑦ 陶行知全集．第2卷，长沙：湖南教育出版社，1985．734
⑧ 陶行知全集．第3卷，长沙：湖南教育出版社，1985．484

的创造教育工程的宏伟蓝图并付诸实践。

7．全面性原则

陶行知说："生活教育，是叫教育从书本的到人生的，从狭隘的到广阔的，从字面的到手脑相长的，从耳目的到身心全顾的。"①这表明，生活教育的目的是根据社会人生的需要，促进身心手脑的全面发展。从陶行知提出的乡村教育五个目标（即"康健的体魄"、"农人的身手"、"科学的头脑"、"艺术的兴味"、"改造社会的精神"②）到民主教育的目的（"民主教育应该是整个生活的教育……他应该是健康、科学、艺术、劳动与民主织成之和谐的生活，即和谐的教育"③）及实践，都充分体现了体、劳、智、美、德全面发展的教育思想。所有这些，是因为"生活教育"所要创造的是真善美的活人"④。

（四）生活教育七项措施

为了实施生活教育理论，陶行知曾提出过各种各样的措施，采取过许多方法，并躬行实践，"为中国教育寻觅曙光"，作出了不可磨灭的贡献。

为了开展生活教育，陶行知认为：

一要改造城乡教育，特别是要改造乡村教育，以培养学生"征服自然改造社会"的活本领，使一个个的乡村都有充分的新生命。⑤

二要普及全民教育，使没有机会受到教育的人都能得到他们所需要的教育，以达到个个识字，人人明理。

三要提倡普及科学教育，推广现代科学技术知识。陶行知说："在20世纪科学昌明的时代，应当有一个科学的中国"，我们提倡科学教育，是要用科学"谋大众幸福，解除大众痛苦"。⑥

---

① 陶行知全集．第2卷，长沙：湖南教育出版社，1985．735

② 陶行知全集．第2卷，长沙：湖南教育出版社，1985．643

③ 陶行知全集．第2卷，长沙：湖南教育出版社，1985．570

④ 陶行知全集．第3卷，长沙：湖南教育出版社，1985．482

⑤ 陶行知全集．第1卷，长沙：湖南教育出版社，1984．654

⑥ 陶行知全集．第2卷，长沙：湖南教育出版社，1985．615

四要改革旧的传统教育内容和方法。生活教育要放弃一切“固有”和“新来”的“伪知识”，适应人类生活的需要，“教人发明生活工具，制造生活工具，运用生活工具。”①

五要创办新型的试验学校，探索教育改革的新路。创办晓庄师范学校、山海工学团以及育才学校等，都是实践生活教育理论，探索教育改革的生动例证。

六要培养大批立志改造社会、改造乡村的新型教师队伍。这种新型的教师应该是“敢探未发明的新理”、“学而不厌、诲人不倦”、“爱满天下”、“教人求真、学做真人”的人。

七要创建适合国情、适合生活需要的大教育体系，使社会与学校打成一片，社会教育与学校教育打成一片。社会大学运动是这一主张的具体实践。

三 陶行知生活教育理论的特点及现实意义

陶行知耗尽毕生精力创立并进行实践的生活教育理论，是中国现代教育史上最具革命性的、最有影响力的教育学说之一。正如有的学者指出的那样：作为一种与现代社会生活相适应的教育理论，生活教育在许多方面都反映了教育发展的客观规律，蕴含着不少合理因素，它的现代大教育观、主体教育论、生活课程论、实践教学法和终生教育论等，为中国社会主义教育理论体系提供了丰富的思想养分。②

（一）陶行知生活教育理论是教育历史遗产的批判继承

陶行知对中国旧教育的诸多弊端深恶痛绝，曾给以极其深刻的批判；他反对洋化教育，但是，陶行知不是全盘否定教育的历史遗产，也不是盲目排外。事实上，他的生活教育理论是批判地继承了教育史上的优秀遗产，既反映了世界现代教育发展的趋向，又充分体现了本民族的特色。陶行知在总结生活教育运动 12 周年的时候说：“反对洋化教育的用意并不是反对外来的知识，我们对于外洋

---

① 陶行知全集. 第2卷，长沙：湖南教育出版社，1985. 615~616

② 董宝良等. 陶行知教育学说. 武汉：湖北教育出版社，1993. 497

输入的真知识是竭诚的欢迎”；“反传统教育也不是反对固有的优点，我们对于中国固有之美德是竭诚的拥护。”“我们之所以反对洋化教育和传统教育，是要开辟出一条大路，让这半殖民地争取自由平等的教育可以出来”。[①] 由此我们可以看出，陶行知是把古今中外的教育学说融会贯通，取其精华，去其糟粕，根据亲身的教育实践，加以发展改造，才创立了独具特色的生活教育理论。关于这一点，在他的《与柳湜的谈话》中讲的更加明确：“我的生活教育的思想，大半都是从资产阶级、大地主以及老百姓中的启发而来的。自然，我的思想，不是抄他们的，他们有的只启发我想到某一面。有的我把它反过来，就变成了真理。有的是不能想出来的，是要群众动手才能看到。动手最重要，这个东西创造出一切”。[②]

应该指出的是：陶行知的生活教育理论与杜威的教育学说有联系却又有本质的区别。杜威认为，“教育是生活的过，而不是将来生活的预备”[③]，主张“教育即生活”，“学校即社会”。虽然杜威的教育思想有积极因素，又因陶行知曾师从杜威，受其教育学说影响较大，但陶行知并没有停留在杜威的思想上，尤其是在中国进行的一系列教育实验，使他感觉到杜威的主张在中国是行不通的。于是，陶行知把杜威的主张翻了半个筋斗，改为“生活即教育”，“社会即学校”。这不仅改变了生活从属于教育、社会浓缩于学校的狭隘性，而且大大地解放了教育，使教育视野更加广阔自由了，教育的范围无限扩大了，教育的对象普及到男女老少每一个人。杜威主张学校教育应以儿童为中心，教学过程就是儿童从“做”中学的过程，陶行知的生活教育也提倡“教学做合一”，但是生活教育的“做”是“在劳力上劳心”，是“从具体想到原理，从我相想到共相，从片段想到系统”。[④] 可见，“教学做合一”不是忽视间接经验、忽视系统理论知识的“狭隘经验论”，也不是杜威实用主义教育的

---

① 陶行知全集．第 3 卷，长沙：湖南教育出版社，1985．338

② 陶行知全集．第 3 卷，长沙：湖南教育出版社，1985．609

③ 赵祥麟，王承德译．杜威教育论著选．上海：华东师范大学出版社，1981．4

④ 陶行知．生活教育文选．成都：四川教育出版社，1988．81

“翻版”。连陶行知自己也说：“我拿杜威先生的道理体验了十几年，觉得他所叙述的过程好比是一个单极的电路，通不出电流”。① 于是他才另辟新径，创立生活教育学说。

同时，陶行知的生活教育思想还鲜明地继承了中国教育史上的优秀传统。比如：“教学做合一”就是对“知行合一”、“格物致知”学说批判的吸收；大学的目标“在明民德”是对“大学之道，在明明德”的改造。他还把优秀的传统和现代社会生活集体精神结合，提出“集体主义的自我教育”及“集体生活中的自觉教育”的著名的教育原则。他将勇敢追求真理、“仁者不忧，智者不惑，勇者不惧，达者不恋”的精神和“富贵不能淫，贫贱不能移，威武不能屈，美人不能动”的情操作为办教育的准则，既体现了陶行知为新教育矢志奋斗的道德风范，也是其生活教育思想中值得发扬的珍品。

（二）陶行知的“生活教育”与现代“素质教育”关系

“生活教育”是伟大的人民教育家陶行知在半个多世纪以前就已经提出的教育理论和进行的教育实践，“素质教育”则是中国教育改革逐步深入的近几年才提出的一个教育目标和实践问题，但二者仍然有许多相通之处，学习“生活教育”对全面推进素质教育会有不少启迪。

从教育目的来看，“生活教育”和“素质教育”的宗旨都是着眼于全社会、全民族利益的，可谓二者的相通之处。如前所述，“生活教育”是“为生活的提高、进步而教育”，是“大众为生活解放而办的教育”，是“遂民生保民族”的“全面教育”。而“素质教育”则是“以提高国民素质为根本宗旨”，“培养适应21世纪现代化建设需要的”、“德智体美全面发展的”社会主义新人。②

从教育观来看，向传统教育挑战、同“应试教育”决裂，是“生活教育”和“素质教育”的共同特征。陶行知把“传统教育”

---

① 陶行知全集. 第2卷，长沙：湖南教育出版社，1985. 199~200

② 《中共中央国务院关于深化教育改革，全面推进素质教育的决定》（1999年6月13日）

称作“吃人的教育”，它的特点是教学生“读死书、死读书、读书死”，“教人劳心不劳力”。[①]“应试教育”带有“传统教育”的许多弊端，它脱离实际、重书本、轻实践，忽视手脑结合的能力培养，违背了人的全面发展规律和因材施教的原则。对此，陶行知在《杀人的会考与创造的考成》一文中有深刻的揭露：“学生学会考。教师教会考。学校是变成了会考筹备处。会考所要的必须考，会考所不要的，不必要，甚而至于必不教。于是唱歌不教了，图画不教了，体操不教了，家事不教了，农艺不教了，工艺不教了，科学的实验不教了，所谓课内课外的活动都不教了，所要教的只是书，只是考的书，只是《会考指南》！教育等于读书；读书等于赶考。”“一连三个考赶下来，有的把肉儿赶跑了，有的把血色赶跑了，甚至有些是把性命赶跑了”[②]。“生活教育”则与“应试教育”不同，“他不教学生自己吃自己”，“也不教学生吃别人”，“他反对杀人的各种考试，他只要创造的考成，也就是他不教人赶考赶人死”。[③]那么，陶先生60年前揭露的情况与今天的教育实际有何联系呢？“应试教育”在今天的表现与之相比，只有过之而无不及[④]，从某种意义上讲，“还是普遍的在那儿毁灭中华民族的生活力”。[⑤]正因为如此，《中国教育改革与发展纲要》（以下简称《纲要》）明确指出：“基础教育是提高民族素质的奠基工程”，“要由‘应试教育’转向全面提高国民素质的轨道”。为彻底纠正片面追求升学率倾向，中共中央、国务院《关于深化教育改革，全面推进素质教育的决定》（以下简称《决定》）则指出：“加快改革招生考试和评价制度，改变‘一次考试定终身’的状况”。

从教育内容来看，“生活教育”的主张和“素质教育”的精神具有一致性的地方。“生活教育”的内容是为训练人生所需要的全面素质服务的。用陶行知的话说，“生活教育”是“供给人生需要

---

① 陶行知全集．第2卷，长沙：湖南教育出版社，1985．163

② 陶行知全集．第2卷，长沙：湖南教育出版社，1985．676

③ 陶行知全集．第2卷，长沙：湖南教育出版社，1985．734

④ 方明：在“中国陶行知研究会小学素质教育研讨会”上的讲话。

⑤ 陶行知全集．第2卷，长沙：湖南教育出版社，1985．735

的教育，不是作假的教育。人生需要什么，我们就教什么。"①"生活教育"在实践中把德育、智育、体育、美育和劳动教育紧密地结合在一起，以营造一个具有"健康之堡垒、艺术之环境、生活之园地、学术之气候、真善美之人格"的"和谐的教育"。②所有这些，都对《纲要》所讲的实施素质教育，要"面向全体学生，全面提高学生的思想道德、文化科学、劳动技能和身体心理素质，促进学生生动活泼地发展"；对《决定》所讲的实施素质教育，"造就'有理想、有道德、有文化、有纪律'的、德智体美等全面发展的社会主义事业建设者和接班人"都有一定的借鉴意义。

从教育方法来看"生活教育"的"教学做合一"原则也是符合现代"素质教育"思想的。关于教育过程中"教"、"学"、"做"的问题，陶行知曾作过详细的论述，"教的法子必须根据学的法子"，"生活教育"的"教与学都以做为中心"，"只有手到心到才是真正的做"，③"做是包含广泛意味的生活实践"，"做是发明，是创造，是实验，是建设，是生产，是破坏，是奋斗，是探寻出路"④。陶行知这些精辟论述，不正是我们今天实践"素质教育"所苦苦追寻的原则吗？长期以来，我们的学校教育忽视学生的能力培养，教师不注意更新知识结构，不考虑学生的特点，教学变成了教书。如此教育，怎能满足社会主义现代化建设的需要？为此，《决定》明确指出：教师"要有宽广厚实的业务知识和终身学习的自觉性，掌握必要的现代教育技术手段；要遵循教育规律，积极参与教学科研"；"加强课程的综合性和实践性，重视实验课教学，培养学生实际操作能力。"这正是针对现在的学校教学上存在的弊端不适应建立现代素质教育模式而提出的对策。

综上所述，陶行知倡导的"生活教育"是一份宝贵的教育财富，为更好实现《决定》提出的"深化教育改革，全面推进素质教

---

① 陶行知．生活教育文选．成都：四川教育出版社，1988．81～94

② 陶行知全集．第3卷，长沙：湖南教育出版社，1985．509～570

③ 陶行知全集．第2卷，长沙：湖南教育出版社，1985．44

④ 陶行知全集．第2卷，长沙：湖南教育出版社，1985．590

育，构建一个充满生机的有中国特色社会主义教育体系”的宏伟目标，我们应该“以陶为师”，认真学习和借鉴“生活教育”的理论和实践经验，锐意改革，不断地探索和创新。首先，“生活教育”是充满创造和试验精神的教育，实现“应试教育”向“素质教育”的彻底转变，也需要一个创造和试验的过程。每一个教育工作者都应该发扬陶行知那种“不怕辛苦，不怕疲倦，不怕障碍，不怕失败，一心要把那教育的奥妙新理，一个个发现出来”①的精神，全面推进素质教育的实施。其次，“生活教育”实际上体现了一种现代大教育观。陶行知认为“生活教育”不是教育界或任何团体单独办得成功的，除了需要大联合，还要把人的“心墙”拆去，才能与社会沟通，才能使人们的感情和态度，“从以前传统教育那边改变过来，解放出来”。②我们今天全面推进素质教育的过程中，恐怕也有一个“拆墙”的问题，这堵“墙”若不及时拆除，或拆得不彻底，都会影响工作的深入开展。再次，“生活教育”主张“现代的人”“要过现代的生活，就要受现代的教育”；“做一个现代人必须取得现代的知识，学会现代的技能，感觉现代的问题，并以现代的方法去发挥我们的力量”。③今天，改革开放为教育现代化创造了有利条件，我们必须努力学习先进的教育理论、先进的科学知识和教育技术，胸怀祖国，放眼世界，培养出适应21世纪现代化社会所需要的高素质人才。

（林清才）

① 陶行知全集．第1卷，长沙：湖南教育出版社，1984．113

② 陶行知全集．第2卷，长沙：湖南教育出版社，1985．617

③ 陶行知全集．第2卷，长沙：湖南教育出版社，1985．782

陈鹤琴

(Chen He Qin)

■ 生平简介

■ 名篇选读

家庭教育

■ 思想评介

陈鹤琴及其家庭教育思想

生平简介

陈鹤琴（1892～1982），中国现代著名的心理学家和幼儿教育家，为中国幼儿教育的科学化和民主化做出了重大贡献，被誉为“中国的福禄贝尔”。

他出生于浙江上虞县，清华学校毕业后，于1914～1918年留学美国，获哥伦比亚大学师范学院教育硕士学位。1919年回国任南京高等师范学校教授，1923年任东南大学教授兼教务主任，创办南京鼓楼幼稚园。从1920年起，他以长子一鸣为主要研究对象，从其出生开始，作了长达808天的详细记录，写成了《儿童心理之研究》和《家庭教育》两部重要著作。在《家庭教育》中，他第一次系统阐述了自己的幼儿教育思想。1946年，兼任国立幼稚师范专科学校校长，提出活教育理论。新中国成立后，历任南京师范学院院长、中国教育学会名誉会长、全国幼儿教育研究会名誉理事长等职。

主要著作有：《儿童心理之研究》、《家庭教育》、《我的半生》和《陈鹤琴教育文集》等。

名篇选读

家庭教育

儿童的心理

普通的小孩子生来虽有种种不同之点，然大抵是相仿佛的。饿则哭、喜则笑；见好吃好看的东西就伸手来拿，见好玩好弄的东西就伸手去玩。

然何以到后来有的会怕狗怕猫，有的敢骑牛骑马；有的身体强健，有的身体孱弱；有的意志坚决，有的意志柔弱；有的知识丰富，有的知识缺乏；有的专顾自己，有的体恤别人；有的多愁病，有的多喜乐；有的成为优秀公民，有的变为社会败类？推其原因，不外先天禀赋之优劣与后天环境及教育之好坏而已。

若从小受了良好的家庭教育，虽生来怕狗猫到大来也敢骑牛马的；虽生来不甚强壮到大来也会健康的。若家庭教育不好，小孩子本来不怕动物，大来会怕的；本来身体强健的，大来会瘦弱的。

至于知识之丰富与否，思想之发展与否，良好习惯之养成与否，家庭教育实应负完全的责任。

然家庭教育必须根据儿童的心理始能行之得当。若不明儿童的心理而妄施以教育，那教育必定没有成效可言的。所以我略略地把儿童心理述之如下，以资施行家庭教育者之参考。

(一) 小孩子好游戏的

小孩子可以说是生来好动的。二三个月大的婴儿就能在床上不停的敲手踢脚，独自玩弄。到了五六个月的时候，看见东西就要来抓，抓住了就要放进嘴里去。到了再大一点，他就要这里推推，那里拉拉，不停的运动了。一等到会爬会走，那他的动作更加复杂了。忽而立，忽而坐；忽而这样，忽而那样；忽而爬到那里，忽而走到这里。假使我们成人像他动了两个钟头，那一定疲乏不堪了。到了三四岁的时候，他的游戏动作比从前还要繁多而他的游戏方法也与从前不同了。从前他只能把椅子推来推去，现在他要把椅子抬来抬去，当花轿了；从前他只能把棒头敲敲作声以取乐，现在他要背着棒当枪放了。到了八九岁的时候，他的身体比从前更加强健得多了，精神也非常充足了，知识也渐渐丰富了，因此他的游戏动作也就与前不同了。此时他喜欢玩各种竞争游戏了：什么放风筝，踢毽子；什么斗蟋蟀，拍皮球；什么打棒头，捉迷藏他都能够玩了。

总起来说，小孩子是生来好动的，以游戏为生命的。要知多运动多强健；多游戏，多快乐，多经验，多学识，多思想。所以做父母的不得不注意小孩子的动作和游戏。第一，做父母的应有良好的设备使小孩子得着充分的运动；第二，做父母的应有适宜的伴侣使小孩子得着优美的影响。有此二者，小孩子的身体就容易强健，心境就常常快乐，知识就容易增进，思想就容易启发。

（二）小孩子好模仿的

小孩子未到一岁大的时候，就能模仿简单的声音和动作了。他一听见鸡啼羊叫，也要啼啼看叫叫看；一看见别人洗面刷牙，也要洗洗看刷刷看。到了两岁光景的时候，他能模仿复杂的动作了。倘若他看见他母亲扫地洗衣，他也扫扫洗洗看；倘若他看见他父亲吐痰吃烟，他也要吐吐吃吃看。

到了三四岁的时候，他的模仿能力发展得更大了。什么娶亲，什么出殡，他都要模仿了。

总而言之，小孩子好模仿的，家中人之举动言语他大概要模仿的。若家中人之举动文雅，他的举动大概也会文雅的；若家中人之言语粗陋，他的言语大概也是粗陋的。所以做父母的不得不事事谨慎，务使己身堪有作则之价值。

（三）小孩子好奇的

小孩子生来好动的，生来好模仿的，也是生来好奇的。五六个月大的婴儿一听见声音就要转头去寻，一看见东西就要伸手来拿。到了四五岁，他的好奇动作格外多了。看见路上的汽车马车来了，他总要停住脚看看；听见外面的锣声鼓声响了，他总要跑出去看看。有一个四岁的小孩子，一日同他的母亲去探望他的小朋友，看见他小朋友的家里有许多蜜蜂，他拿了一根棒头把蜂巢敲敲看，不料一敲，蜜蜂出来刺他了。

又有一个五岁的小孩子，天天把园里所种的红萝卜掘起来，看它怎样生长的。又有一个小孩子把一只钟拆得粉碎，要看看这个钟究竟为什么会敲的。小孩子不但有这样的动作，也发种种问句。他常要问你：“这是什么东西，那是什么东西？这个东西从哪里来的，那个东西怎样做的？这个东西为什么是这样的？”他看见不懂的东西，就要来问你。这些问句也是一种好奇的表现。

现在我们要问这种好奇的动作究竟有什么用处呢？柏拉图说：“好奇者，知识之门。”这句话是很对的。若小孩子不好奇，那就不去与事物相接触了；不与事物相接触，那他不能明了事物的性质和状况了。倘使他看见了冰，不好奇，不去玩弄，那他恐怕不会知道冰是冷的。倘使他听见了外面路上的汽车，不跑出去看看，那他恐怕不会晓得汽车是什么东西。所以好奇动作是小孩子得着知识的一个最紧要的门径。

（四）小孩子喜欢成功的

小孩子固然喜欢动作，但更是喜欢动作有成就的。比如一个二岁光景的小孩子去沙箱里玩沙。他尽管把沙一把一把地捞进罐头里去，捞满了把沙倒出来；又再一把一把地捞进去，捞满了又倒出来；这种动作从表面上看没有什么成就；仔细考察起来，一把一把的捞进罐里去固是一种动作，但罐头装满了就是动作的成功。小孩子虽喜欢捞沙的动作，也喜欢捞沙成功呢。

一鸣有一天将大小木块搬到天井里去。用了许多力气，费了许多时间，方才搭成小小一座房子的样子。他搭好之后，很高兴地跑过来对我说："爸爸你来看我搭的一座房子。"我见了这座似是而非的房子，也非常欢喜，就极力地称赞他，而且叫他再去造。他玩了木块以后，又跑到书房里去，用粉笔在黑板上画了一只动物。他画了以后又对我说："象，这是尾巴，头，耳朵，眼睛，嘴巴，鼻头。"我回头一看，果然不错，就连说"好好"。从以上两个例子看来，小孩子很喜欢做事情的，而且很喜欢其成功的，因为事情成功，一方面固然自己很有趣的，但是还有一方面可以得到父母或教师的赞许。这种心理是很好的，我们做父母的或教师的应当利用这种心理去鼓励他去做各种事情。

不过叫小孩子做的事情不要太难；若太难，就不能有所成就；若没有成就，小孩子或者要灰心而下次不肯再做了。反而言之，若所做的不甚难，小孩子能够胜任而有成就的；一有成就，就很高兴，就有自信力；所成就者愈多，自信力也愈大；自信力愈大，事情就愈容易成功。自信力与成功因此互相为用的了。

做父母的对于这一点也应特别注意的。

（五）小孩子喜欢野外生活的

大多数小孩子都喜欢野外生活的。到门外去就欢喜，终日在家里就不十分高兴。有许多小孩子在家里哭的原因虽则不一，但是不能到外边去看看玩玩，也是一种大原因。做父母的不揣摩他的原因，只一味的去说他去骂他，那真正冤枉极了。一鸣有一天，坐在摇篮哭个不了，他母亲给东西他吃，他不要吃，给东西他玩，他也不要玩。后来我就抱他到门外去玩玩，他一到门外就不哭了。他仰起来看看天的颜色，低下头去看看草木的样子，看看飞禽走兽的形状，歇了一歇，他就笑逐颜开了。又有一天，天已晚了，街上已经没有人了，他还不肯回家，不但一鸣是如此喜欢到外边去的，普通儿童大概都是如此的。在我家里办了一个幼稚园。凡天气晴和的时候，我们就带幼稚生到外边去游玩。他们在旷野里跑来跑去，看见野花就采采，看见池塘就抛石子入水以取乐。这种郊游于小孩的身体、知识、行为都有很好影响的。

不过小孩子的野外生活须以小孩子的年龄为断。如年龄较小的儿童，我们叫他采采花呀，种种树呀，举行短距离的远足会呀。年龄较大的儿童，我们叫他们采集标本，举行旅行等等游戏以增长他们的知识，以强健他们的身体，以愉快他们的精神，使他们无形中得着许多好处。但是有许多做父母的总不放心他们的小孩子到外面去，一则恐怕身体疲乏，二则恐怕衣服弄脏，三则恐怕感冒风寒，所以一天到晚，将他们关在屋里，好像囚犯一样。所以这种儿童长大起来，往往身体孱弱，知识缺乏，当年做父母的爱护子女，到了今天适足见其贻害子女了。做教师的不愿多事且以带领学生到野外游玩为麻烦，所以学生就失去与自然界相接触的一种良好机会。要知学问，不仅仅在书本中求的，也应在自然界得的，什么“动物学”，什么“植物学”，什么“地理”，什么“常识”，大概可以从自然界中学得的。我们在书本中看死的标本，死的山水，应当到野外去看活的动物，采活的草木，玩真的沙石。

总说一句，小孩子不论年纪大的小的，不论男的女的，大概喜欢野外生活的，我们做父母或做教师的，虽不能十分注意到此，多少总须领小孩子到野外去玩玩才好。

（六）小孩子喜欢合群的

凡人都喜欢群居的，幼小婴儿，离群独居，就要哭喊。两岁时就要与同伴游玩，到了五六岁，这个乐群心发得更加强了。假如此时没有伴侣游玩，他一定要觉得孤苦不堪了。有时候还要发生想象的伴侣。他同这个想象的伴侣一同游玩，一同起居，一同饮食，那就不致孤苦。但是他的伴侣到底是想象的，他一定要觉得寂寞不堪的。到了十余岁，儿童就喜欢结队成群的游玩了。倘使儿童在这个时候，在家中得不到伴侣，他一定要往外求了。我现在举个例以证乐群心的发轫与重要。

(1) 我的小孩一鸣在47天的时候就发生乐群的心理了。在这一天，我抚抚他的下颔，他就对我说："*a——ke*"。这"*a——ke*"究作何解，我虽不得而知，但是我们推想他的意思，总是一种快乐的表示，也是一种对于我抚他下颔的反应，也是一种承认他人存在的符号。

(2) 到了三个月的时候，一鸣喜欢别人同他玩讲。若你接近他，他就笑逐颜开牙牙学语了。

(3) 邻人的小孩子，到了五六个月的时候，一定要别人站在他的旁边，倘使别人离开他，他就哭；一看见有人来就不哭了。

(4) 我的友人有一个五岁的女儿，因为孤独的原故，就常常有一个想象的伴侣同她游玩。后来进了幼稚园之后，这个想象的伴侣就慢慢消没了。

小孩子好群的已如上述。做父母的正可以利用这种好群的心理以教育小孩子。第一，我们要使他得着良好的小朋友；第二，我们应给他驯良的动物如猫狗兔子等作他的伴侣；第三，我们再给他小娃娃之类以聊解他的寂寞。

（七）小孩子喜欢称赞的

二三岁的小孩子就喜欢"听好话"的，喜欢旁人称赞他的，比如今天他穿一件新衣服，就要给他父亲看；着了一双新鞋子，就要给他同伴看。到了四五岁的时候，这种喜欢嘉许的心理还要来得浓厚。假使他不愿意刷牙齿，你可指着一个牙齿洁白而肯刷牙齿的小孩子说："他的牙齿多好看，多清洁，你若天天刷牙齿，你的牙齿也会像他这样整齐好看呢。"小孩子听了你的话，恐怕就要去刷了。若刷了之后，你可就称赞他说："呀！你的牙齿是白一点了，好看得多了。"他听了必然觉得非常的高兴，下次洗脸时就喜欢刷牙了。

一鸣画图，若画得好，我就称赞他几句，鼓励他几句并且替他在图书上写“很好”的字样；他就显出很快乐的样子；所以以后他常常喜欢画图画的，画了之后，常把图画纸拿了来给我看，并且叫我在纸上写“很好”两个字。

这种赞许心，我们做父母的教育小孩子时应当利用的，然而不可用得太滥，一滥就失掉它的效用，反不若不用为妙。

总结：总起来说，小孩子（1）好嬉戏的，（2）好奇的，（3）好群的，（4）好模仿的，（5）喜欢野外生活的，（6）喜欢成功的，（7）喜欢别人赞许他的。这几点儿童的心理，不过是荦荦大者而已；至于不甚紧要的，略而不述了。即从上面所说的几点看来，我们教小孩子必须先要了解小孩子的心理。若能依据小孩子的心理而施行教育，那教育必有良好效果的。

摘自：陈鹤琴著．家庭教育——怎样教小孩．第1版．北京：教育科学出版社，1981．1～7

家庭教育的一般原则

原则一：对于教育小孩子，做父母的最好用积极的暗示，不要用消极的命令。

举例：十二年五月十日，我看见了一鸣拿了一块破烂的棉絮裹着身体当毡毯玩。那时候，在我脑筋里就起了许多感想：我是立刻把他的破棉絮夺去呢，还是让他玩弄得着一种经验；还是叫他把棉絮丢掉，还是用别的东西去替代。仔细一想，用积极的暗示去指导他好。我就对他说：“这是很脏的有气味的，我想你一定不要的，你要一块干净的，你跑到房里去问妈妈拿一块干净的。”他听了，就跑到房里去换了一块清洁的毯子。

讨论：无论什么人，受激励而改过，是很容易的，受责骂而改过，比较的是不大容易的，而小孩子尤其喜欢听好话，而不喜欢听恶言。我知道小孩子大概有这种心理的，所以以激励教育法去教训一鸣，一鸣一听见我奖励他，就很高兴地去改他自己的过失了。倘使我一看见他玩那块破烂棉絮的时候，就把那块棉絮夺来替他换了一块新的；那恐他对于我的动作要莫名其妙，而且又发生怨恨；他不但要拒绝我的意思而且还要哭泣。即使我不去夺他的棉絮而对他说“这东西是脏的，有气味的，赶快去丢掉”这种话，那他虽知道这种东西是脏的，不应当玩的，但是他因为没有好的东西来代替，恐怕他仍旧不肯舍弃的。还有一种教育方法，就是一方面说这东西是脏的，是不好的，一方面叫他去拿一块好的，那末他就变成被动了，他自己要觉得不好意思的。我知道以上的第一种方法是绝对不能用的，第二第三两个方法，也是不大好的。所以就用言语来激励他，使得他居于自动的地位，而且使得他很高兴的去做。多数做父母的一看见小孩子玩肮脏的东西，就不期然而然的去把它夺了来，而且还要骂他，甚至于还要打他。其结果，小孩子改过的少而怨恨父母的多；即不怨恨父母，至少也要有一点不喜欢父母了！还有许多小孩子因为他们父母常常去责骂他，慢慢儿就不以父母之言为意；做父母的一面去夺他肮脏的东西，做小孩子的一面依旧去拿来；做父母的一面骂他，而他依旧玩弄脏的东西。这种事实，在社会上我们是常常见到的，我也可以不必举例了。做父母的以这样去教训小孩子，使得小孩子非但不能改过而且慢慢儿养成顽皮的恶习惯了。

原则二：积极的鼓励比消极的刺激好得多。

举例：冰心的母亲也很钟爱冰心的，但她很懂得冰心的心理，而所用的教法与志贞的母亲所用的适成一个反比例。

凡冰心做事稍微做得好一点，她母亲就称赞她说：“冰心，你强啦，这里做得这样好看，那里做得这样整齐。”冰心听了就觉得很高兴，下次做的时候，就格外愿意做愿意学了。一日，冰心（那时她才四岁多一点）看见地上有肮脏的东西，就去拿了扫帚畚斗把肮脏物扫去；她虽然没有像成人扫得干净，但她母亲看见了她扫地就极端地称赞她。她以后就常常要去打扫污秽东西而且不久就能打扫得清洁了。这不过是一个例子罢了。总之，不论冰心做事或读书，她母亲总是用积极的方法去鼓励她的，而她因此就格外喜欢做事格外喜欢学习了。

讨论：我们小时在私塾里读书的时候，老师天天把我们所写的字写得好的用红银朱打一个圈；写的不好的打一个叉。我们今天若是得了许多“红鸭蛋”，心里就很高兴，下次习字的时候，还要更加用心。我们若是今天“吃了几根杈子”，心里就觉得不快乐，回家去也不愿意给父母看；第二天习字的时候，我们或者有点不大起劲，或者鼓着勇气再尝试一下，看这次写得如何。若是这次又“吃了许多杈子”，那第三天习字的时候，就不高兴习了，所写的字也就写得不好了。

从这一点看来，小孩子喜欢奖励的，不喜欢抑阻的。愈奖励他，他愈喜欢学习；愈抑阻他，他愈不喜欢学习。愈喜欢学习，经验愈丰富，学习的能力发展得愈大；学习的能力发展得愈大，所学习的事就愈容易学会。学会的事体愈多，做事的自信心就愈强。若小孩子愈不喜欢学习，就愈不去学习；若愈不去学习，做事的能力就愈加薄弱。

总起来说：积极的鼓励比消极的刺激来得好，但是鼓励法也不可用得太滥，一滥恐失其效用；刺激法若用得其当，也是很好的，不过只可偶一为之而已。我们做父母的要晓得小孩子是小孩子，他的经验不像成人的丰富，他的做事能力不像成人的强大，他的知识不像成人的充分；所以我们不要以成人的标准去批评小孩子的工作才好。志贞的母亲不明了这种心理，专门用消极的方法去刺激志贞，而志贞反不肯学习了。冰心的母亲懂得这种心理，善用鼓励的方法去教导冰心，而冰心也就很高兴学习了。这样说来，我们应当多用些积极的鼓励少用些消极的刺激。

原则三：*小孩子既好模仿，做父母的一方面要以身作则，一方面还要替他选择环境以支配他的模仿。*

举例：(1) 一鸣到了第十个月的时候，一听见人唱歌，也就作唱歌的声调。(2) 到了第 54 个星期的时候，看见他堂兄读书，他也要读书，看见他堂兄写字，他一定也要写字；你不给他读不给他写，他就要哭。

讨论：小孩子好模仿的。虽然他模仿的结果与所模仿的动作不尽相同，但有几分是相仿佛的。如一鸣虽不能唱出像我所唱的声调与歌语，但能唱出一种有调的声音来，显出他的模仿。对于模仿事物的程度，年纪大的儿童大概比年纪小的儿童来得高；聪明的儿童大概比愚笨的儿童来得深。还有一层，我们要知道的：就是小孩子的善恶观念很薄弱，普通知识很肤浅，所以对于所模仿的事物，他毫不加选择的。比方他看见他父亲随地乱吐，他也要吐吐看；看见他父亲吸烟，他也要吸吸看；或者他听见他母亲以恶言骂人，他也要骂骂看，看见他母亲做针线洗衣服，他也要做做洗洗看。总而言之，我们成人的一举一动，一言一词，都能影响小孩子的，他看了听了之后，或立刻就要去做做看，说说看，或到了后来才做出来说出来；他所做的和所说的与我们成人所做的，所说的不同，但却有几分是相像的，所以我们做父母的一面事事要以身作则，一面处处要留心小孩子所处的环境，使他所听的所看的都是好的事物。这样，他自然而然也受了好的影响。

原则四：做父母的不可常常用命令式的语气去指挥他们的小孩子。

举例：荣生某日在学校里玩皮球，下午回家时，已经觉得很疲倦。他父亲看见他回来了，叫他到街上去买东西说："荣生！你去买点信封信纸来！"荣生的身体已经疲倦不堪，实在不愿意去买，但父命不敢违逆，只得去买，他一路走一路嘴里吱咕吱咕地说不高兴的话。

讨论：小孩子大概不愿意听命令式的话的。所以做父母的，非有充分的理由，不必用命令式的口气指挥小孩子的。你看荣生的父亲不管他身体疲倦不疲倦，不问他愿意不愿意，只一味的命令他去买，无怪荣生要怨恨他的父亲了。若有时小孩子应当做的事情，你一定要叫他去做的，不要因为他不肯去做，就不叫他去做了；至于命令一出，那无论如何要小孩子服从的。不过我们要慎重我们的命令，我们不要随随便便乱出的，而且最好要使小孩子明白我们的命意。这样，小孩子就变成优美驯良，不至于无故违反父母的意思，而父母也不至于无故受累受气了。

原则五：做父母的不应当对小孩子多说"不不"，如果事属可行，就叫他行，事不可行，禁止他行。

举例：一鸣有一天早晨，在雪地里弄雪，我站在旁边看，一点没有去禁止他。后来在吃饭以前要吃糖，我说“不可以”，他因为我不允许他的要求，就“ng ng”的吵起来，我也不去管他，径自走到别处去了。

讨论：事属可行，就叫他行；事不可行，禁止他行，这是做父母的对待子女的正当的办法。倘使不论事情的可否，竟一味去禁止他，那末小孩子茫然竟不知措手足了。这种教育，不但于事实上做不到，就是于情理上也是说不过去的。雪地里弄雪是很有益的事情，既可以欣赏雪的景致，又可以知道雪的性质，于小孩子的身体上，性情上，都可以得到很大的益处，做父母的不应当去禁止他的。至于看雪[illegible]鹿，尤不应该去阻止他，因为不见过雪麑，不知雪麑的样子；不见过打猎，不知打麑的情形。现在被他见到了，他就可以知道雪麑的样子，打猎的情形，猎狗的用处，于小孩子的知识上也是很有裨益的。小孩子不去看，做父母的应当叫他去看，何况他要去看呢？但是青儿的母亲竟没有想到这种道理，既不允许他去看雪，又不允许他去看麑，要他坐在家里，不许出雷池一步；好动的青儿哪里能够做得到呢？无怪他要和他母亲吵了。所以做父母的不应当常常禁止小孩子，如果事属可行，就叫他行；事不可行，禁止他行。

原则六：别人做好的事情或坏的事情的时候，做父母的应当以辞色来表示赞许和不赞许的意思，给小孩子听，给小孩子看。

举例：小香 5 岁大的时候，不喜欢刷牙齿的；而且在未刷牙齿以前，常常要吃饼干糖果等东西。他父母当他在面前的时候，对他母亲说：“静波每天早晨起来是一定要刷牙齿的，未刷牙齿以前，别人即使拿食物给他吃，他总不肯吃的。”他说的时候，脸色上表现出很钦佩静波的样子，嘴里还不住地称赞他。小香在旁边听见他父亲称赞静波的话，心里也觉得很羡慕静波，所以到了第二天早晨起来母亲叫他刷牙齿，他也要刷了，在未刷以前，不要吃东西了。小香的父亲因为小香不注重清洁，心里觉得很不高兴。他看见小香的小朋友正在玩耍的时候，嘴里要吐痰了。这个小孩子不随便吐在地上，他东看看，西望望去寻个痰盂。小香的父亲看见这个小孩子这样情形，就极力称赞他，说怎样注重清洁，不随地吐痰。小香看见他小朋友的举动，听见他父亲的称赞，心里也觉得很敬重他，后来小香也不随便吐痰了。

芝英同他母亲在路上散步的时候，看见一个肮脏的小孩子，他母亲等到那个小孩子走过了就对他说：你见那个小孩子多脏呢！挂了鼻涕，不晓得揩揩。芝英听了就觉得肮脏是不好的。

讨论：小孩子生来无知无识的，善恶是非的种种观念要慢慢儿在后天形成的。他怎样会辨别善恶是非呢？其道很多，但平日做父母的对于善恶是非显出一种态度而小孩子听了看了无形中受着影响的，也是一个方法。所以做父母的看见别人做好的事情或坏的事情的时候，应当以辞色来表示他们的赞许与不赞许意思给他们的小孩子听听看看。

原则七：我们应当按照小孩子的年龄知识而予以适当的做事动机。

举例：知行年纪小的时候，他母亲常常对他说："你不要把地板弄得这样脏，爸爸不喜欢的，爸爸要骂的。"知行到了六七岁大的时候，他的母亲还是说"爸爸不喜欢的，爸爸要骂的"这类话，使得知行心目中存了一种逢迎之心，一种惧怕之念。

讨论：小孩子年幼的时候，我们或者可以用个人的感情来支配他的动作，不过我们不应以个人的威严来恫吓他使他对于我们发生一种无谓的惧怕。若小孩子年纪大一点了，我们就不应该以个人的感情去感化他的心肠去支配他的行动。若我们尽管用这种教法，那小孩子长大的时候，他们的行动仍旧是要以我们做父母的个人之好恶为皈依的；倘若我们死了，那他就要失掉凭借而无所适从了。

所以我们要教他肮脏是妨碍个人卫生的，也是妨碍公共卫生的；作恶是有损于己的，也是影响社会的。我们应当使他的行为不是受支配于个人的感情乃是要建筑于公共幸福之上的。

总起来说，小孩子年纪小的时候，我们可以用个人的感情去激刺他作事的动机；年纪大的时候，我们须教他明了做事是要顾到公共祸福的。这样人民才有服务的旨趣、牺牲的精神和救世济民的意愿。

原则八：待小孩子不要姑息也不要严厉。

举例：知非家里的规矩是很严的，差不多事事要秉承他父母的意旨的。他要去玩玩水，他母亲说：“衣服要弄湿的”；他要出去同邻家小朋友玩玩，他母亲说：“你要同他们造孽的”。吃饭的时候，也要讲讲话，发表发表意思，他父亲就禁止他说：“小孩子吃饭，不准饶舌”。他要在家游戏游戏，他父亲说：“不要顽皮”。他的父母待他好像待成人一样，所以他慢慢儿以他父母的意志为意志，以他父母的性情为性情，这样一个活泼的小孩竟变成一个萎靡不振，具体而微的小成人。

讨论：我们的旧式家庭往往把小孩子当作“小成人”看待。既叫一个活泼好动的小孩子穿起长衫马褂来以限制他们动作，又叫小孩子一举一动要模仿成人的样子。无怪国中多“少年老成”的小孩子了。

总括起来，心声的父母待心声太姑息，知非的父母待知非太严厉；两者都失其平；不得谓之良教育。

我们教小孩子当折其衷，一方面予以充分机会以发展自动的能力和健全的意志，一方面限以自由范围使他不得随意乱动以免侵犯他人的权利。教育若能如此折衷施去，小孩子未有不受其惠的。

原则九：不要骤然命令小孩子停止游戏或停止工作。

举例：荣升正在园内玩沙玩得很起劲的时候，他的母亲从窗门里喊叫他说：“荣升，饭好了，快来!”荣升哪里肯歇手，尽管玩沙，一声也不回答。他母亲见他不回来也不回答，就愤愤似地跑了出去叫他立刻停止玩弄。他依然不听，他母亲看他不听就拖住他的手臂走了，而他也就大哭起来了。

讨论：不但小孩子不肯立刻停止玩弄的，就是我们成人也不肯遽尔舍弃有趣的游戏或将成的事体。比方我们正在那里打球打得很高兴的时候，忽尔来了一个人怒气冲冲地叫我们立刻回去吃饭，我们不但不肯听他的话，恐怕还要埋怨他几句。

我们既然不愿意别人这样待我们，我们也应该不要这样待别人，所谓“己所不欲勿施于人”，我们成人尚且不肯遽尔停止游戏，况小孩子呢?

荣升的母亲不明了这种心理使得荣升哭泣而起反抗；知新的母

亲明白这种心理使知新乐于服从。

不但如此，恐怕荣升还要养成做事中止的坏习惯。要知小孩子不仅喜欢做事的途径，也喜欢得着做事的结果。我们现在遽尔叫他半途中止岂不是剥夺他对于做事成功的快乐，岂不是使他养成一种有始无终的坏习惯吗?

荣升的母亲不知这种错误而反加荣升以倔强之罪，这岂不是可笑又可怜吗?

原则十：做父亲的应当同小孩子作伴侣。

举例：我们贵族式的旧家庭里面的父亲大概不同小孩子作伴侣的。不要说别人，就是我的父亲对待我非常严厉，从没有和我作伴。我在6岁以前未尝和他一同吃过饭，我独自吃饭或同别人一同吃的时候，倘使高兴起来说说笑笑顽皮顽皮，那末别人就立刻说“我要喊了”，或吓我说“你爸爸来了”。我听到他们这种声音正如同听见轰雷一般吓得魂飞九天之外。现在我父亲早早死了（当我6岁的时候)，不过那种可怕的景象，还时时印在我脑筋里，永远不能忘却。现在我对待我的小孩子一鸣是这样的，有时候同他到旷野里去散散步，有时同他到街上去买东西，有时候同家人和他举行野外聚餐。总说一句，我有空闲的时候，总同他作伴的。我觉得我们天伦的乐趣，父子间的感情，也来得格外浓厚。

讨论：父子不作伴侣，则父子间容易发生隔膜。父不十分爱其子，而子则竟不知爱其父，因此名虽父子，实同路人了。有时候做父亲的偶然高兴起来，要和子女说笑说笑，但是他的子女一见了他的父亲，就一声不敢出声，父亲问他一句，他就说一句，不问则不说；叫他立则立，叫他坐则坐，叫他进则进，叫他退则退。天真烂漫的一个小孩子，此时竟同木鸡一般了。我想做小孩子固然乏味；但是做父亲的，在这个时候，也未见得有趣。在头脑顽固的人说起来，以为做父亲的应当不和小孩子作伴，使得小孩子怕；做小孩子的也不应当同他的父亲作伴，需要怕他的父亲。不知道怕到极端，大家就要发生恶感，做父亲的打骂他的子女，做子女的就讥讪他的父亲，因此就父子相夷了。这样，愈说敬而愈不敬，愈说孝而愈不孝，推其原因，一部分实由父子不作伴侣的缘故。父子不作伴侣，于感情上既然如此，于训育教育两方面也有很大的害处。我常看见有许多小孩子喜欢吃烟吃酒以及做种种不卫生、不道德的事情，而他们的父亲实在是一个很有规矩，很有道德的；那末做父亲的为什么不去训他们的子女呢？他们并不是不喜欢去训他们的子女，实在是因为没有和子女作伴，不晓得子女种种事情的缘故。我又看见许多家庭的子女，知识缺少，人情不懂。他们的父亲并不是不愿意去教他们，也是因为不和他们作伴，不知道他们知识缺乏，人情不懂的缘故，即使知道了，去教训他们；但是因为大家不相接近的缘故就往往发生隔膜。我上面已经将父子不作伴侣的害处说得许多了，现在我再将父子作伴侣的好处说一下。

(1) 没有隔膜，父子间就发生浓厚的感情：父子一同作伴侣，那末常常在一起就没有隔膜。做父亲的知道小孩子的性情，而小孩子也知道他父亲的性情。大家既知道性情，大家就发生适当的反应，不会有什么恶感发生。而且逐渐发生父子间的情感。我和我的小孩一鸣时常作伴的，所以他对我时常有亲爱的表示。他有时候，见我回家来，就跑出来欢迎我，而且有时候拉我的手，嘴里爸爸、爸爸的叫着。有时候他穿着美丽的衣服，欢天喜地的走过来给我看；倘使我说一声好，那他就更加喜欢了；有时他唱歌给我听，拍球给我看，一种爱我的样子真令无子者见而生羡。

(2) 容易训育小孩子：和小孩子常常作伴，那小孩子不好的行为，做父亲的就可以知道，就可以训育他，而小孩子因为爱他父亲或怕他父亲的缘故，就很高兴听父亲的话而改他不好的行为。

(3) 小孩子容易教育的：小孩子的知识是很缺乏的，做父亲的应当常常同他作伴侣灌输他一点知识。我有时候同一鸣看看图画，讲讲故事，有时候同他到野外去走走，有时候同他到街上去看看，随时随地多少总使他增些知识，得些快乐。这种例子，不胜枚举，所以我也从略不举了。

有人说做父亲的同小孩子作伴，那末小孩子慢慢儿就要轻视父亲了。父亲的斤两都被小孩子称过了，那做父亲的以后就不能教训他了。假使做父亲的不同小孩子作伴，除了应当见面的时候，就不同他说笑一句，那末小孩子就怕父亲了。骂也听了，打也不敢恨了，长大起来，就可以成好人了。我说不然。做父亲的同小孩子作伴，并不是同小孩子轻狎。轻狎则小孩子容易生藐视心，而作伴则不要紧的。以前颜之推先生说："父子之间不可以狎；骨肉之爱，不可以简。简则慈孝不接，狎则怠慢生焉。"（《颜氏家训，教子篇》）。颜先生这几句话说得真不错，我们做父亲的实在应当如此。

原则十一：游戏式的教育法。

举例：今天（十三年四月十八日）下午我手里拿着一部照相机，叫我的妻子把我们的女儿秀雅放在摇椅里。预备要替她拍照的时候，一鸣就捷足先登，爬到椅子里去，也要我替他拍照，我再三劝告他，他总不肯。后来我笑嘻嘻的对他说："一鸣！你听着！我叫一，二，三。我叫"三"的时候，你就爬出来，爬得愈快愈好。"他看见我同他玩，也很高兴的答应我。歇了一歇，我就"一，二，三"的叫起来，说到"二"的时候，他一只足踏在椅子的坐板上，二只手挨在椅子的边上，目光闪闪的朝我看着，等到我说到"三"的时候，他就一跃而出，以显出他敏捷的样子。又有一天，夜已深了，大家都要去睡了，而他竟偏偏不要睡，他母亲就以游戏式的方法去引诱他，一面背着他，一面嘴里"海荷，海荷"的叫着。他听到他母亲这样叫起来，就很高兴的任他母亲背到房里去睡觉了。

讨论：小孩子是很喜欢游戏的。做父亲的能够利用他这种心理，以游戏式的方法去教训他，他没有不喜欢听你的话的。一鸣本来是要硬坐摇椅的，现在一听见我"一，二，三"的叫着，就很高兴的爬起来了；他本来是不喜欢去睡觉的，现在听见他母亲"海荷，海荷"的叫着，就愿意去睡觉了。倘使他不肯爬出摇椅子的时候，我不以这种方法去引诱他，而以强迫手段去对待他，我想他固然不敢违背我，但是他的心里一定是很不高兴的。他不肯去睡觉的时候，他母亲不去引诱他，而去骂他打他，他固然没有能力抵抗，但是他这一夜，一定要做出许多噩梦来了。好好儿一回事弄得小孩子没趣，而且也要弄得做父母的也没有趣味，岂不是很不上算吗？所以做父母的要使得小孩子听你的话，要使得大家高兴，最好用游戏式的方法去教训他，引诱他；倘使他不听你教训，不受你引诱，没有法子，你再用强迫手段去对待他也未为晚；不要贸贸然常常去打他骂他，弄得大家不高兴。

摘自：家庭教育．第三章．普通教导法．出版地不详．16～31．标题是编者另加的．摘录时有删节

思想评介

陈鹤琴及其家庭教育思想

陈鹤琴的家庭教育理论主要包含了儿童观、儿童心理特点、家庭教育目的、内容和原则等博大思想，对20世纪中国的家庭教育产生了深远影响。正如舒新城评论："陈君基于科学的新著作，我们总希望它能在中国儿童的幸福与家庭教育的改革上负重大的责任，发生重大的影响，也就不能不望为父母者人手一册。"①

一、科学的儿童观是进行家庭教育的前提条件

儿童观是指对儿童的看法和态度，包括对儿童期有意义的发现、儿童的身心特点等，这直接影响到教育者的态度和方式。

(一) 热爱儿童，尊重儿童的人格

他批判地继承了中国传统文化中的"慈幼"思想，要求父母热爱儿童和"爱而会教"。同时，又摒弃了传统儿童观中将儿童看作小大人或无能的观点。"常人对于儿童的观念之误谬，以为儿童是与成人一样的，儿童的各种本性本能都同成人一色的。所不同的，就是儿童的身体比成人小些罢了……我们为什么叫儿童穿起长衫来？为什么称儿童叫'小人'？为什么不准他游戏？为什么逼他一

① 舒新城．余著《教育原理》与陈著《家庭教育》评述．

举一动要像我们成人一样？这是不是明明证实我们以为儿童同成人一样的观念么？儿童既然同成人一样……假使我们要收教育的良果，对于儿童的观念，不得不改变；施行教育的方法，不得不研究。”① 指出了观念变革的必要性，这是进行科学育儿的前提。

他提出“小孩子有小孩子的意志，小孩子有小孩子的人格，成人应当尊重小孩子的人格。”② 这是他在批判传统文化中要求子女顺从父母的错误儿童观和学习西方儿童学研究的新成果基础，提出了20世纪中国新型的儿童观：尊重儿童的人格。

他要求在家庭生活中，“做父亲的应当同小孩子作伴侣”。③“做父亲对待子女应有相当的礼貌”④，这同他小时候在父亲面前所受的消极教育是截然不同的，是一种朋友式的民主平等关系，反对传统文化中“父严子孝，法乎天也”的专制型父子关系。但他又认识到儿童的不成熟性，非常赞同并继承了颜之推的思想：“父子之间不可以狎；骨肉之爱，不可以简。简则慈孝不接，狎则怠慢生焉。”并对此评论道：“颜先生这几句话说得真不错，我们做父亲的实在应当如此。”⑤ 并希望“父母待小孩不要姑息也不要严厉”；⑥“一方面予以充分机会以发展自动的能力和健全的意志，一方面限以自由范围使他不得随意乱动，以免侵犯他人的权利。”⑦ 在儿童教育中贯穿自由和纪律，这是培养健全人格和社会公民所必需的，这充分反映了他尊重儿童和对儿童充满爱的教育观。

---

① 陈鹤琴全集．一卷．58

② 北京市教育科学研究所．陈鹤琴教育文集：（上）．北京：北京出版社，1983．781

③ 北京市教育科学研究所．陈鹤琴教育文集：（上）．北京：北京出版社，1983．623

④ 北京市教育科学研究所．陈鹤琴教育文集：（上）．北京：北京出版社，1983．693

⑤ 陈鹤琴全集：二卷．722

⑥ 北京市教育科学研究所．陈鹤琴教育文集：（上）．北京：北京出版社，1983．620

⑦ 北京市教育科学研究所．陈鹤琴教育文集：（上）．北京：北京出版社，1983．621

尊重儿童的独立人格，充分相信儿童。例如，他反对父母因为小孩喜欢偷吃食物而乱藏食物，认为这是以防贼形式来对待小孩，小孩逐渐会丧失自尊心，并与父母之间产生隔膜，引起人格的堕落。这也可以促使我们对生活中所发生的盗窃犯者的儿童经历进行反思；同时，也唤起家长应充分相信儿童，让儿童学会自尊自爱的一种理性的教育沉思。

（二）相信儿童具有自我学习和教育的能力

他通过对其子陈一鸣的实验观察研究，写成《儿童心理之研究》，就幼儿的动作、好奇、模仿、游戏、言语、记忆、想象、知识、能力、思维等方面的发展过程进行了详细的文字记录，并配以相应的摄影来展现儿童心理特点，发现了儿童期的重大意义："一方面儿童期是发展能力的时期，一方面具有可以发展的性质，此即所谓可塑性或可教性。"[①] 并明确指出"什么言语，什么习惯，什么道德，什么能力，在儿童的时候学习最速，养成最易，发展最快。"这种充分肯定儿童期的关键性和可教性的意义在于为儿童主动探索世界提供了依据。

他发现儿童期的意义之后，提出了儿童学习能力在1岁前就已具备，学习过程是刺激——联念——动作。成人对待儿童的教育态度是："凡是小孩子自己能够想的，应当让他自己想"，"凡是小孩子能够自己做的事情，你千万不要替他代做。"[②] 这充分表明他相信儿童具有主动思考和学习的能力；并认为父母不能在别人面前责罚小孩，"大多数小孩子尤喜顾全面子"，[③] "倘使要小孩子不怨恨父母而且把行为改好，做父母的应当把他的行为说给他听，而且告诉他今天责罚他的缘故，并不是因为可惜东西，实在因为他行为不

---

① 陈鹤琴全集：一卷．58

② 北京市教育科学研究所．陈鹤琴教育文集：（上）．北京：北京出版社，1983．735

③ 北京市教育科学研究所．陈鹤琴教育文集：（上）．北京：北京出版社，1983．722

改"。[①]包含了他相信儿童具有自我反省和教育的能力。总之，"小孩子要自己做，自己生活，自己从做中得到快乐，从做中获得各种知识，学习各种技能。"[②]这是其活教育理论的方法论在家庭教育中的具体体现，符合家庭教育的实际情况。

（三）幼儿具有游戏的权利

中国古代家庭中早就有孔子陈俎豆学礼的游戏，其作用主要是进行道德修养和发展智力，而未把游戏作为儿童的权利。陈鹤琴继承并发展了中国古代游戏理论，对西方二三十年代流行的游戏理论——"力量剩余说"、"休养说"、"生活预备说"、"复演说"等进行评析，例如："休养说"认为游戏可以恢复身体上和精神上的各种损失，他则认为：游戏只可以调剂疲劳，不能恢复损失；游戏的功能，不过使人减少疲劳的感觉，都不能减少疲劳。在对中西游戏理论的批判继承后指出：游戏发生必须具备两个条件——游戏的力量和能力，而且还应具备好动的天性和带来快感等心理因素，这才是真正的游戏，而作为游戏的主人——幼儿，则可以从游戏中带给他快乐、经验、学识、思想和健康，并把游戏视为儿童的第二生命，看作是幼儿期的一种特殊学习方式，"游戏就是幼儿的工作，工作就是游戏"，[③]赋予儿童游戏的权利，并注重快乐的体验，这是中国幼儿教育史的一个重大发现，将幼儿与青少年的学习方式区分开来，要求把游戏和玩具作为幼儿期所必需的，养成幼儿独自消遣的好习惯，"完全凭他的能力，任他所欲，毫不勉强的，然而无形之中，他的手筋慢慢好起来"。[④]对游戏的价值缺乏全面的认识，这是中国古代家庭教育的最大缺陷，忽视了游戏有利于发展动作的功

① 北京市教育科学研究所．陈鹤琴教育文集：（上）．北京：北京出版社，1983．725

② 北京市教育科学研究所．陈鹤琴教育文集：（上）．北京：北京出版社，1983．773

③ 北京市教育科学研究所．陈鹤琴教育文集：（上）．北京：北京出版社，1983．673

④ 北京市教育科学研究所．陈鹤琴教育文集：（上）．北京：北京出版社，1983．745

能，从而影响到中国传统文化对今天体育比赛项目的成果——中国在棋牌等充满智慧内涵的项目中易获胜，但在走、跑、跳等竞争性强的力量型运动中取胜较困难；因而，陈鹤琴提倡全面的游戏功能有助于提高中国人的整体素质。

总之，陈鹤琴在20世纪西方儿童学的影响下，结合中国传统文化的精华，以中国儿童为实验对象，拉开研究本土化儿童心理和教育原则的帷幕。要求在科学和民主的文化背景下，建立一种民主的、平等的、中国化的儿童观，这是进行教育科学研究的基础。

二、家庭教育思想

陈鹤琴的家庭教育思想是建立在儿童心理学基础上，把了解儿童和研究儿童作为实施儿童教育的前提和基础，包括对儿童的喜怒哀乐、儿童的知识与思想、儿童的环境以及由出生到成熟整个成长过程中所产生的一切变化和现象。他在《家庭教育》中，将儿童心理归纳为7个方面：好奇、好动、好游戏、好模仿、喜欢成功、喜欢野（户）外生活、喜欢合群和喜欢称赞等。

（一）教育目的：培养勇敢、进取、合作、有思想、肯服务社会的儿童

他继承了中国传统的“以品学为目的”的家庭教育观，注重从小教会孩子学会做人、做好人、做一个服务于社会的人，这是传统教育的精华。同时，他也针对当时中国现实中存在外国化和宗教化等教育倾向，提倡办一种中国化、平民化的教育，即“活教育”中要求“学会做人、做中国人、做现代中国人”的教育目的观在家庭教育中的具体表现，将之与传统教育中退让、保守和明哲保身等区别开来，结合中国现代社会发展对人的要求，提出“做父母的应当教训小孩子爱人”,[①] 从最初接触的人际环境——家庭入手，培养幼儿的同情心和利他精神，“一个人最不好的脾气就是‘利己心’太重。无论做什么事，往往以我为中心。凡有利于我者，没有不高兴

① 北京市教育科学研究所．陈鹤琴教育文集：（上）．北京：北京出版社，1983．673

去干的；无利于我者，都不愿意去做，那么到了后来，‘上下交争利，而国危矣’。”① 从正反两方面说明，同情行为在家庭里和社会上都是非常重要的美德，而且“小孩子今日能爱人，他年就能爱国了”，② 符合幼儿心理发展由近及远、由具体到抽象的特点。而他对家庭教育目的要求也反映了时代的要求，与张宗麟的幼儿教育目的是一致的，同时，要求幼儿合作、勇敢和服务社会的精神仍是今天的教育任务。

（二）教育内容：体、智、德、美和谐发展

他继承了中国传统教育中培养幼儿良好行为习惯和礼貌举止等精华，增加了体育这一内容，符合幼儿身心发展规律。要求在家庭日常生活中渗透美育，作为人格陶冶的重要内容，符合现代家庭教育的发展趋势。

体育：强调良好生活卫生习惯的养成。认为“强健的身体是小孩子幸福的根源，若身体不健全，小孩子固然终身受其累，而做父母的也要受无穷的痛苦。”③ 而强健的身体是与良好的生活习惯分不开的，这就要求从吃、喝、拉、撒、睡及相应的设备等方面入手，通过日常生活的各个方面进行良好习惯的培养。例如，要求小孩子应当天天刷牙；未穿衣、洗面刷牙前，不宜吃东西；吃东西前后必须洗手；便溺有固定的场所，形成排便的规律等。这些卫生习惯在幼儿期形成动作定型之后，将直接影响到个体终身的健康。尤其是强调应从小训练小孩子独立睡觉等习惯，有利于幼儿独立性的发展和身心健康。提出在幼儿初学吃饭时应有适宜的盘匙，在我们今天的家庭生活中常被忽略，看似繁琐，但它符合幼儿动作发展的特点，幼儿的精细动作未发展起来，动作不准确，用宽大的盘可以避免乱撒饭菜；同时，也可以使幼儿养成爱卫生和爱惜粮食等良好习惯。强调饭前不给幼儿乱吃零食，这不仅有利于幼儿专心进餐，而

---

① 陈鹤琴全集：二卷．832

② 北京市教育科学研究所．陈鹤琴教育文集：（上）．北京：北京出版社，1983．745

③ 陈鹤琴全集：二卷．761

且有利于幼儿逐渐学会节制和纪律观念；但在今天的家庭教育中，家长常无意识地满足幼儿这些不合理的要求，导致幼儿进食难、正常的饮食规律被扰乱，不利于幼儿身体健康。要求母亲或保姆不可终日将婴儿抱在怀里，认为这违反儿童好动的天性，而且睡眠质量不高，不利于动作发展和身体健康。但今天由于过分强调母子间的亲情和对婴幼儿的爱抚，而忽略了婴儿具有自己运动的能力这一客观事实。这些都已引起90年代的家庭教育理论从极端的实例中进行反思。

总之，共有25条良好卫生习惯的内容，与幼儿教育理论中《幼稚生应有的习惯和技能表》中的卫生习惯基本一致，这是陈鹤琴一贯要求幼儿必须养成一定的卫生习惯、学会生活的技能在家庭教育中的反映，符合幼儿教育的规律。

德育：注重儿童的情绪发展和学会初步的待人接物。要求成人为小孩创设活泼、轻松、愉快、有秩序的家庭氛围。从婴幼儿最初的情绪——“哭”入手，对之进行观察推断其原因（饥饿、疲倦、生病等），使之得到相应的照顾；但到了幼儿期，则必须对幼儿的“哭”进行控制，尤其是以哭来要挟父母时，要求父母必须绝对拒绝其不合理欲求，以防幼儿养成不良习惯，渐向积极的情感方向引导。对最常见的小孩偷吃食物之事，他反对父母因此乱藏食物，要求父母探究幼儿行为的根源，并将食物放在小孩知道的食柜，讲明食物是大家的，培养其自尊自爱和对成人的信赖感，以免造成幼儿的逆反心理，最终导致严厉的训斥与羞耻心成了负效应的不良后果。另外，他要求父母责罚小孩对事不对人，不能伤害儿童的自尊，讲明责罚的理由，尤其反对父母将个人的不良情绪迁移到儿童身上和凭成人的喜怒去责罚小孩，这都值得今天的家庭教育借鉴。

幼儿的初步待人接物是从家庭开始的，要求教育小孩要考虑别人的安宁，对长者有礼貌，给予幼儿对病人表示同情的机会，并帮助幼儿用具体的行为传递对他人的关爱。要求从最初用个人感情刺激小孩做事的动机，到逐渐能顾及到公共祸福，培养其牺牲精神和救世济民的意愿，符合幼儿道德发展的规律。另外，他告诫父母应减少孩子的惊慌和哭泣，不要用雷电、黑暗、大声训诉等恐吓孩子，要及时缓解和解除孩子的痛苦和精神上的压抑；反对父母对孩子的溺爱和放任，认为赏罚分明和严格要求正是克服任性和依赖的有效良方。

智育：注重丰富幼儿的经验。要求父母应多带孩子到外面去看看，并认为家庭应是艺术的、游戏的和阅读的环境，在家中饲养小动物和给予幼儿浇花、玩沙和玩水的机会，通过幼儿与物、与自然界相互作用，满足幼儿的探究心和好奇心，获得对自然和事物的感性经验，对动物具同情心，了解动物的生理特征和植物的初步特性。而这些最初的经验对幼儿的一生具有重要的作用，能影响其智力的发展；在剪纸、填图、绘画、音乐中培养幼儿的动手能力，发展其想象力和创造性，潜移默化地对幼儿进行美的陶冶，使其自己能够想、自己能做，具有独创精神。

总之，其家庭教育内容非常注重培养幼儿的良好生活卫生习惯及良好的情感，给予幼儿充分活动的机会，培养其具有独立性、合作性、同情心和责任感较强的现代人格特征。同时，其家庭教育任务与幼稚园教育目标是一致的，即在于引导儿童在做人、身体、智力、情绪等方面都得到良好的发展。做人方面——培养儿童具有合作服务的精神和同情心及诚实、礼貌等品质。身体方面——主要是训练儿童养成各种达到强健体格的习惯。在智力方面——主要应以丰富幼儿的直接经验为主，应有让儿童充分接触自然界和社会的机会，并利用幼儿的好问引导其对日常事物的探究。在情绪方面——尤应克服儿童发脾气、惧怕等不良性格，应注意养成幼儿乐于欣赏、快乐等积极情绪。这反映了陈鹤琴的教育思想始终贯穿让幼儿“学会做人、做中国人和做现代中国人”这一教育目的观。

（三）家庭教育原则

首先，应重视家庭教育的科学依据。在70年代末，陈鹤琴建议“要重视幼儿家庭教育的科学实验，对幼儿的家庭教育应作为一门科学来研究和推广。”① 并认为家长更应懂得教育的基本规律和了解、掌握幼儿的身心特点，这是进行家庭教育的前提条件。他说：

---

① 陈鹤琴全集：二卷．662

“栽花的人，先要懂得栽花的方法，花才能栽得好；养蜂的人，先要懂得养蜂的方法，蜂才能养得好；育蚕的人，先要懂得育蚕的方法，蚕才能育得好……难道养小孩，不懂得方法，可以养得好吗?”① 这反映了陈鹤琴坚持科学育儿的家庭教育总则。

他认为是否了解儿童心理特点，这关系到家庭教育的效果。并针对幼儿“撒谎”这件事，他提出了符合科学的观点。这是由于幼儿本身害怕受到讥笑、怕被剥夺心爱的东西和希望获得称赞和表扬所致。另一方面，则由于儿童思维的局限性，常将现实与幻想、梦境和醒境相互交织，以及儿童语言表达和对词汇的理解欠准确所致，被成人误认为撒谎，这就要求家长必须探究儿童行为的动因。

总之，陈鹤琴提出注重家庭教育的科学依据是中国家庭教育由经验性向科学性转化的关键。

其次，他非常强调积极的暗示和诱导。根据幼儿好模仿和易受暗示的心理特点，要求父母创设一个积极向上的环境氛围，对幼儿进行正确的诱导。而且，父母的言行举止对幼儿具有重要的暗示作用，反对消极的压制和惩罚。比如对于以上所举“撒谎”一例，要求父母针对不同的内因，进行分析，并通过正确暗示和自身为榜样，使其逐步改正。并对儿童多进行肯定和奖励，这是儿童向良性发展的内部动力。又如一位母亲看到年幼的儿子看到人的头发剪后可以长出来，于是将洋娃娃头上的头发剪得光秃秃，母亲看见后问明其理由，非但不训他，而且让他观察结果，这种积极的诱导对于培养儿童的科学实验精神和求知欲具有重要的意义。

第三，注意环境和游戏的原则。他非常注意环境给儿童带来的潜在影响，要求为儿童创设良好的环境。“环境是指凡是可以给小孩刺激的都是他的环境，一切物质是他的环境，人也是他的环境；而且人的环境，比较物的环境还要重要”。父母的人格，即父母的认知、情感、行为等因素及家庭的环境布置无不渗透着教育者的价值取向，对子女具有强烈的感染力，儿童的价值观念和行为模式可以说是父母的价值观的一种折射。“我们成人的一举一动，一言一

① 陈鹤琴全集：二卷．886

语，都能影响小孩子的，他看了听了之后，或立刻就要去做做看，说说看，或到了后来才做出来说出来；他所说所做的与我们成人所做的所说的不同，但却有几分是相像的。"① 由此可知，父母应以身作则，尤其是教育子女时，应持同一态度，以免造成儿童无所适从，难以形成稳定的价值观。

游戏是儿童的特殊生活，是儿童的工作，儿童的工作就是游戏，游戏是儿童的第二生命。认为"小孩子只喜欢两桩事，一桩是吃，一桩是玩，玩比吃还重要。从游戏中，小孩子可以获得许多经验，兴趣就很浓厚了。"② 由此可知，游戏是儿童学习的最佳途径，是幼儿期获得经验的源泉。

总之，陈鹤琴以儿童心理研究成果作为家庭教育的理论基础，并以这两方面的理论和实践为奠基，进行了一种富有中国本土化的幼儿教育理论体系探讨，尤其是以鼓楼幼稚园为实验基地，进行了中国幼儿教育课程标准和方案的理论探讨，提出了以适合中国国情为指导思想，以家园合作为途径，促进幼儿身心健康发展为根本任务，以"儿童能够学的而又应当学的，我们都应当教他们"作为选择学习内容的标准，并明确提出幼稚园的课程应以自然和社会为中心，体现单元教学的计划性和灵活性相统一的原则，从卫生习惯、音乐等方面入手，围绕主题活动，教师通过游戏化的教学方式，采用小团体形式，在和幼儿的相互合作中，使幼儿在较多的户外活动中获得自我学习的能力，从而完成幼儿教育任务。而且，他还不断在幼儿教育领域进行创新，在江西幼稚师范进行了师资培养方面的实验，于40年代末形成了结构完整的"活教育"理论。要求以最终学会做现代中国人为教育目标，以"大自然、大社会"为活教材，并以能体现儿童生活整体性和连贯性的"五指"活动为儿童的课程，以"做中教，做中学，做中求进步"为方法论，师生共同获得发展。

---

① 陈鹤琴全集：二卷．709

② 北京市教育科学研究所．陈鹤琴教育文集：（上）．北京：北京出版社，1983．676

陈鹤琴的教育理论对新中国幼儿教育产生了重大影响，尤其是80年代中期，掀起了研究其教育思想的高潮，他不愧为中国杰出的现代教育家，指导着中国20世纪乃至以后的幼儿教育的发展方向，是具有中国特色的幼儿教育理论的开拓者。

（牟映雪）

31

梁漱溟

(Liang Shu Ming)

■ 生平简介

■ 名篇选读

东西人的教育之不同

由乡村建设以复兴民族案

乡农学校的办法及其意义

乡村建设真意义

■ 思想评介

梁漱溟及其乡村教育思想

生平简介

梁漱溟，1893年生于北京，取名焕鼎，字寿铭，祖籍广西桂林。1906年，梁漱溟考入顺天中学堂，1911年毕业。1916年，他在《东方杂志》上发表推崇佛学的长论《究元决疑论》，引起知识界的注目；次年，应聘到北京大学教印度哲学。1924年，梁漱溟辞职去山东曹州办学，失败后回京苦读，1929年秋，到河南辉县任河南村治学院教务长，主编《村治月刊》。1931年，梁漱溟出任邹平山东乡村建设研究院研究部主任，大搞乡村建设，并取得了一定成绩。抗战爆发后，梁漱溟转移到大西南从事抗战活动，是中国民主政团同盟的发起人和领导者之一。全国解放后，他留在大陆。1953年因与毛泽东发生争执而遭到批判。1978年，梁漱溟当选为第五届全国政协委员、常委，1983年又出任第六届政协常委，1988年6月23日病逝于北京。

梁漱溟一生著述甚丰，著名的有《东西文化及其哲学》(1921)、《乡村建设大意》(1936)、《乡村建设理论》(1937)、《中国文化要义》(1949)、《人心与人生》(1984)等。现在人们一般把梁漱溟视为新儒家的重要代表，国外有人说他是中国“最后一位儒家”。

名篇选读

东西人的教育之不同

十年岁杪，借年假之暇，赴山西讲演之约，新年一月四日，在省垣阳曲小学为各小学校教职员诸君谈话如此。《教育杂志》主者李石岑先生来征文，仓促无以应；姑即以此录奉。稿为陈仲瑜君笔记。

记得辜鸿铭先生在他所作批评东西文化的一本书所谓《春秋大义》里边说到两方人教育的不同。他说：西洋人入学读书所学的一则曰知识，再则曰知识，三则曰知识；中国人入学读书所学的是君子之道。这话说得很有趣，并且多少有些对处。虽然我们从前教人作八股文章算得教人以君子之道否，还是问题；然而那些材料——《论语》、《孟子》、《大学》、《中庸》——则是讲的君子之道。无论如何，中国人的教育，总可以说是偏乎这么一种意向的。而西洋人所以教人的，除近来教育上的见解不计外，以前的办法尽是教给人许多知识：什么天上几多星，地球怎样转……现在我们办学校是仿自西洋，所有讲的这许多功课都是几十年前中国所没有，全不曾以此教人的；而中国书上那些道理也仿佛为西洋教育所不提及。此两方教育各有其偏重之点是很明的。大约可以说，中国人的教育偏着在情意的一边，例如孝弟……之教；西洋人的教育偏着知的一边，例如诸自然科学……之教。这种教育的不同，盖由于两方文化的路径根本异趣；他只是两方整个文化不同所表现出之一端。此要看我的《东西文化及其哲学》便知。昨天到督署即谈到此。有人很排斥偏知的教育；有人主张二者不应偏废。这不可偏废自然是完全的合理的教育所必要。

我们人一生下来就要往前生活；生活中第一需要的便是知识。即如摆在眼前的这许多东西，哪个是可吃，哪个是不可吃，哪是滋养，哪是有毒……都需要知道；否则，你将怎么去吃呢？若都能知道，即为具有这一方面的知识，然后这一小方面的生活才对付的下去。吾人生活各方面都要各有其知识或学术才行；学问即知识之精细确实贯串成套者。知识或学问，也可出于自家的创造——由个人经验推理而得；也可以从旁人指教而来——前人所创造的教给后人。但知识或学问，除一部分纯理科学如数理论理而外，大多是必假经验才得成就的；如果不走承受前人所经验而创造的一条路，而单走个人自家的创造一路，那一个人不过几十年，其经验能有几何？待有经验，一个人已要老死了；再来一个人又要从头去经验。

这样安得有许多学问产生出来？安得有人类文明的进步？所谓学问，所谓人类文明进步实在是由前人的创造教给后人，如是继续开拓深入才得有的。无论是不假经验的学问，或必假经验的学问都是如此；而必假经验的学问则尤其必要。并且一样一样都要亲自去尝试阅历而后知道如何对付，也未免太苦、太不经济，绝无如是办法。譬如小孩子生下来，当然不要他自去尝试哪个可吃，哪个不可吃，而由大人指教给他。所以无论教育的意义如何，知识的授受总不能不居教育上最重要之一端。西洋人照他那文化的路径，知识方面成就的最大，并且容易看得人的生活应当受知识的指导；从苏格拉底一直到杜威的人生思想都是如此。其结果也真能做到各方面的生活都各有其知识，而生活莫不取决于知识，受知识的指导；——对自然界的问题就有诸自然科学为指导，对社会人事的问题就有社会科学为指导。这虽然也应当留心他的错误，然自其对的一面去说，则这种办法确乎是对的。中国人则不然：从他的脾气，在无论哪一项生活都不喜欢准据于知识；而且照他那文化的路径，于知识方面成就的最鲜，也无可为准据者。其结果几千年到现在，遇着问题——不论大小难易——总是以个人经验、意见、心思、手腕为对付。即如医学，算是有其专门学问了；而其实，在这上边尤其见出他们只靠着个人的经验、意见、心思、手腕去应付一切。中国医生没有他准据的药物学，他只靠着他用药开单的经验所得；他没有他准据的病理学、内科学，他只靠着他临床的问题所得。由上种种情形互相因果，中国的教育很少是授人以知识，西洋人的教育则多是授人以知识。但人类的生活应当受知识的指导，也没有法子不受知识的指导；没有真正的知识，所用的就只是些不精细不确实未得成熟贯串的东西。所以就这一端而论，不能说不是我们中国人生活之缺点。若问两方教育的得失，则西洋于此为得，中国于此为失。以后我们自然应当鉴于前此之失，而于智慧的启牖、知识的授给加意。好在自从西洋派教育输入，已经往这一边去做了。

情意一面之教育根本与知的一面之教育不同；即如我们上面所说知的教育之所必要，在情意一面则乌有。故其办法亦即不同。知的教育固不仅为知识的授给，而尤且着意智慧的启牖。然实则无论如何，知识的授给，终为知的教育最重要之一端；此则与情意的教育截然不同之所在也。智慧的启牖，其办法与情意教育或不相远；至若知识的授给，其办法与情意教育乃全不相应。盖情意是本能，所谓不学而能，不虑而知的：为一个人生来所具有无缺欠者，不同乎知识为生来所不具有；为后天所不能加进去者，不同乎知识悉从后天得来（不论出于自家的创造或承受前人，均为从外面得起的，后加进去的）。既然这样，似乎情意既不待教育，亦非可教育者。此殊不然。生活的本身全在情意方面，而知的一边——包括固有的智慧与后天的知识——只是生活之工具。工具弄不好，固然生活弄不好，生活本身（即情意方面）如果没有弄得妥帖恰好，则工具虽利将无所用之，或转自贻戚，所以情意教育更是根本的。这就是说，怎样要生活本身弄得恰好是第一个问题；生活工具的讲求固是必要，无论如何，不能不居于第二个问题。所谓教育不但在智慧的启牖和知识的创造授受，尤在调顺本能使生活本身得其恰好。本能虽不待教给、非可教给者，但仍然可以教育的，并且很需要教育。因为本能极容易搅乱失宜，即生命很难妥帖恰好，所以要调理它得以发育活动到好处；这便是情意的教育所要用的工夫，——其工夫与智慧的启牖或近，与知识的教给便大不同。从来中国人的教育很着意于要人得有合理的生活，而极顾虑情意的失宜。从这一点论，自然要算中国的教育为得，而西洋人忽视此点为失。盖西洋教育着意生活的工具，中国教育着意生活本身，各有所得，各有所失也。然中国教育虽以常能着意生活本身故谓为得，却是其方法未尽得宜。盖未能审察情的教育与知的教育之根本不同，常常把教给知识的方法用于情意教育。譬如大家总好以干燥无味的办法，给人以孝弟忠信等教训，如同教给他知识一般。其实这不是知识，不能当作知识去授给他；应当从怎样使他那为这孝弟忠信所从来之根本（本能）得以发育活动，则他自然会孝弟忠信。这种干燥的教训只注入知的一面，而无甚影响于其根本的情意，则生活行事仍旧不能改善合理。人的生活行动在以前大家都以为出于知的方面，纯受知识的支配，所以苏格拉底说知识即道德；谓人只要明白，他作事就对。这种思想，直到如今才由心理学的进步给它一个翻案。原来人的行动不能听命于知识的。孝弟忠信的教训，差不多即把道德看成知识的事。我们对于本能只能从旁去调理它、顺导它、培养它，不要妨害它、搅乱它，如是而已。譬如孝亲一事，不必告诉他长篇大套的话，只须顺着小孩子爱亲的情趣，使他自由发挥出来便好。爱亲是他自己固有的本能，完全没有听过孝亲的教训的人，即能由此本能而知孝亲；听过许多教训的人，也许因其本能受妨碍而不孝亲。在孔子便不是以干燥之教训给人的；他根本导人以一种生活，或借礼乐去调理情意。但是到后来，孔子的教育不复存在，只剩下这种干燥教训的教育法了。这也是我们以后教育应当知所鉴戒而改正的。还有教育上常喜欢借赏罚为手段，去改善人的生活行为，这是极不对的。赏罚是利用人计较算账的心理而支配他的动作：便使情意不得活动，妨害本能的发挥；强知方面去作主，根本搅乱了生活之顺序。所以这不但是情意的教育所不宜，而且有很坏的影响。因为赏罚而去为善或不作恶的小孩，我以为根本不可教的；能够反抗赏罚的，是其本能力量很强，不受外面的搅乱，倒是很有希望的。

据：漱溟卅前文录．商务印书馆，1923

由乡村建设以复兴民族案

甲　民族复兴问题

（1）近百年来，中华民族之不振，是文化上之失败。

（2）文化上之失败，由于不能适应世界大交通后之新环境。

（3）五六十年来，时时变化，以求适应，但无积极成功，只是本身文化之崩溃。

（4）民族复兴，有待于文化之重新建造。

（5）所以民族复兴问题即文化重新建造问题。

乙　民族复兴之途径

(1) 文化建造即社会组织结构之建造。

(2) 中国新社会组织结构必肇端于农村。

(3) 所谓乡村建设，乃从乡村中寻求解决中国政治问题、经济问题及其他一切社会问题之端倪。此端倪之寻得，即新社会组织结构之发现。

(4) 新社会组织结构之发现在农村不过是一苗芽，此苗芽之茁长以至成长，都靠引进新的生产技术、生产组织、乃至一切科学文明。

(5) 新社会组织结构之开展，以讫完成，即文化建造成功，亦即民族复兴。

丙　乡村建设要点

(1) 乡村建设运动之到来为必然的：

①以民族自救运动屡次无功，乃有此最后觉悟。

②以乡村破坏日亟，乃有今日之救济乡村运动及乡村自救运动。

(2) 乡村建设之目前工作，要在能为乡村发现一最简易之组织。其必要条件：

①由此组织而外间最易灌输新知识、新方法，或供给各种资料于乡村。

②由此组织而乡村内部最易引起多数人之力量，以渐形成一团体。

(3) 同时，更要使国内得相当安定，开出机会以容乡村建设之进行。乡村建设运动，就是使国内得相当安定的力量。换言之，此机会必赖自己开出。

据：教育与民众. 第5卷. 1933 (1)

乡农学校的办法及其意义

邹平的乡村工作，是以乡农学校来进行。乡农学校就相当于江南一带的乡村改进会，或农村改进区；也相当于北方定县的平民学校，不过都不很相同，故略说明于下：

我们的办法，是在相当大小范围的乡村社会（二百户以上五百户以下的村落自然成一范围者为最相当）以内，成立乡农学校。在成立之初，必须先成立乡农学校校董会。因为在乡间倡办此事，非先得乡村领袖的同意与帮助，就无法做起。此好比平教会要成立平民学校，先联络地方人士成立某地平教促进分会一样。校董人选，起先须放宽些；例如不识字的人，亦可作校董。数目不必一定，五人乃至十余人都可。由校董会公聘当地知识较开明、品行较端正者作校长。校董与校长在乡间比较是有信用有力量的人；他们如肯出头提倡，学生就很容易召集。所谓学生，就是当地的全民众，不过初入手时，范围不能太宽；应先以成年农民为学生。至于教员一人或二人就是我们作乡村运动的人来充当了。学校的组织，大概如此。

于此要注意看：乡农学校即是以此小范围乡村社会而组织成的，同时乡农学校所作的工夫，还即以此乡村社会作对象。乡农学校的组成分子，就是此全村社会的人。我们的目的是要化社会为学校，可称之曰“社会学校化”。在此简单组织中，我们已看见此乡农学校的构成成分，有三种人：一是乡村领袖，二是成年农民。此二种人即此乡村社会的重要成分，故先从他们入手，使他们在此形式的名义下联合起来，造成一种共同向上的关系。因为“我们学校的宗旨，是谋个人的和社会的向上进步”。第三种人就是乡村运动者。如果没有乡村运动者，就不能发生向上的作用与进步的意义。乡村运动者于此可算一新的成分。所谓新成分不一定是外来的人之意，他亦许是本地人，不过要知道他是代表一个新意思新运动而来的。他在此乡农学校或乡村社会中所以是新的成分，就是因为他怀抱着志愿要来更新这社会的。这三种人在这样的名义形式关系上（校长、校董、教员、学生）能联成一气，就可以发生作用，就可以让乡村社会活起来。

我们试加说明：在一乡村社会中，他们的乡村领袖不一定常常见面。就是彼与此、此与彼常常见面，也不一定是大家聚合。就是聚合，也不一定同多数民众一齐聚合。我们办乡农学校的第一个用意，就是使乡村领袖与民众因此多有聚合的机会。在平常的时候，没有聚合的机会，有什么困难的问题，只是心里苦闷，各自在家里为难叹气。现在聚合了，就可将他们共同的困难问题拿出来互相讨论，相向而叹气。自然就可以促他们认识他们共同的不幸命运，促他们自觉必须大家合力来解决。如匪患、兵祸、天旱、时疫、粮贱、捐重、烟赌盛行等，见面的时候，最易谈到。谈到以后，自然就要设法解决，因此或许就能发生大作用。假使他们不十分聚合时，我们的教员（乡村运动者）要设法从中作吸引的工夫、撮合的工夫，使他们聚合。假使他们虽聚合而谈不到问题上，则我们要提引问题，促使讨论。假使他们虽谈到问题，而想不出解决之道，将付之一叹的时候，我们要指示出一条道路，贡献一个办法，或彼此两相磋商研究出一个办法。因为单使他们设法，往往没法可设；单是我们出主意，又往往不能切合实际而可行。现在我们要与他们合在一气，则想出的办法或能合用也。我们不但帮助他想办法，我们还要引发鼓舞激励他们的兴趣意志，如此则乡村可以活起来。

中国近百年史，原可说是一部乡村破坏史。国际与国内的两重压迫，天灾与人祸的两种摧毁，使得乡村命运，益沉沦而就死。如此严重的压迫与摧毁，在知识短浅而又零散单弱的农人或农家有什么办法呢？非我们（知识分子作乡村运动者）使他们发生公共观念，教他们大家合起来如何解决问题不可。合起来成为有组织的力量，然后乡村才可以起死回生。此力量所做的事，所解决的问题越多，则越能增厚而开拓出去。如此则可以达到我们的要求。我们的要求，便是乡村人有自觉有组织的来自救。所以我们的运动，实在就是乡村自救运动。

以上所说的“大家聚合”、“讨论问题”、“想出办法”、“发生作用”等等，都必须先从平淡处入手，别有日常的工夫可作，然后才能慢慢做出此效果。若想急切的径直发生作用，那一定不行。所谓平淡入手日常工夫者，是指乡校中识字、唱歌、讲话等功课而言。乡校功课约可分为两大类：

甲．各乡校同有的功课：如识字，这是普通都有的功课，因各地农民多是不识字的，所以成为普遍的必要。又如我们正在试验而尚未作好的，如音乐唱歌，亦是各校一律宜用的。还有一种我们以为重要的，就是精神讲话。这门功课很有它的意义，在我们看现在中国的乡村社会，不止是经济破产，精神方面亦同样破产。这是指社会上许多旧信仰观念风尚习惯的动摇摧毁，而新的没有产生。以致一般乡民都陷于窘闷无主，意志消沉之中。此其所以然：第一，是因我们文化或社会生活的变化太厉害。农业社会照例是最保守的，尤其是老文化的中国乡村社会有它传之数千年而不变的道德观念。自近百年来与西洋交通以后，因为受国际竞争的打击，世界潮流的影响，乃不能不变。最近二十余年更激烈急剧的变化，或由上层而达下层，如变法维新革命等是；或由沿江、沿海而达内地，如一切生活习惯等是。而最后的影响都是达到农村。他们被迫的随着大家变，却不能了解为何要变，并且亦追赶不上，但又没有拒绝否认的勇气与判断。失去了社会上的价值判断，是非好歹漫无衡准，即有心人亦且窘闷无主。第二，是几十年来天灾人祸连续不断，他们精神上实在支撑不了。消沉寡趣，几无乐生之心，况复进取之心？此种心理如不能加以转移开导，替他开出一条路来，则一切事业，都没法进行。这种工夫就是我们的精神讲话。大概起初要先顺着他的心理，以稳定他的意志，将中国的旧道理巩固他们的自信力。如此则我们与农民的心理感情才可以沟通融洽。然后再输入新的知识道理来改革从前不适用的一切，以适应现在的世界。乡农学校的普通功课，差不多就是如此。

乙．各乡校不必相同的功课：各乡校事实上必须应付它的环境来解决问题，才能发生我们所希望的作用与效果；故须自有它因时因地制宜的功课，例如有匪患的地方，他们自要感觉到讨论到匪患问题，我们的教员就可以帮助他们想办法。大家都赞同一个办法以后，就可以领导着农民实地去做。例如成立自卫组织，作自卫训练，这就是此时此地乡校的功课。再如山地可以造林，我们的教员要指点出来使他们注意，并且帮助他们想办法，像邹平西南部即多山，问他们本地人为何不种树？他们说："种树有好处，我们都知道；但种树容易，保护难，总不能长成材。"然研究商讨的结果，要大家合起来有组织的共同造林，共同保护，就可以解决这困难。当这去实行的时候，就是此地乡校的功课。邹平第二、三区一带地方，所成立之林业公会，不下数十处，皆乡农学校所倡导也。又如产棉区域，我们要帮助他们选用好的种子，指导种植方法，然后再指导他们组织运销合作社。这一切都是我们乡校的功课。因此乡农学校可以随时成立种种短期的职业补习班或讲习班，在实地做时就与他们讲解，如种棉、造林、织布、养蚕、烘茧等等。又因此可以随宜成立种种组织，如林业公会、机织合作、棉花运销合作、储蓄会、禁赌等等数不尽。

在这里可以看出来我们乡农学校的用意。我们要干的是什么？我们可以用八个字总结起来，就是"推动（或推进）社会，组织乡村"。我们一向认定此刻中国顶要紧的问题，是如何使社会进步的问题。并且要注意，此进步必须为有方向的向前进。原来人是活的，社会亦是活的，自能进步的，无待你推他而后进。但是中国的全社会，此刻是陷于矛盾扰乱之中；再就基本的乡村社会说，又是入于沉滞不动枯窘就死的地步：所以不是摧残进步妨碍进步的，便是疲顽不进的。此时非认明白一合适方向把定往前作，不能宁息纷乱；非作推动工夫、领导工夫，将必不能进步。但要作推进领导的工夫，又必须先加点组织，使它有自体，然后方好着手。因为我们是推动它进步，而不是替代它进步。所以要在使乡村人有自觉有点组织，仿佛成为有生命的一点萌芽，"这才是社会进步的根本条件。"如何组织呢？如刚才所说乡农学校的组织便是。然即此简单的组织，又非加推引工夫不能成功。可以说，"非组不能推；非推不能组"。"推进社会，组织乡村"，两句话是循环的。更要知道：有一点组织，就有一点力量，亦就能有一点进步；有一点进步，便增一点力量，亦就更促进组织之发展。愈有组织愈有进步；愈有进步愈有组织。最有组织的社会，就是理想中最进步的社会。这两面亦是循环的；并且是一回事。

以下要声明叙述的，就是乡农学校不是一个零碎设置的，此乡校与彼乡校是要有联络的；更重要的是乡校之上须有一个大的团体或机关来指导提携他们进行。这就是说乡校里边的教员（乡村运动者）不是孤单的，他是大的团体分派出去负着使命作新的运动的。——也或者在作乡村运动以后乃与大团体取得联络——如果不这样则他的工作不易进行。就是进行也进行不好，这有两点原因：第一，乡村所遇到的问题多方面的，而一人不是万能的，如不与大团体取得联络为他的后盾，则他一人的能力来不及。所以必须得到后方的帮助，他才可以帮助农民。各地乡校教员，仿佛是到前线的士兵，许多材料与方法，都需后方大本营的传递；供给乃至人员的调遣与支配，皆需后方有作主脑的总机关才行。第二，如没有此大团体或总机关，恐怕他们作推进社会的工夫，没有一定的方向。这个向东，那个向西，乱七八糟，即无效率。必须有总机关高高在上，望着前面确定目标，有计划有步骤的指挥着去作，才能应付得当，而不致散乱走错路向。

以上所说的“推进社会，组织乡村”的工作，我们拿来与其他相近似的工作相比较，则更容易明白我们的意义；有两种与我们相近似的工作：第一，已往革命工作中的农民运动；第二，近年教育界里新兴的乡村教育运动与民众教育运动。

(1) 已往的革命工作中的农民运动，据我在广东看见的农民协会和农团军，名为国民党的组织而实在共产党领导之下。南北各省后来都有这种工作。在某一点上说是与我们相同的，就是要农民自觉、有组织而发生力量，解决他们自身的问题。但从另一点上看是不相同的。他们的农民运动是在乡村社会里首先作一种分化的工夫，使乡村社会成为分离对抗的形势。在乡村社会之内就发生斗争。我们则看乡村社会的内部，虽然不是全没有问题，然而乡村外面问题更严重；——就是整个乡村的破坏，所以我们现在必须看乡村是一个整个的。至少我们中国社会的多数乡村，是必须如此看法。我们要求整个乡村社会的改善与进步，故我们所作的工夫，是积极的、培养的、建设的，而他们是消极的、破坏的。我曾见毛泽东分析广东乡村社会为八个阶级，只其中低级之三、四阶级准他加入农民协会，其余些人不准加入。划的界限非常严。农民又武装起来，为农民自卫军，简称农团；与绅士们领导的民团，彼此之间，就发生冲突。在花县一带地方曾有过大规模的战争。现在我只说到不同为止，而不评论他的是非优劣。因为我们对于中国问题的解释与估量，与他们不同。此问题太大，须专文说明。

（2）近几年来从教育界的觉悟生了一个新的风气，就是乡村教育运动与民众教育运动。现在南北各地都很盛行，政府当局也很提倡，如乡村师范与农民教育馆设立之众多，都是这种风气的表现。这种运动与我们颇有相同的地方，就是积极建设乡村，改善农民生活。但在另一点上看也可说不相同。他们比较的缺乏一根本的注意——要农民自觉有组织发生力量而解决自身问题的注意；不免枝枝节节的帮助农民，给他一点好处。尤其是政府所提倡的农民教育馆之类不免如此。可以说恰好我们与革命工作中的农民运动相同的一点，恰好也就是革命工作中的农民运动所缺乏的一点；他们都各站两极端，而我们居中间兼而有之。从这比较中就可以明白我们的工作。故我们的运动，不称农民运动，而称乡村运动；不称乡村教育，而称乡村建设。但最好是称乡村自救运动。乡村自救运动这一名词，既可以表现乡村的整个性；又可以表现工作积极的建设性；更重要的是表现靠乡村自身的意思。因为近百年来乡村在国际与国内两重破坏之下，更无可依靠，天然的逼成乡村自救。从现在许多省份要乡村武装保卫自己，就完全可以证明这句话。

或者我们亦可以这样说：必须乡村自救为本。——这就是必须乡村自救，而后才能去救他之意。我们知道，有很多人愿意帮助乡下人的，如一切农业试验机关，都愿意将它改良农业的方法以及好种子、好材料推广给农民。但如乡下人自己没组织、没办法，在人家就很难帮得上忙；在自己也难接受人家的帮助。又如现在的银行界，都很愿意将都市过剩的资金出贷给农民。一则资金可得流通活动，一则希望农民借着它的资金恢复生产，直接间接都于他有好处。但都因为乡下人没组织，没法子得到这种帮助。只有极少数地方（如华洋义赈会在河北各县，本院在邹平，金陵大学在乌江等例），乡下人因得指导略有组织，银行界才得投资，实在微乎其微。似这两边不得接头，实在很苦。国内的政治势力、国际的经济势力，固然都是破坏乡村的；而其实政府机关乃至外国人，也有许多愿意帮助农民的。除江西、湖北等地方政府正在竭力想救济农村不说外，我最近在南京看见卫生署的工作，对于社会公共卫生很有许多筹划，如果乡村有自觉有组织便可得到许多好处。至于外国人的帮忙，定县的平教工作全靠国外募款就是一个好例。总之，外面有许多好机缘给乡村，但都必须以乡村人的自觉、乡村人有组织为根本，才能得到这许多的帮助。

大体上说，总括来说，我们乡农学校的办法及其意义就是如此了。要往详细分析里说，还有许多话，现在都不说。但邹平等二十余县所举办的乡农学校都有高级部；这一点尚需略说几句，因为以上不曾提到高级部。以上所说本来是以成年农民为学生的普通部。但也声明过，乡校入手不得不从乡村重要成分的成年农民下工夫。但这只是一个入手处。我们的工夫是以整个社会的全民众为对象的，我们为完成推进社会的工作，应当在乡校中逐渐分设许多部或班。如就年龄的分别可以设儿童部、少年部等；就性别可以设妇女部等是。高级部则是就着求学的程度不同而分设的；——是要以受过四年、五年以上教育的青年为学生。但这样的学生在小范围的乡村社会中不易多得，所以高级部的设立必须在较大范围的乡村社会，如一区或十几个乡村才行。这样的学生我们希望造就他成为乡村事业的干部人才。因为一切乡村事业的举办，无不需要大家合作成立一种组织，才得进行；而在一切的组织中，多数民众固然是不可少的成分，但如果没有一二或二三较有头脑的干部人才，则此组织亦不能成功。在乡间曾受过几年教育的青年，正好作此种人选的预备。高级部设立的意义大概如此。他们的功课着重史地与农村问题。史地是让他们明白历史的变迁，而有自己所处时代地位的自觉。农村问题是让他们从眼前身受种种问题，往深处认识之、了解之。非明白历史的变迁，必不会应付现在的环境而创造未来的前途。非从深处认识问题，就不知道问题的来历，得不到解决问题的方法。然而这两件事皆非一般粗笨的农民所能谈到的。我们只能够领导曾经受过教育的乡村青年，向此目标去求了解。同时养成他作乡村事业的技术也是必要的。因为较进步的事业都要有技术的训练；而技术的训练也天然要施之于少数人，天然要施之于青年。——这便是乡农学校的高级部。

我所说的大约是许多原则；事实上也有与此相出入的地方；或正在向此方向进行而未能做到的地方。

据：乡村建设论文集．乡村书店．1934

乡村建设真意义

今日中国问题在其千年相沿袭之社会组织构造既已崩溃，而新者未立；乡村建设运动实为吾民族社会重建一新组织构造之运动。——这最末一层，乃乡村建设真意义所在。

一社会之文化要以其社会之组织构造为骨干，而法制、礼俗实居文化之最重要部分。中国文化一大怪谜，即在其社会构造（概括政治构造、经济构造等）历千余年而鲜有所变，社会虽有时失掉秩序而不久仍旧恢复，根本上没有变化，其文化像是盘旋而不能进。但到今天，则此相沿不变的社会构造，却已根本崩溃，夙昔之法制、礼俗悉被否认，固有文化失败摇坠、不堪收拾，实民族历史上未曾遭遇过的命运。而同时呢，任何一种新秩序亦未得建立。试问社会生活又怎得顺利进行？

那末，要问中国社会为什么竟至崩溃解体呢？我们可以回答：这是近百年世界大交通，西洋人过来，这老文化的中国社会为新环境所包围压迫，且不断地予以新刺激，所发生的变化而落到的地步。于此，不要忘记的是中国文化自古相传，社会构造历久不变的那件事。他不变则已，变起来格外剧烈、深刻、严重！其所以久而鲜变，我们可以推想两点：

(1) 中国社会构造本身（内部关系上）非常富于妥当性、调和性。因其本身妥当调和，所以不易起变动；因其不变动，乃更走向妥当调和里去。愈不变，愈调和；愈调和，愈不变；此相传已久的老文化，盖有其极高度的妥当调和性。

(2) 中国文化在人类所能有的文化里，其造诣殆已甚高。所以他能影响于外，传播于远；而他从不因外面影响而起何变化。甚至为外族武力所征服，却仍须本着他的文化来行统治，其结果每使外族同化于他。如是，他文化势力圈的扩大与其文化寿命的绵长，成了相关系的正比例。卒之，成了又老又大、又大又老的一个文化体(有人说中国不是一个国家，只是一个大的文化体，颇近是)。此其文化里面必有高越于外者在，亦从可知。

但到了近百年间，此本身有高度调和性，不因外面文化刺激而起何等变化的老社会，忽尔忽化不已，形势严重非常。这全为近代西洋人过来所致。于此，我们又推想到几点：

(1) 近代西洋人的文化甚高，而且与中国甚是两样。不高，不致影响于他，即高而不是两样的，谅亦不能产生影响。抑唯其彼此文化都很高，所以才说得到两样不同，愈知其都很高。

(2) 中国文化的失败，或其弱点的先暴露。盖两方文化相遇，中国遽起变化，顾尚未见西洋受我们影响而生何变化也。最后的总结账如何不可知，眼前固是如此。

(3) 在一新中国文化未得融铸创造成功时，中国社会将陷于文化失调——社会构造崩溃，社会关系欠调整，社会秩序的饥荒。

整个社会构造问题是一根本问题。抑今日实到了人类历史的一大转变期，社会改造没有哪一国能逃。外于世界问题而解决中国问题，外于根本问题而解决眼前问题，皆不可能。乡村建设运动如果不在重建中国新社会构造上有其意义，即等于毫无意义。

据：乡村建设理论．乡村书店．1937

思想评介

梁漱溟及其乡村教育思想

1917年，梁漱溟到北大教印度哲学时，对当时北京大学校长蔡元培说："我此来除替释迦、孔子发挥外，更不作旁的事。"① 这句话基本上奠定了梁漱溟一生的基调。综观其一生，多从事中国儒家文化的重建工作。后来办学和搞乡村建设，就是把复兴儒学的理想付诸实践。下面我们分三个方面对梁漱溟的教育思想进行评析。

一、东西文化及教育之比较

五四运动前后，中国以儒学为主的传统文化遭到了以民主和科学为旗帜的西方文化的巨大冲击。许多学者名流呼唤中国要抛开儒家文化，走西方民主政治的道路。1918年10月4日，梁漱溟在《北京大学日刊》发表一则启事，云："顾吾校自蔡先生并主讲诸先生皆深味乎欧化，而无味乎东方文化，由是倡为东方学者，尚未有闻。漱溟切志出世，欲为学问之研究，留一二年为研究东方学者发其端。"② 梁漱溟所讲的东方学，是指中国的孔学和印度的佛学，其中主要是中国的孔学（即儒学）。他之所以登这么一则启事，原因是对当时的新潮流新思想有许多不满，认为新派人物对儒学存在相当深的误解，西方民主政治在中国行不通。"我在北大讲授印度哲学，与新潮流新思想相距甚远，我对新派人物的种种主张不赞同的甚多。"③ 因此，想纠集一些同人，进行东西文化的比较研究，以发

① 李渊庭，阎秉华．梁漱溟先生年谱．桂林：广西师范大学出版社，1991．32
② 李渊庭，阎秉华．梁漱溟先生年谱．桂林：广西师范大学出版社，1991．34
③ 李渊庭，阎秉华．梁漱溟先生年谱．桂林：广西师范大学出版社，1991．36

挥孔子之学，为中华民族另谋一条出路。

经过一番认真的比较，梁漱溟将世界文化分成三大体系：西洋、中国、印度；西洋文化是人对物，中国文化是人对人，印度文化是人对自己。他认为，西洋文化处理的是物我关系，其路向是向前面要求，不断地向外追求和征服；中国文化处理的是人我关系，其路向是向内用力，反求诸己，寻找内心的满足与和谐；印度文化处理的是身与心、灵与肉、生与死的关系，其路向是通过禁欲主义的修炼，使自己从自我和外部世界之间的矛盾中解脱出来。他说："西方文化是以意欲向前为其根本精神的"，"遇到问题都是对于前面去下手，这样下手的结果就是改造局面，使其可以满足我们的要求"。"中国文化是以意欲自为、调和、持中为其根本精神的"，"遇到问题不去要求解决，改造局面，就在这种境地上求我自己的满足。……他并不想奋斗的改造局面，而是回想的随遇而安。他所持应付问题的方法，只是自己意欲的调和罢了"。"印度文化是以意欲反身向后要求为其根本精神的"，"遇到问题他就想根本取消这种问题或要求"。① 在梁漱溟看来，现在是西方文化的时兴，"世界未来文化就是中国文化的复兴"，再然后是印度文化的复兴。由此，他得出一个结论——中国文化和印度文化都是理性早熟的文化。

有什么样的文化就会产生什么样的教育。由东西文化的比较研究，梁漱溟自然就过渡到了东西教育的比较研究。他说："现在我们办学校是仿自西洋，所有讲的这许多功课都是几十年前中国所没有的，全不曾以此教人的；而中国书上那些道理也仿佛为西洋人的教育所不提及。此两方教育各有其偏重之点是很明的。大约可以说，中国人的教育偏着在情意的一边，例如孝悌……之教；西洋人的教育偏着知的一边，例如诸自然科学……之教"② 比较的结果，梁漱溟并不像当时许多人所认识的那样，认为西方教育重知识就好，中国教育重情意就不好；而是认为中西教育互有得失，"盖西洋教育着意生活的工具，中国教育着意生活本身，各有所得，各有

---

① 梁漱溟全集：第一卷．济南：山东人民出版社，1989．381～383

② 梁漱溟全集：第四卷．济南：山东人民出版社，1991．655～656

所失也"[①]。二者应趋于互补才对。鉴于此，我们就应取西人之长，补我之短，重建中国的教育。他说："中国的教育很少是授人以知识，西洋人的教育则多是授人以知识。但人类的生活应当受知识的指导，也没有法子不受知识的指导；没有真正的知识，所用的就只是些不精细不确实未得成熟贯串的东西。所以就这一端而论，不能不说是我们中国人生活之缺点。若问两方教育的得失，则西洋于此为得，中国于此为失。以后我们应当鉴于前此之失，而于智慧的启牖、知识的授给加意。好在西洋派教育输入，已经往这一边去做了。"[②]

不难看出，梁漱溟对东西文化及教育的比较是颇有见地的。他从文化的差异，否认了西方的方化成就和政治道路的普遍意义，认为它们与中国的文化背景和现实需要不合，因而反对当时盛行的西化论调。但梁漱溟又与顽固的守旧派不同，并不因此而否认西洋人的成就，他对西方文化和政治制度中的根本精神基本上持肯定态度。他说："我对这两样东西完全承认，所以我的提倡东方化与旧头脑的拒绝西方化不同。所谓两样东西是什么呢？一个便是科学的方法，一个便是人的个性的伸展社会性发达。前一个是西方学术上特别的精神，后一个是西方社会上特别的精神。"[③]但他由文化而及教育，自然就产生了对中国当时照搬西方学校教育制度的做法有些不满，进而对之进行了大量的批评。

二、对学校教育的批判

1924年，梁漱溟之所以辞去北大教职，赴山东曹州办学，是因为经过一番自己的比较后，对当时的学校教育只注重知识传授，而不顾及指引学生的人生道路有许多不满，于是想试着自己以一种新的思想和模式来办学。他说："现在的学校只是讲习一点知识技能而已，并没有顾到一个人的全生活，即在知识技能一面也说不到

① 梁漱溟全集：第四卷．济南：山东人民出版社，1991．658
② 梁漱溟全集：第四卷．济南：山东人民出版社，1991．657
③ 梁漱溟全集：第一卷．济南：山东人民出版社，1989．349

帮着走路。单说在知识技能一面帮着走路，就当是对每个学生有一种真的了解——了解他的资质和其在这一项学问上之长短——而随其所需加以指点帮助；像现在这样只是照钟点讲功课，如何能说到此。而且教育只着眼知的一面，而遗却其他生理心理各面，恐怕是根本不对的；何况要讲求知识技能，也非照顾上生理心理各面不行。我的意思，教育应当是着眼一个人的全生活而领着他去走人生大路，于身体的活泼、心理的活泼两点，实为根本重要；至于知识的讲习原自重要，然固后于此。……要办教育，便须与学生成为极亲近的朋友而后始能对他有一种了解，始能对他有一些指导。我们办学的真动机，就是因为太没有人给青年帮忙，听着他无路可走，而空讲些干燥知识以为教育，看着这种情形，心里实在太痛苦，所以自己出来试做。"① 即使从今天的情形来看，这些批判仍然闪烁着智慧的光芒，促我们警醒。然而由于过于理想化，梁漱溟在曹州的办学实践半年后即以失败而告终。但这并没有动摇他对学校教育的批判和办教育的决心。只是后来他慢慢转向了社会教育和乡村教育。

1928 年，梁漱溟在广东省立第一中学讲演，说："学校制度自从欧美流入中国社会以来，始终未见到何等的成功，倒贻给社会许多的病痛。这是因为它一面是不合于教育的道理；一面又是不合于人生的道理。学校制度不合于道理之处甚多。总括来说，教育原是长养人发达人的智力体力各种能力的；但照现在结果，却适得其反。……至于说到知识方面的教育，可说为现行学校制度最着重的所在；然而我们尤见其窒塞人们的智慧罢了。痛切言之，现在学校教育，是使聪明的人变成愚钝，使有能力的人变为无能力的废物，所以，不能不说它不合于教育的道理。"他又说，现在的学校教育，"使得乡间儿童到县城里入了高等小学以后，便对他旧日乡村简朴生活过不来；旧日饭亦不能吃了，旧日衣亦不能穿了；茶亦没得喝，烟亦没得吃，种种看不来，种种耐不得。而乡村农家应具有知识能力，又一毫无有，代以学校里半生不熟绝不相干的英文、理化

---

① 梁漱溟全集：第四卷．济南：山东人民出版社，1991．778

等学科知识；乡间的劳作一切不能作，代以体操、打球运动与手足不勤的游惰习惯；在小学亦如此。”① 正因为这种盲目模仿西洋的乡村教育不切合乡村的实际，“所以三十年间新式教育的结果，就是一批一批地将农村人家子弟诱之驱之于都市而不返。……故新式教育于乡村曾无所开益，而转促其枯落破坏。然中国固至今一大乡村社会也；乡村坏则根本摧。教育界之有心人发见其非，于是有乡村教育之提倡”②。

梁漱溟的这些指责与陶行知对当时乡村学校的批评十分相近，尽管有些偏激，但多少也反映了一些实情，表达了一个学者对中国教育的思考，可视为那个时代诸多教育家的共同心声。由此，许多学者走出书斋，投身以教育改造农村的实践运动，陶行知创办了晓庄师范学校，晏阳初大搞平民教育，梁漱溟则走上了乡村建设的路子。

三、以教育促进乡村建设

1977 年，梁漱溟在《我致力于乡村运动的回忆和反省》一文开篇写道：“乡村运动是我一生中一桩大事。”③ 从梁漱溟 1927 年南下广州宣传其“乡治”主张，到 1929 年在河南辉县实施“村治”，再到 1931 年去山东大搞“乡村建设”，最后于 1937 年因日本入侵而被迫中止。前后不过十来年。但却是梁漱溟一生中最为辉煌和最得意的 10 年，也是他形成和实践其教育思想的 10 年。因此，我们将对梁漱溟的“乡村建设”的教育思想作重点评析。

（一）“乡村建设”之提出

在 20 世纪 20 年代，许多学者注意到农村是中国社会的主体和发展的重要障碍之所在，开始把目光投向对中国农村的分析，并探讨振兴中国农村之路，采取了一些不同方式的实验活动。胡适 1930 年在《新月》杂志第 2 卷第 10 号发表《我们走那条路》一文，

---

① 梁漱溟全集：第四卷. 济南：山东人民出版社，1991. 836～837

② 马秋帆编. 梁漱溟教育论著选. 济南：人民教育出版社，1994. 78

③ 梁漱溟全集：第十卷. 济南：山东人民出版社，1993. 424

认为："我们真正的敌人，是贫穷、疾病、愚昧、贪污、扰乱。"此即他所谓的"五鬼闹中华"。进而主张"好政府主义"，希望通过一个好政府来根治这些弊病。以平民教育著称的晏阳初则认为中国农村的主要问题是农民的"贫、愚、弱、私"，主张用文艺教育救愚，生计教育救贫，卫生教育救弱，公民教育救私。梁漱溟由于倾心儒家礼乐，认为欧洲近代的民主政治在中国是行不通的，共产党的暴力革命也是破坏有余而建设不足。他说："中国的问题并不是什么旁的问题，就是文化失调——极严重的文化失调。"[①] 因而他主张以"复兴儒学"为主要内容的文化改造来为中国的社会发展谋出路。"我不开口说话则已；我说话，劈头一句，就要先打破他往西走的迷梦，指点他往西走的无路可通。……以前都是往西走，这便要往东走。"[②] 由于中国是农业国，儒家文化是农业文化，所以他的重振儒学的社会理念自然要从改造农村入手，并认为农村的问题解决了，中国的问题也就解决了。

1924 年梁漱溟去山东曹州办学时，只是想改造一下学校教育，使之更适合于"帮助青年走路"。并不曾想到要改良社会、振兴农村。南下广州后，因为对中国社会有了更深一层的了解，始有"乡治"的主张。他说："我到广东来，自己抱着一点意思，是想试着去作我的乡治和主张。所谓乡治者，是我认为我们民族前途的唯一出路；因为构成中国社会的是一些农村。大家每以为先要国家好，才得农村好；这实在是种颠倒见解。其实是要农村兴盛，全个社会才能兴盛；农村得到安定，全个社会才能真安定。设或农村没有新生命，中国也就不能有新生命。我们只能从农村的新生命里来求中国的新生命；却不能希望从中国的新生命里，丢求农村的新生命。我的所谓乡治，就是替农村求新生命的方法。"[③] 由于梁漱溟《乡治十讲》的讲稿全部遗失，其乡治主张也没有真正付诸实践，因此，我们很想知道他的"乡治"究竟包括些什么东西。后来到河南，供

① 梁漱溟全集：第二卷．济南：山东人民出版社，1990．164

② 梁漱溟全集：第五卷．济南：山东人民出版社，1992．21

③ 梁漱溟全集：第四卷．济南：山东人民出版社，1991．834

职于河南村治学院，梁漱溟的思想便由“乡治”而“村治”。他在《河南村治学院旨趣书》中说：“中国社会一村落社会也。求所谓中国者不于是三十万村落其焉求之。……乡村自治体既立，乃层累而上，循序以进中国政治问题于焉解决。……求中国国家之新生命必于其农村求之；必农村有新生命而后中国国家乃有新生命焉；圣人复出，不易吾言矣！”① 他后来还说：“我之下决心去农村，盖志在从小规模的地方自治入手也。”② “因为从我的眼光看，中国有两大缺欠，中国农民的散漫几乎到了自生自灭的程度。农民不关心国家，国家也不管农民，农民散漫，缺乏团体组织，这是一个缺陷。中国社会所缺乏的另一方面是科学技术。我所想的宪政的中国，必须从地方自治入手，而地方自治又必须从团体自治入手，将农民组织起来，才能实现。……我心目中的做法是将团体组织和科学技术引进于乡村。”③ 正因为强调自治，河南村治学院便采取军事化的管理，统一制服，不设寒暑假，实行班主任制和学生自治，设有农村组织训练部、农村师范部、村长训练部、农村警察训练部、农业实习部等机构。其办院目的是“研究乡村自治，及一切乡村问题，并培养乡村自治及其他乡村服务人才，以期指导本省乡村自治之完成。”④

1931年，梁漱溟到山东邹平，改“村治”为“乡村建设”。为什么要改称“乡村建设”呢？据山东乡村建设研究院院长梁仲华讲：中国社会已不再是秦汉以来的治乱循环问题，而是自鸦片战争后，帝国主义侵略中国，乡村遭受持续破坏，而中国80%以上的人口住在农村。因此，要解决中国问题就要从最多数人口所在地着手。“不谈建设则已，欲谈建设，必须注重乡村建设。”⑤ 梁漱溟则认为：中国是一个伦理本位、职业分途的社会，儒家伦理和四民

---

① 梁漱溟全集：第四卷．济南：山东人民出版社，1991．905～911

② 梁漱溟全集：第十卷．济南：山东人民出版社，1993．424

③ 梁漱溟全集：第十卷．济南：山东人民出版社，1993．565～566

④ 河南村治学院组织大纲．村治：第1卷（10）．1929

⑤ 董宝良，周洪宇主编．中国近现代教育思想与流派．北京：人民教育出版社，1997．482

（士农工商）分业是维系中国社会之根本。西洋文明的输入和军阀的连年混战，把整个中国“现在已破坏得体无完肤，不堪收拾，非从头建设不可！这个从头建设工作，全是教育工作。……只有从一点一滴的教育着手，才可以一点一点滴的建设。”[①] 他还认为，中国“今日的问题正为数十年来都在‘乡村破坏’一大方面之下，此问题之解决唯有扭转这方向而从事于‘乡村建设’；——挽回民族生命的危机，要在于此。只有乡村安定，乃可以安辑流亡；只有乡村产业兴起，可以广收过剩的劳力；只有农产增加，可以增进国富；只有乡村自治当真树立，中国政治才算有基础；只有一般的文化能提高，才算中国社会有进步。总之，只有乡村有办法，中国才算有办法，无论在政治上、经济上、教育上都是如此。”[②] 而要搞乡村建设运动，其“题目便是辟造正常形态的人类文明，要使经济上的‘富’、政治上的‘权’综操于社会，分操于人人。其纲领则在如何使社会重心从都市移植于乡村”[③]。

（二）乡村建设之组织

既然梁漱溟认为“中国近几十年的乡村破坏，完全是受外国影响的。”[④] 那么如何来进行乡村建设呢？答案便是抛开西方的民主政治，重建以儒家伦理文化为主的乡村文明，再辅之以科学技术和团队精神。他说：“所谓乡村建设，事项虽多，要可归纳为三大方面：经济一面，政治一面，教育或文化一面。”[⑤] 因此，山东的乡村建设就是要在经济上着力发展农业生产，普及农业科技；在政治上实现乡村自治和自卫；教育文化上弘扬中华民族的“老道理”。其组织也因之而大致可以分为三大方面，但由于社会改良是一个庞大的系统工程，作为一种全方位的整体性的建设活动，“乡村建设天然包含着社会各种问题的解决；否则乡村建设即为不可能。”[⑥] 如 1933

---

① 梁漱溟全集：第五卷．济南：山东人民出版社，1992．435
② 梁漱溟全集：第五卷．济南：山东人民出版社，1992．225
③ 梁漱溟全集：第五卷．济南：山东人民出版社，1992．231～232
④ 梁漱溟全集：第一卷．济南：山东人民出版社，1989．606
⑤ 梁漱溟全集：第五卷．济南：山东人民出版社，1992．227
⑥ 梁漱溟全集：第五卷．济南：山东人民出版社，1992．374

年7月所拟定的邹平县实验计划，就包括有行政组织、自治组织、社会改进机关、警卫团及民众武力、诉讼事件、税收财政、金融、教育之改进、农林畜牧水利道路工艺、合作社等许多大项的改革措施。[①] 然而，山东乡村建设研究院在本质上却首先是一个教育机关，然后再兼有地方行政管理和学术研究的职能，各种教育组织和教育功能才是其关键之所在。正如梁漱溟自己所说："救济乡村便是乡村建设的第一层意义；至于创造新文化，那便是乡村建设的真意义所在。……所谓乡村建设，就是要从中国旧文化里转变出一个新文化来。……从创造新文化上来救活旧农村。"[②] 创造农村新文化靠什么？当然是教育。

（三）乡村建设的教育

1．乡村教育的机构

梁漱溟认为，乡村建设最要紧的两点是：一是农民的自觉；二是乡村组织。[③] 如何启发农民的自觉和健全各种乡村组织呢？这就得靠教育。按照梁漱溟的意思，山东乡村建设研究院采用一种社会本位的教育系统，而教育上又"以民众教育为先，小学教育犹在其次。民众教育随在可施，要以提高一般民众之知能为主旨"[④]。邹平县"整个行政系统悉已教育机关化，应知以教育力量代行政力量"[⑤]。基于此种设想，梁漱溟从传统农业社会中找到了"乡约"，并赋予它新的内容，然后依此建立乡村社会的基层组织，设立了乡农学校，后又有了乡学和村学。这些学校由校董会、校长、教员和乡民组成，是教育、政治、经济、自卫四位一体的综合性组织。校董和校长多是当地有名望的乡绅，虽无行政官员的身份和地位，但兼有行政职能，负责处理乡（村）内外的各种关系。为了实现行政机关教育机关化，梁漱溟曾提出要"用村学代替村公所，以乡学代

① 梁漱溟全集：第五卷．济南：山东人民出版社，1992．378
② 梁漱溟全集：第一卷．济南：山东人民出版社，1989．615
③ 梁漱溟全集：第一卷．济南：山东人民出版社，1989．616
④ 梁漱溟全集：第五卷．济南：山东人民出版社，1992．229
⑤ 马秋帆编．梁漱溟教育论著选．北京：人民教育出版社，1994．173

替乡公所”。每一所学校内部又分成人教育部、妇女教育部和儿童教育部，并借鉴陶行知的“小先生制”，创立“共学团制”。在梁漱溟那里，一个乡学或村学就是把全乡或全村的人都算做学生，“乡学就是以一乡为一学，村学就是以一村为一学。”① 此外，还有一些与学校配套的组织，如各种合作社、自卫队、乡村改进会等。

2．乡村教育的内容

梁漱溟认为“创造新文化要以乡村为根，要以中国的老道理为根。……老道理虽多，也不外两点：一是互以对方为重的伦理情谊；二是改过迁善的人生向上。”② 因此，乡村教育的内容“必须从平淡处入手”，以精神为重。他将教育内容分为两类：一类是各乡共有的功课，一类是因地制宜灵活设置的课程。前者有识字、唱歌、精神讲话等，梁漱溟特别重视“精神讲话”，希望由教员对学众进行精神陶炼，重建乡村的伦理道德，增强思想凝聚力。后者是为适应实际需要而具有的教育内容，比如对有匪盗出没的乡村，要组织村民进行武装训练，以维护治安；山地多的乡村要进行植树造林；产棉区要帮助农民选种优育等等。当然根据教育对象的不同，教育内容也稍有差异，如成人教育开设有公民学、识字、农业基础知识、武术等课程。妇女教育开设有育婴、家政等课程，儿童教育开设有国语、算术、卫生、常识、公民等课程。按梁漱溟在《村学乡学须知》中的规定，学众经过学习，要养成舍己从人、遵规守约、敬长睦邻、尊敬学长、接受训饬等观念。此外，乡学村学里还要进行禁缠足、禁鸦片、戒早婚等宣传活动，以革除乡村中不合时宜的陋习。

3．乡村教育实施的方式、方法

梁漱溟曾草拟了一个《社会本位的教育系统》草案，其内容分三个部分：学校教育和社会教育不可分；教育宜放长及于成年乃至终身；教育应尽其推进文化改造社会之功。实际上，他的乡村教育实践就是反映了这三个倾向。由于以学校代行政，以乡农为学众，

① 梁漱溟全集：第一卷．济南：山东人民出版社，1989．667

② 梁漱溟全集：第一卷．济南：山东人民出版社，1989．653～659

学校教育在这里就已泛化成了社会教育。而且梁漱溟对成人教育十分重视，认为人生随着年龄的增加，就越发需要学习，只有不断地学习，一个人才能日趋完善，才能对社会改造有所成就。他说："我们村学乡学的教员就不能单以教书为足，且不能单以教校内学生为足，也应当以阖村人众为教育对象，而尤以推进社会工作为主。"① 方法上，梁漱溟非常反对学校教育中的强制灌输法，主张精神陶炼，注重启发诱导。他想以一种没有严格师生界限的、双方都积极参与的教育方法，来开启农民的思想，搞活乡村生活。可以说他这种将学校教育泛化成社会教育和延长至终身教育的做法是受到杜威的"学校即社会"、"教育即生活"和陶行知的"社会即学校"、"生活即教育"思想的启发，再结合乡村建设的实际需要所致。

（四）乡村教育的历史影响

不难看出，梁漱溟寻求的是"政教合一"、"官师合一"。通过这种教育和政治的联姻，以达到教化民众、改造乡村的目的。这是因为单纯的教育力量十分有限，要想全盘重塑乡村文明，没有行政的支持是办不到的。但这种教育对政治的依附会在相当程度上削弱其教育力量，以致最终不得不为政治所牵制，而走向失败。就是在当时，也引起当地许多老百姓的反感，受到了不少冷遇。梁漱溟对这一问题还算有所觉察，他曾说，我们的两大难处"头一点是高谈社会改造而依附政权；第二点是号称乡村运动而乡村不动。……现在是我们动，他们不动；他们不惟不动，甚且因为我们动，反来和他们闹得很不合适，几乎让我们做不下去。……我们是走上了一个站在政府一边来改造农民……我们与农民处于对立地位。"② 经过后期不断努力和改进，特别是由于政府的支持和提倡，乡村建设在教育方面还是取得了一些成绩，培养了一批农业技术人才和致力于乡村改造的建设者，为其所实验的县区带来了一丝农业生产和文化生活上的活力，改良了旧风俗，开发了民智，尽管它不能引起农村社

---

① 梁漱溟全集：第一卷．济南：山东人民出版社，1989．680

② 梁漱溟全集：第二卷．济南：山东人民出版社，1990．573～575

会各个方面的根本改变。特别是它促使当时一批知识分子将目光投向农村，认为中国社会要有出路必于农村求之，于乡村教育求之，这又反映了梁漱溟对中国社会的深刻认识。但乡村建设说到底是一种改良，小范围的改良，其所倡导的自治和伦理本位有小农意识之嫌，不可能真正找到中国社会的出路。

梁漱溟曾对自己作出了如下评价："他是一个有思想，又且本着他的思想而行动的人。"① 可以说他的一生是不断思想和实践的一生，其教育思想与其对东西方国家社会发展和文化传统的认识是密切相关的，也是他对中华民族的前途所作出的思考和探索的结晶，更是他对当时中国社会的分析的直接结果。他看到了中国乡村生活的散漫和农业生产的落后，但过分强调所谓的"文化失调"，否定阶级斗争；过分陶醉于中国传统的"老道理"，拒绝外来文化。带有一种复古倾向，也不能反映出历史的进步和时代的潮流。乡村建设虽已成为历史陈迹，其所体现的以乡村教育作为改造中国的重要途径，以建设乡村文化作为重塑中华文明的必要环节，对我们今天的农村改革不乏借鉴意义，值得研究和深思。

（蒋纯焦）

---

① 梁漱溟全集：第三卷．济南：山东人民出版社，1990．6

杨贤江

(Yang Xian Jiang)

■ 生平简介

■ 名篇选读

教育者与政治

做今日青年该怎样

教育的意义与教育学者

教育意义的变迁

两种教育

教育是什么

教育的效能

■ 思想评介

杨贤江及其马克思主义教育思想

生平简介

杨贤江（1895～1931），字英父（或作英甫），又名李浩吾，笔名有曲它、姚应夫、李谊、叶公朴、李洪康、李膺扬、柳岛生等，是中国最早的马克思主义教育理论家，杰出的青年运动领导人之一，坚定的共产主义战士。他是浙江省余姚县人，出生于一个贫苦的成衣匠家庭，幼年就读于奚山学堂和诚意高级小学，1912 年考入浙江省立第一师范学校，1917 年毕业，1921～1926 年，在上海商务印书馆负责《学生杂志》的编辑工作，1922 年加入中国共产党，与恽代英一起分工负责学生工作，1927 年秋，赴日本，负责中共留日学生党支部的工作，并专心从事马克思主义社会科学理论的研究著译工作，1931 年在日本病逝。1928 年，他第一个翻译了恩格斯的《家庭、私有财产及国家的起源》。1929 年，他撰写的《教育史 ABC》由世界书局出版，这是我国第一部用历史唯物主义观点来研究教育史，根据社会发展形态来叙述教育发展过程的著作。1930 年，他的《新教育大纲》问世，这是我国第一部系统地用马克思主义观点来阐明教育原理、紧密联系中国实际的著作。

名篇选读

教育者与政治

向来以清高自鸣的中国教育者，往往抱有不问政治的见解。其实这是大错而特错的。亚里士多德说："人是政治的动物"。而在现代人的生活范围，更难脱离政治的势力。因为现代人的生活，是共同的生活，是多方面的生活：一方做家庭的父母或子女，一方做学校的师长或学生，一方又做地方的住民，职业界的雇员；除此以外，尤其为个个人所不能免的，就是做国家的国民。教育的目的，至少须能养成学生会做一个适于现代生活的人。故在教育的本体上讲，已经不容不问政治；何况现代的教育制度，又处处要和现实政治发生关系；如职教员的任用，经费的支配，便是最显而易见的。如果政治不良，便会妨碍教育的发达。目前我国的教育现状，就是一个适切的例子。

所以中国的教育者，处在这个时候，还要说“我们专讲教育，不问政治”的话，真是最无常识、最没良心的。但是中国军阀的作恶固已好久了，北京国立学校受摧残也已多时了，试问全国教育界有过什么表示？有过什么决议？极卑鄙无耻的彭允彝做了教育总长以后，除出北京受摧残的学校职教员和学生稍有动作而外，试问在南京的、在武汉的高等教育机关，有过什么表示？有过什么决议？难道做教育行政长官的是可以这样卑鄙无耻的吗？难道蔡元培的主张正义而辞职不足以值得教育者的赞同吗？唉！这样没同情的没勇气的中国教育者，居然还配指导青年！

老实说，不管教育最后的目的怎样，但就目前讲，只有革命的教育，才是中国需要的教育；只有革命的教育者，才是中国需要的教育者。做教育者的人不但应当指导学生去革命，还应当指导群众去革命。现在所谓革命，自然是以打倒军阀为第一着。而在这样一个共同一致的目标之下，教育者还应有一种眼光来识别国内最有革命精神的党派而与之合作。中国人中有希望有责任的教育者们！这是你们该觉醒的时候了！这是你们发挥“本能”，实践天职的时候了！中国的前途，中国第二代国民的前途，都靠你们活动的方向来规定。我愿你们努力！

原载：教育杂志．第15卷．1923（2）

做今日青年该怎样

要做今日的青年——不愧为这个时代这种境遇底下的青年，该尽两种责任：一种是救自己的，一种是救国家的。

怎样救自己呢？是要从不正确的习俗和思想的圈套内挣扎出来。你不该盲目地崇拜圣贤了，你不该私心地妄想富贵了，你不该任情地贪图快乐了，你不该斯斯文文地装作君子人了。现在你该睁开眼睛，发挥个性，望前进行，别再向后倒退，现在你该反抗强暴，扶持弱小，为大多数被压迫被牺牲的民众奋斗，别再梦想趋炎附势做官发财。现在你该培养刚健的德性，坚持战胜的态度，用自力去站在整个世界上，别再怯懦因循竟至于丧失青年发扬蹈厉的活气。假使你不这样自救，无论你怎样好学，怎样勤恳，都是枉费工夫，全无是处。

怎样救国家呢？一，要打破谬误的不问政治的旧观念，而有以国民资格干预政治的觉悟。二，要留意国内及国际政治界经济界所发生的重大事象，能判别这种事象的利害关系（这可参考那些以改革政治为目标的出版物）。三，要对民众宣传国际形势及本国政象，引起民众从事改革的动机。四，要在必要的时候，对于误国罪人及腐败政府，参与团体从事改革的运动，或采取个人激烈对付的行为。

总之，做今日的青年不该静默，温柔，独善其身，而要奋斗，刚强，服务群众。做今日的青年，不该妄想做人上人，也不该甘心做人下人，乃要承认自己是团体中的分子，便须为大家的幸福努力合作。

本文刚完稿，忽然看见报上载有曹锟贿选成功的电报。于是我们的工作便须加快速率，积极进行了，当这国家紧急关头，大家怎好不即刻动手！

原载：觉悟．1923

教育的意义与教育学者

试就对教育之意义这个大问题，看一般教育学者如何对付，作为例子来说明一下。

在教育史上来讲教育的意义及其变迁，本来也出乎一般编教育史乃至读教育史者的“常识”之外；他们以为这是教育学的任务，惟教育学家才需也才配处置这个问题。但这是已经被矫揉造作过的“常识”，在教育史上不讲它，而让教育学来承受这项任务：这便有点学者之“御用”在内。

且看教育学家怎样处置这一问题。原来教育学是由号称教育理论家或教育哲学家的人所“编制”的。因为他们具有“高深的理论”，懂得玄妙的哲学，所以在教育学上的命意措词，也必求其高洁玄妙，凡平凡通俗的见解字样，自该避去。他们先把为“万物之灵”的人类从一般生物区别出来，再把教育事实限制在学校门墙之内，而学校是“重地，闲人莫入”的；然后他们安住在这一“无风带”中，来吟味教育的哲学，推敲教育的理论。更令人可佩的，还热望把教育学“化成”科学，务必把教育学的学术地位抬高。独对于有许多儿童进不得“学校重地”；有许多穷人永远尝不到“教育妙味”；更有许多人虽已领得毕业执照，被送往劳动市场，而不知如何落局，所有这些都和他们不生干系。——其实，教育之不普及，自人类历史走入文明时期以来，即已如此。如孟子要“得天下英才而教育之”；孔子虽说“有教无类”，但既主张“民可使由之，不可使知之”，可见他“教”着实有“类”。

所以他讲教育的意义，只有什么“引出”、“导出”或“示范”、“助长”等字义的敷衍，和“完全人格”、“调和发达”等观念解释；从没有对人类教育之本义及有史以来教育意义之变迁下明了切实的答复的。

实则只要从生物界之教育事实一看，便可见出教育之根本意义及其目的，原不外于生活之维持和种族之保存。在人类社会之长期的氏族制度时代，也复如此。但自氏族制度破坏，国家制度出现以后，教育之意义与作用，就跟着变动，自有学者会有意或无意地把教育装成“合适”的门面，叫人看起来很是冠冕堂皇似的。试翻阅现在通行的教育史书，大都从所谓文明期开始——从希腊罗马开始；而这时期正是上述教育之根本原则已经变更的时期。在人类长期的进化历程上，这一根本原则是如何被维持与受变革，本是教育史所该发见的一个重大任务；但是一般所谓学者似是盲了眼，不是把它们置之不论，便是另外“编造”理由。为什么要这样“讳言”或“编造”呢？只为了彻底论述之后；会与当代的支配者有不利之故。

教育意义的变迁

【氏族制度与社会】　原来在历史上，教育之意义是这样变迁的。

人类之过去，约有十之九的大部分是可称为氏族制度之时代，即原始共产生活时代。在氏族制度的社会，生产以社会之必要为目标，消费以满足各人之需要为原则。即生产不以买卖赚钱为目的，消费以人人满足为理想。换言之，大家劳动，大家消费。在同一时代同一社会中而有不劳而获与劳而还饿的两种人并存的事实，在这个氏族时代的人看来，简直是绝对不可理解的谜；他们的子孙要为此谜而遍尝悲痛，也决非他们所预料。这种共动共乐的社会之道德，是怎样的与今日的社会之道德有别，自然不难想象。

他们的教育，无待言，自不外于所谓“种族保存”之生物学的目的。在氏族制度时代，除由前代向下代传授社会的遗产之外，别无何种意味；即除“个体维持与种族保存”之目的以外，更无他种教育目的。当代的人一面利用从前代所传下的精神的及物质的之遗产，一面更加上新的经验与发明，以传给后一代。所以这不是个人的事情，而是社会的事情。

然在人类社会中，自私有财产制发生，并且逐渐发达，于是人类全体之生活，遂现出根本的差异。

【私有制与教育】　私有制既经发达，必然有拥护这个私有财产之道德跟着发生发达。从来除单纯的生物学目的以外不另有目的的教育，一到这里，也便将拥护私有财产之新道德加入，要传授给后代，叫他们负担这一项新的任务。至于这种新道德是否与人类全体之幸福或利益相一致，是与“教育”不相关的。由是为教育本来任务的“种族保存”，渐次丧失其意义。

在氏族制度的社会，各人在才能上虽有差异，但生存之权利是平等的。然私有财产发生以后，遂生出各人私有财产之差别。私有多者与私有少者，在生存这权利上也不相平等。一方是“朱门酒肉臭”，他方是“路有冻死骨”。这样所有少者或全然没有者，不得不屈服于所有多者。后者就握有前者的“生杀与夺之权”。在此种社会中，适于所有多者之道德，逐渐发达，教育就成为向下代传授这种新道德的工具。

【国家制度之发生与教育】　私有财产制之发生，终于破坏了平和的原始社会之组织；即单一平等的社会，竟分裂为富者与贫者。这一分裂即为对原来的“秩序”之破坏，于是不断的扰攘因此发生。为在表面上掩饰这一扰攘，缓和贫富之冲突，以便合法地保护私有财产，自有造成新的“秩序”之必要；国家制度即由此建立。

说句比喻，国家是建立在原始社会之废墟上的回旋舞台。这一回旋舞台仅不过约在四千多年前造成，到了今日已经几次回旋了。但在任何个舞台面上，“台柱子”终是所有多者，“跑龙套”终是所有少者及一无所有者。而所谓“教育”这条鞭，终被握在“台柱子”手里，作为驱策指挥“跑龙套”之用。

古代——舞台面为希腊及罗马之时代，“台柱子”是贵族，“跑龙套”是奴隶。这个时代之教育，其任务在确证并赞美作为“台柱子”的贵族之优越并使做“跑龙套”的奴隶感到自己的卑微与绝望。贵族们相信自己来得特别高贵，视奴隶为“非我族类”。他们榨取奴隶之劳动，以筑成豪奢的生活。教育之任务便在使这一事实成为合法化。

中世——舞台回转而至中世纪，“台柱子”是封建诸侯与僧侣，

“跑龙套”则为农奴。诸侯与僧侣高居农奴之上，教育任务在使农奴永不开眼，过土拨鼠的生活。基督教利用上帝的名义说善良的土拨鼠死后可升天国。

近代——舞台更回转而至近代，这里资本家做了“台柱子”，平民成为“跑龙套”。在这个舞台上，自然，一切背景、服式，乃至说白等等，全为“台柱子”而设置。所谓教育者，自也不外乎使“台柱子”的表演愈加有声有色而已。

【教育意义变迁之大概】　故若注意在人类进化历程上的教育之历史，可知最初教育之起源，实为帮助生活；其作用只是一种用以维持生活之手段。但因历史的进展，教育意义大有变迁；变迁的大概可说明如下：

第一，在氏族制度时代之教育，是为种族之维持发展，由前代向次代传下物质的及精神的社会遗产，完全是生物的目的。

第二，当私有财产制勃兴时代，社会分裂，从而教育于生物的目的之外，加上当作支配工具的目的。

第三，当私有财产制已经发达之后，教育之目的遂变为忽视第一义而重视第二义。

从希腊罗马开始的教育史，就是以第三项相终始的。这种教育一直迄于今日还未告终。故一般所谓学者之不信教育意义目的在乎“种族保存”，也是势所必然。他们虽不必全属生成的“御用学者”，但因种种感染，很容易发生附会和曲解；于是他们编的教育史自也不得不成为偏颇，不公平，甚至包藏欺蒙的作用。

两种教育

再有一点为研究教育史者注意的，即教育制度之组成与教育行动之存在是两种事实。这个区别，在文明社会如此，在原始社会也如此。在南洋之野蛮部落中，有为训育青年所设之大家屋——西洋之研究者称之为 Club house——所定之割礼及 intiation（加入式）：

这种体制可称为有组织的教育制度；然同时在这社会，虽未随时随地组成这种制度，但于日常生活之间自有种种社会的生活行动在非正式地互相传习，这就是所谓教育之实质的存在。至在文明社会，中世纪之前，当作实质行动之教育还比当作组织制度之教育占得重要的部分，国家阶级及教会阶级以外的最大多数人之教育，完全是由实质的行动的，徒弟制度或者是有组织之唯一制度；但这种组织实不改变教育行动之实质，不过有如一种学校的规则，却并不影响于学科之内容。因之在徒弟制度上，教育之实质仍属于行动而未被组织，也即由此得以产生精巧的中世工艺品。又如在此以前的希腊社会，是由市民和数倍于市民的奴隶所组成。而一切社会的生活资料之生产以至一切工艺技术，凡属生产意味之体力的乃至心的劳动，莫不由奴隶担负。故实际上，除普通教育史所记载的完成希腊国家阶级之军事的文事的支配生活，或市民的闲暇生活之教育制以外，尚有“无意识的”行于奴隶间以完成“社会”所必要的生产上之体力的乃至心的劳动生活之教育行动。那具体地发挥希腊人审美感之建筑雕刻等等，全为奴隶之“教育”所产生者。这种“教育”自以实质的效果为目的，为当时“社会”的生活所要求。——只不过那种效果已不是纯粹的“生物学”的要求，那个社会也不为奴隶们所有而已。——然通常教育史当作希腊教育所记载之事实，却止于市民国家的阶级之教育。这个原因，一方面固然也许由于文献的资料之缺少——即一般教育史之所以开始于希腊罗马者也以此为理由之一。——但他方面实因编者站于支配者之立场，误认有组织的教育制度即特定的为国家机关所统制的教育是教育，而把完成那支持社会生活——非支配生活——的人间行动之教育忘怀或被遮视之故。原来自古以来，支配者视自己的阶级即为社会全体；虽说社会生活，实乃自己阶级的生活；虽说社会教育或文化，实乃自己阶级的教育或文化；文明愈进步，这种外套盖得愈厚，甚至说压迫是为了被压迫者之幸福。“御用学者”常常是只认得支配者的观念，又哪得不把支配者的教育史即当作全人类全社会的教育史呢?

* 以上三篇摘自杨贤江著《教育史ABC》的第一章。

教育是什么

教育是观念形态的劳动领域之一——观念形态与现实基础——教育的起源——科学与实用——教育的实用性——教育学者的妙用——教育跟社会经济的变迁而变迁的事实——教育和其他观念形态的关系——问题

我不引用《说文》上或拉丁文语源上的字面解释，也不引用教育名家的定义，我只直截了当地下如此的说明：就是，教育为"观念形态的劳动领域之一"（one of the fields of ideo logical labour）①，即社会的上层建筑之一。

什么叫做上层建筑或观念形态？这在本丛书② 的另外几种书籍上，我相信一定是有详细的说明的。所以这儿不妨说得简单一点。

照唯物史观来说，社会的经济构造是现实的基础，而法制上、政治上、宗教上、艺术上以及哲学上——简言之，就是观念上——的各种形态（即所谓观念形态）都是建立在这个基础上的上层建筑；教育就是这样的上层建筑之一，也就是这样的观念形态之一。上层建筑对下部基础的依存关系是这样：物质生活资料的生产方式（即经济构造）决定社会的政治的及精神的生活过程（即上层构造）；"随着经济基础的变更，在全部庞大的上层建筑中也就会或迟或速地发生变革"③。

---

① 观念形态即意识形态。观念形态的劳动，指从事观念形态的创造、传递等工作的脑力劳动，或称精神劳动。著者认为教育属于这种劳动的领域，以别于从事物质生产的劳动。

② 本丛书指《新兴社会科学丛书》。

③ 马克思，恩格斯．马克思恩格斯文集：（两卷集）第 1 卷．北京：人民出版社，1958．341

这是新兴社会科学已经确定了的学说，我们可以拿来说明教育在这一点上的性质，实为我们最先所应放在心头的一个根本概念。

至于教育是“观念形态的劳动领域之一”的解释，正可就教育之最具体的表现就是学校来考察。一般的学校，无论是高级，是中等，是小学，都是社会的劳动领域，为赋予劳动力以特种的资格的地方，就是使单纯的劳动力转变到特殊的劳动力的地方。有的人要在这儿学成一个医生，有的人要在这儿学成一个律师，更有些人要在这儿学成哲学家、文学家、科学家等等。所以养成技师的工业学校与养成僧侣的宗教学校，在本质上并没有什么大的差异。因为它们都是赋予人们以特殊的劳动力，完成多少专门化的劳动机能之场所。从而学校的构造与学校的分科（商业、工业、师范、医学等等）都是对社会所需要的各种熟练劳动力之表现。

这一个教育的定义，就是根据唯物史观所下的。为使读者格外明了起见，不妨再为引申。

这就该从教育的起源说起。

教育怎样起源的？是根据于什么人性吗？是根据于教育者的意识吗？或是根据于什么天命吗？——即所谓“作之君，作之师”①，都不是的。教育的起源并不在于这样的玄妙的处所。教育只是一件“日用品”，是与社会的生活过程、物质的生产关系有密切联系的；而且是以这种现实的社会经济生活为基础的，只要是现实的经济关系变了，它是必然地跟着变的。若说教育是与现实的经济生活无关，单凭某个人头脑中的思索所得决定，从来就没这样一回事。

浅言之，教育的发生就只根于当时当地的人民实际生活的需要；它是帮助人营社会生活的一种手段。这所谓生活，一方面是衣食住的充分获得，他方面是知识才能的自由发展；还有，这种生活是集体的社会的，决不是孤立的个人的；所以教育的定义应是社会所需要的劳动领域之一，是给与社会的劳动力以一种特殊的资格的。自有人生，便有教育。因为自有人生，便有实际生活的需要。

---

① 语出《尚书》，意思是既是群众的首领，又是群众的教师，反映古代首领和教师合一的情况。

不过人生的需要，随时随地有不同；教育的资料[1] 与方法也跟着需要有变迁。这种变迁的根源，就存于社会的经济构造的转易。故在原始社会是一种教育方式，在奴隶社会是一种教育方式，在封建社会是一种教育方式，在资本主义社会又是一种教育方式。

说到教育起源由于实用[2] 这样的话，有人或许要视为轻视了教育，甚至诬蔑了教育。其实大大地不然。一切科学——无论是自然科学或是社会科学——没有一种是不由实用而产生，不跟着实用以进步的。譬如号称“纯粹思维之学”的数学，从表面上看来，似乎和实用离开得很远，但在最初也是起源于实用的，那就是由于计算东西这一种非常实际的需要而产生。又如天文学，是太古人类为在广大的平原及沙漠中有定方位的必要，为在农业上有知气候及年月日时的必要而产生的。自然，这些学问，在人类的野蛮时代，尚未形成为严格意味的学问，当初不过有点科学的萌芽罢了；至其长成而成立为学问，乃是人类生活上多少有了余裕之后才有的事；即在生产力逐渐进步，人类对于外物能有充分观察及研究的余暇才可办到。所以科学这样东西，最初是当作生产力进步的结果而发生，其后直接地或间接地伴着生产力的进步而进步。换言之，科学的内容，是以该社会之技术的阶段即经济的阶段为基础的。

这样，各种科学完全是由实用而生，伴着实用而进步；教育这件事业，本是以传达各种科学的内容为职责，它之不能离开实用，自是当然的事。

但或者也有人说：在学问的发达上，难道没有完全离开实用以进行的时候吗？就是难道没有所谓“为学问而学问”这样纯粹为满足知识欲的学问，或把什么实利或应用全不放在眼中，而只以纯粹的学问纯粹的知识相追求的吗？这话可分两层来解答。

第一，一切科学上的理论自然不一定是直接为实用的；个个的理论不是全然有它的应用方面的。但是无论怎样纯粹的科学理论，在间接方面，一定是充分有实用的意义的。一切的科学知识，就全

---

① 指教育的内容。下同。

② 此处所指实用，是实践所需要的意思。下同。

体言，是社会的有用物；它的局部，虽不一定直接地有用；但在把它视作全部科学知识这把锁链之一环时，就间接有用了。人类社会的工具及机械，没有一件无用无益；同样，在人类社会中的学问，也决没有无用无益的。但何以间接有用，而不是直接有用呢？这是由于这样起于实用的学问，到了后来因为逐渐分化的结果，分成为非常专门的各种部类；在这种部类里面又细细地分成若干小部，于是从事于一人专门部类的学者，除出自己的专门之外，竟可连什么都不知道。他自身活动的整个范围和他研究的范围适相一致，而在实际上应用他的研究的，却不是他自己而是别的专门家。譬如化学这种学问，就有理论化学乃至应用化学的分别。因此，专门家自己竟会设想自己的研究是和实用无关的；殊不知实际上，他的研究结果，还是因为别的专门家的利用或因为广泛的社会的利用，经过了某种路径而成为实际必要的产物；而且他的研究本身，在实际上也须以这种实际的必要当作终极的目的，而后才能成立。

第二，我们要知道等到学问形成的时候，凡从事学问——如法制、宗教、艺术、哲学以及科学——的人都是属于社会的上层阶级，就是属于支配阶级——因为不是这样，他们就没有余暇来从事；因之，当他们研究以至说明这种学问的时候，必然地反映出他们在社会阶级上的立场。他们自己承认和实际从事劳动、实际维持社会经济构成的人们（古代的奴隶，中世的农奴，近代社会的工人），完全享受不同的教养，所以他们以为自己从事的事业，和从事劳动的人们的工作，完全在不同的轨道上发展。这儿我们可举哲学上观念论的代表人物柏拉图的见解为例。在他老先生看来，只有真正的哲人才能认识一种所谓崇高的实在；职匠和工人的子弟是不能达到这种精神锻炼的阶段的。所以他明白地主张哲人政治，以为只有具有政治的科学的美学的教养的家庭，才能供给一种天才，在受过注意的训练之后，可以充任最高的官吏。柏拉图的这种见解，后来跟阶级社会的发达而益加展开。就是，阶级社会愈加发达，这种观念上的事业愈加专门化而愈落于社会上层阶级的一部分人之手，因此，连这种学问的本质也愈加被视为和社会的基础构造、社会的实际必要相远离的相分开的部类了。

教育为帮助人营社会生活的一种手段，显然是实用的；教育的历史进展，也适于各时代社会的经济的需要（虽不是全人类的需要）；但自有了所谓教育学者讲什么教育哲学、说什么教育原理之后，竟把本来人人能解的接近实际生活的教育，变成为了不得的精深，了不得的高贵，仿佛惟有哲人才可从事似的。

这批属于上层阶级的教育理论家或教育哲学家，自以为具有高深的理论，懂得玄妙的哲学，所以在他们所"编制"的教育学上的命意措词，必求其高深玄妙，凡平凡通俗的见解字样，都要避去。他们先把为"万物之灵"的人类从一般生物区别出来；再把教育事实限制在学校门墙之内，而学校却是"重地，闲人莫入"的；——其实照"学校"两字的拉丁语源来说，它正是惟闲人才能进去的场所①。——然后他们安坐在这一"无风带"中，来吟味教育的哲学，推敲教育的理论；更令人可佩的还热望把教育学"化成"科学，务必把他们所"编制"的教育学的地位抬高。可是独独对于有许多儿童进不得"学校重地"，有许多穷人永远尝不到"教育妙味"，更有许多人虽已领得毕业执照，被送往劳动市场，然而找不到出路；像这一类遍地存在的事实，我们的教育学者是可以全不关心，不，是可以全不看到的。

以上说明教育这种社会现象的实用性及其所以被视为远离实用的由来。以下更要简单地就事实来证明教育之实用性及其跟社会的经济的变迁而变迁的情形。

欧洲中世纪的封建社会是宗教异常发达的社会，因之中世纪的学校都带有极浓重的宗教意味。宗教的学校自不待言，就是其他大学生活及课业等等，也都有僧侣的色彩、神学的精神；除出医学、法学等二三个分科大学以外，其他一切教育机关，不问其为小学或是大学，莫不以僧侣的教养为第一目的。但到了中世纪末叶，因为都市发达，跟着有商业资产阶级的发达，于是以养成商人为目的的

---

① 学校，希腊文 Schola，是消闲的意思。在希腊罗马时代，贵族阶级终日闲暇无事，必须寻求消遣。Schola 原为贵族阶级消闲的场所。拉丁文 ludus literarius，也是指游戏的场所。

专门学校就建立起来；以后工业资本主义发达，相应地就有工业专门学校发生；且为了大工业的发达，技师、监督及计划者的需要，更可看出各种的高级专门学校及大学增设起来。

这是由学校的内容的变迁，可以看出教育的性质。

再看来自担任教师的人物，最初或可说是母亲，是长老（可决不是正式的严格意味的老师），以后是僧侣、学者，再后来便是以教育为职业的教员及官吏等等；这也是随着实际的需要来的。现代国家之所以创办师范学校，对师范生特定优待办法，就是根于国家独占教育事业及维持资本主义的社会秩序之需要来的。

说到这儿，我们对于教育是什么这个问题，当可有个明白的概念了。就是：教育是社会上层建筑之一，是观念形态的劳动领域之一，是以社会的经济结构为基础的。

不过，在这儿，可以顺便说明一句。教育虽是和法制、宗教、道德、艺术、哲学、科学等等同为社会的上层建筑，但它有一点特别的地方，就是它不像别的精神生产各有各的内容，而是以其他的各项精神生产的内容为内容的。譬如学校里面的课程，无论是科学，是哲学，是艺术，这种种学科的内容，没有不和当代社会的一般科学的内容，一般哲学的内容，一般艺术的内容相同的。换言之，学校科目所教授的样式、倾向等等，都是以当代一般的样式、倾向等等做根据——但要注意：这所谓一般，自是指着一时代占支配的地位者而言；而“任何一个时代的统治思想都不过是统治阶级的思想”①。——因此，在新兴社会科学上解释各种精神生产即上层建筑时，往往不列入教育一门，就为了教育只是一种动作，是一种技巧，以讲究怎样实施“支配思想”为务的。教育之不成为独立的，不仅为了在旨趣及实施上受制于经济及政治；也为了在资料与方法上受制于其他各项精神生产的缘故。

---

① 马克思，恩格斯．马克思恩格斯全集：第4卷．北京：人民出版社，1958．488

教育的效能

教育的可能性——评三种错误的教育效能观——1. 教育万能说——2. 教育救国论 ——3. 先教育后革命说 ——问题

在教育的本质上，若不说一说教育的效能，我是觉得有点不充分的。因此，现在特来说明教育的效能。

引起我要特地对教育的效能加以说明的动机，是因向来教育界乃至教育界以外的人，往往抱着一种不相应的过分的估量，以致发生许多错误——在教育本身上，也在革命进程上。

这种错误的教育效能观，大致有三方面：第一是教育万能说，第二是教育救国（或建国）论，第三是先教育后革命说。——后两说也可说是第一说的推衍。

在未批判这些错误的教育效能观以前，我当使读者先回顾一下上面所已讲过的话。

最初，我们就说明教育是上层建筑之一；是观念形态的劳动领域之一，给人以特种的劳动力的；换言之，它是帮助人营社会生活之一手段。同时，我们知道教育不是什么凭空生长，独立存在的；它乃是受制于经济的关系，同时就是政治制度，而为某种经济的社会的产物，某种经济的社会的形态之反映。不错，我们可以补说一句，教育也有率先领导或者促进的功用；例如在辛亥革命之前，有许多地方的学校已在宣传革命思想，黄花岗七十二烈士的英勇行为尽可说是这种宣传的产物；由这可知教育着实有作用，决不像是专做“尾巴”的。不过就在这儿，我们要问在辛亥革命以前，何以会有那种革命思想发生呢？是生于教育者之“良知”吗？是生于革命家之“先觉”吗？都不是的，它乃是生于一种客观的刺激；说得具体一点，是生于帝国主义逐渐向中国加紧侵略，而满清政府无力抵抗，致使民众生活愈趋困难，迫得大家要找生路，然后才有那种革命思想发生的。所以就教育上的各种设施以及教学内容而言，都是和当时的经济及政治状态相适应的——不拘是反动的也好，是革命的也好。教育绝对不会也不能超越了时代与环境而有特别新颖可喜的内容和方法，仿佛从天上降下来的。

要之，人绝不能在客观上所不可能的范围内创造什么；人只能在客观上所可能的范围内有所推进利导。

教育的可能性自然也有这个限度。

说教育有非凡的本领，有超越一切而独立特行的存在，不是梦呓，也准是夸大狂。

现在就进而批判上述三种的教育效能观。

第一是所谓教育万能说。

容我先来叙述自己过去的经验，现在确是觉得有点赧然的。

当十五六年前，我刚毕业小学的时候，由于家境贫寒，看来对于升学显然是要失望的，所以只好走上糊口之路——说来惭愧，我是高小毕业就做高小教员的，但半年之久，校长先生仅仅送了我十几元薪水。——但是我的升学野心依然盘踞着不去，当时曾几次发生过幻想：进工业学校去，考电报学生去，进留美预备班去（清华大学的前身），而且和父亲商量过；但是父亲责备了我一顿，说是“你还梦想究竟！”——我的父亲是手工业者，由于贫穷，自然相信穷儿是命定的不必受许多教育的（实际是没有钱受教育）。

梦想究竟！我竟梦想到了——考进了师范学校。进师范，一方面固然为了师范免学费还免膳费（现在可不然了）；但他方面还为了我是个“教育万能说”的信徒。

也许是一个人的自己安慰方法吧。由于要进师范，考进了师范，就对师范抱了最多的希望。但不管这个，我当时确是相信教育万能的，以为教育可使人得知识，可使人得技能；更希奇的，是可使哑子开口，瞎子读书。还不仅此，教育事业是多么清高，多么纯洁；在当时的学界中，师范生的确显得比一般中学生要规矩些，要俭朴些。

经了五年的师范教育，愈加觉得教育事业真是国家一切事业的根本；在求学期内，记得袁世凯快要做皇帝时特颁教育宗旨，我们学生还都读过，认为是“教育福音”。到了毕业之后，虽未曾“身执教鞭”，但对教育总还存着重视之心，以为教育办得不好，其他什么事业终是弄不好的。

可是，最近五六年来，我要自己庆幸，我居然从梦中觉醒了。我发见我过去确是“梦想究竟”，确是迷信。

这不仅因为我“小民无饭吃”，使得“教育万能说”不攻自破；实在是因为从事实上，从理论上，都证明了“教育万能说”的不足信。

理论上的说法，从本节开首的叙述，可以明了。

现在专从事实上来作证明。

相信教育万能说者，除“赵普以半部《论语》治天下”这样幼稚好笑的瞎说，凡稍有常识的都不置信以外，独对于号称新教育的现代教育，仍还有不少人信为是万能的。他们的理由是：新教育是科学的教育，是民众的教育；这种教育不是过去愚民的贵族的教育可比。天空有飞机，海底有潜水艇，消热有电扇，保暖有电炉；这许多文明利器，已使得世界比以往进步，也就可说是教育的产物；所以教育虽非万能，也近于万能了。

但是果真如此吗？

“用所谓‘科学的教育’，以考查儿童的学业，并举行其他的调查统计等等，看来好像是很公平、很准确的利器，已在教育上应用了。

“用所谓‘全民的教育’，以设立民众学校，推广补习教育，并出版供平民阅读的书报，看来也好像教育上已在打破界域，大度包容的了。

“但是考之实际，是不是个个儿童得享受到‘科学的教育’之恩赐，个个平民得享受着‘平民的教育’之教训呢？

“在教育上也同在政治上、经济上、法律上、社会上一样，有着许多的不平等，许多的不真实。

“科学的利器真多得很呢？在交通上，在建筑上，在营养上，在娱乐上，在现代确比现代以前为进步，为新颖，为有趣；但试问能享受到它的利益的究有多少人？举浅例来说：夏有电扇以避暑，冬有暖炉以御寒的，在这现代占有全人口几分之几的人？同一情形，尽管教育上发明了多少利器，但就其极大限度的效用而言，也只限于能就学的人。然试问从教育门墙被除外的人究竟有多少？这批人是永不能见到‘科学的教育’之面貌的啊！

“再看‘全民的教育’。叫‘全民’，‘全民’原是其妙无比的好名词。但试问世界上的全民在哪里？如号称民有民治民享的德谟克拉西（Democracy）的美国，莫非已臻于全民的境地吗？我们知道世界上尚没有所谓全民的政治，因为掌握政治的国家机关，并不在全民手里，而是在‘部民’手里。这且置而不论。单就现代所谓‘平民的教育’来看，一则在数量上固未普遍，再则在内容上更多缺陷。譬如就现代富强国家的教育训诫而言，说‘奉公守法’，‘勤俭可以致富成家’等等，养成安分良民的话，其实在站在反资本主义的立场的人看来，都是资本主义国家的统治阶级用以欺骗平民、软化平民、役使平民的口号。因为一般平民并未掌握政权，掌握政权的都是特殊阶级的人；换言之，他们这种国家并不是平民的，只是特殊阶级的；所以那种教育上的说教，适成其为特殊阶级的教育罢了，与平民本身利益是无关系的。然则更哪里来的‘全民的教育’？”

这段引用的文章，可以证明教育上的许多主张，不管它是如何好听，就教育本身言，它的效能是有限得很的。“万应膏”式的教育，只在教育学家的嘴角边，决不在事实上。

我再举出一个实例，以证明教育上的好方法并不一定发生效能。

盲哑教育是盲哑者所应受的教育，谁也知道是该积极提倡的。但据民国十八年十月间《申报》载朱冲涛、张维新二君为编制教育方案应增加盲哑教育呈教育部文中说：

“查我国盲哑之众……当在百万以上。……又查我国盲哑教育已有二十余年之历史。但现时全国盲哑学校，据最近调查，哑校仅有南通、北平、烟台、上海、南京五校（内私立三、公立一、教会设立者一），哑生总数不满三百；盲校约三十所，大半为教会设立，学生总数亦仅千数百人……”

本来是一般的普通的教育尚未普及，像这种特殊的教育自然益发未能普及了。然我们由此不是可以懂得教育本身是很少效能的吗?

有百万以上之众的盲哑，而只有千数百人受到盲哑教育，这简直是宣告教育无能。

为什么教育这样无能呢? 便因教育受制于经济，受制于政治。仅靠教育事业上想法，在教育范围内活动，那么无论怎样巧妙的教育方法都是枉然的。

相信教育万能说者，至此又有何词以对?

老实说，现代新教育的症结，正犹如公朴君所说：“是在于现代所特有之‘富’。我们知道现代的社会是‘富’的社会，是‘富’集中于少数人的社会，是占有经济上支配地位的富者同时即为占有政治上支配地位的人的社会。同在政治上、经济上、法律上、社会上富者享有特权一样，在教育上也以富者为享有特权。换言之，握有财产权者享有教育权。因之，所谓‘全民的教育’，就本来没有这回事。”①

故不在“富”的问题上谋解决的方法，不特教育对于本无所能的事情没有效能，就是对于本有所能的事情如盲哑教育，也将归于无效。

第二是所谓教育救国说。

这一说是可视为根据第一说而生的，既以教育为万能，自以教育为能救国乃至建国了。

四五年前，国家主义派曾唱出教育建国论；但推崇教育，认为救国唯一法门者，固不自他们始；所认为救国的教育也不止国家主义教育一种。

如古老先生便竭力提供道德教育，以为人心不古，世风日下，

---

① 引自公朴的《现代新教育之特征——病征》。——作者原注

非用道德教育来救济不可，有了道德教育，便是曹、陆、章[1] 等卖国贼的良心也可发现了。殊不知道到民穷财尽，大家没有饭吃，快要饿死的时代，还有什么道德好讲。何况我们已明白所谓道德这样东西，也同法制一样，是支配阶级维护自己的利器，根本是没有叫作社会道德或人类道德的。

再有提倡爱国教育的，以为中国之所以衰弱，原于人民没有国家观念；假使教育上努力宣传爱国思想，使人人知道有国当爱，中国何患不能富强。这正是国家主义者认国家为社会进化最高形态应有的推论。爱国思想是资本主义勃兴以后的产物，所以是资产阶级的御用品。世界第一次大战时，帝国主义者乃至第二国际以及其属下的社会民主党一致高喊"拥护祖国"，其结果使得几千万条的生命活活地葬送在这个口号之下。这算是爱国教育极顶的成绩，想也是国家主义者所极顶欣赏的吗？这样的教育，自可效力资本家所有的国家，但与被榨取被压迫的工农大众无关。何况"爱"这样东西，也只有"衣食无虑"的时候才保得住。做父母的，谁不爱自己的子女？然而当今陕西、河南一带，贩卖子女已成为灾民求而不得的机会。你能训斥这般做父母的没有爱心吗？爱心本来是有的，但是饿死了。谁饿死他们的呢？……

还有比较切实一点的人，提倡职业教育，以为现在国家太穷，人民生计太苦，能使人民有独立谋生的能力，使各种工商业发达，以抵抗外国货，国家就可富强起来。他们不知道中国工商业为甚不发达，人民为甚多失业；说这是由于帝国主义经济侵略的结果，或者他们到现在可以承认了；但进一步，说帝国主义的经济侵略是由于资本主义发达必然的结果，恐怕他们不晓得也不敢这样设想了。不推翻帝国主义在中国的统治（经济上、政治上、文化上的种种），不肃清封建势力，不打倒那投降帝国主义，向封建势力妥协的大资产阶级，中国就不能脱离现在半殖民地的地位，中国民众就不能改

① 曹、陆、章指曹汝霖、陆宗舆、章宗祥。他们是"五四"运动（1919）以前的亲日派卖国贼。在袁世凯指使之下，同日本帝国主义签订了"二十一条"的卖国条约。在"五四"爱国运动中，他们受到中国人民的应有的惩罚。

变现在贫困的生活。靠职业教育能救国，简直是笑话！

至于什么普法战争，德国大将毛奇归功于小学教师，以及什么日俄战争，日本伊藤博文说战胜是小学教师之力；都不过是支配阶级的催眠作用罢了。

教育固然不能救国，但教育也不是绝对不必"救国"。"为教育而办教育"这样欺骗人、愚弄人的说法，我们早知是支配阶级讳言阶级教育的一种遮眼法，是御用学者制造出来以自欺欺人的鬼话。但同样，主张教育救国，而轻视民众的革命，这也是转移革命民众的视线，而让他们走上错误道路的阴谋诡计。所以我们必须进而批判第三说。

第三说就是先教育后革命说。

这和第二说有相通处，就是说教育有单独的效能。不过第二说认为单靠教育便可救国，本说则尚不忘革命罢了。可是本说的错误也正不小，尤其在最近中国革命正成为当前迫切问题的时候，是值得从事教育工作者的严重注意的。

他们的意思，以为要革命先得教育人民，人民不懂得革命，没有能力革命，革命就不能成功。

照他们的说法，辛亥革命固然多事，就连二三年前的中国革命① 也嫌过早。因为中国四万万人，大部分正犹如国民党所说，是"阿斗"式的脚色，当然懂不得革命，没有革命能力的。

现在姑不说这个。单就本说批评一句：是"俟河之清"，不知何年何月，才办得到。老实说，是终于不可能的。

上面我们已叙述过教育的变质，即在阶级社会中，教育只是支配阶级的，是为支配阶级的利益的。不能在这种阶级教育中来推翻支配阶级的教育，以实施革命的教育，普遍地养成革命的人才，是比什么都容易了解的事情。那么请问主张先教育后革命说者，你有什么魔术来办理养成革命人才的教育呢？

不错，对于封建制度的资产阶级革命，确是先在封建社会的内部，有它自己的文化的成熟，比支配阶级的文化为优越；但同时我

① 指 1925～1927 年的第一次国内革命。

们该不忘记在封建社会的范围内，它已是经济生活上的支配者，所以俨然有它这个新阶级的存在；而且它也未尝忘记革命的行动。在1789年法兰西大革命之前，不是早有过文艺复兴的新时代、宗教改革的新运动吗？这样的新时代与新运动，虽不能说是资产阶级夺取政权的革命；但不能不说是刚勃兴起来的资产阶级对快要崩溃的封建制度之斗争，而且是斗争的成功。

可是到了资本主义发达到最后阶段的帝国主义时代，情形大不相同了。前面已说过，在帝国主义时代，教化也必然地要趋于"独占"与"帝国主义"的；古代及中世的教化，是两重的"并行不悖"，而现代的教化乃是两重的对抗，两重的"火并"。所以在现代的资本主义社会中，劳动者阶级的地位是经济上受榨取，政治上受压迫，而且文化上受窒息的阶级；它绝对不能如在封建社会内的资产阶级那样，在经济上占支配的地位，在文化上又是自己的成熟了的。这一个阶级如要有自己的文化的成熟，只有在过渡期，只有在它获得了国家权力之后，只有靠破坏了教育之布尔乔亚的独占而支配了全般的学问，只有在伟大的建设事业之经验上，以改造自己的天性，成为新人类社会的组织者。

所以在现代主张先教育后革命，也是骗人的话。支配阶级决不容许在它的统治下面发生了于它不利的教育；你既不主张立刻革命，你自然只好就它的范。这样的主张是叫大家走上合法运动之路，走上取消主义之路；这不仅是"后革命"，简直是"不要革命"、"放弃革命"。

那么怎样才对？

我们承认教育在革命进程上自有它的地位，就是可以作为革命的武器之一。这个说法，不是认为教育独力可以革命，也不是认为教育无关于革命，而是要在革命的总纲领总任务之下，尽它的一方面的作用。

大致，教育与革命的关系，可以这样地说：

"在革命前，即在革命群众获取政权以前，教育是个武器，用以破坏、煽动、宣传，把统治阶级的罪恶尽量揭发，把革命的政纲尽量散播，这与军事的进攻固有相似的作用，而由此激起被压迫民众的革命情绪，培养成努力革命工作的新要素，则是于破坏之外，更有建设的功能。要之，在革命前，教育是用以斗争的、志在获得政权的武器之一。在革命后，即在革命群众已经获取了政权，这时教育的责任是在教导民众，训练民众，以拥护这一政权，巩固这一政权，保住民众对政府的密切关系和对政策的一致信任；因为那时的政府就是民众所选出以行使政权的，它与民众站在一起，再不与民众相对抗。要之，在革命后，教育是保卫政权并促进政权的一种机能。”①

这是表明教育在对革命的关系上，不能离开革命而为无关系的存在；只有在进行革命工作时，才能有（也需有）革命的教育。而且就是这种教育，我们也不当期望过奢，它的效力究竟是有限的。请从事教育工作的革命者，莫要为此又于无形中投降了“教育万能说”与“教育救国说”啦！

我们知道“革命的教育”这个名词的含义，是把教育用作革命的武器，用作斗争的武器，也可以视为对“为教育而教育”或“在教言教”那种空想的论调而发的。在革命时期，一切的一切都要适应革命的总策略，协力并进，革命才会成功。现在中国的革命既然未算成功，故教育工作人员当与一般革命斗士及革命民众互通声气，齐一步骤，协力以谋革命总纲领的实现。换言之，要把教育视为革命力量的一个方面军，在推翻帝国主义统治，肃清封建势力的革命任务之下，向着革命胜利的方向走去。

这是我们对于教育与革命关系之见解，也就是对于教育效能之见解。

＊以上两篇摘自杨贤江著《新教育大纲》第一章。

---

① 引自公朴的《教育者之政治的使命》.

思想评介

杨贤江及其马克思主义教育思想

一　用唯物史观论述教育的发展过程

运用历史唯物主义观点阐明教育的产生和发展，是杨贤江教育思想的显著特点。

探索人类教育的起源，历史是思想家注意研究的一个重要课题。由于所依据的哲学基础不同，思想家各自所得出的结论也往往相去甚远。杨贤江从历史唯物主义的立场出发，摒弃了教育起源问题上的各种历史唯心主义观点，根据人类社会的生活过程与物质的生产关系，创造性地提出了正确的教育起源论。

杨贤江把教育作为人类社会的一种基本的社会实践，来论述教育的起源。他认为教育的起源并不在于什么人性，教育者的意识，或者什么天命等等这种玄妙臆想之中。教育像一件“日用品”一样，是与社会的生活过程、物质的生产关系有密切联系的；而且是以这种现实的社会经济生活为基础的，只要现实的经济关系变了，它必然要跟着变。“若说教育是与现实的经济生活无关，单凭某个人头脑中的思索所得决定，从来就没这样一回事”。[①] 因此，杨贤江提出，“教育的发生就只根于当时当地的人民实际生活的需要；它是帮助人营社会生活的一种手段。”[②] 教育起源于社会的实用。这里所说的“生活”，在杨贤江看来，“一方面是衣食住行的充分获得，他方面是知识才能的自由发展；还有，这种生活是集体的社会的，

---

① 中央教育科学研究所，厦门大学合编．新教育大纲．杨贤江教育文集．北京：教育科学出版社，1982．413

② 中央教育科学研究所，厦门大学合编．新教育大纲．杨贤江教育文集．北京：教育科学出版社，1982．414

决不是孤立的个人的。”①

杨贤江认为，“自有人生，便有教育。”②因为自有人生，便有社会实际生活的需要。原始人类社会实际生活的需要是极简单的，因而原始社会的教育内容也是极单纯的，不外两个方面：一是获得生活资料的“实用教育”；一是安慰精神的“宗教教育”。属于前者的是渔猎、战争、制器的技能；属于后者的是风俗、习惯、仪式等的传授。这时的教育形式也可分为两类：一是从实际生活中模仿学习，二是到一定年龄时受长老正式的“教育”，往往须经过艰苦的磨练。原始社会的教育特点在于，“教育是全社会的，是实践的，即劳动与教育相一致的。”③而且，无论男女，每个人都享受教育的平等权利。

那么教育是怎样发展的呢？杨贤江指出，教育是以现实的社会经济生活为基础的，也是必然地随着经济基础的变更而发生变化。随着生产力逐渐发展，私有制产生，氏族制度崩坏，在教育上，也发生了大变革。社会分成了支配阶级与被支配阶级，教育具有了阶级性特征，从此不再有公平、独立的教育存在。女子不惟从此不得与男子“同学”，须受差别的教育，简直还要趋于“绝学”，而与教育离缘。支配者有闲暇，可受文雅的教育，至于被支配者们则只许劳动，不必识字读书，由此把劳动与教育截然分开，实践与理论开始隔离。教育权跟着所有权走，教育的目的，专为维护支配阶级的利益。

杨贤江把国家比喻为建立在原始社会的废墟上的回旋舞台，形象地指出，在奴隶社会的舞台面上，奴隶主是台柱子，奴隶则是跑龙套的。这个时代的教育，其任务在于证明并赞美奴隶主的高贵与奴隶们的卑微，宣传奴隶制的合法化。在封建社会的舞台面上，地主和农民组成了新的台柱子和跑龙套，即构成了新的剥削和被剥

①② 中央教育科学研究所，厦门大学合编．新教育大纲．杨贤江教育文集．北京：教育科学出版社，1982．414

③ 中央教育科学研究所，厦门大学合编．教育史 ABC．杨贤江教育文集．北京：教育科学出版社，1982．400

削、统治与被统治的关系，教育继续承担起维护和巩固统治阶级利益的任务。舞台回旋到了资本主义社会时，资本家做了台柱子，劳动人民成了跑龙套的。这时的教育与封建社会时的相比，有了一定的进步。封建社会对庶民不实施教育，差不多只有道德教育，而资本主义社会要对国民实施义务教育，并增加了知识技能的教育。这种进步是居于资本主义经济发展的需要，一方面对劳动者施以最低限度的教育，另一方面则最大限度地榨取劳动者的劳动。这种教育是为维护资产阶级利益服务的。总之，教育是随着社会经济构造的变化而变化的。在各个社会阶段，相应地有各种形式的教育方式。"但在任何个舞台面上，'台柱子'终是所有多者，'跑龙套'终是所有少者及一无所有者。而所谓'教育'这条鞭，终被掌握在'台柱子'手里，作为驱策指挥'跑龙套'之用"。①

杨贤江坚持了历史唯物主义教育史观，采用了马克思主义社会发展形态的教育史分期，运用了中外教育史的丰富资料，探求教育的起源与教育在人类社会各个历史形态中的演变，得出了科学的结论：教育起源于人类实际生活的需要；教育变迁的根源在于社会经济基础的转易；自从私有制产生后，阶级社会开始存在，教育也就成了阶级斗争的工具，原始社会那种全人类共享的，与劳动统一的教育不复存在，而代之以阶级的、对立的教育。杨贤江的这些观点，在当时有着振聋发聩的作用，是教育史研究上的一次重大进展。

二　科学阐明教育的本质

杨贤江运用马克思主义观点来研究教育理论，正确地揭示了教育的本质，说明了教育的作用，并辟除了对教育的迷信，纠正了对教育的误解，从而为有志于在教育战线上工作的青年人，提供了新的理论武器，指明了正确方向。

（一）科学地揭示了教育的本质

---

① 中央教育科学研究所，厦门大学合编．教育史ABC．杨贤江教育文集．北京：教育科学出版社，1982．324

对于“教育是什么”这一教育本质论的根本问题，杨贤江明确回答，“教育为‘观念形态的劳动领域之一’，即社会的上层建筑之一。”① 他认为教育之所以是“社会的上层建筑之一”，是因为教育具有这样一些特殊性：第一，教育把单纯的劳动力培养成特殊的劳动力。杨贤江指出，“一般的学校，无论是高级，是中等，是小学，都是社会的劳动领域，为赋予劳动力以特种的资格的地方，就是使单纯的劳动转变到特殊的劳动力的地方。”② 一个普通的青少年，经过学校教育的培养，成长为具有一定劳动技能的劳动力，以满足社会的需求。第二，教育是以其他的各项精神生产的内容为内容的。教育虽是和法制、宗教、道德、艺术、哲学、科学等同为社会的上层建筑，但它不像别的精神生产各有各的内容，而是以其他的各项精神生产的内容为内容的。比如学校里的课程，无论是科学、哲学、艺术等学科，它们的内容都是以当时社会的一般科学、哲学、艺术的内容为根据的。第三，教育是受制于社会经济基础的。关于这一点，杨贤江在论述教育的起源和发展时已多次提到，教育的意义和内容是随着社会经济基础的变化而变化的，阶级社会的教育是阶级的和对立的。

杨贤江又进一步说明了教育与政治、经济的关系问题，深化了对教育本质的研究。他指出，“教育这种上层建筑自是依据经济基础以形成，且跟随经济发展以变迁的”③。比如经济发展落后的民族，一定为文化发展落后的民族；封建社会重礼仪，资本主义社会重知识，社会主义社会重教育与劳动的统一，都是教育受经济影响的证明。“但是上层建筑的本身，对于社会的经济结构也有影响的

---

① 中央教育科学研究所，厦门大学合编．新教育大纲．杨贤江教育文集．北京：教育科学出版社，1982．412

② 中央教育科学研究所，厦门大学合编．新教育大纲．杨贤江教育文集．北京：教育科学出版社，1982．413

③ 中央教育科学研究所，厦门大学合编．新教育大纲．杨贤江教育文集．北京：教育科学出版社，1982．534

作用；就是有时可以促进生产的发达，有时也可以拘束经济的发展。[1]”教育对经济也有影响作用。比如资本主义社会，各种产业教育的发达，自也益能灵活支配生产行为，改进技术效用，从而达到资本增值的目的。

对于教育与政治的关系，杨贤江指出，教育虽然和政治一样，同属上层建筑之一，“但它是较为第二义的，较为派生的。因为它不仅由经济所决定，也由政治所决定”。[2]而“正犹教育与经济互有关系，教育与政治也是互相作用的。”[3]在阶级社会中，政治支配一般社会的精神生活过程，教育当然不在例外。自有历史，就没有脱离过政治关系的教育，政治影响着教育。但教育也能影响政治，“教育也有率先领导或者促进的功用”。[4]在革命前，教育是用以斗争的，志在获得政权的武器之一。在革命后，教育是保卫政权并促进政权的一种机能。

（二）批判各种错误的教育观点

杨贤江对当时流行的各种错误教育观点，进行了深刻批判，以澄清人们的思想，揭穿“教育上的把戏”。

首先，他批判了曲解教育本质的四种观点，指出：“教育神圣说”、“教育清高说”、“教育中正说”、“教育独立说”等四种观点“都是掩蔽教育的本来面目，而具欺蒙麻醉的作用的”。[5]杨贤江指出，“教育神圣说”视教育为觉世牖民、精神修养、高贵超俗的事业，但实际上教育是统治阶级用以谋自身利益的“愚民”的工具。“教育清高说”把教育标榜为清苦高贵、不涉政治、不问金钱，孤高绝世，名贵可风，这其实是支配阶级欺蒙民众与御用学者抬高身

---

① 中央教育科学研究所，厦门大学合编．新教育大纲．杨贤江教育文集．北京：教育科学出版社，1982．534

②③ 中央教育科学研究所，厦门大学合编．新教育大纲．杨贤江教育文集．北京：教育科学出版社，1982．542

④ 中央教育科学研究所，厦门大学合编．新教育大纲．杨贤江教育文集．北京：教育科学出版社，1982．461

⑤ 中央教育科学研究所，厦门大学合编．新教育大纲．杨贤江教育文集．北京：教育科学出版社，1982．443

价的手段。“教育中正说”主张教育站在“公正”的立场，采取中和的态度，不偏私，不极端，对于主义派别、政治问题全无“我见”，但实际却是“中正其名，偏私其实”，是统治阶级掩饰教育阶级性的手段。“教育独立说”要求教育超越于政治的关系而独立，但自有历史以来，凡确立支配阶级政权的地方，没有什么事情是不受政治支配的，教育是维持政权的一个工具，根本不可能脱离政治而独立。这四种迷信是相互联系的，它们共同的本质是认为教育可以超阶级、超政治。

其次，杨贤江批判了夸大教育效能的三种错误主张，即“教育万能说”、“教育救国论”、“先教育后革命说”，后两说可看作是第一说的推衍。杨贤江指出，教育决不可能是万能的。教育本身的效能十分有限，因为“教育不是什么凭空生长，独立存在的，它乃是受制于经济的关系，同时就是政治制度，而为某种经济的社会的产物，某种经济的社会的形态之反映。”① 教育根本不会也不能超越了时代与环境而有特别的内容和方法，它只能在客观上所可能的范围内有所推进利导。至于“教育救国说”，也只是一种空谈，在当时的社会情形下，不推翻帝国主义在中国的统治，不肃清封建势力，不打倒大资产阶级，中国就不能脱离半殖民地的地位，中国民众就不能改进贫困的生活，这根本不是什么靠教育就能救得了国的问题。“先教育后革命说”认为要革命先得教育人民，人民不懂革命，没有能力革命，革命就不会成功。杨贤江指出这种貌似革命的主张，在中国革命已成为当前迫切问题的时刻，是非常有害的。在统治阶级支配的教育制度下，“不能在这种阶级教育中来推翻支配阶级的教育，以实施革命的教育，普遍地养成革命的人才”。② 那么教育对革命的作用是什么呢？“教育在革命进程上自有它的地位，就

① 中央教育科学研究所，厦门大学合编．新教育大纲．杨贤江教育文集．北京：教育科学出版社，1982．461

② 中央教育科学研究所，厦门大学合编．新教育大纲．杨贤江教育文集．北京：教育科学出版社，1982．468

是可以作为革命的武器之一。”①

杨贤江运用马克思主义教育理论，实事求是地分析了教育的性质，指出教育属于社会上层建筑；教育与政治、经济互有关系，教育由政治、经济所决定，但教育对政治、经济也有影响作用；教育不能超阶级、超政治而存在，它的作用是有限的。杨贤江的分析，不仅帮助了当时广大的教育工作者和青年学生正确认识教育的本质，而且在中国现代教育史上，对于确立马克思主义教育理论阵地也具有重大意义。

三　正确论证了教师的地位与使命

杨贤江是我国教师理论的奠基人之一。他站在革命的立场上，正确地揭示了教师的阶级地位，明确地指出了教师所肩负的历史使命。

对于教师究竟应该归在哪一个阶级，是当时一个争论颇多的问题。最突出的说法是，认为教师是支配阶级方面有意识地唱奏着的留声机，而且具有所谓知识的特权，因此，教师是属于支配者方面的。杨贤江不同意这种观点，他从唯物史观的立场出发，分析教师的阶级属性，从而明确地指出，教师“属于被支配阶级而不是立于支配阶级”。②

杨贤江把资本主义制度下的教师与工人作了对比分析，指出二者之间存在着共通点：(1) 两者都是机械作业。工人对于自己的生产没有选择权，他们只能走入工厂主所有的工厂中，站在安置好的机器旁，顺从着机器的命令，以制造某种生产物，为换取生活资料而从早到晚地出卖自己的劳动力。而教师则是到名叫师范学校的学习场去，学习期满后，受雇于名叫学校的工场，在现成的教科书、教学法的制约下，生产国家所需要的人。如果他“竟想对学生加以

---

① 中央教育科学研究所，厦门大学合编．新教育大纲．杨贤江教育文集．北京：教育科学出版社，1982．469

② 中央教育科学研究所，厦门大学合编．新教育大纲．杨贤江教育文集．北京：教育科学出版社，1982．557

规定以外的思想与训练时，就会被这个学校工场驱逐出来”。[①] 因此，教师与工人一样，都是机械作业，被全然抹煞了个性，而成为“机械人”。（2）两者都是工银劳动者。教师与工人都没有生产资料，只有靠出卖劳动力以维持生活。教师虽然具有被称为知识的特权，但这个特权并不能因出售而获大利，教师至多凭它换得一张教员许可状，在国家所认为名叫“学校”的地方，发挥一点效用。何况当时小学教师的薪水，还不及熟练工人所得，甚至连汽车夫或包车夫都不如。因此，教师“不立于支配者方面，反而立于与工银劳动者相等的地位”。[②]杨贤江这一认识是中国现代教育史上，第一次对教师的阶级地位所作的马克思主义的科学结论。

杨贤江认为，教师的职业地位与阶级地位，决定了他们在革命进程中所肩负的历史使命。

杨贤江指出，在社会变革的现阶段中，教师所负的使命非常重大，他们在文化这个领域内必须承担一部分革命任务。（1）教师应当是一个革命者。教育与政治密切相关，教育者应抛弃“不问政治”的错误见解，投身改造社会的事业。因为在当时，“只有革命的教育，才是中国需要的教育；只有革命的教育者，才是中国需要的教育者”。[③] 要评定教师是否尽职，就看他有没有革命的精神。“有革命精神底教师，是不为利势所动的，不为章部所拘的，不为成例旧习所迷蒙的；乃是向着更善更美更适宜更光明的路上走；能指导受教育者都有活泼的态度奋斗的勇气的”。[④]（2）指导学生去革命。教师的工作对象主要是社会中下阶层的子女，他们是被压迫者，他们要求一切的解放。而他们是否能获得解放的途径，就依靠教育者如何教育他们。因此，教师应引导学生去接近实际，参与工作，明白当地的政治、经济情况，及与他们本身的利害关系，使他

---

①② 中央教育科学研究所，厦门大学合编．新教育大纲．杨贤江教育文集．北京：教育科学出版社，1982．558

③ 中央教育科学研究所，厦门大学合编．教育者与政治．杨贤江教育文集．北京：教育科学出版社，1982．79

④ 中央教育科学研究所，厦门大学合编．教师职业底重要．杨贤江教育文集．北京：教育科学出版社，1982．51～52．

们愿为被压迫者的解放而斗争。(3) 指导民众去革命。革命要靠民众的力量才会成功。中国革命尚未成功，亟待民众运动的发展。因此，教育者不应幽禁于个人狭小的生活天地，而应公开于社会。“教育者负有社会的使命，他们应从讲坛上解放，向着社会民众走去，参加甚或领导社会民众运动。”① 而且，教育得帮助受苦难的民众，谋苦难的解决，实际也是为自己谋苦难的解除。总之，杨贤江认为，教育者、儿童和民众都要为解除压迫，为争取自由而努力，“而教育者却有准备自己与训练儿童及民众的责任”。②

杨贤江还指出，凡在被支配者方面的人，都须有一种组织作为他们力量的集中点，他们要借组织的力量以发挥他们的正义。教育者也应有这种团体组织。真正觉悟的教育者应该从事于教师的组织运动，把教师这一集团的力量完全积聚起来，形成为一种社会势力，一方面为保障自己的利益，他方面也为尽力于社会变革的工作。杨贤江充分论述了教师结社运动的意义、必然性与可能性，分析了教师结社的障碍，最后指出，“目前教育者运动的目标，可说是在争取彻底的民主主义，获得批判的自由与生活的安定”。③ 包括思想上，清除封建的、改良主义的思想；政治上，争取各种自由，解除权威压迫；经济上，保证生活的安定。

杨贤江对教师的阶级属性的正确分析，对我们今天深刻理解知识分子的绝大多数已是工人阶级的一部分这一论断，及正确估价知识分子的地位与作用有着重要意义。他对教师的政治使命与教师结社的论述，对引导教育工作者走上革命道路有积极作用。杨贤江的教师理论，也是我国现代教育史中的宝贵财富。

---

① 中央教育科学研究所，厦门大学合编．新教育大纲．杨贤江教育文集．北京：教育科学出版社，1982．555

② 中央教育科学研究所，厦门大学合编．新教育大纲．杨贤江教育文集．北京：教育科学出版社，1982．556

③ 中央教育科学研究所，厦门大学合编．新教育大纲．杨贤江教育文集．北京：教育科学出版社，1982．565

四 主张对青年进行“全人生指导”

在长期进行青年指导的实践过程中，杨贤江深入研究青年问题与教育问题，提出了对青年进行“全人生指导”的主张，并运用这一理论指导学生生活与青年运动，在青年中产生了极为深刻的影响。“全人生指导”是杨贤江的教育思想与实践的重要内容。

（一）正确看待青年问题

如何看待青年问题，是做好青年教育工作的前提。杨贤江坚持以历史唯物主义的社会观点和教育观点来看待青年问题，对形成青年问题的社会的、生理的、心理的因素，进行了深入分析，把青年问题看成是社会问题的重要部分，社会问题的集中反映。

杨贤江研究了青年的身心发展，认为青年期是身心两方面都有显著而且重要发展的时期。在此期间，青年生理上的发展主要有：身高和体重的迅速增进，筋肉急剧发达，性欲机能成熟。心理上的发展则主要表现为：想象力旺盛，感情丰富，理性作用发达等。而“到了青年时期，年龄渐长，自我观念就发达起来，种种人世间的事情，都要来萦绕青年的心志了；所以到这时期，才特别有许多问题发生”。① 青年身心的急剧发展变化，正是青年问题产生的重要原因之一，影响着青年学业的优良、个性的健全、品德的高尚。因此，青年期是个人生改造期，在人生发育的历程上占有重要地位。杨贤江采用美国心理学家霍尔的观点，把青年期称为“第二诞生期”。为此，他提出，必须正视青年人的意志、兴趣、情感的特点，以及生理的需要，按照青年自身发展的规律，正确引导、处理青年的各种问题。

杨贤江反对孤立地去看待青年问题，而是主张把青年问题放在整个社会问题中来研究。他指出，一方面当时的社会是半封建半殖民地的性质，生活在这种环境中的青年，必然要受到失学失业、被腐化侵蚀的不良影响。另一方面，无产阶级革命运动的兴起，促进

---

① 中央教育科学研究所，厦门大学合编．青年问题．杨贤江教育文集．北京：教育科学出版社，1982．198

了青年思想的觉醒。青年"从前在被压之下，一切都照'向例簿'遵行，或受命运所支配，再加以礼教的束缚，专制政治的影响，什么都不准有新意义发生，现在都变了，什么都要问一声'为什么'了"。[①] 种种不公平、不合理的社会现象都被看穿了，青年问题也必然产生了。

杨贤江全面考察了青年所存在的问题，并把这些问题分为十类：关于家庭方面的问题、关于经济方面的问题、关于身体方面的问题、关于社交方面的问题、关于求学方面的问题、关于生活习惯方面的问题、关于恋爱婚姻方面的问题、关于人生观方面的问题、关于职业方面的问题、关于政治见解方面的问题。针对这些问题，他第一次提出了对青年进行"全人生指导"的思想，反对那种"把人生割裂了"的旧教育。认为凡是青年生活中所发生的问题，教育者都有责任进行指导。可见杨贤江所指的"全人生指导"有广泛的涵义，既指德、智、体等方面的全面教育，也指对青年的求学、择业、交友、恋爱、社交、兴趣爱好等的全面关心、指导。他说："向来的学校教育，大都偏于知识的传授，而对于良好习惯的培养、青年问题的探索，未尝加以留意。换句话说，就是未能为全人生的指导；于书本的教室的课业以外，对于如何过日常生活、如何交友、如何消闲、如何处世、如何发现并解决本身各种问题，如何满足并发展学生所喜欢做的活动，都在所不问，这怎能完成他的指导人生的职责呢?"[②]

（二）指导青年树立正确的人生观

对青年进行"全人生指导"的核心是树立正确的人生观。杨贤江认为，"人生观是对于人生的意义与价值的各人的见解。"[③] 在青年一代成长的过程中，首先应该弄清楚的，就是人生问题，要有个确定的观念。他指出，在当时的混乱社会里，青年因为得不到正确

---

① 中央教育科学研究所，厦门大学合编．青年问题．杨贤江教育文集．北京：教育科学出版社，1982．199

② 中央教育科学研究所，厦门大学合编．中学训育问题的研究．杨贤江教育文集．北京：教育科学出版社，1982．226

③ 答江苏法政大学茅祖棨（1925年12月）．杨贤江教育文集．634

的人生观而发生许多问题，如不知人生究竟为什么；因不能解决一切而烦闷；深恶现世，深爱将来；觉得人生没趣，很想自杀。因此，教育青年，帮助他们树立正确的人生观，对他们的成长有至关重要的影响。

杨贤江主张“青年的人生观，应肯定人生而谋改善，以求人群普遍的幸福。”① 认为人生的目的，在于对全体人类有贡献，以促进人生的幸福。可见，他要求青年树立积极向上的人生观，即革命的人生观，无产阶级的人生观。他批评那种认为“自我求快乐”的人生观，指出这种人生观把“人”字看得太小了。同时，他号召青年走上革命道路，投身改造社会的革命斗争，不要去做压迫阶级那样的“人上人”，而要去做与“人上人”为敌，以被压迫的“人下人”为友谊的“人中人”，自觉地承担起“为世界弱小民族的解放”，“为求中华民族的独立自由”而奋斗的历史使命。鼓励青年要努力学习新兴社会科学，学习马克思主义，研究社会进化原理，研究各国革命与阶级斗争的历史，关心时事，关心政治。并把列宁树立为青年的学习榜样，他说：“列宁的刻苦力行，列宁的勤学研究，列宁的为世界一切被压迫民族谋解放的革命行为，都是我们做青年的好模范。”②

（三）对青年的指导应德、智、体三育并进

杨贤江要求对青年的德、智、体三方面都给予正确指导，使青年做“三育均备”之人，成为“中国社会改进上适用的人才”。

他很注重对青年的道德教育，尤其是道德观念的培养。他批判那种提倡安分、闭户潜修、冥想将来、不理实务的旧道德观，反对把道德看作是玄妙高远的、尊贵的、拘谨的、固定的东西。认为这些偏见只会障碍青年身心的发展，酿成社会的祸乱。杨贤江对道德进行了科学的分析，指出青年应树立新的道德观念，认识到：（1）道德是变迁的，即“道德乃是人类实际生活的要求和反映，是跟着

---

① 答江苏法政大学茅祖桀（1925年12月）. 杨贤江教育文集. 634

② 列宁与中国青年. 杨贤江教育文集. 131

经济状况的变迁而变迁的。”① (2) 道德是阶级的。因为人类有了阶级之分，所以道德也就带有了阶级性。(3) 道德是社会的。这包括两层意思，一方面，道德的形成是受社会影响的，不是由个人冥想的；另一方面，道德的性质是社会的。单讲个人道德，实际上是没有用处的。(4) 道德是活动的，即不但要说，还要实地去做。杨贤江要求，青年所应养成的道德，“应该是刚健的、质直的、活泼的、负责的、反抗的、为群众幸福的、做实际动作的”，并且，青年的道德，“不在空洞的内心修养，而在实际的革命训练”。②

杨贤江对青年智育的论述，分为求学目的、智育内容、学习方法的培养、学习意志力的训练等几个方面。他所谈论的青年求学，包括在校学习和自学两方面。他认为，青年求学应该有个目的，目的正确，动力就充足。什么才是正确的求学目的呢？杨贤江指出，正确的求学目的在于改良并丰富人类的生活，即求学不单为自己，而是为人群的幸福，为社会的进步。他说：“若求学而不重视社会的根据，不想促进社会的进化，单以个人的荣耀与福利为目的，便是时代落后的‘遗少’而非现代中国的青年。”③ 关于智育的内容，杨贤江主张要着眼于最切要的知识和最切己的问题，注重对青年智力的培养，技能的训练。他批判传统的学校教育只偏重知识的传授，以书本为唯一知识来源，把学生固定于读课本、做作业之中，无暇顾及其他。他认为这样只能培养“书囊”或“奴才”，不能造就“完全的人”。因此他要求青年应该学习真切的知识，做到理论联系实际，学以致用。杨贤江认为，学习法是关于怎样学习，学习各门学科的最经济而又最得益的方法。在学习法中，学习态度占重要地位，学习者的自觉，是学习法的生命。所以青年应养成积极的学习兴趣，保持学习自觉性。杨贤江很重视对青年学习意志力的训

---

① 中央教育科学研究所，厦门大学合编．青年的道德观念．杨贤江教育文集．北京：教育科学出版社，1982．188

② 中央教育科学研究所，厦门大学合编．青年的道德观念．杨贤江教育文集．北京：教育科学出版社，1982．190

③ 中央教育科学研究所，厦门大学合编．青年求学问题．杨贤江教育文集．北京：教育科学出版社，1982．159

练，认为这是涉及全人生的问题，不只是智育上的问题。他指出，要分析学生意志薄弱的原因，有针对性地采取措施，使学生增强自信力；只要方法不错，有了自信，学习终能成功，意志力也就培养起来了。

杨贤江用大量篇幅来论述青年的体育问题。他认为，“体育是造就健全人格，养成具足生活的一种工具。”① 体育对于青年尤其重要，因为青年肩负着为人类谋福利的责任，这要求青年有强健的体魄，能忍劳耐苦，栉风沐雨，为此青年须注重体育，养成强健的身体。他指出，“青年对于体育应有目标是：体格强壮、吃苦耐劳，精神充足，办事敏捷；并能使人感到愉快而有奋发敢为的气概。”② 青年所需的体育生活，一方面是运动，如体操、竞技、拳术、球艺、登山、徒步、骑马、乘脚踏车、游泳等；另一方面是卫生，即讲求清洁与节制，要勤洗澡、勤洗衣物，养成清洁观念，起居有常，饮食有节，动作有度。而且青年“要以规律的生活完成体育的训练，要以快乐的精神扶植体育的根柢”。③

“全人生指导”思想的提出，是杨贤江对我国现代教育理论的又一重大贡献。它是针对旧的“把整个人生分割”的教育提出来的、具有革命意义的主张。它对我们今天开展青年教育，仍然具有现实意义。

五　科学论述了资本主义社会和社会主义社会的教育

杨贤江根据历史唯物主义观点，深刻批判了资本主义社会的教育，并初步论述了社会主义社会的教育，为丰富马克思主义教育理论作出了重要贡献。

如上文所说，杨贤江认为，资本主义社会初期的教育，比之于

---

① 中央教育科学研究所，厦门大学合编．青年对于体育的自觉．杨贤江教育文集．北京：教育科学出版社，1982．85

② 中央教育科学研究所，厦门大学合编．莫忘了体育．杨贤江教育文集．北京：教育科学出版社，1982．161

③ 中央教育科学研究所，厦门大学合编．青年对于体育的自觉．杨贤江教育文集．北京：教育科学出版社，1982．86

封建社会的教育是一个进步。因为它实行了国民义务教育，实行了日常生活知识和技能的教育，但这是资本主义社会发展的需要。资本主义社会的教育，仍然是剥削阶级的教育，是为资产阶级服务的，具有阶级性教育的五大特征：教育与劳动分家，教育权跟着所有权走，专为支配阶级的利益服务，存在两重教育权的对立，男女教育不平等。除此之外，资本主义社会的教育还具有独占化和商品化这两个特征。

但当时一些人对资本主义教育的颂扬，造成了一般人的迷信和错误认识。这种颂扬的论调即所谓现代新教育的劳动化、科学化、平民化、中立化、国际化等，杨贤江对它们进行了深刻剖析，揭露了它们的阶级实质。对于所谓劳动化或生活化，杨贤江指出，资产阶级迫于自身生产的需要，不得不使劳动阶级也受教育。但他们所称的教育与劳动的结合，只不过是生产所要求的最低限度的文字读写，实质上还是分离的。至于所谓科学化，则是资产阶级初兴时期，用以对抗封建贵族与教会的论调。但现在，资产阶级已终止了革命实践，极力迫害对自己不利的学问，反对唯物主义和无神论，这能说资本主义教育是“科学化”的吗？资产阶级之所以实施普及教育、社会教育，也是出于自身利益的打算，并非真要把教育权利普及于全人类。因此资本主义社会的教育不仅没有平民化或社会化，相反，随着资本的集中，就发生了所谓舆论制造的集中，教育事业也无不控制在资本家手中，更成为“专谋资产阶级利益”的工具。教育的中立化或公平化也就不存在了。而现代产业军事化和军事技术的发展，使国际军国主义势力不断庞大，教育的军事化加强了，因此，所谓国际化或和平化，也不过是资本主义社会的一句假话。

杨贤江根据社会发展规律，深信社会的发展，继资本主义社会后，必然是社会主义社会。但其间必须经过一个过渡时期，即无产阶级专政时期。这一时期的教育与资本主义社会的教育一样，也是有阶级性的。但根本不同的是，这时期的教育权跟政权一起不在资本家手中，而在无产阶级手中。资本主义社会的教育，以养成资本家的忠实奴仆为目的，无产阶级专政时期的教育，以养成无产阶级的忠诚斗士，并由此以准备将来的无产阶级社会为目的；而且，“前者务必隐蔽教育之阶级性政治性，后者则公开宣言教育为阶级的政治的”。[①] 杨贤江还指出，无产阶级专政下的教育，要破坏作为资产阶级工具的资产阶级学校教育，创设无产阶级自己的学校，提高无产阶级的阶级意识，养成有组织的革命的无产阶级。此外，杨贤江根据马克思主义经典著作中所提出的共产主义的教育理想，强调新社会的教育将是“教育与劳动相结合”，“对一切儿童实行公共的和免费的教育”，“促使城乡之间的差别逐步消灭”，“与国民小学一起还有技术专科学校”。

杨贤江对资本主义社会的教育的深刻批判，肃清了当时的一些错误认识，使许多教育工作者从纷纭复杂的现实中分清了是非，认清了方向。在杨贤江所处的时代，还不可能对社会主义教育有全面的认识，更无成熟经验，但他从马克思主义理论出发，正确揭示了社会主义教育的发展进程，展示了未来社会主义、共产主义的光明前景，鼓舞了广大教育工作者前进的信心。

杨贤江的一生，是革命家兼教育家的一生。他是中国第一个比较系统地介绍了马克思主义教育学说；用历史唯物主义的基本原理，阐明了教育的产生及发展，深刻分析了教育的本质，正确指出了教师的地位及使命，第一次主张对青年进行“全人生指导”，并科学论述了资本主义社会和社会主义社会的教育，从而为中国的马克思主义教育理论体系的形成奠定了初基，这一教育理论的开拓性劳动和卓越建树，确立了杨贤江作为中国无产阶级教育理论先驱者的崇高地位。

（张　蓉）

---

① 中央教育科学研究所，厦门大学合编．新教育大纲．杨贤江教育文集．北京：教育科学出版社，1982．532